YIXING
沂星电动汽车
东湖新能源汽车（集团）有限公司
U0804179
轻量化全铝技术
让天更蓝路更远
——专心、专一、专业于纯电动汽车
沂星电动汽车
SDL6100EVL电动旅游客车
机场摆渡车
城市客车
旅游客车
双层客车
商务客车
物流车
环卫车
截至2014年6月，沂星纯电动客车累计运行里程已突破5000万公里，
单车最大运行里程已达30万公里，单车最长运行时间已超过4年。
山东沂星电动汽车有限公司 地址：山东省临沂市高新技术产业开发区
电话：0539-2776977 传真：0539-2776966 售后服务电话：0539-2776988
WWW.YIXINGEV.COM

UDE 尤迪电机 UDE MOTOR

尤迪电机始终致力于新能源汽车产品的研发与制造，多年来在新能源汽车驱动电机领域保持领先优势，合作伙伴包括金龙汽车、金旅客车、苏州金龙、宇通客车、福工动力、冠龙科技等国内一线整车与系统企业。尤迪电机愿与广大合作伙伴一道，共创新能源汽车美好未来!

尤迪纯电\混合动力驱动电机

适用车型:纯电动\混动公交车（12M）
电机类型：AC三相异步电机

尤迪纯电动\增程式驱动电机

适用车型：10~12米纯电动\增程式大巴公交车
电机类型：水冷型异步交流电机

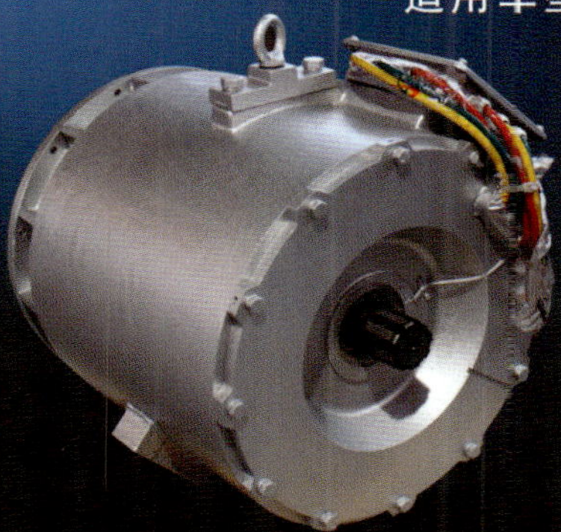

尤迪纯电动低速车驱动电机

适用车型：微型纯电动汽车、纯电观光车、纯电巡逻车等
电机类型：风冷型异步交流电机

尤以制胜 启迪未来
Continuos innovationa lead great future

福建尤迪电机制造有限公司
FUJIAN UDE ELECTRICAL MACHINE CO.,LTD.
地址：福安市秦溪洋工业区太平洋路
国家级高新技术企业　　省级创新型企业
www.udemotor.com　　www.中国新能源汽车电机.com
电话：0593-6186555
传真：0593-6577636

图2 电动汽车电驱动系统全产业链技术创新联盟

在产业链建设方面，由上海电驱动股份有限公司牵头，联合国内8家车用电驱动原材料和零部件企业、7所高等院校和检测中心等共16家单位，发起成立了汽车电驱动产业技术创新战略联盟（见图2）。

自联盟成立以来，在车用电机及其控制系统系列化产品、关键材料和关键部件（如高性能硅钢、高性能磁钢、车用功率模块、车用膜电容器、旋转变压器、车用接插件以及车用DC/DC变换器）等方面取得了大量的科研成果，形成了一批典型产品，实现销售收入超过5亿元，带动全产业链销售额超过15亿元。

车用驱动电机系统作为电动汽车核心关键部件，对我国电动汽车的快速发展和产业化，尤其是对培养我国自主的电动汽车关键零部件产业体系至关重要。车用驱动电机系统是人力资源相对密集型产业，在我国有丰富的稀土资源作支撑，具有比较优势。在电动汽车产业链中，作为电动汽车心脏与车用电机高端产品的驱动电机系统，相对容易进入全球分工体系，并有可能最终成为中国的优势支柱产业。通过突破瓶颈，突出亮点，通过整车牵引带动，可快速将我国有优势的产业推广到全球市场。

YC6MKN–50气体发动机

广西玉柴机器股份有限公司是中外合资股份制企业，现拥有员工9000多人，总资产166.95亿元，年销售收入逾200亿元，发动机年生产销售超过50万台，是中国最大的独立柴油发动机制造商，是产品型谱最完整的内燃机生产基地。

公司在做好柴油动力产品研发生产的同时，将新能源动力列入公司发展战略。玉柴在新能源汽车方面的研究主要包括混合动力总成系统（动力总成控制器、电机控制、电池管理、高压电源管理、离合器控制）、代用燃料（气体燃料发动机包括LPG/LNG/CNG 燃烧匹配标定技术、燃气发动机设计、机械开发、燃气系统集成技术）。玉柴自1995年开始气体燃料发动机的开发，涵盖了LNG（液化天然气）发动机、CNG（压缩天然气）发动机、LPG（液化石油气）发动机，是国内最早进行天然气发动机商品化研发的企业，其中单点喷射和稀薄燃烧技术为玉柴NG技术的核心代表。2013年，气体机销售32409台，同比增长63.1%；混合动力投放市场突破5000台，占行业的2/3以上，继续走在行业最前列。

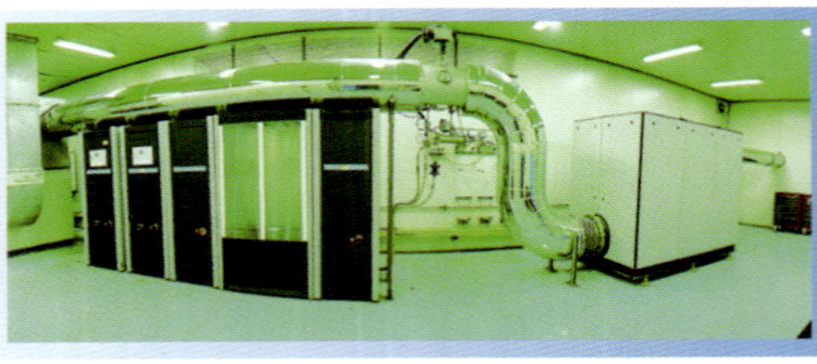

潍柴西港新能源动力有限公司

潍柴西港新能源动力有限公司是潍柴在清洁能源发动机板块的专业研发制造企业，由潍柴控股集团、西港创新（香港）有限公司、香港培新天然气设备有限公司三方合资共同组建，股比分别为40%、35%和25%。

公司创建于1999年6月，厂房建筑面积5万余平方米，年生产能力15万台。现设5个部门，即综合财务部、制造部、销售部、技术部、质量部，拥有员工近500人。

公司拥有先进的专业装配线和亚洲最先进的燃气发动机实验装备，产品包括WP5NG、WP6NG、WP7NG、WP10NG、WP12NG、WP13NG等，功率覆盖120～353千瓦，达到国Ⅳ、国Ⅴ排放标准，广泛应用于城市公交、公路客车、重型卡车、工程机械、船舶动力、发电设备等领域。其中，燃气重卡市场在国内已占据“龙头”主导地位，公交客车市场呈现高速发展的趋势，市场占有率由2009年的9%上升至35%。

公司先后承担过国家“九五”“十五”和国家863计划等多项科技攻关项目，目前正在推广的WP12HPD缸内直喷LNG发动机，其性能达世界领先水平。

今后，公司将继续实施科技领先战略，不断提升核心竞争力，致力于将潍柴西港打造成为国内最大、世界领先的新能源发动机制造基地。

绿色动力 国际潍柴

机型	排放	排量 L	单缸气门数	额定功率/转速 kW/rpm	最大扭矩/转速 N·m/rpm	技术路线
WP7NG210E51	国Ⅴ	7.47	4	155/2100	850/1300-1500	单点喷射+氧化催化
WP7NG240E51	国Ⅴ	7.47	4	177/2100	900/1300-1500	单点喷射+氧化催化
WP7NG260E51	国Ⅴ	7.47	4	191/2100	1000/1300-1500	单点喷射+氧化催化
WP7NG270E51	国Ⅴ	7.47	4	199/2100	1050/1300-1500	单点喷射+氧化催化

技术优势

更节能： 气耗较同类产品低10%以上。

更可靠： 使用寿命较同类产品高30%以上。

更安全： 安全系数达到国际领先水平。

更环保： 排放可达国Ⅳ、国Ⅴ。

更智能： 具有CAN通讯、排气制动、共轨行等智能化功能。

超威集团 CHILWEE GROUP 动力铅酸蓄电池

立志于成为全球新能源行业伟大的公司
CHILWEE devotes itself to be a great enterprise in globle new-energy industry.

PRODUCT FEATURES

QUALITY IS A DECISIVE FACTOR OF FUTURE DEVELOPMENT

Product—— foundation of enterprise development
Quality —— core developmental strategy
CHILWEE expresses and defines (Chiwee) brand with its unremitting pursuit of perfection expresses and defines its brand.

产品特点

质量，决定未来

产品　是企业发展的根本。
质量　是发展战略的核心。
超威用对完美的不懈的追求来诠释品牌。

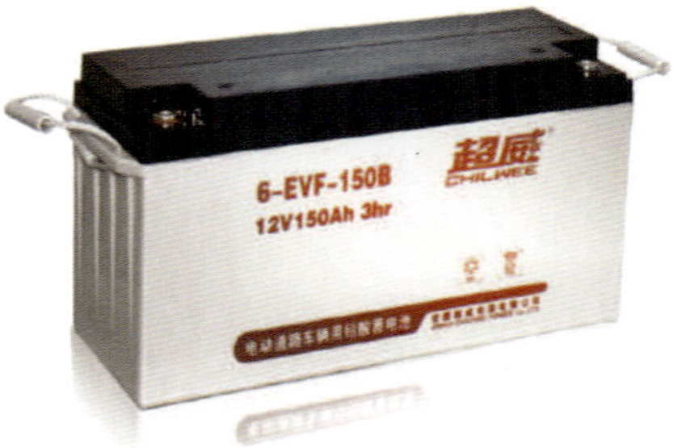

1. “超威”牌动力型铅酸蓄电池专为电动交通工具而设计，满足行业标准 QC/T742-2006 电动汽车用铅酸蓄电池和 GB/T18332.1-2009 电动道路车辆用铅酸蓄电池的有关要求。
2. 采用耐腐蚀、低析气量、优良深循环寿命合金作板栅材料。
3. 采用高密度铅膏、特殊深循环寿命铅膏配方材料。
4. 采用气相二氧化硅胶体电解液配方，胶体电池专用隔板，能防止电解液分层，大幅度提高电池使用寿命及环境温度适应性。胶体发明专利：ZL2005 1 0060856.9
5. 采用高强度 ABS 塑料外壳，阀控式密封结构设计。
6. 添加高纯 4BS 晶种，显著提高蓄电池循环寿命。
7. 采用高强度、良好的大电流导电性能的嵌铜接线端子连接设计。
8. 具有免维护、长寿命、大容量、耐振性好、自放电小、高低温环境适应性强、充电接受能力强、耐过放电性能等主要特点。

//// 产品主要性能见下表：

序号	项目	稀胶体	全胶体
1	常温 C_3 容量 %	≥ 100%	≥ 95%
2	20 小时率重量比能量	≥ 40Wh/kg	≥ 38Wh/kg
3	80%DOD 循环次数	≥ 600 次	≥ 800 次
4	100%DOD 循环次数	≥ 400 次	≥ 600 次
5	快速充电 1 小时后放出容量	≥ 95%C_3	≥ 99%C_3
6	大电流放电：1C_3（A）放电到 1.50V/ 格	≥ 48min	≥ 45min
7	低温大电流特性：-20℃ 2C_3（A）放电到 1.4V/ 格	≥ 10min	≥ 10min
8	低温容量 :-20℃、C_3 容量	≥ 62%C_3	≥ 65%C_3
9	其余指标	达到或超过 GB/T18332.1-2009《电动道路车辆用铅酸电池》标准	

/// 动力铅酸蓄电池产品型号及参数

表 1　蓄电池基本参数对照表

型号	额定电压（V）	参考重量（kg）	参考尺寸（mm）				额定容量（Ah）			
			长	宽	高	总高	10hr	5hr	3hr	2hr
3-EVF-150	6	27	260	180	246	251	175	166	150	133
3-EVF-180	6	35	260	180	270	273	210	200	180	160
3-EVF-200A	6	36	260	180	270	273	230	220	200	180
3-EVF-200B	6	38	332	176	214	218	230	220	200	180
4-EVF-135	8	35	260	180	280	280	170	145	135	112
4-EVF-150	8	36	260	180	280	280	185	160	150	130
6-EVF-70B	12	26	330	167	165	168	81	77	70	62
6-EVF-100A	12	36	332	176	214	218	115	110	100	88
6-EVF-100B	12	36	332	176	214	218	115	110	100	88
6-EVF-110B	12	40	512	167	166	169	130	121	110	96
6-EVF-120	12	43	407	174	210	216	140	133	120	106
6-EVF-150A	12	52	485	170	241	241	175	166	150	133
6-EVF-150B	12	52	485	170	241	241	175	166	150	133

表 2　充电参数表

蓄电池型号	预充电阶段			恒流充电阶段			恒压限流充电阶段			涓流充电阶段			浮充电阶段	
	电压范围(V)	预充电流(A)	充电时间(h)	电压范围(V)	预充电流(A)	充电时间(h)	电压范围(V)	预充电流(A)	充电时间(h)	电压范围(V)	预充电流(A)	充电时间(h)	电压范围(V)	充电时间(h)
3-EVF-150	3.0~5.6	2.5~3.0		5.6~7.2	20~40		7.33~7.38	2.5~3.0		8.00	2.2		6.9	
3-EVF-180	3.0~5.6	3.1~3.6		5.6~7.2	20~40		7.33~7.38	3.1~3.6		8.00	3.6		6.9	
3-EVF-200A	3.0~5.6	3.4~3.9		5.6~7.2	20~40		7.33~7.38	3.4~3.9		8.00	3.9		6.9	
3-EVF-200B	3.0~5.6	3.4~3.9	≤4	5.6~7.2	20~40	≤1.0C/12	7.33~7.38	3.4~3.9	≤4.5	8.00	3.9	1.5	6.9	≤3
4-EVF-135	4.0~7.4	2.2~2.7		7.4~9.6	15~25		9.75~9.85	2.2~2.7		10.67	2.7		9.2	
4-EVF-150	4.0~7.4	2.5~3.0		7.4~9.6	20~40		9.75~9.85	2.5~3.0		10.67	3.0		9.2	
6-EVF-70B	6.0~11.1	1.2~1.4		11.1~14.4	10~17		14.65~14.75	1.2~1.4		16.00	1.4		13.8	
6-EVF-100A	6.0~11.1	1.6~2.0		11.1~14.4	15~25		14.65~14.75	1.6~2.0		16.00	2.0		13.8	

注：以上参数仅作为指导，不做承诺之用，对客户的承诺以技术协议为准。如特殊承保期对于充电器和控制器以及电机等有特殊要求，双方另外签订合同。

EVTD 专业定制电池管理系统

电池管理系统（BMS）

产品功能：

?通信方式：通过CAN总线与其他控制器进行通信。

?SOC计算：准确计算静态及动态的电池容量与SOC。

?能量回收：有效回收减速时的电量，提高续航里程。

?数据存储：储存电池系统的历史数据、记录错误等信息。

?均衡控制：可选择主动或被动均衡来保持电池的一致性。

?数据采集：实时监测，精确采集电压、电流、温度等数据。

?自我诊断：BMS启动时对系统、通信等进行自我诊断。

?异常检测：检测断线、漏电、绝缘等异常状态，确保安全。

?控制保护：具有防止电池过压、欠压及系统过电流、短路等保护功能。

?故障报警：为确保安全，对多级故障进行分类，提前发送各类报警信息。

?温度管理：通过风扇或加热板等调节电池的环境温度，使电池始终处于最佳状态。

标准产品型号：

电池 车型·电压		锂电池材料			
		磷酸铁锂	锰酸锂	三元	其他
小型车辆、各类场地车辆	48V	LEBM-48V/L16	LEBM-48V/M14	LEBM-48V/T14	LEBM-48V
	60V	LEBM-60V/L20	LEBM-60V/M17	LEBM-60V/T17	LEBM-60V
	72V	LEBM-72V/L24	LEBM-72V/M20	LEBM-72V/T20	LEBM-72V
轿车、中型车辆	144V	SEBM-144V/L45	SEBM-144V/M40	SEBM-144V/T40	SEBM-144V
	320V	SEBM-320V/L100	SEBM-320V/M88	SEBM-320V/T88	SEBM-320V
	380V	SEBM-380V/L120	SEBM-380V/M104	SEBM-380V/T104	SEBM-380V
巴士、大型设备(单个电池箱)	48V	BEBM-48V/L16	BEBM-48V/M14	BEBM-48V/T14	BEBM-48V
	60V	BEBM-60V/L20	BEBM-60V/M17	BEBM-60V/T17	BEBM-60V
	72V	BEBM-72V/L24	BEBM-72V/M20	BEBM-72V/T20	BEBM-72V

注：可根据客户要求定制。

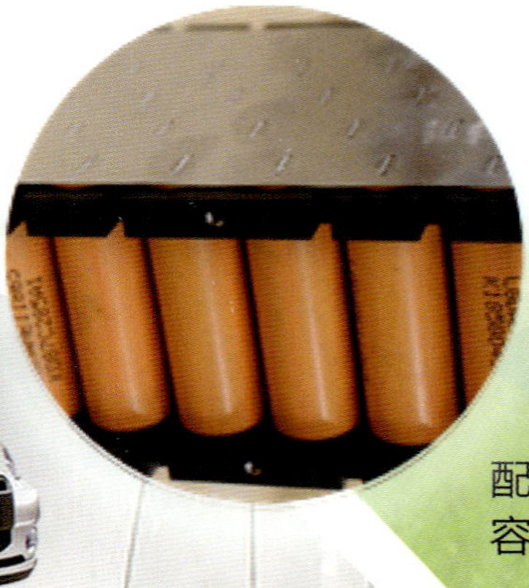

电池系统应用

配合BMS开发相关技术与设备，使电池容量和电压均衡稳定，切实延长电池寿命。

主动均衡芯片

产品简介：

本产品是以物理转换为基础的双向主动均衡芯片，不仅可以应用于锂离子电池组，还可以应用于纯电动车、混合动力车、场地车、储能电源、备用电源、船舶、航空航天等BMS以及电池生产过程中的调试设备和其他锂离子电池相关应用设备。本产品上集成了电源开关和电感器，因此体积远远小于采用变压器原理的主动均衡电路，不仅能够解决电池系统内各单体电池之间的不均衡问题，还能通过高效的能量转换增加电池系统的充放电次数，延长电池的使用寿命。并且可以简单地将现有BMS上的被动均衡电路更换为主动均衡电路，用户还可以根据自身需求并联本产品以提高均衡电流。

产品特点：

- JDEC等级2
- 可并联使用
- 均衡精度小于14mV
- 均衡电流可达1.5A
- 转换效率高达90%以上
- 具有各种故障保护功能
- 采用程序控制均衡方式
- 主动对串联电池之间进行双向升压/降压
- 同步拓扑结构最大限度减少均衡时间和功耗
- 小尺寸封装6.5mm×6.5mm，带4×4缓冲保护
- 不需要外接变压器或电感器，最大限度降低PCB成本

标准产品型号及参数：

项目	参数
型号	EHC012
大小	6.5mm×6.5mm×1.8mm
重量	0.125g
适用电池	磷酸铁、三元、锰酸、Co、Ni
所需IC芯片数量	电池串联数（n）-1
工作电压	4.4～9.0V
工作温度	-40℃～100℃
工作湿度	90%，无凝露
静态电流	< 1.0μA
均衡电流	1.0～1.5A，可并联使用最高可达4.5A
均衡精度	< 14mA
均衡效率	> 90%

注：可根据客户要求定制。

电动汽车技术咨询服务

拥有资深专家和完善成熟的体制，可协助客户稳健快速发展，在激烈竞争中占据优势。

EVTD Inc.

地址：上海市长宁区长宁路969号3305室　TEL：021-69736013　E-mail：info@evtd.co.jp　http://www.evtd.com.cn

2014
节能与新能源汽车年鉴

中国汽车技术研究中心
北京国能赢创能源信息技术有限公司　　编
《节能与新能源汽车年鉴》编制办公室

中国经济出版社
CHINA ECONOMIC PUBLISHING HOUSE
北京

图书在版编目（CIP）数据

节能与新能源汽车年鉴．2014 / 中国汽车技术研究中心，北京国能赢创能源信息技术有限公司，《节能与新能源汽车年鉴》编制办公室编．
北京：中国经济出版社，2014．12
ISBN 978－7－5136－3609－4
Ⅰ．①节… Ⅱ．①中… ②北… ③节… Ⅲ．①节能—新能源—汽车—中国—2014—年鉴 Ⅳ．①U469．7－54
中国版本图书馆 CIP 数据核字（2014）第 282103 号

责任编辑　张玲玲
责任审读　贺　静
责任印制　巢新强
封面设计　华子图文

出版发行　中国经济出版社
印 刷 者　北京科信印刷有限公司
经 销 者　各地新华书店
开　　本　889mm×1194mm　1/16
印　　张　48．5
字　　数　1675 千字
版　　次　2014 年 12 月第 1 版
印　　次　2014 年 12 月第 1 次
定　　价　780．00 元

中国经济出版社　**网址** www．economyph．com　**社址** 北京市西城区百万庄北街 3 号　**邮编** 100037
本版图书如存在印装质量问题，请与本社发行中心联系调换（联系电话：010－68319116）

2014年《节能与新能源汽车年鉴》编审委员会

委　　员:(以姓氏笔划为序)

1. 各省、自治区、直辖市、计划单列市

方安儒　黑龙江省工业和信息化委员会
牛近明　北京市新能源汽车发展促进中心
王　珏　广西壮族自治区工业和信息化委员会
王晓光　唐山市科技情报研究所
冉红斌　西安市发展和改革委员会
石　磊　山西省新能源汽车领导组办公室
刘建华　上海市新能源汽车推进办公室
刘燕琨　昆明市科学技术局
朱　策　合肥市科学技术局
许心超　北京市科学技术委员会
闫　石　吉林省工业和信息化厅
齐　鹏　天津市科学技术委员会
何秀林　杭州市经济委员会
张　羽　河北省工业和信息化厅
张亚敏　四川省发展和改革委产业发展处、四川省清洁汽车工作协调领导小组办公室
张魁伟　武汉市科学技术局
张震宇　河南省工业和信息化厅
李　莉　新乡市工业和信息化局
李维宾　大连市经济和信息化委员会
陈洪基　湖北省襄阳市汽车工业办公室
周永清　四川省经济和信息化委员会
罗西临　成都市经济和信息化委员会
苗晋琦　郑州市科学技术局
郑大治　沈阳市发展和改革委员会、沈阳市节能与新能源汽车领导小组办公室
施跃华　成都市经济和信息化委员会
胥亮亮　盐城经济技术开发区管委会
党　钢　南昌市科技局
姬卫东　呼和浩特市生产力促进中心
徐　伟　海口市科学技术工业信息化局
黄新亮　湖南省科学技术厅
董晓佳　江苏省经济和信息化委员会
蔡　羽　深圳市发展和改革委员会

2. 企事业单位

Dr. KC Lim　苏州威星能源科技有限公司
Robert Deutsch　大陆汽车投资(上海)有限公司
Walter Wu　苏州达思灵新能源科技有限公司
马　军　哈尔滨鑫业电动车技术开发有限公司
仇宗伟　斯凯孚(中国)销售有限公司
孔昭松　天津市松正电动汽车技术股份有限公司
尹家彤　苏州智绿智绿环保科技有限公司
方昕宇　合肥国轩高科动力能源股份公司
王　旭　扬州亚星客车股份有限公司
王　京　上海卡耐新能源有限公司
王　耕　上海燃料电池汽车动力系统有限公司
王文兵　郑州宇通客车股份有限公司

王克坚　北京长城华冠汽车科技有限公司
王艳杰　凯迈嘉华(洛阳)新能源有限公司
冯江辉　北京华特时代电动汽车技术有限公司
叶展宏　比亚迪汽车工业有限公司
宁国宝　天津市松正电动汽车技术股份有限公司
申宇翔　湖南南车时代电动汽车股份有限公司
石　磊　广州汽车集团乘用车有限公司
石振懿　EVTD Inc.
刘　杰　北京基业达电气有限公司
刘孝伟　超威电源有限公司
刘明辉　中国第一汽车股份有限公司技术中心
刘跃占　威凯检测技术有限公司
刘路明　博世工程技术中国区
孙树林　东方电气集团东风电机有限公司
孙晓楠　艾尔维汽车工程技术(上海)有限公司
曲家琪　上海赢双电机有限公司
毕荣华　大洋电机新动力科技有限公司
江　纯　重庆鼎辉汽车燃气系统有限公司
江建平　普天新能源有限责任公司
严　刚　安徽江淮汽车股份有限公司
佀　海　北京汽车新能源汽车有限公司
何有奇　深圳市沃特玛电池有限公司
何金根　海马轿车有限公司
吴晓光　郑州宇通客车股份有限公司
张　禾　北京亿华通科技有限公司
张　溪　中信国安盟固利动力科技有限公司
张小平　欧科佳(上海)汽车电子设备有限公司
张舟云　上海电驱动股份有限公司
张杰夫　深圳市依思普林科技有限公司
张泱渊　深圳市科列技术有限公司
张新河　东莞市迈科新能源有限公司
张福成　江西凯马百路佳客车有限公司
李　磊　苏州绿控传动科技有限公司
李占江　南京越博汽车电子有限公司
李宁一　深圳市五洲龙汽车有限公司
李宏民　江苏吉泰科电气股份有限公司
杨　涛　河南锂动电源有限公司
杨志勇　东风南充汽车有限公司
杨剑波　成都客车股份有限公司
汪　辉　珠海泰坦科技股份有限公司
沈建芳　上海海立(集团)股份有限公司
肖自友　福建尤迪电机制造有限公司
邱文渊　深圳市蓝海华腾技术股份有限公司
邵思东　潍柴西港新能源动力有限公司
陈光森　山东恒宇新能源有限公司
卓　斌　广西玉柴机器股份有限公司

林　宏　天津力神电池股份有限公司
林　程　北京理工华创电动车技术有限公司
林仕供　福建尤迪电机制造有限公司
林国军　深圳巴斯巴科技发展有限公司
范宗武　山东沂星电动汽车有限公司
金一峰　东南(福建)汽车工业有限公司
赵子亮　中国第一汽车股份有限公司技术中心
夏学芬　潍柴西港新能源动力有限公司
夏顺礼　安徽江淮汽车股份有限公司
徐　辉　英飞凌科技(中国)有限公司
徐卫东　湘电莱特电气有限公司
徐春江　江西博能上饶客车有限公司
郭　亮　武汉电动汽车示范运营有限公司
顾建党　菲尼克斯(中国)投资有限公司
高晓杰　苏州力久新能源科技有限公司
曹宏斌　普天新能源有限责任公司
黄　瑜　北京亿马先锋汽车科技有限公司
黄尔佳　湖南科霸汽车动力电池有限责任公司
黄国强　上海加冷松芝汽车空调股份有限公司
彭庆丰　奇瑞新能源汽车技术有限公司
程　迪　河南科隆集团有限公司
窦汝振　天津清源电动车辆责任有限公司
窦步海　福建冠龙新能源汽车科技有限公司
熊良平　安徽安凯汽车股份有限公司
熊晓飞　武汉电动汽车技术开发有限公司
戴建侠　苏州工业园区多思达科技有限公司

3. 科研院所

万仁君　中国汽车技术研究中心
方茂东　国家轿车质量监督检验中心
王子冬　中国北方车辆研究所
王贺武　清华大学
白小波　广州中国科学院工业技术研究院
任瑞铭　大连交通大学
刘昌仁　重庆车辆检测研究院有限公司
吴伯荣　北京理工大学
李　君　吉林大学汽车工程学院
李　亮　清华大学
杨晓松　国家汽车质量监督检验中心(襄阳)
侯　明　中国科学院大连化学物理研究所
姚　勇　中机车辆技术服务中心
曹　飞　重庆车辆检测研究院有限公司
章　桐　同济大学——国家燃料电池汽车及动力系统工程技术研究中心
龚进峰　中国汽车技术研究中心汽车工程研究院
谢　飞　中国汽车工程研究院股份有限公司
谢　辉　天津大学内燃机燃烧学国家重点实验室
颜文胜　昆明理工大学交通工程学院

2014年《节能与新能源汽车年鉴》特约编辑

（按姓氏笔画排列）

1. 各省、自治区、直辖市、计划单列市

马春燕　大连市节能技术服务中心
王　辉　唐山市科技情报研究所
邓光智　海口市科学技术工业信息化局
叶　明　昆明市科学技术局
田应军　河南省工业和信息化厅
刘巧生　山西省新能源汽车领导组办公室
刘先卿　郑州市科学技术局
孙　乐　北京市新能源汽车发展促进中心
孙　丽　黑龙江省工业和信息化委员会
吴红杰　上海市新能源汽车推进办公室
李　晨　四川省经济和信息化委员会
苏超然　广西壮族自治区工业和信息化委员会
陆象桢　深圳市发展和改革委员会
陈　健　武汉市科学技术局
郑学宇　成都市经济和信息化委员会
宫亚清　呼和浩特市生产力促进中心
洪京武　湖北省襄阳市汽车工业办公室
徐大海　天津市科学技术信息研究所
郭广强　西安市发展和改革委员会
盛会隆　南昌市科技局
阎宁亚　河北省工业和信息化厅
黄　宇　湖南省科学技术厅
黄中荣　四川省清洁汽车产业协会
龚胜全　盐城经济技术开发区管委会
戴　兵　合肥市科学技术局
魏兆宏　杭州市经济委员会

2. 企事业单位

方义松　北京亿马先锋汽车科技有限公司
王　谦　北京汽车新能源汽车有限公司
王万金　福建冠龙新能源汽车科技有限公司
王心宏　江西凯马百路佳客车有限公司
王方龙　安徽江淮汽车股份有限公司
王钊桐　威凯检测技术有限公司
王建东　苏州工业园区多思达科技有限公司

王恩前　山东沂星电动汽车有限公司
王爱军　大陆汽车投资（上海）有限公司
邓先泉　深圳市五洲龙汽车有限公司
仝瑞军　深圳市科列技术有限公司
田晓川　中国第一汽车股份有限公司技术中心
艾　群　山东恒宇新能源有限公司
刘　军　珠海泰坦科技股份有限公司
刘华超　哈尔滨鑫业电动车技术开发有限公司
刘志康　江苏吉泰科电气股份有限公司
刘景璋　欧科佳（上海）汽车电子设备有限公司
朱光海　郑州宇通客车股份有限公司
朱迎卉　天津力神电池股份有限公司
朱浩立　上海日立电器有限公司
汤旻洁　斯凯孚（中国）销售有限公司
许　婷　上海燃料电池汽车动力系统有限公司
何　峰　东莞市迈科新能源有限公司
何　斌　上海加冷松芝汽车空调股份有限公司
余景开　广州汽车集团乘用车有限公司
吴　俊　安徽安凯汽车股份有限公司
吴中友　北京华特时代电动汽车技术有限公司
宋二虎　河南科隆集团有限公司
宋全强　潍柴西港新能源动力有限公司
宋贵波　深圳市依思普林科技有限公司
张　浩　重庆凯瑞电动汽车系统有限公司
张光明　北京长城华冠汽车科技有限公司
张国强　北京亿华通科技有限公司
张焕军　北京基业达电气有限公司
李　乔　天津市松正电动汽车技术股份有限公司
李　丽　上海卡耐新能源有限公司
李永生　深圳巴斯巴科技发展有限公司
李群波　湖南南车时代电动汽车股份有限公司
杜文件　合肥国轩高科动力能源股份公司
杨　敏　成都客车股份有限公司
杨　敏　普天新能源有限责任公司
杨法根　超威电源有限公司
陈　凌　菲尼克斯（中国）投资有限公司
陈　焕　艾尔维汽车工程技术（上海）有限公司
陈　铭　东南（福建）汽车工业有限公司
陈　静　扬州亚星客车股份有限公司
陈万应　重庆鼎辉汽车燃气系统有限公司
陈美如　苏州智绿智绿环保科技有限公司
陈香玲　苏州达思灵新能源科技有限公司
陈敬然　北京理工华创电动车技术有限公司
周丽娟　武汉电动汽车示范运营有限公司
周承东　中信国安盟固利动力科技有限公司

姜　辛　苏州力久新能源科技有限公司
姜兆朋　福建尤迪电机制造有限公司
胡　蓉　湖南科霸汽车动力电池有限责任公司
候海燕　上海赢双电机有限公司
姬　园　海马轿车有限公司
徐　晶　英飞凌集成电路(北京)有限公司
徐学海　深圳市蓝海华腾技术股份有限公司
耿莉莉　EVTD Inc.
袁　召　凯迈嘉华(洛阳)新能源有限公司
贾爱萍　上海电驱动股份有限公司
郭　华　河南锂动电源有限公司
高　超　南京越博汽车电子有限公司
高金文　大洋电机新动力科技有限公司
曾　丹　深圳市沃特玛电池有限公司
蒋志强　江西博能上饶客车有限公司
谢正良　广西玉柴机器股份有限公司
鲁清平　大洋电机新动力科技有限公司
路　婕　苏州威星能源科技有限公司
廖友安　东方电气集团东风电机有限公司
潘　斌　武汉电动汽车技术开发有限公司
魏　巍　天津清源电动车辆责任有限公司

3. 科研院所名单

王　旭　中国汽车技术研究中心汽车工程研究院
王　芳　国家轿车质量监督检验中心
王　辉　国家汽车质量监督检验中心(襄阳)
王震坡　北京理工大学电动车辆国家工程实验室
左曙光　同济大学——国家燃料电池汽车及动力系统工程技术研究中心
张静一　清华大学
陈　芬　中国北方车辆研究所
凌　泽　重庆车辆检测研究院有限公司
郭　敏　广州中国科学院工业技术研究院
高　莹　吉林大学汽车工程学院
温　泉　中国汽车技术研究中心

2014年《节能与新能源汽车年鉴》编辑委员会

《2014 节能与新能源汽车年鉴》支持单位

（企业名称按汉语拼音字母顺序排序）

ABB 宝威再生能源（中国）有限公司
SKF 集团
艾尔维汽车工程技术（上海）有限公司
奥地利 AVL 李斯特公司北京联络处
北京长城华冠汽车科技有限公司
北京华特时代电动汽车技术有限公司
北京基业达电气有限公司
北京理工华创电动车技术有限公司
北京汽车新能源汽车有限公司
北京亿马先锋汽车科技有限公司
比亚迪汽车工业有限公司
博世（中国）投资有限公司
超威电源有限公司
大陆汽车投资（上海）有限公司
大洋电机新动力科技有限公司
东风南充汽车有限公司
东风汽车股份有限公司
东风日产乘用车有限公司
东风扬子江汽车（武汉）有限责任公司
东南（福建）汽车工业有限公司
东莞市迈科新能源有限公司
福建尤迪电机制造有限公司
广西玉柴机器股份有限公司
广州汽车集团乘用车有限公司
广州中国科学院工业技术研究院
国家轿车质量监督检验中心（天津）
国家燃料电池汽车及动力系统工程技术研究中心
哈尔滨鑫业电动车技术开发有限公司
海马轿车有限公司
合肥国轩高科动力能源股份公司
合肥协力仪表控制技术股份有限公司
河南锂动电源有限公司
河南新太行电源有限公司
湖南南车时代电动汽车股份有限公司
华晨宝马汽车有限公司
江苏吉泰科电气股份有限公司
江西博能上饶客车有限公司
江西凯马百路佳客车有限公司
凯迈嘉华（洛阳）新能源有限公司
南京菲尼克斯电气有限公司
南京越博汽车电子有限公司
欧科佳（上海）汽车电子设备有限公司
奇瑞新能源汽车技术有限公司
清华大学汽车安全与节能国家重点实验室
山东恒宇新能源有限公司
山东沂星电动汽车有限公司
上海畅聪新能源科技有限公司
上海电驱动股份有限公司
上海加冷松芝汽车空调股份有限公司
上海卡耐新能源有限公司
上海汽车工业（集团）总公司
上海日立电器有限公司
上海翼飞天地电控科技有限公司
上海赢双电机有限公司
深圳巴斯巴科技发展有限公司
深圳市蓝海华腾技术股份有限公司
深圳市沃特玛电池有限公司
深圳市五洲龙汽车有限公司
深圳市欣锐特科技有限公司
深圳市依思普林科技有限公司
四川永贵科技有限公司
苏州达四灵新能源科技有限公司
苏州工业园区多思达科技有限公司
苏州汇川技术有限公司
苏州力久新能源科技有限公司
苏州威星能源科技有限公司
苏州智绿环保科技有限公司
天津力神电池股份有限公司
天津清源电动车辆有限公司
天津市松正电动汽车技术股份有限公司

微宏动力系统（湖州）有限公司
潍柴西港新能源动力有限公司
武汉电动汽车技术开发有限公司
武汉电动汽车示范运营有限公司
西门子（中国）有限公司
湘电莱特电气有限公司
扬州亚星客车股份有限公司
意昂神州（北京）科技有限公司
英飞凌科技（中国）有限公司
张家港富瑞特种装备股份有限公司
浙江杭可科技有限公司
郑州宇通客车股份有限公司
中国汽车工程研究院股份有限公司
中国汽车技术研究中心
中信国安盟固利动力科技有限公司
重庆车辆检测研究院有限公司
重庆鼎辉汽车燃气系统有限公司
珠海泰坦科技股份有限公司

编制说明

《节能与新能源汽车年鉴》(以下简称“《年鉴》”)为年度出版物,每年跟踪上年度我国节能与新能源汽车行业的各方面发展情况,是全面反映我国节能与新能源汽车行业的综合工具书,为我国节能与新能源汽车行业的规划、科研、生产、销售及新产品开发等提供支持与服务。《年鉴》由中国汽车技术研究中心组织编制,自2010年创刊以来,得到了国家科技部、国家工信部、国家发改委等主管部门的关怀、指导,以及相关企业、科研院所的大力支持,受到了广大读者的欢迎。

2014年版《年鉴》内容涵盖了政策法规、研发情况、产业发展、示范推广、产量统计、配套量统计、主要地区和城市发展情况、企事业单位发展情况、车型参数等,车型涉及节能汽车、新能源汽车、天然气汽车等几大部分,全面展现我国节能与新能源汽车领域在2013年所取得的技术和产业发展成果。

2014年版《年鉴》在保持历年结构框架的基础上,广泛听取广大读者的建议,在内容上做了部分补充和调整。主要体现在:1. 数据统计截止日期由上年年底调整到当年的3月底,这些数据包括整车产量、示范城市推广数量、零部件配套数量,以及充电设施建设情况,方便读者了解更新的产业发展情况。2. 应广大读者要求,《年鉴》编制办公室邀请美国、日本电动汽车行业专家介绍国外电动汽车的发展情况,增加了国际新能源汽车技术和产业发展情况等内容。3. 增加“技术成果应用案例”的内容。“技术成果应用案例”篇自2012年版首次推出后,受到广大读者的欢迎,增加这篇的比例,可以把更多的先进技术及应用情况介绍给广大读者。

2014年版的《年鉴》邀请了“十一五”863计划节能与新能源汽车重大项目总体专家组的专家及相关行业专家,按我国节能与新能源汽车的不同领域,介绍了节能与新能源汽车示范推广、混合动力客车、混合动力乘用车、纯电动专用车、纯电动乘用车、燃料电池汽车、天然气汽车、车用动力电池、车用燃料电池技术进展、动力电池关键原材料、驱动电机、天然气发动机、电动汽车标准、美国电动汽车研发及产业化、日本电动汽车技术及推广情况等的发展进程,就国内进展、国际趋势、国内外差距等问题进行分析,盘点我国节能与新能源汽车在2013年的成绩与不足,提出下一步的发展建议。

2014年版《年鉴》共收集67家主要节能与新能源汽车产学研单位的发展概况及生产经营、产能建设、技术研发能力进展、合资合作等进展情况,共统计40多个重点地区和城市推广节能与新能源汽车的数据及车型。附录中重点收集了我国在2013年发布的节能与新能源汽车领域的相关标准、公告车型目录、节能与新能源汽车示范推广应用工程推荐车型目录及车型参数。

2014年版《年鉴》(英文版)同期出版,集中收录中文版的主要内容,包括分领域发展综述、地区发展情况、产销及示范推广数据统计、节能与新能源汽车示范推广程序目录及参数等,供国内外同行查阅。

2014年版《年鉴》在征集资料及编辑过程中,得到了国家有关部门,各省、自治区、直辖市、计划单列市节能与新能源汽车行业主管部门,各节能与新能源汽车推广应用城市领导小组、燃气汽车示范推广城市领导小组,各汽车工业集团(公司),各生产企业科研院所等有关部门的大力支持和协助,在此表示诚挚的谢意。《节能与新能源汽车年鉴》将以更翔实权威的数据、更全面客观的内容为追求,回报编委单位和广大读者的厚爱。

由于时间仓促和水平有限,书中不足之处在所难免,恳请读者批评指正。希望今后能够继续得到有关方面及广大读者的大力支持,欢迎对本书的改进提出意见和建议,编制办公室同人将不胜荣幸与感谢。

中国汽车技术研究中心
《节能与新能源汽车年鉴》编制办公室
2014年9月

目 录 |CONTENTS|

第一篇　分领域发展综述

第二篇　政策与规划

第三篇　地区发展概况

第四篇 重点企事业单位发展概况

第五篇　产量统计

第七篇　推广应用数量统计

第八篇　技术成果应用案例

第九篇　大事记

第十篇　附　录

企业形象专版目录

封　面

超威电源有限公司

封　底

大陆汽车投资(上海)有限公司

封　二

深圳市五洲龙汽车有限公司

封　三

天津清源电动车辆有限公司

封三对页

湖南南车时代电动汽车股份有限公司

封二对页

山东沂星电动汽车有限公司

扉页前彩插

扬州亚星客车股份有限公司

江西凯马百路佳客车有限公司

西门子(中国)有限公司

天津市松正电动汽车技术股份有限公司

中国汽车工程研究院股份有限公司

英飞凌科技(中国)有限公司

江苏吉泰科电气股份有限公司

福建尤迪电机制造有限公司

上海电驱动股份有限公司

广西玉柴机器股份有限公司

潍柴西港新能源动力有限公司

超威电源有限公司

上海翼飞天地电控科技有限公司

四川永贵科技有限公司

正文前彩插

河南锂动电源有限公司

河南新太行电源有限公司

东莞市迈科新能源有限公司

凯迈嘉华(洛阳)新能源有限公司

珠海泰坦科技股份有限公司

南京菲尼克斯电气有限公司

ABB 宝威再生能源(中国)有限公司

苏州智绿环保科技有限公司

上海卡耐新能源有限公司

苏州威星能源科技有限公司

武汉电动汽车示范运营有限公司

武汉电动汽车技术开发有限公司

苏州汇川技术有限公司

苏州达四灵新能源科技有限公司

苏州力久新能源科技有限公司

南京越博汽车电子有限公司

北京理工华创电动车技术有限公司

深圳市依思普林科技有限公司

深圳市蓝海华腾技术股份有限公司

合肥协力仪表控制技术股份有限公司

重庆鼎辉汽车燃气系统有限公司

张家港富瑞特种装备股份有限公司

郑州宇通客车股份有限公司

东风扬子江汽车(武汉)有限责任公司

东风汽车股份有限公司

上海汽车工业(集团)总公司

海马轿车有限公司

华晨宝马汽车有限公司

北京汽车新能源汽车有限公司

重庆车辆检测研究院有限公司

国家轿车质量监督检验中心(天津)
SKF 集团
博世(中国)投资有限公司
奥地利 AVL 李斯特公司北京联络处
湘电莱特电气有限公司
艾尔维汽车工程技术(上海)有限公司

正文后插页

广州汽车集团乘用车有限公司
东风日产乘用车有限公司
奇瑞新能源汽车技术有限公司
比亚迪汽车工业有限公司
东南(福建)汽车工业有限公司
江西博能上饶客车有限公司
湖南南车时代电动汽车股份有限公司
天津力神电池股份有限公司
合肥国轩高科动力能源股份公司
中信国安盟固利动力科技有限公司
微宏动力系统(湖州)有限公司
深圳市沃特玛电池有限公司
深圳市欣锐特科技有限公司
北京基业达电气有限公司
苏州工业园区多思达科技有限公司
深圳巴斯巴科技发展有限公司
上海畅聪新能源科技有限公司
山东恒宇新能源有限公司
意昂神州(北京)科技有限公司
上海赢双电机有限公司
上海加冷松芝汽车空调股份有限公司
上海日立电器有限公司
欧科佳(上海)汽车电子设备有限公司
东风南充汽车有限公司
清华大学汽车安全与节能国家重点实验室
国家燃料电池汽车及动力系统工程技术研究中心
中国汽车技术研究中心
中国汽车技术研究中心汽车产业发展研究所
节能与新能源汽车网
浙江杭可科技有限公司
广州中国科学院工业技术研究院
哈尔滨鑫业电动车技术开发有限公司
北京华特时代电动汽车技术有限公司
北京长城华冠汽车科技有限公司
北京亿马先锋汽车科技有限公司
大洋电机新动力科技有限公司

Green Batt
河南锂动电源有限公司
HENAN LITHIUM POWER SOURCE CO.,LTD
锂电驱动未来
Green Batt

新太行
XINTAIHANG

国内最早研制和生产各类蓄电池的专业基地
THE FIRST DOMESTIC PROFESSIONAL DEVELOPMENT AND PRODUCTION OF VARIOUS KINDS OF BATTERY BAS

Production Intruduction

河南新太行电源有限公司介绍
HENAN NEW TAIHANG POWER CO., LTD

河南新太行电源有限公司（国营第七五五厂）始建于1956年，是我国“一五”期间兴建的第一个 研制和生产各类碱性蓄电池的专业基地。公司占地面积23万平方米，是国家重点工程主要配套厂家，中国物理与化学电源行业协会副理事长单位。

公司属国家大型一类企业、国家一级计量合格企业、总装备部承制单位、军工电子装备科研生产单位、二级保密资格单位、国家高新技术企业、全国电子元器件百强企业、中国物理与化学电源行业协会副理事长单位。公司建有一个省级技术中心。公司通过IS09001-2008质量体　系认证。公司拥有12条不同系列蓄电池生产线，其中3条贯彻国家军用标准生产线，年生产能力达3亿安时。

公司具有雄厚的技术力量、一流的生产工艺、精良的生产设备、先进的检测仪器、完善的检测手段，自主研发和生产蓄电池产品的能力处于国内领先地位。

公司主要产品包括镉镍、锌银、锂离子电池、铁镍、氢镍、阀控式密封铅酸蓄电池及充电器、蓄电池专用设备共八大系列500多个品种。“太行”牌蓄电池在国防、铁路、电力、通讯、广电、矿山、舰船等诸多领 域享有盛誉，而且远销东南亚、中东、欧美等国家和地区。

公司经过50多年的发展，在蓄电池领域成为国内工业电池 的龙头企业，居国内领先地位。公司将紧紧抓住国家大力发展新能源产业的机会，联合国内外优势企业和科研机构，积极开发高性能、低成本、安全性更高的电源系统，全力打造国内一流的绿色新能源电源系统生产基地，为国防建设及新能源发展战略的实施做出更大的贡献。

Field of application

战略合作

集团董事长、总裁程清丰在参加中国电动汽车产业高峰论坛期间与中国工程院院士、世界电动车协会主席陈清泉教授合影

科隆集团与北京航天、上海航天新能源动力系统战略合作协议签约仪式

南车资阳机车有限公司混合动力机车电源系统设计评审暨技术合作协议签订仪式

集团董事长、总裁程清丰在参加中国节能和新能源客车示范应用高峰论坛期间与行业专家和合作伙伴合影

科隆集团与英国ECOCA公司电动汽车合作项目签字仪式

科隆与宇通合作的纯电动大巴车在新乡公交路线上正式运营

科隆与上海申沃合作的纯电动大巴车在海南跑车厂试车成功

科隆与东风集团郑州日产洽谈合作事宜

地址：河南省新乡市北环东段新太行工业园　　电话：0373-5283240　　传真：0373-5283219

国家重点工程主要配套厂家

HE MAIN POWER SUPPLY FACTORY FOR THE NATIONAL KEY PRO.ECT

Strategic cooperation 应用领域

与河南宇通合作研发的纯电动大巴车

与广汽合作的增程式纯电动轿车（863项目）

科隆新太行自主开发改装的纯电动公交车

与山东科凌公司合作开发的增程式大巴车

与河南少林汽车股份有限公司开发的纯电动客车

与上海申沃合作研发的纯电动大巴车

与依维柯公司合作开发的依维柯电动汽车

与新乡新能源汽车公司合作的纯电动出租车

军工品质　精品电源

地址：河南省新乡市北环东段新太行工业园　电话：0373-5283240　传真：0373-5283219

ABB

Chilye 智绿

电动汽车/混合动力汽车高压连接与配电专家

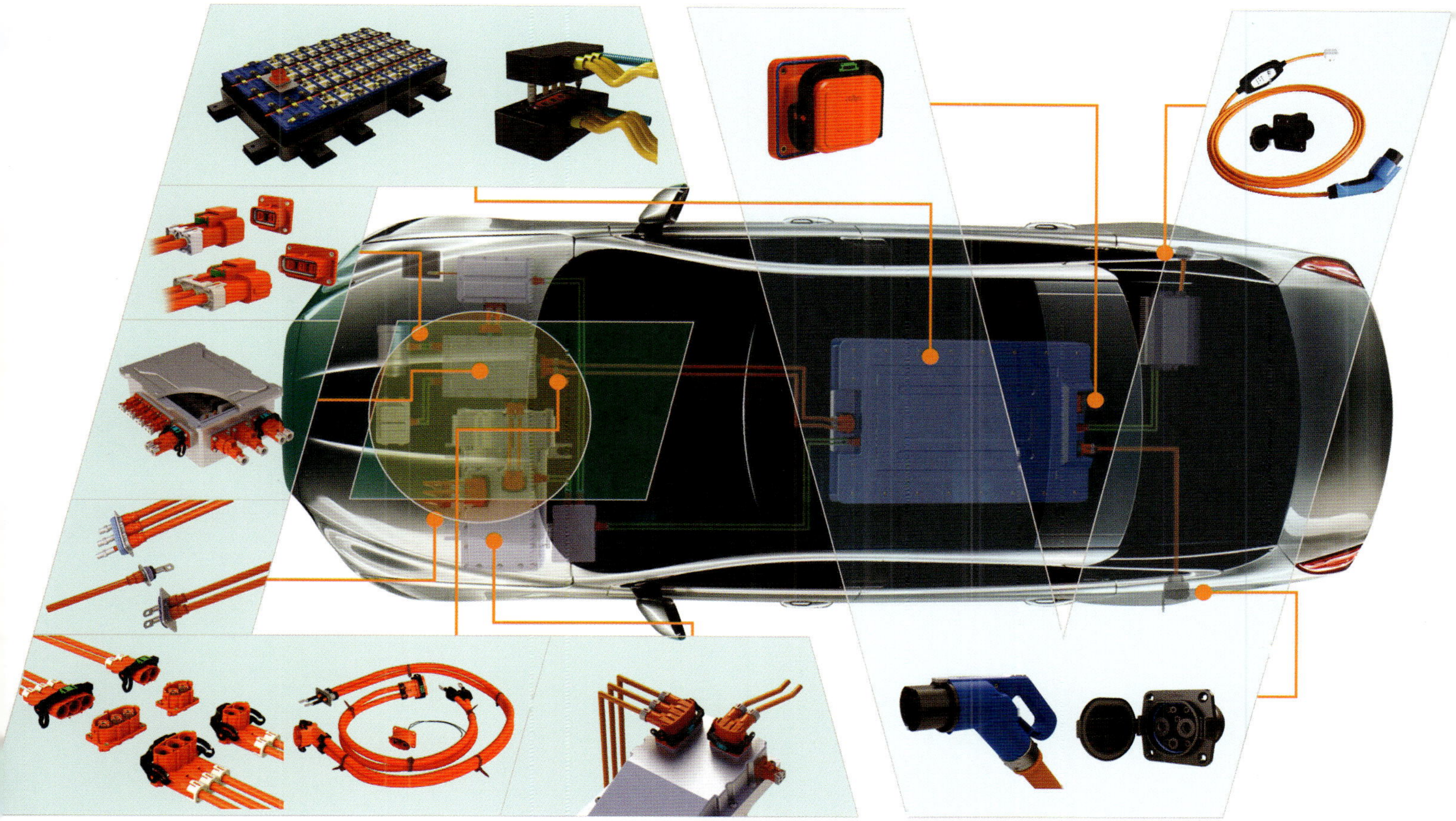

智绿 EV/HEV 高压电气产品构成

混合动力和电动汽车对高压电气系统有着非常苛刻的要求。首先是安全性，要绝对保护乘客与汽车服务技术人员的安全。智绿高压系统的电连接与配电系统对此都有应对方案：高压互锁回路（HVIL），防触碰设计与被动安全，高通载与防短路，全面运用电磁屏蔽技术，产品设计能应对残酷的使用环境（如：在剧烈且频繁的震动工况、涉水行驶；在严寒酷暑的环境中行驶等）。其次是持久性与耐用性，这就要求连接器等需要有更好的结构，使用更好的材质。除此之外，我们重点考虑用户使用安装的便捷性，用户可以快速熟练地安装使用我们的产品，实用性、便利性，连接件尺寸以及成本等也是我们的优势。

智绿为混合动力和电动汽车领域提供的产品包括充换电系统、电池系统、电机系统、配电系统及辅助系统。大部分产品已经批量生产并投入使用。我们还在不断完善产品线，以满足不同用户的多样需求。

苏州智绿环保科技有限公司

电话：0512-69566052　传真：0512-69566055

网址：www. chilye. com　邮箱：evsales@chilye. com

精准传动，引领绿色动力新风尚

汇川苏州二期厂区

深圳市汇川技术股份有限公司（300124）专注于工业自动化驱动与控制产品的研发、生产和销售，定位服务于中高端设备制造商，以拥有自主知识产权的工业自动化控制技术为基础，以快速为客户提供个性化的解决方案为主要经营模式，实现企业价值与客户价值共同成长。

主要产品有中低压通用型变频器、中低压工程型变频器、高压变频器、一体化及专机、伺服系统、PLC、HMI、永磁同步电机、新能源汽车电机控制器等。公司生产的中低压变频器的市场占有率在国产品牌厂商中名列前茅，其中一体化及专机产品在多个细分行业中处于领先地位。

公司是国家高新技术企业，截至2013年12月31日，公司及控股子公司拥有已获证书的专利213项，其中发明专利16项、实用新型专利154项、外观专利43项，共取得80项软件著作权。公司掌握了高性能矢量变频技术、PLC技术、伺服技术和永磁同步电机等核心平台技术，拥有一支人数众多，技术领先的研发团队，专门从事核心平台技术的研究、应用技术的研究和产品的开发。公司于2010年9月在深交所创业板上市，股票代码：300124。

汇川技术始终秉承前瞻、严谨、持续创新的经营理念，合理进行战略布局。早在"十一五"国家将电动汽车列入国家863计划之前，公司便响应国家号召，组建了新能源产品线，积极组织资源开展新能源汽车电机控制器的预研。通过坚持以核心技术、关键部件和系统集成为重点的发展路线，最终确立了以混合动力、纯电动、车用辅助动力三位一体的驱动系统研发布局。汇川技术以领先的研发实力，优质的供应链管理和质量控制平台，强大的交付能力，赢得了客户与业界的嘉许。

多年来，通过不断对电力电子行业新兴技术、理念的学习积累，科学严谨的市场调研，公司在电动汽车电机驱动器的自主创新道路上，攻克了一座又一座的技术堡垒，永磁电机大范围弱磁调速等关键技术取得重大进展，积累了宝贵的实践经验。如今的汇川技术在新能源电动汽车产品技术上，已经形成自己的特色和优势，将为公司驱动技术研发中心的建设和新能源汽车电机控制器的产业化奠定良好的基础。

研发优势

■ 业界研发投入最多
近600名研发人员；每年将上一年销售额的10%用于研发体系的发展和建设。

■ IGBT试验平台
模拟IGBT各种极限工况（杂散电感、温度模拟）的分析；
大容量驱动预研分析。

■ 震动测试平台
模拟各种工况的震动试验，尤其是汽车电子牵引驱动控制器。

■ 强电有限元分析平台
拓扑结构仿真分析；母排电流仿真分析。

■ 驱动算法、热设计仿真平台
先进算法仿真、对比验证；结构设计等热仿真分析。

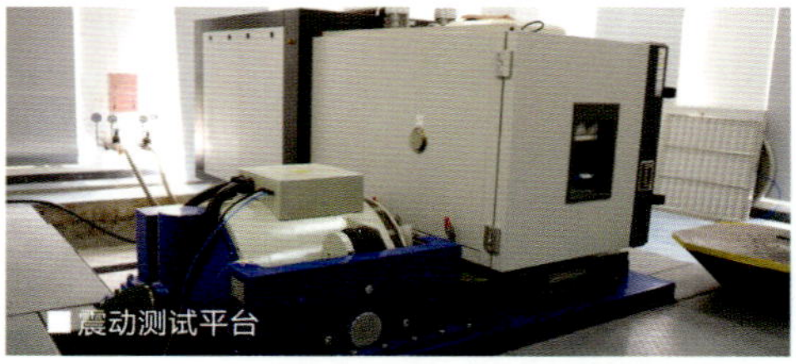
■震动测试平台

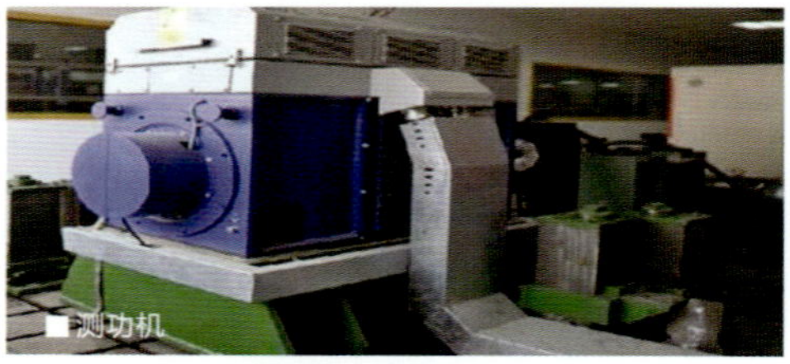
■测功机

■步入式高低温交变湿热试验箱

产品

■ EMC指标测试

测试优势

- 拥有国内领先的变频器对拖测试机组平台。
- 严格按照汽车电子标准测试出厂（EMC指标测试、温升测试、额定及过载测试等）。

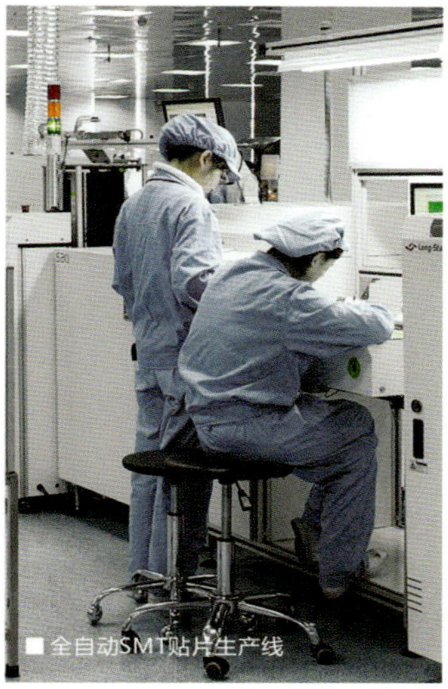

■ 全自动SMT贴片生产线

生产优势

- 制造的灵活性
- 可靠的质量保证
- 先进的生产设备
- 快捷的物流
- 严格的测试手段

■ 对拖测试机组平台

质量管理

严格按照TS16949质量管理体系标准开展质量管理活动，推动全员全流程的质量管理。

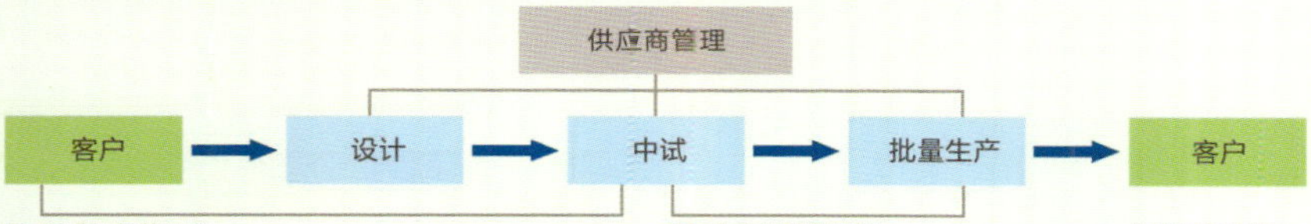

- 需求及规格评审
- 总体技术方案评审
- 详细的设计评审
- 样机评审
- 物料认证测试
- 性能/功能测试
- 电磁兼容/干扰测试
- 安规测试
- 环境/可靠性试验

- 小批量试制验证
- 转量产评审
- 供应商/外协厂质量管理
- 停线控制
- 100%安全测试
- 100%老化试验
- 100%出厂检测
- 失效统计分析
- 纠正预防措施

客户投诉处理
客服中心技术支持
电话/网络/邮件
现场服务支持
客户满意度调查

基于先进的制造执行系统（MES）组织质量管理活动

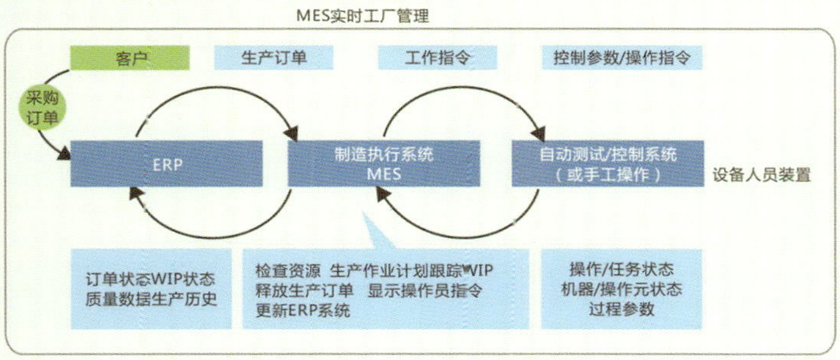

合作伙伴

宇通客车
SOUEAST 东南汽车
中华
Haima 海马汽车
YUCHAI 玉柴机器 YUCHAI MACHINERY
安凯客车
长城汽车
JAC
广汽集团 GAC GROUP
吉利汽车 GEELY AUTOMOBILE
BYD 比亚迪汽车
HIGER 海格
众泰汽车
恒通客车 HENGTONG
万向电动汽车有限公司 WANXIANG EV CO.,LTD

Never Stop Improving

苏州汇川技术有限公司
Suzhou Inovance Technology Co., Ltd.
联系电话：0512-66376666
苏州汇川技术有限公司为深圳市汇川技术股份有限公司全资子公司

苏州达思灵新能源科技有限公司

SUZHOU DSM GREEN POWER LTD.,CO

苏州达思灵新能源科技有限公司（简称“达思灵新能源”）位于苏州市相城经济开发区漕湖产业园，是一家专业开发、生产和销售各类车载增程发电系统的公司，产品包括用于低速电动车的3kW/5kW系统、用于小/中型乘用电动汽车的10kW/20kW系统、用于中/大型商务车的45kW/65kW系统等。公司以来自加拿大的Walter Wu博士为创业核心，整合了具有国际先进水平且成熟的双凸极励磁发电机技术和电动汽车动力系统集成技术，联合各类发动机供应商和动力锂电池系统供应商，专门为开发和生产增程式电动车的车厂供应整套发电系统（发动机+发电机+控制器）或整套能源系统（发动机+发电机+控制器+电池系统）。

达思灵开发的增程式电动汽车发电系统是在整合了具有国际先进水平且成熟的双凸极励磁发电机技术和由北美技术团队带来的电动汽车动力系统集成技术基础上，针对增程式电动汽车专门开发的车载发电系统。采用的双凸极发电机所开发的系列产品填补了国内增程式电动汽车用车载发电系统技术的空白,同时具有国际先进水平,在工艺技术、系统集成方面具有创新性。

类型	性能名称	参数
发电系统性能参数	燃料类型	≥90号汽油
	机油类型（夏季 - 冬季）	10W/30～5W/30
	额定发电电压（VDC）	60/72(可选)
	额定功率（可调整）（kW）	2.0～3.0
	发电效率	0.65 L/度电
	外廓尺寸（包括油箱）(mm)	410×400×320
	净质量（含控制器）（kg）	32

类型	性能名称	参数
发电系统性能参数	燃料类型	≥90号汽油
	机油类型	10W/30 -50W/30
	额定发电电压	72
	额定功率（可调整）	4.0 ～5.5
	发电效率	0.55L/度电
	外廓尺寸（mm）	550 x500 x 314
	净质量（不含控制器）	52kg

类型	性能名称	参数
发电系统性能参数	燃料类型	≥90号汽油
	机油类型	10W/30 SAE
	额定发电电压	324Vdc
	额定功率（可调整）	15kW ～20kW
	发电效率	0.45L/度电
	外廓尺寸（mm）	667L x451W x 698H
	净质量（不含控制器）	125kg

达思灵产品技术优势

1. 智能化控制与管理

- 智能启动/停止控制，噪声低，燃油效率高
- 保证电池永不过载，延长电池使用寿命
- 发电机效率>90%（根据不同功率）
- 恒转速、恒功率发电，发电功率自动控制

2. 具有电子风门

- 在各种温度环境下均可启动
- 自动启动、永远不须人工协助

3. 高可靠性和长工作寿命

- 具有主动式温度管理功能
- 可长时间连续发电，连续工作1.30小时以上
- 无退磁问题
- 油耗≥0.4～0.65L/度电（根据不同功率）
- 系统可以在等待红灯时自动停止，以降低油耗

地址：苏州市相城经济开发区漕湖大道32号4幢（漕湖产业园）
电话：0512-69572302
传真：0512-69570218
邮箱：xl.chen@dsmgreenpower.com
网址：www.dsmgreenpower.com

理工华创
BIT HUACHUANG

北京理工华创电动车技术有限公司成立于2010年8月，依托北京理工大学电动车辆国家工程实验室，是北京理工大学电动汽车领域唯一的学科性、窗口型公司。公司秉承锐意进取、不断创新的精神，努力实现从学术研究成果到工程化产品的转化，公司是国家863项目纯电动商用车动力系统平台重大课题的承担单位，目前已经成功构建“华创动力”品牌三大系列平台产品：纯电动客车动力系统平台、纯电动专用车动力系统平台、纯电动乘用车动力系统平台，并与国内主流整车厂（包括北汽福田、郑州宇通、上海申沃、苏州金龙、广汽客车、一汽解放<青岛>汽车、一汽<大连>客车等）合作，开发了一系列搭载“华创动力”平台的各类电动车型，迅速成为行业内拥有优势核心技术的纯电驱动系统平台主流供应商。

“华创动力”核心部件产品

一体化电驱动及自动变速系统

名称	2挡自动变速系统驱动总成	4挡自动变速系统驱动总成
图片	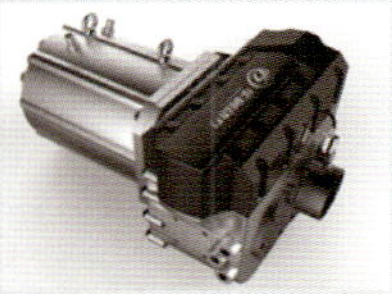	
挡位数量	2	4
输出功率	30/60kW	115/150kW
输出扭矩	0～525N·m	0～3700N·m
转速	0～5000r/min	0～4500r/min
适用车型	4～6米微型客车(车速>100km/h)	10～12米公交客车
	2～3吨多用途皮卡(车速>100km/h)	10～12米旅游客车（车速>100km/h）
	2～3.5吨轻型货车(车速>100km/h)	10～16吨货车（车速>100km/h）

一体化电驱动及自动变速系统通过对变速器的挡位控制来保证牵引电机工作在理想效率区域，显著提高整车的动力性和经济性，延长了电池寿命。通过多轮优化，实现了驱动电机与自动变速系统的轻量化集成设计，降低了系统的成本，总重减少了5%～10%，功率密度提高了10%～15%；完善和优化了换挡控制策略及规律，保证换挡时间小于0.8秒，有效缩短加速时间，动力和经济性能得到进一步改善；在车辆运行过程中，同时自动记录和诊断车辆的故障，实现了系统参数的自动标定，为后期维护提供了便利。

整车控制器

整车控制器是电动汽车整车控制系统的核心部件。它可以根据挡位信号、油门踏板开度和制动踏板信号，智能判断驾驶员意图。通过制定的控制策略，结合整车工况和电池状态，对驱动电机和变速器及整车电动化附件实施控制，保证车辆的高效、可靠运行。利用专用组合仪表监控整车状态参数和关键部件信息，实现故障诊断。外壳采用封装铝制材料，防护等级达IP65，具有良好的抗电磁干扰及散热特性。用32位单片机作为控制芯片，电气接口丰富，包括功率输出10路、5V电源2路、脉冲输出2路、I/O采集19路、模拟量采集8路和CAN总线2路，可以满足各种类型新能源汽车的功能需求。

高压配电系统

名称	参数	备注
最低电压	400VDC	
最高电压	720VDC	
额定电压	600VDC	
额定功率	140kW	
峰值功率	215kW	60S内
防护等级	IP55	

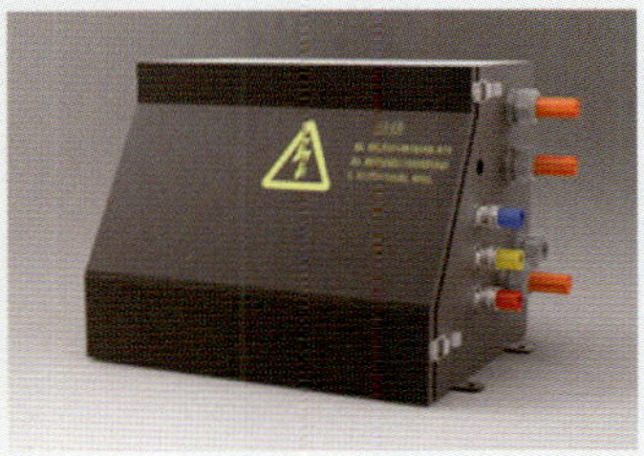

高压配电系统用于电动汽车高压控制，实现动力电池高压电在各个高压子系统中的合理有序分配，使得车辆在行驶过程中，各系统能够按照整车要求和驾驶员指令完成动作，确保整车的高压用电安全。该系统安装有直流熔断器和直流接触器，可对整车电机、除霜、空调、AC、DC、绝缘监测等电路进行短路保护和过流保护。采用智能化控制系统对各个电器开关进行控制，通断迅速可靠。主、辅柜式的结构在布置上更加机动灵活；采用插接件连接，拆装维修方便。

ESPIRIT 深圳市依思普林科技有限公司

SHENZHEN ESPIRIT TECHNOLOGY CO., LTD.

—— 绿色使命 追求极致

Green Initiative and Make Ultimate

公司简介

依思普林科技一直致力于新能源汽车电机控制器及核心IGBT模块和MOSFET模块的设计服务与产品制造，以及工业级电力电子产品的研发与生产。公司主营产品：低速电动车、电动乘用车、电动中巴车、电动大巴车用永磁同步电机控制器、交流异步电机控制器；电动车用IPM模块；电动车用MOSFET模块。

公司以“绿色使命，追求极致”为使命，不断创新，以先进的技术为客户提供定制化电机控制器产品设计服务，为全球用户提供个性化设计服务和质量过硬的产品。

电动汽车用IPM模块(1200V/400~800A)

型号 Type	电压 V_{CES} (V)	电流 I_C (A)	饱和压降 $V_{CE(sat)}$ (V)	电路拓扑 Circuit Topology	封装图 Package
LDG400F12E4A	1200	400	1.75	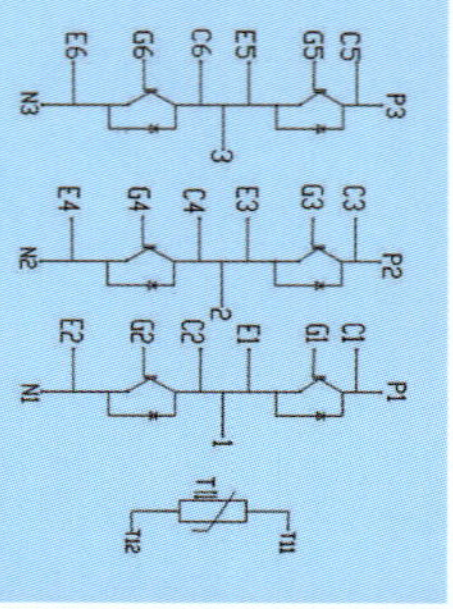	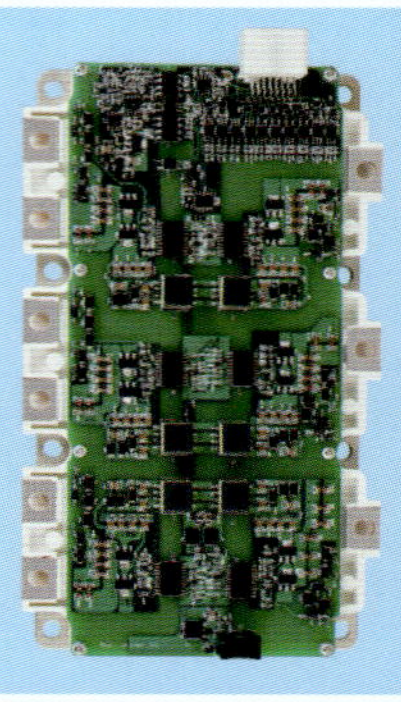
LDG450F12T4A	1200	450	1.80		
LDG600F12E4A	1200	600	1.75		
LDG800F12E4A	1200	800	1.75		

电动汽车用IGBT模块(650V/200~400A)

型号 Type	电压 V_{CES} (V)	电流 I_C (A)	饱和压降 $V_{CE(sat)}$ (V)	电路拓扑 Circuit Topology	封装图 Package
ESG200B07A	650	200	1.76	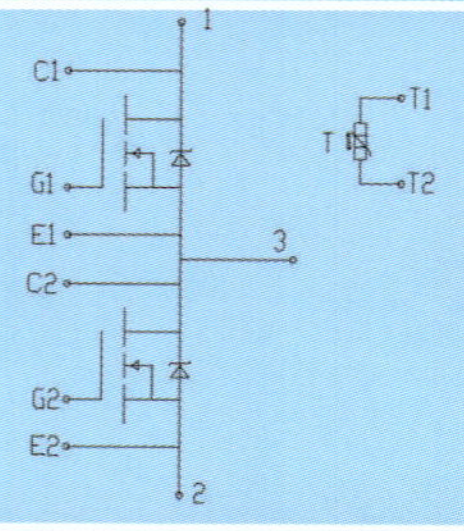	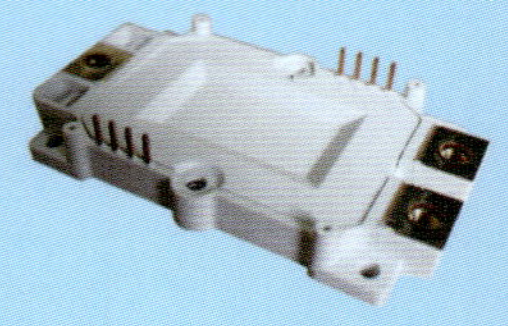
ESG300B07A	650	300	1.76		
ESG400B07A	650	400	1.5		

电动汽车用MOSFET模块(150V/400~680A)

型号 Type	电压 V_{CES} (V)	电流 I_C (A)	导通电阻 $R_{DS(on)}$ (mΩ)	电路拓扑 Circuit Topology	封装图 Package
ESF400B150A	150	400	5.5	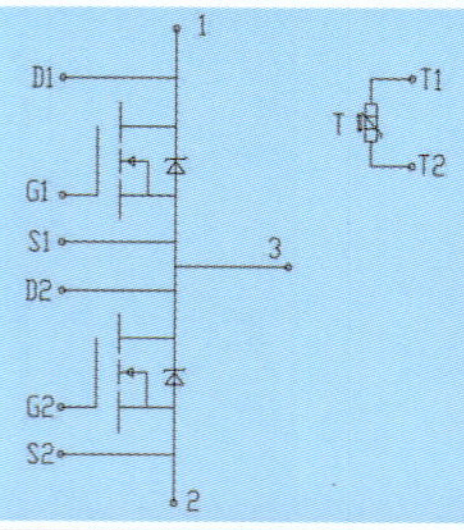	
ESF520B150A	650	520	5.5		
ESF680B150A	150	680	4.8		

全球领先技术

新能源汽车电机及电机控制器系统

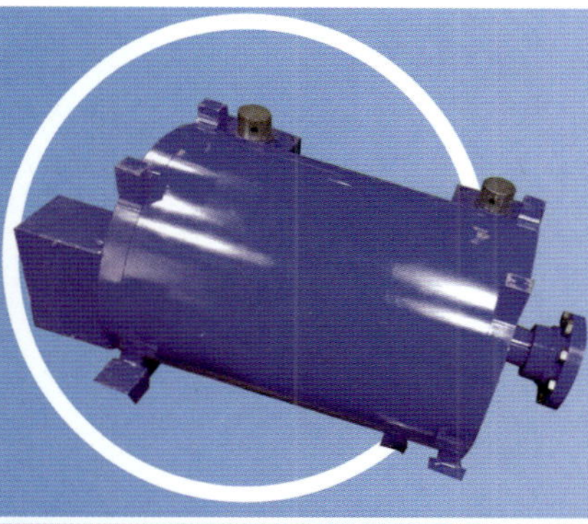

电动巴士用电机控制器

采用自主研发六单元汽车级IPM模块
体积小，质量轻，功率密度可达12kW/L
高效率，最高效率大于98%
抗震能力强，高可靠性，长寿命
耐高压，耐大电流冲击能力强
采用汽车级器件，工作温度-40℃~125℃
防护等级IP67

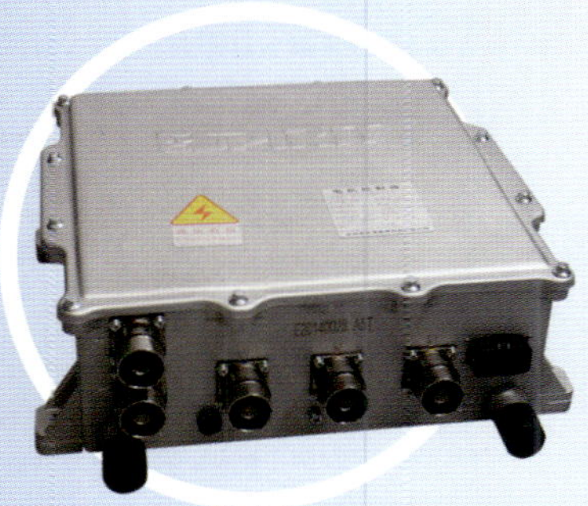

电机控制器型号 (MOTOR CONTRONLLOR)	适配电机 (MOTOR)	额定/峰值功率 (POWER) (kW)	额定/峰值扭矩 (TORQUE) (r/min)	母线电压 (VOLTAGE) (V)	适配车型 (APPLICATION)
EMC100-336DW(P/I)	EMP1000A	60/110	358/1000	336	6~7.5m纯电动中巴
EMC100-560DW(P/I)	EMP1120A	42/75	320/1120	560	6~7.5m纯电动中巴
EMC150-560DW(P/I)	EMP2100A	80/120	493/2100	560	8~10m纯电动中巴
EMC200-560DW(P/I)	EMP2800A	100/200	955/2800	560	11~12m纯电动大巴

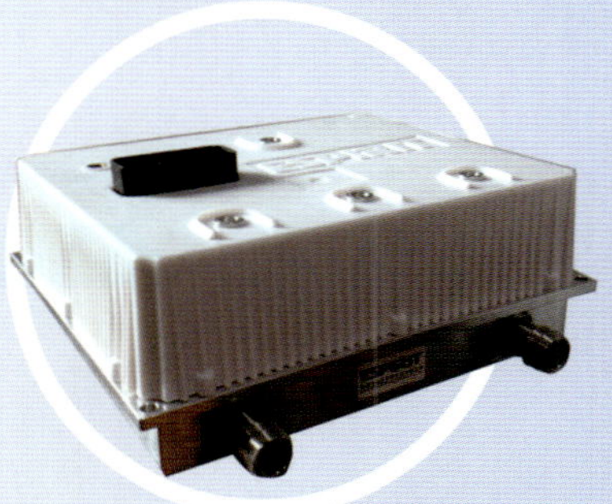

30kW乘用车控制器

采用自主研发的650V/400A全压接IGBT模块
散热好，过流能力强，温升低
采用薄膜电容，可靠性高，寿命长
采用汽车级器件，工作温度-40℃~105℃

10kW低速车控制器

采用自主研发的150V/680A全压接MOSFET模块
散热好，过流能力强，温升低
采用薄膜电容，可靠性高，寿命长
采用汽车级器件，工作温度-40℃~105℃

电机控制器型号 (MOTOR CONTRONLLOR)	适配电机 (MOTOR)	额定/峰值功率 (POWER) (kW)	额定/峰值扭矩 (TORQUE) (r/min)	母线电压 (VOLTAGE) (V)	适配车型 (APPLICATION)
EMC10-72DW(P/I)	EMP130A	10/25	32/130	72	低速电动车
EMC30-336DW(P/I)	EMP158A	20/60	55/158	336	电动乘用车

地址：深圳市龙岗区清林西路留学生创业园1-226
ADD: 1-226,Oversea students pioneer park,
Qinglin West Rd,Longgang Dist,Shenzhen City,P.R.China.
TEL：(0755) 33569208　FAX：(0755) 28945523
E-mail：marketing@espiritek.com
网址：www.espiritek.com

Shinny 协力仪控

公司简介

合肥协力仪表控制技术股份有限公司成立于1996年1月，位于安徽省合肥市国家级高新技术产业开发区民营科技企业园内。是专业从事工程机械及汽车控制系统的研究、开发、制造和销售的高新技术企业。

公司以“协力为您增进一份竞争力”为理念，坚持以用户为关注焦点，实行产品协同开发、集成供货、全程服务三位一体的营销体制。公司经营范围为工程机械及汽车控制系统，可为工程机械及汽车行业提供完整的机电信一体化的控制系统方案。主导产品为车辆控制系统、车辆仪表信息系统、工业车辆电驱动系统、工程机械电液控制阀和工程机械仪表配件五大类，包括20多个产品系列、200多个产品型号。

公司产品广泛应用于叉车、挖掘机、装载机、电动车、汽车、军工等领域。企业产品的技术水平在国内处于领先地位，其中叉车控制器及仪表系列产品在国内市场的占有率位于国内第一。企业在国内同行业中享有较高的知名度。

公司汽车电子事业部已形成小型商用车、商务客车、重型卡车、新能源汽车及电动非公路车辆五大系列的控制系统、仪表信息系统及电驱动系统的产品配套和生产能力。产品生产制造采用先进的工艺设备，严格的工艺及高标准的检测手段及设施，保证了产品品质的可靠性。已通过ISO 9001、ISO 14001、OHSAS 18001“三合一”体系认证、ISO/TS 16949体系认证及“安全生产标准化二级”体系认证。

协力仪控正在以快速的发展脚步，为造就一流的车辆仪表与控制系统全面解决方案的全球供应商的公司愿景，阔步前进！

主要产品

汽车电子系统

工程机械电驱动系统

工程机械电液控制阀

工程机械控制器

工程机械仪表

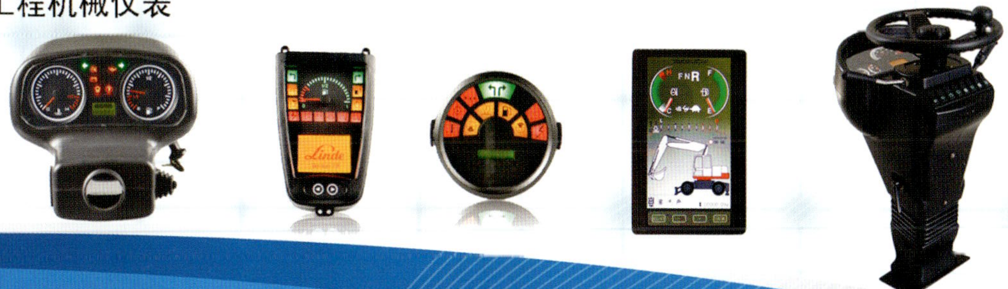

Contact Us

合肥协力仪表控制技术股份有限公司
Hefei Shinny Instrument Control Technology Co., Ltd.

地址：安徽省合肥市高新技术产业开发区柏堰科技园石楠路9号
Add: No.9, Shi Nan Road, New & High Technology Industrial Development Zone, Hefei, Anhui, China
邮编(P.C):230088
电话(Tel):+86-0551-65316980、65317059
传真(Fax):+86-0551-653116977、65317059
网址(Web):http://www.hfxlyb.com
邮箱(Email):yanjs@hfxlyb.com、shicb@hfxlyk.com

重庆鼎辉汽车燃气系统有限公司

Production Intruduction

重庆鼎辉汽车燃气系统有限公司成立于2000年，位于重庆市两江新区汽车产业开发园，系中国汽车工程研究院股份有限公司控股子公司、国家燃气汽车工程技术研究中心产业化实体。是国内最早、最大的专业从事汽车燃气系统产品开发、试验、制造、应用、技术咨询和培训的高新技术企业。

重庆鼎辉汽车燃气系统有限公司目前资产总额达8000万元，年产值1.3亿元。生产的燃气装置系列产品均具有自主知识产权，适用于国内外多种车型，现已具备年产燃气系统产品6万套，零部件产品30万件的生产能力，同时拥有经重庆市政府批准的燃气汽车改装示范厂，具备年改车1.5万辆的能力。

重庆鼎辉汽车燃气系统有限公司现有员工180余名，其中有工程技术人员42名，包括研究员级高工2名、高级工程师3名、工程师18名。公司拥有两个标准发动机台架实验室。

2003年开始研发汽油和柴油汽车燃气系统，并在中国汽车工程研究院设立发动机台架实验室。产品主要包括ECU、减压器、线束、传感器、充气阀、喷嘴、带报警功能的燃气报警器、高压电磁阀、电动过流保护阀等，广泛用于商用发动机、两用燃料汽车和燃气客车。

重庆鼎辉汽车燃气系统有限公司现已通过ISO 9001、ISO/TS 16949等质量管理体系认证，安全生产标准化三级企业、重庆市高新技术企业等多项企业认证。7个系列产品通过欧盟ECE R110认证，11个系列产品通过ISO 15500认证。多年来，参与国家燃气汽车工程技术研究中心承担的多个国家863科技项目，拥有98项产业化成果、9项专利和5项非专利独占技术。

2013年度工作概况

2013年度完成销售收入13120万元（含税），实现利润1558万元，生产套件24971套。截至2013年底，装配重庆鼎辉汽车燃气系统有限公司产品的车辆已超过35万余辆，公交车辆装车25万余辆，公交行业市场占有率超过60%。

ISO/TS16949
质量体系证书

安全生产标准化
三级企业

节能及绿色工业
科研成果二等奖

主要产品

重庆鼎辉汽车燃气系统有限公司为郑州宇通、苏州金龙、中通客车、黄海客车、安凯客车、上海申沃、扬州亚星、厦门金旅（出口供应商）、长安汽车、重庆恒通、重庆五洲龙、一汽客车、大连客车、南车时代、东风客车等多家主机厂的燃气产品标准供应商。其产品被数十家省会城市和地级公交公司采用。在客户群中拥有良好的口碑和很高的知名度，是公交用户可信赖的优质伙伴。现有产品全部满足国Ⅳ匹配技术水平，部分产品满足国Ⅴ匹配技术要求。

插销式充气阀

高压截止阀

卡扣式充气阀

气路单向阀

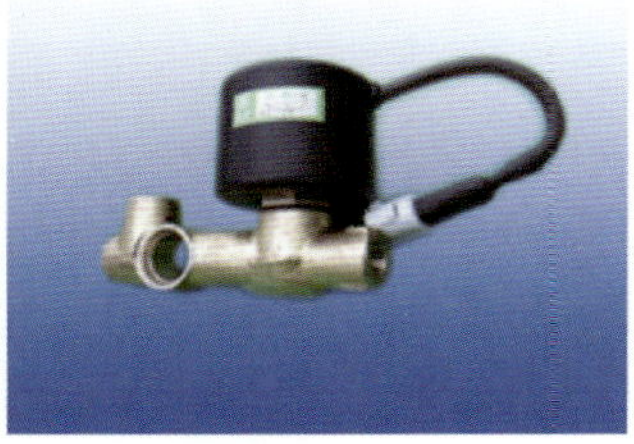
高压电磁阀

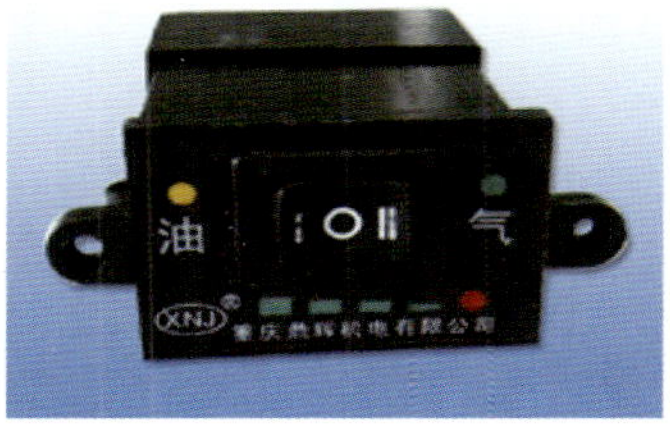

灯显开关

高压钢管

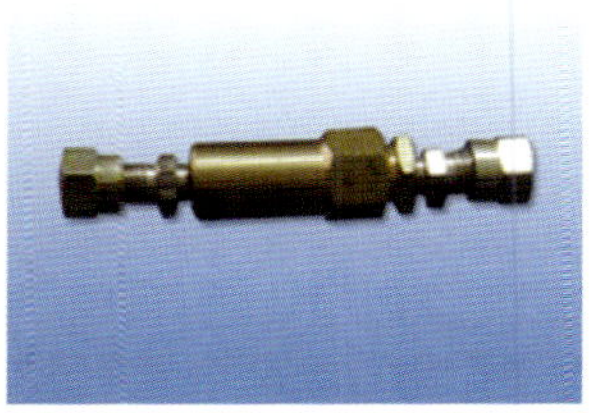
过滤器

插销式集成控制面板

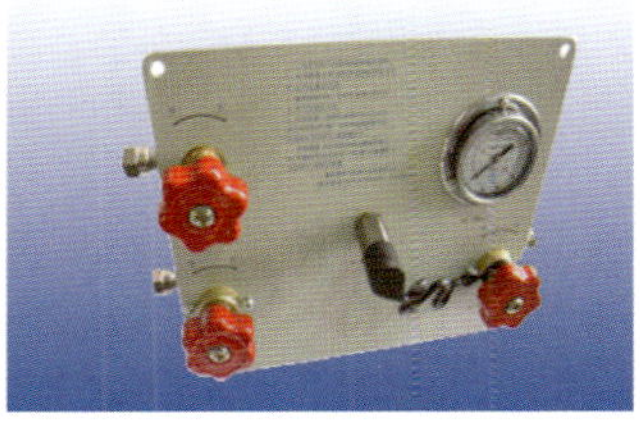
卡扣式集成控制面板

小精滤器

电动过流保护阀（无线）

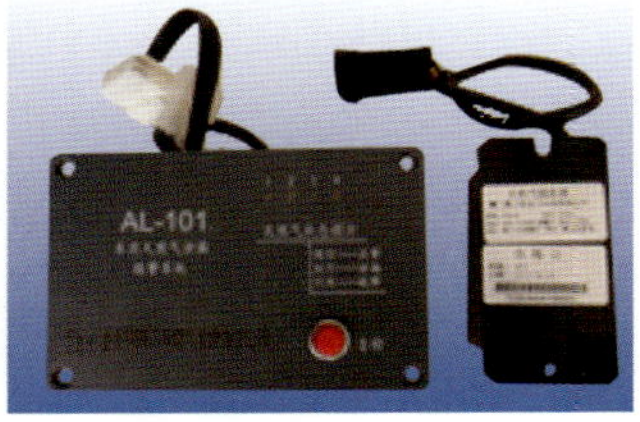

带报警功能的燃气报警器

不锈钢面板

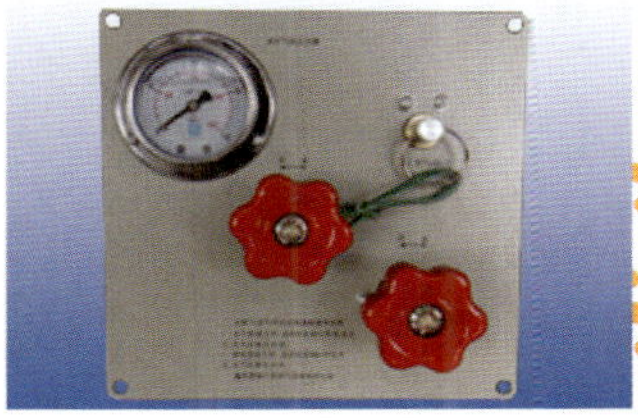
插销式集成控制面板

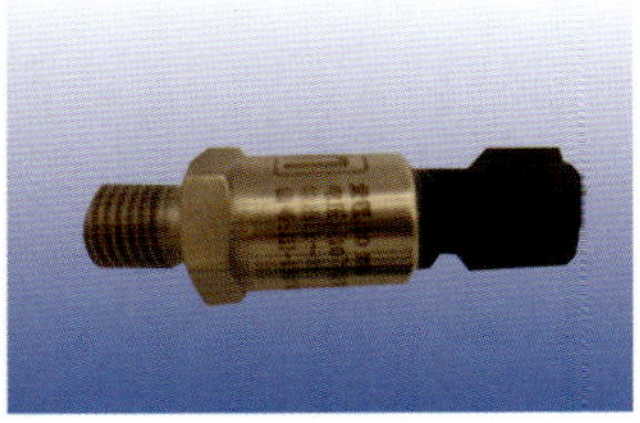
无线传感器

大流量三级减压器

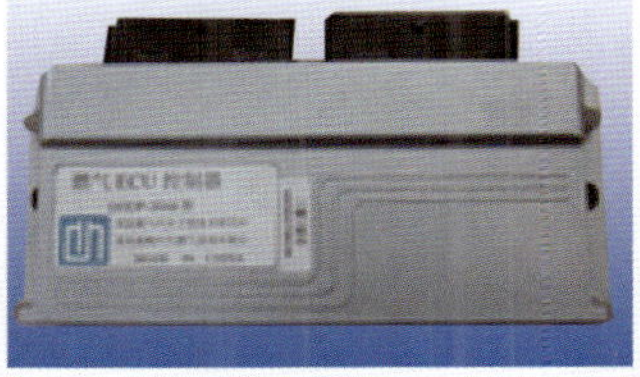
ECU

24小时客户服务热线：4001-300228 4009-300228

张家港富瑞特种装备股份有限公司

富瑞特装 FURUISE

LNG(清洁能源)产业整体解决方案专家

领先的一站式服务供应商

张家港富瑞特种装备股份有限公司（股票代码300228），地处江苏省张家港经济技术开发区，是一家专业从事液化天然气（LNG）的液化、储存、运输及终端应用全产业链一站式整体解决方案的高新技术企业，2010年开始涉足汽车发动机再制造油改气领域。主导产品有再制造油改气汽车发动机、LNG液化成套装置、LNG、LNG/L-CNG汽车加气站、LNG车用供气系统、LNG船用供气系统、LNG储罐、低温液体运输车、低温液体罐式集装箱、系列低温阀门、真空绝热管、加气枪及海水淡化，气体分离液化等高端能源装备。

LNG车用瓶

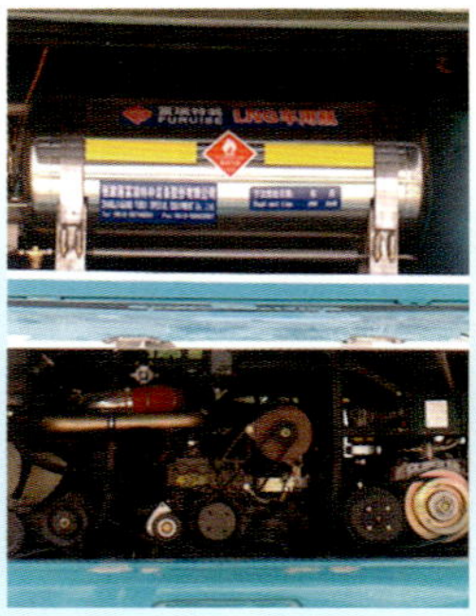

地址：江苏省张家港市杨舍镇晨新路19号 | Http://www.furuise.com | 股票代码：300228

DFAC 东风特种车

优质 高效能

践行理想绿色城市

东风汽车公司是“新能源汽车央企大联盟”的16个成员单位之一，从1997年开始节能与新能源汽车的研发；旗下“东风汽车股份有限公司”（以下简称“东风股份”）主要承担东风汽车公司新能源商用车项目发展重任，现自主研发的微型纯电动专用底盘与整车系列产品，在技术、品质上均达到新能源纯电动汽车行业标准的高安全、高效能、高品质特性。截至2014年5月，东风微型纯电动环卫车已在湖北、江苏、山东等地实现了400多辆的示范运营，为我国新能源专用车推广与应用发挥了积极的探索和示范效应；其自主研发的微型纯电动底盘系列产品，各项性能指标均属行业领先水平，适用于市政环卫、邮政、城乡物流等行业专用车改装。

“东风股份”特种车事业部是根据公司中长期发展战略及行业用户特殊需求而成立的事业板块，在发挥“东风汽车”整合资源积蓄自主创新能力的基础之上，将持续通过“商品铁三角”和“服务铁三角”机制，以市场及用户需求为导向，全力打造新能源、清洁能源专用车全价值链产业平台，为客户、合作伙伴提供高技术、高工艺、高服务水平的专用底盘与整车。

地址：湖北省武汉市经济开发区创业路58号　电话：027-84287890　传真：027-84287891　网址：www.dfac.com

DFAC 东风汽车股份有限公司
特种车事业部

上海汽车工业(集团)总公司

SHANGHAI AUTOMOTIVE INDUSTRY CORPORATION (GROUP)

“十一五”期间，上汽确定了公司发展新能源汽车的技术路线：贯彻国家能源战略，瞄准汽车驱动电力化趋势，重点加快推进混合动力和电动汽车产业化，并推动燃料电池汽车的研发升级和示范运行。在此基础上，上汽明确了新能源汽车产业化发展目标：2010年，节油率达20%的荣威750混合动力轿车投产；2012年，节油率达50%的荣威550插电式混合动力轿车投产，自主品牌纯电动轿车实现量产。

建立国内领先的核心技术研发和产业链，是上汽实现新能源产业化的重要保障。按照“自主创新，内外结合，两条腿走路”的原则，上汽攻坚新能源核心技术瓶颈，已经初步构建了新能源汽车关键零部件体系，为产业化工作打下了坚实基础。

同期，上汽承担了国家863项目“节能与新能源汽车”的两个整车研发课题，上海市科教兴市重大专项和科技奥运、科技世博等项目，先后开发了自主品牌“上海牌”燃料电池轿车、上海大众“领驭”燃料电池轿车、上海通用君越混合动力轿车等8款新能源功能样车，取得了较好的社会反响和示范效应。

作为2010年上海世博会全球合作伙伴，上汽向世博会提供了1125辆新能源汽车。具体车型包括：纯电动方面，世博园区内越江线公交用车——申沃纯电动大巴，世博园区内工作车——申驰纯电动场馆车；超级电容方面，世博浦明线公交用车——申沃超级电容大巴；燃料电池方面，世博浦明线公交用车——联合国UNDP项目燃料电池大巴，世博VIP接待用车——上海牌燃料电池轿车、上汽通用燃料电池轿车、863项目燃料电池轿车、帕萨特领驭燃料电池轿车，世博园区内观光用车——申驰燃料电池观光车；混合动力方面，世博园区外公交用车——申沃混合动力大巴，世博园区外出租车——别克君越混合动力轿车。帮助世博会期间的交通实现“园区零排放，周围低排放”的绿色目标。

2011年5月18 日，在德国柏林举行的第十一届必比登挑战赛上，上海汽车集团股份有限公司率领旗下的“上海牌”Plug-in燃料电池轿车、“上海牌”燃料电池轿车及荣威350电动汽车等三款新能源汽车，参加了此次挑战赛的各项角逐，取得了总共6A的优异成绩。在燃料电池汽车组拉力赛中，逐鹿群雄，位列总分第三，仅次于丰田和奥迪。这是上汽参加必比登挑战赛以来取得的最好成绩。

海马汽车
上班族的伴侣
家轿级的品质
电动汽车
ELECTRIC
Haima
VEHICLE

之诺1E

关于北汽集团

北京汽车集团有限公司（简称“北汽集团”）是**中国五大汽车集团之一**，名列世界500强企业第336位，在**全球汽车行业中排第18位**，在**中国汽车行业中排第4位**。北汽集团已有**56年的历史**，其前身为1958年成立的“北京汽车制造厂”，生产了新中国成立后的第一辆自主品牌轿车。

北汽集团全球业务布局

北汽集团总部位于北京。业务涵盖**汽车与新能源汽车**、**汽车零部件与服务贸易**、**通用航空**、**教育**和**投融资**等多个领域，已在全球多个国家和地区建立研发与制造基地。北汽集团旗下的产品**销往100多个国家和地区**，并和全球多家著名汽车与零部件企业建立了合作关系，涵盖汽车和零部件设计、研发、制造等多个领域。

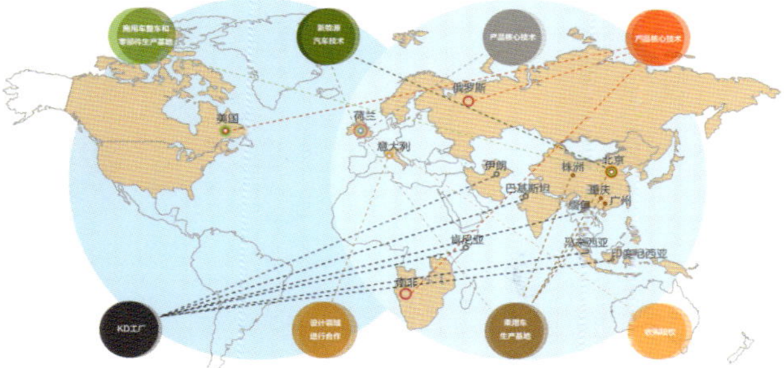

经过十余年的快速发展，北汽集团已成为中国汽车企业集团中**产业链最完整**、**产品门类最齐全**、**商用车业务领先**、**新能源汽车产业化步伐最快**的企业，成为中国首都高端经济产业及现代制造业的重要支柱。

关于北汽新能源

北京新能源汽车股份有限公司（简称“北汽新能源公司”）是由**世界500强企业北京汽车集团有限公司发起并控股**，联合北京工业发展投资管理有限公司、北京国有资本经营管理中心、北京电子控股有限责任公司共同设立的新能源汽车产业发展平台，是目前国内纯电动汽车市场占有率最大、规模最大、产业链最完整的新能源汽车企业。目前，北汽新能源公司已形成辐射全国的产业布局，并与**美国Atieva公司**、**德国西门子**、**韩国SK**等著名企业开展了成功的合作，大大增强了技术实力和研发实力。

Shareholder Structure 股东结构

北京新能源汽车股份有限公司
注册资金20亿元

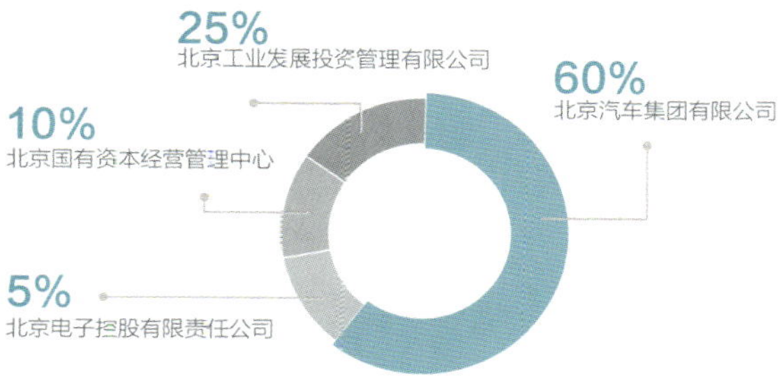

北汽新能源全国业务布局

北汽新能源已全面掌握**新能源汽车电池**、**电机**、**电控**三大关键核心技术，成功开发了**E150EV**、**绅宝EV**、**威旺307EV**等多款纯电动汽车产品，并在山东、江苏、江西等地建有新能源汽车生产基地，形成了辐射全国的新能源汽车产业布局。

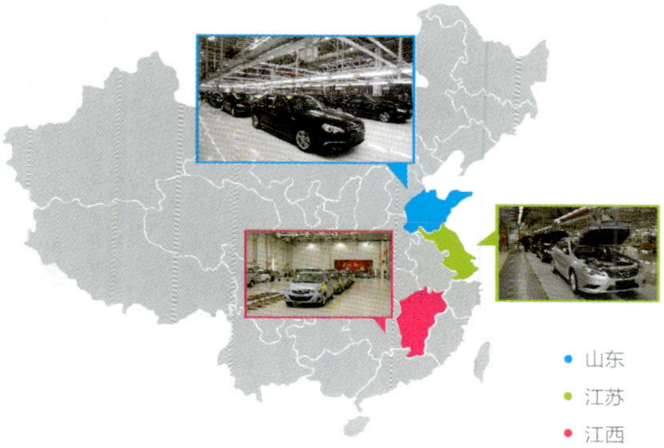

北汽新能源战略合作

北汽新能源**专注客户和社会需求**，与西门子、SK、Atieva、富士康等著名企业开展多边战略合作，**致力以全产业链协同创新**，解决当前最具挑战性的环境议题，不仅创造环保出行服务价值，更传播低碳生活价值观。

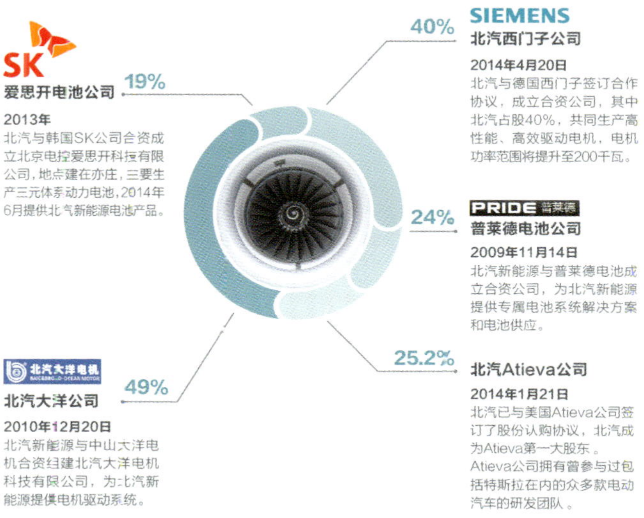

国家轿车质量监督检验中心（天津汽车检测中心）

新能源汽车试验室

新能源汽车试验室主要从事新能源汽车关键部件的测试评价及论证工作，测试对象主要包括动力电池、电机、电控、充电部件等，覆盖国内外主要标准，综合测试能力国内第一。同时，中心承担新能源领域主要测试标准的制定、修订工作，以及多项重大科研项目。

主要工作

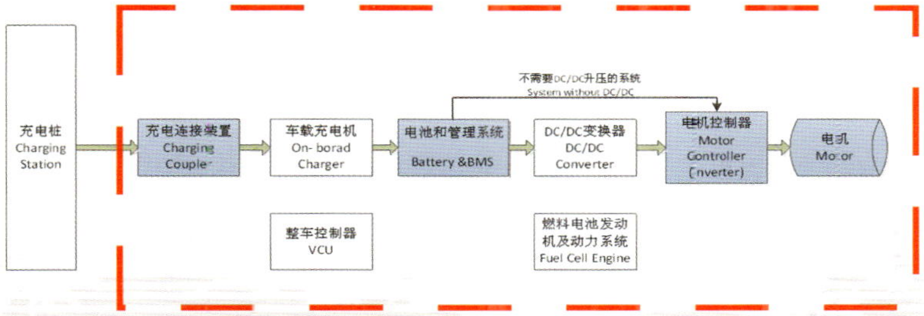

电动汽车关键部件测试评价

1. 动力电池：

动力电池试验室主要进行电池单体、模块、电池包及管理系统的测试评价，包括电性能测试、循环寿命测试和安全性测试，测试能力覆盖范围最广。

测试依据行业标准：QC/T 743-2006电动汽车用锂离子蓄电池

QC/T 741-2006,QC/T 742-2006 ,QC/T 744-2006，QC/T 897-2011

国家标准：GB/T 18332.1-2009、GB/T 18332.2-2001、GB/Z 18333.1-2001

国外标准：UL2580 Standards for batteries of use in EV

ISO12405 Electrically propelled road vehicles — Test specification for lithium-ion traction battery packs and

UL1624、UL810A,UL2594、SAE J2929、SAE J2646等

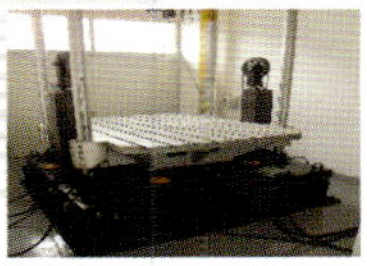

2. 动力电机：

测试能力：

☒3套进口电力测功机

☒测功机功率

☒电池模拟器功率

☒扭矩

☒转速

依据标准：

☒GB/T 18488.1-2006 电动汽车用电机及其控制器 第1部分：技术条件

☒GB/T 18488.2-2006 电动汽车用电机及其控制器 第2部分：试验方法

☒GB/T 24347-2009 电动汽车用DC-DC变换器

☒ECE R85 30min 最大功率测量

3. 接插件：

测试能力：

充电部件实验室主要进行充电接口、车载充电机等产品的性能和安全测试，率先具备新国标充电接口的测试能力和资质。

依据标准：

GB/T 18487.1-2001 电动车辆传导充电系统 第一部分：一般要求

GB/T 20234.1-2011 电动汽车传导充电用连接装置 第1部分：通用要求

GB/T 20234.2-2011 电动汽车传导充电用连接装置 第2部分：交流充电接口

GB/T 20234.3-2011 电动汽车传导充电用连接装置 第3部分：直流充电接口

GB/T 27930-2011 电动汽车非车载传导式充电机与电池管理系统之间的通信协议

QC/T 895-2011 电动汽车用传导式车载充电机

4. 环境适应性：

环境适应性测试实验室拥有全面的相关零部件的环境可靠性评价能力，可以完成温湿度、温度冲击、三综合振动、机械冲击、盐雾、防水防尘、海水浸泡等试验。

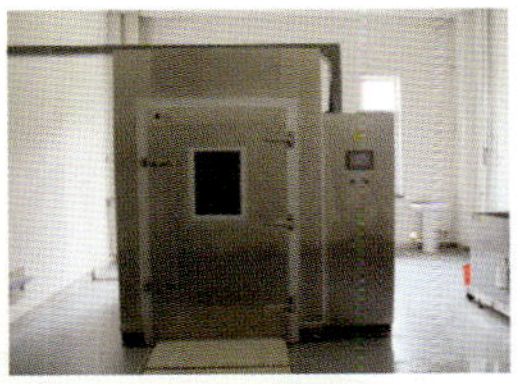

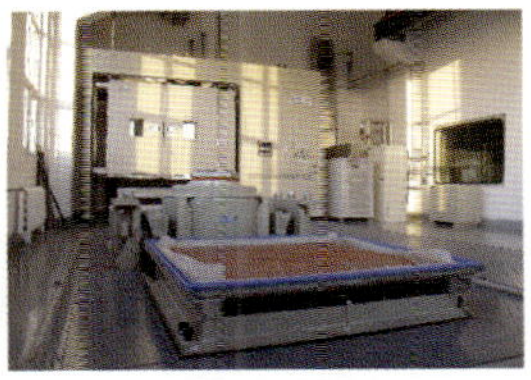

科研及标准：

（1）十一五863燃料电池电动汽车安全性测试评价课题；

（2）承担十二五863电动汽车测试评价国家课题；

（3）起草“电动汽车用锂离子蓄电池”新标准；

（4）参与“电动汽车用电驱动系统”等相关标准制修订；

（5）与国家电网合作“电动汽车动力电池梯次利用技术研究与示范”。

地址：天津市东丽区先锋东路68号 邮编300300

张振鼎 022-84379390 zhangzhending@catarc.ac.cn

王芳 022-84379666转6974 fangwster@gmail.com

黄炘 022-84379666转6973 huangxin@catarc.ac.cn

传真：022-84379663

湘电莱特电气有限公司
XELE Electric Co.,Ltd

湘电莱特电气有限公司（湘电莱特）是由湘潭电机股份有限公司（湘电股份）引进美国莱特工程技术公司先进电机电控技术，由双方共同投资成立的中美合资企业，是研发、生产、销售新型高效电机及其控制系统、电动车辆及其关键零部件、风力发电设备及配套零件的高新科技公司。公司投资1.25亿元，位于湖南湘潭国家高新区内。

公司应用发明专利技术，成功地将非晶合金材料用在电机上，实现了电机的高频化运行，显著提升了电机的效率、转矩密度和功率密度，大幅度减少了铜铁用量，所开发的主导产品永磁同步电机具有世界领先水平，产品性能优异、工作可靠，广泛应用于电动汽车、新能源发电、机床和航空、军工等领域。

母公司湘电股份在“十一五”期间承担国家863计划“节能与新能源汽车重大项目”课题，对电机系统集成设计及整车匹配技术进行了深入研究，对驱动电机系统的使用工况和性能需求进行了工程化验证，形成了系列化的产品。在永磁同步发电机驱动系统、交流感应电机驱动系统、混合动力发动机总成等电动车关键零部件方面，建立了产业基础。

湘电莱特通过引进国际先进技术，依托现有电机产业优势基础，着力打造新能源汽车关键部件产业，成为国内车用驱动电机系统首选供应商，并逐步向电动客车和电动特种车、高效节能电机生产基地发展，致力于成为全球领先的高效能电机和驱动系统开发创新及制造公司。

湘电莱特电气有限公司/XELE Electric Co.,Ltd
销售部/Sales Dept.
地址/ADD:湖南省湘潭市书院东路38号创新创业园
Innovation Park,No.38 ShuYuan East Road,Xiangtan,Hunan,China
网址/Website:Http://www.xele.com.cn
邮编/PC:411101
电话/Tel:0731-52863886
传真/Fax:0731-52863889

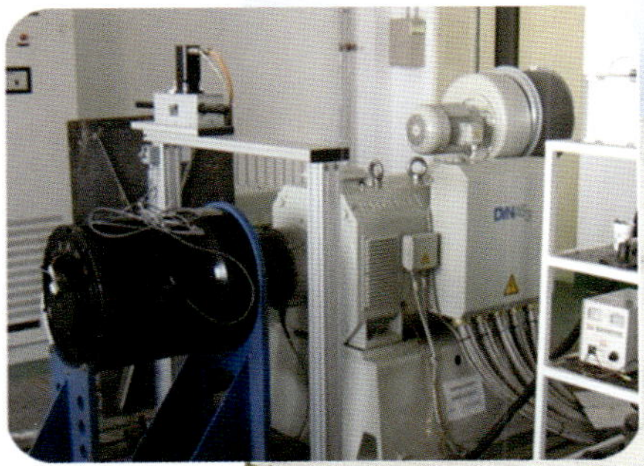

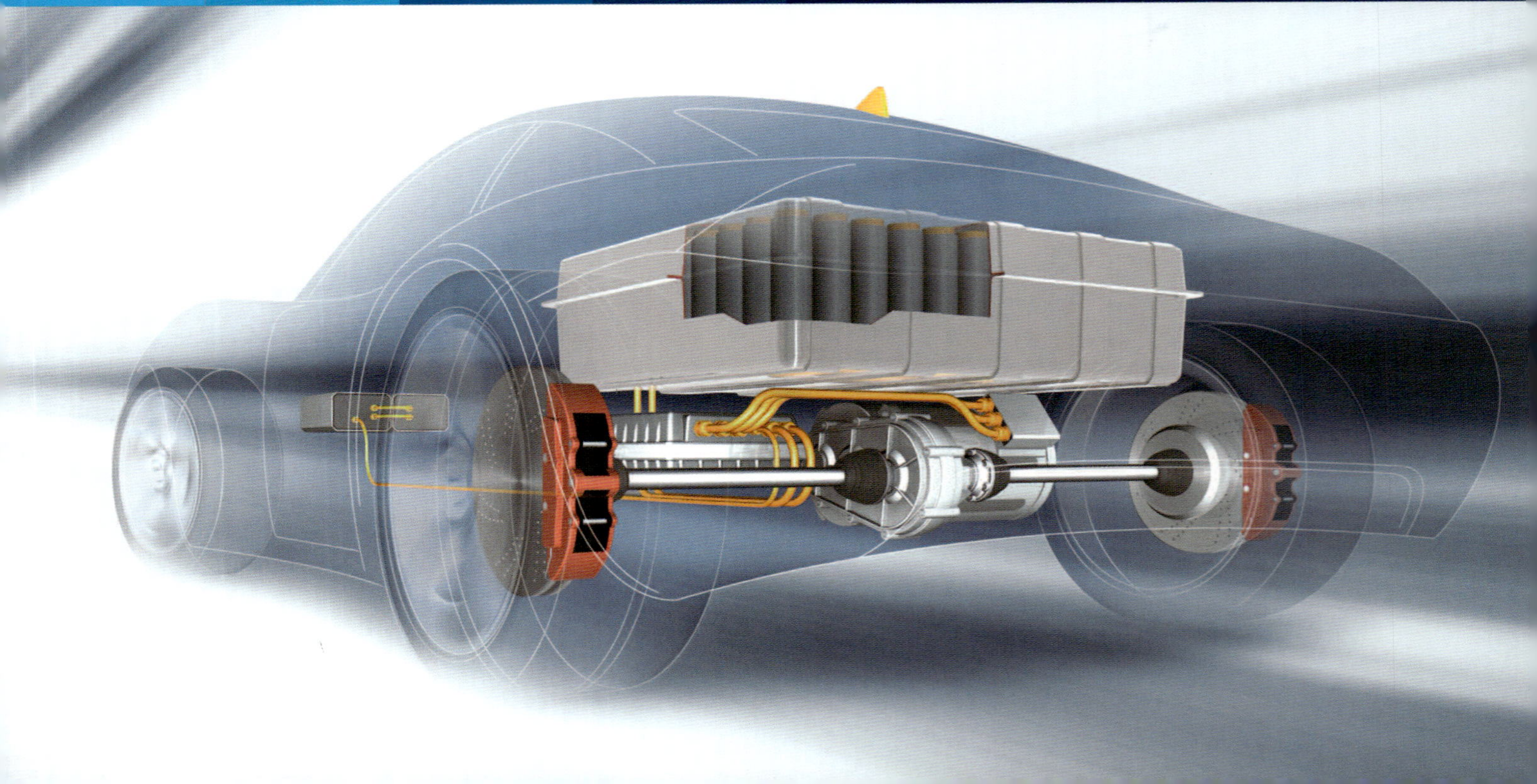

第一篇

分领域发展综述

一、技术进展

1. 总体情况

(1)整车设计、集成和制造技术研发

①混合动力汽车

围绕混合动力汽车整车及动力系统平台，在专用发动机技术、多能源控制技术、机电耦合技术、构型与能效优化技术方面取得了较大突破：依据混合度不同，节油率达到10% ~ 40%；提高了整车的可靠性、环境适应性和舒适性；自主创新的混合动力客车产品技术水平处于国际先进地位，并具有显著的产业优势，应用规模世界领先。

在混合动力轿车方面，掌握了BSG混合动力轿车、ISG并联中度混合动力轿车、双电机深度混联混合动力轿车动力系统平台的关键技术。奇瑞A5、长安CX30、中华骏捷、东风S30等弱度混合动力轿车达到了大规模产业生产的能力，与基础车型相比百公里油耗降低5.5% ~12%，能够满足2015年6.9L/100km的燃油消耗限值目标；长安杰勋、奇瑞A5等中度混合动力轿车具备大规模生产能力，百公里油耗改善20% ~25%，降至6.4 ~6.9L/100 km，优于2015年6.9L/100 km的燃油消耗限值目标；一汽研发的奔腾CA7150N强混轿车，采用双电机深度方案，NEDC工况下的油耗为5.3L/100 km，与传统车相比节油幅度大于40%，接近2020年5L/100 km的燃油消耗限值目标。

混合动力客车方面，研发的并联或串联式混合动力客车达到了良好的综合性能，并形成了一汽、东风、南车、宇通等4个系列以并联为主、串联为辅的混合动力客车技术平台，首次大修里程达到8万~10万km，已全面进入商业化阶段。南车时代开发的TEG6119SHEV串联混合动力客车百公里油耗达到26.8L/100 km；天津松正自主研发的“第三代混合动力公交车用驱动系统”具有怠速停机技术及电助力转向技术等功能，实际运行油耗为25 L/100km，节油率达到32%。

②燃料电池汽车

通过攻关与示范考核，攻克了车用燃料电池动力系统集成、控制和适配等关键难点，形成了燃料电池发动机、动力电池、DC/DC变换器、驱动电机、储氢与供氢系统等关键零部件配套研发体系，实现了综合技术的跨越，总体技术接近国际先进水平。轿车动力系统技术平台采用燃料电池—动力电池混合驱动的构型方案，形成了千套级燃料电池轿车动力系统平台的集成能力。燃料电池客车形成的燃料电池—动力电池动力系统技术平台，攻克了制动能量回收、蓄电池系统热电管理技术、双燃料电池堆独立运行等瓶颈，建立了碰撞—氢—电等多因素构成的新的汽车安全技术体系，车辆实际运行氢气消耗率为8.5kg/100km。

③纯电动汽车

纯电动汽车已掌握整车动力系统匹配与集成设计、整车控制方面的核心技术。新一代纯电动汽车产品从微型轿车到大型客车覆盖整个产品系列。

轿车技术进步加速，小型车步入产业化阶段：A级车电耗低于15 kW·h/100 km，动力系统耐久性超过15万公里，最高车速120 ~150 km/h，一次充电里程120 ~300公里。纯电动汽车产品在达到经济批量时，扣除电池成本，与装备国Ⅳ发动机的同档次汽车相比成本降低10%以上。

④替代燃料汽车

燃气汽车（CNG、LNG、LPG等）整车集成开发、发动机专用化设计和关键零部件设计制造能力持续提升，产品综合性能接近国际先进水平，产业化效益初步显现。煤基（CTL、DME、甲醇）和生物燃料（生物柴油、乙醇）汽车的燃料适应性技术研究向纵深发展，重点掌握了发动机和零部件材料适应性匹配技术，为产业化应用奠定了基础。燃气汽车示范区域不断扩大，有力促进了周边城市的推广应用和加气站区域性网络的形成。开发出CNG母子站、LNG撬装站等站用设备，掌握了加气站安全运行关键技术，形成了完善的管理运行体系。在整车技术方面，进行了燃气商用车产品开发，重型天然气发动机控制技术突破了电控技术和燃烧技术等关键点，自主开发了重型天然气发动机多点电控系统。开发出功率达到280kW以上的天然气发动机，最低燃料消耗达192g/kW·h。

⑤低能耗汽车

在低能耗乘用车方面，通过规划的实施，我国汽车工业建立了实现提升整车性能和品质的轿车正向开发流程，构建了企业级正向开发能力产品开发成本和周期的缩减，由原来的逆向开发用时4—5年，降至36个月左右；燃油经济性、安全性、环保性、NVH性能等达到国际同期同类产品水平。在油耗方面，2006年乘用车新车的全国平均油耗为8.06L/100km，2012年降至7.5L/100km，降耗效果显著。实现了我国汽车产品开发流程优化和能力提升，在轿车底盘匹配与性能优化、碰撞安全控制、NVH性能控制、底盘一体化控制等关键技术上取得了突破。建立了轿车双离合器自动变速器（DCT）与整车匹配标定技术平台，突破了双离合器自动变速器正向开发的各项关键技术，填补了国内在双离合器自动变速器领域的空白，形成双离合器自动变速器产业化能力。产品较同档次的MT加速性能提高5%、燃油经济性提高5%，比AT提高10%。填补了多项国内汽车自动变速器技术的空白，打破了国外技术垄断局面。

（2）关键零部件技术研发

①高效低排放内燃机技术

通过建立轿车发动机整机开发技术平台，我国乘用车发动机整机产品性能达到国Ⅳ标准，最低油耗、振动等性能得到较大提高。缸内直喷汽油机、轿车柴油机的技术研发进展顺利。针对国内重型发动机关键技术缺失现状，在发动机动力性开发、制动安全技术、节能技术、排放与噪声控制技术、电控技术、可靠性开发技术和制造技术等关键技术的开发方面实现了突破，成功开发出拥有完全自主知识产权的 WP10/WP20 系列重型发动机。该发动机的升功率达到 36.13kW/L、比重达到 2.51kg/kW、排气制动功率达到 311kW，居于国际领先水平。

②燃料电池发动机

通过燃料电池相关的关键材料、核心部件、发动机系统等课题的研发，形成了具有我国技术特征的净输出为 50kW 高动态轿车用燃料电池发动机和 100kW 大功率客车燃料电池发动机，模块体积比功率超过了 1000W/L。车用燃料电池系统的能量转换效率得到显著提高，其中：加压系统的效率从 2005 年的 41% 上升到 49%，性能改善 20%；系统效率较高的常压系统效率从 46% ~52% 上升到 62%，改善幅度也在 20% 以上。与此同时，燃料电池系统也更加紧凑，轻量化工作效果显著。燃料电池耐久性等关键性能显著提升，实现了燃料电池系统低温（-10℃）储存与启动。

③动力蓄电池

经过以镍氢动力电池、锂离子动力电池为代表的先进动力电池的关键技术攻关和动力电池系统及关键原材料的产业化技术研发，动力电池的技术水平得到了很大提升。已自主研发出容量为 6 ~100A·h 的镍氢和锂离子动力电池系列产品，能量密度和功率密度接近国际水平，镍氢电池比功率最高达 1225W/kg，功率型锂离子电池比功率最高达 2178W/kg，能量型锂离子电池比能量最高达 160Wh/kg。产业化能力大大加强，带动了动力电池年产能达 200 亿瓦时，建成年产百万安时到千万安时的生产线，形成批量化生产能力，镍氢动力电池已经批量应用于大规模示范运行的混合动力轿车和混合动力客车。

④驱动电机

在驱动电机方面，形成了 90 ~200kW 电动客车用电机系列化产品和 3 ~90kW 电动轿车用电机系列化产品，产品种类规格齐全，可靠性、耐久性和环境适应性水平进一步提升，检测能力大大增强，项目考核指标基本达标，性能价格比在国际上具有明显优势，各企业年生产能力达到万套级以上。车用电机性能显著提高，重量比功率超过 1570W/kg，最高效率超过 94%。与国外同类电机相比，ISG 电机和大功率车用驱动电机的功率密度、转矩密度和效率等最主要的技术指标，已达到和接近国际先进水平。

⑤动力系统集成与控制技术

我国攻克了电动汽车能量管理、制动能量回收等关键核心技术，突破整车控制系统工程化所涉及的核心技术问题，建立了电动汽车电控系统通用技术平台，动力系统综合控制和优化技术的能力得到提升，实现了电动汽车动力总成 ECU 的研发和产业化技术开发，获得了一大批电控系统的相关知识产权，初步形成了混合动力系统、纯电驱动系统小批量生产能力。以一汽、长安、奇瑞为代表的整车企业开发出了适用于多款电动汽车和混合动力汽车的通用化整车控制技术平台，目前长安的整车控制技术已完成了在 5 款混合动力汽车和 6 款纯电动汽车上的搭载。

开发的整车控制器，在性能和可靠性方面的指标基本达到国际专业公司的水平。在整车控制系统领域，已经突破外国公司的技术垄断，全面掌握了电动汽车整车控制系统关键核心技术，包括整车控制策略、故障诊断技术、控制安全技术、软硬件开发、系统测试技术等，缩短了电动汽车整车控制系统和整车产品的开发周期，降低了开发成本，减小了开发风险，为我国电动汽车行业培养了核心部件供应商，推动了电动汽车的快速发展。然而，在控制器中所需的芯片等核心器件的设计、工程化技术等方面还要依靠博世、德尔福等有限的几家国际汽配巨头。

（3）新能源汽车实验测试及基础设施技术

通过“十一五”的努力，我国已建成多个电动汽车整车及动力系统平台、核心部件及总成的公共检测试验平台，提出了适合我国技术发展阶段的测试评价规范，覆盖我国“三纵三横”布局中关键技术研发的测试评价需求，为我国电动汽车标准体系的建立，以及新能源汽车产品研发、准入提供了必要的技术支撑。

建立了以中国汽车技术中心、中国汽车工程研究院、一汽海南检测场、东风襄樊检测场、上汽嘉定检测场为代表的电动汽车整车公共测试基地；以北方汽车质量监督检验鉴定试验所（201 所，北京）、信息产业部化学物理电源产品质量监督检验中心（18 所，天津）为代表的动力蓄电池组性能测试基地；以北京理工大学为代表的车用驱动电机测试基地；以同济大学、清华为代表的燃料电池电堆及燃料电池发动机测试基地；以大化所为代表的燃料材料检测基地。同时，培养了一批高级检测、试验技术人才，确保电动汽车试验验证、评价技术同步推进。这些公共测试技术平台配置了国际先进的检测、记录、分析设备，以及相关软件，建立了必要的动/静态检测平台。通过对混合动力汽车、纯电动汽车及燃料电池汽车等不同类型整车，以及动力蓄电池、燃料电池发动机、驱动电机等关键零部件的检测和评价，为实现自主创新及不断优化整车和关键零部件组合、竞争择优提供了必要依据，又为国内科研生产单位提供了研发所需要的高水平的检测试验方法，起到了国家技术平台的作用，也有助于我国更好地掌握电动汽车核心技术及推进战略性新兴产业的发展。

2. 标志性成果

新能源大客车关键技术研发与示范运行成果：

（1）混合动力客车。我国多集中于串联或并联式混合动力客车的研发，已全面进入商业化阶段，且综合性能良好：主要部件首次大修里程达到 80000～100000km；循环工况整车节油率达到 23%～31.5%。混合动力客车形成了以并联为主、串联为辅的混合动力客车技术平台，开发了 20 余款产品，实现了 20000 余辆的商业化运营。2013 年产销量达到 6000 辆，市场占有率达到 13%，我国已成为全球最大的新能源客车应用区域。

（2）纯电动客车。该款车已在公共服务领域实现规模应用：开发了系列电动客车和环卫车，经济性在 2006 年的基础上提高了 5%；12 米纯电动客车能量消耗率为 83.8 kW·h/100 km，达到国际先进水平；5000 辆商用车投入公共服务领域示范，；插电式混合动力客车的产量在 2013 年也达到 1500 辆。

（3）燃料电池客车。该款车形成了多能源一体化技术平台和系列化车型应用，攻克了与气压制动防抱死系统 ABS 协调工作的制动能量回收、蓄电池系统化热电管理技术、高效率电动制动空压机和电动转向泵等汽车电动化瓶颈技术。示范车辆实际运行时的氢气消耗率为 8.5 kg/100 km。建立了碰撞—氢—电等多因素构成的新的汽车安全技术体系。

（4）“十城千辆”节能与新能源汽车示范推广试点工程促进了产业的发展。截至 2013 年底，97 家企业的 628 款新能源汽车纳入新能源汽车产品推荐目录；示范城市在公共交通领域推广新能源客车 3 万辆、混合动力客车 2 万辆、插电式混合动力客车 4400 辆、纯电动客车 5600 辆，带动我国新能源客车市场化比例达到 13%，建成 174 座充（换）电站、8107 个充电桩。

（清华大学　欧阳明高 王贺武 万鑫铭）

二、产业发展和推广应用

2013 年，我国节能与新能源汽车产业经历了增速减缓的调整期，但同时也是技术储备的关键期，多款新能源乘用车和客车在 2013 年发布，主要混合动力客车生产企业开始研发、生产插电式客车，包括上汽、北汽、奇瑞乘用车企业，并在新能源领域的“纯电驱动”战略规划也日趋明朗。

1. 总体情况

2013 年，国内节能与新能源汽车《示范推广推荐车型目录》（以下简称《目录》）新增（或变更）车型 302 个，其中纯电动客车 89 个、纯电动乘用车 31 个、纯电动专用车 51 个、混合动力客车 122 个（含插电式）、混合动力乘用车 9 个（含插电式）。《目录》累计车型 1111 个，其中新能源汽车车型达到 722 个。2013 年，《目录》中安排投产的新能源汽车车型共 332 个，产量超过 1.63 万辆，节能与新能源汽车年产量超过 3 万辆（不含公告内的铅酸电池乘用车）。

在新能源客车方面，国内优势企业已经基本掌握了新能源客车的核心关键技术，在纯电动客车方面已经形成了具有国际水平的技术体系和国际竞争能力，部分产品已经销往国外。宇通、中通等客车企业依托混合动力客车良好的技术基础，加大了插电式混合动力客车的研发投入，产品系列日益完善。

在新能源乘用车方面，国内优势企业基本掌握了乘用车的核心技术，但由于乘用车产品技术研发难度大、研发周期长，加之商业模式、充电设施等不完善，2013 年的大部分时间内新能源乘用车市场可供选择的成熟车型仍然较少。随着 2013 年下半年上汽插电式混合动力荣威 550、比亚迪插电式混合动力秦、华晨宝马纯电动之诺 1E、江淮纯电动 IEV4 等车型的相继上市，可供消费者选择的产品日渐丰富。

在混合动力客车方面，国内混合动力客车的产量呈现逐月递减的趋势，到 2013 年下半年出现了混合动力客车月产量为零的情况。目前，国内混合动力客车的技术和产业基础已经被主要整车厂用于插电式新能源客车的产品中，插电式新能源客车的技术将迅速进入快速发展期。

2. 推广应用情况

2013 年是国内新能源汽车示范推广工作第一阶段和第二阶段的过渡与衔接之年，在经历了 9 个月的政策空档期后，9 月 13 日四部委发布了新一轮《关于继续开展新能源汽车推广应用工作的通知》（财建〔2013〕551 号），并于 11 月 26 日确定了第一批推广应用城市或区域名单，28 个城市或区域成为第一批新能源汽车推广应用城市，涉及 21

个省、市、自治区的61个城市。国家新能源汽车推广应用工作第二阶段（2013—2015）正式启动。

据四部委统计数据（已经实际投入运营的新能源汽车数量，非清算数量），2013年度，各推广城市共推广应用新能源汽车约1.67万辆，其中新能源客车4780辆、新能源乘用车10441万辆、新能源专用车1467辆。

在2013年推广的1.67万辆新能源汽车中，公交车占28.2%，

表1　2013年新能源汽车推广应用情况

单位：辆

纯电动客车	公交	2779
	其他	68
插电式客车（含增程式）	公交	1929
	其他	4
纯电动专用车	环卫	1311
	其他	156
纯电动乘用车	租赁	3572
	出租	2035
	公务	768
	私人	3572
插电式乘用车（含增程式）	出租	33
	私人	461
合计		16688

2013年，在上述推广中各城市较不均衡。据四部委统计数据，第一阶段示范推广工作较突出的浙江、合肥、北京、深圳、郑州、上海等省、市。

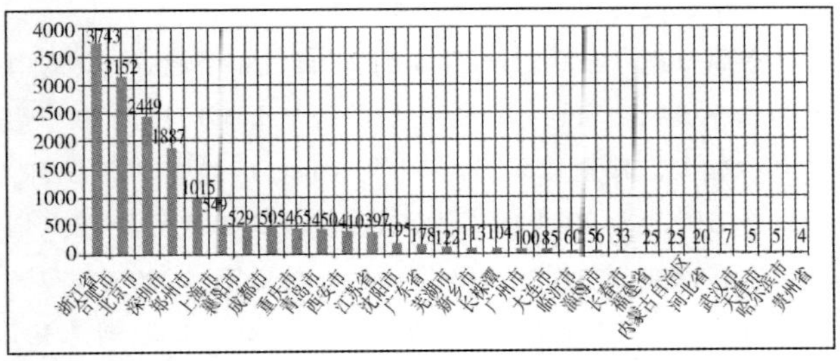

图1　试点城市新能源汽车推广数量（截至2013年底）

3．政策和法规

2013年，国家“十城千辆”节能与新能源汽车示范推广试点工作（2009—2012）结束，财政部、科技部、工信部、发改委在综合评估25个试点城市示范推广和政策实施效果后，于9月13日联合发布《关于继续开展新能源汽车推广应用工作的通知》（财建〔2013〕551号），以区域和重点城市为依托，继续开展新能源汽车推广应用工作。另外，以节能减排为目标的一系列行动计划和法规也相继发布。这些政策、法规将新能源汽车的推广应用作为实现国家节能减排战略目标的重要措施．具有代表性的有：9月10日国务院颁发的《大气污染防治行动计划》（国发〔2013〕37号）；3月14日工信部、发改委、商务部、海关总署、质监总局联合发布的《乘用车企业平均燃料消耗量核算办法》等。

上述政策法规要点如下：

《关于继续开展新能源汽车推广应用工作的通知》提出：2013—2015年，特大型城市或重点区域新能源汽车累计推广数量不低于10000辆，其他城市或区域累计推广数量不低于5000辆；在推广应用的车辆中，外地品牌数量不得低于30%；不得设置或变相设置障碍限制采购外地品牌车辆；政府机关、公共机构等采购车辆要向新能源汽车倾斜；新增或更新的公交、公务、物流、环卫车辆中新能源汽车比例不低于30%，等等较为明确的目标。与第一阶段“十城千辆”示范推广工作相关政策相比，主要不同之处体现在：明确了补贴范围包括纯电动汽车、插电式混合动力汽车和燃料电池汽车；明确了纯电动乘用车按工况法续驶里程分级补贴，纯电动客车按车的长度分级补贴，燃料电池汽车统一按车型进行补贴；明确了国家财政政策补贴采取退坡机制；试点城市未完成年度推广目标予以淘汰；补贴资金直接补给车辆生产企业，实行年度清算，消费者按照补贴后价格购买；国家财政资金奖励试点城市建设充电设施。

国务院《大气污染防治行动计划》提出：经过5年努力，全国空气质量总体改善，重污染天气较大幅度减少；京津冀、长三角、珠三角等区域空气质量明显好转。力争再用5年或更长时间，逐步消除重污染天气，全国空气质量明显改善。具体措施包括：大力推广新能源汽车，即公交、环卫等行业和政府机关要率先使用新能源汽车，采取直接上牌、财政补贴等措施鼓励个人购买；北京、上海、广州等城市每年新增或更新的公交车中，新能源和清洁燃料车的比例达到60%以上。

《乘用车企业平均燃料消耗量核算办法》中规定，为实现2015年和2020年我国乘用车平均燃料消耗量降至6.9L/100km和5.0L/100km的目标，对国内乘用车生产和进口企业实施企业平均燃料消耗量管理，标志着我国燃油消耗管理由限值管理转向目标管理，与国际接轨。在统计企业生产或进口的乘用车平均燃料消耗量时，纯电动乘用车、燃料电池乘用车、纯电动驱动模式综合工况续驶里程达到50km及以上的插电式混合动力乘用车，综合工况燃料消耗量实际值按零计算，并按5倍数量计入核算基数之和；综合工况燃料消耗量实际值低于2.8L/100km（含）的车型（不含纯电动、燃料电池乘用车），按3倍数量计入核算基数之和；其他插电式混合动力乘用车，按实际数

量核算。2020 年乘用车企业平均燃料消耗量达到 5.0L/100km 的目标，已接近国际水平，此核算办法在一定程度上加大了对企业生产和进口一定比例新能源汽车的引导和鼓励力度。

4. 重点企业发展概况

2013 年，国内主要新能源汽车企业在示范推广运行数据的基础上，纷纷进行产品优化，进一步建设产品质量体系，培育、完善产品配套供应体系，在产品研发储备和产能建设等方面取得一定的进展，各企业主力车型纷纷推出改版或换代车型，产品在可靠性、舒适性等方面又向市场迈进了一步。

比亚迪 2013 年 11 月，比亚迪投资 30 亿元在南京设立新能源汽车项目，全部建成后可年产 5000 辆纯电动大客车和 1000 辆纯电动轻型客车。在新产品研发方面，2013 年 12 月，比亚迪秦插电式混合动力轿车在北京正式上市，并于 10 月正式停止销售此前的 F3DM 双模轿车。至此，比亚迪的新能源产品线更加丰富，且几款车型均得到市场认可。

北汽 2013 年，北汽集团继续加大新能源汽车关键技术攻关和产业链建设方面的投入，继 2009 年成立北京普莱德电池科技有限公司、2010 年成立北汽大洋电机科技有限公司后，2013 年又与韩国 SK 合资成立北京电控爱思开科技有限公司。至此，北汽集团的产业链已覆盖新能源汽车三大关键零部件即电机、电池和电控领域。

华晨宝马 华晨宝马自主品牌之诺首款车型 1E 于 2013 年 11 月 20 日正式发布，并公布了先期以租赁为主的销售模式。之诺 1E 是基于宝马 X1 平台开发的一款纯电动车型，搭载磷酸铁锂动力电池，最高时速 130km。之诺 1E 是之诺品牌的第一款车型，自 2012 年起，华晨宝马研发中心专门设立新能源汽车技术中心投入 1E 的研发，该车是中德双方在电动车领域通力合作的结晶。

江淮 2013 年 11 月 27 日，江淮爱意为第四代正式发布，该车型通过车身轻量化和提高制动能量回收率等措施，在电池总容量不变的情况下，工况法续驶里程较第三代的 130km 提升至 152km，并具备了快速充电功能，充满电量仅需 2.5 小时。爱意为系列 2013 年累计生产逾 1100 辆，销售达到 1000 辆，成为进入年销售过千辆的纯电动乘用车型之一。

浙江康迪 2013 年 3 月，吉利汽车与康迪科技共同组建合资公司浙江康迪电动汽车有限公司，注册资本为 10 亿元，其中上海华普国润和康迪车业各拥有 50% 权益，从事研发、生产及销售电动汽车等方面的业务。2013 年底，合资公司开始投产纯电动乘用车，首款名为“康迪小电跑”，装备了 21.12kW·h 磷酸铁锂动力电池，续驶里程达到 180km，最高车速为 80km，支持电池箱快换。2013 年最后两个月的产量超过 2500 辆，主要用于杭州市公交微循环和纯电动车租赁。

郑州宇通 2013 年 11 月，郑州宇通正式发布新能源“睿控”科技平台，即以整车控制器、电机控制器、复合电源控制器为核心的控制系统，通过电动化、智能化形成纯电驱动技术平台，实现一体化、智能化的新能源客车整车运营解决方案。2013 年，宇通客车在插电式混合动力客车上加大投入，研发出 10 米、12 米、18 米气电插电式混合动力客车，年生产插电式混合动力客车近千辆，综合节气效果显著。

安凯汽车 2013 年 1 月，安凯在京发布“I－EMS 卓越电管理系统”，该系统将整车控制、电机驱动、能量管理三大模块高效集成，多级功率控制策略加多级制动能量回收控制策略使整车的动力性与经济性的匹配更平衡。2013 年主打车型：HFF6100G03EV－2、10 米纯电动客车，纯电里程达到 240 km；HFF6125G03SHEV、12 米气电插电式混合动力客车，工况法纯电动里程 48 km。

东风日产 东风日产于 11 月 21 日发布了启辰 e30 的中文名——晨风。启辰 e30 是基于聆风（Leaf）打造的一款纯电动车型，其整体延续了聆风（Leaf）的大部分设计，正式上市时间为 2014 年下半年，但 2013 年底已经在广州和深圳进行推广应用，2013 累计生产数量超过 200 辆。

（中国汽车技术研究中心　王成　樊春艳）

三、纯电动乘用车

1. 总体情况

（1）国际方面

2013 年全球电动汽车销量约 22.55 万辆，较 2012 年的 12.96 万辆增长了 73.95%。全球的电动汽车市场基本上集中在美国、欧盟、日本和中国，份额分别为 43.95%、32.81%、14.36% 和 6.03%。

从车辆类型分类看，2013 年 22.55 万辆的总销量中，电动乘用车为 21.63 万辆，电动大巴、电动卡车等为 0.92 万辆，这表明电动汽车市场的发展主要取决于电动乘用车。从动力源的不同形式看，2013 年纯电动汽车（EV）销量为 12.93 万辆，占 57.34%；插电式混合动力车（PHEV）销量为 9.62 万辆，占 42.66%，纯电动乘用车仍然占据优势。

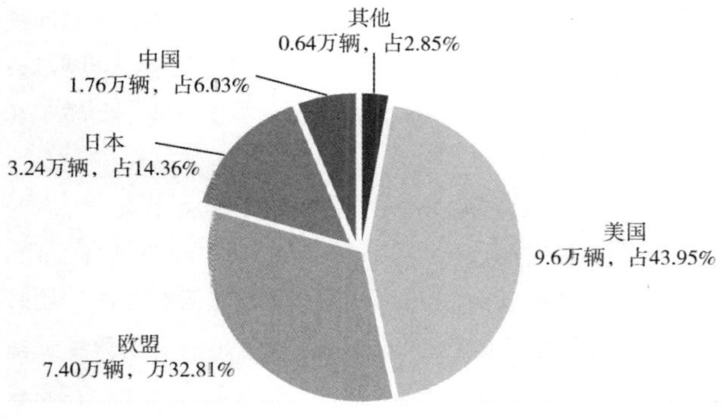

图2 2013年全球电动汽车市场分布

在2013年的欧洲电动汽车市场上，雷诺（Renault）是最大赢家，全年20805辆的销量全部是在欧盟市场取得的，主要产品有ZOE、KangooZ. E.、Twizy和风朗（Fluence）Z. E.；日产以11120辆的销量居第二位，产品全部是Leaf EV；三菱汽车以9751辆的销量排名第三，主要产品有欧蓝德PHEV和i-MiEV。

2013年，插电式混合电动和纯电动车在美国总共卖出了9.6万辆。其中，纯电动车贡献4.8万辆的销量，占50%。

（2）国内方面

2013年，财政部、科技部、工信部和发改委四部委达成共识，国家对新能源汽车补贴政策计划再延长3年，扩大试点城市范围，并对具有节油效果的混合动力车型给予更大的补贴。新的补贴政策推动了国内电动汽车的发展。2013年中国新能源汽车销售17642辆，增幅为37.9%，其中纯电动汽车销售14.604辆，增长幅度加大。但是，与美国9.6万辆的销量和84%的增幅相比，我们的差距还很大。

动力电池技术是提升纯电动乘用车续驶里程的关键，2013年中国锂电池的出货量约为48亿只，较2012年的39亿只增长20%。新能源发展的脚步有力地推动锂电池产业，2014—2015年，中国新能源汽车用锂电池的需求规模将达到23336MW·h。

虽然锂电池市场受益于新能源汽车而获得更多发展机会，但是，目前锂电池在续驶能力和安全性方面诟病较多。应该看到，近年来国内外锂电池的研究不断取得进展，为锂电池在能重比、安全性、高低温性能等的持续改善提供了可能。2013年，国家加快了电动汽车用锂离子动力电池国家标准的编制。由电动车辆分标委组织起草的，涉及电动汽车用锂离子动力电池的国家标准共有三部分：高功率应用、高能量应用和安全要求。其中，前两部分的征求意见稿已完成，处于公示及意见征求阶段。

在动力电池研发与生产方面，2013年取得了不小的进展。2013年12月23日，在工信部、科技部等部委的指导下，在中国汽车工业协会具体推进下，由一汽、东风、上汽、长安、北汽、广汽、华晨等7家整车生产企业，以及北京有色金属研究总院、天津力神电池股份公司共同发起成立了国嘉汽车动力电池研究院。2013年7月1日，“十二五”国家863计划项目“高能量锂离子电池系统和电池组技术开发”项目取得重大进展，单体电池能量密度达到138.6W·h/kg，功率密度达到915.6W/kg，循环1200次后的容量保持率为94.1%。2013年1月28日，美国外国投资委员会（CIFUS）宣布，同意万向集团收购美国最大的锂电池制造商A123系统公司。以上进展为纯电动乘用车的产业化奠定了坚实的基础。

整车方面，国内外主机厂加快了技术升级和产品研发的步伐。雷诺ZOE、宝马i3、上汽E50等新开发的纯电动车型纷纷上市。以宝马i3为例，该车型从动感的造型、科幻时尚的内饰、全新的“Life-Drive”整车结构、人机交互系统、轻量化环保化材料的大量使用等方面引领了电动汽车的潮流；Leaf等老车型从电池系统优化、续驶里程提升、增大车载充电器功率将充电时间缩短一半等方面着手，推出了新一代车型，整车售价反而降低了18%，保持了市场活力。

2. 技术特点

（1）2013年纯电动乘用车技术发展特点

2013年，纯电动乘用车的技术发展具有高动力性追求、集成化与电动化底盘、轻量化与环保材料应用、电池系统的不断优化升级等特点。

2013年，以Tesla Model S、宝马i3为代表的高端电动汽车陆续登陆中国，即将在国内销售，其动力性能甚至超过了燃油汽车，以动感、科幻、时尚的姿态吸引众多目光，代表了电动汽车追求驾乘体验的方向。两款车型的电池包与底盘结构完美集成，增加了电池包的布置空间，并通过车架为电池包提供安全保护。奇瑞S15EV、A16EV等车型在电驱动系统集成方面开展了富有成效的工作，通过将电机驱动器、直流变换器、高压接线盒等零部件集成在一起，以及将电机驱动器与电机集成在一起，有效地减轻了重量，减少了尺寸，降低了成本，提升了效率。

图3 宝马i3电动化底盘

减轻整车重量，以降低阻力和增加续驶里程，成为电动汽车技术发展趋势之一。以宝马i3为例，其车身大量使用碳纤维，底盘大量使用铝合金，内饰材料采用环保织物或可回收材料。国内方面，上汽 E50 等车型也不同程度地采用了环保材料，但使用比例不大。

电池系统方面，逐渐从以磷酸铁锂电池为主导向三元电池过渡，对提升电池包的能量密度成效显著。目前，奇瑞 S15EV、A16EV 等车型在三元电池开发方面做了有益尝试，通过 BMS 系统匹配、冷却系统优化、完善的系统验证确保了系统的安全性和可靠性。各主机厂对电池热管理系统越发重视了，2013 年推出的上汽 E50 和上海通用赛欧 EV 都采用了液冷系统，并借用空调系统对电池进行冷却。

(2)2013 年纯电动乘用车突破的主要技术难题

①EV 无线供电技术

TDK 公司从 2010 年开始自主开发非接触电力传输系统，设想将其主要用于 EV。2013 年试制成功了全球最小的受送电线圈组件，满足了汽车充电时所需的电力输送。通过此次合作，TDK 公司将进一步推进 EV 用无线供电系统走向实用化。

②热泵空调技术

纯电动乘用车的空调系统有制冷和采暖两部分，制冷通过电动压缩机实现，采暖主要通过 PTC 实现。在开启空调时动力电池的能量损耗很快，因为空调系统是纯电动乘用车最大的耗电附件系统，尤其在开启采暖模式时，估算续驶里程会损失 30% 以上，因此新型空调系统的开发是当前关注的焦点，其中热泵型空调系统是主攻方向。

2013 年日产 Leaf 和雷诺 ZOE 先后实现了热泵空调系统的量产搭载，其原理为：切换压缩机冷媒的流向，在采暖时通过冷凝器（经过改造）从环境中吸取热量，再将高温冷媒送到 HVAC 内的蒸发器（经过改造），通过蒸发器和鼓风机将热量散到室内。通过 PTC 采暖的能效比约为 0.95，而通过热泵空调采暖的能效比可达到 2.0 ~ 3.0，节能效果显著。目前，但 Leaf 和 ZOE 的热泵系统还存在能效比不高（2.0）、低温性能较差（ -5℃以下不能正常工作，需 PTC 辅助）等问题。2013 年奇瑞等国内主机厂也开展了热泵空调的研究，目前奇瑞与供应商合作的技术方案将能效比提高到 2.5 以上，并在低于 -15℃情况下正常工作。

③电池

国家锂离子动力电池工程技术研究中心，在“十二五”国家 863 计划的支持下，其承担的高能量锂离子电池系统和电池组技术开发项目取得了重大进展。该项目以研制磷酸铁锂正极材料的高能量型锂离子电池为目标，开展了锂离子电池原材料和电池单体设计技术等研究，包括国产磷酸铁锂正极材料测试评价、铝箔涂层技术和隔膜涂层技术研究。该项目研发产品单体电池能量密度达到 138.6W·h/kg，功率密度达到 915.6W/kg，循环 1200 次后的容量保持率为 94.1%。其中，针对电动汽车用 38.4V/50A·h 电池模块能量密度达到 121W·h/kg，功率密度达到 800W/kg；345.6V/50A·h 的电池系统已应用于奇瑞小型纯电动轿车和奥新纯电动环卫车。

(3)目前亟须解决的技术难点及解决方案

电动车的电池技术的突破主要在材料和电池体系上，由于材料发展速度很快，因此电池体系方面存在的问题较大。目前，国内锂电池生产商中九成从事液态磷酸铁锂电池的研发和生产，但这种体系下生产出来的电池存在安全性不高、能量密度偏低等问题。

目前市场上动力电池“能量密度太低”，导致整车的重量和成本增加。为满足市场对电动汽车的需求，电池能量密度需提高 2 ~4 倍，达到 300W·h/kg，把成本降低到目前水平的 30%，才能满足未来电动车大规模推广的要求。为达到这一目标需要在电池新材料方面加强研究。

3. 技术特点分析

(1)宝马 i3

宝马 i3（见图 4）由相互独立的车身和底盘组成，实现了平台化的电动化底盘构造。其中：车身部分称为“Life 模块”，由碳纤维增强复合材料制成；底盘部分称为“Drive”模块，大量采用铝合金材料制成，如图 5 所示。

i3 车身相当紧凑、小巧，轴距只有 2570 毫米，车内安排有 4 个座椅，但较高的车身仍可以为车内带来不错的空间。为方便进出，后车门还采用了独特的前开式设计。另外，i3 采用多种轻量化的设计，使全铝合金底盘比传统钢结构底盘轻 20% 以上，同时车身大量使用碳纤维增强塑料（CFRP），进一步降低车重。

图 4 宝马 i3

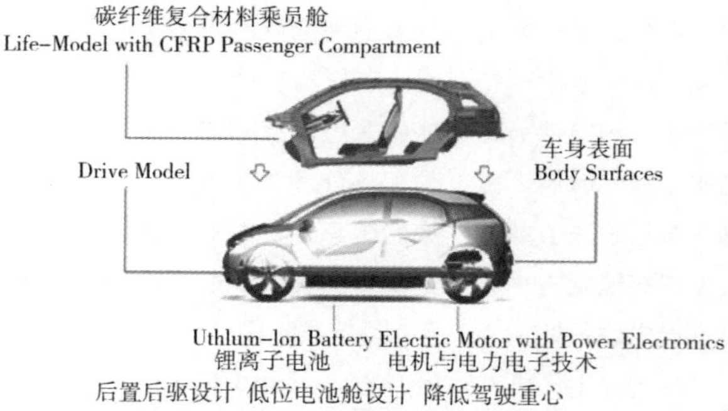

图 5 宝马 i3 的整车结构

宝马 i3 电机的最大输出功率为 173ps，最大扭矩为 249N·m，可实现最大 160km 左右的续驶里程。这台直流电动机位于后轴的上方，因此不会占用车内空间。锂离子电池组布置规整，有利于散热，电池采用了风冷系统。电池包位于底盘框架内，具有良好的保护作用，碰撞安全性较好。除车身、底盘外，内饰系统也大量采用了轻量化的材料，尤其是采用了环保织物和可回收材料，充分贯彻了环保理念。娱乐系统和信息系统突出了科技感、时尚感的营造，提升了电动汽车的驾乘体验。

（2）特斯拉 Model S

图 6　特斯拉 Model S

从组成来看，Model S（见图 6）主要是由电池组、底盘悬架系统和车体三大部件组成。其中，电池组布局是区别于其他电动车最大的地方，被整合成平板安放在底盘上，从而使得车辆的重心更低，带来更好的操控表现，先进的电池管理系统则保证电池板能够正常运行。电动机则被安放在车尾，负责驱动后轮。

Model S 的电池组提供 60kW·h、85kW·h 和 85kW·h Performance 三个容量版本，最大输出功率分别为 225kW、270kW 和 310kW，因此在性能上 Model S 的实力不容小视，特别是加速性能。其中 85kW·h Performance 版本的百公里加速时间只要 4.4 秒，最高车速达 210km/h，并拥有 480km 的续驶里程。即便是功率稍低的 60kW·h 车型，百公里加速也只要 5.9 秒，续驶里程为 370km/h。

（3）Spark EV

图 7　Spark EV

基于普通版 Spark 打造成的 Spark EV（见图 7），为了不占用车内空间，设计师将储电量超过 20kW·h 的锂离子电池组安装在了后排座椅下方。该车电动机最大功率为 110kW，峰值扭矩为 542N·m，续驶里程可超 100 公里。在 SAE 标准快充机制下，20 分钟内完成 80% 的充电量，若使用 240V 的充电插座则需要大概 7 个小时完成充电。另外，也可使用美国家用 120V 插座进行充电。车上的 MyLink 系统能够与 iPhone 连接，以方便用户对车辆进行远程控制。Spark EV 的主要市场集中在美国加利福尼亚州和韩国南部地区。

（4）大众 e－up！

图 8　e－up！

“e－up！”（见图 8）是大众旗下的第一款纯电动车，拥有 4 个座位，整车装备重量为 1185kg，配备有最大功率为 60kW 的电动马达。依靠锂电池驱动，锂电池最大容量为 18.7kW·h。马达正常运行时的输出功率为 40kW，最大输出扭矩为 210N·m。从静止到加速至 100km/h 耗时 14 秒。最大行驶速度为 135km/h，单次充满电的最远行驶距离为 150km，基本满足城市出行需要。

这款纯电动车拥有快速充电技术，30 分钟能够充满 80% 的电力。该款车配备两套充电系统，一套为直流充电系统，一套为交流充电系统，方便用户根据需要选用。

（5）日本 SIM－LEI

图 9　SIM－LEI

电动汽车（EV）风险企业 SIM－Drive 陆续开发了 SIM－WIL、SIM－LEI、SIM－CEL、SIM－HAL 等多款车型。其中，SIM－LEI（见图 9）配备的锂离子充电电池容量为24.9kW·h，续驶距离可确保达到 333km（JC08 模式），可乘坐 4 人，车身尺寸为（长 × 宽 × 高）4700mm × 1600mm × 1550mm，车身重量为 1650kg。

SIM - LEI 的驱动系统采用安装在车轮内的轮内马达。轮内马达与普通的内转子外定子方式相反，为外转子内定子方式。SIM - Drive 社长、日本庆应义塾大学教授清水浩曾于 2004 年发布了 EV“Eliica”，但 Eliica 是内转子式，且需要使用减速齿轮。与 2004 年时相比，该驱动系统不仅提高了马达的性能，而且通过采用外转子方式增加了马达的有效直径，在省去了减速齿轮的情况下也能确保获得充分的扭矩。

据 SIM - Drive 介绍，此次开发的车辆除轮内马达之外，还将电池及逆变器安装在地板下方中空结构车架的“Component Built - in 式车架”上，从而扩大了车内空间。从 2010 年 1 月开始，SIM - Drive 与汽车厂商及部件厂商等 34 家企业和机构共同推进了 SIM - LEI 的开发。

4. 纯电动乘用车技术发展趋势

与传统汽车相比，电动汽车的最大变化在于动力系统，这也赋予了它诸多新的产品特性，如动力电池、能源供给等。此外，车联网等新技术也将融入电动汽车，这也会深刻影响电动汽车市场参与者的组成。

(1) 动力电池

电池是电动汽车的核心部件之一，因此电池的性能是限制电动汽车进一步发展的重要因素。例如，动力电池能量密度低是续驶里程短的主要原因。此外，电池高成本是电动汽车价格居高不下的重要原因。电动汽车技术的突破，很可能来自电池技术的突破，而电池技术的突破更多来源于新材料的应用或化工行业的突破。由于传统整车厂在电池技术方面的经验积累较少，所以在这一环节，电池制造商将会成为新的参与者，并扮演重要角色。

(2) 能源供给及配套设施

电动汽车的能源来源是电，补给方式是充电或换电。无论哪种补给方式，都需要相应的基础设施及服务。电动汽车的运行离不开电，在这种背景下，谁来提供电，谁来建基础设施，谁来收费，这些是首先要解决的问题。要解决这些问题，相应的主体，如电力提供商、基础设施建设者、服务运营商等，必将成为不可或缺的市场参与者。这三者可能会以组合的形式出现，即一个主体同时具备两种或更多功能。

(3) 车联网

近年来，车联网逐渐走入人们的视野，广受业界专家关注并被认为前景无限。车联网将实现“人—车—路—环境”的有效互联及信息交换，从而在根本上减少交通堵塞，提高交通效率；减少交通事故，甚至是零事故；随时获取资讯，使驾乘充满乐趣，使无人驾驶成为可能。当前，部分厂商的 Telematics 系统已经开始商业化应用，如通用的 Onstar、丰田的 Gbook 及上汽的 InkaNet。在这背后，IT 服务供应商、内容提供商、车联网设备提供商扮演着重要角色。

(4) 轻量化

电动汽车的续驶里程受制于电池能量，而电池能量的增加又导致整车重量和成本的增加。为了提高续驶里程，途径之一是提高电池的能量密度，另外还需要从减轻整车重量着手。减重对于汽油车也是一个长期的研究成果，其积累的经验可以直接应用于电动汽车。目前多数电动汽车只采用了局部减重的方式，这对提高里程的需求可谓杯水车薪，要想达到增加里程的效果需要将整车重量降低 20% 以上。新材料的使用将对供应链、生产工艺等造成冲击，并且使得成本升高，因此需要整车厂、零部件企业、原材料企业共同合作。

(5) 全新结构

动力系统的改变，需要重新设计一种与之适应的汽车。目前，电动汽车的研发受传统汽车设计思路的束缚，其结构基本是在传统汽车基础上改装而成的，而电动汽车的研发和制造工艺都需要针对电动汽车的特性研发，如针对电池及其热管理系统的布置来设计车身。随着技术的进步，关键技术将会取得突破并应用于电动汽车。例如：应用新材料实现车身轻量化；采用轮毂电机驱动；采用太阳能电池辅助充电，等等。

（奇瑞新能源汽车技术有限公司　方运舟）

四、插电式混合动力乘用车

1. 总体情况

在国家多年研发和新能源政策支持下，到 2013 年，我国汽车行业已初步掌握了新能源汽车整车动力系统平台及关键零部件的核心技术，基本建立了由“三纵三横”（三纵即混合动力汽车、纯电动汽车、燃料电池汽车；三横即电池、电机、电控）和“三大平台”（即标准测试、能源供给、集成示范）构成的矩阵式的技术创新体系，形成了较为全面的基础研究、产品开发、试验检测和评价的能力。新能源汽车整车技术水平明显提升，关键核心技术取得了重大突破。

2013 年，插电式混合动力乘用车的技术研发取得较大进展，主要汽车企业纷纷加大研发力度，推出插电式混合动力乘用车新车型。2013 年是国内插电式混合动力技术收获的一年：比亚迪插电式混合动力已发展到第二代，并搭载到秦上成功上市，该车技术明显提升，最高车速和加速性能均有较大提高，能耗和油耗水平也有所进步；上汽荣威550plug in也在当年上市；一汽奔腾B50插电式混合动力等车型也开始了示范运行活动。

2. 技术特点

(1)技术特点

从2013年已经上市和发布的多款车型来看，2013年国内插电式混合动力乘用车的技术呈现多样化发展的特点，而且都得到了一定的市场认可。

首先，对动力总成系统进行技术升级。使用涡轮增压或排量更大一些的发动机，保证发动机的大部分时间都运转在高效转速区，以提升整车的动力性和效能。更高转速、更大扭矩、更高效能、更轻重量的高性能驱动电机的研发，不仅极大地提升了整车的动力性和操作性，而且降低了油耗和排放，也提高了纯电动模式的续驶里程。比如，比亚迪秦采用了1.5Ti涡轮增压缸内直喷发动机和10000rpm高转速电机，如图10所示。

图10　比亚迪秦的动力系统

其次，电控系统的集成以及轻量化。插电式混合动力乘用车的电控系统相比燃油汽车或纯电动汽车都要复杂，多采用集成式设计，以最大限度地降低电控系统硬件的质量和体积，缩减电控系统的成本，也使整车在设计时更加灵活。

最后，多种插电式混合动力系统同步发展。并联式、混联式、增程式插电混合动力车型都得到不同程度的发展和市场认同。与前些年各车企争论哪种插电式混动系统更高效、技术更成熟、更适合中国情不同相比，2013年国内车企以技术和市场认可度为主导，纷纷拿出各自的插电式混合动力明星车型。其中，比亚迪秦作为2013年并联式插电混合动力乘用车的代表车型，于2013年12月成功上市，并获得不错的销量，得到市场和消费者的认可。

(2)主要技术突破点

电机、电池、电控以及整车系统集成是插电式混合动力乘用车的关键技术所在，2013年国内各车企在这些方面均有一些技术突破。

驱动电机系统方面。国内车企新车型的驱动电机整体结构设计更加紧凑（见图11），电机功率质量比有较大提高，电机的最高转速也有大幅提升，同时提升了电机恒功率的转速范围；各项主要技术指标已接近甚至达到国际水平，性价比在国际上也具有一定优势。

动力电池方面。2013年国内新开发的插电式混合动力乘用车所搭载的动力电池在体积能量密度、质量能量密度、最大放电能力、低温充电能力方面都有一定提升，动力电池性能指标逐步接近国际先进水平，这不仅对整车轻量化有重要影响，同时也能有效改善纯电动模式行驶的能耗水平和里程。

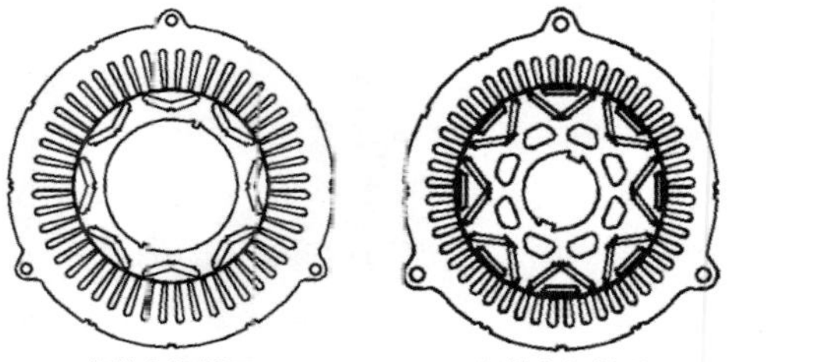

图11　新老驱动电机断面对比（紧凑、功率质量比大幅提高）

电池管理系统方面。新车型基本都采用分布式电池管理方案，取代以往的集中式管理方案（见图12）。分布式电池管理系统能独立监控动力电池各个电芯在高低温条件下的实时状态，将电池的充放电过程控制在最佳工作状态，提升电池的使用寿命。

图12　电池管理控制器（紧凑、轻量化）

(3)目前亟须解决的技术难点及解决方案

受传统汽车关键技术影响，国内插电式混合动力乘用车与国外相比尚存在较大差距。由于国内插电式混合动力乘用车的发展受到发动机与自动变速器等汽车共性技术落后的限制，同时又受到机电耦合驱动系统等插电式混合动力专用技术掌握较少的影响，插电式混合动力系统的集成设计水平相对落后，亟须解决的技术难点仍较多。

部分电机、电池所需部件、材料需要进口，同时，控制器基础硬件、芯片、绝缘栅双极型晶体管（IGBT）和信号处理放大部件等核心关键零部件也依赖进口。进口原材料及零部件不但成本高，技术及专利壁垒也很难打开，只有解决这些问题才能降低插电式混合动力乘用车的开发难度和成本。

整车的节油率和可靠性仍需提高。尽管目前国内企业推出数款插电式混合动力车型，但多数产品尚处于样车阶段，未经验证研究，未达到系统优化和批量生产要求，节油率和可靠性都未接受过消费者及市场的验证。国内车企需要投入更多资源从各方面提高节油率和可靠性，但车企在未实质性地看到与所投入的资源相对应的回报之前，都不愿积极投入人力、物力和财力，只有在国家明确了各项扶持政策，给予适当的技术和资金支持下，国内上市的插电式混合动力乘用车才会逐渐增多，才能呈现百花齐放的盛况。

整车和零部件工程化不足，产品处于产业化初期，成本较高。从已上市的车型来看，插电式混合动力车型的售价都比较高，扣除国家和地方政府补贴后，售价才勉强可以接受。后续补贴逐渐降低甚至取消后，这些车型的成本及售价若降不下来，将无法真正实现市场化。因此，国内车企需加快插电式混合动力乘用车及核心零部件的产业化步伐，通过提高整车及零部件的产销量来逐步降低成本，使整车及零部件企业持续长远发展。

（4）重点车型技术特点分析

比亚迪秦和上汽荣威 550 Plug - in 是 2013 年国内上市的两款插电式混合动力乘用车代表车型，虽然都叫插电混合动力乘用车，但实际上是两种不同的插电式混合动力系统。根据结构的不同，插电混合动力可以分成几类，各个厂商也都根据自己对插电混合动力的理解制造出不同类型的插电式混合动力乘用车。

其中一种是增程型插电式混合动力，代表车型有国内已上市两年的雪佛兰沃蓝达（有隐藏的直接驱动模式）（见图 13）、宝马 i3（可选装增程模块）、Fisker 卡玛和奥迪 A1 etron。这类插电式混合动力车型，严格来说仍然是电动车，车内只有一套电力驱动系统，包括电机、控制电路、电池。增程型插电式混合动力车的电动机直接驱动车轮，发动机则用来驱动发电机给电池进行充电。它的优点在于电动车的安静、起步扭矩大，可以当纯电动车使用，在充电方便的条件下只充电、不加油，使用成本较低。缺点是，由于发动机和发电机并不直接驱动车轮，造成了这部分功率的浪费，而发动机和发电机使整车重量增加，在高速路况下，油耗反而偏高。

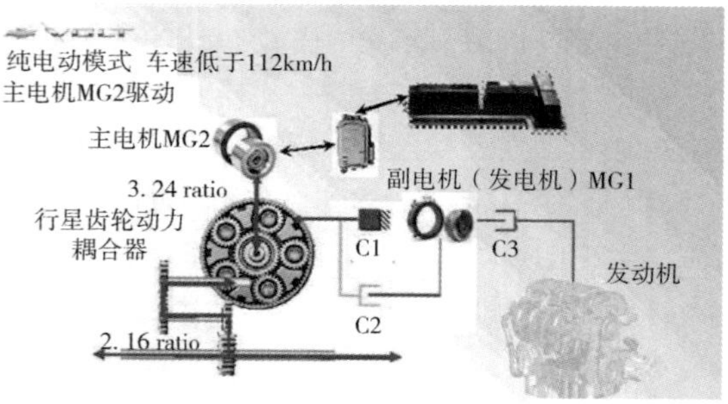

图 13　雪佛兰 VOLT 增程型插电式混合动力系统原理

比亚迪秦搭载的是并联式插电混合动力系统（见图 14）。这类插电式混合动力车内有两套驱动系统，在传统燃油车的基础上增加了电动机、电池、电控，电动机与发动机共同驱动车轮。车内只有一台电机，驱动车轮的时候充当电动机，给电池充电的时候充当发电机。它的优势在于：电动机、发动机共同驱动车轮，没有功率浪费的问题；在纯电模式下，同样具有电动车安静、使用成本低的优点；在混合动力模式下，又有非常好的起步扭矩，加速性能出色。缺点是，在混合动力模式下，发动机不能保证一直在最佳转速下工作，油耗比较高。堵车时，只有自带发动机启停功能油耗才会低。因为只有一台电机，不能同时发电和驱动车轮，所以发动机与电动机共同驱动车轮的工况不能持久。持续加速时，电池的能量会很快耗尽，转成发动机单独驱动模式。

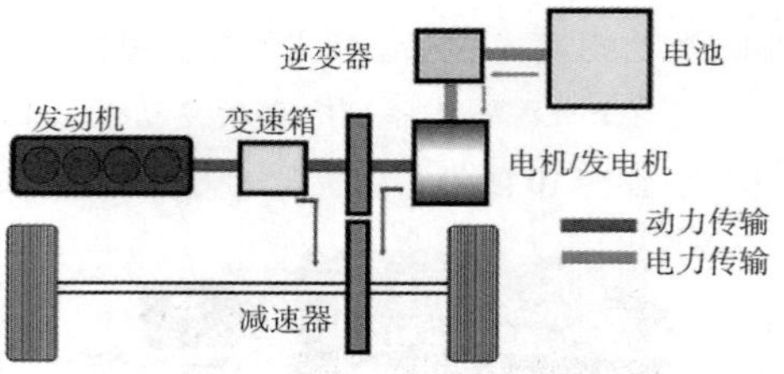

图 14　并联式混合动力系统原理

前置混联式插电混合动力系统（见图 15），代表车型有上汽荣威 550 Plug - in、比亚迪 F3DM、丰田全系插电式混合动力车。与并联式插电混合动力一样，这种模式也有两套驱动系统，不同的是，混联式有两个电机，一个电动机仅用于驱动车轮，还有一个电机具有双重角色：当需要极限性能的时候，充当电动机直接驱动车轮，整车功率就是发动机、两个电机的功率之和；当电力不足的时候，就充当发电机，给电池充电。混联式同时具有增程式和并联式的优点：在纯电模式下具有电动车安静、使用成本低的优点。发动机可以一直控制在最佳转速，油耗低，噪声小，振动小；在并联模式下，两台电机同一台发动机一起工作，三者功率加起来具有非常好的起步和加速性能，是一种比较好的组合。缺点是，两台电机、发动机、变速箱一个都不能少，配套的控制电路、电池、传动系统、油路也不能少，总体成本要高于其他类型的插电式混合动力，车的总重量也会大一些。因为要控制两个电机和一台发动机，还有不同的工作模式，控制系统也要相对复杂，这也会提高成本。

混联式插电混合动力还有一种模式是前后置（见图 16），简单地说，就是把兼职的电机与发动机放到一起，另外的纯电动机单独放置。这种模式的代表车型包括保时捷 918、宝马 i8，以及规划中的比亚迪唐。这种模式除了具有混联式插电混合动力的优点外，还有就是可以在前轮驱动、后轮驱动、四轮驱动三种模式下切换。

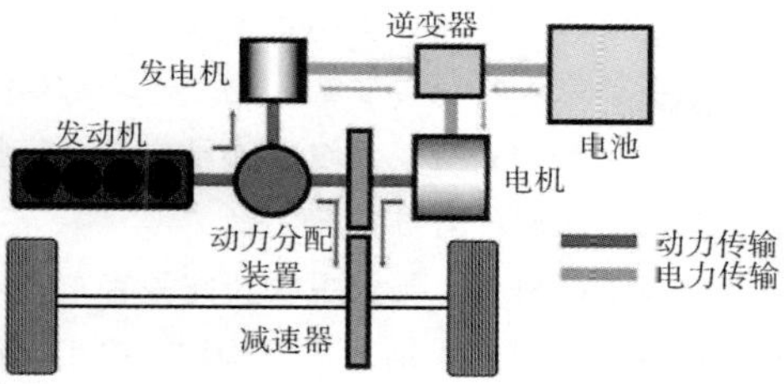

图 15 混联式混合动力系统原理

图 16 比亚迪唐 前、后置混联式混合动力系统

3. 技术发展趋势

插电式混合动力乘用车仍然是未来很长一段时间内最适合中国汽车市场的技术，沃尔沃、宝马、奥迪等豪华车品牌也在积极地研发插电式混合动力乘用车，以适应中国市场的需求及发展。在日益严峻的环境问题和能源问题面前，各国都将执行更严格的油耗标准和排放标准，因此未来几年插电式混合动力乘用车的技术发展必须符合这些要求。持续降低整车成本，提升整车的节油率和可靠性，满足更多消费者的实际需求，是当前插电式混合动力乘用车发展的最大瓶颈。

电控系统关键零部件，以及电机、电池的关键原材料的国产化、自主化，掌握核心零部件的技术和降低成本，也是插电式混合动力乘用车未来一段时间取得突破性发展的关键因素。

只有性能高、价格适中、使用方便、维修保养成本低、省油可靠、安全环保的插电式混合动力乘用车才能获得消费者和市场的认可。

4. 其他

我国目前已成为世界最大的汽车产销国，但在传统汽车关键技术领域仍落后于主要汽车工业发达国家。在新能源汽车领域，我国与世界先进水平间的差距相对较小。因此，发展新能源汽车成为我国追赶汽车工业发达国家，并进一步抢占全球汽车产业发展制高点的重要历史机遇。

目前，我国新能源汽车市场总体仍处于起步期。政府从能源安全、产业升级及节能减排等角度出发，将会继续支持和引导新能源汽车的推广，促进新能源汽车的市场化。我国汽车企业通过多年的努力，产品技术水平也有了明显提高。如占新能源汽车购买成本较大比例的动力电池，通过近几年车用动力电池行业的快速发展、技术水平的不断提高以及生产规模的持续增长，动力电池的制造成本显著下降，进而极大地促进了新能源汽车整车成本的下降，使其向大规模市场化迈出了关键的一步。

另外，配套的充电基础设施，由于建设成本高等原因尚未大规模普及，导致其规模以及覆盖范围难以达到新能源汽车大规模市场化的需求，极大地影响了消费者购买新能源汽车的意愿。我国新能源汽车在公交、出租车等公共服务领域逐渐推广，极大地推进了配套充电基础设施的建设，但在满足充电需求、使用便利性要求等方面还有较大差距，尚需相关各方继续努力。

综上所述，提高性能、降低整车成本、提高消费者充电的便利性是打开新能源汽车私人消费市场的重要前提条件。目前，距离新能源汽车真正进入大规模市场化仍有相当长的路要走。发展新能源汽车是未来汽车产业的必然趋势，也是解决我国能源环境压力的重要途径之一。随着我国汽车企业技术的进步、生产规模的不断提升、产品成本的持续下降以及配套环境的不断完善，未来我国新能源汽车必将成长为绿色交通系统的重要组成部分。

（比亚迪汽车有限公司）

五、插电式混合动力客车

随着资源及环境的压力越来越大，节能、环保的新能源汽车已成为汽车行业的发展方向。2013 年 9 月，财政部、科技部、工信部、发改委联合下发了《关于继续开展新能源汽车推广应用工作的通知》，将纯电动汽车、插电式混合动力汽车和燃料电池汽车纳入补贴范围进行重点推广。

插电式混合动力客车具有传统混合动力客车的全部优点和纯电动客车的部分优点，不仅大大提高了节油率和排放性能，而且续驶里程也能很好地满足使用要求。相比纯电动客车和燃料电池客车，插电式混合动力客车的运营模式更加灵活，在目前的技术水平下更易被市场认可，推广阻力较小。

1. 总体情况

插电式混合动力客车是一种可以使用外部电源为车载

储能装置充电的混合动力客车，是在传统混合动力客车基础上开发出来的新型新能源客车。在新能源城市客车使用较多的公交、班车市场，插电式混合动力客车更多的是在纯电动模式下工作，排放低，在纯电动车动力电池技术未取得突破性进展之前，插电式客车将是良好的过渡方案。随着国家补贴方案的发布，从2013年开始，插电式客车已成为各新能源汽车厂商的开发热点。

与传统混合动力客车相同，国内插电式混合动力客车的动力系统结构主要分为并联式、串联式和混联式三种，相应车型节油率达15%～50%。其中双电机混联式动力系统目前在国内的应用最为广泛，该系统采用直驱传动方案，具有动力传递高效、再生能量回收比例高、经济适用的优点。通过车载电源系统的模块化配置，电功率比可以覆盖51%～100%，实现从节能型混合动力客车到新能源客车的平稳过渡。

按上牌数据统计，2013年，全国共推广插电式混合动力客车3659辆，由于气电插电式混合动力客车具有更高的燃油经济性，更低的排放，并且静音效果良好，在整个插电式客车中气电比例达到85%，如图17所示，各企业插电式客车上牌数见表2。

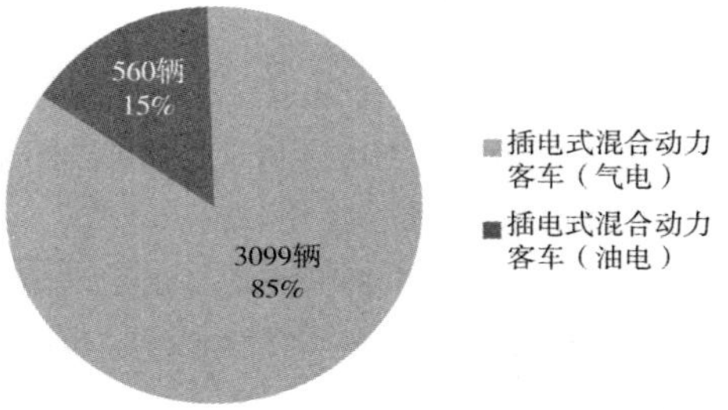

图17　2013年插电式混合动力客车整体上牌情况

表2　2013年国内主要车企插电式混合动力客车上牌情况

单位：辆

品牌名称	上牌数量
宇通	975
中通	754
苏金	749
恒通	541
五洲龙	220
安凯	106
南车时代	67
其他	247

2. 技术特点

（1）2013年插电式混合动力客车技术发展特点

从培育战略性新兴产业角度来看，发展电气化程度比较高的“纯电驱动”电动汽车是我国新能源汽车技术的发展方向和重中之重。为此，国内各新能源客车厂家及动力系统供应商在插电式混合动力客车上所采取的技术路线为：依托现有的混合动力系统，通过增加动力电池容量及充电接口，形成插电式混合动力客车产品。

基于公交工况分析，国内主要新能源客车企业提出了经济适用的双电机混联式动力系统构型，采用简捷的直驱传动方案，具有动力传递高效、再生能量回收比例高、经济适用的优点。通过模式离合器实现了串联电电混合驱动、并联机电混合驱动两种工作模式，很好地适应了城市运行工况的特点。通过车载电源系统的模块化配置，电功率比可以覆盖51%～100%，实现从节能型混合动力客车到新能源客车的平稳过渡。

（2）2013年插电式混合动力客车的主要技术突破点

在开发插电式混合动力客车的过程中，充分利用前期开发节能型混合动力客车所积累的技术经验，针对电驱动系统、车载能源系统及电动附件系统等进行研发，目前国内已形成了具备完全自主知识产权的电机、电池、电控技术。

在电驱动系统方面，国内主要新能源客车企业完成了高压控制器集成化设计，实现了ISG控制器、主驱动电机控制器、电动助力转向控制器、DC/DC、高压配电器的集成化设计，使系统重量大幅减少，最高减重可达50%。在车载能源方面，宇通等企业针对插电式混合动力的使用需求，提出了能量功率兼顾型的复合电源构型，选用能量型动力电池满足整车平均功率的需求、超级电容满足整车峰值功率需求，动力电池经过双向斩波DC/DC与动力母线并联，与母线的动态功率需求实现了解耦，有利于动力电池的主动能量管理。

（3）目前亟须解决的技术难点及解决方案

在插电式混合动力客车的推广过程中，仍有亟须解决的技术难题。车载能源方面，目前国内的三元锂离子动力电池的安全性及寿命有待进一步提升，应加大研发力度，借助国外的先进技术成果，提升三元锂离子动力电池的安全性，延长使用寿命，实现大批量应用。电驱动系统方面，目前国内的电驱动系统效率及可靠性有待进一步提升，应从新材料、新结构、自传感电机、IGBT芯片封装和驱动系统混合集成、新型传动结构等方面着手，开发高效率、高材料利用率、高密度和适应极限环境条件的电力电子、电机与传动技术，满足电动汽车可持续发展需求。电控技术方面，在故障诊断、故障处理等方面存在欠缺，应重点开发先进的纯电驱动汽车分布式、高容错和强实时控制系统，高效、智能和低噪声的电动化总成控制系统，车载信息、智能充电及其远程监控技术，满足纯电动汽车大规模示范需要。在充电设施的建设方案及实施方面，我国当前充电设施欠缺，充电方式不合理，导致多数运行的插电式混合动力客车无法及时充电，影响了示范运行效果，应从国家层面上进行统筹规划，合理地分配土地、资金等，建立全网络的充电设施，保障插电式混合动力客车的有效运营。

3. 产品开发特点分析

2013 年，国内主要新能源客车企业的插电式客车产品覆盖 8～18 米车长范围，以宇通 ZK6125CHEVNPG4 型混合动力城市客车（12 米，气电插电）为例，其技术优点如下：

①车载能源采用能量型锂电池，充放电寿命长。超级电容可单独驱动车辆，可靠性高。同时，车辆适应极寒、高温等极端气候，耐低温超过 -42℃。

②节气率高。每天充电两次可达 48%，每天充电一次可达 40%。

③水冷电机防护等级为 IP56，专用、独立高压电器舱使整车涉水深度达 600 毫米。采用气路、高压线、低压线等隔离设计，高压部件三级绝缘，绝缘电阻实时监测等措施，保证车辆安全。

④可实现交流充电功能，充电灵活，充电设施成本低。

⑤维修方便性。集成式控制器，高压接口少，方便检修。

⑥采用国 V 发动机，排放标准高，更加环保。

4. 发展趋势

插电式混合动力汽车技术可有效减少汽车燃料消耗量，满足城市续驶里程要求，对促进汽车工业技术升级转型有着极其重要的意义。2013 年 9 月 17 日，四部委发布了《关于继续开展新能源汽车推广应用工作的通知》，新一轮新能源汽车补贴政策正式出台，对电动汽车、插电式混合动力汽车和燃料电池汽车继续给予补助。插电式混合动力客车得到各汽车厂商的重视，推广应用迅速，技术进步明显。目前，插电式混合动力客车的整体发展趋势是，继续加大电功率，加大电驱动在混合动力中的比例，同时关键零部件逐步电动化。具体技术发展趋势为：①永磁化、数字化、集成化的车用电机技术；②高能量密度、高安全性能、低成本的车载能源技术；③集成化、智能化、网络化的电控技术；④快速化、智能化、集成化、电能转换高效化的充电技术，包括使用方便的无线充电技术；⑤插电式混合动力系统技术平台工程化集成设计，进行结构优化和效率优化，提升整车平台可靠性和耐久性；⑥插电式混合动力汽车相关技术规范及标准法规的制定与完善。

5. 面临的挑战

经过多年的发展，新能源汽车运营时机已经成熟，尤其是在城市普及发展节能与新能源公交已是大势所趋，而插电式混合动力汽车技术发展迅速，是下一步推广应用的重点。但是，当前仍存在部分制约其发展和推广的不利因素，和国际领先水平相比，我们存在很多不足。

①核心零部件技术有待提高。国内零部件的研发水平和配套能力是插电式混合动力客车实现大规模产业化的基础和前提。

②插电式混合动力系统的一些技术、材料仍处于开发和优化阶段，距离国外先进水平还有一定差距，性价比较低。

③国内插电式混合动力汽车标准和检测体系建设不够完善，各车厂采用的技术路线各不相同，无法采用统一的标准来衡量。我国虽然颁布了多项混合动力汽车领域的标准，但多为推荐性标准，不具有强制性标准的效力，而且标准的覆盖面也远远不够。

（郑州宇通客车股份有限公司　李高鹏）

六、混合动力乘用车

1. 总体情况

2013 年，由于受限于基础设施的滞后性，在纯电动、燃料电池等技术真正进入实用阶段之前，混合动力汽车因其突出的使用方便的优势越来越受到人们的关注，从而成为全球市场化发展重点。然而，经过多年发展，混合动力汽车产业化进程较为迅速，特别是全球各大汽车制造商继续加大混合动力车型的开发力度，发展速度更加迅猛。

2009—2013 年，全球混合动力汽车累计销量达 618 万辆，仅 2013 年就突破 200 万辆，平均增速为 35.8%，丰田普锐斯成为主导力量。

经过十多年的发展，中国的混合动力技术已取得长足的进步，技术层面以自主开发为主。同时，技术引进和合作开发等多种模式均取得了突破性进展，并建立了混合动力汽车动力系统技术平台和产学研合作研发体系，为整车技术的进一步开发奠定了坚实的基础，其节能降耗的效果已被消费者所证实。由于我国油耗法规不断升级，在纯电驱动汽车发展缓慢的情况下，采用普及混合动力汽车策略成为最现实最有效的途径。

值得一提的是，目前国内混合动力技术水平与欧洲、美国、日本等发达国家或地区尚有不小的差距，主要体现

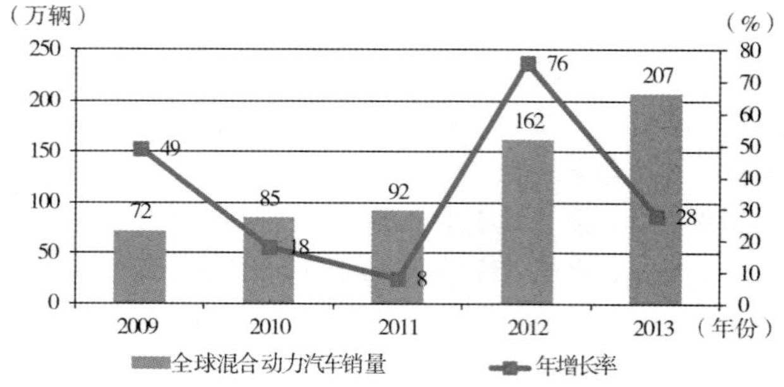

图 18　2009—2013 年全球混合动力汽车销量情况

在控制系统、自动变速箱技术等方面，需要政府引导并加大研发和产业化投入，尽快推进产业化进程。

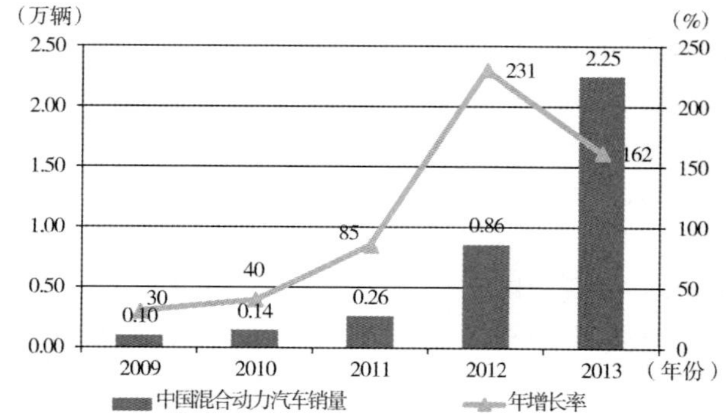

图 19　2009—2013 年中国混合动力汽车销量情况

2013 年，我国混合动力乘用车销量仅为 2.25 万辆，但相较于 2012 年 0.86 万辆，增速也在 162% 左右。因此，在节能补贴政策持续出台的环境下，与纯电动汽车相比，混合动力汽车至少在未来 10—15 年，仍然存在相当大的增长空间。

2. 技术特点

(1)2013 年混合动力乘用车技术发展特点

全球混合动力汽车主要有轻混、中混、重混、插电等几种类型，各汽车企业因其自身优势不同而在其发展重点和技术构型上略显差异。

第一，欧洲车型主要集中在强混和 PHEV，车型级别集中在 C 级、CD 级，构型主要为 P2；例如，大众的捷达强混、高尔夫插电、奥迪 A3 插电、卡宴等。

第二，北美车型集中在强混和 PHEV，车型级别集中在 C 级、CD 级，构型主要为动力分流。例如，福特的福克斯、S－MAX、C－MAX，通用的 VOLT 等。

第三，日韩车型主要集中在强混和 PHEV，车型级别集中在 C 级、CD 级，构型主要为动力分流和 P2。其中，丰田已在普锐斯、Camry 等车型上应用动力分流系统；本田汽车也在 IMA（单电机单离合）系统的基础上向 i－DCD（单电机双离合）系统、i－MMD（双电机串并联）系统、SH－AWD（分轴四驱）系统升级。

第四，中国车型主要集中在纯电动和 PHEV。其中，PHEV 车型级别集中在 C 级、CD 级，各种技术构型都有发展。例如，一汽在发展原有的双电机串并联系统的同时发展单电机双离合并联系统；上汽基于双电机串并联系统，推出荣威 550PHEV；奇瑞和广汽正在进行基于单电机双离合并联系统和分轴四驱系统进行强混和 PHEV 的研发。

通过分析以上各国发展混合动力汽车的状况，可以看出国内外汽车企业的发展特点：

第一，国外车企。有清晰的技术发展战略，按照“混合动力→插电式混合动力→纯电动→燃料电池”进行技术发展；在车企自身已掌握的技术路线上（例如，丰田基于动力分流技术、本田基于单电机单离合并联技术）进行技术路线升级拓展，并实现在全谱系的搭载。

第二，国内车企。多种技术路线共同发展，但技术路线发展并不清晰，时有调整；国内企业规划上市的产品主要集中在纯电驱动车型上，如插电式混合动力，产品包括一汽红旗 H7、上汽荣威 550、比亚迪秦。

(2)2013 年混合动力乘用车主要技术突破点

第一，形成了具有完全自主知识产权的动力系统技术平台，建立了混合动力汽车技术开发体系。

混合动力汽车的核心是电池（包括电池管理系统）技术。除此之外，还包括发动机、电机控制、整车控制等技术。从目前情况来看，我国已经建立起混合动力汽车动力系统技术平台和产学研合作研发体系，取得了一系列突破性成果，为整车开发奠定了坚实的基础。

第二，掌握了电动汽车整车开发关键技术，形成了各类电动汽车的开发能力。我国混合动力汽车在系统集成、可靠性、节油性能等方面进步显著，不同技术方案可实现节油 10%~40%。同时，各汽车企业对混合动力汽车的研发和产业化投入显著增加，产业化步伐不断加快。一汽、东风、长安等投入大量的人力、物力研发混合动力汽车，并且部分车型已实现小批量上市，如长安志翔、CX30 等。

(3)目前亟须解决的技术难点及解决方案

我国混合动力汽车发展过程中的技术难点主要表现在以下三个方面：

第一，核心技术未形成产业化，混合动力汽车价格较高。长期以来，混合动力汽车在产业化和市场推广方面与先进国家相比差距巨大，主要是因为混合动力汽车价格过高，抑制了消费者的购买欲望。目前，国内混合动力汽车的平均售价要比相同排量的内燃机驱动的轿车至少要高出 30% 左右。如果一辆传统轿车的售价为 10 万元的话，那么相同型号的混合动力轿车的售价至少多出 2 万～4 万元。混合动力轿车价格过高与核心技术未形成产业化直接相关。

第二，本土化产品种类少，品牌推广力度不足。我国的混合动力汽车市场主要以国外各大汽车生产厂商推出的产品为主，本土厂商生产的产品屈指可数，这说明我国混合动力汽车在品牌推广中的力度严重不足，由于品牌推广和宣传力度不到位，使得混合动力汽车的销量始终达不到理想目标。

另外，由于目前我国混合动力汽车市场占有率较低，售后维修存在问题，也是顾客在购买汽车时不愿选择混合动力汽车的部分原因。

第三，行业内部整合力度不够。截至目前，我国已有众多企业开展混合动力汽车的研发，从而加剧了企业间在研发、科技和人才上的相互倾轧和争夺，客观上提升了混合动力车的开发成本，也无法使有限的资源集中使用、合理配置。

为此，就混合动力汽车的发展我们建议采取以下策略：

第一，加大研发力度、掌握核心技术。在推广混合动力汽车市场发展的时期，政府要起到主导作用，通过整合国内科技和资金资源，确定关键技术领域，与企业、研究机构共同推动关键技术的研发。

第二，以市场为导向，明确阶段性战略重点。借鉴国际经验，以市场为导向，选择战略重点，采取近期开发与中长期发展并重的策略：近期发展混合动力技术，中长期着眼于纯电动、燃料电池及替代燃料汽车的研发。汽车企业要根据自身情况及其所在区域拥有的资源、文化、习俗等条件，因地制宜地研发相应的混合动力汽车产品。

第三，国内汽车企业自主创新。混合动力车的研发是我国汽车产业自主创新、培育自主品牌的一次巨大机遇。在研发中，需充分借鉴国外技术和经验，相互合作研发，缩短研发周期。

3. 技术特点分析

目前，市场上强混与 PHEV 车型表现最为活跃，成为行业推广重点。我们重点选取以下 5 款车型进行深入研究，以便了解其技术特点：

(1)丰田普锐斯（强混）

该车型采用双电机混联动力分流系统，其构成为“发动机＋发电机＋行星排＋驱动电机”。该构型的主要优点是对轴向的空间要求低、系统效率高、成本较低，主要缺点为能量管理控制复杂、集成复杂度较高。

整车整备质量（kg）	1395
长×宽×高（mm）	4485×1745×1525
轴距（mm）	2700
最高车速（km/h）	180
百公里油耗（L）	NEDC工况4.3

图 20　普锐斯混合动力系统构型及主要指标

(2)现代 Sonata（强混）

该车型采用单电机双离合并联系统，其构成为“发动机＋动力耦合系统＋变速箱”，其中动力耦合机构处于发动机和变速箱之间。该构型的主要优点是效率相对较高，主要缺点为对轴向空间要求较高、集成复杂度较高、控制较为复杂。

整车整备质量（kg）	1568
长×宽×高（mm）	4821×1843×1466
轴距（mm）	2790
最高车速（km/h）	200
百公里油耗（L）	综合6.2
0~100km/h加速时间（s）	9

图 21　Sonata 混合动力系统构型及主要指标

(3)广汽传祺（四驱强混）

该车型采用双电机分轴驱动系统，其构成为“前驱采用 ISG 中混，后驱采用电动后桥”。该构型的主要优点是结构简单、对发动机舱轴向空间的要求相对较低，主要缺点为需采用前驱和后驱两套系统、成本较高、扭矩协调控制难度较大。

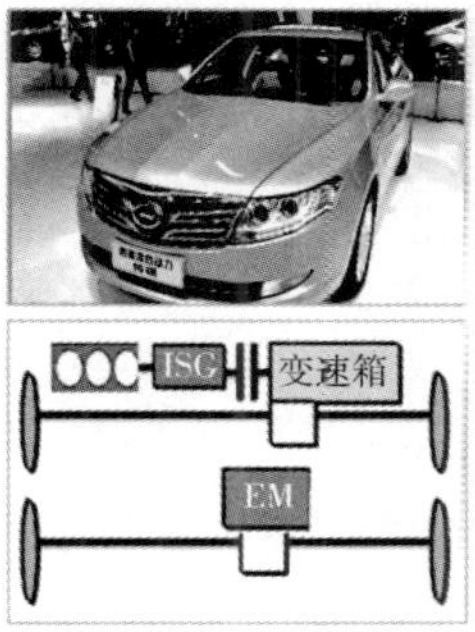

整车整备质量（kg）	1790
长×宽×高（mm）	4785×1910×1760
轴距（mm）	2790
百公里油耗（L）	6.5
0~100km/h加速时间（s）	10.9

图 22　传祺混合动力系统构型及主要指标

(4)比亚迪秦（插电式强混）

该车型采用电驱动变速器系统，其构成为“发动机＋变速器＋驱动电机”。该构型的主要优点是控制难度较低、集成复杂度较低，主要缺点为效率较低、起动发动机时 NVH 性能较差。

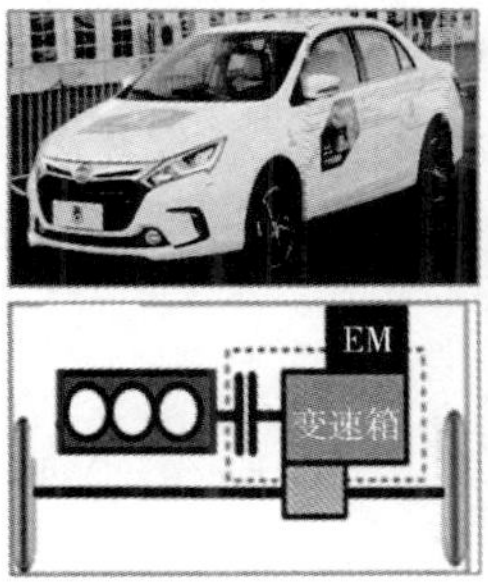

整车整备质量（kg）	1720
长×宽×高（mm）	4740×1770×1480
轴距（mm）	2670
最高车速（km/h）	185
百公里油耗（L）	1.6
0~100km/h加速时间（s）	5.9
纯电动续航里程（km）	70

图 23　秦混合动力系统构型及主要指标

（5）上汽荣威550（插电式强混）

该车型采用双电机串并联系统，其构成为“发动机＋发电机＋驱动电机”。该构型主要优点是轴向空间要求较低，主要缺点为效率低、集成复杂度较高、控制较复杂、成本较高。

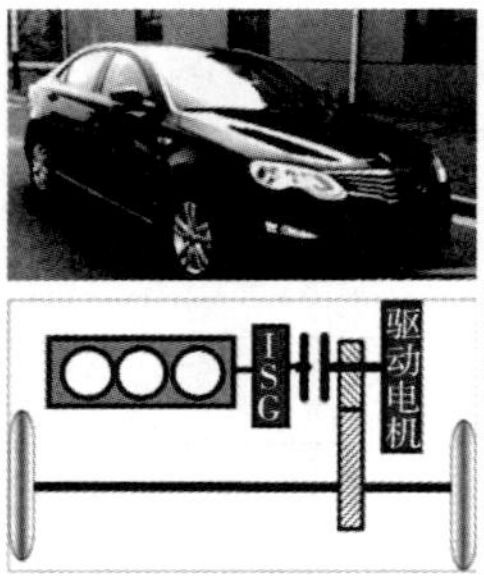

整车整备质量（kg）	1695
长×宽×高（mm）	4648×1827×1479
轴距（mm）	2705
最高车速（km/h）	175
百公里油耗（L）	2.5
0~100km/h加速时间（s）	11.6
纯电动续航里程（km）	50（NEDC）

图24　荣威550混合动力系统构型及主要指标

4. 发展趋势

当前，混合动力汽车的研究与开发已在世界范围内由点向面地扩散。混合动力汽车的使用不只是电动汽车的一个过渡阶段，而是汽车工业即将面临的一场新的革命。

随着电池技术的进步及其价格的降低，节能效果更加显著的重度混合动力汽车和Plug－in混合动力汽车，将在混合动力汽车中占据主要地位，BSG、ISG混合动力汽车共同构成混合动力汽车的其余组成部分。

未来10年，混合动力汽车将呈大幅增长态势，传统的燃油汽车包括代用燃料汽车的产量也将较大幅度地下降。

（重庆长安新能源汽车有限公司　周安健）

七、混合动力客车

1. 总体情况

近年来，混合动力客车在各大城市批量运营，驱动系统的节油效率得到了提升，动力电池的性能也进一步改善，混合动力客车技术已经趋于成熟。2013年，全国共销售新能源客车9000辆，其中混合动力客车占比超过80%，可以说，随着混合动力客车的逐步推广，传统客车的市场份额正在相对减少。

2013年9月，新一轮的新能源汽车推广政策出台，将常规的混合动力客车定义为节能车型，取消了补贴政策。插电式混合动力客车的补贴金额调整为25万元。插电式混合动力客车成为新能源客车市场的主推产品。

2. 技术特点

按动力源的不同，电动汽车可分为三种驱动类型：以高效能蓄电池驱动的电动汽车（EV）、以燃料电池为动力源的电动汽车（FEV）和以燃油发动机与电动机混合驱动的混合动力电动汽车（HEV）。对于电动汽车的研究是从单独依靠蓄电池供电的纯电动汽车开始的，目前的纯电动汽车初始成本高，行驶里程较短。由于高效能蓄电池、燃料电池及其系统的发展相对滞后，因此混合动力汽车是有利于市场化的车型，它通过控制系统将内燃机与一定容量的储能系统（主要是高性能电池或超级电容器）相组合，可以大幅降低油耗，减少污染物排放。

插电式混合动力技术特点：

插电式混合动力汽车（Plug－in Hybrid Electric Vehicle，PHEV）区别于传统混合动力汽车，可以外接充电，用纯电动驱动可供续驶50km左右，电能耗尽后可以用汽油、柴油或天然气发动机驱动。传统混合动力节省了燃油/燃气，但由于电池容量很小，仅在起/停、加减速的时候供应/回收能量，不能用纯电模式较长距离地行驶，无法外接充电。纯电动车只能用电驱动，在充电网络建设不完善的现阶段，电耗光后就会导致车辆中途停驶。

插电式混合动力汽车的车载电池可以用插头充电，至少有两个动力供给系统。目前，使用此技术的车型通常为电动机和内燃机混合动力输出。在车辆低速行驶时，只需使用动力电池就足以满足所需动力。如车辆高速行驶且动力电池电量不足时，可启动发动机，一边提供动力，一边为电池充电，增加续驶里程。

PHEV具有纯电动汽车的全部优点：可利用晚间低谷电对电池充电，改善电厂的机组效率，节约能源；纯电动工况行驶时为零排放；大大降低对石油或天然气燃料的依赖。利用外部公共电网对车载电池组充电，价格比燃油或天然气便宜，可降低车辆的使用成本。

根据发动机、发电机、电动机、变速箱、储能装置、驱动方式及控制系统的特点，插电式混合动力技术按结构分为同轴并联插电式混合动力、串联插电式混合动力、混联插电式混合动力三类。

（1）同轴并联插电式混合动力客车

发动机、离合器、电机、机械式自动变速箱在同一轴线上安装，通过离合器来实现发动机输出扭矩与电机输出扭矩的叠加。电机具有驱动、发电和快速启动发动机的功能，电机布置在机械式自动变速箱的输入端，电机输出的扭矩通过机械式自动变速箱的减速增扭，可以使车辆在任何路面情况下，轻松实现纯电机驱动起步和行驶。同时，通过机械式自动变速箱对扭矩、转速的自动调节，电机能高效地实现能量回收。并且，发动机也是布置在机械式自动变速箱前端，发动机输出的扭矩也能通过机械式自动变速箱的调节，使车辆在任何路面情况下，轻松实现纯发动机驱动的起步和行驶。机械式自动变速箱还能自动调节发动机的工作点，加上电机有效的助力，使发动机工作在高效区，大幅度提高燃料经济性。

（2）串联插电式混合动力客车

串联插电式动力系统主要包含两个能量源及一个动力源，车辆运行过程中只有电机参与驱动车辆。在能量源方面，发动机与发电机构成车载发电机组即 APU 系统，为系统提供电能。车载动力电池利用电池的高功率密度的特性，利用晚间低谷电对电池充电，给动力系统提供电能，满足纯电动模式的续驶里程。串联插电式采用锂电池与超级电容相结合的方式，利用超级电容可以快速充电、快速放电的特性，在车辆制动时，电动机作为发电机运行，将制动能量转换为电能储存到超级电容内，称为“再生制动”。为了保证车辆高效的制动能量回收，在超级电容与动力电池之间增加了双向充电机，在超级电容满电荷的状态下，通过双向充电机把超级电容内的电能储存到动力电池内，给制动能量回收提供了足够的能量储存空间。串联插电式客车，其发动机的输出功率一直保持在高效运行区，当车辆行驶至堵车路段时，当超级电容的电量足够时发动机停止工作，当超级电容的电量低于一定数值时启动发动机，发动机便迅速进入高效运行区间，给超级电容补充能量。动力系统设置了爬坡模式，在车辆连续上坡时需要较强动力驱动车辆，启动爬坡模式可加大发动机的输出功率，提升超级电容的储存电量，保证车辆上坡过程中所需要较强动力。

纯电动模式 当电池电量为40%～100%时可以采用纯电动模式运行，此时发动机停止工作，全部依靠动力电池提供电能驱动车辆运行；当电池电量低于40%时，系统自动切换到混合动力模式保持车辆运行。一般情况下，纯电动模式续驶里程可以达到50km。

混合动力模式 电动机的输出功率依工况动态变化：当 APU 输出功率小于电动机需求功率时，电池系统提供部分功率；当 APU 输出功率大于电动机需求功率时，电池系统将多余的功率转变为化学能储存起来。

（3）混联插电式混合动力客车

混联插电式混合动力客车集合了串联、并联及传统驱动形式的优点，可实现较高的节油率和较好的动力性能，但系统较为复杂，属于深度混合，采用超级电容和锂电池作为储能系统。

纯电机起步：避开了车辆起步时发动机的高油耗高排放工作区。

串联模式：车速低时，串联模式运行，发动机稳定工作于高效区。

中速并联模式：发动机与电机以并联模式工作，使得车辆动力强劲。

中高速发动机直驱模式：车辆中高速行驶时，发动机直驱，机械传动效率高，发动机工作在高效区。

3. 技术难点及解决方案

（1）能量储存装置

动力蓄电池安装在混合动力汽车上，在启动、加速时驱动汽车，在减速、下坡时将进行制动能量回收。能量回收对提高混合动力汽车的总效率意义重大，可以大大减少车辆驱动能量的需求量。另外，蓄电池等储能系统的输出功率范围要求比较大，以支持混合动力汽车加速，满足爬坡时的驱动需求。同时，由于混合动力汽车的储能系统需要频繁地放电，因此还要求它的放电特性较好。放电率较低，输出效率较高，其使用寿命循环放电的次数就较多。

（2）系统结构技术

混合动力系统结构复杂，制造成本较高，维修比较困难，售价相对较高，所以必须在减轻质量、减小尺寸、开发高性能、高功率密度等方面努力提高与改进。

高科技的电机系统技术对电动汽车的发展起着决定作用。电动机一般需要高效率、高负荷地工作，质量较大和高功率输出，完善的控制技术，符合噪声低、排放少、成本低的要求。拥有成熟的控制系统，可以使汽车各组成部分通过控制器实现网络化、集成化和一体化，尽可能地简化结构、避免重复、缩小体积和减轻重量，这是一项关键性的高新技术。

4. 发展趋势

①技术上呈现车身轻量化、平台专用化、总成模块化发展趋势。开发全新电动汽车专用底盘，并进行整车结构优化设计，应用轻量化材料逐渐成为电动汽车发展的方向。

②控制系统结构会简化，控制系统的集成化将发电机控制器、驱动电机控制器、辅助电源等电气系统集成为一个控制整体，可以很好地降低系统部件的成本，提升控制系统的热管理能力，使整车布局更美观。

③在动力系统结构方面，将向更高的集成度发展。车用能源的发展有两种趋势：一是发动机与电机集成，以适应多种燃料体系；二是以传动系统与电机集成为主，以向电动化转型，特别是轮毂驱动电机技术的应用，不但使动力传动链最短、传动效率提高，而且动力系统易于平台化，可以创造更大的内部空间。

④在混合度方面，随着电池技术的逐步成熟，不断提

高混合度，以实现传统能源向电气化的转化。插电式混合动力客车的纯电动续驶里程进一步提升，发动机的输出功率将进一步降低，从目前的以发动机为动力系统的主要动力源发展到以动力电池为主要动力源，发动机只是辅助的能源补充作用。

⑤以锂离子动力电池为代表的先进动力电池技术快速发展，在能量密度、功率密度方面将会进一步提高，为提高纯电动模式的续驶里程奠定扎实的基础。在动力电池的安全性、可靠性、循环寿命、成本等方面取得突破性进展。

（湖南南车时代电动汽车股份有限公司　李雪峰　席力克　郭建良　王坤俊　周灿）

八、燃料电池汽车

1. 总体情况

从我国燃料电池汽车技术发展的情况来看，从国家“八五”计划开始，直到国家“十二五”863 等重大科技专项的支持下，我国燃料电池汽车技术近年来取得了长足的发展，基本掌握了整车、动力系统与关键零部件的核心技术，建立了具有自主知识产权的燃料电池汽车动力系统技术平台，形成了燃料电池发动机、动力电池、DC/DC 变换器、驱动电机、储氢与供氢系统等关键零部件配套研发体系，具有百量级燃料电池汽车动力系统平台与整车生产能力。但是，受限于燃料电池发动机功率密度、燃料电池寿命、燃料电池成本、动力系统可靠性、整车环境适应性，以及商业推广模式研究和基础设施建设滞后等因素，我国燃料电池汽车仍然处于技术验证与特定考核试验阶段，在燃料电池汽车研发和推广方面，与国外发达国家及企业相比仍然存在一定的差距。另外，由于我国燃料电池产业化程度不高，燃料电池汽车核心零部件企业的利润较低，因此相关零部件企业数量较少，配套产业薄弱使得如隔膜、催化剂、碳纸等关键材料只能依赖进口，也导致核心技术研发进展缓慢。

2. 技术特点

(1)全球燃料电池汽车技术发展特点

从全球汽车厂商燃料电池汽车的研发情况来看，2013 年，几大主要汽车厂商纷纷联手，形成合作开发联盟模式，旨在降低成本、技术共享，通过技术联盟实现燃料电池技术的突破。

2013 年 1 月，戴姆勒、福特和雷诺 - 日产签订了三方协议，未来将联合开发一款通用燃料电池系统，加速推广零排放技术，并大幅削减成本开支。预计第一款价格可承受的燃料电池新车将在 2017 年问世。2013 年 1 月 24 日，宝马公司与丰田公司也宣布在 FCV 方面的合作，这两家公司计划将于 2020 年左右推出燃料型汽车。协议涉及丰田汽车将燃料电池技术的特许权给予宝马汽车公司，并为宝马提供传动系统及氢储存技术。宝马汽车公司将利用这一技术在 2015 年前研发出一款搭载氢燃料电池的新车型，计划于 2020 年投放市场。2013 年 7 月，通用汽车（GM）与本田汽车公司（HMC）宣布合作开发氢燃料电池汽车，预计将于 2020 年上市，此举是为降低燃料电池技术的成本并达到更严格的全球温室气体排放标准而进行的努力的一部分。

为了更好地发展燃料电池汽车，中国也需要更多车企联合起来共同开发燃料电池汽车。

(2)国内燃料电池汽车技术发展特点

虽然我国燃料电池汽车技术在近些年得到了长足的发展，但与国外相比，技术差距仍然不小。

在中国，上汽集团的燃料电池汽车技术处于领先地位，在此我们就将上汽集团与国际综合情况进行列表对比，从而找出差距。

从燃料电池汽车的整车性能参数来看，上汽自主研发的第三代燃料电池汽车在性能上明显优于上一代，但与国际水平相比，目前，整车除了在续驶里程和冷启动温度性能指标上与国际水平存在差距外，还在耐久性和可靠性等指标上存在较大差距。具体比较参数见表 3。

表 3　中外主要燃料电池轿车性能对比

性能	上汽第三代 Plug - in	863	本田	丰田	现代	通用	戴姆勒
最高车速（km/h）	150	150	160	170	160	160	170
0 ~ 100km/h 加速时间（s）	15	15	11	10.1	12.8	12	11.4
氢瓶压力/容量（bar/kg）	350/3.6	350/3.6	350/4.0	700/5.0	700/5.8	700/4.2	700/3.7
续驶里程（km）	300/16（EV）	280	435	480	650	320	385
冷起动温度（℃）	-10	0	-30	-30	-25	-24	-25

续表

性能	上汽第三代 Plug - in	863	本田	丰田	现代	通用	戴姆勒
驱动电机（kW）	88	88	100	90	100	94	100/70
电机扭矩（N·m）	210	210	250	260	300	320	290
电池能量（kW·h）	5.5	3	—	—	—	1.8	1.4

在燃料电池发动集成度方面，上汽集团轿车用燃料电池发动机额定效率、体积比功率等参数低于国外同类型燃料电池汽车。详细对比情况见表4。

表4 中外燃料电池发动机集成度主要指标对比

指标	上汽	丰田	本田	通用	现代	奔驰	美国能源部
额定效率（%）	45	60	60	50	—	56	60
体积比功率（W/L）	190	577	—	408	>640	—	650
冷启动温度（℃）	-10	-30	-20	-30	-25	-25	-40
运行温度（℃）	80	105	95	90	—	85	—

在燃料电池汽车关键零部件的研发方面，作为关键零部件之一的储氢装置——35MPa车载供氢系统的车载高压储氢瓶——全面实现了国产化，且具有一定的批量生产能力，技术水平与国外先进水平相当，制造成本仅为国外的60%左右。在系统关键阀组件的研制上与国外的差距较大，目前基本依赖进口。欧洲、美国、日本经过多年的研发，先后开发出基于70MPa车载供氢系统的燃料电池汽车，并成功地进行了示范。我国在70 MPa车载供氢系统的研发方面基本处于空白。除此之外，国内对于压缩机、加湿器、氢循环装置的燃料电池辅助系统的开发研究十分之少，基本没有成熟的产品，与国外的差距甚大。

另外，在燃料电池关键材料，如催化剂、质子交换膜等，目前主要以进口为主。这些关键部件或材料具有技术含量高、垄断性强、进口价格昂贵等特点。

3. 主要技术突破情况

在燃料电池汽车领域，上汽处于国内领先地位。上汽制定了燃料电池汽车“十二五”发展规划。经过多年的开发，项目总体按进度发展，在燃料电池整车、系统和电堆等方面都取得了很大进步，如功率密度、可靠性、耐久性都有很大提高，成本也在逐渐下降。

由上汽主导开发的第三代燃料电池汽车，最高车速可以超过150km/h，0~100km/h加速时间在15s以内，单次续驶里程超过300km，是上一代的两倍，这样的表现足以满足日常的使用需求。同时，上汽新一代燃料电池汽车实现国内首次无外热源-10℃整车冷启动，整车寿命比上一代提高两倍，同时整车可靠性比上一代大大提高：平均无故障由上一代500km提高到了大于2000km，整车成本也逐渐降低。

该燃料电池汽车采用荣威750车型平台、集成中等容量动力蓄电池（5.5kW·h/16A·h）和小型加压燃料电池系统（30kW），并且配备了可插电技术。整车续驶里程以燃料电池为主，以蓄电池能量。系统还配备了On-board蓄电池充电器，可以利用市网给动力蓄电池充电，减少了燃料电池运行区间的动态变化，提高了可靠性。

在系统开发上，上汽具备开发车用燃料电池系统的能力，培养了燃料电池相关零部件、系统开发、仿真、策略、调试、试验等方面的人才；成立了两地（上海、大连）三方（上汽、新源动力大连、新源动力上海）联合开发合作团队。同时，上汽还开发了系统测试平台和测试规范，积累了测试数据。该平台能够验证系统在开路、启停、怠速、高载等工况条件的性能，分析和解决电堆失效和系统故障，并积累了一定的问题解决能力。由上汽主导开发的新一代系统，其FCS功率密度提升大于30%，实现了在-10℃条件下的冷启动，并且延长了寿命，降低了成本，建立了关键零部件国内供应链。

另外，在关键零部件和材料的开发中，上汽通过产学研合作，研发出的新型催化剂活性是国际商业催化剂的3倍，成本降低了25%；开发出的金属双极板可以使电堆体积功率密度提高1倍；开发出的国产空压机成本是进口空压机的20%。

4. 技术难点及解决方案

目前，燃料电池整车性能指标、可靠性、耐久性及成本都与国外存在巨大的差距，是目前亟须解决的技术难点。

(1)性能指标

①续驶里程

在车辆续驶里程方面，上汽新一代燃料电池汽车的续驶里程达到了300km，而国际上研发出的燃料电池汽车续驶里程最高已经达到650~700km。可见，续驶里程是目前国内燃料电池汽车亟须突破的难点之一。

提高氢瓶压力，是提高续驶里程的解决方案之一。到目前为止，我国基本掌握了350MPa高压储氢和加注系统关键技术，但700MPa氢气存储关键技术和关键部件仍然处在研发阶段的。上汽计划将氢瓶压力提高至700MPa，从而提高燃料电池汽车的续驶里程，并计划于2014—2015年推出第四代燃料电池汽车，其续驶里程目标大于400km。

②低温冷启动

上汽新一代燃料电池汽车，虽然在国内首次实现了无外热源 -10℃整车冷启动，但与目前的国际水平相比还存在差距。本田、丰田已实现 -30℃整车冷启动；现代、戴姆勒已实现 -25℃整车冷启动。因此，我国燃料电池汽车整车冷启动性能有待进一步提高。

通过一系列的解决方案可以改进整车冷启动性能，如MEA需进一步改进。在工程设计上，通过改进双极板的流道设计、系统及零部件的设计也可改进整车冷启动性能。另外，在整车控制策略中，利用电堆的热来融化冰，以及利用系统的能量平衡，也是解决方案之一。

(2) 可靠性和耐久性

目前，整车除了在续驶里程、冷启动温度等性能指标上与国际水平存在差距外，还在可靠性和耐久性等指标上存在较大差距。为了提高整车的可靠性，可进一步改进关键零部件的可靠性，如电堆和DCF。另外，通过更好的工程设计（如线束设计），以及优化控制策略和算法，也可提高整车的可靠性。

可以通过改进MEA的耐久性来提高整车的耐久性，其中包括材料以及制造工艺和质量的改进。另外，优化电堆设计（如优化密封设计、流道设计）、优化系统设计（如优化热管理以利于均匀温度分布）、优化整车及系统控制策略（如减少燃料电池功率波动）等解决方案均可提高整车的耐久性。

另外，除了系统级别的优化、控制外，更主要的是要开发出更能适用车用工况系统级别下的关键零部件及材料，如电堆及膜电极、金属双极板、空压机、高压储氢材料等。

(3) 成本

燃料电池的高成本使得我国车企对燃料电池汽车的研究热情并不高。氢燃料电池汽车成本过高是全球车企需要共同面对的问题，中国在相关方面与国际上的差距较大。目前，上汽研发的第三代燃料电池汽车，材料成本已小于100万元/辆，并计划将第四代燃料电池汽车的材料成本控制在50万元/辆以内。在国际上，丰田燃料电池汽车的材料成本降低至5万美元/辆，计划于2015年推出。

简化系统设计并减少系统零部件，简化主要零部件结构（如电堆、氢瓶等），尽量用常规车已量产的零部件、减少材料成本，改进生产制造方法，建立国产供应链以代替进口零部件等，都是降低燃料电池汽车成本的解决方案。

5. 技术特点分析

(1) 上海牌插电式燃料电池轿车

由上汽研发的第三代燃料电池汽车，采用Plug - in技术，以燃料电池系统为主动力源（氢气为燃料），动力蓄电池作为辅助动力（可使用民用220V交流电源进行充电），实现了能源多元化。该车型最高车速可以超过150km/h，0~100km/h加速时间在15s以内，单次续驶里程超过250km。同时，第三代燃料电池汽车整车冷启动温度达到 -10℃，寿命和可靠性都有所提高，整车成本也逐渐降低。

图25　上海牌插电式燃料电池轿车

从上汽燃料电池汽车发展规划来看，第四代上海牌插电式燃料电池汽车的氢瓶压力将达到700MPa，最大续驶里程将达到400km，冷启动温度也将达到 -20℃。另外，可靠性将进一步提高，平均无故障里程将从第三代的2000km提高至5000km。同时，材料成本将下降至每辆低于50万元。上汽燃料电池轿车的具体发展规划见表5。

表5　上汽四代燃料电池轿车指标对比

指标	第一代（2008年）	第二代（2010年）	第三代（2013—2014年）	第四代（2015年）
材料成本（万元/辆）	200	150	< 100	< 50
最高车速（km/h）	150	150	150	160
加速0~100km/h（s）	15	15	14	12
氢燃料容量（L）	74	148	120	120
氢瓶压力（MPa）	3.5	3.5	3.5	7.0
续驶里程（km）	150/16	300/16	300/20	>400/20
冷起动温度（℃）	> 0	> 0	-10	-20
驱动电机（kW）	88	88	90	100
平均无故障里程（km）	—	500	2000	5000

(2)丰田 FCV

在车身尺寸方面，FCV 概念车拥有 4870 × 1810 × 1535mm 的三维尺寸，轴距为 2780mm，完全能够满足车内乘坐的宽敞度。整套燃料电池动力，经过丰田的小型化轻量化改进之后，拥有最大输出功率 100kW，加满燃料储存罐只需 3 分钟，在便利性上与加汽油完全没有区别。同时，一次加注可以拥有 500km 的续驶里程，同样也能够达到目前车辆的标准要求。

图 26 丰田 FCV 概念车

丰田表示，已经具备高度量产化基因的 FCV 有望于 2015 年上市，量产版车的造型也仅仅是在概念车上稍作修改，届时 FCV 将成为首款上市销售的燃料电池汽车。唯一担心的恐怕还是氢燃料基础设施的建设。

(3)本田 FCEV 概念车

在 2013 年的洛杉矶车展上，本田 FCEV 氢动力概念车首次亮相。动力方面，该车的氢燃料电池组可以产生 100kW 的能量，功率为 3kW/L，与 FCX Clarity 使用的电池组相比，功率提升了 60%，重量减少了 33%。本田 FCEV 概念车的行驶距离超过 300 英里（约 480 公里）。另外，本田 FCEV 燃料电池概念车拥有 70MPa 车载供氢系统，能在 3 分钟之内补充完燃料。

图 27 本田 FCEV 概念车

据悉，该款氢动力燃料电池汽车将在 2015 年登陆美国和日本市场，随后还将投放欧洲市场。

(4)现代 ix35 FCV

2013 年 2 月，世界上第一辆量产版氢燃料电池车在现代汽车韩国蔚山工厂下线。首批现代 ix35 燃料电池车将交付丹麦和瑞典的客户。

该公司计划到 2015 年共生产 1000 辆 ix35 燃料电池车，主要针对公共领域或集团客户。现代 ix35 FCV 和所有氢动力汽车一样，水蒸气是其唯一排放的“尾气”，该车最高功率 73kW，最高时速 151km/h，百公里加速 12.5 秒。驱动过程：将电量储存到 24kW·h 锂电池组，然后用电机驱动车辆，续驶里程达到 594km。与传统意义上的电动汽车不同的是，ix35 燃料电池车加氢只需要几分钟，而且加氢站的建设较电动汽车充电站更为环保和便宜。

图 28 现代 ix35 FCV

对于 ix35 燃料电池车来说，最大的问题还是价格，预计售价在 20 万美元左右（约合人民币 125 万元，这一估价可能并不准确），与对手相比缺乏竞争力。例如，丰田推出的 FCV－R 氢燃料电池车售价是 10 万欧元（合 13 万美元，约合人民币 100 万元），并且在 2015 年投产时可望再降一半左右。现代汽车表示，两年后使燃料电池驱动车型的生产成本降至 4.6 万美元（约合人民币 28.66 万元）。

6. 发展趋势

在众多车企纷纷投身于纯电动汽车、插电式混合动力汽车的研发及推广的热潮中时，燃料电池汽车似乎渐渐淡出人们的视线，但实际上，它并没有被车企所遗忘。2013 年 1 月，JX 日本石油和能源公司宣布，计划在全国建设 100 个加氢站。同年，美国能源部启动了一项名为 H2USA 的项目，支持氢燃料电池研发，计划拨款修建加氢站。2013 年 2 月，英国政府宣布氢燃料电池汽车发展计划，从 2015 年起实现氢燃料电池汽车本土化生产，并自行研发相关技术，另外还将建设氢燃料补给站。2013 年 7 月，欧盟委员会公布了“联合技术计划”，其中 14 亿欧元将被用于第二阶段的“燃料电池与氢能联合技术计划”（FCH JTI），具体目标包括：将燃料电池系统成本降低 90%；将燃料电池发电效率提高 10%；力争可以利用来自可再生能源的电力大规模制氢。德国计划投资 4000 万欧元，到 2015 年至少建成 50 座加氢站，以满足 5000 辆燃料电池车的需求，2020 年实现 50 万辆燃料电池汽车投入使用。2013 年 9 月和 2014 年 1 月，我国四部委联合发布《关于继续开展新能源汽车推广应用工作的通知》，燃料电池乘用车和商用车可分别获得 20 万元和 50 万元的财政补贴。可见，2013 年，国内外有关政府及主要车企对燃料电池汽车的研发及深入推广给予了高度的重视，同时加快了加氢站建设的步伐，燃料电池汽车热度再次升温。

目前，燃料电池汽车的动力系统均以燃料电池组、锂离子或镍氢蓄电池的混合为主，也出现了其他形式：插电式（Plug - in），如上海牌的 Plug - in 燃料电池汽车；燃料电池增程式（Range - extended）；燃料电池与传统内燃机的混合形式，等等。不同的动力系统有着各自适合的车型和应用特点，燃料电池组与蓄电池（或是超级电容）的混合动力应该是燃料电池汽车动力系统的主要发展方向。

另外，燃料电池汽车的底盘结构和形式的创新、改进将是一个新的课题。新研发的燃料电池电动汽车采用滑板式底盘，将氢气储存罐和供应系统、燃料电池发动机系统、电能转换系统、电机驱动系统、转向系统和制动系统等统统装在一个滑板式的底盘上，在底盘上部可以布置不同用途的车身和个性化造型的车身。同时，采用多种现代技术，如以计算机控制为核心和电子控制的“线传”系统（Control - by - wire）、CAN 总线系统等，使新型燃料电池电动车辆进入一个全新的时代。因此，燃料电池汽车的高度电气化也是未来的发展趋势。

随着燃料电池汽车技术的提高，再加上各国政府及车企对燃料电池研发及推广的大力投入，氢燃料电池汽车市场化的脚步已越来越近。

（上海汽车集团股份有限公司　黄晨东　章道彪）

九、车用燃料电池

随着纯电动汽车特斯拉在中国的首秀，人们对电动汽车的未来充满了期待。然而，丰田公司却坚持自己的发展路线，大手笔地押宝燃料电池汽车。众所周知，与纯电动汽车相比，燃料电池汽车具有续驶里程长、动力性能高、可以快速加氢等优点。丰田公司宣布，2015 年 12 月燃料电池汽车将正式投放市场，预计售价为 800 万日元（约合人民币 48 万元）。此外，韩国现代第一批途胜燃料电池车在 2014 年 5 月也如期登陆美国洛杉矶港，消费者可以通过租赁方式体验燃料电池车的驾驶，租用期间还可以享受无限期的免费加气及上门维修服务。上汽集团也把氢燃料电池作为新能源汽车的终极目标，早在 2011 年就制定了《上汽“十二五”燃料电池汽车发展规划》。目前，新源动力与上汽联合开发的新一代燃料电池发动机系统，性能与可靠性得到全面提升，开创了中国燃料电池系统开发的新局面。此外，国内在关键材料、电堆技术方面取得突破性进展。催化剂、复合膜、碳纸等关键材料在性能上已达到商品化水平，需要加大力度建立生产线，尽快投入批量生产，实现关键材料的国产化，降低燃料电池成本。燃料电池电堆在解决了金属双极板技术难题后，功率密度得到大幅提升，体积与质量比功率均已超过 2kW/L，接近国际先进水平。车用燃料电池技术链的建立将为产业链的发展奠定基础。

1. 燃料电池关键材料批量生产蓄势待发

（1）耐久性强化的复合膜

针对商品膜存在的燃料电池车辆工况下物理与化学衰减问题，大连化物所研制的 Nafion/PTFE 复合增强膜（Liu F. Q. , Yi B. L. , Xing D. M. , et al. Journal of Membrane Science, 2003, 212: 213 - 223），利用在多孔 PTFE 骨架上填充全氟磺酸树脂，使机械性能得到显著增强。此外，该所还研究了 CsxH3xPW12O40/CeO2 掺杂纳米的带有自由基淬灭功能 Nafion 复合膜，该技术使用的变价金属可逆氧化还原性原位淬灭自由基，试验结果表明，氟离子释放率得到明显控制，提高了膜的化学稳定性。在此基础上，新源动力股份有限公司开发了 CeO_2 - PTFE/PFSA 复合膜的批量制备技术与工艺，通过物料控制、工艺优化和设备升级，使得复合膜的性能得到进一步提升，并且实现了放大生产（侯中军，明平文，邢丹敏，宋书范，张可，张玉海. 一种燃料电池用膜—催化剂涂层膜电极的集成化制备方法：美国，US 13394142 [P]）；制备的 CeO2/Nafion/PTFE 复合膜，在尺寸稳定性、机械性能、化学稳定性方面有所增强。复合膜与商业化膜的性质对比见表 6，CeO_2 - PTFE/PFSA 复合膜及 CCM 生产线如图 29 所示。

表 6　复合膜与商品膜性质比较

Properties 材料	商品膜 NR211	第一代复合膜 PFSA/PTFE	第二代复合膜 CeO_2 - PFSA/PTFE
EW 交换当量 ($g \cdot mol^{-1}$)	1050	1120	1160
Water uptake (%) 吸水率	21.7	19.4	12.6
Swelling 溶胀率 (MD/TD, %)	6.3/7.3	0.0/3.0	0.5/2.5
Conductivity 质子传导率 (in plane, $S \cdot cm^{-1}$)	0.133	0.086	0.077
Max. Tensile Strength 拉伸强度 (MD/TD, MPa)	22.3/24.3	28.1/32.1	31.2/32.8
Permeability of H_2 氢气渗透率 ($cm^3 \cdot cm \cdot cm^{-2} \cdot sec^{-1} \cdot cmHg^{-1}$)	14×10^{-10}	5.9×10^{-10}	4.2×10^{-10}

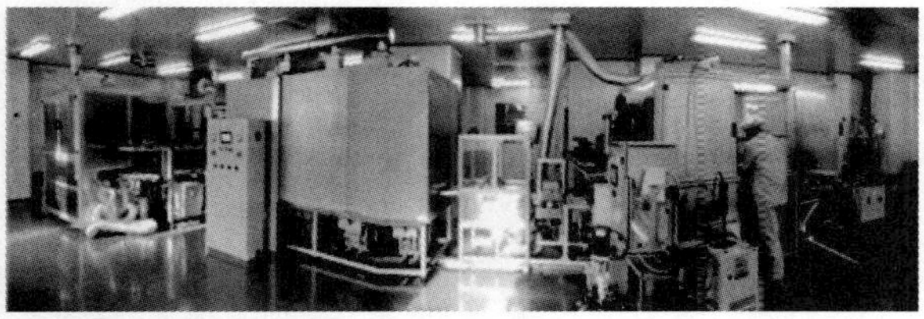

图 29　CeO_2 – PTFE/PFSA 复合膜及 CCM 生产线（新源动力）

(2) 高活性抗毒催化剂

电催化剂是 PEMFC 的核心材料之一，其高成本和低耐久性直接制约了 PEMFC 系统的成本和使用寿命。如何在保持或提高活性的前提下，制备低 Pt 载量、高耐久性的电催化剂，是目前研究的热点。目前，通常采用的技术路线是制备 PtM 催化剂，即制备 Pt 与过渡金属合金催化剂，通过过渡金属催化剂对 Pt 的电子、几何效应，在提高稳定性的同时，质量比活性也有所提高。大连化物所开发的 Pt3Pd/C 催化剂已经在燃料电池电堆中得到了验证，其性能可以完全替代商业化催化剂，下一步需要与企业融合，建立批量生产设备，进行规模化生产。催化剂的另一个研究热点是核壳催化剂，是下一代催化剂的发展方向。大连化物所以 Pd 为核、Pt 为壳制备了 Pd@ Pt/C 核壳催化剂（Geng Zhang, Zhi – Gang Shao, Wangting Lu, Hui Xiao, Feng Xie, Xiaoping Qin, Jin Li, Fuqiang Liu, and Baolian Yi. Aqueous – Phase Synthesis of Sub 10 nm Pdcore@ Ptshell Nanocatalysts for Oxygen Reduction Reaction Using AmphiphilicTriblock Copolymers as the Reductant and Capping Agent, J. Phys. Chem. C, 2013, 117 (26): 13413 – 13423），降低了 Pt 用量，提高质量比活性。测试结果表明，氧还原活性与稳定性好于商业化 Pt/C 催化剂（如图 30 所示），其性能在电堆中的验证还在进行中。

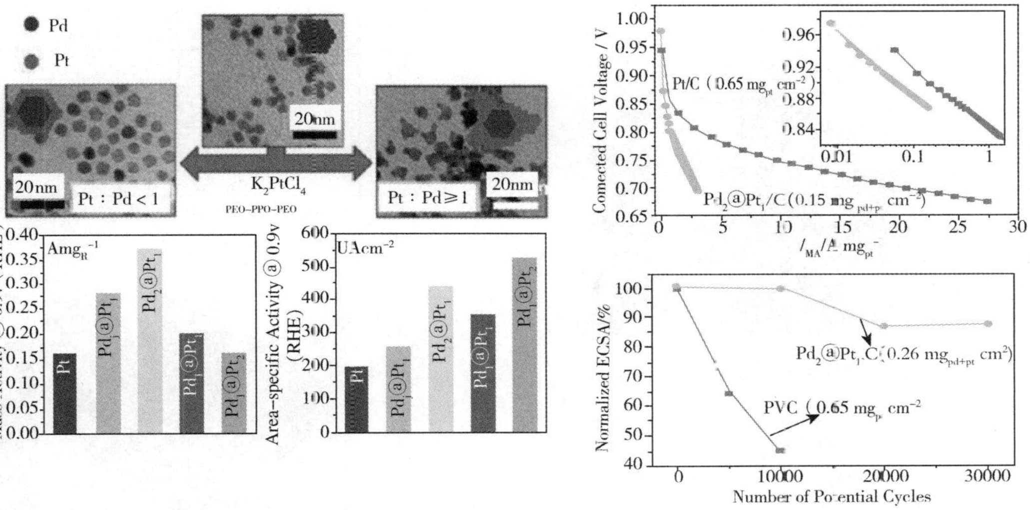

图 30　Pd Pt 核壳催化剂质量比活性、稳定性与商业化催化剂比较

此外，抗毒催化剂也是燃料电池发展过程中必须解决的关键问题。因为燃料电池反应所需的氧化剂是从空气中直接获取的，因此空气污染物经燃料电池催化剂带来了严峻的考验，尤其是空气中所含的硫化物会直接影响 Pt 的催化活性。重庆大学（魏子栋，柳晓，陈四国，丁炜，熊春，纪巍嘉，李晓媛，李莉．一种抗硫化物中毒燃料电池阴极催化剂的制备方法：中国，CN201110251492.8 [P]）采用 DFT 方法，从理论上计算分析比较了 Pt、PtMo 对抗 SOx、NOx 毒性性能，掌握了毒性物种使催化剂失活的原因，探索了催化剂抗毒性与催化剂构型间的制约关系。Mo 掺杂不仅有效提高了 PtMo 的抗 SOx、NOx 中毒性，还提高了 PtMo 催化剂的稳定性。利用 MoO3 与 Pt 之间的协同效应来改变 Pt 的电子构型，使铂具有较高的抗硫化物中毒能力，催化剂能承受的 SO_2 的浓度最高可达 2ppm。该成果还需经过的实际应用考核。

(3) 国产高导电性碳纸

碳纸在质子交换膜燃料电池中是作为气体扩散层的材料，长期以来，碳纸材料基本依赖进口。中南大学的研发团队在燃料电池碳纸研究方面有一定的技术基础，目前已取得较大进展。该团队采用长碳纤维无纺布改性碳纸坯体，在有效改善碳纸的强度和韧性的基础上，提高了碳纸的导电能力，并在一定范围内满足了燃料电池对碳纸透气性的要求（张敏，谢志勇，黄启忠，金谷音，李建青，李建立．长炭纤维网对 PEMFC 用碳纸性能的影响 [J]．中南大学学报：自然科学版，2011，42 (9)：2606 – 2612）。首次提出了化学气相沉积（CVD）热解炭改性碳纸的新技术，显著提高了碳纸的电学、力学和表面等综合性能。根据燃料电池服役环境中碳纸的受力变形机制，发明了与变形机制高度适应的异型结构碳纸，大幅提高了异型碳纸在燃料电池服役中的耐久性、稳定性。采用干法成型、CVD、催化炭化和石墨化相结合的连续化生产工艺，显著提高了生产效率，其研制的碳纸的各项指标已经达到或超过商品碳纸水平。表 7 为国产化碳纸与进口商品化碳纸比较，可以看出，电阻率降低、透气性增大有利于燃料电池性能的提高。目前碳纸的实验室级制备设备如图 31 所示，下一步需要研制批量生产设备，真正实现碳纸的国产化。

表 7　复合膜与商品膜性质比较

碳纸	自制碳纸	商品碳纸 TGP060
空隙率（%）	78.7	78
透气率（ml · mm · cm－2 · hr－1 · mmAq－1）	2278	1883
石墨化度（%）	82.2	66.5
电阻率（mΩ. cm）	2.17	5.88
拉伸强度（N·cm）	30.2	50

图 31　碳纸制备部分设备（中南大学）

（4）低 Pt 膜电极组件

膜电极（MEA）是集膜、催化层、扩散层于一体的部件，是燃料电池的核心部件之一，其性能除了与所组成的材料自身性质有关外，还与组分、结构、界面等密切相关。目前，国际上已经发展了三代 MEA 技术路线：一是把催化层制备到扩散层上（GDE），通常采用丝网印刷方法，该技术已经基本成熟；二是把催化层制备到膜上（CCM），与第一种方法比较，在一定程度上提高了催化剂的利用率与耐久性；三是有序化的 MEA，把催化剂如 Pt 制备到有序化的纳米结构上，使电极呈有序化结构，有利于降低大电流密度下的传质阻力，进一步提高燃料电池性能，降低催化剂用量。其中，第三代技术还处于研究阶段。3M 公司研制的 Pt 担载量可降至 0.15～0.25 mg/cm^2 的纳米结构薄膜（Nano Structured Thin Film，NSTF）MEA 显示了较好的性能。大连化物所开发的催化层静电喷涂工艺（宋微，俞红梅，邵志刚，衣宝廉．一种燃料电池膜电极的制备方法：中国，201310090903.9［P］）与传统喷涂工艺的 CCM 进行比较，静电喷涂工艺制备催化层的表面平整度得到改善，催化层结构更为致密，降低了界面质子、电子的传递阻力。在放大实验中，单池性能在常压条件下可达 0.696V@1A/cm^2，在加压条件下可提高至 0.722V@1A/cm^2；峰值单位面积功率密度达到 895－942mW/cm^2（见图 32、图 33），图 5 为静电喷涂 CCM 制备设备。此外，大连化物所还探索了以二氧化钛纳米管阵列作为有序化模板，将所制备的 Pt@Ni－TNTs－3 纳米阵列作为电池阳极测试，与普通膜电极相比，所制备的有序化膜电极表现出较高的质量比活性（Changkun Zhang, Prof. Hongmei Yu, Yongkun Li, Yuan Gao, Yun Zhao, Dr. Wei Song, Prof. Zhigang Shao and Prof. Baolian Yi. Supported Noble Metals on Hydrogen－Treated TiO2 Nanotube Arrays as Highly Ordered Electrodes for Fuel Cells, ChemSusChem, 2013, 6（4）: 659－666）。

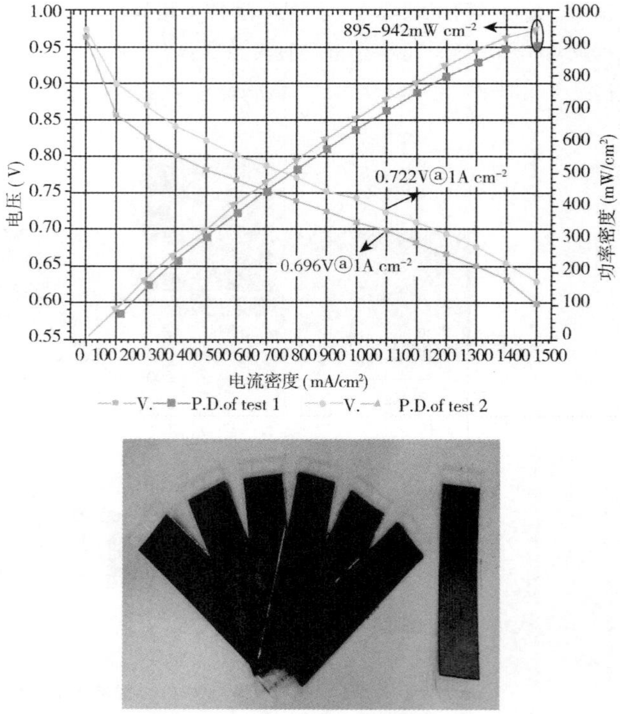

图 32　新型 MEA 及性能

图 33　静电喷涂 CCM 制备设备（大连化物所）

2. 燃料电池电堆技术

目前，燃料电池电维技术已达到国际先进水平。

（1）冲压金属双极板技术取得突破性进展

金属薄冲压双极板是提高燃料电池电堆功率密度的优选方案，目前主要解决两方面的技术难题：一是不锈钢基材的表面改性技术，目的是降低接触电阻，提高燃料电池环境下的耐腐能力；二是薄板加工技术，包括冲压成型及焊接技术。大连化物所对金属双极板表面进行了改性技术研究，采用脉冲偏压电弧离子镀技术制备多层膜结构（Huabing Zhang, Guoqiang Lin, Ming Hou, Lin Hu, Zhiyun Han, Yu Fu, Zhigang Shao, Baolian Yi. CrN/Cr multilayer coating on 316L stainless steel as bipolar plates for proton exchange membrane fuel cells, Journal of Power Sources, 2012, 198: 176 - 181）。结果表明，多层结构设计可以提高双极板的导电性、耐腐蚀性（如图 34）。大连化物所、新源动力联合相关单位开发了金属双极板激光焊接技术、薄板冲压成型技术，完善了相应的加工设备（如图 35）。目前，采用金属双极板的电堆已经组装运行。

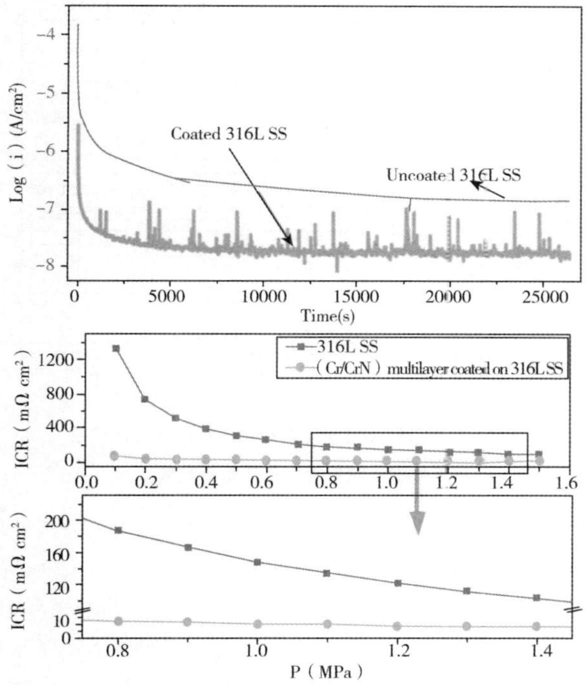

图 34 金属双极板耐腐蚀与导电性能

图 35 金属双极板加工设备

(2) 电堆比功率超过 2kW/L

为了满足一定功率需求，车用燃料电池电堆通常都是由数百节单电池组成，电堆内单电池间的一致性是保证燃料电池能够高功率运行的关键。一致性除了与燃料电池材料、部件加工的均一性有关外，还与电堆的水、气、热分配密切相关。大连化物所研究团队从设计、制备、操作三方面进行调控，通过模拟仿真手段研究流场结构、阻力分配对流体分布的影响，找出关键影响因素，重点研究了水的传递、分配与水生成速度、水传递系数、电极/流场界面能之间的关系，掌握了稳态与动态载荷条件对电堆阻力的影响，保证电堆在运行过程中保持均一性，额定点工作电流密度从原来的 500mA/cm^2 提升至 1000mA/cm^2，使电堆的功率密度大幅提升，燃料电池极化曲线及功率密度曲线测试结果如图 36 所示。由图可见，在 1000mA/cm^2 电流密度下，体积比功率达到 2736W/L，质量比功率达到 2210W/kg。目前，大连化物所已建立了从材料、MEA、双极板部件的制备到电堆组装、测试的完整的技术体系。图 37 为燃料电池组装与测试设备。

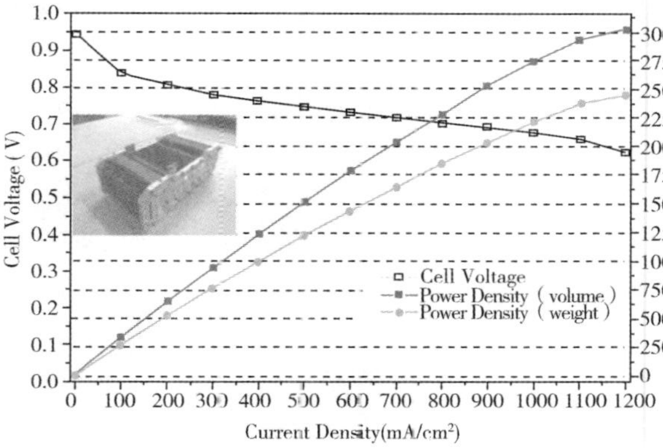

图 36 燃料电池电堆极化曲线及功率密度曲线

图 37 燃料电池组装与测试设备

耐久性是燃料电池解决的首要问题。大连化物所对车用燃料电池停车、启动、动态载荷、低载怠速等运行过程形成的高电位、电位动态扫描、操作参数频繁变化过程引起的电堆衰减机理进行了实验研究，并提出了可行的控制策略缓解燃料电池的衰减（侯明，梁栋，郑利民，邵志刚，衣宝廉．一种燃料电池系统及停车控制方法与应用：中国，201210260388.x[P]）；采用可视化方法，对阴极水管理进行了研究；采用实验与 CFD 数值模拟方法，分析了电堆一致性的影响因素，优化了电堆流场结构设计，制订新型 PEMFC 电堆技术方案；确定了燃料电池电堆寿命加速测试方法，完成电堆寿命评测实验，预计电堆寿命可超过 5000 小时。

此外，大连化物所还进行了杂质耐受性与低温储存启动等环境适应性研究，建立了空气中 SO_2 电化学外净化方法，创新设计了基于电化学原理的 SO_2 空气过滤器（JunxiangZhai, Ming Hou, Dong Liang, Zhigang Shao, Baolian Yi. Investigation on the electrochemical removal of SO_2 in ambient air for proton exchange membrane fuel cells, Electrochemistry Communications, 2012, 18: 131－134），应用空气过滤器后，有效地抵抗了污染空气中所含的 SO_2 对燃料电池的毒化，提高了燃料电池的空气杂质耐受性。研究了电堆低温保存与启动过程，成功地进行了－40℃储存、－20℃启动试验。

3. 燃料电池系统已具有明显的产品化特征

燃料电池发动机是以燃料电池电堆为核心部件，并配以气、水、热、电等辅助管理单元的集成体系。“十五”“十一五”期间，国内完成了第一代燃料电池发动机的研发。新源动力、神力生产的发动机驱动的燃料电池汽车在“2008 年北京奥运会”和“2010 年上海世博会”上成功地进行了示范，发动机性能和稳定性基本满足了运行的技术要求（侯中军，江洪春，王仁芳等．轿车用燃料电池发动机示范应用稳定性［J］．吉林大学学报，2011，41（增刊 2）：131－136）。

“十二五”以来，新源动力在第一代发动机的基础上，一方面通过提高燃料电池操作电流密度提高发动机功率密度，另一方面则通过优化系统设计和控制策略提升整机寿命。新源动力已完成第二代燃料电池发动机工程样机的开发和定型，目前正在进行寿命验证考核。两代燃料电池系统性能比较见表 8。相对于第一代系统，第二代系统功率密度有所提升，Pt 用量降低，并针对车用工况下导致燃料电池性能快速衰减的车载工况（反复启停、怠速条件、负载波动剧烈等）进行了优化设计，通过改进系统控制策略，减缓了燃料电池在车载工况下的衰减，提升了发动机的寿命。采用典型的车载工况，对第二代发动机进行了性能稳定性考核，截至目前已进行了 1038 次、累计 750 小时的循环测试，燃料电池性能没有明显下降（见图 39），该技术已小批量应用于上汽的燃料电池轿车。

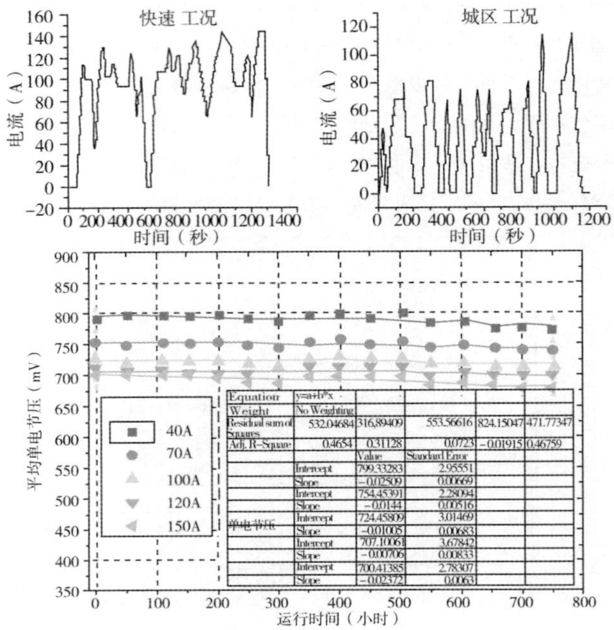

图 39　第二代燃料电池发动机系统测试工况图及单堆不同电流下电压衰减曲线

目前结合大连化物所及国内其他单位开发的关键材料与电堆技术，新源动力有限公司正在进行第三代发动机的研发，目标是进一步提高发动机功率密度及关键材料的国产化率。同时，通过实现发动机系统由“阴极水管理”向“阳极水管理”的转变，减少阴极增湿组件，降低系统体积和重量，进一步提升整机寿命，以实现低成本、高集成度的燃料电池发动机商业化原型开发，促进燃料电池电动汽车的规模示范运行。

表 8　两代燃料电池系统性能比较

参　数	Gen1－2008FCE	Gen2－2010FCE	Gen3
设计			
功率 / 电池数（kW/片）	40/520	40/300	50/220
功率密度（系统/模块）（$w. L^{-1}$）	139/680	156.8/1103	300/1900
比功率（系统/模块）（$w. kg^{-1}$）	167/420	232/645	450/1300
效率（%）	45～60	41～53	40～60
额定工作点（$V@A/cm^2$）	$0.68V@0.5\ A/cm^2$	$0.68V@0.8\ A/cm^2$	$0.65V@1.0\ A/cm^2$
温度（℃）	0～60	－10～70	－20～80
Pt 用量（g/kW）	2.8	＜1.0	＜0.6

4. 结束语

车用燃料电池催化剂、复合膜、碳纸、MEA 及双极板技术从性能上已经能够满足商业化需求，今后还需要国家的支持与企业的参与，以尽快建立批量化生产线，促进关键材料国产化。此外，要继续深入开展寿命实验研究，进一步提高燃料电池发动机的可靠性与耐久性；坚持开发低 Pt 用量的燃料电池技术，在降低成本的同时，解决 Pt 资源问题；积极推进加氢站建设，促进燃料电池汽车实现大规模示范运行。

（中国科学院大连化学物理研究所　侯明　衣宝廉
新源动力股份有限公司　侯中军）

十、锂离子动力电池

锂离子电池，由于具有能量密度高、循环寿命长、自放电率小、无记忆效应和绿色环保等特点，已经在各类便携式电子产品上迅速普及，并且开始向电动汽车等动力应用方向快速发展，截至 2012 年已经形成 110 亿美元的市场规模，而且还在逐年扩大。根据国家《电动汽车科技发展“十二五”专项规划》，2015 年以前形成 5 亿安时动力电池年生产能力，这个规划的出台对动力型锂离子电池及其材料的快速发展是很好的契机。

随着电动汽车的发展，动力电池能量密度对汽车续驶能力提出了严峻的挑战。从电池材料的发展速度来看，正极材料远比负极材料要慢，正极材料的安全性能也是影响锂电池发展的关键因素。动力电池正极材料在性质上一般应满足以下条件：①在要求的充放电电位范围，与电解质溶液具有相容性；②温和的电极过程动力学；③高度可逆性；④在全锂化状态下稳定性好。动力电池的结构应具有以下特点：①层状或隧道结构利于锂离子的脱嵌，且在锂离子脱嵌时结构无变化，以保证电极具有良好的可逆性能；②锂离子在正极材料中的嵌入和脱出量大，电极有较高的容量，并且在锂离子脱嵌时电极反应的自由能变化不大，以保证电池充放电电压平稳；③锂离子在正极材料中应有较大的扩散系数。锂离子电池一般选用过渡性金属氧化物为正极材料，一方面过渡金属存在混合价态，电子导电性比较理想；另一方面不易发生歧化反应。

目前，市场上常见的动力型正极材料主要有镍钴锰酸锂（Lithium Nickel Cobalt Manganese Oxide）、锰酸锂（Lithium Manganese Oxide）、磷酸铁锂（LiFePO4）及镍钴铝酸锂（NCA）。

1. 多元材料

多元材料是近几年才在国内逐步发展起来的一种新型锂电池正极材料，由于起步较晚，材料技术和电池技术还不成熟，目前我国只把多元材料运用于便携式锂电池中，替代部分钴酸锂，而日本、韩国的企业 2010 年就已经全面使用多元材料并运用到电动车电池中了。目前，多元材料动力电池技术在日本已经较为成熟，也进行了部分应用，但在国内动力电池领域还是空白，这对我们动力电池材料的发展方向提出了更多值得思考的问题。

目前商业化的多元材料主要有 $LiNi_{1/3}Co_{1/3}Mn_{1/3}O_2$、$LiNi_{0.4}Co_{0.2}Mn_{0.4}O_2$ 和 $LiNi_{0.5}Co_{0.2}Mn_{0.3}O_2$，也就是常说的 333、424 和 523。镍含量占 70% ~80% 的高镍多元材料也已开始在日本、韩国批量生产和应用，而我国目前可批量生产的还是 333、424 和 523 等普通多元材料。采用镍锰取代价格昂贵的钴，可使材料的价格相对低廉。由于 $LiNi_{0.5}Co_{0.2}Mn_{0.3}O_2$ 与 $LiNi_{1/3}Co_{1/3}Mn_{1/3}O_2$ 相比具有更高的镍含量，可以使材料的克容量发挥得更好，提高电池的体积能量密度，是目前用量很大的多元材料。然而，由于化合价平衡的限制，使材料中的镍有一部分以三价的形式存在，混合价态使得 $LiNi_{0.5}Co_{0.2}Mn_{0.3}O_2$ 的 pH 值比较高，在 11.2 左右，控制不好的话极片比较容易吸水。因为容量高，性价比好，几乎所有的铝壳厂都会用来混合钴酸锂，以提高能量密度。混合锰酸锂的也非常多，因为 $LiNi_{0.5}Co_{0.2}Mn_{0.3}O_2$ 的高温性能得到了明显的改善，很多软包装使用 $LiNi_{0.5}Co_{0.2}Mn_{0.3}O_2$。

三元材料具有以下显著优势：

①成本低。由于含钴少，所以成本仅相当于钴酸锂的 2/3，而且更绿色环保。

②安全性好。安全工作温度可达 170℃，而钴酸锂仅为 130℃，大幅提升了使用安全性，保障了消费者的人身安全。

③克容量高。充电电压在 4.6V 时（钴酸锂充电限制电压为 4.2V），其克容量发挥高达 210mA·h/g；充电电压在 4.8V 时，其克容量发挥高达 245mA·h/g，相当于钴酸锂的 1.7 倍：极大提升了电池的能量密度和供电时间。

④电池的循环使用寿命延长了 45%。

我国新能源汽车的发展已成为不可逆转的趋势，三元材料运用于动力锂电池制造也将成为一个无可争议的事实。由上海卡耐新能源有限公司生产的高性能三元材料动力锂电池采用叠片式软包装形式，其电池能量密度比磷酸铁锂电池高 35%，是解决电动汽车续驶里程不足的有效解决方案。与磷酸铁锂电池、钴酸锂电池等相比，三元材料锂电池有很多优势，是比较适合的车用锂电池。目前，三元材料锂电池的能量密度能够达到160W·h/kg，已经明显高于其他材料的电池。另外，三元材料锂电池的低温特性、功率特性及高温储存性也优于其他材料的电池。随着技术的不断提高，三元材料锂电池的能量密度还会有更大的上升空间。Rolls－Royce发布的102EX纯电动概念车搭载了5组多元材料锂离子电池，整体电池容量为71kW·h，是目前全球最大的车用电池组。这些都是多元材料运用于电动汽车领域的实例。

2. 锰酸锂

尖晶石型 $LiMn_2O_4$ 正极材料，由于稳定性好、耐过充电、价格低、环保无毒及大电流充放电性能好，曾被认为是动力电池正极材料的最佳选择而备受人们关注，目前在市售锂离子电池中已得到小规模应用。但是，其材料本身有着不容回避的缺点——容量衰减较快，在高温（55℃）下尤为严重，这也是目前所研究的正极材料在充放电过程中一直存在的问题，以尖晶石型的 $LiMn_2O_4$ 最为突出，特别是在高温时。常温下，衰减发生在高电压区；高温时，容量衰减虽然主要发生在高电压区，但在低电压区也有。容量衰减机理至今尚不十分清楚，但人们已提出几种可能的机理：Jahn－Teller效应引起 $LiMn_2O_4$ 正极材料结构的收缩与膨胀；锰的溶解也被认为是容量衰减的原因之一。目前，日本公司从研究中寻找到抑制衰减的办法：通过掺杂改性提高主体骨架的稳定性能，进而抑制Jahn－Teller效应的发生，材料高温性能大幅提高，可以达到应用于动力电池的要求。在国内，青岛新正锂业在锰酸锂材料单晶化方面做出了自己的特色。该公司通过掺杂元素铝对锰酸锂进行改性，并且利用前驱体制备工艺，使该材料具有超高倍率充放电性能，可以在电动工具和混合电动车等高功率锂离子电池中使用，但是价格较国内其他公司的锰酸锂产品高出30%～50%。

国内其他厂家的锰酸锂，虽然具有低成本、高安全性等优点，且国内锰资源相对钴资源、镍资源丰富，加工成本也较低，价格变动幅度不大，原料价格优势十分明显，但是我国锰酸锂生产大部分停留在低端水平，较少有适合电动车用的高技术含量的锰酸锂材料，与日韩企业的锰酸锂材料差距明显。我国只有中信国安盟固利动力科技有限公司将锰酸锂应用在了纯电动大巴车上，而日本、韩国和部分美国公司已经使用锰酸锂作为小型乘用车的电源材料，以日产Leaf及三菱I－MIEV为代表的锰系动力电池电动车和使用高镍系多元材料的新型丰田Prius已实现商业化销售，表明日韩在锰系和多元材料锂离子电池方面的技术已经较为成熟。美国汽车制造商福特汽车已经选定LG化学全资子公司Compact Power. Inc.（CPI）为福特电动版福克斯的锂电池组供应商，使用锰酸锂动力电池系统。

3. 磷酸铁锂

正交晶系橄榄石型 $LiFePO_4$ 以价格低廉、资源丰富、良好的循环性能、优异的热稳定性和安全性以及对环境友好等优良的特性成为一个新的亮点。

磷酸铁锂由于循环寿命长、结构稳定、安全性能好及低廉的原料价格，并且磷酸铁锂材料无任何有毒有害物质，不会对环境构成任何污染，成为我国动力电池材料的首选。近几年，在国内掀起了磷酸铁锂研发和生产的热潮，大量的资金和技术投入磷酸铁锂行业，政府、科研机构、企业甚至证券公司等市场分析人员都看好这一材料，将其作为动力型锂离子电池的发展方向。分析其原因，主要有下列两点：首先是受到美国研发方向的影响，美国Valence与A123公司最早采用磷酸铁锂作为锂离子电池的正极材料；其次是国内一直没有制备出可供动力型锂离子电池使用的具有良好高温循环和储存性能的锰酸锂材料。

虽然对磷酸铁锂的呼声很高，但国内越来越多的人认为磷酸铁锂的性能缺陷很难解决，归结起来主要有以下几点：

①在磷酸铁锂制备的烧结过程中，氧化铁在高温还原性气氛下存在被还原成单质铁的可能性。单质铁会引起电池的微短路，是电池中最忌讳的物质。这也是日本一直不将该材料作为动力型锂离子电池正极材料的主要原因。

②磷酸铁锂存在一些性能上的缺陷。如：振实密度与压实密度很低，导致锂离子电池的能量密度较低；低温性能较差，即使将其纳米化和碳包覆也没有解决这一问题；倍率性能从材料生产上通过纳米化和碳包覆可以得到改善，但仍很难达到电动汽车爬坡等瞬间大电流放电的要求；磷酸铁锂的能量密度也低，日本的锰系电池可以达到100～120W·h/kg，而磷酸铁锂电池最高只有100W·h/kg。

③材料的制备成本与电池的制造成本较高，电池成品率低。尽管磷酸铁锂的纳米化和碳包覆提高了材料的电化学性能，但是也带来了其他问题，如合成成本提高、电极加工性能不良及对环境要求苛刻等。尽管磷酸铁锂中的化学元素Li、Fe与P很丰富，成本也较低，但是制备出的磷酸铁锂产品成本并不低，即使去掉前期的研发成本，该材料的工艺成本加上较高的电池制备成本，最终会使得单位储能电量的成本较高。通常所说的磷酸铁锂原材料来源丰富、成本低只是是臆测。

④产品一致性差。目前国内还没有磷酸铁锂材料厂能够解决这一问题。磷酸铁锂的合成反应是一个复杂的多相反应，有固相磷酸盐、铁的氧化物以及锂盐，外加碳的前驱体以及还原性气相。在这一复杂的反应过程中，很难保证反应的一致性。

⑤知识产权问题。目前，磷酸铁锂的基础专利为美国德州大学所有，而碳包覆专利被加拿大人所申请。这两个基础性专利是无法绕过去的，如果成本中计算上专利使用费的话，那产品成本将会进一步提高。

此外，从研发和生产锂离子电池的经验来看，日本是锂离子电池最早商业化的国家，并且一直占据着高端锂离子电池市场。尽管美国在一些基础研究上领先，但到目前为止还没有一家大型锂离子电池生产企业。因此，日本选择改性锰酸锂作为动力型锂离子电池正极材料更有其道理。即使是在美国，利用磷酸铁锂和锰酸锂作为动力型锂离子电池正极材料的厂家也是各占一半，联邦政府也是同时支持这两种体系的研发。鉴于磷酸铁锂存在的上述问题，很难作为动力型锂离子电池的正极材料在新能源汽车等领域得到广泛应用。如果能够解决锰酸锂存在的高温循环与储存性能差的难题，凭借其低成本与高倍率性能的优势，在动力型锂离子电池中的应用将有巨大的潜力。

4. NCA 材料

NCA 正极材料属于掺铝型镍钴系列正极材料，国内外学者已经进行了长达十余年的研究，但是鉴于其合成难度较大、工艺要求复杂等限制，束缚了其大规模商业化应用的实现。NCA 材料曾经一度沉寂，但研究者们对 NCA 材料的高比容量性能依然无法割舍，180 ~ 200 mA·h/g 的放电比容量在高功率性能的环境下依然具有吸引力，目前大多处于实验室或小试阶段水平。NCA 材料量产化在国内未有耳闻，多数研究机构正在从事相关的研究与开发工作，但进展缓慢，在国内，NCA 正极材料离商业化还有较大距离，原因是受制于技术壁垒，还没有真正意义上的批量化和规模化，而国外学者或单位对镍钴系列的研究进展要远远大于国内。美国 3M 公司、美国阿贡国家重点试验室、韩国汉阳大学、日本大阪等拥有该材料的核心技术，并且已经成功地将该材料运用到电动车领域。如：日本尼桑的 Leaf 电动车电池就是使用 NCA 材料与锰酸锂材料混合的正极材料；目前风头正劲的美国的特斯拉电动车电池正极材料使用的是纯 NCA 材料，并用 8000 多节 NCA 材料的 18650 电池组成电池组。

目前，外国电池生产厂商所使用的高比能量正极材料如 NCA 等基本上都是被住友金属、日本化学、TODA、ECOPRO、AGC 清美、日亚化学等知名大型日韩材料企业所垄断的。国内材料厂商由于技术原因无法大规模生产，而且高镍系材料的一些特性对生产和使用环境有较高的要求，导致国内电池生产厂商在该材料的使用上还存在着一些困难。但是，日美汽车企业将高镍材料应用于电动汽车当中已渐成趋势（日产 Leaf 电动车正极材料 20% 为 NCA 材料，并且这个比例在近期将要提高）。

5. 新材料

在新材料方面，固溶体材料是目前研究的热点。这是 Li_2AO_3-$LiBO_2$ 材料的总称，由于该种材料含钴较少或不含钴，原材料丰富，且生产过程中无须惰性气体保护，因此生产成本较低。因为这种材料在较大电压范围充放电时具有大于 280mA·h/g 的可逆容量、良好的循环性能及较高的安全性能，有可能作为电动车动力电池材料使用，因此引起许多研究机构的关注，并在材料的合成、结构、电化学性能及充放电原理等方面做了大量工作，也取得了一定的进展。但是，该材料目前仍处于实验室研究阶段，要实现商业化应用还有很多问题需要解决，所以其商业化应用还需时日。

另一种被广泛关注的材料是 $LiMn_xFe_{1-x}PO_4$ 材料，其主要优点是：制备条件没有 $LiFePO_4$ 苛刻，工作电压在 4.1V 左右，较 $LiFePO_4$ 高，更接近商业化应用条件，容量在现有 $LiFePO_4$ 充放电条件下比 $LiFePO_4$ 高 30% ~35%，在高电压下放电更有优势。由于同为橄榄石型结构，安全性能同样较一般锂电池材料为佳。虽然该材料具有较大优势，但目前还存在较多问题，影响了该材料的进一步发展和商业化应用，如市场上缺乏与之相匹配的电解液、材料倍率性能差、循环性能有待提高等。

6. 总结

在过去的 10 多年里，锂离子电池一直未能向大型化方向快速发展。除了制作工艺以及充电电源技术方面存在问题，在电池材料方面也存在着许多问题，特别是作为电池关键部件的正极材料，至今未能找到理想的材料。随着磷酸铁锂、锰酸锂、多元材料及 NCA 材料生产工艺及其应用技术的不断成熟，上述材料都已经应用到了动力电池并装配电动车，各种材料的性能优劣要在实践中进行检验，在还没有定论的时候，我们认为四种材料的机会是均等的。对于不断涌现的新材料，需要科研技术人员紧跟业内先进技术的发展，开拓思路，不断创新，建立适合我国的可持续发展的动力电池材料体系。从长远来看，随着负极、电解液及隔膜技术的不断发展，以及新材料新技术在电动车电池设计中的应用，动力电池安全性将大幅提升，材料的成本及比能量才是制约动力电池材料发展的关键。

（天津理工大学　张联齐）

十一、锂离子电池材料

1. 2013 年技术发展现状

商用锂离子电池正极材料是含锂的过渡金属化合物如 $LiCoO_2$、$LiMn_2O_4$、$LiNi_{1/3}Co_{1/3}Mn_{1/3}O_2$ 或 $LiFePO_4$ 等，负极是碳素材料或 $Li_4Ti_5O_{12}$，正负极之间以微孔聚合物隔膜隔离，电解质是锂盐的有机溶液。充电时，正极中的锂离子脱离含锂过渡金属化合物，经电解质嵌入负极材料储存，放电时则相反。正极材料、负极材料、隔膜和电解液构成锂离子电池的四种关键材料。锂离子电池的电极材料体系非常丰富，因此可以满足从智能手机到电动车辆、电能储存等领域的应用需求。

正极材料不仅作为电极材料参与电池的化学反应，并且是锂离子的主要来源，对提高电池的能量密度和成本结构影响最大。2013 年，钴酸锂仍然是应用最广泛的正极材料，三元材料和锰酸锂得到了快速发展，磷酸铁锂材料的应用推广较为迅速。随着掺杂和表面改进技术的发展，以及电解液技术的进步，钴酸锂/石墨体系的充电电压提升至 4.35V，材料比容量可提升至 190 mA·h/g，加之其材料真密度和极片压实密度均是现有正极材料中最高的，可满足智能手机和平板电脑对高体积能量密度软包电池的需求。镍钴锰酸锂（NMC）三元层状正极材料已开始部分替代钴酸锂，主要应用于圆柱形电池，其中镍、钴、锰各占 1/3 的 $LiNi_{1/3}Co_{1/3}Mn_{1/3}O_2$ 较为成熟，容量可发挥出 160 mA·h/g，循环和倍率性能均较优，该类材料也与锰酸锂混合应用于电动车辆电池，更高容量的富镍三元材料也在开发中。掺铝的钴镍酸锂（NCA）已应用于笔记本电脑电池，其能量密度接近高电压钴酸锂电池，少数电动汽车厂商如美国的特斯拉也将这种电脑电池用于驱动电动汽车，国内有少数企业已完成材料开发，处于产品推广过程中。在国际上，锰酸锂的高温循环性能得到提升，主要应用于车用动力电池中，与三元材料混合制造正极，有利于提升电池的安全和倍率性能。国内锰酸锂材料因行业竞争价格下降明显，主要满足移动电源、电动工具和电动自行车市场的需求，有向低端发展的趋势，高温循环性能有待进一步提升。中国是当前主要的磷酸铁锂材料生产和使用地，2013 年纳米化的功率型材料和高密度的能量型材料的稳定性均得到较大幅度的提升，逐步满足了国内市场需求。磷酸铁锂电池安全性高、寿命长，满足了我国新能源汽车示范项目对动力电池的需求，也应用于电力储能和通信后备电源领域。高电压尖晶石镍锰酸锂和高电压高比容量富锂锰基正极材料仍在研发之中。

锂离子电池负极材料仍以石墨类为主，改性天然石墨占据很大的比例，其容量可达到 360mA·h/g，已至极限。人造石墨中间相碳微球的成本和充电倍率性能优于天然石墨，但成本偏高。钛酸锂负极材料具有最优的倍率性能和循环性能，特别适合大电流充电应用，近年来通过表面改性和电解液匹配技术已基本解决电池胀气问题，可以应用于需要快速充电的电池，缺点是比能量较低、成本较高。软碳和硬碳技术仍在开发中，适用于混合动力车辆用高功率电池，尚未成熟。通过掺少量硅材料提升碳负极材料容量的工作是当前的研发重点。

表 9　5 种负极材料性能参数对比

材料种类	参数			
	振实密度（g/cm^3）	比表面积（m^2/g）	容量（mA·h/g）	首次放电效率（%）
中间相炭微球	>1.3	<2.0	315	93
改性天然石墨	>1.0	<3.0	360	92
钛酸锂	>1.0	5~15	160	97
硬碳	>0.8	5~10	320	80
软碳	>0.8	5~8	250	85

国内电解液主要技术指标可达到国际先进水平，成为日韩主力电池厂供应商，室温（25 °C）电导率≥10 mS/cm，水分含量≤10ppm，HF 含量≤30ppm。电解液锂盐六氟磷酸锂（$LiPF_6$）的技术已经成熟，2013 年产业化推进迅速，带动了电解液成本的大幅度下降，同时我国已成为部分功能添加剂量如 VC 和 FEC 的主要生产国。

聚烯烃微孔膜具有优良的力学性能、良好的电化学稳定性以及相对廉价的特点，是目前锂离子电池隔膜市场的主要商品。包括聚乙烯（PE）单层膜、聚丙烯（PP）单层膜，以及 PP/PE/PP 三层复合微孔膜。国内采用干法工艺生产的厂家较多，湿法工艺 PE 隔膜已经量产，一部分厂家的产品质量已稳定下来，且部分出口，但 PP/PE/PP 三层复合膜国内企业仍然不能生产。隔膜陶瓷涂层技术得到了推广，但高温聚合物涂层技术仅被日韩的部分公司使用。

2. 2013 年国内产业发展现状

受平板电脑、超级本、电动自行车、新能源汽车以及储能等终端市场需求带动，2013 年锂离子电池产量保持了相对平稳增长。国家统计局数据显示，2013 年中国锂离子电池产量 47.68 亿只，同比增长 16.9%，带动了材料产业的发展。

2013 年，正极材料产量超过 5 万吨，其中钴酸锂约占 50%。国内五大锂离子电池正极材料生产商目前以生产钴酸锂为主，该材料主要用于生产智能手机和平板电脑电池。三元材料部分取代用于圆柱形电池的钴酸锂，年产量接近 1.5 万吨，锰酸锂年产量接近 6000 吨，磷酸铁锂年产量接近 5000 吨。此外，中国已成为全球最大的三元材料前驱体材料生产地。

全球负极材料供应呈现两大发展趋势，即区域集中趋势和企业集中趋势。2013 年，全球负极材料总产量达到 5.85 万吨，中国负极材料生产企业产量占全球市场份额约 2/3 强，主要生产商有深圳贝特瑞和杉杉科技等，行业集中度较高。目前，负极材料产量主要集中在中日两国，但日立化成、三菱化学、JFE 钢铁等日本企业纷纷把生产基地向中国转移，未来负极材料产能将进一步向中国集中。

2013 年全球隔膜产量为 8.1 亿平方米，高端锂电隔膜主要被 Asahi、Celgard、Sk、Toray、UBE、W - SCOP 等占据。中国隔膜企业以中科、星源和金辉为代表，公布产能近 8 亿平方米。2013 年中国干法隔膜产量为 2 亿平方米，湿法隔膜产量约 6000 万平方米。

我国是电解液生产大国，2013 年中国电解液产量占全球的 2/3，达到 3 万吨。六氟磷酸锂国产化进程加速，2013 年中国产量超过 3200 吨。传统电解液企业的销量只实现个位数的小幅度增长。由于 2012 年前后新进企业通过价格战抢占市场，电解液价格同比下降30% ~40%。

3. 锂离子动力电池电极材料发展评述

钴酸锂因成本和安全性问题一般不用于生产动力电池，可用于动力电池的正极材料有改性锰酸锂、磷酸铁锂、高压锂镍锰尖晶石、NCM 和 NCA 三元材料、富锂锰基正极材料。典型的锂离子电池正极材料见表 10。

表 10　典型锂离子电池正极材料性能对比

正极材料名称	相对于金属锂的平均电压（V）	可用比容量（mA·h/g）	正极材料比能量（W·h/kg，按相对于金属锂的平均电压计算）	与石墨负极结合电池预期比能量（W·h/kg）	安全性、成本及寿命预测
高电压钴酸锂 $LiCoO_2$	3.9	190	741	260	电池体积能量密度高，寿命长，安全性低，成本高
改性锰酸锂 $LiMn_2O_4$	4.0	110	440	140	安全性高，寿命偏短，成本低
磷酸铁锂 $LiFePO_4$	3.4	155	527	160	安全性高，寿命很长，成本较低
三元材料 NCA	3.8	190	722	250	安全性低，寿命长，成本较高
三元材料 NCM	3.8	160	646	220	安全性偏低，寿命较长
高压锂镍锰尖晶石 $LiNi_{0.5}Mn_{1.5}O_4$	4.7	130	611	210	技术待突破
富锂锰基正极材料 Li - rich oxides	3.6	270	972	280	技术待突破

可用于动力电池的负极材料有石墨、硬/软碳，以及合金负极材料。乐观地分析，材料性能见表 11。

表 11　动力电池负极材料性能对比

负极材料名称	相对于金属锂的平均电压（V vs Li）	可用比容量（mA·h/g）	接受低温充电和快速充电能力	安全性、成本及寿命预测
石墨	0.2	360	较差	安全性较好，寿命较长，成本低
硬/软碳	0.4	260 ~ 350	较好	安全性好，快速充电性能较好，寿命长，成本较低
钛酸锂	1.5	160	好	安全性好、寿命很长，快速充电性能较好，成本高
合金负极	0.4	600	可能较好	寿命问题尚待解决

目前改性锰酸锂、磷酸铁锂正极材料和石墨负极材料产业化技术已经趋于成熟，国内锰酸锂材料单体电池的成本低于 1 元/W·h，已广泛应用于电动自行车等；磷酸铁锂材料单体电池的成本低于 2 元/W·h，已广泛应用于现阶段的电动汽车，未来还将大量应用于混合电动汽车和储能领域。目前主要的工作是，通过市场机制引导行业健康发展，进一步提高质量稳定性、降低成本。三元系正极材料已逐步成熟，已在 3C 电池中逐步替代钴酸锂，也有可能规模应用于动力电池。高电压镍锰酸锂成本低、安全性好，在攻克该材料与相应高电压电解质技术后，该材料的应用有望完成“动力电池比磷酸铁锂电池比能量提高 50%、成本下降 50%”的目标，预计近中期它将成为磷酸铁锂和三元材料之外的动力电池的主流正极材料。在过去的一年中，富锂锰基正极材料的倍率和循环性能得到提升，随着高电压电解质技术的突破，预计 2020 年前有望走向实用。合金类负极材料的典型代表是硅－碳复合材料，目前的挑战仍然是大容量储锂之后体积膨胀引起的 SEI 破裂问题，少量添加可以将石墨负极材料比容量提高至 400～450mA·h/g。

4. 动力电池材料重点突破方向

高压锂镍锰尖晶石（$LiNi_{0.5}Mn_{1.5}O_4$）用每摩尔的锂储存最多的电能，与石墨配对做电池，比能量可达到 200W·h/kg以上，高温循环稳定性优于现有的锰酸锂材料。由于充电后锂完全脱出，与锰酸锂、磷酸铁锂一样，过充电时不会有多余的锂转移到负极表面形成锂枝晶，安全性远高于三元材料，加之预期电池成本低于锰酸锂电池，是一个很有前途的动力电池材料。该材料之所以未能实现产业化应用，主要原因是材料对合成条件敏感、高压电解质技术不成熟、没有与之配套的耐高压隔膜较难获取等。研究高电压锂镍锰尖晶石正极材料改性及产业化技术，开发新型氟化溶剂、锂盐和添加剂，突破高电压电解液技术、开发陶瓷基和聚合物基的复合隔膜，将是今后的研究方向。

三元正极材料已广泛应用于电动工具和手机、电脑电池，也应用于电动车用动力电池（与锰酸锂混合）。三元正极材料与石墨负极材料配对做电池，比能量可达到 220W·h/kg,循环稳定性也优于锰酸锂。提升该体系电池的安全性技术是当务之急，需要研究三元材料正极材料改性及产业化技术、高安全性电解液技术、高安全性隔膜技术和电池安全性技术。

富锂锰基高容量正极材料是目前已知的具有最高容量的锂离子电池正极材料，除高电压电解质和隔膜技术需要突破外，主要问题是循环过程中的电压衰减，需要从材料制备技术、材料改性和电解质匹配等方面开展研究。

合金负极材料比容量高达 600～1000mA·h/g，是目前公认的锂离子电池高容量负极材料，主要问题是循环过程中的效率低、全电池中材料膨胀明显、电池容量衰减较快。实用化的更高比容量的负极材料则需要从电极材料、电解质和电极技术等方面着手解决。

（中国科学院物理研究所　黄学杰）

十二、电动汽车电池管理系统

2013 年全球电动汽车取得了快速的发展，销量达到 20 多万辆，通用沃兰达、日产聆风和特斯拉等电动汽车逐步从样车走向产品化，电池需求超过 6GW·h。在国内，由于电动汽车补贴政策处于空档期，对国内电动汽车的发展造成一定影响，产量不足 2 万辆（包括超级电容等不需要或者仅需要简单的 BMS 的电动汽车），而且车辆类型涵盖商用车、乘用车、特种车等品种，电动类型覆盖纯电动、增程式和插电式等全系列。虽然 2013 年我国生产的电动车型号超过 200 种，但产销量超过 1000 辆的整车厂却仅有北汽、江淮、比亚迪及宇通等寥寥几家，单车型产销量超过 1000 辆的更是屈指可数。国内电动汽车仍处于样车尝试和验证阶段，未能在 2013 年实现向产品化的过渡。我国整车及产业链零部件与国外的差距在 2013 年被进一步拉大。

1. 发展情况

BMS 作为电动汽车动力平台的零部件，系统功能和性能要求与当前我国汽车的音响、导航等汽车电子产品相比有本质上的区别，可靠性要求更高。另外，BMS 涉及电池、电力电子、软件设计、硬件设计等多个学科，为了保证产品的性能和质量，需要分层、分模块和平台进行开发和验证，包括电池参数监测、数据分析、电池状态估算和管理、硬件可靠性验证以及车辆非功能性要求的提升等。作为电动汽车零部件之一的电池管理系统与整车处于相同阶段，2013 年主要以验证和优化为主，尚未完成产品定型和批量验证。

（1）专利申报情况

2013 年，在电池管理方面申请专利的厂家及基本情况见表 12。

表 12　2013 年国内电池管理系统企业专利申请情况

申请厂家	专利数量	发明专利	实用新型
亿能	43	34	9
比亚迪	5	0	5
CATL	4	1	3

续表

申请厂家	专利数量	发明专利	实用新型
哈尔滨冠拓	2	1	1
安徽力高	3	3	0
吉利汽车	8	4	4
奇瑞汽车	15	15	0
长安汽车	17	17	0
海博思创	2	2	0
东莞钜威新能源有限公司	2	0	2
杭州高特电子设备有限公司	6	5	1
宁波拜特测控技术有限公司	1	0	1
深圳市科列技术有限公司	2	2	0

通过专利检索可以发现，2013 年电池管理方面的研究主要集中在热管理、寿命和均衡等方面。其中，热管理主要研究内容是电池低温热管理和加热解决方案；寿命预测方面，主要是通过电池内阻、容量等方法对电池的 SOH 进行估算；均衡方面主要集中在采用多种均衡策略实现电池在线维护和均衡，关注的重点从均衡电路的实现转为高效均衡控制策略的研究。

(2) 产品应用情况

据市场应用情况反馈，BMS 技术的发展主要体现为产品化要求提升和技术优化，主要升级内容包括：

①由功能要求向性能要求转变。供电电源下限降低至 6～6.5V，供电电源异常保护机制，检测精度从常温扩展到全温度范围，上电初始化时间小于 200ms，CAN 总线从收发基本功能向波形质量/错误帧数量/busoff 等细化指标达成，功率估算的自适应估算，电池 SOC 的动态修正，物理量采样速度、误接线等滥用安全性，系统冗余设计，功能模块异常后的自检和应急处理机制提升车辆运行安全性和减少抛锚的概率。

② 从功能性要求向非功能性要求逐步细化。为了实现电动汽车批量化之后的规范生产和维护，在电池管理系统的诊断标定、bootloader、模块化设计方面，需提升开发效率和可配置性，提升平台兼容性、接插件的防呆设计和 BMS 的 IP 防护等级等。

③ 提升开发工具的规范化要求。为了保障系统的可靠性，电池管理系统在汽车级器件选型、操作系统应用、代码检查工具、版本管理等方面提出了更加具体和细化的要求。

④ 重视提升品质的能力。电池厂、pack 厂和整车厂更加注重电池管理系统厂家的生产过程控制能力、产品出厂检验手段和方法、自身入库检测能力以及系统测试方案和手段是否健全。

⑤ 项目开发流程逐步规范。电池管理系统项目开发包括项目状态确认、电池测试、产品设计、材料采购、生产和测试平台搭建或优化、生产测试、第三方检测、产品交付、电池厂家安装调试、整车安装调试、充电调试、整车公告测试、高低温路试、系统持续跟踪和参数优化等环节。

(3) 国内主要电池管理系统厂家概况

惠州市亿能电子有限公司。在超过 15000 台/套电池管理系统应用经验的基础上，以汽车级电池管理系统为定位，完成第五代电池管理系统平台的开发，从客户需求分析、产品功能定义、技术指标确认、方案设计、样件制作、测试验证、导入生产等方面展开工作。在器件选型、安全性、抗滥用性、EMC 性能、诊断标定、bootloader、电源管理、CAN 总线管理等方面实现产品性能升级。作为独立第三方，为北汽、福田、江淮、广汽等电动汽车提供配套产品。

比亚迪。以整车及汽车电子开发为基础，开发 BMS，研究电池管理系统在 K9、E6 和秦等电动汽车上的应用。开展电池管理系统开发的整车厂还有长安、奇瑞等。

均胜电子。借助上市公司收购德国普瑞，实现 BMS 业务的拓展，并借此实现向宝马 i3 纯电动汽车提供电池管理系统。

2. BMS 产业面临的问题

我国电动汽车经过最近 10 多年的发展，取得了长足进步，但是在从研发走向产业化这个台阶上，2013 年没有实现突破，BMS 产业也没能实现营收平衡的突破。BMS 产品要实现持续升级，需要解决研发摊销、技术沉淀等问题，给相关企业带来了相当大的压力，面临的主要问题有：

① 平台投入大。电池管理系统产品持续优化和升级需要一个至少数十人的技术研发团队，只有技术、品质、测试、生产多个部门匹配才能保证产品品质，需要大量的研发设备、测试设备、生产设备及人员支持。电池管理系统企业平台前期投入大，几千万元搭建一个好的电池管理系统平台并非易事。

② 项目周期长。按照上述开发流程，单一车型的 BMS 产品的定型需要两年以上的持续跟进，标准的项目开发费用逾百万元（不含诊断标定购置费用），基于平台的项目开发费用也要达到数十万元。

③ 价值量低。与以上两点相对的，电池管理系统在电池系统中的价值量低，对于乘用车而言，批量生产后电池管理系统的价值约为电池系统的 10%～15%，商用车则低于 10%。

④ 盲目进入 BMS 者众多。随着集成芯片的出现，BMS

的实现难度大幅下降，最近数年一批批的企业进入到 BMS 产业。但是，随着工作的逐步深入和项目的推进，投入大、验证周期长、功能和性能要求高于预期、市场规模上升速度低于预期、相关人才欠缺、回报率低等导致企业入不敷出，国内的 BMS 企业超过 5 年的屈指可数。重复投资和资源浪费严重，倒闭的企业失去继续服务能力，给整车厂带来巨大损失。

⑤ 规模效应无法体现。2013 年，与我国电动汽车产销量对应的 BMS 市场规模约为 1 亿 ~ 1.5 亿元，车辆类型多达 200 多种，涉及的 BMS 厂家多达数十家，市场占有率最大的几家配套商销售额也只有几千万元，很难实现采购、研发、生产、售后等环节的规模效应。

3. BMS 发展趋势

①均衡策略优化重于均衡电流提升。电池一致性是电动汽车规模化应用必须解决的问题，可以通过电池自身一致性提升、电池成组技术的提升和电池管理系统在线均衡三者结合实现。随着后续集成化提升、成本持续下降和电池及成组技术的升级，加之电池发散本身是个渐变的过程，降低均衡电流，提升均衡策略效力，最终保证电池一致性是均衡管理的发展趋势。

②基于应用需求的 SOH 的有效估算。随着电池使用时间的延长和循环次数的增加，电池的性能逐步下降，于是 SOH 诞生。现在的研究主要基于电池内阻增加和/或实际容量下降对电池的 SOH 进行评估，没有与车辆运行工况对电池的需求有机地结合起来，导致 SOH 并不能很好地指导车辆运行，基于不同车辆配合和工况需求的 SOH 有效估算是后续研究的重点内容。

③电池管理系统可靠性持续升级。如前所述，电池管理系统是电动汽车动力平台的部件，所以系统的可靠性持续优化是必然的发展趋势。只有器件选型、高效开发工具使用、产品验证、生产控制、维护便捷性等方面的持续优化，才能满足车辆高效安全运行的需求。诊断标定、boot-loader、ISO26262 和 AutoSar 等先进工具和功能的应用势在必行。

4. 建议

①重点扶持潜力企业。电池管理系统属于汽车动力平台产品，电动汽车的发展给我国汽车电子产品进入动力平台带来了机遇。近年来，电池管理系统一直处于无序发展状态，BMS 企业成立、倒闭成为一种常态，产业规模小而重复性投资大，导致 BMS 产业进入恶性循环。国家着力支持几家 BMS 企业，对于提升 BMS 性能和健全电动汽车产业链具有重要作用。

②整车与 BMS 深度合作。经过近年电动汽车的示范运行，各个零部件包括电池管理系统的性能都有了长足的进步，但是在与整车匹配时，由于不同整车对 BMS 的认识以及不同 BMS 厂家对电动汽车的认知都存在差异，所以 BMS 用到整车上时，总是不能最大限度地实现状态明确和优化匹配，从而导致整车突然上报故障，甚至下电保护频繁出现，降低了驾驶人员的感受，甚至导致安全事故。整车厂和电池管理系统厂家深入合作对于提升电池系统性能和整车性能都有巨大的推动作用。这种融合在既不影响整车的核心价值——系统匹配和集成，能降低 BMS 厂家的跟进投入，整车性能提升、实现产业化的同时，还可减少对于整个产业链的前期投入摊销，并最终实现电动汽车真正走上"快车道"都是有重大意义。对我国电动汽车产业来讲，整车厂和零部件供应商的竞争和威胁来源于国外，而不是国内。我国打造自身的电动汽车产业链，通过优势互补，实现整车、电池、BMS 的分工协作，是提升可靠性、降低成本、推进电动汽车实现快速发展的需要。

（北京交通大学　王占国）

十三、动力电池测试技术及要点

电动汽车的飞速发展需要电池技术的进步，而电池技术的不断提高是通过有效的对比和实验来实现的。所以，测试技术的进步也预示着电池技术的进步。

1. 总体情况

（1）国外动力电池测试机构及技术动向

1991 年，美国通用汽车公司、克莱斯勒公司和电力研究所（EPTI）成立了美国先进电池联合体（USABC），从事商用新型高性能电池的研究与开发。同时，美国的三大动力蓄电池国家测试基地，包括 Argonne 国家实验室（ANL）、Sandia 国家实验室（SNL）和 Idaho（INL）国家实验室，多年来一直从事动力电池的性能、安全等测试评价工作，以及测试评价技术的研究。

在欧洲，法国和德国是电动汽车发展较快的两个国家。欧盟的 EUCAR Traction Battery Group 是专门的电池测试系统研究机构，有效推动了动力电池及电动汽车水平的提高。欧洲氢能与太阳能研究中心 Baden - Württemberg（ZSW）也一直从事电池开发和测试评价技术研究工作。

日本汽车工业协会（JAMA）和日本自动车研究所（JARI）针对电池测试评价体系进行了专项研究，制定了适合本国的电池测试方法，取得了很大的研究成果。

这些国家级电动汽车动力蓄电池测试评价机构均建立了良好的测试评价体系和硬件设施，对动力蓄电池的检测、评价标准和方法做了大量的研究工作，专门制定了相关标准法规和测试手册，研究电池的技术性能和安全评估方法、资源经济评估和废电池回收等问题。

美国通过电动车蓄电池联合会（USABC）、FreedomCAR计划和美国汽车工程师学会（SAE），先后组织和制定了一系列动力蓄电池测试标准，如《电动车辆用动力蓄电池测试程序手册》《电化学储能系统滥用测试程序手册》《42V蓄电池测试手册》《功率辅助混合电动车用动力蓄电池测试手册》《超级电容器测试程序手册》《动力蓄电池寿命验证测试手册》《纯电动和混合电动汽车用动力蓄电池滥用试验手册》《插电式混合电动汽车用动力蓄电池测试手册》《电动车辆用动力蓄电池包装测试》《电动车辆用动力蓄电池模块性能分级测试》《电动汽车用动力蓄电池模块循环寿命测试》《电动汽车用动力蓄电池振动测试》等。特别是，近年来通过对动力蓄电池快速寿命（包括循环寿命和使用寿命）评估方法的研究，提出了相应的评价方法。

欧盟制定了一系列电动汽车用动力蓄电池测试规范，如《混合电动汽车用高电压动力蓄电池测试程序规范》《纯电动汽车用动力蓄电池模块安全性测试程序》《系统级电池包安全性测试程序规范》《超级电容器参数及寿命循环测试程序》《车辆用42V能量储存装置测试程序手册》等。德国VDA于2007年颁布了HEV用锂离子电池系统测试规程，德国BATSO于2008年出台了《轻型电动车用锂离子电池系统的评估手册》。

值得关注的是，ISO和IEC关于动力电池相关标准的制定工作。从2008年开始，ISO和IEC分别开始了对于系统和单体测试规程的标准化工作。目前ISO 12405－1和ISO 12405－2关于电驱动车辆用高功率型和高能量型锂离子动力电池包及系统测试规程标准已分别于2011年和2012年发布；IEC 62660－1和IEC 62660－2关于动力电池单体性能和安全性的测试规程的标准已经发布；IEC 62660－3和ISO 12405－3这两个分别关于动力电池单体和系统的可靠性及滥用测试方法与要求的标准也正在推进当中。

2013年，联合国颁布了重新修订的《关于锂离子电池运输的测试标准和规范的手册》（UN38.3）。同时，联合国WG29专门成立了电动汽车安全非正式工作组，从事电动汽车安全全球技术法规（EVS－GTR）的制定工作，并于2014年5月在华盛顿召开了第五次工作组会议。

(2)我国动力电池测试技术进展

相对于国外的电池测试及管理系统技术，我国起步较晚，但是发展却很快，近几年取得了长足的进步。目前，我国开展电动汽车动力电池测试的机构有八家，对于动力电池的测试方法和评价技术的研究也基本与国际水平同步，和其他几个国家的测试机构的技术交流与合作日趋频繁，并积极参与到了包括ISO、IEC等国际标准的制定过程当中。在全球技术法规的制定方面，中国作为联合国WP29框架下的电动汽车安全（EVS）全球技术法规工作组副主席国家，全程参与了EVS－GTR的制定工作。

在“十五”期间，国家科技部通过863计划电动汽车重大项目，对动力蓄电池测试评估技术的研究给予了大力支持，从而极大地推动了我国动力蓄电池测试评估水平的提高。“十五”期间，863计划“动力蓄电池组性能检测测试研究”“动力蓄电池组高低温性能检测测试研究”等课题的开展，初步形成了动力电池的评估体系，形成了863电动汽车重大项目动力蓄电池组性能测试规范（试行稿）（锂离子动力蓄电池、金属氢化物镍动力蓄电池和电化学超级电容器）。在此基础上，制定的《电动汽车用锂离子蓄电池》《电动汽车用金属氢化物镍蓄电池》《车用超级电容器》《电动汽车用铅酸蓄电池》四项标准成为中华人民共和国汽车行业标准（QC/T743－2006、QC/T744－2006、QC/T741－2006、QC/T742－2006）。

“十一五”期间，随着“十城千辆”示范工程的开展，电动汽车相关标准的制定也提上日程，其中动力蓄电池的相关标准制定工作最为紧迫，一系列标准都在制定/修订当中。包括：2010年的《电动汽车用动力蓄电池产品规格尺寸》；2012年对QC/T741、QC/T743、QC/T744三个行业标准的修订工作；2013年底报批的国标《电动汽车用锂离子动力蓄电池包和系统测试规程第1部分：高功率应用》《电动汽车用锂离子动力蓄电池包和系统测试规程第2部分：高能量应用》和行业标准《电动汽车动力蓄电池箱通用要求》等。

近期还开展了国标《电动汽车用动力蓄电池技术要求及试验方法电性能》《电动汽车用动力蓄电池技术要求及试验方法循环性能》《电动汽车用动力蓄电池技术要求及试验方法安全》以及《电动汽车用锂离子动力蓄电池包和系统测试规程第3部分：安全要求》等的制定工作，目前已经挂网公开征求意见。

2. 技术特点

(1)2013年动力电池测试技术总体进展及特点

2013年，电池测试技术的总体进展很快。从测试评价的国际发展来看，已经逐渐形成了交流频繁、趋于统一的格局；从测试评价的具体内容来看，电池单体的测试已经从单纯的法规测试转向面向整车实际应用的开发测试，同时，电池系统的开发测试越来越得到行业的重视。

截至2014年上半年，动力电池已经形成了较为完善的测试评价体系，可以实现从单体、模块、系统三个层级，针对性能、寿命和安全性三个方面进行综合性能的评估（见图 39）。

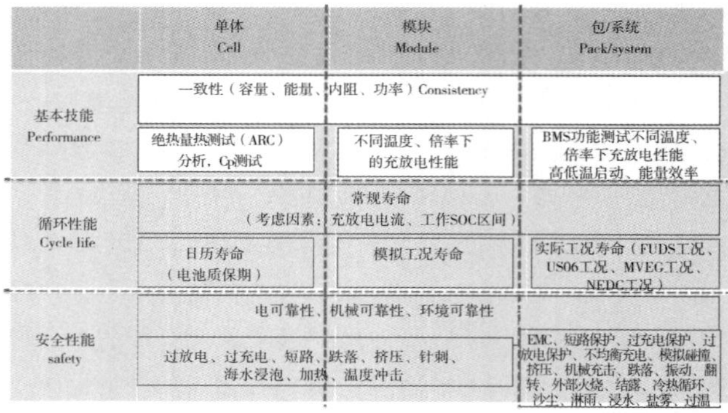

图 39　电池测试评价关注点

对于电池单体和模块，主要集中于对一致性、循环寿命及安全性的评估；对于电池包/系统，则侧重于对电池综合特性的发挥、实际工况寿命、安全保护功能和系统可靠性的测试评价。

（2）2013 年国内动力电池测试技术实现的主要技术突破点

① 基于整车应用的电池测试评价技术

a. 电池一致性评价分析技术

电池一致性是影响电池使用寿命、安全性和使用成本等的重要因素之一，一直是测试评价的重点。将生产制造过程造成的单体初始性能一致性差异，以及使用条件导致的内部性能动态变化的一致性差异综合起来进行耦合评价是一致性评价的关键点，这也是电池集成分选技术的一个关键控制因素。

b. 电池热特性测试技术

对单体电池热特性进行综合评价，有助于进行科学的热设计，从而改善单体电池本身的热特性，提高电池系统热安全性。同时，科学、全面的热—电化学特性的耦合分析可以有效降低热管理系统复杂性和设计、生产成本。对于电池热—电化学性能耦合测试评价也已经初步建立了测试评价的体系（见图 40）。

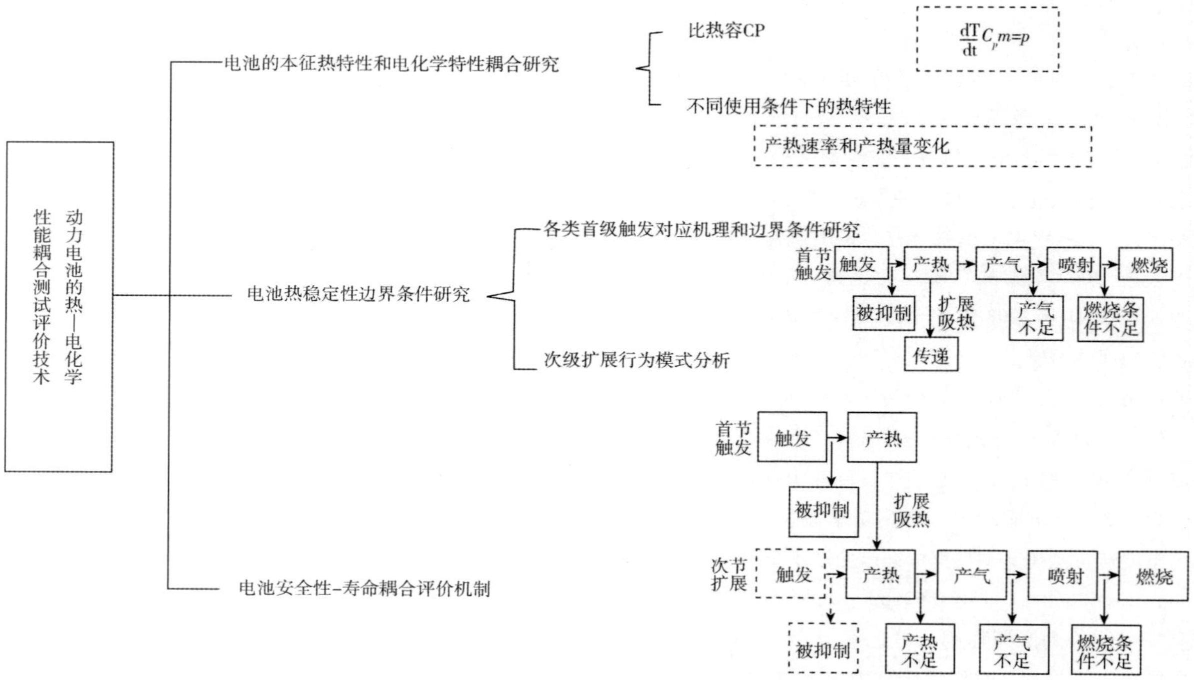

图 40　动力电池热－电化学性能耦合测试评价

c. 电池 SOH 测试评价技术

电池健康状态（SOH）与锂离子动力电池的安全性密切相关，同时又是作为锂离子动力电池的最重要表征参数之一，是近年来电池管理系统研究的核心问题和重点难点之一。具体的评价方法：完全放电测试方法，基于电流特征、电压特征、温度特征的估算方法；基于电动车启动期间的电池开路电压的估算方法。这三个方面各有其优缺点，还有待进一步完善。

② 电池包或系统测试评价

车用蓄电池系统是能量存储装置，包括单体或模块或电池包，还包括电路和电控单元（如电池控制单元，电流接触器）（见图 41）。

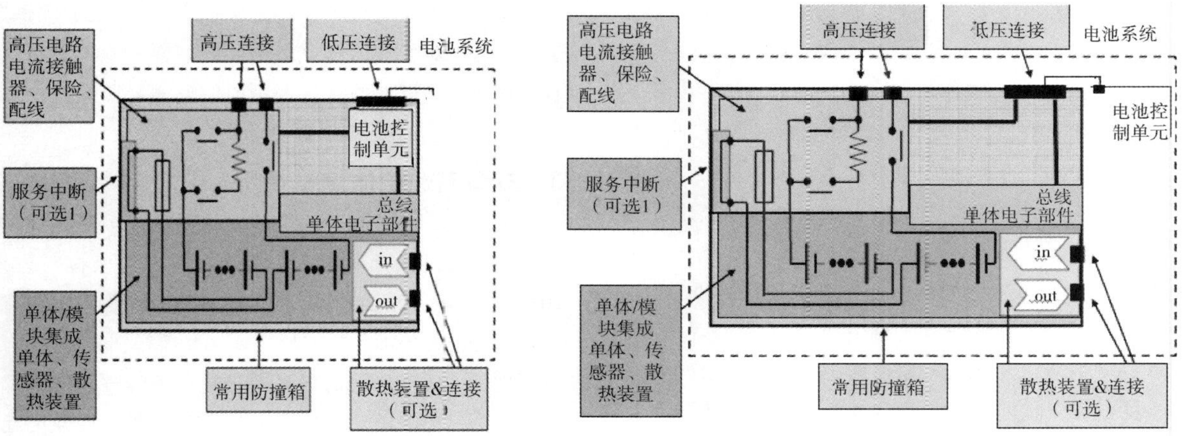

图 41　车用动力电池包/系统

作为新能源汽车储能装置的动力电池系统总成，其自身也是一个独立的工作单元，具有单独的控制管理系统和被管理的对象。因此可以结合整车的性能和需求以及整车对其零部件的性能要求的特点，从电化学性能、循环性能、高压电可靠性能、机械可靠性能以及环境可靠性能等方面测试评价动力电池包/系统的性能。

表 13　电池包/系统测试项目

电化学性能测试	高压电可靠性能测试	机械可靠性能测试	环境可靠性能测试
常温能量和容量测试	过充保护	振动	湿热循环
不同温度不同倍率能量和容量测试	短路保护	机械冲击	冷热冲击
功率和内阻测试	过放保护	跌落	过温保护
低温启动	—	挤压	盐雾
能量效率	不平衡充电	动态碰撞	浸水
循环寿命	耐压	翻转	外部火焰
BMS 功能测试	绝缘阻抗	—	电磁兼容
—	接地连续性	—	防尘
—	冷却/加热系统失效	—	防水

电化学性能测试是电池系统总成区别于传统汽车零部件而特有的性能需求，对新能源汽车而言，电化学性能与整车的动力性能直接相关。主要验证电池系统总成在特定环境下能量/容量以及功率输出和反馈的能力。测试内容有静态容量、动态功率、能量效率、自放电性能等。循环寿命主要测试考察电池系统在寿命周期内的充放电循环次数和输出的总能量能否满足整车的需求。目前性能和寿命的主要测试标准包括 ISO 12405 - 1 和 ISO 12405 - 2，以及国家标准《电动汽车用锂离子动力蓄电池包和系统测试规程第 1 部分：高功率应用》《电动汽车用锂离子动力蓄电池包和系统测试规程第 2 部分：高能量应用》。

动力电池系统作为总成电压一般都在 60V 以上的高压区，必须满足一定的高压安全的设计要求。另外，电池管理系统必须有在过流、过压等一系列影响电安全的情况发生时示警或者切断保护的功能。

机械可靠性能测试主要考察电池系统的机械结构强度及其内部单元的布置安装是否达到设计要求，即验证在一定的机械振动和冲击的情况下电池系统能否正常工作，是否会因为疲劳或强度不够而失效。以振动为例，在电池包集成开发过程中，一般采用正弦振动来进行扫频测试以找到共振点，然后进行定频的疲劳耐久测试。在开发后期，更多的是采用更接近实际应用的随机振动来考核电池系统的机械强度和耐振动性。

环境可靠性能测试主要考察电池系统抵抗外部环境变化的能力，包括防水防尘等级，也包括其在特定温度湿度条件下的工作能力。所以，有些项目是对电池箱体的评估，比如防尘防水的 IP 等级测试，这方面的测试主要参考 GB 4208 - 2008《外壳防护等级》或者直接参考 IEC 60529 IP Code；有些则是对电池系统的整体考核，比如温度冲击和湿热循环等。这方面参考的标准主要包括 GB/T 2423. 22 - 2012《环境试验第 2 部分试验方法 试验 N：温度变化》，GB/T 2423. 34 - 2012《电工电子产品环境试验第 2 部分：

试验方法温度湿度组合循环试验》和 GB/T 2423.4－2008《电工电子产品环境试验第 2 部分：试验方法试验 Db：交变湿热（12＋12 小时循环）》。

电磁兼容性能测试，由于电池系统总成具有独立的控制器（BCM，BMU）和大量的电压、温度采样电路，这就决定了电池系统的设计必须满足电磁兼容性能的要求。与传统的汽车电子零件不同，电池系统中的部分电路同时涉及高压和低压，如高压绝缘检测回路、电压采样回路等，这些都给电池系统的电磁兼容性能要求带来挑战。另外，车辆工作的电磁环境复杂，电池系统必须具有一定的抵抗来自外部的电磁干扰能力，以及自身的电磁辐射传导发射不会影响车上其他系统或零件的正常工作，更不能对人造成伤害。参考汽车零部件的电磁测试要求，电磁兼容性能的测试内容有辐射发射、传导发射、瞬态传导发射、辐射抗扰性、传导抗扰性、大电流注入和静电放电性能测试，可参考 ECE R10 等标准法规。

（3）目前亟须解决的技术难点及解决方案

虽然电池测试评价技术不断进步，测试评价体系也在逐步完善，但还是有许多需要不断探索和改进的测试方法，包括单体一致性评价体系、电池热特性—电化学特性耦合评价技术等，电池的日历寿命的加速测试评价技术也亟待进一步研究。

3. 典型电池单体测试情况

近年来，参与测试的电池单体覆盖了磷酸铁锂、锰酸锂、三元以及三元＋锰系复合等（按照正极材料分），但 2013 年以来，三元或三元复合体系逐渐成为开发和测试的主流，电池的外形包括方形（金属和塑料外壳两种）、软包及圆柱三大类。电池的设计越来越趋于理性，基本都是在保障安全、能够满足基本要求的基础上逐步提升电池的安全性。这方面国外的一些先进电池企业比国内的企业贯彻得要更好一些。如图 42 所示，国外的电池大都采用三元＋锰系复合的材料，尽量寻求电池安全性与电性能的平衡点；国内电池企业近一两年来一直在努力提高纯三元体系电池的安全性，期望能够尽快将较高能量密度的电池应用于电动汽车上。

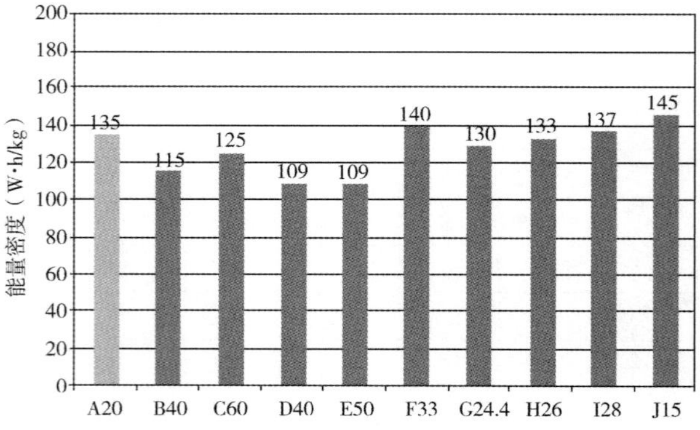

（a）国外动力电池能量密度（A·h）

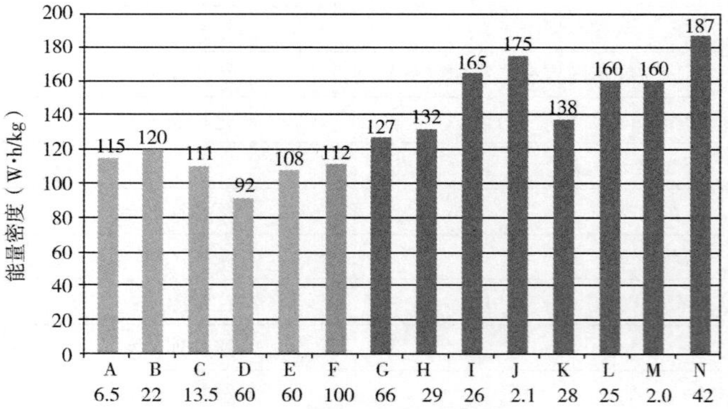

（b）国内动力电池能量密度（A·h）

图 42　近年来国内外电池单体能量密度情况

4. 发展趋势

电动汽车逐渐进入市场，对电池的考验已经来临，未来几年测试行业会更加重视从整车的实际应用出发，对电池单体进行综合的、重要性能的测试评价，为电池系统的集成服务。另外，在电池系统集成过程中，对于电池系统性能的评估已被行业重视，必将成为未来测试技术进步的重要领域。

（中国汽车技术研究中心　王芳　樊彬　刘仕强）

十四、车用驱动电机

1. 总体情况

从全球车用电机产业来说，2013 年总体是稳中求进，同时不断引入新结构、新材料技术，以进一步提高性价比。以电动汽车技术发展领先的日本为例，在驱动电机结构、材料等多方面进行改进，涉及冶金、加工、绝缘材料、工程材料等多个领域，并逐渐成为多学科综合发展的产物。安川电机开发出 EV 及 HEV 使用的“QMET Drive”电机驱动系统，如图 43（a）所示，该系统采用“QMET”技术，根据电机的转速来切换线圈，从而使电机一直保持较高的效率，并被马自达混合动力车采用。日本北海道大学开发出用于混合动力汽车的铁氧体永磁同步电机。该电机采用双定子盘式结构。在与第一代普锐斯驱动电机同等体积下，实现了 50kW 输出功率。

(a) 安川QMET电机　(b) 大陆电励磁电机总成　(c) Tesia感应电机

图 43 国外部分电机

在欧美，博世、大陆等传统汽车零部件供应商利用技术优势，对驱动电机进行改进和性能提高。德国汽车零配件企业大陆集团研制出用于电动车的电励磁同步电机，如图 43（b）所示，该款电机峰值功率达 70kW，最高转矩 226N·m，最高转速 12000 rpm。美国 Tesla Motors 发售的 mold_s 电动汽车采用感应电机方案，如图 43（c）所示，最大功率为 185 kW，最高转矩达 270N·m，电机转子采用铜条转子工艺，并在铁心材料、绕组形式等方面进行了优化。

我国大力推广稀土永磁电机的开发及应用。尤其是近年来高耐热性、高磁性能钕铁硼永磁体的成功开发，以及电力电子器件的进一步发展，稀土永磁同步电机的研发正向高速、高转矩、大功率、高功能化方向发展。在产品方面，我国多个企业已经形成了功率系列、规格齐全、适用于各类新能源汽车的电机及其控制系统产品，并且具有较高的性价比和可靠性，在商用车应用领域得到充分的验证。

在面向分布式驱动平台方面，国外如法国 Michelin 开发出集成悬浮电机、驱动电机及减速机构的电动轮，功率密度达到 4.0kW/kg 以上，如图 44（a）所示；英国 Protean 轮毂电机采用一体轮结构，电机输出能力也达到 80kW/800N·m，如图 44（b）所示；德国巴斯轮毂电机集成了电力电子控制器，其功率和转矩分别达到 55kW 和 700N·m，如图 44（c）所示。其他如 TM4 轮毂电机、三菱外转子轮毂电机等也达到较高的技术水平。

(a)Micheli电动轮　(b)Protean轮毂电机　(c)巴斯轮毂电机

图 44 国外典型轮毂电机

我国的轮毂/轮边电机目前仍处在高校和研究所研发阶段，实际中采用的车型相对较少。具有代表性的研究团队包括同济大学、清华大学和中国汽车工程研究院等。同济大学团队提出：采用一体化单摆臂悬架与减速式轮边电驱动总成方案，该技术可有效降低轮边电机带来的簧下重量的增加，如图 45（a）所示；采用电机与减速器集成可有效提高电机转速，降低电机转矩，从而降低体积和重量。轮边电机样机峰值功率为 25kW，电机有效功率密度超过 2.7kW/kg。2013 年，中国汽车工程院与上海电驱动合作，采用分布式驱动系统，开发出集成行星减速器的轮边电机（见图 45b）和一体式电动轮（见图 45c），电机峰值功率为 25kW，峰值转矩达 375N·m，轮边电机功率密度达到 2.0kW/kg。

(a) 一体式单摆臂电动轮总成　(b) 一体式轮边减速电机　(c) 一体式电动轮毂

图 45 国内轮边电机与轮毂电机总成

根据行业先进技术的发展趋势可以看出，车用驱动电机的发展对电气、电子、机械、材料等多领域发展的依赖程度进一步加强，并呈现出电机驱动系统合作提高的特点。近年来，国外相继推出了应用于不同车型的电驱动控制器和整车控制器，日本、美国和欧洲一些国家在此领域处于领先地位。在国家计划推动下，各大汽车厂商都推出了相关的控制系统和部件。

丰田 Toyota Camry 混合动力轿车使用集成控制单元 PCU 实现对双行星齿轮排 THS 型混联式传动系统的协调控制，如图 46（a）所示，PCU 重 17.86kg，体积为 11.7L。Toyota Prius 混合动力轿车同样采用集成控制单元 PCU 实现对传动系统的协调控制，全部电路被压缩在两块 PCB 上，结构更为紧凑。整个 PCU 重 13kg，体积为 16.2L，如图 46（b）所示。

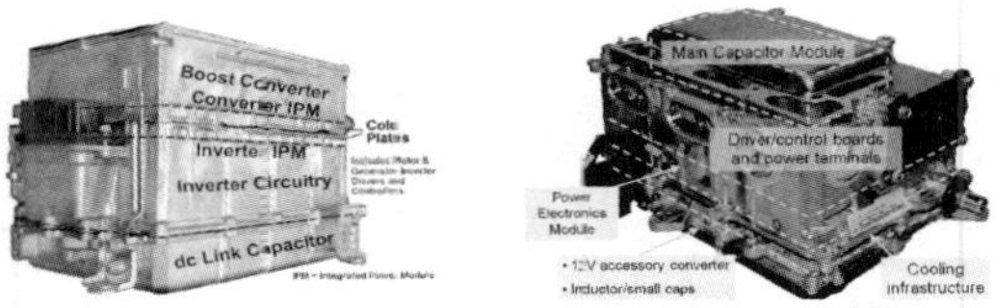

(a)Camry PCU　(b)Rruis PCU

图 46 Camry 与 Pruis PCU 对比

本田公司开发的集成 PCU 已成功应用于混合动力汽车 Civic（见图 47a），美国通用汽车 Volt PHEV 也采用集成控制单元 TPIM 实现对双电机混联式传动系统的协调控制（见图 47b），可控制电动机与发动机的输出能量分配，并具有能量管理、再生制动、电池状态判断等功能。TPIM 重 14.5kg，体积为 10.7L。

我国电力电子集成控制器水平与国外先进的电机驱动

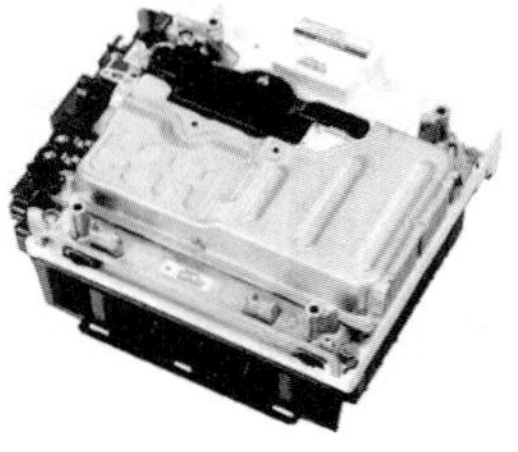
（a）本田Civic PCU

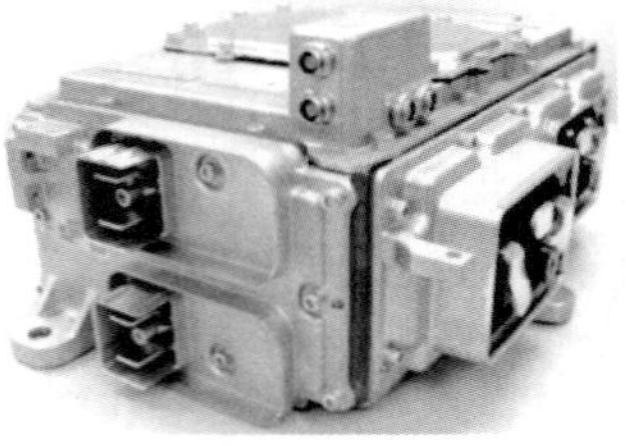
（b）通用Volt PCU

图 47　本田 Civic PCU 与通用 Volt PCU 对比

系统技术水平相差较大，单从电力电子集成控制器功率密度和体积密度比较，仍存在 50% ~60% 的差距，在芯片集成设计、热设计、产品化设计方面的差距更大。

2. 技术特点

（1）2013 年国内车用驱动电机主要技术指标及特点

当前我国驱动电机系统的主要生产企业有上海电驱动、上海大郡、精进电动、中山大洋、南车时代、天津松正等，同时有部分原来从事工业控制系统的企业如深圳汇川等也进入新能源汽车行业，另外一些新兴电机企业如苏州和鑫等也呈现出市场竞争优势。以下介绍国内专业从事新能源汽车用电机及其控制系统研发、生产和销售的主要企业的情况。

在乘用车驱动电机系统产品方面，上海电驱动和上海大郡为多家乘用车企业开发和配套电机系统，产品系列化比较齐全。上海电驱动开发出高功率密度、高速永磁同步电机及其控制系统等产品，功率范围从 42 ~ 90kW，广泛应用于各级别纯电动轿车。上海大郡与北汽、东风、广汽、长安等密切合作，开发了 A00、A0 及 B 级纯电动汽车用电机驱动系统，并陆续投产。精进电动在国内乘用车市场也实现了重大突破，公司与吉利、一汽等合作，陆续推出深混动力分流双电机、P2 单电机和高速桥驱电机等重点产品，应用于混合动力和插电混合动力车型。大洋电机推出适用于 A0 级、B 级纯电动轿车的电机及其控制系统，应用于北汽、长安等纯电动轿车。此外，南车株洲所在乘用车电驱动系统方面也推出了峰值功率为 75kW 铸铜转子感应电机和 60kW 永磁同步电机，深圳汇川为江淮纯电动轿车、海马纯电动轿车等配套 50 ~ 80kW 集成逆变器系统，联合电子、上海华域为上汽 E50 纯电动轿车进行配套，这几家企业的产品规格相对较少。

在商用车驱动电机系统方面，上海电驱动推出了 65 ~ 200kW 的系列化新能源客车电机及其控制系统（见图 48a），分别应用于 10.5 ~ 12 米插电式混合动力客车和 12 ~ 13.7 米纯电动客车。上海大郡开发出应用于增程式城市公交车的发电机和发动机动力总成系统（见图 48b），并针对 6 米、8 米的公交车开发了纯电动牵引电机系统。精进电动开发出一系列商用车电机系统，具有代表性的包括同轴混联双电机系统和 850N·m 高转矩并联混合动力驱动电机系统（见图 48c），产品实现与宇通、苏州金龙、恒通、上汽、一汽等客车配套。大洋电机也推出了商用车电机及其控制系统（见图 48d），主要用于特种车辆如纯电动环卫车。南车株洲所开发出应用于无轨电车、混合动力客车的多种永磁电机和感应电机产品，功率范围涵盖 150 ~ 180kW，峰值转矩为 2500 ~ 3400N·m，如图 48（e）所示。此外，苏州和鑫、天津松正也推出了商用车电驱动总成系统。苏州和鑫联合深圳汇川为宇通客车开发了同轴并联发电机和驱动电机总成、集成控制器总成，为宇通插电式深度混合动力客车用配套超过 1000 台/套，在价格方面具有竞争力。天津松正推出了双电源动力系统，应用于松正第四代插电式深混公交车动力系统。该系统采用中空转子，通过与变速箱的一体化设计，以单端支撑、铸铝作为机壳，有效地减轻了电机重量；两组定子线圈分别由电池、电容供电，集成电机控制器实现第一组线圈和第二组线圈间功率的合理分配，提升电机效率。

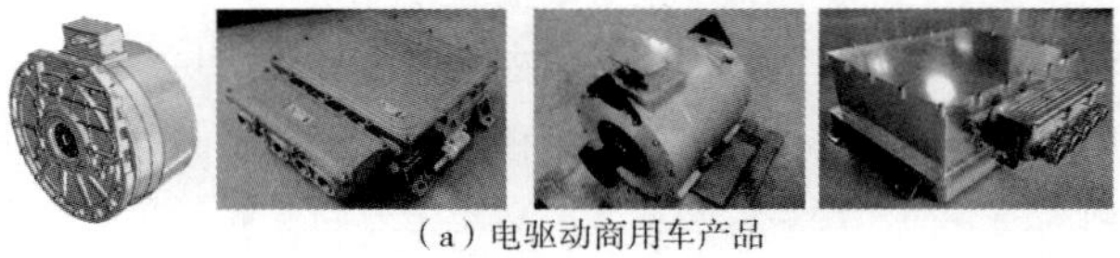
（a）电驱动商用车产品

（b）大郡商用车电机系统

（c）精进商用车电机系统

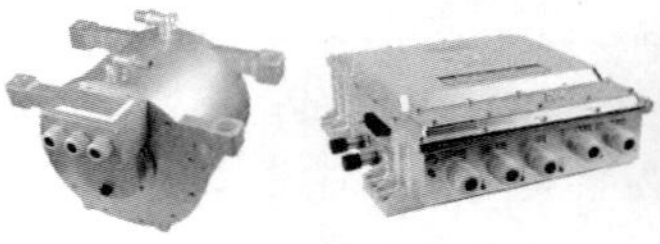
（d）大洋商用车电机系统

（e）株洲所商用车电机

图 48　国内商用车电机系统产品

总体而言，我国驱动电机生产企业的产业化和配套能力能够有效满足当前我国新能源汽车产业发展的配套需求，部分企业开始为国外汽车企业进行配套。

（2）目前亟须解决的技术难点及解决方案

从产业化角度来说，虽然在示范运行的所有电动车辆中，几乎都采用了国内企业的电机，但是由于配套数量较少，产品没有完全定型，制造规模比较小，生产自动化水平相对较低，多数厂家仍采用手工绕线圈、手工装配等传统工艺，使得产品一致性较差，尽管部分企业正在进行自动化制造和测试设备的配套研制与建设，但与国外大公司的先进水平相比，尚有不小的差距。

相较国际先进水平，由于我们在 IGBT、MCU 等关键器件方面技术落后，使得车用驱动电机系统在产品集成度、可靠性、舒适性和成本控制等方面，需要进一步提高竞争力。

从商业模式来看，对于一些目前尚需进口的元器件，只要国内电机行业形成一个行业联合体，就能获得有竞争力的价格，国内电机行业有望形成国际竞争力。

由于有前面两个五年计划的大力支持，一些关键零部件企业已建立了较好的研发基础，正在进行产业化转型。接下来，整个行业需要通过强化优势，形成优势技术、优势产品、优势企业和优势产业；同时通过突破瓶颈，针对关键技术，攻克难关，技术链串联，形成产业链。这次实施的国家技术创新工程，通过整车企业良好的带动作用，可以形成几家具有实力的独立供应商。

3. 产业链分析

2012 年 7 月国家发布了《国务院关于印发节能与新能源汽车产业发展规划（2012—2020 年）的通知》，鼓励发展一批符合产业链聚集要求、具有较强技术创新能力的关键零部件企业。2013 年，依托上海电驱动股份有限公司成立了电动汽车电驱动系统全产业技术创新战略联盟（以下简称“联盟”）。

联盟以电动汽车电机及其控制系统产业链发展为重点，联合国内优势资源，搭建电动汽车电驱动系统产业链技术交流与合作平台，促进优势企业强强联合，加快促进电驱动系统产业链发展。联盟总体目标：结合我国电动汽车发展规划及电机产业的比较优势，利用 3—5 年时间，以电驱动系统全产业链技术发展为目标，开发电机、电机控制器、专用减/变速箱、DC/DC 变换器等典型产品，开发满足电驱动系统需求的关键材料与关键部件，形成电驱动系统产业链产品的标准体系，培养电驱动系统全产业链技术研发、生产、检测与批量供货能力，并形成市场规模和产业集群。

经过运行，联盟在高性能硅钢、高性能磁钢、车用功率模块、车用膜电容器、旋转变压器、车用接插件及车用 DC/DC 变换器等方面取得了大量成果，形成了一大批典型产品，产品指标和性能完全可以替代国外同类产品；在技术标准方面，如永磁同步电机、硅钢、磁钢、旋变等，也取得了快速进展。

（1）车用系列化硅钢产品

联盟开发出车用电机系统用高性能导磁材料 B35AV1700、B35AH1700、B30AHV1500 和 B27AHV1500 四个规格的无取向硅钢新产品，产品性能达到国际先进水平（见图 49）。宝钢已完成对上汽、一汽、通用、福特、本田、日产等的配套及技术服务。其中，应用于上汽荣威 E50 电机的硅钢已实现批量销售，产品价格仅为国外同类产品的 70%。

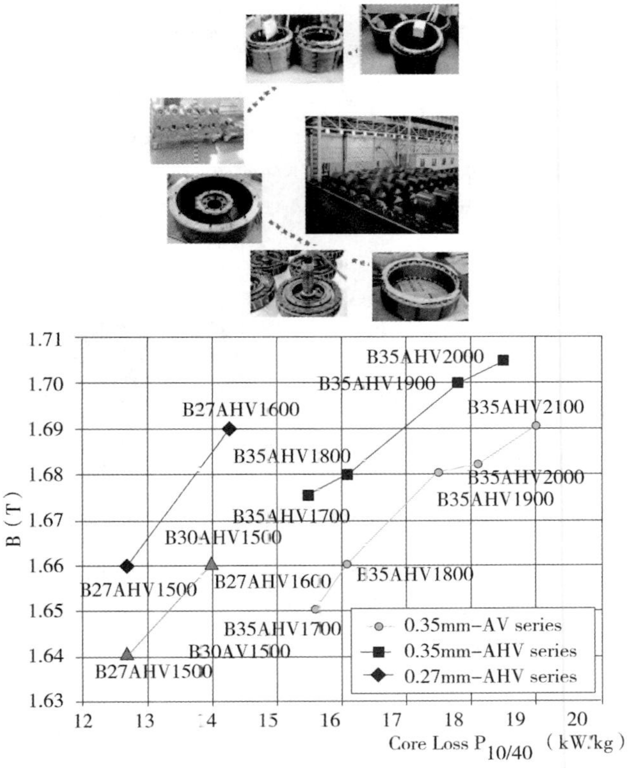

图 49 车用硅钢及其产品特性

（2）车用功率模块

联盟开发出低压大电流功率 MOSFET 封装产品（见图 50），2009 年完成 720A/100V 功率 MOSFET 开发。测试表明：整体性能优于国外同类产品，且产品价格仅为国外产品的 30%，大大降低了电机控制器成本。该产品已经广泛应用于奇瑞 S11 微型纯电动轿。

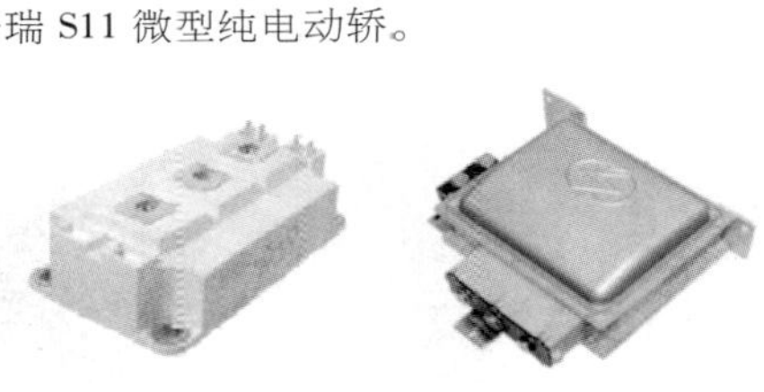

图 50 车用功率 MOSFET 模块

在车用 IGBT 功率模块研发方面，嘉兴斯达微电子有限公司已经研发出 800A/650V 乘用车用 IGBT 模块和 600A/1200V、900A/1200V 两个规格的商用车用 IGBT 功率模块（见图 51），模块性能实现与国外产品的完全替代，成本仅为国外同类产品的 70%。

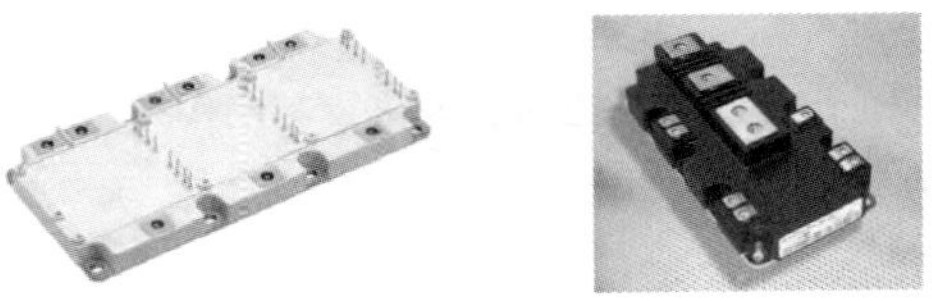

（a）800A/650V Fin-fin IGBT （b）900A/1200V PrimePack

图 51 斯达微电子 IGBT 模块

（3）车用永磁磁钢

稀土烧结钕铁硼永磁体是永磁电机的重要原材料之一，稀土永磁体制备技术的进步使得永磁体的性价比越来越高，同样性能的永磁体，其成本会因为制备工艺的改进而大幅降低。联盟研制出适用于新能源汽车的烧结钕铁硼磁钢，在高牌号磁钢研制方面处于国内领先地位，如图52所示。

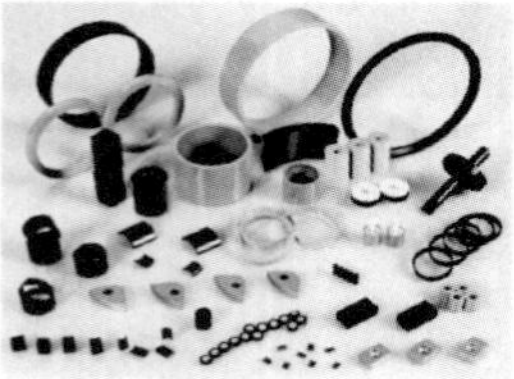

图 52　烧结钕铁硼稀土永磁材料

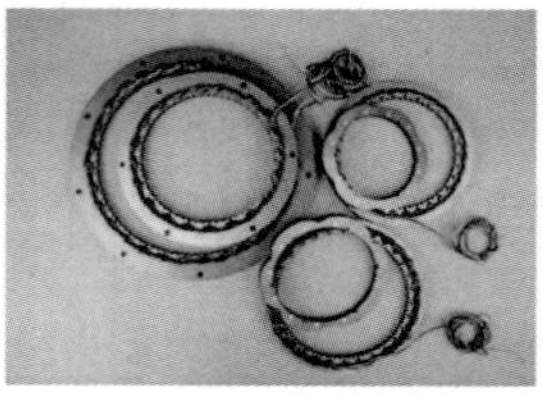

图 53　车用旋转变压器产品

（4）车用旋转变压器

上海赢双电机联合上海大学开发车用磁阻式旋转变压器，产品达200余种（如图53所示），其产品性能完全替代国外产品。上海赢双引进自动绕线设备用于旋变定子生产，采用端部塑封技术提高定子防护等级，采用扣片技术生产旋变转子，年产量可达5万套。截至2013年底，上海赢双已为国内50多家客户配套车用旋变超2万台。

（5）车用膜电容器

厦门法拉电子股份公司具备年产45亿只薄膜电容器及2500吨金属化膜的能力，研制的C42型（MKP62小型化）金属化聚丙烯抗干扰电容器（X2类）、C34/C3A/C3B型高容量密度电容器（见图54）广泛应用于新能源汽车领域，产品性能水平与国外同类产品如AVX、松下、EPCOS等相当，市场占有率超过30%。

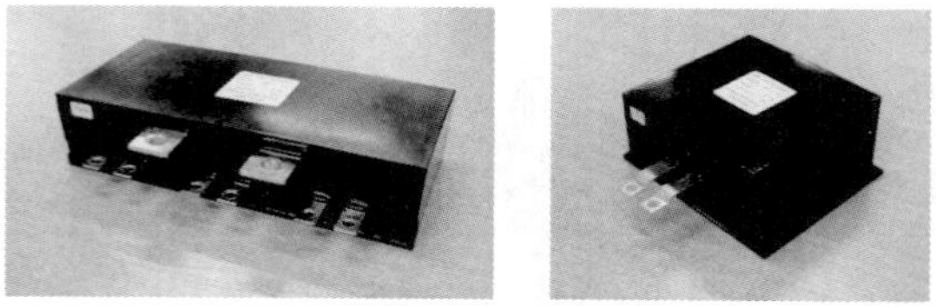

图 54　典型规格的车用膜电容器

（6）车用接插件

中航光电科技股份有限公司是具备光、电、线缆组件连接器等产品研制生产企业，研发出多个系列车用连接器产品，其中圆形连接器、矩形连接器应用于电动汽车领域（见图55），作为替代美国安费诺、Tyco、韩国LS的产品，为国内多个汽车企业和电机企业进行车用接插件配套。

图 55　典型车用电连接器

（7）车用DCDC变换器

深圳市欣锐特科技有限公司以电力电子类产品的产业化为主，形成规格化、系列化的车用DCDC变换器、车载充电机产品系列，是国内车用DC/DC变换器的主要供应商。近期推出96%效率的G5代DC/DC变换器新产品，技术指标达到国际先进水平，如图56所示。

图 56　车用DCDC变换器产品

4. 发展趋势

国内外车用电机系统的发展具有以下几个趋势：首先，整车对电机的功率密度、效率和可靠性等指标的要求不断提高，电机工作转速也不断提高，回馈制动高效区不断拓宽；其次，电驱动系统的集成化和一体化趋势更加明显；再次，电驱动系统的混合度与电功率比不断增加；最后，车用电驱动系统的集成化和数字化程度不断加大。

经过十几年的发展，我国车用永磁电机已从技术研究向产品开发方向转变。由于我国稀土资源丰富，因此国内生产的车用电机以永磁电机为主。我国车用电机系统的主要技术指标已达到或者接近国际先进水平。

驱动电机产业在中国有较好的工业基础。该产业是人力、资源相对密集的产业，我国又有丰富的稀土资源，车用电机产业在全球资源条件下具有明显的比较优势，较易进入全球的分工体系，是具有中国特色的优势产业。我国驱动电机产业发展目标：解决我国新能源汽车整车企业的配套需求，实现国产化的关键材料与部件的产业化。相关企业应进一步结合我国的实际情况，抓住机遇，重点突破，形成主导设计和产业优势，形成国际竞争力。

（上海电驱动股份有限公司　贡俊）

十五、车用驱动电机关键材料

1. 总体情况

车用驱动电机是新能源汽车的心脏，决定了整车的性能品质。无取向电工钢和烧结钕铁硼永磁材料是车用驱动电机最重要的电磁材料，其成本约占整个电机成本的70%。因此，高性能低成本的电工钢和钕铁硼永磁材料是实现高品质低成本车用电驱动产业化的关键技术。

近年来，随着新能源汽车产业发展与能源环保的紧迫需求，对汽车驱动电机的能效、轻量化等性能不断提出更高的要求，高磁感低铁损的电工钢则是实现高效轻量化车用驱动电机的基础。为此，以宝钢和武钢为代表的国内各大钢铁厂家都开展了电动汽车驱动电机用电工钢的开发与应用研究，不断与下游电机厂家及整车制造厂家开展各种形式的合作。电工钢产品的高频铁损不断降低，磁感不断提高，机械性能和冲片加工性能不断改善，电工钢综合性能已达到世界先进水平。可以说，2013年国内驱动电机电工钢生产企业在电工钢生产的关键工艺水平、设备和控制能力上都取得了明显的进步，电工钢生产与消费规模均列世界第一位。

中国烧结钕铁硼产量近年来占全球的份额不断攀升。2000年，全球烧结钕铁硼毛坯产量为15550吨，其中中国毛坯产量为6500吨，占世界毛坯总产量的41.8%；2010年，全球烧结钕铁硼毛坯产量为9.82万吨，而中国毛坯产量为7.8万吨，占世界总产量的79.4%；2011—2013年，随着世界经济发展速度放缓以及稀土价格的波动，全球烧结钕铁硼毛坯产量有所降低，但旺盛的市场需求，尤其是电动汽车永磁电机产量的增加，使得我国稀土永磁产量仍然保持了较高的水平，2013年我国烧结钕铁硼磁体毛坯产量为7.8万吨左右，超过世界总产量的80%。依靠中央及地方政府的支持和引导，在全国稀土永磁行业的共同努力及烧结钕铁硼装备企业的大力配合下，我国烧结钕铁硼产品在产量增加的同时，企业研发生产能力和产品性能也逐年提高，涌现出宁波韵升、中科三环、安泰科技、烟台正海等一批具有国际竞争力的优秀企业。

2. 主要材料技术

(1)车用驱动电机用电工钢

①主要技术指标与进展

电工钢作为电机能量转化的关键软磁材料，主要用于制造驱动电机核心部件——定转子铁芯。车用驱动电机追求高转矩密度、高运行效率和宽广的运行速度，要求电工钢材料具有尽可能高的磁感及尽可能低的铁损，尤其对高频下的铁损值较传统工业电机要求更高。此外，高速运转时巨大的离心力以及严苛的定转子间隙设计对材料的机械性能要求很高。因此，用作转子的电工钢必须具有较高的屈服强度和抗拉强度。图57是驱动电机电工钢材料特性与转速关系示意图。

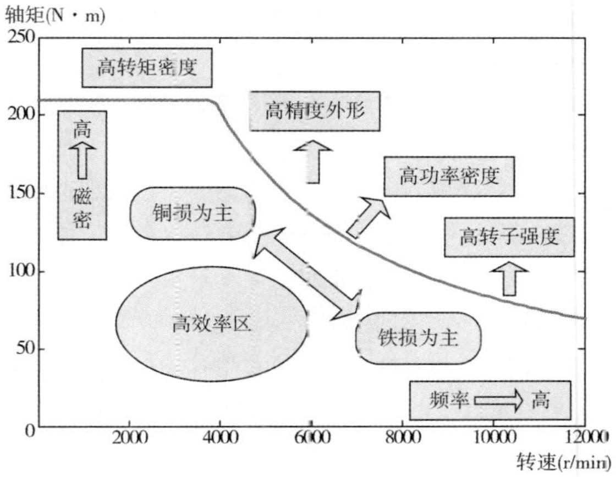

图57　电工钢材料特性与转速关系示意图

针对车用驱动电机电工钢材料的如上特点，国内生产企业以高牌号、薄规格、无取向电工钢作为突破口，结合不同用户的应用需求，通过优化炼钢成分、轧制工艺和热处理工艺，在降低高频损耗、提高磁感应强度、提高材料的机械强度等方面取得了较大突破。另外，在其他几何尺寸标准控制上如同板差、横向厚度差等，以及在孔洞、重皮、折印、气泡、分层等表面缺陷的控制上，也取得了长足进步。

面对不同应用需求，宝钢开发出AV（低铁损）和AHV（高磁感）两大系列产品。以宝钢AV系列产品为例，共有8个牌号，0.35mm、0.30mm、0.27mm三种厚度规格，各牌号铁损$P_{10/400}$典型值达到13～19W/kg的较高水平。武钢在2013年度推出的30WGP1600牌号车用驱动电机电工钢，其铁损$P_{10/400}$典型值也达到14.5 W/kg的国际先进水平。上海电驱动、上海大郡动力、北京精进电动、中山大洋和南车时代等电驱动企业，已成功地将武钢、宝钢研发的电动汽车专用电工钢产品用于车用驱动电机的生产，取得良好效果，已完全替代国外同类产品。

为提升车用驱动电机电工钢产品品质与标准化，促进汽车电驱动产业发展，2013年，由上海机动车检测中心、上海大学、中国计量科学研究院、宝钢、武钢和上海电驱动公司等单位合作起草的《电动汽车驱动电机用冷轧无取向电工钢带（片）》标准初稿已提交全国钢标准化技术委员会，并已获批国家标准计划项目编号：20121700－T－

605，这标志着国内电动汽车驱动电机用电工钢开始走向标准化的道路。该标准涵盖了0.15～0.50mm厚度规格的各种硅钢片材料，主要针对车用驱动电机电工钢宽频域、高磁密、温度变化范围大以及离心力大的工况特点，对高频条件下的磁性能，高温条件下的电磁性能、热性能和机械性能做了明确规定或说明，相比原有的IEC 60404－8－4及《GB/T 2521－2008冷轧晶粒取向、无取向电工钢带（片）》国家标准更加全面细致，更加符合电动汽车驱动电机用电工钢的服役要求。

② 亟须解决的技术难点及解决方案

技术难点：

a. 高牌号无取向电工钢合金含量高，在轧制过程中易断带，对板型、平直度和厚度公差等几何参数的控制也有不小的难度，这对生产企业的设备水平和生产人员的操作控制水平都是一个不小的挑战。

b. 如何评价和测量真实反映车用驱动电机应用条件下的电工钢材料以及电机铁芯的磁性能，并实现可用于产业化生产的快速检验。

c. 生产过程中如何改善电工钢材料的可加工性，延长模具寿命，降低电工钢材料的加工磁损失，也是电工钢材料生产企业和下游电机生产企业协同解决的难题。

d. 如何平衡电工钢材料的铁损与磁感之间相互对立的矛盾，针对车用驱动电机的应用特点和铁心的使用条件，综合提高电工钢材料的性能品质。

解决方案：

a. 通过改善轧制道次和各道次压下量，控制冷轧前的组织大小和钢带边部边裂，解决轧制过程中的电工钢带断裂问题。通过轧制设备校正、工艺改进以及设备改造，改善板型、平直度、厚度公差等几何参数和表面质量问题。

b. 在采用国家标准爱泼斯坦方圈试样测试的基础上，同时采用环形试样法对汽车驱动电机电工钢样品进行测试，以消除材料各向异性的影响，测试结果更逼近汽车电机的运行情况。

c. 通过实验研究，获取冲压工艺（考虑因素包括叠片形状、冲裁间隙、冲裁速度，以及压边力、轧制取向、模具材料、润滑条件等）对电驱动电机铁芯的冲片质量的影响规律，改善电工钢片冲压性能，提高冲压和电机铁芯制造水平。

d. 采取Si、Al、Mn、P等多元合金元素优化设计、夹杂物控制、晶粒度控制等手段调和铁损、磁感、强度之间的矛盾，同时添加微量偏析元素降低晶界能，通过工艺调整获得有利织构（110)(100）强的最终组织优化电磁性能。

③ 技术发展趋势

伴随着电动汽车产销量的增长和产业化能力的提升，电动汽车驱动电机的性能水平也有了较大提高。目前，电动汽车驱动电机正朝着产业化、小型轻量化、高效率以及高转矩密度的方向发展。因此，对电工钢片的冲片性能、机械性能、磁性能和热性能均提出了新的要求。在未来车用驱动电机电工钢的技术发展中，更高磁感、更低铁损、高机械强度、高疲劳强度、高导热性能以及良好的加工性能将是电工钢材料的发展方向。此外，为满足定转子小间隙的严格要求，更高的尺寸精度、板型质量等也将成为车用驱动电机电工钢的发展趋势。

（2）车用驱动电机用烧结钕铁硼

① 主要技术指标与进展

钕铁硼永磁材料的磁特性非常突出，但对温度、振动等因素的影响较为敏感，在高温、振动条件下很容易发生磁性能损失甚至完全失磁的现象。电动汽车驱动电机的功率及转矩密度高，可靠性要求高，转矩脉动及电机磁场分布均匀度要求严格，并且电动汽车驱动电机的运行环境复杂，散热条件差，工作温度高且温度变化范围大。因此，对电动汽车驱动电机永磁材料的内禀矫顽力H_{cj}、最大磁能积（BH)$_{max}$等磁参数及其潮湿、盐雾、振动等环境适应能力提出了更高的要求。

针对汽车驱动电机永磁材料的应用特点，我国烧结钕铁硼企业在永磁体表面防护技术与环境条件（耐盐雾、耐湿热）、材料力学性能（机械强度与机械稳定性）、高工作温度的热稳定和热退磁α（B_r）、α（H_{cj}）、产品质量的一致性与低失重（评估产品质量与寿命）、涂层表面结合力与亲胶性等方面均进行了相关研究，并取得了一定成果。另外，在研究复杂条件下的永磁材料磁性能、温度磁参数、高速老化、磁钢损耗等性能参数的评价体系及其测试方法与技术方面也有一定的提高。

2013年，我国主要烧结钕铁硼企业在减少重稀土用量、降低钕铁硼制造成本方面取得了较大进步。采用晶界扩散工艺，通过在烧结钕铁硼磁体表面溅射、包覆或者真空蒸镀Dy、Tb元素或化合物，来控制Dy、Tb在钕铁硼磁体晶界的扩散，从而在不显著降低剩磁的情况下，将磁体的矫顽力提高300～500 kA/m（3.7～6.3kOe）。目前，中科三环和宁波韵升采用晶界扩散工艺，成功制备出$H_{cj}+BH_{max}>75$的超高性能烧结钕铁硼永磁材料，处于国际领先地位。

为了推动电动汽车产业发展，提升我国车用驱动电机烧结钕铁硼材料制造与应用水平。2013年，由上海机动车检测中心、上海大学、中国计量科学研究院、宁波韵升、中科三环和上海电驱动公司等合作起草的《电动汽车驱动电机用烧结钕铁硼永磁体》已提交国家标准化委员会（全国电工合金标准化技术委员会）审核，并获批国家标准计划项目编号 20130642 - T - 604，标准征求意见稿的修订工作正在进行当中。相对于现行的 IEC 标准以及相关国家标准，该标准在永磁材料磁性能、温度磁参数指标体系、机械强度稳定性等力学性能指标方面做了补充和完善。在汽车驱动电机钕铁硼表面防护与环境条件、产品质量一致性与低失重（评估产品质量与寿命）标准、高工作温度的热稳定和热退磁指标、永磁体表面磁场分布均匀度、热传导和热膨胀系数等热学性能方面做了进一步的规定与说明。

② 亟须解决的技术难点及解决方案

烧结钕铁硼永磁材料具有高磁能积、高矫顽力等诸多优点，但由于钕铁硼磁体的居里温度只有 312℃，极大地限制了其在高温环境中的应用。为了满足新能源汽车中永磁电机的耐热能力，磁体的矫顽力需高于 1.6 ~ 2.4MA/m（20 ~ 30kOe），并减小其温度系数；同时，为了电机的小型轻量化，磁能积高于 320 kJ/m³（40MG·Oe）。获得高矫顽力钕铁硼磁体的常用手段是添加重稀土 Dy、Tb 等。但是，一方面重稀土 Dy、Tb 等元素的 4f 原子磁矩与 Fe 元素的 3d 电子自旋磁矩是反向平行排列，属亚铁磁性耦合，导致磁能积降低；另一方面，自然界中重稀土的丰度远低于轻稀土，价格昂贵，必然引起永磁电机成本的提高。因此，国内外的研究机构均致力于如何降低重稀土含量或制备无重稀土高温磁体。

目前，研究者主要通过改进磁体的微观组织结构提高矫顽力。例如，通过减小磁体晶粒尺寸，得到粒径大小为 3 ~5 微米的细晶磁体，细化晶粒工艺可在磁体配方不变的情况下显著提升磁体的矫顽力。如日本的 Sagawa 等发展了无压烧结（PLP）工艺，进一步降低磁体的晶粒尺寸，该工艺通过将气流磨制备的 2 μm 左右的磁粉经过无压烧结处理后，制备出矫顽力为 1512kA/m（18.9kOe），而磁能积仍保持 398 kJ/m³（49.75MGOe）的无 Dy 的钕铁硼磁体，相当于降低了 20% ~30% 的同类磁体重稀土用量。另外，还可以通过控制 Dy、Tb 在磁体中的分布，提高重稀土元素的利用率，达到降低磁体中 Dy、Tb 用量的目的。如：使少量的重稀土元素主要分布在晶界附近，抑制反磁化畴的形成，可有效提高磁体矫顽力；采用双合金工艺，将高重稀土含量辅合金与无重稀土主合金混合使用，通过烧结和热处理控制重稀土在晶界附近的分布，有效提高磁体的矫顽力。

③ 技术发展趋势

新能源汽车驱动电机采用稀土永磁同步电机，该电机将使用大量高性能的烧结钕铁硼永磁材料。以丰田普锐斯为例，一辆 HEV 车使用钕铁硼永磁材料约 2 公斤左右，以全球一年新增 100 万辆来计算，将新增钕铁硼永磁材料 2000 ~ 3000 吨的需求。据全球知名咨询公司科尔尼估计，到 2020 年，HEV 汽车将占全球汽车产量的 17% 左右，钕铁硼永磁材料的直接增量将达到 39270 吨。因此，在未来几年中，新能源汽车仍将是高性能烧结钕铁硼的应用热点，其用量和性能要求也将进一步提高。

对于现代电动、混动车用驱动电机来说，功率/转矩密度不断提高，电机及永磁体结构也变化多样，永磁体工作环境严酷复杂。开发研究具有高磁能积（≥42MGOe）、严酷的使用温度（ - 40℃ ~ 200 ℃）、低温度系数［（Br） α≤0.07 % / ℃］、高服役性［磁体失重特性小于 2mg/m²（HAST 条件 480 小时）］的高性能及高可靠性的永磁体，将成为满足未来电动汽车电机永磁体应用需求的技术发展方向。

为符合现代汽车电机能效要求日益提高的发展趋势，研究高电阻率低涡流损耗的磁材、发展钕铁硼磁钢叠层结构将是车用永磁电机永磁体另一个重要的应用技术。研究汽车电机永磁体整体充磁技术，开发适应产业化制造的新型在线充磁设备；开发使用永磁体典型涂层基材的高黏结强度、低成本和较好操作性的永磁体黏结剂；研究适应风冷、水冷、油冷等各种电机内部环境的高化学环境稳定性及易黏结性的新涂层技术；研究建立汽车电机永磁材料评价体系及其测试方法与测试标准；建立“磁体开发—电机设计—汽车可靠性”密切结合的研究链，等等，也将成为永磁材料低成本、高可靠性应用的现实需求和必然发展趋势。

（上海大学机电工程与自动化学院　黄苏融）

十六、车用电机测试

1. 总体情况

2013 年，随着电动汽车和驱动电机系统产业化技术水平的提高，车用电机测试技术日益成熟，并获得快速发展。传统的基于电涡流测功机的测试平台逐渐被淘汰，基于IGBT四象限工作的动态交流电力测功机在电机测试中获得广泛应用；汽车企业、电机企业、高等院校和研究院所建设和开发了大量的实验测试平台，并利用其开展了国内外电机系统的测试对标、电机驱动技术开发和评价体系研究；电动汽车用驱动电机系统可靠性实验方法等相关的国家标准和行业标准开始实施，电机系统的快速响应特性、可靠性、电磁兼容性、NVH 特性和环境适应性测试方法得到更多关注；国内的车用电机性能测试和实验认证机构增强了测试能力，形成了较为成熟的测试认证体系，配合电动汽车产业化示范运行，进行了车用电机系统性能的测试认证工作；随着电机系统产业化发展趋势，在线检测技术和检测设备方面形成了更为广泛的技术和市场需求；在系统应用层面，随着电机动力传动一体化水平的提高，电机 + 变速箱、发动机 + 电机等动力传动总成的指标体系和测试方法成为关注的重点之一；在关键材料和关键器件层面，电机绝缘材料、硅钢材料、永磁材料、IGBT、位置传感器、膜电容、接插件的指标体系和测试方法获得了广泛研究，正在形成技术规范和标准体系。

德国、日本等国家的汽车和零部件生产企业，制定了电机系统的测试标准体系，并开展测试方法研究；同时，国际知名的实验认证机构专门跟踪和分析中国的电机测试体系，在国内着手开展车用电机产品测试认证体系的推广；国外厂商提供的高动态交流电力测功机、电池模拟器、电功率分析仪等仍旧占据国内高端测试设备的主流。

2. 技术特点

（1）2013 年国内车用电机测试技术总体进展及特点

2013 年，国内的 7 大车用电机系统的测试认证机构，包括北京理工大学电动车辆工程技术中心、国家轿车质量监督检验中心（天津）、国家机动车产品质量监督检验中心（上海）、国家汽车质量监督检验中心（长春）、国家汽车质量监督检验中心（襄樊）、国家机动车质量监督检验中心（重庆）和国家客车质量监督检验中心（重庆），加强了测试和认证能力建设，继续以现有的两个国家标准《GB/T 18488. 1 - 2006 电动汽车用驱动电机系统第 1 部分：技术条件》和《GB/T 18488. 2 - 2006 电动汽车用驱动电机系统第 2 部分：试验方法》为主要依据，开展车用电机系统的试验认证和检测技术服务，除了面向国内外主要的汽车和电机企业，也服务于中低速电动汽车用电机系统的性能测试。

2013 年，新的车用电机测试标准《GB/T 29307 - 2012 电动汽车用驱动电机系统可靠性试验方法》开始实施，同时还完成了对现行国家标准《GB/T 18488. 1 - 2006 电动汽车用驱动电机系统第 1 部分：技术条件》和《GB/T 18488. 2 - 2006 电动汽车用驱动电机系统第 2 部分：试验方法》的修订工作，形成了报批稿。在此基础上，针对车用永磁同步电机系统、异步电机系统特有的工作特点，开始研究相关的特有参数和测试规范，面向车用驱动电机的试验标准体系逐步完善。

车用电机测试用测功系统逐渐向高速化和集成化方向发展，交流电力测功机的最高工作转速已经超过 20000r/min，适应了驱动电机高速化发展趋势。同时，电力测功机、电池模拟器、功率分析仪等多种设备的集成度越来越高，高频电压电流等电参数和电机转速转矩等机械参数的高速同步采样技术得到了广泛认可和应用；计算机仿真和台架试验的结合程度越来越高，电机测试的硬件在环技术应用逐渐增多；依托车用电机系统的动力性试验台架，完成整车动力性、经济性的开发，大大缩短了开发周期，提高了产品性能。国内涌现了众多电机测试台架的开发和集成企业，如凯迈机电、四川诚邦等公司，其台架在功能设计和综合控制方面提高较快，但是关键核心部件的自主知识产权还欠缺，尤其在系统动态试验仿真功能和硬件在环技术方面，滞后国际先进水平较多。

专门面向电动汽车电机系统快速响应特性、电磁兼容性、NVH 特性和环境适应性的指标体系、参数限值和测试方法缺失严重，远不能满足我国产业化发展的需求，国内已经在以上方面开始了较为广泛的研究，也积极寻求国际合作和交流，但是还需要深入分析并获得测试数据的支持。

2013 年，国内汽车和电机企业在自主研发新车型新产品的同时，开展了与国际先进电驱动系统的技术对标研究，丰田普锐斯、通用沃蓝达、日产 Leaf，以及 EATON、SIEMENS、REMY 等电机系统。成为技术分析和试验交流的热点。除了车载性能试验外，国内汽车和电机企业还在电机测试台架上进行了性能对比研究。

（2）主要技术突破点

截至 2013 年，电机系统的试验测试体系初具雏形，在 2012 年实施《QC/T 893 - 2011 电动汽车用驱动电机系统故障分类及判断》和《QC/T 896 - 2011 电动汽车用驱动电机系统接口》两个行业标准基础上，进一步实施了《GB/T 29307 - 2012 电动汽车用驱动电机系统可靠性试验方法》，也形成了《GB/T 18488. 1 - 2006 电动汽车用驱动电机系统第 1 部分：技术条件》和《GB/T 18488. 2 - 2006 电动汽车用驱动电机系统第 2 部分：试验方法》的报批稿，并启动了永磁同步电机、异步电机等专用电机，以及电机系统的振动噪声、电磁兼容等方面的指标和测试体系建设，基本建立了车用电机指标体系和测试技术的标准框架。

国家轿车质量监督检验中心（天津）建立了新能源电磁兼容实验室，可以对被试车用电机系统施加高达 250kW 的负载，并提供 1000V/500A 的电池直流电力模拟，从而在国内首次提供了车用电机系统在负载条件下的电磁兼容测试环境，并能够满足国家标准和国际标准的测试条件要求。

北京理工大电动车辆工程技术中心在国内首次建设完成了容积为 74 立方米的带测功机负载的步入式高低温湿热和温度速变实验舱，电机在测功负载状态下能够实现工作

环境温度 -60℃ ~130℃的调整，以及快达 2℃/min 的升温和降温控制（ -40℃ ~120℃）。

电机系统关键材料和关键器件的指标体系和测试方法获得重视。武钢、宝钢、宁波韵升、上海大学等单位在无取向硅钢材料和高性能永磁材料研制和试验测试方法方面展开研究，南车、斯达等单位在车用 IGBT、膜电容、电流传感器等关键器件方面开展了技术指标体系和测试方法研究，形成了测试规范，部分测试规范已经作为标准草案提出。

(3) 目前亟须解决的技术难点及解决方案

目前我国缺乏对电机测试专用高性能仪器设备的开发，主流设备全部来自海外供应商。同时，对于电机测试硬件在环半实物仿真技术方面，更是缺乏相应的系统性研究，形成了“重车用电机系统开发，轻试验设备开发”的不利局面。

与此同时，与产业化密切相关的车用电机系统快速响应特性、电磁兼容性、NVH 特性和环境适应性等方面的研究严重不足，测试难度大，影响因素众多，因此至今还没有形成合理完备的指标限值和测试方法，影响了产品性价比的提高，也严重影响了产业化进度。

车用电机系统性能评价也需要重点关注。国内外至今还有没有完善的评价体系，对评价指标的定义千差万别，考虑到部分单位的技术保护，甚至产生了对同一个指标定义的理解存在较大差异的现象，造成市场的混乱和决策的失误。

面对以上问题，我国要在更加深入研究和开发高性价比车用电机系统的同时，进一步完善和明确技术指标及评价体系，研发高端高附加值的试验测试设备，实现电机测试过程中软件和硬件协同工作，为车用电机和整车系统的开发提供高效的测试和研发环境。

3. 典型电机测试情况

继美国能源部对比分析了日产 Leaf、现代索纳塔等车型的电机系统性能后，国内汽车企业和研究院所也利用试验对标的方法对国内外典型的车用电机系统进行了性能测试和技术分析。被测试电机主要集中于永磁同步和交流异步两种形式，包括丰田普锐斯、通用沃蓝达、日产 Leaf 以及 EATON、SIEMENS、REMY 等电机系统。除了涉及尺寸、重量、转速、转矩、电压、电流、温升及工作效率等常规测试参数外，也涉及比转矩、比功率、工作高效区分布、工艺结构、热管理、控制策略、通信协议等多个方面，振动噪声和电磁兼容等方面的性能也在测试范围之内。

4. 发展趋势

可以预计，在未来几年中，高性能的交流电力测功机将更加普及，电机测试平台的数字化、自动化和集成化程度将会更高，基于交流电力测功机系统的面向整车性能设计的车用电机硬件在环半实物仿真技术将更为成熟，结合国内外技术标准体系的自动试验测试技术将逐步完善。现有国产化的车用电机测试台架如果没有结合以上的高附加值技术，其高端应用市场空间将会被进一步压缩。

随着车用电机系统的产业化发展，动态性能测试将更加受到重视，可靠性、NVH 和电磁兼容的测试方法将继续受到关注，相关的标准体系和试验规范也将逐步建立和完善。随着电机系统集成化程度的提高，电机动力传动总成的试验测试方法将得到关注，电机系统关键材料和关键器件的指标体系及测试方法也会更加完备，电机系统测试标准体系依旧是国内外关注的重点。

（北京理工大学　宋强）

十七、电动汽车基础设施建设

1. 国外总体情况

(1) 美国：2013 年公共充电桩激增 30%

随着日产聆风、雪佛兰沃蓝达等电动汽车在 2013 年的畅销，为了吸引这部分客户购物，越来越多的零售店、百货店等场所开始设置充电桩，从而使得 2013 年美国公共充电桩数量上升了 30%。

美国能源部官方公布的统计数据显示，截至 2013 年 12 月 25 日，美国境内共有 6770 个公共充电桩，而 2012 年的这一数据是 5200 个。其中，加利福尼亚州贡献了 1475 个，占总数的约 22%；德克萨斯州则有 488 个；佛罗里达州有 398 个；华盛顿州和俄勒冈州的公共充电桩数量分别为 386 个和 349 个。这些公共充电桩的建设得到了州政府的鼓励，因为州政府希望在高速公路沿线建立更多的充电桩。

担任“电动车领导品牌”的特斯拉也宣称，到 2015 年，其超级充电桩在美国和加拿大的覆盖率将达到 98%。目前，特斯拉在全球已经建成 81 个超级充电桩，除了北美地区之外，有 14 个将在欧洲地区陆续落成，而只要你是特斯拉用户，充电都是免费的。

(2) 日本：四大车企联手建设充电桩

日本可谓是新能源汽车大国，混合动力汽车已经基本占到了新车销量的两成左右，未来这一比例也将持续提高。当然，插电式混合动力及纯电动车虽然还没有发展到“主流地位”，但相比其他亚洲国家，日本已经是遥遥领先。因此，为了进一步扩大电动车的销量，车企对于本国的充电桩建设也相当支持，2013 年 7 月 30 日，丰田、日产、本田和三菱四家车企签署协议，联合扩建电动车充电网络，将兴建 1.2 万座充电站。据介绍，目前日本总计拥有约 4700 座充电站，其中快速充电站 1700 座、常规充电站超过 3000 座。四家车企未来将兴建 12000 座充电站，达到当前总量的 2.55 倍，其中包括 4000 座快充站和 8000 座常规充电站。不过，此次协议未给出完成 1.2 万座充电站建设的时间框架。

同时，日本政府也相当支持，为该项目拨款 1005 亿日元（约合 10.3 亿美元）。

（3）欧洲：超市停车场建立充电站

法国汽车品牌雷诺也是一个热衷于电动车开发的车企。雷诺在法国境内的 372 家经销商增设电动车快充设备，并提供免费 1 小时的便利服务，而且不限电动车品牌，只要符合插头规格就能到此充电。这项服务已在 2013 年 9 月 30 日开始。此外，雷诺汽车与法国连锁超市 E Leclerc 合作，在超市停车场建立电动车充电站。数百万光顾超市的消费者可以在购物的同时给自己的电动车充电。

德国从 2013 年开始开展了一个全新的充电站项目——在慕尼黑和莱比锡之间的 A9 高速公路上完成快速充电基础设施，每 80 公里设置 1 座电动汽车充电站。该项目完成后，将为电动汽车的长途行驶提供可能。

2. 国外政策简介

（1）美国

在电动汽车及其充电设施设想上，美国各州有所不同。加利福尼亚州、弗吉尼亚州等开展了充电设施的建设。其中加利福尼亚州的建设力度最大，由“美好空间项目”公司与加利福尼亚州北部的旧金山、奥克兰和圣何塞等城市的政府联手建设，2012 年在上述城市的所有居民区、商厦、停车场和政府大楼安装了充电桩，以方便电动汽车驾驶者随时为汽车充电。该公司将在上述地区兴建电池更换站，以方便长途驾车者随时更换电池，该项目计划投资达 10 亿美元。此外，美国第一太阳能公司（SolarCity）在加利福尼亚州 101 高速公路上建造了 5 个充电站。每个充电站提供 240V、70A 快速充电服务，能够在 3.5 小时内为特斯拉纯电动汽车充满电。

（2）日本

日本政府表示，为普及电动汽车，将在 3 年内建造千余座充电站。日本东京电力公司将带头参与有关的基础建设。在东京，充电桩更为普及，楼宇路旁随处可见。邻近东京的神奈川县计划 5 年内至少让 3000 辆电动汽车上路行驶，该县承诺将提供 150 座快速充电站。日本政府对这项技术表示支持，将选择城市试点开展电动汽车充电项目，该项目将在付费停车场、超市及餐饮连锁店安装电源插座，以供驾驶员们免费使用。

（3）英国

在英国，伦敦市区已经有 60 个免费电动汽车充电桩，电力驱动车驾驶者可以非常方便地在住宅附近、办公楼旁边或者繁华街道上找到充电桩，享受不计次充电和停车服务，一年只需交 75 英镑的管理费。

（4）法国

在法国，电力企业在城市建了很多充电站供电动汽车使用，同时电动汽车也可以在家中充电。法国有 1 万多辆各类电动汽车、200 座公共充电站，电动汽车示范应用集中在市政、邮政、公交、电力、环卫等公用事业部门。

3. 国内总体情况

我国自国务院颁发《节能与新能源汽车产业发展规划（2012－2020 年）》以来，电动车一直都是政府主推的新能源车，充电站和充电桩的建设也发展到了一定规模。目前，我国电动汽车充电基础设施主要包括充电桩和充换电站两大类，基本集中在示范城市，主要由国家电网公司、南方电网公司和普天新能源公司承建。截至 2013 年 10 月，48 个城市共建成 16947 个充电桩，充/换电站 307 座；到 2015 年，48 个城市规划建设 23.8 万个充电桩，充电站规划建设逾 1500 座，其中北京市将建设充电桩 3.5 万个。国内 48 个城充电站（桩）建设现状和建设规划见表 14。

表 14　全国 48 个城市充电站/桩建设概况

时间	充/换电站（座）	充电桩（个）
截至 2013 年 10 月	307	16947
规划至 2015 年底	1549	238559

4. 国内政策简介

工信部网站 9 月 17 日发布了《关于继续开展新能源汽车推广应用工作的通知》（以下简称《通知》）。《通知》规定，中央财政将安排资金对示范城市给予综合奖励，奖励资金将主要用于充电设施建设等方面，具体奖励办法及标准另行制定。

2013 年，中国新能源汽车（包括纯电动、插电式混合动力汽车）产销超过 17500 辆，比 2012 年增长近 40%。虽然新能源汽车产销增长速度比较快，但是新能源汽车要实现完全产业化面临着重重困难，遇到了包括政策扶持的稳定性和持续性、产品技术的成熟度、市场培育、消费者理解和认知度、消费环境建设等一系列问题。充电难的问题正成为目前电动汽车推广的最大瓶颈，充电站和充电桩的用地问题、物业协调、建设成本、效益核算，这些都是电动汽车产业不可回避的问题，推广城市也意识到了这一点。在批复的第二批推广城市中，大家都在充电设施建设方面研究制定相关的鼓励政策，并结合城市条件和特点做出了相应的规划。不过，充电基础设施建设都是基于各个城市的示范需要，根据不同规模的需要布点的，全国并没有一个具体的统筹规划。加快中国节能与新能源汽车产业化，需统筹规划基础设施建设，出台扶持充电基础设施建设政策。

（中国汽车技术研究中心　任美林　王同辉）

十八、燃料电池汽车加氢站

近年来，几乎所有的世界级汽车企业都宣布2015年将批量生产氢燃料电池车，而且国际著名车企早已将目光投向产业化的2020年。2013年，世界氢燃料汽车企业就降低氢燃料汽车价格、推广氢燃料电池车成立了三个集团：丰田汽车和宝马；奔驰、福特、雷诺和日产；通用汽车和本田汽车。为配合氢燃料电池汽车推广，需要加速建设氢加注站。

截至2013年底，全球投入使用的加氢站总数达到208座，加氢站的建设正逐步走向网络化。美国能源部于2013年5月13日启动H2USA项目，旨在建设美国的加氢站，并与韩国现代、德国奔驰、日产汽车、丰田汽车和通用汽车、林德和美国空气产品公司、法液空集团等十余家企业达成协议，共同参加美国加氢站网络建设。各国加氢站规划建设情况：美国加利福尼亚州计划在2015年建成70座，2017年增加到100座以上；德国计划2015年建50座，最终建1000座；日本现有20多座，2015年达到100座，2030年增加到1000座；韩国现有14座，2015年增加到50座。

然而，目前我国只有2座加氢站（原来上海2座，北京2座，后来因各种原因拆掉2座），尚不清楚有无加氢站计划，与国际相比，差距极大。其实，我国氢能工作者已经为建立氢气加注站扫除了一些障碍。如，2010年12月1日，我国住房和城乡建设部批准的《加氢站技术规范》（GB 50516－2010）正式实施，该规范明确，允许一个站点经营汽油、天然气、氢气等多种燃料。这样，加氢站可以利用现有加气站网络进行推广。期待有关部门使用这些利好条件，全面考虑我国的氢气加注站建设规划。目前，国内有两座固定式加氢站和若干辆移动式加氢车，其中有1座HCNG加注站和1座焦炉煤气加注站，现分别介绍如下：

1. 氢气加注站

（1）北京加氢站

北京加氢站位于北京新能源交通示范园内。该项目得到北京市政府、国家科技部863计划、联合国开发计划署（UNDP）、全球环境基金（GEF）以及英国BP公司的资助。该加氢站最初称作“清华大学－BP加氢站”，后改称“北京氢能华通加氢站”，现称为“北京（永丰）加氢站”。

建站目的是为燃料电池示范车辆加氢，特别是为2008年北京奥运会氢燃料电池示范车加氢。加氢站占地面积约为3900m^2。一期为外购氢和氢气加注，二期增添了站内天然气重整制氢设备。加氢站于2006年11月正式投入使用，曾为奔驰、尼桑、现代及清华大学、同济大学研制的氢燃料电池轿车、氢燃料电池客车加注氢气，也圆满地完成了奥运示范氢燃料电池车的加氢任务。二期采用的天然气重整制氢设备是由四川亚联高科技公司提供的，以天然气为原料，经水蒸气转化工艺制造合成气，再经变换反应和PSA分离最终得到合格的氢气，氢气产量为50N·m/h。二期还增加了高压储氢瓶组，使得加注压力和速度都有所提高。

（2）上海安亭加氢站

安亭加氢站项目是联合国在发展中国家建设加氢站的支持性的示范项目。该项目位于上海安亭，加氢站的氢气来自外购，由长管束拖车运送到加氢站。安亭加氢站主要由氢气车载运输瓶组、氢气计量装置、氢气压缩系统、氢气储存系统、售气系统和控制系统等6部分组成。其中：

氢气车载运输瓶组：美国CPI公司生产的氢气集装管束的容器尺寸为559毫米，外径为13.6毫米，壁厚为10.97米长，数量为6个。

氢气压缩系统：进口压力为5～20 MPa，出口压力为40 MPa，排气量在标准状况下为100～150 m^3/h。

氢气储存系统：由6个符合ASME标准的高压无缝容器组成，每个容器的水容积为765 L，工作压力为40 MPa。6个容器分成高、中、低三级，其中3个容器为低压、2个容器为中压、1个容器为高压。

上海安亭加氢给配合原上海济阳路加氢站很好地完成了2010年上海世博会的196辆氢燃料电池车的加注任务。安亭加氢站运行正常，2013年年中检修。2013年9月接待第五届世界氢能技术大会（WHEC2013）代表参观，获得好评。

2. 氢气/天然气混合燃料加注站

中国山西国新HCNG加注站。

山西省国新能源发展集团有限公司与清华大学核研院、中国可再生能源学会氢能专业委员会合作开展氢混天然气燃料汽车及HCNG加注站项目，建设HCNG加注站。

加注站详细技术方案如下：

河津分输站天然气主干线来的原料天然气进站后，压力为2.0～2.5MPa，与站内经初次压缩过的经管道输送来的氢气分两路进入两个混气橇：一路按氢气：天然气＝1∶9混合后，以2.0～2.5MPa的压力输送至下游工业用户，HNG设计规模为15×104Nm3/d；另一路按氢气：天然气＝2∶8进入混气橇混合，然后进入缓冲罐，再进入隔膜压缩机压缩，压缩后的混合气压力为20～25MPa，进入高压、中压、低压三组储气罐储存，最后经加气机或加气柱向汽车或槽车加气，HCNG供气规模为5×10^4 N·m^3/d。设计氢气最大用量为2.5×10^4 N·m^3/d。

HCNG加气站为国新集团的10辆载重卡车加注HCNG燃料，也试验为附近的出租车加注HCNG，运行1年多来，已经取得很好的经济、环保和社会效益。

为此，山西省国新能源发展集团有限公司已经获得国际氢能协会（IAHE）2014年度鲁道夫·艾茌奖提名，鲁道夫·艾茌奖是对氢能热利用的杰出贡献者的表彰，德国宝马汽车公司、荷兰壳牌石油公司、日本钢铁公司等均获得过此奖。

3. 焦炉煤气加注站

以煤为原料，经高温干馏（900℃～1050℃）获得焦炭和焦炉煤气。焦炉气是混合物，一般每吨干煤可生产焦炉气300～350m^3（标准状态），其主要成分为氢气（55%～60%）和甲烷（23%～27%），另外还含有少量的一氧化碳（5%～8%）、C2以上不饱和烃（2%～4%）、二氧化碳（1.5%～3%）、氧气（0.3%～0.8%）、氮气（3%～7%）。其中，氢气、甲烷、一氧化碳、C2以上不饱和烃为可燃组分，占焦炉煤气的绝大部分。焦炉煤气是很好的燃料，可以作为居民、工厂和交通的燃料。为了充分利用含氢气比例高达60%的焦炉煤气作车用燃料，就需建造加注站。目前，在我国贵州六盘水市建成的一座日加气量为30000m^3的焦炉煤气汽车加气示范站已投入使用（见图58），在盘县红果建设的焦炉煤气汽车加气示范站已经完工。

图58 贵州六盘水的焦炉煤气加注站

资料来源：http://tp.lpswz.com/09news/2012-12/11/content_206131.htm.

参考资料：孟庆云，何文，盛云龙．北京加氢站的功能完善和燃料电池汽车奥运示范［J］．客车技术与研究，2009（2）：31－34.

（清华大学　毛宗强）

十九、天然气汽车

1. 总体情况

（1）产业发展情况

自中国政府启动“空气净化工程——清洁汽车行动”以来，中国一线城市，包括部分二线城市和三线城市先后掀起了推广应用天然气汽车的热潮，初步形成了较为完整的产业链。省会城市带头示范推广，形成“示范辐射周边、区域辐射全国”的良好局面。2013年，天然气汽车产销再创新高，增速大幅提升，天然气汽车总保有量达300万辆，其中公交车约13万辆，出租车78万辆、私家车约200万辆、其他车辆约3万～5万辆、年替代燃油约2000万吨，减排二氧化碳1200万吨，加气站近4000座，其中CNG站近3000座。

LNG汽车是关注的热点，近年得到较快发展，国家发改委、工信部、交通运输部等部委与福建、甘肃、宁夏等地方政府，以及三大石油公司和广汇能源、新奥燃气、港华燃气等产业链上游企业均十分重视LNG汽车的发展，LNG公交和重卡已在新疆、四川、重庆、山东、内蒙古、贵州、广东、福建、海南、江苏等地推广应用。截至2013年底，我国LNG汽车保有量达到10万辆，LNG和L－CNG加气站约1000座，有4座LNG接收站投入使用，50多座中小型LNG工厂投产。

（2）技术总体情况

天然气汽车技术通过“清洁汽车产业化关键技术研究与示范”“节能与新能源汽车”“汽车动力总成关键技术”计划的实施，获得了阶段性快速发展，达到规模替代石油燃料的技术水平，已形成自主集成产业的技术基础，掌握了关键部件的设计方法，正在形成适合我国资源特色的代用燃料汽车控制技术体系。

在电控技术、新型燃烧控制技术、增压及增压中冷技术、废气再循环（EGR）技术、排气后处理技术等高新技术领域有较明显的提高，得到广泛应用，取得了卓有成效的进展。2013年，我国有60余家企业生产整车，产品公告400多个；有乘用车发动机生产企业约30家，排量为1.0～2.4L，功率为34～100kW；有商用车发动机企业20余家，排量为1.0～13L，功率为38～400kW。OEM原产车约

20万辆，排放水平达到国Ⅴ标准。已形成全系列CNG、LNG气瓶的设计与生产制造技术，产业化能力超过200万只/年；自主开发生产的减压器、电控单元ECU、燃气喷嘴等燃气汽车专用装置已批量投放市场。加气站设备也已经全部实现国产化，国产设备的市场份额占90%以上，部分产品达到100%。

LNG已成为天然气汽车新的发展方向，从1万辆发展到目前的10万辆仅用了不足3年的时间。LNG汽车与CNG汽车相比具有续驶里程长、安全性好、环保效益突出、建站容易、燃料加注时间短、便于推广应用等优点。LNG完全不含硫，CH_4含量更高，更清洁；进口LNG和“分布式”能源高效利用；LNG加气站能耗较CNG加气站低1/3～1/2。LNG汽车技术日趋成熟，推广运用基础设施不断完善，管理经验日益丰富，LNG汽车不仅适用于600km范围内的城市区间车运行，也适用于城市公交车运行。

2. 技术特点

(1) 天然气汽车技术发展特点

① 汽油/天然气两用燃料汽车系统控制技术

a. 系统工作原理。两个ECU控制，燃气ECU截取汽油喷射脉宽信号，燃气喷射跟随汽油，燃油量与燃气量存在确定的热值关系，燃气喷射体积与脉宽呈线性关系；喷射仿真器“欺骗”汽油ECU，使主ECU一直认为处于正常喷油状态中；燃气喷射控制通过主ECU进行闭环。启动时使用汽油，达到一定条件后转为使用燃气。当检测到燃气量不足或燃气系统零部件存在故障时，发动机自动切换回汽油供给状态。

b. 系统技术特点。采用进气道多点顺序喷射结构形式，可获得较好的发动机性能。燃气控制系统集成度高，系统零部件少，点火提前器、喷射仿真器、喷嘴驱动器全部集成在燃气ECU中，系统可靠性高，性价比较好。

c. 发动机启动控制策略。发动机采用汽油启动，如果CNG请求开关打开，在发动机达到使用CNG条件后，系统自动切换到CNG燃料状态，发动机从汽油机模式进入CNG模式。否则不切换。发动机燃料切换过程经逻辑专门处理，可实现平稳切换。如果CNG请求开关关闭，发动机采用汽油启动、运行，当按下CNG请求开关时，系统按照切换条件进行切换处理。

d. 整车运行中燃料切换控制策略。整车采用汽油运行，驾驶者如果想使用CNG燃料，首先要按下CNG请求开关，如果发动机达到CNG切换条件，发动机切换到CNG燃料状态，否则不切换。整车运行过程中，从CNG切换回汽油有两种形式：一种是驾驶者要求切换，则发动机可迅速切换回汽油模式；另一种是强制切换汽油模式，主要发生在发动机出现某些特定故障或者CNG气量不足的情况。

② 天然气单一燃料汽车系统控制技术

a. 技术路线。一种是稀薄燃烧＋尾气催化器＋OBD系统，发动机外形与国Ⅳ产品基本保持不变，可以最大限度地控制成本；另一种是当量燃烧＋EGR＋尾气催化器＋OBD系统，可以使用与国Ⅳ产品相同或相似的尾气催化器，能有效降低缸内燃烧温度。据不完整统计，在天然气单一燃料发动机控制系统方面，Woodward、Econtrols等国外品牌市场占有率为70%左右。

b. 发动机。基于整机性能模拟的进排气、燃烧、后处理、热管理、燃料管理等系统的设计开发，大量采用CAE、CAD方法，以燃料适配为目标的简单结构设计，采用集中单点喷射供气方式，扭矩、进气量、进气压力、空燃比、节气门开度和增压废气阀的全程闭环，控制精确，瞬态响应好，系统成本低。国Ⅴ排放技术商用发动机多数考虑与国Ⅳ发动机部件通用，发动机外形基本不变。关键零部件专业化批量投放市场，包括气缸盖、活塞、活塞环、气门导管、气门座圈和排气门、高压点火线圈、火花塞、高效水冷增压器、专用气缸和气道等。

c. 整车。以汽车综合性能、整车安全性、可靠性、环境适应性为目标的正向集成匹配。特点：零部件安装强度与整车匹配，并有燃气系统泄漏故障在线诊断与处理技术；气瓶阀带过流保护，带有系统过压、高温应急控制措施。ECU软件专门针对NG汽车而开发，具备多种特殊算法（如空燃比控制策略、密度补偿等），以获得最佳驾驶性能，低燃气消耗量和低排放，使系统基本上无须调整或特殊的维护。

③ 柴油/天然气双燃料技术

柴油/天然气双燃料技术，是在原柴油机上增加燃气进气系统、油气切换控制系统、燃气ECU，当发动机达到ECU所设定的掺烧条件时，发动机从柴油机模式进入CNG掺烧模式，否则不切换。该技术继承了原机本体设计，开发周期更短，可使用纯柴油，不影响原柴油机喷射模式，较单一燃料续驶里程长。电控方面，采用天然气和柴油最优协同控制策略；后处理方面，采用低成本氧化催化与NOx控制技术。特点：能精确计量燃气量，微量柴油引燃高压喷射的燃气，高压缩比、高热效率，燃料切换平稳，精确判断工况变化，并具有自学习、自诊断等功能。如潍柴动力西港新能源发动机有限公司推出的“大功率缸内高压直喷压燃式天然气发动机（HPDI）”技术。

(2) 天然气汽车实现的主要技术突破点

乘用车。采用汽油/天然气两用燃料发动机燃气喷射正时控制策略，最优点火提前控制策略，天然气气道多点顺序喷射，双ECU控制优化发动机性能，OEM原厂开发和生产，满足国Ⅴ排放要求。

商用车。采用稀薄燃烧＋尾气催化器＋OBD系统：电控高能顺序点火，燃料电控多点顺序喷射，兼容12/24V系统，32位处理器，电子节气门驱动，大气压力传感器，电子增压控制，兼容宽/窄域氧传感器，XCP标定协议，支持INCA/CANoe、EOBD、CAN诊断和J1939网络。可处理较多的输入信号：具备多种输出控制能力，具备串口和CAN多种通信接口；具有程序调试和软件下载接口，支持程序开发调试；具备扩展升级能力，准确测量大范围变化的空燃比。带OBD系统：包括检测、记录、通信等功能，覆盖所有传感器和执行器，包括电路和功能诊断（零部件、失火、氧传感器失效、催化器老化、燃气系统故障）。

（3）目前亟须解决的技术难点及解决方案

天然气燃烧速度慢，着火延迟期长，需要加大点火提前角，获得良好的动力性，增大后也有利于降低排温。天然气抗暴性好，可采用增大发动机压缩比来提高动力性和热效率。天然气着火温度高，稀薄燃烧时增大点火能量，以确保可靠点火。λ为0.98～1时的动力性最好；λ为1.03～1.05时的燃料经济性最好，但排温高；为1.1时的NOx排放最多。

稀薄燃烧+SCR（选择性催化还原）+OBD系统和当量燃烧+三元催化+（EGR）系统。主流技术仍是稀燃，并确保整机的可靠性。稀燃需要氧化催化器解决CH_4排放问题，THC中80%以上为CH_4，CH_4是饱和H-C结构，难于催化，水蒸气使Pd转化效率大幅下降，传统催化器对天然气的耐久性差。催化器制备技术：高性能稀土储氧材料技术，耐高温表面材料技术，贵金属匹配及涂层技术，SCR成本增加较多，且需要增加排放附件较多，日常维护需要添加尿素，增加了使用成本。

3. 技术特点分析

乘用车产量约13万辆（主要仍为轿车），在生产企业中，上海大众、一汽大众、北京现代、东风神龙、东风悦达起亚、长安铃木等生产了80%以上的天然气轿车；交叉型乘用车的主要生产企业为重庆长安、东风小康、重庆力帆等，市场占有率在70%以上。重点车型有BH7162FMY伊兰特、DC7163RT爱丽舍、FV7160FCG捷达、SC6399GCNG长安之星二代、SVW7182PQD桑塔纳，它们是2013年天然气汽车市场的佼佼者，均采用汽油/天然气两用燃料汽车系统控制技术。

商用车产量约8万辆（主要仍为客车），在生产企业中，郑州宇通、中通客车、一汽客车、金龙、重庆恒通、丹东黄海、扬州亚星、成都客车等62家客车企业生产了约90%的天然气客车，车型和配置达到1384种，涵盖6～18米各种客车；中国重汽、陕汽、一汽解放青岛、东风、北汽福田、包头北奔等33家企业生产了95%以上的单一燃料燃气卡车，车型和配置达到413种，涵盖牵引车、载货汽车、自卸车、混凝土搅拌车，300马力以上的天然气卡车增速最快，成为市场的主流车型和新的热点。重点商用车车型：ZK6108HGC、ZK6118HGA宇通客车，DD6129S58黄海汽车，LCK6103GC中通客车，KLQ6108GC海格客车，CKZ6106N恒通客车，CDK6101CA蜀都客车，XMQ6106G金龙客车，CA6101UFN32解放客车等。玉柴、东风南内、潍柴、上柴已成为天然气单燃料发动机领域的佼佼者，东风南内和玉柴在8米以下客车市场的占有率达到90%以上。天然气发动机重点机型有NQ190DN5、NQ210DN5东风南内（国产控制技术）、YC6J210N－52、YC6G230N－50玉柴、SC8DT250Q5上柴、WP7NG260E50潍柴等。技术特点：保持原发动机的主体结构不变，采用国际先进的单点喷射燃气控制系统，通过稀薄燃烧控制技术和氧化催化后处理技术，动力性、可靠性、经济性、低温启动性能良好，排放达到国V要求。

4. 发展趋势

以企业为主体，以市场为导向，以科技为核心，以改革为动力，以示范工程为抓手，以提高经济和社会效益为中心，以降低能源资源消耗、减少污染物和二氧化碳排放为目标，加速节能减排技术的研发和产业化，是未来几年我国天然气汽车总体技术发展趋势。

我国天然气汽车技术与国际先进水平还有一定的差距。储气瓶的研制水平成为制约天然气轿车走进家庭的重要因素。其中，技术瓶颈为研制储存量大、耐高压、轻质的车载复合气瓶。另外，进行天然气汽车的专用化开发，实现天然气汽车动力性和可靠性俱佳，达到与原柴油汽车有相同性能也是攻关重点。

出租车、公交车是我国天然气汽车发展的首选目标。随着加气网络的完善，城市市政车、功能车和私家车，以及都市物流车、城际客运车、区间物流车会逐步成为天然气汽车的发展方向。因此，促进天然气汽车部件生产达到一定的经济规模，才能降低生产成本，这也是未来几年我国天然气汽车技术发展的需要。

5. 建议

①继续完善标准法规，注重引导企业加大对新能源汽车关键技术和关键零部件的投入，加快淘汰老旧产品，引导企业从“做大”变成“做强”，以改变以低价取胜的市场格局，同时也要在基础研究、公共技术研究方面给予持续的财政支持。

②继续设立重大专项以支持天然气汽车产业的发展，尤其是在汽车先进控制系统总成、储气瓶轻量化、汽车动力经济性和排放控制技术等方面。

③继续给予优惠政策，支持鼓励发展燃气汽车产业技术和基础设施建设。

（国家燃气汽车工程技术研究中心　陈万应）

二十、天然气发动机技术

1. 商用车天然气发动机的技术发展及主要特点

(1) 发动机可靠性趋于成熟

一直以来天然气发动机可靠性达不到柴油机水平，尤其是气门座圈过度磨损、火花塞二三万公里损坏、增压器放气阀损坏，发动机出现耸车、回火、放炮等问题。各公司不断进行发动机可靠性攻关，通过结构改进、燃烧优化降低发动机热负荷。零部件供应商逐渐重视天然气发动机，配合主机厂对火花塞、点火线圈进行专业化设计，从点火能量、点火电压、结构等方面不断改进，火花塞寿命大幅延长，有些发动机的火花塞质保期达到10万公里。从增压器结构和控制策略方面进行改进，减小阀片旋转角度，采用耐高温阀杆材料，通过控制策略改善，降低放气阀落座速度，减小对阀座的冲击，解决增压器放气阀损坏问题。通过对气门座圈材料和结构的改进，气门座圈耐磨程度接近柴油机水平。虽然天然气发动机还达不到柴油机同样的可靠性，但技术已日臻成熟。

(2) 国Ⅴ后处理器面临挑战

自2013年1月1日国家不允许销售排放达不到国Ⅴ标准的天然气发动机后，各发动机和汽车企业陆续开始销售具有国Ⅴ公告的天然气发动机产品，绝大多数发动机采用稀薄燃烧加氧化催化技术实现国Ⅴ排放。但是，由于转化甲烷的后处理器的水蒸气老化和硫中毒问题，催化器的耐久性能面临很大的挑战。催化器公司在通过改进催化器涂层增大贵金属含量、发动机控制策略方面采取措施，使发动机定期出现催化剂还原环境，提高了催化器的耐久寿命。

(3) 国产电控系统仍需成熟

自2012年起，随着天然气发动机国Ⅴ排放升级，采用喷嘴集中供气方式的国产电控系统在某些中重型天然气发动机上大范围推广应用，但电控系统的控制功能还有待完善，主要表现在ECU控制策略、喷嘴等关键部件不够可靠，使发动机出现故障。国产电控系统要想达到国外的水平还需假以时日。但是，为了掌握控制技术，形成差异化竞争优势，不少公司都在开发电控系统。

(4) 欧Ⅵ排放技术开发如火如荼

与国Ⅴ排放标准相比，欧Ⅵ排放标准中的NMHC排放限值降低71%，CH_4排放限值降低55%，NO_x排放限值降低77%，同时对PM排放也有限制。

个别机型采用稀薄燃烧技术降低机内NO_x排放，同时采用SCR和氧化催化器实现欧Ⅵ排放。该方案对后处理器的转化效率要求较高，并且对NH_3泄漏的控制也较严格，系统较为复杂，后处理器的耐久性将是一个非常大的挑战。采用当量燃烧加EGR，以及成本较低的三元催化器技术，成为欧Ⅵ天然气发动机的主流技术路线。多数公司都在开发当量燃烧的欧Ⅵ天然气发动机。当量燃烧发动机排温较高，会增加发动机热负荷，因此采用外部冷却EGR的方式来降低燃烧温度。同时，加入EGR还可以适当提高发动机的热效率，提高功率，降低油耗。基于EGR具有以上的好处，所以使发动机具有较大的EGR耐受性是开发的关键。同时，由于当量燃烧排温高，可以使三元催化器的效率达到所要求的水平，同时降低了NO_x和CH_4排放，使排放达到欧Ⅵ水平。

(5) 柴油/天然气发动机受到重视

2012年12月（中机函〔2012〕240号）发布实施了《车辆产品〈公告〉技术审查规范性要求 汽车部分（2012版）》，提出了柴油—天然气双燃料发动机产品试验规范性要求，指出了国Ⅲ、国Ⅳ双燃料发动机的认证试验方法和要求，使得OEM可以据此进行发动机的开发和认证，产品可以上公告销售。

2014年，柴油天然气双燃料发动机产品开发被列入国家科技支撑计划第二批支持项目。

2. 乘用车天然气发动机的技术发展及主要特点

国家已经实施乘用车三阶段油耗标准，从第三阶段开始，燃油消耗量的评价方法与前两个阶段不同，即不再以单车为评价对象，取而代之的是以整个企业为评价对象，故不再要求每个单车都满足相应的限值要求。因此，该标准针对单车设定了"目标值"，而并非"限值"。正在讨论的第四阶段的油耗限值将大幅降低。为了达到此限值的要求，汽油车将迎来极大的挑战。与汽油相比，天然气作为发动机燃料在降低CO_2排放上具有较大的优势，在对汽油机结构进行优化以适应天然气燃烧特点后，发动机及整车的CO_2排放量最多可降低25%。因此，采用天然气作为乘用车燃料将是达到第四阶段油耗的一个重要措施及技术手段。

目前，占据市场较大份额的天然气乘用车主要为出租车，以自然吸气机型为主。国内主机厂对天然气乘用车的研发力度正在加大，一汽大众、上海大众、北京现代、长安汽车、东风汽车等较大的公司都有自己的天然气乘用车产品，如一汽大众1.6L捷达、上海大众1.8L桑塔纳、北京现代1.6L伊兰特。这些车的发动机基本保持原汽油机的结构，除增加天然气供给和控制系统外，发动机的变化很小。

3. 国际相关技术

(1)乘用车天然气发动机趋向增压化

国外各主机厂开发了系列天然气发动机产品，如奔驰 M274 2.0L 发动机、大众 EA211 1.4TSI 发动机、大众 EA211 三缸 1.0L CNG 发动机和 Meta 公司 875cc 两缸 CNG 发动机等。这些发动机以增压发动机为主，发动机的动力性与原增压汽油机仅差 5% ~ 10%，CO_2 排放量为 95 ~ 120g/km。随着排放法规的日趋严格，95g/km 以下排放量的天然气乘用车比例将逐年增加。

针对天然气的特性，各发动机厂家对发动机进行了开发，气门材料、气门座圈、气门导管等都经过重新处理和设计，以适应 CNG 较差的润滑特性。重新设计了进排气凸轮轴型线，以降低阀门速度，增加耐磨性。提高点火能量，增强火花塞耐热性能。活塞及活塞销、曲柄驱动齿轮等都进行了强化，活塞环密封性和耐磨性能都有所提高。冷却系统能力加强。涡轮增压器重新选型标定。为了判别所使用天然气是低热值还是高热值，添加了具有根据 lambda 传感器信号判别气质能力的 ECU，并对供气时间进行调整。

(2)欧Ⅵ商用车天然气发动机大量推向市场

欧洲的 IVECO、MAN、BENZ、SCANIA、VOLVO 公司纷纷推出欧Ⅵ天然气发动机，Cursor 8、E2876LUH02、M906LAG、OC9 G05、G9B 发动机排量为 6 ~ 12L，功率覆盖 180 ~ 243kW，最大扭矩为 880 ~ 1400N·m。这些发动机的一个共同特点是都采用当量燃烧加三元催化技术，其中 E2876LUH02、M906LAG 和 OC9G05 发动机在欧 V 阶段采用稀薄燃烧技术。美国市场主要应用的是 Cummins 天然气发动机，也采用了当量燃烧技术。

(3)RCCI 双燃料技术研究

柴油 - 天然气 RCCI 技术从计算模拟阶段进入试验研究阶段，国际著名的咨询机构陆续发布其研究成果。试验研究表明，RCCI 燃烧可以实现超低排放，除了氧化催化器外，在不需要任何后处理设施的条件下，能够实现美国 EPA2010 排放标准，而且热效率高达 50% 以上。FEV 公司在一台 6 缸发动机上实现了天然气 - 柴油燃料运行。为了克服小负荷运行天然气替代率低的问题，大幅增大供油提前角，采用 RCCI 燃烧模式，天然气的替代率可以达到 65% 以上，NOx 平均降低 43%，PM 降低 68%。TNO 公司在一台 6 缸发动机上研究柴油 - 天然气双燃料 RCCI 燃烧，在转速为1200 ~ 1800r/min、平均有效压力为 2 ~ 9bar 的运行范围内，通过增大供油提前角到上止点钱 48 ~ 53CAD，发动机的 NOx 和 PM 排放可以达到欧Ⅵ排放标准，且不需要后处理装置。燃油消耗略优于柴油机，CO_2 排放降低 20% ~ 25%，但 THC 排放升高，需要氧化催化转换器来降低 THC 排放。

4. 下一步攻关重点

(1)国Ⅵ天然气发动机产品开发

虽然国外采用当量燃烧的欧Ⅵ天然气发动机技术已经成熟，产品已广泛应用，但是国内对该技术还没有完全掌握，需要对采用 EGR 的当量燃烧组织、燃烧特性进行研究，对燃烧系统、高耐热负荷的气缸盖、活塞和增压器等进行研发。电控系统的 EGR 控制功能、OBD 功能也有待开发。实现高 EGR 率的发动机进排气系统开发。

(2)新型燃烧模式研究

降低发动机油耗是发动机设计者永恒的主题。随着油耗法规的不断严格，研究新型燃烧模式、提高发动机有效热效率越来越受到重视。如 RCCI 等低温燃烧技术在国外已经进入研究阶段，国内一些公司已经开始关注并着手研究。

(3)电控系统技术

随着欧Ⅵ排放法规的临近，以及对发动机性能的追求，针对 OBD、EGR 等新增控制功能的开发已经成为国内电控系统重点攻关内容，系统控制功能和控制精度也在不断地完善和提高。

（一汽技术中心　窦慧莉）

二十一、电动汽车标准

2013—2014 年，国内外标准化工作都有新的进展。

1. 2013 年电动汽车国内标准研究与制定进展

(1)国家《战略性新兴产业标准化发展规划》发布

为贯彻落实《国务院关于加快培育和发展战略性新兴产业的决定》《“十二五”国家战略性新兴产业发展规划》和《标准化事业发展“十二五”规划》的部署及要求，系统谋划、协调推进战略性新兴产业标准化，全面提升标准化服务，支撑和引领战略性新兴产业发展的能力和水平，促进战略性新兴产业的快速健康和可持续发展，国家标准化管理委员会会同发展改革委、科技部、工信部等 9 部委制定了《战略性新兴产业标准化发展规划》(以下简称《规划》)，并于 2013 年 11 月联合印发。

《规划》给出的标准化发展路线见表 15。

表 15 新能源汽车产业标准化发展路线

时间节点	2015 年发展目标	2020 年发展目标
发展目标	基本建立新能源汽车及充电设施标准体系，建 2 项标准综合体，完成新能源汽车关键技术标准 30 项；及时贯彻实施各项标准；推动新能源汽车及充电设施领域国际标准中国提案，主导相关国际标准制定；实施和推动新能源汽车产业综合标准化工程	完善新能源汽车标准体系，基本满足大规模产业化和商业化运行以及政府管理需要，进一步提升主导和参与新能源汽车领域国际标准的水平
发展领域	① 新能源汽车整车：新能源汽车安全、新能源汽车能耗和排放，新能源汽车电磁兼容（EMC）等 ② 新能源汽车关键系统、零部件：新能源汽车动力蓄电池，新能源汽车用驱动电机系统，新能源汽车用减速器和变速箱系统以及整车控制系统，新能源汽车电动空调系统和电制动系统等 ③ 新能源汽车配套基础设施：新能源汽车充换电/加氢基础设施、设备和服务等	

《规划》确定的新能源汽车产业标准体系框架如图 59 所示。

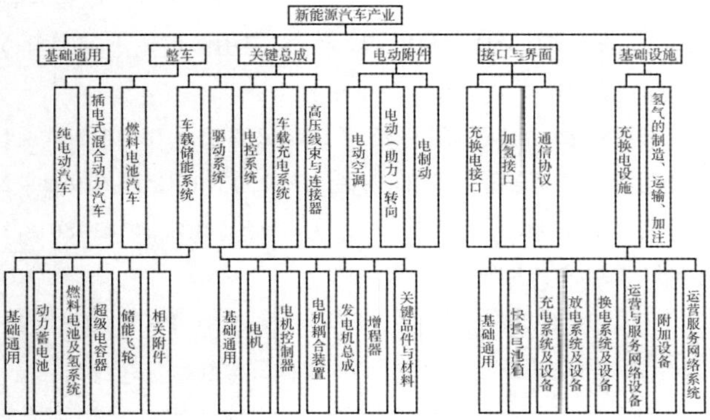

图 59 新能源汽车产业标准体系框架

(2)2014 年标准综合体指导目录即将发布

按照《战略性新兴产业标准化发展规划》中关于“成体系、成系统推进标准制定和标准体系建设”的要求，围绕战略性新兴产业发展需求，国家标准委正在组织编制《2014 年战略性新兴产业标准综合体指导目录》，目前该目录已进入部委会签阶段，即将发布。该目录的新能源汽车部分重点包括电动汽车整车、动力蓄电池、充电基础设施三个方面。

(3)中国电动汽车标准化技术路线图正在制定

按照国家相关部委的要求，全国汽车标准化技术委员会正在牵头制定《中国电动汽车标准化技术路线图》。中国电动汽车标准化工作路线图（简称路线图）是中国电动汽车标准化工作的具体目标和工作计划的说明性文件，制定路线图的目的是用简单易懂、形象化的方式来表达中国电动汽车标准化的具体目标和工作计划，使中国电动汽车标准化工作的参与者和利益相关方能更好地理解和参与中国的电动汽车标准化工作。路线图计划 2014 年底完成。

路线图的起止时间：2014—2025 年。根据标准化工作实施期限分为紧急（2014 年 1 月至 2015 年 12 月）、短期（2016 年 1 月至 2017 年 12 月）、中期（2018 年 1 月至 2020 年 12 月）、长期（2021 年 1 月至 2025 年 12 月）共 4 个阶段。路线图的范围包括电动车辆、基础设施和相关产业。

(4)一批重要安全标准的制定/修订取得重要进展

2013 年 6 月至 2014 年 5 月，全国汽车标准化技术委员会完成了一系列重要标准的制定/修订，完成标准报批稿 10 份，其中涉及电动汽车高压安全国标修订 3 项、碰撞安全国标制定 1 项、高压系统电压等级国标制定 1 项、锂离子蓄电池系统测试规程国标制定 2 项、电池相关的汽车行业标准制/修订 3 项。

表 16 本年度完成的标准报批稿

序号	标准性质	标准名称	目前状态	制定/修订
1	GB/T 18384.1	电动汽车 安全要求 第 1 部分：车载储能装置	报批	修订
2	GB/T 18384.2	电动汽车 安全要求 第 2 部分：功能安全和故障防护	报批	修订
3	GB/T 18384.3	电动汽车 安全要求 第 3 部分：人员触电防护	报批	修订
4	GB/T	电动汽车正面碰撞安全要求	报批	制定
5	GB/T	电动汽车整车强电用电系统及零部件电压等级平台技术规范	报批	制定
6	GB/T	电动汽车用锂离子动力蓄电池测试规程 第 1 部分：高功率应用	报批	制定
7	GB/T	电动汽车用锂离子动力蓄电池系统测试规程 第 2 部分：高能量应用	报批	制定
8	QC/T	电动汽车动力蓄电池电池箱通用要求	报批	制定
9	QC/T	电动汽车用锌空气蓄电池	报批	制定
10	QC/T 741－2006	车用超级电容器	报批	修订

2. 2013 年电动汽车国际标准研究与制定进展

(1) 国际标准化组织 (ISO)

2013 年度，ISO/TC22/SC21 国际标准化组织/道路车辆技术委员会/电动道路车辆分技术委员会的工作也有阶段性进展：正式发布了 3 项标准，另有正在制定/修订的 5 项标准也取得进展。

① 发布了 4 项新标准（3 项燃料电池整车、1 项动力电池）。

ISO 23273：2013《燃料电池道路车辆——安全要求——使用压缩氢作为燃料的车辆氢气危害防护》。

ISO 23274－1：2013《燃料电池道路车辆——污染物排放和燃料消耗量测量——第一部分　非外接可充电车辆》。

ISO 23828：2013《燃料电池道路车辆——能量消耗量测量——使用压缩氢作为燃料的车辆》。

ISO 12405－3《电驱动道路车辆——锂离子动力蓄电池包和系统测试规程——第 3 部分 安全要求》。

② 5 项正在制定/修订的标准进入到新的阶段。

ISO 6469－4《电驱动道路车辆——安全技术条件——第 4 部分：碰撞后的安全》已进入第二次投票阶段。

ISO 17409《电驱动道路车辆——连接到外部供电系统＋安全要求》，已进入第二次投票阶段。

ISO PAS 19295《电驱动道路车辆——B 级电压分类等级规范》已正式立项，正在起草。

ISO PAS 19363《电驱动道路车辆——磁场无线功率传输——安全和互换性要求》已正式立项，正在起草。

ISO 18300《电驱动道路车辆——混合了其他类型电池或超级电容器的锂离子电池技术条件》进入征求意见阶段。

(2) 国际电工委员会

① 接口标准仍是热点

3 项电动汽车充电接口标准（IEC 62196－1，－2，－3）已完成第一阶段工作。但是，由于各国在充电应用方面都经验不多，技术发展又很快，因此第二阶段工作已提前启动。

IEC 62196－1（接口通用要求）第二版和IEC 62196－2（交流接口）标准第一版于 2011 年 10 月发布，目前两项标准都已启动修订工作。IEC 62196－3（直流充电接口）经过长达 4 年的漫长制定过程，2014 年 5 月初刚刚通过投票，预计很快就要发布。按照该项目组 2013 年美国会议讨论要求，标准发布后会马上进入修订环节。

另外，针对小型电动汽车的充电接口标准（IEC 62196－4）也已经正式立项，正在制定过程中。

② 充电站/系统系列标准取得进展

IEC 61851 系列标准中直流充电站/系统（IEC 61851－23）和充电通信协议（IEC 61851－24）标准已正式发布。IEC 61851－1（通用要求）的第三版、IEC 61851－21（电磁兼容）标准还在艰难地推进中。

针对小型电动汽车充电站/系统系列技术规范（IEC/TS 61851－3）也在缓慢推进，包括三个部分，目前进入征求意见阶段。

由中国牵头的 IEC 62840（换电站）两项系列标准正在积极推进中。其中，IEC 62840－1（系统描述和通用要求）即将进入征求意见阶段，IEC 62840－2（安全要求）即将进入第二版 CD 阶段。

在 ISO 和 IEC 联合制定的车辆与电网之间通信界面的系列标准中，有两项已经正式发布：ISO 15118－1 基本信息和案例定义，ISO 15118－2 网络和应用协议要求，另外 6 个部分都在立项申请或者起草过程中。

无线充电系列国际标准（IEC 61980）：IEC 61980－1（通用要求）即将进入批准阶段（FDIS）；IEC/TS 61980－2（通信协议）即将进入征求意见阶段；IEC/TS 61980－3（磁场传输的特殊要求）正在起草。

IEC/TS 62763《通过控制导引电路使用 PWM 和导引线的导引功能》技术规范已于 2013 年底发布。

IEC 62572《应用于充电模式 2 的线上控制保护装置》已完成投票，即将进入批准阶段。

3. 2014 年电动汽车标准研究与发布

(1) 下一年度主要研究内容

2014—2015 年，电动汽车标准研究将主要围绕以下几个方面：

① 动力蓄电池单体/模块国家标准制定

多年以来，2006 年版的几项汽车行业动力蓄电池标准一直作为《新能源汽车生产企业及产品准入管理规则》的依据，进行准入管理。基于多年的实践经验和多次行标修订讨论，自 2013 年开始制定动力蓄电池单体和模块国家标准。2014—2015 年将重点推进以下几项国标的制定：《电动汽车用动力蓄电池技术要求及试验方法　安全》《电动汽车用动力蓄电池技术要求及试验方法　电性能》《电动汽车用动力蓄电池技术要求及试验方法　循环寿命》《电动汽车用动力蓄电池型号、规格及尺寸》。

② 动力蓄电池系统安全性标准制定

动力蓄电池系统和模块级别参考 ISO 12405 的第一部分和第二部分，我国已完成“高功率、高能量锂离子电池系统测试规程”两项国标，目前正在报批。对应ISO 12405的第三部分，国家标准“锂离子电池系统安全要求和测试方法”正在制定，同时，作为对该标准的补充，另有一项汽车行业标准《电动汽车用动力蓄电池系统通用要求》也在制定中。

③ 增程器与驱动电机行业标准制定

在电机方面，GB/T 18488《电动汽车用电机及其控制器》两项国标修订稿已经完成，正在报批。在此基础上，正在制定和驱动系统相关的汽车行业标准，包括《电动汽车用减速器总成技术条件》《电动汽车用异步电机技术条件》《电动汽车用永磁同步电机技术条件》和《电动汽车增程用发电机技术条件》。

④ 其他标准

2014—2015年，还有若干项重要标准继续推进和制定，包括《电动汽车低速提示音》《插电式混合动力电动乘用车技术条件》等。

(2) 下一年度标准发布规划

2014—2015年，预计有10项标准将要发布（见表17）。

表17　预计发布标准一览表

序号	标准性质	标准名称	目前状态制/修订
1	GB/T 18384.1	《电动汽车 安全要求 第1部分：车载储能装置》	修订
2	GB/T 18384.2	《电动汽车 安全要求 第2部分：功能安全和故障防护》	修订
3	GB/T 18384.3	《电动汽车 安全要求 第3部分：人员触电防护》	修订
4	GB/T	《电动汽车正面碰撞安全要求》	制定
5	GB/T	《电动汽车整车强电用电系统及零部件电压等级平台技术规范》	制定
6	GB/T	《电动汽车用锂离子动力蓄电池测试规程 第1部分：高功率应用》	制定
7	GB/T	《电动汽车用锂离子动力蓄电池系统测试规程　第2部分：高能量应用》	制定
8	QC/T	《电动汽车动力蓄电池电池箱通用要求》	制定
9	QC/T	《电动汽车用锌空气蓄电池》	制定
10	QC/T 741－2006	《车用超级电容器》	修订

（中国汽车技术研究中心　孟祥峰）

二十二、电动汽车商业模式

1. 国外电动汽车商业运营模式简介

美国、日本、欧洲等主要汽车生产国家和地区在电动汽车推广方式上，多以整车销售模式为主体，兼顾整车租赁和电池租赁模式。国外电动汽车整车销售以成熟产品为基础，重视基础设施网络的建设，通过完善的服务解决用户的后顾之忧，因此取得了商业上的初步成功，为产品的畅销提供了重要支撑。

(1) 美国

美国的电动汽车是由政府主导的，以整车销售模式为主，整车租赁模式为辅，由政府拨款或直接投资，委托专业公司进行电动汽车商业化运营，运营公司负责基础设施建设及专业管理或者服务，政府拥有商业运营体系所有权，但并不直接参与管理，而是对运营过程进行监督，从而形成一套高效的商业模式。

2012年9月，美国能源部拨款1.2亿美元用于启动基于整车销售模式的国家电动汽车项目，目标是在全美境内建造14000个免费充电桩，其中包括家庭智能充电器。目前，电动汽车项目由美国赛伯乐投资公司主导运营，有超过9个州参加了此项目。参与此项目最具有代表性的车型是通用汽车公司的插电式混合动力汽车雪佛兰Volt和日产公司的纯电动汽车Leaf。由于技术不够成熟以及造价高昂，其销售很大程度上依赖于政府的大额补贴和厂家提供的超长质保期。根据项目规定，购买日产Leaf和雪佛兰Volt的消费者都可以在自家中安装免费的充电桩。美国赛伯乐投资公司的合作伙伴乔治亚电力公司向电动汽车车主提供从晚上11点到早上7点非高峰时段的充电费用优惠。此项目是国家提供资金，委托专业公司经营的典型代表。特点是由运营公司在用户家庭免费安装统一的充电设备，确保使用者能够更加便捷地使用电动汽车，并享受低谷电价优惠。同时，营运公司也可以利用基础设施和技术，拓宽运营业务，开展诸如咨询、培训、维修、电池租赁等子业务，增加运营收入。

(2) 日本

从20世纪70年代开始，在日本经济产业省的主导下，日本国内几乎所有的相关厂家都参与了电动汽车的开发。目前，日本国内电动汽车推广由政府提供购车税费优惠，专业运营企业主导运营，采用整车销售、电池租赁等多种运营模式。

2010年4月，东京出租巨头日本交通公司与美国“Better Place”公司在东京推出了以电池更换模式为主的电动出租车运营的服务。该项目受托于经济产业省，3辆电动出租车以东京六本木新城为据点运营至7月底。据“Better Place”称，这是全球首次使用电池更换式电动汽车作为出租车投入运营。运营电动汽车由“Better Place”等在日产SUV的基础上升级改造的，电池为美国厂商生产的“A123 Systems”，可行驶100km左右，该车的特点为1分钟左右即可更换已充满电的电池，无须再为充电而长时间停车等待。

(3)欧盟

欧洲的电动汽车运营也是由政府起主导作用。政府制定电动汽车发展规划，然后财政拨款或投资支持实验基地和基础设施建设。同时，政府直接指定职能部门或企业组织电动汽车商业化运营，鼓励企业、科研院所和大学共同参与。由于欧盟的大力支持和鼓励，欧洲主要国家都参与电动汽车的试验运营。主要的试验运营在德国、法国进行，运营模式包括整车租赁、电池租赁等。

2011年10月2日，法国巴黎推出公共汽车租借系统，取名为“Autolib”计划（Auto Liberate 汽车自由）。它是全球首个提供公共电动汽车整车租借服务的系统，共开放租借站点250个，提供250辆电动汽车供租户试用。随后，投入服务的租赁站点和车辆不断增多。用于租赁的电动汽车名为“蓝色汽车”，是纯电力驱动汽车，最高时速达130km，充电一次可以行驶250km，电池寿命可达20万km。

雷诺公司采取电池租赁方式向集团客户推广电动汽车。电动货车Kangoo Z. E于2011年11月正式上市销售，主要面向大企业集团推广，不含税的裸车价格为2万欧元，消费者通过里程计费方式支付每月98～107欧元不等的电池租赁费用。另一款C级纯电动汽车Fluence同样采取“裸车销售+电池租赁”的模式，基本售价为2.69万欧元，电池租赁费用为每月82欧元。

2. 国内电动汽车商业运营模式分类

目前，电动汽车主流商业运营模式包括整车销售、整车租赁和电池租赁三种，我国政府、企业还在不断探索新的商业模式，以期大规模启动电动汽车消费市场。

(1)整车销售自充电模式

这种模式要求消费者同时购置裸车和动力电池，然后自行进行电池充电。配套的充电方式有三种：一是公共充电站；二是小区和停车位普遍设立的刷卡式充电桩；三是任意民用电插座。

这种模式的优点：①有效地利用了用户晚上的休息时间来补充能源，为用户节省了大量的能源补给时间；②充电技术难度较低，人工操作简单；③对电池的标准化要求低；④减轻电网的高峰负担。

当然，这种模式的缺点也是显而易见的。①电池与整车捆绑销售，用户购买时一次性支付大，产品的市场竞争力弱，不利于市场推广。②由于在推广初期电池寿命比车辆寿命短，用户在使用一段时间之后还要面临花费几万元购买新电池的现实。如果将这个巨大的费用平摊到每年的使用费用上，将完全抵消掉电费便宜的优势。③如果没有人工维护，采取盲充方式补给电能，电池的寿命将急剧下降。④从大力发展电动汽车角度来说，自充电模式将给能源供给系统的基础建设带来很多困难。因为几乎所有的社区和公共场所的电力设施都要进行变压器，电表和线径也要改造，这样才能满足广大用户的能源供给需求，这将是一个投资巨大、时间漫长及涉及面广的复杂工程。

(2)整车租赁模式

“整车租赁”模式，是指整车企业捆绑电池租赁（或者裸车租赁），能源供给服务企业建设充电站和充电桩网络（或者提供电池租赁）并负责运营。这种模式是2010年以整车企业为主导兴起的，主要目的是在现有技术和价格高的条件下，避开产品市场竞争力问题，让电动汽车通过较低的价格租赁给用户，以获取更多的使用信息，以完善和提高系统技术。

在整车租赁模式中，运营商为汽车经销商，用户为个人租车者。经销商通过从金融机构贷款购进电动汽车整车，然后租给个人消费者，消费者只需按月支付租金和充电费用，租赁期间发生的车辆维修保养和保险等费用都由汽车经销商承担。

该模式的优点是，消费者的成本支出比较低，而且对充电基础设施的要求不高，因此适合早期的商业推广。如果能够出台一些补贴或者减税方面的政策措施，降低汽车经销商的经营成本，使其增强持续经营的能力，对该商业模式的发展非常重要。

(3)电池租赁、充换兼容模式

“电池租赁、充换兼容”模式构架：车主只需购买不含电池的裸车，电池通过租赁获得。电动汽车与电池销售分开，部分厂商出售电动车裸车，部分厂商经营电池租赁业务。中央财政对电池租赁企业给予补助，电池租赁企业按扣除补助后的价格向私人用户出租新能源汽车电池，并提供电池维护、保养及更换等服务。电池只租不售，汽车通过直接更换电池实现充电，并结清前一块电池的实际使用电量费用。

该模式的优点：①电动汽车不带电池销售，价格优势凸显，如果再加上国家政策补贴，其市场竞争力就会更大，电动汽车的推广就会更快。②运营商购买电池并进行专业维护，既可减少电池损坏概率，也增加了电池的使用寿命。③由于电池是由充电中心集中充电，纯换电模式对换电站门店的要求不高，只要有周转电池的储备房间和换电车辆的停放场地即可。所以，纯换电模式的门店网络建设起来很方便，既可以与现有的加油站合作，又可以独立建设，具有投资小、速度快的优势。④在变电站附近建集中充电站，可避免对配电网造成大的冲击，同时在土地资源紧张或电网难以扩建改造的城市中心区，可依托近郊区的变电站建设电池集中充电站，这就很好地解决了土地资源和配电网两大瓶颈问题。⑤电池运营商可以对二手电池进行集中处理，如作为储能设备的应急照明使用，防止了废旧电池对环境造成的污染。

但是，这种模式也存在着一些不足：①要求市场上的车用电池规格统一，难度较大。②汽车企业生产汽车时需设置快速拆卸电池功能，可能存在技术和安全等问题。

3. 国内电动汽车商业运营典型案例

在众多示范城市中，各城市根据自身的特点分别制定了不同的运营模式。

(1)深圳模式：车电分离、融资租赁

深圳市公交车的运营模式为：融资租赁、车电分离，充维结合（见图60）。

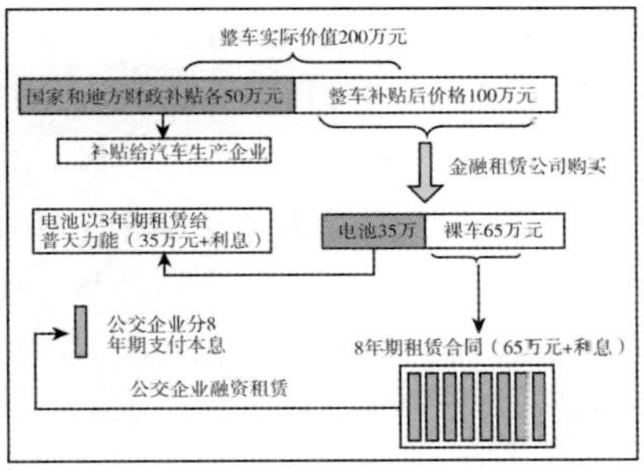

图60 深圳市电动公交车运营模式

深圳市示范的新能源出租车全部使用纯电动汽车，实行“单车包干、维保外包、免费充电、全天运营”模式（见图61）。

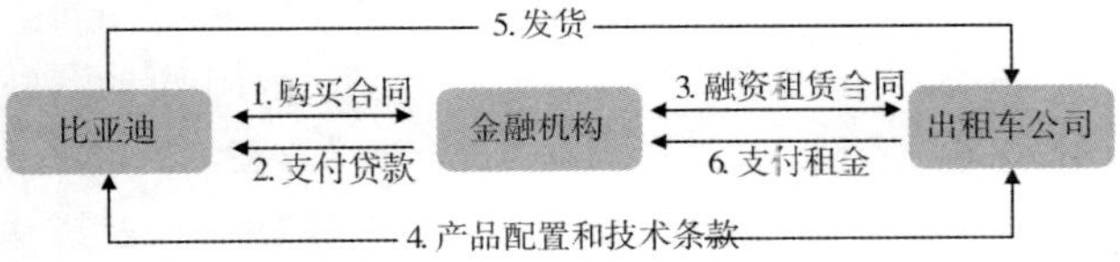

图61 深圳市出租车融资租赁模式

公交电动化这一“深圳模式”可快速有效地打开电动车集团采购和政府采购市场。如深圳市拟将全市出租车、公交车逐步换成纯电动汽车。

值得关注的是，“深圳模式”已辐射到国内其他城市。目前比亚迪电动车K9已在西安、长沙、韶关投入运营，E6也已服务宝鸡出租车市场。在此基础上，比亚迪与天津公交集团合资组建了天津市比亚迪汽车有限公司，计划年产电动车1万辆，天津有望成为又一个应用比亚迪“深圳模式”的城市。

(2)杭州模式：电池租赁+换电

杭州市电动出租车运营采用了“电池租赁+换电”模式。与一般出租车司机自己买车，挂靠出租车公司并交纳部分营运收入的模式不同，杭州新能源出租汽车公司采用公车公营方式，由出租车公司购买电动出租车，对外招聘员工运营。电力运营商提供电池租赁服务，按照里程计费方式收取电池租金，同时采取电池更换方式为电动出租车提供能源补给。杭州新能源出租车公司的收入主要来源于出租车司机上缴的营运收入提成，政府对出租车运营、维修提供了大量补贴，保障了此种模式的正常运营。

目前杭州市已建成并投入运营62座充换电站、620个充电桩，初步形成了以古翠换电站为主、其他充换电站为辅、交流充电桩和电池配送站为补充的一体化服务网络。随着司机和车辆磨合逐渐到位，车辆、电池、换电为主的模式也经历了全面检测和考验。

杭州市的“换电模式”电动汽车商业化运营正在走向规模化，但同时，业界对电动汽车充换电模式的争议一直未间断。

(3)合肥模式：整车定向销售

定向购买模式是由江淮汽车探索并在合肥广泛实施的。定向销售的单位和个人包括江淮汽车上游零部件客户、江淮汽车合作企业、江淮汽车集团内部、科研单位和高校以及国家电网公司等。江淮汽车负责新能源汽车（主要是纯电动汽车）的生产、销售和售后服务，国家电网或普天集团负责充电桩建设。

在新能源汽车产业化初期，江淮汽车开展的定向购买模式拓展了定向细分消费市场，顺利打开了新能源汽车的销售局面，推动了产品研发及私人领域的消费。也正是由于采用了定向购买模式，促进了充电桩等充电基础设施的加快建设，对新能源汽车产业的发展起到了较为明显的带动作用。

但是，由于定向购买模式不能算是真正意义上的市场销售，江淮汽车的定向购买模式虽然在推行初期得到了较好的成果，但是随着产业化程度的不断加深，定向购买模式的客户消费需求将趋于饱和，并不能有效地打开更为广阔的私人消费市场，因此推行效果将逐步减弱，最后将淡出。

4. 总结

2012年《国家节能和新能源汽车产业规划》提出：“电动汽车发展进程不能按照固有的模式进行，传统汽车产业模式是破解电动汽车产业难题的重要途径。”其实，无论哪种商业模式，要想顺利推行都需要企业、运营商、政府、电网、消费者等多方面的努力。只有政府、整车厂及运营商共同参与创造的新型电动汽车商业模式，才能真正做出符合消费者需求的电动汽车产品和服务系统，才能更好地促进电动汽车产业化和市场化发展，以应对未来石油危机以及低碳经济和环境保护的要求。

（中国汽车技术研究中心　刘頔　张书山）

二十三、全球电动汽车财政激励政策比较

从2011年全球电动汽车销量4.5万辆到2013年全球电动汽车销量约20万辆，过去的两年间电动汽车销量均实现翻番，增长趋势显著。不过，这个数字距离国际能源署提出的到2020年全球销售2000万辆电动汽车的目标仍然相当遥远。

另外，电动汽车销售在全球汽车总销量中所占的比例仍然很小。在挪威，2013年纯电动汽车和插电式混合动力汽车的销量仅占挪威汽车市场的6.1%，高于2012年的3.3%；荷兰的这一比例为5.6%，大幅高于2012年的1%；美国加州占比为4%，同样高于2012年的2.2%，但从全美范围来看，这一比例则为1.3%，而2012年该比例为0.8%。其他国家2013年电动汽车销售占机动车市场比例都在1%以下。2013年，法国、日本、瑞典、丹麦、奥地利、德国、英国以及中国的电动汽车销售占机动车市场的份额分别为0.8%、0.6%、0.5%、0.3%、0.2%、0.2%、0.2%和0.1%。虽然电动汽车整体市场份额并不高，但是其增长幅度仍是很可观的。

电动汽车在地区的推进效果与政府采取的激励措施是密切相关的，其中财政补贴、税收减免等激励措施在促进电动汽车推广上面的作用至关重要，另外一些地区的非财政类激励措施的推进效果也显而易见。

主要国家和地区对电动汽车的激励政策和措施：

法国　如果购买碳排放低于20g/km的汽车，可以获得一次性补贴7000欧元，补贴金额不能超过车辆购置成本的30%，如果购买碳排放为21～50g/km的汽车，补贴金额为5000欧元。

英国　从2011年起，消费者购买碳排放低于75g/km的纯电动汽车、插电式混合动力车或氢燃料电池车，可以获得车辆售价25%的一次性奖励，奖励上限为5000欧元。

瑞典　从2012年起，消费者购买碳排放低于50g/km的汽车，可以获得4万克朗（大约4500欧元）的一次性奖励，限前5000名购买者。

日本　从2009年起，政府设立补贴专项，对电动汽车和其他环保车型给予补贴。2013年，补贴专项做了调整，之后，按照电动汽车与同级别汽油车型的差价进行补贴，补贴上限为85万日元。

美国及加州　美国联邦政府根据电动汽车电池容量，以税收抵免的形式进行补贴，单辆电动汽车最高补贴金额为7500美元。加州政府在联邦政府补贴的基础上又给予额外的补贴：在加州购买纯电动汽车可另外获得2500美元的一次性州政府补贴，购买插电式混合动力车可以获得1500美元州政府补贴。

中国　从2010年起，电动汽车以及燃料汽车在中国可以获得一次性政府补贴。从2013年起，政府补贴做了调整，到2015年为止，在进入国家新能源汽车示范应用名单的城市和区域，消费者购买纯电动汽车可以根据车辆纯电动行驶里程获得3.5万～6万元补贴；购买纯电动行驶里程大于50km的插电式混合动力汽车，可以获得3.5万元的政府补贴。补贴金额每年递减。

下面以雷诺纯电动ZOE车型和同级别燃油Clio车型，以及沃尔沃V60柴油版及插电式混合动力版为例，对电动汽车和燃油车的销售和使用情况进行比较。

在挪威，政府对纯电动汽车免征25%的汽车增值税，仅这一项雷诺ZOE可以节省4500欧元。挪威的车辆登记税根据车重、发动机功率和碳排放征收，雷诺ZOE的此项税费可获减免4100欧元。再加上其他财政补贴，雷诺ZOE在挪威共计获得财政优惠11530欧元，相当于该车售价的55%。这样一来，在挪威购买纯电动汽车比购买燃油汽车价格更优惠，所以挪威能取得较高的电动汽车市场份额。在德国，雷诺ZOE只能获得1362欧元的财政补贴。由于电动汽车售价较高，仅购车增值税一项就比燃油车高出不少，购买电动汽车不如燃油车成本低，所以德国电动汽车销售并不理想。在法国，雷诺ZOE可以得到8000欧元左右的财政优惠，算下来与燃油版的Clio成本差不多，所以法国电动汽车推广情况属于中等水平。另外，荷兰对于电动汽车的补贴非常可观，尤其是插电式混合动力车型。例如，沃尔沃V60插电式可以享受登记税和道路税减免，以及其他一些优惠措施，共计优惠3.8万欧元，几乎相当于车辆售价的75%，反映到市场上就是，到2013年底，荷兰插电式混合动力车市场份额接近5%，同比增长19倍。电动汽车在挪威和荷兰市场上的强劲表现表明，财政激励、政府拨款及税收优惠等政策起了关键作用。以上结论表明，财政补贴水平与电动汽车推广效果呈正比例关系。

虽然这些激励措施对电动汽车的推广作用显而易见，但并不是影响电动汽车推广的唯一因素，也并不意味着激励措施一定会带来电动汽车销量的迅速增长。除了财政激励措施外，可以进一步采取其他非财政措施推动电动汽车的使用。比如，制定严格的碳排放标准，推动充电设施的

普及，专用车道的优先使用及优惠停车，等等。

例如在英国，尽管有着较高的财政激励，但与其他市场相比，电动汽车的在英国市场的份额相对较低，远远落后于挪威和荷兰。

美国加州对电动汽车的补贴金额并不算太高，仅处于国际平均水平，但该地区的电动汽车推广效果在美国却遥遥领先，原因在于：该州除了直接财政补贴外，还采取了一系列优惠措施，如对电动汽车开放高载客通道、加强碳排放要求、要求车企出售一定比例的电动车、发展充电设施建设等，这些对电动汽车的推广同样至关重要。

那些寻求推动电动汽车应用，从中获得气候变化、能源安全、空气污染等多方利益的国家，仍需慷慨地把钱花在税收优惠和其他财政激励方面。虽然还有其他因素在起作用，使得电动汽车销售和财政补贴之间不能完全正向相关，但国际清洁交通委员会欧洲的主管彼得·默克认为，“挪威和荷兰的市场就是很好的例子，高水平的财政激励措施直接促进电动汽车的大量销售”。

当然，关于财税激励政策与电动汽车推广的作用还需要进一步研究，比如“完善促进早期电动汽车市场发展的组合政策措施及政策措施对有效总成本的影响”。当然，整车企业更需要大幅降低电动汽车的前期成本，以确保将来在取消财政激励的前提下，电动汽车具有总成本上的竞争优势。

（国际清洁交通委员会 ICCT）

二十四、日本电动汽车发展概况

1. 简介

综观汽车行业，日本汽车制造商在下一代汽车领域（即混合动力汽车、纯电动汽车和插电式混合动力汽车，下同）一直处于世界领先地位，与国外对手的竞争也日趋激烈。作为产业政策的一部分，日本电动汽车的发展目标是，通过掌控环保汽车领域增长的关键从而引领全球下一代汽车市场。为了这一目标，日本电动汽车试图在性能和质量上超越其他国家，并尝试通过传播下一代汽车的潜在价值从而开发全球新兴市场。

具体来说，到 2020 年，基于锂电池的研究与开发成果，纯电动车的行驶距离将是如今的两倍。同时，通过推动初始需求，后续的市场推动，以及不同技术路线的汽车技术成熟来降低成本，从而降低消耗。此外，除了作用汽车动力来源外，高附加值功能也相继产生。例如，平衡用电峰谷和应急电源功能，以及与信息技术融合的安全和便利性功能。除此之外，为了展现纯电动汽车的特有的价值，如零排放，日本将在国内外筹划相关规划并引导最优实践。此外，日本还将发展社会基础设施，如有系统地加速充电站建设、为燃料汽车准备氢燃料。

除了上述措施以外，日本会适当地促进电池和充电设施等的国际标准化，在着眼于全球市场的前提下，确保它们在公私领域合作的兼容性。

下面将介绍日本汽车行业的现状及主要措施和政策，同时也会谈到目前的状态和中日交流的成果，为促进未来中日在汽车领域的交流提出建议。

2. 产业现状

日本汽车业的产值大约占日本整个制造业产值的 20%。这个行业与一系列的相关行业紧密地联系在一起，从钢铁到化工原料，从电器机械到电子产品，都与该行业息息相关。日本汽车制造业为 548 万人提供了就业机会，这大概占了日本就业总人口的 10%。此外，汽车的出口产值为 104 亿日元，大约为日本整体出口产值的 15%。可以看出，汽车产业对日本来说是一项极为重要的产业，尤其是对这样一个资源贫乏需要依赖大量进口的国家来说。

2013 年，随着日本国内的需求衰退，加之政府对环保车辆补助政策的结束，本土汽车市场受到严峻考验，但尽管如此，2013 年的汽车销量仍达到了 537.6 万辆，基本与前一年持平，这要归功于下半年来的经济复苏和日本汽车制造商开发出的新车型。尽管日本政府已经对日元的过快升值进行了抑制，但是日元升值对经济的影响仍然波及了海外出口。2013 年日本出口的汽车数量与同期相比下降了 2.7%，大约为 467 万辆，日本国内产量也下降了 3.1%，约为 963 万辆。

当前，日本政府正在试图通过重新制定汽车购置税为推广下一代汽车设立补贴制度（稍后会提到）刺激国内市场。同时，日本政府也在为建立一些国际经济贸易合作关系，诸如 TPP、日欧的 EPA、中日韩间的 FTA 和 RCEP 进行着谈判。

近年来，下一代汽车发展的竞争愈演愈烈。到 2030 年，日本希望下一代车辆的国内销售量能达到国内总量的 50% ~70%，为了这一目标，日本政府采取了一系列措施。

3. 发展趋势

综观下一代汽车全球市场的规模（见图 62）我们可以看出，这个市场除了混合动力汽车以外，其他部分仍处于形成阶段。预计 2015 年后，纯电动汽车和插电式混合动力汽车将慢慢脱离形成阶段。

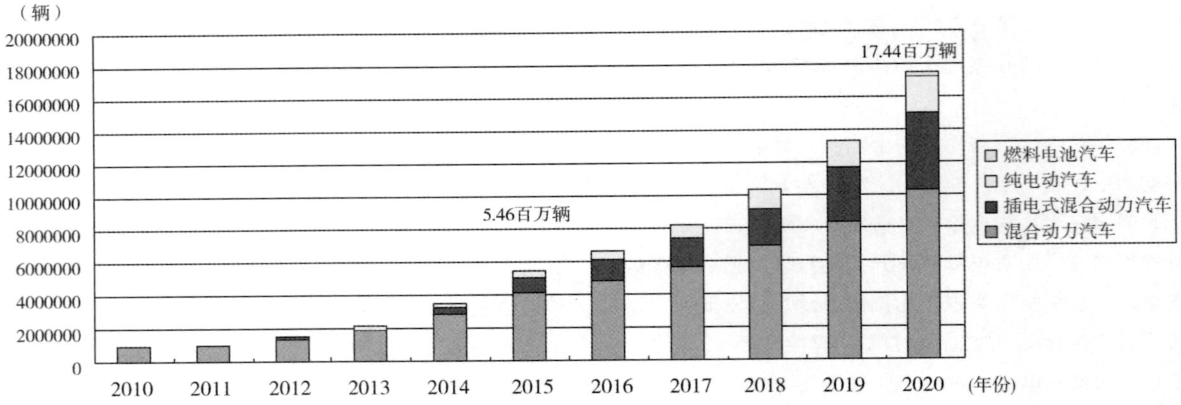

图 62　日本下一代汽车市场发展状况

资料来源：Fuji - Keizai。

中国及其他国家的政府也在积极支持、推广下一代汽车，导致纯电动汽车、插电式混合动力汽车及其他下一代汽车领域的竞争日臻激烈。因此，这个市场在未来的几年将不断扩张。

根据中国的《节能与新能源汽车产业发展规划（2012—2020）》，我们可以发现，中国政府已经为电动汽车和插电式混合动力汽车的累计总销量设定了目标，预计到2015 年达到 50 万辆，而到 2020 年则不少于 500 万辆。为了实现这一目标，将会有大量的企业开发和引进下一代汽车。作为参与者之一，日本源发技术制造的下一代汽车或早已被投入到中国市场或正在开发中，如东风日产的启辰 e30 和本田一讴歌混合动力汽车 ILX 均已投放中国市场。丰田正在开发一款云动双擎混合动力车。

4. 政策趋势

日本的交通运输业消耗的能源大约占日本总能源消耗的 20%。为了推动能源节约，在交通运输业中减少二氧化碳的排放，日本当局正在努力使传统车轻量化，并且提高发动机性能，以提高燃油效率。同时，加速普及下一代汽车是日本促进“绿色增长”的关键，未来下一代汽车的增长尤为如此。

2010 年 4 月，日本经济产业省（METI）制定了《下一代汽车战略 2010》，政府为了促进下一代汽车的生产，为每种类型的新汽车生产量按百分比设定了目标。日本经济产业省对政府积极的鼓励措施（对开发/采购、修订税务以及基础建设的支持）提出了建议，为了实现推广下一代汽车这一目标，这些建议是必需的。此外，2013 年 6 月日本内阁通过的“日本振兴战略”中表示，日本政府的目标是，到 2030 年，下一代汽车的销售额占汽车销售总数的 50% ~ 70%。为此，日本政府将采取以下措施：①采取相关措施，如带动初期需求；②配套的研发，用于提高车辆性能；③发展基础设施，等等。

为了带动初期需求，日本政府发布了一项耗资 300 亿日元的支援方案，用于推广清洁能源汽车（CEVS）。根据这一方案，日本政府将对购买纯电动车、插电式混合动力车和其他清洁能源汽车的消费者提供补贴支持。为了使该市场能在 2016 年成为一个无须依靠政策补贴的市场，自 2013 年起，财政支持项目改为鼓励汽车制造商降低汽车价格。具体的来说，根据 2016 年日本财政，汽车制造商将努力降低清洁能源汽车的价格到一个指定的价格，这个指定价格将和常规汽油车一个水平。当清洁能源汽车的价格下降到该指定价格后，日本政府会对应销价格和实销指定价格的差价进行补贴。通过这些努力，聆风、普锐斯 PHV 和 i - MiEV 电动车的价格都有所下降，聆风和欧蓝德 PHEV 每月的销量已经突破了 1500 辆，下一代汽车的普及率正在稳步增长。

为了改善车辆的性能，日本政府在研究和开发方面也提供了支持。高性能和低成本电池的开发是下一代汽车普及的关键，特别是纯电动汽车。自 20 世纪 90 年代起，日本国家研究机构就开始研发锂离子电池。目前，日本研发工作的目标是，试图突破锂电池的理论局限性，到 2020 年，让纯电动车的续驶里程翻番，使续驶里程从 120km 提高到 200km。具体来说，该工作的支援主要来自两个项目，分别为“锂离子电池的先进技术开发项目（25 亿日元）”和“新一代电池研发和发展倡议方案（31 亿日元）”。为了提高锂离子电池的安全性，开发创新材料，为制造更具创新性的储能电池开发基本技术，设定了以下方案：

①为开发储能电池发展专门的高级分析技术；

②利用先进的分析技术弄清锂离子电池的反应机制；

③使锂离子电池的性能（安全性等）得到显著改善；

④在开发创新蓄电池时，考虑在实际应用中的问题，如成本和安全性。

根据“下一代汽车充电基础设施推广方案（2012年财政计划，1005亿日元，申请时间截止到2015年2月）”，对基础建设的政策支持也在进行中。这项补贴为了解决“EV/PHEV城市计划”中所发现的问题而设立，为日本发展纯电动汽车和混合动力汽车提供了一个解决方案的模板。补贴范围和补贴率正在扩大，特别是在当地政府（47个县都已经设定了方案）或其他组织根据方案建设充电基础设施的时候，与民营企业合作这项方案的计划也在加速进行中。例如，2013年7月，4家日本汽车制造商宣布以联合的方式共同促进充电基础设施的发展。除上述补贴外，这4家公司还对安装人员费用进行补贴。这4家公司的目标都是使充电设施的可用性更加广泛，让纯电动汽车的使用更加便利。

伴随着日本国内方案的实施，与海外政府和企业的合作，寻求并建立一个全球性的充电基础设施，确保相关设备的兼容性是日本政府的发展目标，因此公私部门的合作是十分必要的。

5. 标准化

在电动汽车的推广中起着重要作用的快速充电技术，已被逐步引入日本国内市场以及其他国家。在这种情况下，日本向国际电工委员会（IEC）就快速充电器和车车通信、快速充电器连接器以及快速充电器的车身设计等相关标准提出建议。

关于普通充电系统的示范测试已经开始，包括日本国内外纯电动汽车和普通充电设施之间的通信，以及纯电动汽车对普通充电基础设施的适用性。同时，根据国际IOS/IEC标准对车联网通信接口（V2G CI）的研究也在进行中。

此外，根据国际ISO标准，车载锂离子电池安全性测试也在持续进行中。锂离子电池的安全性是推广电动汽车的重要因素，因此日本也积极参与到这项国际性的研究中。在不久的将来，关于纯电动汽车、自动化以及充电技术的标准化的争辩将会逐渐展开。为此，日本将根据国内针对该标准已经提出的建议积极参与到标准化的制定中。在这种背景下，中国和日本之间的技术交流将越来越多，同时日本也将与中国以外的其他电动汽车生产国交换意见。

如前所述，下一代汽车市场是一个高潜力的市场，因此各个汽车企业应该在世界范围内开展合作。为了实现这个理想，我们认为所有的参与者，无论是工业、政府还是学术界，现在都应该考虑以下两点：

①客户的便利度为最优先考虑项；

②所有国家和合作者不抵制彼此，并且进行建设性的合作。

做到以上两点，就是意识到了“标准化”作为合作工作的真正意义了。

6. 促进中日在汽车领域的交流

比起其他市场，日本汽车业目前更加重视中国汽车市场。随着近年来机动化的迅速发展，中国逐渐成为世界上最大的汽车市场。几乎所有的日本主要汽车制造商如今都在中国建造了生产基地，并为中国市场的扩张以及技术改革做出了贡献。

中日两国市场在汽车行业的交流是极为重要的。如今，日本政府经济产业省（METI）正针对这点与中国政府进行定期会晤。

2012年5月，日本经济产业省和中国工业和信息化部第一次举行了一系列正规的副部长级会议，在副部长们交谈磋商后，针对设立一个关于汽车相关部门进行对话的主管达成了一项协议。2012年10月，在这项协议的基础上，日本方面和中国政府负责汽车产业发展的官员之间第一次进行了交流。此次谈话内容包括对纯电动汽车标准化的探讨和推广节能与新能源汽车的政策信息交流。这项协议也为私营部门下一代汽车标准化达成了共识。

2010年5月，中日两国的汽车产业标准化相关组织，日本汽车研究所（JARI）、日本汽车工程师协会（JSAE）、中国汽车技术研究中心（CATARC）和天津能源研究所（TIPS）就双方提出的达成共识的部分签订了非正式商业书函。上述副部长级别的会晤为支持私营部门交流，从而促进中日汽车产业发展做出了贡献。

从2012年11月起，在中日两国政府的支持下，日本汽车研究所（JARI）和中国汽车技术研究中心（CATARC）成为技术方面交流的主要通道，并逐步取得了稳健的进展。例如，在2013财政年，有5名来自日本汽车研究所（JARI）的成员访问中国，进行了技术交流。双方就感兴趣的领域进行了交流，并加深了对电池和电动安全的认知。在日本汽车研究所（JARI）和中国汽车技术研究中心（CATARC）之间正通过讨论标准化、分享关于建立标准的专业知识和经验，建立起一种相互信任的伙伴关系。

7. 结语

正如前文所提到的，下一代汽车市场是一个充满潜力的市场，在这个市场发展过程中会出现各种各样具有挑战性的问题，如为推广下一代汽车所需的降低成本和充电设施建设问题。在这个市场发展的初期阶段，国际通力合作是尤为重要的，不能仅仅依靠中国和日本两个国家的努力，更需要其他各国的共同合作，才能加速下一代汽车市场的迅速发展。

除此以外，不同于传统汽油车，搭载了电池能源的纯电动汽车和插电式混合动力汽车将在社会上扮演新的角色，包括作为一个“动力源”具有高峰切割和应急电源的功能。因此，这些车辆可能具有成为一个家庭或社会的重要组成部分的潜力。

为了推动这种新的可能性，相互间的交流是十分重要的。当商业伙伴之间的关系越发紧密时，经济交流或者制度上的问题就会越发突出时。更重要的是，当进行关于下一代汽车技术或其他方面如政策标准等的交流时，更多的问题需要交流双方去考虑，仅仅依靠政府间或是第三方的单独引导是不能解决所有问题的。因此，在我们看来，建立融合公共领域和私人领域之间的交流平台是极为重要的。如今，汽车小组委员会（Automobile Subcommittee）作为中日节能减排和环境综合论坛的一部分，担负起了公共领域和私人领域间交流的桥梁作用。然而，在这个交流环境中，除了节能减排和环保以外的话题很难被提到，同时在时间上也有所限制。希望未来能够提出一个新的交流平台给各国的政府和私营部门，用于共同讨论日本和中国汽车产业如何进一步建立双赢的关系，包括在未来将汽车产业作为经济体系的中心进行建设。

（日本经济产业省　吉田健一郎　小川纯一）

二十五、中德两国在电动汽车领域的合作

汽车是现代社会重要的交通工具，与每个人的生活息息相关。2013 年，世界汽车产量高达 8738 万辆，汽车保有量已突破 10 亿辆。随着汽车产业的快速发展和汽车保有量的持续增长，与之俱来的能源压力和环境问题日益凸显。电动汽车具有突出的节能减排效益，各汽车工业强国均投入大量资源，促进新能源汽车产业的快速发展。

中德两国都认为，电动汽车是未来发展生态化、可持续性化的交通运输结构的关键。德国设定了到 2020 年 100 万辆电动汽车投入使用的目标，中国计划到 2015 年实现 50 万辆、2020 年实现 500 万辆的宏伟目标。共同的挑战和目标，为中德两国在电动车领域的双边合作提供了特殊机遇。

2010 年 7 月，德国总理默克尔访华期间，中德发表《中德关于全面推进战略伙伴关系的联合公报》，表示支持设立“中德替代动力平台”，加强电动汽车领域合作。2011 年 6 月，中德两国时任总理在柏林共同主持首轮中德政府磋商，签署了《中德关于建立电动汽车战略伙伴关系的联合声明》，明确了中德在电动汽车领域开展广泛合作的重要意义。2013 年 5 月，中国国务院总理李克强和德国总理安哥拉·默克尔在柏林发表联合新闻公报，明确指出“双方将进一步深化电动汽车领域合作，包括共同开展电动汽车示范应用等”。中德双方政府最高层级的持续磋商，促使政府执行部委间联席会沟通机制得以顺利形成，相关产业和技术的全面合作陆续开展。

2012 年 4 月，双方在德国汉诺威市召开了中德电动汽车战略伙伴关系第一次联席会议。会议双方介绍了目前在电动汽车技术研发、示范试点、标准法规等领域推动电动汽车发展以及两国合作交流情况，就中德两国电动汽车发展现状、战略规划、政策措施等情况，以及双方关注的重点领域及具体合作问题进行了深入讨论和交流。2013 年 6 月，中德电动汽车战略伙伴关系第二次联席会议在北京召开。会议双方介绍了目前在电动汽车技术创新、示范试点、行业发展和标准法规等领域的最新进展情况，深入交流和讨论了电动汽车在公共交通领域的推广、电动汽车充电设施发展、电动汽车标准和准入，以及市场准备和示范等广泛关注的议题，并在有关问题上达成共识。

气候保护方面。2010 年 7 月，中国科技部与德国环境部签署了《关于两国在气候保护和电动汽车领域合作的谅解备忘录》。中国汽车技术研究中心和德国国际合作机构作为双方部委代表，共同组织实施了“中德电动汽车及气候保护”项目。合作项目涉及“电动汽车情景模拟分析”“车用动力电池回收研究”“电动汽车可持续发展研究”等相关内容，积极推动了中德科技界的学术交流，相关的阶段性研究成果及时反馈给双方产业界，对未来电动车健康发展提供了重要的科学支撑。

标准研究方面。2011 年，中国国家标准化管理委员会和德国联邦经济技术部在中德联合经济委员会下属的中德标准化合作委员会内，成立了电动汽车工作小组。该小组的目标是对电动汽车领域标准和规范的协调的可能性进行评估。工作小组内分为 4 个专家技术组（EG），分别研究关于充电连接器（EG1）、电动汽车及充电站间通信（EG2）、电动汽车安全（EG3）以及充电站和充电基础设施间通信（EG4）等四个方面的工作。另外，中国工信部与德国联邦经济技术部共同倡导，对可能阻碍双方市场发展的中国和国际标准的差异进行综合比较。上述两部委在 2013 年约定，将制定共同的具有目标和时间期限的“标准化路线图”。

示范运行方面。2011 年 6 月，中国科技部与德国交通、建设与城市发展部签署了《关于可持续交通、节能减排和创新交通技术合作谅解备忘录》，明确了通过中德各三个示范城市/区域（中方示范区域为武汉中部地区、大连北部地区以及深圳南部地区，德方示范区域为莱茵鲁尔地区、不来梅奥登堡地区以及汉堡市）之间开展广泛交流。对应示范城市和示范区域之间在示范经验交流、关键零部件测试、数据采集、机场示范、城市交通规划、电池基础研究等领域开展互动合作，并签署了相应合作协议。

研发合作方面。2010 年 6 月，中国科技部与德国联邦教育研究部在上海同济大学共同建立“中德电动汽车联合研究中心”，中心由中方 4 所高校（同济大学、清华大学、北京理工大学、华中科技大学）和德方 6 所高校（慕尼黑工业大学、亚琛工业大学、卡斯鲁尔工业大学、柏林工业大学、斯图加特大学、达姆施塔特工业大学）作为首批成员单位共同组建。中德双方的高校重点围绕电动汽车的电机、电池和电控关键技术、基础设施和示范运营模式，以及电动汽车客户基础等方面开展深入的联合研究。

中德政府间合作平台的建立，为双方企业、研究机构和高校间开展合作提供了良好的基础和空间，合作领域不断拓展、合作内容日趋务实，所获取的成果必将为推动两国电动电动汽车可持续发展、应对全球性能源环境挑战做出贡献。

（中国汽车技术研究中心　张博）

二十六、中美清洁能源联合研究中心清洁汽车联盟合作成果

中美清洁汽车联盟围绕先进动力电池体系探索、电动汽车用辅助动力总成、电驱动系统与控制、电动汽车轻量化与碰撞安全性、车辆—电网智能交互系统研究、车辆能源系统分析六个方向开展联合研究。

中方参与单位包括清华大学、上海交通大学、同济大学、北京理工大学、北京航空航天大学、华北电力大学、中科院、天津大学、上海汽车、普天新能源、万向集团、精进电动等。美方参加单位有密歇根大学、俄亥俄州立大学、麻省理工学院、桑迪亚国家实验室、联合生物能源研究院、橡树岭国家实验室、阿贡国家实验室等。

1．成果概述

①发表学术论文 272 篇，其中中美双方联合发表文章 20 篇。申请发明专利 130 项，其中申请美国专利 20 项。

②培养高级人才 79 名，其中博士研究生 55 名、硕士研究生 16 名、访问学者 8 名。从国外引进高层次人员 4 名，其中千人计划 2 名、客座教授 2 名。

③举办中美国际会议 12 次，其中联盟年度技术交流会议 4 次、动力电池专题交流会议 8 次；中美人员互访等人才交流 50 次，其中半年以上交流 10 人次、短期（10 天以上）互访 40 人次。

2．典型成果简介

（1）下一代动力电池技术标志性突破

开发出下一代动力电池用高比能富锂锰基正极材料，容量提高 59%；突破锂硫材料和锂空气用聚合物电解质技术，为后锂离子电池时代（2020 年后），电池比能量大于 250W·h/kg，车辆一次充电续驶里程超过 350km，接近和达到传统汽车的行驶里程，打下坚实基础。

（2）电动汽车能源系统分析方法突破与战略研究能力提高

与美方在汽车能源、环境与经济性，以及动力系统发展技术路线、标准法规、政策体系、联合示范等方面开展联合研究。联合开发出电动汽车全生命周期分析软件，为动力系统分析与评价，以及制定法规支持提供了依据。完成中国、美国、日本、欧洲新能源汽车数据库构建和共享；完成我国新能源汽车出行特征的调查分析。联合出版国内首部关于车辆能源、动力系统、政策的综合系统论著《中国车用能源展望 2012》和英文专著“Sustainable Automotive Energy System in China”。

创建双边、多边国际合作交流基地，建立良好的国际合作环境和长效机制

以 2010 年与密歇根大学签署《联合工作计划》和 2011 年与阿贡国家实验室签署《合作谅解备忘录》为基础，搭建了中美清洁汽车中美合作平台——中美清洁汽车联盟，美方联盟依托密歇根大学，中方联盟依托清华大学汽车安全与节能国家重点实验室，确立了长期、稳定的合作关系。

通过合作引进国际顶尖及优秀人才，培养我国具有全球开拓能力的科学家和青年人才，提高自主创新能力和研发水平。

基于中美清洁汽车合作平台，引进彭晖教授为特聘讲座教授，由他担任联盟美方主任，在车辆控制领域取得较高的学术成就与国际认可；引进美国阿贡国家实验室的 Khalil Amine 博士，他是国际上知名的锂离子电池专家，在锂离子电池相关新材料、反应机理及应用等方面均做出了突出贡献；引进美国可再生能源实验室的何鑫教授、英

国伯明翰大学的徐宏明等高级人才，引进杨小青教授为北京理工大学的客座教授，赵福全聘为清华大学全职教授。

开展以企业为主体的国际合作与交流，提高企业技术创新能力，促进高新技术的产业化和企业的国际化

基于中美清洁汽车联盟的平台，中方企业成员积极开展国际交流与合作，提高了企业的自主创新能力，为国际化发展奠定了基础。力神电池成为美国通用汽车公司的电动汽车动力电池单体供应商之一；万向电动车与美国 Enerdel 公司合作共同开发车用锂离子电池，2012 年收购了美国 A123 动力电池公司；精进电动为美国电动汽车公司提供全套具有知识产权的电驱动系统。

通过合作研究或交流活动，建立广泛、有效、稳定、双赢的合作关系，获取国际先进理念关键技术

通过中美清洁汽车联盟合作，搭建起国际电动汽车技术的广泛交流与合作的协同创新平台，每年举行大型国际电动汽车技术论坛 1 次（中美双方轮流举办）和专题论坛 2 次（中美双方每年各一次）。通过双方益密切的合作，从而建立了与阿贡国家实验室、密歇根大学等的更为广泛的合作，并通过以上合作，在下一代动力电池机理研究等的研究方法和理念方面取得重大突破。

（清华大学　杜玫玉）

第二篇

政策与规划

一、国家主要扶持政策与规划

国务院关于加快发展节能环保产业的意见（节能与新能源汽车节选）

国发〔2013〕30号

各省、自治区、直辖市人民政府，国务院各部委、各直属机构：

资源环境制约是当前我国经济社会发展面临的突出矛盾。解决节能环保问题，是扩内需、稳增长、调结构，打造中国经济升级版的一项重要而紧迫的任务。加快发展节能环保产业，对拉动投资和消费，形成新的经济增长点，推动产业升级和发展方式转变，促进节能减排和民生改善，实现经济可持续发展和确保2020年全面建成小康社会，具有十分重要的意义。为加快发展节能环保产业，现提出以下意见：

一、总体要求

二、围绕重点领域，促进节能环保产业发展水平全面提升

（一）加快节能技术装备升级换代，推动重点领域节能增效。

扩大高效电动机应用。推动高效电动机产业加快发展，建设15～20个高效电机及其控制系统产业化基地。大力发展三相异步电动机、稀土永磁无铁芯电机等高效电机产品，提高高效电机设计、匹配和关键材料、装备，以及高压变频、无功补偿等控制系统的技术水平。

加快新能源汽车技术攻关和示范推广。加快实施节能与新能源汽车技术创新工程，大力加强动力电池技术创新，重点解决动力电池系统安全性、可靠性和轻量化问题，加强驱动电机及核心材料、电控等关键零部件研发和产业化，加快完善配套产业和充电设施，示范推广纯电动汽车和插电式混合动力汽车、空气动力车辆等。

（二）提升环保技术装备水平，治理突出环境问题。

（三）发展资源循环利用技术装备，提高资源产出率。

（四）创新发展模式，壮大节能环保服务业。

三、发挥政府带动作用，引领社会资金投入节能环保工程建设

四、推广节能环保产品，扩大市场消费需求

（一）扩大节能产品市场消费。继续实施并研究调整节能产品惠民政策，实施能效“领跑者”计划，推动超高效节能产品市场消费。强化能效标识和节能产品认证制度实施力度，引导消费者购买高效节能产品。继续采取补贴方式，推广高效节能照明、高效电机等产品。研究完善峰谷电价、季节性电价政策，通过合理价差引导群众改变生活模式，推动节能产品的应用。在北京、上海、广州等城市扩大公共服务领域新能源汽车示范推广范围，每年新增或更新的公交车中新能源汽车的比例达到60%以上，开展私人购买新能源汽车和新能源出租车、物流车补贴试点。到2015年，终端用能产品能效水平提高15%以上，高效节能产品市场占有率提高到50%以上。

（二）拉动环保产品及再生产品消费。

（三）推进政府采购节能环保产品。完善政府强制采购和优先采购制度，提高采购节能环保产品的能效水平和环保标准，扩大政府采购节能环保产品范围，不断提高节能环保产品采购比例，发挥示范带动作用。政府普通公务用车要优先采购1.8升（含）以下燃油经济性达到要求的小排量汽车和新能源汽车，择优选用纯电动汽车，研究对硒鼓、墨盒、再生纸等再生产品以及汽车零部件再制造产品的政府采购支持措施。鼓励政府机关、事业单位采取购买服务的方式，提高能源、水等资源利用效率，降低使用成本。抓紧研究制定政府机关及公共机构购买新能源汽车的实施方案。

五、加强技术创新，提高节能环保产业市场竞争力

六、强化约束激励，营造有利的市场和政策环境

各地区、各部门要按照本意见的要求，进一步深化对加快发展节能环保产业重要意义的认识，切实加强组织领导和协调配合，明确任务分工，落实工作责任，扎实开展工作，确保各项任务措施落到实处，务求尽快取得实效。

国务院

2013年8月1日

大气污染防治行动计划（节能与新能源汽车节选）

国发〔2013〕37号

大气环境保护事关人民群众根本利益，事关经济持续健康发展，事关全面建成小康社会，事关实现中华民族伟大复兴中国梦。当前，我国大气污染形势严峻，以可吸入颗粒物（PM10）、细颗粒物（PM2.5）为特征污染物的区域性大气环境问题日益突出，损害人民群众身体健康，影响社会和谐稳定。随着我国工业化、城镇化的深入推进，能源资源消耗持续增加，大气污染防治压力继续加大。为切实改善空气质量，制定本行动计划。

总体要求：以邓小平理论、“三个代表”重要思想、科学发展观为指导，以保障人民群众身体健康为出发点，大力推进生态文明建设，坚持政府调控与市场调节相结合、全面推进与重点突破相配合、区域协作与属地管理相协调、

总量减排与质量改善相同步，形成政府统领、企业施治、市场驱动、公众参与的大气污染防治新机制，实施分区域、分阶段治理，推动产业结构优化、科技创新能力增强、经济增长质量提高，实现环境效益、经济效益与社会效益多赢，为建设美丽中国而奋斗。

奋斗目标：经过五年努力，全国空气质量总体改善，重污染天气较大幅度减少；京津冀、长三角、珠三角等区域空气质量明显好转。力争再用五年或更长时间，逐步消除重污染天气，全国空气质量明显改善。

具体指标：到2017年，全国地级及以上城市可吸入颗粒物浓度比2012年下降10%以上，优良天数逐年提高；京津冀、长三角、珠三角等区域细颗粒物浓度分别下降25%、20%、15%左右，其中北京市细颗粒物年均浓度控制在60微克/立方米左右。

一、加大综合治理力度，减少多污染物排放

（一）加强工业企业大气污染综合治理。

（二）深化面源污染治理。

（三）强化移动源污染防治。加强城市交通管理。优化城市功能和布局规划，推广智能交通管理，缓解城市交通拥堵。实施公交优先战略，提高公共交通出行比例，加强步行、自行车交通系统建设。根据城市发展规划，合理控制机动车保有量，北京、上海、广州等特大城市要严格限制机动车保有量。通过鼓励绿色出行、增加使用成本等措施，降低机动车使用强度。

提升燃油品质。加快石油炼制企业升级改造，力争在2013年底前，全国供应符合国家第四阶段标准的车用汽油，在2014年底前，全国供应符合国家第四阶段标准的车用柴油，在2015年底前，京津冀、长三角、珠三角等区域内重点城市全面供应符合国家第五阶段标准的车用汽、柴油，在2017年底前，全国供应符合国家第五阶段标准的车用汽、柴油。加强油品质量监督检查，严厉打击非法生产、销售不合格油品行为。

加快淘汰黄标车和老旧车辆。采取划定禁行区域、经济补偿等方式，逐步淘汰黄标车和老旧车辆。到2015年，淘汰2005年底前注册营运的黄标车，基本淘汰京津冀、长三角、珠三角等区域内的500万辆黄标车。到2017年，基本淘汰全国范围的黄标车。

加强机动车环保管理。环保、工业和信息化、质检、工商等部门联合加强新生产车辆环保监管，严厉打击生产、销售环保不达标车辆的违法行为；加强在用机动车年度检验，对不达标车辆不得发放环保合格标志，不得上路行驶。加快柴油车车用尿素供应体系建设。研究缩短公交车、出租车强制报废年限。鼓励出租车每年更换高效尾气净化装置。开展工程机械等非道路移动机械和船舶的污染控制。

加快推进低速汽车升级换代。不断提高低速汽车（三轮汽车、低速货车）节能环保要求，减少污染排放，促进相关产业和产品技术升级换代。自2017年起，新生产的低速货车执行与轻型载货车同等的节能与排放标准。

大力推广新能源汽车。公交、环卫等行业和政府机关要率先使用新能源汽车，采取直接上牌、财政补贴等措施鼓励个人购买。北京、上海、广州等城市每年新增或更新的公交车中新能源和清洁燃料车的比例达到60%以上。

二、调整优化产业结构，推动产业转型升级

（四）严控“两高”行业新增产能。

（五）加快淘汰落后产能。

（六）压缩过剩产能。

（七）坚决停建产能严重过剩行业违规在建项目。

三、加快企业技术改造，提高科技创新能力

（八）强化科技研发和推广。加强灰霾、臭氧的形成机理、来源解析、迁移规律和监测预警等研究，为污染治理提供科学支撑。加强大气污染与人群健康关系的研究。支持企业技术中心、国家重点实验室、国家工程实验室建设，推进大型大气光化学模拟仓、大型气溶胶模拟仓等科技基础设施建设。加强脱硫、脱硝、高效除尘、挥发性有机物控制、柴油机（车）排放净化、环境监测，以及新能源汽车、智能电网等方面的技术研发，推进技术成果转化应用。加强大气污染治理先进技术、管理经验等方面的国际交流与合作。

四、加快调整能源结构，增加清洁能源供应

五、严格节能环保准入，优化产业空间布局

六、发挥市场机制作用，完善环境经济政策

七、健全法律法规体系，严格依法监督管理

八、建立区域协作机制，统筹区域环境治理

九、建立监测预警应急体系，妥善应对重污染天气

国务院

2013年9月10日

能源发展“十二五”规划（节能与新能源汽车节选）

前言

能源是人类生存和发展的重要物质基础，攸关国计民生和国家安全。推动能源生产和利用方式变革，调整优化能源结构，构建安全、稳定、经济、清洁的现代能源产业体系，对于保障我国经济社会可持续发展具有重要战略意义。

本规划根据《中华人民共和国国民经济和社会发展第十二个五年规划纲要》（以下简称“十二五”规划纲要）编制，主要阐明我国能源发展的指导思想、基本原则、发展目标、重点任务和政策措施，是“十二五”时期我国能源发展的总体蓝图和行动纲领。

第一章 发展基础和背景
第二章 指导方针和目标
第三章 主要任务
第一节 加强国内资源勘探开发
第二节 推进能源高效清洁转化
第三节 推动能源供应方式变革
一、大力发展分布式能源
二、推进智能电网建设
三、建设新能源汽车供能设施

加强供能基础设施建设，为新能源汽车产业化发展提供必要的条件和支撑，促进交通燃料清洁化替代，降低温室气体和大气污染物排放。结合充电式混合动力、纯电动、天然气（CNG/LNG）等新能源汽车发展，在北京、上海、重庆等新能源汽车示范推广城市，配套建设充电桩、充（换）电站、天然气加注站等服务网点。着力研发高性能动力电池和储能设施，建立新能源汽车供能装备制造、认证、检测以及配套标准体系。到 2015 年，形成 50 万辆电动汽车充电基础设施体系。

第四章 保障措施
第五章 规划实施

序号	工作任务	主要参加单位
		一、主要任务
1	加快国内能源资源开发	发展改革委、能源局、科技部、财政部、国土资源部、环境保护部、住房城乡建设部、水利部、农业部、林业局、海洋局
2	推进能源高效清洁转化	发展改革委、能源局、科技部、工业和信息化部、财政部、国土资源部、环境保护部、农业部、林业局
3	推进能源供应方式变革	发展改革委、能源局、科技部、财政部、工业和信息化部、环境保护部、住房城乡建设部、农业部、林业局
4	加快能源储运设施建设	发展改革委、能源局、财政部、国土资源部、环境保护部、交通运输部、铁道部、农业部、商务部、林业局、电监会
5	实施能源民生工程	发展改革委、能源局、财政部、住房城乡建设部、水利部、农业部、商务部、林业局
6	控制能源消费总量	发展改革委、能源局、财政部、工业和信息化部、住房城乡建设部、交通运输部、铁道部、农业部、统计局、电监会
7	深化能源体制机制改革	发展改革委、能源局、工业和信息化部、财政部、国土资源部、商务部、国资委、电监会、证监会
8	提升能源科技装备水平	发展改革委、能源局、科技部、工业和信息化部、财政部、国土资源部、农业部、林业局、中科院、工程院
9	深化能源国际合作	发展改革委、能源局、外交部、科技部、财政部、国土资源部、交通运输部、商务部、人民银行、银监会、保监会
		二、保障措施
1	健全财税金融政策	财政部、发展改革委、能源局、国土资源部、住房城乡建设部、人民银行、税务总局、银监会、证监会、保监会
2	改进能源投资管理	发展改革委、能源局、财政部、商务部、人民银行、国资委
3	强化能源行业管理	发展改革委、能源局、国土资源部、统计局、法制办、电监会
4	加强国际合作统筹协调	发展改革委、能源局、外交部、财政部、商务部

注：列第一位的为牵头单位。

国务院

2013 年 1 月 1 日

乘用车企业平均燃料消耗量核算办法

第一章 总则

第一条 按照《国务院关于印发节能与新能源汽车产业发展规划（2012—2020 年）的通知》（国发〔2012〕22 号）要求，为进一步完善汽车节能管理制度，实施乘用车企业平均燃料消耗量管理，逐步降低我国乘用车产品平均燃料消耗量，实现 2015 年和 2020 年我国乘用车产品平均燃料消耗量降至 6.9 升/100 公里和 5.0 升/100 公里的目标，特制定本办法。

第二条　本办法所称乘用车是指在中国关境内销售的能够燃用汽油或柴油燃料的乘用车产品（含非插电式混合动力乘用车）以及纯电动、插电式混合动力、燃料电池乘用车等新能源乘用车产品，包括在中国关境内生产的国产乘用车产品和在中国关境外生产的进口乘用车产品。

第三条　本办法所称企业是指依法获得许可在中国关境内销售乘用车的企业，包括国产乘用车生产企业和进口乘用车生产企业。

国产乘用车生产企业应已列入工业和信息化部《车辆生产企业及产品公告》，并获得强制性产品认证。

进口乘用车生产企业主要是指其生产的乘用车产品已获得中国强制性产品认证的中国关境外的乘用车生产企业。进口乘用车经销企业视同为进口乘用车生产企业在中国的代理，负责乘用车企业平均燃料消耗量核算的一切工作。

第四条　本办法所称核算年度是公历年，即每年1月1日至12月31日。其中，国产乘用车采用生产日期，生产日期以《机动车整车出厂合格证》上的制造日期为准；进口乘用车采用进口日期，进口日期以海关放行日期为准。

第五条　工业和信息化部会同国家发展改革委、商务部、海关总署、质检总局实施乘用车企业平均燃料消耗量核算管理。

第二章　乘用车企业平均燃料消耗量核算主体

第六条　国产乘用车产品与进口乘用车产品企业平均燃料消耗量分别实施核算。

第七条　原则上《车辆生产企业及产品公告》内每一个独立法人乘用车生产企业、每一个单独注册的进口汽车经销企业作为一个企业平均燃料消耗量核算主体。

第三章　乘用车产品燃料消耗量数据报送与公示

第八条　工业和信息化部负责建立"汽车燃料消耗量数据管理系统"，定期汇总数据，并将情况通报核算管理相关部门。企业应按要求及时报送新生产、新进口的乘用车产品的燃料消耗量数据（具体要求见附件一）。

第九条　企业应建立乘用车产品平均燃料消耗量监控体系，根据达标情况及时调整生产或进口计划，并将已停止生产或进口的车型情况报工业和信息化部（装备工业司），同时抄送质检总局（认监委）。

第十条　工业和信息化部通过中国汽车燃料消耗量网站汽车燃料消耗量通告系统公布乘用车燃料消耗量及相关信息。

第四章　乘用车企业平均燃料消耗量核算方法

第十一条　企业乘用车车型燃料消耗量的计算，采《轻型用汽车燃料消耗量通告》中对应车辆型号的综合工况燃料消耗量指标。

如果汽车燃料消耗量通告系统中同一企业在市场上销售的同一车辆型号有多个不同的综合工况燃料消耗量数据（含本年度已通过汽车燃料消耗量通告系统发布的停止生产或进口车型的数据），计算企业平均燃料消耗量实际值时采用最大的燃料消耗量。

第十二条　国内乘用车生产企业的核算基数为核算年度内的乘用车产量（不含乘用车出口量）。进口乘用车经销企业的核算基数为核算年度内经中国海关放行、检验检疫机构检验的实际进口量。

第十三条　核算主体平均燃料消耗量的计算方式为：核算主体各车型燃料消耗量与各车型所对应核算基数的乘积之和除以该核算主体所有车型核算基数之和。计算结果四舍五入圆整至小数点后二位。

核算主体平均燃料消耗量目标值的计算方式为：核算主体各车型燃料消耗量目标值与各车型所对应核算基数的乘积之和除以该核算主体所有车型核算基数之和。计算结果四舍五入圆整至小数点后二位。

第十四条　2012—2015年，乘用车车型燃料消耗量目标值和企业达标要求按《乘用车燃料消耗量评价方法及指标》（GB27999－2011）规定（不计新能源乘用车产品）。

同一车辆型号因整车整备质量、座位排数、变速器型式的不同有多个不同的燃料消耗量目标值时，计算企业平均消耗量目标值时采用最小的燃料消耗量目标值。

第十五条　为鼓励发展节能与新能源汽车产品，在统计企业达到国家乘用车平均燃料消耗量目标的情况时，对企业生产或进口的纯电动乘用车、燃料电池乘用车、纯电动驱动模式综合工况续驶里程达到50公里及以上的插电式混合动力乘用车，综合工况燃料消耗量实际值按零计算，并按5倍数量计入核算基数之和；综合工况燃料消耗量实际值低于2.8升/100公里（含）的车型（不含纯电动、燃料电池乘用车），按3倍数量计入核算基数之和；其他插电式混合动力乘用车，按实际数量核算。

第五章　乘用车企业平均燃料消耗量报告

第十六条　每年12月20日前，各核算主体应根据年度达标要求向工业和信息化部递交下一年度企业平均燃料消耗量预报告（纸制和光盘各一式五份，由工业和信息化部转送核算管理相关部门），预报告主要内容包括企业平均燃料消耗量预期值、预期目标值等。

第十七条　每年8月1日前，各核算主体应向工业和信息化部递交企业平均燃料消耗量中期报告（纸制和光盘各一式五份，由工业和信息化部转送核算管理相关部门），主要内容包括：

（一）上半年已实际生产或进口的各车型数量、对应综合工况燃料消耗量及关键参数；

（二）下半年企业平均燃料消耗量目标值、实际值情况预测；

（三）本年度企业平均燃料消耗量目标值预测完成情况等。

第十八条　每年2月1日前，各核算主体应向工业和信息化部递交上一年度企业平均燃料消耗量报告（纸制和光盘各一式五份，由工业和信息化部转送核算管理相关部门），主要内容包括：生产或进口的各车型数量、关键参数、综合工况燃料消耗量和对应车型燃料消耗量目标值及核算主体的企业平均燃料消耗量目标值、实际值等情况。（企业平均燃料消耗量预报告、中期报告、年度报告的格式见附件二）

第十九条　如核算主体认为递交的企业平均燃料消耗量预报告、中期报告涉及企业商业秘密，需在报告中明确涉及企业商业秘密的内容及保密期限。经工业和信息化部审查同意，可不对外公开。

核算主体递交的汽车产品燃料消耗量年度报告不得以涉及企业商业秘密为名限制对外公开。

第六章　核算与公示

第二十条　工业和信息化部会同国家发展改革委、商务部、海关总署、质检总局建立企业平均燃料消耗量核算的联合工作机制。

工业和信息化部具体负责国产乘用车燃料消耗量、产量及乘用车生产企业等情况的核查。

海关总署具体负责进口量及进口经销企业等情况的核查。

质检总局具体负责进口乘用车燃料消耗量、进口量及进口经销企业、进口乘用车制造企业等情况的核查。

第二十一条　上一年度所有核算主体的企业平均燃料消耗量情况将于每年3月20日前公示。

第二十二条　各核算主体和社会各界对公示的企业平均燃料消耗量情况有异议的，可在20个工作日内反馈。相关部门需在接到异议后20个工作日内给予答复或处理。

第二十三条　每年6月1日前，工业和信息化部会同国家发展改革委、商务部、海关总署、质检总局发布上一年度“乘用车企业平均燃料消耗量核算情况报告”，包括生产/进口乘用车产品数量、企业平均燃料消耗量目标值、实际值、达标及排名等情况。

第七章　额度的转结与使用

第二十四条　优于/劣于目标值的额度为本年度企业平均燃料消耗量目标值与企业平均燃料消耗量实际值的差额与本年度车型核算基数的积。计算结果四舍五入圆整至整数位。

第二十五条　企业平均燃料消耗量实际值优于目标值的核算主体，可将优于目标值的额度结转至下一年度使用。2015年前，优于目标值的额度是指低于100%目标值以下的额度。

第二十六条　结转额度有效期不超过三年。先结转的额度可先使用。

第八章　监督管理

第二十七条　工业和信息化部会同国家发展改革委、商务部、质检总局、海关总署建立汽车产品燃料消耗量核查、公示制度，对市场上销售的汽车产品的燃料消耗量进行抽样核查，核查结果向社会公开发布。

第二十八条　对报告和核算数据存在不达标问题的企业，要求其说明情况及提交改进方案。未按要求上报燃料消耗量数据的企业，按企业平均燃料消耗量不达标处理。

第二十九条　对发现或有举报并经查实有下列情况之一的，将视情节严重，按国家有关法律、法规予以处理：

（一）企业未按要求标示汽车燃料消耗量的；

（二）企业标示的汽车燃料消耗量数据与上报数据不符的；

（三）企业标示、上报的汽车燃料消耗量数据与核查结果不符的；

（四）企业不按时递交企业平均燃料消耗量预报告、中期报告、年度报告的；

（五）企业递交的企业平均燃料消耗量年度报告与事实不符的。

第九章　附则

第三十条　2012年度企业平均燃料消耗量核算执行日期从2012年7月1日至2012年12月31日。

第三十一条　按照《节能与新能源汽车产业发展规划（2012—2020年）》要求，有关汽车燃料消耗量管理办法将另行制定。

第三十二条　本办法自2013年5月1日开始实施。

附件一：乘用车燃料消耗量数据报送要求（略）

附件二：企业平均燃料消耗量报告（略）

工业和信息化部
国家发展改革委
商务部
海关总署
质检总局
2013年3月14日

京津冀及周边地区落实大气污染防治行动计划实施细则（节能与新能源汽车节选）

京津冀及周边地区（包括北京市、天津市、河北省、山西省、内蒙古自治区、山东省）是我国大气污染最严重的区域。为加快京津冀及周边地区大气污染综合治理，依据《大气污染防治行动计划》，制定本实施细则。

一、主要目标

二、重点任务

（一）实施综合治理，强化污染物协同减排

（二）统筹城市交通管理，防治机动车污染

9. 大力推广新能源汽车。公交、环卫等行业和政府机关率先推广使用新能源汽车。北京、天津、石家庄、太原、济南等城市每年新增或更新的公交车中新能源和清洁燃料车的比例达到60%左右。采取直接上牌、财政补贴等综合措施鼓励个人购买新能源汽车。在农村地区积极推广电动低速汽车（三轮汽车、低速货车）。

（三）调整产业结构，优化区域经济布局

（四）控制煤炭消费总量，推动能源利用清洁化

（五）强化基础能力，健全监测预警和应急体系

环境保护部

发展改革委

工业和信息化部

财政部

住房城乡建设部

能源局

2013年9月13日

甲醇汽车试点技术数据采集管理办法

一、总则

根据《关于开展甲醇汽车试点工作的通知》（工信部节〔2012〕42号），为全面科学评价甲醇汽车试点运行情况，规范试点工作技术数据采集工作，确保技术数据科学可信，特编制本办法。

本办法规范了甲醇汽车试点工作技术数据采集的类别、条目及具体要求，数据将作为甲醇汽车试点工作评价的重要依据。甲醇汽车的定义、标准及技术规范、专项检验项目按照《关于开展甲醇汽车试点工作的通知》（工信部节〔2012〕42号）中附件《甲醇汽车技术要求》规定执行。

二、技术数据采集内容与要求

（一）甲醇汽车整车

1. 甲醇汽车整车技术数据采集分为装用点燃式甲醇发动机的甲醇汽车整车和装用压燃式甲醇发动机的甲醇汽车整车两类。根据甲醇汽车整车的特殊性，结合甲醇汽车整车使用的特殊要求，采集如下内容和数据：工业和信息化部《车辆生产企业及产品公告》文号（含批次）、车辆产品型号、车辆号牌号码、制造厂商、发动机号、车辆识别代码、行驶里程、排放等级、燃料类型、甲醇燃料箱容积、汽柴油箱容积、启动性能、冷启动性能、限定条件下百公里油耗、加速性能、最高车速、最大爬坡度、车外加速噪声等参数。通过数据分析和对比，评价甲醇汽车整车在使用过程中的性能变化及使用情况。

2. 采集甲醇汽车整车技术数据应依据制造企业提供的出厂技术数据，按规定（见附表1、附表2）的内容建立技术档案。

3. 试点用甲醇汽车每半年由试点地区工业和信息化主管部门指定的、具有资质的机动车检验检测单位进行检验，检验方法按机动车检验相关规定，检验数据由试点车辆运营单位负责收集汇总。

4. 试点工作结束后，在试点运行车辆中抽取不少于3辆乘用车、不少于1辆商用车，由试点地区工业和信息化主管部门委托具有国家级检测资质的检测机构负责对甲醇汽车整车启动性能、百公里油耗、加速性能、最高车速、最大爬坡度、车外加速噪声、常规排放检测、甲醛进行测试并提出检测报告。

（二）甲醇发动机

1. 甲醇发动机技术数据采集分为点燃式甲醇发动机和压燃式甲醇发动机两类，根据发动机的固有特性和使用特性，结合发动机燃用甲醇燃料的特殊要求，采集如下数据和参数：发动机制造厂商、所配车型、发动机号、发动机型式、缸径、冲程、排量、压缩比、最大功率、最大转矩、最低燃油消耗率等参数。通过数据分析和对比，评价甲醇发动机在使用过程中的性能变化及使用情况。

2. 发动机技术数据采集共进行两次，第一次对所有参与试点工作的甲醇汽车发动机按照要求（见附表3、附表4）进行数据采集并建立档案，采集的技术数据为汽车厂商或发动机制造商提供的数据；第二次采集为试点工作结束后，在试点运行车辆中抽取不少于3辆乘用车、不少于1辆商用车所装配发动机，由试点地区工业和信息化主管部门委托具有国家级检测资质的检测机构负责测试并提出检测报告。商用车用发动机甲醛检测采用台架测试。

3. 甲醇发动机性能试验按照《汽车发动机性能试验方法》（GB18297）进行。

（三）甲醛排放和常规排放

1. 甲醇汽车甲醛排放是技术数据采集的重要内容。通过数据分析和对比，评价甲醇汽车甲醛排放情况。

2. 甲醛排放检测由试点地区工业和信息化主管部门委托具有国家级检测资质的检测机构，按照《关于开展甲醇汽车试点工作的通知》（工信部节〔2012〕42号）提出的

轻型及重型发动机甲醛排放的要求和分析方法，在试点运行车辆中抽取不少于3辆乘用车每年进行一次检测。试点工作结束后，抽取1辆商用车进行甲醛排放检测。检测单位负责提出检测报告（见附表5）。

3. 对甲醇汽车试点车辆常规排放物碳氢化合物、一氧化碳、氮氧化合物、烟度、颗粒物（含PM2.5）进行数据采集，通过数据分析和对比，评价甲醇汽车常规有害气体排放。在试点运行车辆中抽取不少于3辆乘用车每年进行一次检测，商用车与甲醛排放检测同步进行常规排放检测。轻型车按GB18352.3－2005《轻型汽车污染物排放限值及测量方法（中国Ⅲ、Ⅳ阶段）》、重型车按GB20890－2007《重型汽车排气污染物排放控制系统耐久性要求及试验方法》进行检测，检测单位负责提出检测报告（见附表5）。

（四）环境影响

1. 根据甲醇汽车整车及其甲醇燃料加注的特性，对甲醇燃料生产企业和甲醇燃料加注站大气环境中甲醇含量进行监测，通过对监测数据分析和对比，评估甲醇燃料在制备、加注和使用过程中对环境的影响。

2. 甲醇在大气环境中含量的监测，由试点地区工业和信息化主管部门委托具有环境保护监测资质的机构，按照相关规范，每季度在试点地区甲醇燃料生产企业、甲醇燃料加注站、甲醇汽车驾驶室、发动机及整车实验室、维修车间定期进行监测，采集的数据由试点地区主管部门负责汇总整理（见附表6）。

（五）人体健康

1. 人体健康数据采集主要是对甲醇燃料生产人员、甲醇燃料加注站工作人员、甲醇汽车司乘人员、甲醇汽车维修人员的人体健康数据进行分类采集。通过数据分析，对甲醇燃料和甲醇汽车试点运营涉醇工作人员职业健康进行评价。

2. 根据甲醇汽车及甲醇燃料的特殊性，采集内容和数据如下：姓名、性别、年龄、工作单位，常规检查，眼科检查（晶体、眼底、视力），内科检查，皮肤黏膜检查，血常规，尿常规，肝功能，心电图，B超，呼吸系统，胸部X线检查。

3. 对参加试点工作的主要涉醇人员每年进行不低于2次职业健康检查，由试点地区工业和信息化主管部门指定涉醇人员所属单位组织在具有省级职业健康检查资质的医院进行。健康检查报告由试点运行单位负责收集汇总（见附表7）。

（六）车辆保养、故障及维修

1. 根据甲醇汽车的使用特性和试点工作的要求，规定对试点车辆保养、维修及故障排除等相关数据进行采集。通过数据分析，评价甲醇汽车可靠性。

2. 甲醇汽车维修和保养在汽车制造厂商指定的机构进行，相关记录由试点车辆运营单位负责收集汇总（见附表8）。

（七）甲醇燃料

1. 甲醇汽车试点使用M100和M85两种甲醇燃料。数据采集由甲醇燃料供应商、甲醇加注站、甲醇汽车运营单位负责。通过数据分析，评价甲醇燃料的适应性和经济性。

2. 甲醇燃料供应商负责按每季度向试点地区工业和信息化主管部门提供销售的甲醇燃料种类、购货单位、购货量、销售价格以及添加剂使用情况（见附表9）。

3. 甲醇燃料加注站负责按每季度向试点地区主管部门提供甲醇燃料进货量、销售量、销售价格（见附表10）。

4. 甲醇汽车运营单位负责按每季度向试点地区工业和信息化主管部门提供每辆车甲醇燃料加注日期、加注量、行驶里程（见附表11）。

（八）甲醇燃料加注站

1. 甲醇燃料加注站应根据甲醇汽车试点地区工业和信息化主管部门规划核准设立，采集如下数据：加注站名称、所处位置，储醇罐结构、容积、材料、型式（地上、地下、撬装站），加注机制造商、型号、主要技术参数、密封系统材料、更换零部件及时间、使用寿命、维护保养周期，过滤器制造商、精度，加注机有无蒸发排放控制措施；计量仪器仪表制造商、精度、公安消防部门核准的证书号、对突发事件的应急处置机制。通过数据分析和对比，评价甲醇燃料加注站实际运营过程中的变化情况。

2. 甲醇燃料加注站数据采集每季度由加注站自行负责进行数据采集，试点地区工业和信息化主管部门随机对采集数据进行抽查校验（见附表12）。

3. 试点工作结束后，由试点地区工业和信息化主管部门委托具有燃料加注装备检测资质的检测机构负责对甲醇燃料加注站及所用加注设备、装置进行评定，并提出评定报告。

三、技术数据汇总与传输

工业和信息化部设立甲醇汽车试点技术数据中心（依托中国内燃机协会），数据中心开通与试点地区主管部门的网络传输系统，负责对试点地区上传的技术数据进行归类建档，建立甲醇汽车试点工作技术数据库，并组织提出甲醇汽车试点技术数据阶段评估报告。

试点地区主管部门，应建立本地区甲醇汽车试点数据库，按规定的时间、路径和要求上传技术数据，并定期开展技术数据评估工作。

附表：

附表1　装用点燃式发动机的甲醇汽车整车性能数据采

集表（略）

附表 2 装用压燃式发动机的甲醇汽车整车性能数据采集表（略）

附表 3 点燃式甲醇发动机数据采集表（略）

附表 4 压燃式甲醇发动机数据采集表（略）

附表 5 甲醇汽车排放数据采集表（略）

附表 6 大气环境中甲醇含量数据采集表（略）

附表 7 人体健康数据采集表（略）

附表 8 甲醇汽车故障维修数据采集表（略）

附表 9 试点地区甲醇燃料供应商销售数据采集表（略）

附表 10 试点地区加注站甲醇燃料购销数据采集表（略）

附表 11 甲醇汽车燃料加注数据采集表（略）

附表 12 加注站数据采集表（略）

工业和信息化部办公厅

2013 年 1 月 25 日

关于开展 1.6 升及以下节能环保汽车推广工作的通知

财建〔2013〕644 号

为推进节能减排，促进大气污染治理，报经国务院批准同意，财政部、发展改革委、工业和信息化部决定从 2013 年 10 月 1 日起，实施 1.6 升及以下节能环保汽车（乘用车，下同）推广政策。现将有关事项通知如下：

一、现行 1.6 升及以下节能汽车推广补贴政策执行到 2013 年 9 月 30 日。推广企业要认真总结 2011 年 10 月 1 日—2013年 9 月 30 日推广情况，编制补贴资金清算报告，于 2013 年 10 月 31 日前由省级财政部门会同发展改革委、工业和信息化主管部门审核后上报财政部。财政部、发展改革委、工业和信息化部将组织专项核查并根据核查情况对补贴资金进行清算。

二、从 2013 年 10 月 1 日—2015 年 12 月 31 日，实施 1.6 升及以下节能环保汽车推广补贴政策。

（一）推广车辆要达到产品综合燃料消耗量标准，具体限值如下：

整车整备质量（CM）（kg）	具有两排及以下座椅（L/100 km）	具有三排或三排以上座椅（L/100 km）
CM≤750	4.7	5.0
750 < CM≤865	4.9	5.2
865 < CM≤980	5.1	5.4
980 < CM≤1090	5.3	5.6
1090 < CM≤1205	5.6	5.9
CM > 1205	5.9	

（二）推广车辆污染物排放能够满足《轻型汽车污染物排放限值及测量方法（中国第五阶段）》GB18352.5－2013 标准中 I 型试验的限值要求：

<table>
<tr><th colspan="2" rowspan="3">车辆类型</th><th rowspan="3">整备质量（CM）（kg）</th><th colspan="14">限值</th></tr>
<tr><th colspan="2">CO</th><th colspan="2">THC</th><th colspan="2">NMHC</th><th colspan="2">NOx</th><th colspan="2">HC + NOx</th><th colspan="2">PM</th><th colspan="2">PN</th></tr>
<tr><th colspan="2">L1（g/km）</th><th colspan="2">L2（g/km）</th><th colspan="2">L3（g/km）</th><th colspan="2">L4（g/km）</th><th colspan="2">L2 + L4（g/km）</th><th colspan="2">L5（g/km）</th><th colspan="2">L6（个/km）</th></tr>
<tr><td>类别</td><td>级别</td><td></td><td>PI</td><td>CI</td><td>PI</td><td>CI</td><td>PI</td><td>CI</td><td>PI</td><td>CI</td><td>PI</td><td>CI</td><td>PI①</td><td>CI</td><td>PI</td><td>CI</td></tr>
<tr><td>第一类车</td><td>—</td><td>全部</td><td rowspan="2">1.00</td><td rowspan="2">0.50</td><td rowspan="2">0.100</td><td>—</td><td rowspan="2">0.068</td><td>—</td><td rowspan="2">0.060</td><td rowspan="2">0.180</td><td>—</td><td rowspan="2">0.230</td><td colspan="2" rowspan="4">0.0045</td><td>—</td><td rowspan="4">6.0×10^11</td></tr>
<tr><td rowspan="3">第二类车</td><td>I</td><td>CM≤1205</td><td>—</td><td>—</td><td>—</td><td>—</td></tr>
<tr><td>II</td><td>1205 < CM≤1660</td><td>1.81</td><td>0.63</td><td>0.130</td><td>—</td><td>0.090</td><td>—</td><td>0.075</td><td>0.235</td><td>—</td><td>0.295</td><td>—</td></tr>
<tr><td>III</td><td>1660 < CM</td><td>2.27</td><td>0.74</td><td>0.160</td><td>—</td><td>0.108</td><td>—</td><td>0.082</td><td>0.280</td><td>—</td><td>0.350</td><td>—</td></tr>
</table>

注：CO——一氧化碳；THC——总碳氢；NMHC——非甲烷碳氢；NOx——氮氧化物；HC + NOx——碳氢加氮氧化物；PM——颗粒物重量；PN——颗粒物计数；PI——点燃式（汽油车）；CI——压燃式（柴油车）。

①仅适用于装缸内直喷发动机的汽车。

（三）鼓励采用发动机怠速启停、高效直喷发动机、混合动力、轻量化等节能环保技术和产品。

（四）推广补贴标准不变，即对消费者购买 1.6 升及以下节能环保汽车继续给予一次性 3000 元定额补助，由生产企业在销售时兑付给购买者。

（五）推广资格申请等其他有关事项按《“节能产品惠民工程”节能汽车（1.6 升及以下乘用车）推广实施细则》（财建〔2010〕219 号）执行。同时，工业和信息化部、财政部、发展改革委等有关部委将对节能环保汽车的燃料消耗量和排放进行监督检查，其中以不磨合方式进行车辆燃料消耗量核查试验所采用的渐变系数调整为 0.95。

三、相关企业、地方各有关部门要相互协作，通过电视、网络、报纸等多种途径做好宣传工作，使广大消费者及时准确了解政策规定。地方各有关部门在加强宣传的同时，统筹协调好各个环节，认真审核并及时上报清算材料。

财政部
发展改革委
工业和信息化部
2013 年 9 月 30 日

关于继续开展新能源汽车推广应用工作的通知

财建〔2013〕551 号

各省、自治区、直辖市、计划单列市财政厅（局）、科技厅（局、科委）、工业和信息化主管部门、发展改革委：

为加快新能源汽车产业发展，推进节能减排，促进大气污染治理，报经国务院批准同意，2013—2015 年继续开展新能源汽车推广应用工作。现将有关补贴政策通知如下：

一、依托城市推广应用新能源汽车

（一）继续依托城市尤其是特大城市推广应用新能源汽车。重点在京津冀、长三角、珠三角等细颗粒物治理任务较重的区域，选择积极性较高的特大城市或城市群实施。

（二）示范城市或区域须满足以下条件：

1. 2013—2015 年，特大型城市或重点区域新能源汽车累计推广量不低于 10000 辆，其他城市或区域累计推广量不低于 5000 辆。

2. 推广应用的车辆中外地品牌数量不得低于 30%。不得设置或变相设置障碍限制采购外地品牌车辆。

3. 政府机关、公共机构等领域车辆采购要向新能源汽车倾斜，新增或更新的公交、公务、物流、环卫车辆中新能源汽车比例不低于 30%。

4. 地方政府对新能源汽车车辆购置、公交车运营、配套设施建设等方面已出台具体明确的政策措施。

5. 相关城市须接受年度考核评估，未能完成年度推广目标的将予以淘汰。

（三）能够满足上述条件的城市，可编制新能源汽车推广应用实施方案，于 10 月 15 日前逐级上报至财政部、科技部、工业和信息化部、发展改革委（以下简称“四部委”）。四部委将对上报方案进行审核评估，择优确定示范城市名单。

二、对消费者购买新能源汽车给予补贴

（一）补助范围。纳入中央财政补贴范围的新能源汽车车型应是符合要求的纯电动汽车、插电式混合动力汽车和燃料电池汽车。重点加大政府机关、公共机构、公交等领域新能源汽车推广力度。

（二）补助对象。补助对象是消费者，消费者按销售价格扣减补贴后支付。

（三）资金拨付。中央财政将补贴资金拨付给新能源汽车生产企业，实行按季预拨、年度清算。生产企业在产品销售后，每季度末向企业注册所在地的财政、科技部门提交补贴资金预拨申请，当地财政、科技部门审核后逐级上报至财政部、科技部。四部委组织审核后向有关企业预拨补贴资金。年度终了后，根据核查结果进行补贴资金清算。

（四）补助标准。补助标准依据新能源汽车与同类传统汽车的基础差价确定，并考虑规模效应、技术进步等因素逐年退坡。2013 年具体补助标准见附件。2014 年和 2015 年，纯电动乘用车、插电式混合动力（含增程式）乘用车、纯电动专用车、燃料电池汽车补助标准在 2013 年标准基础上分别下降 10% 和 20%；纯电动公交车、插电式混合动力（含增程式）公交车标准维持不变。

三、对示范城市充电设施建设给予财政奖励

中央财政将安排资金对示范城市给予综合奖励，奖励资金将主要用于充电设施建设等方面。具体奖励办法及标准另行制定。

财政部
科技部
工业和信息化部
发展改革委
2013 年 9 月 13 日

附件：　2013 年新能源汽车推广应用补助标准

1. 纯电动乘用车、插电式混合动力（含增程式）乘用车推广应用补助标准

单位：万元/辆

车辆类型	纯电续驶里程 R（工况法，公里）			
	80GB2312" >≤R<150	150≤R<250	R≥250	R≥50
纯电动乘用车	3.5	5	6	—
插电式混合动力乘用车（含增程式）	—	—	—	3.5

2. 纯电动客车、插电式混合动力（含增程式）客车推广应用补助标准

单位：万元/辆

车辆类型	车长 L（米）		
	6≤L<8	8≤L<10	L≥10
纯电动客车	30	40	50
插电式混合动力客车（含增程式）	—		25

此外，超级电容、钛酸锂快充纯电动客车定额补贴 15 万元。

3. 纯电动专用车（主要是：邮政、物流、环卫等）推广应用补助标准：按电池容量每千瓦时补贴 2000 元，每辆车补贴总额不超过 15 万。

4. 燃料电池车推广应用补助标准

单位：万元/辆

车辆类型	补助标准
燃料电池乘用车	20
燃料电池商用车	50

加快推进绿色循环低碳交通运输发展指导意见（节能与新能源汽车节选）

交通运输是国民经济和社会发展的基础性、先导性和服务性行业，也是国家节能减排和应对气候变化的重点领域之一。为全面落实党的十八大提出全面建成小康社会的宏伟目标和“五位一体”的总体布局，加快推进绿色循环低碳交通运输发展，特提出以下指导意见：

一、总体要求

1. 指导思想。

深入贯彻落实党的十八大精神，按照建设“五位一体”总体布局的要求，以科学发展观为指导，以节约资源、提高能效、控制排放、保护环境为目标，以加快推进绿色循环低碳交通基础设施建设、节能环保运输装备应用、集约高效运输组织体系建设、科技创新与信息化建设、行业监管能力提升为主要任务，以试点示范和专项行动为主要推进方式，将生态文明建设融入交通运输发展的各方面和全过程，加快建成资源节约型、环境友好型交通运输行业，实现交通运输绿色发展、循环发展、低碳发展。

2. 基本原则。

——政府主导，合力推动。积极争取各级政府支持，主动加强与相关政府部门的协调，发挥政策叠加优势，突出政府主导作用。同时，充分发挥市场调节作用、企业主体作用和行业协会作用，引导社会公众广泛参与，形成政府、企业和公众共同参与的协同推进机制。

——优化结构，创新管理。在继续加强绿色循环低碳技术研发和推广应用的基础上，更加注重优化交通基础设施结构、运输装备结构、运输组织结构和能源消费结构，更加注重提升行业监管能力和企业组织管理水平，充分挖掘结构性和管理性绿色循环低碳发展潜力。

——法规约束，强化责任。积极推进绿色循环低碳交通运输法律法规和标准体系建设，着力改善法制环境，建立健全目标责任制和考核评价制度，加强监督检查，加大奖惩力度，增强绿色循环低碳发展的目标责任与制度约束。

——试点示范，典型引路。建立部省共同推进绿色循环低碳交通运输发展新机制，推进区域性和主题性试点，深化绿色循环低碳交通运输专项行动，树立行业典型，以点带面，推动全行业绿色循环低碳发展。

二、主要任务

（一）强化交通基础设施建设的绿色循环低碳要求。

（二）加快节能环保交通运输装备应用。

10. 加快推广节能与清洁能源装备。

推进以天然气等清洁能源为燃料的运输装备和机械设备的应用，加强加气、供电等配套设施建设。积极探索生物质能在交通运输装备中的应用。推广应用混合动力交通运输装备，推进合同能源管理在用能装备和系统中的应用，采用租赁代购模式推进电池动力的交通运输装备应用。推进模拟驾驶和施工、装卸机械设备模拟操作装置应用，积极推广应用绿色维修设备及工艺。

（三）加快集约高效交通运输组织体系建设。

（四）加快交通运输科技创新与信息化发展。

（五）加快绿色循环低碳交通运输管理能力建设。

三、保障措施

交通运输部

2013 年 5 月 22 日

二、地方政府政策与规划

《北京市小客车数量调控暂行规定》实施细则（2013 年修订）（节能与新能源汽车节选）

第一章　总则

第二章　申请及审核

第三章　指标取得和使用

第四章　示范应用新能源小客车指标管理

第二十四条　依据《北京市示范应用新能源小客车管理办法》的规定，本《实施细则》（2013 年修订）所称示范应用新能源小客车是指列入《北京市示范应用新能源小客车生产企业和产品目录》中的纯电驱动小客车。

第二十五条　示范应用新能源小客车指标单独配置。若申请数量少于当期示范应用新能源小客车指标配额，直接配置。若申请数量超过当期示范应用新能源小客车指标配额，摇号配置。

第二十六条　单位或者个人申请示范应用新能源小客车指标的条件，需符合本《实施细则》（2013 年修订）第七、第八、第九条的规定。企业申请示范应用新能源小客车指标，申请编码总数不受本细则第八条规定限制。

第二十七条　单位或者个人出售、报废示范应用新能源小客车后，可以申请示范应用新能源小客车更新指标。

第二十八条　个人不可同时申请小客车指标和示范应用新能源小客车指标。

第五章　监督管理

第六章　附则

第三十四条　本《实施细则》（2013 年修订）自 2014 年 1 月 1 日起施行。

北京市交通委员会
北京市公安局
北京市发展和改革委员会
北京市科学技术委员会
北京市民政局
北京市司法局
北京市财政局
北京市人力资源和社会保障局
北京市环境保护局
北京市商务委员会
北京市国家税务局
北京市地方税务局
北京市工商行政管理局
北京市质量技术监督局
2013 年 11 月 28 日

北京市 2013—2017 年机动车排放污染控制工作方案（节能与新能源汽车节选）

为深入贯彻落实国务院和市委、市政府关于大气污染防治的决策部署，切实抓好机动车排放污染控制工作，特制定本工作方案。

一、工作思路和主要目标

（一）工作思路。

深入贯彻落实科学发展观，坚持治理大气污染与治理交通拥堵相结合，以改善空气质量为目的，以交通需求控制为切入点，加强统筹，综合施策，继续优化交通出行方式，优先发展公共交通，加强机动车总量调控，减少中心城区机动车使用数量，推动机动车结构优化调整，构建以集约化出行和清洁化车辆为特点的城市交通体系，促进空气质量显著改善和经济社会可持续发展。

（二）主要目标。

大力发展公共交通，2017 年中心城区公共交通出行比例力争达到 52%；严格机动车总量调控，2017 年全市机动车保有量控制在 600 万辆以内；推动机动车结构优化调整，2017 年全市新能源和清洁能源车辆规模达到 20 万辆；提高标准加快老旧机动车淘汰更新，2015 年淘汰全部黄标车；完善公共管理政策，在机动车保有量预计增加 80 万辆的基础上，2017 年全市车用燃油消耗总量比 2012 年降低 5% 以上，机动车污染物排放总量削减 25% 以上。

二、主要措施

（一）大力发展公共交通。

（二）严格机动车总量调控。

6. 制定并组织实施更为严格的小客车数量调控措施，引导购置新能源汽车。2017 年底全市机动车保有量控制在 600 万辆以内。

（三）推动机动车结构优化调整。

7. 促进公交车结构调整及节能减排。每年新增和更新公交车中新能源和清洁能源车比例力争达到 70% 左右。2017 年实现新能源和清洁能源车总量占公交车辆比例达到 65% 左右；五环路内电驱动车比例达到 20%、天然气车达到 50%；公交行业油耗减少 40%；平均排放水平达到第五阶段机动车排放标准，污染物排放减少 50%。

8. 示范运营达到第六阶段机动车排放标准的公交车，2014 年底示范运营 100 辆达到此标准的公交车。

9. 制定出台新增和更新汽油出租车 6 年强制报废标准规定，促进出租车结构调整及节能减排。2013—2017 年，出租车更新车辆中电动车、天然气车、混合动力车各 5000

辆，其余更新为第五、第六阶段机动车排放标准的汽油车。油耗和污染物排放均减少 20%。

10. 淘汰第三阶段机动车排放标准以下本市省际客运行业车辆，长途客运站按规划外迁，2015 年外埠进京的省际客运车必须达到第三阶段及以上机动车排放标准；确定外迁长途客运站建设主体和投融资模式。2017 年省际客运车辆污染物排放减少 20%。

11. 淘汰第三阶段机动车排放标准以下本市郊区客运行业车辆，大力发展清洁能源郊区客运车辆。2017 年郊区客运天然气车比例力争达到 50%，污染物排放减少 20%，油耗减少 20%。

12. 加快淘汰第三阶段机动车排放标准以下本市旅游客运行业车辆，大力发展新能源和清洁能源旅游车。2015 年底前全部淘汰第三阶段机动车排放标准以下旅游客运车辆；2017 年五环路内的旅游客运天然气车比例力争达到 20%，示范运营纯电动旅游车达到 300 辆。污染物排放减少 15%，油耗减少 5%。

13. 促进环卫车结构调整及节能减排。对清扫保洁和洒水的车辆，首都功能核心区逐步向纯电动化方向发展；城市功能拓展区发展天然气车和纯电动车；10 个远郊区县清扫、洒水及全市垃圾运输车参照“绿色车队”要求建设和管理。2017 年纯电动环卫车辆比例达到 50%；环卫车辆油耗和排放污染均减少 20%，平均排放水平达到第五阶段机动车排放标准。

14. 加快淘汰老旧邮政车辆，发展新能源和清洁能源车，推动邮政车辆结构调整及节能减排。2017 年城区内邮政配送电动车辆比例达到 50%；邮政车辆油耗和排放污染均减少 15%。

15. 促进货运“绿色车队”建设，为货运“绿色车队”车辆配置城区通行证。2015 年货运“绿色车队”规模达到 5 万辆；货运车排放污染减少 15%。

16. 示范运营新能源货运车，不断加大新能源货运车推广力度，2016 年示范运营纯电动货运车 200 辆。

17. 促进低速货运汽车结构调整及节能减排。2017 年微型、轻型货车替换低速货运汽车比例达到 60%，低速货运汽车污染物排放减少 20%。

18. 促进渣土运输车结构调整。2015 年全部淘汰第三阶段机动车排放标准以下渣土运输车。2017 年渣土运输车排放污染减少 15%。

19. 提高物流园区和货物流转集散地使用车辆的排放标准。2014 年起，实现全市物流园区（物流基地）和货物流转集散地（物流中心、物流配送中心）使用第三阶段及以上机动车排放标准车辆进行货物运输。

20. 在公务用车领域推广使用新能源汽车，预计 2017 年公务用车中新能源汽车推广规模达到 5000 辆。

21. 研究制定鼓励个人购买使用新能源汽车政策，推广新能源汽车，2017 年新能源汽车（不含公务用车）规模达到 19.5 万辆。

22. 统一规划，统一制式，完善新能源和清洁能源车配套设施建设。

（四）提高标准加快老旧机动车淘汰更新。

33. 出台鼓励更换成混合动力汽车和 1.6 升及以下小排量客车的相关扶持政策和措施。2014 年实施鼓励更换成混合动力汽车和 1.6 升及以下小排量客车的相关扶持政策和措施。

（五）完善公共管理政策。

35. 按照国家关于“按照优质优价和排污者付费原则合理确定成品油价格”的要求，制定提高机动车使用成本的经济政策。

36. 规划低排放区，研究制定低排放区交通拥堵费征收政策和智能化车辆电子收费识别系统等配套政策。

56. 逐步加大对进入北京市场的乘用车燃料消耗量及相关乘用车生产企业的核查和管理力度。

三、保障措施

（三）制定配套政策。

1. 加快基础设施建设审批。到 2017 年，建成加气站 294 座、充换电站 107 座、充电桩 18.8 万个、变电站 34 座、双源无轨线网 151 公里等车用基础设施，力争建成轨道交通 660 公里，施划公交专用道 480 公里，建成北京绕城高速公路北京段约 80 公里。市政府各相关部门要简化审批手续，将上述基础设施建设项目纳入绿色审批通道，实行并联审批。

2. 加大资金保障力度。市政府各相关部门要加大对机动车排放污染控制工作的投资支持力度。保障北京绕城高速公路北京段、城市次干路及以上道路自行车道和人行步道建设资金，货物流转集散地、物流园区提级改造资金，公交、出租等新能源和清洁能源车辆加气站、充换电站等基础设施建设资金，智能化车辆电子收费识别系统建设资金，小客车数量调控管理信息系统升级改造及运维费，老旧机动车、黄标车淘汰补贴资金，机动车、检测场排放抽检等资金，北京市交通领域节能减排计量改造及统计与监测平台建设资金和相关宣传资金等。

3. 制定配套财税扶持政策。制定清洁能源和新能源公交、出租等车辆的购车和运营补贴政策，制定出租车提前报废补贴政策，制定三元催化器定期更换鼓励政策，制定省际客运、旅游客运、郊区客运车辆淘汰更新补贴政策；制定对绿色货运的补贴政策，制定全市物流园区、货物流转集散地使用第三阶段及以上机动车排放标准车辆进行货物运输的扶持政策；制定鼓励车辆报废解体和柴油车提前淘汰的方案等。

北京市人民政府办公厅

2013 年 10 月 8 日

上海市鼓励电动汽车充换电设施发展暂行办法

办法为鼓励本市电动汽车充换电设施建设，促进本市电动汽车应用和产业发展，根据国务院印发的《节能与新能源汽车产业发展规划》以及《上海市鼓励私人购买和使用新能源汽车试点实施暂行办法》等，结合实际，制定本暂行办法。

第一条　支持范围

（一）本暂行办法适用于示范期间（2013 年 1 月 1 日至 2014 年 12 月 31 日）在本市范围内建成投运的充换电设施，包括：

1. 自用充电设施，即专为某个私人用户提供充电的交流充电桩设施。

2. 专用充换电设施，即专为某个法人单位及其职工提供充电服务的充电设施，以及专为公交、环卫等特定行业的电动汽车提供充换电服务的充换电设施。

3. 公用充换电设施，即服务于社会电动车辆的充换电设施。

（二）本暂行办法所扶持的充换电设施，包括：

1. 按照“桩随车走，按需配置”原则建设的自用、专用充电设施，包括在私人用户所在小区（住宅）停车场地建设的自用充电设施；在单位（私人）用户办公场所停车场地以及公交、环卫等特定行业停车场地建设的专用充电设施。

2. 按照“合建为主、单建为辅”原则建设的公用充电设施，包括在充换电设施示范区（以下简称“示范区”），结合商业建筑（超市、商场等）停车场、社会停车场（库）、高速公路服务区、输变电设施、加油站、高架下空间、具备停车条件的道路等场所建设的公用充电设施；在市规划重点区域建设的中小型公用充电设施。

3. 按照“需求支撑、重在示范”原则建设的专用、公用换电设施，结合公交、环卫等行业内的电动汽车示范应用，在中环线以外区域的示范区内建设的换电设施。

第二条　支持方式和标准

（一）鼓励电力等企业发挥技术、管理、资金、服务网络等方面的优势，组建专业的充换电设施建设运营公司。

对充换电设施建设运营公司投资且符合扶持条件的充换电设施给予不超过 30% 的财政资金支持，补贴资金在市节能减排专项资金中安排。

按照《上海市鼓励私人购买和使用新能源汽车试点实施暂行办法》已享受充电设施补贴的“团购单位”，不得重复享受该补贴政策。

（二）参照国家和本市现行电价政策，对用户充换电的用电费用和服务费用，尽可能予以支持。

1. 对用电费用，按照充换电设施性质收取。其中，自用充电设施按照本市居民电价收费；专用、公用充换电设施参照本市工商业电价收费（学校、养老院仍按原用电性质收费）。执行峰谷电价的用户可享受峰谷电价政策。

2. 服务费用主要根据充换电设施建设运营单位提供的服务内容和水平，通过市场竞争确定，并接受价格主管部门监管。在示范期内，鼓励充换电设施建设运营单位对服务费用给予优惠；对自建自用、自建专用的充换电设施免收服务费用。

3. 国家充换电价政策出台后，按照国家政策执行。

（三）为确保安全可靠充电，私人用户应使用充电设施为电动汽车充电。

1. 鼓励充电设施建设运营单位深入住宅小区为私人用户建设充电桩设施，私人用户也可通过自建、委托代建等方式建设自用交流充电桩。私人用户在住宅小区有固定停车位的，小区物业、业委会应支持、配合建设充电桩。

2. 鼓励充电设施建设运营单位到电动汽车用户所在单位建设充电设施，用户所在单位也可采用自建或委托代建等方式建设专用充电设施。在停车场地条件允许的情况下，用户所在单位应支持配合建设充电设施。

3. 用户在购车时，可向汽车经销商提出 1 ~ 2 个关于公共区域充电设施建设地点的建议，汽车经销商应定期向交通和道路主管部门反馈公共区域充电设施建设需求，市能源主管部门应会同交通、规划、国土资源部门在编制区域充电设施发展规划时综合考虑。

（四）电网企业应为电动汽车提供优质、便捷的配套服务。

1. 对政府主管部门核准、备案的充换电设施给予电网接入支持，开辟绿色服务窗口，简化办事程序，利用公司营业窗口和 95598 供电服务热线等途径，做好宣传、服务工作，提高服务质量和效率。

2. 对符合《上海市鼓励私人购买和使用新能源汽车试点实施暂行办法》的私人用户，凭充电桩备案登记表和市经济信息化委开具的确认凭证，在示范期内，其 1 个自用充电桩可享受业扩增容费免收政策，外线配套工程费用由电网企业承担，相应形成的资产归电网企业所有。

3. 电网企业建设管理的充换电设施信息应及时报送市交通主管部门。

（五）对已经核准、备案的充换电设施，给予规划土地政策支持。

1. 充电桩原则上不征用土地，利用市政道路建设充电桩的，如果涉及道路交通管理问题，参照市政配套设施建设的有关规定，向道路主管部门和交通管理部门办理相关手续。

2. 鼓励采用合建方式建设充换电设施，对在示范区内合建的充换电设施，规划国土资源部门将在规划参数确定、土地供应方式等方面予以支持。对在其他区域和市规划重点区域内合建且用地规模不突破主体项目原用地规模的充换电设施，规划国土资源部门可在规划参数确定上适当予以支持。

3. 对技术水平高、示范效应强、产业带动大，经论证确需以单建方式在示范区建设的充换电设施示范项目，规划国土资源部门可在土地供应上予以支持，单建项目应按照集约化、少占地的原则设计。

（六）对自用、专用充换电设施和列入年度计划的公用充换电设施建设涉及的电力排管工程，优先列入道路掘路计划。排管工程需在新建、改建、扩建的城市道路、公路竣工后 5 年内或大修的城市道路、公路竣工后 3 年内的道路上开挖施工的，市、区县城市道路、公路管理部门掘路修复费用按实收取（不加倍收取掘路修复费）。

第三条　示范区与项目申报

（一）合理规划布局建设示范区。

1. 根据本市电动汽车应用情况和充换电设施发展规划，示范区暂定包括 2 个大型示范区和 6 个中小型示范区。2 个大型示范区为嘉定国际汽车城、崇明岛，6 个中小型示范区为上海国际旅游度假区、临港地区、虹桥商务区、杨浦新江湾城、闵行交大校区、奉贤南桥新城。

2. 若其他区域建设示范区，由区（县）发展改革委向市发展改革委申报，提交区域内电动汽车推广情况和充换电设施发展规划等材料，市发展改革委会同有关部门研究审定。

（二）建设充换电设施应按照有关规定，办理项目核准或备案手续。充换电站项目由市发展改革委负责核准；充电桩由区（县）发展改革委、市级开发区管委会负责备案。在非自有停车场地上建设的充换电设施，项目核准（备案）时应提交停车场地所有权人或停车场地管理部门（单位）的支持意见。

第四条　年度建设计划的编制与实施

（一）由市发展改革委会同市建设交通委、市经济信息化委、市科委、市交通港口局、市财政局、市规划国土资源局等部门组成市推进充换电设施建设工作小组，其办公室（以下简称“市推进办”）设在市交通港口局。

充换电设施建设运营单位应在每年 8 月底前，向市推进办上报本单位下一年度换电设施、公用充电设施以及公交、环卫等特定公益行业专用充电设施年度建设计划，计划应包括拟建设设施台数、建设地址、设备投资、拟申请补贴金额等内容。

（二）市推进办会同相关区、县交通主管部门对计划进行汇总平衡后，编制全市年度建设计划，于每年 9 月底前，报市发展改革委（市节能减排办）。

（三）市发展改革委（市节能减排办）会同有关部门审核后正式印发年度建设计划。充换电设施建设运营单位应按计划推进实施，定期向市推进办报送计划执行情况。

第五条　设备投资补贴资金申请程序

（一）申请设备投资补贴的充换电设施建设运营单位，应填写《充换电设备投资补贴申请表》（以下简称《申请表》）。

《申请表》可在市交通港口局网上下载（网址：http：//jtj. sh. gov. cn）。

（二）充换电设施建设运营单位在项目建成投产后，按照规定向市推进办提交以下申请材料：

1. 内容填写完整的《申请表》一式三份；

2. 设备合同，设备发票（复印件），如是外文合同、发票，需有中文翻译件；

3. 项目核准或备案文件；

4. 电费缴费凭证；

5. 企业法人营业执照（复印件，加盖企业公章）。

市推进办于每年第一季度将设备投资补贴审核意见报送市发展改革委（市节能减排办）。

（三）市发展改革委（市节能减排办）会同市有关部门审核后，下达资金计划。

（四）市推进办根据资金计划，向市财政局申请拨付资金。市财政局根据市推进办提出的请款报告，按照财政管理的有关要求，将补贴资金拨付到享受补贴的单位。

第六条　部门职责

（一）市发展改革委负责本市充换电设施建设的综合协调与推进工作。

（二）市交通港口局承担市推进办的工作，组织制订充换电设施年度建设计划并协调实施；负责结合本市公共交通停车场（站）、PR（停车、换乘）停车场等的规划建设，推进充换电设施建设，组织开展相关技术指导、咨询、宣传和信息发布工作。

（三）市建设交通委会同市交通港口局将充换电设施纳入城市综合交通体系规划，并负责指导做好掘路计划审批和掘路修复费核收等工作。

（四）市规划国土资源局负责充换电站设施的规划落地工作，对纳入年度建设计划的充换电站项目给予相关政策支持。

（五）市财政局负责财政补贴资金的拨付，并会同市有关部门对补贴资金的使用情况进行监督和专项审计。

（六）华东电监局、市经济信息化委、市科委、市环保局、市消防局、市绿化市容局、市住房保障房屋管理局等部门和各区（县）政府按照各自职责，做好相关工作，支持充换电设施规范有序建设。

第七条 附则

（一）本暂行办法由市发展改革委会同市建设交通委、市经济信息化委、市科委、市交通港口局、市财政局、市规划国土资源局负责解释。

（二）本暂行办法自印发之日起 30 日以后施行，有效期至 2014 年 12 月 31 日。

（三）本暂行办法施行前颁布的有关文件如与本暂行办法规定如有不一致的，按照本暂行办法执行。

附件：充电桩建设备案登记表（略）

上海市发展和改革委员会

上海市城乡建设和交通委员会

上海市经济和信息化委员会

上海市科学技术委员会

上海市交通运输和港口管理局

上海市财政局

上海市规划和国土资源管理局

2013 年 3 月 2 日

上海市清洁空气行动计划（2013—2017）（节能与新能源汽车节选）

为进一步强化大气污染治理，改善本市环境空气质量，保障人民群众身体健康，根据国务院《大气污染防治行动计划》，结合本市实际，制定本行动计划。

一、指导思想和行动目标

二、主要任务

（三）积极发展绿色交通，加大机动车船污染控制力度

3. 大力推广新能源汽车。鼓励个人购买和使用新能源汽车，到 2015 年累计推广 2 万辆，2017 年进一步加快推广。在公交、环卫、出租车等行业和政府机关率先推广使用清洁能源和新能源汽车，新增或更新的公交车中新能源和清洁燃料车的比例达到 60% 以上。实施集装箱运输车辆清洁能源改造试点，到 2017 年，完成集装箱运输车辆清洁能源改造 400 辆以上。同时，加强统筹规划，加快充电桩、加气站等配套设施建设，到 2017 年，建成 5000 个充电桩。

（四）规范建设行业管理，提升污染防治水平

（五）强化农业污染治理，减少面源排放

（六）推进社会生活源整治，加快挥发性有机物等污染治理

三、保障措施

（四）加大全社会投入力度，强化政策引领

3. 强化经济政策引导。及时调整完善燃煤（重油）锅炉和窑炉清洁能源替代、产业结构优化调整、黄标车淘汰、秸秆综合利用的激励政策。制定出台电厂超量脱硝、电厂高效除尘改造、清洁能源和新能源车辆推广、工业挥发性有机物污染防治试点整治等的支持政策。

4. 落实绿色发展配套政策。完善政府绿色采购，重点支持使用新能源汽车、水性涂料等环境友好型产品。加快环境污染责任保险试点及推广，重点关注有毒有害废气排放企业和高风险企业。落实绿色信贷和绿色证券，对环境违法企业严格限制企业贷款和上市融资。推进合同能源管理，加快推动环境服务市场化和专业化。

（五）完善能力建设，强化科技支撑

（六）发动市民参与，加强区域协作

上海市人民政府

2013 年 11 月 7 日

天津市节能与新能源汽车示范推广及产业发展规划（2013—2020 年）

发展节能与新能源汽车产业，是缓解能源和环保压力，加快汽车产业转型升级、培育新经济增长点和国际竞争优势的重要战略举措。为把握节能与新能源汽车产业发展战略机遇，加快我市节能与新能源汽车产品推广应用，促进相关产业快速发展，实现节能减排和生态文明城市建设目标，根据国务院颁布的《节能与新能源汽车产业发展规划（2012—2020 年）》及《天津市国民经济和社会发展第十二个五年规划纲要》，特编制本规划，规划期为 2013—2020 年。

一、发展现状及面临形势

本规划中，新能源汽车主要包括纯电动汽车、插电式混合动力汽车及燃料电池汽车；节能汽车主要包括非插电式混合动力汽车和节能内燃机汽车；替代燃料汽车主要包括液化天然气（LNG）汽车和压缩天然气（CNG）汽车。

（一）示范推广与产业发展现状

经过多年发展，我市已基本形成了节能与新能源汽车产业链，并成立了新能源汽车产业技术创新战略联盟，拥有较强的试验检测和标准制定能力，在动力电池、电驱动系统及关键原材料研发制造方面基础雄厚，初步形成了新能源汽车关键零部件产业集群。新能源汽车、节能汽车的示范推广取得进展，替代燃料汽车形成了一定市场规模。

一是节能与新能源汽车整车制造具有一定的产业基础。形成了以天津清源、一汽丰田、一汽夏利等为核心的整车生产基地，其中天津清源是国内最大的电动汽车整车生产基地。目前，我市具备了年产 2 万辆电动汽车和 3 万套电动汽车动力总成的生产能力；天津公交与比亚迪汽车合作

的新能源大客车产业化项目正在积极推进。

二是动力电池等关键零部件具备较强的研发和生产能力。具备动力电池、正负极材料、隔膜、电解液等研发生产能力，形成了以南开大学、电科集团十八所、天津化工研究院等具有较强实力的研发机构，拥有贝特瑞、东皋、力神、比克、捷威动力等关键原材料和动力电池生产企业，掌握多项核心技术和自主知识产权，研发和生产能力位居全国前列。在驱动电机及控制系统方面，清源、松正等企业已成为国内多家骨干汽车企业的配套企业。

三是试验检测和标准制定具有较大优势。具备较完整的新能源汽车及关键零部件试验检测能力。拥有中汽中心、电科集团十八所等国家级试验检测机构。在纯电驱动系统、电池兼容测试、新能源汽车整车碰撞试验等方面达到国际先进水平。动力电池性能、安全性试验、动力电池试验检测水平位居国内前列。组织制定了数十项电动汽车相关国家标准、行业标准和测试规范，并参与了多项国家节能与新能源汽车产业政策研究与制定工作。试验检测、标准制定资源优势明显。

四是示范推广步伐加快。2010 年我市成为国家节能与新能源汽车示范推广试点城市，并确定在公共服务领域示范推广 1500 辆节能与新能源汽车的目标。推广车型覆盖混合动力公交车、纯电动公交车、纯电动客车、纯电动邮政车等车型，并形成推广应用换电公交车的运营模式。截至目前，我市在公交、邮政、公务、区域等公共服务领域共示范推广节能与新能源汽车近 500 辆。其中纯电动汽车 247 辆，混合动力汽车 232 辆。在替代燃料汽车推广应用方面，LNG 公交车、重卡，CNG 轿车等市场应用已初具规模，拥有车辆近 18000 辆。

五是基础设施稳步推进。在充换电设施建设方面，截至目前，已建成并投运海泰、中新生态城永定洲等 6 座新能源汽车充换电站，安装了 327 个交流充电桩，并成立专业运维公司管理充换电设施服务网络。在加气站建设方面，积极推进与中石油、中海油、中石化三大央企的合作，进一步拓宽燃气供应渠道，不断加快推进加气站建设。截至目前，我市已批准车用燃气加气站 41 座，其中 LNG 加气站 3 座，CNG 加气母站 5 座，其余 33 座为 CNG 标准站或子站。

尽管天津在节能与新能源汽车示范推广与产业发展方面取得了明显进步，但仍面临着关键核心技术缺乏、产品成本居高不下、消费环境建设滞后等共性问题，在产业化能力建设、大规模推广应用等方面还存在不足和差距。一是新能源整车发展滞后，无法形成龙头带动作用，制约了产业整体快速发展。二是产业链上下游衔接不紧密，产业关联度不够。三是消费环境有待完善，政策支持力度尚需加强，尚未成为国家新能源汽车私人消费试点城市，市场推广难度较大。

（二）面临形势

一是为应对日益突出的燃油供求矛盾和环境污染问题，世界主要汽车生产国纷纷将发展新能源汽车作为国家战略，加快推进技术研发和产业化，同时大力发展和推广应用汽车节能技术。

二是国家已明确节能与新能源汽车产业发展方向和目标，正在陆续出台一系列配套措施，为我市大力发展节能与新能源汽车产业提供了政策保障，也对加快推进技术研发和产业化，加大对燃料电池汽车、车用氢能源技术研究提出了更高要求。

三是我市地处环渤海经济圈核心地带，具有雄厚的工业基础和人才技术储备，并具有较大的节能与新能源汽车消费市场和产业基础。此外，滨海新区是国家综合配套改革试验区，在经济、行政体制改革等方面具有创新优势，随着资金、人才、技术、信息等生产要素不断向我市聚集，将形成较强的节能与新能源汽车产业发展区位优势。

作为国家重要的汽车产业生产基地，我市具有良好的新能源汽车产业发展基础。加快推广应用节能与新能源汽车，既能有效缓解能源和环境压力，也是加快我市汽车产业转型升级、培育新的经济增长点的重要战略举措。

二、指导思想、技术路线与基本原则

（一）指导思想

深入贯彻落实科学发展观，抓住国家加快发展节能与新能源汽车产业的战略机遇，发挥我市节能与新能源汽车产业和资源优势，坚持示范推广与产业发展并举，突出企业主体作用，加大政策扶持力度，着力营造发展环境，努力培育一批整车制造和配套产业知名品牌，稳步扩大节能与新能源汽车推广应用规模和领域，提高节能与新能源汽车创新能力和产业化水平，推动汽车产业优化升级，增强我市汽车工业的整体竞争能力。

（二）技术路线

以纯电驱动为新能源汽车发展和汽车工业转型的主要战略取向，重点推进纯电动汽车和插电式混合动力汽车研制开发和产业化，推广普及非插电式混合动力汽车、节能内燃机汽车和替代燃料汽车。

（三）基本原则

1. 坚持政策引导与市场驱动相结合。在推广应用阶段，通过规划引导和财税支持引导市场消费，以公共服务领域为重点，培育应用环境，探索多种运营模式。进入产业成熟期后，充分发挥市场需求对产业发展的拉动作用，推动私人消费，实现节能与新能源汽车大规模商业化应用。

2. 坚持线路推广与特定区域推进相结合。以特定示范区域和示范线路为推广应用的切入点，加强公交、班车等领域示范推广线路建设，扩大出租、环卫等车型在特定区域推广应用规模，逐步实现在全市公共服务领域及私人领域的规模化应用。

3. 坚持推广应用与产业培育相结合。以推广应用为契机，营造节能与新能源汽车产业发展的良好环境，形成完善的社会配套体系，系统推进节能与新能源汽车产业发展。通过不断提高节能与新能源整车及关键零部件技术研发水平和生产制造能力，促进节能与新能源汽车推广应用。

4. 坚持电动引领与气电并举相结合。积极探索新能源汽车示范应用技术路线，在充电设施建设、运行监控管理、服务体系建设等方面取得突破，形成特色、领先的新能源汽车发展模式。统筹协调新能源汽车、节能汽车和替代燃料汽车的发展，对充电设施、加气设施进行合理规划、协同发展，立足天津的资源优势和应用基础，鼓励替代燃料汽车的发展。

5. 坚持重点发展和全面推进相结合。整车重点发展纯电动、插电式混合动力等新能源汽车和非插电式混合动力汽车、替代燃料汽车。以整车为龙头，培育带动动力电池、电驱动系统等核心部件发展，带动实现节能与新能源汽车产业链全面发展。

三、发展目标

通过5—10年的发展，节能与新能源汽车整车和关键零部件核心技术实现突破，推广应用环境实现不断优化，节能与新能源汽车实现较大规模应用，争创节能与新能源汽车示范推广优秀城市，力争成为全国重要的节能与新能源汽车整车及关键零部件研发、生产基地，将节能与新能源汽车产业培育成我市新兴支柱产业。

（一）推广应用取得重要进展

1. 2015 年发展目标。节能与新能源汽车推广应用取得积极进展，各类节能与新能源汽车保有量达到3.5万辆。

逐步扩大新能源汽车在公交、邮政等领域推广应用规模，在出租、警务、环卫、班车及私人用车领域实现应用突破。到2015年新能源汽车推广数量力争达到5000辆，其中，纯电动公交车2000辆、邮政车100辆、出租车500辆、环卫用车300辆、警务用车50辆、班车50辆、私人用车2000辆。

不断扩大非插电式混合动力汽车在公交领域推广应用规模，在警务、班车领域实现一定的保有量。到2015年，非插电式混合动力汽车推广数量达到5000辆以上。

替代燃料汽车在公交、出租、班车等领域实现规模化应用。到2015年推广总数达到25000辆，其中，公交车800辆，出租车15000辆，班车1000辆，港务用车34辆。

2. 2020 年发展目标。节能与新能源汽车推广应用取得重要进展，各类节能与新能源汽车保有量达到7.2万辆，在部分领域推广应用规模位居全国前列。

新能源汽车保有量力争达到3万辆，在私人消费领域实现较大规模应用，形成良好的产业带动效应。非插电式混合动力汽车在公共服务领域推广应用稳步增长，保有量达到1万辆；替代燃料汽车继续扩大推广应用规模，保有量达到3.2万辆。

（二）产业发展形成规模优势

节能与新能源汽车整车制造得到快速发展，形成规模优势。到2015年，全市节能与新能源汽车整车生产企业达到6家，其中龙头企业1～2家，总产能达到6万辆，产业规模达到300亿元；到2020年，节能与新能源汽车整车生产企业达到7～8家，形成2～3家龙头企业，总产能达到30万辆，产业规模达到1500亿元。

成为全国重要的关键零部件研发、生产基地。到2015年，全市车用动力电池系统产能达到20万台/套，驱动电机及控制系统产能达15万台/套；到2020年，锂离子动力电池系统产能达70万台/套，驱动电机及控制系统产能达50万台/套。

（三）技术研发能力大幅提高

新能源汽车、动力电池及关键零部件技术整体上达到国际先进水平，掌握非插电式混合动力、替代燃料汽车等关键核心技术，突破以燃料电池汽车为代表的下一代新能源汽车前沿技术。

到2015年，新能源汽车、非插电式混合动力汽车及关键零部件的各项技术指标达到国内先进水平。动力电池模块比能量达到150瓦时/千克以上，成本降至2元/瓦时以下，循环使用寿命稳定达到2000次或10年以上；电驱动系统功率密度达到2.5千瓦/千克以上，成本降至200元/千瓦以下。

到2020年，新能源汽车整车、非插电式混合动力汽车及关键零部件的主要技术指标达到国际先进水平。动力电池模块比能量达到300瓦时/公斤以上，成本降至1.5元/瓦时以下。

（四）基础设施建设稳步推进

适度超前、稳步推进基础设施建设，形成满足城际互联、区域间交通及市内各区域节能与新能源汽车充换电与加气服务网络，实现网络互联，满足节能与新能源汽车运行需要。

1. 充换电设施。2015年前，建设电池集中充电站1座、商用车充换电站21座、乘用车充换电站21座、环卫车充换电站3座、电池配送站6座、交流充电桩1680个，初步建立满足城市各区域内新能源汽车电能补给需求的充换电服务设施，形成协调统一的智能充换电服务网络；到

2020年，建成电池集中充电站5座，商用车充换电站34座、乘用车充换电站37座、电池配送站50座、交流充电桩2.6万个，形成较为完善的充电设施网络，满足新能源汽车推广应用及城际互联需要。

2. 加气站。建立布局合理、竞争有序、功能完善的现代化加气站销售服务网络体系。2015年前，配套建设加气站74座，其中中心城区8座，滨海新区29座。2020年配套建设加气站132座，其中中心城区16座，滨海新区57座。

（五）公共服务能力显著增强

构建完善的公共服务管理规范体系。到2015年，初步建立新能源汽车车辆安全监控、维修保养、试验检测、认证和动力电池回收利用管理体系，争取在试验检测等领域建成1~2个国家重点实验室。2020年，形成完整的安全使用、市场营销、回收利用和售后服务体系；整车及关键零部件试验检测、认证等走在全国前列，在国际上具有重要影响力。

四、主要任务

（一）稳步实施推广应用工程

1. 发挥特色优势，加快示范推广。以公交、环卫、出租、班车、邮政、警务等领域为重点，依托我市中新生态城、海河教育园、蓟县旅游区、港口等特定区域优势，将节能与新能源汽车示范推广与特定区域规划建设紧密结合，从2013年起，特定区域的运输车辆要逐步推广使用节能与新能源汽车。

（1）实施电动公交车示范运营工程。按照整体规划、分步实施的原则，紧密结合公交运行实际需求，以特定公交线路为依托，因地制宜推进换电和充电模式纯电动公交车、非插电式混合动力公交车等各类节能与新能源汽车产品应用。采取全国公开招标方式，提高产品性价比。健全安全管理制度和操作流程，提升营运和管理水平，保证示范车辆安全运行。不断加强公交车充换电设施建设和应用环境建设，逐步提高公交车电动化比例。

（2）实施新能源出租车示范应用工程。紧密结合天津产业实际和出租车行业特点，不断探索和完善新能源出租车运营模式，积极稳妥、分步推进新能源出租车推广应用。先期选择蓟县旅游区、中新天津生态城等特定区域，组建新能源出租车公司，通过统一车辆产权和经营权、实行聘用合同制等模式进行试点示范，不断积累和总结经验。逐步扩大试点范围和区域，扩展示范车辆类型，探索和完善新能源汽车租赁等商业模式，扩大新能源出租车推广应用数量。

（3）实施燃气汽车推广应用工程。坚持“因地制宜、积极稳妥、加快应用、协调发展”的指导方针，立足燃气资源优势，以出租、公交、班车、城市间客运车辆和港口集装箱用重型载货汽车等为重点，积极引导和促进CNG出租车和LNG公交、客运、载重车等替代燃料汽车推广普及；加快车用加气站建设，建立车辆、钢瓶和加气站管理信息系统，逐步完善加气站供气保障体系；积极探索替代燃料汽车减排与能源项目排放的平衡机制，努力实现良好的经济效益与社会效益。

（4）实施专用领域新能源用车推广应用工程。制定环卫园林、警务、邮政、公务等新能源用车推广应用方案，结合专用领域用车服务范围和区域相对集中、便于充电的特点，不断扩大应用规模。充分发挥中新生态城、海河教育园等特定区域优势，实现新能源专用车辆在特定区域普及。

2. 创新推广模式，形成应用典范。总结试点工作经验，积极创新节能与新能源汽车市场推广模式，不断探索和完善新能源汽车整车销售、裸车销售、新能源整车及电池租赁等多种商业模式，打造一批优质的新能源汽车服务企业，建立适合节能与新能源汽车示范运行的管理体系，形成试点带动技术进步和产业发展的有效机制。

3. 争取私人领域试点，促进私人消费。积极争取国家有关部门支持，成为国家私人购买新能源汽车试点城市。出台激励政策，逐步在私人消费领域示范推广节能与新能源汽车，实现我市节能与新能源汽车在私人消费领域的突破。

（二）加快实施整车与零部件产业化推进工程

加大支持力度，不断提高一汽夏利、一汽丰田等整车企业节能与新能源汽车技术水平，扩大生产能力。加大招商引资力度，引入有技术有市场的新能源汽车整车龙头企业和关键零部件企业。以节能与新能源整车生产为龙头，带动我市动力电池、电驱动系统等关键零部件产业加快发展。

1. 积极扩大整车生产能力。依托我市现有汽车生产基地，实施改扩建项目时统筹考虑节能与新能源汽车建设，加快培育和壮大新能源汽车整车生产能力，尽快形成节能与新能源汽车知名品牌。支持一汽夏利、一汽丰田等新能源车型尽快实现量产，鼓励长城汽车等企业在津布局节能与新能源整车生产基地。支持天津清源积极争取新能源乘用车生产资质，支持和加快天津比亚迪汽车有限公司新能源大客车项目建设步伐。积极吸引境内外整车企业来津投资建厂。

2. 大力发展关键零部件。完善和延伸产业链，以整车带配套，分别培育壮大2~3家动力电池及各类关键材料龙头企业，培育发展2~3家电机电控领域的骨干企业。积极发挥滨海新区作为863成果转化试点城市的优势，促进新能源汽车相关技术转化，对接本地产业需求，加快实现产业化。

3. 着力打造重点产业集群。依托现有产业基础，积极打造节能与新能源汽车、关键零部件、基础原材料生产和出口基地。重点建设以清源、一汽丰田等为龙头的经济技术开发区节能与新能源汽车整车产业集群，以力神、巴莫等为龙头的滨海高新区动力电池及关键材料产业集群，以一汽夏利、捷威动力为龙头的西青新能源汽车整车生产和零部件配套产业集群，以比克国际、天津金牛、南车时代等为龙头的北辰新能源汽车关键零部件配套产业集群，以贝特瑞、东皋为龙头的宝坻电池原材料生产集群，以斯特兰、松正为龙头的东丽电池材料和电机电控系统产业集群。

（三）加速实施技术创新工程

1. 加强关键零部件技术研究。着力推进动力电池原始创新和集成创新，推动动力电池技术快速发展，促进能量密度、循环寿命、续驶能力等关键指标快速提升。重点支持高能量密度动力电池和大功率电容器研发、开展动力电池及电池组优化设计和工艺创新，加强动力电池系统安全性、可靠性研究和轻量化设计，加快新型聚烯烃隔膜、高性能电解质制备、电池管理系统、动力总成系统等研究开发。推进超级电容电动汽车、双转子电动汽车、燃料电池等新型技术研究与开发，开展高比能先进动力电池新材料、新体系的前瞻性研究和新结构、新工艺等应用技术研究。开展充换电关键技术研究，大力提高充换电效率和安全性。

2. 搭建产业共性技术研发平台。鼓励国内外汽车企业及研发机构在津建立节能与新能源汽车研发中心。依托优势企业组建天津市新能源汽车动力系统工程中心，培育新能源汽车领域国家级研究中心。建立天津市电动汽车共性技术研发平台，突破关键核心技术，加快科技成果的有效转化。

3. 建立产学研合作平台。切实发挥天津市新能源汽车产业技术创新战略联盟作用，搭建产学研合作对接平台，加强企业与高校、研发机构的信息交流和研发合作，推动企业和高校、研发机构联合开展技术攻关，推进关键核心技术尽快实现产业化。

（四）大力实施保障体系改善工程

1. 建立车辆数据采集和安全监控系统平台。建设两级安全监控和管理平台。各充换电站单独建设监控平台，形成监控网络，对所辖新能源汽车和电池进行运行状态实时监控，并指导车辆安全运行，及时进行故障诊断并提供快速维修保养服务；尽快建设全市统一的安全监控和管理平台，采集充换电设施运行数据，进行统计、分析和优化，做好监控和运行维护。

2. 推进节能与新能源汽车检测能力建设。加快建立和完善节能与新能源汽车及关键零部件试验检测平台，保证新能源汽车及关键零部件质量合格、产品安全。积极推进中汽中心、电科集团十八所等单位加强新能源汽车、动力电池等产品检测试验能力建设和相关标准研究，加快形成完善的检测标准体系。

3. 构建车用动力电池回收和资源利用管理体系。研究制定动力电池回收利用管理体系，明确动力电池收集、存储、运输、再生处理等环节的管理要求，确定各相关方的责任、权利和义务。引导动力电池生产企业加强对废旧电池的回收利用，规范发展专业化的电池回收利用企业，对废铅酸蓄电池须交有危险废物处理资质的单位进行安全处置。研究制定促进电池再生企业提高技术水平和环保水平的优惠政策。加强监管，督促相关企业提高技术水平，严格落实各项环保规定，严防重金属污染。

（五）着力实施基础设施建设工程

编制基础设施建设专项规划。将节能与新能源汽车充换电设施及加气站建设纳入我市城市总体发展规划，统筹安排供电线路及天然气管道布局，保证充换电设施及加气站的合理分布。开通充换电设施及加气站用地报批绿色通道，在推广车辆运行集中区域、重点路线和主要运营单位，根据实际需求加快建设基础设施。

探索多种能源供给模式，加快形成与充换电设施及加气站建设配套的标准体系。公共服务用车领域积极探索充换电站、电池配送站、集中充电站等多种能源补给模式共同发展。私人用车领域重点在住宅区、公共停车场等车辆密集区域推进分散慢充等充电技术模式和配套电网工程建设。

合理优化加气站建设布局，充分利用现有资源，对已有加油站进行改扩建，建立功能完善的现代化加气站销售服务网络体系；继续推进与中石油、中石化、中海油等央企的合作，积极拓宽燃气供应渠道，保障市场供应。

五、保障措施

（一）加大财税政策支持力度

积极争取中央财政对我市新能源汽车产业化及节能汽车技术研发和产业链建设支持，落实好国家对节能与新能源汽车示范推广补贴政策。

充分利用我市现有各项财政切块资金向节能与新能源汽车产业倾斜，促进新能源汽车的技术创新、运营监控、网点销售等方面水平提升。对新能源汽车的产业化项目、技术和装备引进项目和企业收购兼并境外拥有核心技术的企业和研发机构且获得相对控股权的项目，按照本市有关规定给予贷款贴息或无偿资助。

发挥政府采购的导向作用，在新能源汽车领域积极落实政府采购支持节能环保建设的政策功能。根据国家相关制度规定，对纳入国家节能产品政府采购清单和环境标志产品政府采购清单的新能源汽车，实行优先和强制采购政策，逐步扩大公交、邮政、环卫、公务、警务等公共机构节能与新能源汽车产品采购规模。

落实税收优惠政策，保证国家相关税收优惠政策的落实。经认定取得高新技术企业资格的节能与新能源汽车及其关键零部件企业，依法享受企业所得税优惠政策；对节能与新能源汽车及其关键零部件企业从事技术转让、技术开发业务和与之相关的技术咨询、技术服务业务取得的收入，免征营业税。

支持新能源汽车企业及科研机构建立国家级科研基地和重点实验室，鼓励申报863、973等国家支持计划及市级专项支持计划，并按照国家和本市有关规定给予配套资金支持。

（二）出台推广应用激励措施

结合国家相关鼓励政策，研究制定天津市新能源汽车推广应用配套激励措施。实行停车收费优惠政策，对列入国家“道路机动车辆生产企业及产品公告”的示范推广车辆，公安交通管理部门优先办理牌照、年检等业务，纯电动汽车上牌时不须经排气检测可直接发放机动车污染物排放环保标志。加大对基础设施建设和运营服务的支持力度。新能源汽车充换电基础设施建设用地在符合区县土地利用总体规划的基础上，在年度用地计划、用地指标、土地预留、土地征用、供应和审批等方面给予支持，对符合规划的居民小区、公共停车场配套安装一定比例的充电设施。

（三）强化金融支持力度

引导商业银行等金融机构加强对我市节能与新能源汽车产业的信贷支持，鼓励风险投资资金、私募股权基金、民间资金投资节能与新能源汽车产业。对于利用金融机构贷款建设的节能与新能源汽车产业重大项目，经相关部门审定，实行优惠贷款利率政策。支持相关企业通过股票市场、票据市场、债券市场等多渠道融资，对上市企业给予奖励，支持已上市的重点企业采取增资扩股、发行可转换债券等进行再融资。

（四）扩大招商合作

充分利用全球创新资源，积极开展国际科技合作与交流，加快引进节能与新能源汽车整车和关键零部件龙头企业和重大项目。支持汽车企业、高校和科研机构在节能与新能源汽车基础和前沿技术领域开展国际合作研究。积极创造条件开展多种形式的技术交流和合作，学习和借鉴国内外先进技术和经验。深入推进与国家电网的合作，加快充换电设施建设。继续加强与中石油、中石化、中海油的合作，积极拓宽燃气供应渠道，保障市场供应。对重大项目进行跟踪服务，在立项报批、规划选址、用地、资金扶持和基础设施配套等方面予以优先保证，努力让条件具备的项目尽快落地生根。

（五）加强人才队伍保障

鼓励和支持新能源汽车企业和研发机构引进高层次人才。对重点高层次人才，按市有关政策发放补贴，并对其落户、子女教育、家属就业和医疗保障等给予优先保障。

鼓励天津市高等院校开设节能与新能源汽车专业技能课程，支持重点企业设立博士后工作站，在节能与新能源汽车关键核心技术领域，培养一批领军人才。支持企业加强内部员工的培训，按照现有人才政策，优先给予补助。鼓励企业、高校和科研机构从国外引进优秀人才。

（六）加大舆论宣传

通过媒体、网络等平台加大对节能与新能源汽车的宣传力度。举办以节能与新能源汽车为主题的各种交流会议和展示活动，普及节能与新能源汽车产品知识，提高民众的环保意识，形成有利于节能与新能源汽车发展的社会舆论氛围。

（七）健全组织保障

成立由市政府领导牵头，市相关委办局主管领导参加的节能与新能源汽车产业发展协调机制，建立以政府部门、运营单位、基础设施建设和运营单位、示范区域、节能与新能源汽车整车和零部件供应商、专家组为主体的沟通机制，加强组织领导和统筹协调，综合采取多种措施，形成工作合力，加快推进节能与新能源汽车产业发展。

各有关部门根据职能分工制定本部门工作计划和配套政策措施，扎实有序推进，确保完成规划提出的各项目标任务。

附表：任务分工

序号	重点任务	牵头部门
1	《规划》总体方案实施情况汇总 实施燃气汽车推广应用工程 支持节能与新能源汽车产业项目建设 制定新能源汽车充换电基础设施建设规划 出台新能源汽车推广应用激励政策措施	发改委

续表

序号	重点任务	牵头部门
2	实施节能与新能源公交车示范运营工程 新能源汽车私人消费试点申报方案 开展节能与新能源汽车技术研发类的攻关项目 示范运行数据监测监督管理 培育共性技术研发平台和产学研合作平台 培育国家级重点实验室和工程技术研究中心	科委
3	实施新能源出租车推广应用工程 实施整车与零部件产业化推进工程 优化节能与新能源汽车产业布局	经信委
4	落实国家及我市示范推广补贴相关政策 争取中央财政对我市的节能与新能源汽车产业的支持	财政局
5	制定金融领域支持节能与新能源汽车相关办法	金融办
6	实施班车领域节能与新能源汽车推广应用工程 实施天津港节能与新能源汽车推广应用工程	交通港口局
7	制定节能与新能源汽车事故应急救援预案 实施警务系统节能与新能源汽车推广应用工程 制定新能源汽车牌照管理措施 制定新能源汽车车身标识管理措施	公安局
8	制定动力电池回收利用管理措施 制定节能与新能源汽车回收利用管理措施	商务委
9	实施新能源环卫园林车推广应用工程	市容委
10	修订与完善节能与新能源汽车推广应用等相关地方标准	市质监局
11	实施邮政行业节能与新能源汽车推广应用工程	邮政公司
12	建立节能与新能源汽车运行数据监测及管理平台	电力公司
13	节能与新能源汽车及关键零部件检测试验能力建设 车辆安全监控模块开发	中汽中心
14	实施海河教育园区节能与新能源汽车推广应用工程	海河教育园管委会
15	实施中新生态城节能与新能源汽车推广应用工程	中新生态城管委会

天津市发展和改革委员会

2013 年 1 月 30 日

山东省关于加快发展节能环保产业实施意见（节能与新能源汽车节选）

鲁政办发〔2013〕40 号

各市人民政府，各县（市、区）人民政府，省政府各部门、各直属机构，各大企业，各高等院校：

为贯彻落实《国务院关于加快发展节能环保产业的意见》（国发〔2013〕30 号），促进扩内需、稳增长、调结构，加快我省节能环保产业发展，经省政府同意，现提出以下实施意见：

一、总体要求和主要任务。

二、大力提升节能环保技术装备水平。

三、积极实施节能环保重点工程。加快推进节能改造和节能技术产业化，组织实施燃煤锅炉节能环保综合提升、余热余压利用、新能源汽车技术示范及产业化、半导体照明产业化以及能源管理中心建设等节能重点工程。积极推进智能电网建设，大力提高生物质、太阳能和风力发电等非化石能源的比重。推动“城市矿产”示范基地、循环经济示范城市（县）、资源综合利用示范基地和循环经济标准化示范项目建设，积极推进园区循环化改造，加快建设餐厨废弃物无害化和资源化利用设施。到 2015 年，全省工业固体废物综合利用率达到 85%，完成 50 个省级工业园区、15 个国家级工业园区的循环化改造。加强大气污染治理，开展细颗粒物（PM2.5）污染防治、二氧化硫污染控制及资源化利用、多污染物协同防治，推动重点行业加快脱硫脱硝除尘技术改造，炼油行业加快提高油品标准的工艺改造，加快工业企业挥发性有机化合物（VOCs）治理工程建设。启动实施饮用水安全、地表水保护、地下水保护、海洋保护等清洁水行动，加快重点水污染防治工程建设，推动高耗水行业节水改造。实施土壤环境保护工程，开展土壤污染治理与修复试点示范。实施农村畜禽粪便沼气化利用工程。加快重大清洁生产技术应用，实施工业清洁生产重点工程。加快污水垃圾处理设施和配套管网建设，实施协同资源化处理城市废弃物示范工程。加强 PM2.5 等环境监测仪器设备的研发应用。开展绿色建筑行动，严格执行新建建筑节能标准，推动绿色建筑快速发展，扎实推进既有居住建筑供热计量和节能改造，加快实施老旧供热管网节能更新改造，加强公共建筑节能监管。到 2015 年，建成绿色建筑 5000 万平方米以上，完成 40% 以上具备改造价值的既有居住建筑节能改造，基本完成 15 年以上老旧供热管网节能更新改造。大力发展绿色建材，推进可再生能源建筑规模化应用。

四、培育壮大节能环保服务业。

五、扩大节能环保产品市场消费。实施节能产品惠民政策和能效“领跑者”计划，推动高效节能产品市场消费。强化能效标识和节能产品认证制度实施力度，引导消费者购买高效节能产品。继续采取补贴方式，推广高效节能照明、高效电机等产品。扩大公共服务领域新能源汽车示范推广范围，继续开展购买新能源汽车和新能源出租车、物流车补贴试点。到 2015 年，终端用能产品能效水平提高 15% 以上，高效节能产品市场占有率提高到 50% 以上。积极实施环保产品和环境标志产品认证制度，推动环保产品消费。开展“以旧品换取再制造产品”工作，对消费者给予一定比例补贴。完善政府强制采购和优先采购制度，扩大政府采购节能环保产品范围，到 2015 年，政府采购节能环保产品占同类产品采购总额的比重达到 90% 以上。政府普通公务用车要优先采购 1.8 升（含）以下燃油经济性达到要求的小排量汽车和新能源汽车，择优选用纯电动汽车。研究对硒鼓、墨盒、再生纸等再生产品以及汽车零部件再制造产品的政府采购支持措施。鼓励政府机关、事业单位采取购买服务的方式，提高能源、水等资源利用效率。

六、推进技术创新。

七、加大政策扶持。

八、完善市场机制。

九、加强节能环保法制建设与督查。

十、营造发展节能环保产业的良好氛围。

十一、加强组织协调和责任考核。

附件：重点任务分工及进度安排表（略）

山东省人民政府办公厅

2013 年 12 月 20 日

山东省新能源城市公交汽车示范推广资金管理暂行办法

第一章 总则

第一条 为进一步推进新能源与清洁能源汽车产业化，保护环境，节约能源，根据《关于继续开展新能源汽车推广应用工作的通知》（财建〔2013〕551 号）和山东省人民政府关于《山东省新能源汽车示范推广财政扶持办法（试行)》（鲁政发〔2009〕130 号），省财政安排专项资金，支持节能与新能源公交汽车推广工作。为加强专项资金管理，提高资金使用效益，特制定本办法。

第二条 本办法所称节能与新能源公交汽车主要指纯电动城市公交车、插电式混合动力（含增程式）城市公交车和天然气城市公交车（包括 LNG 汽车和 CNG 汽车）。

第三条 资金分配坚持单位自愿和公开、公平、公正原则，先买先补、不买不补，并依法接受社会各方面的监督。

第二章 资金支持范围与标准

第四条 省对各设区市（不包括青岛市）购买使用节能与新能源城市公交汽车的公共交通企业和单位给予一次性财政补贴。对已享受国家购车补贴的车辆，不再享受省补贴。

第五条 补贴标准

（一）购置 10 米以上纯电动城市公交汽车，省财政按 40 万元/辆给予补贴；购置 8 米（含）至 10 米（含）纯电动公交汽车，省财政按 35 万元/辆给予补贴。

（二）购置插电式混合动力（含增程式）城市公交汽车，省财政按 25 万元/辆给予补贴。

（三）购置单价 20 万元及以上天然气城市公交汽车，省财政按 3 万元/辆给予补贴。

第三章 资金申报程序与要求

第六条 申报程序。各市购买使用节能与新能源城市公交汽车的企业和单位可根据购买的车辆型号、数量向同级财政部门提出购置补贴申请，各市财政部门初审合格后上报省。

第七条 申报时间。每年 1—6 月购置的车辆，于当年 7 月 31 日前报省；每年 7—12 月购置的车辆，于下一年 1 月 31 日前报省，购车时间以购车发票上的日期为准。

第八条 各市购置使用节能与新能源公交汽车的公交企业和单位，需提供如下资料：

（一）企业营业执照和单位机构代码证；

（二）与生产企业签订的购置合同复印件；

（三）车辆购置发票复印件；

（四）车辆正面照片（能清晰显示车牌与运营线路）；

（五）山东省节能与新能源公交汽车示范推广补助资金

申请汇总表（详见附件1）；

（六）山东省节能与新能源公交汽车示范推广信息表（详见附件2）。

第九条　购买节能与新能源城市公交汽车应采取招标方式择优采购，车型必须已经纳入国家工信部发布的《车辆生产企业及产品公告》与《节能与新能源汽车示范推广应用工程推荐车型目录》。

第四章　资金监督管理

第十条　申请资金补贴的企业和单位要对申报材料的真实性负责，对弄虚作假、骗取财政资金的，将扣回资金，并取消以后年度申请资格。

第十一条　获得资金补贴的企业和单位，要切实加强管理，专款专用，提高资金使用效益。对截留、挪用补贴资金的，严格按照《财政违法行为处罚处分条例》（国务院令第427号）规定，依法追究有关单位和人员的责任。

第五章　附则

第十二条　本办法由省财政厅负责解释。

第十三条　本办法自发文之日起施行。

附件：1. 山东省节能与新能源城市公交汽车示范推广补助资金申请汇总表

2. 山东省节能与新能源城市公交汽车示范推广信息表

附件1：山东省节能与新能源城市公交汽车示范推广补助资金申请汇总表

编制单位：　　　　联系人及电话：　　　　日期：　年　月　日

车型	车辆运营单位	汽车生产企业	购车日期	推广数量（辆）	车辆单价（万元）	省补贴标准（万元/辆）	申请补助资金（万元）

附件2：山东省节能与新能源公交汽车示范推广信息表

填报单位：　　　　日期：　年　月　日

序号	汽车生产企业	厂牌型号	公告批次	车辆运营单位	发动机号	车架号	发票号	对应合同编码	车辆牌照	购买时间	节油率（%）	最大电功率比	车辆单价（万元）
1													
2													
3													
4													
5													
6													
7													
8													
9													

单位负责人：　　　　审核人：　　　　填表人：　　　　联系电话：

注：1. 厂牌型号指运输车辆出厂时厂家编制的车辆产品型号，发动机号码是指由车辆制造厂标注的发动机型号，车架号码是指由车辆制造厂为该车辆指定的一组字码（厂牌型号、发动机号码和车架号码均应与购车发票的信息保持一致）。

2. 发票号码，指购车发票的发票号码。

3. 对应合同编码，指购买车辆时所签订的，包含该车辆在内的购置合同的合同编码。

4. 购置时间应填写购车发票中的“开票时间”，填写格式如“2011.7”。

山东省财政厅

2013年10月28日

广东省关于城市优先发展公共交通实施意见（节能与新能源汽车节选）

各地级以上市人民政府，各县（市、区）人民政府，省政府各部门、各直属机构：

为贯彻落实《国务院关于城市优先发展公共交通的指导意见》（国发〔2012〕64号），加快转变城市交通发展方式，全面实施城市优先发展公共交通战略，促进城市公共交通与公众出行、城市发展以及生态环境的和谐统一，提出如下实施意见。

一、加强城市公共交通规划引导

二、进一步完善城市公共交通设施网络

（八）发展绿色交通。大力发展低碳、高效、大容量的城市公共交通系统，加快新技术、新能源、新装备的推广应用，城市人民政府要采取措施鼓励老旧公共汽电车和“黄标车”提前报废。继续实施广东省新能源汽车推广应用示范工程，各市新增和更新的公交车辆要优先使用节能与新能源汽车，其中珠三角地区必须全部采用新能源汽车，有条件的地区可探索发展现代有轨电车。深入推进珠三角地区公交电动化试点，加快纯电动公交车配套基础设施建设，特别是在规划、用地等环节对充电基础设施建设给予大力支持，积极探索不同充电技术路线和新型商业模式，推动纯电动公交车在珠三角地区公共交通领域的规模化、商业化运营，不断优化新能源公交车发展环境。

三、切实加强城市公共交通运营管理

四、保障措施

（十四）完善政策法规和标准体系。积极推动《广东省城市公共交通条例》立法工作，抓紧制订配套规章。建立完善城市公共交通设施配套建设、运营服务、补贴补偿、安全应急、新能源车辆性能检验等方面的标准规范体系。城市人民政府作为发展城市公共交通的责任主体，要加快城市公共交通发展战略研究，制定和完善城市优先发展公共交通政策。

（十五）加大财税支持力度。城市人民政府要积极制定投资政策，设立城市公共交通发展专项资金，并拓宽资金来源，逐步增加投入，确保资金规模与城市客运总量和公共交通发展水平相适应。对城市轨道交通运营企业实施电价优惠，制定完善新能源公交车辆用电、用气价格优惠政策，加大新能源汽车购置和运营补贴力度。认真落实城市公共交通企业购置公共汽电车免征车辆购置税、减免车船税、免征公交场站城镇土地使用税等扶持政策。

附件：城市优先发展公共交通重点任务分解表（略）

广东省人民政府

2013 年 11 月 30 日

广东省新能源汽车产业发展规划（2013—2020 年）

新能源汽车产业是我省重点发展的战略性新兴产业之一。加快培育和发展新能源汽车产业，是我省应对能源和环境挑战、推动传统汽车产业转型升级的紧迫任务，也是我省抢占未来竞争制高点、加快经济发展方式转变的战略举措。为落实国家和省关于发展战略性新兴产业和加强节能减排的部署，加快培育和发展新能源汽车产业，根据《国务院关于印发节能与新能源汽车产业发展规划（2012—2020 年）的通知》（国发〔2012〕22 号）、《印发广东省国民经济和社会发展第十二个五年规划纲要的通知》（粤府〔2011〕47 号）和《印发广东省战略性新兴产业发展“十二五”规划的通知》（粤府办〔2012〕15 号），制定本规划。规划期为 2013—2020 年。

本规划所指新能源汽车主要包括电动汽车（纯电动汽车、插电式混合动力汽车、增程式电动汽车、燃料电池汽车、常规混合动力汽车等）和液化天然气（LNG）汽车等。

一、发展基础和发展环境

（一）发展基础

经过近十年来的发展，我省新能源汽车产业从无到有，发展迅速，目前总体技术水平居全国前列，初步具备了规模化生产和应用的条件，为下一阶段新能源汽车产业继续发展壮大奠定了基础。

——产业发展初具规模。初步统计，2011 年全省新能源汽车产业总产值 47.2 亿元，产业规模居全国前列。电动汽车产能超过 2 万辆，各类新能源汽车产销量近 7000 辆；动力电池产量居全国首位，锂离子动力电池产能超过 7 亿 A·h/年，动力电池正负极、电解液、隔膜等关键材料实现国产化；各类电动汽车驱动电机年产能超过 2.5 万台/套，可基本满足新能源汽车大规模生产需要。

——产业链条基本建立。目前我省新能源汽车产业已涵盖了整车生产、三大电（电池、电机、电控）三小电（电动空调、电动助力转向、电动助力制动）以及电池关键材料等领域，基本形成了完备的新能源汽车产业链。整车方面，截至 2011 年底，全省有 24 款电动汽车进入国家《节能与新能源汽车示范推广应用工程推荐车型目录》，相关车型已批量投放市场；关键零部件方面，锂离子电池产业链较为完整，拥有一批在国内有较强竞争力的动力电池和电池正负极、隔膜、电解液等关键材料生产企业，电动汽车电机研发与产业化方面居国内前列。

——技术水平稳步提升。我省是国内最早开展电动汽车技术研发、参与国家电动汽车重大科技项目的省份之一，目前在电动汽车整车、动力系统总成以及动力电池及其管理系统、驱动电机等关键零部件方面的技术居全国领先地位。其中，动力电池技术的专利申请量位居全国首位，实验室小批量试制电池能量密度可达 150kW/kg，循环次数 2000 次以上；永磁同步电机技术发展迅速，已具备量产功率 7.5～130kW 永磁同步电机驱动系统的能力，产品综合技术指标居国内领先水平。拥有国家电动汽车试验示范区、国家汽车质量监督检验中心（广东）、电动车辆国家工程实验室（电驱动实验室）以及一批省级工程实验室、工程中心、重点实验室等创新平台和公共测试平台，初步形成了一个多层次、多领域的技术创新体系。

——推广应用初显成效。新能源汽车的推广应用已在全省范围内基本铺开。珠三角 9 个城市，以及汕头、湛江、韶关、梅州、潮州、茂名等市先后开展了新能源汽车推广应用示范工作；广州、深圳成为国家节能与新能源汽车示范推广试点城市，新能源汽车的规模化应用成为广州亚运会、深圳大运会期间的一大亮点。新能源汽车示范应用领域不断拓展，从公交车延伸到了出租车、公务车。截至 2011 年底，全省新能源汽车推广应用规模近 8000 辆，其中电动汽车超过 3600 辆，LNG 汽车超过 4000 辆，电动汽车中纯电动公交车 322 辆，纯电动出租车 300 辆，应用规模世界领先。

——产业环境不断优化。2010 年省政府出台了《广东省电动汽车发展行动计划》，在推动产业发展、完善应用环境等方面提出了一系列政策措施，初步形成了发展电动汽车的良好环境。省政府与南方电网签署了《广东省电动汽车充电设施建设战略合作框架协议》，各地充电设施建设相继启动，截至 2011 年底，广东电网、中国普天公司已在广州、深圳、珠海、中山等地累计投运充电站 65 座，充电桩超过 2300 个。中海油、中石油、中石化积极投资建设 LNG 汽车充气设施，有力地推进了新能源汽车应用设施环境建设。

虽然我省新能源汽车产业具备了一定的基础，但也存在着一些问题和困难，主要是新能源汽车整车和部分核心零部件关键技术尚待进一步突破，产品成本较高，未能完全满足大规模商用的要求；个别核心技术和生产工艺与国际先进水平相比仍有差距，个别关键零部件和材料仍主要依赖进口；自主品牌电动汽车尚未批量进入普通终端市场，产业发展尚未实现自我良性循环，仍处于起步阶段；充电、充气等应用设施建设刚刚启动，应用环境和配套体系尚不完善。

（二）发展环境

——世界电动汽车关键技术迅速发展，为我省加快发展新能源汽车、推动汽车产业转型升级提供了历史性机遇。近年来电动汽车的电机、电池、电控等三大技术进步迅速，推动电动汽车从实验室产品向商业化发展，尤其是锂离子电池技术进步与成本下降，使部分电动汽车产品得以满足城市普通家庭的应用要求，并在获得购车补助的条件下初步具备了市场竞争力。随着规模增加与经验积累，电动汽车动力电池成本有望进一步下降，将推动电动汽车进入大规模产业化。

——国内外的高度重视为新能源汽车产业发展创造了良好的宏观环境。新能源汽车是汽车产业的发展方向，尤其在后金融危机时代，发展新能源汽车已成为全球汽车工业应对能源和环境问题的共同选择，美、英、日、德等世界发达国家纷纷运用财政资金直接资助新能源汽车技术研发，并采取税收减免、购车补贴、直接采购和发展特定用途市场等措施鼓励应用电动汽车。国家将新能源汽车列为当前重点发展的战略性新兴产业，并出台了《节能与新能源汽车产业发展规划（2012—2020 年）》，国家有关部门正在抓紧制定促进新能源汽车产业发展和推广应用的政策措施，为我省发展新能源汽车提供了良好的宏观环境。

——投资及产业技术发展保持良好态势。在国际产业趋势和国家产业政策的引导下，社会资本对我省新能源汽车产业投资力度明显加大，一批重大项目正在抓紧建设，整车、关键零部件及配套基础设施全产业链投资超过 400 亿元，国内外大型新能源汽车优势企业积极研究来粤投资。新能源汽车相关技术成为研究的热点，新能源汽车整车、动力电池等关键零部件的性能已逐步接近规模化商业推广需要。加快开发新能源汽车整车及动力电池所需的新材料、探索新能源汽车推广应用新商业模式，以及在技术进步的同时制定相关标准已成为新能源汽车产业可持续发展的新挑战。

综上所述，当前是我省新能源汽车产业加快提升技术水平、实现大规模生产应用、抢占未来产业发展制高点的关键时期，是广东向新能源汽车大省迈进的重要阶段。未来几年，希望与风险共存，机遇与挑战同在，亟须我省采取强有力的措施，充分发挥比较优势，推动新能源汽车产业加快发展。

二、总体要求和发展目标

（一）总体要求

以邓小平理论、“三个代表”重要思想、科学发展观为指导，立足广东汽车产业基础和市场需求，把握全球新能源汽车产业发展和技术进步趋势，以纯电驱动为新能源汽车发展和汽车产业转型的主要战略取向，重点推进纯电动汽车、插电式混合动力汽车、增程式电动汽车开发和产业化，按照市场主导、创新驱动、标准先行、重点突破、协调发展的要求，着力推进产业技术创新、壮大产业规模、改善发展环境和推动产品应用，争取用 5 年左右建立以骨干企业为核心的新能源汽车产业链，用 10 年左右将广东建设成为产业规模、创新能力和品牌影响均达到国际前列的新能源汽车产业基地。新能源汽车产业发展工作遵循以下原则：

——坚持立足当前与着眼长远相结合。以推广普及 LNG 汽车、插电式混合动力汽车、增程式电动汽车和短途纯电动汽车为切入点，以纯电动汽车、插电式混合动力汽车、增程式电动汽车为产业发展重点，逐步推进和实现新能源汽车的全面发展。同时积极谋划发展燃料电池汽车等其他新能源汽车，抢抓未来新能源汽车产业发展制高点。

——坚持产业发展与产品应用相结合。同步推进新能源汽车的产业发展和推广应用工作，以应用推广带动产业发展，以产业发展支撑应用推广，探索产业发展与产品应用的新商业模式，达到既节能减排又促进经济发展的双重目标。

——坚持政府引导与市场驱动相结合。在产业培育初期，着力加强政府的统筹与指导，发挥规划引导和政策激励作用，培育环境、适当补助、壮大产业、促进消费。同时，充分发挥市场需求对产业发展的拉动作用和配置资源的基础作用，营造良好市场环境，促进新能源汽车大规模商业化应用。

——坚持自主发展与开放合作相结合。坚持以我为主、创新推动，把技术创新作为推动产业发展的主要驱动力，加快形成具有自主知识产权的技术、标准和品牌。同时积极利用全球资源，深层次开展国际技术、产业合作与交流，探索合作新模式。

（二）发展目标

——到 2015 年，新能源汽车综合生产能力达到 20 万辆以上，累计产销量力争达到 5 万辆。初步建立适应电动汽车发展要求的配套设施网络、产业支撑体系和政策环境。产业技术创新能力大幅度提高，整车集成、动力电池、驱动电机等核心技术达到国际先进水平，初步形成采用技术先进、制造和使用成本较低、基本满足市场规模化推广要求的新能源汽车产业链。

——到 2020 年，建成较为完善的配套设施网络和产业支撑体系，电动汽车实现成熟的市场应用，形成 2 ~ 3 个具备较强国际竞争力的新能源汽车产业集群，广东成为产业规模、创新能力和品牌影响均达到国际前列的新能源汽车产业基地。

三、主要任务

（一）加快建立特色明显、资源共享的科技创新体系

——着力突破一批关键技术。建立和优化新能源汽车整车开发流程，突破整车设计、动力总成、整车匹配等关键共性技术，推进新一代轻型纯电动汽车的研发及产业化。重点推进动力电池关键技术研发，突破安全性、一致性、能量密度、循环寿命、成本、关键材料及系统集成等技术瓶颈。支持铅酸动力电池技术研发，力争在材料、结构及工艺上取得突破性进展。根据燃料电池技术进展，适时适度开展制氢、储氢、加氢技术与装备的研发。鼓励开展电机、电动空调、电动转向、电动制动等关键产品，机电耦合、能量回收、轻量化等关键技术，以及新能源汽车基础设施关键技术的研发。支持高校和科研机构在基础和前沿技术领域开展合作研究、鼓励企业和研发机构开展全球研发服务外包。

——实施标准与知识产权战略。针对我省新能源汽车产业链的技术发展现状和趋势，加快形成新能源汽车标准体系，在现有新能源汽车国家、行业标准的基础上，进一步研究制定充电、电池组、新一代纯电动汽车底盘、可快换式电池包、能量消耗、污染物排放、电池包梯级利用和回收再利用等地方标准，针对市场需求建立和完善省内短途纯电动汽车标准体系。支持和鼓励较为成熟的地方标准上升为国家标准，注重地方标准与国家标准和国际标准的衔接。鼓励新能源汽车整车和零部件生产企业积极采用国际标准和国外先进标准，提高行业准入门槛，促进产业可持续发展。加强新能源汽车知识产权工作的统筹规划、系统设计，构建覆盖全产业链的专利体系，推进企业实施专利和品牌战略，提升市场竞争力。鼓励开展国际专利检索与分析，建立新能源汽车专利信息服务平台，加强知识产权的创造、运用、保护和管理。

——实施产业创新能力建设工程。围绕新能源汽车产业发展重点领域建设一批省级工程实验室、工程中心和重点实验室，推进建设国家级和国家地方联合创新平台，形成配置完整、功能齐全的共性技术研发平台体系。推进新能源汽车检测试验平台建设，建设国家新能源汽车质量监督检验中心、动力电池质量监督检验中心、新能源汽车电器质量监督检验中心等国家级检测试验平台。支持省内企业在境外设立研发机构和开展联合研发活动，鼓励境外企业和机构在粤设立研发机构。

——加强人才培养与引进。以新能源汽车研发与产业化重大项目为依托，培养一批领军型复合人才。加强与新能源汽车相关的电化学、新材料、车辆工程、汽车电子、机电一体化等相关学科建设，培养研发与技术应用型人才。广泛开展相关技术培训，提高相关从业人员的职业技能。积极引进新能源汽车领域的科技领军人才和科研创新团队。

（二）着力构建配套完整、布局合理的产业体系

——促进产业集聚发展。积极围绕整车生产项目发展上游关键零部件配套产业，打造新能源汽车产业链。推进锂离子动力电池产业基地和驱动电机产业基地建设。鼓励发展电动空调、电动转向、电动制动、智能充换电设备以及其他新能源汽车零部件、结构件、元器件、材料等相关配套产业，形成新能源汽车配套产业带。

——重点培育自主品牌的龙头企业。重点支持行业骨干企业，推动省内电动汽车整车和关键零部件骨干企业做大做强。支持企业加强品牌建设，通过境外注册、境外收购等方式培育形成国际化品牌。到 2015 年，培育形成具有

自主品牌、在国内居领先地位的2～3家整车生产企业，3家以上动力电池骨干企业以及若干正负极材料、隔膜、电解质等动力电池关键材料骨干企业，1～2家驱动电机骨干企业等。围绕龙头骨干企业培育发展一批上下游配套生产企业。

——加强产业开放与合作。鼓励省外整车和关键零部件生产企业来粤投资建厂。鼓励电动汽车企业开拓海外市场，落实国家支持高新技术产品出口的相关优惠政策，促进电动汽车整车及关键零部件出口。促进行业合作与交流，鼓励动力电池、驱动电机、电控等关键零部件生产企业与整车制造企业组成产业技术创新联盟，共同开展技术研发、联合申报国家和省专项项目。搭建国际化的产业和技术交流合作平台，推动我省与世界新能源汽车企业、科研机构建立广泛深入的联系，吸引境外新能源汽车龙头企业来粤开展产业合作。

——实施产业技术研发及成果产业化工程。围绕新能源汽车重点发展领域，实施广东省新能源汽车研发及产业化专项，重点支持建设一批包括公交车、乘用车、特种车和短途纯电动车在内的整车生产项目、核心零部件研发及产业化项目、公共服务平台建设项目。落实规划、国土等相关优惠政策和资金支持，加快战略性新兴产业百强项目和省重点项目计划中的新能源汽车项目建设。在新能源汽车领域支持建设一批省战略性新兴产业基地。

（三）逐步建设功能完备、支撑有力的配套服务体系

——创新商业模式。推进融资租赁、车电分离、充换电服务等多种商业模式的探索与创新，探索形成具有商业可行性的电动汽车运营模式。支持建立完善的新能源汽车保险、租赁、物流、售后服务、二手车交易、动力电池梯级利用与回收再利用等配套服务体系。

——完善金融支撑体系。鼓励金融机构创新产品，对符合条件的新能源汽车产业发展、示范应用以及基础设施建设等项目提供信贷支持。支持电动汽车整车及关键零部件生产企业发行企业债券和在境内外证券市场上市，鼓励大型汽车企业成立汽车金融公司。鼓励设立新能源汽车产业投资基金和创业投资基金。

——实施配套基础设施建设工程。编制充电设施建设总体规划，将充电、充气设施建设纳入城市综合交通运输体系规划和城乡建设相关行业规划。制定充电设施相关地方标准，支持各类企业投资建设充电、充气设施。支持珠三角地区大中型城市新建的居民小区和公共停车场配套安装一定数量的充电设施、现有居民小区和公共停车场逐步加建。

（四）积极推广应用新能源汽车

——积极推广应用新能源汽车。以新能源汽车在城市公共服务领域的应用为突破口，引导和带动私人购买新能源汽车，推动企业扩大产业规模、提升技术水平和降低生产成本。珠江三角洲地区更新或新增的公交车要采用新能源汽车，市政、邮政等行业大力推广新能源汽车，出租行业视条件逐步推广新能源汽车，鼓励城际、机场客运车辆应用新能源汽车。推动各级政府及公共机构逐年加大新能源汽车采购规模。鼓励有条件的地市开展私人购买新能源汽车补贴试点工作。

——实施推广应用示范工程。支持广州、深圳市建设国家节能与新能源汽车推广应用试点城市，完成国家下达的试点计划，鼓励其他具备条件的城市申报国家节能与新能源汽车推广应用试点城市，积极争取在珠三角地区建设国家新能源汽车推广应用和产业发展试点区。率先在珠三角地区以及粤东西北地区的汕头、梅州、湛江、韶关、潮州、茂名等市开展新能源汽车推广应用示范，支持其他有条件的地区推广应用新能源汽车，争取到2015年全省新能源汽车应用规模达到5万辆。

——营造良好应用氛围。充分利用媒体、网络、会议等多种渠道，展示新能源汽车对节能减排的积极作用及其技术进步、产业发展、推广应用成果，增进社会各界认知程度，形成广大群众易于接受、乐于使用新能源汽车的良好氛围。

四、发展重点

（一）整车制造

——重点推进纯电动汽车、插电式混合动力汽车、增程式电动汽车的研发及产业化；鼓励发展特种用途电动汽车、短途纯电动汽车；研究探索燃料电池汽车等。到2015年，纯电动乘用车、插电式混合动力乘用车、增程式电动乘用车最高车速不低于100公里/小时，纯电驱动模式下综合工况续驶里程纯电动乘用车不低于150公里，插电式混合动力乘用车、增程式电动乘用车不低于50公里。

（二）关键零部件制造

——电动汽车用动力电池及其管理系统。重点支持发展动力锂离子电池及其管理系统，突出新材料、新结构、新工艺的创新。大力发展锂离子电池正极、负极、隔膜和电解液等关键材料。跟踪研究车用超级电容系统、高可靠性低成本燃料电池与车用储氢或制氢系统，鼓励发展下一代高比能动力电池。探索多元化动力电池在电动汽车上的应用。到2015年，动力电池模块比能量达到150瓦时/公斤以上，成本降至2元/瓦时以下，循环使用寿命稳定达到2000次或10年以上。到2020年，动力电池模块比能量达到300瓦时/公斤以上，成本降至1.5元/瓦时以下。

——电动汽车用驱动电机及其控制器。重点推进永磁电机及其控制器的研发及产业化，大力发展大功率车用绝

缘栅双极晶体管（IGBT）模块等。到2015年，电驱动系统功率密度达到2.5千瓦/公斤以上，成本降至200元/千瓦以下。

——电动汽车用整车控制器。结合整车产品开发，重点发展电动汽车整车控制器，加快开发混合动力多能源管理系统，推进车载信息系统、车用传感器和执行系统的研发及产业化。

——先进传动技术。重点推进电动汽车专用机电耦合装置、减速器、电驱动桥的产业化，加快开发能有效提升电机及传动系统效率的动力合成装置及控制系统。

——电动化附件。重点推进电动助力转向系统、电动空调和可用于能量回馈的电动助力制动系统的开发及产业化，加快发展车用电子仪表、车用传感器等关键产品及其基础元器件。

——轻量化技术与产品。重点推进车用轻量化材料的研发与产业化，加快开发轻量化底盘结构和轻量化车身结构。

——LNG汽车关键零部件。重点发展LNG储罐、LNG汽化器、控制器等。

（三）配套设施

——充电充气技术与设备。慢速充电设备、车载充电设备、大功率快速充电设备以及电池的快换技术及设备。鼓励研发充电设施接网、计量计费、监控等技术。推进与智能电网相融合的能量转换、充电、电池组检测维护技术与设备的研发与产业化。鼓励发展LNG汽车加气设备。加快发展充电站、充气站的安全配套设备。

——车网融合技术。探索新能源汽车作为移动式储能单元与电网实现能量和信息双向互动的机制。

——配套设施建设。在主要商业区、住宅区和政府部门停车场配套电动汽车专用停车位和慢速充电桩，在城市主要干道和火车站、机场等场所建设公共快速充电场站，依托公交场站建立公交车专用的充换电系统。

——新能源汽车关键零部件及关键材料的生产装备。

五、保障措施

（一）政策保障

——优化产业发展环境。积极创造条件支持省内新能源汽车企业和产品申报列入国家《机动车辆生产企业及产品公告》。整合省内汽车目录资源，积极创造条件支持新能源汽车零部件龙头企业向整车开发延伸，研究探索企业采取参股、兼并、授权等方式获得新能源汽车生产目录资格。对需要临时上道路行驶、用于科研试验、经特种设备管理部门指定的检测机构检测合格的新能源汽车样车，发放临时行驶车号牌。支持新能源汽车及其关键零部件企业申报高新技术企业，新能源汽车及其关键零部件企业从事技术开发、转让及相关咨询、服务业务所取得的收入，按规定享受营业税免税政策。

——优化新能源汽车应用环境。开设新能源汽车办证“绿色通道”，优先办理新能源汽车的注册登记、年检等业务。研究纯电动汽车路桥通行费、停车费等费用减免措施。研究探索在城市公共停车场、市政道路停车场和部分繁华商业区划出一定比例或开设专用停车位，优先用于停放电动汽车，并出台优先停车的具体办法。出台支持新能源汽车充电、充气设施建设的优惠措施，加快相关建设项目核准、国土预审、规划、环境影响评价等审批工作的办理进度。出台电动汽车充电价格和LNG汽车充气价格优惠政策，制定分时段的电动汽车充电价格定价机制，引导消费者利用电网谷期时段充电。对在公众道路以外的场地（公园、工业园区、港区、旅游景区等特定范围内）运营的新能源汽车，经特种设备管理部门指定的检测机构检测合格，持特种设备类《生产许可证》《产品出厂合格证》，可在省内办理注册登记并核发全省统一的区内机动车牌照。鼓励开展试点，探索如何解决省内部分新能源汽车在获得国家行业准入资格前的上路问题。各地在实施限号行驶、牌照额度拍卖、购车配额指标等措施时，应对新能源汽车区别对待。

——开展政府采购与产品补助。出台政府采购新能源汽车的实施细则，将列入国家公告的新能源汽车产品纳入政府采购目录，并在车辆定编和资金方面予以优先安排。实施新能源汽车补助制度，鼓励和支持示范城市对本市公共服务领域应用新能源汽车以及私人购买新能源汽车给予补助。

——加强动力电池回收再利用管理。加强电池生产管理，电池生产的企业、日期、品种等明细应在电池上有明确标识。明确新能源汽车动力电池收集、存储、运输、再生处理等环节的管理要求，逐步建立起以整车、电池生产企业为主导的动力电池回收体系，规范回收渠道。研究制定促进电池再制造企业提高技术水平和环保水平的优惠政策，鼓励大型电池再制造企业与生产企业在动力电池回收处理方面形成合作机制。

（二）资金保障

——加大财政支持力度。“十二五”期间，省战略性新兴产业发展专项资金重点支持新能源汽车产业率先取得突破。鼓励有条件的地市根据发展规划和实际情况安排专项资金积极支持和推进新能源汽车产业技术开发、产业化、推广应用、充电充气设施建设、建立电池梯级利用和回收体系等。积极组织申报国家重大关键技术研发、重大产业创新发展工程、重大创新成果产业化、重大应用示范工程、创新能力建设、国家级产品质量监督检验中心等项目，争取国家资金支持。争取与中央财政联合参股设立新能源汽车产业创业投资基金。

（三）组织保障

——加强组织领导。发挥省新能源汽车发展联席会议制度的作用，完善跨部门工作协调机制，指导和推进全省新能源汽车产业发展和推广应用。省各有关部门要加强协商，密切配合，尽快制定和完善切实可行的促进新能源汽车产业发展的政策措施。示范城市和其他具备条件的地区要立足本地情况，抓紧建立和完善相应的工作协调机制，认真落实规划提出的目标和任务。

——促进产业交流与合作。支持整车龙头企业牵头组建省新能源汽车产业联盟，构建产业交流与合作平台，促进形成优势互补，形成协调有序、合作共赢的产业发展格局。

——加强督促检查。建立责任分工机制，加强对省直各部门相关工作的督促检查。2015 年对本规划的实施情况开展中期评估，根据评估结果进一步细化下阶段的工作目标和任务。对各地尤其是示范城市新能源汽车工作及成效开展定期检查，并与新能源汽车相关的奖励评比、项目布局、资金安排等挂钩。

附表：广东省新能源汽车产业发展规划（2013—2020年）重大项目表（略）

广东省发展改革委

2013 年 2 月 20 日

江苏省新能源汽车产业发展行动计划（2013年）

为贯彻落实《节能与新能源汽车产业发展规划（2012—2020）》《江苏省“十二五”培育和发展战略性新兴产业规划》《江苏省“十二五”新能源汽车产业推进方案》和《江苏省新能源汽车推广应用指导意见》，加快我省新能源汽车技术及产品研发创新和产业化进程，推进新能源汽车推广应用工作，特制定 2013 年度新能源汽车产业发展行动计划。

一、年度目标

以纯电动汽车和插电式混合动力汽车为重点，加快研发新能源客车、新能源专用车和新能源乘用车（轿车）产品，力争列入国家汽车产品公告和推荐车型目录的新能源汽车产品车型数量新增 20 个、累计超过 85 个。加强新能源汽车关键核心技术及配套零部件产品与系统的研发，加强配套能力建设，力争动力电池、电机、电控系统等核心零部件与系统部件省内配套达 40% 以上。着力提升产业规模，力争全省新能源汽车及相关配套产业销售收入增长26% 以上。

进一步扩大新能源汽车推广应用试点城市范围和推广应用车型范围，在出租、公务、环卫、邮政、电力等公共服务领域推广应用纯电动乘用车、纯电动客车、纯电动专用车（邮政车、环卫车、电力工程车等）。南京、苏州和南通等第一批试点城市新能源汽车推广应用工作取得较大突破，争取新增运营新能源汽车各 200 辆。扩大新能源汽车推广应用试点城市范围，盐城、扬州等试点城市争取运营新能源汽车各 100 辆。

二、工作重点

（一）加快关键核心技术研发。增强对重点企业支持力度，提升骨干企业新能源汽车整车技术、关键零部件技术研发水平。苏州金龙、潍柴亚星、江苏常隆、江苏奥新、南京金龙等重点整车企业开展新能源汽车整车匹配技术、电子控制技术、车身轻量化技术、超级电容快速充电和无线充电技术研发创新；江苏春兰等企业加快动力电池技术的突破；常州裕成富通等企业加快电机技术的突破；南京华士等企业加快电控系统技术的突破、南京奥特佳等企业加快配套电器的研发。

（二）推进产业集聚集约发展。围绕重点骨干企业，延伸产业链，增强关键零部件的配套能力，引导产业集聚集约发展，提升特色产业基地规模水平。围绕南汽集团、东风悦达起亚、江苏奥新、扬州五环龙、江苏春兰等企业，重点推进新能源乘用车、高端轻型商用车、专用车以及动力电池等配套零部件产业化；围绕南京金龙、潍柴亚星、江苏陆地方舟，重点推进新能源客车及配套零部件产业化。

（三）打造研发、检测平台。支持南京汽车研究院，江苏大学等高校及江苏汽车产品质量监督检测所等有条件的科研院所和行业骨干企业，建设面向行业的新能源汽车整车及关键零部件的实验室和认证、检测平台。

（四）扩大示范推广应用范围。扩大我省新能源汽车推广应用试点城市范围，对盐城、扬州等有条件和有意愿的城市纳入我省推广应用试点城市范围，启动我省第二批试点城市新能源汽车推广应用工作。

三、工作措施

（一）强化组织协调。履行省新能源汽车推广应用协调小组办公室职能，会同省有关部门共同推进和指导有关试点城市新能源汽车推广应用工作，确保完成年度目标。以推广应用促进产业加快发展。发挥省汽车行业协会和省新能源汽车产业联盟作用，推进省内相关企业加强合作、协同攻关，推进产业链上下游企业加强配套、同步开发。

（二）落实推广应用鼓励政策。按照省政府《指导意见》要求，参照国家新能源汽车补贴有关规定和补助标准，确定不同车型的新能源汽车的补助标准，对 2012 年推广应用的新能源汽车给予财政补贴。积极争取对新能源专用汽车和混合动力公交客车纳入推广应用补贴范围。积极向国家和省有关部门推荐新能源汽车重点项目，争取财政专项的政策支持。

（三）加强动态跟踪。建立重点企业调查和联络人制度，定期报送有关情况。加强对重点项目（见附件）的动态跟踪和服务，协调解决项目推进中的问题。加强对产业发展情况的调研，协调产业发展中的重大问题。

（四）组织技术交流和产品推介。适时举办新能源汽车技术交流和研讨，促进企业间的合作。举办新能源汽车新产品、新技术推广展示会，向社会特别是公共服务领域推介和展示我省新能源汽车产品，扩大新能源汽车的影响力和使用范围。

附：2013 年重点跟踪服务的新能源汽车产业项目

1. 南京金龙 12 米纯电动城市客车项目、12 米油电混合动力城市客车项目。

2. 江苏常隆节能与新能源客车项目。

3. 常州市裕成富通电动汽车驱动电机及控制系统项目。

4. 江苏春兰清洁能源研究院新能源汽车用动力锂离子电池及其管理系统项目。

5. 苏州金龙新能源客车研发及重大产业化项目。

6. 潍柴亚星超级电容纯电动城市客车研发与产业化项目；10 米和 12 米插电式油电、气电混合动力城市客车。

江苏省经济和信息化委员会

2013 年 4 月 17 日

陕西省关于贯彻落实国务院节能与新能源汽车产业发展规划实施意见

各设区市人民政府，省人民政府各工作部门、各直属机构：

为贯彻落实《国务院关于印发节能与新能源汽车产业发展规划（2012—2020 年）的通知》（国发〔2012〕22 号）精神，加快我省节能与新能源汽车产业发展，促进汽车产业技术进步和优化升级，结合我省实际，现提出如下实施意见。

一、发展现状及面临的形势

（一）发展现状。我省新能源汽车与国内外产业发展趋势基本同步，近年发展步伐加快，陕汽控股集团、比亚迪汽车公司等企业节能与新能源汽车研发呈现良好发展势头，主导产品有纯电动、混合动力、CNG/LNG 和甲醇汽车等。其中，陕汽控股集团在 CNG/LNG 重卡方面技术全国领先，并拥有多项专利，产品销量全国第一，其电动码头牵引车、混合动力城市清运车、清洁能源大客车、增程/插电式重型商用车、二甲醚汽车、甲醇汽车等绿色环保商用车产品已经进入研发试制阶段。比亚迪汽车公司依托充电电池领域的技术优势，掌握了电动汽车动力电池、电控、电机三大核心技术，电动车技术研发方面具有国际先进水平，其 F3DM 双模电动汽车（插电式混合动力汽车）、e6 纯电动汽车、K9 纯电动客车已完成研制，进入小批量生产和销售，并在深圳、北京、长沙、西安、宝鸡等地先后启动了试运行项目，示范效果初步显现。但总体上看，我省新能源汽车关键技术及基础件研发水平有待进一步提高，产品配套率相对较低，产业聚集效应尚不明显；目前还没有国家新能源汽车示范推广试点城市，购买新能源汽车还无法享受中央财政补贴；节能型小排量汽车市场占有率偏低；充电站和加气站建设相对滞后，配套设备还不够健全。

（二）面临形势。未来 10 年是全球汽车产业转型升级的重要战略机遇期。我国汽车产销规模已居世界首位，为应对日益突出的燃油供求矛盾和环境污染问题，发展节能与新能源汽车已成必然趋势。目前，节能与新能源汽车示范运行范围逐步扩大，基础配套设施逐步完善，国民消费理念逐渐形成，推广空间将更为广阔。我省节能与新能源汽车发展具有一定基础和优势，部分产品走在全国前列，产业发展潜力较大，今后一个时期，国家政策支持力度将进一步加大，市场需求引导作用更趋明显，必须抓住机遇，采取有力措施，推动我省节能与新能源汽车产业加快发展。

二、总体思路和基本原则

（一）总体思路。以科学发展观为指导，立足陕西汽车产业发展基础，发挥研发比较优势，突出企业主体作用，加大政策扶持力度，着力推动关键技术和产品研制开发，加速推进产业化步伐，逐步扩大生产规模，力争节能与新能源汽车研制推广走在全国前列。

（二）基本原则。

1. 坚持产业转型与技术进步相结合。依托我省现有基础，加快培育和发展新能源汽车产业，推动汽车动力系统电动化转型。坚持统筹兼顾，在培育发展新能源汽车的同时，大力推广普及节能汽车和替代能源汽车，促进汽车产业技术升级。

2. 坚持自主研发和借用外力相结合。把技术创新作为推动节能与新能源汽车产业发展的主要动力，依托本省汽车企业技术中心和相关科研院所研发力量，加大研发投入，大力推进自主创新，形成具有自主知识产权的技术和品牌，充分利用国内外创新资源，通过多种合作机制，多层次、多渠道推进产品技术合作与交流，推动产业研发能力提高。

3. 坚持发展整车与强化配套相结合。以陕汽控股集团、比亚迪汽车公司等整车企业为龙头，带动我省动力电池、电机、汽车电子、先进内燃机、高效变速器等企业加快发展。统筹规划，加快充电设施和加气站建设，做好市场营销、售后服务，形成完备的产业配套体系。

4. 坚持政府引导与市场驱动相结合。积极发挥规划引导和政策激励作用，聚集科技和产业资源，引导市场消费，促进节能与新能源汽车市场推广，营造良好的市场环境，促进节能与新能源汽车加快产业化。

三、技术路线和主要目标

（一）技术路线。以纯电动汽车和插电式混合动力汽车为主攻方向，重点推进新能源汽车关键技术研发和产业化，积极发展和推广节能内燃机汽车，保持天然气清洁能源汽车产品研发领先优势，进一步提升技术水平，增强市场竞争力，充分利用甲醇汽车试点有利条件，积极扩大影响，在替代燃料汽车研制方面力争国内领先。

（二）主要目标。

1. 产业化步伐明显加快。着力推动我省新能源汽车技术研发取得明显进展，产业规模稳步扩大，努力建设成为国家重要的新能源汽车生产基地。到 2015 年，全省纯电动汽车和插电式混合动力汽车产销量累计达到 2.2 万辆；替代燃料汽车销量达到 5.8 万辆，其中重卡 5 万辆。到 2020 年纯电动汽车和插电式混合动力汽车产销量累计达到 10 万辆，替代燃料汽车销量达到 10 万辆，其中重卡 8 万辆，其他车型 2 万辆。

2. 燃料经济性显著改善。平均燃料消耗量达到国家标准，到 2015 年，当年生产的乘用车平均燃料消耗量降至 6.9 升/百公里，节能型乘用车燃料消耗量降至 5.9 升/百公里以下。到 2020 年，当年生产的乘用车平均燃料消耗量降至 5.0 升/百公里，节能型乘用车燃料消耗量降至 4.5 升/百公里以下；商用车新车燃料消耗量接近国际先进水平。

3. 技术水平大幅提高。较全面掌握新能源汽车技术研制开发和应用能力，动力电池、混合动力、先进内燃机、高效变速器、汽车电子等汽车节能关键核心技术接近或基本达到国际先进水平，替代燃料汽车及核心零部件达到国内领先水平。

4. 配套能力显著增强。以整车企业为龙头，带动一批动力电池、电机、汽车电子、电驱动桥、车用天然气气瓶等关键零部件企业上水平上规模，推动节能与新能源汽车产销规模相适应的充电站、加气站配套体系建设。

四、主要任务

（一）加强节能与新能源汽车技术研发。以陕汽控股集团、比亚迪汽车公司等整车企业为龙头，依托汽车企业技术中心及科研院所，加大研发投入，掌握关键核心技术。重点开展与新能源汽车相适应的整车设计、整车安全、整车控制、电子通信、系统集成以及轻量化研究。重点推进动力电池技术创新，在磷酸铁锂等动力电池、电池控制系统、电池电容，以及电池系统安全性等方面有所突破。执行国家动力电池回收利用管理办法，落实各项环保规定，严防重金属污染。同时，大力推动大功率车用永磁电机及其控制系统、驱动电机系统、轮边电机驱动桥、高效变速器、高效节能发动机、天然气发动机控制系统、汽车电子及核心材料等节能与新能源汽车关键零部件研制开发，促进我省汽车产业整体技术水平提升。

（二）加快推动节能与新能源汽车产业化。新能源汽车方面，依托现有基础，重点推进比亚迪 F3DM 和“秦”混合动力汽车、e6 纯电动汽车、K9 纯电动大客车，陕汽增程/插电式重型商用车、纯电动码头牵引车、纯电动物流牵引车、纯电动清扫车、混合动力环卫车等产品的研制生产，推动示范运行，加快产业化。节能汽车方面，根据国家出台的汽车燃料消耗管理办法，加大节能技术的研发和运用，在比亚迪公司 F0、F3、速瑞、G3、L3、G6 等车型列入国家节能汽车推广目录的基础上，加快推动节能内燃机汽车的推广普及。替代燃料汽车方面，依托陕汽控股集团在天然气、甲醇等替代燃料汽车方面的技术优势，重点发展 LNG/CNG 重卡、LNG/CNG 清洁能源大客车、LNG/CNG 微型车、柴油—天然气双燃料重卡、甲醇载重车、甲醇微型车等产品，在天然气、生物燃料、煤炭等资源丰富的新疆、乌海、陕北等地区抢先布局，以点带面，扩大销售，使替代能源汽车研制生产走在全国前列。

（三）积极推进甲醇汽车试点。抓住工业和信息化部在陕西、山西、上海开展甲醇汽车试点的契机，依托陕汽集团在甲醇汽车研制方面的技术优势，重点发展甲醇载重车、甲醇微型车等产品，加快甲醇—柴油双燃料发动机的燃烧控制技术、高比例掺烧甲醇的双燃料发动机控制技术、甲醇—柴油双燃料动力总成匹配技术、甲醇—柴油双燃料发动机的排放控制、甲醇—柴油双燃料重载车规模化等方面的研究应用，经过 2—3 年试点，在完成对高比例甲醇汽车适用性、可靠性、经济性、安全性、环保性评价，明确甲醇汽车产品相关技术规范的基础上，加快推进高比例甲醇汽车的推广和产业化。

（四）增强关键零部件研发配套能力。鼓励整车企业控/参股关键零部件企业，加大技术合作和研发投入，加大关键零部件基础研发，提升产品核心竞争力和技术水平，提高配套能力，基本满足本省节能与新能源汽车发展供应需求。以节能与新能源汽车发展，吸引和带动社会资本、民营企业投资汽车基础关键零部件研发生产。

（五）加快推进加气站和充电设施建设。根据国家确定的纯电动汽车和插电式混合动力汽车的发展方向，借鉴新能源汽车试点城市取得的经验，结合我省新能源汽车发展，省内大中城市积极规划和加快推进充电设施建设，满足公共服务领域运用和推广电动出租车和电动大客车的需要，逐步达到满足私人购买新能源汽车的充电需求。同时，因地制宜建设天然气等替代能源汽车加气站，在气源丰富的陕北地区加快建设天然气加气站，达到加气站网络化，满足天然气重卡长途运输的需要。大中城市建成全覆盖的加气站网络，基本满足天然气出租车、公交车等公共服务领域和私人天然气轿车的加气需要。

五、保障措施

（一）积极争取国家推广新能源汽车发展试点。省科技厅、省财政厅等部门要会同有关市政府，根据国家推广新能源汽车发展试点新模式，积极争取国家相关政策支持，享受国家财政补贴等有关政策。

（二）积极争取国家财税政策支持。省级有关部门要积极组织申报国家新能源汽车产业技术创新工程，及时做好项目前期准备工作，争取国家产业技术创新工程等专项资金给予我省新能源汽车产业更大支持；积极争取我省汽车生产企业汽车产品列入《“节能产品惠民工程”节能汽车（1.6升及以下乘用车）推广目录》，享受国家补贴政策；执行好国家支持节能与新能源汽车发展车船税税收减免政策；积极贯彻执行国家支持汽车产业发展的进出口税收优惠政策，重点支持新能源汽车企业发展。

（三）加强省级专项资金对节能与新能源汽车发展扶持引导。省工业和信息化厅、省发展改革委、省科技厅、省中小企业局等部门专项资金要加大对节能与新能源汽车的支持力度，重点支持节能与新能源汽车技术研发及产业化项目建设、市场推广应用和协作配套等。各有关市要结合实际，制定相应财政资金扶持办法。

（四）推进节能与新能源汽车重点项目建设。围绕节能与新能源汽车整车及关键总成研制，抓好一批具有国内外先进水平的整车和技术含量高的关键核心零部件项目建设，加快研发水平提升和产业化步伐。

（五）加大对节能与新能源汽车的采购力度。鼓励省内各级党政机关、企事业单位在同等条件下，优先采购陕汽、比亚迪等省产节能和新能源汽车，以发挥其示范引导作用。

（六）强化金融支持。引导金融机构加大信贷支持力度，支持从事节能与新能源汽车研发生产的重点企业利用资本市场融资。

（七）鼓励重点企业加强对外合作。支持新能源汽车龙头企业与国内外知名新能源汽车生产厂商开展合作，鼓励有条件的企业在境外设立研发机构；支持省内新能源汽车产品、技术和服务出口。

六、方案实施

省级各有关部门要按照分工，加强沟通协商，密切配合，形成工作合力，及时制订和完善相关具体措施，确保各项目标任务、政策措施得到落实。

各有关市（区）要按照实施意见确定的目标、任务和政策措施，结合当地实际，科学规划，精心组织实施，确保取得实效。落实工作中出现的新情况、新问题请及时上报省工业和信息化厅。

陕西省人民政府

2013 年 5 月 6 日

吉林省关于城市优先发展公共交通实施意见（节能与新能源汽车节选）

吉政发〔2013〕12 号

各市（州）人民政府，长白山管委会，各县（市）人民政府，省政府各厅委办、各直属机构：

为贯彻落实《国务院关于城市优先发展公共交通的指导意见》（国发〔2012〕64 号），加快我省城市公共交通发展，提升城市公共交通服务水平，促进城市公共交通与城市协调发展，结合我省实际，提出如下实施意见：

一、充分认识城市优先发展公共交通的重要意义

二、指导思想和总体目标

（一）指导思想。

（二）总体目标。

1. 城区人口 200 万以上的大城市，建设以轨道交通为骨干，公共汽（电）车为主体，相互衔接、换乘方便的城市公共交通服务体系。建成国家示范“公交都市”，城市中心区公共交通占机动化出行比例达到 60% 以上，万人公共交通车辆拥有量达到 17 标台以上，中心城区公交站点 300 米基本实现全覆盖，公共汽（电）车平均营运时速达到 20 公里以上，公共汽（电）车发车准点率达到 90% 以上，基本实现公共交通与其他交通方式之间“零距离”换乘，广泛使用节能环保新能源车辆。

2. 城区人口 50 万～200 万的城市，建设以公共汽（电）车为骨干，大运量快速公共交通系统（BRT）为补充的城市公共交通服务体系。城市中心区公共交通占机动化出行比例达到 40% 以上，万人公共交通车辆拥有量达到 14 标台以上，中心城区公交站点 300 米覆盖率不低于 70%，公共汽（电）车平均营运时速达到 22 公里左右，公共汽（电）车发车准点率达到 95% 以上，城市公共交通网络结构优化，接驳系统基本完善，推广使用节能环保新能源车辆。

3. 城区人口 50 万以下的城市，建设以公共汽（电）车为骨干的城市公共交通服务体系。城市中心区公共交通占机动化出行比例达到 30% 以上，万人公共交通车辆拥有量达到 10 标台以上，城市中心区公交站点 300 米覆盖率不低于 60%，公共汽（电）车平均营运时速达到 25 公里左右，公共汽（电）车发车准点率达到 98% 以上，公交线网的通达深度和覆盖面显著提高，城乡公共交通一体化取得明显成效。

三、主要任务

（一）强化规划编制实施，发挥公共交通对城市发展的引领作用。

（二）加快基础设施建设，提高城市公共交通保障能力。

（三）加大政策扶持力度，支持城市优先发展公共交通。

1. 加大政府投入。

2. 落实税费优惠政策。要严格执行国家“十二五”期末前暂免征城市公交企业新购置公交车辆的车辆购置税，依法减征或者免征公共交通车船的车船税，将中央财政老旧汽车报废更新补贴资金向城市公交营运车辆倾斜等规定。对符合现行有关税收优惠政策条件的城市公共交通企业的营业税、城镇土地使用税、房产税，经有关税务行政主管部门审核批准后，可实行相应的税收优惠。各地政府要协调有关部门按照居民生活用电或农业生产用电等惠民电价标准，对城市轨道交通运营企业和使用电动公交车辆企业给予电价优惠政策，切实降低企业运营成本。

吉林省人民政府

2013 年 5 月 3 日

安徽省节能环保产业发展规划（节能与新能源汽车节选）

节能环保产业是指为节约能源资源、发展循环经济、保护生态环境提供物质基础和技术保障的产业，是我省加快培育和发展的 8 个战略性新兴产业之一，是先进制造业和生产服务业紧密结合并极具发展潜力的综合性产业。主要包括节能产业、环保产业和资源循环利用产业，涉及节能技术和装备、高效节能产品、节能服务，环保技术和装备、环保产品、环保服务，以及资源循环利用等领域。

为推进节能环保产业发展，打造宜居宜业宜游的生态强省，建设美好安徽，根据《国务院关于印发“十二五”节能环保产业发展规划的通知》（国发〔2012〕19 号）、《中共安徽省委安徽省人民政府关于印发〈生态强省建设实施纲要〉的通知》（皖发〔2012〕24 号）有关要求，特制定本规划。

一、发展现状和面临形势

（一）发展现状。

“十一五”以来，我省节能环保产业发展迅速，产值年均增长超过 30%，成为极具发展潜力的新兴产业，为推动我省经济社会持续健康较快发展发挥了重要作用。

1. 产业发展初具规模，涌现一批骨干企业和名牌产品。

2. 产业创新基础较好，部分技术达到先进水平。拥有包括中国科学技术大学、合肥工业大学、中国科学院合肥物质研究院等一批重点高校和科研单位，以及淮南矿业煤矿瓦斯治理国家工程研究中心和煤矿生态环境保护国家工程实验室、奇瑞汽车节能环保国家工程实验室、江淮国家电动客车整车系统集成工程技术研究中心、中钢集团马鞍山矿山研究院金属矿产资源高效循环利用国家工程研究中心、丰原集团发酵技术国家工程中心等一批国家级企业创新平台。我省节能环保产业依托相关高校、科研单位和企业创新平台，通过持续自主研发、攻关和产学研合作，发展水平与发达地区差距不断缩小，部分技术已处于领先水平。

研究开发出智能电网技术、电动汽车技术、余热余压利用设备、光伏建筑系统集成等多项具有国际、国内先进水平的节能技术、装备和产品。高效低温余热发电技术达到国际先进水平。烧结余热、转炉汽化蒸汽、高炉冲渣热水等先进发电技术以及利用焦炉加热烟气余热实施煤调湿技术，已应用于我省钢铁企业生产流程，马钢集团 2 台 300 平方米烧结余热设备年发电达 1.4 亿 kW·h，节约标准煤 3 万吨、减少碳排放 8 万吨。

3. 产业集聚态势良好，发展布局趋于合理。合肥、芜湖、马鞍山三市集中了全省规模较大的高效节能装备制造企业。合肥、芜湖和滁州市成为节能环保汽车和家电设计、生产、销售、物流以及相关配套零配件生产聚集区。芜湖、合肥 2 市半导体照明和节能新建材产业全省领先。

（二）面临形势。

二、指导思想、基本原则和发展目标

三、重点领域

（一）节能产业重点领域。

1. 节能技术与装备。

2. 节能产品。

节能汽车及关键零部件。重点发展小排量经济型轿车和微型车，以及混合动力汽车、纯电动汽车等新能源汽车和代用燃料汽车。鼓励和支持江淮、奇瑞和昌河公司发展自主品牌小排量节能汽车和新能源汽车，率先实现纯电动汽车产业化，加快混合动力和燃料电池汽车关键技术研究和示范。大力发展节能型汽车关键零部件配套产业。加快研发具有自主知识产权的新型车辆动力蓄电池和新型混合动力汽车机电耦合动力系统、车用动力系统和发电设备等技术装备，开展先进的内燃机技术、电机系统技术及控制技术研究。

3. 节能服务。

专栏 1　节能产业重点技术

混合动力汽车技术　混合动力汽车是在一辆汽车上同时配备电力驱动系统和辅助动力单元（APU）的汽车。整个系统由发动机、电动机、动力分配装置、发电机、蓄电池和电流逆变器等部分构成，关键技术是混合动力单元技术和控制策略技术。具有节能量大、排放量小和成本低的优点。

纯电动汽车技术　纯电动汽车主要是采用蓄电池取代

传统汽车的发动机，将电池的电能转化为驱动的动能。其关键技术主要有电池技术、电机驱动及其控制技术、整车技术以及能量管理技术。具有无排放污染、噪声低和易于操纵、维修及运行成本低等优点。

四、重点工程

（一）重大节能技术与装备产业化工程。

（二）重大环保技术与装备产业化工程。

（三）节能环保汽车产业壮大工程。

依托奇瑞、江淮、昌河和华菱星马等大型汽车企业，充分发挥奇瑞汽车节能环保国家工程实验室和节能环保汽车工程技术研究中心、江淮国家电动客车整车系统集成工程技术研究中心和新能源汽车研究院等技术优势，打造2个节能环保汽车研发和生产基地。重点发展高效节能环保汽车以及纯电动汽车，加强混合动力和替代燃料汽车的研究和开发。加强节能环保技术和工艺创新设计，巩固和提高1.6升以下小排量乘用车及轻卡、商务车、改装车、专用车、公交电动客车等我省自主品牌汽车优势。提升核心零部件（动力总成、电子控制、电动车核心部件等）的研发和制造能力，继续加大对现有零部件产品轻量化优化设计。加快建设芜湖、合肥国家级节能环保汽车示范工程。到2015年，汽车产业应用节能环保技术创造的产值超过300亿元。到2020年，力争节能环保汽车生产达到100%，新能源汽车生产比例大幅提高。

五、保障措施

六、组织实施

安徽省人民政府办公厅

2013年8月20日

沈阳市“十二五”战略性新兴产业发展规划（节能与新能源汽车节选）

为贯彻落实国家关于加快培育和发展战略性新兴产业的部署，充分发挥新兴产业在优化产业结构、转变经济发展方式和建立现代产业体系中的重要作用，促进沈阳老工业基地全面振兴，推动全市经济社会事业又好又快发展，根据《沈阳市人民政府关于加快发展新兴产业的意见》（沈政发〔2010〕20号）精神，特制定本规划。

一、规划背景与意义

（一）规划背景。

加快培育和发展战略性新兴产业，是国家立足当前，着眼长远做出的重大战略决策。2010年10月，国务院做出《国务院关于加快培育和发展战略性新兴产业的决定》（国发〔2010〕32号）；2012年7月，国务院下发《国务院关于印发“十二五”国家战略性新兴产业发展规划的通知》（国发〔2012〕28号），确定现阶段重点培育和发展节能环保、新一代信息技术、生物、高端装备制造、新能源、新材料、新能源汽车等七大战略性新兴产业，明确提出到2015年战略性新兴产业增加值占国内生产总值比重达到8%左右的发展目标。

（二）重要意义。

二、发展现状

三、发展总体思路

（三）主要目标。

四、重点发展方向和主要任务

（一）高端装备制造业。

以建设世界先进装备制造业基地和成为沈阳市核心支柱产业为目标，大力发展高端装备制造业，努力提升企业自主创新能力和产品科技含量，提高高端产品比重、附加值和市场占有率，重点发展重大高端成套技术装备、高档数控机床、轨道交通装备、IC装备、智能制造装备、核电装备、新能源汽车等。

7. 新能源汽车。

以华晨宝马、上汽通用北盛、沈阳五洲龙、华晨汽车、广汽日野（沈阳）等企业为依托，重点发展新型混合动力汽车、纯电动汽车及配套零部件。新能源汽车实现研发、制造、检测、试验、示范运行和服务等综合性功能为一体的新能源汽车产业链建设。

（1）整车。重点发展油电混合动力汽车和高性能纯电动汽车，主攻采用一体式启动发电机（ISG）/皮带式启动发电机（BSG）中混技术路线、充电式（Plug-in）强混技术路线的油电混合动力汽车，以及运用磷酸铁锂等动力电池驱动的纯电动汽车等。充分发挥华晨宝马、上汽通用北盛、华晨金杯等整车企业作用，同时，加快吸引国内外先进企业到沈阳发展。到2015年，混合动力汽车、纯电动汽车批量上市，形成新能源轿车、公交客车、中型客车、环卫车、工程车等产品细分序列，新能源汽车产业初具规模。

（2）关键零部件。重点发展磷酸铁锂等动力电池，形成电池关键材料、电芯、单体及模块、组堆及管理系统（BMS）等集成能力；重点发展大功率车用永磁电机及其控制系统，形成驱动电机关键材料、电机设计及控制系统、驱动电机成套化系列化等的产业化能力；重点发展动力系统控制、电子控制模块（ECU）等，加快形成自主研发的全方位配套能力。

（3）充电系统和设备。重点发展新能源汽车直流充电机、交流充电桩、便携式直流充电机和车载充电机，研究开发新能源汽车充电设施接网、监控、计量、计费设备，研究开发新能源汽车智能充换电运营服务系统关键技术和设备。

专栏1 高端装备制造业发展路线图	
发展目标	到2015年，高端装备制造业产值达到1700亿元以上，年均增长20%以上，增加值占GDP的比重约为5%；重点培育和发展沈鼓、北方重工、机床、三一重工等重点骨干企业；一批关键核心技术达到国际先进水平；成为世界先进装备制造业基地。到2020年，产值达到3730亿元以上
重大行动	关键技术开发：开展机床整机、变压器、大型离心机和压缩机、冶金、综采、铁路和传输设备、工业机器人、传感器以及智能仪器仪表等数字化设计技术研究，进行性能测试技术、可靠性技术、数控技术、智能化技术、监控及故障分析技术等关键技术的研究；重点突破机床关键部件设计技术、电网电气设计技术、IC装备技术、大推力往复式压缩机设计制造技术，矿山装备成套化关键技术、重型综采成套装备技术、大型冶金装备成套化关键技术、大型炼油装置设计制造技术，高精密复杂零件焊接技术、重载齿轮加工和热处理技术、高效除尘技术、第三代压水堆的核电用泵、核电用阀；新能源汽车整车设计和优化 产业化发展：推进伺服驱动系统和相关部件产业化；推进特高压交流、直流输变电变压器及高压开关等设备产业化 掌握石油、冶金、天然气等行业用大型压缩机的设计制造技术，实现设备设计与制造全面国产化。实现工业机器人产品系列化。 创新能力建设：建设国家级数控控制总线技术工程实验室、开放式数控系统支撑技术创新平台；建设具有国际水平的“国家特高压变电技术工程实验室”；建设国家级IC装备特种精密零部件加工及表面处理平台
空间布局	重点建设8个具有较大影响力的园区（集群）： 铁西区重点建设两大园区：一是重矿装备及煤炭综采产业园，重点研制大功率采煤机、大功率重型刮板输送机等产品；到2015年，煤机及重矿装备产值500亿元，建设国内煤机和重矿装备制造基地。二是高档数控机床及功能部件产业园，重点研制航天（空）、汽车、船舶等行业用高档数控机床；到2015年，实现工业总产值550亿元，建设国际化高档数控机床产业基地 东陵区（浑南新区）重点建设三大园区：一是新松浑南智慧产业园，重点发展工业机器人及自动化生产线、特种机器人等成套设备和产品，建设高端自动化成套装备和工业机器人产业化基地。二是智能装备产业园，重点研制无人机、高端医疗器械、激光成套设备等，建设东北地区智能高端装备产业基地。三是半导体（IC）装备产业园，重点发展真空成膜、划片机、洁净（真空）机械手等整机和关键单元部件。于洪区重点建设两大园区：一是中国·沈阳特种机床城，重点发展特种数控机床、功能部件等产品；到2015年，计划实现工业总产值200亿元，建设国家特种数控机床高新技术产业基地。二是中国·沈阳机械基础零部件产业园，重点发展机泵阀、液压件等产业；到2015年，计划实现工业总产值100亿元，建设辽宁省新型工业化产业示范基地 大东区重点建设新能源汽车产业集群。推进开发纯电动轻客、A级增程式混动轿车等新能源汽车生产，突破电池、电机等关键零部件及其关键材料核心技术和产业化瓶颈，实现新能源汽车产品平台的产业化

五、重大工程

（一）重大高端成套技术装备工程。

（二）高档数控机床工程。

（三）轨道交通装备工程。

（四）智能制造装备工程。

（五）新能源汽车工程。

以沈阳五洲龙新能源汽车有限公司、华晨汽车有限公司、广汽日野（沈阳）汽车有限公司、华晨宝马汽车公司等骨干企业为依托，以新能源汽车和重要零部件为核心，建设新能源汽车公共测试平台、试验和应用综合评价体系，重点研发和突破整车设计和优化、大功率永磁电机及动力控制系统、动力电池及超级电容等关键核心技术和新产品，加速纯电动、插电式混合动力汽车、LPG客车、LNG客车、CNG客车等系列产品产业化，推进充电网络体系和设施建设。到2015年，实现产值100亿元。

六、重点项目

七、保障措施

沈阳市人民政府

2013年9月10日

郑州市新能源汽车示范带动和产业发展行动计划（2013—2015年）

为加快我市新能源汽车研发创新和产业化步伐，促进我市新能源汽车产业做大规模、做强品牌，将我市建设成为全国重要的新能源汽车生产基地，特制定本行动计划。

一、郑州市新能源汽车产业发展现状

新能源汽车产业是郑州市战略性新兴产业之一。全市现有新能源汽车相关生产企业14家，郑州宇通客车股份有限公司和河南少林汽车股份有限公司主要生产混合动力客车、纯电动客车，目前在新能源客车整车控制、系统集成等核心技术上已取得重大突破，其中，郑州宇通客车股份有限公司插电式混合动力客车技术居国内外领先水平；郑州日产汽车有限公司主要生产纯电动多功能乘用车、纯电动工程车，目前已掌握电动汽车控制系统关键技术和整车集成技术；海马轿车有限公司主要生产纯电动轿车，目前已掌握整车动力系统匹配、整车控制系统（VCU）开发、整车安全设计等关键技术；河南千熙新能源科技有限公司以改装生产换电式纯电动轿车为主，在电动汽车充换电成套设备、电池成组及维护技术等方面成效显著；中航电动汽车（郑州）有限公司主要从事动力总成关键技术专用电机和驱动控制器的研发，其永磁同步电机技术已达到国内先进水平；河南龙瑞新能源汽车有限公司、河南森源鸿马电动汽车有限公司等企业主要从事低速电动轿车或场地用车的研发和生产。

作为战略性新兴产业之一，我市新能源汽车发展水平与国内外相当，都处于研发阶段，没有大规模市场化和产业化，目前主要存在以下问题：一是新能源汽车动力电池等关键技术仍未取得突破，制造成本、使用成本高，而市场认可程度较低；二是新能源汽车示范运营主要以公交车为主，且多数是非插电式混合动力汽车，而在纯电动出租车等领域仍是空白，私人购买也尚未实现突破；三是新能源汽车充换电基础配套设施建设相对滞后，不能满足示范运营车辆运行的需要；四是新能源汽车挂牌难、上路难，制约了新能源汽车的推广使用及产业化发展。

二、总体思路和发展方向

（一）总体思路

以党的十八大精神为指引，深入贯彻落实科学发展观，紧紧抓住新能源汽车千载难逢的发展机遇，围绕建设中原经济区郑州都市区的总体要求，以完善充换电配套设施建设为基础，以解决示范运营车辆牌照为前提，逐步扩大新能源汽车示范运营领域；以发展纯电动客车、纯电动轿车、纯电动专用车为重点，以整车制造和电池等关键技术研发为突破，加大技术研发力度、促进项目建设，全面提升郑州市新能源汽车市场竞争力。力争到2015年，将我市建设成为全国重要的新能源汽车研发和生产基地。

（二）发展方向

巩固扩大非插电式混合动力客车在全国的市场占有份额，推进纯电驱动（含纯电动和插电式混合动力）汽车整车研发和产业化发展进程；开展燃料电池汽车的技术研发工作。

加大新能源汽车关键零部件核心技术研发和创新力度，力争在动力电池研发、生产等关键核心技术方面实现突破。

三、发展目标

（一）示范推广目标

——到2015年，市内公交当年新增、更新车辆全部采用新能源客车，其中，纯电动客车占20%以上；新能源客车占城际公交当年新增、更新车辆的50%以上；力争全市新能源客车运营车辆新增3400辆，其中，插电式混合动力公交车2400辆，换电式纯电动市内公交车600辆，换电式纯电动城际公交车400辆。

——到2015年，市区新增纯电动出租车300辆，其他每个县（市）纯电动出租车至少新增50辆以上；力争全市纯电动出租车运营车辆达到750辆。

——到2015年，公务用车、环卫车、警务巡逻车、公用工程车当年新增车辆力争50%以上购买使用纯电动汽车；重点景区观光车辆力争全部使用纯电动汽车。到2015年，力争全市新能源汽车使用量新增4500辆以上。

（二）产业发展目标

到2015年，新能源汽车生产能力达到5万辆，其中：新能源客车4万辆，纯电动专用车5000辆，纯电动轿车5000辆；力争2～3个新能源车型在全国市场占有份额中名列前茅；力争在纯电动汽车的电池制造和维护技术、电机驱动控制器技术、动力总成系统技术以及纯电动客车、纯电动轿车、纯电动专用车的整车研发生产等方面达到国际先进水平。

四、重点工作

（一）加大示范运营推广力度，扩大示范运营领域和范围

1. 新能源客车

——市内公交

2013年底前，在原增加500辆非插电式混合动力公交车的基础上，增加600辆插电式混合动力公交车，同时投入100辆换电式纯电动公交车进行运营。

2014年，新增、更新的公交车辆全部使用新能源客车，其中，插电式混合动力公交车800辆，换电式纯电动公交车200辆。

2015年，新增插电式混合动力公交车1000辆，换电式纯电动公交车300辆。

到2015年，力争全市新能源市内公交运营车辆新增3000辆，其中，插电式混合动力公交车2400辆，换电式纯电动公交车600辆。

牵头单位：市财政局

相关单位：市科技局、市公交公司

——城际公交

2013年底前开通郑州至开封、郑州至许昌纯电动城际公交运营线路，投入换电式纯电动客车50辆。

2014年，开通郑州至新乡纯电动城际公交运营线路，开通郑州至新郑、新密、上街、荥阳等县（市）的纯电动城市公交运营线路，投入换电式纯电动客车150辆。

2015年，开通郑州至焦作、郑州至洛阳纯电动城际公交运营线路，开通郑州至所有县（市）的纯电动城市公交运营线路，投入换电式纯电动客车200辆。

到2015年，力争全市换电式纯电动城际（城市）公交运营车辆达到400辆，基本形成以郑州为中心，覆盖中原城市群的纯电动城际公交运营网络。

牵头单位：市交通委

相关单位：市交运集团、市公交公司

2. 新能源轿车

——出租车

2013年，选定中牟县作为纯电动出租车示范运营试点

区域，以河南千熙新能源科技有限公司为主组建纯电动出租车公司，上半年投入 30 辆换电式三厢纯电动轿车开展纯电动出租车示范运营试点工作，力争全年纯电动出租车运营车辆达到 50 辆。

牵头单位：中牟县

相关单位：市公安局市

交通委制定专项优惠政策，鼓励支持郑州日产汽车有限公司、海马轿车有限公司等企业及社会力量组建纯电动出租车公司，在固定区域开展纯电动出租车示范运营试点工作；鼓励市区新增或更新出租车辆采用纯电动汽车，逐步在市区范围推广纯电动出租车。

牵头单位：市交通委

相关单位：市公安局，有关县（市、区）

2014 年，在郑州新郑综合保税区（郑州航空港区）、新郑市、新密市、荥阳市、上街区等区域开展纯电动出租车示范运营，郑州新郑综合保税区示范运营车辆不低于 100 辆，其他区域示范运营车辆不低于 50 辆。

2015 年，在包括登封市、巩义市的全市区域开展纯电动出租车示范运营，每个区域示范运营车辆不低于 50 辆。

到 2015 年，市区新增纯电动出租车 300 辆，全市纯电动出租车示范运营车辆力争达到 750 辆以上，纯电动出租车覆盖整个市域范围。

牵头单位：市交通委

相关单位：市公安局，有关县（市、区）

——公务车

加大新能源汽车政府采购力度，由市及县（市）区财政出资购买及更新的公务用车，按适当比例采购市产纯电动汽车。

到 2015 年，公务用车当年新增的车辆，力争 50% 以上购买使用市产纯电动汽车。

牵头单位：市财政局

相关单位：市公安局

——私家车

积极争取国家节能与新能源汽车示范城市和私人购买新能源汽车补贴试点城市，力争在私人购买新能源汽车方面实现突破。

牵头单位：市科技局

相关单位：市财政局、市发展改革委、市工信委、市公安局

3. 新能源专用车

2013 年起，市区内新增、更新的环卫车、警务巡逻车、公用工程车等，要逐步采用市产纯电动汽车，力争到 2015 年，纯电动汽车占市区内当年新增、更新环卫车、警务巡逻车、公用工程车的比重达到 50% 以上；在少林寺等风景名胜区大力推广新能源观光旅游车，到 2015 年，力争各主要风景区观光旅游车全部采用市产纯电动汽车。

牵头单位：市城管局（环卫车）、市公安局（警务巡逻车）、市交通委（观光旅游车）

相关单位：市城建委、市旅游局、有关县（市、区）

4. 解决新能源汽车示范运营牌照问题公安部门研究制定我市新能源汽车示范运营相关管理办法，借鉴三门峡、新乡等地市的经验和做法，为参与示范运营的纯电动出租车等车辆发放新能源汽车专用牌照，确保相关车辆正常上路行驶；参照对郑飞公司纯电动汽车示范运营的管理模式，完善私人纯电动汽车示范运营管理办法，适当扩大市区私人纯电动汽车示范运营数量，并延长其牌照有效期；借鉴山东省对低速电动汽车的管理经验，探索管理办法，采取相应管理措施，允许其在固定区域示范运营。

牵头单位：市公安局

（二）加强联合攻关和技术合作，着力突破关键核心技术

——支持我市整车企业和国内外知名电池、电机生产企业开展技术研发，提高整车控制技术和系统集成能力。

——探索推进我市新能源汽车骨干企业核心技术交流与整合的方法，实现资源共享，提升系统集成整体水平。

——从市科技研发费用中列出专项，每年确定 2 ~ 3 个新能源汽车关键核心技术重点攻关项目，组织市内汽车生产企业与其他新能源汽车及零部件研发机构进行联合攻关，尽快突破技术瓶颈。

牵头单位：市科技局

相关单位：市财政局、市工信委

——积极组织、引导我市新能源汽车骨干企业、高校和科研机构制定相关技术标准，逐步建立完善包括国家标准、行业标准、地方标准、企业标准在内的新能源汽车生产、销售、服务等方面的标准体系；鼓励、引导我市新能源汽车骨干企业、高校和科研机构积极申报筹建全国标准化专业技术委员会，争取标准话语权。

牵头单位：市质监局

相关单位：有关企业

（三）加快产业化项目建设，做大产业规模

——支持郑州宇通客车股份有限公司节能与新能源汽车建设项目，力争到 2015 年，节能与新能源汽车生产能力达到 3 万辆；

——支持海马轿车有限公司 A00 级小型纯电动汽车产业化项目和微客平台纯电动汽车开发和产业化建设项目，力争到 2015 年，纯电动汽车生产能力达到 5000 辆；

——支持郑州日产汽车有限公司新能源汽车批量生产工程中心建设项目，力争到 2015 年，纯电动多功能乘用车、纯电动工程车、E30/E30L 小型纯电动汽车生产能力达

到5000辆；

——支持河南少林汽车股份有限公司节能与新能源汽车建设项目，力争到2015年，节能与新能源汽车生产能力达到1万辆；

——支持河南千熙新能源科技有限公司电动汽车产业化基地建设和纯电动出租车示范运营项目，力争到2015年，改装生产换电式纯电动汽车进行纯电动出租车、公务用车、专用车等示范运营车辆突破500辆；

——支持中航电动汽车（郑州）有限公司郑飞高技术产业园中航电动汽车动力总成系统建设项目，力争到2015年，电动汽车动力总成系统生产能力达到1万台/套；

——支持中国电子科技集团公司第27研究所汽车电子产业基地建设项目，力争到2015年，汽车电子套件生产能力达到25万套；

——支持本地其他企业或外来企业投资建设技术先进、经济合理、能够进行产业化生产、商业化运作的新能源汽车项目，并尽快形成规模；

——引进3~5家电池、电机、电控等关键零部件制造项目，完善产业链条。

牵头单位：市工信委

相关单位：市财政局、市科技局

（四）加快配套设施规划建设，促进产业体系完善

借鉴国内其他城市新能源公交、纯电动出租车的发展经验，根据我市新能源汽车示范运营的需要，结合郑州市公交都市建设规划实施方案、畅通郑州白皮书实施情况和电力供应等情况，充分发挥省、市电力部门建设与服务的主体作用，尽快做好新能源汽车充（换）电站（桩）等基础设施建设规划和实施方案；按照适度超前、统一标准的原则，建设新能源汽车充（换）电站（桩），逐步健全完善新能源汽车充换电服务网络，确保满足新能源汽车运营需要。

牵头单位：市供电公司

相关单位：市规划局、市国土资源局、市公交公司、有关县（市、区）

2013年，将商都路充电站重新规划成为以换电为主、充电为辅的一体化大型充换电站，在中牟县规划建设2座小型充换电站，结合公交场站位置新建一定数量充电桩，以同时满足换电式纯电动市内（城际）公交、插电式混合动力市内公交、纯电动出租车试点区域充换电和配套服务的需要。

牵头单位：郑东新区管委会、中牟县

相关单位：供电公司

2014年，在市区西部（高新区科学大道西四环附近）、南部（中原区航海西路附近）、北部（惠济区天河路附近）和郑州新郑综合保税区分别规划建设1座大型充换电站，同时，在新郑市、新密市、荥阳市、上街区等区域规划建设4座小型充换电站，结合公交场站新建一定数量充电桩。

牵头单位：市供电公司

相关单位：市规划局、市国土资源局、有关县（市、区）

2015年，在巩义市、登封市等县（市）区及市区适当位置规划建设6座小型充换电站，结合公交场站新建一定数量充电桩，基本形成覆盖全市的新能源汽车充换电网络和配套服务体系。

牵头单位：市供电公司

相关单位：市规划局、市国土资源局、有关县（市、区）

五、保障措施

（一）加强组织领导，积极协调推进市工业经济科技和安全生产工作领导小组负责组织推进新能源汽车产业发展各项工作，完善工作推进机制，协调整合各类资源，定期研究解决产业发展、项目建设和工作推进中的重大问题。工业和信息化工作推进办公室具体负责新能源汽车产业发展的日常推进工作。

（二）强化目标管理，明确责任分工新能源汽车示范带动和产业发展行动计划各项目标和工作任务分解到相关单位和县（市、区），相关县（市、区）和单位一把手为第一责任人，对目标完成负总责。相关县（市、区）和单位结合实际情况制定本地区（单位）详细的工作方案，及时协调解决工作中的问题，确保任务落实到位。

（三）定期督查考核，确保任务完成市工业经济科技和安全生产工作领导小组制定督查考核办法，建立健全督查考核奖惩机制，根据督查考核办法，领导小组对相关县（市、区）和单位新能源汽车产业发展涉及的示范运营、项目建设等各项考核指标完成情况进行督查考核，确保各项目标任务顺利完成。

（四）落实扶持政策，加大财政支持认真落实郑州市《关于支持新能源汽车产业发展的意见》，市财政每年设立专项资金，重点支持新能源汽车技术研发、联合攻关、公共服务平台建设、品牌宣传等。对于引进新能源整车项目和关键零部件项目，市政府采取一事一议的方式，利用产业引导资金给予大力支持。

附件：1. 郑州市新能源汽车产业发展行动计划工作任务分解表

2. 郑州市新能源汽车产业发展行动计划工作目标一览表

3. 郑州市新能源汽车产业发展行动计划重点项目一览表

郑州市人民政府

2013年1月30日

附件 1：郑州市新能源汽车产业发展行动计划工作任务分解表

序号	工作任务	主要工作内容	牵头单位	相关单位
1	新能源汽车示范运营推广工作	新能源市内公交车的采购、运营	市财政局	市科技局、市公交公司
		新能源城际公交车的采购、运营	市交运委	市交运集团、市公交公司
		纯电动出租车专项优惠政策制定	市交运委	市公安局
		中牟县纯电动出租车运营管理	中牟县	市交运委、市公安局
		区域内纯电动出租车的示范运营管理	有关县（市）	市交运委、市公安局
		市区内纯电动出租车运营管理	市交运委	市公安局
		纯电动公务车政府采购、使用	市财政局	市公安局
		申报“国家节能与新能源汽车示范城市和私人购买新能源汽车补贴试点城市”	市科技局	市财政局、市发改委、市工信委、市公安局
		新能源环卫车推广使用	市城管局	市公安局
		新能源观光旅游车推广使用	市交运委	市公安局、市旅游局、市建委、相关县市区
		新能源警务巡逻车推广使用	市公安局	
		研究制定新能源汽车管理办法、发放专用牌照	市公安局	
2	新能源汽车产业化发展推进工作	整车制造产业化、关键零部件建设推进工作	市工信委	市财政局、市科技局
		关键核心技术重点攻关项目组织工作	市科技局	市财政局、市工信委
		组织制定地方标准、企业标准（含联盟标准），逐步完善标准体系；积极参与国家、行业相关标准制（修）定工作	市质监局	相关企业
3	新能源汽车配套基础设施建设工作	充换电站选址	供电公司	市规划局、市国土局、公交公司、有关县市区
		充（换）电站（桩）建设规划实施方案审批	市规划局	
		商都路充（换）电站、充电桩规划、设计、建设	郑东新区	供电公司
		其他充换电站、充电桩规划、设计、建设	供电公司	有关县市区
4	新能源汽车扶持政策支持工作	国家新能源汽车补贴政策落实工作	市财政局	市工信委、市科技局

附件 2：郑州市新能源汽车产业发展行动计划工作目标一览表

工作内容			工作目标		
			2013 年	2014 年	2015 年
新能源汽车示范运营推广	新能源客车	市内公交	在原增加 500 辆非插电式混合动力客车的基础上，增加 600 辆插电式混合动力公交车，同时投入 100 辆换电式纯电动公交车进行运营	新增、更新的市内公交车辆全部使用新能源客车，其中插电式混合动力公交车 800 辆、换电式纯电动公交车 200 辆	新增、更新市内公交车辆全部使用新能源客车，其中插电式混合动力公交车 1000 辆、换电式纯电动公交车 300 辆
			至 2015 年，力争全市新能源市内公交运营车辆新增 3000 辆，其中插电式混合动力公交车 2400 辆、换电式纯电动市内公交 600 辆		
		城际公交	开通郑州至开封、郑州至许昌纯电动城际公交运营线路，投入换电式纯电动客车 50 辆	开通郑州至新乡纯电动城际公交运营线路，开通郑州至新郑、新密、上街、荥阳等县（市）的纯电动城市公交运营线路，投入换电式纯电动客车 150 辆	开通郑州至焦作、郑州至洛阳纯电动城际公交运营线路，以及郑州至所有县（市）的纯电动城市公交运营线路，投入换电式纯电动客车 200 辆
			至 2015 年，力争全市换电式纯电动城际公交运营车辆达到 400 辆		

续表

工作内容			工作目标		
			2013 年	2014 年	2015 年
新能源轿车	出租车		选定中牟县作为纯电动出租车示范运营试点区域，以河南千熙公司为主组建纯电动出租车公司，上半年投入 30 辆换电式三厢纯电动轿车开展纯电动出租车示范运营试点工作，全年运营车辆达到 50 辆	在综合保税区（航空港区）、新郑市、新密市、荥阳市、上街区等区域开展纯电动出租车示范运营，综合保税区示范车辆 100 辆，其他各区域内示范运营车辆不低于 50 辆	在包括登封市、巩义市的全市区域开展纯电动出租车示范运营，各区域内示范运营车辆不低于 50 辆。纯电动出租车覆盖整个市域范围
			至 2015 年，市区新增纯电动出租车 300 辆，力争全市纯电动出租车示范运营车辆达到 750 辆以上		
	公务车		力争到 2015 年，公务用车当年新增的车辆，50% 以上购买使用市产纯电动汽车		
	私家车		积极争取国家私人购买新能源汽车补贴试点城市，力争在私人购买新能源汽车方面实现突破		
专用车	环卫车等		力争到 2015 年，纯电动汽车占市区内环卫车、警务巡逻车、公用工程车当年新增车辆的比重达到 50% 以上，各主要风景区观光旅游车全部采用市产纯电动汽车		
	到 2015 年，力争全市新能源汽车使用量新增 4500 辆以上				
新能源汽车配套基础设施建设			将商都路充电站重新规划成为以换电为主、充电为辅的一体化大型充换电站，在中牟县规划建设 2 座小型充换电站，结合公交场站新建一定数量充电桩	在市区北部、西部、南部和综合保税区分别规划建设 1 座大型充换电站，同时，在新郑市、新密市、荥阳市、上街区规划建设 4 座小型充换电站，结合公交场站新建一定数量充电桩	在巩义市、登封市等县市区及市区适当位置规划建设 6 座小型充换电站，结合公交场站新建一定数量充电桩，基本形成覆盖全市的新能源汽车充换电网络和配套服务体系
			至 2015 年，规划建设大型充换电站 5 座、小型充换电站 12 座		

附件 3：郑州市新能源汽车产业发展行动计划重点项目一览表

序号	企业名称	项目名称	总投资（亿元）	项目建设规模
1	郑州宇通客车股份有限公司	节能与新能源客车建设项目	40	年产 3 万辆混合动力客车、纯电动客车
2	河南少林汽车股份有限公司	节能与新能源客车建设项目	10	年产 1 万辆混合动力客车、纯电动客车
3	海马轿车有限公司	A00 级小型纯电动汽车产业化项目和微客平台纯电动汽车开发和产业化建设项目	5	年产 5000 辆纯电动轿车
4	郑州日产汽车有限公司	新能源汽车批量生产工程中心建设项目	2.8	年产 5000 辆纯电动多功能乘用车、纯电动工程车、E30/E30L 小型纯电动汽车
5	河南千熙新能源科技有限公司	电动汽车产业化基地建设项目	3	年产 1000 辆换电式纯电动轿车（改装）
6	中航电动汽车（郑州）有限公司	电动汽车动力总成系统建设项目	10	年产 1 万台/套电动汽车动力总成系统
7	中国电子科技集团公司第 27 研究所	电动汽车产业园汽车电子产业基地建设项目	18	年产 25 万套汽车电子套件

驻马店市 2013—2015 年战略性新兴产业发展规划纲要（节能与新能源汽车节选）

为进一步调整优化经济结构，加快培育新一代信息技术、生物医药、新能源、新能源汽车、新材料、节能环保、高端装备制造、文化创意等战略性新兴产业，推动经济发展方式转变，根据《国务院关于加快培育和发展战略性新兴产业的决定》（国发〔2010〕32 号）和《河南省人民政府关于印发河南省“十二五”战略性新兴产业发展规划的通知》（豫政〔2012〕75 号）的总体要求，结合驻马店实际，特制定本规划。

一、加快培育战略性新兴产业的重大意义

二、战略性新兴产业发展现状和面临的形势

三、基本思路、主要原则和培育目标

（一）基本思路。以党的十八大精神为指导，深入贯彻落实科学发展观，抢抓中原经济区建设重大机遇，把加快培育战略性新兴产业放在推进产业转型升级的突出位置，以营造良好的发展环境为重点，以企业为主体，加大规划引导和政策支持力度，着力推进重大产业创新发展工程和示范园区建设，积极培育具有核心技术的龙头企业和产业集群，大力培育新一代信息技术、生物医药、新能源、新能源汽车、新材料、节能环保、高端装备制造、文化创意等新兴产业，打造全省重要的战略性新兴产业基地，推动产业结构战略性调整，加快经济增长方式转变，为实现驻马店富民强市、加快崛起提供有力支撑。

四、培育重点

——新型电池产业链：以提高可靠性和能量密度、降低生产成本为主攻方向，重点开发高比能量（或高比功率）、安全性好、稳定性高、长寿命的新型锂离子电池关键材料，进一步加强锂离子电池、隔膜、正负极材料等关键技术研发及产业化，培育发展高性能动力电池，大力发展新型电池产业链。

——新型燃料产业链：以蓝天集团、昊华骏化集团为龙头，重点实施甲醇汽油、乙醇汽油、GNG、LNG 液化天然气项目，大力发展新型燃料。

——新能源汽车产业。2013—2015 年，力争新能源汽车产业实现产值 30 亿元左右，年均增长 50% 以上。

以纯电驱动技术为发展主导方向，推动纯电动客车、电动乘用车、油电混合动力车等产业发展。积极探索新能源汽车电池租赁以及充/换电等多种模式，形成完善的商业市场推广模式。

——新能源客车。以城市公共交通为重点，开发具有自主知识产权的纯电动、混合动力、氢燃料电池、天然气大中型客车。以出租业为重点，发展纯电动乘用车。

——新能源专用车。以各类园区（旅游区、物流中心）为重点，发展观光客车、装卸牵引车和区内短途交通客车；以市政、邮政、电力等特种公用行业为重点，发展纯电动、混合动力轻型商务专用车。

——低速小型电动汽车。推动能源利用效率高、使用成本低、经济性能好、节能环保的小型、低速、短距离的纯电动汽车发展。

五、保障措施

驻马店市人民政府

2013 年 7 月 16 日

南宁市战略性新兴产业发展规划（2013—2020 年）（节能与新能源节选）

加快培育和发展战略性新兴产业是我国经济社会发展的重大战略举措。根据国家、自治区关于加快培育和发展战略性新兴产业政策，《南宁市国民经济和社会发展第十二个五年规划纲要》和《南宁市人民政府关于加快培育和发展战略性新兴产业的意见》，制定本规划。

一、发展基础和发展环境

（一）发展基础

（二）发展环境

二、总体思路、基本原则和发展目标

（一）总体思路

以邓小平理论、“三个代表”重要思想、科学发展观为指导，深入学习贯彻党的十八大精神，紧紧围绕南宁市建设区域性国际城市、广西“首善之区”和率先全面建成小康社会的宏伟目标，立足于现有基础和优势，抢抓发展机遇，以科学发展为主题，以加快转变经济发展方式为主线，以生物、新一代信息技术、新能源、新材料、节能环保、先进装备制造及新能源汽车、海洋、养生长寿健康等产业为重点，以招大引强、做强企业、做大产业、创新驱动、集聚发展为着力点，大力推进招商引资，加快实施一批战略性新兴产业重大项目，建设一批战略性新兴产业核心区和重点特色园区，培育一批战略性新兴产业龙头企业和自主品牌拳头产品，促进战略性新兴产业规模显著扩大、创新能力显著提升，加快成为南宁市新的重要经济增长点。

（二）基本原则

（三）发展目标

1. 总体目标

到 2015 年，生物、新一代信息技术、新能源、新材料、节能环保、先进装备制造及新能源汽车、海洋、养生长寿健康等战略性新兴产业得到较大发展，生物、新一代信息技术、节能环保等产业率先形成产业规模和竞争优势，南宁国家高技术生物产业基地形成较大产业规模和集聚辐射带动效应，区域性战略性新兴产业基地初步建成。到 2020 年，战略性新兴产业发展成为南宁市的重要支柱产业，南宁市建设成为西南地区战略性新兴产业的重要增长极，中国一东盟战略性新兴产业合作重要基地。

2. 具体目标

三、发展重点

（六）先进装备制造产业

重点发展轨道交通装备、重型机械和制糖机械装备、新能源汽车及零部件、智能制造装备等产业。

3. 新能源汽车及零部件

引进国内外大型新能源汽车企业，加快新能源汽车的研发生产，开发混合动力、燃料电池和其他新能源汽车产品，推广应用新能源汽车。依托广西玉柴专用汽车有限公司、南宁八菱科技股份有限公司等企业，引进国内外知名企业，加快做大做强道路养护清障、冷藏保鲜、矿山运输、工程车辆等专用车制造产业，着力发展汽车电子、热交换系统、传动设备、新型灯具、内外饰件模块、汽车保养设备、汽车轮毂、缸体等汽车零部件制造产业。

专栏7　先进装备制造产业发展方向和重点	
新能源汽车及零部件	重点发展新能源汽车以及道路养护清障、冷藏保鲜、矿山运输、工程车辆等专用车

四、空间布局

（一）总体布局

（二）重点产业布局

6. 先进装备制造产业布局

主要布局在南宁新兴产业园、南宁高新区等。在南宁新兴产业园规划建设先进装备制造产业核心区，重点发展轨道交通装备、智能制造装备等产业。在南宁高新区规划建设新能源汽车产业基地。

附件：专栏8 南宁市战略性新兴产业空间布局（略）

五、重大工程

六、保障措施

附件：南宁市战略性新兴产业发展规划重大项目表（略）

南宁市人民政府办公厅

2013年8月7日

威海市人民政府关于加快培育和发展战略性新兴产业的实施意见（节能与新能源汽车节选）

威政发〔2013〕45号

各市、区人民政府，高技术产业开发区、经济技术开发区、工业新区、南海新区管委会，市政府各部门、单位：

为加快培育和发展战略性新兴产业，根据《山东省人民政府关于加快培育和发展战略性新兴产业的实施意见》（鲁政发〔2011〕15号），结合我市实际，制定如下实施意见。

一、明确指导思想、基本原则和发展目标

（一）指导思想。坚持以邓小平理论、“三个代表”重要思想、科学发展观为指导，紧紧围绕建设现代化幸福威海的总体目标，牢牢把握主题主线，实施高端高质高效战略，突出发展新能源及配套、新材料及制品、新能源汽车、新信息、生物医药、节能环保、海洋科技开发等重点产业，加强创新能力建设，深化体制机制改革，强化对外开放合作，优化环境，培植特色产业链和产业集群，推动战略性新兴产业持续健康发展。

（二）基本原则。加快培育和发展战略性新兴产业，必须坚持统筹规划，科学布局；科技引领，创新驱动；发挥优势，突出特色；产业聚集，链条延伸。

（三）发展目标。到2015年，战略性新兴产业增加值占全市生产总值的比重达到15%以上，对产业结构升级和经济发展的带动作用显著增强。到2020年，战略性新兴产业增加值占全市生产总值的比重力争达到22%，成为带动经济增长、产业升级和劳动就业的重要力量。其中，新材料及制品、新信息、生物医药、海洋科技开发产业成为全市国民经济的支柱产业，新能源及配套、新能源汽车、节能环保产业成为全市国民经济的先导产业。

二、突出战略性新兴产业发展重点

（一）新能源及配套。

（二）新材料及制品。

（三）新能源汽车。

立足电动公交车、电动载货轻卡、车用电池、电控系统及车用电机等研发和生产基础，重点突破电池、电机和电控系统三大核心技术，培植一批重点企业。大力支持相关企业转型，引进培育整车制造和零部件生产龙头企业，辐射带动形成新能源汽车及相关配套产业链，形成产业聚集效应。

三、不断提升战略性新兴产业核心竞争力

四、深化对外开放合作

五、完善政策措施

六、加强统筹规划和服务推进

威海市人民政府

2013年9月12日

邯郸市关于加快动力电池和储能电池产业化培育发展新能源汽车产业的实施意见

为进一步抢抓机遇，加快动力电池和储能电池产业化规模化步伐，培育发展全市新能源和新能源汽车等战略性新兴产业，推动全市经济“调结构、转方式”，经市政府研究，提出如下意见：

一、必要性和可行性

（一）必要性。

当前，在风能、太阳能等可再生能源和电动汽车、智能电网产业的迅速发展过程中，其发展瓶颈都指向同一项技术——储能技术。大规模储能技术（动力电池和储能电池）被认为是支撑电动汽车发展、智能电网及可再生能源普及的战略性技术。此外，储能技术还可用于各类移动式电动工具的动力电源和公共建筑、交通、家用照明设备的电力供应。

进入21世纪以来，全球储能（动力电池和储能电池）产业开始跨入快速成长期。随着锂离子电池的生产技术和产业规模化水平的不断提高，锂电池已逐步成为该领域最主要的新型储能产品，成为电动汽车的主要动力电源之一。动力电池方面，受益新能源汽车的快速发展，巨大市场空间显现，市场规模将呈现爆发性增长，预计2013—2020年全球锂离子电池市场规模年均复合增长率高达50%以上。按照国家《节能与新能源汽车产业发展规划（2012—2020年）》，到2020年推广新能源汽车500万辆，国内动力电池市场规模预计在3000亿元以上；储能电池方面，国家能源局提出到2020年，在全国规模以上城市推广使用分布式能源系统，装机容量达到5000万kW，并在太阳能、风能占优势的地区建设微电网示范区，同时推动建设100座新能源示范城市。市场的快速发展将给以锂电池为主导的动力电池和储能电池产业带来新的飞跃，由此引发的动力电池和储能电池产业链将催生庞大的产业经济效应。顺势而为，抢抓动力电池和储能电池产业发展先机，尽快形成产业化、规模化效应，并在此基础上，培育发展我市新能源汽车产业和储能装备产业，是赢得未来产业发展主动权的现实选择。

近年来，国家、河北省对储能产业的关注度明显提升，相继出台的国家《节能与新能源汽车产业发展规划（2012—2020年）》、《河北省人民政府关于贯彻落实国家节能与新能源汽车产业发展规划的实施意见》（冀政函〔2012〕188号）和《河北省新能源产业“十二五”发展规划（2011—2015年）》等，均将储能产业列入重点支持发展的产业，并提出了多方面加强储能先进技术研发应用的明确要求。

（二）可行性。

我市具备规模化发展动力电池和储能电池产业的比较优势，并初步具备了发展以纯电动汽车为主的新能源汽车的产业基础。河北银通新能源公司、北方奥钛纳米技术有限公司利用美国奥钛公司世界一流的钛酸锂动力电池核心技术、专利、工艺，在武安开工建设的新能源产业园，总投资62亿元，占地2600亩，总建筑面积143万平方米，项目建成后，可形成年产10000吨钛酸锂动力电池材料、800兆瓦锂离子储能电池、4亿A·h钛酸锂动力电池、1万辆纯电动城市客车生产能力。2013年4月，该公司与神华科技发展公司签署矿用电动车和储能系统战略合作框架协议，将双方联合研发矿用系列电动车和电能安全储能系统，填补国家矿山井下用电动车领域空白。河北洁神新能源科技有限公司拥有自主知识产权的氧化锂铁磷动力电池技术，在电池循环寿命和制造成本方面，实现重大突破，居国内同行业领先水平，年产4亿A·h氧化锂铁磷动力电池生产线一期工程已于2012年投产，产品通过了国家客车质量监督检验中心产品检验，并先后为川汽、黄海等配套纯电动汽车动力电池。总投资100亿元、占地4000亩的新能源汽车产业园项目已经开工建设，到2015年将形成年产5000辆配套改装纯电动城市客车生产能力。河北天罡汽车制造有限公司、河北文安钢铁有限公司与国内著名汽车设计企业共同合作建设的年产20万辆纯电动乘用车、商用车和专用车生产线已经开工建设，总投资50亿元，占地1000亩，有望在新能源汽车关键技术研发，推进纯电动车全新底盘、动力总成、汽车电子等产品的研发和产业化方面实现突破。此外，河北金力新能源材料科技有限公司年产3000吨磷酸铁锂正极材料和6000万平方米锂电池隔膜材料项目、河北汉光重工有限公司新型动力电池化成分检测设备（电源管理系统）的研发及产业化项目、河北聚乾电动车有限公司年产2万辆系列低速电动车项目建设正在进行。

《邯郸市战略性新兴产业发展规划》已经明确提出，以武安奥钛新能源产业园、涉县新能源汽车产业园、广平新能源汽车产业园建设为平台，积极打造新能源和新能源汽车产业基地（以下简称“三园一基地”），到2015年，“三园一基地”初具雏形。目前，我市在动力电池和储能电池产业前端的技术优势、产品优势和项目储备较为雄厚，已经具备了延伸产业链条、做大做强动力电池和储能电池产业，进而打造新能源汽车产业基地的现实基础。

二、总体思路和发展目标

（一）总体思路。

以国家新能源和新能源汽车政策为导向，紧紧抓住世界锂电池生产技术日趋成熟和市场爆发性增长的最佳时机，以科技创新为先导，充分发挥比较优势，支持做大做强电池材料企业，夯实产业发展基础，主攻钛酸锂储能电池、氧化锂铁磷动力电池，培植核心骨干企业和产业发展中坚力量，引进以纯电动汽车和工业储能系列装备为重点的终端应用产品，推进相关配套体系建设，形成完整产业发展链条，努力打造具有行业影响力的动力电池和储能电池产业基地、储能装备生产基地和中原经济区最大的纯电动汽车生产基地。

（二）发展目标。

力争通过5—8年的努力，全面提高我市动力电池和储能电池产业的技术支撑力和持续竞争力，建立起具有行业一流水平的技术研发创新体系，形成比较完善的动力电池和储能电池产业发展体系，在纯电动汽车和工业储能装备规模化生产及应用体系和服务体系上实现突破。

1. 总量目标。到2020年，形成10亿A·h动力电池、800兆瓦锂离子储能电池、1.5万辆纯电动城市客车生产和改装、20万辆纯电动乘用车、工矿系列专用电动车多用途场地专用电动车等生产能力。

2. 技术目标。到2020年，动力电池、储能电池的能量密度、安全性、循环寿命等主要技术指标达到国内先进水平，行业成本价格优势国内领先。电池成组技术、储能系统集成及控制技术国内领先。

3. 结构目标。到2020年，储能电池产业产值达到500亿元以上、新能源汽车产业产值500亿元以上，打造成为一个1000亿元产值的新主导产业。其中，到2017年，形成1家销售收入200亿元、2家销售收入100亿元、3～5家销售收入10亿元的电池、新能源汽车生产企业，产业产值达500亿元以上。

4. 推广应用目标。到2020年，公交车使用纯电动城市客车的比例和混合动力车的比例均不低于20%，累计达到1000辆以上；出租车使用纯电动汽车的比例不低于5%，达到300辆以上；乘用车采购纯电动汽车的比例不低于1%，达到1000辆以上；配套建设社会公共换（充）电站35座，充电桩1000个。组建1～2家新能源服务公司。

三、发展重点和主要任务

（一）发展重点。

1. 电池材料。以研发高比能电池新材料、新工艺、新结构、新体系为重点，突破高比能正负极材料、电池隔膜材料等关键技术，实现本地化、规模化发展。

2. 电池产品。开展动力电池、储能电池系统安全性、可靠性研究，以钛酸锂电池、氧化锂铁磷电池为重点，加快开发新一代更高能量密度和安全性能、更长循环寿命的动力电池、储能电池以及电池系统集成和管理技术，提高动力电池、储能电池成组和控制总成供货能力。采用先进实用工艺，通过规模化生产，大幅降低生产成本，增强产品市场竞争力。

3. 集成应用。加大电池成组技术、储能单元模块化技术和综合集成技术、监控技术方面的研究，重点开发单体式、组合式系列家庭储能设备、储能式应急电源保障设备、移动式储能电站、专用逆变器、输变电应用器件等产品，实现成套供应能力。

4. 整车制造。以"三园一基地"为平台，以纯电动工矿专用车生产和纯电动城市客车生产及改装为切入点，掌握纯电动汽车动力电池系统集成和控制、驱动系统总成和控制、能量回收、分配与优化控制、高速减速器、电池充电等关键技术，完成技术积累，逐步向多车型、专用型、系列化发展。随着市场推广应用条件的成熟和消费用户需求的增长，逐步实现规模化生产。

5. 技术平台。积极与国内外机构开展交流合作和产学研合作，逐步建立河北省动力电池工程实验室、储能电池工程实验室，在此基础上，组建河北大容量储能系统工程研究院。对接高端，谋划组建具有地方特色和行业特点的新能源汽车产业技术创新联盟。

（二）主要任务。

1. 抓规划，打造完整产业链。高起点规划、高标准建设武安奥钛新能源产业园、涉县新能源汽车产业园、广平新能源汽车产业园，按照"功能完善、产业分工、协同发展"的原则，进一步明确各园区产业定位、发展重点、发展目标和技术路径，加大基础设施投入，提高产业承载能力，积极打造两大产业链，即电池材料、动力电池、电机、电控、总成到整车，研发、中试、改装、生产融为一体的纯电动汽车产业链和电池材料、储能电池、储能站、充电站、分布式发电、专用逆变器、电池集成及监控、检测成套一体发展的工业储能装备产业链。密切跟踪国家纯电动车整车生产资质政策走向，通过联合配套、兼并重组、靠大联强、自我发展等方式，多途径、多渠道、分阶段争取纯电动车整车生产资质。

2. 抓项目，推进产业规模化。以项目为总抓手，把扩大投入、膨胀总量作为加快动力电池和储能电池产业发展和培育新能源汽车产业发展的首要任务，千方百计抓投入、上项目，力促项目早开工、早投产、早达标、早见效。重点推进"三园一基地"已开工项目建设进度，尽快形成生产能力，紧紧围绕上述两大产业链，进一步加大项目谋划力度，尽快形成园区产业聚集效应。积极争取国家新能源汽车产业技术创新工程项目。

3. 抓招商，引进战略投资者。借助于电动汽车和工业储能的市场潜力、发展潜力，充分发挥邯郸在动力电池和储能电池产业前段的技术优势，突出产业招商，突出产业链招商，突出"取长补短、夯实基础、提升实力"项目招商，积极吸引动力电池和储能电池基础材料制造商、国内外汽车及零部件生产商、国内外电力（电网）储能技术研发及生产商来邯郸投资建厂或中试、产业化基地。重点对接美国通用、美国陶氏、日本丰田、德国西门子、中国台湾台塑集团等国内外优秀锂电企业和电动汽车及零部件企业，对接具有战略投资意向的新兴际华集团、中船重工集团、神华集团、吉利集团、舜天集团等国内大型央企、国家级科研院所、著名民企来我市投资或进行战略合作，搭接产业链条。

4. 抓示范，创新运营新模式。积极开拓新能源汽车电池充（换）电、租赁、维护、报废、拆解、回收服务新领域。结合全市智能电网发展实际，编制充（换）电设施专项发展规划和工业储能电站示范应用方案。围绕上述两大产业链，以电力部门为依托，电池生产企业参与，建设全市纯电动汽车充（换）电设施及服务网络，组建新能源服务公司，逐步满足城市城区内和县域内纯电动汽车运行需要，为示范应用和商业运营创造条件。积极探索“制造商零车价给运营商—运营商分期支付燃油费给金融投资商—金融投资商支付购车款给制造商”的新型纯电动城市公交商业运营及投融资模式。

四、政策支持和保障措施

（一）产业促进政策措施。

1. 推进协调工作机制。市政府建立推进新能源汽车产业发展工作联席会议制度，统筹协调解决项目建设、产业发展、应用示范中的重大问题，由主管副市长定期组织召开，市发展改革委、工业和信息化局、财政局、科技局、规划局、国土资源局、交通运输局、旅游局、人力资源和社会保障局、金融办、供电公司、武安市、涉县、广平县、永年县政府为成员单位。联席会议办公室设在市发展改革委，具体负责联席会议日常工作。对推进过程中涉及的各方面工作，由联席会议办公室进行目标分解，落实责任部门，落实时间节点。同时实行企业直报、项目跟踪和督导调度制度。

2. 给予要素保障倾斜。根据“三园一基地”产业化项目建设进度和新建公共充（换）电设施需要，从 2014 年起，每年优先安排用地指标；将充（换）电设施纳入城市综合交通运输体系规划和城市建设相关行业规划，科学确定建设规模和选址分布，适度超前建设；将通过电力部门电费征收的公用事业附加费，以 2012 年为基数，从 2013 年起，每年拿出增量部分的 30% 用于公共充（换）电设施建设和储能电站建设，投资分红，滚动使用；优先为“三园一基地”企业的研发、产业化项目争取国家、省战略性新兴产业、高技术产业、工业技改、产业振兴、节能减排等各类政策性专项资金；市本级上述同类专项资金和科技专项经费从 2013 年起，连续五年，以贴息或补助方式，重点支持“三园一基地”企业的产业化项目建设和科技研发；鼓励“三园一基地”企业通过多种渠道筹措发展资金，鼓励金融与创业投资机构支持企业的融资需求。

3. 优化产业投资环境。“三园一基地”企业的研发、产业化项目过程中发生的税费，对市级涉企行政事业性收费项目，能免则免，不能免但有下限规定的，一律按下限征收；鼓励“三园一基地”企业加大高层次人才和急缺技术人才引进力度，纳入邯郸市高层次创新创业人才开发“百人计划”，按照《中共邯郸市委邯郸市人民政府关于实施高层次创新创业人才开发“百人计划”的意见》（邯办字〔2012〕77 号）精神，鼓励“三园一基地”企业对接高端，借势发展，抢抓市场、技术先机，在邯郸经济开发区、冀南新区组建研发机构，并提供与之相应的工程技术实验室，研发团队核心成员提供 100 平方米左右的周转房，市财政给予 3 年周转房租金补贴。“三园一基地”企业向其提供 10 万元安家费。对在产业化项目、科技研发、战略投资者引进过程中做出突出贡献的，按照市政府有关规定给予重奖，以营造有利于优秀人才脱颖而出、科技引领、创新驱动的良好社会环境。

（二）推广应用政策措施。

1. 建设公共充（换）电网络。鼓励电力部门独资或与电池生产企业合资建设纯电动汽车动力智慧服务网络和示范性储能电站，成立新能源服务公司，采用“裸车销售、电池租赁、智能管理、充换兼容、刷卡消费”商业模式，自主经营、自负盈亏；鼓励县区政府、电池生产企业、知名专业运营商投资建设纯电动汽车一体化智能充换电服务网络。到 2015 年，在主城区将建设 10 个公共充（换）电站、武安市 5 个（城区 4 个、骨干生产企业 1 个）、涉县 3 个（城区、景点、骨干生产企业各 1 个）、广平县 2 个（城区、骨干生产企业各 1 个）；到 2020 年，其他县区各建设 1 个，全市总计建设 35 个公共充（换）电站。公共充（换）电设施结合现有社会停车场站、公共交通停车场站、电力变电站等进行布局，结合城市总体发展规划进行建设。公共充（换）电设施用电执行峰谷电价。

2. 工业储能示范应用。促进储能技术在电力系统的应用，鼓励电力部门独资或与电池生产企业合资建设示范性储能电站；推进储能在用电环节的应用，鼓励工业用电企业采用储能技术，优先安排申请河北省电力需求侧管理项目专项资金；储能设施用电执行峰谷电价；需要自备应急电源的重要电力用户新配置或需要更换传统蓄电池、燃油发电机的，同等条件下，提倡采用本地生产的储能电池和装备。在对全市电力用户分类界定的基础上，尽快出台《邯郸市电力用户供用电安全管理办法》，其中，对公用事业、公共卫生、党政机关、广播通信、金融证券、公共数据中心、大型商场超市及 18 层以上一类住宅等重要电力用户，需要双回路或双电源供电但目前不具备电源条件的用户，按照国家标准《供配电系统设计规范》和《高层建筑防火设计规范》的要求，约束性配置自备应急电源，其配置模式提倡使用储能系统。

3. 纯电动车示范推广。参照国家推广新能源汽车相关政策，适时出台市本级财政对使用纯电动城市客车、出租车、乘用车的扶持、奖励、补贴实施细则，各县（市、区）政府奖励补贴政策自行制定。将纯电动汽车纳入政府采购目录，鼓励本市各级政府、事业单位在配车标准内优先采购市自产（含具有纯电动车整车生产资质生产企业与本市企业联合改装）车型，不计入各单位的定编指标；城市公交车辆和市域内重点旅游景区的客运车辆逐步推广采用纯电动汽车和混合动力车，提倡采购市自产（含具有纯电动车整车生产资质生产企业与本市企业联合改装）车型。2015 年以前，在主城区两条公交线路上及邯郸至武安、邯郸至涉县、邯郸至广平、邯郸至广府等指定线路上各配备 20% 的纯电动汽车和混合动力车客运车辆试运行；积极推动纯电动专用车在景区、工矿区的示范运营；鼓励纯电动汽车在城市出租车领域的示范运营，2015 年以前，通过成立新能源汽车出租公司或社会出租车辆更新，在主城区和县城推广 200 辆市自产（含具有纯电动车整车生产资质生产企业与本市企业联合改装）车型，在指定的范围内进行试运行；对试运行的纯电动汽车和混合动力车市域范围内免征车辆通行费；逐步建设试运行纯电动汽车和混合动力车信息化管理平台，采集示范车辆运行的各种动态数据，确保示范车辆的安全稳定运行。

邯郸市人民政府

2013 年 8 月 8 日

德州市小型纯电动汽车管理暂行办法

第一条　为提高小型纯电动汽车产业技术装备水平，提升小型纯电动汽车质量和档次，促进我市小型纯电动汽车产业持续健康发展，制定本暂行办法。

第二条　本暂行办法所称小型纯电动汽车是指以铅酸电池、锂电池等车载电源为动力、最大时速不超过 80km/h 四轮纯电动乘用车。

第三条　小型纯电动汽车的主要技术参数为：外廓尺寸≤4600mm×1710mm×1800mm；乘员数（含驾驶员）≤4 人；出厂时一次充电续驶里程≥70km；百公里耗电量≤20kW·h；侧倾稳定角≥35°；最大爬坡度≥20%；最小离地间隙≥120mm；使用铅酸电池作为动力电池的，整车整备质量≤1200 公斤，动力电池组的质量占整备质量的比例≤35%；使用其他类型电池作为动力电池的，整车整备质量≤1000 公斤，动力电池组的质量占整备质量的比例≤30%。

第四条　小型纯电动汽车电池寿命，铅酸蓄电池不低于完全充放电 500 次，小型纯电动汽车除以上技术要求外，应严格执行国家、行业有关强制性标准。

第五条　小型纯电动汽车生产企业须具有汽车整车生产装备工艺，产品标准经市级及以上质监部门备案，产品检测合格后方可出厂。

第六条　小型纯电动汽车生产企业，应当对其生产的产品质量负责。小型纯电动汽车的出厂检测工作，由企业自行检测或委托有检验资质的检测机构承担，市质监部门对小型纯电动汽车的产品质量进行不定期抽验。

第七条　小型纯电动汽车出厂销售时，生产企业应为每辆车打印企业产品识别代号，产品识别代号打印位置应统一、牢固、方便查验。同时，应在每辆车外部显著位置标明生产企业商品商标和本企业名称或产品产地，如商品商标中已含有生产企业地理标志的，可不再标明商品产地。

第八条　小型纯电动汽车生产企业应当不断完善生产、检测设备，保证产品质量，提高自主创新能力，不断优化产品结构，以适应市场和客户的需求。

第九条　小型纯电动汽车经营单位应当为每辆小型纯电动汽车的销售情况建立档案，实行质量信息反馈机制和售后服务制度，公布服务内容，并严格履行。

第十条　小型纯电动汽车生产企业应对废旧电池进行回收。

第十一条　小型纯电动汽车参照机动车管理，实行备案登记挂牌制度，小型纯电动汽车登记参照《机动车登记规定》办理。小型纯电动汽车经公安机关交通管理部门备案登记挂牌后上路行驶。小型纯电动汽车在出厂时，经检验符合机动车安全技术标准，获得检验合格证的，登记时免予安全技术检验。

第十二条　小型纯电动汽车号牌、登记证书参照国标式样制作，电动汽车号牌底色为绿色，开头为“鲁 N 电”。小型纯电动汽车登记挂牌时只收取工本费，收费标准由市物价部门核定。

第十三条　参照《中华人民共和国机动车驾驶证管理办法》，小型纯电动汽车的驾驶人员应当取得 C3 及以上驾驶证。

第十四条　小型纯电动汽车的道路交通管理参照执行机动车的管理规定。

第十五条　小型纯电动汽车安全技术检验周期为每年一次，检验费用由市物价部门核定。

第十六条　小型纯电动汽车的报废期限为 8 年或行驶 20 万公里，报废程序参照国家机动车辆报废管理有关规定执行。

第十七条　小型纯电动汽车由国家认可的保险机构按国家有关规定承保。

第十八条　小型纯电动汽车限于德州市境内 1 级以下（含 1 级）公路（包括城市道路）机动车道行驶。

第十九条　小型纯电动汽车只能用作代步工具，不能作为营运车辆和校车使用。

第二十条　在国家、省尚未出台相关政策和标准前，我市小型纯电动汽车管理暂按本暂行办法执行，待国家、省相关政策和标准公布后，执行国家、省的规定。

第二十一条　本市行政区域内小型纯电动汽车的生产、销售和使用的单位和个人适用本暂行办法。

第二十二条　本暂行办法自 2013 年 8 月 17 日起施行，有效期至 2015 年 8 月 17 日。

德州市人民政府办公室

2013 年 7 月 18 日

邢台市低速电动汽车管理办法（试行）

第一条　为促进我市低速电动汽车产业持续健康发展，加强节能减排，保护资源环境，推广新能源产品，参照有关政策法规，结合本市实际，制定本办法。

第二条　对本市行政区划内生产、销售和使用低速电动车辆的管理适用本办法。

第三条　本办法所称低速电动汽车，是指以铅酸电池或锂电池等为驱动电源，由电动机驱动，最高车速不超过 60km/h，续驶里程不小于 60 km，符合国家安全技术标准要求的乘用、货运等四轮电动驱动车辆。

第四条　低速电动汽车的主要技术参数为：

乘用车外廓尺寸≤4600mm×1710mm×1730mm；最小转向圈直径≤11m；出厂时一次充足电续驶里程≥60km；百公里耗电量≤15kW·h；侧倾稳定角≥35°；最大爬坡能力≥20%；最小离地间隙≥120mm。

货运车外廓尺寸≤5000mm×1800mm×2100mm；最小转向圈直径≤11m；出厂时一次充足电续驶里程≥60km；百公里耗电量≤20kW·h；侧倾稳定角≥20°；最大爬坡能力≥20%；最小离地间隙≥130mm。

低速电动汽车除以上技术要求外，应严格执行国家、行业有关强制性标准。

第五条　低速电动汽车使用性能、安全性能、可靠性能及技术参数应符合相关国家标准、行业标准规定，无国家标准和行业标准的，企业应制定企业产品标准并向市工业和信息化局、市质量技术监督局备案。

第六条　生产电动汽车企业其产品必须经有资质的检验机构型式检验合格，并获得强制性产品认证证书；生产观光车、场（厂）内机动车等特种车辆的企业，必须取得特种设备生产许可资质；应具有 3 年以上相关产品的从业经验。

第七条　低速电动汽车参照机动车管理实行登记制度，低速电动汽车经公安机关交通管理部门登记后方可上路行驶。低速电动汽车牌照和行驶证样式由公安机关交通管理部门参照国家标准样式制作。低速电动汽车牌照底色为绿色，加“电”字样，由市物价部门核定收取工本费。

第八条　参照国家《机动车驾驶证申领和使用规定》，低速电动汽车的驾驶人应取得 C3（含 C3）以上驾驶证，准予乘坐 4 人（包括驾驶人）。

第九条　低速电动汽车生产企业，应当对其生产的产品质量负责。低速电动汽车的出厂检测工作，由企业自行检验或委托有检验资质的检测机构承担，市质量技术监督部门对低速电动汽车的产品质量进行不定期抽检。对出具虚假报告的检测机构，由市质量技术监督部门依法处理，触犯法律的移交司法机关依法追究法律责任。

第十条　低速电动汽车安全技术指标检测周期为一年，检测费用标准由物价部门核准。

第十一条　通过生产条件现场考核的企业申请低速电动汽车产品备案时，应当向市工业和信息化局提供以下资料：

（一）主要技术参数和主要配置备案表；

（二）备案的企业产品标准；

（三）检测机构出具的整车质量安全检测报告；

（四）产品合格证样张；

（五）其他需要证明的情况。

第十二条　市工业和信息化局、市质量技术监督局对企业提交的产品技术资料进行审查，必要时组织专家到企业生产现场进行产品一致性审查，通过审查合格的，由市工业和信息化局、市质量技术监督局联合发布电动车生产企业及产品公告。

低速电动汽车生产企业具备向国家申报条件时，市发展改革委、市工业和信息化局要按程序帮助其向国家申报备案。

第十三条　低速电动汽车出厂时，经检验符合安全技术标准。应随车发放出厂合格证，合格证样式和技术参数内容参照汽车产品出厂合格证。

第十四条　低速电动汽车生产企业应当建立产品销售及售后服务管理体系，为每辆车建立用户档案，在产品销售区域建立售后服务机构，实行质量信息反馈机制和售后服务制度，为每辆车提供至少 1 年或 2 万公里产品质量保证（以先到的为准）。

第十五条　低速电动汽车生产企业如发现产品存在影响安全、环保、节能、防盗的严重问题，应当立即停止生产和销售相关车辆产品，按照《缺陷汽车产品召回管理规定》召回缺陷产品，并及时向市质量技术监督局、市工业和信息化局报告。

第十六条　低速电动汽车生产企业应当不断完善生产、检测设备，保证产品质量，提高自主创新能力，不断优化产品结构，以适应市场和客户的需求。

第十七条　低速电动汽车允许在本市的一级及以下公路（包括城市道路）机动车道内行驶，并免收过路、过桥费。

第十八条　低速电动汽车的道路交通管理参照执行机

动车的管理规定。

第十九条 低速电动汽车只能用作代步工具，不能作为营运车辆使用。

第二十条 车辆的报废期限为行驶20万公里或10年，低速电动汽车的转移、补办和报废程序参照国家车辆管理有关规定执行。低速电动汽车生产企业应对废旧电池回收。

第二十一条 低速电动汽车由国家认可的保险机构按有关规定承保，发生交通事故时原则上参照机动车发生交通事故处理有关规定依法处理。

第二十二条 购买低速电动汽车险，第一年由生产企业代办，第二年车主携带相关资料和凭证，到承保的财产保险公司进行办理。

第二十三条 在国家尚未出台相关政策和标准前，按本办法执行，待国家相关政策和标准出台后，执行国家相关规定。

第二十四条 本办法自发布之日起实施。

邢台市人民政府办公室

2013年10月8日

第三篇
地区发展概况

北京市

一、节能与新能源汽车扶持政策与措施

1. 2013 年 1—12 月

2013 年 4 月，科技部与北京市共同启动“首都蓝天行动计划”；2013 年 9 月，北京市发布《北京市 2013—2017 年清洁空气行动计划》，都明确要求要以新能源汽车为抓手，切实改善空气质量。

2. 2014 年 1—3 月

2014 年 1 月 28 日，北京市发布《北京市示范应用新能源小客车管理办法》；2 月 11 日发布《北京市示范应用新能源小客车生产企业及产品审核备案管理细则》；3 月 15 日发布《北京市示范应用新能源小客车财政补助资金管理细则》；鼓励引导消费者购买新能源汽车，在全社会营造良好氛围。

二、节能与新能源汽车推广应用情况

北京市积极开展示范运行，发现细分市场，截至 2013 年底，在公交、物流、环卫、区域出租、分时租赁、驾校、公务、集团和个人等领域累计示范应用新能源汽车 6345 辆。

在公交领域积极展开换电、直充和双源等多种能源供给模式，8 米、12 米等多种车型，长线、短线、纯电动线路和混合线路等多种运营方式，“车电分离、电池租赁、专业运营”和整车采购等多种商业模式，实现运营线路安排、能源供给模式和车辆续驶里程三者之间的协同。

由区县政府主导的区域电动出租车突出科技惠民、有效治理黑车和改善郊区百姓出行等，已在 9 个郊区县推广应用 1600 辆，受到消费者的广泛欢迎。

2013 年 5 月启动电动北京伙伴计划，采用短租、长租、分时租等多种租赁模式，在科技园、高校等开展租赁，租赁车辆已达到 344 辆。

三、基础设施建设及运行情况

2014 年 1 月 28 日发布实施《北京市示范应用新能源小客车管理办法》，明确指标采用单独配置、按照国家标准提供 1:1 市级财政补助、自用充电设施采用“一车一桩”和“桩随车走”等。要求企业建立完整的销售服务体系，新能源汽车能够满足低温运行要求，目前共 6 家企业的 7 款车型在北京销售。

公共领域充换电站建设全部纳入绿色通道，并享受 30% 的财政补贴，按照换电与充电、集中与分布、快充与慢充相结合的原则，截至 2013 年底，已建成高安屯、航天桥、四惠等 5 座大中型充换电站，98 个充电桩群（共计 2932 个充电桩）。

四、节能与新能源汽车发展规划

下一步，将大力推动新能源汽车在公共领域的应用，积极稳妥地推进私人购买新能源汽车，力争到 2017 年底，北京清洁与新能源汽车应用规模不少于 20 万辆。

五、北京市节能与新能源汽车推广应用统计表

1. 2013 年电动汽车推广应用数量统计

单位：辆

车型	大中型客车	轻型客车	载货车	公务车	出租车	私人车	电力工程车	邮政车	环卫车	其他专用车	其他	合计
纯电动汽车	90	2	0	534	1030	126	0	0	545	0	364	2691
混合动力汽车	0	0	0	0	0	0	0	0	0	0	0	0
插电式混合动力汽车	0	0	0	0	0	0	0	0	0	0	0	0
增程式电动汽车	0	0	0	0	0	0	0	0	0	0	0	0
燃料电池汽车	0	0	0	0	0	0	0	0	0	0	0	0
其他	0	0	0	0	0	0	0	0	0	0	0	0
合计	90	2	0	534	1030	126	0	0	545	0	364	2691

2. 2013 年电动汽车推广应用车型及数量

车型	公告批次	目录序号	数量（辆）
北京牌 BJ7000C7H－BEV 型纯电动轿车	248	11	47
北京牌 BJ7000B3D1－BEV 型纯电动轿车	252	11	947

续表

车　型	公告批次	目录序号	数量（辆）
北京牌 BJ7000B3D－BEV 型纯电动轿车	233	11	417
北京牌 BJ6400L3R－BEV 型纯电动客车	252	11	200
长安牌 SC7005EV 型纯电动轿车	232	96	216
比亚迪牌 QCJ7006BEVF 型纯电动轿车	256	108	22
福田牌 BJ6438EVAA3 型纯电动多用途乘用车	233	9	100
福田牌 BJ6123EVCA－3 型纯电动城市客车	253	9	50
福田牌 BJ6123EVCA－9 型纯电动城市客车	253	9	40
华林牌 HLT5023ZLJEV 型纯电动自卸式垃圾车	232	（一）31	119
华林牌 HLT5031CTYEV 型纯电动桶装垃圾运输车	232	（一）31	150
华林牌 HLT5032CTYEV 型纯电动桶装垃圾运输车	234	（一）31	179
华林牌 HLT5071ZZZEV 型纯电动自装卸式垃圾车	220	（一）31	43
华林牌 HLT5072ZZZEV 型纯电动自装卸式垃圾车	222	（一）31	2
华林牌 HLT5076ZYSEV 型纯电动压缩式垃圾车	220	（一）31	3
依维柯牌 NJ6697CEVZ－Y 型纯电动客车	243	44	2
瑞麒牌 SQR7000BEVS184 型纯电动轿车	259	119	1
首望牌 BH70003EVAA 型纯电动轿车	240	11	104
中联牌 ZLJ5071TSLHBEV 型纯电动扫路车	240	20	49

上海市

一、节能与新能源汽车扶持政策与措施

作为国内特大型城市及国际化大都市，上海发展新能源汽车具有一定的产业优势、技术优势、人才优势和资金优势。借助国家汽车发展的战略推动和政策支持。上海将进一步加大新能源汽车研发力度、完善战略规划、落实产业政策、加强基础设施建设、扩大应用规模，并成为全国新能源汽车研发和产业化的主要基地。

1. 指导思想

①服务国家节能减排战略，落实国家节能与新能源汽车产业发展规划；②深化新能源汽车推广应用，促进城市环境及汽车产业升级；③形成完善的新能源汽车应用服务体系，带动全产业链发展。

2. 总体思路

①发挥政府主导作用，加强组织领导，进一步完善联合推进机制，发挥各职能部门、区县及相关企业的积极性，聚焦资源形成合力共同完整新能源汽车推广应用目标；②加大使用新能源汽车政策支持力度，不区分本地品牌和外地品牌；聚焦公共服务领域应用，扩大私人领域推广，促进新能源汽车规模化应用；③以纯电驱动技术方案为主，积极争取国家项目支持，加大地方研发力度，促进上海汽车产业升级换代；④进一步加强公用基础设施建设，采用先易后难、以点带面等策略，按需配置私人用充电设施，力争基础设施网络化、便利化。

3. 具体措施

上海市根据国家新能源汽车发展政策和目标，结合上海市本地情况，积极稳妥地推进新能源汽车技术攻关和示范应用。市发展改革委、市经济信息化委、市财政局、市科委、市交通委、市公安局制定的《上海市鼓励购买和使用新能源汽车暂行办法》已经市政府同意实施。通过财政补助、专用牌照额度、专用营运额度、通行便利等措施鼓励采购和使用新能源汽车。主要内容如下：

对消费者购买新能源汽车。在中央财政补助基础上，根据本市新能源汽车登记车型目录有关信息和本市确定的补助标准，本市再给予财政补助。由新能源汽车生产厂商按照扣除中央和本市财政补助后的价格，将新能源汽车销售给消费者。

上海市新能源汽车推广应用补助标准。

（1）纯电动乘用车、插电式混合动力（含增程式）乘用车补助标准

单位：万元/辆

车辆类型	补助标准
纯电动乘用车	4
插电式混合动力乘用车（含增程式）	3

（2）纯电动客车，插电式混合动力（含增程式）等新能源客车补助标准

单位：万元/辆

车辆类型 \ 车长（L）	补助标准		
	6≤L<8	8≤L<10	L≥10
纯电动客车	30	40	50
插电式混合动力客车（含增程式）	—	—	25
超级电容、钛酸锂快充纯电动客车	15		

（3）纯电动专用车（主要是邮政、物流、环卫等用车）推广应用补助标准

按照电池容量每千瓦时补助2000元，每辆车补助总额不超过15万元。

（4）燃料电池车推广应用补助标准

单位：万元/辆

车辆类型	补助标准
燃料电池乘用车	20
燃料电池商用车	50

对直接或组织员工一次性购买新能源汽车超过10辆的法人单位，本市再给予2000元/辆的财政补助。补助资金必须用于协调落实在本单位建设充电设施、进行维护管理及营造良好的新能源汽车使用条件、环境等。

对汽车生产厂商，每回收一套新能源汽车动力电池，本市给予1000元的补助。

消费者购买新能源汽车用于非营运的，本市免费发放专用牌照额度。

对使用专用牌照额度的新能源汽车，实行一车一牌制度，不予办理退牌业务。办理辖区外转移登记、注销登记、失窃手续的，不予发放额度更新凭证。

消费者购买新能源汽车用于营运，涉及行业许可管理的，市有关行业管理部门在现有管理规定框架下，优先发放相关专用营运额度，并指导营运企业做好相关申领手续。

市有关部门在日常动态交通、静态交通现有管理规定和框架下，对新能源汽车给予通行便利，优先发放相关证照，并指导消费者办好相关申领手续。

政策名称列表：

（1）2013年3月29日，沪府办发〔2013〕19号《上海市鼓励电动汽车充换电设施发展暂行办法》。

（2）2013年11月15日，沪府发〔2013〕83号《上海市清洁空气行动计划（2013－2017）》。

（3）2014年3月13日，《关于推广应用节能和新能源等环保型公交车的实施意见》（市交通委，市发展改革委，市财政局，市建设管理委）。

（4）2014年5月12日，沪府办发〔2014〕21号《上海市鼓励购买和使用新能源汽车暂行办法》。

二、节能与新能源汽车推广应用情况

1. 2013 年 1—12 月

示范应用和试点工作稳步推进。2013年1—12月，上海市示范运行新能源汽车新增1083辆。

2. 2014 年 1—3 月

上海市新增新能源汽车63辆。

三、基础设施建设及运行情况

1. 2013 年 1—12 月

（1）累计完成7座充换电站，695个充电桩的建设。

（2）建设新能源汽车公共服务平台。上海机动车检测中心成为国家级新能源机动车产品质量监督检验中心，同济大学新能源汽车工程中心、交通大学汽车电子控制技术国家工程实验室等公共服务平台功能进一步完善。

2. 2014 年 1—3 月

新增充换电站3座，充电桩442个。

四、节能与新能源汽车项目投融资及园区建设情况

2013年完成投资40亿元。新能源汽车产业基地集聚效应初显，嘉定区海能新能源汽车基地完成建设并投产，浦东新区上汽临港基地完成荣威插电式550生产线改造，形成年产2000辆产能。明确技术路线加快推进整车产业化。上汽集团等企业明确了插电强混、纯电动、燃料电池三个技术方向，其中荣威750中度混合动力轿车、荣威E50纯电动轿车、荣威550插电式混合动力轿车已分别量产上市。上海申沃纯电动客车和增程式混合动力客车，进一步开拓国内市场，累计销售1000辆以上。

五、节能与新能源汽车发展规划

制定了《上海市新能源汽车推广应用实施方案（2013—2015年）》。大力推广新能源汽车。鼓励个人购买和使用新能源汽车，到2015年累计推广13000辆，2017年进一步加快推广。在公交、环卫、出租车等行业和政府机关率先推广使用清洁能源和新能源汽车，新增或更新的公交车中新能源和清洁燃料车的比例达到60%以上。实施集装箱运输车辆清洁能源改造试点，到2017年，完成集装箱运输车辆清洁能源改造400辆以上。同时，加强统筹规划，加快充电桩、加气站等配套设施建设，到2017年，建成5000个充电桩。

《上海市质量发展规划（2011—2020年）》将新能源汽车作为战略性新兴产业之一。重点加快推进混合动力和电动汽车产业，推动燃料电池汽车研发升级和示范运行；着力突破“电池、电机、电控”等关键核心技术。建成我国技术领先、产业集聚、应用初具规模的新能源汽车基地，新能源汽车以及电池、电机、电控关键零部件的技术、质量与可靠性达到国内领先水平。

六、节能与新能源汽车推广应用统计表

1. 电动汽车推广应用数量

（1）2013 年电动汽车推广应用数量

单位：辆

车　型	大中型客车	轻型客车	载货车	公务车	出租车	私人车	电力工程车	邮政车	环卫车	其他专用车	其他	合　计
纯电动汽车	45	0	0	10	0	270	0	0	0	0	184	509
混合动力汽车	11	0	2	132	0	421	0	0	0	0	0	566
插电式混合动力汽车	0	0	0	0	0	0	0	0	0	0	0	0
增程式电动汽车	8	0	0	0	0	0	0	0	0	0	0	8
燃料电池汽车	0	0	0	0	0	0	0	0	0	0	0	0
其他	0	0	0	0	0	0	0	0	0	0	0	0
合　计	64	0	2	142	0	691	0	0	0	0	184	1083

注：① 此表数量以 2013 年度办理车牌的数量为准。

② 本市推广的 1083 辆新能源汽车中包括 2 辆进口纯电动汽车，31 辆进口混合动力汽车；微混合动力汽车 101 辆，增程式电动汽车 8 辆。

（2）2013 年电动汽车推广应用车型及数量

车　型	公告批次	目录序号	数量（辆）
荣威牌 CSA7000BEV 型纯电动轿车	235	122	352
瑞麒牌 SQR7000BEVS184 型纯电动轿车	234	119	15
赛欧（SAIL）牌 SGM7001EV 型纯电动轿车	241	6	74
力帆牌 LF7002EV 型纯电动轿车	218	93	15
众泰牌 JNJ7000EVM1 型纯电动轿车	232	84	6
宝马牌 WBAUP310 型纯电动轿车	—	—	2
申沃牌 SWB6117EV4 型纯电动城市客车	229	42	10
象牌牌 SXC6105GBEV 型纯电动城市客车	236	（九）26	35
申沃牌 SWB6107SHEV1 型混合动力城市客车	240	42	8
申沃牌 SWB6107CHEV 型混合动力城市客车	237	42	10
宇通牌 ZK6122HQBA 型客车	217	71	1
博世牌 WP1AE2A2 型混合动力轿车	—	—	1
大众牌 WVGAD97P 型混合动力乘用车	—	—	1
雷克萨斯牌 JTJBC11A 型混合动力轿车	—	—	29
吉利美日牌 MR7183HEV 型混合动力轿车	226	52	3
别克（BUICK）牌 SGM7240PHEV 型混合动力轿车	224	6	2
丰田（TOYOTA）牌 CA7180CHEVAE4 型混合动力轿车	228	100	47
丰田（TOYOTA）牌 CA7180CHEVBE4 型混合动力轿车	228	100	37
丰田（TOYOTA）牌 CA7180CHEVCE4 型混合动力轿车	228	100	33
丰田（TOYOTA）牌 GTM7251HEVS 型混合动力轿车	236	89	113
荣威牌 CSA7180ACHEV 型混合动力轿车	220	122	189
比亚迪牌 QCJ6480S 型乘用车	214	108	4
福克斯（FOCUS）牌 CAF7163M4 型轿车	232	96	12

续表

车　型	公告批次	目录序号	数量（辆）
蒙迪欧牌 CAF7205A41 型轿车	215	96	1
风神牌 DFM7160B3C 型轿车	230	3	1
纳智捷牌 DYM6481AAB 型多用途乘用车	239	3	2
起亚牌 YQZ7143A 型轿车	227	47	0
三菱牌 DN7180H 型轿车	195	58	1
利亚纳牌 CH7146A1 型轿车	233	59	1
奇瑞牌 SQR7151J150 型轿车	238	119	4
大众汽车（VOLKSWAGEN）牌 SVW7147SRD 型轿车	232	5	1
荣威牌 CSA7150AC 型轿车	207	122	1
雪佛兰（CHEVROLET）牌 SGM7166MTC 型轿车	238	33	4
东风标致牌 DC7164TLCA 型轿车	241	4	4
讴歌牌 19VDE367 型轿车	—	—	8
北京现代牌 BH7141AY 型轿车	209	11	2
福特牌 CAF7152A5 型轿车	242	96	1
梅赛德斯－奔驰牌 BJ7181VXF 型轿车	224	10	1
荣威牌 CSA7150MCT 型轿车	231	122	47
翼搏牌 CAF7150N4 型轿车	240	96	1
长安牌 SC7162J 型轿车	233	96	1
江淮牌 HFC6460MTF 型轻型客车	222	56	1
福田牌 BJ1030V5AB3－S 型载货汽车	216	9	1
解放牌 CA1169PK2L2E4A80 型载货汽车	232	64	1

（3）2014 年 1—3 月底电动汽车推广应用数量

单位：辆

车　型	大中型客车	轻型客车	载货车	公务车	出租车	私人车	电力工程车	邮政车	环卫车	其他专用车	其他	合　计
纯电动汽车	0	0	0	0	0	37	0	0	0	0	0	37
混合动力汽车	0	0	0	0	0	0	0	0	0	0	0	0
插电式混合动力汽车	0	0	0	0	0	0	0	0	0	0	0	0
增程式电动汽车	26	0	0	0	0	0	0	0	0	0	0	26
燃料电池汽车	0	0	0	0	0	0	0	0	0	0	0	0
其他	0	0	0	0	0	0	0	0	0	0	0	0
合　计	26	0	0	0	0	37	0	0	0	0	0	63

注：此表数量以 2013 年度办理车牌的数量为准。

（4）2014 年 1—3 月底电动汽车推广应用车型及数量

车　型	公告批次	目录序号	数量（辆）
申沃牌 SWB6107SHEV1 混合动力城市客车	240	42	26
荣威牌 CSA7000BEV 纯电动轿车	235	122	37

2. 2013 年燃气汽车应用保有量统计表

单位：辆

车　型		LPG	LNG	CNG	合计
燃气汽车	大中型客车	0	0	174	174
	轻型客车	0	0	0	0
	货车	0	233	10	243
	出租车	1800	0	3290	5090
	私人用车	0	0	0	0
	其他	280000	0	0	280000
	小计	281800	233	3474	285507

3. 电动汽车充（换）电站（桩）统计表

（1）2013 年电动汽车充（换）电站（桩）保有量统计表

充电站					充电桩		换电站
城市名称	数量（座）	充电机功率总计（kW）	充电站占地面积（m^2）	投资金额（万元）	慢充（个）	快充（个）	数量（座）
上海市	5	2357	2000	3743	660	35	2

（2）2014 年 1—3 月底电动汽车充（换）电站（桩）统计表

充电站					充电桩		换电站
城市名称	数量（座）	充电机功率总计（kW）	充电站占地面积（m^2）	投资金额（万元）	慢充（个）	快充（个）	数量（座）
上海市	3	5520	1500	3517	350	92	—

天津市

一、节能与新能源汽车扶持政策与措施

1. 2013 年 1—12 月

天津市委、市政府高度重视发展新能源汽车，自国家启动新一轮新能源汽车推广应用工程以来，主管市长 10 余次做出重要批示，要求工作不断突破，走在全国前列；向分管副市长多次召开领导小组会议，10 余次深入企业，20 余次召开专题会部署，责成市科委组成专门班子，会同全市 22 个部门和单位编制申报方案，经过国家专家组论证和四部委联审，天津获得新一轮新能源汽车推广应用城市资格。

政策名称列表：

2. 2014 年 1—3 月

2014 年 2 月 24 日，天津市政府第 26 次常务会审议并原则通过《天津市新能源汽车推广应用实施方案》。方案提出，到 2015 年底，本市将推广应用 1.2 万辆新能源汽车，统筹布局基础设施，建设 66 座充/换电站，6700 个充电桩。创新电池和整车融资租赁等商业模式，带动新能源汽车产业加快发展，电池产业达到国际领先水平，节能减排取得实效。

天津已完成《天津市新能源汽车财政资金补贴管理办法》的制定，计划中央财政和地方财政按照 1∶1 的比例对推广新能源汽车给予补贴。补贴资金由市区两级财政组成，市政府在财政资金紧张的情况下，下大力气筹措落实了 11.54 亿元市级补贴资金，保障工作启动实施。

二、节能与新能源汽车推广应用情况

1. 2013 年 1—12 月

2013 年度，我市共推广节能与新能源汽车 17671 辆，其中纯电动公交车 150 辆，主要为安凯、福田、比亚迪、宇通客车；混合动力公交车 287 辆，均为宇通客车；纯电动公务车 1 辆，为比亚迪 e6；纯电动私人用车 100 辆，为力神公司购买的江淮和悦 iev2，绝大部分车辆用于员工上下班；大中型 LNG 客车 613 辆，LNG 货车 1505 辆，CNG 出租车 15000 辆。

2. 2014 年 1—3 月

2014 年度，我市进一步加大节能与新能源汽车推广应用力度。其中 1—3 月，公交领域，已有 67 辆新能源公交车到津，投入运营 52 辆，其中换电式纯电动公交车 47 辆，

直充式公交车5辆。邮政快递领域，天津积极推动新能源汽车替代机动三轮车，天津清源公司用5个月时间成功开发出微型邮政快递车型，填补了国内空白。3月，首批20辆新车上路运行，其中EMS公司15辆车试运行11天，行驶里程共计3022.4公里，平均每车40.3公里/天，车辆启停2872次，平均每车38.3次/天，运营基本正常。环卫领域，市容园林委已经组织各区县环卫部门与部分重点车企进行了多轮对接，初步确定了车辆性能需求。1月，天津扫地王公司与东风公司、清源公司、力神公司、苏州莱赛电车技术有限公司等五方商定了合作协议，共同开发纯电动垃圾清运车和扫地车，2月，由五方合作开发的垃圾清运车运抵天津，正在进行内部测试。出租领域，市客管办正在积极开展车辆选型工作。私人领域，我市制定出台机动车限号政策，明确新能源汽车可直接申领号牌，目前我市已经有10余人申领了新能源汽车号牌。

三、基础设施建设及运行情况

1. 2013年1—12月

2013年9月30日，天津市富力津门湖电动汽车充换电站启动建设。为确保施工期，平均每天投入100人、高峰期200人同时施工，4台挖掘机、2台吊车同时作业。津门湖充换电站地处市内居民区，施工单位严格按照绿色环保施工相关要求，采用钻孔灌注桩基础，土方作业采取喷淋、苫盖等措施，降低噪声，减少粉尘污染，确保施工不扰民，环境“零污染”。

2. 2014年1—3月

换电方面。2014年1月12日，天津市津门湖电动汽车充换电站工程施工任务全部完成。4月16日正式投入运营，副市长何树山到现场查看投运情况，市相关委办局、区县、企业负责人参加。津门湖充换电站位于天津市富力津门湖公交车站内，占地面积5063平方米，站内建有局部二层综合楼一座，首层设有变电室、监控室、监控屏室、商用车换电区、电池检测与维护室等，二层设有消防泵房、值班休息室等。该电站集成了紧凑型模块化充电系统、集中监控及互动平台、动力电池智能管理在线系统等新技术，同时采用升级后第三代换电机器人，使得换电时间更短，效率更高，充电站设计日换电能力为240车次，设置4个换电工位，可以同时为4辆12米长纯电动公交车提供换电服务。完成了大卞庄充换电站选址。

直充方面。2014年1月公交四公司完成5个直充电桩架设并供电，3月完成15个直充电桩架设。

四、节能与新能源汽车项目投融资及园区建设情况

1. 2013年1—12月

2013年初，天津中聚新能源科技有限公司1.3亿A·h、总投资2.6亿元锂电池生产线投产，2013年产能为8000万A·h，产品广泛应用于国家电网、电动汽车、煤矿救生舱等领域电能储备。

天津在整车、动力电池、电机和检测服务等方面具有较强的技术和产业优势。整车产业化不断推进，拥有一汽夏利、长城、华泰、清源、扫地王等多家整车生产企业，其中4家具有新能源汽车生产资质，开发出19款新能源车型，包括16款纯电动专用车，2款纯电动乘用车和1款纯电动客车。动力电池技术和产业优势明显，聚集了力神、比克、捷威动力等近10家动力电池生产企业，以及巴莫、贝特瑞、金牛、东皋膜等多家动力电池原材料与部件生产企业，动力电池技术研发水平和产业优势居国内领先水平。电机、电控等关键零部件配套能力突出，松正、清源等成为国内外新能源汽车整车配套主要企业。松正公司累计申请专利410多项，居国内首位；力神公司自主开发的动力电池控制系统实现批量出口。试验检测和标准制定形成有力支撑，中汽中心、十八所等国家级试验检测机构在动力电池、电磁兼容、整车碰撞试验等方面已达到国际先进水平。天津开发区、滨海高新区、北辰、西青、宝坻、东丽等初步形成若干新能源整车和配套企业相对聚集的产业集群。

2. 2014年1—3月

苏州市京达环卫设备有限公司在天津注册天津京达科技股份有限公司，在宁河建立了生产厂房，并加快生产线建设。

国家新能源汽车技术创新工程支持力神公司1.5亿元开发下一代动力电池，希望天津企业承担起国家技术战略部署，取得动力电池技术突破，目前，力神公司开发的新一代动力电池单体能量密度达到180瓦时/公斤、系统达到150瓦时/公斤，达到国内最好水平，预计年底将为江淮配套2000辆乘用车。

松正公司经过潜心研究积累和持续投入，开发出第四代客车插电式深度混合动力技术，在天津公交803路实测油耗仅为百公里19.87升，节油率近50%，第三方检测颗粒物排放减少90.3%。经国家顶级权威专家组鉴定，一致认为达到国际领先水平，目前该产品已批量搭载整车销售，松正公司有望在2013年国内市场占有率31.06%的基础上得到进一步的大幅提升。

五、节能与新能源汽车发展规划

到2015年底，天津将以政府引导、区域带动、政策驱动三种方式在8个领域推广应用新能源汽车1.2万辆。具体情况为：

公交领域。按充（换）电模式各1000辆安排推广应用2000辆纯电动公交车。其中，市区1500辆，滨海新区500辆，配套建设8个充换电站和50个直充电站。由市科委牵

头，交港局、公交集团、电力公司、滨海新区及有关单位共同组织实施。

邮政快递领域。推广应用纯电动邮政快递微型车3380辆，按一车一桩原则分散建设3380个充电桩或充电接口。由市邮政局作为推广会同发改委、交港局、商务委、电力公司、滨海新区等组织实施。

出租领域。推广应用500辆纯电动乘用车，考虑到我市出租车管理体制，计划招标10辆车试运行后逐步推开，配套建设充电桩500个。由市交港局牵头，经信委配合。

环卫领域。推广应用120辆纯电动环卫车，先行采购20辆车试验后逐步推开，建设120个充电桩。由市容园林委牵头，各区县配合。

区域运营领域。在宝坻、武清、蓟县、静海、宁河等远郊区县推广应用3300辆纯电动乘用车，开展区域运营服务。责任主体为5个区县政府。

政府机关公务用车领域。推广应用600辆纯电动乘用车，在机关场院内建设500个充电桩。由市公车办牵头，财政局、各区县配合实施。

企业用车领域。市场化推广企业公务车1600辆，在企业场院建设1600个充电桩。

私人用车领域。市场化推广私人用车500辆，充电设施主要建在住宅小区，共计500个充电桩。由市商务委负责按季度汇总统计推广数量，市交管局配合。

六、节能与新能源汽车推广应用统计表

1. 电动汽车推广应用数量

（1）2013年电动汽车推广应用数量

单位：辆

车　型	大中型客车	轻型客车	载货车	公务车	出租车	私人车	电力工程车	邮政车	环卫车	其他专用车	其他	合计
纯电动汽车	150	0	0	1	0	100	0	0	0	15	0	266
混合动力汽车	287	0	0	0	0	0	0	0	0	0	0	287
插电式混合动力汽车	0	0	0	0	0	0	0	0	0	0	0	0
增程式电动汽车	0	0	0	0	0	0	0	0	0	0	0	0
燃料电池汽车	0	0	0	0	0	0	0	0	0	0	0	0
其他	0	0	0	0	0	0	0	0	0	0	0	0
合　计	437	0	0	1	0	100	0	0	0	15	0	553

（2）2013年电动汽车推广应用车型及数量

车　型	公告批次	目录序号	数量（辆）
安凯牌HFF6128G03EV型纯电动城市客车	237	55	20
福田牌BJ6123EVCA－2型纯电动城市客车	235	9	20
金马牌TJK6122BEV型纯电动城市客车	242	（二）04	20
金马牌TJK6123BEV型纯电动城市客车	256	（二）04	43
宇通牌ZK6125BEVG1型纯电动城市客车	235	71	47
宇通牌ZK6126CHEVGAA型混合动力电动城市客车	227	71	287
江淮牌HFC7000AEV型纯电动轿车	219	56	100
威志牌CA7000EV型纯电动轿车	242	18	15
比亚迪牌QCJ7006BEVF型纯电动轿车	203	108	1

（3）2014年1—3月底电动汽车推广应用数量

单位：辆

车　型	大中型客车	轻型客车	载货车	公务车	出租车	私人车	电力工程车	邮政车	环卫车	其他专用车	其他	合计
纯电动汽车	0	0	0	4	0	1	0	0	0	0	0	5
混合动力汽车	0	0	0	0	0	0	0	0	0	0	0	0

续表

车　型	大中型客车	轻型客车	载货车	公务车	出租车	私人车	电力工程车	邮政车	环卫车	其他专用车	其他	合计
插电式混合动力汽车	0	0	0	0	0	0	0	0	0	0	0	0
增程式电动汽车	0	0	0	0	0	0	0	0	0	0	0	0
燃料电池汽车	0	0	0	0	0	0	0	0	0	0	0	0
其他	0	0	0	0	0	0	0	0	0	0	0	0
合　计	0	0	0	4	0	1	0	0	0	0	0	5

（4）2014 年 1—3 月底电动汽车推广应用车型及数量

车　型	公告批次	目录序号	数量（辆）
比亚迪牌 QCJ7006BEVF 型纯电动轿车	203	108	1
东南牌 DN7000MBEV 型纯电动轿车	245	58	4

2. 2013 年燃气汽车应用保有量统计表

单位：辆

车　型		LPG	LNG	CNG	合计
燃气汽车	大中型客车	0	613	170	783
	轻型客车	0	0	0	0
	货车	0	1505	0	1505
	出租车	0	0	15000	15000
	私人用车	0	0	0	0
	其他	0	0	0	0
	小计	0	2118	15170	17288

3. 电动汽车充（换）电站（桩）统计表

（1）2013 年电动汽车充（换）电站（桩）保有量统计表

充电站					充电桩		换电站
城市名称	数量（座）	充电机功率总计（kW）	充电站占地面积（m^2）	投资金额（万元）	慢充（个）	快充（个）	数量（座）
天津市	5	2665	—	—	447	—	3

（2）2014 年 1—3 月底电动汽车充（换）电站（桩）统计表

充电站					充电桩		换电站
城市名称	数量（座）	充电机功率总计（kW）	充电站占地面积（m^2）	投资金额（万元）	慢充（个）	快充（个）	数量（座）
天津市	—	—	—	—	—	20	—

重庆市

一、节能与新能源汽车扶持政策与措施

2013 年，启动重庆市汽车产业转型升级重大科技专项。

二、节能与新能源汽车推广应用情况

2013 年，重庆市共推广插电式混合动力客车共计 465 辆，其中恒通插电式混合动力客车 455 辆，重庆五洲龙插电式混合动力客车 10 辆。

2014 年第一季度，重庆市推广插电式混合动力公交车 130 辆，其中，1 月推广应用 65 辆，2 月推广应用 25 辆，3 月推广应用 40 辆。

三、基础设施建设及运行情况

截至2013年底，重庆市共建设充电站数12座，站内直流快充桩29个；换电站数量1座；交流慢充充电桩数量200个；应急救援车5辆。

2014年第一季度，重庆市再建1座充电站、6个慢充桩、10个快充桩。

四、节能与新能源汽车项目投融资及园区建设情况

1.2013年1—12月

2013年第一季度，引进全球两大汽车零部件巨头英纳法、埃驰，为长安福特提供天窗、内饰等配套产品，标志着重庆两江新区汽车产业基地配套能力进一步增强，也为重庆市汽车产业竞争力增添重磅砝码。

6月18日，上汽通用五菱重庆基地正式开工建设。该基地一期投资66亿元，2014年底建成投产，建成后将具备年产40万辆整车和发动机能力，16家零部件配套的供应商代表正式签约进驻重庆两江新区。

6月28日，曙光·汽车零部件加工产业园项目在重庆市两江新区鱼复工业园举行奠基，首批12家汽配企业集体签约入驻产业园，投资额达1.02亿元。

11月14日，重庆超力高科汽车产业项目正式落户涪陵工业园区。超力高科“汽车关键零部件产业基地项目”将用6－8年的时间，打造集汽车前端模块PTC、驾驶舱CAB模块、电动空调压缩机及外控变排压缩机、汽车机械增压系统和SCR、EGR系统五大系统及20个关键零部件研发、生产于一体的汽车零部件产业基地项目。预计项目达产后年产值约100亿元，年实现利税约7亿元，提供就业岗位约5000个。

2.2014年1—3月

2014年3月5日，世界500强日本矢崎总业株式会社旗下重庆矢崎仪表有限公司入驻两江新区鱼复工业园重庆利龙国际产业园。该公司是国内一流的汽车仪表供应商。配套企业包括中国丰田、沃尔沃、标致、三菱、五十铃、长城、吉利、东风、力帆等汽车企业。

五、节能与新能源汽车发展规划

发展思路：坚持“自主创新、分线突破、协同发展”的方针，以整车龙头企业带动产业链发展，支持关键零部件系统形成产业集群，以混合动力汽车作为重庆市传统汽车节能技术改造升级换代的主要方向，着力推广示范、营造市场，实现混合动力汽车产品市场化；以纯电动汽车作为新能源汽车发展主要战略取向，以动力电池、电机、电控技术为突破口，着力推进纯电动汽车、插电式电动汽车产业化；建立健全新能源汽车产业体系，着力自主创新，掌握关键核心技术，把新能源汽车产业培育成为重庆市战略性新兴产业和国民经济新的增长点，实现汽车工业跨越式发展。

总体目标：到2015年，基本形成较完善的新能源汽车产业链，布局合理的产业集群，建立实质运行、对产业发展具有较大促进作用的产业联盟，包括整车（客车、乘用车、商用车、低速电动车）、关键零部件（电池、电机、电控、电空调、电制动、电助力转向）等，把重庆市建设成为国内节能与新能源汽车研发和制造能力最具竞争力和影响力的城市。

六、节能与新能源汽车推广应用统计表

1. 电动汽车推广应用数量

（1）2013年电动汽车推广应用数量

单位：辆

车　型	大中型客车	轻型客车	载货车	公务车	出租车	私人车	电力工程车	邮政车	环卫车	其他专用车	其他	合　计
纯电动汽车	0	0	0	0	0	0	0	0	0	0	0	0
混合动力汽车	0	0	0	0	0	0	0	0	0	0	0	0
插电式混合动力汽车	465	0	0	0	0	0	0	0	0	0	0	465
增程式电动汽车	0	0	0	0	0	0	0	0	0	0	0	0
燃料电池汽车	0	0	0	0	0	0	0	0	0	0	0	0
其他	0	0	0	0	0	0	0	0	0	0	0	0
合　计	465	0	0	0	0	0	0	0	0	0	0	465

（2）2013年电动汽车推广应用车型及数量

车　型	公告批次	目录序号	数量（辆）
恒通客车牌CKZ6116HNHEVA4型混合动力城市客车	245	（三十一）14	455
五洲龙牌WZL6101PHEVGEG4型混合动力城市客车	243	（二十一）07	10

（3）2014 年 1—3 月底电动汽车推广应用数量。

单位：辆

车　型	大中型客车	轻型客车	载货车	公务车	出租车	私人车	电力工程车	邮政车	环卫车	其他专用车	其他	合　计
纯电动汽车	0	0	0	0	0	0	0	0	0	0	0	0
混合动力汽车	0	0	0	0	0	0	0	0	0	0	0	0
插电式混合动力汽车	130	0	0	0	0	0	0	0	0	0	0	130
增程式电动汽车	0	0	0	0	0	0	0	0	0	0	0	0
燃料电池汽车	0	0	0	0	0	0	0	0	0	0	0	0
其他	0	0	0	0	0	0	0	0	0	0	0	0
合　计	130	0	0	0	0	0	0	0	0	0	0	130

（4）2014 年 1—3 月底电动汽车推广应用车型及数量

车　型	公告批次	目录序号	数量（辆）
恒通客车牌 CKZ6116HNHEVA4 型混合动力城市客车	245	（三十一）14	130

2. 电动汽车充（换）电站（桩）统计表

（1）2013 年电动汽车充（换）电站（桩）保有量统计表

充电站					充电桩		换电站
城市名称	数量（座）	充电机功率总计（kW）	充电站占地面积（m^2）	投资金额（万元）	慢充（个）	快充（个）	数量（座）
重庆市	12	7150	5352	4634	200	29	1

（2）2014 年 1—3 月底电动汽车充（换）电站（桩）统计表

充电站					充电桩		换电站
城市名称	数量（座）	充电机功率总计（kW）	充电站占地面积（m^2）	投资金额（万元）	慢充（个）	快充（个）	数量（座）
重庆市	1	2700	1000	1000	6	10	0

四川省

一、节能与新能源汽车扶持政策与措施

1. 2013 年 1—12 月

扶持政策：2013 年四川省未出台新的扶持政策与措施，四川省成都市继续执行 2012 年出台的《成都市人民政府办公厅关于加快发展先进制造业实现工业率先倍增若干政策的意见》（成办发［2012］23 号），对采用整车融资租赁、动力电池租赁模式从事电动汽车示范运行、能源供给的企业给予资金补助。

推进措施：启动了《四川省“十二五”新能源汽车产业发展规划》的中期评估工作，协调推动四川省新能源汽车企业、科研院所和高等院校联动发展。

2. 2014 年 1—3 月

扶持政策：未出台新的扶持政策与措施。指导成都市、泸州市按照新一轮新能源汽车推广应用要求，制定/修订原有扶持政策。

推进措施：抓紧修改完善四川省加快培育发展新能源汽车产业的政策意见，开展四川省新能源汽车产业发展路线图编制工作，筹备成立四川省新能源汽车产业联盟。推动成都市完成新能源汽车产业发展规划修订工作，启动 2014—2015 年新建 15 座充电站和 3000 个充电桩布局规划编制；指导泸州市完善新能源汽车推广应用方案，帮助泸州市成功进入全国新能源汽车推广应用城市范围。

二、节能与新能源汽车推广应用情况

1. 2013 年 1—12 月

全年推广应用新能源汽车 525 辆（上牌数），其中，纯

电动公交客车 122 辆，纯电动专用车 263 辆，纯电动公务车 120 辆，气电混合动力客车 20 辆。截至 2013 年底，示范车辆总数达到 943 辆，累计行驶 1150 多万公里，节约汽柴油约 3320 吨，减少二氧化碳排放 8000 余吨。

2. 2014 年 1—3 月

新一轮推广应用新能源汽车 54 辆（上牌数），其中，纯电动专用车 30 辆，纯电动出租车 20 辆，插电式混合动力客车 4 辆。截至 3 月底，示范车辆总数运到 997 辆，累计行驶 1370 多万公里，节约汽柴油约 3980 吨，减少二氧化碳排放 9630 余吨。

三、基础设施建设及运行情况

1. 2013 年 1—12 月

建成成都市城南立交、金信源、八里桥等 8 座充电站和 80 个交流充电桩。截至 2013 年底，累计建成 14 座充电站和 700 个交流充电桩；累计充电约 1220 万 kW·h。

2. 2014 年 1—3 月

推动成都市、泸州市编制 2014—2015 年新建充电站和充电桩布局规划，按照推广应用方案推进 2014 年选址工作。截至 2014 年 3 月底，累计建成 14 座充电站和 700 个交流充电桩；累计充电约 1500 万 kW·h。

四、节能与新能源汽车项目投融资及园区建设情况

1. 2013 年 1—12 月

四川南光新能源公司动力电池一期生产线、成都紫光电气电动汽车智能充电桩项目建成投产；成都瑞声公司新型锂离子电池隔膜和水性黏合剂生产基地一期、四川鑫唐新能源公司动力锂离子电池等项目加快建设；成都瑞华特新能源汽车项目开工，川汽新能源汽车生产基地项目进行开工前期准备工作。

2. 2014 年 1—3 月

成都瑞声公司新型锂离子电池隔膜和水性黏合剂生产基地一期项目进行试生产准备工作；泸州金南方公司智能电动汽车充换电系统、川汽新能源汽车生产基地、四川鑫唐新能源公司动力锂离子电池、成都瑞华特新能源汽车项目加快建设；泸州西部新能源汽车产业园进行筹备及选址工作。

五、节能与新能源汽车发展规划

根据国家 2013—2015 年新能源汽车推广应用工作新要求，修订完善成都市新能源汽车产业发展规划，成熟后出台。

六、节能与新能源汽车推广应用统计表

1. 电动汽车推广应用数量

（1）2013 年电动汽车推广应用数量

单位：辆

车型	大中型客车	轻型客车	载货车	公务车	出租车	私人车	电力工程车	邮政车	环卫车	其他专用车	其他	合计
纯电动汽车	122	0	0	120	0	0	0	0	154	76	33	505
混合动力汽车	20	0	0	0	0	0	0	0	0	0	0	20
插电式混合动力汽车	0	0	0	0	0	0	0	0	0	0	0	0
增程式电动汽车	0	0	0	0	0	0	0	0	0	0	0	0
燃料电池汽车	0	0	0	0	0	0	0	0	0	0	0	0
其他	0	0	0	0	0	0	0	0	0	0	0	0
合计	122	0	0	120	0	0	0	0	154	76	33	525

注：本省推广应用的 525 辆中包括成都市推广应用的 505 辆（大中型纯电动客车 122 辆，纯电动公务车 120 辆，纯电动环卫车 154 辆及其他 109 辆），德阳市推广应用的大中型混合动力客车 20 辆。

（2）2013 年电动汽车推广应用车型及数量

车型	公告批次	目录序号	数量（辆）
蜀都牌 CDK6122CABEV 型纯电动城市客车	244	（二十二）10	122
江淮牌 HFC7000AEV 型纯电动轿车	226	（十六）56	120
中联牌 ZLJ5071TSLHBEV 型纯电动扫路车	240	（十八）20	40
天路牌 BTL5071TSLEV 型纯电动吸尘车	193	（一）44	20
王牌 CDW5164GSSEV 型纯电动洒水车	235	101	22
王牌 CDW5080ZLJEV1 型纯电动垃圾车	243	101	35
远达牌 SCZ5160GSSBEV 型纯电动洒水车	248	（二十二）01	37

续表

车 型	公告批次	目录序号	数量（辆）
王牌 CDW5030XGCEV1 型纯电动工程车	241	101	69
东风牌 ZN5033XGCH2C 型纯电动工程车	232	72	40
恒通客车牌 CKZ6116HNHEVA4 型混合动力城市客车	245	127	20

（3）2014 年 1—3 月底电动汽车推广应用数量

单位：辆

车 型	大中型客车	轻型客车	载货车	公务车	出租车	私人车	电力工程车	邮政车	环卫车	其他专用车	其他	合 计
纯电动汽车	0	0	0	0	20	0	0	0	0	3	27	50
混合动力汽车	0	0	0	0	0	0	0	0	0	0	0	0
插电式混合动力汽车	4	0	0	0	0	0	0	0	0	0	0	4
增程式电动汽车	0	0	0	0	0	0	0	0	0	0	0	0
燃料电池汽车	0	0	0	0	0	0	0	0	0	0	0	0
其他	0	0	0	0	0	0	0	0	0	0	0	0
合 计	4	0	0	0	20	0	0	0	0	3	27	54

注：本省推广应用的 54 辆中包括成都市 50 辆（纯电动出租车 20 辆，其他 30 辆），泸州市推广应用大中型插电式混合动力客车 4 辆。

（4）2014 年 1—3 月底电动汽车推广应用车型及数量

车 型	公告批次	目录序号	数量（辆）
野马牌 SQJ6452BEV 型纯电动乘用车	242	101	20
王牌 CDW5030XGCEV1 型纯电动工程车	241	101	30
宇通牌 ZK6105PHEVNPG3 型混合动力城市客车	253	71	4

2. 燃气汽车推广应用统计

（1）2013 年燃气汽车应用保有量统计表

单位：辆

车 型		LPG	LNG	CNG	合计	同期增长（%）
燃气汽车	大中型客车	180	641	24475	25296	5.1
	轻型客车	0	270	0	270	0
	货车	0	407	10594	11001	9.8
	出租车	0	0	30685	30685	4.3
	私人用车	0	0	247308	247308	4.5
	其他	0	0	52238	52238	4.4
	小计	180	1318	365300	366798	4.9

（2）2014 年 1—3 月底燃气汽车应用数量统计表

单位：辆

车 型		LPG	LNG	CNG	合计	同期增长（%）
燃气汽车	大中型客车	0	505	268	773	
	轻型客车	9	28	0	0	0
	货车	0	433	116	549	
	出租车	0	0	336	336	

续表

车　型		LPG	LNG	CNG	合计	同期增长（%）
燃气汽车	私人用车	0	0	2708	2708	
	其他	0	0	572	572	

3. 2013 年电动汽车充（换）电站（桩）保有量统计表

充电站					充电桩		换电站
城市名称	数量（座）	充电机功率总计（kW）	充电站占地面积（m^2）	投资金额（万元）	慢充（个）	快充（个）	数量（座）
成都市	14	—	—	30000	700	—	—

吉林省

一、新能源汽车扶持政策与措施

1. 落实国家和地方新能源汽车产业政策

落实国家《节能与新能源汽车产业发展规划（2012—2020 年）》实施方案，落实《吉林省人民政府关于支持新能源汽车产业发展的若干政策意见》。引导企业加大研发投入，加快研发进度。协调推进长春市新能源汽车示范推广工作。出台了《吉林省大气环境综合整治规划》［吉政办发〔2013〕51 号，含《吉林省汽车尾气污染治理规划》（2013—2017 年）］和《吉林省落实大气污染防治行动计划实施细则》（吉政发〔2013〕31 号）。其中主要任务是推广使用新能源汽车，减少机动车污染排放。一是公交、环卫等公共机构和政府机关及企事业单位要率先使用新能源汽车。长春市、吉林市、辽源市新增或更新公务、公交、环卫车辆中采用新能源汽车比例不低于 30%，其他城市不低于 10%。二是采取直接上牌、财政补贴等综合措施鼓励个人购买新能源汽车，并在道路通行、充电价格等方面给予优惠。

2. 继续对新能源汽车产业研发资金支持

按照《2011—2013 年吉林省新能源汽车研发方案》，2013 年吉林省政府继续安排省级新能源汽车产业专项资金 2700 万元，用于支持全省新能源汽车产业发展。重点支持吉林省新能源汽车产业联盟成员单位开展的纯电动轿车和客车，插电式混合动力轿车等新能源汽车及其关键部件的研发项目，以及企业新能源汽车技术中心建设项目。共计支持了 12 户企事业单位 13 个项目，带动项目投资 3 亿元。四年来，吉林省财政已累计投入 9200 万元专项资金，对一汽集团等 53 个从事新能源汽车整车和电池、电机、电控系统三大关键核心部件研发的企事业单位给予补助，使省属新能源汽车和三大关键部件从无到有，性能逐步提高。

3. 推进省新能源汽车产业联盟开展联合研发工作

组织省新能源汽车产业联盟开展了应用省内零部件企业研发的新能源汽车三大关键部件装配的 10 米纯电动客车和奔腾 B50 纯电动轿车试验平台的第三轮改进开发。支持由启明公司牵头的省内第三个整车试验平台—开利纯电动轿车试验平台，提升吉林省内关键部件研发企业的研发水平和技术标准。推进一汽低成本奔腾纯电动轿车、红旗插电式混合动力、12 米增程式纯电动公交客车开发等整车研发项目，同步开展了纯电动客车用高性能锂离子动力电池组、锂离子动力电池陶瓷隔膜、增程式纯电动客车驱动电机等关键部件的研发项目。

二、新能源汽车产业发展情况

截至 2013 年，吉林省从事新能源汽车及关键部件生产与研发企事业单位 19 家，其中：新能源汽车整车企业 6 家（一汽新能源汽车分公司、一汽客车有限公司、一汽大众汽车有限公司、一汽轿车股份有限公司、长春华奥汽车制造有限公司和长春北车电动汽车有限公司），锂离子电池企业 2 家（吉林中聚新能源有限公司、长春国基电子有限公司），电池材料企业 2 家（长春劲能锂电池科技有限公司、辽源鸿图锂电隔膜科技股份有限公司），电机企业 4 家（富奥汽车零部件股份有限公司、长春凯达汽车电机研发制造有限公司、辽源汇丰电机制造有限公司、一汽辽源汽车电器有限公司），电控企业 2 家（富奥汽车零部件股份有限公司、启明信息技术股份有限公司），其余从事相关研发的单位还有吉林大学汽车学院、一汽技术中心、中国科学院长春应用化学研究所、东北师范大学。

2013 年吉林省新能源汽车产业稳步推进，取得了新进展。

1. 产业基础进一步壮大

一是新增产业联盟单位 3 户。2013 年全省现有从事新能源汽车整车、零部件，以及相关研发企事业单位共计 19 家，其中整车 6 户、零部件 9 户、相关研发单位 4 家。二是新能源国家公告车型新增 3 款。累计车型达到 16 款，其中：轿车 8 款（纯电动 6 款，插电式混合动力 1 款，燃料电池 1 款），客车 8 款（纯电动 4 款，混合动力 4 款）。三是新能源汽车产能达到 3 万辆。其中轿车 2.8 万辆，客车 2000 辆。四是电池产业链初步形成。省内具备了年产 1.4 亿 A·h 锂离子动力电池、600 吨磷酸亚铁锂电池正极材料、2200 万平方米的动力电池隔膜纸生产能力。

2. 研发能力进一步增强

吉林省内自主研发的纯电动客车和轿车电机和控制系统完成了两轮样机的试制和试验，进入第三轮性能改进和提高阶段，采用省内企业研发的客车电机和电池随整车申报了国家新能源整车公告。轿车用锂离子动力电池已经完成两轮的适应性开发和装车试验。中国科学院长春应用化学研究所正在进行 Mn 基正极材料的中试生产与电极材料的应用研究，批量制备技术制备的 Mn 基正极材料进行了电池材料的应用实验。东北师范大学在磷酸亚铁锂电池正极材料的低温特性方面也取得一定的突破，攻克了三个主要关键技术，即磷酸亚铁锂材料的高倍率性能、电解液的宽温阻燃性、动力电池的超低温性。

三、新能源汽车示范推广工作进展情况

2013 年吉林省长春市在出租车领域，示范推广了 33 辆由一汽新能源汽车分公司生产的奔腾 B50 插电式混合动力轿车，全省累计上线运行的新能源汽车（含混合动力）达到 287 辆，其中客车 204 辆，轿车 83 辆。经过两轮的申报和调整，确定到 2015 年底，长春市累计推广应用各类新能源汽车 5000 辆的目标任务。2014 年 1 月国家正式批准长春市进入国家新一轮的对新能源汽车示范补贴试点城市。长春市通过批准后，随即成立了由市长为组长的新能源汽车产业推进领导小组，明确了分工，由长春市工信局负责组织落实领导小组工作部署，统筹协调。长春市交通局负责新能源汽车推广应用，制定新能源汽车推广应用年度实施方案，对推广目标进行分解和落实，已将 2014 年 1600 辆推广目标分解为 8 个重点领域，14 个责任单位。为了推动长春市及吉林省内有条件地区开展新能源汽车的示范推广工作，省里也制定了具体的年工作计划，协调省市对新能源汽车的补贴政策，以推动长春市新能源汽车的推广应用工作。

四、基础设施建设及运行情况

吉林省新能源汽车充电等配套基础设施建设稳步推进。2010 年和 2011 年国家电网公司先后投资 800 万元和 5000 万元在长春市高新区和净月开发区建成两座充（换）电站并投入运行。每天可以满足 40 辆客车和部分乘用车充电需求。同时，规划了一批充电桩点位，在新能源汽车批量上线运行时，将同步开展充电桩批量安装工作，现累计建有充电桩 167 个。2013 年国家电网投资 1800 万元，在辽源市先行建成一座占地 6900 平方米目前可为 20 辆电动公交车提供充电服务的充电站，现有 7 台充电机，远期 20 台，可服务 100 辆。截至 2013 年，吉林省现有充电站达到 3 座。

五、规划发展目标

“十二五”期间，吉林省新能源汽车产能达到 5 万辆，进入国家公告目录的各类新能源汽车产品将达到 30 款以上。到 2017 年，吉林省公用新能源汽车保有量达到 5000 辆以上。在全省公交领域大力推广新能源汽车应用。依据车况分 3 年进行更新，以纯电动、增程式、插电式混合动力公交车以及液化天然气公交作为替代车辆，全面实现市区公交车辆无柴油化。

六、节能与新能源汽车推广应用统计表

1. 2013 年电动汽车推广应用数量

单位：辆

车　型	大中型客车	轻型客车	载货车	公务车	出租车	私人车	电力工程车	邮政车	环卫车	其他专用车	其他	合　计
纯电动汽车	0	0	0	0	0	0	0	0	0	0	0	0
混合动力汽车	0	0	0	0	0	0	0	0	0	0	0	0
插电式混合动力汽车	0	0	0	0	33	0	0	0	0	0	0	33
增程式电动汽车	0	0	0	0	0	0	0	0	0	0	0	0
燃料电池汽车	0	0	0	0	0	0	0	0	0	0	0	0
其他	0	0	0	0	0	0	0	0	0	0	0	0
合　计	0	0	0	0	33	0	0	0	0	0	0	33

2. 2013 年电动汽车推广应用车型及数量

车　型	公告批次	目录序号	数量（辆）
一汽牌 CA7155PHEV1 型混合动力轿车（奔腾 B50 插电式混合动力轿车）	235	1	33

江苏省

一、节能与新能源汽车扶持政策与措施

2014 年 4 月 25 日省政府印发了《关于加快新能源汽车推广应用的意见》（以下简称“意见”）（苏政发〔2014〕51 号）。该意见从以下几个方面对江苏省下一阶段的新能源汽车推广应用工作提出了指导性意见：一是明确全省新能源汽车推广应用的目标要求，确定了推广应用数量，提出了江苏省的推广应用原则；二是要求加快新能源汽车充换电设施规划和建设，科学规划充换电设施布局，明确充换电设施建设责任，保障充换电设施建设用地；三是加大对新能源汽车推广应用财政补贴力度，对购置车辆进行补贴，同时对充换电站等基础设施进行补贴；四是给予新能源汽车充换电设施用电价格支持，明确充换电设施用电价格和服务价格；五是探索新能源汽车运营模式，分类健全新能源汽车运营模式，鼓励新能源汽车领域的民间投资和金融创新，加快新能源汽车应用领域新技术应用；六是完善新能源汽车运营监测和服务体系，要求加强新能源汽车运行监测，强化新能源汽车运行服务保障；七是提高新能源汽车研发生产水平，充分发挥政府在新能源汽车产业发展中的引导作用，增强新能源汽车生产企业竞争力；八是健全新能源汽车推广应用工作机制，要求加强组织领导，完善政策体系，扩大宣传教育，强化监督检查。

二、节能与新能源汽车生产经营情况

2013 年江苏省新能源汽车产业保持较快增长，运行继续保持良好态势。根据部分新能源汽车企业产销情况分析和判断，2013 年预计全省新能源汽车产业完成销售收入超过 100 亿元，同比增长约 25%。

2014 年 1—6 月，江苏省新能源汽车产业完成销售收入达到 70 亿元，同比增长 35% 左右。与传统燃油汽车产销增长相比，增长幅度提升 20 个以上百分点。

三、节能与新能源汽车示范推广工作进展情况

截至 2014 年 6 月底，江苏全省共推广应用新能源汽车 2133 辆，约占全年目标任务的 35%，推广总量在全国 39 个推广城市或区域中居于前列。具体到各推广应用城市为：南京 1385 辆、常州 13 辆、苏州 408 辆、南通 280 辆、盐城 47 辆。

四、基础设施建设及运行情况

截至 2013 年底，江苏省共建有充换电站 23 座，直流充电桩 1230 个，换电工位 13 个，站内电池箱约 200 个。

五、节能与新能源汽车项目投融资及建设情况

2013 年，东风悦达起亚新建的技术中心，全面构筑研发体系，逐步形成和提升新能源汽车的自主研发能力。亚星客车自主开发新一代纯电动高压配电系统，完善了 8～12 米纯电动客车动力系统平台，实现产品高度通用化。苏州金龙新能源汽车实验室项目，列入江苏省重点实验室计划，加快新能源客车新产品的开发，其双源快充纯电动公交客车及其产业化已列入国家科技支撑计划。

六、主要节能与新能源汽车企业情况

1. 2012 年 1—12 月

2013 年苏州金龙在全国 18 个城市销售混合动力客车 911 辆，销售收入 7.3 亿元，增长 200% 以上。潍柴亚星累计销售新能源客车 190 辆，同比增长 58%，实现销售收入 1.7 亿元。江苏常隆全年销售纯电动客车 40 辆，远远超过上年 11 辆的生产量。江苏奥新销售纯电动专用车 60 辆，销售额近 900 万元，增长 300%。东风悦达起亚 12 辆纯电动乘用车在盐城市开发区内示范运行。

2. 2014 年 1—6 月

2014 年 1—6 月，南京金龙销售纯电动客车 380 辆，销售收入超过 5.5 亿元，同比增长超过 500%；预计全年销售新能源汽车 1000 辆，实现产值 14 亿元。苏州金龙销售插电式混合动力客车近 600 辆，销售收入超过 5 亿元，同比增长超过 100%。南京比亚迪项目已经工信部备案，在 2014 年 8 月底前批量投产，预计年内生产新能源客车 1000 辆，实现产值 20 亿元。

七、2013 年 1 月至 2014 年 6 月底电动汽车示范推广数量统计表

单位：辆

车　型	大中型客车	轻型客车	载货车	公务车	出租车	电力工程车	邮政车	环卫车	私人车	其他	合　计
纯电动汽车	1057	0	0	76	0	27	15	45	100	0	1320
混合动力汽车	0	0	0	0	0	0	0	0	0	0	0
插电式混合动力汽车	418	0	0	0	400	0	0	0	0	0	818
增程式电动汽车	0	0	0	0	0	0	0	0	0	0	0

续表

车 型	大中型客车	轻型客车	载货车	公务车	出租车	电力工程车	邮政车	环卫车	私人车	其他	合 计
燃料电池汽车	0	0	0	0	0	0	0	0	0	0	0
其他	0	0	0	0	0	0	0	0	0	0	0
合 计	1475	0	0	76	400	27	15	45	100	0	2138

黑龙江省

一、节能与新能源汽车扶持政策与措施

1. 2013 年 1—12 月

黑龙江省将交通运输装备制造产业列入全省重点发展的“十大”重点产业，在政策和资金等方面给予大力支持。为支持节能与新能源汽车扩大市场份额，由省领导带队分赴国内部分雾霾比较严重的省市推介黑龙江省新能源汽车，帮助企业开拓市场。省政府拿出 600 万元专项资金，用于鼓励和支持节能与新能源汽车的省内推广应用，主要用于宣传省内节能和新能源汽车产品、支持基础设施建设和购车补贴等方面。

政策名称列表：

2. 2014 年 1—3 月

继续加大对新能源汽车产业的支持力度，政府拟用推广新能源汽车专项资金对鸡西、牡丹江等部分地市购买新能源或清洁能源汽车用户给予一定补贴。

二、节能与新能源汽车推广应用情况

1. 2013 年 1—12 月

黑龙江省首条新能源及清洁能源公交车示范运行线路（111 路公交车）在齐齐哈尔市示范运营，由黑龙江龙华汽车有限公司自主运营并于 2013 年 4 月 18 日正式开通。线路起于齐齐哈尔民航机场，止于齐齐哈尔火车站，路径 20 余个公交站点。在黑龙江地区实施新能源及清洁能源公交汽车示范运行，首先要攻克的难关是高寒地区电池保温系统、车体保温及密封等技术问题，龙华汽车公司的产品具有在高寒环境下保持正常运行等优点，企业通过采集相关数据、技术改进等措施不断完善提高产品质量，市场份额逐步扩大。

2. 2014 年 1—3 月

哈尔滨市先后有 6 辆新能源客车投放到公交车线路进行试运行。哈尔滨市有关部门制定了新能源及清洁能源汽车产业发展实施意见，并有序组织推进。

三、2013 年基础设施建设及运行情况

鼓励和支持发展新能源汽车配套设施。黑龙江昆仑能源有限公司规划投资 3.6 亿元，在省内建成 18 个天然气（LNG、CNG）加气站，特别是在 LNG 加气站网络中，起示范和引导作用。黑龙江龙华汽车公司与港华燃气公司合作，拟在各市地建设加气站，省内研发纯电动车充电系统的企业也在与电力部门、城市规划部门等共同研究充电系统建设问题。

四、2013 年节能与新能源汽车项目投融资及园区建设情况

黑龙江龙华汽车有限公司新能源汽车产业化项目主要包括新能源客车、新能源汽车专用电机、太阳能光伏组件，总投资 21.3 亿元，项目分三期建设，达产后具备 1 万辆传统客车新能源客车的生产能力，100 万台新能源汽车专用电机生产能力，100MW 太阳能组件生产能力。目前，一期项目已经建成并投产，主要产品有 8 ~ 12 米新能源及 CNG 城市客车、公路客车、工程车等，具备了年产 3000 辆的生产能力。二期项目正在建设中，主要建设内容新能源汽车专用电机、太阳能光伏组件等。其中太阳能光伏发电技术在新能源客车上的应用，是公司在新能源客车技术上的首创。3000 辆新能源客车和传统客车的批量生产能力。

五、节能与新能源汽车推广应用统计表

1. 电动汽车推广应用数量

（1）2013 年电动汽车推广应用数量

单位：辆

车 型	大中型客车	轻型客车	载货车	公务车	出租车	私人车	电力工程车	邮政车	环卫车	其他专用车	其他	合 计
纯电动汽车	5	0	0	0	0	0	0	0	0	0	0	5
混合动力汽车	0	0	0	0	0	0	0	0	0	0	0	0

续表

车 型	大中型客车	轻型客车	载货车	公务车	出租车	私人车	电力工程车	邮政车	环卫车	其他专用车	其他	合 计
插电式混合动力汽车	8	0	0	0	0	0	0	0	0	0	0	8
增程式电动汽车	0	0	0	0	0	0	0	0	0	0	0	0
燃料电池汽车	0	0	0	0	0	0	0	0	0	0	0	0
其他	0	0	0	0	0	0	0	0	0	0	0	0
合 计	13	0	0	0	0	0	0	0	0	0	0	13

注：本省共推广应用的13辆，其中哈尔滨市推广应用6辆，齐齐哈尔市推广应用7辆。其中5辆纯电动大中型客车中有2辆未上公告车型。

（2）2013年电动汽车推广应用车型及数量

车 型	公告批次	目录序号	数量（辆）
黑龙江牌 HLJ6122PHEV 型混合动力城市客车	251	（八）16	7
福田牌 BJ6123EVCA－12 型纯电动城市客车	251	9	1
飞燕牌 SDL6120EVG 型纯电动城市客车	251	71	2
宇通牌 ZK6120CHEVNPG4 型混合动力城市客车	248	25	1
上海瑞华 7.5米/10.5米（电池＋电容）纯电动城市客车	—	—	2

2. 2013年燃气汽车推广应用保有量统计

单位：辆

车 型		LPG	LNG	CNG	合计
燃气汽车	大中型客车	0	30	150	180
	轻型客车	0	0	0	0
	货车	0	0	0	0
	出租车	0	0	0	0
	私人用车	0	0	0	0
	其他	0	0	0	0
	小计	0	30	150	180

河北省

一、发展状况

河北省共有新能源汽车生产企业（含已公告和正在申请公告的企业；汽车企业指乘用车和客车车辆生产企业）、关键零部件企业和充电设备制造企业28家，其中：汽车企业5家（国家已公告企业1家，在建和正在申报公告的企业有4家），关键零部件企业19家，充换电设备制造企业4家。

1. 汽车生产企业及产品

河北省有新能源汽车生产和拟生产企业5家，包括长城汽车、上汽唐山客车、保定长安客车、广东珠海广通汽车邯郸分公司、石家庄中博汽车；开发和拟开发的新能源汽车产品包括纯电动及插电式混合动力轿车、SUV、乘用车、客车、专用车、轻型车等；其中长城汽车有一款轿车产品已上工信部新能源汽车产品公告，另开发出包括纯电动、插电式混合动力在内的六款新能源汽车产品。其列入工信部新能源汽车产品公告汽车产品，因技术成熟度不够和市场经济性差等因素，目前尚未打算批量生产。上汽唐山客车有限公司成立于2011年5月，以上汽集团上海客车的汽车生产资质转移河北在我省唐山市曹妃甸建设（公司于2013年8月完成客车生产资质转移工作，迁址到河北唐山进行生产），注册资本1.7亿元，建设有底盘、车身、涂装、总装生产线和检测线。主要产品包括7～18米纯电动客车、混合动力客车、LNG燃料客车、柴油客车等，计划于2014年9月完成新能源汽车生产企业的迁址验收工作，之后申报10米纯电动客车、12米混合动力客车产品，预计在10月投入市场。保定长安客车目前正在研发的新能源汽车产品包括6.8米纯电动、11.5米插电式混合动力客车和轻型车、专用车，已完成4辆样车，预计今年7月具备投产条件，新能源产品公告资质正在申办中。石家庄中博汽车有限公司总投资约6亿元，设计年产2万辆大巴、10万辆SUV汽车。一期已开工建设，总占地1508亩地，三个车间（焊接车间、涂装车间、总装车间）钢结构厂房正在抓紧建设中，2014年7、8月新车下线。该公司2014年3月19日与石家庄市公交公司签订900辆新能源汽车购销合同。广东珠海广通汽车邯郸分公司的新能源客车项目经河北省工业和信息化厅核准后已经呈报工信部申请备案。

2. 关键零部件

动力电池及相关企业。河北省共有动力电池制造企业10家，锂离子电池材料及隔膜制造企业4家，主要企业情况是：河北巨鹿的神州巨电新能源科技开发有限公司，目前该企业在河北省新能源汽车动力电池方面属于有一定规模和实力的企业，开发的100A·h和500A·h的高性能动力电池已经列装轻型轿车并已试车成功。邢台钢中锂能主要产品为聚合物锂电池，主要为天津中铜的新能源汽车进行配套，2013年生产规模1500万A·h，销售收入2324万元。秦皇岛市芯驰光电科技有限公司是一家专业致力于研发与制造锂离子动力电池的国家级高新技术企业，累计投资5.2亿元建立了国内最先进的锂离子电池全自动生产线及配套系统。2013年企业销售收入4154.93万元。河北洁神新能源科技有限公司开发的氧化锂铁磷电池拥有自主知识产权，并通过了国家级产品质量检验，开发生产的水溶剂氧化锂铁磷动力电池已成功应用到四川汽车工业股份有限公司野马牌纯电动乘用车和常州黄海纯电动城市客车。邢台超威电池，该企业投资建设的锂离子动力电池生产基地，年产218万千伏安时储能蓄电池。保定风帆新能源有限公司设有国家级锂离子电池实验室，该企业开发研制的动力电池目前处于中试阶段。沧州明珠，2013年该企业生产的锂电隔膜销量达211吨，营业收入5024万元。2014年预计可提高到350吨。河北金力新能源，该企业年产磷酸铁锂正极材料500吨、高端锂离子电池湿法隔膜1200万平方米，主要为天津力神、深圳比克进行配套，2013年销售收入338万元。

电机及电控。河北省共有5家电机（电控）企业，各企业情况是：唐山普林亿威科技有限公司设计开发的电动汽车用永磁无刷直流电机和控制器具有在中国市场销售和应用的资格，长期向多家汽车、电动汽车提供配套，公司具备年产电动汽车驱动电机1000台/套的生产能力。邢台河北首力防爆电机有限公司生产的电动车用电机为天津清源电动车辆公司进行配套，2013年销售收入3485万元。河北电机股份有限公司、河北华北柴油机有限责任公司、秦皇岛普林赞威是专业电机研发生产企业，可以根据用户需要提供随需应变的产品和服务。

3. 充换电设备

河北省共有4家企业，各企业情况是：保定宇能，该企业具有适应快速充电技术和相关产品生产的能力，具有年产50000万台/套充放电及电源系列产品规模。河北凯翔电气科技股份有限公司，该公司是专业从事电动汽车充电/换电站研发制造。主要产品有电动汽车智能充电桩、换电站，已经在河南郑州成功实现了电动汽车换电站的运营，将换电站技术从理论转化为现实。主动均衡技术达到国内领先水平，实现了对被动均衡技术的突破。石家庄通合电子科技股份有限公司，主要产品为电动汽车充换电站充电电源系统、电动汽车车载充电电源，具备年产10万台/套高频开关电源的生产能力。唐山优科利尔电源设备有限公司专业为国内电动汽车动力电池提供从生产到使用的全套解决方案，为充电站建设及运营提供设备及技术支持。

二、下一步发展目标

通过积极推进5个整车企业发展，以整车的发展带动关键零部件发展和提升。力争到2015年，形成1万辆新能源汽车、动力电池10亿A·h、电机与电控系统总成5万套的生产能力。充换电设备技术达到国内先进水平；并初步构建以2~3家新能源汽车整车骨干企业为龙头，形成与关键零部件配套企业协调发展的新能源汽车产业发展体系。到2020年，形成10万辆新能源汽车生产能力。

三、工作方案及重点

按照《河北省新能源汽车推广应用实施方案》，河北省各示范推广城市计划从2013—2015年推广新能源汽车13414辆，其中公交、城市客运大巴共计3795辆，根据对全省新能源整车企业进行的调研，目前河北省仅有上汽唐山客车和保定长安客车两家企业有望近期提供新能源汽车产品，满足省内采购需求。2013—2015年河北省计划推广应用新能源乘用车及专用车（出租、公务、环卫、物流等）9346辆，根据目前省内企业拥有（或有能力获取）的产品资质及产能情况，目前省内产能尚不足以满足新能源乘用车及专用车70%采购省内车的需求。

为尽快推进我省新能源汽车产业发展，保障在新能源汽车推广应用工作中的供应能力，在支持产业发展方面要重点做好以下工作：

1. 培育骨干企业，做大产业规模

建议省政府制定推动新能源汽车产业发展的政策，拿出一定的专项资金，省工信厅技改专项资金也要向新能源汽车方向倾斜，重点扶持长城汽车、上汽唐山客车、定州河北长安客车整车骨干企业加大新能源汽车技术与产品开发力度，重点发展纯电动、插电式混合动力汽车；大力推进石家庄市正定新区中博汽车新能源、珠海广通汽车邯郸分公司项目进展；重点支持河北神州巨电、邢台钢中锂能、新河超威电池、保定风帆新能源、河北洁神、秦皇岛芯驰光电、沧州明珠、河北金力新能源等企业开展动力电池的研发与产业化，加快锂电池隔膜、正负极材料、电解质等关键材料的研发与生产；支持保定宇能、河北凯翔电气、唐山优科利尔加大充放电设备研发投入，扩大生产规模；支持行业骨干企业加快发展电动汽车电控系统、驱动电机等关键零部件的研发和制造。

2. 整合科研资源，加强技术攻关

新能源汽车作为战略新兴产业，制胜法宝乃是技术创新和进步，国内外有实力的企业都加大新能源汽车关键技术的研发力度，并取得了一系列成果。河北省要结合本省实际，加强关键技术攻关：依托河北工业大学车辆研究所、河北联合大学机械工程学院、燕山大学车辆与能源学院和唐山市电动汽车重点实验室，建立高校、科研机构和企业产学研相结合的研发体系，着力突破整车设计、动力系统控制、强电保护、大容量锂离子电池关键材料、超级电容模组、永磁电机及其控制系统、电池管理系统等关键技术。

3. 强化联盟建设，鼓励抱团发展

借鉴其他省市以本地汽车企业为主体建立新能源汽车产业技术联盟和产业基地的经验，创建河北省新能源汽车产业技术创新战略联盟，以便整合研发力量，改变省内新能源汽车及动力电池生产企业单打独斗的做法。可由长城、上汽唐山等有基础、有实力的整车企业牵头，吸收省内有关整车、动力电池、电机和其他有关汽车零部件企业和河北省汽车协会等参加，联合省内外高校院所，建立河北省新能源汽车产业技术创新战略联盟。走以企业为主体、市场为导向、产学研官用结合的道路。发挥联盟各方的优势和特长，集中攻关，合力解决“瓶颈”问题。通过对共性关键技术的攻关，提升整体开发水平；通过关键零部件攻关，延伸产业链，促进产品升级；通过先进技术的扩散和转移，促进企业和产品的可持续发展。

4. 探索多种模式，加快配套建设

多家新能源汽车企业提出产品即将达到批量生产，但地方无充电站配套设施，限制了新能源客车的推广应用。《河北省新能源汽车推广应用实施方案》初步确定建设83座大型充换电站、5455个充电桩，并配套停车、保养、维修功能，然而据了解目前全省已建成或即将开建的充电设施依然寥寥无几，充电设施建设遭遇了用地、出资、运维等种种难题，在这方面，要结合唐山示范运营总结的经验以及邯郸探索的特许经营办法，鼓励各地尝试多种充换电基础设施商业化运行模式，拓宽融资渠道，同步推进充电设施建设。

四、节能与新能源汽车推广应用统计表

1. 电动汽车推广应用数量

（1）2013年电动汽车推广应用数量

单位：辆

车 型	大中型客车	轻型客车	载货车	公务车	出租车	私人车	电力工程车	邮政车	环卫车	其他专用车	其他	合 计
纯电动汽车	12	0	0	0	0	0	0	0	0	0	0	12
混合动力汽车	0	0	0	4	300	0	0	0	0	0	0	304
插电式混合动力汽车	0	0	0	0	0	0	0	0	0	0	0	0
增程式电动汽车	0	0	0	0	0	0	0	0	0	0	0	0
燃料电池汽车	0	0	0	0	0	0	0	0	0	0	0	0
其他	0	0	0	0	0	0	0	0	0	0	0	0
合 计	12	0	0	4	300	0	0	0	0	0	0	316

（2）2013年电动汽车推广应用车型及数量

车 型	公告批次	目录序号	数量（辆）
申沃牌SWB6121EV6型纯电动城市客车	232	（四）42	10
别克（BUICK）牌SGM7240PHEV型混合动力轿车	224	6	2
荣威牌CSA7180ACHEV型混合动力轿车	237	122	2
恒通客车牌CKZ6127HBEVB型纯电动城市客车	245	127	2
中华牌SY7150X1SHEVBAB型混合动力轿车	235	（十二）33	300

2. 2013 年电动汽车充（换）电站（桩）保有量统计表

充电站					充电桩		换电站
城市名称	数量（座）	充电机功率总计（kW）	充电站占地面积（m^2）	投资金额（万元）	慢充（个）	快充（个）	数量（座）
唐山市	1	1200	3330	3259	36	—	1

河南省

一、节能与新能源汽车扶持政策与措施

2009 年 11 月 2 日，河南省人民政府印发了《关于加快电动汽车产业发展的意见》（豫政〔2010〕75 号）。一是电动汽车享受高新技术、环保、新能源、节能和综合利用等方面的扶持政策。二是对电动汽车的研发和示范运营，落实国家有关税收优惠政策。三是把电动汽车及关键零部件纳入政府采购范围，鼓励有关单位优先采购省内生产的电动汽车。四是鼓励企事业单位购置电动汽车参与示范运营，对营运单位采购电动汽车给予补助。电动汽车示范运营的具体办法另行研究制定。五是将电动汽车充电站建设用地纳入城市规划，按规划用途给予用地保障；积极利用电价优惠政策，促进电动汽车充电站正常运行。2010 年 11 月 18 日，河南省人民政府印发了《河南省电动汽车产业发展规划（暂行）的通知》（豫政〔2010〕86 号）。一是设立河南省电动汽车产业发展专项资金。省财政每年安排一定数额的资金，主要用于支持电动汽车产业化和市场推广等。有关省辖市也应安排专项基金，支持电动汽车整车及电池、电机、电控等关键零部件的产业化发展和应用推广。凡获得省财政支持的电动汽车项目，所在地政府也应给予适当配套。二是鼓励符合条件的电动汽车企业申报国家高新技术企业、技术先进型服务企业。电动汽车企业开发新技术、新产品、新工艺的研究开发费用以及电动汽车企业从事电动汽车的技术转让、技术开发业务和与之相关的技术咨询、技术服务取得的收入，按照国家规定享受有关税收优惠政策。三是加大政府电动汽车采购力度。机关、事业单位和团体组织使用财政性资金进行汽车采购时，在技术、服务等指标满足采购需要的前提下，优先采购纳入政府采购范围的电动汽车。在公交、出租、环卫、邮政等公共服务领域逐步推广使用电动汽车。四是鼓励企业、团体组织和个人购买使用电动汽车，支持电动汽车的推广应用与示范，对购置省产电动汽车的用户，参照国家推广新能源汽车的有关补贴标准给予补助。五是加快标准化电动汽车充（换）电站等配套设施规划和建设。对配套设施的设备投资按投资总额的 15% 给予补助，其中省财政补助 1/3，项目所在省辖市财政补助 2/3。六是对电动汽车充（换）电站建设用地给予优先保障，并按城市公益性用地给予相关优惠。

二、河南省新能源汽车产业发展情况

河南省现有整车制造企业 7 家，重点关键零部件企业 30 家，目前有 55 款节能与新能源汽车获国家公告，已形成节能与新能源整车制造产能万辆以上。

一是动力锂离子电池产业快速发展。中航锂电（洛阳）公司、河南环宇集团、河南金龙集团、河南科隆集团等骨干企业一批重点动力锂离子电池项目顺利实施，迅速提升了河南省动力锂离子电池产能规模，2013 年动力锂离子电池产能为 8 亿 A·h 以上，新乡市被国家命名为“电池之都”，初步形成了国内重要的动力电源系统生产中心。

二是整车制造初步产业化。近年来，宇通公司投资 38.6 亿元新建的产能 30000 辆节能与新能源客车产业化基地已陆续投产，带动了郑州市乃至河南省的新能源汽车整车和核心零部件的产业发展。河南少林的 10000 辆新能源汽车生产基地建设正顺利实施。郑州日产、河南速达、新乡新能、海马（郑州）轿车等几家企业已形成中高档纯电动乘用车 1000 辆生产规模。此外，专用电动汽车、纯电动低速车等也形成了 20000 辆产能。

三是产学研用合作协作机制正在逐步形成。初步建立了高校、科研机构和企业产学研用结合的合作体系，建立了河南省电动汽车产业联盟，目前全省省级以上研发机构 59 个，从事新能源汽车及相关产业研发人员逾 3000 人。在动力集成技术、电动转向器技术、整车管理与控制系统技术等方面都处于国内先进行列。电池成组技术、电源管理技术以及高容量、大动力、长寿命电池及材料领域，获得了一系列技术突破。取得科研成果 800 余项，申报专利 515 项，获得发明专利 62 项，为河南省电动车快速发展奠定了技术基础。

三、节能与新能源汽车示范运营情况

河南省列入国家新能源汽车推广应用城市两个，即郑州市和新乡市。目前全省投入示范运行的节能与新能源汽车超过 4000 辆。郑州市共投入 2837 辆，其中纯电动公交车 353 辆、插电式混合动力 1193 辆、纯电动工程车 190 辆。新乡市初步建立了“车电分离，换电运营”的商业模式，

投入各类电动运营车辆1153辆，其中：纯电动公交车40辆、出租100辆，运营总里程超1800万公里，起到了良好的示范运营作用。主要有以下几个特点：

一是公交车示范运营成效显著。目前郑州市节能和新能源公交车示范运营3006辆，累计示范运行3264.8万公里，成效明显。新乡市投入40辆，分别在市区2路、16路、25路、62路、185路示范运营，在获嘉、辉县两条线路开通4辆纯电动城际公交示范运营。许昌市分别在市内104路进行10辆纯电动公交车示范运营，在许昌至襄城县之间开通10辆纯电动城际公交车示范运营。信阳在市区开通26路、29路两条纯电动公交线路及罗山、明港之间城际纯电动公交中巴示范运营共计16辆新能源客车。

二是电动汽车在公务和出租车领域的示范运营发展迅猛。新乡市陆续投放100辆可快速换电的纯电动出租汽车开展示范运营；郑州日产汽车有限公司生产商务电动汽车示范车辆25辆在电力、通信部门、开发区及部分市直单位示范运营，郑州海马生产的30辆海马王子纯电动轿车在开发区示范运营；三门峡已投入55辆纯电动出租轿车在市区出租示范运营。

三是各类低速车、专用车示范运营逐步扩大。在全省旅游景区、港区、工业园区已投放850辆场地电动车示范运营，在郑州、新乡、许昌、信阳等地投放240辆电动警务车、市政专用车示范运营，在县、乡、村镇地域投放了600多辆微型、超微型电动车、微卡电动货车示范运营。

大规模的示范运营，不仅对逐渐提高电动汽车的技术成熟度起着重要作用，同时也对发展电动汽车产业化的道路和市场模式有益探索。

四、基础设施及运行情况

1. 大型充换电站建设情况

一是郑州东区充电站。该站位于郑州市郑东新区商都路与站南路交叉口西南角，占地10亩。总建筑面积557.5平方米，钢架构雨棚建筑面积1176平方米，站区硬化面积2506平方米。进站道路长2米×50米，进站道路占地470平方米。充电站采用两路10kV电源进线，通过两台2500kVA变压器给充电机、控制、照明、充放电系统等设备供电。站内配置14台直流充电机，其中4台备用，可满足10辆电动公交车同时充电，站内还安装10个交流充电桩可同时满足其他社会车辆充电。该项目总投资3178万元，是全省规模最大、设备最完善、技术最先进的电动汽车充电站。

二是新乡振中路大型充（换）电站。该站位于新乡市高新区振中路，2010年12月26日建成。站内配置5台直流充电机，换电工位设置2个，电池充电架充电机40个。设计充电站整体分为整车充电区、综合服务区、电池更换区、立体车库四个功能区。目前可以满足20辆电动汽车整车充电和200辆电动出租车的电池快速更换，远期可实现400辆汽车的停放及整车充电。本充电站分三期工程建设，一期建设整车充电区及综合服务区，二期工程建设电池快速更换区，三期工程建设立体车库。

三是许昌襄县充电站建设。该站占地约22亩，于2010年5月建成。共配置10台100kW整车直流充电机，能同时满足10辆纯电动公交汽车充电。

2. 充换电形式多样实用

在积极建设充换电站的同时，全省各地还结合实际建设灵活实用的充换电设施。三门峡市根据示范运营线路，在市区布局建设了106个充电桩，可满足200辆纯电动出租车充电需求。郑飞公司在家属院区域建设了100个充电桩，主要满足本单位电动汽车充电需求。此外，许昌市、信阳市、商丘市都建设了满足本地需求的充电设施。新乡除建造了大型固定充换电站外，还建造了移动式充（换）电车和充电桩，基本满足了实际需求。

五、节能与新能源汽车发展规划

通过5—10年的发展，节能与新能源汽车整车和关键零部件核心技术实现突破，推广应用环境实现不断优化，节能与新能源汽车实现较大规模应用，争创节能与新能源汽车推广应用优秀城市，力争成为全国区域性节能与新能源汽车整车及关键零部件研发、生产基地。

1. 推广应用取得重大进展

（1）2015年发展目标

节能与新能源汽车推广应用取得积极进展，各类节能与新能源汽车保有量达到1.5万辆。

重点抓好郑州、新乡新能源汽车推广应用工作，到2015年，两市新增新能源汽车10500辆，其中新能源公交车3200辆，纯电动公务车3400辆。积极推广使用纯电动出租车，到2015年，全省纯电动出租车达到2000辆，其中郑州、新乡两市1400辆。鼓励私人购买新能源汽车，到2015年，全省私人购买新能源汽车超过3000辆。此外在市政、电力、环卫、邮政、旅游景区、港区、工业园区等领域，积极开展新能源专用车示范运营，逐步形成具有自身特色的全方位的示范运营模式。

不断扩大普通混合动力汽车在公交领域推广应用规模，在警务、班车领域实现一定保有量。到2015年普通混合动力汽车推广数量达到20000辆以上。

（2）2020年发展目标

节能与新能源汽车推广应用取得重要进展，各类节能与新能源汽车保有量达到7.2万辆，在公交车领域推广应用规模位居全国前列。

在私人消费领域实现较大规模应用，形成良好的产业带动效应。

2. 产业发展形成规模优势

节能与新能源汽车整车制造得到快速发展，形成规模优势。到 2015 年，形成新能源汽车生产能力 6 万辆以上，培育 3 ~5 家具有一定竞争力的纯电动汽车整车和零部件生产骨干企业。到 2020 年，形成新能源汽车生产能力 30 万辆以上，产业规模达到 1000 亿元。

成为全国重要的关键零部件研发、生产基地。到 2015 年，全省车用动力电池系统产能达到 20 万台/套，驱动电机及控制系统产能达 15 万台/套；到 2020 年，锂离子动力电池系统产能达 70 万台/套，驱动电机及控制系统产能达 50 万台/套。

3. 技术研发能力大幅提高

新能源汽车、动力电池及关键零部件技术整体上达到国内先进水平，以燃料电池汽车为代表的下一代新能源汽车技术有重要突破。

到 2015 年，新能源汽车、非插电式混合动力汽车及关键零部件的各项技术指标达到国内先进水平。动力电池模块比能量达到 150 瓦时/公斤以上，成本降至 2 元/瓦时以下，循环使用寿命稳定达到 2000 次或 10 年以上；电驱动系统功率密度达到 2.5kW/kg 以上，成本降至 200 元/千瓦以下。

到 2020 年，新能源汽车整车、非插电式混合动力汽车及关键零部件的主要技术指标达到国际先进水平。动力电池模块比能量达到 300 瓦时/公斤以上，成本降至 1.5 元/瓦时以下。

4. 基础设施建设稳步推进

适度超前、稳步推进基础设施建设，大型充（换）电站、小型充（换）电室、移动充（换）电车协同发展，形成网络化、立体化态势，满足节能与新能源汽车运行需要。

到 2015 年，新建大型充换电站 5 座，公交车充电桩 1000 个，小汽车充电桩 5000 个，移动充换电站（车）80 座。

到 2020 年，建成电池集中充电站 5 座、商用车充换电站 34 座、乘用车充换电站 37 座、电池配送站 50 座、交流充电桩 2.6 万个，形成较为完善的充电设施网络，满足新能源汽车推广应用及城际互联需要。

5. 公共服务能力显著增强

构建完善的公共服务管理规范体系。到 2015 年，初步建立新能源汽车车辆安全监控、维修保养、试验检测、认证和动力电池回收利用管理体系。2020 年，形成完整的安全使用、市场营销、回收利用和售后服务体系

六、节能与新能源汽车推广应用统计表

1. 电动汽车推广应用数量

（1）2013 年电动汽车推广应用数量

单位：辆

车　型	大中型客车	轻型客车	载货车	公务车	出租车	私人车	电力工程车	邮政车	环卫车	其他专用车	其他	合　计
纯电动汽车	116	3	0	0	100	18	2	0	0	0	0	239
混合动力汽车	0	0	0	0	0	0	0	0	0	0	0	0
插电式混合动力汽车	915	0	0	0	0	0	0	0	0	0	0	915
增程式电动汽车	0	0	0	0	0	0	0	0	0	0	0	0
燃料电池汽车	0	0	0	0	0	0	0	0	0	0	0	0
其他	0	0	0	0	0	0	0	0	0	0	0	0
合　计	1031	3	0	0	100	18	2	0	0	0	0	1154

注：本省推广的 1154 辆中包括郑州市推广应用的 1020 辆（纯电动大中型客车 105 辆，插电式混合动力大中型客车 915 辆），新乡市 134 辆（纯电动大中型客车 11 辆，纯电动轻型客车 3 辆，纯电动出租车 100 辆，纯电动私人车 18 辆，纯电动电力工程车 2 辆）。新乡市推广应用的 134 辆中包括未上公告车型 19 辆。

（2）2013 年电动汽车推广应用车型及数量

车　型	公告批次	目录序号	数量（辆）
宇通牌 ZK6120CHEVNPG4 型插电式混合动力城市客车	258	71	771
宇通牌 ZK6180CHEVNPG3 型插电式混合动力城市客车	257	71	142
宇通牌 ZK6140CHEVNPG3 型插电式混合动力城市客车	255	71	2
宇通牌 ZK6125BEVG4 型纯电动城市客车	258	71	75

续表

车　型	公告批次	目录序号	数量（辆）
宇通牌 ZK6125BEVG1 型纯电动城市客车	255	71	25
少林牌 SLG6120EV 型纯电动城市客车	253	126	5
东南牌 DN7000MBEV 型纯电动轿车	245	（四十三）58	100
宇通牌 ZK6126EGA9 型纯电动城市客车	215	71	7
飞燕牌 SDL6120EVG 型纯电动城市客车	259	（十五）25	2
少林牌 SLG6700EV 型纯电动客车	227	126	2
奇瑞牌 SQR7000EAS11 型纯电动轿车	256	119	2
东风牌 ZN5033XGCH2C 型纯电动工程车	232	72	2
凌宇牌 CLY6105BEV 型纯电动客车	—	—	1
依维柯	—	—	2
御捷马	—	—	15
双环小贵族	—	—	1

（3）2014 年 1—3 月底电动汽车推广应用数量

单位：辆

车　型	大中型客车	轻型客车	载货车	公务车	出租车	私人车	电力工程车	邮政车	环卫车	其他专用车	其他	合　计
纯电动汽车	70	0	0	0	0	10	0	0	0	0	0	80
混合动力汽车	0	0	0	0	0	0	0	0	0	0	0	0
插电式混合动力汽车	10	0	0	10	0	0	0	0	0	0	0	20
增程式电动汽车	0	0	0	0	0	0	0	0	0	0	0	0
燃料电池汽车	0	0	0	0	0	0	0	0	0	0	0	0
其他	0	0	0	0	0	0	0	0	0	0	0	0
合　计	80	0	0	10	0	10	0	0	0	0	0	100

注：本省推广的 100 辆中包括郑州市推广应用约 60 辆（纯电动大中型客车 50 辆，插电式混合动力公务车 10 辆），新乡市推广应用的 40 辆（纯电动大中型客车 20 辆，纯电动私人车 10 辆，插电式混合动力大中型客车 10 辆）。

（4）2014 年 1—3 月底电动汽车推广应用车型及数量

车　型	公告批次	目录序号	数量（辆）
宇通牌 ZK6141BEV1 型纯电动城市客车	256	71	50
宇通牌 ZK6105CHEVNPG3 型混合动力城市客车	253	71	10
飞燕牌 SDL6120EVG 型纯电动城市客车	259	（十五）25	20
比亚迪牌 BYD7150WTHEV 型混合动力轿车	253	108	10
东南牌 DN7000MBEV 型纯电动轿车	245	（四十三）58	10

2. 电动汽车充（换）电站（桩）统计表

（1）2013 年电动汽车充（换）电站（桩）保有量统计表

城市名称	充电站				充电桩		换电站
	数量（座）	充电机功率总计（kW）	充电站占地面积（m^2）	投资金额（万元）	慢充（个）	快充（个）	数量（座）
新乡市	—	1618	8500	3865	58	5	4
郑州市	1	120	6000	3174	254	—	—

（2）2014 年 1—3 月底电动汽车充（换）电站（桩）统计表

充电站					充电桩		换电站
城市名称	数量（座）	充电机功率总计（kW）	充电站占地面积（m^2）	投资金额（万元）	慢充（个）	快充（个）	数量（座）
新乡市	—	1300	1216	400	20	4	—
郑州市	—	—	—	—	66	—	1

山西省

一、甲醇燃料的发展已初步产业化

在国家工信部组织开展的“两省一市”甲醇汽车试点工作的带动下，山西省的甲醇燃料甲醇汽车产业得到快速的发展。

低比例（M15）掺烧。从 2001 年起开始小规模示范、区域示范，到全省全面推广至今已 13 年，13 年累计销售 M15 甲醇汽油 312 万吨，可替代汽油 46.80 万吨，销售量年年增长，2013 年与 2012 年相比，增长 26.79%，加注 M15 车辆累计超 1 亿辆车次，单车行驶里程超过 40 万公里。高比例（M85－100）甲醇燃料，从 20 世纪 80 年代承担国家科研、示范项目开始，至今累计销售高比例甲醇燃料 32.40 万吨，可替代汽油 20.25 万吨，共计替代汽油 67 万吨。

2013 年，山西省低比例 M15 甲醇汽油销售 73.13 万吨，替代汽油 10.97 万吨；M85－100 高比例甲醇燃料销售 5.4 万吨（按 1.6∶1 替代汽油计算）替代汽油 3.36 万吨，共替代汽油 14.33 万吨。

截至 2013 年 12 月底，山西省有 M15 低比例甲醇汽油加注站 1500 多座，M85-100 高比例甲醇燃料加注站 63 座，具备资质的甲醇汽油调配中心 8 座，年生产能力 150 余万吨，甲醇燃料技术中心 1 个。由于技术的进步，提高了 M15 甲醇汽油的环保性。

2014 年 3 月，由山西省新能源汽车办组织省内 8 家具有调配技术资质的企业，统一委托山西省汽车产品质量监督检验站对各自 M15 甲醇汽油和 93# 汽油，在不同车型、各种不同里程，从几千公里到几十万公里的轿车上进行整车输出功率、扭矩、燃料消耗及环保性能对比检测，环保性都优于 93# 汽油，在稳态工况下 8 家排放指标平均值：HC 下降 33.48%、CO 下降 34.24%、NO 下降 50.71%。8 家企业的等速燃料消耗量比汽油平均消耗量增加 0.017。

2014 年 4 月，在北京理工大学组织了对 M15 甲醇汽油和 92#（京 V）、93#（国Ⅳ）汽油尾气排放对比检测，结果显示，HC、CO、NO、PM2.5、PM10 都优于汽油。

甲醇燃料的应用，大大降低了汽车尾气对空气的污染，使得汽车尾气中的 CO、CH、NO_X，特别是 PM2.5、PM10 大幅度减少，对建设环境友好型社会起到了积极的作用。

二、在用车改造发展迅速、技术不断创新

在用车甲醇化改造是我省最具特色的甲醇燃料和甲醇清洁汽车产业衔接、市场的一个亮点，为下步大面积推广甲醇汽车做铺垫。首先打通了甲醇汽车加注输配系统的路径，这是解决任何一种动力汽车的最关键环节。为了加强合作，交流信息，促进行业健康、有序发展，企业不断地对产品进行技术创新、升级，取得了改装车总量超过 10 万辆之后，顺应技术进步和市场发展的需要，优化互补，面向全国共拓市场，发挥国内最大的在用车甲醇化改造企业集群的示范功能。省内 3 家具备资质的企业自发组建了山西省甲醇汽车产业联盟。

在用车改造从 2008 年开始到 2013 年，省内在用车 M85－100 甲醇化改造累计 4.6 万辆，省外 10.3 万辆，共计在用车甲醇化改造 14.9 万辆。

由于利益的驱动，改装车市场不规范，造成有资质的企业改装数量明显减少，低技术改装数量占据了市场。2013 年 3 家企业在用车改造，省内 0.55 万辆、省外 2.29 万辆，合计 2.84 万辆。2013 年在用车 M85－100 甲醇化改造数量比 2012 年减少了 44.16%。2014 年要下功夫通过技术创新、改装技术 ECU 不断优化，使改装后的汽车从经济性、环保性、整车的可靠性方面有一个大的提升，与低技术水平的改装技术水平拉大距离。

三、工信部甲醇汽车示范项目已启动

2012 年 1 月 30 日，国家工信部决定（工信部节〔2012〕42 号），在山西、陕西、上海“两省一市”开展甲醇汽车试点工作。按照工信部的统一部署，我省编制了《山西省甲醇汽车试点总体方案》。2013 年 1 月，工信部批复了我省晋中市甲醇汽车试点实施方案。3 月 13 日启动了 150 辆甲醇出租车试点运行，截至 2014 年 3 月甲醇出租车已运行一年，整体运行平稳正常，抽检车辆排放指标均达到或优于国标指标。

2014 年 3 月工信部又批复了山西省长治市甲醇汽车试

点实施方案，其中包括甲醇公交车100辆、甲醇微型车50辆两个类型的车辆进行试点运行。目前已启动了甲醇城际公交车试点运行项目，待条件成熟后，尽快启动甲醇微型车试点项目的运行。

1. 晋中市试点情况

晋中市严格按照工信部42号文件要求实施甲醇汽车试点工作，市委市政府高度重视，成立了以分管副市长为组长的领导小组，成立出租汽车公司作为试点的承担单位，新增150辆出租车指标用于试点工作。截至2014年3月底，试点工作运行满一年，全部150辆试点车辆均已上路运营，共运行580万公里，最长单车运行里程近9万公里，消耗甲醇70万升，相当于替代汽油42万升，最远运行到天津。

从经济性方面看，甲醇汽车的燃料费用是传统汽车的55%左右。从安全性方面看，目前共进行3次环境监测，有119人次接受体检，结合晋中市20余年对涉醇人员的体检资料，未发现甲醇燃料对人有影响。从可靠性方面看，2014年3月，中国汽车技术研究中心在北京通州交通部道路交通试验场进行的测试中，最高车速、加速性能、爬坡性能等均与设计指标相当；车辆故障率及日常维修保养方面也与传统车辆相当。从环保性方面看，据3月中国汽车技术研究中心出具的检测报告显示，常规排放指标比国Ⅳ标准限值低40%～50%，甲醛排放仅为工信部要求限值的1%，试点车辆的常规排放符合国Ⅳ标准，达到国Ⅴ限值。

晋中市M100甲醇汽车天津汽车中心检测结果汇总表　　时间：2014－03－28

序号	检测项目 检验车辆 发动机编号	汽车牌号	里程读数（km）	HC		CO		NO_x		CO_2（g/km）	HCHO		燃料消耗（L/100km）
				标准限值（g/km）	实测HC（g/km）	标准限值（g/km）	实测CO（g/km）	标准限值（g/km）	实测NO_x（g/km）		标准限值（mg/km）	实测HCHO（mg/km）	
1	C6N273222	晋KT1312	64552	0.10	0.05	1.00	0.06	0.08	0.04	166.37	≤10	0.10	15.33
2	C6N273190	晋KT1302	79210	0.10	0.07	1.00	0.69	0.08	0.05	171.71	≤10	0.06	15.83
3	C6N272540	晋KT1316	65030	0.10	0.04	1.00	0.39	0.08	0.05	165.07	≤10	0.10	15.27
	平均值	3辆	69597	0.10	0.053	1.00	0.38	0.08	0.047	168.05	≤10	0.14	15.8

汽车起动时为汽油点燃，165秒后转换燃烧甲醇燃料。检验结果：3辆车排气污染物排放符合GB18352.3—2005《轻型汽车污染物排放限值及测量方法（中国Ⅲ、Ⅳ限值）》中Ⅳ阶段的要求。

3辆汽车为上海华普汽车有限公司生产（2012－7），产品型号SMA7151K05M，发动机均为吉利汽车有限公司生产，型号JL479QAJ，容积压缩比9.8∶1，发动机排量1.498。

检验方法判定依据：GB 18352.3—2005《轻型汽车污染物排放限值及测量方法（中国Ⅲ、Ⅳ限值）》GB/T 19233—2003《轻型汽车燃料消耗量试验方法》GB 19578—2004《乘用车燃料消耗量限值》工业和信息化部文件 工信部节〔2012〕42号。

2. 2014年启动长治市甲醇汽车试点工作

2014年1月上报国家工信部《长治市甲醇汽车试点方案》。长治市是山西省开展甲醇燃料应用、参与国家甲醇公交客车示范项目以及微型甲醇汽车发动机研发较早的地区。试点用甲醇公交客车由郑州宇通客车股份有限公司生产，试点数量100辆；甲醇多用途乘用车由山西成功汽车制造有限公司生产，试点数量50辆，其中一期30辆。甲醇公交客车已开始试点运行。

3. 搞好试点的关键

通过一年多组织甲醇汽车试点运行，我们认为搞好甲醇汽车试点关键点5个。即运营试点不搞“一刀切”；燃料供应和售后服务要具体化；安全保障要到位；数据采集要落实到人；政策支持要明确。

推广试点难点是：出租车指标难落实；公交线路难落实；补助资金难落实。

解决这些问题的办法是：与试点市领导对话，责任单位全力落实扶持资金，承办单位狠抓落实。

通过这段试点和以往我省组织的示范，可初步得出这样的结论。甲醇作为车用燃料已无技术障碍，也无健康和安全方面的技术障碍。甲醇的经济性、环保性以及作为液体燃料的灵活性、安全性，通过试点示范得到了证实。大家关心的溶胀、腐蚀、稳定性，目前的技术已得到了控制。虽然试点未完，但从检测结果看，除没有对发动机解剖外，其余指标均已得到证实。山西省在20世纪90年代承担国家项目示范中，已对甲醇汽车行驶36万公里的发动机做过解剖，磨损程度均在国家对汽油机规定的范围内，现在的技术比那时好多了，应该结果比上次好。

下步我省目标：①扩大试点，在其他地市逐步展开；②积极抓紧载货汽车年底启动试点工作；③对改装行驶50万公里的甲醇公交车、100万公里的甲醇出租车进行解剖，确定其磨损程度；④给予地产甲醇汽车产业化扶持政策。

4. 甲醇汽车生产

（1）山西新能源汽车工业有限公司在晋中市建设甲醇燃料轿车生产基地，一期总投资26.8亿元，建设冲压、焊装、涂装、总装、发动机等生产车间以及与之配套的管理中心、研发中心、销售中心、生活配套区等各种辅助设施，形成年产10万辆整车和10万台发动机生产能力，2014年12月甲醇汽车生产下线。

（2）山西成功汽车制造有限公司，在长治市建设微型新能源客车生产基地，微型客车生产能力30万辆，发动机生产能力30万台。第一期12万辆已投入生产，该公司的SCH6400Q型甲醇微型客车已具备批量生产条件，并通过了国家汽车公告，参与国家甲醇汽车试点。

（3）国内重要的甲醇等代用燃料研发中心和装备制造基地将在晋中市建设，山西北达发动机制造有限公司与一汽靖烨发动机有限公司打破了柴油在发电机组领域的垄断地位，实现了甲醇替代柴油的目标，实现了能源的可持续发展，首期实现310~350马力甲醇发动机1万台的生产能力。该项目由北京北达新兴能源投资基金管理有限公司，在晋中市市政府的全力支持，通过校省合作、产学研相结合的模式组织实施。

四、电动汽车的发展情况

山西省有丰富的锰、铁、钒等矿产以及充裕的电力资源，为电动汽车产业发展提供了资源基础；拥有2个国家级和9个省级汽车行业企业技术中心，太原理工大学等12所大专院校30余人的技术研发团队，山西皇城相府宇航汽车制造有限公司等8家拟生产整车的企业，山西皇城相府中道能源有限公司等7家配套企业，为电动汽车产业发展提供了技术支撑和配套保障；配套设施建设初见成效，全省11个地级市全部制定了充换电站建设计划，组建了智能充换电公司，并已在太原等地建成电动汽车充换电站9座，充电桩300个，最大充换电服务能力达到1584台次/日；推广应用工作已经起步，目前全省登记注册的电动汽车数量达到193辆。

1. 电动汽车生产

山西皇城相府集团以煤炭为依托，2005年开始踏上一条新能源产业的道路。最先生产锂离子18650电池，年产1亿A·h的高比容量、高安全性的锂离子动力电池生产线也投产。2012年收购山西宇星客车厂，在深圳投资成立深圳中德世纪新能源公司，致力于纯电动客车、混合动力客车、插电式电动客车等相关技术的研发和设计，现已形成一条完善的新能源产业链。该基地年可生产纯电动公交车等新能源汽车5000辆。

该项目规划占地520亩，规划投资15亿元，计划分两期建成：其中，一期工程投资10亿元，2014年6月完成，年生产能力将达到5000辆，其中传统客车3000辆、新能源客车2000辆。

山西宇星客车有限公司的山西牌SXK6127混合动力城市客车和SXK6107纯电动城市客车已上国家公告《车辆生产企业及产品（第256批）》，下步计划在太原、晋城两市启动城市客车进行示范运行。

山西省孝义市与山西华夏动力科技有限公司、上海申沃客车合作投资50亿元的新能源客车联合研制生产基地项目正式落地，规划5年内生产规模达到5000辆，预计年产值70亿元。该基地以纯电动大客车以及核心零部件联合研发生产为起点，同时建设首条纯电动客车示范运营线路和配套充电设备。现在基地建设已取得阶段性成果。年生产量将达到3000辆纯电动大巴和2万台配套电机。5年后达到5000辆纯电动大客车的能力。

山西大运汽车制造有限公司开发了4×2码头电动牵引车，该产品基础平台为DYX4180成熟车型；用50组超级电容作为动力源、大功率电机产品，该项目适应了节能环保的发展趋势和需求，具有启动扭矩大、调速精度高、系统效率高、维护简便、运营成本低、环保性好、无污染、低噪声、节能效果明显等优点，在港口码头货物运输领域具有很好的应用前景。

2. 新能源汽车关键零部件

皇城相府中道新能源科技有限公司集研发、生产、销售于一体，生产具备高比容量、高安全性能等特性的圆柱形锂离子电池，共五大类20多个品种，年产量可达4400万A·h. 同时正在研发循环次数，放电倍率国内领先的新产品。

高平唐一能源科技有限公司位于高平锂离子动力电池生产基地，联合国内高校、科研院等组建了“山西省动力电池及材料工程技术研究中心”，目前已投资5亿元，完成了一期工程，年产达2.16亿安时。

中国重汽集团大同齿轮有限公司正在开发插电式混合动力客车AMT控制软件，对AMT基础变速箱进行优化设计。华夏动力农用车电机，电池项目落产孝义。省内其他已开工建设的新能源汽车整车、关键零部件企业也在加快步伐完善技术研发、生产基地建设。

3. 电动汽车推广应用

山西太原、晋城两市被科技部确定为全国新能源汽车推广应用试点城市，这将有效加快山西新能源汽车的推广应用工作，有力带动和推进山西省能源汽车产业的技术研发、完善产业链、做大做强汽车产业。

为适应山西新能源汽车产业发展的需要，与太原、晋城、晋中的试点规划紧密衔接，完成甲醇加注站、加气站的规划布局，国网山西省电力公司完成了《电动汽车智能充换电服务网络发展规划（2014—2020）》的编制工作，根据推广应用情况开始分阶段实施。

广东省

一、工作进展与成效

一是基本形成完整的新能源汽车产业链。目前广东省新能源汽车产业已涵盖了整车生产、电池、电机、电控等“三大电”以及关键材料等领域，基本形成了完备的新能源汽车产业体系，整车技术水平和生产能力明显提升。2013年，全省新能源汽车产量7511辆，是2011年的6.9倍。截至2013年底，全省新能源汽车整车生产能力已超过5万辆。传统汽车企业部分新能源汽车车型已批量投放市场，出现了一批有竞争力的新兴新能源汽车企业。动力电池、驱动电机、电池正负极材料、电解液、电池隔膜等核心零部件和关键材料可基本满足下阶段新能源汽车大规模推广应用需求。

二是动力电池等核心关键零部件技术水平迅速提高。近年来，广东省组织实施新能源汽车产业发展专项以及重大科技专项、技术攻关招标等科技计划，支持技术研发、生产制造、公共平台等各环节协同发展。目前，广东省拥有一批国家级和省级的新能源汽车关键技术领域的创新平台和优势动力电池研发和生产企业，动力电池生产能力和技术水平居全国前列。据初步统计，全省动力电池产能已超过10亿A·h/年，动力电池技术方面的专利申请量位居全国首位。从技术发展趋势来看，到2015年有望实现国家提出的“动力电池模块比能量达到150瓦时/公斤以上，成本降至2元/瓦时以下，循环使用寿命稳定达到2000次或10年以上”的目标。

三是新能源汽车推广应用规模居全国前列。广东省实施了新能源汽车推广应用示范工程，将珠三角各市以及汕头、湛江、韶关、潮州、茂名、梅州等14个市列为省推广应用示范城市。广州是全国第一轮推广示范城市中为数不多完成示范目标的城市，深圳已成为全世界纯电动公交车应用规模最大的城市。珠海、中山、梅州、韶关等市都积极探索开展了纯电动公交车示范运营。截至2013年底，广东省各类节能与新能源汽车推广应用规模超过1万辆，推广应用规模居全国前列；纯电动公交车（含大巴和中巴车）超1500辆，占全国近30%。初步测算，1500辆纯电动公交车一年可减少二氧化碳排放量约12万吨，相当于增加了2.7万公顷森林。

四是商业模式探索积累丰富经验。为努力解决新能源汽车初始购置成本高、投资回收期长等问题，广东省积极探索慢充、快充、快换等不同技术路线以及车电分离、融资租赁、油电对价等新型商业运营模式，在全国属于探索类技术路线和运营模式最广的地区。截至2013年底，广州、深圳、珠海、中山、梅州、韶关等地累计投运充电站超过85座，充电桩超过3500个。推广应用的实践表明，尽管新能源汽车购车成本远高于传统汽车，但随着材料技术、电池技术、电池管理及电机、电控技术等不断提升，在国家和省可以预期政策扶持下，新能源汽车累计使用成本优势正逐渐显现出来，通过创新商业模式实现新能源汽车规模化推广应用的条件正在走向成熟。

二、下一步工作计划

2013年6月，省政府明确提出以珠三角地区公交电动化为切入点，加大力度推动新能源汽车推广应用的工作部署；11月，国家财政部等四部委同意将广州、深圳两个特大型城市，以及珠海、佛山、惠州、东莞、中山、江门、肇庆等中型城市，以城市群形式纳入国家新能源汽车推广应用示范区。到2016年6月，珠三角地区将推广应用新能源汽车4.5万辆，其中广州市1万辆，深圳市2.5万辆，珠三角其余七市共1万辆。

为确保顺利完成珠三角地区新能源汽车推广应用任务，完善相关配套政策，省政府已批准印发《关于加快推进珠江三角洲地区新能源汽车推广应用的实施意见》。下一阶段，我们将围绕落实该实施意见，着重抓好珠三角公交电动化、以动力电池关键共性技术突破为重点增强产业基础、加快推进新能源汽车配套基础设施建设、积极探索商业模式创新、完善支持和配套政策等方面工作。

广西壮族自治区

一、2013年节能与新能源汽车扶持政策与措施

（1）广西壮族自治区设立新能源汽车发展专项资金，推动产业加快发展。2013年，共安排了广西战略性新兴产业（新能源汽车）发展专项资金600万元，对柳州五菱汽车有限责任公司等2家企业共2个项目给予资金支持，支持节能与新能源汽车及关键核心部件的研发和产业化项目。

（2）加强节能与新能源汽车生产准入和标准的指导协调。指导新能源汽车生产企业做好生产准入工作，协调企业节能与新能源汽车产品公告申报的相关问题，帮助企业

争取节能与新能源汽车生产资质。

（3）积极推进广西区内节能与新能源汽车的示范推广。以公交、出租、公务、环卫等公共服务领域为重点，进行节能和新能源汽车的示范推广。

二、节能与新能源汽车推广应用情况

2013 年，南宁市新购置混合动力汽车公交车 150 辆（其中超级电容车 135 辆），天然气公交车 100 辆，共建设了 3 个天然气充气站，天然气公交车和出租车保有量为 585 辆；柳州市共销售 591 辆新能源汽车，共建设了 2 个天然气充气站，柳州五菱汽车工业有限公司启动新能源电动物流车示范运营，首批 10 辆五菱新能源电动物流车交付使用，这是新能源汽车首次在广西区内城市物流领域批量使用。

三、基础设施建设及运行情况

目前，广西建成并投入使用的电动汽车充电站有南宁国际会展中心和南宁竹溪立交的两座电动汽车充电站、柳州潭中电动汽车充电站以及位于桂林市机场路桂林福达机器厂区西侧的电动汽车充电站。

四、节能与新能源汽车项目投融资情况

2013 年，广西汽车行业重点企业继续推进节能与新能源汽车及零部件的研发和产业化工作。重点项目主要有：南宁八菱科技股份有限公司新能源客车燃气发动机水冷散热器研制项目，总投资 500 万元；广西玉柴机器股份有限公司重型气体发动机研发试验检测能力提升项目，总投资 3090 万元；广西玉柴机器股份有限公司气体发动机生产基地二期项目，总投资 64519 万元，其中贷款 24500 万元、自筹 40019 万元；广西七星精进能源科技有限公司锂聚合物动力电池扩建及技术改造项目，总投资 135013 万元，其中贷款 10000 万元、自筹 125013 万元。

五、节能与新能源汽车发展规划

广西节能与新能源汽车产业发展“十二五”规划目标是：到“十二五”期末，初步实现节能与新能源汽车产业化发展的全面起步，夯实节能与新能源汽车产业发展的技术和产业基础，初步形成有利于节能与新能源汽车产业发展的体制和机制。到 2015 年，节能与新能源汽车生产能力达到 10 万辆，混合动力总成生产能力达到 5 万套，形成多品种、多系列、多领域的节能与新能源汽车产品体系，基本建立节能与新能源汽车关键零部件体系；全区各市在公交、出租、公务、市政、邮政等领域开展推广使用节能与新能源汽车示范运营，全区节能与新能源汽车保有量进一步提高，城市公交客车、出租车等公共服务领域节能与新能源汽车占一定比例；节能与新能源汽车配套设施建设逐步完善。

六、节能与新能源汽车推广情况统计表

1. 电动汽车示范推广数量

（1）2013 年电动汽车推广应用数量统计

单位：辆

车 型	大中型客车	轻型客车	载货车	公务车	出租车	私人车	电力工程车	邮政车	环卫车	其他专用车	其他	合 计
纯电动汽车	0	0	10	0	0	0	0	0	50	55	476	591
混合动力汽车	150	0	0	0	0	0	0	0	0	0	0	150
插电式混合动力汽车	0	0	0	0	0	0	0	0	0	0	0	0
增程式电动汽车	0	0	0	0	0	0	0	0	0	0	0	0
燃料电池汽车	0	0	0	0	0	0	0	0	0	0	0	0
其他	0	0	0	0	0	0	0	0	0	0	0	0
合 计	150	0	10	0	0	0	0	0	50	55	476	741

注：广西壮族自治区推广的 741 辆新能源汽车中，有 581 辆属未上公告车型；150 辆大中型混合动力客车中有 135 辆使用的储能装置为超级电容。

（2）2013 年电动汽车推广应用车型及数量

车 型	公告批次	目录序号	数量（辆）
五菱牌 LQG5021CCYBEV 型纯电动仓栅式运输车	243	（二十）09	10
南车时代牌 TEG6119SHEV 型混合动力城市客车	253	（十八）23	60
五洲龙牌 FDG6115HEVG1 型混合动力城市客车	238	（十九）47	15
金旅牌 XML6125JHEV38 型混合动力城市客车	238	124	50
宇通牌 ZK6126CHEVG2 型混合动力城市客车	253	71	25

（3）2014 年 1—3 月底电动汽车推广应用数量

单位：辆

车　型	大中型客车	轻型客车	载货车	公务车	出租车	私人车	电力工程车	邮政车	环卫车	其他专用车	其他	合　计
纯电动汽车	0	0	0	0	0	0	0	0	0	60	192	252
混合动力汽车	0	0	0	0	0	0	0	0	0	0	0	0
插电式混合动力汽车	0	0	0	0	0	0	0	0	0	0	0	0
增程式电动汽车	0	0	0	0	0	0	0	0	0	0	0	0
燃料电池汽车	0	0	0	0	0	0	0	0	0	0	0	0
其他	0	0	0	0	0	0	0	0	0	0	0	0
合　计	0	0	0	0	0	0	0	0	0	60	192	252

注：广西壮族自治区推广的 252 辆新能源汽车中，有 232 辆属未上公告车型。

（4）2014 年 1—3 月底电动汽车推广应用车型及数量

车　型	公告批次	目录序号	数量（辆）
延龙牌 LZL5028XXYBEV 型纯电动厢式运输车	256	（二十）06	20

2. 燃气汽车推广应用统计

（1）2013 年燃气汽车应用保有量统计表

单位：辆

车　型		LPG	LNG	CNG	合计
燃气汽车	大中型客车	0	0	100	100
	轻型客车	0	0	0	0
	货车	0	0	0	0
	出租车	0	0	485	485
	私人用车	0	0	0	0
	其他	0	0	0	0
	小计	0	0	585	585

（2）2014 年 1—3 月燃气汽车推广应用数量统计表

单位：辆

车　型		LPG	LNG	CNG	合计
燃气汽车	大中型客车	0	0	0	0
	轻型客车	0	0	0	0
	货车	0	0	0	0
	出租车	0	0	269	269
	私人用车	0	0	0	0
	其他	0	0	0	0
	小计	0	0	269	269

3. 2013 年电动汽车充（换）电站（桩）保有量统计表

充电站					充电桩		换电站
城市名称	数量（座）	充电机功率总计（kW）	充电站占地面积（m^2）	投资金额（万元）	慢充（个）	快充（个）	数量（座）
南宁市	2	921	2190	1165	—	—	—

续表

充电站					充电桩		换电站
城市名称	数量（座）	充电机功率总计（kW）	充电站占地面积（m^2）	投资金额（万元）	慢充（个）	快充（个）	数量（座）
柳州市	1	500	600	650	—	—	—
桂林市	1	1000	4000	800	—	—	—

湖南省

一、节能与新能源汽车扶持政策与措施

2013 年政策名称列表：《湖南长株潭城市群新能源汽车推广应用实施方案》。

二、节能与新能源汽车推广应用情况

1. 2013 年 1—12 月

2013 年度湖南省电动汽车整车企业完成新能源车推广 104 辆，其中：纯电动城市客车 103 辆，插电式城市客车 1 辆。

2. 2014 年 1—3 月

比亚迪牌 K9 纯电动大巴，车辆型号为 CK6120LGEV2，共投放 49 辆。

三、基础设施建设及运行情况

1. 2013 年 1—12 月

已建成充电站 5 座（长沙汽车东站、汽车西站、大拖充电站、株洲电动汽车示范运营公司、株渕路），共建设直流充电桩 85 个、交流充电桩 112 个。其中，长沙汽车东站直流充电桩 60 个，运行情况良好。

2. 2014 年 1—3 月

长沙市三汊矶大桥充电站拟建 40 个充电桩已施工在建，要求 2014 年 8 月投入使用。

已完成 9 个建设场地共 300 个充电桩建设场地勘察，300 个充电桩建设项目已报国网立项，市长办公会议要求 2014 年 12 月底前完成建设并投入使用。

四、节能与新能源汽车项目投融资及园区建设情况

湖南南车时代电动汽车股份有限公司完成了整车及部件产品产能扩建和性能提升的项目于 2013 年 3 月开工建设。项目总投资 2.27 亿元，2013 年完成投资 1.1 亿元。利用现有土地（约 300 亩）新建底盘总装、涂装、充电等厂房 26471 平方米，购置整车电泳、喷漆、烘干、底盘总装等工艺设备 416 台（套）。目前主体工程已全部完工，工艺设备完成安装调试，生产车间已进入试生产阶段，可形成年产节能与新能源客车 10000 辆，系统及关键零部件 20000 台/套的生产能力。

五、节能与新能源汽车发展规划

2014—2015 年，长沙市全市共推广各类电动汽车 4500 辆，其中纯电动公交大巴 1100 辆，电动乘用车 2300 辆（含出租车、公务车、私家车）以及 1100 辆专用车；建设配套充电桩 2150 个。

六、节能与新能源汽车推广应用统计表

1. 电动汽车推广应用数量

（1）2013 年电动汽车推广应用数量统计

单位：辆

车　型	大中型客车	轻型客车	载货车	公务车	出租车	私人车	电力工程车	邮政车	环卫车	其他专用车	其他	合　计
纯电动汽车	103	0	0	0	0	0	0	0	0	0	0	103
混合动力汽车	0	0	0	0	0	0	0	0	0	0	0	0
插电式混合动力汽车	1	0	0	0	0	0	0	0	0	0	0	1
增程式电动汽车	0	0	0	0	0	0	0	0	0	0	0	0
燃料电池汽车	0	0	0	0	0	0	0	0	0	0	0	0
其他	0	0	0	0	0	0	0	0	0	0	0	0
合　计	104	0	0	0	0	0	0	0	0	0	0	104

（2）2013 年电动汽车推广应用车型及数量

车 型	公告批次	目录序号	数量（辆）
南车时代牌 TEG6129PEV 型混合动力城市客车	253	（一八）23	1
南车时代牌 TEG6120EV 型纯电动城市客车	247	（十八）23	2
南车时代牌 TEG6110EV 型纯电动城市客车	238	（十八）23	1
比亚迪牌 CK5120LGEV 型纯电动城市客车	259	79	100

2. 2013 年电动汽车充（换）电站（桩）保有量统计表

充电站					充电桩		换电站
城市名称	数量（座）	充电机功率总计（kW）	充电站占地面积（m^2）	投资金额（万元）	慢充（个）	快充（个）	数量（座）
长沙市	3	—	—	4847	75	108	—
株洲市	2	—	—	—	4	14	—

沈阳市

一、节能与新能源汽车扶持政策与措施

根据国家财政部、科技部、工业和信息化部、国家发展改革委《关于继续开展新能源汽车推广应用工作的通知》（财建〔2013〕551 号）的精神，结合沈阳实际，由市政府组织编制了《沈阳市新能源汽车示范推广实施方案（2013—2015 年）》。

（1）示范推广单位必须采取招标方式采购新能源汽车，并确定示范推广的新能源汽车车型、数量价格以及售后服务等。

（2）沈阳市财政根据推广应用方案，每年安排相应的专项资金，重点支持购车补贴、基础设施建设、电池、关键技术研发、技术服务保障等。

（3）加快基础设施的建设，政府协调解决用地、电网布置、专用设施配备等方面的问题，制定充电站建设政策性文件。

（4）将新能源汽车纳入政府采购范围。从 2013 年起，公交、出租、公务、邮政、环卫、社会车辆等示范推广应用的新能源汽车，其中更新和新增的公交、公务、环卫、邮政车辆中新能源车的比例不低于 30%。市财政按国家补贴政策要求按一定比例予以匹配。

（5）建立健全各项保障措施、规章制度体系、应急方案和协调机制等，建立监控中心，通过远程智能监控系统和高效的保障团队等措施确保车辆正常、安全运行。

（6）研究制定冬季低温情况下保证动力电池使用安全性与可靠性的技术措施，确保新能源汽车正常使用。

（7）探索新能源汽车推广应用新的商业模式，研究采用诸如租赁等商业推广模式，激发单位与个人购买的积极性。

二、节能与新能源汽车推广应用情况

1. 2013 年 1—12 月

全运会前夕，市政府相关部门与沈北新区政府、供电公司共同研究继续推广 95 辆插电式混合动力公交车的方案，确定了地方财政补贴、运营线路、运营主体和充电站选址。8 月底实现上线运营。

2013 年启动了纯电动公务车的示范运行。由公安局交警支队来使用，安装警灯警报器、喷涂警用标识，作为市内交通巡逻警车使用。公安局成立了纯电动公务车示范使用组织领导机构，由后勤装备处负责具体工作。第一批上线了 50 辆，另 50 辆由华晨公司赠予全运会使用。

2013 年沈阳市更新和新增天然气汽车 2 万余辆，其中出租汽车燃气化率超过 90%，燃气私家车快速增长，公交已确定全部使用 LNG 汽车，2013 年增加 500 余辆；城际客运车辆和重卡车辆采用 LNG 汽车，2013 年发展近 500 辆。

2. 2014 年 1—3 月

2014 年 2 月新上线 LNG 公交车 200 辆。

三、基础设施建设及运行情况

2013 年，充电基础设施运营方面：沈阳市新能源公交车为插电式混合动力公交汽车，两天充一次电，一次充满电约 25kW·h。

公务车方面，配套新建和改建了 140 余个充电桩，其中海狮纯电动一次充满 34.56kW·h，A0 纯电动一次充电 19.2kW·h。

全年共销售电量，三座充电站 2013 年 57 万千瓦时，交流充电桩约 10 万千瓦时。总计 67 万千瓦时。沈阳市成

立了电动汽车运营维护服务公司，有专门人员负责充电服务。充电站操作流程规范、安全管理制度完善，充电监控系统完备，无安全事故。

汽车加气站建设方面：为进一步完善加气站网络建设，2013 年重点在以下方面加快了加气站的建设：一是在原有加油站的基础上扩建加气功能，以及建设油气合建站，同时满足车辆加油、加气需要，节约了宝贵的土地资源；二是随着 LPG 汽车更新为天然气汽车，将原有 LPG 加气站改造为天然气加气站；三是建设 LNG 撬装站，减少占地，方便加气；四是在中压管线附近建设标准站；五是在有条件的地方规划新建加气站。沈阳市已建成压缩天然气（CNG）加气母站 2 座，子夜站 30 座，标准站 1 座，液化天然气（LNG）加气站 2 座。正在开展项目前期工作的 9 座。

四、节能与新能源汽车项目投融资及园区建设情况

1. 2013 年 1—12 月

2013 年 9 月，沈阳市印发的新兴产业规划《“十二五”战略性新兴产业发展规划》，发展新能源汽车是其中一项重要内容，确定以华晨宝马、上汽通用北盛、沈阳五洲龙、华晨汽车、广汽日野（沈阳）等企业为依托，重点发展新型混合动力汽车、纯电动汽车及配套零部件。新能源汽车实现研发、制造、检测、试验、示范运行和服务等综合功能于一体的新能源汽车产业链建设。

（1）深圳五洲龙混合动力大客车项目。2013 年初竣工投产，新能源车型已被纳入国家车辆公告目录，第十二届全运会期间，该公司生产的油电混合动力新能源公交车和 LNG 公交车在沈阳市区主要线路上运营，市场反应良好。公司计划将车用电池、电机的生产落户沈阳，实现新能源汽车电控、电机和电池三大核心要素整合，建成新能源客车生产基地。

（2）华晨宝马新能源华晨宝马公司开发了华晨宝马合资自主品牌的纯电动乘用车“之诺”和基于全新 BMW5 系长轴距的插电式混合动力汽车，2013 年底开始小批量生产并投放市场。

2. 2014 年 1—3 月

广汽集团与东营科岭动力有限公司合资合作，在沈阳市经济技术开发区研发生产增程式混合动力公司车。

五、节能与新能源汽车发展规划

沈阳市计划，从 2013 年至 2015 年，在沈阳市公交、出租、公务、环卫、邮政等公共服务领域和私人购买领域，推广应用各类新能源汽车 5000 辆，其中公交车 1500 辆，出租车 1500 辆、公务车 500 辆，环卫、邮政车 500 辆，其他社会车辆 1000 辆。上述车辆中外地品牌数量不低于 30%，同时，新增和更新的公交、公务、物流、环卫车辆中新能源汽车比例不低于 30%。为完成推广应用计划，满足新能源汽车充电需要，规划建设大型充电枢纽站 10 座，充电柱（桩）4550 个。

六、沈阳市节能与新能源汽车推广应用统计表

1. 电动汽车推广应用数量统计表

（1）2013 年电动汽车推广应用数量统计

单位：辆

车型	大中型客车	轻型客车	载货车	公务车	出租车	私人车	电力工程车	邮政车	环卫车	其他专用车	其他	合计	同期增长（%）
纯电动汽车	0	0	0	100	0	0	0	0	0	0	0	100	200
混合动力汽车	0	0	0	0	0	0	0	0	0	0	0	0	0
插电式混合动力汽车	95	0	0	0	0	0	0	0	0	0	0	95	190
增程式电动汽车	0	0	0	0	0	0	0	0	0	0	0	0	0
燃料电池汽车	0	0	0	0	0	0	0	0	0	0	0	0	0
其他	0	0	0	0	0	0	0	0	0	0	0	0	0
合计	95	0	0	100	0	0	0	0	0	0	0	195	0

（2）2013 年电动汽车推广应用车型及数量

车型	公告批次	目录序号	数量（辆）
五洲龙牌 FDG6115HEVG1 型混合动力城市客车	238	（十九）47	95
中华牌 SY7000BEVDAE 型纯电动轿车	242	33	73
金杯牌 SY6548BEVD3HB 纯电动轻型客车	243	33	27

2. 沈阳市燃气汽车推广应用统计表

（1）2013 年燃气汽车应用保有量统计表

单位：辆

车型		LPG	LNG	CNG	合计	同期增长（%）
燃气汽车	大中型客车	313	700	529	1542	0
	轻型客车	0	0	0	0	0
	货车	60	0	500	560	833
	出租车	200	0	20000	20200	37
	私人用车	0	0	500	500	0
	其他	0	100	400	500	0
	小计	573	800	23926	23302	32

（2）2014 年 1—3 月燃气汽车应用数量统计表

单位：辆

车型		LPG	LNG	CNG	合计
燃气汽车	大中型客车	0	200	0	200
	轻型客车	0	0	0	0
	货车	0	0	0	0
	出租车	0	0	0	0
	私人用车	0	0	20	20
	其他	0	200	20	220

3. 电动汽车充（换）电站（桩）统计表

（1）2013 年电动汽车充（换）电站（桩）保有量统计表

城市名称	充电站				充电桩		换电站
	数量（座）	充电机功率总计（kW）	充电站占地面积（m^2）	投资金额（万元）	慢充（个）	快充（个）	数量（座）
沈阳市	3	400	3500	2558	150	—	—

（2）2014 年 1—3 月底电动汽车充（换）电站（桩）统计表

城市名称	充电站				充电桩		换电站
	数量（座）	充电机功率总计（kW）	充电站占地面积（m^2）	投资金额（万元）	慢充（个）	快充（个）	数量（座）
沈阳市	—	—	—	—	4	—	—

杭州市

1. 节能与新能源汽车推广应用统计

（1）2013 年电动汽车推广应用数量

单位：辆

车型	大中型客车	轻型客车	载货车	公务车	出租车	私人车	电力工程车	邮政车	环卫车	其他专用车	其他	合计
纯电动汽车	180	0	100	45	300	3221	0	0	0	0	0	3846

续表

车　型	大中型客车	轻型客车	载货车	公务车	出租车	私人车	电力工程车	邮政车	环卫车	其他专用车	其他	合　计
混合动力汽车	0	0	0	0	0	0	0	0	0	0	0	0
插电式混合动力汽车	0	0	0	0	0	0	0	0	0	0	0	0
增程式电动汽车	0	0	0	0	0	0	0	0	0	0	0	0
燃料电池汽车	0	0	0	0	0	0	0	0	0	0	0	0
其他	0	0	0	0	0	0	0	0	0	0	0	0
合　计	180	0	100	45	300	3221	0	0	0	0	0	3846

（2）2013 年电动汽车推广应用车型及数量

车　型	公告批次	目录序号	数量（辆）
青年牌 JNP6120BEV1 型纯电动城市客车	241	7	80
江西牌 JXK6121BEV 型纯电动城市客车	235	03	100
众泰牌 JNJ7000EVM1 型纯电动轿车	232	84	330
众泰牌 JNJ6290EV 型纯电动多用途乘用车	240	84	251
江南牌 JNJ1021EVL 型纯电动载货车	242	84	100
康迪牌 SMA7000BEV 型纯电动轿车	255	52	1500
康迪牌 JL7001BEV 型纯电动轿车	248	52	1485

2. 杭州市“微公交”情况介绍

杭州“微公交”及纯电动汽车租赁项目自 2013 年 9 月试运营以来，主要通过建立可充换电智能立体车库和平面站点推行分时租赁的“微公交”项目和以团租形式推行的长租业务。该项目在杭州已投放车辆 3121 辆，2014 年第二季度将再投放 2000 辆。站点设备、设施与车辆总计已投入超过 8 亿元，计划 2014 年在西湖区投放车辆超过 10000 辆，建立多种形式的站点超过 100 个，总投资将超过 20 亿元。

截至 2014 年 5 月，已投入运营的可充换电智能立体车库租赁站点共 4 座，在建并即将投入运营的 9 座，即将建设的 5 座。已投入运营的平面站点 17 个，其中路边站点 1 个、高档酒店站点 16 个；拟建路边站点 33 个。

团租方面。康迪电动汽车集团创建全国首个纯电动汽车示范社区——象山片区，目前共有近 1000 个用户办理了团租手续，计划 2014 年内在大杭州区域投放团租车辆超过 15000 辆。

纯电动汽车“微公交”将成为杭州公共自行车的升级版，以及城市“毛细血管”公交、公共大交通的补充版，形成网络覆盖、随租随用、随时可以归还，以此缓解城市交通堵塞、停车资源匮乏现状，改善城市环境，推行城市交通变革。

合肥市

一、节能与新能源汽车扶持政策与措施

1. 2013 年 1—12 月

合肥市出台了《关于进一步推进新能源汽车试点工作的若干意见》（合政〔2012〕97 号）、《合肥市新能源汽车充电桩建设暂行规定》（合政办〔2012〕28 号）等系列政策支持试点工作。主要内容有以下几个方面：

（1）购车补贴。市财政对插电式混合动力乘用车补助标准为 1.5 万元/辆，纯电动乘用车补助标准为 1 万元/辆，私人以自有燃油汽车换购新能源汽车，市财政再给予私人 3000 元/辆的一次性补助。市财政给予电动物流车中央财政补贴资金 10% 配套。鼓励私营企业购买或使用新能源汽车，市财政给予企业通勤车中央财政补贴资金 20% 配套。

（2）基础设施方面。支持专业运营商创新模式，投资建设并运营全市新能源汽车充（换）电设施网络，促进全市新能源汽车产业持续健康发展。对投资建设新能源汽车充（换）电设施的单位，市财政给予设备投资总额 5% 补助，单个设施最高补助不超过 100 万元。市政府明确新建办公楼、商场等共建类项目新能源汽车充电桩按不少于总规划停车位数 20% 的比例进行配置，新建住宅小区充电桩按不少于小区总规划停车位数 10% 的比例进行配置。新建

社会公共停车场充电桩按不少于总规划停车位数20%的比例进行配建。规划和国土管理部门须在土地出让条件中明确新建公建类项目、住宅小区和社会公共停车场的充电桩配置要求。

（3）对专门从事新能源车租赁或服务的企业，运营车辆规模在500辆以上的，自开业经营之日起，按其租赁所缴纳的营业税和企业所得税本市留成部分的等额资金标准，前两年给予100%奖励，后三年给予50%奖励。

（4）设立电池回购专项资金，按照整车厂500元/辆、市财政200元/辆标准提取资金专户存储，专门用于新能源汽车动力电池回收处理。

（5）支持上牌与道路管理。市公安局交警支队车管所积极配合做好电动车辆上牌工作，对集中上牌车辆，派专人现场开展检测服务等。市公安局交警支队对纯电动汽车发放专用停车卡，持卡车辆免收临时道路停车费。私人领域推广的新能源汽车享有不低于5年或10万公里的质保期限，公共服务领域推广的新能源汽车享有不低于3年或15万公里的质保期限等。

政策名称列表：

《关于进一步推进新能源汽车试点工作的若干意见》（合政〔2012〕97号）。

《合肥市新能源汽车充电桩建设暂行规定》（合政办〔2012〕28号）。

2. 2014年1—3月

制定《进一步促进新能源汽车推广应用及产业发展的若干意见》《合肥市新能源汽车充电设施专项规划（2014—2020年）》。

二、节能与新能源汽车推广应用情况

1. 2013年1—12月

合肥市推广电动轿车2486辆，新能源客车464辆，电动物流车196辆，纯电动环卫车6辆，共计推广新能源汽车3152辆。其中，在出租车领域首次推广电动出租车500辆，根据电动汽车特性，合理安排运营计划，取得良好效果。

2. 2014年1—3月

合肥市推广电动轿车60辆，新能源客车307辆，共计推广新能源汽车367辆。

三、基础设施建设及运行情况

1. 2013年1—12月

建设出租车直流充电桩341个，乘用车简易充电桩近2000个。在建及扩建公交车充电站8座，在建公交车充电桩120个。

2. 2014年1—3月

新建小区充电桩244个，乘用车简易充电桩60个。在建及扩建公交车充电站3座，在建公交车充电桩64个。

四、节能与新能源汽车项目投融资及园区建设情况

2013年，合肥市节能与新能源汽车产业重大项目9个，投资总额近百亿元。

（1）普天合肥科技园，项目单位：普天新能源安徽有限公司。计划投资20亿元在合肥打造一个占地约300亩的科技园，吸纳新能源、智能交通、光电、物流、金融等相关企业入驻。

（2）全新车型的纯电动车研发及产业化，项目单位：安徽江淮汽车股份有限公司。开发全新造型、综合性能与LEAF相当的纯电动轿车，形成年产10万辆整车的产能。

（3）安凯新能源汽车及关键动力总成制造研发一体化项目，项目单位：安徽安凯汽车股份有限公司。占地374亩，总建筑面积17.3万平方米，规划建设9栋生产厂房，1栋研发中心，形成年产6000辆新能源客车、1.2万套动力总成的产能。

（4）基于城市运营的新能源汽车及应用关键技术研究，项目单位：合肥长安汽车有限公司。完成关键技术研究开发，实现产业化能力，达到年产2万辆纯电动物流车生产能力。

（5）中国电动汽车科技创新投资基金，项目单位：能净新能源汽车投资基金管理公司（暂定）。首期规模5亿元，最终规模将达50亿元，支持新能源汽车产业加快发展。

（6）合肥市新能源汽车充电基础设施网络及监控中心建设，项目单位：普天新能源安徽有限公司。未来2—3年内将建成覆盖合肥市具有规模化服务能力的城市级充电设施服务网络，可满足2万辆车的充电需求。

（7）合肥新能源汽车研究创新平台建设项目，项目单位：合肥新能源汽车研究院。支撑江淮汽车电动车开发。

（8）锂离子电池全产业链工艺技术与正负极匹配技术研究，项目单位：合肥国轩高科动力能源股份公司。重点要解决材料及电池一致性差、材料利用率低等瓶颈问题。建成年产2.0亿A·h的锂离子动力电池生产线。

（9）安徽新能源汽车产业基地，项目单位：安徽广通汽车制造有限公司、合肥国轩高科动力能源股份公司。打造集研发、生产、销售于一体的新能源汽车产业基地，占地826亩。

五、节能与新能源汽车发展规划

2013—2015年，计划推广新能源汽车市内1万辆，市外2万辆。

六、节能与新能源汽车推广应用统计表

1. 电动汽车推广应用数量统计表

（1）2013 年电动汽车推广应用数量

单位：辆

车型	大中型客车	轻型客车	载货车	公务车	出租车	私人车	电力工程车	邮政车	环卫车	其他专用车	其他	合计	同期增长（%）
纯电动汽车	312	0	196	10	500	1937	0	0	6	0	0	2961	0
混合动力汽车	0	0	0	0	0	0	0	0	0	0	0	0	0
插电式混合动力汽车	152	0	0	0	0	0	0	0	0	0	0	152	0
增程式电动汽车	0	0	0	0	0	39	0	0	0	0	0	39	0
燃料电池汽车	0	0	0	0	0	0	0	0	0	0	0	0	0
其他	0	0	0	0	0	0	0	0	0	0	0	0	0
合计	464	0	196	10	500	1976	0	0	6	0	0	3152	40.1%

（2）2013 年电动汽车推广应用车型及数量

车型	公告批次	目录序号	数量（辆）
江淮牌 HFC7000AEV 型纯电动轿车	257	（十六）56	2447
江淮牌 HFC7100B1HEVF 型增程式混合动力轿车	242	（十六）56	39
安凯牌 HFF6100G03EV 型纯电动城市客车	252	（二十八）55	98
安凯牌 HFF6100G03EV－2 型纯电动城市客车	250	（四十四）55	139
安凯牌 HFF6100G03EV－3 型纯电动城市客车	257	（四十五）55	61
安凯牌 HFF6125G03EV 型纯电动城市客车	253	（二十五）55	1
安凯牌 HFF6101K10EV 型纯电动客车	256	（三十八）55	2
安凯牌 HFF6127K46EV－6 型纯电动客车	252	（三十九）55	4
安凯牌 HFF6112G03EV 型纯电动城市客车	252	（二十七）55	7
安凯牌 HFF6124G03SHEV 型插电式混合动力城市客车	253	（四十四）55	50
安凯牌 HFF6125G03SHEV 型插电式混合动力城市客车	253	（四十四）55	100
安凯牌 HFF6100K10PHEV 型插电式混合动力客车	242	（四十四）55	2
昌河牌 CH6390BEV 型纯电动多用途乘用车	243	59	196
中联牌 ZLJ5071TSLHBEV 型纯电动扫路车	240	20	6

（3）2014 年 1—3 月底电动汽车推广应用数量

单位：辆

车型	大中型客车	轻型客车	载货车	公务车	出租车	私人车	电力工程车	邮政车	环卫车	其他专用车	其他	合计	同期增长（%）
纯电动汽车	207	0	0	0	0	60	0	0	0	0	0	267	0
混合动力汽车	0	0	0	0	0	0	0	0	0	0	0	0	0
插电式混合动力汽车	100	0	0	0	0	0	0	0	0	0	0	100	0
增程式电动汽车	0	0	0	0	0	0	0	0	0	0	0	0	0
燃料电池汽车	0	0	0	0	0	0	0	0	0	0	0	0	0
其他	0	0	0	0	0	0	0	0	0	0	0	0	0
合计	307	0	0	0	0	60	0	0	0	0	0	367	115%

（4）2014 年 1—3 月底电动汽车推广应用车型及数量

车型	公告批次	目录序号	数量（辆）
江淮牌 HFC7000AEV 型纯电动轿车	257	（十六）56	60
安凯牌 HFF6100G03EV－3 型纯电动城市客车	257	（四十五）55	200

续表

车 型	公告批次	目录序号	数量（辆）
安凯牌 HFF6101G03EV 型纯电动城市客车	251	（二十八）55	5
安凯牌 HFF6701BEV 型纯电动客车	253	（四十五）55	2
安凯牌 HFF6124G03SHEV 型插电式混合动力城市客车	253	（四十四）55	50
安凯牌 HFF6127G03PHEV－1 型插电式混合动力城市客车	255	（四十四）55	50

2. 2013 年燃气汽车应用保有量统计表

单位：辆

车 型		LPG	LNG	CNG	合计
燃气汽车	大中型客车	0	0	1362	1362
	轻型客车	0	0	0	0
	货车	0	0	0	0
	出租车	0	0	8395	8395
	私人用车	0	0	3000	3000
	其他	0	0	0	0
	小计	0	0	12757	12757

3. 电动汽车充（换）电站（桩）统计表

（1）2013 年电动汽车充（换）电站（桩）保有量统计表

充电站					充电桩		换电站
城市名称	数量（座）	充电机功率总计（kW）	充电站占地面积（m^2）	投资金额（万元）	慢充（个）	快充（个）	数量（座）
合肥市	8	8984	47500	19478.6	3078	341	2

（2）2014 年 1—3 月底电动汽车充（换）电站（桩）统计表

充电站					充电桩		换电站
城市名称	数量（座）	充电机功率总计（kW）	充电站占地面积（m^2）	投资金额（万元）	慢充（个）	快充（个）	数量（座）
合肥市	1	750	1500	1000	304	—	—

郑州市

一、节能与新能源汽车推广应用情况

2013 年，郑州市推广节能与新能源汽车 1020 辆，其中插电式混合动力公交车 915 辆、纯电动公交车 105 辆。

2014 年 1—3 月，郑州市推广节能与新能源汽车 60 辆，其中纯电动公交车 50 辆、纯电动公务车 10 辆。

二、基础设施建设及运行情况

2014 年 1—3 月，郑州市建成公交车专用交流充电柜 66 个。

三、节能与新能源汽车推广应用统计表

1. 电动汽车推广应用数量

（1）2013 年电动汽车推广应用数量

单位：辆

车 型	大中型客车	轻型客车	载货车	公务车	出租车	私人车	电力工程车	邮政车	环卫车	其他专用车	其他	合计	同期增长（%）
纯电动汽车	105	0	0	0	0	0	0	0	0	0	0	105	0

续表

车型	大中型客车	轻型客车	载货车	公务车	出租车	私人车	电力工程车	邮政车	环卫车	其他专用车	其他	合计	同期增长（%）
混合动力汽车	0	0	0	0	0	0	0	0	0	0	0	0	0
插电式混合动力汽车	915	0	0	0	0	0	0	0	0	0	0	915	-18%
增程式电动汽车	0	0	0	0	0	0	0	0	0	0	0	0	0
燃料电池汽车	0	0	0	0	0	0	0	0	0	0	0	0	0
其他	0	0	0	0	0	0	0	0	0	0	0	0	0
合计	1020	0	0	0	0	0	0	0	0	0	0	1020	-8.6%

（2）2013 年 1—12 月底电动汽车推广应用车型及数量

车型	公告批次	目录序号	数量（辆）
宇通牌 ZK6120CHEVNPG4 型插电式混合动力城市客车	258	71	771
宇通牌 ZK6180CHEVNPG3 型插电式混合动力城市客车	257	71	142
宇通牌 ZK6140CHEVNPG3 型插电式混合动力城市客车	255	71	2
宇通牌 ZK6125BEVG4 型纯电动城市客车	258	71	75
宇通牌 ZK6125BEVG1 型纯电动城市客车	255	71	25
少林牌 SLG6120EV 型纯电动城市客车	253	126	5

（3）2014 年 1—3 月底电动汽车推广应用数量

单位：辆

车型	大中型客车	轻型客车	载货车	公务车	出租车	私人车	电力工程车	邮政车	环卫车	其他专用车	其他	合计
纯电动汽车	50	0	0	0	0	0	0	0	0	0	0	50
混合动力汽车	0	0	0	0	0	0	0	0	0	0	0	0
插电式混合动力汽车	0	0	0	10	0	0	0	0	0	0	0	10
增程式电动汽车	0	0	0	0	0	0	0	0	0	0	0	0
燃料电池汽车	0	0	0	0	0	0	0	0	0	0	0	0
其他	0	0	0	0	0	0	0	0	0	0	0	0
合计	50	0	0	10	0	0	0	0	0	0	0	60

（4）2014 年 1—3 月底电动汽车推广应用车型及数量

车型	公告批次	目录序号	数量（辆）
宇通牌 ZK6141BEV1 型纯电动城市客车	256	71	50
比亚迪牌 BYD7150WTHEV 型混合动力轿车	253	108	10

2. 电动汽车充（换）电站（桩）统计表

（1）2013 年电动汽车充（换）电站（桩）保有量统计表

充电站					充电桩		换电站
城市名称	数量（座）	充电机功率总计（kW）	充电站占地面积（m^2）	投资金额（万元）	慢充（个）	快充（个）	数量（座）
郑州市	1	120	6000	3174	254	—	—

（2）2014 年 1—3 月底电动汽车充（换）电站（桩）统计表

	充电站				充电桩		换电站
城市名称	数量（座）	充电机功率总计（kW）	充电站占地面积（m^2）	投资金额（万元）	慢充（个）	快充（个）	数量（座）
郑州市	—	—	—	—	66	—	1

武汉市

一、节能与新能源汽车推广应用情况

截至 2013 年底，全市节能与新能源汽车应用领域涵盖公交、公务、环卫、出租、企业通勤、社会团体与居民个人租赁示范等方面，示范推广数量达 1098 辆。

2014 年第一季度，在公交、企业通勤、社会团体与居民个人租赁示范等方面，示范推广数量达 43 辆。

（1）企业通勤车小规模示范启动，武汉理工通宇新源动力有限公司选取南京金龙传统客车车身，依靠自身研发能力集成电机、电控、动力电池系统开发出纯电动客车，推广示范企业通勤车 30 辆。

（2）东风汽车公司 10 辆 E30 纯电动乘用车首批上牌上路开展租赁模式运行。

（3）3 辆东风扬子江和东湖沂星生产的纯电动公交车在公交线路试运营。

（4）引进日产聆风纯电动车 10 辆。

二、基础设施建设及运行情况

截至 2013 年底，武汉市已建成三角湖充电站、佛祖岭充电站、车城北充电站、东荆河充电站 4 座大中型充电站；建成 167 个交流充电桩，形成充电桩群 43 个。

三、节能与新能源汽车推广应用统计表

1. 电动汽车推广应用数量

（1）2013 年电动汽车推广应用数量

单位：辆

车　型	大中型客车	轻型客车	载货车	公务车	出租车	私人车	电力工程车	邮政车	环卫车	其他专用车	其他	合　计
纯电动汽车	5	0	0	10	0	0	0	0	0	0	0	15
混合动力汽车	0	0	0	0	0	0	0	0	0	0	0	0
插电式混合动力汽车	2	0	0	0	0	0	0	0	0	0	0	2
增程式电动汽车	0	0	0	0	0	0	0	0	0	0	0	0
燃料电池汽车	0	0	0	0	0	0	0	0	0	0	0	0
其他	0	0	0	0	0	0	0	0	0	0	0	0
合　计	7	0	0	10	0	0	0	0	0	0	0	17

注：本市推广应用的 10 辆纯电动公务车为进口车。

（2）2013 年电动汽车推广应用车型及数量

车　型	公告批次	目录序号	数量（辆）
安凯牌 HFF6100K10PHEV 型混合动力客车	242	55	2
扬子江牌 WG6121BEVHM 型纯电动城市客车	247	48	5
日产聆风纯电动轿车	—	—	10

注：本市推广应用的 10 辆日产聆风纯电动轿车为进口车。

（3）2014 年 1—3 月底电动汽车推广应用数量

单位：辆

车　型	大中型客车	轻型客车	载货车	公务车	出租车	私人车	电力工程车	邮政车	环卫车	其他专用车	其他	合　计
纯电动汽车	33	0	0	0	10	0	0	0	0	0	0	43

续表

车 型	大中型客车	轻型客车	载货车	公务车	出租车	私人车	电力工程车	邮政车	环卫车	其他专用车	其他	合 计
混合动力汽车	0	0	0	0	0	0	0	0	0	0	0	0
插电式混合动力汽车	0	0	0	0	0	0	0	0	0	0	0	0
增程式电动汽车	0	0	0	0	0	0	0	0	0	0	0	0
燃料电池汽车	0	0	0	0	0	0	0	0	0	0	0	0
其他	0	0	0	0	0	0	0	0	0	0	0	0
合 计	33	0	0	0	10	0	0	0	0	0	0	43

（4）2014 年 1—3 月底电动汽车推广应用车型及数量

车 型	公告批次	目录序号	数量（辆）
东宇牌 NJL6129BEV2 型纯电动城市客车	252	15	30
风神牌 DFM7000H2BBEV 型纯电动轿车	258	3	10
飞燕牌 SDL6120EVG5 型纯电动城市客车	256	25	2
扬子江牌 WG6121BEVHM 型纯电动城市客车	247	48	1

2. 2013 年电动汽车充（换）电站（桩）保有量统计表

充电站					充电桩		换电站
城市名称	数量（座）	充电机功率总计（kW）	充电站占地面积（m^2）	投资金额（万元）	慢充（个）	快充（个）	数量（座）
武汉市	4	—	—	—	167	—	—

西安市

一、扶持政策与措施

2014 年 5 月 19 日，西安市人民政府办公厅为做好全市能源汽车推广应用工作，制定了《西安市新能源汽车推广应用实施方案》（以下简称《方案》）。一是加大产业发展，市工信委、市科技局、市发改委、市财政局等政府相关部门负责，制定新能源汽车产业发展规划、新能源汽车研发生产鼓励政策、新能源汽车市场推广备案管理办法，调动全社会参与新能源汽车产业发展的积极性，推动新能源汽车产业快速发展、壮大。二是加大财政支持，设立了专项资金，支持节能与新能源汽车研发与产业化，预计到 2015 年，新能源汽车产业规模达到 100 亿元。对在西安辖区内购买、注册登记和使用新能源汽车的单位和个人，市财政补贴参照国家财政补助资金标准按照 1∶1 给予配套补助。对符合财政部、国家税务总局、工业和信息化部《节约能源使用新能源车辆减免车船税的车型目录》的新能源汽车，免缴车船税。三是完善服务体系，构建新能源汽车技术标准体系，引导和督促新能源汽车生产企业逐步建立售后服务网络体系，规范和维护新能源汽车市场的正常秩序，设立新能源汽车特殊标志或符号；制定新能源汽车挂牌、年审等服务措施，设置绿色服务通道，简化审批程序，为新能源汽车上路运行提供便利。

2014 年 6 月 16 日，西安市政府常务会通过了《西安市示范应用新能源汽车财政补助资金管理暂行办法》，在西安辖区购买、登记注册和使用新能源汽车的单位和个人，将会获得补助。

二、推广应用情况

1. 新能源公交车推广应用

按照整体规划、分步实施的原则，结合绿色循环低碳交通运输体系建设，从 2014 年起，公交车新增车辆力争全部使用新能源汽车，更新车辆中新能源汽车的比例不低于 60%。到 2015 年，新能源公交车推广应用数量不低于 500 辆，开设 10 条纯电动公交和混合动力公交专线。

2. 新能源出租车推广应用

不断探索和完善新能源出租车运营模式，逐步扩大新能源汽车在出租汽车行业的应用范围。2014 年、2015 年新增出租车全部使用新能源汽车，每年新增指标不低于 1000 辆；在更新车辆中积极推广新能源汽车。

3. 新能源公务车推广应用

在公务车中推广使用新能源汽车，党政机关新增和更新公务车优先使用新能源汽车，公安、质检、工商、城管等执法用车新增和更新时，新能源汽车的比例不低于70%。到2015年，新能源公务车应用数量不低于600辆。同时，积极协调省级单位推广应用新能源公务车，指导各区县、开发区推广应用新能源公务车。

4. 新能源专用车辆推广应用

在财政性资金购买的专用车辆领域，积极推广应用新能源汽车，2014年、2015年每年至少落实应用100辆。

5. 新能源社会车辆推广应用

充分发挥各级财政补贴政策的引导作用，加大新能源汽车宣传力度，提高社会各界认知度，鼓励和引导大专院校、科研院所、企事业单位、大型旅游景区和社会机构购买新能源汽车作为单位通勤车辆；研究出台鼓励西安市个人购买新能源汽车措施，调动个人购买新能源汽车的积极性。到2015年，力争新能源社会车辆推广数量达到7700辆。

三、基础设施建设及运行情况

加气站。西安市目前投入运行CNG加气站77座，其中包括母站5座、标准站45座、子站28座。在建CNG加气站22座，主要分布在三环外及郊区县。

加液站。建成LNG加液站1座，位于长安区；在建LNG加液站2座，位于临潼区和阎良区。

充电站。西安灞桥区、曲江为确保纯电动大巴车的运营，计划在今年将闲置的电动汽车充电站改造后重新开启使用，经过实地考察，灞桥区电动汽车充电站预估可利用面积达2500m²左右，建设50个充电车位，按充电车位1:3的服务能力，改造后可服务150辆车；曲江电动汽车充电站预计可利用面积达1000m²左右，可至少建设25个充电车位，按充电位1:3的服务能力，改造后可服务75辆车，改造预计2014年前完成。

四、推广应用统计表

1. 电动汽车推广应用数量

（1）2013年电动汽车推广应用数量

单位：辆

车　型	大中型客车	轻型客车	载货车	公务车	出租车	私人车	电力工程车	邮政车	环卫车	其他专用车	其他	合　计
纯电动汽车	51	0	0	0	0	0	0	0	0	0	0	51
混合动力汽车	150	0	0	0	0	0	0	0	0	0	0	150
插电式混合动力汽车	0	0	0	0	0	0	0	0	0	0	0	0
增程式电动汽车	0	0	0	0	0	0	0	0	0	0	0	0
燃料电池汽车	0	0	0	0	0	0	0	0	0	0	0	0
其他	0	0	0	0	0	0	0	0	0	0	0	0
合　计	201	0	0	0	0	0	0	0	0	0	0	201

注：西安市推广的150辆混合动力大中型客车应用的储能装置为超级电容。

（2）2013年电动汽车推广应用车型及数量

车　型	公告批次	目录序号	数量（辆）
比亚迪牌CK6120LGEV2型纯电动城市客车（K9A）	238	79	5
比亚迪牌CK6120LGEV型纯电动城市客车（K9B）	227	79	46
海格牌KLQ6129GCHEV1A型混合动力城市客车	247	112	150

（3）2014年1—3月底电动汽车推广应用数量

单位：辆

车　型	大中型客车	轻型客车	载货车	公务车	出租车	私人车	电力工程车	邮政车	环卫车	其他专用车	其他	合　计
纯电动汽车	0	0	0	0	0	0	0	0	0	0	0	0
混合动力汽车	0	0	0	1	0	11	0	0	0	0	0	12
插电式混合动力汽车	0	0	0	0	0	0	0	0	0	0	0	0

续表

车　型	大中型客车	轻型客车	载货车	公务车	出租车	私人车	电力工程车	邮政车	环卫车	其他专用车	其他	合　计
增程式电动汽车	0	0	0	0	0	0	0	0	0	0	0	0
燃料电池汽车	0	0	0	0	0	0	0	0	0	0	0	0
其他	0	0	0	0	0	0	0	0	0	0	0	0
合　计	0	0	0	1	0	11	0	0	0	0	0	12

（4）2014 年 1—3 月底电动汽车推广应用车型及数量

车　型	公告批次	目录序号	数量（辆）
比亚迪牌 BYD7150WTHEV2 型混合动力轿车	254	（五十一）108	12

2. 2013 年燃气汽车应用保有量统计表

单位：辆

车　型		LPG	LNG	CNG	合计
燃气汽车	客运	1048	0	0	1048
	公交车	76500	0	0	76500
	货车	2314	0	0	2314
	出租车	12114	0	0	12114
	私人用车	0	0	0	0
	其他	0	0	0	0
	小计	91976	0	0	91976

3. 2013 年电动汽车充（换）电站（桩）保有量统计表

充电站					充电桩		换电站
城市名称	数量（座）	充电机功率总计（kW）	充电站占地面积（m^2）	投资金额（万元）	慢充（个）	快充（个）	数量（座）
西安市	3	1588.5	13200	—	9	10	0

成都市

一、扶持政策与措施

2013 年，继续执行 2012 年出台的《成都市人民政府办公厅关于加快发展先进制造业实现工业率先倍增若干政策的意见》（成办发［2012］23 号），对采用整车融资租赁、动力电池租赁模式从事电动汽车示范运行、能源供给的企业给予资金补助。

二、推广应用情况

1. 2013 年 1—12 月

全年推广应用新能源汽车 505 辆，其中，纯电动公交客车 122 辆，纯电动专用车 263 辆，纯电动公务车 120 辆。截至 2013 年底，示范车辆总数达到 923 辆，累计行驶 1100 多万公里，节约汽柴油约 3270 吨，减少二氧化碳排放 8000 余吨。

2. 2014 年 1—3 月

新一轮推广应用新能源汽车 50 辆，其中，纯电动专用车 30 辆，纯电动出租车 20 辆。截至 3 月底，示范车辆总数达到 973 辆，累计行驶 1320 多万公里，节约汽柴油约 3930 吨，减少二氧化碳排放 9630 余吨。

三、基础设施建设及运行情况

1. 2013 年 1—12 月

新建成城南立交、金信源、八里桥等 8 座充电站和 80 个交流充电桩。截至 2013 年底，累计建成 14 座充电站和 700 个交流充电桩；累计充电约 1220 万 kW·h。

2. 2014 年 1—3 月

启动编制 2014—2015 年新建 15 座充电站和 3000 个充电桩布局规划，推进 2014 年 8 座充电站和 1000 个充电桩选址。截至2014年3月底，累计建成14座充电站和700个交流充电桩；累计充电约1500万kW·h。

四、节能与新能源汽车项目投融资及园区建设情况

1. 2013年1—12月

四川南光新能源公司动力电池一期生产线、成都紫光电气电动汽车智能充电桩项目建成投产；成都瑞声公司新型锂离子电池隔膜和水性黏合剂生产基地一期、四川鑫唐新能源公司动力锂离子电池等项目加快建设；成都瑞华特新能源汽车项目开工，川汽新能源汽车生产基地项目进行开工前期准备工作。

2. 2014年1—3月

成都瑞声公司新型锂离子电池隔膜和水性黏合剂生产基地一期项目进行试生产准备工作；四川鑫唐新能源公司动力锂离子电池、成都瑞华特新能源汽车项目加快建设；川汽新能源汽车生产基地项目进行开工前期准备工作。

五、节能与新能源汽车发展规划

根据国家2013—2015年新能源汽车推广应用工作新要求，修订完善成都市新能源汽车产业发展规划，成熟后出台。

六、节能与新能源汽车推广应用统计表

1. 电动汽车推广应用数量统计

（1）2013年电动汽车推广应用数量

单位：辆

车　型	大中型客车	轻型客车	载货车	公务车	出租车	私人车	电力工程车	邮政车	环卫车	其他专用车	其他	合　计
纯电动汽车	122	0	0	120	0	0	0	0	154	76	33	505
混合动力汽车	0	0	0	0	0	0	0	0	0	0	0	0
插电式混合动力汽车	0	0	0	0	0	0	0	0	0	0	0	0
增程式电动汽车	0	0	0	0	0	0	0	0	0	0	0	0
燃料电池汽车	0	0	0	0	0	0	0	0	0	0	0	0
其他	0	0	0	0	0	0	0	0	0	0	0	0
合　计	122	0	0	120	0	0	0	0	154	76	33	505

（2）2013年电动汽车推广应用车型及数量

车　型	公告批次	目录序号	数量（辆）
蜀都牌CDK6122CABEV型纯电动城市客车	244	（二十二）10	122
江淮牌HFC7000AEV型纯电动轿车	226	（十六）56	120
中联牌ZLJ5071TSLHBEV型纯电动扫路车	240	（十八）20	40
天路牌BTL5071TSLEV型纯电动吸尘车	193	（一）44	20
王牌CDW5164GSSEV型纯电动洒水车	235	101	22
王牌CDW5080ZLJEV1型纯电动垃圾车	243	101	35
远达牌SCZ5160GSSBEV型纯电动洒水车	248	（二十二）01	37
王牌CDW5030XGCEV1型纯电动工程车	241	101	69
东风牌ZN5033XGCH2C型纯电动工程车	232	72	40

（3）2014年1—3月底电动汽车推广应用数量

单位：辆

车　型	大中型客车	轻型客车	载货车	公务车	出租车	私人车	电力工程车	邮政车	环卫车	其他专用车	其他	合　计
纯电动汽车	0	0	0	0	20	0	0	0	0	3	27	50
混合动力汽车	0	0	0	0	0	0	0	0	0	0	0	0
插电式混合动力汽车	0	0	0	0	0	0	0	0	0	0	0	0
增程式电动汽车	0	0	0	0	0	0	0	0	0	0	0	0
燃料电池汽车	0	0	0	0	0	0	0	0	0	0	0	0

续表

车　型	大中型客车	轻型客车	载货车	公务车	出租车	私人车	电力工程车	邮政车	环卫车	其他专用车	其他	合　计
其他	0	0	0	0	0	0	0	0	0	0	0	0
合　计	0	0	0	0	20	0	0	0	0	3	27	50

（4）2014 年 1—3 月底电动汽车推广应用车型及数量。

车　型	公告批次	目录序号	数量（辆）
野马牌 SQJ6452BEV 型纯电动乘用车	242	101	20
王牌 CDW5030XGCEV1 型纯电动工程车	241	101	30

2. 2013 年燃气汽车应用保有量统计表

单位：辆

车　型		LPG	LNG	CNG	合计
燃气汽车	大中型客车	0	500	9191	9691
	轻型客车	0	0	0	0
	货车	0	0	0	0
	出租车	0	0	0	0
	私人用车	0	0	0	0
	其他	0	0	0	0
	小计	0	500	9191	9691

3. 2013 年电动汽车充（换）电站（桩）保有量统计表

充电站					充电桩		换电站
城市名称	数量（座）	充电机功率总计（kW）	充电站占地面积（m^2）	投资金额（万元）	慢充（个）	快充（个）	数量（座）
成都市	14	—	—	30000	700	—	—

南昌市

一、节能与新能源汽车扶持政策与措施

1. 2013 年 1—12 月

《江西城市群新能源汽车推广应用实施方案》。

2. 2014 年 1—3 月

《南昌市新能源汽车推广应用实施方案》（待批准）。

二、节能与新能源汽车推广应用情况

1. 2013 年 1—12 月

截至 2013 年 3 月底，南昌市圆满完成了科技部下达的车辆推广计划任务。全市共示范应用节能与新能源汽车 1025 辆，其中公交车 257 辆（其中纯电动 10 辆）、混合动力出租车 660 辆、混合动力公务车 67 辆、纯电动环卫车 38 辆、纯电动城市物流车 1 辆、纯电动工程车 2 辆。截至 2013 年底，全市新能源汽车运行总里程 1.67 亿公里。共节省汽油 231 万升、柴油 90.6 万升，减排二氧化碳 13271 吨。

南昌市认真落实了国家各项政策并出台了本市《关于扶持节能与新能源汽车产业发展的若干政策措施》等四个配套政策。2010—2013 年，南昌市共获中央财政补助资金 1.1113 亿元，累计下达 8703 万元地方配套资金。国家和地方政策的实施，有力地推动了南昌新能源汽车的研发和产业化工作。4 年来，南昌市新能源汽车产品由 1 个发展到 30 个，江西凯马百路佳客车有限公司生产的 156 辆新能源客车已在南昌市投放运营，得到了社会各界的充分肯定。以示范工程为先导，积极推动本地汽车产业创新发展的做法，取得了明显成效。

南昌市汽车生产企业在本地区以外的推广情况：

（1）江西凯马百路佳客车有限公司生产的型号为 JXK6116BPHEV1 的混合动力城市客车在江西省贵溪市销售

8 辆。

（2）2013 年 12 月，江西凯马百路佳客车有限公司生产的型号为 JXK6121BEV 的纯电动客车向浙江省杭州市销售 100 辆。

（3）2013 年 12 月，由江铃控股有限公司生产的 JX7003BEV 纯电动乘用车向江苏销售 30 辆。

2. 2014 年 1—3 月

南昌公交已经开始实施 150 辆新能源汽车采购计划。

三、基础设施建设及运行情况

1. 2013 年 1—12 月

已建成充电站 1 座、充电桩 150 个、维修服务站 6 个；搭建了示范运行管理信息平台，对 174 辆示范运营车辆进行了实时监控，开展了数据采集及分析工作。

（1）南昌紫阳大道二期换电站，因更改换电车间设计，目前已完成主体建筑工程。

（2）南昌红谷滩换电站因土地使用问题协商。

2. 2014 年 1—3 月

（1）南昌紫阳大道二期换电站，因换电车间已重新设计，目前在进行复工准备。

（2）南昌红谷滩换电站，土地问题已与公交公司协商完毕，目前方案正在规划审批。

（3）南昌公交 2 个场站的新能源公交充电设施开始设计。

（4）南昌市新能源汽车信息化管理平台准备向江西城市群开放服务。

四、节能与新能源汽车项目投融资及园区建设情况

1. 2013 年 1—12 月

（1）百路佳新能源客车产业技术升级改造项目

建设规模：项目总投资 1.36 亿元，使公司达到年产 1000 辆新能源客车生产能力，产能进入行业前 10 位。同时使公司新能源客车研发能力达到国内先进水平，成为公司实现可持续发展的技术支撑。

主要内容：

第一期：①建设新能源客车技术研发中心；②新建新能源客车及普通客车新产品中试生产车间。

第二期：①对现有的普通城市公交客车生产线厂房进行适应性改造，同时增添相应的检测仪器和生产设备，将现有的部分普通城市公交客车生产线升级改造成为年产能 1000 辆新能源城市公交客车生产线，同时对保留下来的部分普通城市公交客车生产线进行技术升级，提升其机械化自动化水平，改善工人劳动条件，提升生产效率和质量保障能力，使其仍然具有年产 2000 辆普通城市公交客车及旅游车、特种改装车生产能力。②建设新能源客车生产物流中心。2013 年主要完成项目的报备、环评、施工许可手续，2013 年底动工。

（2）江铃集团改装车有限公司新能源汽车建设项目

在 2013 年度，公司为配合国家新能源汽车发展产业政策，加快纯电动汽车的推广应用工作，解决 3.3T 纯电动轻型卡车的关键技术，研究开发一款 3.3T 新型电动驱动系统。培养一支具备新能源汽车整车设计、整车控制器开发能力的技术创新团队，完善公司产品种类，提高企业经营收入，公司自主投资了 280 万元开发费用，开发了一款江铃 N600 纯电动汽车底盘、厢式运输车。该车型以江铃 N600 柴油车型为基础，拆除原车型发动机及发动机附属设备，保留传动系统的其他设备，采用永磁同步电机为驱动动力，以磷酸铁锂动力电池为能源，真空助力、电动冷暖一体空调系统。动力电池设置在驾驶室后的货箱里面，安全可靠、设置整车控制器，仪表将整车运行状况、信息充分的显示出来。

该款纯电动厢式运输车实现了整车的零排放，节能环保，在行驶的过程中产生的噪声及振动都比传统的燃油汽车小，减少了城市的废气污染及噪声污染等问题，改善生活环境，主要满足各省市固定线路的物资运输市场的需求及租赁公司的需求等，预计投产后一年内产销量可达到 50 辆左右，三年内销售量不低于 200 辆。样车在 2013 年 12 月已制作完成，相关设计、工艺、质量等文件在 2013 年 12 月底完成整理更新并正式发布。

在 2013 年度，公司接到了南昌市环卫所 9 辆江铃纯电动厢式垃圾自卸车的正式订单，并按时交付使用，整车运行良好。

公司在新能源汽车设计人才团队建设方面：主要依靠自己的技术力量进行新产品、新技术的研究与开发，同时依托高校和研究院所的科研、开发力量，走“产学研”联合发展之路，坚持自主研究、开发与引进、消化、吸收、再创新相结合。掌握新能源技术，发展节能环保汽车。以现有专用车为设计平台，以整车控制器设计开发为核心，掌握新能源汽车设计开发流程，掌握动力系统及相关附件的匹配，逐步自行开发符合要求的纯电动汽车底盘及附件。培养出一支具有整车控制器设计、整车结构设计、系统匹配、整车试验及调试能力的队伍。同时公司与电动车行业开发的领军单位南车时代公司及万向电动汽车公司合作，开发了电网、电信等单位适用的纯电动服务车、纯电动工程车、纯电动商务车、纯电动垃圾车等车型。

2. 2014 年 1—3 月

百路佳新能源客车产业技术升级改造项目主体封顶。

五、节能与新能源汽车推广应用统计表

1. 电动汽车推广应用数量

（1）2013 年电动汽车推广应用数量

单位：辆

车 型	大中型客车	轻型客车	载货车	公务车	出租车	私人车	电力工程车	邮政车	环卫车	其他专用车	其他	合 计
纯电动汽车	0	0	0	0	0	0	0	0	0	0	0	0
混合动力汽车	0	0	0	8	300	0	0	0	0	0	0	308
插电式混合动力汽车	0	0	0	0	0	0	0	0	0	0	0	0
增程式电动汽车	0	0	0	0	0	0	0	0	0	0	0	0
燃料电池汽车	0	0	0	0	0	0	0	0	0	0	0	0
其他	0	0	0	0	0	0	0	0	0	0	0	0
合 计	0	0	0	8	300	0	0	0	0	0	0	308

（2）2013 年电动汽车推广应用车型及数量

车 型	公告批次	目录序号	数量（辆）
风神牌 DFM7161B1B 型混合动力轿车	227	3	300
长安牌 SC7155HEV 型混合动力轿车	230	96	1
荣威牌 CSA7180ACHEV 型混合动力轿车	230	122	7

2. 2013 年燃气汽车应用保有量统计表

单位：辆

车 型		LPG	LNG	CNG	合计	同期增长（%）
燃气汽车	大中型客车	0	150	42	192	
	轻型客车	0	0	0	0	
	货车	0	0	0	0	
	出租车	0	0	632	632	62.47
	私人用车	0	0	0	0	
	其他	0	0	0	0	
	小计	0	150	674	824	

3. 2013 年电动汽车充（换）电站（桩）保有量统计表

充电站					充电桩		换电站
城市名称	数量（座）	充电机功率总计（kW）	充电站占地面积（m^2）	投资金额（万元）	慢充（个）	快充（个）	数量（座）
南昌市	1	900	3671	1791	150	—	1

深圳市

一、节能与新能源汽车推广应用情况

1. 2013 年 1—12 月

2013 年 1—12 月累计推广各类新能源汽车 1933 辆，其中纯电动公交 1000 辆，纯电动出租 51 辆，新能源私家车 880 辆，公务车 2 辆。

2. 2014 年 1—3 月

2014 年第一季度累计推广新能源汽车 607 辆，其中混合动力私家车 574 辆，纯电动私家车 33 辆。

二、节能与新能源汽车推广应用统计表

1. 电动汽车推广应用数量

（1）2013 年电动汽车推广应用数量

单位：辆

车　型	大中型客车	轻型客车	载货车	公务车	出租车	私人车	电力工程车	邮政车	环卫车	其他专用车	其他	合　计
纯电动汽车	1000	0	0	2	51	458	0	0	0	0	0	1511
混合动力汽车	0	0	0	0	0	0	0	0	0	0	0	0
插电式混合动力汽车	0	0	0	0	0	422	0	0	0	0	0	422
增程式电动汽车	0	0	0	0	0	0	0	0	0	0	0	0
燃料电池汽车	0	0	0	0	0	0	0	0	0	0	0	0
其他	0	0	0	0	0	0	0	0	0	0	0	0
合　计	1000	0	0	2	51	880	0	0	0	0	0	1933

（2）2013 年电动汽车推广应用车型及数量

车　型	公告批次	目录序号	数量（辆）
比亚迪牌 QCJ7006BEV 型纯电动轿车	203	108	511
比亚迪牌 CK6120LGEV1 型纯电动客车	225	（二十二）79	190
比亚迪牌 CK6120LGEV2 型纯电动客车	225	（二十二）79	390
比亚迪牌 BYD7150WTHEV 型混合动力轿车	247	（五一）108	1
比亚迪牌 QCJ7100ADM 型混合动力轿车	193	108	421
五洲龙牌 FDG6113EVG3 型纯电动客车	256	131	340
五洲龙牌 FDG6113EVG5 型纯电动客车	256	131	80

（3）2014 年 1—3 月底电动汽车推广应用数量

单位：辆

车　型	大中型客车	轻型客车	载货车	公务车	出租车	私人车	电力工程车	邮政车	环卫车	其他专用车	其他	合　计
纯电动汽车	0	0	0	0	0	33	0	0	0	0	0	33
混合动力汽车	0	0	0	0	0	0	0	0	0	0	0	0
插电式混合动力汽车	0	0	0	0	0	574	0	0	0	0	0	574
增程式电动汽车	0	0	0	0	0	0	0	0	0	0	0	0
燃料电池汽车	0	0	0	0	0	0	0	0	0	0	0	0
其他	0	0	0	0	0	0	0	0	0	0	0	0
合　计	0	0	0	0	0	607	0	0	0	0	0	607

（4）2014 年 1—3 月底电动汽车推广应用车型及数量

车　型	公告批次	目录序号	数量（辆）
比亚迪牌 QCJ7006BEV 型纯电动轿车	203	（六）108	83
比亚迪牌 BYD7150WTHEV 型混合动力轿车	253	（五十）108	569

2. 2013 年电动汽车充（换）电站（桩）保有量统计表

充电站					充电桩		换电站
城市名称	数量（座）	充电机功率总计（kW）	充电站占地面积（m^2）	投资金额（万元）	慢充（个）	快充（个）	数量（座）
深圳市	81	55278	66364	30708	2997	1138	1

昆明市

一、节能与新能源汽车扶持政策与措施

2009—2012年，由昆明市本级财政安排补助资金共计13120万元，按《昆明市节能与新能源汽车示范推广、试点工作实施方案》年度计划实施节能与新能源汽车的推广、示范、运营和维护保养等专项补贴。由昆明市财政局、昆明市科技局颁发了《昆明市节能与新能源汽车示范推广财政补助资金管理办法》，云南省财政厅和云南省科技厅也对节能与新能源汽车的示范推广和产业化发展给予了大力支持。

由于昆明市2012年度的490辆车是在2013年3月投入运行的，四部委通知清算截止日期为2012年12月31日，因此昆明市9697万元预拨资金（80%）被收回国家财政。

2013年昆明市新能源汽车66辆南车时代增程式公交车和25辆小型纯电动环卫车通过四部委清算，合计补助1736.4万元。其余284辆混合动力公交车和115辆混合动力乘用车未获得清算，对推广应用实施主体单位造成较大的资金压力。

2013年度昆明市地方财政补助支出补助资金共计3904.95万元，用于推广应用实施主体单位的车辆维护、修理补贴以及新能源汽车示范推广工作经费和数据采集等工作补助。

根据2013年9月13日国家四部委发布的《关于继续开展新能源汽车推广应用工作的通知》（财建〔2013〕551号）要求，昆明市形成《昆明市继续开展新能源汽车推广应用实施方案（2013—2015年）》，并上报四部委审核通过。为保证第二阶段新能源汽车推广应用工作顺利开展和实施，昆明市人民政府成立了新能源汽车推广应用及产业化工作领导小组，由李文荣市长担任组长。

政策名称列表：2013年12月12日，昆明市人民政府《关于成立昆明市新能源汽车推广应用及产业化工作领导小组的通知》。

二、节能与新能源汽车推广应用情况

1. 2013年1—12月

2013年1—12月，昆明市共新增490辆节能与新能源汽车投入示范运营，包括66辆增程式电动公交客车、284辆混合动力公交客车、100辆混合动力出租车、25辆纯电动环卫车和15辆混合动力公务车。

截至2013年底，昆明市共完成1000辆节能与新能源汽车的招标采购和示范推广工作，其中常规混合动力公交客车及纯电动公交客车750辆，中度混合动力出租车200辆，中度混合动力公务车20辆，小型纯电动环卫车30辆，多数车辆具有较好的节能减排效果。

2. 2014年1—3月

2014年1—3月，昆明中北交通旅游集团有限责任公司采购的首批5辆比亚迪e6纯电动出租车上线投入运营。

三、基础设施建设及运行情况

1. 2013年1—12月

2013年，昆明公交采购的66辆增程式电动公交客车上线投入示范运营，在领导小组办公室和市工信委的组织协调下，昆明市供电局建成40个公交客车专用直流充电桩，确保纯电驱动电动车辆正常上线示范运营。

2. 2014年1—3月

2014年第一季度，比亚迪公司和昆明供电局共建设完成了12个纯电动出租车专业充电桩，分别位于白龙路、前兴路公交车站、虹山北路4s店和昆明公交公司修理厂，确保纯电动出租车正常示范运营。

四、节能与新能源汽车项目投融资及园区建设情况

1. 2013年1—12月

云南省高度重视我国加快培育和发展新能源汽车产业的战略举措，积极抓住汽车动力系统电动化转型的历史发展机遇。

2013年云南美的客车制造公司的纯电动公交客车产品已通过汽车产品公告、推广目录及产品准入审核等产业化进程。

2. 2014年1—3月

香港五龙电动车（集团）有限公司（中聚电池有限公司）收购云南美的客车制造公司，更名为云南五龙汽车有限公司，拟于2014年下半年投放新能源汽车产品。

云南航天神州汽车有限公司研发的中型纯电动客车已进入汽车公告申报程序。

五、节能与新能源汽车发展规划

2014年1月27日，四部委发布《关于支持沈阳 长春等城市或区域开展新能源汽车推广应用工作的通知》正式确立昆明市、丽江市、大理市、玉溪市2013年和2015年继续开展新能源汽车推广应用工作，在两年内推广应用新能源汽车5000辆，其中昆明市推广应用3400辆，丽江市推广应用800辆，大理市推广应用500辆，玉溪市推广应用300辆。

云南省拟重点支持云南五龙汽车有限公司和云南航天神州汽车有限公司纯电动客车及插电式客车的产业发展，云南省科技厅已给予新能源汽车重大专项资金支持。

六、节能与新能源汽车推广应用统计表

1. 电动汽车推广应用数量

（1）2013 年电动汽车推广应用数量

单位：辆

车 型	大中型客车	轻型客车	载货车	公务车	出租车	私人车	电力工程车	邮政车	环卫车	其他专用车	其他	合 计
纯电动汽车	0	0	0	0	0	0	0	0	25	0	0	25
混合动力汽车	284	0	0	15	100	0	0	0	0	0	0	399
插电式混合动力汽车	0	0	0	0	0	0	0	0	0	0	0	0
增程式电动汽车	66	0	0	0	0	0	0	0	0	0	0	66
燃料电池汽车	0	0	0	0	0	0	0	0	0	0	0	0
其他	0	0	0	0	0	0	0	0	0	0	0	0
合 计	350	0	0	15	100	0	0	0	25	0	0	490

（2）2013 年电动汽车推广应用车型及数量

车 型	公告批次	目录序号	数量（辆）
长安牌 SC7155HEV 型混合动力轿车	230	96	115
宇通牌 ZK6126CHEVG2 型混合动力城市客车	253	71	70
海格牌 KLQ6129GHEV4A 型混合动力城市客车	253	112	65
金旅牌 XML6125JHEV38C 型混合动力城市客车	258	124	55
青年牌 JNP6120PHEV 型混合动力城市客车	248	7	49
金龙牌 XMQ6127GHEV8 型混合动力城市客车	253	123	45
南车时代牌 TEG6129PEV 型混合动力城市客车	253	（十八）23	66
达福迪牌 JAX5020ZXXBEV 型纯电动车厢可卸式垃圾车	237	（十）74	25

（3）2014 年 1—3 月底电动汽车推广应用数量

单位：辆

车 型	大中型客车	轻型客车	载货车	公务车	出租车	私人车	电力工程车	邮政车	环卫车	其他专用车	其他	合 计
纯电动汽车	0	0	0	0	5	0	0	0	0	0	0	5
混合动力汽车	0	0	0	0	0	0	0	0	0	0	0	0
插电式混合动力汽车	0	0	0	0	0	0	0	0	0	0	0	0
增程式电动汽车	0	0	0	0	0	0	0	0	0	0	0	0
燃料电池汽车	0	0	0	0	0	0	0	0	0	0	0	0
其他	0	0	0	0	0	0	0	0	0	0	0	0
合 计	0	0	0	0	5	0	0	0	0	0	0	5

（4）2014 年 1—3 月底电动汽车推广应用车型及数量

车 型	公告批次	目录序号	数量（辆）
比亚迪牌 QCJ7006BEVF 型纯电动轿车	256	79	5

2. 燃气汽车推广应用统计

（1）2013 年燃气汽车应用保有量统计表

单位：辆

车 型		LPG	LNG	CNG	合计	同期增长（%）
燃气汽车	大中型客车	0	71	210	281	269.7

续表

车　型		LPG	LNG	CNG	合计	同期增长（%）
燃气汽车	轻型客车	0	0	0	0	0
	货车	0	0	0	0	0
	出租车	0	0	0	0	0
	私人用车	0	0	0	0	0
	其他	0	0	0	0	0
	小计	0	71	210	281	269.7

（2）2014 年 1—3 月燃气汽车应用数量统计表

单位：辆

车　型		LPG	LNG	CNG	合计	同期增长（%）
燃气汽车	大中型客车	0	19	30	49	-63.9
	轻型客车	0	0	0	0	0
	货车	0	0	0	0	0
	出租车	0	0	0	0	0
	私人用车	0	0	0	0	0
	其他	0	0	0	0	0
	小计	0	19	30	49	-63.9

3. 电动汽车充（换）电站（桩）统计表

（1）2013 年电动汽车充（换）电站（桩）保有量统计表

充电站					充电桩		换电站
城市名称	数量（座）	充电机功率总计（kW）	充电站占地面积（m^2）	投资金额（万元）	慢充（个）	快充（个）	数量（座）
昆明市	1	310	1000	980	192	—	—

（2）2014 年 1—3 月底电动汽车充（换）电站（桩）统计表

充电站					充电桩		换电站
城市名称	数量（座）	充电机功率总计（kW）	充电站占地面积（m^2）	投资金额（万元）	慢充（个）	快充（个）	数量（座）
昆明市	—	—	—	—	12	—	—

大连市

一、节能与新能源汽车扶持政策与措施

2014 年第一季度，大连市《关于进一步推动新能源汽车应用的意见》完成会签，并上报市政府履行批准程序。

二、节能与新能源汽车推广应用情况

1. 2013 年全年推广应用新能源汽车 85 辆，其中插电式混合动力公交车 60 辆，纯电动公交车 10 辆，纯电动服务车 15 辆。

2. 2014 年第一季度，共推广新能源汽车 80 辆，全部为纯电动轿车。

三、基础设施建设及运行情况

2013 年，完成建设金石滩纯电动公交车换电站。

2014 年第一季度，金石滩纯电动公交车换电站正式投入运行，80 个慢充充电桩投入使用。

四、节能与新能源汽车项目投融资及园区建设情况

2013 年，二十里堡汽车产业基地项目陆续投产。

2014年第一季度，花园口经济区北亚迪纯电动客车生产基地、出口基地项目开工建设，年生产能力为5000辆纯电动客车。一期工程产能1000辆，投资约5亿元人民币，于2014年10月投产。

五、节能与新能源汽车发展规划

截至2015年，形成百家相关企业集聚、2万辆电动汽车整车及零部件产业规模；推广应用的新能源汽车数量达到5000辆；完成社会共享充换电设施布局规划；探索建立相关服务体系。

六、大连市节能与新能源汽车推广应用统计表

1. 电动汽车推广应用数量统计表

（1）2013年电动汽车推广应用数量

单位：辆

车型	大中型客车	轻型客车	载货车	公务车	出租车	私人车	电力工程车	邮政车	环卫车	其他专用车	其他	合计
纯电动汽车	10	0	0	0	0	0	0	0	0	15	0	25
混合动力汽车	0	0	0	0	0	0	0	0	0	0	0	0
插电式混合动力汽车	60	0	0	0	0	0	0	0	0	0	0	60
增程式电动汽车	0	0	0	0	0	0	0	0	0	0	0	0
燃料电池汽车	0	0	0	0	0	0	0	0	0	0	0	0
其他	0	0	0	0	0	0	0	0	0	0	0	0
合计	70	0	0	0	0	0	0	0	0	15	0	85

（2）2013年电动汽车推广应用车型及数量

车型	公告批次	目录序号	数量（辆）
黄海牌DD6129CHEV2型混合动力城市客车	240	29	30
黄海牌DD6129CHEV1型混合动力城市客车	238	29	30
解放牌CA6127URE31型纯电动城市客车	216	28	10
清源牌QY5020XFWBEVEL型纯电动服务车	217	（二）22	14
清源牌QY5020XXYBEVYL型纯电动厢式运输车	233	（二）22	1

（3）2014年1—3月底电动汽车推广应用数量

单位：辆

车型	大中型客车	轻型客车	载货车	公务车	出租车	私人车	电力工程车	邮政车	环卫车	其他专用车	其他	合计
纯电动汽车	0	0	0	0	0	80	0	0	0	0	0	80
混合动力汽车	0	0	0	0	0	0	0	0	0	0	0	0
插电式混合动力汽车	0	0	0	0	0	0	0	0	0	0	0	0
增程式电动汽车	0	0	0	0	0	0	0	0	0	0	0	0
燃料电池汽车	0	0	0	0	0	0	0	0	0	0	0	0
其他	0	0	0	0	0	0	0	0	0	0	0	0
合计	0	0	0	0	0	80	0	0	0	0	0	80

（4）2014年1—3月底电动汽车推广应用车型及数量

车型	公告批次	目录序号	数量（辆）
启辰牌DFL7000A1BEV型纯电动轿车	235	3	80

2. 电动汽车充(换)电站(桩)统计表

(1) 电动汽车充(换)电站(桩)保有量统计表

充电站					充电桩		换电站
城市名称	数量(座)	充电机功率总计(kW)	充电站占地面积(m^2)	投资金额(万元)	慢充(个)	快充(个)	数量(座)
大连市	8	—	—	2926.3	275	—	2

(2) 2014 年 1—3 月底电动汽车充(换)电站(桩)统计表

充电站					充电桩		换电站
城市名称	数量(座)	充电机功率总计(kW)	充电站占地面积(m^2)	投资金额(万元)	慢充(个)	快充(个)	数量(座)
大连市	—	—	—	—	80	—	—

海口市

一、节能与新能源汽车扶持政策与措施

2013 年，对投放运营的节能与新能源汽车给予相应的地方配套补助，总体上混合动力车型按国家补助标准的 60% 再给予地方配套补助，纯电动车型给予更高补助。

政策名称列表：《海南省鼓励和支持战略性新兴产业和高新技术产业发展的若干政策（暂行）》（琼府〔2011〕52 号），《海口市节能与新能源汽车示范推广实施方案》（海府函〔2010〕136 号）。

二、节能与新能源汽车推广应用情况

2013 年第一季度，海口市推广节能与新能源汽车 10 辆，其中常规混合动力通勤车 2 辆，常规混合动力乘用车 8 辆。累计推广节能与新能源汽车 1052 辆。

三、基础设施建设及运行情况

2013 年，建成纯电动出租车换电站投入试运营，站内换电工位 4 个，电池 2000 箱，基本满足 200 多辆纯电动出租车运营；扩建纯电动公交车充电站，站内直流快充桩 56 个，基本满足 90 辆纯电动公交车正常运营。另外，2011 年建成的 45 个充电桩，基本满足 20 多辆充电式纯电动出租车充电需求，已建成的 6 个安全维护保养机构，为投放运营的节能与新能源汽车提供维护保障。

四、节能与新能源汽车项目投融资及园区建设情况

2013 年，海马汽车投资和推进节能型汽车研发，主要包括发动机怠速启停技术，低滚阻轮胎技术，电子助力转向系统，高效空调技术，发动机可变流量机油泵，发动机可变长度进气歧管技术，发动机气门正时和升程技术，HM474Q - T、HM484Q - ET、HMAGA12 - YF、HM483Q - TI 增压化和缸内直喷发动机技术，部分技术已实现在海马车型上的应用，并且福美来、丘比特、普力马等汽车品牌产品进入了国家第八批节能惠民车型，后续新的节能技术将逐步推广和普及应用。

2013 年成立了 SF00 车型强度混合动力技术应用项目（第一阶段计划投资 1370 万元）和 AC03 车型增程式纯电动汽车项目（第一阶段计划投资 200 万元）。

五、节能与新能源汽车发展规划

在节能和新能源汽车发展规划方面，从 2005 年开始进行纯电动车研发，先后开发出第一代和第二代的纯电动汽车，其中第二代纯电动从 2011 年开始在北京、杭州、山东、海口进行示范推广，总共投放了 500 余辆普力马纯电动汽车，取得良好的社会效益。从 2011 年起，海马开始投入研究第三代纯电动汽车，并承担了国家“863”科技项目“纯电动轿车研发与产业化技术攻关”任务。在新能源替代燃料方面，海马加大研究应用面，结合海南的环境优势，承接了国家科技支撑项目“生物燃气净化提纯技术装备集成式公交系统应用研究”课题，进一步加强生物沼气汽车的科研和产业化推广，预计 2015 年实现 SOP。纯电动短期内示范运营采用普力马纯电动车辆进行，纯电动项目技术研发短期内在传统车型新普力马、新福美来、丘比特车型基础上进行相应的技术研发，以满足示范运营的需求，积累相应的技术经验；纯电动长期研发规划，一汽海马汽车有限公司以量产为目标开发一款全新车型的纯电动。2016 年实现一款量产化的插电式混合动力 SUV 车型。2020 年实现混合动力技术在 MPV、B 级轿车、SUV 车型上的全覆盖。

六、节能与新能源汽车推广应用统计表

1. 电动汽车推广应用数量

(1) 2013 年电动汽车推广应用数量

单位：辆

车型	大中型客车	轻型客车	载货车	公务车	出租车	私人车	电力工程车	邮政车	环卫车	其他专用车	其他	合计
纯电动汽车	0	0	0	0	0	0	0	0	0	0	0	0
混合动力汽车	2	0	0	8	0	0	0	0	0	0	0	10
插电式混合动力汽车	0	0	0	0	0	0	0	0	0	0	0	0
增程式电动汽车	0	0	0	0	0	0	0	0	0	0	0	0
燃料电池汽车	0	0	0	0	0	0	0	0	0	0	0	0
其他	0	0	0	0	0	0	0	0	0	0	0	0
合计	2	0	0	8	0	0	0	0	0	0	0	10

(2) 2013 年电动汽车推广应用车型及数量

车型	公告批次	目录序号	数量（辆）
宇通牌 ZK6126CHEVG2 型混合动力城市客车	225	71	1
宇通牌 ZK6126CHEVG4 型混合动力城市客车	235	71	1
荣威牌 CSA7180ACHEV 型混合动力轿车	220	122	8

2. 2013 年燃气汽车应用保有量统计表

单位：辆

车型		LPG	LNG	CNG	合计
燃气汽车	大中型客车	0	248	320	568
	轻型客车	0	0	0	0
	货车	0	0	0	0
	出租车	0	0	977	977
	私人用车	0	0	0	0
	其他	0	0	0	0
	小计	0	248	1297	1545

3. 2013 年电动汽车充（换）电站（桩）保有量统计表

充电站					充电桩		换电站
城市名称	数量（座）	充电机功率总计（kW）	充电站占地面积（m^2）	投资金额（万元）	慢充（个）	快充（个）	数量（座）
海口市	1	2800	13340	1422	45	—	1

盐城市

一、节能与新能源汽车扶持政策与措施

2013 年 1 月 18 日发布《盐城市“十二五”节能与新能源汽车产业发展规划》。

2013 年 1 月 18 日发布《盐城市节能与新能源汽车示范推广试点方案》。

二、节能与新能源汽车推广应用情况

2013 年 5 月 9 日，东风悦达起亚 10 辆纯电动轿车、2 辆起亚汽车 K5 混合动力车作为公务车投入示范运行。

2014 年 3 月，2 辆依维柯纯电动中巴车、2 辆五洲龙纯电动中巴车、2 辆荣威纯电动乘用车、6 辆北汽威望电动物流车、14 辆奥新新能源环卫车投入使用。

三、基础设施建设及运行情况

2013 年全年新增慢速充电桩 20 个，快速充电桩 3 个。

2014 年 3 月在盐城经济技术开发区管委会、盐城新能源汽车产业园、盐城 EMS、盐城申通等场所累计建成 10 个快速充电桩和 20 个慢速充电桩。

四、节能与新能源汽车项目投融资及园区建设情况

1. 2013 年 1—12 月

2013 年盐城新能源汽车产业园签约项目 15 个，开工建设项目 11 个，竣工项目 8 个，新能源汽车零部件配套体系形成，包括中科院上海有机所研究中心盐城新材料研发中心、普天新能源有限责任公司盐城项目、江苏悦达墨特瑞新材料科技有限公司、实联电池项目、东南大学新能源汽车电机生产基地等，园区争取资金到账 2007.8 万元，实现开票销售 20 亿元，财政收入 1.5 亿元，固定资产投入 15 亿元。

2. 2014 年 1—3 月

2014 年 1—3 月盐城新能源汽车产业园实现开票销售 18 亿元，实现税收 4800 万元，固定资产投入 6 亿元，园区办签约项目 3 个，开工项目 3 个，竣工项目 3 个，园区实现外资到账 250 万美元。普天新能源盐城有限公司、盐城市公交公司已与盐城经济技术开发区签订公交新能源汽车示范运行合作协议、充电设施建设用地合作协议，已建成 10 根快充桩和 20 根慢充桩，4 辆中巴车、10 辆乘用车和 6 辆物流车已投入使用。

五、节能与新能源汽车发展规划

（1）到 2015 年，盐城市示范推广 10000 辆各类节能和新能源汽车，其中在公共领域推广 1500 辆，同步带动私人领域 8500 辆的应用，建设 5655 个分布式慢速充电桩，5 座基于风力发电的电动汽车充电储能电站，通过示范推广带动节能与新能源汽车产业化快速发展。

（2）到 2015 年，新能源汽车产业园区初步形成比较完备的电动汽车研发、制造、应用、服务体系，建成国内最具活力和特色的知名产业园之一和江苏省新能源汽车产业最重要的增长极。新能源汽车产业当年销售收入达到 200 亿元左右，建立起比较完备的研发体系、零部件供应体系和基础设施配套体系。

（3）到 2020 年，新能源汽车产业当年产值达到 650 亿元左右（整车、零部件及相关产业），形成国内领先的新能源汽车产业发展条件和消费使用政策环境，新能源汽车关键零部件进入全球新能源汽车供应链，将盐城建成国内新能源汽车产业重要增长极。

六、节能与新能源汽车推广应用统计表

1. 电动汽车推广应用数量

（1）2013 年电动汽车推广应用数量

单位：辆

车　型	大中型客车	轻型客车	载货车	公务车	出租车	私人车	电力工程车	邮政车	环卫车	其他专用车	其他	合　计
纯电动汽车	0	0	0	10	0	0	0	0	0	4	0	14
混合动力汽车	0	0	0	2	0	0	0	0	0	0	0	2
插电式混合动力汽车	0	0	0	0	0	0	0	0	0	0	0	0
增程式电动汽车	0	0	0	0	0	0	0	0	0	0	0	0
燃料电池汽车	0	0	0	0	0	0	0	0	0	0	0	0
其他	0	0	0	0	0	0	0	0	0	0	0	0
合　计	0	0	0	12	0	0	0	0	0	4	0	16

注：本市推广应用的两辆混合动力公务车为进口车。

（2）2013 年电动汽车推广应用车型及数量

车　型	公告批次	目录序号	数量（辆）
华骐牌 YQZ7001 BEV 型纯电动轿车	245	35	10
达福迪牌 JAX5021ZXXBEV 型纯电动车厢可卸式垃圾车	239	（十）74	4
起亚汽车 K5 混合动力轿车	—	—	2

注：本市推广的起亚汽车 K5 混合动力轿车为进口车。

（3）2014 年 1—3 月底电动汽车推广应用数量

单位：辆

车 型	大中型客车	轻型客车	载货车	公务车	出租车	私人车	电力工程车	邮政车	环卫车	其他专用车	其他	合 计
纯电动汽车	4	0	0	0	0	2	0	0	14	6	0	26
混合动力汽车	0	0	0	0	0	0	0	0	0	0	0	0
插电式混合动力汽车	0	0	0	0	0	0	0	0	0	0	0	0
增程式电动汽车	0	0	0	0	0	0	0	0	0	0	0	0
燃料电池汽车	0	0	0	0	0	0	0	0	0	0	0	0
其他	0	0	0	0	0	0	0	0	0	0	0	0
合 计	4	0	0	0	0	2	0	0	14	6	0	26

（4）2014 年 1—3 月底电动汽车推广应用车型及数量

车 型	公告批次	目录序号	数量（辆）
荣威牌 CSA7000BEV 型纯电动轿车（荣威 E50）	216	（十八）23	2
东宇牌 NJL6600BEV 型纯电动客车	255	（十）15	2
北京牌 BJ5021XXYV3R－BEV 型纯电动厢式运输车	260	11	6
五洲龙牌 FDG6701EVG1 型纯电动城市客车	257	（十九）47	2
达福迪牌 JAX5020ZXXBEV 型纯电动车厢可卸式垃圾车	237	（十）74	14

2. 2013 年电动汽车充（换）电站（桩）保有量统计表

城市名称	充电站				充电桩		换电站
	数量（座）	充电机功率总计（kW）	充电站占地面积（m^2）	投资金额（万元）	慢充（个）	快充（个）	数量（座）
盐城市	2	1600	11933	6670	88	2	2

襄阳市

一、节能与新能源汽车扶持政策与措施

2013 年，根据《襄阳市新能源汽车推广应用实施方案（2013—2015）》，襄阳市出台了一系列鼓励政策措施。

（1）购车补贴政策：对于私人购买新能源乘用车，襄阳市按照纯电动补贴 6 万/辆，插电式混合电动补贴 3 万/辆；对于公共服务领域，襄阳市参照传统汽车采购价格对采购单位进行差额补贴。

（2）限制性政策：①整合襄阳汽车及零部件产业，限制高污染、高噪声汽车和关键部件的生产和销售，从生产环节大力推广新能源汽车；②加大老旧汽车的报废更新力度，限制超龄和带病汽车行驶；③选择若干重大风景名胜和休闲娱乐区，按照管理规定限制燃油汽车运营。

（3）鼓励与扶持政策：①积极引导与扶持新能源汽车及相关配套零部件的生产，省、市新能源汽车专项经费用于支持新能源汽车及其部件的研发及产业化；②对于购买新能源汽车的企业与部门，财政给予一定的财政补贴；③对于襄阳公交公司在更新公交车时购买新能源公交客车的贷款，由政府予以贴息；④鼓励各级政府部门积极采购新能源汽车，采购的乘用车按不低于 30% 的比例选用新能源汽车，同时不将新能源汽车纳入行政事业单位购车额度限制；⑤对于新建和改建的纯电动、混合动力公交车停保场、中心、充电区域的基础设施建设贷款给予部分贴息；⑥对市辖县市区新增混合动力轿车、纯电动轿车作为出租车进行运营的，3 年内减免经营权出让金的 50%；⑦对于一次性购买混合动力、纯电动物流和市政专用车辆超过 5 辆的企业和单位给予节能减排奖励；⑧对于使用新能源汽车充电时的低谷电实行电价优惠；⑨对新能源汽车示范推广企业推广应用期间所涉及的税收地方财政部门通过财政部门予以奖励返还；⑩所有新建停车场必须按比例配备新能源汽车充电设施。

政策名称列表：①购车补贴政策；②限制性政策；③

鼓励与扶持政策。

二、节能与新能源汽车推广应用情况

2013 年襄阳市共推广各类新能源汽车 529 辆，超年度目标任务 500 辆的 6%，具体如下：

（1）按使用单位划分：市公交总公司 110 辆（其中，10 米以上混合动力大客车 90 辆，纯电动出租车 20 辆）；市城管局纯电动垃圾车 400 辆；市公安局警务用 10 米以上纯电动大客车 8 辆；市行管局纯电动公务车 10 辆；骆驼蓄电池公司纯电动大客车 1 辆。

（2）按车型划分：纯电动大客车 9 辆，10 米以上混合动力大客车 90 辆，纯电动乘用车 30 辆，纯电动专用车 400 辆。

（3）按生产厂家划分：东风股份公司 429 辆，东风扬子江客车股份有限公司 20 辆、东风日产乘用车有限公司 30 辆、郑州宇通有限公司 50 辆。

三、基础设施建设及运行情况

2013 年 4 月 30 日，襄阳供电公司第三座充电站——停保场充电站正式投入运营。该站毗邻襄阳二汽绿捷新能源汽车公司停保场，占地 11.12 亩，站内建设有 8 个直流充电桩，其中 6 个延伸至停保场内，便于公交公司进行就地停车充电。襄阳市 3 座电动汽车充电站共有站内直流快充桩 18 个、站内交流快充桩 14 个，主要服务该市新能源示范公交 601 路、602 路、603 路、605 路、515 路及企事业通勤车辆共 108 辆新能源汽车。日服务充电能力达 140 余台次，日均充电电量约 6000kW·h。截至 2013 年底，累计充电量 278 万 kW·h，充电次数达 3.2 万台次。2015 年底前规划新增 9 座充电站；在新能源乘用车和专用车服务方面，规划建设 4000 个慢速交流充电桩和 1000 个快速直流充电桩。

2014 年第一季度，在襄阳市办公区兴建 10 个交流慢充电桩。

四、节能与新能源汽车项目投融资及园区建设情况

2013 年 3 月 17 日，湖北京远新能源科技有限公司签约入驻襄阳高新技术开发区，将投资 20 亿元，研发和生产新能源汽车动力电池及纯电动井下防爆车。该项目计划 2013 年 4 月开工，两年内竣工投产。达产后生产能力为年产电池 3 亿 A·h、纯电动井下防爆车 6000 辆，预计年产值可达 60 亿元。

2013 年 7 月 30 日，湖北德普公司在襄阳高新区投资 6.2 亿元的新能源动力电池项目正式开工，该项目主要生产新能源汽车电池测试及管理设备，将形成年产 5000 台生产化成设备、800 套综合测试设备、6000 套电池管理系统、2000 辆高效智能充放电机等生产规模，可实现年销售收入 7.8 亿元。

2013 年 12 月 30 日，山东宝雅新能源汽车股份有限公司总投资 65 亿元，30 万辆新能源电动汽车整车制造项目在襄阳高新区签约落地。同日，山东威斯特车业有限公司的电动自行车生产项目也签约落户襄阳，该项目投资 33 亿元，建设年产 300 万台/套电动自行车研发及配套生产基地。

五、节能与新能源汽车发展规划

2013 年 4 月 28 日上午，市政府与东风日产公司高层举行会谈，双方就合作开发电动汽车以及东风日产襄阳基地建设等进行沟通。

2013 年 8 月 9 日，湖北省委常委、襄阳市委书记王君正会见了到访的东风汽车有限公司副总裁、东风日产乘用车公司副总经理任勇一行，双方就《战略合作框架协议》精神进行了深入交流和讨论，东风明确将襄阳作为东风新能源商用车生产基地加快建设和发展。

2013 年 12 月 28 日，襄阳市出台的《中共襄阳市委关于全面深化改革 努力开创经济社会发展新局面的决定》提出，“发挥投资的关键作用，加大招商引资、项目建设力度，着力建设全国重要的汽车（新能源汽车）及零部件产业基地等‘十大基地’，打造襄阳经济升级版”。

六、襄阳市节能与新能源汽车推广应用统计表

1. 电动汽车推广应用数量统计表

（1）2013 年电动汽车推广应用数量

单位：辆

车　型	大中型客车	轻型客车	载货车	公务车	出租车	私人车	电力工程车	邮政车	环卫车	其他专用车	其他	合　计
纯电动汽车	9	0	0	10	20	0	0	0	400	0	0	439
混合动力汽车	0	0	0	0	0	0	0	0	0	0	0	0
插电式混合动力汽车	90	0	0	0	0	0	0	0	0	0	0	90
增程式电动汽车	0	0	0	0	0	0	0	0	0	0	0	0

续表

车 型	大中型客车	轻型客车	载货车	公务车	出租车	私人车	电力工程车	邮政车	环卫车	其他专用车	其他	合 计
燃料电池汽车	0	0	0	0	0	0	0	0	0	0	0	0
其他	0	0	0	0	0	0	0	0	0	0	0	0
合 计	99	0	0	10	20	0	0	0	400	0	0	529

（2）2013 年电动汽车推广应用车型及数量

车 型	公告批次	目录序号	数量（辆）
扬子江牌 WG6120PHEVCA 型混合动力城市客车	247	48	20
启辰牌 DFL7000B1BEV 型纯电动轿车	250	3	30
宇通牌 ZK6126CHEVG4 型混合动力电动城市客车	257	7	50
东风牌 EQ1020TACEVJ1 型纯电动环卫车	243	3	400
东风牌 EQ6121CLPHEV 型混合动力城市客车	242	3	20
东风牌 EQ6102BEVL1 型纯电动城市客车	215	3	9

2. 电动汽车充（换）电站（桩）统计表

（1）2013 年电动汽车充（换）电站（桩）保有量统计表

充电站					充电桩		换电站
城市名称	数量（座）	充电机功率总计（kW）	充电站占地面积（m^2）	投资金额（万元）	慢充（个）	快充（个）	数量（座）
襄阳市	3	—	—	—	14	18	—

（2）2014 年 1—3 月底电动汽车充（换）电站（桩）统计表

充电站					充电桩		换电站
城市名称	数量（座）	充电机功率总计（kW）	充电站占地面积（m^2）	投资金额（万元）	慢充（个）	快充（个）	数量（座）
襄阳市	—	—	—	—	10	—	—

第四篇 重点企事业单位发展概况

广州汽车集团乘用车有限公司

一、发展概况

1. 2013 年 1—12 月

广州汽车集团乘用车有限公司（以下简称“广汽”）之传祺 2013 年实现了高速增长，全年累计销量 8.5 万辆，同比增长 159.4%，成功实现并超出预期目标，并继续保持中国品牌在中高端之路上的强劲势头。

依托传祺品牌的强势增长，新能源汽车领域也取得了较大进展和业绩。广汽乘用车成立了新能源项目工作体制，积极推进新能源汽车的产业化。

广汽承担了国家 863 计划“增程式纯电动轿车研发与产业化技术攻关”重大项目；已有 3 款新能源轿车通过中国国家公告认证，并上市销售，包括混合动力、插电式混合动力、增程式纯电动等。

2. 2014 年 1—3 月

2014 年第一季度，广汽传祺逆市销售达 2.4 万辆，同比增幅达 50.6%，远超市场平均增幅。广汽传祺在一直被合资车所垄断的中高端市场上交出了一份漂亮的成绩单，2014 年的销量也将延续这一增长趋势，预期突破 13.5 万辆。

在新能源车领域，2014 年北京国际车展广汽传祺展出了 WITSTAR 智能概念车、E－JET 概念车、增程式纯电传祺 GA5 等新能源车型。研发创新技术集中展示了广汽全球研发网的最新成果，2013—2015 年将持续增强广汽集团的自主研发及创新能力，为消费者带来更多的创新科技体验。

二、生产经营

1. 2013 年 1—12 月

广汽乘用车整合国际国内资源，对标国际先进水准，按产业化的要求加速推进。目前重点推进 B 级和 A 级增程式车型，同步开发 A0/A00 级纯电动车型，已有 3 款新能源轿车通过中国国家公告认证，已经上市销售，累计已投入 200 辆混合动力传祺参加示范运行。

2. 2014 年 1—3 月

2014 年广汽传祺将紧密结合国家节能与新能源汽车政策导向，围绕珠三角及广州市推广应用需求，加快推进新能源乘用车产品产业化。

增程式纯电传祺 GA5 是 2014 年重点推广车型，第一季度生产 12 辆，该车是广汽集团自主开发并拥有完全知识产权的一款中高级新能源轿车，该车汇集和搭载了世界先进的锂电池技术、永磁同步电机技术和广汽自主研发的高智能控制技术，不仅拥有超低能耗，比传统汽油机车型节油 50% 以上，还拥有超强动力表现，0～50km 加速仅需 5.3 秒；继承了传祺 GA5 完备的主动和被动安全系统，综合性能完全可媲美国际品牌的新能源汽车，同时避免了纯电动车续驶里程短和充电设施不足对使用造成的影响，在能源利用效率、使用成本和便利性等方面均具有综合优势，代表当今中国新能源汽车自主创新的最高水平。

三、产能建设

规划专项投资 20 亿元，形成 10 万辆/年新能源汽车产能，到 2015 年建成国家级的电动汽车工程实验室，实现产销节能和新能源汽车 20 万辆，形成电机、电池、控制机三大产品的制造能力。

四、技术进展及研发能力进展

实现增程式纯电动车型批量生产。掌握整车控制、电机系统集成、电池管理技术、电池系统集成技术及燃料电池技术五大核心技术；形成电机、电池、控制器三大产品制造能力。

五、主要产品

整　车

序号	名称	型号	类别
1	增程纯电传祺 GA5	GAC7100SHEVA4	增程式电动车
2	混合动力传祺 GA5	GAC7180CHEVA4、GAC7180PHEVA4	重度混合动力
3	插电式混合动力传祺 GA5	GAC7180CHEVB4	插电式混合动力
4	E－jet		A 级增程式纯电驱动概念车
5	E－linker		小型纯电动多功能概念车
6	Witstar		纯电驱动智能驾驶概念车

六、合资合作

（1）2014 年 2 月 17 日，广汽集团与中科院合肥物质科学研究院签订“新能源汽车项目自动驾驶技术开发”合同。双方强强联合，推动自动驾驶技术与新能源技术融合，让汽车行驶更加智能化，有望实现纯电动汽车“无人驾驶”。

“自动驾驶系统是将一种基于自动控制技术的‘仿人驾驶机器人’安装在车辆上，从而实现智能控制车辆自主行驶。”据中科院合肥物质科学研究院先进制造所专家介绍，目前，该所在无人自动驾驶领域拥有丰富的经验和雄厚的技术积累，是国内汽车无人自动驾驶技术的主要研究单位之一。

当前，新能源和自动驾驶是汽车行业发展的重要方向，基于智能技术的汽车自动驾驶系统能够有效地提高汽车行驶安全性，正引起汽车行业的高度关注。此次双方合作的项目将自动驾驶技术与新能源汽车相结合，通过车载传感器感知外部环境进行自主智能决策，实现新能源汽车的自动驾驶。汽车的自动驾驶集体系结构、智能传感、智能决策、自动控制于一体，对提高车辆驾驶的智能化、安全性、舒适性具有重要意义。

（2）2012 年 11 月 6 日，广汽集团与奇瑞汽车在京宣布建立战略联盟合作，双方正式签署了战略联盟合作框架协议，将在整车、核心零部件及新能源等技术研发、体系能力建设等多个领域展开深度合作与共享。

（3）2011 年 10 月 26 日，广汽集团与中石化签署战略合作协议，宣布共同开拓新能源业务。双方将在新能源应用、节能环保、成品油供应、加油站共建、汽车服务等领域开展合作。

七、发展规划

主要以“插电式混合动力为近期工作重点，纯电动车型为主要战略趋向，其他新能源车型持续跟进”的原则来部署新能源汽车的自主研发，着力突破关键技术与平台技术，掌握和控制三电的研发和生产技术，并实现产能、节能与新能源汽车的产业化，形成核心竞争力，全面提升集团可持续发展能力。到 2015 年，建成国家级的电动汽车工程实验室，实现产销节能和新能源汽车 20 万辆，形成电机、电池、控制机三大产品的制造能力，掌握整车控制、电机系统集成、电池管理技术、电池系统集成技术及氢燃料电池技术五大核心技术。

产品方面，重点打造 B/A 级插电式混合动力车型，形成 B/C 级插电式混合动力通用整车平台、B/A 级增程式通用整车平台以及 A/A0 级纯电动通用整车平台，最终实现自主品牌全系产品电动化。

奇瑞汽车股份有限公司

一、发展概况

奇瑞汽车股份有限公司（以下简称“奇瑞公司”）自 2012 年底开始立项研发 S15EV、A16EV 以及 M16 插电式混合动力轿车，目前三款车型均处在关键研发阶段，S15EV 计划在 2014 年 10 月实现产业化，A16EV 计划在 2015 年实现小批量示范推广，M16PHEV 计划在 2015 年示范推广。预计到 2015 年底，S15EV 和 A16EV 累计销售 8000 辆，插电式混合动力车累计销售 4000 辆。

二、生产经营

1. 2013 年 1—12 月

2013 年突破 6000 辆纯电动汽车的产销大关。截至 2013 年 12 月，奇瑞新能源汽车累计销量达 10000 辆，并实现当年盈利，这在国内新能源汽车领域处于领先地位。

2. 2014 年 1—3 月

2014 年 1—3 月生产纯电动汽车 2203 辆，销售纯电动汽车 2189 辆，超额完成公司第一季度产销目标。

三、产能建设

奇瑞公司将原有的 S11、S18、S15、M16 共三条传统车生产线进行新能源车型通用化改造，现已形成 S11EV 年产 3 万辆、S18EV + S15EV 年产 3 万辆、M16PHEV 年产 4 万辆的产能。最终形成年产 10 万辆新能源汽车的生产能力。

四、技术进展及研发能力进展

奇瑞公司建立了一整套新能源汽车关键零部件研发、试验、标定以及产业化能力，形成八大专业研发团队。公司现有人员 250 多人，其中研发人员 180 多人。

公司在系列化电机及驱动系统、系列化锂离子电池及 BMS、整车控制器等零部件方面，技术处于国内领先水平，并掌握了热泵空调、高压安全监控、电池快换、电池热管理、增程器等先进技术。

五、主要产品

整 车

序号	名称	型号	类别
1	奇瑞 QQ 电动车	S11EV	纯电动
2	奇瑞 M1 电动车	S18EV	纯电动
3	奇瑞 eQ 电动车	S15EV	纯电动
4	奇瑞艾 7 混合动力	M16PHEV	插电式混合动力

六、合资合作

公司研发采用产学研模式，与上海电驱动、天津捷威、浙江万向、合工大、清华大学、江苏大学、安徽工程大学、南航、电工所、重庆研究院等企业、高校院所建立联盟进行技术攻关。

七、发展规划

（1）在已有的 S11EV 基础上，开发 S15EV 升级车型，开发客户可接受的小型纯电动汽车，拓展小型电动车市场份额。

（2）持续开展以“电驱动”为主的新能源电动汽车研

发，在 S18EV 为导入车型示范运行基础上，开发 A16EV，实现整车和核心系统集成技术新突破，达到国内领先水平并成功示范。

（3）研究开发全新结构纯电动汽车技术，在整车结构平台、新型电池、高效驱动系统等集成应用上取得突破，并达到国际先进水平。

（4）重点开发插电式混合动力汽车，开发有竞争力的混合动力产品平台，实现混合动力汽车大规模产业化。

比亚迪汽车工业有限公司

一、发展概况

2013 年，比亚迪汽车工业有限公司（以下简称“比亚迪”）的插电式双模电动车“秦”正式发布，纯电动车 e6、K9 运营足迹遍布全球 24 个国家的 42 个城市。经过近 4 年的推广运营实践，比亚迪城市公交电动化解决方案更加完善，包括丰富的新能源汽车产品群、多年维护运营经验、完善的配套服务、创新商业销售模式等。

比亚迪于 2013 年 12 月成功推出针对个人消费者的双模电动车“秦”。通过短途用电、长途用油的运行模式，“秦”不仅满足了续驶里程的需求，同时也摆脱了对燃油的依赖，搭载汽车智能平台的“秦”百公里加速 5.9 秒、百公里平均油耗 1.6L，推出后即获得强烈的市场反响。在公共交通领域，集团继续推动新能源汽车在全国各大城市的应用推广。

截至 2013 年 12 月 31 日，深圳市投放 e6 纯电动出租车 800 辆、K9 纯电动公交车 780 辆、e6 纯电动警车 500 辆，累计行驶里程已分别达到 1.57 亿公里和 2434 万公里，单车最高行驶里程已分别达到 45.8 万公里和 17.6 万公里，比亚迪电动汽车的质量和电池的耐久性及可靠性得到了验证。此外，在国内其他城市，如长沙、西安、韶关、宝鸡等，也已相继开始电动汽车的商业化运营。

海外市场方面，目前比亚迪的 K9 电动大巴已在英国、法国、德国、西班牙、丹麦、奥地利、匈牙利、罗马尼亚、波兰、比利时、以色列、马来西亚、巴西及加勒比海地区等海外 10 多个国家和地区顺利通过试运营，其环保性、经济性和稳定性获得了当地公交公司和社会公众的广泛认可，为未来集团新能源汽车在其他国家和地区的商业推广奠定了良好的基础。

二、生产经营

1. 2013 年 1—12 月

2013 年，比亚迪销售 e6 1690 辆、K9 434 辆、F3DM 1005 辆、秦 142 辆。

2. 2014 年 1—3 月

2014 年第一季度，比亚迪销售 e6 619 辆、K9 393 辆，F3DM 0 辆、秦 2384 辆。

海马轿车有限公司

一、发展概况

海马轿车有限公司位于郑州市经济技术开发区，占地面积 3000 多亩，目前建有中牟第一工厂、郑州第二工厂、上海研发中心、技术中心、开封零部件工业园、郑州物流中心、电动汽车研发生产基地，以及生活配套设施。第三工厂和 30 万台发动机项目正在建设中。

海马轿车有限公司在已进入国家《节能与新能源汽车示范推广应用工程推荐车型目录》的海马王子中速纯电动汽车的基础上，根据示范运行、可靠性、碰撞、涉水等试验发现的问题进行整改，吸取经验。2013 年开始，公司确定了两个纯电动汽车项目和一个插电式混合动力的项目开发。

1. 2013 年 1—12 月

（1）海马爱尚高速纯电动汽车项目：2013 年 1 月正式启动，先后完成 1 辆展车和 7 辆两轮 mule car 样车的试制。通过一轮 mule car 性能试验，并于 12 月底完成了 NC 数据的初步冻结。

（2）海马 M3 纯电动汽车项目：2013 年 8 月开始预研，10 月完成概念数据设计，12 月开始两台概念样车的试制。

（3）海马 M6 插电式混合动力项目：2013 年 1 月正式启动，完成 1 辆样车的试制和性能调试。

2. 2014 年 1—3 月

（1）海马爱尚高速纯电动汽车项目：开始进行 mule car 车可靠性试验，完成 ET0 开模件启动函的下发，并开展 ET0 样车试制相关准备工作。

（2）海马 M3 纯电动汽车项目：完成 2 辆概念样车的试制和调试，并完成概念数据发布及各系统的计算校核。

（3）海马 M6 插电式混合动力项目：完成性能测试，已经达到预期性能指标。

二、产能建设

海马轿车有限公司建有专门的电动汽车生产基地，于 2010 年 6 月竣工，厂房长 105 米，宽约 85 米，占地面积为9000多平方米。主要建有一条车体焊装线、一条电动汽车总装线、一条整车检测线、两间油漆喷烤房，以及钣金工作区及整车调整返修区。电动汽车生产的各个环节均已纳入了公司的质量管理体系，并于2010年10月通过国家电动汽车生产准入现场审查。该生产基地目前已达年产5000辆的能力。

三、技术进展及研发能力进展

(1) 自主研发了整车控制器，并在此基础上实现了不同级别的制动能量回馈、蠕动、巡航、驱动电机冗余控制、安全控制、舒适性控制等，以及对DC/DC、压缩机等部件的变工况控制技术。

(2) 完成了高压盒、DC/DC、电机控制器的集成开发，正在逐步完成整车新能源部件的整合工作。

(3) 完成了整体式电池包的开发和应用，正在研究电池的系统集成和热管理技术。

(4) 已经完全掌握整车标定、试验验证、系统匹配等整车集成技术。

四、主要产品

1. 整车

序号	名称	型号
1	海马爱尚高速纯电动汽车	HMA7002BEV
2	M3纯电动汽车（单级）	HMA7004S30BEV
3	M3纯电动汽车（多挡）	HMA7004D30BEV
4	海马M6插电式混合动力	—

续表

2. 零部件

序号	名称	型号
1	动力电池	2101AAT
2	驱动电机	GLMP18L2
3	PCU（高压盒、DC、电机控制器集成）	GLCP4026L0
4	整车控制器	Q06A2108100

五、合资合作

(1) 与吉林大学合作开发两挡双离合变速器；

(2) 与中原工学院合作开发电动热泵。

六、发展规划

切实开展电动汽车专用底盘和车身、整体式电池包的开发，为紧凑型电动汽车电驱动平台产业化在产品上提供坚实保障。

以电池、电控、电机三大核心技术为关键突破口，开展电池组技术条件研究，电池管理系统开发，整车基本性能仿真与优化技术研究，交流电机控制器开发。同时，并行开展电动汽车用电安全防护设计标准，智能化仪表和网络化开发平台、再生制动系统开发平台，远程实时监控分析系统，电动车城市行驶工况，电磁兼容性能控制标准等技术提升研究。

新能源整车产品覆盖A00级、A级和物流车领域，在2015年开展新一轮的示范运行工作。

东南（福建）汽车工业有限公司

一、发展概况

东南（福建）汽车工业有限公司（以下简称“东南汽车”）成立于1995年，由福建省汽车工业集团公司（现更名为福建省汽车工业集团有限公司）与台湾最大的汽车企业——裕隆集团属下的“中华汽车公司”携手组建最大的海峡两岸合资汽车企业，同时引进35家台湾专业汽车零部件厂商，形成一个具有国际先进水平和自主发展能力的专业汽车生产基地。

东南汽车吸取台湾汽车企业的先进管理经验，以及源自日本三菱汽车领先时代的全球造车科技，引进日本、德国等全自动化尖端技术设备，形成冲压、焊接、涂装、总装、车检线等多位一体的现代化生产流程。同时，建立了高标准、严要求的质量管理体系，在国内汽车整车企业中，首家通过ISO 9001：2000质量体系认证，首批通过国家强制性3C产品认证，通过国家环境保护总局的中国环境标志产品认证，并通过ISO 14001：2004版的环境体系认证。放眼未来，在加强与国际汽车大厂合作的同时，东南汽车还将继续发展自主品牌。2006年东南汽车研发中心获得福建省“省级技术研究中心”的称号，2008年获得“了国家实验室”称号。

2011年8月，东南汽车通过工信部专家组的现场审核，获得新能源车生产资质。东南牌得利卡电动车作为国内首款纯电动轻型客车于2011年10月取得公告，2013年1月取得改款车型公告；2013年2月，V3换电式纯电动车成为国内首款取得换电式纯电动轿车整车公告的车型。

二、生产经营

2013年东南汽车总销量达121016辆，实现营业收入767772万元。新能源车V3 BEV换电式，累计投入390辆，在河南省新乡市示范运行，最高单车里程超20万公里，累计行驶里程2000万公里，获得用户的高度认可。

三、产能建设

东南汽车引进35家台湾专业汽车零部件厂商，形成一个具有国际先进水平和自主发展能力的专业汽车生产基地。东南汽车城模式的产业集群布局，构建了东南汽车紧密而完备的生产配套体系；东南汽车现有配套厂256家，其中青口东南汽车城内配套厂43家、省内其他配套厂23家、省外配套厂190家。伴随着东南汽车的成长，进一步开拓了国内与国际零配件采购市场，为新能源汽车的推广及产业化奠定了坚实的基础。

四、技术进展及研发能力进展

响应国家新能源发展战略，东南汽车积极投身新能源汽车产品的研发，与福建省汽车工业集团汽车研究院展开技术合作，依托其在新能源核心技术上的优势，采用充电式与换电式相结合的纯电动汽车技术路线，并启动了增程式电动车、混合动力汽车的研发工作。经过多年的研发积累，东南汽车建立了电动汽车整车构型分析、性能控制、控制策略、关键总成、试制、试验及产品认证等开发流程，并建设完成电子试验室、整车控制器试验室、道路试验室、电机试验室及电池试验室。

五、主要产品

整　车

序号	名称	型号	类别
1	得利卡纯电动乘用车	DN6490MBEV	插电式纯电动轻型客车
2	得利卡纯电动厢式运输车	DN5020XXYBEV	插电式纯电动轻型客车
3	得利卡纯电动邮政车	DN5020XYZBEV	插电式纯电动轻型客车
4	V3菱悦换电式纯电动轿车	DN7000MBEV	换电式纯电动轿车
5	V5菱致两用燃料轿车	DN7156MQNS	CNG两用燃料轿车
6	LS蓝瑟两用燃料轿车	DN7160MQN4B	CNG两用燃料轿车

郑州市宇通汽车股份有限公司

一、发展概况

2013年，郑州宇通客车股份有限公司（以下简称“宇通”）持续加大了新能源汽车的研发投入，在团队建设、核心技术研发、试验能力和产品建设方面都取得了明显的进展。

（1）团队建设方面

截至2013年底，已形成以14名博士、46名硕士为核心的160余人的研发团队，涵盖整车总体设计、系统集成与匹配、整车控制技术、电机及其控制技术、电池及其管理技术、电气技术、整车及零部件试验验证等。

（2）核心技术研发方面

在纯电动驱动客车三大核心技术——电控、电机、电池方面，宇通重点突破整车电控核心技术，完全具备电机、电池测试评价能力。宇通客车采用“V”形开发模式，利用先进的研发设备，实施整车控制系统的全过程开发与完善，充分掌握了整车控制核心技术。

宇通重视新能源前沿技术的研发，正在主持和参与国家863、国家科技支撑和新能源汽车产业技术创新工程等9个国家级新能源科研项目，包括国家“十二五”863计划项目4项（主持2项）、国家科技支撑计划项目2项（主持1项）、国家重大科技成果转化项目1项、国家重点产业振兴和技术改造专项1项，承担新能源汽车产业技术创新工程项目1项，并与清华大学、北京理工大学、吉林大学、哈尔滨工业大学等国内知名高校及科研院所建立了产学研合作关系。

（3）试验能力方面

作为国家地方联合工程实验室、河南省工程技术研究中心、河南省新能源客车重点实验室等创新平台的依托单位，经过多年的建设，宇通已具备国内领先的试验研发设备，拥有整车转鼓试验台、整车道路模拟试验台、新能源客车动力系统试验台、硬件在环仿真试验台、电机性能试验台、电机可靠性试验台、电池测试和仿真系统、电磁兼容测试设备、CAN总线数据采集与标定工具、整车控制策略快速原型系统等仪器70余台/套。为了全面验证并提升节能与新能源客车的节油率、可靠性、安全性以及稳定性，宇通依托国家重点产业振兴和技术改造专项“电动客车电控技术研发平台建设项目”，进行新能源客车试验能力建设，建立零部件、动力系统、整车三位一体的电动客车电控技术研发平台，形成相互补充，不断递进的试验体系，具备混合动力系统、纯电动系统、电机、电池、电附件等部件的功能、性能、可靠性测试和评价能力。

（4）产品及市场表现方面

截至2013年底，已有44款混合动力客车、13款纯电动客车获得公告，并列入《节能与新能源汽车示范推广应用工程推荐目录》，车型产品涵盖油电、气电、插电式、纯电动等各种节能与新能源客车，可满足主流市场产品需求。自主研发的混合动力客车实际线路节油率超过30%，CO_2排放降低46%，NOx排放降低69.5%，PM排放降低90%。纯电动客车实际路况的电耗降低到0.8kWh/km左右，与国内外同类产品相比具有明显竞争优势，车辆出勤率达到了98%，与常规车相当。

（5）知识产权方面

宇通在新能源客车方面已形成了多项自主知识产权。截至2013年底，已累计申报专利181项，授权专利95项，形成企业标准和技术规范27项，涉及动力系统匹配、控制策略开发、电机、电池、电附件等内容。这些知识产权成果对于全面提升国内新能源客车技术水平，促进汽车动力系统技术升级，提高自主品牌的核心竞争力具有非常重要的意义。

2014年第一季度，宇通共获得混合动力客车公告10个，纯电动客车公告5个。销售新能源客车1018辆，申报专利26项。

二、生产经营

2013年，宇通销售节能与新能源客车3710辆，市场占有率达29.5%，在苏州、天津、海口、郑州等61个城市和地区推广应用，销量和市场占有率继续保持行业第一。

2014年第一季度，在郑州、广州、抚顺、襄阳等城市和地区销售新能源客车1018辆。

三、产能建设

宇通总投资达38.6亿元的节能与新能源客车生产基地一期工程已投入使用，具备年产10000辆节能与新能源客车的生产能力。

四、技术进展及研发能力进展

宇通非常重视节能与新能源客车前沿技术的研发，投入了巨大的人力、物力和财力，已形成以14名博士、46名硕士为核心的160余人的研发团队。申请国家专利181项，专利内容涉及动力系统匹配、控制策略开发、电机、电池和电附件等。

2013年共承担国家“十二五”863计划、国家科技支撑计划、新能源汽车产业技术创新工程、国家重大科技成果转化等9个国家级项目，依托研发项目，实施汽车产业技术转型战略，提高企业自身研发水平，加快发展“纯电驱动”电动客车产品，推进新能源客车产业化进程。

2013年11月，宇通发布自主研发的新能源“睿控”技术品牌。睿控实现了四项技术创新，具有“电动四化”和“智能四化”的鲜明特点。“电动四化”即驱动、制动、转向、冷却四方面的电动化。“智能四化”指发动机控制智能化、整车能量管理智能化、车辆数字化和智能化、充电自动化和智能化。睿控还可以解决充电、节能减排和电池寿命三大难题。应用该项技术的新能源客车，比传统客车节省燃料30%以上，PM2.5减排90%以上。

截至2013年12月，宇通新能源产品共获得44款混合动力客车、13款纯电动客车公告，并列入《节能与新能源汽车示范推广应用工程推荐目录》，车型产品涵盖油电、气电、插电式、纯电动等各种节能与新能源客车，可满足主流市场产品需求。截至2013年12月，累计销售新能源客车6164辆，累计行驶里程超过6亿公里，实现节油8.57万吨，减少CO_2排放27.05万吨，减少NOx排放8228吨，减少PM排放48.6吨，经济效益和社会效益十分显著。

新能源客车试验能力建设项目完成后，将拥有电动客车动力系统试验室、电控系统试验室、电机系统试验室、电池系统试验室、电附件试验室、电磁兼容实验室、整车转鼓试验室等，具备混合动力系统、纯电驱动系统、电机、电池、电附件等部件的功能、性能、可靠性测试和评价能力，形成零部件、动力系统总成、整车三位一体的相互补充，不断递进的试验体系，全面提升宇通节能与新能源客车的研发水平。

五、主要产品

整　车

序号	名称	型号	类别
1	宇通牌ZK6105CHEVNPG4型混合动力城市客车	ZK6105CHEVNPG4	插电式气电混合动力
2	宇通牌ZK6120CHEVNPG4型混合动力城市客车	ZK6120CHEVNPG4	插电式气电混合动力
3	宇通牌ZK6125CHEVNPG4型混合动力城市客车	ZK6125CHEVNPG4	插电式气电混合动力
4	宇通牌ZK6180CHEVNPG3型混合动力铰接城市客车	ZK6180CHEVNPG3	插电式气电混合动力
5	宇通牌ZK6105CHEVPG1型混合动力电动城市客车	ZK6105CHEVPG1	插电式油电混合动力
6	宇通牌ZK6125CHEVG2型混合动力电动城市客车	ZK6125CHEVG2	插电式油电混合动力
7	宇通牌ZK6125BEVG1型纯电动客车	ZK6125BEVG1	纯电动
8	宇通牌ZK6141BEV1型纯电动客车	ZK6141BEV1	纯电动

六、合资合作

2013年，宇通积极与国内零部件企业和科研院所展开深入合作，正在主持和参与国家863、国家科技支撑、新能源汽车产业技术创新工程等9个国家级科研项目，包括国家“十二五”863计划项目4项（主持2项）、国家科技支撑计划项目2项（主持1项）、国家重大科技成果转化项目1项，国家重点产业振兴和技术改造专项1项，承担新能源汽车产业技术创新工程项目1项，并与清华大学、北京理工大学、吉林大学、哈尔滨工业大学等国内知名高校和科研院所建立了产学研合作关系。

七、发展规划

宇通将继续大力投入新能源客车核心技术的研究，积极推进新能源客车的产业化。通过实施“纯电驱动”技术转型战略，坚持“三纵三横”产业布局，在推广普及常规混合动力客车的基础上，加大插电式混合动力客车、纯电动客车的投入力度，开展以燃料电池客车为代表的下一代纯电驱动客车研究，积极与国内外优势企业和科研院所合作推进核心零部件及整车的研发和产业化。在测试评价领域，针对技术标准需求，开展电动汽车整车、关键零部件、重要元器件测试评价技术研究，建立电动客车动力系统试验室、电控系统试验室、电机系统试验室、电池系统试验室、电附件试验室、电磁兼容实验室、整车转鼓试验室等，具备混合动力系统、纯电驱动系统、电机、电池、电附件等部件的功能、性能、可靠性测试、评价能力，形成零部件、动力系统总成、整车三位一体的相互补充，不断递进的试验体系。

安徽安凯汽车股份有限公司

一、发展概况

安徽安凯汽车股份有限公司（以下简称“安凯公司”）是国家定点生产高、中档，大、中型豪华客车及客车底盘的上市企业（股票代码：SZ000868）。安凯公司是国家火炬重点高新技术企业、国家创新型试点企业，拥有国家电动客车整车系统集成工程技术研究中心、国家级博士后科研工作站和省级优秀企业技术中心。2012年，安凯纯电动汽车获国家新能源汽车产业技术创新工程项目立项。电动客车上国家公告数量、纯电动客车市场占有率、单车运营里程等方面在国内所有客车产品中列第一位。

安凯公司主要产品有“安凯·SETRA”“安凯”牌系列公路客车、旅游客车、公交客车、系列客车专用底盘和新能源客车，产品囊括5.5～18米全系列，年综合生产客车及底盘能力达18000辆。安凯豪华客车及底盘先后荣获安徽省名牌产品、安徽省免检产品等殊荣，安凯被评为“中国驰名商标”“安徽省著名商标”，产品已获得68项专利。

安凯公司的产品出口到美国、英国、澳大利亚、中国香港、迪拜等近50个国家和地区，并通过了海湾国家GCC认证、澳大利亚ADR认证、伊朗E－MARK认证、美国DOT认证、欧盟认证、俄罗斯GOST认证等，“AK”品牌被评为2010—2011年度“安徽出口名牌”，2012年公司入选中国“最具竞争力出口企业50强”。

安凯公司是国内最早研发和推广新能源汽车的企业，也是首家采用全承载技术生产新能源客车和首家上电动客车国家公告的企业。截至目前，安凯公司已有1800余辆新能源客车在北京、上海、大连等多个城市进行示范运营；在电动客车整车集成与匹配、动力系统集成技术、整车控制系统、电机控制技术、远程监控技术等核心技术方面取得了突破；自主研发出整车控制系统、驱动电机、电机控制器、锂电池管理系统（BMS）、远程监控系统、绝缘检测系统等多种关键零部件，并成功运用于新能源整车上。在新能源核心技术方面取得突破性进展，在电动客车散热、增程式技术、能量管理、整车控制系统等方面申请了67项国家专利，其中发明专利14项。完成了自主轮边电机驱动桥、BMS锂电池管理系统等8款核心零部件的开发设计。研制出国内首辆三桥纯电动双层客车，并投入运营。

“国家电动客车整车系统集成工程技术研究中心”，是目前中国电动客车领域唯一的国家工程技术研究中心，表明安凯公司在电动客车领域占据行业领先地位。该工程技术研究中心建成后，将成为集电动客车整车系统集成技术研究开发、工程化试验、产业化生产、人才培训和开放服务于一体的高新技术成果工程化基地和人才培养基地，成为行业发展、企业进步的技术聚集地和辐射源，对提升行业整体水平，增强行业国际竞争力具有一定的作用。

二、生产经营

2013年，安凯公司合计销售客车10449辆，销量列行业同类客车第六位；出口1863辆，销量位列行业第五位。

2014年第一季度，销售客车1760辆，实现销售收入10.49亿元。

三、主要产品

整　车

序号	名称	型号
1	纯电动城市客车	HFF6127G03EV
2	纯电动营运客车	HFF6127K46EV－6

续表

序号	名称	型号
3	增程式纯电动城市公交车	HFF6124G03SHEV
4	气电混合动力公交车	HFF6125G03SHEV

四、合资合作

积极推进与国内外知名企业、高校的技术合作，全年共开展国内外合作项目达10项。其中，与美国EDI公司开展插电式混合动力客车项目，与德国西门子公司合作轮边电机驱动纯电动客车项目。

五、发展规划

“十二五”期间，安凯公司新能源汽车总体目标成为我国新能源客车行业的领军企业。整车产品技术水平达到国际一流，并在电控、电机等关键零部件领域达到国际先进、国内领先水平；创新发展，全球同步开发新能源客车。

新建新能源汽车研发中心，新建新能源客车整车、全桁架式新能源客车专用底盘及关键动力总成生产基地，项目建成后达到年产6000辆新能源客车整车及全桁架式新能源客车专用底盘、12000套新能源客车关键动力总成（包括整车控制系统、驱动电机、电机控制器等）的研发和生产能力。

扬州亚星客车股份有限公司

一、发展概况

2013年，扬州亚星客车股份有限公司（以下简称“亚星客车”）开发了10.5米油电、气电混合动力公交车，12米油电、气电混合动力公交车，10.7米油电、气电混合动力旅游车，8.4米超级电容纯电动公交车，10.5米锂电池纯电动公交车，10.7米锂电池纯电动旅游车，12米超级电容、锂电池纯电动公交车，14米超级电容纯电动机场摆渡车等近20款新能源车型。

二、生产经营

2013年，亚星客车生产的新能源客车销售近300辆。

三、技术进展及研发能力进展

（1）ISG插电混联式混合动力系统：采用“锂电池+超级电容”复合电源技术，可纯电行驶30公里以上，完全能满足普通公交路线单程里程；ISG发电机取缔了传统的皮带传动普通BSG发电机，传动效率更高，结构更紧凑，故障率明显降低。

（2）ASEV-A纯电动平台：采用世界领先的多相永磁同步直驱电机技术，具有优异的容错和冗余性、比转矩高以及功率密度高等优点，可靠性比普通三相电机提高了3倍；精确的中央控制系统可实现自动驻坡等功能，提供完美的驾控体验；执行欧盟标准的高低压辅机系统，对电动客车的安全性和可靠性具有决定性的作用和意义。

四、主要产品

整 车

序号	名称	型号	类别
1	JS6108GHEV型混合动力城市客车	JS6108GHEV	混合动力
2	JS6128GHEV型混合动力城市客车	JS6128GHEV	混合动力
3	JS6126UC型超级电容纯电动客车	JS6126UC	纯电动
4	JS6127GHBEV型锂电池纯电动	JS6127GHBEV	纯电动

湖南南车时代电动汽车股份有限公司

一、发展概况

湖南南车时代电动汽车股份有限公司（以下简称“南车时代电动公司”）是国内第一家获得新能源汽车制造资质的企业，具备很强的电机、电控等关键零部件和动力系统总成以及整车研发和制造能力，是北京奥运会、上海世博会、广州亚运会等国际盛会新能源车辆动力系统总成的最大的供应商。

源自铁路：共享中国南车电机技术、变流技术、网络控制技术、车载信息技术等核心技术平台。

原创动力：以电机、电控、电池应用三大关键技术引领节能与新能源客车市场，推出了纯电动、插电式混合动力、在线充电、普通混合动力等动力系统平台的节能与新能源系列车型。

国研团队：自2001年起先后承担了20多项涉及电机、电控、电源、动力系统集成、电动整车集成、电动整车试验与运营管理等国家863课题。

截至2013年底，已有4500多辆节能与新能源公交车为20多个城市提供服务，车辆运营总里程达10亿公里，平均出勤率超过98%，实际线路运营节油率超过30%，单

辆车每年可减少 CO_2 排放 8 吨以上，并显著减少了 PM2.5 等颗粒物的排放。

2013 年，南车时代电动公司向昆明公交集团交付 66 辆增程插电式公交车，成为国内首个增程插电式公交车批量化商业运营的成功案例。在实际运营中，车辆实现了更低的排放和更高的节油率（减排率达 80% 以上，节油率为 40% 以上），得到了用户的认可。

二、产能建设

目前南车时代电动公司具备年产整车 10000 辆，系统及关键零部件年产 20000 套的生产能力，是我国节能与新能源汽车的主要研发生产基地。

三、技术进展及研发能力进展

2013 年，在公司统筹规划下，以“在节能与新能源客车领域，强化‘四电’基础能力研究，打造‘i. hope’全系列化车型，产品关键性能达到行业领先水平，传统整车技术缩小差距，达到行业先进水平”为目标，重点开展纯电动车、插电式混合动力车、深度混合动力车、全承载车、天然气车、新型混合动力系统等方面的研究，形成了 14 款新产品。2013 年共完成 22 个新车型公告发布，其中 9 个车型进入新能源推荐目录。

四、主要产品

1. 整车

序号	名称	型号
1	增程插电式公交车	TEG6129EHEVN05
2	增程插电式公交车	TEG6106EHEV03
3	增程插电式公交车	TEG6129EHEV02
4	纯电动公交车	TEG6129BEV
5	纯电动公交车	TEG6106EV

续表

2. 零部件

序号	名称	型号
1	离合器从动盘	JL395BIIAA1
2	离合器压盘	395
3	永磁同步电机	JF231（外）tDriver－MN7（内）
4	直驱异步电机	JD156A（外）tDriver－MB2（内）
5	助力转向总成	HDZXB1416/3

五、合资合作

经历长达 1 年的严格测试，南车时代电动公司研制的首批混合动力新能源公交车在巴西世界杯主办城市之一的巴拉那州的首府库里蒂巴市上线运行，公司将与巴西运营商及制造企业建立深入的合作关系，共同发展新能源汽车。

六、发展规划

愿景：打造国内节能与新能源客车第一品牌，成为国际知名的节能与新能源汽车全面解决方案服务商。

使命：为社会创造安全环保的交通工具；为股东创造持续增长的投资收益；为员工创造实现自我的事业平台；为顾客创造超越期望的使用价值。

品牌定位：高端、舒适、专业，节能与新能源客车国内第一品牌。

品牌战略：着眼于培育国际品牌，把差异化的理念提升到市场竞争的顶层，探索将国际整车品牌基因植入南车品牌，以国际一流品质铸就品牌，以品牌带领企业长远持续成长。探索结合南车高铁技术，引入高铁动车组及城轨车辆设计元素，打造“南车时代”品牌的新能源公交车高端产品的途径。

深圳市五洲龙汽车有限公司

一、发展概况

深圳市五洲龙汽车有限（集团）公司（以下简称“五洲龙公司”）总部位于深圳市龙岗区宝龙工业城，集团占地面积 110 万平方米，有员工 7000 余人，其中技术研发人员 600 多人。从 2009 年开始，五洲龙公司先后在重庆、沈阳、揭阳等地投巨资成立了新能源汽车及动力电池子公司，其产品涵盖新能源汽车产业链的所有关键环节，目前已具备整车年生产 30000 辆、钛锰合金动力锂电池 3 亿安时的生产能力。

集团以“五洲龙”牌新能源客车为主导产品，即混合动力、纯电动、燃料电池、清洁燃料客车，同时还包括传统柴油客车及公交车系列和专用医疗车辆系列。目前，五洲龙公司拥有国家公告目录品种多达 150 多种，车长范围 6～13.7 米。产品不仅畅销国内 20 多个省、市、自治区以及港澳地区，还远销中东、拉美、非洲、亚太等地区的 40 多个国家。海外销售配有专业的国际售后服务团队，为客户提供实地售后服务。

二、产能建设

2013 年，五洲龙公司投入巨资开发新能源汽车云计算信息监控指挥系统并运行使用。该系统具有对车辆实施实时监控、管理和数据计算处理等功能，可为车辆管理、售后服务的站点、人员进行合理化配置。建立车辆、车辆维修、维修过程、维修完毕、充电等信息与售后服务站点信息互通平台，对售后服务站点及人员进行管理和指挥调度，从而极大地缩短故障维修周期，售后服务质量得到有效监控。可以通过“云”共享与交通运营企业平台、充电运营平台互传数据，提供增值服务。

三、技术进展及研发能力进展

五洲龙公司从涉足客车产业伊始就明确了发展新能源客车的战略，经过 11 年的发展，集团现已建成现代化的“新能源汽车研发大楼”，专业研发人员达 300 多名。近年来，集团先后承担了国家科技支撑计划，国家发改委、工信部重大项目，五次承担国家 863 新能源汽车研究项目，六次参与国家新能源汽车准入、国家财政补贴标准、市公交充电标准的倡导与制定。同时，五洲龙公司具有拥有 40 多项国家发明、实用新型专利技术。五洲龙公司具有核心自主知识产权的混合动力控制系统，经过多年的发展，已经发展成为同时配置能量智能控制系统、电机控制系统、自动离合器控制系统、电子信息管理系统的一体化智能混合动力控制器。成熟的控制器使五洲龙新能源客车具有智能、平衡、节油、可靠、安全等特点，使整车的可靠性大大提高，与传统客车相比，节油率高达到 25% ~30%。

四、主要产品

整　车

序号	名称	型号	类别
1	插电式混合动力大巴	FDG6123HEVN5	混合动力
2	插电式混合动力大巴	FDG6101HEVN5	混合动力
3	纯电动城市大巴	FDG6103EVG	纯电动
4	纯电动城市大巴	FDG6113EVG7	纯电动
5	纯电动城市大巴	FDG6113EVG8	纯电动
6	纯电动城市大巴	FDG6113EVG9	纯电动
7	纯电动城市中巴	FDG6701EVG1	纯电动

五、合资合作

在对外合作上，五洲龙公司积极推动产学研相结合，与同济大学、广东工业大学、中科院深圳先进院、东莞中山大学研究院等国内著名科研院校开展合作，优势互补，将先进的科研成果迅速转化为生产力。

六、发展规划

未来 5 年，五洲龙公司将继续以新能源汽车为核心，兼顾传统客车的发展；以深圳为总部，布局全国，走向世界；以新能源客车、控制系统和动力电池等核心技术引领市场，力争在 2016 年实现整车和电池产业产销值突破“双百亿”，成为我国新能源客车主要骨干企业之一。

山东沂星电动汽车有限公司

一、发展概况

2013 年 3 月，山东沂星电动汽车有限公司（以下简称“沂星公司”）生产的两辆 10.5 米纯电动旅游客车出口至香港，并通过香港方面的各项检测。

2013 年 6 月，作为主要起草单位，沂星公司承担交通运输部《纯电动城市客车通用技术条件》编制工作。

2013 年 7 月，SDL6140EBD 电动旅客摆渡车获得民航总局产品审定合格证，成为国内首款获证的电动车产品。

2013 年，SDL6120EVG4、SDL6120EVG5、SDL6100EVG1、SDL6121EVG 四款纯电动城市客车被列入工信部汽车产品公告和《节能与新能源汽车示范推广应用工程推荐车型目录》。

2014 年 1—3 月，沂星公司生产的 SDL6100EVG2 和 SDL6120EVG5 两款纯电动城市客车被列入工信部汽车产品公告和《节能与新能源汽车示范推广应用工程推荐车型目录》。

截至 2014 年上半年，已有 400 余辆沂星纯电动客车在山东的临沂、青岛、日照、淄博，河南新乡，浙江余姚，河北邢台，以及武汉、哈尔滨等地区投入示范运行，单车平均每天运行约 200 公里，单车最长运行里程已达 30 万公里，累计运行总里程已超过 5000 万公里。

二、生产经营

2013 年，沂星公司共销售纯电动客车 68 辆，实现销售收入 6768 万元，出口 2 辆，创汇 69 万美元。

2014 年上半年，沂星公司共销售纯电动客车 60 辆，出口 2 辆，创汇 80 万美元。

三、产能建设

2013 年 8 月，沂星公司实施老厂区技术改造项目，项目总投资 4000 万元。该项目新建生产厂房 17000 平方米，新购置进口设备 9 台、国内设备 144 台/套。项目完成后，可达年产纯电动客车 2000 辆的生产能力。

四、技术进展及研发能力进展

（1）沂星公司研发了 SDL6120EVG4、SDL6120EVG5、SDL6120EVG6、SDL6100EVG1、SDL6100EVG2、SDL6121EVG 等纯电动城市客车，SDL6120EVL 纯电动旅游客车，以及

SDL6140EBD 电动旅客摆渡车等多个新车型。

(2) 作为主要起草单位，承担交通运输部《纯电动城市客车通用技术条件》编制工作。

五、主要产品

整　车

序号	名称	型号	类别
1	纯电动城市客车	SDL6120EVG	—
2	纯电动城市客车	SDL6120EVG1	—
3	纯电动城市客车	SDL6120EVG2	—
4	纯电动城市客车	SDL6120EVG3	—
5	纯电动城市客车	SDL6120EVG4	—
6	纯电动城市客车	SDL6120EVG5	—
7	纯电动城市客车	SDL6120EVG6	—
8	纯电动城市客车	SDL6121EVG	—
9	纯电动城市客车	SDL6100EVG	—
10	纯电动城市客车	SDL6100EVG1	—

续表

序号	名称	型号	类别
11	纯电动城市客车	SDL6100EVG2	—
12	纯电动双层城市客车	SDL6110EVSG	—
13	电动旅客摆渡车	SDL6140EBD	—
14	纯电动旅游客车	SDL6100EVL	—
15	纯电动客车	SDL6700EV	—
16	纯电动厢式运输车	SDL5020XXYEV	—

六、发展规划

沂星公司将在临沂高新技术产业开发区建设电动汽车产业园，产业园项目总投资 55 亿元，一期投资 32 亿元，主要进行纯电动客车整车生产，同时引进电池、电机和汽车零配件等新能源汽车相关配套企业，计划利用 3—5 年的时间，达到年产 2 万辆电动客车的生产能力，实现产值 300 亿元，把沂星公司建成产业配套齐全、技术领先、全国规模最大的电动汽车研发生产和出口基地。

江西凯马百路佳客车有限公司

一、发展概况

1. 2013 年 1—12 月

2010 年 12 月，江西凯马百路佳客车有限公司（以下简称“百路佳公司”）完成与中国恒天集团的重组，注册资金达到 2.1 亿元，公司已取得 ISO 9001、3C 等相关行业认证，并具备生产符合美国 DOT 产品认证、澳大利亚 ADR 产品认证和欧盟 ECE 产品认证的豪华旅游客车和城市巴士的生产技术条件，产品远销欧美、澳大利亚、非洲等国家和地区，成为向美国和澳大利亚等发达国家批量出口具有自主知识产权和民族品牌的客车制造商。2013 年，公司生产的 18 米铰接车成功进入澳大利亚政府采购项目，目前已经批量出口。

新能源汽车方面，公司从 2008 年开始从事新能源客车的研发与生产，截至 2013 年 12 月，恒天百路佳新能源客车已出口澳大利亚、欧洲、美国和中国台湾等国家和地区。其中，中国台湾桃园地区的城市公共交通新能源示范线路上均采用百路佳制造的纯电动客车，2013 年台中地区等台湾其他地区参考桃源模式批量采用百路佳客车。

百路佳公司自 2007 年以来加大了对新能源汽车的资金投入，开展对新能源客车的产品研发及制造工作，通过与电池及控制系统供应商的战略合作，先后投入对新能源客车三大核心技术之一的控制器的研发及控制器生产线、整车检测线的建设工作，并且拥有世界一流的生产加工及检测设备。

百路佳公司一直处于快速发展态势，尤其是加入恒天集团后，在集团的高度重视和大力支持下，发展势头强劲。为此，恒天集团积极以百路佳为核心部署客车产业，并连续 3 年增资，为百路佳公司的可持续发展提供了保障。

2. 2014 年 1—3 月

2014 年 1 月，JXK6900S4 专用校车申报“2013 年度南昌市科技进步奖”，并荣获三等奖；JXK6750SL4 幼儿校车和 JXK6270B 参加“江西省新产品”项目鉴定评审，其中 JXK6750SL4 幼儿校车通过“技术性能达到国内先进水平”评定、JXK6270B 通过“技术性能水平达到国内领先水平”评定。

2014 年 2 月，JXK6750SL4 幼儿校车申报“2013 年度江西省新产品奖”，并荣获三等奖。

2014 年第一季度，百路佳公司开展了 13 项新产品的研发试制工作，其中已完成项目为 3 项，分别为针对国内市场的 JXK6110CS33 旅游客车、针对国外市场的 JXK6137C 旅游客运车和 JXK6133B 城市公交客车。剩余项目分别为 6 米、8 米、10 米纯电动城市公交客车及 10 米、11 米插电式混合动力城市客车，新能源客车的研发占项目总数的 62%。为整合新能源客车研发技术，提升企业在新能源客车上的产投入，百路佳公司于2014年第一季度启动了“江西省新能源客车工程技术研究中心”组建申报认证工作。

二、生产经营

1. 2013年1—12月

截至2013年12月，百路佳公司共销售新能源汽车490辆，实现销售总值2.5亿元。在澳大利亚、匈牙利、美国、中国台湾等国家和地区都有的百路佳新能源车辆在使用。在实现销售目标的同时，在新能源开发等技术研究方面也取得了重要成绩：

5月，JXK6120AG锂电池纯电动城市公交客车荣获“南昌市优秀新产品一等奖”“江西省优秀新产品二等奖”。

6月，JXK6116混合动力城市公交客车荣获。南昌市优秀新产品二等奖”“2012年度江西省优秀新产品三等奖”。

6月，带太阳能辅助能源的纯电动城市客车荣获“2013年度市科技进步奖”二等奖。

9月，完成高新技术企业申报工作。

10月，带太阳能辅助能源的纯电动城市客车入围“2013年度省科技进步奖初评推荐项目”。

2013年，完成18款天然气客车公告目录，10款混合动力客车公告目录；打造了9米、11米两个旅游客运车平台；完成三大系列（5.7米、6.9米、7.5米）学生专用校车公告目录；完成8款海外主打新车型。

11月，公司的“南昌市新能源客车工程技术研究中心”建设项目获得通过。

12月20日，获“康明斯杯·2014年度海外市场推荐客车”奖。

12月31日，江西凯马百路佳客车有限公司自行研制的太阳能辅助能源锂离子电池纯电动城市公交客车成功入选江西省科技厅上报的国家重点新产品项目。

2. 2014年1—3月

2014年1—3月，百路佳公司共收到国内外订单500余辆。其中，国内订单300余辆，新能源客车占比25%。

3月，百路佳客车亮相智利Copiapio车辆装备展。

4月，百路佳成功通过8米新车型的实车整车侧翻实验，侧翻角度达到41度。

三、产能建设

截至2014年4月，“百路佳公司新能源客车项目”一期的研发大楼及新能源客车专用厂房主体已完工，现代化的物流中心主体已如期竣工，将正式投入使用。项目二期是项目一期的补充，预计投资5亿元，重点扩大电控生产线、电池生产线，在一期的基础上进一步扩大规模，培育发展电动汽车整车开发—动力电池—驱动电机—电子控制系统—充（换）电系统—电动汽车应用产业链，围绕产业链开展技术攻关和生产。推动发展天然气汽车（CNG、LNG）、生物质燃料汽车，通过整合，打造纯电动汽车、混合动力汽车、燃气汽车3条节能及新能源汽车产品链，形成新能源汽车的产业化规模。二期工程的完工，将形成3000辆新能源客车的新增生产能力，年新增销售收入约30亿元，年新增税利约2亿元。

四、技术进展及研发能力进展

2013年，百路佳公司共完成10款插电式油电、气电混合动力客车，1款纯电动快换模式客车的研发，并列入《节能与新能源汽车示范推广应用工程推荐目录》。截至2013年底，合计完成适合国家新一轮推广政策车型目录21个。产品覆盖6～12米城市客车、出租车、城间巴士及通勤车，为新一轮新能源的推广做好了技术准备。其中，太阳能锂电池纯电动城市客车项目纳入国家重点新产品计划。

在新技术研发方面，以新能源客车（插电式混合动力车、纯电客车）为主，纯电车借助集团的资源，联合系统供应商、电科院、科技局以及用户进行电池租赁运行模式的可行性探讨，增强纯电车的适应能力，扩展其使用范围。同时，对新能源客车快充运行模式做可行性调研和分析，为纯电动客车的运营探寻合适的模式。

2013年底，南京市科技局批准百路佳公司组建“新能源客车工程技术研究中心”，同年顺利晋升为“高新技术企业”。截至2014年第一季度，百路佳公司拥有有效专利27项，均为实用新型专利；另有两项与新能源客车有关的发明专利已受理。

2013年11月，“中国恒天客车技术研究院”正式开始动工建设，该项目完成后，百路佳公司将拥有整车性能测试台、电机系统测试室、电池安全可靠性试验室，具备混合动力系统、纯电驱动系统、电机、电池附件等部件的功能、性能、可靠性测试评价能力，形成整车、动力系统及零部件三位一体的实验验证体系及评价体系，全面提升百路佳节能与新能源客车的研发水平。

五、主要产品

整　车

序号	名称	型号	类别
1	纯电动客车	JXK6113CEV	M3
2	纯电动城市客车	JXK6113BEV	M3
3	纯电动城市客车	JXK6113BEV1	M3
4	纯电动城市客车	JXK6121BEV	M3
5	纯电动城市客车	JXK6120AG	M3

续表

序号	名称	型号	类别
6	油电混合动力城市客车	JXK6100BPHEV	M3
7	油电混合动力城市客车	JXK6111BPHEV	M3
8	油电混合动力城市客车	JXK6123BCHEV	M3
9	气电混合动力城市客车	JXK6100BPHEVN	M3
10	气电混合动力城市客车	JXK6105BPHEVN	M3
11	气电混合动力城市客车	JXK6113BPHEVN	M3
12	气电混合动力城市客车	JXK6112BPHEVN	M3
13	气电混合动力城市客车	JXK6115BPHEVN	M3
14	气电混合动力城市客车	JXK6123BCHEVN	M3
15	气电混合动力城市客车	JXK6125BCHEVN	M3
16	天然气城市客车	JXK6121BA5N	M3
17	天然气城市客车	JXK6121BL5N	M3
18	天然气公路客车	JXK6901CQ55N	M3
19	天然气公路客车	JXK6901CS53N	M3
20	天然气公路客车	JXK6110CQ45N	M3
21	天然气公路客车	JXK6110CS43N	M3
22	天然气公路客车	JXK6111CQ55N	M3
23	天然气公路客车	JXK6111CS53N	M3
24	天然气城市客车	JXK6901BA5N	M3
25	天然气城市客车	JXK6901BL5N	M3
26	天然气城市客车	JXK6935BA5N	M3
27	天然气城市客车	JXK6935BL5N	M3
28	天然气城市客车	JXK6105BA5N	M3
29	天然气城市客车	JXK6105BL5N	M3
30	天然气城市客车	JXK6113BA5N	M3
31	天然气城市客车	JXK6113BL5N	M3

六、发展规划

根据恒天集团对以百路佳为中心的客车板块的战略规划，百路佳公司将发挥自身优势。对外，加大对海外市场的开拓力度，以“产地销、销地产”的经营方式复制百路佳模式；对内，通过整合南昌、江西的客车市场，打造江西客车工业，力争到2020年，达到年产大中型客车8000辆，实现销售收入40亿元的目标。其中新能源客车占15%左右。

百路佳公司主要通过以下发展举措推动公司的快速发展：

（1）提升新能源技术研发水平。公司投资1.3亿元在原厂区内建造一条年产1000辆的新能源生产线和技术研发大楼，2014年6月竣工。恒天集团将投资1.5亿元，设立国家级客车研究中心，全面提升百路佳客车核心技术竞争力。

（2）加大海外市场开拓力度。寻找高端新市场，从贴牌生产的方式逐步向自主品牌过渡，不断提高品牌知名度和产品附加值。寻找窗口市场，利用当地优势建立品牌地位。采取“产地销、销地产”的经营方式，实现百路佳客车全球化销售战略。

（3）全面拓展本省市场。顺应江西打造南昌核心增长极和南昌市培育“千亿”汽车产业集群的宏伟规划，抓住国家新一轮“十城千辆”示范推广应用的机遇，百路佳将积极加大在南昌、九江、抚州、宜春、萍乡、上饶、赣州七市组成的江西省城市群的新能源客车的示范推广工作，利用3—5年时间进入国内客车销售前10名、新能源客车销售前5名，打造相对完善的客车产业链，重振江西客车工业。

江西博能上饶客车有限公司

一、发展概况

1.2013年1—12月

江西博能上饶客车有限公司（以下简称“上饶客车公司”）从2005年开始研发新能源汽车，相继研发出天然气客车（出口）、油气混合客车（出口）等一系列节能与新能源车型。2013年，上饶客车公司成功开发出了SR6106PHEVNG、SR6101PHEVG插电式混合动力城市客车，经国家机动车质量检测中心的强制性检测和可靠性测试，性能全部达到国家标准，已取得国家工信部产品公告目录，并在江西省新能源汽车推广应用城市试运行。

2.2014年1—3月

2014年第一季度，上饶客车公司成功开发了SR6106GHN天然气城市公交车、SR6116PHEVNG插电式混合动力城市客车，并获得了批量意向销售订单；同期研发的10～11米LNG、CNG节能型城市公交车，正在进行各项试验测试和申报国家工信部产品公告目录。

二、生产经营

1.2013年1—12月

2013年，上饶客车公司从调整产品格局入手，大力发展新能源客车，主要经济指标同比增长近60%，实现产销新能源客车20余辆，新增利润200余万元，获得财政、科技等补贴120余万元，出口及出口研发等项目获得了100余万元补贴。

2013年，上饶客车公司持续优化设计SR6700SHEV插电式串联混合动力客车、SR6110CHEV混联式混合动力城市客车、SR6700HBEV纯电动客车，新开发了SR6106PHEVNG、SR6101PHEVG插电式混合动力城市客车，其中SR6700HBEV纯电动客车、SR6106PHEVNG、SR6101PHEVG插电式混合动力城市客车在2013年实现了海外订单批量销售。

2. 2014年1—3月

2014年第一季度，上饶客车公司销售新能源客车20辆，销售节能型SR6890GHN天然气城市公交车40辆。

三、产能建设

2013年1—12月，上饶客车公司投资4000多万元用于新能源汽车车间改造和新能源汽车研发，包括电动汽车产品研发、混合动力汽车产品研发、新能源汽车开发专用试验及检测设备购置、与科研机构技术合作、关键技术攻关、技术咨询和人才引进等，已经形成了新能源汽车研发、试制、生产能力。

2014年1—3月，上饶客车公司在原有新能源汽车生产规模的基础上，继续投资1000多万元用于新能源汽车和专用汽车、特种汽车基地建设，包括新能源汽车产品研发、专用车和特种车产品研发、专用试验及检测设备购置、与科研机构技术合作、关键技术攻关、技术咨询和人才引进等，基地建成后将形成年产1万辆新能源汽车和专用车、特种车的研发、试制、生产能力。

四、技术进展及研发能力进展

2013年，上饶客车公司改进了SR6700SHEV插电式串联混合动力客车、SR6110CHEV混联式混合动力城市客车、SR6700HBEV纯电动客车，并设计优化了具有自主知识产权的整车控制系统及整车相关电控系统，健全了整车动力系统测试实验室，能够独立进行整车匹配计算、过程仿真、产品设计、试制、检测和验证，实现了整车电驱系统的工程化应用。

2014年第一季度，上饶客车公司成功开发了SR6106GHN天然气城市公交车、SR6116PHEVNG插电式混合动力城市客车。

五、主要产品

1. 整车

序号	名称	型号	类别
1	纯电动客车	SR6700HBEV	客车
2	插电式串联混合动力客车	SR6700SHVE	客车
3	混联式油电混合动力城市客车	SR6110CHEV	城市公交
4	插电式油电混合动力客车	SR6106PHEVG	城市公交
5	插电式气电混合动力客车	SR6106PHEVNG	城市公交
6	插电式气电混合动力客车	SR6116PHEVNG	城市公交
7	天然气城市公交车	SR6890GHN	城市公交
8	天然气城市公交车	SR6106GHN	城市公交

2. 零部件

序号	名称	型号
1	整车控制器	SR－KZQ

六、合资合作

2013年，江西博能上饶客车有限公司、中宇汽车服务中心和上饶市金星汽车销售有限公司组建鹰潭博安巴士运营有限公司，项目总投资约1亿元，一期拟投入200辆专用校车运营。2—3年内，规模逐步增加至300～500辆专用校车及包括新能源汽车在内的其他类客车。

七、发展规划

上饶客车公司将遵循“传统客车做规模，特种车、专用车做利润，高档车做品牌，新能源车做行业地位”的发展原则，逐步使新能源车、特种车成为利润增长点、品牌形象点和社会贡献点。

上饶客车公司将严密结合国家产业政策，抓住当前汽车发展的机遇，通过与中国科学院的紧密合作，加大投入，加快发展，以重塑上饶客车品牌为中心，力争3—5年把上饶客车公司建成客车行业的一流企业。其中，新能源汽车位于客车行业前列，其发展举措为：

（1）建立一支高效的产品开发、生产及营销队伍，消化应用中国科学院电动车辆研发中心的技术，快速形成新能源客车产品，快速推向市场。

（2）积极研发、完善新能源公交系列产品和新能源专用车系列产品。

（3）依托中科院的技术优势和品牌优势，以现有新能源客车产品为主，大力开拓高端接待用车市场、公交车市场和专用车市场。

（4）完善新能源电动汽车检测中心，争取建立省级或国家级新能源汽车工程研究中心，提高上饶客车公司在新能源汽车行业中的地位。

（5）加大宣传力度，积极参加各类新能源汽车展览会、研讨会及博览会，大力推广上饶客车新能源客车系列产品，形成上饶客车新能源品牌效应。

成都客车股份有限公司

一、2013 年发展概况

2013 年是成都客车股份有限公司变革创新，夯实可持续发展基础的一年。一年来，面对宏观经济下行压力加大的严峻形势，在各级政府和相关单位的大力支持下，公司抓住机遇，以“提升能够获取市场资源的核心竞争力”为中心，齐心协力，开拓进取，取得了不错的经营业绩，继续保持了在西部客车制造领域的领先地位，为未来在更加严峻的经济形势下参与更高层次的角逐和竞争，实现“世界一流、国内领先”战略目标奠定了坚实的基础。

公司按照 16949 标准要求，全面推进公司管理流程及管理制度的重建，顺利通过了 16949 体系认证；继续实施“以西部市场为重点，四川市场为核心，努力开拓更大市场”的营销战略；紧贴市场需求，研发了 30 多个新产品，并同步完成了公告申报。多个新产品已成功推向市场。其中，CDK6550C 系列客车新品问世仅两个月就销售了 248 辆，销售额达 3691 万元。

2013 年公司销售客车 2228 辆，实现销售收入 12.25 亿元，实现利税 10879 万元。

二、生产经营

成都客车已通过 ISO 16949 质量体系认证，建立了更为完善的管理流程和人员培训体系，从研发、采购、生产、检验、服务全过程控制产品品质，进一步提升了产品质量和服务水平。

公司坚持以省内市场为核心，以中西部市场为重点，切实提高省内市场占有率，不断扩大省外市场覆盖面的营销策略。通过实施销售预报制，收集、分析、归纳市场信息及相关行业信息，并对关键信息进行跟踪，为企业产品开发和改进提供了可靠的依据，也为最终实现销售奠定了坚实的基础。

三、产能建设

成都客车股份有限公司位于成都现代工业港，占地面积 11.9 万平方米，建筑面积 5.83 万平方米，建有冲压、焊装、涂装、总装客车生产线和整车全自动检测线，达到单班年产大、中型客车 5000 辆的生产能力。

四、技术进展及研发能力进展

成都客车股份有限公司拥有一个省级技术中心，中心现有技术人员百余人，其中博士、硕士和具有高级职称人员占 50% 以上。技术中心下设车身、底盘、发动机、仿真分析、电器、电动汽车等专业研究室和燃气发动机试验室、低温实验室、仿真分析实验室、油漆化工实验室、电器实验室、电动汽车等多个专业实验室，着重对整车匹配、客车安全、可靠性、能量管理、NVH 控制等核心技术开展研究。公司已形成一支以行业专家为业务带头人，以企业多年累积的专业技术人员为中坚，以优秀技师为骨干的拥有较强自主开发和创新能力的技术研发团队。

公司主要产品是服务于城市公共交通事业的各类城市客车。按车辆长度划分，主要有 5 ~ 12 米单层客车、16 ~ 18 米铰接客车、11 米双层客车；按燃料划分，主要有燃气客车（CNG 及 LNG）、纯电动客车、气电混合动力客车及常规燃油客车。

公司一直专注于车辆节能减排技术的研究与应用，并积极投身绿色新能源客车的研发与推广。在由传统内燃机汽车向电动汽车过渡、转型的过程中，公司一方面坚持实施过渡战略，深入推进传统客车节能减排技术的研究应用，大力发展燃气客车，已逐步掌握了以燃气发动机适应性精确匹配与优化和燃气系统安全为特色的核心技术。另一方面，公司积极实施转型战略，探索掌握电动汽车的核心技术，抓好混合动力和纯电动客车的研发和运用，专注于以整车匹配和控制来打造自己的核心技术。与相关高校和企业开展合作，联合建设国际一流品牌。

五、主要产品

整　车

序号	名称	型号	类别
1	城市客车	CDK6182CR 系列、CDK6122CR 系列、CDK6112CR 系列、CDK6102CR 系列、CDK6101C 系列、CDK6941C 系列、CDK6852C 系列、CDK6792C 系列、CDK6732C 系列、CDK6701C 系列、CDK6593C 系列、CDK6550C 系列	燃气客车——节能汽车
2	纯电动城市客车	CDK6122CABEV、CDK6123CABEV、CDK6600CABEV	新能源汽车
3	混合动力城市客车	CDK6122CSHEV、CDK6113CEHEV、CDK61123CEHEV	新能源汽车

六、合资合作

2013 年，公司与西南交通大学合作，升级 CDK6122 的内饰及造型，完成了电动客车台架实验室建设项目，启动了提升底盘匹配技术能力建设项目。进一步深化与同济大学在车身结构性能分析及优化设计上的研究；与东方电气共同开发了三款电动车，获得省领导及成都公交集团的高度评价。

与我们的客户单位如成都公交集团、泸州公交等建立紧密的合作关系，研发特定市场产品。产学研相结合，快速提升了新产品研发能力，确保企业的研发水平始终处在国内一流水平之上。

七、发展规划

根据国家新能源汽车产业政策的导向，公司在充分整合国内外技术资源的基础上，从以下两个方面谋求更快发展：

（1）实施过渡战略。积极推进传统汽车的节能技术研究和应用，大力发展燃气客车和插电式混合动力客车，巩固行业优势地位。

（2）实施转型战略。积极推进纯电动客车的研发、应用，形成有自主知识产权的电动汽车核心控制技术，面向城市公交、旅游观光市场，提供技术先进性和实用性均衡的纯电动客车产品。

天津清源电动车辆有限责任公司

一、2013 年概况

2013 年，天津清源电动车辆有限责任公司加大科研投入，努力实现电机控制器及电池管理系统关键核心技术转化，着力加强市场开拓力度，实现动力总成批量供货，顺利完成了从科研作坊式生产方式向控制器产品规模生产的过渡。从单一的直流他励 300A 电机控制器，拓展到直流他励全系列产品并实现产品定型，丰富了产品系列。TS 16949 质量管理体系通过外部审核。在道路车辆方面，启动全新一代纯电动微型城市物流车的开发，样车采用非承载式车身结构设计，车身采用新型 SMC 材料一次压铸成型，该车在新一轮新能源汽车示范运行中推广应用。

二、2013 年科研项目及成果

2013 年，公司共承担国家、天津市以及自立项目等各类科研项目 20 项。其中，国家 863 计划项目 8 项，天津滨海新区科技攻关项目 1 项，行业服务项目 6 项，自立项目 5 项。

公司承担的“下一代高性能纯电动轿车动力系统技术平台”“清源小型增程器研究与开发”“下一代轮毂电机研究与开发”等国家 863 项目，开发工作已全部完成，等待科技部验收。公司承担的天津市滨海新区“电动汽车动力电池管理系统及专用芯片的开发”项目已经通过验收。

集中技术力量，采取集中方式，全力支持中汽中心专项工作，努力实现客车电机控制器及电池管理系统两个产品级项目成果的转化。

通过自立项目，公司的系列化直流他励电机控制器、全新高尔夫球车、注塑全封闭观光车等完成了产品定型，启动了 72V 交流电机控制器、48V 车载充电机、新能源车辆远程监控服务平台及车载终端系统、换电方式城市物流车产品化开发、纯电动微型城市物流车等产品的研发。

在技术成果方面，2013 年公司累计申请专利 27 项，其中发明专利 12 项；授权专利 13 项，其中发明专利 2 项。

三、2013 年科研设施及科研能力建设

2013 年，清源公司与汽研中心开发一套轻型电动汽车整车耐久转毂试验设备，可在室内台架上模拟再现道路行驶阻力，完成整车不解体动力性能的试验，是汽车产品开发、性能测试和试验评价必不可少的测试设备。该测功机采用中置电机结构、DTC 控制技术、四象限切换技术、网络总线控制等技术，设备整机占地面积小，节省工程造价。进一步完善了公司试验室的硬件试验和整车开发的评价能力。

四、2013 年国际合作

2013 年 11 月，公司人员参与了中汽中心与 Ricardo 的高性能电池包开发专项，专项组成人员先后到英国完成了联合设计工作，与英国 Ricardo 的工程师一起完成了电池包的系统定义、机械设计、热设计、电气设计及 BMS 开发工作，掌握了先进的开发流程及经验，为公司后续的业务拓展奠定了坚实的基础。

五、主要产品

1. 整车

序号	型号	名称
1	QY5021XXYBEVYL	纯电动厢式运输车（铅酸）
2	QY5021XXYBEVYC	纯电动厢式运输车（锂电）
3	QY5021ZLJBEVYC	纯电动垃圾车
4	QY5020XYZBEVEL	纯电动邮政车
5	QY5020XFWBEVEC	纯电动服务车

2. 零部件

序号	型号	名称
1	QYPCU0102	电机控制器
2	QYVCU0102	16 位整车控制器
3	QYVCU3201	32 位整车控制器
4	QYEVUT01	车载智能终端
5	QYKZL05W30xxB	48V300A－B 型他励直流控制器

续表

序号	型号	名称
6	QYKZL05W40xxB	48V400A－B 型他励直流控制器
7	QYKZL06W40xxB	60V400A－B 型他励直流控制器
8	QYKZL07W40xxB	72V400A－B 型他励直流控制器

续表

序号	型号	名称
9	QYKZL05W40xxD	48V400A－D 型他励直流控制器
10	QYKZL06W40xxD	60V400A－D 型他励直流控制器
11	QYKZL07W40xxD	72V400A－D 型他励直流控制器

上海燃料电池汽车动力系统有限公司

一、2013 年发展概况

上海燃料电池汽车动力系统有限公司是致力于新能源汽车动力系统技术与产品研发的高科技公司。主营业务包括：新能源汽车动力系统集成与控制技术研究与服务，动力系统关键技术及零部件开发与生产销售，动力系统及关键零部件试验研究与服务，新能源汽车示范运行技术保障服务等。公司于 2011 年 3 月通过 TS 16949 质量体系认证。

公司完成了我国第一代至第四代燃料电池轿车动力平台的研发，开拓出“电电混合、动力系统平台、副产氢气纯化和高压储氢”的中国燃料电池轿车技术发展之路，掌握了燃料电池汽车动力系统平台集成与匹配、动力系统总成控制、车载电流变与驱动控制、燃料电池发动机系统集成、车载供氢系统集成、车载信息技术与远程监控、热管理、氢安全与电安全、动力总成与关键零部件测试、动力系统向整车集成、车辆运行考核与示范运行技术保障等在内的核心技术。

在燃料电池轿车动力系统技术平台的基础上，公司还将该技术移植应用于燃料电池客车及串联式混合动力客车的研发上，开发出城市客车双动力系统平台；应用于微型车和场地车的研发上，开发出纯电动轿车和微型车、燃料电池场地车和纯电动场地车动力系统平台；应用于混合动力轿车的研发上，开发出混合动力轿车动力总成控制系统。

二、2013 年科研项目及成果

（1）燃料电池轿车动力系统技术研发平台。研究面向示范燃料电池轿车动力系统优化总体方案，针对三种车型开展动力系统向整车集成的设计工作，针对车载电源升压供电方案开展动力驱动单元的改进优化设计。

（2）纯电动轿车动力系统产业化技术研究。完成纯电动微型车动力系统平台样车的集成研制、试验考核，以及动力总成控制器、动力控制单元、电机及减速器、辅助驱动控制器、动力电池及管理系统等关键零部件的产品定型。

（3）新能源汽车动力总成控制器（ECU）产业化研究。完成了满足各型新能源汽车动力总成控制需求的 32 位通用型、高可靠性动力总成控制器 ECU 产品化开发，并形成产品系列，建立了包括符合汽车电子国际/行业规范、满足匹配标定与离线故障诊断的应用软件支持环境，并在燃料电池汽车、纯电动轿车、混合动力轿车动力总成控制及燃料电池发动机总成控制、车载供氢系统管理等领域实现了应用。

（4）新能源汽车动力控制单元产业化开发与应用。针对客户需求对动力控制单元产品的结构进行优化，形成同时满足中级燃料电池轿车、纯电动轿车及双动力电驱动客车的 90kW 级 PCU 产品及 DC/DC 变换、主驱动控制、辅助驱动控制等产品模块，开发的 60kW 级混合动力驱动控制单元已进入试验室试验阶段。

三、2013 年科研设施及科研能力建设

（1）新能源汽车动力总成控制器与动力控制单元装配中试生产线。完善并形成生产线在线检测能力建设，包括在线检测系统（ICT）及生产线线后检测设备（EOL），设计线上及线后测试台，形成年产万套动力总成控制器 ECU 和动力控制单元 PCU 的装配与产品验收检测能力。

（2）动力系统产业化基地开工建设。规划建设新能源汽车动力总成试验室、燃料电池发动机系统试验室、控制器开发试验室、动力控制单元开发试验室、整车转鼓性能调试标定试验室，目前土建工程已全部完成。

至“十二五”末期，公司将形成平台化、系列化电动汽车动力系统嵌入式 ECU 单班年产 2 万套、集成电力电子控制单元 PCU 单班年产 2 万套、其他汽车电子模块单班年产 1.5 万套的综合装配制造及质量保障能力，以及千套级燃料电池发动机、轮边驱动总成中试装配能力，并形成综合技术开发及试验检测产业化支撑能力。

四、主要产品

上海燃料电池汽车动力系统有限公司力争成为中国新能源汽车动力系统技术领域的总成产品和服务的优秀与知名供应商。主要产品包括：

（1）系列化、平台化新能源汽车动力总成控制器；

（2）新能源汽车集成动力控制单元总成；

（3）新能源汽车车载远程监控系统；

（4）5～50kW 燃料电池发动机总成；

（5）轮边驱动总成。

中信国安盟固利动力科技有限公司

一、发展概况

中信国安盟固利动力科技有限公司（以下简称“盟固利公司”）成立于 2002 年 5 月，是国内最早参与新能源汽车示范运营的锂动力电池生产厂家之一。截至 2013 年 12 月 31 日，公司注册资金为 10000 万元；公司员工总数为 573 人，其中管理及科研人员 176 人，占 30%；公司总资产为 57566 万元；全国范围内搭载盟固利公司锂动力电源的节能与新能源汽车已突破 5000 辆，累计安全行驶约 2 亿公里。

二、生产经营

2013 年盟固利公司完成电池生产逾 700 万安时，电池系统产品出货近 1500 套，主要集中在 HEV 和 PHEV 客车领域。实现销售收入 11543 万元，同比增长 27.2%。

三、产能建设

2013 年，盟固利公司实际产能为年产 6000 万安时锂离子动力电池。

四、技术进展及研发能力进展

1. 技术研发工作取得重要成果

（1）高能量密度电池工艺开发。盟固利公司结合动力电池发展趋势，一方面努力提升现有动力电池产品的能量密度，另一方面开展较为前沿的 200W·h/kg 原型电池体系研究。配套开发了高面密度电极涂覆工艺和高容量正负极材料电极配方的优选方案，最终完成 10A·h 电池样品的制备，质量能量密度已达到 205W·h/kg。

（2）关键材料合成及应用技术开发。针对现有市场上钛酸锂原材料供应不稳定、价格高昂等问题，盟固利公司开发了完全自主知识产权的钛酸锂材料合成技术，并已完成原材料的筛选及中试工艺放大验证，这对于钛酸锂电池成本控制及未来产品的推广有着积极而深远的意义。

（3）新电池体系开发。重点进行功率型钛酸锂电池样品小批量生产，并将该款产品单体分别给 5 家合作单位进行测试，测试结果显示，该款产品的部分关键性能指标已经超过日本东芝公司生产的同类产品。此外，盟固利公司还顺利完成钛酸锂电池系统开发，并在商用客车上实现了应用。

（4）电池性能劣化诊断技术开发。盟固利公司在同行业内率先开发出全电池三电极技术，目前该技术已应用于公司动力电池新产品辅助设计及电池使用过程中性能劣化机制的仿真研究。

2. 技术转化使产品关键指标显著提升

2013 年，盟固利公司技术团队主要在关键材料的国产化、优化生产制造工艺以减少损耗、合并工序等方面如何持续地降低电池原材料及制造成本进行研究，同时努力加快了技术转化进程，其动力电池产品在电池寿命、功率密度和能量密度提升等方面取得了显著进步。

（1）能量型动力电池产品方面，90A·h 改进型电池产品成功实现量产，其质量能量密度由之前的 120W·h/kg 提升到 160W·h/kg，高温循环寿命由之前的 500 次提升到 800 次。

（2）高功率电池产品方面，用 8A·h 高功率型电池产品对 HEV 进行了技术升级，已成功将功率密度由之前的 2000W/kg 提升至 4000W/kg，关键性能指标与日本日立第三代高功率产品相近，并且可以在低温下反复充放电且容量不损失，从而大大拓宽了此类产品的使用范围。此外，2013 年成功开发出 8.5A·h 高功率钛酸锂电池，低温特性显著提升，常温循环寿命超过 10000 次，高温（55℃）3C 循环寿命突破 2000 次（容量保持率达 95%），产品性能已接近国际领先的日本东芝 20A·h 钛酸锂电池。

3. 继续加大自主创新力度，巩固核心技术成果

2013 年盟固利公司获得授权专利 10 项，其中发明专利 3 项、实用新型专利 7 项。截至 2013 年 12 月 31 日，盟固利公司已获得授权专利共计 28 项，其中发明专利 7 项、实用新型专利 21 项。此外，盟固利公司全年新增 17 个整车公告，拥有整车公告总数为 64 个，在同行业中位居前列。

五、主要产品

零部件

序号	名称	型号
1	90A·h 纯电动汽车用锂离子动力电池系统	MDEP3953604
2	8A·h 混合动力汽车用锂离子动力电池系统	MDPP3460162
3	35A·h 插电式混合动力汽车用锂离子动力电池系统	MDEP3550702

续表

序号	名称	型号
4	8.5A·h 钛酸锂高功率电池系统	TDPP16608010（钛酸锂）

六、合资合作

2013 年，盟固利公司积极开拓市场，通过参加市场竞标的方式，成功获得北京公交集团 100 辆双源无轨电车用动力电池订单。合作的成功，对于公交集团进一步优化和改善北京市城区公共交通规划布局，更好地促进首都节能减排目标的落实起到了推动作用，同时对盟固利公司拓展产品应用领域也是一次有意义的探索与尝试。

七、发展规划

盟固利公司将继续积极响应政府关于产业政策的号召，除进一步巩固和拓展公司产品在纯电动商用车、PHEV 等市场领域的应用之外，还将在电网储能调峰、快充公交以及乘用车领域进行产品应用推广，为加快实现我国新能源汽车产业规划愿景贡献力量。

深圳市沃特玛电池有限公司

一、发展概况

深圳市沃特玛电池有限公司成立于 2002 年 5 月，位于深圳市坪山新区，注册资金 5894 万元，是一家集研发、生产、销售磷酸铁锂动力电池为一体的国家级高新技术企业。

公司现有员工 1000 余人，研发人员 130 余人；申请国家专利 180 项，已授权的有 130 项，其中发明专利已授权 5 项。目前日产 32650 型 5.5A·h 电芯 8 万支，新厂区规划产能为日产 32650 型 5.5A·h 电芯 30 万支，是国内最早成功研发磷酸铁锂新能源汽车动力电池并率先实现规模化生产和批量应用的磷酸铁锂动力电池企业之一。公司拥有自主知识产权，主要技术指标处于国际领先水平。

截至 2013 年底，已有 6000 多辆配备沃特玛磷酸铁锂动力电池系统的新能源大巴、乘用车、专用车在路上运行，累计运行里程超过 3 亿公里。沃特玛动力电池在国内 25 个新能源汽车推广示范城市中已占有约 20% 的市场份额，在欧洲、北美、东亚、东南亚及非洲等 30 多个国家和地区亦有大量应用。

2011 年，公司销售额达到 2.45 亿元，实现税收 939 万元；2012 年的销售额达到 3.53 亿元，实现税收 1282 万元；2013 年销售额为 2.47 亿元，实现税收 2921 万元。

公司先后获得“国家级高新技术企业”“深圳市高新技术企业”“深圳市龙岗区 2007—2009 年度科技创新奖”等荣誉；2010 年、2011 年、2012 年连续三年在中国电动车全行业评选中荣获“年度优秀动力电池供应商”荣誉称号；公司“沃特玛电动汽车动力电池组生产基地”项目 2011 年、2012 年、2013 年连续三年被列入深圳市年度重大项目；2011 年 4 月，公司成为“新能源标准与知识产权联盟”发起组长单位；2011 年 11 月，入选“节能与新能源汽车产业创新力 50 强”企业。

2012 年 12 月，公司入选财政部、工信部和科技部组织开展的“2012 年新能源汽车产业技术创新工程项目”支持企业。

2013 年 10 月，沃特玛成为深圳新能源汽车核心部件产业创新联盟理事长单位。

二、生产经营

1. 2013 年 1—12 月

2013 年销售汽车用电池组 1300 套，销售额约 23000 万元，主要客户有小金龙、时风、银隆、海马、青年、五洲龙、宇通、苏州金龙、毕节添钰、蜀都客车等。

2013 年储能电池实现销售收入约 1100 万元，主要客户有倍肯、皇明、神牛、万业隆、中裕、科力、晶日、艺源优源、泰昂、兆申、中电、禾美等。

2013 年销售基站电池 726 组，销售额约 900 万元，主要客户有广西移动、德阳移动、遂宁移动、达州移动、巴中移动、四川移动、科士达、宏绩信、爱维达、科华等。

2. 2014 年 1—3 月

2014 年 1—3 月，已获得汽车用电池订单 600 套，销售额约 20000 万元，主要客户有奥新、苏州金龙、南京金龙、长安客车、银隆、豪沃等。

2014 年 1—3 月，储能电池销售额 200 万元，主要客户有倍肯、重庆国贸、旭源、讯普、中裕、大成、艺源优源等。

2014 年 1—3 月，销售基站电池约 214 组，销售额约 140 万元，主要客户有达州移动、宏绩信、科华、成都移动等。

三、产能建设

公司具有高效稳定的生产能力。现有厂房面积 3 万多平方米，具有日产 32650 型 5.5A·h 磷酸铁锂电芯 8 万支的生产能力，有主要生产设备 500 多台、多条生产线，生产范围包括电芯生产、电池管理系统 BMS 生产、电池组生产。为了公司发展的需要，2013 年 6 月公司在坪山新区兰景北路68号新租厂房4万平方米，拟扩建生产线，规划在2015年底实现年产5亿安时动力电池的生产能力。

四、技术进展及研发能力进展

2010年沃特玛组建专业的研发机构，发展至今，有研发人员130余人，其中博士学历2人、硕士学历15人、本科学历60人、高级工程师3人、工程师15人。申请国家专利180项，已授权的有130项。2013年，公司在原有产品32650－5A·h电芯的基础上，经过材料优选、工艺设计和优化，开发出容量型32650－5.5A·h单体电池，重量比能量达到125W·h/kg，经国家客车质量监督检验中心检测，过充、过放、短路等安全性指标符合QC/T 743－2006行标要求，并通过科技成果鉴定为整体性能达到国内领先水平。

五、主要产品

零部件

序号	名称	型号
1	磷酸铁锂动力电池组（纯电动环卫车）	L－144V－120AH
2	磷酸铁锂动力电池组（纯电动公交车）	L－540V－600AH
3	磷酸铁锂动力电池组（混合动力客车）	L－256V－50AH
4	磷酸铁锂动力电池组（纯电动物流车）	L－538V－140AH
5	磷酸铁锂动力电池组（混合动力公交车）	L－460V－35AH

六、发展规划

在未来的3—5年，公司将继续致力于新能源汽车动力系统、储能系统的研发、生产、销售，加强团队建设、文化建设、品牌建设。在“新材料、新结构、新工艺、新设备”上加大研发力度，掌握行业核心技术，抢占市场竞争的制高点。在管理策略上，紧抓三大体系：人力资源管理体系、质量管理体系、财务体系。在产品策略上，动力系统和储能系统两手并重。在市场布局上，立足国内市场，开拓海外市场，实现2014—2016年销售目标：10亿元、30亿元、40亿元。在产能建设上，2015年底实现5亿A·h的生产能力。

上海卡耐新能源有限公司

一、发展概况

1.2013年1—12月

2013年3月21日，CEB－LM26电池通过QC/T 743－2006“电芯汽车用锂离子蓄电池”有关型式检验要求。

2013年3月21日，CEB－LM26电池通过UN38.8“电芯汽车用锂离子蓄电池”有关型式检验要求。

2013年4月，第一套纯电动小轿车用电池包系统出厂。

2013年5月，自散热2P标准模块上市。

2013年5月12日，电池通过美国UL1642认证，产品获得UL标示。

2013年6月，第一套纯电动客车用电池包系统出厂。

2013年11月，第一套纯电动物流车用电池包系统标准模块出厂。

2013年12月3日，上海卡耐新能源有限公司通过TS16949：2009体系认证。

2013年12月18日，上海卡耐新能源有限公司开发出“一种电池一致性的动态评价系统”，并获得专利。

2.2014年1—3月

2014年1月13日，上海卡耐新能源有限公司通过ISO 9001：2008质量体系认证。

2014年1月13日，上海卡耐新能源有限公司通过ISO 14001：2004环境体系认证。

2014年1月13日，上海卡耐新能源有限公司通过OHSAS职业健康安全管理体系认证。

2014年3月，功率型产品CPB－LM20电池上市，支持5C充电8C放电；

二、生产经营

2013年总收入2000万元。

2014年第一季度总收入500万元。

三、产能建设

现有产能80万PCS/年，折合7696万W·h。

计划在未来三年建设二期厂房，届时生产能力可达到400万只、3.8亿W·h。

四、技术进展及研发能力进展

（1）上海卡耐新能源有限公司采用三元材料作为正极、负极，采用硬碳技术、陶瓷隔膜、结构层叠式两端出极耳工艺，使得产品在保持164W·h/kg的高比能量下还具有在针刺极端条件下不气胀不冒烟的高安全性。

（2）上海卡耐新能源有限公司采用全套日本进口电芯生产线，极片涂布厚度精度控制在1um以内，产品一致性水平遥遥领先。

（3）上海卡耐新能源有限公司拥有日籍研发生产管理人员4名；系统开发人员30人，提供电池包系统风冷和水冷成组解决方案，截至目前，上海卡耐在电池包系统成组领域已获得专利14项。

五、主要产品

零部件（动力锂离子电池）

序号	名称	型号
1	三元锂离子软包装锂离子电芯	CEB－LM26 3.7V 26Ah（容量型）
2	三元锂离子软包装锂离子电芯	CPB－LM26 3.7V 20Ah（功率型）
3	三元锂离子软包装锂离子电芯	CPB－LM17 3.7V 17Ah（功率型）

六、合资合作

（1）上海卡耐新能源有限公司联合上海万宏动力能源有限公司、上海微系统所、上海硅酸盐所开展新能源电池的产学研合作创新联盟。

（2）上海卡耐新能源有限公司同中国汽车技术研究中心、Ricardo UK Ltd. 合作，成立了BMS开发工作组，针对卡耐电芯提供BMS和电池包系统成组方案。

（3）上海卡耐新能源有限公司同上海申龙客车、上海大郡动力、上海国际汽车城合作，共同开发上海通勤大巴。

七、发展规划

2014年实现电芯原材料国产化。

2015年面向混合动力市场推出支持10C充放电的电芯。

2016年产能达到400万PCS/年。

合肥国轩高科动力能源股份公司

一、发展概况

合肥国轩高科动力能源股份公司（以下简称“国轩高科”）成立于2006年5月，位于合肥市瑶海工业园，注册资金20221万元，现有职工1300余人，专职研发队伍150余人，其中硕博学历人员占50%以上。

主要产品为动力电池系列产品，已有的磷酸铁锂正极材料、动力电池组、电源管理系统、储能电池组、电动汽车电池远程监控等在战略性新兴产业中得到广泛应用。

2011—2013年，公司先后被评为国家高新技术企业、安徽省环境保护创新试点单位、安徽省工程技术研究中心、安徽省自主创新品牌示范企业、合肥市知识产权示范单位、合肥市创新型企业、合肥市纳税百强企业等，荣获“合肥市最具成长性企业”“安徽省名牌产品”等称号。2011年，公司被授予安徽省企业技术中心；2013年，公司被认定为安徽省博士后工作站。公司以新型锂离子电池技术为核心，为电气机械和器材制造领域提供解决方案与设备支持。

二、生产经营（含出口）

2013年，合肥国轩高科动力能源股份公司在产品研发、品牌塑造、市场开拓、质量提升、技术合作等方面均取得了长足进步，全年共交付电池组2082套，动力电池出货量位居全国第一。

2013年5月，公司完成了前期105套青岛电动汽车动力电池中标产品的交付，并于9月再次中标100套电动汽车动力电池组。2013年8月10日，由南京金龙客车制造有限公司联合合肥国轩高科动力能源股份公司生产的100辆纯电动客车在南京市建邺区正式交付给南京亚青组委会使用，此批纯电动客车由生产企业免费提供，并全程服务于“亚青会”。2013年12月，公司中标合肥公交集团300套电动车电池及管理系统已投入运营。

截至2013年底，装配国轩高科锂离子动力电池的近万辆新能源汽车奔驰在全国各地，总续驶里程已超过1亿公里，无重大事故发生，部分产品已出口至中国台湾、加拿大等地。

2014年第一季度，公司陆续与山东新大洋、北汽新能源、重庆长安新能源等新客户展开合作，完成技术对接、样车开发等工作，为公司的持续性发展打下了坚实的基础。

三、产能建设

2014年，合肥国轩高科动力能源股份公司进一步加快了新厂建设工作，新厂位于合肥新站区内，占地199.37亩，总投资8.46亿元，项目建成达产后预计实现年新增产值14亿元。新厂分两期建设，一期工程已经于2013年5月开工建设，2014年5月竣工投产。

四、技术进展及研发能力进展

近年来，公司自主研发、科技创新成果在电池产业化方面的应用，大大提升了企业产能建设水平。公司承担863项目2项，承担国家工信部技改项目1项，申请并承担省自主创新项目3项。钛酸锂等三个新产品申请并被认定为安徽省省级新产品；“电动汽车用磷酸铁锂电池及产业化”项目获安徽省科学技术二等奖；与中国科学技术大学合作的“新能源汽车动力锂电池管理关键技术及其系统”项目获安徽省科学技术三等奖；“磷酸铁锂动力电池产业化”及

“高功率型磷酸铁锂复合材料技术研究及产业化”项目分别获合肥市科学技术一等奖。

公司在技术创新的同时，注重自主知识产权的开发和保护，重点在下一代电动汽车电池的关键材料方面积极开展国内外专利布局。截至2014年6月底，国轩高科累计申请专利381项（发明专利190项，含5项美国发明专利），授权专利142项（发明专利26项）。

五、主要产品

动力电池组

序号	名称	型号	类别
1	动力电池	DK1411（538V/390AH）	纯电动大巴电池组
2	动力电池	DK1418（538V/520AH）	纯电动大巴电池组
3	动力电池	DK1415（538V/90AH）	混合动力电池组
4	动力电池	DK1329（538V/300AH）	国网快换电池组
5	动力电池	DJ1401（76.8V/150AH）	轿车电池组
6	动力电池	DJ1306（307.2V/65AH）	轿车电池组

六、合资合作

国轩高科作为高新技术企业，坚持不断创新和核心竞争力的打造，确保技术和产品品质的不断提高并处于行业领先地位，为此公司先后与中国科技大学、华中科技大学、合肥工业大学、安徽大学及新加坡国立大学等高等院校结成了产学研合作联盟，并与上海申沃、安凯客车、江淮汽车、山东新大洋、众泰控股集团有限公司、陶氏化学等公司签订了战略合作协议，使得公司在技术开发、企业管理、产品推广、原材料来源等方面形成了广泛的战略联盟。

七、发展规划

国轩高科秉承“珍惜、务实、诚信、创新”的理念，以“绿色新能源创造者”为使命，以“国内动力电池行业领导者”为愿景，以“做精做强，以精博大，以快博慢，抢占先机，树立动力电池第一品牌”为战略指导思想，推动动力电池产业化发展，产能、销售年复合增长率达50%以上。

超威电源有限公司

一、发展概况

超威电源有限公司（以下简称“超威”）创立于1998年。公司以“致力于成为动力电池和储能电池全球第一大供应商”为愿景，经过全体超威人的努力，到2012年，这个目标已经实现。超威总部位于中国浙江省长兴县，集团在浙江、山东、江苏、河南、安徽、江西及河北等省建有17家子/分公司。超威动力电池主要以自营品牌“超威”（CHILWEE）与创元锂电销售，品牌被誉为“中国驰名商标”。同时，超威被国际权威认证公司Frost&Sullivan评为“行业全球领导者”。

超威成立了省级重点企业研究院，开展动力电池和储能用锂电池、铅蓄电池新产品、新技术、新工艺、新材料、新结构、清洁生产技术及其关键技术的研究。截至2013年底，超威研究院总共投入研发经费13327万元，建成研发实验场地18187平方米，配备扫描电子显微镜（SEM）、XRD－6100粉末衍射仪、英国马尔文NanoZS90纳米粒度及电位分析仪、TAS－900superF原子吸收分光光度计、光谱仪SPECTROMAX、动力锂电池性能检测设备BK－8196LPH/10等试验、研发用国际先进设备198台/套，设备投资总金额达5052万元，研制设备、设施硬件处于新能源动力电池与储能电池同行业领先水平，为突破产业链瓶颈技术打下了扎实的硬件基础。

超威研究院高度重视科技创新人才的引进与培养工作，截至目前，研究院引进国际国内顶级专家顾问共20余人，其中院士6人、海归博士2人、教授级专家12人。研究院共有专业从事科研人员127人，其中具有本科或中级以上职称人员有79人，集团已经建立了国家级博士后科研工作站和院士工作站，为研究院各项科技创新工程的实施提供了人才保障。

二、生产、经营

科技创新是超威持续发展的原动力，是从超威制造向超威创造转变的根本原因。

（1）动力锂离子电池批量生产。2013年，超威抓住电池行业整合与电驱动车辆快速发展的机遇，围绕浙江省重大科技专项“电动汽车用锂离子动力电池关键技术的研究开发”，重点进行电动汽车用锂离子电池的产业瓶颈技术攻关：在开发新材料的基础上，对匀浆、涂布、化成、分容配组工艺进行了系统突破，不仅提高了成品率、降低了成本，同时电芯的安全性和能量密度得以大幅提升。超威开发的磷酸铁锂动力电池系统通过国家级的强制检测，并与北汽、河北御捷、东风荣成等实现了整车配套试运行。2013年动力锂电销售收入突破1亿元。

（2）电动汽车用铅酸蓄电池产能大幅度提升。超威先后在安徽超威、山东超威、河南超威、江西新威、江苏永恒等子/分公司进行批量生产，目前达到年产 120 万只电动汽车用铅酸蓄电池的生产能力。

三、技术发展及研发能力进展

2013 年超威研发引进的前瞻性项目有：启停电池、超级电容、铅碳电池新材料、储能电池系统等。

1. 高功率混合动力汽车用铅酸蓄电池

该产品采用“直连铸焊结构和工艺”，拥有“ZL201010287934. X 铅酸蓄电池极板制造工艺”等四项发明专利，具有高功率、高比能量、长寿命、支持快速充电等优越性能，2013 年列入国家重点新产品。

技术指标如下：

项 目	技术指标
3hr 容量	109% C_3
3hr 重量比能量	35W·h/kg
1h 快速充电	0. 98 C_3
15min 快速充电	0. 70C_3
最大放电功率	540W/kg
最大充电功率	115W/kg
3hr 低温容量（-20℃）	0. 80 C_3
大电流放电（1C）	54min
100% DOD 循环寿命	400 次
80% DOD 循环寿命	700 次

2. 智能电动车用铅酸蓄电池

智能电动车用铅酸蓄电池是电化学与智能电子技术、无线通信技术和互联网技术融合开发出的智能电池。利用外围技术对蓄电池进行电压、电流、温度等数据监测，并针对蓄电池的状态进行远程故障诊断、均衡控制、远程维护等，从而提高蓄电池的可靠性，改善了蓄电池的一致性，延长了蓄电池的使用寿命，实现了蓄电池的远程在线服务及回收管理，有效解决了长期以来铅酸蓄电池一致性较差的问题，成为铅酸蓄电池发展史上的一个重大创新。2012 年该产品被列入国家重点新产品。

项 目	技术指标
3hr 容量	105% C_3
3hr 重量比能量	35W·h/kg
1h 快速充电	0. 98 C_3
3hr 低温容量（-20℃）	0. 70 C_3
大电流放电（1C）	51min
80% DOD 循环寿命	800 次

3. 为批量生产采购、安装、调试设备

2013 年，超威在河南启动的启停电池项目，设计年产 200 万只 AGM 和 EFB 启停电池，通过与专业生产启停电池的全球知名企业德国摩尔公司的资本合作和共享技术平台，为启停电池项目的顺利实施奠定了坚实的基础。2013 年 6 月完成了项目总体设计，目前生产厂房建设已基本完工，订购的进口设备将陆续到港。随着设备的安装调试，此项目计划在 2014 年进行批量投产，为汽车行业节能减排提供一款高性能的产品。

4. 铅循环回收项目

2013 年 3 月，浙江省超威电源研究院与北京化工大学合作，成立了“原子经济法铅回收项目”小组，投资建立了氧化铅粉实验室试验线。经过 8 个月的实验，验证了该项目的工艺可行性。该项目采用原子经济反应为核心的工艺，将废旧铅酸电池转化成可直接利用的铅粉，回收利用率高达 99%，具有高效率、无污染、低能耗、低成本等优势，是一项彻底改变全球铅酸电池回收产业环境脏、乱、差的重大革命性创新，颠覆了传统的火法和湿法工艺，属世界首创。超威将尽快将这项技术培育成熟，并进而将铅循环回收项目产业化。

四、主要产品

序号	名称	型 号
1	蓄电池	3-EVF-150、3-EVF-180、3-EVF-200、4-EVF-135、4-EVF-150、6-EVF-100、6-EVF-120、6-EVF-150
2	高功率电池	3-EVF-200B、6-EVF-70B、6-EVF-100B、6-EVF-110B、6-EVF-150B
3	智能电池	3-EVF-200Z、4-EVF-150Z

河南新太行电源有限公司

一、发展概况

河南新太行电源有限公司隶属河南科隆集团，是新乡太行电源（集团）有限责任公司（原国营第七五五厂）改制重组后的新型规模化电源企业，国家 863 计划重大专项 HEV 汽车用电池正极材料研发及产业化基地，国家万吨镍氢电池正极材料国债项目、国家火炬计划项目承建单位，国家 863 计划增程式乘用车电源合作单位等。

公司先后取得军工产品质量体系认证、国家二级保密资格认证、QPL 军品生产线认证及 UL 国际认证，是中国化学与物理电源行业协会副理事长单位，是国家大型一类企业、国家一级计量合格企业、总装备部装备承制单位、军工电子装备科研生产单位、国家高新技术企业、全国电子元器件百强企业。

企业整体发展呈上升趋势，新品开发的投入及开发力度进一步加大，在新能源汽车、城市轨道交通、水中装备等领域取得新的突破。

新能源电动汽车市场的启动带动了锂电收入的增长，2013年公司整体收入同比增长10%。

二、产能建设

（1）年产动力型锂离子电池1.2亿安时；

（2）年产电动汽车电源系统3000套。

三、合资合作

2013年9月，与山东东营科岭公司合作电动汽车项目，并签订合同，已投入使用。

2013年12月，与郑州宇通公司合作纯电动车项目，并签订76套纯电动车订货合同，并成为长期合作伙伴。

2014年1月，与广东深圳陆地方舟公司合作电动汽车项目，并签订合同，实现批量化生产。

2014年3月，与云南昆明航天公司合作mini—BUS车项目，为下一步合作奠定了基础。

与资阳机车厂合作开发混合动力机车项目，已通过样车调制，为后期的长期合作奠定了基础。

与中国移动、中国网通合作开发的储能项目，顺利成为集中采购供应商，并开始批量供应。

公司与中原工学院团队就电源系统热管理设计运用到混合动力机车项目签订合作协议，该项目的成功开发将成为我国铁路未来换代升级产品，成为我国首批节能性能、环保性能优越的绿色国家铁路干线调车机车的主流产品。

四、证件、认证方面

2013年8月，公司顺利通过环评验收。

2013年12月，顺利通过IATF TS16949体系认证，对下一步新能源汽车开发的顺利进行提供了资质上的保障。

五、技术进展及研发能力进展

公司参与国家级及省部级、市级科技攻关项目，先后承担了包括国家863重大项目、发改委国家重大产业攻关项目在内的政府科研项目10项，累计投入（包括资助金额）数亿元。通过这些项目，研发团队对锂离子动力电池一致性、安全性、可靠性和成本等关键技术进行了深入研究，使公司进一步健全完善了企业研究开发平台及创新实践基地，并在产业化方面取得了长足进步。公司具有新能源汽车电源系统研究开发的实力及产业化能力：拥有3个独立研究中心以及国家级博士后工作站，能够完成30多种产品的可靠性和安全性模拟实验，通过80个数据采集通道采集12个试验台的数据用于数据分析。在质量管理体系中严格导入IS 9000、IS 14000、TS 16949等国际标准，并通过CE、UN、UL等国际认证确保产品品质；公司营销网络已经覆盖中国大陆市场，并远销欧洲、北美、南美、东南亚、中国台湾、韩国等国家和地区，并成为宇通、科岭、陆地方舟、云南航天等企业的电源系统供应商。

公司已通过军品质量体系认证，长期为战机、舰艇、坦克配套电源系统，现为大飞机、动车组建设项目进行配套。公司曾获得国家优质产品银质奖（国内蓄电池行业获得的最高荣誉）、国家科技进步奖、部级优质产品奖、部级质量管理奖等多项荣誉，多次受到信息产业部和总装备部的表彰，河南省科学技术厅对公司新能源汽车用高性能锂离子电池系统及快换式电动汽车电池系统进行了科技成果鉴定。

资阳机车“混合动力机车项目”是国内首台自主研发的机车调车项目，经过一年多的运行，储能系统性能好。目前，公司承担的新太行“混合动力机车项目”是铁路总公司2014年的重大科研项目——国内第二台/套兆瓦的机车调车。

六、主要产品

序号	用途	型号	标称容量（mA·h）	标称电压（V）	充电电压（V）	最大充电电流（A）	放电电压（V）	最大持续放电电流（A）	尺寸（mm）		最大重量（g）
									直径	高度	
1	高容量型磷酸铁锂电池	IFR26650EP－3300mAh	3300	3.2	3.65	1C	2.0	5C	26.2±0.2	65.5±0.5	89
2	高功率型磷酸铁锂电池	IFR18650P－1300mAh	1300	3.2	3.65	5C	2.0	15C	18.1±0.2	65.0±0.5	44
3	高容量型三元锂离子电池	INR18650C－2600mAh	2600	3.6	4.2	1C	2.75	2C	18.1±0.2	65.0±0.5	49
4	高容量型三元锂离子电池	INR18650C－2800mAh	2800	3.6	4.2	1C	2.75	2C	18.1±0.2	65.0±0.5	49

续表

序号	用途	型号	标称容量（mA·h）	标称电压（V）	充电电压（V）	最大充电电流（A）	放电电压（V）	最大持续放电电流（A）	尺寸（mm）		最大重量（g）
									直径	高度	
5	高功率型三元锂离子电池	INR18650P－2000mAh	2200	3.6	4.2	3C	2.75	10C	18.1±0.2	65.0±0.5	46
6	数码类三元锂离子电池组	3S2PINR18650－2200mAh	4400	11.1	12.6	1C	8.25	0.2	56×42×70（长×宽×高）		160
7	航模三元锂离子电池组	3SINR18650PD－1500mAh	1500	11.1	12.6	2C	8.25	10	—		160
8	电动玩具类三元锂离子电池组	3SINR18650P－1500mAh	1500	11.1	12.6	3C	8.25	15	—		210
9	电动客车用电源系统	THE504－317	317000	538	605	300	437	300	许继标准快换式箱体		290000（单箱）
10	底盘换电式电源系统	THE135－150	150000	144	162	50	117	100	1536×854×257（长×宽×高）		260000
11	底盘外置异形电源系统	THE270－90	90000	288	324	30	234	90	1680×1182×315（长×宽×高）		355000

七、发展规则

到 2015 年，实现动力锂电池年生产能力达 5 亿安时，具备配套 30 辆乘用车或配套 1 万辆大型客车的能力。

东莞市迈科新能源有限公司

一、发展概况

东莞市迈科新能源有限公司（以下简称“迈科新能源”）创建于 2003 年 12 月，是迈科科技公司的全资子公司，是一家专业致力于锂电池及相关配套电子产品研发、生产和销售的高新技术企业。公司位于全球制造业基地东莞市，公司总部和研发中心位于东莞市大朗镇的迈科工业园，与制造中心毗邻，整个工业园占地面积 153000 平方米，建筑面积 200000 平方米，在职员工年平均 3200 人，科研人员超过 600 人。

迈科新能源创建之初的产品定位是消费类电子产品锂电池，2009 年底，正式成立动力和储能事业部，开始生产和销售动力和储能电池。

经过近 5 年的发展，迈科新能源继承了公司在二次电池和电池材料领域所积累的超过 15 年的制造经验，特别是依托公司强大的产学研平台，突破多项锂动力电池产业化的技术瓶颈，建立了丰富完善安全的动力储能电池的产品体系，所设计制造的大容量、高安全性的锂电池涵盖卷绕和叠片、软包和硬壳等多种类型，并根据客户的要求提供整体解决方案。

二、生产经营

2011 年，迈科新能源引入台湾管理团队，对公司的制造和经营体系进行规范化、流程化改造和提升，确定了公司的愿景——致力成为国际一流企业的二次电池主力供应伙伴，进一步明确了公司的发展战略——服务“大客户”战略。

2013 年，迈科新能源与中山大学研究生院、深圳五洲龙合作生产的 40 辆穿梭中巴成功交付东莞市松山湖客运站投入运营；所承担的“聚合物动力型锂离子电池的研发和产业化”获得“东莞市科学技术进步奖”。在储能方面：从 2010 年底参加中国联通通信新型电池的研究项目，2013 年顺利通过所有检测项目，并取得联通的供应商资质；48V 系列通信锂离子后备电池成功应用于韩国电信。

三、产能建设

迈科新能源拥有动力及储能电池的核心技术，建设了两条动力和储能电池生产线，动力电池生产能力为 3 万安时/每天。2012 年，迈科与东莞中山大学研究院合作成立了“新型轻量化电动汽车中试基地”，占地面积 6000 平方米，年生产能力为 400 辆，努力打造成东莞新能源电动汽车示范区。

四、技术进展及研发能力

迈科新能源于 2008 年启动新能源电动汽车动力电池及储能电池的研究开发，结合天津大学、清华大学、国家纳米中心、北京航空航天大学、华南理工大学、华南师范大学、中山大学、广东工业大学、东莞理工学院等高校的科研资源，并与大多数重点企业结成战略合作伙伴关系，集“产、学、研、用”于一体，对动力电池和储能电池的基础材料体系、系统集成、应用试验等进行多方面的研究合作，取得了丰硕的成果，开发出新产品 30 余项、新材料 40 余项、新工艺 20 余项，发明专利 35 项，发表论文 80 篇，为企业培养 15 名博士、35 名硕士。

2013 年，迈科新能源引进世界先进、国内一流的广东省创新科研团队，重点攻克高性能锂离子动力电池关键技术，解决现有动力电池体系存在的续驶里程短、充电时间长、循环寿命短、成本高等弊病。此项目将获得国家和地方各超过 3000 万元资金资助，项目完成后，将为迈科新能源带来 10 亿元以上的产值。

五、主要产品

专业的动力电池设计团队，以“以人为本，安全第一”为设计理念，能为各种电动设备提供强有力能源支持。自主研发 BMS 电池管理技术，率先使用主动无损式均衡功能，为电池提供更高层次的安全保护；组合灵活多样，可根据客户需求任意配置，进行个性化设计；符合 UL、CE、FCC 等安全规范认证要求。产品用于电动工具、电动自行车、电动摩托车、电动轮椅、轻型电动车、电动大巴等。

图　例	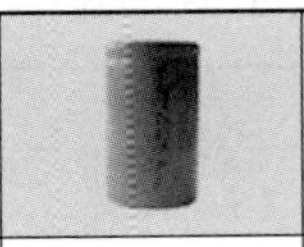	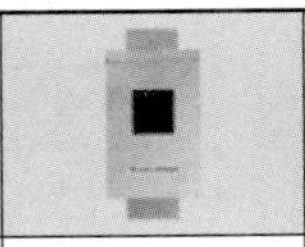				
产品型号	LFP32650（容量/倍率型）	LFP1380120（容量/倍率型）	LFP29135220（容量/倍率型）	LFP12V8Ah（电池组）	LFP72V200Ah（电池组）	LFP396V130Ah（电池组）
标称电压（V）	3.2	3.2	3.2	12	72	396
额定容量（Ah）	5	8	60	8	200	130
产品尺寸（L×W×H）（mm）	32×67	13.5×80×120	29×135×220	167×73×120	890×620×300	750×550×260
重量（kg）	0.15	0.24	1.9	1.2	130.0	95.0
电气特性						
电压范围（V）	2.0～3.65	2.5～3.65	2.5～3.65	8～14.6	60～87.6	280～408.8
充电方式	CC/CV	CC/CV	CC/CV	CC/CV	CC/CV	CC/CV
最大放电电流（A）	50	80	200	720	400	200
最大充电电流（A）	10	8	20	24	100	65
充电截止电压（V）	3.55	3.65	3.65	14.6	87.6	403.8
放电截止电压（V）	2.0	2.0	2.0	8.0	60.0	280.0
循环寿命（0.5C 充 0.5C 放，剩余 80%）	>3000	>2000	>2000	>1000	>2000	>2000
工作条件						
工作温度	充电：0℃～40℃，放电：-20℃～55℃					
安全认证	CE、UL、UN38.3、163 认证					
防护等级	IP20					
备注	具备单体电芯 5～100A·h、电池组 5～300A·h 全系列产品批量生产能力，满足客户的不同需求					

BMS 管理系统

具备过充、过放、过流、温度等保护功能及告警功能；对电池充/放电进行优化和管理；具有与控制中心的通信接口。

六、发展规划

产能提升。2014 年，公司对产能进行提升，计划斥巨资建新厂房，面积为 100000 平方米，将锂电池电芯的产能提高至 50 万安时/日，动力电芯的日产能提高到 5 万个，PACK 日产能提升至 45 万套。

资质认证。完成国标军标体系认证并获得相应的保密资质；取得 TS 16949 认证，提升制造及研发体系的品质控制能力；取得 CNAS 实验室能力，提升公司实验室的管理和技术水平；根据《企业知识产权管理规范》，建立及完善公司的知识产权管理体系。

市场开拓。坚持“一主两翼”的产品战略，在动力储能方面，立足中巴电池，开发电动大巴及乘用车汽车电池。

凯迈嘉华（洛阳）新能源有限公司

一、发展概况

凯迈嘉华（洛阳）新能源有限公司隶属中航工业空空导弹研究院，位于洛阳国家高新技术产业开发区，是专业从事有机系超级电容器及其应用集成系统研发、生产的高科技企业。

2008 年，公司投资建设了具有国际领先水平的超级电容器生产线，并建成专业调试平台、超级电容器应用实验室，配套有精密的试验、检测设备。产品质量稳定可靠，其中 3000F 超级电容器单体和 48V 模块已顺利通过国家 863 重点实验室检测，在国内超级电容器行业中率先获得新能源汽车上车资质。2013 年，公司通过 TS 16949 及 ISO 9001 质量体系认证，成为国内超级电容器行业目前唯一通过 TS 16949 质量体系认证的企业。现已获得专利授权 29 项，并先后获得“国家科技发明二等奖”“高新技术企业”等称号。

公司先后加入河南省光伏及储能产业技术创新战略联盟、洛阳市储能技术材料及智能电网产业技术创新战略联盟，并担任联盟副理事长。

二、生产经营

公司自主研发生产的 UCM48V165F 电容模块已广泛应用于油电混合动力公交车，为多家新能源客车完成数百辆新能源客车的配套，车辆运行节油率达到 30%，且有多个车型已选入国家新能源车公告目录。

截至 2013 年底，公司储能团队拿下了数十个电力储能项目，在国内电力领域超级电容储能市场独占鳌头。其中，中标多个国家 863 项目，包括国内最大的南麂岛兆瓦级超级电容储能系统。

三、产能建设

公司拥有有机超级电容器生产线、各种专业调试平台、超级电容器应用实验室和检测设备，拥有完全自主超级电容生产线的知识产权（包括极片、单体及模组），新增试验检测设备数十余台/套。年产超级电容器单体数十万只、微网储能系统及 DVR 系统数百余套。

四、技术进展及研发能力进展

2013 年，中标及实施国内首个兆瓦级超级电容储能系统工程项目——南麂岛示范工程。

同年，公司获得“高新技术企业”称号。

五、主要产品

序号	名称	型号
1	超级电容器单体	UCPY350F/650F/1200F/1500F/2000F/3000F/5000F
2	超级电容器模块	UCM16V500F
3	超级电容器模块	UCM32V500F
4	超级电容器模块	UCM48V165F

六、合资合作

公司依托中航工业空空导弹研究院在人才、技术、制造及试验等方面的优势条件，坚持走产学研相结合的发展道路，与清华大学、华中科技大学、国家电网电科院等院校、科研院所展开深入合作，在刻苦攻关的基础上不断吸收先进技术，突破一批核心技术瓶颈。

公司在新能源车技术领域与福建冠龙新能源等多家车厂达成合作意向，2013 年为其配套新能源车数百辆，且运行效果良好。在储能方面与中国电力科学研究院、平阳电力有限责任公司等多家公司合作完成国家智能电网示范工程项目。在军用领域，依托中航工业空空导弹研究院的军方背景，与多家军品厂商达成合作关系，并确立了长远的战略目标。

山东恒宇新能源有限公司

一、发展概况

山东恒宇科技集团是一家年产值超 100 亿元的集团公司，位于山东省东营市。2010 年，公司投入近 10 亿元涉足锂电池新能源产业，成立恒宇新能源有限公司（以下简称“恒宇新能源”），采用国际一流的自动化生产设备，为确保锂电产品质量打下了坚实的基础。

2014 年，恒于新能源在有着 22 年锂电池研究经验的归国人员的带领下，在汽车动力锂电池方面，取得了突破，并在锂电产品生产及销售中引入全息码大数据管理模式。

2015 年，恒宇新能源东莞分厂、合肥分厂全面投产，将推进公司“年年有进步，三年大跨步”的目标顺利实现。

二、生产经营

2013 年实现销售额 1.68 亿元。

2014 年第一季度实现销售额 7538 万元。

三、产能建设

恒宇新能源在东营的厂房面积近30000平方米，年产能5亿瓦时，产品包括EV电池、LEV电池、数码电池、电子烟电池。为满足数码电池市场的高速发展，公司在东莞市设立了近20000平方米的分厂。同时，生产汽车动力电池的合肥工厂也已经开工建设，2016年将实现18亿瓦时的年生产能力。

四、技术进展及研发能力进展

（1）恒宇新能源电池体系包括三元、钛酸锂、磷酸亚铁锂和新型复合锰酸锂等。

（2）专利技术——双重保护，真正实现了汽车动力电池的高安全性、长寿命（5—10年）。

（3）解决了锂电行业工艺难点——封口泄漏问题，实现了锂离子聚合物电芯高一致性和高安全性。

五、主要产品

零部件

序号	名称	型号
1	三元材料动力电池（纯电动大巴电池）	HTG－576V－600AH
2	磷酸铁锂动力电池（纯电动小车）	HTG－320V－66AH
3	三元材料动力电池（纯电动低速物流车）	HTG－72V－300AH

六、发展规划

未来3年，恒宇新能源东营工厂、东莞工厂、合肥工厂全面投产，目标销售收入30亿元。

EVTD

一、发展概况

EVTD成立于2008年，是一家专注于锂离子电池管理系统（BMS）、主动均衡芯片及电池系统的研发、制造、销售及提供咨询服务的企业。公司拥有一支精通电池、电机、电器、汽车等技术的专家团队，在电池及EMS应用上拥有丰富的知识和经验，目前已获得16项相关技术专利，还有多项专利在申请中。

EVTD的BMS现有4大系列50多种型号，可应用于电动汽车动力电池系统、新能源储能系统，以及通信基站、银行、写字楼、医院等备用电源系统及其他领域。同时，结合客户特殊需求和电池参数等，设计生产匹配的BMS，确保电池安全、稳定、可靠，延长电池使用寿命。

EVTD充分发挥全球化人才优势，灵活运用先进的管理理念，在上海和东京成立了研发中心和实验中心，并与全球多家著名院校及大型电子生产商、知名整车制造商、世界知名汽车零部件生产商建立了良好稳定的合作关系，将最尖端的科研成果应用于产品之中。

EVTD以北京、上海、东京为辐射中心，业务网络覆盖中国、日本及欧美，技术水平与产品均受到极大好评。目前正在为多家电动汽车制造商、锂电池生产商、电力系统运营商等提供产品及技术服务。同时，为积极应对中国国内不断增多的客户，上海子公司的经营规模相应扩大。

二、生产经营

EVTD坚持以客户为中心的方针，与知名整车制造商及国内知名电池生产商开展长期供货合作，根据客户的需求定制了3款符合CE、PSE、RoHS标准的BMS，并逐渐扩大生产数量。同时，公司继续拓展中国国内业务，积极应对新客户的需求，已经与数十家企业签订了保密协议及开发协议。延续2013年的势头，根据客户需求稳步提升产量，并积极为下一阶段的大批量生产做准备。

三、产能建设

EVTD继续与世界知名汽车零部件生产商开展生产合作，发挥各自优势，保持现有的上海松江、日本三重县的年产100万套BMS和均衡系统专用芯片的全自动化生产规模。

四、技术进展及研发能力进展

截至2012年底，EVTD共投入5000万元用于产品技术研发和创新。研发出的新一代电源技术正在多个国家申请专利。2013年，在均衡系统专用芯片的研发上取得突破性进展，并荣获了日本新技术财团的技术奖。

五、主要产品

零部件

序号	名称	型号
1	电池管理系统	LEBM、SEBM、BEBM、MEBM
2	家庭备用电源	EBS－5800/8700/11600/17400
3	均衡系统专用芯片	EHC012

六、合资合作

EVTD与国内新能源汽车制造商、锂离子电池生产商以及世界知名汽车零部件生产商开展合作，共同开发了一系列技术领先、安全性高、可靠性强的产品。

同时，国内知名电池生产商共同研发制作的新能源储能系统，在双方紧密配合下，已出口日本，并与日本智能电网并网，深得用户好评。

七、发展规划

EVTD 自成立以来以最快的速度实现了量化生产，拥有稳定的客户群。在今后的一年里，仍将不断完善现有产品、开发新产品，同时与大型电动汽车制造商、储能设备运营商、各国电力公司等开展全面合作，预计 2015 年上半年将实现销售额 6000 万元。

预计 2017 年上半年的销售额比 2015 年上半年翻五番，同时创建电池循环利用市场，促进锂电池的高效回收利用，从而降低电池使用成本，为世界环保事业做贡献。

目前公司业务主要集中在中国和日本，力争 2015 年内实现为亚洲、欧美等国家和地区批量供货。

EVTD 将一直致力于中国锂离子电池产业的技术发展与创新，伴随着中国技术水平与经济的腾飞，以“芯在中国，赢在世界”为目标，求真务实，为每一位顾客提供高性价比的产品；与时俱进，与中国电池管理产业共同成长，用科技成果回报社会！

哈尔滨鑫业电动车技术开发有限公司

一、发展概况

1. 2013 年 1—12 月

哈尔滨鑫业电动车技术开发有限公司是从事新能源电动汽车整车开发及零部件生产的科技型企业，公司成立以来配合北京理工大学研究电池模组绝缘壳体材料及电池箱总成的开发，首先在奥运会议纯电动客车上获得了应用，之后为中信国安盟固利动力电池公司、天津龙池光电公司、北京新能源汽车公司、北京中新联电池公司等厂家生产配套。在双电机驱动总成方面，配合北京理工大学完成了北京科委的北汽福田迷迪轿车整车平台项目、国家 863 北汽新能源 C30 轿车双电机驱动整车平台项目、国家 863 广汽传祺后驱动轿车项目、国家 863 时风集团双电机整车平台等项目。在与大学开展科研活动的过程中，逐渐形成了自己专有的新能源汽车核心技术与研发目标，现已经取得 20 多项发明专利权和使用权，为企业的发展沉积了深厚的发展基础。

2. 2014 年 1—3 月

为实现本公司新的科研目标，本公司提出了寒带新能源汽车的研发及产业化计划，积极进入哈南开发区寻求发展创业，准备筹建中试生产线，首先以北理工电动汽车技术为发展平台，积极与当地的哈工大进行产学研合作，开展寒带新能源汽车的开发及产业化。

二、生产经营

2014 年 1—3 月

公司与哈工大开展寒带动力电池箱的应用研究，准备在哈飞中意面包车改装电动物流车、用哈飞轿车安装本公司的集成式电池箱与集成式主辅驱动系统，以高度继承性为目标改装电动出租车。现在设计工作已经开展，完成平台样车后，在此基础上开展寒带城市多功能电动车的开发与产业化，促进公司的科研成果转换。

三、产能建设

为实现本公司新的科研目标，积极进入哈南开发区寻求发展创业，除办公区域和生产车间外，在哈南 3000 平方米厂区准备筹建中试生产线，以促进公司寒带城市多功能电动车的开发与产业化的前期开发工作。

四、技术进展及研发能力进展

公司创已经确立了为传统车电动化的目标，就是以提高继承性为目标，积极研发集成式驱动中心与集成式快换动力电池箱的新技术，为传统车的电动化提供最便捷的条件，快速提高电动汽车的普及能力，以与哈工大科研为契机争取在寒带新能源汽车上的应用而努力。

五、主要产品

零部件

序号	名称	型号
1	九针连接器总成	XY - LJ400A
2	动力连接器总成	XY - DL400A
3	绝缘壳体系列	XY - KT36030018
4	集成式快换电池箱	XY - DX30KW
5	双电机独立论驱动减速器总成	XY - JQ200A
6	双电机主副驱动减速器总成	XY - JQ200B

六、合资合作

公司与哈工大合作开展哈飞中意面包车改装电动物流车、利用哈飞轿车车身本公司的集成电池箱与集成式主辅驱动系统改装电动出租车。

七、发展规划

近期公司已经与哈工大谈成开展哈飞中意面包车改装电动物流车、利用哈飞轿车车身本公司的集成电池箱与集成式主辅驱动系统改装电动出租车、经过与一汽洽谈本公司技术产品可在红旗系列产品上使用，为地方改装公务用车创造条件。现在设计工作已经开展，完成平台样车后，在此基础上开展寒带城市多功能电动车的开发与产业化，促进公司的科研成果转换。

北京亿马先锋汽车科技有限公司

一、发展概况

1. 2013 年 1—12 月

亦庄 50 亩新厂区建设顺利进行。

中发展集团注资 1000 万元，持有 6.95% 的股份。

2. 2014 年 1—3 月

亦庄新厂区一期主体工程完工。

二、生产经营

1. 2013 年 1—12 月

福田迷迪 100 台/套产品交付。

北汽 C70 动力系统开发完成并取得公告。

广汽传祺 GS5 完成电动车改制。参加底特律车展，获得好评。

2. 2014 年 1—3 月

完成出口萨博 30 台/套小批量。

签订福田迷迪 150 台/套供货合同。

三、产能建设

2014 年下半年，亦庄新工厂投入使用后，将达到年产 3 万套的生产能力。

四、技术进展及研发能力进展

第四代样机在美国问世，进入测试阶段。液冷方式，将电机与控制器集成，第四代产品在业内处于领先地位。目前已有多家整车厂对此产品产生浓厚兴趣。

五、主要产品

零部件

序号	名称	型号
1	电机 + PEU	AC - 150
2	电池包	—

六、合资合作

公司与广汽、吉利、北京现代、北汽新能源、中汽零的合作均在进行中。

七、发展规划

（1）立足中国本土中高端市场，开拓欧美中高端市场。

（2）积极在中国境内建立起一支强大的工程技术团队、客户化研发团队及售后服务团队。

北京华特时代电动汽车技术有限公司

一、发展概况

北京华特时代电动汽车技术有限公司（以下简称“华特电动”）（EVENT TECHNOLOGY CO. LTD）是一家集电动汽车动力系统及部件研发、生产制造与销售于一体的高新技术企业，成立于 2014 年 1 月。

公司整合多年的整车及部件专业设计能力，依托北京长城华冠汽车科技有限公司强大的产品研发团队、专业的生产及质量控制体系，为国内外众多电动汽车制造商提供标准电池箱、可再充能量存储系统（RESS）、动力系统等高可靠性产品、服务和解决方案。

华特电动团队，从产品设计到制造、销售，60% 以上的员工具备硕士以上学位，来自国内外相关领域知名企业，具有丰富的行业经验。团队专业素质高，富于创新能力，乐于奉献并致力于全球环保及新能源事业。

华特电动致力于新能源事业，立足全球环境保护，以“专业”的特质和极大的热情，携手国内外众多客户，共同开创“GreenLife”新时代。

二、生产经营

标准电池箱生产与销售。标准电池箱设计基于整车性能的考虑，其优点在于：结构和数量进行标准化设计，可根据客户需要进行组装，适用于不同车型；具有高可靠性及耐久性；采用液态介质冷暖温控系统；对电池一致性进行调配，最大限度地发挥电池性能，提高寿命；满足安全碰撞法规的要求，具有高安全性；达到 IP67 防水、防尘等级。

RESS 系统生产与销售。RESS 系统基于整车性能设计，其主要功能包括：高压安全功能；高压电池管理功能；电池热管理功能。

RESS 系统定制服务。可根据客户需求，基于整车性能分析，为客户定制、开发满足国家法规、标准要求的 RESS 系统，提供从设计、生产到安装、调试的一站式服务。

公司生产的 RESS 系统已成功应用于北京长城华冠电动超级跑车（前途/EVENT）。

三、产能建设

公司厂区位于北京顺义金马工业区北路，占地 12 亩，建筑面积逾 5000 平方米，计划于 2014 年 10 月建成具有年产 5 万个标准电池箱的批量生产能力，主要包括：

（1）现代化无尘车间。

恒温——保证生产线产品测试的精准；

恒湿——保护生产线的绝缘等级和生产安全；

防尘防静电——保证 BMS 等电子元器件组装的高可靠性、高安全性。

（2）自动化生产线。

保证生产线 RESS 系统组装的高效率、高质量。

（3）实验室。

搭建有整车 RESS 系统模拟实验台架、原材料/半成品/成品检测系统，为产品开发、量产提供完备的验证平台。

四、主要产品

序号	名称	型号
1	标准电池箱	无
2	RESS 系统	无

五、发展规划

华特电动致力于新能源事业，扎根于电动汽车动力系统，为国内外众多电动汽车制造商提供标准电池箱、可再充能量存储系统（RESS）、动力系统等高可靠性产品、服务和解决方案。

在公司成立之日起 1—2 年内，完成标准电池箱的量产能力（5 万/年），并通过高品质的产品和服务，成为业内知名电动汽车电池动力系统（RESS）供应商；在 3 年内，通过产品、服务的持续改进及业务的不断拓展，成为电动汽车动力系统专家，领跑电动汽车动力系统行业。

苏州达思灵新能源科技有限公司

一、发展概况

1. 2013 年 1—12 月

苏州达思灵新能源科技有限公司于 2013 年 3 月在苏州注册成立，以双凸极直流发电机技术和动力系统集成等专利技术为基础，开发、生产、销售系列的车载直流发电系统——增程器，用于各种增程式电动汽车（微型车、卡车、轿车、公交车等）。公司拥有 12 人的开发工程师团队、45 人的生产团队和约 3000 平方米的生产车间。

2. 2014 年 1—3 月

在 3kW（60V/72V/96V）增程器面市销售的基础上，5kW（72V/96V）完成小量试生产，正式推向市场。其中，3kW 增程器已经获得知名车厂 2 万套的订单，用于 2013 年旧车的改装和 2014 年的新车。20kW 系统二期装车路试已准备完成，并开始 10kW（180V）系统的开发。

二、生产经营

1. 2013 年 1—12 月

（1）3kW（60V/72V）销售 150 套；

（2）5kW（72V）装车 5 套；

（3）20kW（324V）装车 1 套。

2. 2014 年 1—3 月

（1）3kW（60V/72V）销售 300 套，其中出口日本 3 套。

（2）5kW（72）销售 20 套。

三、产能建设

按照增程式电动车市场发展预期及 2013 年的投资建设，2014 年可达到年产 25000 套增程器的产能。2015 年计划加大投资，达到年产 60000 套的产能。产品包括 3kW（60V/72V/96V）、5kW（72V/96V）、10kW（180V/240V）、20kW（324V），可用于铅酸电池电动车和锂电池电动汽车。

四、技术进展及研发能力进展

苏州达思灵新能源科技有限公司拥有自主知识产权的双凸极直流发电机技术和汽车动力系统集成技术，2013 年完成了 ZS170/188 通用发动机（单缸，化油器）的改装，以适用于车载发电系统的性能需要（如电子风门技术、强制风冷技术和系统集成软件工具技术），获得三项相关专利授权，同时完成了 QR372 发动机（三缸，电喷）的改装与标定及 20kW 发电系统的集成开发与设计，以独立发电单元结构实现与整车能源系统的简单可靠的集成。在增程器系统管理与控制研发方面，建立了开发软件平台技术，使得增程控制器可以同时支持铅酸电池电动车和锂电池电动车，具有高效的系统性能参数动态辨识能力，可使同一控制器支持电池系统电压范围从 60V、72V 扩展到 96V、140V、180V、240V 等。

五、主要产品

增程器系统

序号	名称	型号
1	3kW（60V/72V/96V）增程器	DSM0300xx - F4M（xx = 60/72/96）
2	5kW（72V/96V）增程器	DSM0500xx - F4M（xx = 72/96）
3	20kW324V 增程器	DSM200324 - S4M

六、发展规划

苏州达思灵新能源科技有限公司一方面开发不同功率的系列增程发电系统，包括 3kW、5kW、10kW、20kW、45kW 和 60kW 等；另一方面，开发不同燃料系列的增程发电系统，包括汽油、柴油、天然气和氢气等，最终形成两个系列产品线——小型经济型增程器和中大型高性能增程器，将苏州达思灵新能源简称增程器领域的领军企业。

南京越博汽车电子有限公司

一、发展概况

1. 2013 年 1—12 月

公司产品进入南京金龙客车混合动力系统开发；

公司产品进入南京金龙客车纯电动系统开发；

公司产品进入南京金龙客车 6 速自动变速器开发；

公司进行亚星客车混合动力及纯电动动力总成开发。

2. 2014 年 1—3 月

完成纯电动动力系统量产生产准备。

二、生产经营

2014 年第一季度，生产纯电动动力总成 38 台。

三、产能建设

工厂一期生产设备安装已经完成，目前的年生产能力为混合动力总成 3000 台、纯电动动力总成 3000 台、AMT 自动变速器 5000 台。

二期设备正在筹建中，预计 2014 年底安装调试完成，届时可满足混合动力总成 5000 台、纯电动动力总成 5000 台、AMT 自动变速器 10000 台的生产需求。

四、技术进展及研发能力进展

目前，公司已取得新型专利 6 项、计算机软件著作权 1 项，申请发明专利 4 项。参与 4 次国家 863 项目及省部级项目、国家支撑计划。公司具有南京金龙客车混合动力、南京金龙客车纯电动系统、潍柴/亚星客车混合动力系统、万向纯电动客车自动变速器系统、一汽商用车 AMT 电控系统、一汽客车混合动力 AMT 电控系统、依维柯混合动力 AMT 系统、天津同步自动变速器系统、长城腾翼骄车 AMT 系统、南京金龙客车自动变速器系统等产品的开发经验。

五、主要产品

零部件

序号	名称
1	单轴并联式混合动力系统
2	纯电动动力系统
3	电控机械式自动变速器 AMT
4	整车控制器 TCU
5	4 挡和 5 挡选换挡执行机构

六、合资合作

公司与吉林大学、南京理工大学等高校密切合作，与吉林大学汽车控制与仿真国家重点实验室建立了合作关系，建有研究生工作室，筹备建立博士工作站。与南京金龙、万向集团、天津同步 、上汽集团、潍柴动力、亚星客车等客户建立了合作关系。

七、发展规划

申报省、市级节能与新能源汽车动力总成工程技术中心及国家 863 项目，每年申请专利等自主知识产权 10 ~ 15 件，2014 年申报高新技术企业，公司争取用 4—5 年时间上市。

德国大陆集团

在欧洲，大陆集团早在 2003 年就开始率先批量生产混合动力系统。大陆集团的主要产品包括电池电控、电驱动系统、电机和 48V 环保驾乘系统等。2012 年底，德国大陆集团与韩国 SK 集团合资成立了 SK Continental e - Motion 公司，主要从事针对电动车和混合动力车的电池开发工作。

用于电动和混合动力车的第二代大陆集团功率电子产品已进入量产阶段。与第一代产品相比，第二代产品的体积和重量减小了约 30%，但性能更高，从而在业内设立了新的标准。大陆集团的新功率电子例证了模块化和可扩展设计的多功能性。在模块化系统的基础上，用于混合动力和电动驱动的功率电子适合广泛的功率要求。

大陆集团从 2011 年开始批量生产用于电动驱动的重要部件，即用作驱动单元的集成变速箱的电励磁同步电机。与永久性励磁电机相比，该技术可在整个工作范围内提供更高的整体效率，因为励磁电流在任何时刻均适应相关工作状态。再有一点就是，其转子无须使用稀土金属。电机量产已在下萨克森州的吉夫霍恩进行，2013 年全球产量约为 3 万多台。

针对欧盟 2021 年 95 克/公里二氧化碳的排放法规和国内 2020 年 5 升/百公里的汽车企业燃油平均油耗法规目标，大陆汽车推出了 48V 低压环保驾乘系统，在没有高电压的情况下，以极具竞争力的市场价格支持广泛的轻混功能，是大陆集团在动力混合方面“注重实效”理念的一个案例。48V 环保驾乘系统的开发，始于开发 12V 微混的全部潜力的设想，在 12V 基础电力网络和高压强混之间，新增加了一个电压等级——48V。48V 系统相比 12V 系统具有更多功能，同时拥有灵活的电池尺寸和合适的额定功率，是高压强混和低压微混之间完美过渡。大陆集团通过这种“量身定制的电气化”，帮助汽车制造商能够采取循序渐进的方式实现电气化。

此外，大陆集团还向亚洲提供种类广泛的部件，包括用于启停系统和发动机管理的部件。所有系统和部件的设计在很大限度上都是可扩展的，以适应各种燃料和驱动概念的组合，这种情况以后将会出现在从低成本紧凑型车到越野车、豪华轿车和商用车的各种车辆之上。对于每个部件，大陆集团都研发了一种灵活的模块化系统，以适应各种功率电平和技术设计。凭借灵活的策略、广泛的技术和全面的专业知识，大陆集团在推动电动驱动技术的发展上起到了决定性的作用，尤其是在向各种驾乘形式的转变以及替代驱动系统的发展正方兴未艾的亚洲地区。

从 2006 年起，大陆工程服务（CES）开始活跃于工程服务领域，并在 2010 年涉足中国市场。CES 可以提供不同领域包括刹车安全工程、底盘工程、驾乘安全、混合动力电动车、变速箱、发动机控制、排气后处理、车身电子、仪表、AUTOSAR 软件、系统集成等的工程咨询及服务。结合混合动力事业部的产品，可以提供从概念分析、可行性研究、样车开发测试到批量生产的混合动力电动车一站式全套服务。

AVL 李斯特公司

一、发展概况

奥地利 AVL 李斯特公司（以下简称“AVL 公司”）是全球规模最大的从事内燃机设计开发、动力总成研究分析以及有关测试系统和设备开发制造的完全独立的公司，与全球几乎所有的汽车生产商与供应商建立了紧密的合作关系。自 1948 年公司建立以来，AVL 从一个简单的设计工作间，发展成为一个集发动机/动力总成科研、开发、设计、咨询以及相关测试设备生产的跨国高科技集团，有超过5000名的员工。总部位于风景如画的奥地利格拉茨市，45 个子公司及分支机构遍布世界各地。

为了更好地服务于中国汽车行业，AVL 公司早在 20 世纪 80 年代初即在北京设立代表处，于 1995 年设立上海代表处，1999 年在福建厦门与国家科委厦门院合资成立了“厦门海腾发动机测试设备有限公司”，2003 年在上海成立“李斯特公司技术中心”。

AVL 公司的测试设备及测试系统部门在支持客户的产品研发的整个过程中起着重要的作用。AVL 公司的宗旨是，从样机的开发、试制、标定直到形成完整生产能力等各不同阶段，提供最好的模拟仿真、测量和试验技术。

动力系统产品开发具有高度专业化特性，AVL 公司在发动机、整车排放研究开发领域可以为用户提供全系列产品和服务。

二、产能建设

AVL 公司是全球最大的致力于乘用车、卡车和大型内燃机、混合动力、电动驱动等多种能源动力总成的研发咨询、模拟仿真以及测试技术的独立工程公司，致力为客户提供独一无二、量身定制的解决方案。作为汽车业知名的合作伙伴，AVL 公司对整个动力总成的工程研发及测试技术有着深刻的理解、广泛的认识和丰富的项目经验，并以高品质的产品和服务享誉全球。

AVL 公司的工作主要专注于：内燃机与动力总成开发与测试设备，变速箱及相应控制系统开发与测试，混合动力与纯电动汽车动力总成开发，尤其是对于动力电池包、电机系统与逆变器及其控制器的开发与测试设备等。

三、技术进展与研发能力进展

近几年来，AVL 公司在汽车电气化领域取得了极大的进展，尤其对于混合动力/纯电动汽车开发中最关键的动力电池包，电机系统与全球知名汽车企业开展了广泛的合作并取得了极大的成绩。

四、发展规划

2013 年，AVL 公司将继续保持与全球所有汽车生产厂商与零部件供应商的良好合作关系，致力于为全球动力总成及汽车相关科技领域做出更大贡献。

上海电驱动股份有限公司

一、发展概况

1. 2013 年 1—12 月

2013 年，上海电驱动股份有限公司通过了高新企业复审，被评为“上海市优秀高新技术企业”，并被中国汽车工业协会授予“中国汽车电子电器行业创新企业”称号，由上海电驱动股份有限公司牵头组织的电动汽车电驱动系统全产业链技术创新战略联盟被科技部批准为第三批国家产业技术创新战略试点联盟。

上海电驱动股份有限公司现有员工 560 名，其中研发人员 167 名。2013 年新增承担国家科技支撑计划项目 1 项、上海市科委项目 4 项，参加整车企业承担国家工信部项目 8 项、国家 863 项目 1 项、国家科技支撑计划项目 2 项。

2013 年，销售电机 17270 台、控制器 8219 台，销售收入为 18210 万元，缴税总额为 1308 万元。公司的销售收入在 2011 年 10362 万元的基础上逐年递增，年平均增长率达到 20% 以上。

2. 2014 年 1—3 月

2014 年第一季度，公司在国内新能源汽车产业环境越来越好的情况下，积极进行科研向产业化的转化。商用车和乘用车电机的销售数量和销售收入比 2013 年同期有较快的增长。

二、生产经营

2013 年销售电机 17270 台、控制器 8219 台，销售收入为 18210 万元，缴税总额 1308 万元，公司的销售收入在 2011 年 10362 万元的基础上逐年递增，年平均增长率达到 20% 以上。

2014 年 1—3 月销售电机 8179 台（销售收入 2254 万元）、控制器 2625 台（销售收入 1880 万元），销售收入合计 4134 万元。合同签售电机和控制器共计 5528 台/套，签售金额 24129 万元。

三、产能建设

2013 年 12 月，公司在嘉定的年产 18 万台/套的大批量车用电机及其控制系统生产基地完成了一期工程建设，目前正在进入内部装修阶段和生产线建设阶段，2014 年 10 月将整体搬迁至嘉定基地。

四、技术进展及研发能力进展

针对车用电机的高密度、高效率、低成本、高品质的要求，开发了基于多领域集成、多层面分析、多回路优化匹配的高密度永磁电机设计技术，研制出车用高密度永磁电机产品，功率密度达到 3. 0kW/kg，峰值效率超过 97%，大于 85% 的高效率区超过 75% 。

针对车用电机控制器小型集成化、工况快速多变、高可靠的控制要求，开发了电力电子集成技术与多模式矢量控制技术，研制出高密度车用电机控制器产品，功率密度达到 8kVA/kg，体积密度达到 10kW/L，电机控制器峰值效率超过 98%，系统大于 90% 的高效区超过 80% 。

针对车用电机产业化制造关键技术难点，在高密度绕组、拼块式定子铁心、电机绕组绝缘与导热结构、水密封结构与冷却等方面取得了技术创新，攻克了高密度电机制造技术难关。

公司获得核心授权专利 6 项，其中发明专利 3 项；主持和参与制定/修订国家与行业标准 10 项，其中已发布标准 5 项；发表论文 30 篇，出版专著 1 部。

五、主要产品

零部件

序号	名称	型号
1	200kW 纯电动客车电机及其控制系统	EM1353/EC1244
2	120kW 插电式混合动力客车电机及其控制系统	EM1147/EC1147
3	65kW 混合动力客车电机及其控制系统	EM1181/EC1181
4	90kW 纯电动轿车用电机及其控制系统	EM2011/EC2005
5	60kW 纯电动轿车用电机及其控制系统	EM1282/EC1341
6	50kW 纯电动轿车用电机及其控制系统	EM1365/EC1365
7	42kW 纯电动轿车用电机及其控制系统	EM1357/EC1357
8	12kW 小型电动轿车用电机及其控制系统	EM1148/EC1148

六、合资合作

公司通过引进风投的方式，获得融资约 1. 3 亿元，正在筹备上市。

七、发展规划

公司近期目标主要包括：国家工程中心的建设；车用驱动电机系统产品产能升级，2015 年实现 18 万台/套的产能，销售业绩提升；2014 年实现产品销售收入 6 亿元以上。为了实现以上目标，公司拟在已有工作基础上，重点围绕以下几方面开展工作：

（1）系列化产品的扩展。在已有产品系列的基础上，根据市场发展的需要，进一步进行系列产品的扩展，以形成更为全面的产品系列。

（2）进一步开展电动汽车电机批量生产的先进制造和

质量控制技术研究。进一步开展车用电机及其控制系统批量生产关键工艺工装技术研究，开展批量产品的在线检测设备研究，开展适合批量生产的电机、控制器的过程控制研究，并进行出厂检测规范与试验方法研究，建立更全面的适合汽车工业的电驱动系统质量控制与质保体系。

（3）产业化生产基地建设。在已有的闵行基地的基础上，开展嘉定基地的建设，以形成更大批量产能，2014 年完成一期工程建设，2015 年完成全部工程建设，形成年产 18 万台/套车用驱动电机系统产业化生产能力。

（4）发挥国家联盟平台优势促进全产业链发展。在“电动汽车电驱动系统全产业链技术创新战略联盟”平台优势基础上，进一步发挥各联盟单位在关键材料（功率模块、膜电容、电工钢、磁钢、位置传感器、DC/DC 变换器等）方面的产业优势，开展相关的产业化攻关，在高性能硅钢片、高稳定性高性能永磁磁钢、高精度位置/速度传感器、汽车专用功率模块、薄膜电容器以及 DC/DC 变换器方面开展产业化推进，一方面促进车用电驱动系统上游产业链的发展，另一方面提高公司车用驱动电机系统关键器件、关键原材料的国产化程度，进一步提高公司产品的性价比和竞争优势。

大洋电机新动力科技有限公司

一、发展概况

大洋电机新动力科技有限公司是一家致力于提供新能源汽车用永磁同步电机及控制系统解决方案的大型民营企业，是中山大洋电机股份有限公司旗下的全资子公司之一。

大洋电机新动力公司于 2009 年在北京成立，落户中关村永丰高新技术产业基地核心区，注册资金 16000 万元，集研发、制造、销售新能源汽车驱动电机及其控制系统于一体，产品广泛应用于乘用车、商用车、专用车等各类车型，于混动、纯电动技术路线上均有解决方案，研发生产基地近万平方米，并投入巨资引进研发制造设备。公司汇集了大量优秀研发人员，其中包括博士、硕士，本科生占比达 60%。

公司具有自主知识产权控制器的开发、验证、装车及批量生产能力，完成多项控制器子单元模块的技术开发，完成了增程式电机系统、无轨电车电机系统等样机开发，完成了现有全部车用驱动电机的磁体从钕铁硼至钐钴合金的切换工作，降低了电机开发成本。

大洋电机新动力车用永磁电机、同步电机及驱动系统产品广泛用于纯电动大巴车、中巴车、环卫车及小轿车等，公司与北汽控股（含福田汽车、北京现代汽车）、一汽集团、上汽集团、重庆长安汽车、东风汽车、中通客车、宇通客车、奇瑞汽车、吉利汽车等中国著名车企建立了密切的联系，加入了“可持续新能源国际联盟（NESTIA）”。2013 年，公司完成了 7.5kW、15kW、20kW、30kW、50kW、60kW、80kW、100kW、115kW、130kW 等 10 个功率等级的纯电动、混合动力汽车驱动系统产品，并有多个型号投入批量生产，可满足微型轿车、轿车、2 吨环卫车、8 吨环卫车、16 吨环卫车、纯电动客车、混合动力大客车、大巴车等车型的动力性能需求。

2013 年，公司在以下技术方面得到快速提升：

（1）电机方面。车用永磁同步电机损耗、散热分析计算技术能力提升；磁阻电机开发；能量回收。

（2）软件方面。永磁同步电机故障状态在线辨识及处理研究；永磁同步电机无传感器控制算法研究；电机参数在线辨识研究；TRICORE 平台研发试验成功。

（3）电控方面。进行了 IGBT 串联及并联应用研究、电机控制器热设计技术研究，以及完成了 IGBT 独立封装等。

2013 年累计销售额达 1.5 亿元，比上年增长近 50%。

二、生产经营

公司始终坚持以永磁同步电机系统为主线，从市场需求出发，进一步加大电控系统上下游技术研发，努力拓展市场业务，对电控系统进行稳定性及可靠性研究实验。

1. 公司经营模式

依据产业链关系，公司采取设计—生产—销售型的经营模式。公司研究开发满足市场需要的新产品，同时对现有产品进行技术和设备的升级、整合和改造。公司负责组装各核心部件，并按照客户要求嵌入控制软件，并进行相应调试。稳定、成熟的外部协作可以避免公司因生产链过长而难以调控，专业的外协企业能够以较高的生产工艺达到控制成本和质量的要求。公司正在筹备对核心部件的自主研发、生产工作，在安装调试核心部件的同时及时发现和解决运行过程中出现的各种问题，有效地保证了客户对产品质量的需求。公司所有产品的销售模式以直销为主，这主要是由公司产品专业性较强的性质决定的。销售业务主要由公司销售部完成，负责新客户开发、新产品推广、新区域拓展，并负责公司所有产品的销售和回款。

公司的盈利模式：研发、生产产品的技术水平、质量具有同业竞争力，且实现售价高于制造成本、期间费用，从而获取利润。

2. 公司业务状况

目前，自主开发的永磁同步电机具备了与国内整车产业化技术配套的能力，电机重量比功率超过 1.6kW/kg，电机系统最高效率达到 94% 以上，系列化产品的功率范围覆盖了 200kW 以下电动汽车用电机动力需求，各类电机系统的核心指标均达到相同功率等级的国际先进水平。

永磁同步电机及控制器是公司主要的收入和利润来源，公司积极开拓国内、国外两个市场，保持快速发展势头。公司通过与北汽新能源、长安汽车、一汽等公司合作，积极开拓国内外市场。自公司成立以来，累计销售成套设备上千套，累计实现销售收入超过 3 亿元。

三、产能建设

大洋电机新动力公司于 2009 年在北京成立，研发生产基地近万平方米。大洋电机新动力科技有限公司测试中心下设环境实验室、寿命实验室、常规实验室共 3 个实验室，可完成电机、电子零部件的相关试验，如高低温交变试验、低温低气压试验、砂尘试验、淋雨试验、盐雾试验、太阳辐射试验、对地耐压试验、泄漏电流试验、绝缘电阻试验、堵转温升试验等。2012 年公司又新建了厂房，面积为 20000 平方米，引入新的测试及工程设备，进一步提高了产品的生产自动化程度，2014 年投入使用后年产可达到 3.5 万台。

四、技术进展及研发能力进展

2013 年，公司已完成 7.5kW、15kW、20kW、30kW、50kW、60kW、80kW、100kW、115kW、130kW 等 10 个功率等级的纯电动、混合动力汽车驱动系统产品，并有多个型号投入批量生产。产品可满足微型轿车、轿车、2 吨环卫车、8 吨环卫车、16 吨环卫车纯电动客车、混合动力大客车、大巴车等车型的动力性能需求。

1. 电机部分

（1）车用永磁同步电机损耗、散热分析计算技术能力提升；磁阻电机开发；能量回收。主要内容：热模型创建及计算机仿真分析，散热设计技术、导热材料、电机损耗分析与效率提升技术研究取得了阶段性的成功。

（2）磁阻电机开发。主要内容：完成了新能源汽车驱动用磁阻电机的研究，包括设计技术、控制策略及车辆运行环境特性概念阶段研究。

2. 软件部分

（1）永磁同步电机故障状态在线辨识及处理研究；永磁同步电机无传感器控制算法研究；TRICORE 平台研发试验。研究内容：永磁同步电机运行过程中电机三相线相与相之间短路、相与地之间短路、相与电源之间短路、相线开路、位置信号错误、永磁体退磁等故障的检测，以及电机在不同工况下的故障处理方法。

（2）永磁同步电机无传感器控制算法研究。研究内容：永磁同步电机无传感器控制算法尤其是静止状态下的过载启动、低速平稳运行、控制算法的稳定性等。

（3）电机参数在线辨识研究。研究内容：电机运行过程中电阻、电感、转动惯量等电机参数的在线辨识算法。

3. 电控硬件部分

（1）IGBT 串联及并联应用研究。研究新能源汽车驱动电机控制器用 IGBT 串联及并联应用技术。包括 IGBT 串联及其驱动、保护技术，IGBT 并联及其驱动、保护技术，IGBT 的独立封装。

（2）电机控制器热设计技术研究。新能源汽车电机控制器的热设计技术。包括热模型创建，热仿真与分析、散热技术及导热材料特性研究。

五、主要产品

零部件

序号	名称	型号
1	20kW 电机系统	YTD020W02/KM6025W06
2	30kW 电机系统	YTD030W08/KM6025W04
3	45kW 电机系统	YTD045W01/KM6030W01
4	30kW 电机系统	YTD030W09/KM6025W10
5	40kW 电机系统	YTD040W04 - A/KM6050W01
6	30kW 电机系统	YTD030W11/KM6025W15
7	130kW 电机系统	YTD130W02.2/KM6560W01
8	80kW 电机系统	YTD080W03/KM6080W01

六、合资合作

2012 年至今一直与中科院电工所保持密切合作，实现大功率封装模块的产业化项目（IGBT 产业化）。从研发合作到技术路线初步形成、生产线指标及模型建设、设备调研等，前期工作已经结束，目前正值建厂阶段。生产线落成后，将实现产能 15 万套/年的规模。

七、发展规划

（1）基于 ISO 26262 的车用电机驱动系统开发。我国因车辆事故造成的死亡人数连续 10 年都是世界第一，ISO 26262 的应用可以减少电子器件失效造成的交通事故，降低电子器件失效造成的潜在风险。作为新能源汽车的关键零部件——电机驱动系统，对整车的安全起到了重要的作用，所以把开发基于 ISO 26262 的车用电机驱动系统作为大洋电机新动力科技有限公司 2014 年的重要任务之一。

（2）低成本高效率车用磁阻电机及控制系统开发。

（3）公交车用集成启动发电机研制与开发。

（4）集成 DCDC 及 DCAC 的电机控制器开发，集成 DCDC 及 DCAC 的电机控制器具有单 CPU 控制。

（5）新能源车用多功能 IGBT 模块封装及控制器开发。

福建尤迪电机制造有限公司

一、发展概况

福建尤迪电机制造有限公司创建于 2005 年 11 月，位于福安市秦溪洋工业区，系国家高新技术企业。企业主要产品有新能源汽车系列电机、新能源汽车辅助电机、特种电机、通用电机等。在混合动力客车驱动电机领域，主力产品 YHD－280 混合动力驱动电机在混合动力客车领域市场占有率达 20%，是我国节能与新能源汽车行业最主要的关键零配件供应商之一。

2013 年，福建尤迪电机制造有限公司完成产值 5233 万元，销售额为 5197 万元，企业连续多年快速增长。在与厦门金龙、厦门金旅、苏州金龙、宇通客车、安徽安凯、苏州海格、冠龙科技、福工动力等国内众多一线客车制造企业和优秀系统供应商结成合作伙伴的基础上，又先后与广汽集团客车公司、中国南车时代电动车等优秀企业签署了战略合作协议。

2013 年，福建尤迪电机制造有限公司先后荣获第八届中国国际客车大赛“CIBC 最佳新能源客车零部件奖”、福安市“2012 年度科学技术进步奖”、“福建省著名商标”等荣誉，公司承担的福建省区域重大项目——纯电动汽车永磁无刷直流驱动电机及其控制器——获得立项，进一步奠定了福建尤迪电机制造有限公司在业内的领先和优势地位。

福建尤迪电机制造有限公司是福建省重点后备上市企业，为了加快改制上市的步伐，2013 年公司继续围绕产能建设、资本引入、股份改制、研发与知识产权等方面开展一系列的工作，取得了很大的成效。

二、生产经营

2013 年，福建尤迪电机制造有限公司在产能建设、产品研发、品牌塑造、市场开拓、质量提升、技术合作等方面均取得了长足的进步，混合动力驱动电机全年销售 1814 台/套，同比增长 10.75%。2013 年公司资产总额达到 8683 万元，净资产达到 4382 万元，营业收入达 5197 万元，出口创汇 169.6 万美元。

经过多年的累积，福建尤迪电机制造有限公司现已形成年产新能源驱动电机 4000 台/套的生产能力，锻炼凝聚了研发、生产、品管、采购等各方面的优秀专业团队，员工队伍稳定、高效。2013 年，在原有混合动力驱动电机的基础上，增程式驱动电机、纯电动驱动电机、车用发电机、车用空调专用电机、车用水箱冷却风扇专用电机均已进入量产阶段，形成了以新能源汽车驱动电机为主体的多品种车用电机系列。

福建尤迪电机制造有限公司始终致力于新能源汽车电机的研发与成果转化，已成为国内最知名客车制造厂商在混合动力方面的最佳的电机配套商之一。公司承担的纯电动汽车永磁无刷直流驱动电机及其控制器项目验收后将形成一套高效、安全、更易于产业化的纯电动汽车驱动电机及其管理器。

三、产能建设

福建尤迪电机制造有限公司现已形成年产新能源驱动电机 4000 台/套的生产能力。但是，面对新能源汽车产业的蓬勃发展，产能制约因素在不久的将来必会凸显。福建尤迪电机制造有限公司新能源汽车工业园一期 1.5 万台/套项目于 2011 年启动，并列入福建省重大科技专项。

该项目位于福建省福安市湾坞工业集中区，工业园总规划用地面积 500 亩，总投资 89000 万元。项目一期规划为 83.55 亩，已于 2012 年完成全部征地手续和图纸设计，2013 年第一季度正式破土动工。建设内容包括轴类、壳类、盖类等零件金加工车间、电工（绕、嵌、整）车间、驱动电机制造及实验车间、仓库，建筑面积 31540 平方米，2014 年底建成投产后可形成年产新能源客车混合动力驱动电机 1.5 万台的生产规模。

四、技术进展及研发能力进展

尤迪电机制造有限公司经多年科技攻关和技术积累，形成了一支专业分布合理、理论与实践集合、技术经验丰富的汽车电机研发团队，研发方向也完成了从单一驱动电机向新能源汽车全系列电机产品的转换。

（1）驱动电机。AC 三相异步混合动力驱动电机是福建尤迪电机制造有限公司拥有自主知识产权的一款新型混合动力汽车驱动电机，也是目前国内应用最为广泛的一款混动驱动电机，装车数量高达 6000 多台，平均节油率达 14.63%，应用该驱动电机的大型公交客车最低百公里油耗 16.7 升（按满载乘客测试）。

2013 年，在实际路况数据累积高达 6500 万公里的基础上，对工作效率、本体重量、冷却方式、汽缸与电机一体化设置等方面做了技术升级，形成了混合动力、增程式、纯电动、风冷式、水冷式、大巴车用、中小型车用等可满足不同客户需求的驱动电机全系列产品，并在国内一线客车厂家与系统厂家中获得实际应用。

（2）低速纯电动车驱动电机。该系列产品为永磁无刷电机或异步交流电机，应用风冷结构设计，具有效率高、性能稳定、高性价比等优点，主要用于微型电动轿车、电动代步车、高尔夫车、观光车、微型警车等。产品现已进入小批量生产阶段。

（3）纯电动/增程式乘用车驱动电机。该产品采用异步交流电机，应用水冷结构设计，具有性能稳定、性价比高等优点。该产品已于 2014 年 5 月小批量投入市场。

（4）纯电动/增程式轿车驱动电机。该产品采用永磁无刷电机，应用水冷结构设计，具有效率高、体积小、重量轻等优点。2014 年 8 月，该产品小批量投入市场。

五、主要产品

零部件		
序号	名称	型号
1	混合动力驱动电机	YHD280M—4
2	纯电动驱动电机	YCD280m—4
3	低速纯电动车驱动电机	—
4	纯电动/增程式乘用车驱动电机	—
5	纯电动/增程式轿车驱动电机	—

六、合资合作

院校合作。公司与福州大学、福建工程学院、清华大学、西北工业大学等高等院校建立了长期稳定的合作关系，合作路径多样，从理论支持到关键技术的突破均有着良好合作记录和成果。

福建省新能源汽车产业技术联盟。该产业联盟集中了福建省新能源汽车行业一线的科研院校、整车厂家和关键零部件厂家，致力于混合动力客车关键零部件研发及其产业化的全面开展，联盟单位包括福建工程学院、厦门金龙客车、福工动力、三明齿轮箱厂、宁德新能源等。

合作厂家。公司与厦门金龙、厦门金旅、苏州金龙、宇通客车、安徽安凯、南车时代、福工动力、天津松正、上海大郡等一线整车与系统厂家均保持着良好的合作关系，有着良好的合作记录和成功的电机方案解决案例。

七、发展规划

1. 产品规划

（1）混合动力客车用风冷、水冷异步及永磁电机；

（2）小型纯电动汽车驱动电机；

（3）纯电动客车电机；

（4）混合动力/纯电汽车电机管理系统；

（5）新能源环保车、警用车、校车用驱动电机。

2. 品牌发展规划

（1）3 年内将尤迪品牌打造成为中国驰名商标及中国名牌。

（2）5 年内将尤迪品牌打造成为新能源汽车电机国际知名品牌。

（3）10 年内将尤迪品牌打造成为新能源汽车电机国际领先品牌。

3. 企业发展规划

（1）3 年内将尤迪打造成为国家级创新型企业、国家级学习型企业、国家级专利试点企业、国家级企业技术中心等。

（2）将尤迪打造成为受社会尊敬的幸福企业，与员工共赢与社会共赢，与未来共赢。

天津市松正电动汽车技术股份有限公司

一、发展概况

1. 2013 年 1—12 月

2013 年，公司稳步发展，产品性能、质量得到进一步提升，自主研究开发了第Ⅳ代深混公交车动力系统，并于 12 月推出。

2. 2014 年 1—3 月

2014 年，公司进一步提升第Ⅳ代深混公交车动力系统产品性能，搭载松正第Ⅳ代深混系统的 12 米公交车满载时百公里油耗低于 20 升，降低 PM 排放达 90.3%，而且产品经过零部件、整车等试验，保证了系统的可靠性。

二、生产经营

1. 2013 年 1—12 月

全年销售混合动力系统 2500 多套，销售额达 5 亿多元，市场占有率为 30% 左右。

2. 2014 年 1—3 月

公司与多个整车企业完成 10.5 米、11 米、12 米在内的数十项插电式公交整车产品的公告，并应用于天津、合肥、郑州等多个城市。

三、产能建设

公司引进国际先进生产线技术，大大提高了生产效率，目前每年深混公交车动力系统产量达 20000 套。

四、技术进展及研发能力进展

公司引进一批高技术人才，其中包括 2 名博士、12 名硕士，大幅提高了公司的研发能力。公司于 2013 年底推出了松正第Ⅳ代深混公交车动力系统，搭载该系统的 12 米公交车满载时百公里油耗低于 20 升，降低 PM 排放达 90.3%。

五、主要产品

零部件

序号	名称	型号
1	主电机	MIM090－336SWD
2	发电机	MIG030－336SWD
3	助力转向总成	AOT004－336NWD
4	扭转减震器	ATS2K2－000
5	变速箱	THN1K2－000
6	交流异步电动机控制器	CIM090－336SPD
7	交流异步发电机控制器	CIG030－336FPD
8	预充电控制器	AZP090－024
9	整车辅助控制器	AZC000－024
10	整车控制器	VHN000－024
11	智能面板（车头控制器）	AZD000－024
12	助力转向电机控制器	CBT004－336NPD
13	高压水箱风扇（含控制器）	MBF001－312N
14	电池 PACK	SLU050－320
15	超级电容	SCU165－048
16	超级电容管理系统	SCG021－384
17	智能端子温度监控系统	SCC021－384
18	水泵	AWW210－024
19	散热总成	AHW009

六、合资合作

依托一系列新能源汽车产品，企业已与郑州宇通、厦门金龙、厦门金旅、安徽安凯、丹东黄海、山东中通、北汽福田等客车企业形成合作关系。

七、发展规划

未来2—3年，公司将借助已经取得的先机，继续发挥民营企业的机制优势，大力投入，自主创新，积极参与天津市新能源汽车应用推广工作。至2015年，力争年收入达10亿元，2017年超过30亿元。力争建成国家级企业技术中心、国家级工程研究中心。

湘电莱特电气有限公司

一、发展概况

湘电莱特电气有限公司（以下简称“湘电莱特”）是在湘潭电机股份有限公司（湘电股份）引进美国莱特工程技术公司先进电机电控技术的基础上，由双方共同投资成立的中美合资企业，是研发、生产、销售新型高效电机及其控制系统、电动车辆及其关键零部件、风力发电设备及配套零件的高新科技公司。湘电莱特位于湖南湘潭国家高新区内，总投资为1.25亿元。

湘电莱特应用发明的专利技术，成功地将非晶合金材料用在电机上，实现了电机的高频化运行，显著提升了电机的工作效率、转矩密度和功率密度，大幅度减少了铜铁用量，所开发的主导产品——永磁同步电机——具有世界领先水平，产品性能优异、工作可靠，广泛应用于电动汽车、新能源发电、机床和航空、军工等领域。

母公司湘电股份在“十一五”期间承担国家863计划“节能与新能源汽车重大项目”课题，对电机系统集成设计及整车匹配技术进行了深入研究，对驱动电机系统的使用工况和性能需求进行了工程化验证，形成了系列化的产品。在永磁同步发电机驱动系统、交流感应电机驱动系统、混合动力发动机总成等电动车关键零部件方面，建立了产业基础。

湘电莱特通过引进国际先进技术，依托现有电机产业优势，着力打造新能源汽车关键部件产业，成为国内车用驱动电机系统首选供应商，并逐步向电动客车和电动特种车、高效节能电机生产基地发展，致力于成为全球领先的高效能电机和驱动系统开发创新及制造公司。

二、生产经营

2013年，公司完成订货2800万元，订货产品交付3200万元。

三、技术进展及研发能力进展

公司开发了30kW、50 kW永磁同步驱动电机，以及5 kW、7. 5 kW、10 kW轮毂驱动电机，实现了新能源驱动电机产品的系列化生产。

四、主要产品

零部件

序号	名称
1	永磁同步驱动电机
2	非晶发电机
3	非晶增程器系统
4	直流发电机组

江苏吉泰科电气股份有限公司

一、发展概况

1. 2013 年 1—12 月

江苏吉泰科电气股份有限公司（以下简称“吉泰科公司”）专注于电机驱动控制产品及周边产品的研发、生产和销售，尤其专注新能源领域的产品开发，如新能源汽车电机控制器、工业变频器、伺服驱动器、风力发电变流器、储能双向变流器等。

吉泰科公司研发团队推出的上一代电机控制器在 2009 年成功推向市场，累计为超过 5000 辆客车配套使用。2013 年基于吉泰科平台推出的下一代电机控制器，已给包括安凯客车、厦门金旅、北车集团、南京金龙、扬子江汽车等客户持续供货。

吉泰科公司现已拥有数十项发明应用专利，是国内少有的既适用交流异步电机又适用永磁同步电机的电机控制器生产厂家，这些基于吉泰科掌握完全自主知识产权的控制算法，在驱动电机弱磁区力矩控制、电机参数自动辨识、驻车防溜、舒适性控制等方面有较深入的研究和成果，在与东风、卧龙、大连天元等多个品牌的电机匹配测试表现良好。同时，吉泰科控制器都经过严格的环境测试、EMC 测试、结构件疲劳测试、破坏性测试等，公司已经通过 ISO 9001 和 TS 16949 质量体系认证。

经过不断的积累，吉泰科电机控制器功能不断完善，主要性能特点：启动平滑、刹车无“点头”现象、宽速度范围内大转矩输出、电机温度升高后（90℃～130℃）保持输出功率基本恒定、驻坡防溜功能、异步机系统（电机＋控制器）效率最高达 94％、永磁同步机系统（电机＋控制器）效率高达 96％。

2. 2014 年 1—3 月

在新能源汽车电机控制器方面，除了持续研发混合动力和纯电动大客车满足不同客户需求的个性化产品外，还面向小型乘用车、大货车、环卫车等车型推出一系列产品。

二、生产经营

2013 年 1—12 月，吉泰科公司生产的新能源汽车电机控制器、工业变频器、AFE 能量回馈型变频器、储能双向变流器等核心产品的销售额达到 1.8 亿人民币。

2014 年第一季度，吉泰科公司上述核心产品的销售达到 5550 万人民币。

三、产能建设

吉泰科公司现有厂房 5000 平方米，其中办公区域 1000 平方米、生产车间 2000 平方米、元器件及半成品仓库 1000 平方米、成品仓库 600 平方米、研发实验室 400 平方米。公司拥有变频器生产线 10 条，产能约 3 亿元人民币，试验对拖机组若干（包括 2000kW 机组、220kW 机组、110kW 机组以及若干小功率机组），建设了 EMC 实验室、环境试验室，有整机出厂测试台 10 个、单板自动测试工装 30 套。公司已通过 ISO 9001 质量体系认证、ISO 14001 环境体系认证和 TS 16949 认证。

四、技术进展及研发能力进展

吉泰科公司是由资深管理、研发、生产和营销精英团队组成的公司，其核心的技术环节包括以下几个：

（1）实用性及鲁棒性很强转子磁场的定向技术；

（2）改进的自适应增强型电机模型，提高了转矩控制精度；

（3）无速度传感器的速度辨识；

（4）创新的有速度传感器的测速技术；

（5）电机参数在线辨识，可抑制电机温度的上升对输出转矩的影响；

（6）电机弱磁控制技术；

（7）驻坡防溜控制技术；

（8）可靠的免跳闸技术；

（9）独特的控制算法和 PWM 策略；

（10）有挡位自动低速行驶功能；

（11）高舒适性控制策略；

（12）独特的节能控制策略；

（13）计算机热仿真结构辅助设计，保证了产品结构紧凑、重量轻（峰值功率 300kW 的水冷型电机控制器重量仅为 26kg）。

吉泰科公司在诸如参数自适应、准确的磁场定向、快速的速度估算、极低速和弱磁区的控制等方面均处于国内领先地位。

五、主要产品

零部件

序号	名称	型号
1	额定功率 200kW 电机控制器（水冷）	HB100－4Z200W
2	额定功率 200kW 电机控制器（风冷）	HB100－4Z200
3	额定功率 90kW 电机控制器（风冷）	HB100－2Z90
4	额定功率 75kW 电机控制器（水冷）	HB100－4Z75W
5	额定功率 45kW 电机控制器（风冷）	HB100－2Z45
6	额定功率 45kW 电机控制器（水冷）	HB100－2Z45W

续表

序号	名称	型号
7	额定功率 25kW 电机控制器（风冷）	HB100 - 1Z25
8	额定功率 25kW 电机控制器（水冷）	HB100 - 1Z25W
9	额定功率 15kW 电机控制器（水冷）	HB100 - 2Z15W
10	转向、打气泵电机控制器（风冷，单体）	HB200 - 2Z3.7
11	转向、打气泵电机控制器（风冷，二合一）	HB200 - 2Z3.7 - B

六、发展规划

吉泰科公司将依托已经建立的电力电子和电机控制技术平台，在新能源汽车领域加大投入，通过加强与整车厂、电机厂和相关院校合作，力争在电机控制方面不断缩小与国际最先进水平的差距，在未来 3 年内达成如下目标：

2014 年电机控制器年产值 9000 万元；

2015 年电机控制器年产值 2 亿元；

2016 年电机控制器年产值 3.5 亿元。

苏州力久新能源科技有限公司

一、发展概况

苏州力久新能源科技有限公司，是 2010 年 9 月成立的一家专业从事新能源汽车动力系统集成技术的研发与应用的高科技企业。注册资本 1745 万元，总投资超过 5000 万元。

截至 2013 年底，公司有员工 55 人，其中研发工程师为 35 人，全部拥有大学本科及以上学历。在这 35 人中，2 人拥有博士学位，10 人拥有硕士学位，3 人拥有高级职称。核心技术骨干 8 人，平均年龄 33 岁，全部拥有通用汽车、上海汽车、法雷奥、西门子等国内外知名整车企业或零部件企业的工作经验，在汽车控制系统开发领域内的平均工作年限在 7 年以上。

苏州力久新能源科技有限公司目前拥有一个新能源汽车动力集成技术中心，一个新能源汽车动力系统实验室（苏州市级）、全套电子产品测试设备和多部路试车辆，有一个逾 2700 平方米的中试车间。2010 年以来，苏州力久新能源科技有限公司努力朝着世界领先、国内一流的目标，在能力建设、产品开发、技术服务上迈出坚实的步伐，取得了长足的发展。

二、生产经营

2013 年实现销售收入 2018 万元，当年利润 280 万元。苏州力久新能源科技有限公司致力于新能源汽车动力系统集成技术自主产业化，努力成为世界领先、国内一流的核心零部件供应商和技术服务提供商。

三、产能建设

力久科技目前的主要量产产品包括车用通用控制器、小功率永磁同步电机和控制器、启停控制器等具有竞争力的产品。

车用通用控制器主要用于新能源汽车的整车控制器、混动控制器以及传统汽车的网关、车身控制器等，也可作为快速原型控制器使用。目前已经建成年产量 3 万套的生产和测试能力，可以为国内外的各类客户定制车用控制器。

小功率永磁同步电机和控制器主要用于 A0 级及以下车型的纯电动驱动动力总成，电机控制器已经集成了必要的整车控制功能。目前，力久已经建成年产量为 2.5 万套的永磁同步电机生产线和电机控制器装配线，能够为客户提供高质量的产品。生产线还配有高性能的自动化检测设备和测试台架，以保证每一套产品的高质量和高可靠性。

车用启停控制器用于传统汽油车，通过极小的改装后能够实现原车怠速自动停机和自动启动功能。目前该控制器和车用通用控制器共线生产，能够达到每年 3 万套的生产能力。

四、技术进展及研发能力进展

苏州力久新能源科技有限公司的核心产品包括 E - Control SYS 汽车电控系统一体化开发平台、混动/纯电动汽车用整车控制器软硬件解决方案、车用永磁同步电机和电机控制器、传统车用启停控制器和车用控制器硬件在环测试系统五大方面。

公司开发的 E - ControlSYS 汽车电控系统一体化开发平台，其控制器硬件采用双 CPU 架构，具备模拟与数字输入、PWM 输入与输出、LSD 低边驱动、HSD 高边驱动、CAN 通信等多路接口，监控芯片和主芯片之间通过 SPI 通信能够有效地进行检测和监控，适合国内企业小批量控制器装车应用。

作为服务提供商，苏州力久新能源科技有限公司为新能源汽车动力控制系统的开发提供整体解决方案，涵盖前期的动力系统仿真与方案选型、控制系统架构及控制软件的设计、软件开发、硬件在环测试、车载软件调试与标定等。苏州力久新能源科技有限公司提供符合 ISO 26262 功能安全规范的产品级混动/纯电动整车控制软件，依托力久特有的力矩控制架构和力矩安全架构，能够充分保证控制软件的稳定和可靠。苏州力久新能源科技有限公司采用最先进的基于模型的开发方式，采用 Matlab/Simulink/Stateflow 构建整个控制系统的模型，并提供无缝的与底层软件集成的开发工具。

苏州力久新能源科技有限公司提供的车用永磁同步电机和控制器产品，是专门针对微型电动车设计开发的全新产品，目前量产的规格包括 72V/15kW（峰值）/6000rpm/75N·m（峰值）、72V/12kW（峰值）/6000rpm/70N·m（峰值）、144V/25kW（峰值）/5500rpm/100N·m（峰值）三款。苏州力久新能源科技有限公司开发的永磁同步电机和控制器系统，具备高功率密度、高效、高性能等特点，系统最高效率点超过 90%；高效区面积（系统效率超过 80%）达到 60% 以上。电机控制器集成了整车控制器的完整功能，具备驾驶员意图解释、力矩管理、电源模式管理、制动能量回收、电动爬行、诊断和故障管理、力矩安全监控、诊断服务等多项功能。电机控制采用最先进的空间矢量控制算法，并带有过压保护、欠压保护、过流保护、过温保护、防超速、防堵转等多项安全设计，能够有效地保证系统的可靠性。苏州力久新能源科技有限公司还提供完整的上位机工具软件，能够通过 CAN 通信和 UDS 诊断协议，读取电机控制器内部的故障代码，方便产品的售后维修和养护。

苏州力久新能源科技有限公司开发的传统车用启停控制器，也是基于 E－ControlSYS 电控一体化开发平台衍生出来的产品。其工作原理是，在车辆遇到红灯停车时，启停控制器获取车辆速度、发动机转速、挡位、水温等数据，综合判断是否需要将发动机停机。当驾驶员挂挡起步前，自动控制启动电机使得发动机提前启动。1.8T 自动挡的实车测试结果表明，每天怠速停机 10 分钟，大概能够节油 0.3L 并减少二氧化碳排放 1.2kg。目前，苏州力久新能源科技有限公司已经将启停系统成功地应用到起亚赛拉图（手动挡）、起亚智跑（自动挡）、荣威 550（自动挡）、斯柯达明锐（手动挡）等车型上。除了启停控制器外，苏州力久新能源科技有限公司的启停系统还包括增强型起动电机和高性能 AGM 电池。

苏州力久新能源科技有限公司自行研发了车用控制器自动化测试系统，该系统采用 NI/PXI 作为硬件平台，由模拟电源、模拟负载箱、主控机箱及各类测量板卡、上位工控机、液晶显示等部分组成。苏州力久新能源科技有限公司基于 labview 平台开发了完全自主的自动化测试软件，用户能够同时高效地管理各类测试用例和格式结果，并自动生成客户需要的测试报告。该系统能够高效率地进行产品的 FCT、功能等各类自动化测试，帮助客户的产品更加有效地进行下线检测。目前，该系统已经成功地应用到苏州力久新能源科技有限公司的整车控制器、电机控制器等产品的下线检测过程中。

五、主要产品

零部件

序号	名称
1	E－Control SYS 汽车电控系统一体化开发平台
2	混动/纯电动汽车用整车控制器
3	车用永磁同步电机和电机控制器
4	传统车用启停控制器
5	车用控制器硬件在环测试系统

六、合资合作

经过 3 年的发展，苏州力久新能源科技有限公司和国内多家整车和零部件企业建立了良好的合作关系。主要的客户和合作伙伴有：华晨汽车、苏州金龙（海格）、宁德新能源（ATL）、中国汽车技术研究中心（CATARC）、柳州五菱工业集团、苏州奥杰、上海坤浦电子、上燃动力、清华大学、同济大学等。

苏州力久新能源科技有限公司通过自身过硬的技术实力，在国内汽车企业中建立起良好的口碑。典型的成功案例有：

案例 1　为华晨汽车提供 H530 增程插电式混合动力汽车的动力系统提供完整的解决方案，包括系统架构设计、控制器软硬件开发、台架测试、实车标定等，目前，该款车型已经完成冬季试验，即将上市。

案例 2　为苏州金龙（海格）提供纯电动中巴车的控制系统解决方案，包括提供电气系统和通信系统方案、整车控制器软硬件开发和标定服务等。目前，装载力久整车控制器的电动中巴车，单车最长的无故障行驶里程已超过 3.5 万公里。

案例 3　为某知名零部件公司开发高性能纯电动 SUV 展示样车，并负责提供完整的动力技术解决方案，包括系统方案、电气架构设计、电池和电机的选型匹配和整车控制器软硬件开发等。目前样车已经交付客户使用，该车纯电续驶超过 300 公里，百公里加速时间为 9.9 秒。

七、发展规划

苏州力久新能源科技有限公司致力于车用通用控制器相关技术在中国市场上的自主产业化，努力成为世界领先、国内一流的核心零部件供应商和技术服务提供商。公司已经初步形成了车用通用控制器、小功率永磁同步电机电驱动系统等系列产品。未来的发展目标是：成为国内新能源汽车动力系统的集成供应商，为客户提供全面的技术解决方案和系统产品，给客户提供最大的效益和价值。

深圳市蓝海华腾技术股份有限公司

一、发展概况

深圳市蓝海华腾技术股份有限公司（以下简称“蓝海华腾”）是一家专业致力于变频器、伺服驱动器、电动汽车电机控制器等电力电子产品的研发、制造、销售和服务的“国家级高新技术企业”和“双软企业”。蓝海华腾汽车电机控制器产品荣获2012中国电工技术学会、电动车辆专业委员会和中国汽车工程学会、电动汽车分会联合颁发的“2012电动汽车技术卓越奖”。2010年第一届中国（杭州）新能源公交客车大赛和2011年第二届中国（昆明）新能源公交客车大赛获得冠军的车辆装备的是蓝海华腾提供的电动汽车电机控制器。

蓝海华腾新能源汽车电机控制器拥有完整的产品系列：主电机控制器、ISG和BSG电机控制器、转向泵/打气泵电机控制器、油气泵电机控制器等，功率覆盖3kW~280kW；其中：混合动力和纯电动客车（10米以上）主电机控制器应用累计超过6500台/套；纯电动大客车应用有1500多台/套，主要应用于安凯、申沃、南京金龙等客车厂；混合动力大客车应用超过5000台/套，主要应用在金旅、大金龙、苏龙（海格）等国内多家主流客车厂。自2009年以来，产品在杭州、青岛、昆明、南京、厦门、合肥、扬州、哈尔滨、西安、大连、呼和浩特、乌鲁木齐等30多个城市连续安全运行，体现了产品的高可靠性和安全性，受到客户一致好评。

蓝海华腾电动汽车电机控制器产品具有以下特点：

（1）关注安全性和可靠性，超过6000多辆客车在各城市连续安全运行，受到客户好评；

（2）高效的驱动使得纯电动汽车续驶里程长，混合动力汽车节油率高；

（3）优异的制动转矩控制，确保车辆乘坐的舒适性；

（4）良好的逆变回馈电压控制方案，可以延长电池的使用寿命；

（5）完善的通信功能，提供全面的CAN/RS485总线数据采集方案。

除新能源汽车电机控制器产品外，蓝海华腾在其他工业领域如通用变频器行业也获得了快速成长，如曾荣获变频器行业协会颁发的“技术创新奖”、中国电工协会颁发的“最具竞争力自主品牌”奖，被评为中国变频器十佳企业等，目前在变频器行业综合排名中名列前茅。

蓝海华腾拥有完善的产业化设计、生产能力和丰富的产品系列，产品电压等级涵盖200V、400V、690V、1140V，功率范围覆盖0.4kW~3000kW，年产销量达10万多台/套。

二、主要产品

零部件

序号	名称	型号
1	电动汽车电机控制器	V6-H-2D90G
2	电动汽车电机控制器	V6-H-4D200G
3	电动汽车电机控制器	V6-H-2D45G
4	电动汽车电机控制器	V5-H-4D5.5G& V5-H-4D5.5G

深圳市依思普林科技有限公司

一、发展概况

深圳市依思普林科技有限公司（以下简称“依思普林”）成立于2012年，公司专注于新能源汽车电机控制器及其核心IGBT模块和MOSFET模块的设计服务与产品制造，以及工业级电力电子产品的研发与生产。公司是由一批行业资深的，长期从事电力电子技术研发，具有多项技术专利的科技专家创立的高科技企业。公司与中科院深圳先进技术研究院、北京大学、重庆大学等建立科研合作关系，并与深圳先进技术研究院合建IGBT重点检测实验室。

目前，公司研发的1200V/800A六单元IGBT模块作为电动大巴电控关键零部件，与《“十二五”战略性新兴产业发展规划》的精神十分相符，并取得来自多家国内知名汽车厂商的青睐。目前，新能源大巴用电机控制器已通过国家强制检测，并已实现批量装车。

现阶段已成功开发出的产品有：汽车级大功率IPM模块、汽车级中功率IPM模块、混合动力大巴用异步交流电机控制器、纯电动大巴用永磁同步电机控制器和纯电动汽车用永磁同步电机控制器。已建成具有核心竞争力的IGBT模块、MOSFET模块和FRD模块生产工厂。

二、生产经营

2014年，公司进一步加强质量管理工作，以ISO 9001为标准，落实了“全面质量管理”，强化了流程控制，全面推行生产计划管理。依思普林始终贯彻以绿色为使命，追求极致的生产和服务的经营理念，科学布局，系统规划，实现企业销售收入最大化。

2014年，依思普林电动大巴用电机控制器和IGBT模块的销售收入预计达到3000多万元。到2015年，公司力争突破亿元大关。

三、产能建设

2014年，公司将重点扩建IGBT模块与电机控制器产品生产车间，增加先进的制造设备与测试设备的采购，预计IGBT模块产能达到年产1万套及3000套以上电机控制器生产规模。公司已经成为英飞凌公司在整个亚太区域的汽车级芯片的独家供应商。公司还拥有一条全自动FRD模块生产线和MOSFET模块生产线，工厂已取得ISO 9001—2008质量管理体系认证。

四、技术进度及研发能力进展

公司核心技术包括汽车级IGBT模块和MOSFET模块设计及生产工艺研发，实现控制器小型化、轻量化、高功率密度、高效率和高可靠性技术。在研发过程中，已经成功申请了15个专利、4项软件著作权，其中7项实用性型专利、4项国内发明专利和2项国际PCT发明专利，另有多项发明专利已在审批中。

五、主要产品

1. 新能源汽车用电机控制器

序号	名称	型号	类别
1	交流异步电机控制器	LDMC90－336DW（I）	混合动力大巴车
2	交流异步电机控制器	LDMC160－540DW（I）	纯电动大巴车11米以上
3	永磁同步电机控制器	LDMC100－336DW（P）	纯电动中巴车6～7米
4	永磁同步电机控制器	LDMC150－336DW（P）	纯电动中巴车8～10米
5	永磁同步电机控制器	LDMC160－540DW（P）	纯电动大巴车11米以上

2. 新能源汽车用IPM模块

序号	名称	型号	类别
1	大功率IPM模块	LDIPM800F12E4A/LDG800F12E4A	纯电动大巴车
		LDIPM600F12E4A/LDG600F12E4A	
2	中大功率IPM模块	LDG450F12T4A/LDIPM450F12T4A	混合动力大巴车/纯电动中巴车
		LDG400F12T4A/LDIPM400F12T4A	

3. 电动乘用车/低速电动车用电机控制器

序号	名称	型号	类别
1	交流异步/永磁同步电机控制器	EMC10 - 72A（P/I）	低速电动车
2	交流异步/永磁同步电机控制器	EMC30 - 336W（P/I）	电动乘用车

4. 电动乘用车和低速电动车用MOSFET/IGBT模块

序号	名称	型号	类别
1	MOSFET模块	ESF400B150A	低速电动车
		ESF520B150A	
		ESF680B150A	
2	IGBT模块	ESG200B07A	电动乘用车
		ESG300B07A	
		ESG400B07A	

深圳巴斯巴科技发展有限公司

一、发展概况

1.2013年1—12月

2013年1月通过国家高新技术企业和深圳市高新技术企业认定，并获得证书。

2013年2月通过TS 16949汽车行业体系认证，并获得证书。

2013年2月获得国家级、深圳市级、龙华新区级“新能源汽车高压大电流连接系统产业化”三级重大项目。

2013年4月获得“广东省诚信示范企业”证书。

2013年6月获得2013年度“中国最具投资潜质创新企业”证书。

2013年6月，苏州东方银创投资中心（有限合伙）、佛山市东方禅控创业投资企业（有限合伙）、深圳市致诚博瑞投资合伙企业（有限合伙）三家著名投资公司投入数千万元资金。

2013 年 7 月成功签约深圳坪山新区新能源基地，新厂房于 2013 年 10 月正式迁入并投产。

2013 年 10 月成为深圳新能源汽车核心零部件创新联盟起草单位及成员。

2013 年 12 月获得 2013 年度清科集团“中国最具风险投资科技创新企业”50 强第 33 名。

2. 2014 年 1—3 月

2014 年 3 月获得中国质量中心 CQC 产品认证证书。

二、产能建设

目前，新能源电动汽车整车高压大电流连接系统产能已达到年产 20 万套。

三、技术进展及研发能力进展

产品技术创新能力居国内领先地位，与国际上几家著名公司处于同一水平。

四、主要产品

零部件

序号	名称	型号
1	叠层母排	风能、太阳能、新能源电动汽车领域应用
2	高压连接器	风能、太阳能、新能源电动汽车领域应用
3	充电连接器	AC、DC 型电动汽车专用
4	充电桩	AC、DC 型电动汽车专用
5	高压配电箱	风能、太阳能、新能源电动汽车领域应用
6	线束	风能、太阳能、新能源电动汽车领域应用
7	电池箱	风能、太阳能、新能源电动汽车领域应用

五、合资合作

公司目前已同宝马、大众、特斯拉、通用、北汽福田、北汽新能源、比亚迪、五洲龙、长春一汽、长安汽车、中国普天等 100 多家国内外新能源汽车厂商及运营商建立了合作伙伴关系。

六、发展规划

国家“十二五”新能源汽车产业规划的发展目标明确规定，2015 年达到 50 万辆，2020 年达到 500 万辆。因此，未来 3 年的市场有足够大的发展空间，加上公司整体的竞争优势、市场占有率水平及行业内品牌影响力，加上各级政府、银行、股东、外部投资相关及顾问机构的鼎力支持，将不断扩大巴斯巴公司在全球的影响力。公司从 2013 年开始，3 年为一期，计划到 2016 年申报上市。

菲尼克斯（中国）投资有限公司

菲尼克斯（中国）投资有限公司是德国菲尼克斯电气集团在华子公司，是集团公司亚太地区业务中心。德国菲尼克斯电气集团是全球公认的电气连接、电子接口、防雷技术和工业自动化系统解决方案的领袖企业。菲尼克斯电气中国公司下辖南京菲尼克斯电气有限公司、菲尼克斯亚太电气（南京）有限公司、菲尼克斯（南京）工程研发中心有限公司及菲尼克斯亚太物流（南京）有限公司。现有员工 1600 多人，年销售额近 20 亿元人民币。

公司为用户提供世界最先进的组合式接线端子、印刷电路板连接器、工业接插件、模块化电接口产品、防雷及电涌保护器、全球领先的工业自动化控制系统等。公司先后在全国建立 20 多个办事处、上海北京竞争力中心和 100 多家分销机构，为电力、风电、通信、机械、建筑、冶金、石油、化工、交通运输、汽车制造和烟草等工业领域提供世界一流产品和优质高效服务。

在 20 年的发展历程中，菲尼克斯电气（中国）始终保持业务的高速增长。1996 年以来市场占有率居国内同行首位，自 2009 年起位居菲尼克斯电气集团全球第一，同时兼顾速度和效益，实现了可持续的快速发展。

珠海泰坦科技股份有限公司

一、2013 年发展概况

珠海泰坦科技股份有限公司（以下简称“泰坦”）是在香港上市的中国泰坦能源技术集团有限公司（港股代码：2188）下属全资子公司，公司专注于电子电力领域，集科研、制造、营销于一体，围绕发电、供电、用电的各类用户，运用先进的电力电子和自动控制技术，解决电能的转换、监测、控制、优化、节能和新能源利用的需求，是为电力、铁路、交通、通信、石化、冶金、航空航天等行业提供产品和服务的高科技企业。经过多年的发展，目前一个产品系列纳入国家级火炬计划，三个产品被评为国家级重点新产品，一批产品被评为广东省重点新产品，三项技术纳入国家 863 计划……拥有大量的专利及专用技术。研发实力和知识产权优势构成公司的核心竞争力。

二、生产经营

自2005年受美国军工企业委托开发新型电动车充电产品以来，泰坦一直专注于围绕电动汽车充放电设备的技术开发、产品研制及场站建设，是目前国内电动汽车充放电关键设备的主要供应企业之一，参与国内多个重点或大型电动汽车充换电站项目建设，地域覆盖东北、西北、西南、华中、华东、华南及香港等全国大部分区域。

三、产能建设

泰坦经过产业化改造，截至2013年底，具备年产量3000台（200kW充电机）、60万千瓦的生产能力。

四、技术进展及研发能力进展

公司最新研发的双路大功率充放电装置，是一套总功率为200kW（250A/800V或2×250A/400V）的充放电设备、由两台功率为100kW（250A/400V）的功能完全相同的充放电组件组成。在正常运行时，每台组件可独立完成充电或放电（即一台在充电状态时，另一台可处于放电状态）；在需要高电压输出时，两台组件可以串联使用，完成充电或者放电功能。交流输入与直流输出隔离、双路多功能的大功率充放电装置分别工作时电气隔离。实现充电站一套装置有两路快速充电或快速放电的功能及宽范围功率输出的特点，满足多种类型电动汽车的快速充电和快速放电的需要，缩短了电动车辆在充电站的停留时间。泰坦开发人员通过设备的研制，解决了多项关键技术，如充放电功能界面人工智能对话技术、交流输入与直流输出的隔离技术、宽电压输出范围技术、大功率整流器串并联技术、充电及放电于一体的双向电源技术、大功率设备高效率及电磁兼容抑制技术等。

五、主要产品

泰坦充电产品主要包括充电桩、分箱式充电机、整车充电系统、户外一体化直流充电系统、多向变流器、储能充/放电系统、移动式电动汽车充电站、单程大惯量换电机器人、电池管理系统（BMS）、动力电池测试与维护系统、电能质量监测与治理系统、节能环保型化成分容系统等。

北京基业达电气有限公司

一、发展概况

1.2013年1—12月

北京基业达电气有限公司成立于1995年，是以开发、生产高、低压成套电气设备、电动汽车充电设备为主导产品的专业性国家级高新技术企业。1998年通过ISO 9001质量管理体系认证；2009年通过环境管理体系认证及职业健康安全管理体系认证。连续多年被评为用户满意企业和重合同守信誉单位，荣获“中国电器工业最具影响力品牌”等荣誉称号。2007年，公司成立党支部和工会，并被评为北京市厂务公开民主管理先进单位。

在国家大力推进新能源汽车的大环境下，公司成立了子公司——北京基业昌达新能源技术有限公司。整合资源优势，依托清华大学、中科院电工所等高校院所的专家学者，从事电动汽车交直流充电设备、大功率充电机、车载充电机、便携式充电机、电池管理系统、动力电池修复仪等的研究、开发、生产与销售。

2013年，北京基业达电气有限公司新能源事业部通过全体员工的共同努力，在新能源汽车领域取得了重大突破，共发布了直流、交流、一电双充3款新能源汽车充电产品。

2.2014年1—3月

北京基业达电气有限公司计划在2014年大力研发大功率充电机。

二、生产经营

北京基业昌达新能源技术有限公司是专门从事新能源汽车充电设备的研发、生产和销售的企业。目前产品主要适用于混合动力汽车和纯电动汽车。为了配合产品研发，2013年公司组建了职工创新工作室。

三、产能建设

公司拥有先进的数控机床设备、完善的加工手段、齐全的工艺装备、可靠的检测设备以及完善的客户服务体系。2013年，北京基业达电气有限公司专门成立了研发实验室，并对原有生产线进行了改造提升，完善了总装生产线，大大提高了生产能力，2014年可实现批量生产。

四、技术进展及研发能力进展

公司注重人才团队的建设，形成一支以青年科技人员为主的朝气蓬勃的研发团队，为充电桩技术的发展打下了良好的技术基础。

目前公司拥有授权的发明专利20多项，实用新型专利8项，外观设计专利13项，授权软件著作权3项。

五、主要产品

零部件

序号	名称	型号
1	交流充电桩	JCA－1
2	直流充电柜	JCD－1
3	一电双充	JCA－2

苏州工业园区多思达科技有限公司

一、发展概况

1. 2013 年 1—12 月

多思达科技是最早研发电动汽车连接器及相关产品的公司之一，公司专注于电气电源领域的新技术研究，为直流电源行业提供高性能的电气连接解决方案及产品。

多思达科技的技术研发力量雄厚，参与了《电动汽车传导式充电接口》的制定，以及《电动汽车充电站通用要求》等多项行业相关标准的讨论。公司生产的电动汽车交流充电接口规格有 16A、32A、63A、100A 等，直流充电接口有 125A、250A、400A 等。产品具有耐恶劣环境的使用要求、高通载能力、高耐电压能力、高防护等级、优越的耐冲击力和可靠的抗震放松功能，已被应用于数十家汽车企业的电动汽车、电动中巴、电动公交大巴等项目及充电桩、充电站，由于性能稳定可靠，产品还被选用于“上海世博园区电动汽车及充电站”，中国首座国家电网标准大型电动汽车充电站——“唐山南湖国家充电示范站”等若干国家重点项目，深受用户好评。

多思达 EV 充电接口、高性能连接器、助力新能源汽车的发展。专业用于电动汽车、电动大巴等电动车辆的充电连接；可应用于专业充电桩、充电站等充电设施，能满足专业充电站快速充电、充电桩中速充电、家用慢速充电的使用要求。

2. 2014 年 1—3 月

多思达科技计划在 2014 年推出高压连接器、多种微型电动汽车充电连接器。

二、生产经营

多思达科技在 2013 年再攀新高，国内外销量近亿元。为提升品牌竞争力，公司增强管理、提高效率、引进人才同步进行。

三、产能建设

公司拥有先进的注塑设备、数控机床、冲压设备，完善的加工手段，齐全的工艺装备，可靠的检测设备以及完善的客户品质服务体系，具备大批量生产能力。

四、技术进展及研发能力进展

公司注重人才团队的建设，形成了一支以青年科技人员为主的朝气蓬勃的研发团队，能高效、快速地满足客户的需求。

目前公司拥有多项授权的发明专利、多项实用新型专利和多项外观设计专利。

五、主要产品

零部件

序号	名称	型号
1	国标交流充电插头	V2C - DSI - EVP V2Z - DSI - EVP
2	国标交流充电插座	V2C - DSI - EVS V2Z - DSI - EVS
3	国标直流充电插头	V3 - DSD - EVP
4	国标直流插座	V2 - DSD - G - EVS
5	美标、欧标充电插座插头	—

武汉电动汽车技术开发有限公司

一、发展概况

武汉电动汽车技术开发有限公司成立于 2011 年 10 月 21 日，注册资本 550 万元。经过两年的发展，注册资本增加到 1000 万元。现有员工 68 人，办公地点位于武汉东湖新技术开发区。

公司专注于为用户提供北斗/GPS 系统产品研发、车辆工况监测平台研发、车辆安全系统平台研发等前沿技术相结合的企业级整体解决方案，为客户提供电动新能源汽车充电技术，包括产品开发、销售、产品服务，维护、充电机软件系统。公司与武汉大学进行产学研联盟，以深圳硬件生产平台和武汉电动汽车示范运营公司做支撑，开展相关产品的研发和推广应用。

二、生产经营

公司主导产品——电动新能源汽车监控及服务系统——是车辆工况监测安全预警中的一项新技术产品，包括：信息平台建设基本构架设计；工况数据实时监控、采集；远程监测信息数据处理；车辆实时监测管理系统的建立和应用，基于车辆 CAN 通道安全监测和数据采集系统的建立和基本应用；数据分析系统的基本技术方案。上市第一年，该产品销售已达 135 万元。2013 年，公司总资产、主营业收入分别达到 1590.96 万元、538.29 万元。截至 2014 年 6 月，公司的销售额达 458.36 万元。

三、产能建设

电动新能源汽车智能监控预警及服务系统项目的研发投入已达500余万元，预新增投资325万元。根据市场和本项目产品的销售情况，目前已达到每年10000套终端硬件的产能，销售收入达700余万元。预计到2015年项目达产后，可实现年产能15000套、年销售额1100余万元。

四、技术进展及研发能力进展

武汉电动汽车技术开发有限公司注重人才团队尤其是研发团队的建设，企业研发人员占比在30%以上。现有知识产权10余项，其中实用新型专利4项、软件著作权9项、软件产品登记证书1项。

公司电动新能源汽车智能监控预警及服务系统项目核心内容包括：

（1）采用物联网、GPS、GIS等现代信息技术。通过集成创新、自主研发电动新能源汽车智能监控与服务系统平台，将车网、电网、路网融为一体，应用现代信息技术和自主开发的配套软件及硬件设备，完成对车辆实时工况和地理坐标、充电设施的地理坐标和使用状况、道路交通状况等的实时信息数据采集、分析、运算、处理，经电动汽车和充电设施的信息交互，实现整个充电网络资源和运营状态的自动化、智能化管理，以及电动汽车、充电设施运行过程的安全监控和安全预警。

（2）将GIS空间分析的功能应用于移动充电终端的规划布局中，提高布局的合理性，减少资源浪费。

（3）通过制订车、电网智能充电通信协议，形成数据互通的高效网络，将电动汽车和充电设施网连成一体，选择最优路径，为有充电请求的电动汽车提供智能充电的引导，实现电动新能源汽车充电的智能化，提高其运行的安全性和充电终端的效率。

（4）通过对电动新能源汽车智能监控预警及服务系统项目的实施，形成技术成熟、功能齐全的软件服务系统。产品符合国际标准，均经过第三方严格测试和相关的行业产品资质认证。本项目已在东风日产乘用车有限公司、东风汽车股份有限公司等公司应用。

五、主要产品

序号	类别	名称	主要功能
1	工况数据查询分析类	电流查询分析	通过对电流的监测、分析，漏电流值显示，预警、报警，保证用户车辆的安全，保证电池的正常使用，延长电池的使用寿命，并通过数据提示及时进行电池的维护和保养
		电压查询分析	通过车辆电压的各项指标、车辆电压值的变化，确认是否需要充电。提出电压预警、分析系统以及图表样式，便于维护人员分析电压信息，进行远程维检车辆。经系统扩展，充电站位置可通过GIS地图提示，保证在电压预警前进行充电，保证车辆的正常行驶
		电池查询分析	通过对电池的电量、最低温度、平均温度、最高温度等详细信息，以及收集到的电池的电流、电压等信息，及时提醒电池的过充、过放。通过预警系统保证电池的正常使用；通过电池的各项性能指标，保证电池的使用寿命和使用安全
		电机温度查询分析	记录电机温度信息，并实时反馈及预警。技术人员可以查询、分析电机信息。当电机温度超标时，发出电机降温处理提醒，并进行降温操作，以保证使用者的安全，保证车辆的安全运行。对于电机温度异常记录进行分析，为用户提供异常解决方案
		电机转速查询分析	在不同时间点、不同环境下记录电机转速信息，判断是否转速异常。保证在安全转速下的电机运行。在人为的关键节点进行数据记录和分析，技术人员可以远程查询、分析电机故障信息
		充电习惯查询分析	通过记录不同车辆的充电开始时间、结束时间、充电地点选择、电流、电压、电池、功率、电量、车辆里程等，为用户提供建议充电时间和充电地点，保证车辆安全使用
		出行习惯查询分析	记录车辆行驶线路图、常行驶路线、行驶半径、行驶区域、车辆行驶开始时间/结束时间等信息。通过行驶轨迹分析，对不同关键点进行线路优化及线路推荐，保证使用者的安全，便捷出行。推荐行驶路线，避免道路拥堵，保证出行最优化
		电动能耗查询分析	通过对车辆电流、功率、里程、电压、车辆运行时长、充电功率的记录进行能耗计算。通过能耗异常判断车辆是否存在安全隐患，保证使用者的安全。生成预警信息，排查车辆隐患
		图表查询分析	设定车辆各参数后，通过查询生成各种图表。如对电流、电压、SOC、电机转速、电机温度、行驶时车速、已行驶里程、行运及停止时电池温度等参数进行设定，查询后得到相应的图表，为管理人员提供决策参考和分析依据

续表

序号	类别	名称	主要功能
2	安全预警系统类	电机监控安全预警	动态实时显示电机转速、电机温度，准确记录电机转速信息。在不同时间点、不同环境下记录电机转速信息，判断是否转速异常，以保证电机运行在安全转速下。在人为的关键节点进行数据记录和分析，技术人员可以远程查询，分析电机故障信息
		温度监控安全预警	记录车辆电机、电池、车辆内部温度、电池平均温度、电池最高温度等信息。当电机温度超标时，及时做出电机降温处理提醒，并进行降温操作，以保证使用者的安全。记录电机温度异常后进行异常点分析，为用户提供异常解决方案。在电池温度超标时，进行预警提示并进行安全降温处理
		控制器监控安全预警	采集并记录车辆的各项数值、信息、参数，对车辆的异常操作进行安全验证，保证车辆行驶安全。对控制器安全运行进行验证，提示异常操作，规范控制器安全操作，通过在线数据进行远程分析排障
		电池监控安全预警	记录及监控电池温度、电池平均温度、电池电流、电池最高温度。记录的信息以图表形式显示，便于分析电池故障及各项信息。及时提示电池的过充、过放，通过预警保证电池的正常使用；通过监控电池的各项性能指标保证电池的使用寿命和电池安全性；通过控制电池最高温度，保证电池的使用安全
		电量监控安全预警	实时记录车辆的电量信息、电量的使用情况。记录的电池的电流、电压信息以图表形式呈现，便于分析电池故障及各项信息。及时提示电池的过充、过放，通过预警保证电池的正常使用；通过监控电池的各项性能指标保证电池的使用寿命和电池的安全性；通过控制电池的最高温度，保证电池的使用安全
		车速监控安全预警	准确记录车速信息。在不同时间点、不同环境下记录车速信息，判断是否车速异常现象。保证车辆在安全车速下运行。保证用户不超速，安全行驶
		故障监控安全预警	在新能源车辆发生电池、电机、电压等故障时，给出实时数据，并向车辆管理人员和主管领导发出警报。在不同设备出现故障时发生不同预警，保证第一时间反馈问题、第一时间解决问题，保证车辆安全行驶
		发动机监控安全预警	显示各种发动机工作信息，当发动机出现故障时及时发出报警信息，方便故障检修。在电机运行时提供关键数据提示，保证电机正常工作时所需的电压、电流等足够的电池能耗。在电机异常时，及时发出报警提示，保证车辆行驶安全

合肥协力仪表控制技术股份有限公司

一、发展概况

合肥协力仪表控制技术股份有限公司成立于 1996 年 1 月，位于合肥市国家级高新技术产业开发区内，是专业从事工程机械仪表、汽车仪表及控制技术的研发、生产和销售的高新技术企业。公司主导产品包括工程机械及汽车控制系统、工程机械及汽车仪表、工业车辆电驱动系统、工程机械电液控制阀和工程机械电气配件五类。产品应用于叉车、挖掘机、装载机、汽车、电动车、军工等领域。

公司是安徽省科学技术厅认定的高新技术企业、安徽省信息产业厅认定的软件企业，主导产品叉车仪表获得合肥市首届名牌产品（商标）称号，已通过 GB/T 19001—2008、GB/T 24001—2004、GB/T 28001—2001“三合一”体系认证及 ISO/TS 16949—2009 体系认证。

二、生产经营

公司产品主要针对配套主机技术要求定向开发，同时对用户进行技术参数的匹配和修改，以满足配套使用要求。2014 年，公司将完成销售额 12610 万元，预计生产仪表及控制器 15 万套、控制器 5 万套、电液控制阀 4 万套。

三、产能建设

公司位于合肥市高新区柏堰科技园内，占地面积 18280 平方米，建筑面积 20330 平方米。现有 5 个生产车间，生产面积 13320 平方米。电子产品制造配置高净化、防静电环境，拥有全自动 SMT 生产线、直插波峰焊生产线和多条具有现代先进工艺水平的装配流水线；具备焊接组装、软件固化、调试检验、产品总装、老化试验、产品终检等完整的工艺流程。配置有振动、防尘、淋雨、盐雾等试验设备，以及综合数字化校验台等先进、完善的检测设备。电液阀生产车间装有 70 多台数控加工中心及数控车床等先进生产设备。拥有清洗机、阀类试验台等先进生产检测设备，以及液压阀环形装配流水线、液压阀和电磁阀装配线。

四、技术进展及研发能力进展

公司设立有独立的工程技术研究中心，被合肥市科技局正式批准为《合肥市工程机械仪表及控制技术工程技术研究中心》，年开发费用投入强度（LS）为8.5%以上，产学研比率（LR）为9%。先后完成国家863项目《机器人化装载机》子项目1项、科技部科技创新基金项目1项、省市级科技项目多项。公司获得的自主知识产权数目合计40项。其中获得各项专利36项、软件著作权4项，获得安徽省新产品4项、安徽省科技成果4项、安徽省高新技术产品4项。

合肥协力仪表控制技术股份有限公司经过十余年的创新发展，形成了自己的创新特色与模式。重视产学研合作开发，同合肥工业大学等高校进行了较为广泛的合作，与合肥工业大学汽车工程技术研究院合作建立了汽车电子技术公共服务平台。加强与国外知名企业集团的合作，建立了开发流程控制规范，使技术开发管理、技术开发水平得到很大提升。重视企业创新平台建设，建设了市级工程技术研究中心，面向不同产品方向建立了5个研究所，建有公共试验中心和标准化室，形成完整的企业创新体系。重视人才队伍创新制度建设，形成以博士、硕士、高级工程师为项目带头人的创新团队、人才队伍。制定了一系列的技术创新、产品开发管理制度，涉及开发流程、项目管理、成果奖励各个方面，保证了开发质量、进度，有效激励了技术创新动力。重视知识产权的保护，取得了安徽省知识产权优势企业称号。主持制定国家专业标准1项、企业标准1项，参与修订行业标准10余项。

五、主要产品

公司产品为工程机械控制系统产品，分为汽车电子系统、工程机械电驱动系统、工程机械仪表、工程机械控制器、工程机械电液控制阀五大类，包括20多个产品系列、200多个产品型号。

1. 汽车电子系统

现已形成新能源汽车控制系统与汽车电子控制系统两大类型产品。

（1）新能源汽车控制系统

①新能源汽车仪表系列。包括新能源客车仪表。新能源轿车仪表。目前，在新能源汽车控制技术领域，公司产品的各项技术参数、功能以及实际应用效果都处于行业前端，客户使用效果良好。新能源汽车仪表灵活的多模式动力控制，适应性强，不仅适用于多种混合动力汽车，亦可无缝集成到纯电动汽车中，不仅适用于乘用车，也适用于公交车和大型运载车。新能源汽车仪表是公司战略发展方向。

②电动车辆仪表系列。公司电动车辆仪表在国内起步较早，技术成熟。产品采用步进电机驱动的组合仪表，其自主开发的控制软件，能实现电池电量的准确显示；具有扩展的CAN总线接口，可适合多种电控系统；实现了数字化仪表在非公路电动车辆上的应用。

③新能源控制系统。该包括汽车高压配电柜、新能源汽车整车控制器、新能源汽车绝缘监控仪。汽车高压配电柜主要是针对新能源客车而设计研发的，用于电力系统发电、输电、配电、电能转换，并在消耗中起通断、控制或保护等作用。

新能源汽车整车控制器主要是为了配合安凯纯电动公交车电控系统而设计的，该控制器采集电动汽车CAN系统中灯控模块、电源管理系统、电机控制器、绝缘监测模块、传感器、开关等信息控制电机运行，并对电池SOC状态和整车运行工况进行有效监控。

新能源汽车绝缘监控仪特点：采用先进的微处理器技术、智能化设计，以及低频信号注入法，技术成熟可靠；可以再现实时动态监测系统的绝缘电阻值；具有自诊断和自动校准功能；可以提供ALARM和CAN输出接口；体积小，便于安装；通过观察LED灯状态可以进行快速故障诊断。新能源汽车绝缘监控仪适用于24V低压供电车辆。

（2）汽车电子控制系统

①汽车数字化组合仪表。包含：轻卡、微货仪表系列；重卡仪表系列；客车仪表系列。汽车组合仪表用于汽车车速、转速、燃油、水温等参数显示及工作状态监控。

针对国内汽车仪表市场现状，目前汽车仪表产品定位于高端客车仪表、重卡仪表、轻卡微货仪表等领域。

针对客车，采用CAN总线技术通信，仪表通过TFT彩色大液晶屏图像形显示各控制单元，用步进电机指示主要参数。该产品已达到国际同类产品技术水平。

②汽车车身控制器。主要控制汽车车身用电器，如：整车灯具、雨刮、洗涤、门锁、电动窗、天窗、电动后视镜等车身电器的遥控；与汽车仪表配合，对整车电器进行控制与显示。采用CAN总线技术，大大简化了控制电路，扩展了控制功能。

目前该产品已经与江淮汽车、奇瑞汽车开始了配套合作，未来配套规模将进一步扩大。

2. 工程机械电驱动系统

（1）电驱动控制器

电驱动控制器主要用于电动叉车、电动车辆的电机驱动与控制。产品系自主开发，采用矢量变频调速控制技术，实现三相交流电机无级调速，节能高效，实现转速和扭矩的精确控制；实时监控、控制参数调节、传感器校准、电机测试、故障诊断。

（2）电驱动充电机

该充电机用于电动叉车、电动车辆蓄电池的充电。产品系自主开发，根据不同蓄电池的特性，自动匹配充电过程参数跟随最优充电曲线，可避免蓄电池出现过充或者欠充现象。

（3）电驱动 DC/DC 电源

DC/DC 用于电动叉车、电动车辆，将电池组供电电压（36V、48V、80V 等）转换成车辆电器附件标准工作电压 12V 或 24V。产品系自主研发，针对各种电池放电特性与 DC 低压大电流输出特点，采用谐振与脉宽调制软开关以及同步可控整流技术，提高电源的转换效率和可靠性。

除此之外，还有工程机械仪表、工程机械电液控制阀及工程机械控制器等相关产品。

六、合资合作

企业不断跟踪国际同行业先进技术发展趋势，同国内工程机械知名大型集团及国外知名企业集团紧密协作，集成开发。实施产学研联合，与合肥工业大学等校所合作，开发多项软硬件技术。企业的技术水平处于国内同行业领先地位，在全国叉车行业中，其产品配套市场占有率居国内第一位。

七、发展规划

新能源汽车控制系统是公司未来发展的重点方向，将加大对新能源汽车仪表及控制系统的开发力度。公司的汽车电子事业部现在已形成汽车电子控制系统与新能源汽车控制系统两大类产品。公司研发的新能源仪表及控制系统可以满足混合动力汽车、纯电动汽车、燃料电池汽车、燃气汽车、氢动力汽车等不同动力汽车对仪表的要求。

产能目标：拟在 2015 年达到年产各类车辆控制系统及仪表显示系统 30 万套；电液控制阀 10 万套；各类线束及电器附件 20 万套。至“十二五”期末，企业产品年销售收入超 3 亿元。

欧科佳（上海）汽车电子设备有限公司

一、发展概况

法国 ACTIA 公司成立于 1986 年，是雷诺汽车集团公司（Renault）的一家子公司，总部设在法国南部城市图鲁兹。ACTIA 集团公司在亚洲、欧洲、北美洲、南美洲和非洲的 15 个国家中共有 20 家子公司，年营业额超过 3.6 亿欧元，专注于汽车故障诊断和商用车车载电子设备。欧科佳（上海）汽车电子设备有限公司是 ACTIA 集团公司在中国的独资子公司，于 2003 年 7 月在上海成立。公司将国外先进的车载 CAN 总线控制技术引入国内，实现了产品和技术的本地化，优越的性价比及完善的售后服务体系赢得了中国客户的广泛赞誉。近两年，公司又将法国先进的汽车故障诊断技术引入国内，成功地开发了汽车故障远程诊断系统并实际应用，得到了客户的高度评价和认可。在车联网车载终端方面，有 RGU、VIDU－2、VIDU－3 三款产品，VIDU 系统是欧科佳公司基于母公司在欧洲的两大技术优势，通过本地化开发完成的适合中国国情的车联网智能客车管理系统。

二、生产经营

2013 年销售总额超亿元，国内仪表销量 1.5 万套，车联网车载终端销售额稳步增长。

2014 年第一季度产品销量同比增长近 40%。

三、产能建设

2013 年，欧科佳（上海）仪表类产品、车联网车载终端和故障诊断方面取得喜人成绩。目前公司正在加大投入，旨在提高产能和效率，以满足日益增长的市场需求。

四、技术进展及研发能力进展

2013 年，欧科佳公司已开始在国内推广应用欧洲先进的商用车车载电子电气架构及智能化信息系统，已打造了符合中国市场需求的、整合了 CAN 总线—故障诊断—维保专家系统—车联网技术—车队管理系统的车载智能信息系统解决方案，并成功应用于上海申沃/上海巴士集团、重庆恒通/重庆公交集团、青年客车、黄海客车等整车厂和公交运营企业。在车联网方面，VIDU 系统是欧科佳公司基于母公司在欧洲的两大技术优势，通过本地化开发完成的适合中国国情的车联网智能客车管理系统；在模块方面，IOU 是欧科佳第一代 CAN 总线车身控制模块，SCC 为功能更强大、智能化程度更高的车身控制模块，如今已发展到 POWER S——新一代 CAN 总线车身控制模块，强大的输出功率、更具便利性的设计和更高的智能化程度使得该产品更具竞争力；在仪表方面：拥有成熟的 CWF1.6、IRB、CSF1.6 产品，并且开发出性能更齐全、性价比更高的 CC2－KL1、CLUSTER－KL1、LVI、CFC、MULTIC S 等产品。

欧科佳的核心竞争力之一是创新，2013 年的研发费用超过销售额的 20%，研发人员超过 70 人。新产品涉及车载电子、远程通信以及诊断三大领域。参与欧洲“欧洲未来公交车”项目，与全球知名制造商一起，深度挖掘客车公交车的未来需求，并讨论制订出相应的方案。针对中国客户，引入欧洲的技术方案，提升国内整车的智能化、信息化水平。

五、主要产品

零部件

序号	名　称	型号
1	CAN 总线仪表	CWF1.6、IRB、MULTIC S、CFC、LVI
2	车身控制模块	IOU、SCC、POWER S
3	车联网车载终端	RGU、VIDU－2、VIDU－3

六、合资合作

汽车故障诊断方面。欧科佳集团公司拥有世界一流的汽车故障诊断专业技术团队，是全球八大汽车制造商的标配供应商。在国内，武汉神龙、长安标致雪铁龙、长安汽车、吉利汽车、奇瑞汽车、广汽乘用车、上海通用、上汽乘用车、北汽控股、东风乘用车、江淮汽车等公司均在使用欧科佳（上海）汽车电子设备有限公司生产的设备和软件。

车联网方面。欧科佳集团公司是欧洲车联网技术研发的先驱之一，为捷豹/路虎、沃尔沃轿车、沃尔沃客车、沃尔沃重卡、依维柯客车等公司提供产品和软件。在国内车联网行业，欧科佳致力于以安全节能为核心，整合了诊断、CAN 总线、远程信息处理三大核心的 DMT 系统的推广，相关产品已经在重庆、上海推广使用。

CAN 总线控制系统方面。欧科佳（上海）汽车电子设备有限公司已成为国内主流客车企业的 CAN 总线控制系统的配套商，服务于郑州宇通、厦门金龙、厦门金旅、苏州金龙、中通客车、青年客车、安凯客车、黄海客车、上海申沃、重庆恒通等 40 多家整车厂。

意昂神州（北京）科技有限公司

一、发展概况

意昂神州（北京）科技有限公司（以下简称“意昂神州”）是一家专业的汽车电子电控技术服务商、国家高新技术企业。公司成立于 2003 年，总部位于北京中关村，并设上海分公司、底特律技术研发中心，是“北京市专利试点企业”“北京市自主创新产品”，产品获得“国家重点新产品证书”。并在 2013 年申请知识产权类资质十余项。

公司立足于汽车电子电控核心技术的动力总成领域，依托欧美优质技术资源，通过二次开发创新与技术服务创新，为国内客户提供完整的动力总成电控系统开发咨询服务，以及新能源汽车三电（电池、电机、电控）系统从开发与测试解决方案，支持行业伙伴快速实现汽车电控系统从开发到产品化（D2P – From Development to Production）和三个建设（团队建设、平台建设、流程建设）。

二、主要产品

意昂神州为国内的汽车厂商提供汽车电子控制系统（发动机系统、混合动力系统、纯电动车系统、车身系统等）开发工具、整体解决方案和技术服务。

1. 开发工具

D2P 快速开发平台、Mx – Suite MiL – SiL – HiL 一体化测试管理工具、MMC 基于模型的电机控制器开发平台、D&V 电力动力总成测试系统（台架）、汽车传动系统测试设备、Mexus – Heavy Duty 喷油分析仪、失火发生器、氧传感器失效模拟器、ECU 分线箱、ECU 标定系统—CANape/Vision、ECM 分析仪、CSM 模块、Vector 总线测试工具、Vector 汽车诊断开发测试工具。

2. 整体解决方案

LMS Amesim 系统仿真平台、σ – HiL 整车硬件在环测试系统、σ – HiL 高精度电机仿真测试系统、σ – HiL 电池仿真测试系统、网络总线仿真测试台架、整车电子电器仿真测试台架等。

3. 技术服务

新能源整车控制器开发及产业化咨询服务、大陆 EV/HEV 控制器硬件应用服务、发动机控制器开发咨询服务。

三、合资合作

序号	名称	国别	合作产品/领域
1	Woodward/Mototron	美国	基于产品级 ECU 的控制策略快速开发平台
2	Vector 公司	德国	总线测试（含 PREEvision、CANoe、CANape 等）
3	西门子/LMS 公司	德国	基于物理元件的整车仿真模型
4	IAV GmbH	德国	动力系统与新能源动力系统咨询服务
5	Danlaw Inc.	美国	MIL – SIL – HIL 一体化软件测试平台（Mx – Suite™）
6	国家仪器公司（NI）	美国	系统集成与实时仿真测试系统
7	Loccioni Group	意大利	高压共轨/GDI 测试，燃油系统及全功能测试
8	Rinehart Motion Systems	美国	D2P – MMC 基于模型的电机控制开发方案
9	CSM GmbH	德国	数据采集系统（含温度、压力、转速、电流数据采集模块）
10	D&V Electronics Ltd.	加拿大	EPT 电机台架测试系统
11	精确技术公司（ATI）	美国	No – Hooks 旁路开发平台、Vision 标定系统
12	Engine Control and Monitoring	美国	混合动力与纯电动车辆电力噪声仿真系统 EGR/NOx/Lambda 分析仪

上海日立电器有限公司

一、发展概况

1. 2013 年 1—12 月

上海日立电器有限公司（以下简称“上海日立”）是上海海立（集团）股份有限公司下属的中外合资企业。其中，上海海立（集团）股份有限公司占 75% 的股份，日立空调·家用电器株式会社占 25% 的股份。公司成立于 1993 年 1 月 30 日，投资总额 57380 万美元。下设子公司：南昌海立电器有限公司、海立电器（印度）有限公司、绵阳海立电器有限公司。主营业务为空调压缩机等制冷关联产品及汽车零部件。

2013 年，上海日立车用电动压缩机产品在国内外 10 多家整车企业实现匹配、销售。

2. 2014 年 1—3 月

截至 2014 年 3 月底，上海日立除了在新能源乘用车方面的匹配和销售外，已经成功地与几大客车厂进行全面深入的合作，完成了在纯电动客车项目上的匹配，首批 400 台车用电动压缩机也交付使用。

二、生产经营

2013 年 1—12 月生产销售约 600 台新能源车用压缩机。

2014 年 1—3 月生产销售约 450 台新能源车用压缩机。

三、产能建设

根据新能源汽车及企业的发展需求，公司不断加大投入、扩大生产规模，上海日立成立了专门的新能源车用压缩机生产线，2012 年 2 月，建成年产能 5 万台的全自动车用压缩机生产线。

四、技术进展及研发能力进展

随着技术的不断发展，新能源汽车渐渐走入人们的生活。作为具有 20 年电动压缩机开发和生产经验、年产量 1800 万台的上海日立电器有限公司，及时抓住市场机遇，利用自身在涡旋压缩机、永磁同步电机、无位置传感器空间矢量控制器等领域的技术和生产优势，开发出适用于新能源轿车和客车的电动涡旋压缩机。

为追求技术领先，上海日立正在开发低温制热用压缩机、新环保冷媒压缩机、二氧化碳压缩机等创新项目，为中国新能源汽车产业做出贡献。

五、主要产品

零部件

序号	名称	型号
1	车用电动压缩机	EVS16HLBAAA－8AA
2	车用电动压缩机	EVS24HLBAAA－8AA
3	车用电动压缩机	EVS34HLCAAA－8AB

六、合资合作

2014 年 2 月与郑州科林车用空调有限公司签署战略合作协议，正式进入新能源客车领域。大力开拓新能源客车市场。

七、发展规划

上海日立电器有限公司自 2002 年投产永磁同步电机，研发新能源车用压缩机，至今已经 12 年。长期以来，上海日立一直坚持与相关新能源汽车企业合作，计划利用 3—5 年的时间，达到年生产销售 100 万台的水平，建成产品技术国际一流、国内生产规模最大的新能源车用压缩机研发、生产和出口基地。

上海赢双电机有限公司

一、发展概况

上海赢双电机有限公司是一家专业研发和生产各种型号旋转变压器的上海市高新技术企业，公司研发团队技术精湛，生产工艺成熟，测试设备先进、精确，能够快速满足客户的各种定制需求。

上海赢双电机有限公司通过承担国家 863 计划重大专项新能源汽车电机系统中的传感器子课题项目，在混合动力汽车、纯电动汽车和燃料电池汽车的电机系统中的磁阻式旋转变压器的设计、生产和制造工艺等方面的研究取得了一系列重大突破，面向国家战略性新兴产业和上海高新技术产业化的发展需求，提供电动汽车（包括高铁、轨道交通、风力发电）电驱动系统所需的高可靠性磁阻式旋变产品。公司自主研发的磁阻式旋转变压器，随着国内重点新能源汽车电机驱动系统企业的产品，应用于各大知名汽车企业的整车中。

在 2013 年，上海赢双电机有限公司完成的研究项目主要有：

（1）国家 863 科研计划项目“乘用车电驱动系统全产业链开发”——车用旋转变压器项目；

（2）上海科委科研计划项目“电动汽车电驱动产业链产品技术标准与应用示范”——车用旋转变压器技术标准

项目；

（3）经上海市高新技术成果转化项目认定办公室认定，上海赢双电机有限公司研发的磁阻式旋转变压器 52 型、132 型为上海市高新技术成果转化项目。

（4）“用于高转速的旋转变压器”“定子与转子槽以 13/16 配合的小尺寸旋转变压器”“七槽旋转变压器”3 项研发专利已获得授权。

二、生产经营

2013 年，上海赢双电机有限公司共生产数万台磁阻式旋转变压器，应用于各大汽车厂家如中通客车、安凯客车、奇瑞汽车、一汽汽车等新能源汽车中，包括纯电动汽车、混合动力轿车及客车、燃料电池汽车、电动环卫车、电动叉车、电动场馆车及低速电动车等；此外，一部分磁阻式旋转变压器还应用于 EPS 系统中。为满足国家电动汽车产业化配套需求，公司组建的磁阻式旋转变压器自动化生产线已增加到两条，一些旋变试制品已应用至国外汽车企业的新能源汽车中，并为全球几大新能源汽车零部件配套商如博世联合电子、大陆汽车等进行了样品开发。磁阻式旋转变压器已完成产品系列化开发，涵盖了直径从 φ37mm 到 φ225mm 逾 30 种，可满足从微型电动车到混合动力大客车等车型的需求。通过几年来的技术创新，企业产品具有高性能、高可靠性、低成本的特点，能替代进口同类产品，国内市场占有率进一步上升，企业营业收入和盈利能力得到快速增长，已步入稳步发展的轨道。

三、产能建设

2013 年，公司新建两条具有自主知识产权的磁阻式旋转变压器自动化生产线，可满足三款特定品种年产 150000 套的配套需求。为了跟随国外主流新能源汽车电机厂家的电机产业向中国转移的趋势，同时也为了满足数年后国内电动汽车电机系统对旋转变压器的需求，公司目前的旋转变压器生产能力已达 450000 套/年，初步计划两年后可达年产 60 万套的能力。

四、技术进展及研发能力进展

2013 年，上海赢双电机有限公司有研发实验室，配备了专业研发仪器设备和试验平台。公司还和上海大学共建产学研基地，联合完成车用磁阻式旋变的研发与生产。公司非常注重人才队伍建设，已形成一支以教授专家带队，以青年科技工程技术人员为主的研发团队。通过承担国家 863 计划等重大科研项目，锻炼了队伍，在新能源汽车电机系统磁阻式旋转变压器的设计、生产和制造工艺等方面的研究中取得了丰富的经验。基于汽车电机的实际工作环境恶劣的考虑，2013 年在产品可靠性上做了大量的研究工作，现在量产产品绕组采用全密封保护，保证车用环境下电机能源稳定地工作。

新产品方面，公司为博世、联合电子、大陆汽车、雷米电机等新能源汽车电机配套商提供试制样品服务。

五、主要产品

零部件

序号	名称	型号
1	磁阻式旋转变压器	YSJ52XU9734
2	磁阻式旋转变压器	YSJ132XU9732
3	磁阻式旋转变压器	YSJ132XU9736
4	磁阻式旋转变压器	YS160XU9738
5	磁阻式旋转变压器	YS215XU97312
6	磁阻式旋转变压器	YS225XU9736

六、发展规划

随着我国“提高资源利用效力，实现节能减排”战略的推进，以及新能源汽车的大力发展，旋转变压器的市场需求将迅速提高。公司对未来产品的考虑及发展规划如下：

（1）与上海大学共建产学研基地，实现科研技术产业化转移；

（2）提高专业化生产水平，扩大生产能力，形成旋转变压器制造工艺产业链；

（3）两年内实现年产 60 万套旋转变压器的生产配套能力；

（4）新增生产厂房 8000 平方米，用于旋转变压器生产线的后续建设。

SKF 集团业务概览

一、SKF 集团

1907 年，瑞典哥德堡一位年轻的维修工程师温奎斯特先生，由于轴承经常损坏非常苦恼，因而发明了自调心球轴承，并在同年成功地创立了 SKF 轴承公司。

时至今日，SKF 集团已成为全球领先的轴承、密封件、机电一体化、服务和润滑系统供应商，业务分布世界 130 多个国家和地区。SKF 集团在 32 个国家拥有大约 130 家生产企业、雇员 46000 多名雇员，以及 15000 多家授权代理商和经销商。

2013 年，SKF 集团的销售额达到 635.97 亿瑞典克朗。凭借电子商务平台和全球经销网络，SKF 集团始终紧贴客户需求，为客户提供产品和服务。

SKF 集团的业务主要通过三大业务领域开展：汽车、工业市场战略行业和工业市场区域销售及服务。SKF 的业务涉及 40 多个行业，如汽车、风电、铁路、机床、矿山、冶金、医疗、食品和饮料、造纸等。

现任 SKF 集团董事会主席是 Leif Östling 先生，公司总裁及首席执行官是汤母・强斯顿先生，朱季明先生是现任 SKF 中国区总裁，负责 SKF 集团在中国的业务。

二、SKF 中国区

SKF 在中国的历史可谓源远流长。1912 年，SKF 开始通过销售代理商在中国开展业务，并于 1916 年在上海成立首家销售分公司。现在，SKF 在中国拥有 6500 多名员工、18 家生产单位、多家销售公司和服务单位及 300 多处经销商网点，为广大客户提供优质产品和服务。2010 年，SKF 全球技术中心（中国）在上海设立。2011 年，SKF 在第四届亚洲财富论坛上被授予“亚洲影响力企业奖”。SKF 在中国的总部位于上海，2012 年是 SKF 进入中国 100 周年。

三、SKF 中国区汽车部

SKF 汽车部向整车制造商及零部件厂商提供全系列的轴承，以及轴承单元及密封件解决方案。SKF 中国汽车部主要分为五个业务单元，分别面向底盘、动力总成及电动力、卡车、密封件及汽车后市场。SKF 在上海、济南、芜湖都设立了独资工厂，目的是为了加快本地化进程。SKF 的客户几乎覆盖整个中国的汽车制造及二级零配件供应商市场。

在绿色及清洁能源方面，SKF 动力总成及电动力部门是主要的业务负责部门。SKF 从诞生之日起就以减少摩擦为己任，努力追求节能减排的目标。为了实现这一目标，SKF 提出超越零方案，并使这一目标能够在 SKF 的产品上得以体现。以下是 SKF 的几个经典产品：

SKF eDrive 新能源车用球轴承 这款牢固耐用的低摩擦高速球轴承可实现更高的电机效率与功率密度。纯电动和混合动力正成为不断发展的乘用车内燃机替代产品。市场对于牵引电机或启动发电机等高效、紧凑耐用型电动机的需求正在快速增长，整个行业的价值链都在不断地延伸，以实现这些目标。

SKF 为电子传动系统市场推出的这一全新轴承产品系列可实现更高的电机功率密度。其主要优点在于：可增加电动车或混合动力车的续驶里程、提高电动车的效率，并改进坚固性。在设计上，SKF 采用优化的内部几何外形、获得专利的新型高速聚合物保持架和超低摩擦密封件，可根据应用需求设置密封效率，适用于高速应用的长寿命润滑脂和经过优化的润滑脂填充量。这样一来，整个轴承就能实现低摩擦扭矩，整个寿命期间不存在摩擦扭矩变化，轴向载荷条件下不存在摩擦扭矩变化，高速能力以及高速下极低的自发热。对于电机和电子传动系统制造商来说，电机效率和功率密度的改进，可以改进电机和电池的可靠性。对于汽车制造商来说，续驶里程得以增加。例如，在典型的电动车应用中，在电子传动系统中使用这套经过优化的 SKF 轴承和密封解决方案，可以使汽车的电力行驶里程提高 1%，此外还能减少充电次数以延长电池寿命。

SKF 深沟球轴承 这款新型深沟球轴承在汽车传动系统应用中可以大幅降低摩擦并实现更好的密封性能。在降低燃油消耗和二氧化碳排放的同时提高产品的可靠性，这对于汽车市场至关重要。该产品的特点：优化了包括密封唇触点在内的密封件设计，弹性体密封件兼容变速器润滑油，提供更为有效的过滤装置，可使轴承内部的污染降至最低，从而延长轴承的使用寿命；在所有工况下降低功率损失并提高效率；与标准密封的深沟球轴，可具有更高的速度；提高的鲁棒性使得轴承和密封件的使用寿命延长。

与标准解决方案相比密封摩擦降低 50%，从而将车辆的总功率损失降低 0.1%。对于为传动系统配备了两个密封深沟球轴承的中型车，每行驶一公里可将二氧化碳排放降低 0.3 克。完整的密封轴承以及单独的密封件减少的功率损失已经过 SKF 车辆环境性能模拟软件的确认、内部测试与测量，证明可以显著减少二氧化碳排放。

SKF 转子定位轴承 该轴承应用于 SKF 的启停系统解决方案，有助于降低二氧化碳排放与能耗。这款轴承可为电机实现精确耐用的传动与控制功能。是一种结合了高性能磁性脉冲圈的集成单元，通过夹具固定在高速耐高温轴承上。这样可以产生于转子角位置相关的强大磁性脉冲，并且由于能够产生极高的磁场强度，在恶劣的工况下也极为牢固耐用。

此外，还有 SKF 转子定位传感器轴承单元，该解决方案通过输出高度精确的模拟信号来确定转子的角度位置；并具备低摩擦、高转速轴承的功能；将轴承、轮毂和传感器集成为一个单元，便于装配。

在接下来的几十年里，为了满足“显著减少二氧化碳排放量”的法规要求，汽车生产商们正在努力寻找各种提高能源效率的可能性，主要关注汽车动力传动系统。动力传动系统由复杂而相互关联的装置组成，包括变速箱、分动器和主减速器，它对提高整车能效和减少二氧化碳排量有重要潜力。作为领先汽车生产商和一级供应商的值得信任的供应商和工程伙伴，几十年来，SKF 对汽车动力传动应用及产品的设计对性能、可靠性和效率的不同影响有深刻的认识。虽然 SKF 过去以轴承和轴承单元而闻名，而今天 SKF 已成为包括轴承、密封、润滑等各领域（包括高级建模软件）的工程服务公司。通过对整个系统的分析，以减少动力传动系统应用中产生的摩擦和重量，在 SKF 提供有效方案的同时满足可靠性和环境的要求。

艾尔维汽车工程技术（上海）有限公司

一、发展概况

艾尔维汽车工程技术（上海）有限公司是德国 IAV 在中国的全资子公司（德国大众控股 50%，大陆汽车控股 20%）。除德国外，IAV 在欧洲、亚洲和美洲也设有分公司。IAV 在全球拥有约 5700 名员工，是汽车工业处于领先地位的汽车工程合作伙伴。

艾尔维汽车工程技术（上海）有限公司成立于 2005 年，总部坐落于上海国际汽车城，并在北京设有分公司。通过跨领域的合作，IAV 中国从事汽车核心技术的自主研究和开发，为汽车项目提供从最初概念到批量生产的服务。

二、主要产品

动力总成电子：系统架构，控制器硬件，传感器和执行器，算法及软件开发，OBD 开发，动力总成控制单元标定，量产支持，电驱动管理。

动力总成方案和集成：动力总成方案，产品数据管理，动力总成集成，能源管理，热管理，样机制造，动力总成 NVH。

驾驶舱：驾驶舱方案，操作方案，仪表板，驾驶舱电子设备。

电动牵引系统：高性能电池，电动传动系统，电动动力总成设计，高压能源管理，项目和电动车队运营。

外观：车头和车尾系统，配件和玻璃，车身结构——车门、车舱盖和盖板。

底盘：车桥系统，转向系统和助力转向装置，制动系统和牵引力控制系统，车轮和轮胎，油箱系统，底盘控制系统，实验及应用。

汽车电子：天线布局与集成，整车电气系统，车身电气/电子，安全电子，整体安全，车灯与视野，小规模量产化车辆，电磁兼容性，硬件和软件开发。

车辆安全性：乘员保护、伙伴保护和约束系统，电子安全设备，整车碰撞试验。

燃气汽车：燃气汽车设计（天然气/液化石油气）。

变速器：方案开发、设计，计算与仿真，功能和软件开发，机械试验与软件测试，变速器的几何整合，变速器控制系统的应用，双离合变速器，自动变速器，混合动力系统，无级变速器。

混合动力：组件，集成，能源管理。

整车功能：车辆方案，能源管理，空调系统，驾驶辅助系统，电气/电子架构集成，功能性安全，热量管理，特种车辆，NVH 车辆，整车验证。

内饰：座椅系统，驾驶舱，内饰/细节，音频与语言，隔离。

方法和工具：项目管理办公室，质量管理，检验工具，产品，开发方法。

机动性：Turnkey 远程信息处理解决方案，车队管理，移动软件应用程序，机动性方案，Car2X。

重型动力总成：热力学和燃烧过程，发动机管理功能，发动机力学与计算，校准与诊断，排气后处理，全系统监测和能源管理，混合动力，车辆和机器系统。

产品生命周期：售后服务，质保。

内燃机：汽油、柴油和天然气发动机的开发，燃烧过程的研发和优化，热力学，排气后处理，换气，燃油喷射系统，燃油供应系统，软件和参数化。

客户包括奥迪、宾利、宝马、宝马赛车系列、庞巴迪、博世、布加迪、克莱斯勒、克拉斯、大陆、戴姆勒、德尔福、佛吉亚、一汽大众、菲亚特、福特、科德宝、通用汽车、本田、利勃海尔、曼、梅赛德斯—奔驰、MWM、欧宝、保时捷、标志雪铁龙、雷诺、沙特基础工业公司、舍弗勒、西雅特、上海大众、斯柯达、smart、丰田、大众、采埃孚等。

三、技术进展及研发能力进展

30 多年来，IAV 与全球知名汽车制造厂商及零部件供应商联合开展了多个创新项目，如横置前驱 8/9 挡混合动力双离合变速器系统和 8 挡混合动力自动行星齿轮变速器系统的结构优化、Dual DriveOR 无级变速全混合动力变速器开发、DrivePacEV80OR 纯电动单元开发等。

四、发展规划

在 2014 年，IAV 中国将会继续致力于与一流整车制造商和供应商进行合作，全面拓展全球的业务。

广西玉柴机器股份有限公司

一、发展概况

广西玉柴机器股份有限公司（以下简称“玉柴”）是中外合资股份制企业，拥有员工 9000 多人，总资产 166.95 亿元，年销售收入逾 200 亿元，发动机年生产销售逾 50 万台，是中国最大的独立柴油发动机制造商，是产品型谱最完整的内燃机生产基地。

2013年，公司发动机销量居行业首位，并成为国内率先回到50万台销量的多缸柴油发动机生产企业，市场份额在原有基础上再提升1%。

公司主要产品涵盖车用、船用、工程机械用、农业机械用、发电设备用等十大平台27个系列的微、轻、中、重型柴油发动机和气体发动机，功率覆盖20～2646kW，全系列产品排放均达国Ⅳ以上标准，成为国内主要商用车、工程机械、农业机械的专业高效配套动力。

公司在全球设立了49个海内外办事处、3000多个服务站、108家海外服务代理商、5000多家配件销售网点，建立了网络规模大、服务半径小、三包里程长、响应时间短的服务网络，业务已经延伸到亚洲、欧洲、美洲、非洲、大洋洲，产品销往180多个国家和地区，建立起营销服务一体化的前沿阵地。2013年，公司荣获"中国质量奖提名奖"。

在做好柴油动力产品研发生产的同时，将新能源动力列入公司发展战略。玉柴在新能源汽车方面的研究主要包括混合动力总成系统（动力总成控制器、电机控制、电池管理、高压电源管理、离合器控制）、代用燃料（气体燃料发动机包括LPG/LNG/CNG燃烧匹配标定技术、燃气发动机设计、机械开发、燃气系统集成技术）。玉柴自1995年开始从事气体燃料发动机开发，涵盖了LNG（液化天然气）发动机、CNG（压缩天然气）发动机、LPG（液化石油气）发动机，是国内最早进行天然气发动机商品化研发的企业，其中单点喷射和稀薄燃烧技术作为玉柴NG技术的核心代表，2013年气体机销售32409台，同比增长63.1%。混合动力投放市场突破5000台，占行业的2/3以上，继续走在行业最前列。

为推动实施新能源动力发展战略，玉柴组建了科研力量雄厚的新能源研发团队，目前玉柴新能源技术研发团队规模达到百人，其中博士10人，对玉柴加快新能源技术、产品研发起到了关键作用。

二、生产经营

2013年，玉柴通过创新营销管理模式，通过设立专项突破，在国家准备全面实施新一轮动力升级中抢得先机，形成卡车、客车、通机、船电、新能源动力等细分市场以及服务升级等亮点。生产发动机共计500756台，同比增长16%，产销量继续稳居行业榜首，市场份额持续增长0.63%，累计销售收入同比增长19%。

海外市场。大力拓展东欧、南美市场，建设市场新平台，完善配件及服务网络体系建设。在国内出口增长平缓情况下，玉柴发动机自营出口销量同比大幅增长31.8%，海外进入量达32568台，同比增长20.1%。

2014年1—4月，玉柴销售收入同比增长14.65%，完成预定目标的33.77%。公路、专用车配套实现大幅增长。

三、产能建设

玉柴气体发动机生产基地第一期工程，主要建设面积为5000平方米的CNG气体发动机生产车间，4200平方米的重型气体发动机生产车间，13500平方米的配套仓库，新增10000台气体发动机的生产能力，目前玉柴已经具备4万台气体发动机的产能。

在产业技改方面，玉柴插电式混合动力电机及其控制系统产业化项目、新能源汽车蓄电池管理系统生产项目、商用车混合动力总成系统产业化项目、混合动力专用气体发动机产业化项目、气体发动机生产基地一期建设项目等一批新能源汽车项目相继获得广西壮族自治区工业和信息化委员会下达的节能与新能源汽车发展专项资金及技术改造资金，对玉柴进一步夯实新能源动力产业化起到了关键作用。

正在建设的玉柴气体机生产基地二期，将形成年产30000台气体发动机的生产能力。

四、技术进展及研发能力进展

玉柴拥有强大的科研队伍：科研人员1200多人。其中享受国务院特殊津贴6人、广西八桂学者和特聘专家4人、博士27人、硕士240人、中高职称710多人；专家委员会聘请全国著名专家30多人，其中院士2人、教授级专家8人。

依靠强劲的科研实力，玉柴机器产品引领了行业发展潮流，在燃烧开发技术、低排放开发技术、机械开发技术方面处于国际领先水平，并在多个领域填补了我国汽车发动机技术的空白，承担10项国家863高科技前沿研究课题和11项国家其他科研项目，主持并参与了55项国家、行业标准的制定/修订工作，是全国专利发明先进单位且连续8年居广西企业之首。公司在行业内率先推出我国第一台排放达标国Ⅰ、国Ⅱ、国Ⅲ、国Ⅳ、国Ⅴ、欧Ⅵ的发动机，均比国家法规实施计划时间提前2—7年。第一台轿车用柴油机、第一台城市客车混合动力（ISG）、世界首台可再生空气混合动力均在玉柴诞生。"节能环保型柴油机关键技术及产业化""内燃机全工况高增压关键技术及工程应用"项目分别荣获2012年度、2013年度国家科技进步奖二等奖。

公司研发实力雄厚，建立了南宁、玉林两个国内科研基地，为掌握国Ⅴ天然气发动机技术并充分发掘天然气发动机环保、节能的特性，从2009年开始玉柴就启动国Ⅴ天然气发动机开发工作。玉柴国Ⅴ天然气发动机是在玉柴国Ⅳ成熟的天然气发动机基础上，采用国际先进的单点喷射燃气控制系统（ESI），通过稀薄燃烧控制技术和氧化催化后处理技术，达标国Ⅴ排放要求的同时较好地实现了燃气经济性。针对天然气燃烧速度慢、热负荷高等特点，玉柴燃气发动机在燃烧系统、冷却系统、润滑系统、空气管理系统、点火系统等方面进行了深入研究和专项开发，有效提升了燃气发动机的可靠性。参照国际知名发动机研究机构——奥地利AVL和美国西南研究院的天然气发动机开发流程，结合玉柴燃气发动机开发规范，在发动机结构设计、性能优化、机械开发、三高标定、整车试验等方面进行了全面、充分的验证和考核，台架可靠性累积试验时间超过5000小时，确保玉柴国Ⅴ天然气发动机的产品性能和可靠性。

五、主要产品

零部件

序号	名称	型号
1	单轴并联式混合动力总成系统	YCHPT
2	YC6J国Ⅴ天然气发动机	YC6J210N－50
3	YC6G国Ⅴ天然气发动机	YC6G260N－50
4	YC6L国Ⅴ天然气发动机	YC6L280N－50
5	YC6MK国Ⅴ天然气发动机	YC6MK340N－50
6	YC4D国Ⅴ天然气发动机	YC4DN－50
7	YC4G国Ⅴ天然气发动机	YC4GN－50
8	YC6K国Ⅴ天然气发动机	YC6KN－50

六、发展规划

到2015年末，中国将有约100万辆天然气汽车。商用车大约30万辆，包括公交、城际客车、卡车；乘用车主要是出租车，大约会有70万辆。若这一预测能实现，到“十二五”末，天然气发动机将实现替代1400万吨柴油的目标。

预测气体发动机将迎来高速发展，年增长率应达到25%以上，沿海LNG接收站辐射地区、管网沿线地区，将是重点增长市场，玉柴已经提前开发产品及展开市场培育。

根据玉柴产品规划，柴油车机将全面向燃气发动机切换，在船电产品方面，规划开发6TN、6CN、12VTN、12VCN、16VCN等大马力气体发动机。

潍柴西港新能源动力有限公司

一、发展概况

2013年，潍柴西港新能源动力有限公司作为国内领先的燃气动力研发、生产、销售基地，已连续6年实现翻倍增长。在产能提升方面，公司15万台产能扩充项目现已基本完成；在新产品研发方面，公司全系列燃气发动机均达到国Ⅴ排放标准，并顺利通过欧Ⅴ、俄罗斯GOST排放认证。

2014年第一季度，潍柴西港新能源动力有限公司各类燃气发动机销量过万台，再创历史新高。在新产品研发与推广应用方面，最新一代的WP10Bosch系统发动机已开始量产，市场反应良好；HPDI发动机开始小批量装机。为提升售后服务水平，掌握市场运行一手资料并深入了解客户需求，对太原、西安、郑州、济南四地区的服务站及大用户实施气体机维修技能上门培训，参培人员超过300人。

二、生产经营

2013年共销售燃气发动机4万台，销售额近30亿元。2014年第一季度，销售燃气发动机过万台，同比增长20%。

三、产能建设

厂房建筑面积5万余平方米，年生产能力15万台。

四、技术进展及研发能力进展

公司拥有亚洲最先进的燃气发动机试验室和实验装备，具备国Ⅳ、国Ⅴ、国Ⅵ气体发动机燃烧开发及性能标定能力，先后承担过国家“九五”“十五”和国家863等多项科技攻关项目，目前正在推广的WP12HPDI缸内直喷LNG发动机的性能达世界领先水平。

五、主要产品

零部件

序号	名称	型号
1	燃气发动机	WP5NG
2	燃气发动机	WP6NG
3	燃气发动机	WP7NG
4	燃气发动机	WP10NG
5	燃气发动机	WP12NG
6	燃气发动机	WP13NG

六、合资合作

潍柴西港新能源动力有限公司的天然气发动机是与天津大学、山东大学、北京交通大学、加拿大西港创新公司、博世汽车柴油系统股份有限公司、德尔福（中国）科技研发中心有限公司、大陆汽车电子（长春）有限公司等院校及企业合作开发的，产品具有完全的自主知识产权。

七、发展规划

愿景：成为国内领先、世界一流的燃气装备研发制造基地。

目标：成为燃气动力行业标准制造者。

未来五年发展规划：到2018年，产销各类燃气发动机15万台，实现销售收入100亿元。

东风南充汽车有限公司

一、发展概况

1. 2013 年 1—12 月

东风南充汽车有限公司是东风汽车公司天然气发动机和汽车的生产基地。2013 年，公司致力于清洁汽车和发动机的新产品开发，开发了 7 个系列 19 个国 V 发动机新产品、26 个国 V 天然气货车和 8 个天然气国 V 客车新产品，完成了公司节能与环保产品的排放升级和应用推广工作，为公司的发展奠定了坚实的基础。

2. 2014 年 1—3 月

2014 年 1—3 月，推进公司新产品产业化工作，重点是 19 个 NG 国 V 天然气发动机、26 个货车产品和 8 个天然气国 V 客车，让更多的用户了解和认可公司的燃气新产品，为国家节能减排和公司的经济效益做出积极的贡献。

二、生产经营

2013 年，公司共生产、销售 NG 发动机 13000 台，生产、销售汽车 4300 辆。

2014 年 1—2 月，公司生产、销售 NG 发动机 1500 台，生产、销售汽车 700 辆。

三、产能建设

为了提升公司发动机的生产能力，2013 年完成了 NG 发动机新增缸体、缸盖线建设，完成了检测台位能力改造和发动机总装线的技术改造，NG 发动机试验室能力提升建设正在推进中。

四、技术进展及研发能力进展

根据市场需求和国家相关政策，公司已完成了 NG 发动机、NG 汽车、柴油汽车的排放升级工作，NG 产品达到国 V 要求，柴油产品达到国 IV 要求，目前正与相关科研院所合作开发 NG 产品国 VI 技术。公司有省级技术中心，有 220 名工程技术人员、20 名高级工程师、150 名工程师，有 NG 发动机试验室、汽车检测线、试车道和新产品试制车间，产品研发引入了 PDM 先进信息化管理技术。

五、主要产品

1. 整车

序号	名称	型号	类别
1	自卸汽车	DNC3030G - 40	N1
2	自卸汽车	DNC3040F - 40	N2
3	载货汽车	EQ1041GN - 50	N2
4	自卸汽车	EQ3166GN - 50	N3
5	客车	EQ6760PCN50	M3

2. 零部件

序号	名称	型号
1	燃气发动机	NQ100 ~ 140BN5 系列
2	燃气发动机	NQ150 ~ 190DN5 系列
3	燃气发动机	NQ170 ~ 230FN5 系列
4	燃气发动机	NQ240 ~ 280HN5 系列
5	燃气发动机	NQ80 ~ 100AN5 系列

六、合资合作

公司的天然气发动机是与天津大学、重庆大学、东风汽车公司商用车公司发动机厂、北京周国泰碳材料技术研发中心、中国汽车工程研究院股份有限公司等院校及企业合作开发的，产品具有完全的自主知识产权。

七、发展规划

愿景：成为国内最大、最专业的 NG 发动机及燃气汽车研发中心。

定位：东风公司国家级技术中心南充分中心、国家级燃气检测中心、国家级高新技术示范单位。

研发方向：NG 发动机、油气两用发动机、空气动力发动机、气电混合发动机、燃气发电机组；燃气汽车、燃气客车底盘、燃气专用车。

目标：NG 产品的科研基地，“高、难、尖、新”技术应用基地，“新技术、新工艺、新材料”推广中心。

到 2018 年，实现 NG 发动机生产、销售 30000 台，汽车销售 20000 辆的目标。

张家港富瑞特种装备股份有限公司

一、发展概况

2013 年，是张家港富瑞特种装备股份有限公司（以下简称“富瑞特装”）成立十周年，公司各项业务继续保持稳步增长，全体富瑞员工在公司董事会和经营管理层的带领下，齐心协力、同心同德，抢抓行业发展新机遇，共同努力奋斗，实现了公司业绩持续快速健康良好发展的态势，为公司未来的发展打下了良好基础。

二、生产经营

1. 2013 年 1 ~ 12 月

2013 年公司实现营业收入 2 052 232 952.00 元，较上年同期增长 64.78%；实现营业利润 259 350 384.15 元，较上年同期增长 104.78%；实现归属于母公司所有者的净利润 233 752 404.08 元，较上年同期增长 105.46%。

2.2014 年 1～3 月

2014 年上半年，公司各项业务继续保持稳步增长，公司实现营业收入 1 060 843 368.23 元，较上年同期增长 12.76%，营业利润 128 264 370.35 元，较上年同期增长 9.80%，实现归属于母公司所有者的净利润 117 785 368.11 元，较上年同期增长 16.96%。

三、产能建设

为满足市场高速增长需求，公司生产交货都面临了非常大的压力。公司管理层及时决策实施的气瓶车间东扩项目和撬装车间南扩项目，在公司各部门的共同努力下，分别于 2013 年 5 月和 11 月投入使用，产能及时获得释放，为实现公司整体销售目标提供了硬件保障。

四、技术进展及研发能力进展

2013 年公司实施了一系列的技术革新，在多个产品的生产工艺方面实施了优化升级，进一步提高了产品的质量，并减低了生产成本。公司凭借在 LNG 装备制造行业的竞争优势，科技创新，沉淀积累，2013 年成功申报了多个科技项目、专利等。其中：低温阀门和 LNG 汽车供气系统获"苏州名牌产品"称号；申请发明专利 1 项、实用新型专利 3 项。2013 年公司被国家发改委批准为第二批再制造试点单位，发动机再制造产业化项目也被国家发改委列为 2013 年资源节约与环境保护中央预算内投资项目，发动机再制造油改气项目也被工业和信息化部的《内燃机再制造推进计划》列为重点示范工程项目，为公司发动机再制造油改气的推广提供了政策保障。

2013 年公司实施的研发项目主要有低温阀门的系列化研发、汽车发动机再制造油改气项目研发、小型撬装式天然气液化成套装置研发、页岩气开发设备研发、速必达小型低温液体罐、船用 LNG 储存供气系统的系列化研发等。这些项目的研发进展及对未来的影响如下：

1. 低温阀门的系列化研发

2013 年，公司在低温阀门领域开展了低温球阀、低温高压安全阀、低温高压截止阀、低温高压针形阀的研发工作。目前，公司已经完成了上述阀门样品的试制工作，正在进行小批量生产并投放市场。

上述阀门的研发及产业化，拓展了公司低温阀门的品种范围，有利于提高公司对各类低温装备及工程项目的低温阀门配套能力，可以进一步提升公司低温阀门的综合市场竞争能力。

2. 汽车发动机再制造油改气项目研发

2013 年，在汽车发动机领域，公司基于再制造基础并结合公司前期研发的油改气升级技术，重点开展了中重型卡车用 FR6A340N－30Z－2000E、FR6A340N－30Z－2001E、FR6A340N－50Z－2000W 等 3 款再制造油改气发动机的产品研发工作，功率段范围为 280～340 马力。目前，上述 3 款发动机已经开始小批量装车应用。

上述再制造油改气发动机的研发及产业化，主要用于国内以柴油为燃料的在用中重型卡车的油改气改造上，通过油改气改造后的车辆，约可节约燃料成本 30%，降低有害排放 70% 以上，对在用车辆的改造具有广阔的市场前景。同时，随着国内在用车辆油改气改造产业的推广，可以带动公司 LNG 车用供气系统的市场需求量。

3. 小型撬装式天然气液化成套装置研发

2013 年，在前期成功研发的日处理能力 5～10 万标方小型撬装式天然气液化成套装置的基础上，公司重点对日处理能力 20 万标方及 30 万标方两种小型撬装式天然气液化成套装置的工艺技术及煤层气、焦炉煤气等非常规天然气的液化工艺进行了改进和完善。通过技术研发，提高了公司小型撬装式天然气液化成套装置的日处理能力和范围，从而扩大了公司小型撬装式天然气液化成套装置的市场适用范围，对公司做大做强天然气液化成套装置产业具有重要意义。

4. 页岩气开发设备的研发

2013 年，公司在页岩气开发设备领域，主要开展了页岩气预处理设备方面的前期研发工作，目前研发工作尚在进行之中。通过页岩气开发设备的研发，再结合公司已有的小型撬装式天然气液化成套装置技术，可以将页岩气有效利用并加工转换成 LNG，对公司拓展 LNG 产业链上游业务意义重大。

5. 速必达小型低温液体罐研发

2013 年，针对市场对低温液体终端用户小型化的需求，公司重点开发了智能化的 1～5 立方米速必达小型低温液体贮罐，目前已经完成了产品技术研发及试制工作，并有小批量的产品已经交付使用，同时完成了企业产品标准的制定和备案工作。

速必达小型低温液体贮罐的研发及产业化，有利于提高公司对各类低温贮罐市场的配套，可以进一步提升公司在低温储存装备市场上的竞争力。

6. 船用 LNG 储存供气系统的系列化研发

2013 年，在成功开发 228 立方米船用 LNG 储存供气系统的基础上，为适应国内外船舶油代气的市场需求，公司开展了船用 LNG 储存供气系统的系列化研发工作，目前已经相继完成了 15 立方米、45 立方米等船用 LNG 储存供气系统的研发，并分别取得了中国船级社（CCS）、德国劳氏船级社（GL）颁发的产品检验证书。

上述船用 LNG 储存供气系统的研发及产业化，主要用于国内外以柴油为燃料的在用船舶的油改气改造以及新的 LNG 燃料船舶建造工作。通过油代气改造的船舶，约可节约燃料成本 30%，降低有害排放 70% 以上，具有广阔的市场前景。同时，随着国内外保护水资源和大气环境的需求，可以带动公司船用 LNG 储存供气系统的市场需求量。

五、主要产品

零部件

序号	名称	型号
1	LNG 车用瓶	50L ~ 500L
2	再制造天然气发动机	FR6A340N - 30Z - 2000E、FR6A340N - 30Z - 2001E、FR6A340N - 50Z - 2000W

六、合资合作

2014 年 4 月，富瑞特装和 Bennett Overseas Ventures 共同出资合作注册了“张家港富耐特新能源智能系统有限公司”，注册资本 500 万美元，总投资额为 1200 万美元。目前该公司产房正在建设中，厂房面积达 3000 平方米，建成后每年可生产 1460 套 LNG 加气机。

武汉电动汽车示范运营有限公司

一、发展概况

2003 年，“十五”国家科技部电动汽车重大专项启动。同年 7 月 28 日武汉电动汽车示范运营有限公司应运而生，成为全国首家新能源汽车商业化运作示范公司。

武汉电动汽车示范运营有限公司立足于电动汽车推广应用，努力在政府、整车与零部件企业、整车用户、充电基础设施之间构建桥梁，成为政府新能源汽车项目的策划者、参与者、实施者，完成武汉新能源汽车推广方案、运行管理总则等；为新能源汽车（整车、零部件）企业提供道路测试技术和支撑技术服务，摸索、创新、实践新能源汽车推广商业模式；站在用户的角度摸索新能源汽车使用经验并进行推广，增强用户信心，培养潜在用户。武汉电动汽车示范运营有限公司还通过与国家电网积极构建电动汽车基础设施建设平台，利用第三方科技服务，真正实现新能源汽车商业化推广运作。

二、科研项目及成果

国家科技部 863 电动汽车重大专项工作：

2003 年，武汉市工况下电动汽车运行考核实验研究、混合动力电动汽车运行考核试验研究。

2005 年，电动汽车规模化运营考核试验研究。

2007 年，电动汽车多区域试验运行技术考核研究。

2008 年，武汉电动汽车大规模商业化示范运营。

2009 年，顺利签订国家科技部“十一五”电动汽车“十城千辆”项目合同，武汉市电动汽车“十城千辆”示范推广工程正式启动。

三、新能源汽车技术服务及车辆运营服务

武汉电动汽车示范运营有限公司参与研发的“武汉市新能源汽车大规模示范推广安全监控系统”，作为武汉市新能源汽车示范推广监控平台，为武汉新能源汽车推广保驾护航。该系统集数据采集、数据分析、安全预警、信息互动于一体，实现了对新能源汽车的实时监控，确保了上线车辆的安全运行，全力打造集智能充电、车辆引导、客户在线服务于一体的多功能新能源汽车服务体系。

自 2010 年上线以来，该系统作为示范运营核心，先后承担国家 863 计划和“十城千辆”项目。该系统可同时监控 5000 辆车，目前监控车辆总数为 497 辆，占武汉市所有运行的新能源车辆的 43%。监控内容包括车辆的运行工况数据、行驶记录以及车辆里程，对于纯电动汽车可监控动力电池的电压、电流、温度和 SOC、驱动电机的温度和转速等数据，还可监控车辆的充电信息，从而实现车辆的安全预警和报警。

该系统可为新能源汽车提供车辆日常数据采集、车辆安全运营、车辆运营分析报告、车辆远程管理等服务，为新能源汽车大规模示范推广建立了良好的技术平台。该系统已成功应用于日产聆风、东风 E30、东风 R96、扬子江纯电动城市客车等 6 种车型，为新能源汽车整车及零部件企业提供整车性能测试专项服务，并对产品的完善、改进提供有效的意见和建议，形成车辆运营分析报告 108 篇、图表 550 份。其中，25 辆聆风累积运行 26.5 万公里，运送乘客 9000 多人次，累积综合平均电耗为 17.14 度/百公里。

武汉电动汽车示范运营有限公司从用户的角度探索新能源汽车应用，建立了新能源汽车示范运行安全管理和技术培训机制。完成混合动力城市客车、混合动力轿车、纯电动轿车、充电设备使用、安全运行、维护保养等培训教材的编写；通过对驾驶、维护、管理等从业人员的培训使其提高技能；增强公众对电动汽车的认知度。为东风公司、武汉公交集团共同编写了《EQ6110HEV 混合动力公交车培训教材》《混合动力公交车车队建设标准》等，积极配合武汉市公交集团新增混合动力公交车的上线工作，为相关车队驾驶员、技术维修人员提供培训和现场服务 1000 余人次，为集团车辆使用情况和制造企业反馈有效建议 100 多项，保障了集团混合动力公交车的正常使用。

2012 年，为武汉经济技术开发区提供区域微循环公交服务，协助完善区内交通布局规划，在公交没有布局的区域开发了两条巴士线路，解决了开发区广大群众出行难的问题。武汉电动汽车示范运营有限公司根据客户需求提供

特色化的运营服务，现已为东风公司等多家企业提供通勤车服务。

四、主要研究方向

（1）新能源汽车大规模示范推广安全监控系统研究。

（2）新能源汽车（整车、零部件）企业提供道路测试技术和支撑技术服务研究。

（3）新能源汽车推广商业模式研究与实践。

（4）新能源汽车充电设施规划建设研究。

（5）为大型活动、赛事提供新能源汽车运营服务、技术维护和保障等整体服务解决方案研究。

（6）城镇、社区便民新能源车辆的运营管理模式研究。

五、国际合作交流

2013 年，第二批 10 辆日产纯电动轿车（LEAF）的顺利引入，采取“先试点，后推广，循序渐进”的原则，不断完善纯电动汽车充电配套体系，为纯电动汽车在武汉市的安全示范运行，建立车辆充电、运营实时监控系统，提供有效技术维护和能源供给等保障，同时也提升了电动汽车在社会公众中的认知度，为武汉市大规模电动汽车示范运行及武汉市电动汽车产业链的发展奠定基础。

基于中国和德国共同签署的《在新的可再生交通能源应用领域合作备忘录》《中德关于建立电动汽车战略伙伴关系的联合声明》，经中国科技部推荐，受武汉市政府委托，2010 年武汉电动汽车示范运营有限公司和德国北莱茵—威斯特法伦州鲁尔示范区签订了合作意向书，成为合作试点城市，重点研究电动汽车商业化模式和安全管理。2013 年鉴于第一期合作成功，又签订了 2013—2015 年第二期电动汽车技术合作框架协议。2014 年 5 月，与德国北威州能源署在北京国家会议中心签署了《在新能源汽车领域开展合作的协议》。双方将在使用者接受程度（包括示范车辆的评估）、基础设施、法规背景、商业模式（包括汽车分享）、创新的驱动系统及车辆（包括示范车辆）、城市与交通规划和安全等七个方面开展信息交流。

六、发展规划

武汉电动汽车示范运营有限公司创新商业模式，通过研究新能源汽车的多种分时租赁商业模式和运营管理模式，集成车联网、大数据等多种高新技术开发支持商业模式和管理模式的管理系统，并通过大规模车辆及充电网络的示范应用，检验和展示研究成果，构建和完善其服务与保障体系，为电动汽车的推广应用探索一条新的途径。在商务用车、固定停车位、固定站点之间出行、居住地为原点出行、特定区域内、非固定地点区域等六大领域推行分时租赁的示范，采取以点先行、综合评价、以点带面、全面推进的方式让广大市民领略和体验到电动汽车分时租赁的优良性能，加深公众对电动汽车推广应用的共识，为全社会起到示范作用。随着新能源汽车规模的递增，制度保障的完善，商业模式的推广，系统开发不断优化，新能源汽车将分阶段、分区域地发展未来客户。武汉电动汽车示范运营有限公司分时租赁在“绿色环保、低碳出行”的理念支持下，致力于提高车辆的利用率，减少武汉交通拥堵，改善武汉的空气质量，改变人们的出行方式，做到让人们的出行更经济、更方便、更快捷、更低碳、更安全。

武汉电动汽车示范运营有限公司还与国家电网共同开展新能源汽车充电商业化模式研究，形成充电设施规划，参与充电设施建设的前期勘查，中期建设协调，后期的充电设备巡查，形成报告进行反馈，推进武汉电动汽车配套基础设施建设。

中国汽车技术研究中心

一、主要研究领域

2013 年，中国汽车技术研究中心在节能与新能源汽车的政策法规、标准制定、测试评价等方面开展研究工作，为国家有关部门和行业制定与节能与新能源汽车相关的政策法规提供技术支撑。

主要研究领域：新能源汽车行业发展规划、城市发展规划、企业发展规划、城市推广方案、行业技术政策、财政补贴政策、税收优惠政策、回收利用政策、低速电动汽车和行业市场咨询等。其中包括：纯电动、增程式、插电式混合动力整车控制器的开发与应用；新能源汽车实时监控管理系统的开发与应用；纯电动及混合动力竞品车控制策略、性能、结构对标；新能源汽车网络平台测试及诊断系统搭建；电池 PACK 仿真及台架试验验证；新能源专用非标测试设备的开发与应用；电动汽车 CFD 仿真分析；新能源电控系统 HIL 测试；新能源电控系统功能安全评估；电动汽车碰撞安全整车结构及关键系统安装强度设计匹配开发；电动汽车整车 NVH 性能测试开发；电动汽车底盘设计匹配及调校。

二、2013 年科研项目及成果

（1）组织制定标准

2013 年，中国汽车技术研究中心起草和研究的新能源汽车标准 30 多项，其中国家主管部门批准发布的标准 4 项，包括 QC/T 925－2013《超级电容电动城市客车 定型试验规程》、GB/T 19753－2013《轻型混合动力电动汽车能量消耗量试验方法》、QC/T 926－2013《轻型混合动力电动汽车（ISG 型）用动力单元可靠性试验方法》、GB/T 29781－2013《电动汽车充电站通用要求》。

（2）测试评价技术研究

与 dSPACE 、南德、Vector 等国外公司在新能源电控系统测试、功能安全评估、协议栈开发等方面进行深入合作。.

政策法规研究包括“电动汽车能源环境效益分析与电池回收系统研究”“车用动力电池产业发展促进政策研究”“中德新一代电动汽车关键技术及商业化推广政策和示范研究”等。

（3）政府及行业技术支撑

完成了工信部产业政策司“经济型电动汽车管理思路”、国家机关事务管理局“政府机关及公共机构购买新能源汽车实施方案”、有关省市新能源汽车产业发展规划和推广应用实施方案等政府委托政策规划研究项目。完成了汽车工程学会项目电动汽车安全技术要求和设计、评价规范研究；承担了国家发改委委托的“车用动力电池产业发展促进政策研究”“新能源汽车产业培育期动力电池管理措施研究”“我国新能源汽车推广的问题和对策研究”等课题。协助工信部起草了《节能与新能源汽车动力蓄电池生产企业及产品评价办法》《关于我国新能源汽车发展有关问题的报告》。受科技部委托，持续开展了“电动汽车能源环境效益分析与电池回收系统研究”“中德新一代电动汽车关键技术及商业化推广政策和示范研究”等课题的研究工作。中国汽车技术研究中心为政府在新能源汽车产业政策制定、行业引导等方面的决策，发挥了重要的技术支撑作用。

（4）承担国家课题

2013 年，中国汽车技术研究中心完成新能源汽车领域的国家科技部 863 计划课题 2 项，分别是《电动汽车整车及零部件技术标准研究》和《电动汽车充放电接口及安全防护技术研究与标准制定》。完成国家科技支撑计划课题《天津市电动汽车规模示范信息化管理平台建设及动力总成控制系统开发与应用》；国家创新工程项目和宇通客车联合开发新能源客车无线诊断系统；国家创新工程项目和长城汽车联合开发新能源汽车实时监控平台。

三、2013 年科研设施及科研能力建设

具备电动汽车性能开发手段，包含 NVH、结构安全、热管理、网络以及电动汽车整车性能测试验证设备手段。此外，还具备电动汽车在专用关键系统的开发手段，包含 AVL 电力测功机测试系统、Bitrode 电池 PACK 测试系统、ECU 快速开发平台、HIL 台架、Vector 总线开发工具、多种主流 mcu 工具链以及仿真软件。

四、2013 年国际合作

中德合作项目：在政府间合作层面，全面参与了中方三部委（科技部、工信部、发改委）与德方四部委（环境部、经济部、交通部、教科研部）在电动汽车领域的合作。中德电动汽车标准技术路线图合作启动，确定由中方的中国汽车技术研究中心（CATARC）和德方的德国国际合作机构（GIZ）共同牵头，组织双方汽车及相关行业专家参与，研究制定并不断完善电动汽车标准技术路线图，共同开展具体标准和技术要求的制定。从安全、环保、充电设施等多角度探讨了中德双方行业标准、技术法规及电动汽车的监管要求，进一步明确电动汽车技术和产业化发展所需满足的技术规范和相应要求。

中国汽车工程研究院股份有限公司

一、发展概况

1. 2013 年 1—12 月

中国汽车工程研究院股份有限公司（以下简称“中国汽研”），始建于 1965 年 3 月，系国家一类科研院所。2006 年经国务院国资委同意并报国务院批准，与中国通用技术集团（控股）有限责任公司实现联合重组。2012 年 6 月，公司在上海证券交易所挂牌上市。

经过 40 多年的发展，中国汽研成为国内汽车行业最主要的独立研究机构，拥有较强的汽车技术研发能力、一流的试验设备和较高的行业知名度。中国汽研下设的“电动汽车工程技术中心”已成为功能齐全、设备完善、国内领先、国际先进的汽车及电动汽车研发和测试基地，面向新能源汽车行业开展专业工程咨询，重点开展先进电动汽车测试分析评价、电控系统匹配及控制策略开发、电动汽车功能安全策略分析开发、电动汽车动力总成开发、电动汽车整车集成应用等工作，为全行业提供广泛的新产品开发、新技术研究和测试评价工作。

中国汽研是中央企业电动车技术创新联盟的成员单位和联盟标准工作牵头单位，同时也是国家电动汽车产业技术创新战略联盟、商用车与工程机械新能源动力系统产业技术创新联盟、电动汽车电驱动系统全产业链技术创新联盟、中美清洁能源联合研究中心清洁汽车联盟的成员单位。作为国家“十一五”“十二五”期间的“节能与新能源汽

车”重大专项总体专家组单位，中国汽研多次参与国家电动汽车科技规划和产业政策的研究和起草工作，并组织或参加了多项国家和行业电动汽车技术标准和规范的制定工作。

2. 2014 年 1 ~ 3 月

中国汽车工程研究院股份有限公司于 2014 年将“电动汽车工程技术中心”改组为“重庆凯瑞电动汽车系统有限公司”。

二、科研项目及成果

1. 2013 年 1—12 月

中国汽研是国务院国资委央企电动车联盟的主要成员单位，是联盟秘书处下设的标准化工作部主任单位，负责央企电动车联盟标准化体系的建设工作，并承担了多项联盟共性技术研究工作：“中央企业电动车产业联盟标准化体系建设及标准制定”“电池系统安全性、可靠性和耐久性试验技术研究”“下一代电动车平台定义研究”“电动车振动噪声 NVH 技术”“轮毂电机系统技术”。承担了国家科技部 863 重大科技专项课题：“面向多性能目标的电动轿车专用底盘正向设计新技术”“电动汽车电驱动系统全产业链产品应用开发”“下一代纯电动轿车动力系统平台技术开发”“基于车联网的车辆智能化技术研究”“典型电动汽车试验研究与分析”“电动汽车测试评价方法研究”“汽车产品开发数据库”。参加国家工信部技术创新工程等科技项目：江淮第五代纯电动轿车平台技术开发、长安 C205 纯电动汽车开发及产业化、南车时代新能源客车技术开发、车联网多传感器信息融合智能终端核心模块开发等。

中国汽研作为行业的第三方研究机构，长期致力于国家、行业标准的研究和制定/修订工作。在电动汽车领域，承担了央企电动车联盟标准化体系建设工作，目前已组织开展了两批十余项标准的研究和制定工作；承担国家 863 电动汽车重大项目“电动车测试评价方法研究”工作。同时，在国家工信部的组织下，参与和组织国际电动汽车安全技术法规（WP29EVS - GTR）的研究工作。央企电动车联盟第一批标准制定项目：《纯电动乘用车定型试验规程》《纯电动乘用车技术参数格式》《电动汽车用动力单体蓄电池性能及安全测试方法》《纯电动乘用车技术条件》《纯电动乘用车快速电池箱通用技术要求》《纯电动乘用车快换电池箱更换设备通用技术要求》《纯电动乘用车快换电池箱连接器通用技术要求》。863 课题《电动汽车测试评价方法研究》的内容：电动汽车能量消耗、排放性能测试技术研究、电动汽车整车电磁兼容测试方法研究、电动汽车整车噪声特性半消声室测试方法研究、电动汽车碰撞试验中电池安全评价方法研究、电动商用车动力总成测试评价方法研究、增程式电动汽车增程器综合性能评价方法研究等。

电动汽车整车开发成果：①高性能纯电动汽车，与长安铃木共同开发天语纯电动轿车；②小型纯电动汽车，与隆鑫共同开发的 2 座小型电动汽车以及四轮驱动电动汽车；③增程式电动汽车，与奇瑞共同开发的 A3 增程式电动汽车，与一汽共同开发的 B50 增程式电动汽车；④纯电动特种车，2 吨纯电动环卫车，6 吨纯电动环卫车。

电动汽车关键零部件开发成果：①电动化动力总成开发，包括 A/A0 增程器（1.0L 三缸发动机，最大功率 25kW）、A0/A00 增程器（0.6L 两缸发动机，最大功率 15kW）、电动汽车用轮毂电机（四轮驱动/直接驱动，最大功率 25kW，最大扭矩 375N·m）；②电控系统开发，包括 32 位整车控制器（ISO 26262）、ATM 控制器（换档/选挡控制）、增程器控制器（专用发动机控制）；③先进技术开发，包括电动汽车主动安全驾驶辅助系统和串联式制动能量回收系统。

2. 2014 年 1—3 月

改组设立的重庆凯瑞电动汽车系统有限公司开始深入产、学、研、用的结合。

整车控制器硬件以平台化思想进行设计，充分参考 ISO 26262 等可靠性设计标准，采用了双控制芯片的硬件系统构建。

针对商用车的混合动力总成，优化发动机、电机、储能电源、自动离合器及主减速比等参数的匹配，开发混合动力控制器、混合动力系统控制策略，完成控制系统软件集成，进行系统集成后的混合动力系统的台架试验和实车试验。同时，针对城市客车应用，开发双电机同轴混联式混合动力总成，并开展混合动力和插电式混合动力的整车应用，突破动力系统集成与控制、动力系统测试与标定、模式切换离合器及执行机构控制，完成高可靠性、经济适用的混合动力总成和整车研制，预期可显著提升混合动力总成和插电式混合动力客车的技术水平。

三、科研设施及科研能力建设

1. 2013 年 1—12 月

中国汽研是“汽车噪声振动和安全技术国家重点实验室”“国家燃气汽车工程技术研究中心”。依托中国汽研建立的国家机动车质量监督检验中心（重庆），经国家质量监督检验检疫总局、国家环境保护部、国家工业和信息化部、国家认证认可监督管理委员会等政府主管部门认可和授权的汽车产品检测机构，是中国合格评定国家认可委员会（CNAS）认可的实验室。该中心获得中国合格评定国家认可委员会认可的检测项目计 142 个大项，测试设备包括覆盖传统汽车以及电动汽车整车、动力电池、驱动电机、动力总成、电空调、电动真空泵、电动助力转向器等零部件产品的检测能力。

（1）动力总成测试评价

中国汽研拥有进口的奥地利 AVL220kW 及 440kW 多能源动力总成测试设备，可按照国家及行业法规进行驱动电机、ISG 电机等电动汽车电机测试评价，以及电动汽车动力总成开发性测试，并可进行电动真空泵、充电机和 DC/DC、电动助力转向、变频变压器、电空调等核心零部件的测试评价。

（2）电池测试评价

中国汽研拥有全套国外进口的动力电池单体、模块、系统的性能及安全监测设备，能够为企业提供动力电池新产品生产目录监测试验和电池开发试验。

（3）噪声振动测试评价

中国汽研噪声振动试验室主要从事汽车及电动汽车振动、噪声及舒适性的测试和研发工作。测试设备包括国际一流的汽车整车半消声室、整车四通道道路模拟试验室、零部件振动疲劳试验室、零部件异响试验室、全消声室、混响室、模态分析室等。

（4）电磁兼容性能测试评价

中国汽研电磁兼容性试验室可进行电动汽车整车及电子零部件的电磁兼容测试评价与性能开发、优化。

试验室拥有 10 米法半电波暗室（带 11 米转台及四驱转鼓）、3 米法全/半电波暗室、混响室、多个屏蔽室、高端接收机（40G）、系列 RF 功率放大器（可达 10kW）、E/H 场发生器（整车 200V/m）设施，能满足以下系列的测试评价：ISO 11451 系列、ISO 11452 系列、ISO 7637 系列、ISO 10605；SAEJ551 系列、SAEJ113 系列；ECER10、72/245/EEC、89/336/EEC；CISPR12、CISPR25、CISPR14、CISPR22 等；IEC61000－3 系列、IEC61000－4 系列、IEC61000－6 系列。

（5）安全测试评价

中国汽研拥有先进水平的汽车及电动汽车整车及零部件安全试验室，零部件约束系统匹配及零部件总成的冲击试验。

①试验室轨道全长 300 米，可进行多角度碰撞试验。

②汽车及电动汽车实车不等速偏置对撞、角度碰撞，以及路肩、斜坡、螺旋翻滚等试验。

③汽车级电动汽车乘员保护、行车保护、车辆兼容性等研究开发。

④电动汽车及电池、电机、高压线束等零部件产品法规检测。

（6）整车测试评价

中国汽研可以进行电动汽车整车开发验证试验及新产品公告检测服务：

①电动汽车整车性能和测试技术研究；

②电动汽车整车产品的定型试验，性能及可靠性；

③能耗试验、续驶里程试验；

④电动汽车产品委托试验和进出口检验。

2. 2014 年 1—3 月

（1）测试与研发服务

中国汽研通过把市场数据、行业对标数据、国家标准法规引入开发设计全过程，为客户提供有竞争力的解决方案，在后期能够持续支持客户性能测试服务、再咨询服务。同时提供技术培训服务及新能源汽车准入咨询服务。

重庆凯瑞电动汽车系统有限公司拥有先进的新能源汽车开发工具、仪器、设备，主要分布在仿真分析领域，建模代码生成领域、硬件在环测试领域、软件在环测试领域、电控系统模拟分析领域、通信测试与工具开发领域、电池单体及电池成组领域、电机系统及动力总成测试领域，同时还具备高低温试验箱、振动试验台、盐雾试验台、启动耗能一体机、VBOX、功率分析仪、四驱转鼓、扭矩传感器等测试条件。可为客户提供仪器设备的短期、长期使用服务，可为客户提供项目研发必备的硬件条件。

（2）产品应用

重庆凯瑞电动汽车系统有限公司开发的电控系统软件、32 位控制器硬件主要应用在乘用车、商用车领域。已配套多家企业，由样车到小批量阶段，目前订单持续增加，主要车型动力匹配、电控软硬件、测试由中国汽研独立完成。

（3）质量保证

重庆凯瑞电动汽车系统有限公司通过了 ISO 9001：2009/TS 16949 体系认证，整车控制器经过严格的国家标准、企业标准验证测试，并实车验证。双电机混合动力总成经过城市公交道路实车满载测试，并经台架精标、试验场可靠性路试，已为整车厂进行小批量配套。增程器系统经过总成台架寿命测试、实车加载测试，已经顺利地为整车厂配套生产。在研发咨询板块，以新能源汽车标准、法规及对标数据为依托，进行约束设计。

四、主要研究方向

中国汽研及重庆凯瑞电动汽车系统有限公司主要研究方向：面向新能源汽车行业开展专业工程咨询，重点开展先进电动汽车测试分析评价、电控系统匹配及控制策略开发、电动汽车功能安全策略分析开发、电动汽车动力总成开发、电动汽车整车集成应用等。

五、国内外交流

作为国际化科研机构，中国汽研在开展电动汽车自主研发的同时，积极开展广泛的国际国内技术交流与合作。

重庆凯瑞电动汽车系统有限公司是行业内多个联盟组织的重要成员单位：中美清洁能源联合研究中心清洁汽车联盟、电动汽车产业技术创新战略联盟、商用车与工程机械新能源动力系统产业技术创新联盟、电动汽车电驱动系统全产业链技术创新联盟。

重庆凯瑞电动汽车系统有限公司与多个国家的科研机构，如美国能源部阿岗国家实验室、美国西南研究院SWRI、德国FEV、奥地利AVL、加拿大滑铁卢大学等进行了广泛的交流与深入的合作。

在国内，重庆凯瑞电动汽车系统有限公司与一汽、东风、上汽、长安、江淮、宇通、恒通、力帆、南车时代等多家知名整车零部件企业建立了良好的合作关系，并同清华大学、同济大学、北京理工大学、吉林大学、湖南大学、重庆大学等行业知名高等院校长期保持技术合作研究和学术交流。

六、发展规划

中国汽研及重庆凯瑞电动汽车系统有限公司致力于为新能源汽车企业提供新能源汽车驱动系统解决方案及关键零部件开发和技术服务，重点开展动力总成开发、控制系统开发、整车集成应用等工作，产品可广泛应用于混合动力汽车、增程式电动汽车、插电式混合动力汽车、纯电动汽车、电动环卫车、电动物流车等。

持续打造核心竞争力，打造适合公司发展的核心经营战略模式：基于专业化研发、专业化制造、专业化管理、专业化服务的流程植入，创造最适合研发到服务的模式，通过积累行业市场经营经验、扩充技术储备、专业研发、制造队伍，逐步由电动汽车研发企业向电动汽车服务商迈进。

建立人才激励机制，创造人尽其才的氛围，使企业和员工树立共同发展目标和愿景，指引企业和员工朝着共同的方向和目标前进。

中国北方车辆研究所

一、2013 年发展概况

基础管理水平和对外形象有较大提升，试验检测和科研攻关协调发展且相互促进。

二、测试技术研究

2013 年，电池试验室民品科研在研项目 2 项，国家拨付课题经费 1140 万元；新申报课题 1 项，获北京市科研经费 55 万元。

2013 年开展以下研究课题：“十二五”863 课题“动力电池及关键材料共性技术及评价体系研究”；

工信部课题“锂离子电池检测公共服务平台建设”；

北京市战略新型产业公共服务平台项目“储能用锂离子电池测试评价公共技术服务平台”。

三、测试能力

2013 年，采购了集中式环境温度控制试验箱 3 套，改善了检测环境温度控制能力；结合 863 课题采购的气相色谱质谱连用仪、绝热加速量热仪等建设了理化分析试验室。

四、2013 年国际合作与交流情况

与韩国 SK、LG、美国波士顿集团、日本本田等多个企业签订合作协议，共同对锂离子电池安全、性能等方面进行研究。

经过近 10 年的动力电池的检测，我们积累了大量的数据和经验，在客户认证的产品出现问题后如何帮助客户解决问题，是我们从检测认证向咨询和技术服务转型的切入口。技术服务合同费用是常规检测认证费用的 5～10 倍。如和本田公司签订电池安全技术服务合同，70 万元；美国波士顿电池安全技术服务合同，90 万元。与宁德时代新能源签订的技术服务合同，150 万元；与菲律宾海天能源有限公司签订的技术服务合同，200 万元；目前正在和韩国 LG 化学商讨联合研究项目，预计经费 100 万元左右。

中国科学院大连化学物理研究所

一、2013 年发展概况

车用燃料电池寿命、成本仍然是 2013 年度需要解决的关键问题。研究人员从车用燃料电池关键技术、材料、部件及系统三个层次出发，以提高燃料电池耐久性、降低成本为目标，经过技术攻关，车用燃料电池研发取得显著进步。在寿命提升方面，研制了高稳定性的核壳催化剂、复合型质子交换膜等新型材料，优化了系统控制策略，减缓了车载动态工况下燃料电池的衰减，使电堆与发动机系统的耐久性进一步提升。在降低成本方面，研制了低 Pt 用量的 MEA，另外，通过金属双极板的开发，电堆比功率得到提升，功率密度超过 2kW/L（kg），比原来提高了一倍多，也使得同样功率输出的电堆 Pt 用量降低了 50%。在环境适应性方面，研制了抗空气中硫化物污染的催化剂及电化学

外净化器，提高了空气杂质的耐受性。在低温环境方面，实现了 -20℃储存与启动，使燃料电池环境适应性得到了提升。2014 年，继续巩固国内燃料电池关键材料研究成果，促进国产材料批量化生产线的建立；深入开展寿命实验研究，进一步提高燃料电池发动机的可靠性与耐久性；开发低 Pt 用量的燃料电池技术，降低成本，解决 Pt 资源问题，推进燃料电池汽车尽早商业化。

二、2013 年科研项目及成果

2013 年，在“十二五”科技部“电动汽车关键技术与系统集成一期”项目“面向示范与产品验证的车用燃料电池系统开发”“下一代燃料电池系统研究与开发”课题资助下，研究人员重点解决车用燃料电池关键技术，从材料、部件及系统三个层次出发，以提高燃料电池耐久性、降低成本为目标，经过技术攻关，车用燃料电池取得了明显进步。①中科院大连化物所研制了以 Pd 为核、以 Pt 为壳的 Pd@ Pt/C 核壳催化剂，测试结果表明氧还原活性与稳定性好于商业化 Pt/C 催化剂，采用此种催化剂可以提高 Pt 的质量比活性，是降低燃料电池 Pt 用量的解决方案之一；②重庆大学研制了 PtMo 催化剂，能耐受空气中的 2ppm SO_2 毒化，提高了燃料电池的环境适应性；③新源动力开发了 CeO2 - PTFE/PFSA 复合膜的批量制备工艺，提高了膜的化学稳定性，有利于燃料电池耐久性的提高；④中南大学开发了高导电性、合理孔结构、高稳定性碳纸，采用干法成型、CVD、催化炭化和石墨化相结合的连续化生产工艺，显著提高了生产效率；⑤中科院大连化物所优化了 MEA 结构与制备方法，并进行了放大实验，电池性能可达到 895 ~ 942 mW/cm^2；⑥大连化物所、新源动力、大连交通大学等联合，成功地开发了金属双极板技术，解决了薄板冲压成型、焊接、表面处理等难点问题，开发的金属双极板可以完全替代原有的复合双极板，实现了双极板技术的更新换代；⑦大连化物所研制的燃料电池电堆比功率得到大幅提升，电堆功率密度高于 2kW/L，比原有技术提高了 1 倍；⑧大连化物所通过控制策略的优化，提高了燃料电池的耐久性，电堆台架预测寿命超过了 5000 小时；⑨新源动力与大连化物所改进了燃料电池发动机系统的集成度，优化了系统部件，系统功率密度超过了 300W/L；⑩新源动力通过控制策略的优化，提高了系统的耐久性，目前已进行了 1038 次工况循环强化寿命试验、累计 750 小时的循环测试，性能没有明显的下降。

三、2013 年科研设施及科研能力建设

续表

序号	建设单位	设备名称
1	大连化物所	电化学综合测试仪
2	大连化物所	燃料电池测试负载系统
3	大连化物所	傅立叶变换红外光谱仪
4	大连化物所	燃料电池系统综合测控平台
5	大连化物所	燃料电池评价台
6	新源动力	MEA 小批量生产线

四、2013 年国际合作与交流情况

2013 年 3 月，大连化物所邵志刚参加第四届中国—加拿大新能源研讨会（4th Canada - China Clean Energy Conference）。

2013 年 9 月，大连化物所俞红梅参加第十届新能源与可再生能源国际论坛（10th International Forum on New and Renewable Energy）（韩国）。

2013 年 12 月，大连化物所俞红梅参加欧洲燃料电池技术与应用会议（European Fuel Cell Technology&Applications Conference），并访问那不勒斯帕斯诺普大学（意大利）。

2013 年 7 月，瑞典隆德大学袁金良教授访问大连化物所，主题为“燃料电池传递过程”。

2013 年 7 月，美国得克萨斯大学刘富强副教授访问大连化物所，主题为“燃料电池纳微结构”。

2013 年 7 月，加拿大维多利亚大学 Ned Djilali 教授访问大连化物所，主题为“燃料电池数值模拟”。

2013 年 7 月，Fraunhofer - Institut für Solare Energiesysteme ISE Tom Smolinka 教授访问大连化物所，主题为“燃料电池膜材料”。

2013 年 1 月、12 月，日本弘前大学北日本新能源研究所阿布里提教授访问新源动力，主题为“燃料供应与热回收利用相关技术”“氢能和燃料电池相关技术的研究与发展现状”“日本氢能和燃料电池的相关政策动向”。

2013 年 9 月，芝加哥伊利诺伊州理工学院 Vijay k. Ramani 教授访问新源动力，主题为“FC 关键材料失效分析及解决对策”“燃料电池极化曲线分析”。

五、主要产品

（1）燃料电池电催化剂（大连化物所）。

（2）复合型质子交换膜（新源动力）。

（3）燃料电池用碳纸（中南大学）。

（4）燃料电池膜电极组件（MEA）（新源动力、大连化物所）。

（5）燃料电池电堆（大连化物所、新源动力）。

（6）燃料电池发动机系统（新源动力）。

广州中国科学院工业技术研究院

一、发展概况

2013年，广州中国科学院工业技术研究院（以下简称“广州工研院”）产学研合作等产业技术创新活动持续深入，以工程结构仿真分析、物流与自动化、城市公共安全、新材料制备为重点，开展特色研发，引进重大项目。科研团队的技术创新能力持续加强，承担的政府科技项目（纵向项目）和企业委托项目（横向项目）数量呈现出快速增长势头，并出现由单个项目开发向行业核心技术引领地位发展态势。全年在研项目共计54项，其中纵向项目10项、横向项目36项、院内项目6项、博士后科研项目2项。2013年新增纵向项目6项、横向合同20项，其中，包括工信部强基工程平台建设项目“锂离子动力电池工艺装备技术基础服务平台”的建设以及获批省工程技术研究中心建设项目“广东省CAE软件与应用工程技术研究中心”的建设。此外，成立了以中科院计算中心为班底的“物联网信息技术中心”，旨在建立物联网标识统一管理和公共服务，带动地区物联网产业技术的整体布局和快速发展。

2013年，广州工研院各类科技人员已超过130人，博士硕士学历人员比例达60%以上。全年共申请各类知识产权20项，其中发明专利11项；实用新型8项、软件著作权1项；全年获授权8项，其中发明专利5项、实用新型2项、软件著作权1项。

二、科研项目及成果

1. 国家级平台的建设

通过积极筹划，2013年8月5日国家工业与信息化部和财政部联合发文批准广州工研院申请的2013年强基工程项目中的平台建设项目——锂离子动力电池工艺装备技术基础服务平台。该平台是国家投资建设的唯一从事锂离子动力电池生产装备技术创新和服务平台，将为国内锂离子动力电池制造业的升级提供支撑。该项目作为开放平台将为全行业提供服务，并支撑国内锂离子动力电池制造业的升级。

2. 科研成果转化

广州工研院新材料中心经过数年潜心研究，获得了专用于造船过程的车间底漆制备整体技术，并投入大量精力和人力与有关船厂合作，进行了有成效的应用试验。结果表明，由该中心研发的船用车间底漆具有耐高温、阻烧延、使用寿命长、施工方便等特点。2013年9月4日，以该车间底漆制备技术为核心的发明专利“一种阻烧延耐高温车间底漆及其制备方法”（ZL201110430501.X）获得授权。2013年12月18日，与企业签订了《共建广州工研院一建邦化学联合实验室（研发中心）协议》，共建联合实验室。同时，工研院许可建邦公司使用上述授权专利，并签订《一种阻烧延耐高温车间底漆及其制备方法（ZL201110430501.X）专利技术授权许可协议》，作为共建实验室不可分割的组成部分。

三、科研设施及科研能力建设

1. 省工程技术研究中心建设

2013年，广州工研院申报的省工程技术研究中心建设项目获得正式批复，成为建院以来正式批准组建的第一个省级工程中心。该中心全称为“广东省CAE软件与应用工程技术研究中心”，目前正按照相关要求着手开展中心的建设工作。中心建成后将开展面向珠三角制造业的CAE技术咨询、培训、软件开发等服务，以CAE分析和结构功能协同仿真理论与方法为核心，建设结构强度、刚度、可靠性、耐久性、稳定性、故障诊断等分析能力，在理论、方法、应用等多个层面形成有机结合，为学科的发展、工业技术的进步提供动力。

2. 引进国家级平台筹建新中心

2013年，引进国家发改委“国家物联网标识管理与服务平台”建设项目落户广州工研院，成立“物联网信息中心”，中心（平台）由中国科学院计算机网络信息中心（CNNIC）牵头建设，该平台基于域名系统，建立物联网标识统一管理和公共服务，将从开展标识解析服务入手，致力推动我国自主研发的物联网基础资源标识体系、服务体系和技术标准的建设，打造物联网的“信息中心”。该平台建成后，预计将为本地企业新增收入30亿元，孵化不少于3家的高新技术企业，与不少于3家的广东省高校建立合作，带动广州物联网产业技术的整体布局和快速发展，助力广州科技智慧产业发展。

四、主要研究方向

广州工研院围绕先进制造应用集成技术、高新产业核心技术及社会公共事业关键技术等重点，着力开展创新平台建设，支持广州和珠江三角洲中小企业的产业升级和转型。先后组建了五个研究中心。

（1）物流与自动化工程研究中心：物流自动化系统规划设计与集成、物流软硬件开发、工业机器人的工程应用、激光加工成套设备以及加工工艺研究、自动化导引车（AGV）系统的工程应用、自动化生产线的研发与工程应用。

（2）工程结构分析与测试技术研究中心：工程结构测

试、仿真、分析应用技术，以及数控加工机电部件设计、开发、测试等应用研发。技术专长：结构可靠性分析、金属加工成型分析、流固耦合分析和热分析及噪声分析等。

（3）城市公共安全技术研究中心：城市公共安全评价技术、城市公共安全控制技术、城市公共安全应急特种装备技术。

（4）新材料制备加工技术联合研究中心：开展腐蚀与防护技术领域的技术研发、技术应用、技术转移、分析检测、技术咨询与培训等应用研发与服务。

（5）物联网信息中心：基于域名系统建立物联网标识统一管理和公共服务。从开展标识解析服务入手，致力推动我国自主研发的物联网基础资源标识体系、服务体系和技术标准的建设，打造物联网的“信息中心”。

五、发展规划

以“1+10”为建设目标，即1院+（3分所+2国家平台+5工程实验室），目前已引进3个分所和2个国家级平台，计划2015年在现有建设发展状态评估基础上，结合地方产业发展需求，在环境工程装备技术、公共安全应急技术与装备研发、海洋装备工程技术等领域再建相应的研究所或工程中心。同时，依托中国科学院院所STS网络体系，强化技术转移和产业化能力建设，加速建设“中国科学院广州产业技术研发与育成中心”。

到2020年，广州工研院科研人员将超过4000人。在战略新兴产业中，发挥六个以上“突破性”引领带动作用；在先进制造业和现代服务业中，构建五个“不可替代性”技术服务支撑平台；在相应的高技术领域内，培育八个“先锋型”高技术产业化项目。建设5个以上优秀的国家级实验室、工程中心、技术转移中心等。发起设立高新技术企业20家，催生上市3~5家；与企业签订合作合同达到每年300项以上，年服务企业2000家以上，带动企业新增销售收入超过500亿元；外援性项目和投资收益达到每年16亿元以上。

天津汽车检测中心（国家轿车质量监督检验中心）

一、发展概况

天津汽车检测中心（国家轿车质量监督检验中心）【以下简称“天检中心（轿检中心）”】隶属于中国汽车技术研究中心，在新能源汽车方面重点开展整车及其关键零部件测试评价研究工作。新能源汽车关键零部件测试评价技术平台已经基本完善，主要从事新能源汽车关键零部件的测试评价和论证，对象涉及电池、电机、电控和充电部件等，覆盖当前国内外主要标准，综合测试能力国内居前。同时，完成了新能源汽车测试评价相关国家课题研究和相关标准的制定/修订工作。其中，动力电池试验室主要进行电池单体、模块、电池包及管理系统的测试评价，包括电性能测试、循环寿命测试、环境可靠性测试和安全性测试，测试能力覆盖范围最广。电机电控试验室主要进行电机及其控制器、整车控制器、车载充电机、DC/DC变换器等产品的性能、环境适应性和可靠性测试。充电部件试验室主要进行充电接口、车载充电机等产品的性能和安全测试，率先具备新国标充电接口的测试能力和资质。环境试验室进行电动汽车零部件的环境适应性测试评价，包括温湿度、温度冲击、振动（三综合）、机械冲击、盐雾、防水防尘、翻转、海水浸泡等。

二、测试技术及规范研究与制定

2013年，天检中心（轿检中心）承担的重点科研课题有：国家环保局的“汽车加速行驶外噪声限值及测量方法”；北京环保局的“机动车PM2.5排放因子研究”“重型车OBD排放控制技术的监管方法研究”和“重型汽车整车排放测试规范”；美国能源基金会的“机动车环保人员培训考核体系及职业资格制度研究”和“北京第六阶段排放标准预研究”；科技部863项目“电动汽车测试评价技术研究（二）”；北京市机动车排放管理中心的“机动车污染技术合作项目”；天津科委的“电动汽车及关键零部件测试评价技术研究”；国标委的“第五阶段车用汽油国家标准制修订”，等等。部署国际电动汽车示范运行工作，并结合运行开展部分车型的评价工作，在通过与本田合作的评价项目中，获得了很多对电动车和关键零部件评价的国际先进经验。

2013年，天检中心（轿检中心）参与标准编制共39项，其中国家强制性标准26项、行业标准和地方标准13项；申请专利24项，目前已获授权专利10项，其中发明专利12项；实用新型专利12项；发表论文87篇，其中中文核心期刊56篇、EI检索18篇、WOS检索1篇、ISTP检索4篇。

三、测试能力建设

2013年完成“新能源检测一期”的基建项目，动力电池、电机及充电系统等关键零部件的测试验证能力得到进一步完善和提升。同时，完成了新能源试验室展厅与电动汽车太阳能充电站的建设；增加了多台多通道电池包充放电设备、数据采集装置和2台步入式温湿度仓以及燃料电池的测试设备；针对新的电池强制标准和电池包（系统）标准，以及动力电池共性技术测试联盟的需要，补充采购了多台12通道单体测试设备、4通道模块测试设备、2通道电池包测试设备、1立方米标准温湿度试验箱、步入式温湿度试验箱、步入式温湿度盐雾复合试验箱、绝热量热仪、电池包短路试验台、电池包翻转试验台、300吨挤压针刺台、电池包跌落试验台等；针对电机测试系统的能力补充，在原有测功机基础上增加温度仓；针对充电系统进行能力补充，采购了充电接口短路测试系统。

完成了电磁兼容试验室的“新能源车辆动力系统—电磁兼容分析系统”土建、设备安装调试及配电、冷却水系统、空调系统、升降坡道安装调试等配套工程项目，是目前国内最先进、技术最完善的用于解决驱动电机电磁兼容问题的技术平台。该测试平台可以满足按照CISPR 25和ISO 11452的最新标准进行有关传统汽车及电动汽车、混合动力车、燃料电池车辆的零部件EMC测试，设计用于测试车辆电池系统、电机控制器及电机系统。新能源电磁兼容试验室（eCHAMBER）的建成在行业中可以起到如下作用：①填补了国内电机及电机控制器加载电磁兼容试验的空白；②为电动汽车电磁兼容标准制定/修订提供技术支持；③为电动车企业提供更完善的测试服务，包括设计阶段的检测服务和认证试验服务。

在燃气汽车和新能源测试领域完善了多项新的测试能力，包括燃气消耗量的测试、新能源车辆制动能量回收的测试、新能源车辆工况续驶里程测试等。

四、2013年国际合作

2013年，天检中心（轿检中心）开展了以下合作项目：与日本本田混合动力车ILX整车路跑和测评项目、电机标准和共同测试研究项目；日本丰田混合动力车Prius3整车路跑项目；日本本田和日本丰田电池包标准和共同测试研究项目；日本本田、博世、宝马等电池测试联盟项目、美国阿岗实验室电池循环寿命评价项目，等等。

五、主要业务

零部件相关检测包括：动力电池单体及模块；动力电池包或系统、动力电池管理系统、驱动电机及其控制器、充电接口、DC/DC变换器、车载充电机、氢燃料电池、燃气车辆关键零部件等。

重庆车辆检测研究院有限公司

一、发展概况

1. 2013年1—12月

2013年，重庆车辆检测研究院的服务内容主要包括电动汽车驱动系统和储能系统的检测工作。在检测中，相关试验人员能够不断地深入分析和研究，对在试验中出现的问题做好记录，并对不合格产品提出整改意见，为企业生产质量合格的产品节约了大量的时间和成本。

EMC试验研究部主要围绕机动车电磁兼容（EMC）测试技术、新能源汽车及关键零部件电磁骚扰抑制技术、信息技术设备EMC测试技术和问题解决方案研究等进行研究开发，通过提供检测服务和开展技术攻关，为企业解决新开发产品中遇到的电磁兼容难题、顺利获得市场准入等节约了大量的时间和成本。

重庆车辆检测研究院排放节能试验研究部，主要围绕轻型车排放检测平台，对怠速启停、整车系统优化、使用清洁能源等节能减排技术进行评估和验证，利用发动机台架对发动机双燃料混烧技术进行研究，通过提供检测服务、开展技术咨询，为企业解决新产品开发过程中遇到的节能减排难题。

2. 2014年1—3月

（1）积极准备中国合格评定国家认可委员会（CNAS）专家组对重庆车辆检测研究院开展的实验室认可、资质认定定期监督和扩项评审的现场评审工作，扩展新能源汽车的检测能力。

（2）继续开展汽车、摩托车及其电子电器零部件的法规检测、出口认证检测、研发试验等各类检测业务。

（3）继续开展轻型汽车国Ⅴ排放、发动机排放、轻型车油耗、重型车油耗的法规检测、研发试验等各类检测业务。

（4）积极开展科学研究。对电动汽车电机及其电机控制器的传导骚扰特性进行研究，对电动车整车及车载充电系统的测试方法进行试验研究。

二、测试技术、规范研究与制定

主要研究方向：

（1）新能源汽车电磁骚扰抑制技术、测试技术及试验评价方法研究；

（2）电动车充电系统与交流电网相关的测试技术研究；

（3）高压、大电流部件EMC检测技术研究；

（4）基于大电流注入方法的汽车电子产品电磁抗干扰测试技术与评价方法研究；

（5）信息技术设备、医疗器械电磁兼容性测试方法和问题解决方案研究；

（6）新能源用驱动电机及其控制器测试技术及试验评价方法研究；

（7）新能源用动力电池测试技术及试验评价方法研究；

（8）轻型汽车国Ⅴ排放、重型车油耗测试技术方法研究；

（9）发动机排放及双燃料混烧技术研究。

1. 2013 年 1—12 月

（1）科研项目情况

2013 年共完成 1 项纵向科研课题的结题验收，新申请立项 3 项科研项目（其中，国家级科研项目 1 项）。各项科研课题均按照计划进度实施。科研项目完成及在研情况见表 1。

表 1 2013 年纵向科研项目情况

序号	项目名称	项目类别	起止时间	立项年份	进展情况
1	车载电气设备电磁抗干扰测试技术和评价方法研究	重庆市质监局科研计划项目	2010 年 4 月至 2013 年 3 月	2010	已结题
2	电动汽车电磁场辐射测试技术与方法研究	重庆市质监局科研计划项目	2012 年 7 月至 2014 年 7 月	2012	已完成不同类型电动汽车在不同试验条件下的电磁场辐射特性研究；正在提出/编制更合理的测试方法
3	纯电动汽车低频电磁场辐射抑制技术攻关	重庆市科委科技攻关项目	2012 年 7 月至 2014 年 12 月	2012	已完成主要骚扰源建模工作和辐射特性的仿真分析工作；正在进行验证试验研究
4	汽车电子产品大电流注入测试技术研究	国家质检总局科研计划项目	2012 年 2 月至 2013 年 12 月	2012	正在准备验收工作
5	新能源汽车电磁骚扰抑制关键技术合作研究	国家科技部国际合作项目	2013 年 4 月至 2016 年 4 月	2013	已完成资料收集和关键部件仿真建模工作；正在进行实验分析和仿真分析工作
6	电动汽车关键零部件电磁兼容的系统开发	重庆市科委应用技术研究与开发项目	2013 年 6 月至 2015 年 5 月	2013	已形成研究方案，已建立实验平台和仿真模型；正在研究关键零部件电磁干扰产生机理、干扰源特性和传播方式
7	电动汽车电磁骚扰特性分析与试验方法研究	重庆市质监局科研计划项目	2013 年 5 月至 2015 年 5 月	2013	对电动汽车电磁骚扰在车内的分布情况进行研究；正在研究各种测试条件及试验方法对测试结果的影响

（2）论文发表情况

在相关专业科技期刊和学术会议上共发表了 14 篇学术论文，其中 2 篇被 EI 收录。

2. 2014 年 1—3 月

（1）科研项目情况

① 新申请 4 项科研项目，其中重庆市质监局科研计划项目“基于管状波耦合器（TWC）的电气电子部件抗扰性试验方法研究经费编制说明”已立项。

② 继续开展各项在研课题的研究。

（2）论文发表情况

发表论文 2 篇，其中 1 篇被 EI 收录。

三、测试能力建设

1. 2013 年 1—12 月

（1）科研设施改造。在 2012 年斥资建造配备三轴四驱转鼓系统的 10m 法电波暗室的基础上，对原有的 5m 法电波暗室进行了升级改造，包括新购置光网转换器、交—直流变换系统、转台线路改造和工装夹具等，增强了对汽车零部件的试验检测能力，同时改善了实验室的办公条件和配套设施，对实验室和研究室的计算机进行了更新换代，对 10m 法电波暗室的地下室给排水系统进行了加固防护，有力地保障了科研工作的开展。2013 年，完成了动力电池测试与模拟系统的购置，完成了调试安装及验收，填补了中心整车动力电池系统测试的空白。

（2）科研人才建设

重庆车检院精心挑选科研骨干具体负责项目课题，让技术骨干在科研开发和技术服务第一线锻炼提高自己，在实际工作中迅速成长。全年新申请与新能源汽车相关的纵向科研课题 3 项，有 3 名技术骨干在科研工作中得到了锻炼，晋升到高级职称。与重庆大学联合培养了 1 名博士研究生和 2 名硕士研究生。

2. 2014 年 1—3 月

（1）科研设施改造。购置动力电池测试单体测试系统一套（12 通道）、模块测试设备一套（4 通道）、过充过放测试设备一套（2 通道），进一步加强国家客车质量监督检验中心动力电池的检测能力。

（2）科研人才建设。积极申请相关专业的项目课题，招聘驱动系统和储能系统研究生各 1 名。

四、国内外交流

与中国电源工业协会/中国电源产业技术创新联盟联合共建的“中国电源产业技术创新联盟质量监督检测技术中心”揭牌成立，充分利用行业协会的集聚优势和我院在新能源汽车整车及其关键零部件检测方面的技术优势和科研实力，共同助力我国电动汽车、动力电池与关键零部件行业快速发展。

与香港生产力促进局下属的汽车零部件研究及发展中心在新能源汽车电磁兼容试验与研究方面开展有关的合作，联合申报的国家科技部合作项目“新能源汽车电磁骚扰抑制关键技术合作研究”已获得国家科技部立项。目前该项目正在按计划实施。

与重庆大学开展科研合作，联合申报了重庆市科委应用技术研究与开发项目“电动汽车关键零部件电磁兼容的系统开发”，对电动汽车关键零部件试验方法与仿真分析进行深入研究。

2013 年 10 月和 11 月，先后参加了全国无线电干扰标准化技术委员 D 分会年会及电动汽车 EMC 测试方法工作组会议。与国内大专院校、科研机构、检测机构和电动汽车企业的专家进行了交流，讨论了 2013 年国际 CISPR/D 会议议案、新能源电动车辆电磁兼容试验方法、电机带载 EMC 电波暗室和 CISPR 25 暗室场地测量等方面的内容。

积极参加“新能源汽车政策与市场发展趋势暨相关技术法规专题会议研讨班”“中国国际电动汽车与混合动力汽车技术大会”“2013 中国（枣庄）国际新能源及锂电产业博览会”等会议，加强行业交流。

五、发展规划

（1）对测试技术及试验中出现的问题进行深入研究，培养一批有经验、有技术的检测人员，具备指导企业生产的能力。

（2）坚持以解决汽车、摩托车整车及零部件企业在研发过程中遇到的 EMC 问题为主线，继续开展汽车行业共性、关键性、前瞻性技术研究工作。

（3）将电动汽车电磁兼容问题解决方案、电动汽车关键零部件作为技术研究重点，加强人才培养与引进，在整车级 EMC 研发技术上达到国内先进水平。

（4）加强与高校、科研院所的合作，联合培养硕士/博士研究生，进一步提升行业影响力和自身技术能力。

（5）建立国内领先的 EMI 和 EMS 测试系统，建立电机带载 EMC 实验室，车辆电磁兼容技术攻关能力及仿真预测技术处于国内先进水平。

（6）伴随车辆智能化、信息化的融合与应用，培育和开拓车载信息技术产品的 EMC 检测业务，发展车载通信系统（如 CAN 数据总线系统、车载智能交通设备）的 EMC 试验检测技术。

（7）继续开展电动汽车及其零部件的试验技术、标准研究，参与标准制定，提升行业影响力。

（8）完善轻型车排放检测技术、发动机燃烧技术等，继续开展汽车行业共性、关键性、前瞻性技术研究工作。

（9）建立国内领先的排放检测实验室，使排放检测技术处于国内先进水平。

（10）伴随车辆智能化、信息化的融合与应用，发展车载排放检测及故障在线诊断等在线检测技术，及时准确地掌握车辆的排放水平。

（11）继续开展轻型车、重型车及发动机排放油耗的试验检测技术、标准研究，参与标准制定，提升行业影响力。

清华大学
——汽车安全与节能国家重点实验室

一、发展概况

2013 年，汽车安全与节能国家重点实验室有固定人员 71 名，其中正高职称研究人员（教授、研究员）32 人、副高职称研究人员（副教授、副研究员）26 人、中级职称研究人员（助理研究员）5 人、高级工程师/实验师 9 人。固定人员结构：中国工程院院士 1 人，国家杰出青年 2 人，国家千人计划 3 人，国家青年千人计划 1 人，长江学者特聘教授 2 人，长江学者特聘讲席教授 1 人。

实验室的青年教师郑新前和李亮荣获“教育部新世纪优秀人才支持计划”、郑新前荣获“茅以升北京青年科技奖”、徐梁飞荣获“第五届 ProSPER. NET - Scopus 青年科学家奖”、李升波入选“北京市优秀人才计划”。国家“千人计划”特聘专家、人事部“国家特聘专家”、国家 863 计划专家委员会专家、国际汽车工程师学会（SAE）Fellow 赵福全博士正式加盟实验室。实验室的长江学者彭晖教授、千人计划徐宏明教授当选 2013 年国际汽车工程师学会会士（SAE Fellow）。截至 2013 年，实验室共有赵福全、彭晖、徐宏明 3 位教授入选 SAE Fellow。

二、科研项目及成果

2013，汽车安全与节能国家重点实验室共承担科研项目212项，实到科研经费8890万元。其中：牵头973课题3项，参与973课题5项；牵头863课题6项，参与863课题15项；参与国家科技支撑计划4项、国家科技重大专项2项、国家重大科学仪器设备开发专项1项；承担国家自然科学基金20项、军工专项19项、省部级项目11项。省部级及以上项目总经费4429万元，占总经费的49.8%。承担国际合作项目27项，总经费1302万元，占总经费的14.6%。承担企事业单位委托项目68项，总经费3159万元，占总经费的35.5%。

2013年，汽车安全与节能国家重点实验室共发表论文312篇，其中国际期刊106篇、国内期刊95篇、国际会议论文66篇、国内会议论文45篇。其中，SCI收录68篇，EI收录173篇。授权国家发明专利54项、实用新型专利4项、计算机软件著作权5项。

2013年，汽车安全与节能国家重点实验室产生2项重大科研成果：李克强、王建强、罗禹贡等完成的"基于行驶环境感知与控制协同的汽车智能安全新技术及应用"项目获得"国家技术发明奖"二等奖；张扬军、郑新前等完成的"内燃机全工况高增压关键技术及工程应用"项目获得"国家科技进步奖"二等奖。

三、科研设施及科研能力建设

2013年，汽车安全与节能国家重点实验室购置仪器设备160台、经费1264万元，其中30万元以上设备共8台、计620万元，包括相位多普勒粒子分析仪、变速器测控系统、EABS测试系统、电池包测试系统等，其中大部分仪器设备都能够共享开放。

四、主要研究方向

2013年，汽车安全与节能国家重点实验室围绕汽车的"安全、节能、环保"三大主题，主要研究方向为汽车主动安全性、汽车被动安全性、电控发动机与排放控制、电动汽车与新型动力。其中，汽车主动安全性包括汽车动力学与控制、汽车振动与噪声控制、智能汽车与智能交通、驾驶行为感知与辅助系统；汽车被动安全性包括汽车碰撞试验与分析、汽车安全性设计、乘员保护及人体损伤机理、事故再现分析、汽车轻量化；电控发动机与排放控制包括发动机电子控制、发动机燃烧与排气净化、发动机流体与增压、发动机测试技术、发动机设计与系统优化；电动汽车与新型动力包括电动汽车关键技术、混合动力系统、燃料电池动力系统。

五、国内外交流

2013年，汽车安全与节能国家重点实验室共接待国内外专家学者来访交流45团组，达822人次，其中包括海外专家学者共计283人次。实验室承办及参与的大型国内、国际/双边会议共4场，邀请专家讲座共30人次，其中海外短期来访专家7人次。

2013年，实验室继续打造青年教师沙龙、午餐学术沙龙、教授沙龙的交流平台，形成品牌。其中，午餐学术沙龙已持续举办118次，本年度27次，共有3240人次参与。

2013年，实验室创办的《汽车安全与节能学报》逐步扩大业内影响力，本年度共出版4期，刊发文章48篇，已入选核心科技期刊。

六、发展规划

在人才建设方面，实验室将在今后工作中进一步加大对青年骨干人员的培养，使他们尽快脱颖而出。

在学科规划方面，实验室将加强交叉项目的管理，紧紧围绕课题目标来合理分工及有机协作。

实验室将坚持基础理论—基础技术—基本问题的研究定位，完善理论创新—技术发明—行业贡献的研究模式，将战略高度、学术深度、应用广度有机结合，出更多一流成果，出更多一流人才。

同济大学
——国家燃料电池汽车及动力系统工程技术研究中心

一、发展概况

国家燃料电池汽车及动力系统工程技术研究中心（以下简称"工程中心"）致力于建立燃料电池汽车及动力系统技术研发体系，掌握并创新核心技术，包括燃料电池汽车及动力系统集成与匹配、动力系统控制、试验、高压氢气供应，构筑燃料电池汽车领域创新人才高地，服务和支撑新能源汽车行业创新发展。

2013年，工程中心在原有基础上继续深化和扩大对燃料电池关键技术的研究，如：燃料电池轿车动力系统平台研究；氢能相关技术研究；新能源汽车及关键零部件试验技术研究，等等。通过多个技术服务、技术开发和技术咨询项目，与行业内多家单位开展燃料电池研发及产业化方面的合作。

工程中心与多家企事业单位保持良好的联合研发关系，并建立了多个联合实验室，如上汽—同济工程中心、大众—同济汽车研究院、吉利—同济汽车工程研究院等。通过成立产学研机构、加大加强服务项目等方法，加快新能源汽车产业的产学研转换步伐。

二、科研项目及成果

2013 年主要科研项目如下：

（1）在优势领域方面，中心继续深化研究，典型项目如下：①燃料电池轿车动力系统平台研究（如国家 863 计划项目“燃料电池轿车动力系统技术平台研究与开发”等）；②氢能相关技术研究（如国家 863 计划项目“氢能汽车加氢设施关键技术及标准研究”等）；③新能源汽车及关键零部件试验技术研究（如横向项目“燃料电池堆强化振动试验”等）。

（2）工程中心正积极开展燃料电池汽车产业化过程中的仪器设备研发、测试标准制定工作，联合上海燃料电池汽车动力系统有限公司、昆山弗尔赛能源有限公司，充分利用国内外仪器开发技术，承担“国家重大科学仪器开发专项”工作，（专项名称：“燃料电池汽车动力系统动态性能综合测试仪器开发及应用”）。

（3）工程中心致力于相关技术的产业化转化，先后与昆山弗尔赛能源有限公司、上海燃料电池汽车动力系统有限公司等进行了 41 项新合作（如国家 863 计划项目“通信用燃料电池电源系统关键技术研究”“面向产业化的燃料电池轿车关键技术与整车集成开发”）。

（4）工程中心继续加强新能源汽车的核心技术研究（如国家 863 计划项目“车用燃料电池系统、电堆模块及膜电极关键技术研究”）。

主要成果如下：

（1）燃料电池汽车动力系统平台

创新性成果：系统研究了动力系统匹配优化、故障诊断技术，大功率 DC/DC 变换器等关键零部件技术；建立了燃料电池发动机低温冷启动策略，提出燃料电池轿车冷启动方案和控制策略；建立了燃料电池轿车热管理系统的一维非稳态模型，并利用该模型对热管理系统进行热平衡计算；建立了燃料电池轿车动力系统电驱动单元可靠性研究方案；建立面向示范平台系统故障诊断技术体系，并对其进行联调、试验与工程测试。

（2）燃料电池汽车动力系统综合平台

随着燃料电池汽车产业化技术和条件的不断成熟，研发重点已经从燃料电池汽车本身全面拓宽到燃料电池汽车产业化能力及环境开发上。燃料电池汽车动力系统的测试、匹配、调试仪器设备是加速燃料电池汽车产业化的核心基础之一，对燃料电池汽车产业化的可靠性、耐久性、环境适应性及安全性的提高起着关键作用。目前国内还没有高度集成的有关燃料电池汽车动力系统、调试及测试专项设备，不能满足燃料电池汽车动力系统的集成、匹配及可靠性、耐久性、环境适应性和安全性等测试的需要。目前，项目已完成整体实施方案制订及论证、各任务实施方案制订及方案可行性论证，并申请了“用于燃料电池汽车动力系统的动态性能测试系统”的发明专利，这不仅在国内是首创，具有重要的科学意义和工程价值，在外国也是罕见的，具有广泛的影响力。

（3）通信用燃料电池电源系统关键技术

新能源电源系统作为通信基站、计算机网络中心的重要装置，市场容量日益增大。2013 年，工程中心与昆山弗尔赛能源有限公司围绕“通信用燃料电池电源系统关键技术”课题紧密合作，以满足通信应用需求为出发点，以推动主燃料电池电源系统在通信领域的应用推广为方向，以解决通信用燃料电池电源系统产业化面临的兼容性、安全性、可靠性与高成本等问题为目标，结合通信行业标准开展燃料电池电源关键技术研究，为促进分布式供能研究成果的转化应用和示范推广，节能减排和新兴能源产业发展提供动力，还将实现小规模燃料电池动力和分布式供能（储能）系统的示范推广。

三、科研设施及科研能力建设

2013 年，工程中心建立了较完备的电动汽车开发平台和测试环境。主要包括用于动力系统管理和控制的半实物仿真惯量试验台与转鼓试验台、燃料电池电堆和燃料电池发动机性能测试和参数匹配试验平台、动力蓄电池单电池、模块和电池组性能测试平台、驱动电机测试平台、水冷系统测试平台以及轮毂电机测试平台等硬件开发环境。另外，还形成了混合动力系统虚拟设计、虚拟匹配和控制策略开发的离线仿真软件系统，整车动力学分析软件系统和基于 dSPACE 的整车动力学控制策略的软件开发环境。

工程中心下属的试验试制基地，具备较完善的试验条件，可进行汽车 NVH 试验、整车道路模拟试验、六自由度道路模拟试验、汽车排放试验、混合动力发动机试验等相关试验服务。

同济大学在车辆工程及其相关学科如交通工程等具有综合优势。车辆学科已建成我国首座汽车气动—声学整车风洞和热环境风洞，该设施在空气动力和热力学测量精度、地面边界模拟、噪声控制等关键技术指标上均达到世界领先的水平；交通学科已建设我国最大的汽车驾驶模拟器。这些研发环境为工程中心的相关技术研发提供了重要支撑。

四、主要研究方向

工程中心的主要研究内容包括动力系统集成与控制

技术、燃料电池系统技术、燃料电池电堆技术、氢能源技术、电驱/传动技术、控制器与网络通信技术、动力蓄电池技术、NVH 技术、动力系统及关键零部件测试技术等。

五、国内外交流

2013 年，工程中心成功组织了“2013 燃料电池汽车研讨会”“燃料电池及氢能技术应用及产业发展国际峰会”“2013 燃料电池汽车峰会”，讨论了国外燃料电池研发现状、趋势，提出了发展燃料电池的建议。同年，工程中心组织了逾 20 场学术报告会和专题讲座，积极参与“上海工博会”等活动。工程中心的教师参加国内外学术与技术交流数十次。2013 年 6 月，中心应邀参加了由加拿大氢能燃料电池协会（CHFCA）举办的“2013 氢能燃料电池研讨会”，有来自 50 个国家的燃料电池领域的 1000 多位技术专家和商业领袖出席了研讨会。

六、发展规划

工程中心将加强组织结构和管理模式建设，集中优势资源，围绕燃料电池汽车及动力系统以及相关研究领域形成工程中心的核心业务。工程中心将继续保持与上海燃料电池汽车动力系统有限公司的密切联系，同时在燃料电池、动力蓄电池方面加强与其他零部件单位的合作，使研究成果尽快推向产业化。另外，工程中心将加强与依托单位同济大学的关系，充分利用学校的资源和智力优势，让学校成为工程中心的人才库。

以服务国家发展战略需求为目标，以国家 863 计划、上海政府支持项目为依托，建设燃料电池汽车动力系统及关键零部件研发环境，开展相关技术研发。

聚焦工程中心在前两个五年计划中的研发成果，集中人力资源、试验能力等攻克新能源汽车动力系统及关键零部件核心技术难关，技术水平在行业处于领先地位。

提供以市场需求为导向的技术服务，将研发成果不断向生产企业转移，同时从市场上获取回报，保障工程中心可持续健康发展。

人力资源建设同时立足于内部培养和外部引进，扩大国际合作交流，加强联合培养模式，打造一支国际化的研发队伍。

第五篇

产量统计

一、节能与新能源汽车累计产量统计

1. 分车型累计产量统计（2009 年至 2014 年 3 月）

车型	2009 年	2010 年	2011 年	2012 年	2013 年													2014 年 1—3 月			
	合计（辆）	合计（辆）	合计（辆）	合计（辆）	1 月	2 月	3 月	4 月	5 月	6 月	7 月	8 月	9 月	10 月	11 月	12 月	合计（辆）	1 月	2 月	3 月	合计（辆）
纯电动客车	78	655	1360	1904	83	20	120	28	405	7	170	40	102	10	88	534	1607	151	36	547	734
纯电动乘用车	37	1141	4759	9699	1033	458	478	546	650	462	551	865	1030	753	1487	6165	14478	1464	940	1891	4295
纯电动专用车	60	167	588	1869	360	62	210	210	112	119	31	30	424	84	108	286	2036	58	21	93	172
插电式混合动力客车	70	280	197	277	413	177	583	327	1365	433	123	23	52	1	57	1182	4736	471	85	972	1528
插电式混合动力乘用车	37	345	289	262	23	20	0	219	152	55	0	57	0	0	1	191	718	289	363	590	1242
非插电式混合动力客车	1515	2676	4305	6372	392	649	579	328	1410	3	148	355	181	237	327	184	4793	160	0	0	160
非插电式混合动力乘用车	539	2293	1972	8377	422	403	717	671	618	988	712	553	643	756	776	670	7929	752	429	709	1890
燃料电池轿车	0	2	0	0	0	0	0	0	0	0	0	0	0	0	0	0	0	0	0	0	0
燃料电池客车	0	46	0	0	0	0	0	0	0	0	0	0	0	0	0	0	0	0	0	0	0
合计（辆）	2336	7605	13470	28760	2726	1789	2687	2329	4712	2067	1735	1923	2432	1841	2844	9212	36297	3345	1874	4802	10021

2. 生产企业累计产量统计（按首字母拼音排序）（2009—2013 年）

企业名称	车辆品牌	纯电动客车						纯电动乘用车						纯电动专用车						混合动力客车（含插电式）						混合动力乘用车（含插电式）						合计（辆）
		2009 年	2010 年	2011 年	2012 年	2013 年	小计	2009 年	2010 年	2011 年	2012 年	2013 年	小计	2009 年	2010 年	2011 年	2012 年	2013 年	小计	2009 年	2010 年	2011 年	2012 年	2013 年	小计	2009 年	2010 年	2011 年	2012 年	2013 年	小计	
安徽安凯汽车股份有限公司	安凯牌	70	219	247	187	492	1215	0	0	0	0	0	0	0	0	0	0	0	0	0	1	55	24	380	460	0	0	0	0	0	0	1675
安徽江淮汽车股份有限公司	江淮牌	0	0	0	0	0	0	0	585	989	2489	1183	5246	9	0	0	0	0	9	0	0	0	0	0	0	0	0	0	0	40	40	5295
北京华林特装车有限公司	华林牌	0	0	0	0	0	0	0	0	0	0	0	0	15	1	55	460	487	1018	0	1	0	0	0	1	0	0	0	0	0	0	1019
北京汽车股份有限公司	北京牌	0	0	0	0	0	0	0	0	0	760	1470	2230	0	0	0	32	20	52	0	0	0	0	0	0	0	0	0	0	0	0	2282
北京市京华客车有限责任公司	京华牌	1	0	0	0	0	1	0	0	0	0	0	0	0	0	0	0	0	0	2	0	0	0	0	2	0	0	0	0	0	0	3
北京天路通科技有限责任公司	天路牌	0	0	0	0	0	0	0	0	0	0	0	0	0	2	41	37	20	100	0	0	0	0	0	0	0	0	0	0	0	0	100
北京现代汽车有限公司	首望牌	0	0	0	0	0	0	0	0	0	0	47	47	0	0	0	0	0	0	0	0	0	0	0	0	0	0	0	0	0	0	47
北汽福田汽车股份有限公司	福田牌	0	30	36	60	44	170	0	52	2	200	100	354	0	0	0	39	0	39	821	184	308	60	132	1505	0	0	0	0	0	0	2068
比亚迪汽车工业有限公司	比亚迪牌	0	0	0	0	10	10	0	0	0	0	643	643	0	0	0	0	0	0	0	0	0	0	0	0	0	0	0	0	0	0	653

续表

企业名称	车辆品牌	纯电动客车						纯电动乘用车						纯电动专用车						混合动力客车（含插电式）						混合动力乘用车（含插电式）						合计（辆）
		2009年	2010年	2011年	2012年	2013年	小计	2009年	2010年	2011年	2012年	2013年	小计	2009年	2010年	2011年	2012年	2013年	小计	2009年	2010年	2011年	2012年	2013年	小计	2009年	2010年	2011年	2012年	2013年	小计	
比亚迪汽车有限公司	比亚迪牌	0	0	0	0	0	0	0	55	320	0	14	389	0	0	0	0	0	0	0	0	0	0	0	0	37	345	289	262	568	1501	1890
成都客车股份有限公司	蜀都牌	0	2	0	211	0	213	0	0	0	0	0	0	0	0	0	0	0	0	0	0	0	90	0	90	0	0	0	0	0	0	303
丹东黄海汽车有限责任公司	黄海牌	0	0	0	1	0	1	0	0	0	0	0	0	0	0	0	0	0	0	0	71	3	2	109	185	0	0	0	0	0	0	186
东风汽车公司	风神牌	0	0	0	0	0	0	0	0	0	0	8	8	0	0	0	0	0	0	0	0	0	0	0	0	0	50	11	373	300	734	742
东风汽车公司	东风牌	0	20	31	76	2	129	0	0	0	0	0	0	0	5	54	70	325	454	70	280	100	2	50	502	0	0	0	0	0	0	1085
东风汽车有限公司	启辰牌	0	0	0	0	0	0	0	0	0	0	214	214	0	0	0	0	0	0	0	0	0	0	0	0	0	0	0	0	0	0	214
东风扬子江汽车（武汉）有限责任公司	扬子江牌	0	0	10	0	0	10	0	0	0	0	0	0	0	0	0	0	0	0	0	0	0	1	100	101	0	0	0	0	0	0	111
东风悦达起亚汽车有限公司	华骐牌	0	0	0	0	0	0	0	0	0	0	10	10	0	0	0	0	0	0	0	0	0	0	0	0	0	0	0	0	0	0	10
东风悦达起业汽车有限公司	典悦牌	0	0	0	0	0	0	0	0	0	2	0	2	0	0	0	0	0	0	0	0	0	0	0	0	0	0	0	0	0	0	2
东南（福建）汽车工业有限公司	东南牌	0	0	0	0	0	0	0	0	0	0	1	1	0	0	0	0	0	0	0	0	0	0	0	0	0	0	0	0	0	0	1
广汽丰田汽车有限公司	丰田牌/TOYOTA	0	0	0	0	0	0	0	0	0	0	0	0	0	0	0	0	0	0	0	0	0	0	0	0	0	1566	503	2254	5353	9676	9676
广州汽车集团乘用车有限公司	传祺牌/Trumpchi	0	0	0	0	0	0	0	0	0	0	0	0	0	0	0	0	0	0	0	0	0	0	0	0	0	0	0	206	10	216	216
广州汽车集团客车有限公司	广汽牌	0	0	26	0	0	26	0	0	0	0	0	0	0	0	0	0	0	0	0	124	280	1248	1	1653	0	0	0	0	0	0	1679
桂林客车工业集团有限公司	桂林牌	0	8	5	0	0	13	0	0	0	0	0	0	0	0	0	0	0	0	0	0	0	0	0	0	0	0	0	0	0	0	13
哈飞汽车股份有限公司	哈飞牌	0	0	0	0	0	0	6	9	0	0	1	16	0	0	0	0	0	0	0	0	0	0	0	0	0	0	0	0	0	0	16
海马轿车有限公司	海马牌	0	0	0	0	0	0	0	0	1	2	0	3	0	0	0	0	0	0	0	0	0	0	0	0	0	0	0	0	0	0	3
合肥昌河汽车有限责任公司	昌河牌	0	0	0	0	0	0	0	0	0	200	1	201	0	0	0	0	2	2	0	0	0	0	0	0	0	0	0	0	0	0	203
河南少林汽车股份有限公司	少林牌	0	0	8	0	10	18	0	0	0	0	0	0	0	0	0	0	0	0	0	0	6	0	0	6	0	0	0	0	0	0	24
湖南恒润高科股份有限公司	恒润牌	0	0	0	0	0	0	0	0	0	0	0	0	0	0	0	0	1	1	0	0	0	0	0	0	0	0	0	0	0	0	1
湖南江南汽车制造有限公司	江南牌	0	0	0	0	0	0	0	2	1	2	0	5	0	0	0	56	551	607	0	0	0	0	0	0	0	0	0	0	0	0	612
湖南江南汽车制造有限公司	众泰牌	0	0	224	0	0	224	7	185	463	848	877	2380	0	0	0	0	0	0	0	0	0	0	0	0	0	0	0	0	0	0	2604
湖南南车时代电动汽车股份有限公司	南车时代牌	0	0	0	0	0	0	0	0	0	0	0	0	0	0	0	0	0	0	232	569	597	494	923	2815	0	0	0	0	0	0	2815
华晨宝马汽车有限公司	之诺牌/ZINORO	0	0	0	0	0	0	0	0	0	0	11	11	0	0	0	0	0	0	0	0	0	0	0	0	0	0	0	0	0	0	11
华晨汽车集团控股有限公司	中华牌	0	0	0	0	0	0	0	0	0	0	73	73	0	0	0	0	0	0	0	0	0	0	0	0	0	415	437	1337	787	2976	3049
江铃控股有限公司	江铃牌	0	0	0	0	0	0	0	0	0	0	33	33	0	0	0	0	0	0	0	0	0	0	0	0	0	0	0	0	0	0	33
江苏奥新新能源汽车有限公司	达福迪牌	0	0	0	0	0	0	0	0	0	0	0	0	0	0	0	6	33	39	0	0	0	0	0	0	0	0	0	0	0	0	39
江苏常隆客车有限公司	常隆牌	0	0	41	0	7	48	0	0	0	0	0	0	0	0	0	0	0	0	0	0	0	0	0	0	0	0	0	0	0	0	48

续表

企业名称	车辆品牌	纯电动客车						纯电动乘用车						纯电动专用车						混合动力客车（含插电式）						混合动力乘用车（含插电式）						合计（辆）
		2009年	2010年	2011年	2012年	2013年	小计	2009年	2010年	2011年	2012年	2013年	小计	2009年	2010年	2011年	2012年	2013年	小计	2009年	2010年	2011年	2012年	2013年	小计	2009年	2010年	2011年	2012年	2013年	小计	
江苏常隆客车有限公司	马可牌	0	4	26	0	0	30	0	0	0	0	0	0	0	0	0	0	0	0	0	0	0	0	0	0	0	0	0	0	0	0	30
江西博能上饶客车有限公司	上饶牌	0	0	1	0	0	1	0	0	0	0	0	0	0	0	0	0	0	0	0	0	0	0	1	1	0	0	0	0	0	0	2
江西江铃汽车集团改装车有限公司	江铃全顺牌	0	0	0	0	0	0	0	0	0	2	0	2	11	17	5	0	0	33	0	0	0	0	0	0	0	0	0	0	0	0	35
江西江铃汽车集团改装车有限公司	江铃牌	0	0	0	0	0	0	0	0	0	0	0	0	0	5	2	28	10	45	0	0	0	0	0	0	0	0	0	0	0	0	45
江西凯马百路佳客车有限公司	江西牌	0	17	10	0	0	27	0	0	0	0	0	0	0	0	0	0	0	0	0	0	46	100	28	174	0	0	0	0	0	0	201
金华青年汽车制造有限公司	青年牌	0	0	0	40	102	142	0	0	0	0	0	0	0	0	0	0	0	0	0	40	30	20	98	188	0	0	0	0	0	0	330
金华市康迪新能源车辆有限公司	康迪牌	0	0	0	0	0	0	0	0	0	0	0	0	0	0	316	803	218	1337	0	0	0	0	0	0	0	0	0	0	0	0	1337
金龙联合汽车工业（苏州）有限公司	海格牌	0	0	5	2	11	18	0	0	0	0	0	0	0	0	0	0	0	0	0	0	140	114	724	978	0	0	0	0	0	0	996
柳州五菱汽车工业有限公司	五菱牌	0	0	0	0	0	0	0	0	0	0	0	0	0	18	1	0	10	29	0	0	0	0	0	0	0	0	0	0	0	0	29
南京金龙客车制造有限公司	东宇牌	0	0	0	10	33	43	0	0	0	0	0	0	0	0	0	0	0	0	0	0	0	12	0	12	0	0	0	0	0	0	55
南京汽车集团有限公司	依维柯牌	0	0	0	0	2	2	0	0	0	0	0	0	15	8	1	0	2	26	0	0	0	0	0	0	0	0	0	0	0	0	28
南京汽车集团有限公司	畅达牌	0	0	0	0	0	0	0	0	0	0	0	0	0	0	0	0	1	1	0	0	0	0	0	0	0	0	0	0	0	0	1
南京汽车集团有限公司	跃进牌	0	0	0	0	0	0	0	0	0	0	0	0	0	0	0	0	45	45	0	0	0	0	0	0	0	0	0	0	0	0	45
宁波神马汽车制造有限公司	浙江牌	0	0	202	0	0	202	0	0	0	0	0	0	0	0	0	0	0	0	0	0	201	0	0	201	0	0	0	0	0	0	403
奇瑞汽车股份有限公司	奇瑞牌	0	0	0	0	0	0	0	184	2750	3108	5725	11767	0	0	0	0	0	0	0	0	0	0	0	0	17	5	0	0	0	22	11789
奇瑞汽车股份有限公司	瑞麒牌	0	0	0	0	0	0	1	40	7	414	97	559	0	0	0	0	0	0	0	0	0	0	0	0	0	0	0	0	0	0	559
厦门金龙联合汽车工业有限公司	金龙牌	0	1	1	25	6	33	0	0	0	0	0	0	0	0	0	0	0	0	0	20	203	357	618	1198	0	0	0	0	0	0	1231
厦门金龙旅行车有限公司	金旅牌	0	0	0	2	2	4	0	0	0	0	0	0	0	0	0	0	0	0	155	320	383	1012	706	2576	0	0	0	0	0	0	2580
山东昊宇车辆有限公司	超雷牌	0	0	0	0	0	0	0	0	0	0	0	0	0	0	0	60	6	66	0	0	0	0	0	0	0	0	0	0	0	0	66
山东沂星电动汽车有限公司	飞燕牌	0	71	48	131	62	312	0	0	0	0	0	0	0	0	0	0	0	0	0	0	0	0	0	0	0	0	0	0	0	0	312
上海华普汽车有限公司	康迪牌	0	0	0	0	0	0	0	0	0	0	2511	2511	0	0	0	0	0	0	0	0	0	0	0	0	0	0	0	0	0	0	2511
上海浦东一汽青岛专用车厂	速通牌	0	0	0	0	0	0	0	0	0	0	0	0	0	2	0	0	0	2	0	0	0	0	0	0	0	0	0	0	0	0	2
上海汽车集团股份有限公司	荣威牌	0	0	0	0	0	0	0	0	0	250	484	734	0	0	0	0	0	0	0	0	0	0	0	0	0	10	155	716	161	1042	1776
上海申龙客车有限公司	申龙牌	0	0	0	0	0	0	0	0	0	0	0	0	0	0	0	0	0	0	0	0	25	77	77	179	0	0	0	0	0	0	179
上海申沃客车有限公司	申沃牌	0	242	44	360	34	680	0	0	0	0	0	0	0	0	0	0	0	0	0	300	0	0	28	328	0	0	0	0	0	0	1008
上海通用汽车有限公司	别克牌/BUICK	0	0	0	0	0	0	0	0	0	0	0	0	0	0	0	0	0	0	0	0	0	0	0	0	294	2	442	300	198	1236	1236
上海通用汽车有限公司	赛欧牌/SAIL	0	0	0	0	0	0	0	0	0	20	60	80	0	0	0	0	0	0	0	0	0	0	0	0	0	0	0	0	0	0	80

续表

企业名称	车辆品牌	纯电动客车						纯电动乘用车						纯电动专用车						混合动力客车（含插电式）						混合动力乘用车（含插电式）						合计（辆）
		2009年	2010年	2011年	2012年	2013年	小计	2009年	2010年	2011年	2012年	2013年	小计	2009年	2010年	2011年	2012年	2013年	小计	2009年	2010年	2011年	2012年	2013年	小计	2009年	2010年	2011年	2012年	2013年	小计	
上海万象汽车制造有限公司	象牌	7	0	0	42	50	99	0	0	0	0	0	0	0	0	0	0	0	0	0	0	0	0	0	0	0	0	0	0	0	0	99
深圳市比亚迪汽车有限公司	比亚迪牌	0	0	0	0	385	385	0	0	0	1040	456	1496	0	0	0	0	0	0	0	0	0	0	0	0	0	0	0	0	0	0	1881
深圳市五洲龙汽车有限公司	五洲龙牌	0	0	69	380	107	556	0	0	0	0	0	0	0	0	0	0	0	0	65	527	1201	23	295	2111	0	0	0	0	0	0	2667
沈阳华晨金杯汽车有限公司	金杯牌	0	0	0	0	1	1	0	0	0	0	0	0	0	0	0	0	0	0	0	0	0	0	0	0	0	8	0	0	0	8	9
四川汽车工业股份有限公司	野马牌	0	15	0	10	0	25	0	0	0	0	17	17	0	0	0	0	0	0	0	0	0	0	0	0	0	0	0	0	0	0	42
四川一汽丰田汽车有限公司	丰田牌/TOYOTA	0	0	0	0	0	0	0	0	0	0	0	0	0	0	0	0	0	0	0	0	0	0	0	0	196	0	26	2451	607	3280	3280
天津客车装配厂	金马牌	0	0	0	0	0	0	0	0	0	0	0	0	0	0	0	0	0	0	0	0	0	0	0	0	0	0	0	0	0	0	0
天津清源电动车辆有限责任公司	清源牌	0	0	0	0	0	0	0	0	0	0	0	0	0	64	72	21	29	186	0	0	0	0	0	0	0	0	0	0	0	0	186
天津清源电动车辆有限责任公司	清源宝骑牌	0	0	0	0	0	0	0	0	0	0	0	0	0	0	0	0	56	56	0	0	0	0	0	0	0	0	0	0	0	0	56
天津一汽夏利汽车股份有限公司	威志牌	0	0	0	0	0	0	0	0	0	0	7	7	0	0	0	0	0	0	0	0	0	0	0	0	0	0	0	0	0	0	7
武汉九通汽车厂	九通牌	0	0	0	0	0	0	0	0	0	0	0	0	0	0	0	0	2	2	0	0	0	0	0	0	0	0	0	0	0	0	2
盐城中威客车有限公司	中大牌	0	0	30	1	0	31	0	0	0	0	0	0	0	0	0	0	0	0	0	0	0	0	0	0	0	0	0	0	0	0	31
扬州亚星客车股份有限公司	亚星牌	0	0	1	1	0	2	0	0	0	0	0	0	0	0	0	0	0	0	0	0	4	99	114	217	0	0	0	0	0	0	219
一汽（四川）专用汽车有限公司	远达牌	0	0	0	0	0	0	0	0	0	0	0	0	0	0	0	94	6	100	0	0	0	0	0	0	0	0	0	0	0	0	100
一汽海马汽车有限公司	海马牌	0	0	0	0	0	0	0	21	192	246	2	461	0	0	0	0	0	0	0	0	0	0	0	0	0	0	0	0	0	0	461
一汽客车（大连）有限公司	解放牌	0	0	0	10	10	20	0	0	0	0	0	0	0	0	0	0	0	0	150	80	0	30	1	261	0	0	0	0	0	0	281
一汽客车（无锡）有限公司	解放牌	0	0	0	0	30	30	0	0	0	0	0	0	0	0	0	0	0	0	0	0	0	0	0	0	0	0	0	0	0	0	30
一汽客车大连客车厂	解放牌	0	0	20	0	0	20	0	0	0	0	0	0	0	0	0	0	0	0	0	0	0	0	0	0	0	0	0	0	0	0	20
长春华奥汽车制造有限公司	金华奥牌	0	0	0	2	0	2	0	0	0	0	0	0	0	0	0	0	0	0	0	0	0	1	5	6	0	0	0	0	0	0	8
长沙市比亚迪客车有限公司	比亚迪牌	0	0	267	251	2	520	0	0	0	0	0	0	0	0	0	0	0	0	0	0	0	0	0	0	0	0	0	0	0	0	520
浙江飞碟汽车制造有限公司	飞碟牌	0	0	0	0	0	0	0	0	0	0	1	1	0	0	0	0	0	0	0	0	0	0	0	0	0	0	0	0	0	0	1
浙江豪情汽车制造有限公司	豪情牌	0	0	0	0	0	0	0	0	1	0	0	1	0	0	0	0	0	0	0	0	0	0	0	0	0	0	0	0	0	0	1
浙江豪情汽车制造有限公司	康迪牌	0	0	0	0	0	0	0	0	0	0	208	208	0	0	0	0	0	0	0	0	0	0	0	0	0	0	0	0	0	0	208
浙江吉利汽车有限公司	吉利美日牌	0	0	0	0	0	0	0	0	0	0	0	0	0	0	0	0	0	0	0	0	0	0	0	0	0	0	66	666	308	1040	1040
浙江康迪车业有限公司	康迪牌	0	0	0	0	0	0	0	0	0	0	0	0	0	22	0	0	0	22	0	0	0	0	0	0	0	0	0	0	0	0	22
郑州日产汽车有限公司	东风牌	0	0	0	0	0	0	23	8	22	2	0	55	0	19	14	8	6	47	0	0	0	0	0	0	0	0	0	0	0	0	102
郑州宇通客车股份有限公司	宇通牌	0	0	0	60	169	229	0	0	0	0	0	0	0	0	0	0	0	0	10	101	576	2019	3468	6174	0	0	0	0	0	0	6403

续表

企业名称	车辆品牌	纯电动客车						纯电动乘用车						纯电动专用车						混合动力客车（含插电式）						混合动力乘用车（含插电式）						合计（辆）
		2009年	2010年	2011年	2012年	2013年	小计	2009年	2010年	2011年	2012年	2013年	小计	2009年	2010年	2011年	2012年	2013年	小计	2009年	2010年	2011年	2012年	2013年	小计	2009年	2010年	2011年	2012年	2013年	小计	
中国第一汽车集团公司	红旗牌	0	0	0	0	0	0	0	0	0	0	0	0	0	0	0	0	0	0	0	0	0	0	0	0	0	0	0	0	81	81	81
中国第一汽车集团公司	解放牌	0	12	0	1	0	13	0	0	0	0	0	0	0	0	0	0	0	0	0	118	82	51	0	251	0	0	0	0	0	0	264
中国重汽集团成都王牌商用车有限公司	王牌牌	0	0	0	0	0	0	0	0	0	0	0	0	0	0	0	20	172	192	0	0	0	0	0	0	0	0	0	0	0	0	192
中联重科股份有限公司	中联牌	0	0	0	0	0	0	0	0	0	0	0	0	10	2	20	97	6	135	0	0	0	0	0	0	0	0	0	0	0	0	135
中上汽车有限公司	中上牌	0	0	0	0	10	10	0	0	0	0	0	0	0	0	0	0	0	0	0	0	0	0	0	0	0	0	0	0	0	0	10
中通客车控股股份有限公司	中通牌	0	2	0	1	0	3	0	0	0	0	0	0	0	0	0	0	0	0	80	167	196	356	1064	1863	0	0	0	0	0	0	1866
重庆恒通客车有限公司	恒通客车牌	0	2	8	26	4	40	0	0	0	0	0	0	0	0	0	0	0	0	0	50	66	457	547	1120	0	0	0	0	0	0	1160
重庆力帆乘用车有限公司	力帆牌	0	0	0	0	0	0	0	0	11	11	22	44	0	0	0	0	0	0	0	0	0	0	0	0	0	0	0	0	0	0	44
重庆瑞驰汽车实业有限公司	瑞驰牌	0	0	0	0	0	0	0	0	0	0	0	0	0	2	7	38	28	75	0	0	0	0	0	0	0	0	0	0	0	0	75
重庆五洲龙新能源汽车有限公司	五洲龙牌	0	0	0	0	0	0	0	0	0	0	0	0	0	0	0	0	0	0	0	0	0	0	60	60	0	0	0	0	0	0	60
重庆长安汽车股份有限公司	长安牌	0	0	0	0	0	0	0	0	0	103	202	305	0	0	0	0	0	0	0	0	0	0	0	0	32	237	332	74	234	909	1214
珠海市广通汽车有限公司	广通牌	0	10	0	14	22	46	0	0	0	0	0	0	0	0	0	0	0	0	0	3	0	0	0	3	0	0	0	0	0	0	49
合计（辆）		78	655	1360	1904	1607	5604	37	1141	4759	9699	14478	30114	60	167	588	1869	2036	4720	1585	2956	4502	6649	9529	25221	576	2638	2261	8639	8647	22761	88420

注：

①2009 年生产 1585 辆混合动力客车中包括插电式混合动力客车 70 辆（东风汽车公司 70 辆）；生产 576 辆混合动力乘用车中包括插电式混合动力乘用车 37 辆（比亚迪汽车有限公司 37 辆）。

②2010 年生产 2956 辆混合动力客车中包括插电式混合动力客车 280 辆（东风汽车公司 280 辆）；生产 2638 辆混合动力乘用车中包括插电式混合动力乘用车 345 辆（比亚迪汽车有限公司 345 辆）。

③2011 年生产 4502 辆混合动力客车中包括插电式混合动力客车 197 辆（东风汽车公司 100 辆，江西凯马百路佳 46 辆，中通客车 30 辆，深圳市五洲龙 20 辆，安徽安凯 1 辆）；生产 2261 辆混合动力乘用车中包括插电式混合动力乘用车 289 辆（比亚迪汽车有限公司 289 辆）。

④2012 年生产 6649 辆混合动力客车中包括插电式混合动力客车 539 辆（金龙旅行车 150 辆，成都客车 90 辆，金华青年 20 辆，南京金龙 12 辆，安徽安凯 3 辆，北汽福田 1 辆，东风汽车公司 1 辆）；生产 8639 辆混合动力乘用车中包括插电式混合动力乘用车 262 辆（比亚迪汽车有限公司 262 辆）。

⑤2013 年生产 9529 辆混合动力客车中包括插电式混合动力客车 4736 辆（郑州宇通 995 辆，中通客车 964 辆，苏州金龙 724 辆，重庆恒通 547 辆，厦门金龙联合 283 辆，深圳市五洲龙 295 辆，安徽安凯 214 辆，北汽福田 132 辆，湖南南车时代 67 辆，扬州亚星 114 辆，丹东黄海 109 辆，金华青年 98 辆，重庆五洲龙 60 辆，东风汽车公司 50 辆，江西凯马百路佳 28 辆，上海申沃 28 辆，东风扬子江 20 辆，长春华奥 5 辆，江西博能上饶 1 辆，一汽客车（大连）1 辆，广汽集团客车 1 辆）；生产 8647 辆混合动力客车中包括插电式混合动力乘用车 718 辆（比亚迪汽车有限公司 568 辆，上汽集团 19 辆，一汽集团 81 辆，安徽江淮 40 辆，广汽集团乘用车 10 辆）。

二、2013 年 1 月至 2014 年 3 月节能与新能源汽车产量统计

1. 纯电动汽车

(1)大中型客车、轻型客车

企业名称	车辆品牌	车辆名称	车辆型号	底盘型号	外形尺寸(mm)			轴距(mm)	总质量(kg)	整备质量(kg)	2013 年													2014 年				合计(辆)
					长	宽	高				1月	2月	3月	4月	5月	6月	7月	8月	9月	10月	11月	12月	小计(辆)	1月	2月	3月	小计(辆)	
安徽安凯汽车股份有限公司	安凯牌	纯电动城市客车	HFF6100G03EV	HFF6100D03EV	10320	2500	2950	5100	16500	12000	67	0	0	0	0	0	0	0	0	0	0	0	492	0	0	0	36	528
			HFF6100G03EV－1	承载式车身	10320	2500	3150	5100	17200	13000	0	0	0	0	0	0	0	1	0	0	0	0		0	0	0		
			HFF6100G03EV－2	承载式车身	10320	2500	2950	5100	17200	12700	0	0	0	0	0	0	70	0	30	0	28	12		0	0	0		
			HFF6100G03EV－3	承载式车身	10320	2500	2950	5100	16500	11500	0	0	0	0	0	0	30	0	0	0	12	198		0	0	0		
					10320	2500	3150	5100	16500	11800	0	0	0	0	0	0	0	0	0	0	0	0		0	0	1		
			HFF6101G03EV	承载式车身	10320	2500	3150	5100	16500	12300	0	0	0	0	0	0	0	0	5	0	0	0		0	0	0		
			HFF6123G03EV	承载式车身	12000	2550	3150	6100	18000	13800	0	0	0	0	0	0	0	0	6	0	0	0		0	0	0		
			HFF6124G03EV	HFF6124D03EV	12000	2550	3300	6100	18000	13800	0	0	0	0	0	0	0	0	0	0	0	0		10	0	0		
			HFF6126G03EV	承载式车身	12000	2550	3100	6100	18000	13500	0	0	0	0	0	0	10	0	0	0	0	0		0	0	0		
			HFF6127G03EV	承载式车身	12000	2550	3200	6000	18000	13800	0	0	1	0	0	0	0	0	0	0	0	0		0	0	1		
			HFF6128G03EV	HFF6128D03EV	12000	2550	3200	6100	18000	13800	0	0	0	0	0	0	0	0	0	1	0	0		20	0	0		
		纯电动客车	HFF6101K10EV	承载式车身	10490	2500	3200	4970	16000	11700	2	0	0	0	0	0	0	0	0	0	0	0		0	0	0		
			HFF6127K46EV－2	承载式车身	12000	2550	3620	6080	18000	14100	2	0	0	0	0	0	0	0	0	0	0	1		0	0	0		
			HFF6127K46EV－5	承载式车身	12000	2550	3550	6080	18000	14100	0	4	0	0	0	0	0	0	0	0	0	0		0	0	0		
			HFF6127K46EV－6	承载式车身	12000	2500	3550	6080	18000	14100	0	0	4	0	1	0	0	0	0	0	5	0		1	1	1		
			HFF6701BEV	承载式车身	7005	2040	2645	3935	7200	5870	0	0	0	0	0	0	0	0	0	0	0	2		0	0	0		
		纯电动双层城市客车	HFF6110GS03EV	承载式车身	11495	2550	3785	4920＋1520	23000	17000	0	0	0	0	0	0	0	0	0	0	0	0		1	0	0		
深圳市比亚迪汽车有限公司	比亚迪牌	纯电动城市客车	CK6120LGEV1	CK6120DGCEV	12000	2550	3200	6200	18000	13800	0	0	0	0	190	0	0	0	0	0	0	0	385	0	0	0	0	385
			CK6120LGEV2	CK6120DGDEV	12000	2550	3360	5950	18000	13500	0	0	0	0	190	0	5	0	0	0	0	0		0	0	0		
比亚迪汽车工业有限公司	比亚迪牌	纯电动城市客车	CK6120LGEV2	CK6120DGDEV	12000	2550	3360	5950	18000	13500	0	0	0	0	0	0	0	0	0	0	0	10	10	40	0	312	352	362

续表

企业名称	车辆品牌	车辆名称	车辆型号	底盘型号	外形尺寸（mm）			轴距（mm）	总质量（kg）	整备质量（kg）	2013 年													2014 年				合计（辆）
					长	宽	高				1月	2月	3月	4月	5月	6月	7月	8月	9月	10月	11月	12月	小计（辆）	1月	2月	3月	小计（辆）	
南京金龙客车制造有限公司	东宇牌	纯电动城市客车	NJL6100BEV1	承载式车身	10490	2500	3170	5000	16500	12500	0	0	0	0	0	0	0	0	0	0	0	0	33	0	0	15	169	202
			NJL6129BEV	承载式车身	11990	2550	3135	6000	18000	13450	0	0	0	0	0	0	0	0	0	0	0	0		0	0	18		
			NJL6129BEV2	承载式车身	11990	2550	3135	6000	18000	13450	0	0	0	0	0	0	0	0	0	0	0	0		0	0	8		
		纯电动客车	NJL6118BEV	承载式车身	10960	2480	3550	5600	17000	13700	10	0	0	0	0	0	0	0	0	0	0	23		30	0	97		
			NJL6600BEV	承载式车身	6005	1995	2650	3665	4390	2980	0	0	0	0	0	0	0	0	0	0	0	0		0	0	1		
郑州宇通客车股份有限公司	宇通牌	纯电动城市客车	ZK6125BEVG1	承载式车身	12000	2550	3250	6000	18000	12000	0	0	0	0	0	0	0	0	0	0	0	58	169	0	0	0	20	189
			ZK6125BEVG4	承载式车身	12000	2550	3150	6000	18000	12000	0	0	0	0	0	0	0	0	0	0	0	68		0	0	0		
			ZK6125BEVG5	承载式车身	12000	2550	3500	6100	18000	12200	0	0	0	0	0	0	0	0	0	0	0	0		20	0	0		
			ZK6141BEV1	承载式车身	13670	2550	3400	6250 + 1470	23000	16000	0	0	0	0	0	0	0	0	0	0	0	43		0	0	0		
深圳市五洲龙汽车有限公司	五洲龙牌	纯电动城市客车	FDG6113EVG2	承载式车身	11490	2480	2910	6000	18000	14200	0	0	0	0	0	0	1	0	0	0	0	0	107	0	0	0	7	114
			FDG6113EVG3	承载式车身	11490	2480	3100	6000	18000	14200	0	0	30	0	0	0	0	0	0	0	0	0		0	0	0		
			FDG6113EVG4	承载式车身	11490	2480	3100	6000	18000	12800	0	0	0	0	0	0	1	0	0	0	0	0		0	0	0		
			FDG6113EVG5	承载式车身	11490	2480	3100	6000	18000	12800	0	0	30	0	0	0	0	0	0	0	0	0		0	0	0		
			FDG6113EVG6	承载式车身	11490	2480	3100	6000	18000	12800	0	0	0	0	0	0	1	0	0	0	0	0		0	0	0		
			FDG6113EVG7	承载式车身	11490	2480	3100	6000	18000	12800	0	0	0	0	0	0	1	0	0	0	0	0		0	0	0		
			FDG6113EVG8	承载式车身	11490	2480	3100	6000	18000	14200	0	0	0	0	0	0	1	0	0	0	0	0		0	0	0		
			FDG6123EVG	承载式车身	11980	2550	3100	6000	18000	13600	0	0	0	0	0	0	0	0	30	0	0	0		0	0	0		
			FDG6601EVG	承载式车身	6400	2095	2370	3380	3500	2100	0	0	0	1	0	0	0	0	0	4	0	0		7	0	0		
			FDG6652EVG	承载式车身	6490	2095	2370	3380	3600	2300	0	0	0	1	0	0	0	0	0	0	0	0		0	0	0		
			FDG6701EVG1	承载式车身	7005	2040	2645	3935	7000	4950	0	0	0	1	0	2	0	0	0	0	0	0		0	0	0		
			FDG6801EVG	承载式车身	7950	2440	3050	4800	12500	8800	0	0	0	0	0	0	1	0	0	0	0	0		0	0	0		
		纯电动客车	FDG6700EV	承载式车身	6968	2050	2810	3935	7000	5660	0	0	0	2	0	0	0	0	0	0	0	0		0	0	0		
金华青年汽车制造有限公司	青年牌	纯电动城市客车	JNP6120BEV1	承载式车身	12000	2550	3750	5980	18000	12600	0	0	0	0	0	0	0	0	0	0	0	100	102	0	0	0	0	102
			JNP6122BEVC	承载式车身	12000	2550	3840	5980	18000	13240	0	0	0	0	0	0	0	0	0	0	0	2		0	0	0		
山东沂星电动汽车有限公司	飞燕牌	纯电动城市客车	SDL6100EVG1	承载式车身	10500	2500	3250	5200	16500	11400	0	0	0	0	0	0	0	0	2	0	0	0	62	0	0	0	23	85
			SDL6120EVG	承载式车身	12000	2530	3250	6200	18000	12000	0	0	0	0	0	0	0	0	0	0	0	0		0	0	21		

续表

企业名称	车辆品牌	车辆名称	车辆型号	底盘型号	外形尺寸（mm） 长	宽	高	轴距（mm）	总质量（kg）	整备质量（kg）	2013年 1月	2月	3月	4月	5月	6月	7月	8月	9月	10月	11月	12月	小计（辆）	2014年 1月	2月	3月	小计（辆）	合计（辆）
同上	同上	同上	SDL6120EVG4	承载式车身	12000	2530	3250	6200	18000	12000	0	0	0	0	0	0	25	25	0	0	0	0		0	0	0		
			SDL6121EVG	承载式车身	12000	2530	3250	6200	18000	12000	0	0	0	0	0	0	0	10	0	0	0	0		0	0	2		
北汽福田汽车股份有限公司	福田牌	纯电动城市客车	BJ6105EVCA	承载式车身	10500	2500	3150	5000	17000	12500	0	0	0	0	0	0	0	0	0	0	0	0	44	0	14	0	15	59
			BJ6123EVCA－11	承载式车身	11980	2550	3200	5900	18000	12700	0	0	0	0	0	0	0	0	0	0	0	0		1	0	0		
			BJ6123EVCA－6	承载式车身	11980	2550	3200	5900	18000	12400	0	0	0	0	0	0	0	0	0	0	1	0		0	0	0		
			BJ6123EVCA－9	承载式车身	11980	2550	3200	5900	18000	12600	0	0	20	21	0	0	0	0	0	0	0	0		0	0	0		
			BJ6760EVCA	BJ6750EVDA	7645	2350	3100	3600	10500	7655	0	0	2	0	0	0	0	0	0	0	0	0		0	0	0		
一汽客车（大连）有限公司	解放牌	纯电动城市客车	CA6127URE31	CA6120CRE21	11995	2550	3140	6100	18000	12900	0	0	10	0	0	0	0	0	0	0	0	0	10	0	20	20	40	50
上海万象汽车制造有限公司	象牌	纯电动城市客车	SXC6105GBEV	承载式车身	10500	2490	3260	5000	17500	13500	0	0	0	0	24	0	0	0	0	0	26	0	50	0	0	0	0	50
珠海市广通汽车有限公司	广通牌	纯电动城市客车	GTQ6105BEVB1	承载式车身	10480	2500	3050	5350	16500	10800	0	0	0	0	0	0	22	0	0	0	0	0	22	0	0	0	15	37
			GTQ6105BEVBT	承载式车身	10480	2500	3150	5350	16500	10800	0	0	0	0	0	0	0	0	0	0	0	0		15	0	0		
上海申沃客车有限公司	申沃牌	纯电动城市客车	SWB6107EV17	SWB6107EV17	10480	2500	3250	5280	17000	12800	0	0	0	0	0	0	0	0	0	0	0	14	34	0	0	0	0	34
			SWB6121EV5	SWB6121EV5	11980	2550	3160	5940	18000	13900	0	0	10	0	0	0	0	0	0	0	0	0		0	0	0		
			SWB6121EV6	SWB6121EV6	11980	2550	3160	5940	18000	13900	0	10	0	0	0	0	0	0	0	0	0	0		0	0	0		
一汽客车（无锡）有限公司	解放牌	纯电动城市客车	CA6121URBEV80	CA6120CREV26	12000	2530	3320	6100	18000	13100	0	0	0	0	0	0	0	1	29	0	0	0	30	0	0	0	0	30
吉林省高新电动汽车有限公司	环菱牌	纯电动城市客车	CCQ6750EV1	CA6710DE	7510	2380	2815	3500	8500	6070	0	0	0	0	0	0	0	0	0	0	0	0	0	0	0	27	27	27
山西宇星客车有限公司	山西牌	纯电动城市客车	SXK6107GBEV	承载式车身	10490	2500	3150	5350	16500	11100	0	0	0	0	0	0	0	0	0	0	0	0	0	0	0	20	20	20
金龙联合汽车工业（苏州）有限公司	海格牌	纯电动城市客车	KLQ6129GEV	承载式车身	12000	2550	3150	5900	18000	13800	0	0	6	0	0	0	0	0	0	0	0	0	11	0	0	0	1	12
			KLQ6129GEV1	承载式车身	12000	2550	3150	5900	18000	13500	0	0		0	0	0	0	0	0	0	0	1		0	0	0		
			KLQ6129GEV2	承载式车身	12000	2550	3150	5900	18000	13500	0	0	4	0	0	0	0	0	0	0	0	0		0	0	0		
		纯电动客车	KLQ6109TAEV1	承载式车身	10490	2500	3645	5170	16500	12600	0	0	0	0	0	0	0	0	0	0	0	0		1	0	0		
中上汽车有限公司	中上牌	纯电动城市客车	ZS6121BEV	承载式车身	11800	2500	3450	6100	17300	11300	0	0	0	0	0	0	0	0	0	0	10	0	10	0	0	0	0	10

续表

企业名称	车辆品牌	车辆名称	车辆型号	底盘型号	外形尺寸（mm）			轴距（mm）	总质量（kg）	整备质量（kg）	2013 年													2014 年				合计（辆）
					长	宽	高				1月	2月	3月	4月	5月	6月	7月	8月	9月	10月	11月	12月	小计（辆）	1月	2月	3月	小计（辆）	
河南少林客车股份有限公司	少林牌	纯电动城市客车	SLG6120EV	承载式车身	12000	2550	3050	6000	18000	12470	0	5	0	0	0	5	0	0	0	0	0	0	10	0	0	0	0	10
江苏常隆客车有限公司	常隆牌	纯电动城市客车	YS6120GBEV	承载式车身	11770	2550	3010	6100	18000	13400	0	0	1	0	0	0	0	0	0	0	0	0	7	0	0	0	0	7
			YS6122GBEV	承载式车身	12000	2530	3080	6000	18000	12500	0	0		0	0	0	0	0	0	0	6	0		0	0	0		
厦门金龙联合汽车工业有限公司	金龙牌	纯电动轻型客车	XMQ6530DBEV	承载式车身	5340	1700	2250	2890	3170	2280	0	0	1	0	0	0	0	0	0	0	0	0	6	0	0	0	1	7
		纯电动客车	XMQ6126YE	承载式车身	11950	2540	3690	6000	18000	14000	0	0	0	0	0	0	0	0	0	5	0	0		0	0	0		
			XMQ6110BCBEV	承载式车身	10700	2500	3300	6000	16600	12600	0	0	0	0	0	0	0	0	0	0	0	0		0	1	0		
重庆恒通客车有限公司	恒通客车牌	纯电动城市客车	CKZ6127HBEV	CKZ6129HBEV	12000	2550	3260	6200	18000	12800	0	1	0	0	0	0	0	0	0	0	0	0	4	0	0	0	2	6
			CKZ6127HBEVA	CKZ6129HBEVA	12000	2550	3460	6200	18000	14000	0	0	0	0	0	0	0	1	0	0	0	0		0	0	0		
			CKZ6127HBEVB	CKZ6129HBEVB	12000	2550	3460	6200	18000	13600	0	0	0	0	0	0	2	0	0	0	0	0		0	0	2		
天津客车装配厂	金马牌	纯电动城市客车	TJK6122BEV	CK6120DGDEV	12000	2550	3360	5950	18000	13500	0	0	0	0	0	0	0	0	0	0	0	0	0	5	0	0	5	5
长沙市比亚迪客车有限公司	比亚迪牌	纯电动城市客车	CK6120LGEV2	CK6120DGDEV	12000	2550	3360	5950	18000	13500	2	0	0	0	0	0	0	0	0	0	0	0	2	0	0	0	0	2
东风汽车公司	东风牌	纯电动城市客车	EQ6102BEVL1	EQ6102EVL1	10350	2480	3100	5600	16500	11500	0	0	1	0	0	0	0	0	0	0	0	0	2	0	0	0	0	2
			EQ6102EVL	EQ6102KRL	10350	2480	2950	5600	16500	11000	0	0	0	1	0	0	0	0	0	0	0	0		0	0	0		
厦门金龙旅行车有限公司	金旅牌	纯电动城市客车	XML6125JEV10C	承载式车身	11980	2540	3150	6200	18000	14000	0	0	0	0	0	0	0	2	0	0	0	0	2	0	0	0	0	2
南京汽车集团有限公司	依维柯牌	依维柯纯电动客车	NJ6593ERD	NJ6573EYD	5990	2000	3050	3310	5000	3290	0	0	0	0	0	0	0	0	0	0	0	2	2	0	0	0	0	2
东风扬子江汽车（武汉）有限责任公司	扬子江牌	纯电动城市客车	WG6121BEVHM	WG6121BEVHM	12000	2550	3650	6200	18000	12500	0	0	0	0	0	0	0	0	0	0	0	0	0	0	0	1	1	1
沈阳华晨金杯汽车有限公司	金杯牌	纯电动轻型客车	SY6548BEVD3HB	承载式车身	5420	1880	2285	3110	3270	2490	0	0	0	1	0	0	0	0	0	0	0	0	1	0	0	0	0	1
合计（辆）											83	20	120	28	405	7	170	40	102	10	88	534	1607	151	36	547	734	2341

(2)乘用车

企业名称	车辆品牌	车辆名称	车辆型号	底盘型号	外形尺寸(mm) 长	宽	高	轴距(mm)	总质量(kg)	整备质量(kg)	2013年 1月	2月	3月	4月	5月	6月	7月	8月	9月	10月	11月	12月	小计(辆)	2014年 1月	2月	3月	小计(辆)	合计(辆)
奇瑞汽车股份有限公司	奇瑞牌	纯电动轿车	SQR7000EAS11	承载式车身	3550	1495	1485	2340	1350	1050	316	197	353	363	446	375	344	589	616	521	700	905	5822	1093	519	623	2332	8154
	瑞麒牌		SQR7000BEVJ02	SQR7000BEVJ02-K	3308	1587	1526	2050	1130	980	0	0	0	0	0	0	0	0	0	0	1	9		0	0	0		
			SQR7000BEVS184	承载式车身	3601	1587	1527	2330	1360	1060	40	0	0	0	10	0	0	3	7	0	0	27		73	0	24		
上海华普汽车有限公司	康迪牌	纯电动轿车	SMA7000BEV	承载式车身	2900	1545	1590	2080	1340	1160	0	0	0	0	0	0	0	0	0	0	0	1272	2511	0	0	478	1142	3653
			SMA7001BEV	承载式车身	3598	1630	1595	2340	1500	1200	0	0	0	0	0	0	0	0	0	0	0	1239		0	200	464		
北京汽车股份有限公司	北京牌	纯电动轿车	BJ7000B3D1-BEV	承载式车身	3998	1720	1503	2500	1745	1370	0	0	0	0	0	0	0	66	134	0	503	239	1470	0	0	0	17	1487
			BJ7000B3D2-BEV	承载式车身	3998	1720	1503	2500	1745	1370	0	0	0	0	0	0	0	0	0	0	0	17		0	0	8		
			BJ7000B3D-BEV	承载式车身	3998	1720	1503	2500	1745	1370	0	0	0	0	0	0	0	2	45	0	56	0		0	0	0		
					4000	1720	1503	2500	1745	1370	0	0	0	0	0	0	0	0	0	0	0	178		0	0	0		
			BJ7000C7H1-BEV	承载式车身	4861	1820	1462	2755	2200	1760	0	0	0	0	0	0	0	0	0	0	0	16		0	0	9		
			BJ7000C7H-BEV	承载式车身	4861	1820	1462	2755	2130	1690	0	0	0	0	0	0	0	0	0	15	1	28		0	0	0		
		纯电动客车	BJ6400L3R-BEV	承载式车身	4030	1636	1907	2700	2010	1485	0	0	0	4	0	0	0	0	11	5	18	132		0	0	0		
安徽江淮汽车股份有限公司	江淮牌	纯电动轿车	HFC7000AEV	承载式车身	4155	1650	1445	2400	1500	1200	16	123	90	30	8	0	3	0	2	2	17	5	1183	0	0	0	98	1281
					4190	1650	1445	2400	1500	1200	0	0	0	0	0	0	0	0	0	0	0	887		0	21	77		
湖南江南汽车制造有限公司	众泰牌	纯电动轿车	JNJ7000EVM	承载式车身	4089	1871	1695	2666	2150	1750	0	0	0	0	0	0	0	0	6	0	0	0	877	0	0	1	331	1208
			JNJ7000EVM1	承载式车身	4089	1871	1695	2666	2020	1620	35	15	0	0	0	28	0	0	0	0	0	0		0	0	0		
			JNJ7000EVZ	承载式车身	2765	1540	1555	1765	850	670	0	0	0	0	0	0	0	0	0	0	0	0		0	100	70		
		电动轻型客车	JNJ6400EVL	承载式车身	3900	1555	1670	2420	1500	1200	0	1	0	0	0	0	0	0	0	0	0	0		0	0	0		
			JNJ6401EVL	承载式车身	3970	1570	1730	2420	1650	1350	1	1	1	0	0	0	0	0	0	0	0	11		5	4	3		
		纯电动多用途乘用车	JNJ6290EV	承载式车身	2900	1545	1590	2080	1340	1160	530	100	0	0	0	0	122	0	0	0	0	0		0	0	0		
			JNJ6408EV	承载式车身	3995	1620	1915	2700	1910	1310	0	0	0	0	0	0	0	0	0	0	1	25		80	41	27		
比亚迪汽车工业有限公司	比亚迪牌	纯电动轿车	QCJ7006BEVF	承载式车身	4560	1822	1630	2830	2755	2380	0	0	0	0	0	0	0	0	151	30	11	451	643	37	18	47	102	745
上海汽车集团股份有限公司	荣威牌	纯电动轿车	CSA7000BEV	承载式车身	3569	1551	1540	2305	1380	1080	50	15	0	0	0	0	0	43	47	66	92	171	484	46	0	17	63	547
深圳市比亚迪汽车有限公司	比亚迪牌	纯电动轿车	QCJ7006BEVF	承载式车身	4560	1822	1630	2830	2755	2380	27	5	23	126	169	9	2	95	0	0	0	0	456	0	0	0	0	456

续表

企业名称	车辆品牌	车辆名称	车辆型号	底盘型号	外形尺寸（mm）			轴距（mm）	总质量（kg）	整备质量（kg）	2013年													2014年				合计（辆）
					长	宽	高				1月	2月	3月	4月	5月	6月	7月	8月	9月	10月	11月	12月	小计（辆）	1月	2月	3月	小计（辆）	
东风汽车有限公司	启辰牌	纯电动轿车	DFL7000B1BEV	承载式车身	4467	1771	1549	2700	1920	1494	0	0	0	0	0	0	0	0	0	0	85	129	214	50	34	0	84	298
重庆长安汽车股份有限公司	长安牌	纯电动轿车	SC7005EV	承载式车身	4435	1710	1470	2600	1985	1610	0	0	0	0	17	0	0	0	0	0	0	185	202	0	0	7	7	209
浙江豪情汽车制造有限公司	康迪牌	纯电动轿车	JL7001BEV	承载式车身	3598	1630	1595	2340	1500	1200	0	0	0	0	0	0	0	0	0	100	0	108	208	0	0	0	0	208
北汽福田汽车股份有限公司	福田牌	纯电动多用途乘用车	BJ6438EV3	承载式车身	4288	1725	1728	2695	1960	1510	0	0	0	0	0	50	49	1	0	0	0	0	100	0	0	0	0	100
华晨汽车集团控股有限公司	中华牌	纯电动轿车	SY7000BEVDAE	承载式车身	4390	1703	1497	2570	1790	1400	0	0	0	23	0	0	0	50	0	0	0	0	73	0	0	0	0	73
东南（福建）汽车工业有限公司	东南牌	纯电动轿车	DN7000MBEV	承载式车身	4420	1700	1415	2500	1730	1330	0	0	0	0	0	0	0	0	0	0	0	1	1	66	0	1	67	68
上海通用汽车有限公司	赛欧牌/SAIL	纯电动轿车	SGM7001EV	承载式车身	3947	1690	1507	2465	1760	1385	0	0	0	0	0	0	31	16	0	13	0	0	60	0	0	3	3	63
华晨宝马汽车有限公司	之诺牌/ZINORO	纯电动轿车	BBA7000EV（ZINORO1E）	承载式车身	4503	1798	1564	2760	2355	1970	0	0	0	0	0	0	0	0	0	0	0	11	11	13	0	31	44	55
北京现代汽车有限公司	首望牌	纯电动轿车	BH7000BEVAA	承载式车身	4545	1725	1425	2610	1860	1485	0	0	0	0	0	0	0	0	0	0	0	47	47	0	0	0	0	47
江铃控股有限公司	江铃牌	纯电动轿车	JX7003BEV	承载式车身	4410	1768	1640	2710	2095	1720	0	0	0	0	0	0	0	0	0	0	2	31	33	0	0	0	0	33
重庆力帆乘用车有限公司	力帆牌	纯电动轿车	LF7002EV	承载式车身	4550	1705	1495	2605	1895	1490	15	0	0	0	0	0	0	0	0	0	0	7	22	0	0	0	0	22
四川汽车工业股份有限公司	野马牌	纯电动乘用车	SQJ6452BEV	承载式车身	4510	1760	1615	2570	2005	1630	0	0	0	0	0	0	0	0	0	0	0	17	17	0	0	0	0	17
比亚迪汽车有限公司	比亚迪牌	纯电动轿车	QCJ7006BEVF	承载式车身	4560	1822	1630	2830	2715	2340	3	1	0	0	0	0	0	0	10	0	0	0	14	0	0	0	0	14
东风悦达起亚汽车有限公司	华骐牌	纯电动轿车	YQZ7001BEV	承载式车身	4290	1695	1480	2610	1800	1425	0	0	10	0	0	0	0	0	0	0	0	0	10	0	0	0	0	10
东风汽车公司	风神牌	纯电动轿车	DFM7000H2BBEV	承载式车身	2695	1540	1585	1860	1070	920	0	0	0	0	0	0	0	0	0	0	0	8	8	0	0	0	0	8
天津一汽夏利汽车股份有限公司	威志牌	纯电动轿车	CA7000EV	承载式车身	4290	1680	1500	2425	1506	1131	0	0	0	0	0	0	0	0	0	0	0	7	7	0	0	0	0	7
浙江飞碟汽车制造有限公司	飞碟牌	纯电动多用途乘用车	FD6430BEV	承载式车身	4295	1770	1680	2515	2150	1775	0	0	1	0	0	0	0	0	0	0	0	0	1	1	2	0	3	4
一汽海马汽车有限公司	海马牌	纯电动轿车	HMC7000EVM0	承载式车身	4295	1705	1555	2670	1923	1549	0	0	0	0	0	0	0	0	0	0	0	2	2	0	0	0	0	2

续表

企业名称	车辆品牌	车辆名称	车辆型号	底盘型号	外形尺寸（mm） 长	宽	高	轴距（mm）	总质量（kg）	整备质量（kg）	2013年 1月	2月	3月	4月	5月	6月	7月	8月	9月	10月	11月	12月	小计（辆）	2014年 1月	2月	3月	小计（辆）	合计（辆）
海马轿车有限公司	海马牌	纯电动轿车	HMA7000BEV	承载式车身	3590	1540	1486	2332	1473	1098	0	0	0	0	0	0	0	0	0	0	0	0	0	0	1	0	1	1
浙江吉利汽车有限公司	康迪牌	纯电动轿车	SMA7001BEV	承载式车身	3598	1630	1595	2340	1500	1200	0	0	0	0	0	0	0	0	0	0	0	0	0	0	0	1	1	1
合肥昌河汽车有限责任公司	昌河牌	纯电动多用途乘用车	CH6390BEV	承载式车身	3868	1528	1848	2405	1670	1215	0	0	0	0	0	0	0	0	1	0	0	0	1	0	0	0	0	1
哈飞汽车股份有限公司	哈飞牌	纯电动轿车	HFJ7001AEV	承载式车身	4434	1708	1480	2600	2000	1625	0	0	0	0	0	0	0	0	0	1	0	0	1	0	0	0	0	1
合计（辆）											1033	458	478	546	650	462	551	865	1030	753	1487	6165	14478	1464	940	1891	4295	1873

（3）专用车（运输车、邮政车、服务车、垃圾车、自卸车、扫路车、洒水车、售货车、载货车、工程车等）

企业名称	车辆品牌	车辆名称	车辆型号	底盘型号	外形尺寸（mm） 外廓长	外廓宽	外廓高	轴距（mm）	总质量（kg）	整备质量（kg）	2013年 1月	2月	3月	4月	5月	6月	7月	8月	9月	10月	11月	12月	小计（辆）	2014年 1月	2月	3月	小计（辆）	合计（辆）
湖南江南汽车制造有限公司	江南牌	纯电动载货车	JNJ1021EV1	承载式车身	4400	1528	1880	2740	2080	1260	0	2	0	0	0	0	0	0	0	0	0	0	551	0	0	0	2	553
			JNJ1021EVAL	承载式车身	4565	1528	1880	2740	1940	1170	0	12	8	18	7	5	0	0	120	0	0	0		1	0	0		
			JNJ1021EVL	承载式车身	4400	1528	1880	2740	1820	1100	0	20	10	44	20	58	0	0	199	0	0	28		0	1	0		
北京华林特装车有限公司	华林牌	纯电动桶装垃圾运输车	HLT5031CTYEV	BJ1031EVJA2	5010	1690	2210	2566	2880	2045	101	0	0	0	0	0	0	0	0	0	0	0	487	0	0	0	22	509
					4850	1690	2210	2566	2880	2045	0	0	0	0	0	0	0	0	0	0	0	0		0	5	2		
			HLT5032CTYEV	BJ1031EVJA2	4960	1690	1910	2566	2880	2025	64	0	48	64	16	0	0	0	0	0	0	0		0	0	0		
					4800	1690	1880	2566	2880	2025	0	0	0	0	0	0	0	0	0	0	0	0		0	1	8		
		纯电动压缩式垃圾车	HLT5076ZYSEV	BJ1071VDE0A－1	6500	2070	2400	3360	7495	5530	10	0	0	0	0	0	0	0	0	0	0	0		0	0	0		
			HLT5074ZYSEV	BJ1071VDE0A	6500	2070	2400	3360	7495	5530	0	0	2	0	0	0	0	0	0	0	0	0		0	0	0		
		纯电动自卸式垃圾车	HLT5023ZLJEV	BJ1020EV10	4310	1550	1890	2370	2250	1555	8	0	45	40	36	0	0	0	0	0	0	0		6	0	0		
		纯电动自装卸式垃圾车	HLT5071ZZZEV	BJ1071VDE0A－1	5720	2020	2390	3360	7495	5400	51	0	0	0	0	0	0	0	0	0	0	0		0	0	0		
			HLT5072ZZZEV	BJ1071VDE0A	5720	2020	2390	3360	7495	5400	2		0	0	0	0	0	0	0	0	0	0		0	0	0		
东风汽车公司	东风牌	纯电动厢式运输车	EQ5038XXYL	承载式车身	5115	1720	1960	3000	3000	2210	0	0	0	0	0	0	0	0	0	0	0	1	325	0	0	0	0	325
		纯电动自卸式垃圾车	EQ5020ZLJACBEV	EQ1020TACEVJ1	4150	1600	1940	2330	2500	1570	0	0	0	0	0	0	0	0	0	0	1	45		0	0	0		
		纯电动自装卸式垃圾车	EQ5020ZZZACBEV	EQ1020TACEVJ1	4140	1680	1940	2330	2500	1620	0	0	0	0	0	0	0	0	0	0	0	146		0	0	0		
			EQ5020ZZZACBEV2	EQ1020TACEVJ3	4140	1680	1940	2330	2500	1620	120	0	0	0	0	0	10	0	0	2	0	0		0	0	0		

续表

企业名称	车辆品牌	车辆名称	车辆型号	底盘型号	外形尺寸（mm）			轴距（mm）	总质量（kg）	整备质量（kg）	2013年													2014年				合计（辆）
					外廓长	外廓宽	外廓高				1月	2月	3月	4月	5月	6月	7月	8月	9月	10月	11月	12月	小计（辆）	1月	2月	3月	小计（辆）	
金华市康迪新能源车辆有限公司	康迪牌	纯电动厢式运输车	KD5010XXYEV	KD5010	2900	1545	1590	2080	1260	980	0	0	0	30	30	35	1	0	0	0	0	0	218	0	0	0	105	323
			KD5010XXYEVB1	KD5010	2900	1545	1590	2080	1300	1020	0	0	0	0	0	0	0	0	32	31	30	28		30	12	63		
			KD5011XXYEV	KD5011	2900	1545	1590	2080	1260	980	0	0	0	0	0	0	0	0	0	1	0	0		0	0	0		
中国重汽集团成都王牌商用车有限公司	王牌牌	纯电动工程车	CDW5030XGCEV	CDW5030XGCEV1	4980	1690	1765	3025	2950	2025	0	0	15	0	0	0	0	0	0	0	0	0	172	0	0	0	0	172
			CDW5030XGCEV1	CDW5030XGCEV1	4980	1690	1765	3025	2875	2200	0	0	46	0	0	0	0	0	0	0	0	0		0	0	0		
			CDW5030XGCEV2	CDW5030XGCEV2	4980	1690	1765	3025	2875	2200	0	0	0	6	0	0	0	0	0	0	0	0		0	0	0		
		纯电动垃圾车	CDW5030ZLJEV2	CDW1030N2MEV	4880	1770	2190	2850	3495	2265	0	0	0	0	0	0	0	1	0	0	0	0		0	0	0		
			CDW5080ZLJEV	CDW1080H1QEV	6760	2160	2495	3600	8250	4150	0	27	0	0	0	0	0	0	0	0	0	1		0	0	0		
			CDW5080ZLJEV1	CDW1080H1QEV1	6760	2160	2495	3600	8250	4150	0	1	0	0	0	0	0	0	0	0	0	0		0	0	0		
		纯电动洒水车	CDW5164GSSEV	CDW1160H1REV1	7610	2370	2800	4200	15800	7150	0	0	2	0	0	0	0	1	36	0	10	0		0	0	0		
			CDW5164GSSEV1	CDW1160H2REV	7610	2370	2800	4200	15800	7150	0	0	0	0	0	0	0	24	0	0	0	0		0	0	0		
		纯电动厢式运输车	CDW5160XXYEV	CDW1160H1REV	8005	2500	3350	4200	15800	7150	0	0	0	0	2	0	0	0	0	0	0	0		0	0	0		
天津清源电动车辆有限责任公司	清源牌	纯电动服务车	QY5020XFWBEVEL	—	3930	1505	1875	2470	1610	1059	0	0	0	0	0	14	0	0	0	0	0	0	85	1	0	0	2	87
		纯电动邮政车	QY5021XYZBEVEL	—	3745	1505	1925	2370	1610	1180	0	0	0	0	0	0	0	0	0	0	0	13		0	0	1		
		纯电动厢式运输车	QY5020XXYBEVYL	—	4320	1528	1975	2600	1770	1107	0	0	0	0	0	1	0	0	0	0	0	1		0	0	0		
	清源宝骑牌	纯电动厢式运输车	QY5020XXYBEVECCB	CH7002BEVB	3480	1575	1670	2335	1740	1300	0	0	0	0	0	0	1	0	0	0	37	18		0	0	0		
北京汽车股份有限公司	北京牌	纯电动厢式运输车	BJ5020XXYV3R－BEV	承载式车身	4030	1636	1907	2700	2010	1485	0	0	0	0	0	0	0	0	0	0	20	0	20	0	0	16	36	56
		纯电动邮政车	BJ5020XYZD3R－BEV	BJ6400L3R－BEV	4030	1636	1907	2700	2010	1485	0	0	0	0	0	0	0	0	0	0	0	0		20	0	0		
南京汽车集团有限公司	畅达牌	纯电动自装卸式垃圾车	NJ5028ZZZEV	NJ1027PBEVNZ	4700	1630	2090	2500	2230	1620	0	0	0	0	0	0	0	0	0	1	0	0	48	0	0	0	0	48
	跃进牌	纯电动载货汽车	NJ1027PBEV	NJ1027PBEVALS	4400	1528	1880	2740	2000	1200	0	0	0	0	0	0	0	0	0	1	0	0		0	0	0		
			NJ1027PBEVAL	NJ1027PBEVAL	4400	1528	1880	2740	2000	1100	0	0	0	0	0	0	0	0	0	39	0	0		0	0	0		
			NJ1027PBEVALS	NJ1027PBEVALS	4565	1528	1880	2740	2170	1220	0	0	0	0	0	0	0	0	0	5	0	0		0	0	0		
	依维柯牌	依维柯纯电动服务车	NJ5056XFWD	NJ6576NY	5990	2000	3050	3310	5000	3900	2	0	0	0	0	0	0	0	0	0	0	0		0	0	0		

续表

企业名称	车辆品牌	车辆名称	车辆型号	底盘型号	外形尺寸（mm）外廓长	外廓宽	外廓高	轴距（mm）	总质量（kg）	整备质量（kg）	2013年 1月	2月	3月	4月	5月	6月	7月	8月	9月	10月	11月	12月	小计（辆）	2014年 1月	2月	3月	小计（辆）	合计（辆）
江苏奥新新能源汽车有限公司	达福迪牌	纯电动车厢可卸式垃圾车	JAX5020ZXXBEV	JAX1020EV	3880	1500	1820	2500	2150	1330	0	0	25	0	0	0	0	0	1	1	0	0	33	0		0	0	33
		纯电动厢式运输车	JAX5020XXYBEV	JAX1020EV	4330	1500	2210	2500	2150	1350	0	0	0	3	0	0	0	0	0	2	1	0		0	0	0		
重庆瑞驰汽车实业有限公司	瑞驰牌	纯电动仓栅式运输车	CRC5020CCY－QBEV	CRC5020QBEV	4240	1560	2440	2515	1960	1280	0	0	0	0	0	1	0	0	0	0	0	0	28	0	0	0	0	28
		纯电动售货车	CRC5020XSH－QBEV	CRC5020QBEV	4240	1660	2180	2515	2000	1330	0	0	0	0	0	0	0	1	5	0	0	0		0	0	0		
		纯电动厢式运输车	CRC5020XXY－LBEV	CRC6390LBEV	4070	1560	2105	2515	2050	1320	0	0	0	0	0	0	0	0	0	0	5	1		0	0	0		
			CRC5020XXY－QBEV	CRC5021QBEV	4210	1560	2110	2515	2050	1320	0	0	0	1	0	0	2	0	0	0	0	0		0	0	0		
			CRC5021XXY－QBEV	CRC6350DQBEV	3795	1560	1925	2515	2050	1350	0	0	3	4	1	2	0	0	0	0	0	2		0	0	0		
北京天路通科技有限责任公司	天路牌	纯电动吸尘车	BTL5071TSLEV	BJ1071VDE0A－1	6150	2375	2560	3360	7495	5960	0	0	0	0	0	0	0	1	19	0	0	0	20	0	0	0	0	20
柳州五菱汽车工业有限公司	五菱牌	纯电动仓栅式运输车	LQG5021CCYBEV	LQG1021LEV	4115	1560	2390	2080	1980	1115	0	0	0	0	0	0	0	0	10	0	0	0	10	0	0	0	0	10
江西江铃汽车集团改装车有限公司	江铃牌	纯电动车厢可卸式垃圾车	JX5020ZXXMEV	JX1020MEV	4244	1528	1832	2740	2200	1440	1	0	0	0	0	0	9	0	0	0	0	0	10	0	0	0	0	10
一汽（四川）专用汽车有限公司	远达牌	纯电动清洗车	SCZ5090GQXBEV	HFC1090EV	7080	2070	2380	3815	9000	5700	0	0	4	0	0	0	0	0	0	0	0	0	6	0	0	0	0	6
		纯电动洒水车	SCZ5160GSSBEV	CA1164P1L2BEVA80	8075	2490	2900	4500	15990	10138	0	0	0	0	0	1	0	0	0	0	0	0		0	0	0		
			SCZ5168GSSBEV	CA1164P1L2A80	8075	2490	2900	4500	15990	10138	0	0	1	0	0	0	0	0	0	0	0	0		0	0	0		
中联重科股份有限公司	中联牌	纯电动扫路车	ZLJ5071TSLHBEV	HFC1070P83EV1C3	5960	2095	2380	3360	7350	6080	0	0	1	0	0	0	5	0	0	0	0	0	6	0	0	0	0	6
郑州日产汽车有限公司	东风牌	纯电动工程车	ZN5033XGCH2C	ZN6493H2C	4949	1690	2075	2950	2645	2160	0	0	0	0	0	0	0	1	0	1	4	0	6	0	0	0	0	6
山东昊宇车辆有限公司	超雷牌	纯电动自卸车	CLP3020ZEV	HY3020－2800Q	4400	1528	1880	2740	2320	1500	0	0	0	0	0	2	0	0	0	0	0	0	6	0	0	0	0	6
		纯电动厢式货车	CLP5020EV－XXY	HY5020－2800Q	3695	1510	1823	2355	2190	1430	1	0	0	0	0	0	0	1	2	0	0	0		0	0	0		
柳州延龙汽车有限公司	延龙牌	纯电动厢式运输车	LZL5028XXYBEV	—	3810	1510	1820	2500	1780	1130	0	0	0	0	0	0	0	0	0	0	0	0	0	0	2	1	3	3
武汉九通汽车厂	九通牌	纯电动车厢可卸式垃圾车	KR5021ZXXEV	EQ1020BLEV2	3664	1535	1890	2040	2200	1320	0	0	0	0	0	0	0	0	0	0	0	2	2	0	0	0	0	2
东南（福建）汽车工业有限公司	东南牌	纯电动厢式运输车	DN5020XXYBEV	DN6490MBEV	4945	1695	1970	2435	2400	1835	0	0	0	0	0	0	0	0	0	0	0	0	0	0	0	2	2	2

续表

企业名称	车辆品牌	车辆名称	车辆型号	底盘型号	外形尺寸（mm）外廓长	外形尺寸（mm）外廓宽	外形尺寸（mm）外廓高	轴距（mm）	总质量（kg）	整备质量（kg）	2013年 1月	2013年 2月	2013年 3月	2013年 4月	2013年 5月	2013年 6月	2013年 7月	2013年 8月	2013年 9月	2013年 10月	2013年 11月	2013年 12月	2013年 小计（辆）	2014年 1月	2014年 2月	2014年 3月	2014年 小计（辆）	合计（辆）
合肥昌河汽车有限责任公司	昌河牌	纯电动载货汽车	CH1020BEV	承载式车身	4400	1528	1884	2740	1920	1120	0	0	0	0	0	0	1	0	0	0	0	0	2	0	0	0	0	2
		纯电动双排载货汽车	CH1021BEV	承载式车身	4565	1528	1884	2740	1920	1190	0	0	0	0	0	0	1	0	0	0	0	0		0	0	0		
湖南恒润高科股份有限公司	恒润牌	纯电动车厢可卸式垃圾车	HHR5022ZXXBEV	HHR5020BEV	3745	1410	1910	2200	2400	1550	0	0	0	0	0	0	1	0	0	0	0	0	1	0	0	0	0	1
合计（辆）											360	62	210	210	112	119	31	30	424	84	108	286	2036	58	21	93	172	2208

2. 插电式混合动力汽车

（1）大中型客车、轻型客车

企业名称	车辆品牌	车辆名称	车辆型号	底盘型号	燃料种类	外形尺寸（mm）外廓长	外形尺寸（mm）外廓宽	外形尺寸（mm）外廓高	轴距（mm）	总质量（kg）	整备质量（kg）	2013年 1月	2013年 2月	2013年 3月	2013年 4月	2013年 5月	2013年 6月	2013年 7月	2013年 8月	2013年 9月	2013年 10月	2013年 11月	2013年 12月	2013年 小计（辆）	2014年 1月	2014年 2月	2014年 3月	2014年 小计（辆）	合计（辆）
郑州宇通客车股份有限公司	宇通牌	混合动力城市客车	ZK6105CHEVNPG3	承载式车身	天然气/混合动力	10500	2500	3360	5200	16500	11900	0	0	0	0	0	0	0	0	0	0	0	9	995	0	0	0	1002	1997
			ZK6105CHEVNPG4	承载式车身	天然气/混合动力	10500	2500	3200	5200	16500	11500	0	0	0	0	0	0	0	0	0	0	0	0		0	25	0		
				承载式车身	天然气/混合动力	10500	2500	3050	5200	16500	11100	0	0	0	0	0	0	0	0	0	0	0	0		0	0	270		
			ZK6120CHEVNPG4	承载式车身	天然气/混合动力	11500	2550	3360	5800	18000	12950	0	0	0	0	0	0	0	0	0	0	0	750		168	0	0		
				承载式车身	天然气/混合动力	11500	2550	3050	5800	18000	12000	0	0	0	0	0	0	0	0	0	0	0	0		0	0	261		
			ZK6125CHEVNPG4	承载式车身	天然气/混合动力	12000	2550	3360	6100	18000	12900	0	0	0	0	0	0	0	0	0	0	0	45		0	0	275		
			ZK6140CHEVNPG3	承载式车身	天然气/混合动力	13700	2550	3200	6100 + 1470	23600	16000	0	0	0	0	0	0	0	0	0	0	0	2		0	0	0		
		混合动力电动城市客车	ZK6105CHEVPG1	承载式车身	柴油/混合动力	10500	2500	3200	5200	16500	11300	0	0	0	0	0	0	0	0	0	0	0	27		0	0	0		
			ZK6105CHEVNG1	承载式车身	天然气/混合动力	10500	2500	3360	5200	16500	11300	0	0	0	0	0	0	0	0	0	0	0	0		3	0	0		
		混合动力铰接城市客车	ZK6180CHEVNPG3	承载式车身	天然气/混合动力	18000	2550	3200	5725 + 6150	28000	19300	0	0	0	0	0	0	0	0	0	0	0	162		0	0	0		

续表

企业名称	车辆品牌	车辆名称	车辆型号	底盘型号	燃料种类	外形尺寸（mm）			轴距（mm）	总质量（kg）	整备质量（kg）	2013年													2014年				合计（辆）
						外廓长	外廓宽	外廓高				1月	2月	3月	4月	5月	6月	7月	8月	9月	10月	11月	12月	小计（辆）	1月	2月	3月	小计（辆）	
中通客车控股股份有限公司	中通牌	混合动力城市客车	LCK6101HEV	承载式车身	柴油	10500	2500	3210	5000	16500	10780	0	0	0	10	37	0	0	0	0	0	0	0	964	0	0	0	98	1062
			LCK6105PHENV1	LCK6104RPHENV	天然气/混合动力	10500	2500	3380	5000	16500	11200	0	0	0	0	248	0	0	0	0	0	0	0		0	0	0		
				LCK6104RPHENV1	天然气/混合动力	10500	2500	3260	5000	16500	11200	0	0	30	67	244	0	0	0	0	0	0	10		0	0	0		
			LCK6106PHENV	LCK6105RPHENV	天然气/混合动力	10500	2500	3260	5000	16500	11000	0	0	0	0	0	0	0	0	20	0	0	0		45	5	47		
			LCK6112HEV	LCK6114RHEV	柴油	10600	2500	3260	5000	18000	11700	0	0	1	0	0	0	0	0	0	0	0	0		0	0	0		
			LCK6121HEV1	承载式车身	柴油/混合动力	11990	2540	3210	6000	18000	11600	0	12	0	0	43	0	0	0	0	0	0	0		0	0	0		
			LCK6122PHEV	承载式车身	柴油/混合动力	11990	2540	3210	6000	18000	11600	0	0	0	0	0	0	0	0	0	0	0	0		0	0	1		
			LCK6125PHENV1	承载式车身	天然气/混合动力	11990	2540	3380	6000	18000	11700	0	0	0	0	222	0	0	0	0	0	0	0		0	0	0		
				承载式车身	天然气/混合动力	11990	2540	3260	6000	18000	12200	0	0	0	0	0	0	0	0	0	0	0	20		0	0	0		
金龙联合汽车工业（苏州）有限公司	海格牌	混合动力城市客车	KLQ6109GAHEVC5A	承载式车身	天然气/混合动力	10490	2480	3150	5100	16500	11800	0	0	0	0	0	0	0	0	0	0	0	0	724	0	4	0	18	742
			KLQ6109GCHEV1A	KLQ6101GCIIEV1	天然气/混合动力	10490	2480	3200	5100	16400	11400	54	0	2	0	83	0	14	22	0	0	0	0		0	0	0		
				KLQ6101GCHEV1	天然气/混合动力	10490	2480	3485	5100	16400	11400	0	0	0	45	16	38	0	0	0	0	0	0		0	0	0		
			KLQ6109GCHEV1B	承载式车身	天然气/混合动力	10490	2480	3200	5100	16400	11400	0	0	0	0	0	0	0	0	0	0	0	0		4	0	0		
			KLQ6129GAHEVC5A	承载式车身	柴油/混合动力	12000	2550	3150	6100	18000	12400	0	0	0	0	0	0	0	0	0	0	0	0		5	0	0		
			KLQ6129GAHEVE4A	承载式车身	柴油/混合动力	12000	2550	3150	6100	18000	12600	0	0	0	0	0	0	0	0	0	0	0	0		5	0	0		

续表

企业名称	车辆品牌	车辆名称	车辆型号	底盘型号	燃料种类	外形尺寸（mm）			轴距（mm）	总质量（kg）	整备质量（kg）	2013 年													2014 年				合计（辆）
						外廓长	外廓宽	外廓高				1月	2月	3月	4月	5月	6月	7月	8月	9月	10月	11月	12月	小计（辆）	1月	2月	3月	小计（辆）	
同上	同上	同上	KLQ6129GCHEV1A	KLQ6128GCHEV1	天然气	12000	2550	3150	6100	18000	12400	10	0	1	0	0	0	0	0	0	0	0	0		0	0	0		
				KLQ6128GCHEV1	天然气	12000	2550	3485	6100	18000	12400	0	0	0	60	73	190	0	0	0	0	0	7		0	0	0		
			KLQ6129GHEV4A	KLQ6128GHEV4	柴油	12000	2550	3150	6100	18000	12400	0	0	71	0	0	0	0	0	0	0	0	0		0	0	0		
				KLQ6128GHEV4	柴油	12000	2550	3150	6000	18000	12400	0	0	0	0	0	35	0	0	0	0	0	0		0	0	0		
			KLQ6129GQHEV1	KLQ6128GQHEV1	柴油	12000	2550	3250	6000	18000	12930	0	0	1	0	0	0	0	0	0	0	0	0		0	0	0		
			KLQ6129GQHEV2	KLQ6128GQHEV2	柴油	12000	2550	3250	6000	18000	12930	0	0	2	0	0	0	0	0	0	0	0	0		0	0	0		
重庆恒通客车有限公司	恒通客车牌	混合动力城市客车	CKZ6116HNHEV4	CKZ6109HNHEV4	天然气/混合动力	10505	2500	3500	5000	16500	11700	0	0	0	0	0	0	0	0	0	0	0	0	547	0	0	18	150	697
			CKZ6116HNHEVA4	CKZ6119HNHEV4	天然气/混合动力	11370	2500	3500	5600	18000	12600	85	40	130	50	65	34	1	0	0	0	50	92		65	40	27		
厦门金龙联合汽车工业有限公司	金龙牌	混合动力城市客车	XMQ6106AGHEV3	XMQ6102GRHEV3	柴油/混合动力	10480	2500	3170	5100	15500	10800	0	0	0	5	0	0	0	0	0	0	0	0	283	0	0	0	52	335
			XMQ6106AGHEV5	XMQ6102GRHEV5	柴油/混合动力	10480	2500	3190	5100	15500	11200	0	38	10	26	6	0	0	0	0	0	0	0		0	0	0		
			XMQ6106AGHEV7	XMQ6102GRHEV7	柴油/混合动力	10500	2500	3190	5100	15500	11200	0	0	0	0	0	0	0	0	0	0	0	0		52	0	0		
			XMQ6127GHEV12	XMQ6121GRHEV12	天然气/混合动力	11980	2550	3070	6000	18000	12600	100	0	0	0	0	0	0	0	0	0	0	0		0	0	0		
			XMQ6127GHEV6	XMQ6121GRHEV6	天然气/混合动力	11980	2550	3190	6000	18000	12600	0	0	53	0	0	0	0	0	0	0	0	0		0	0	0		
			XMQ6127GHEV8	XMQ6121GRHEV8	柴油/混合动力	11980	2550	3190	6000	18000	12600	0	45	0	0	0	0	0	0	0	0	0	0		0	0	0		
深圳市五洲龙汽车有限公司	五洲龙牌	混合动力城市客车	FDG6101HEVN5	承载式车身	天然气/混合动力	10490	2480	3140	5000	16500	12200	0	0	0	1	0	0	0	0	0	0	0	0	295	0	0	0	0	295
			FDG6115HEVG1	承载式车身	柴油/混合动力	11490	2500	3140	5600	18000	13000	0	0	0	0	216	0	75	0	0	1	0	0		0	0	0		

续表

企业名称	车辆品牌	车辆名称	车辆型号	底盘型号	燃料种类	外形尺寸（mm）			轴距（mm）	总质量（kg）	整备质量（kg）	2013年													2014年				合计（辆）
						外廓长	外廓宽	外廓高				1月	2月	3月	4月	5月	6月	7月	8月	9月	10月	11月	12月	小计（辆）	1月	2月	3月	小计（辆）	
深圳市五洲龙汽车有限公司	五洲龙牌	混合动力城市客车	FDG6115HEVG2	承载式车身	柴油/混合动力	11490	2500	3140	5600	18000	13000	0	0	0	0	0	0	1	0	0	0	0	0	295	0	0	0	0	295
			FDG6123HEVN5	承载式车身	天然气/混合动力	11980	2540	3140	6000	18000	12500	0	0	0	1	0	0	0	0	0	0	0	0		0	0	0		
安徽安凯汽车股份有限公司	安凯牌	混合动力城市客车	HFF6102G03PHEV	承载式车身	柴油/混合动力	10490	2500	3150	5100	16000	10500	1	0	0	0	1	19	0	0	0	0	0	0	214	0	0	0	44	258
			HFF6103G03PHEV	承载式车身	天然气/混合动力	10320	2500	3150	5000	16500	10700	0	0	0	0	0	0	0	0	20	0	0	0		0	0	0		
			HFF6110G03SHEV	承载式车身	柴油/混合动力	11350	2500	3250	5700	17000	11300	0	0	0	0	0	0	1	0	0	0	0	0		0	0	0		
			HFF6122G03PHEV	承载式车身	天然气/混合动力	11500	2550	3200	5800	16700	11700	0	20	0	0	0	0	0	0	0	0	0	0		0	0	0		
			HFF6123G03SHEV	HFF6123D03SHEV	柴油/混合动力	12000	2550	3150	6100	18000	13800	0	0	0	0	0	0	0	1	0	0	0	0		0	0	0		
			HFF6124G03SHEV	承载式车身	柴油/混合动力	12000	2550	3250	6100	18000	12800	0	1	0	0	0	48	0	0	0	0	0	1		0	0	0		
			HFF6125G03PHEV	承载式车身	天然气/混合动力	12000	2550	3250	6100	18000	12200	0	1	99	0	0	0	1	0	0	0	0	0		0	0	0		
		插电式混合动力城市客车	HFF6127G03PHEV－1	承载式车身	柴油/混合动力	12000	2550	3200	6100	18000	13800	0	0	0	0	0	0	0	0	0	0	0	0		0	0	44		
北汽福田汽车股份有限公司	福田牌	混合动力城市客车	BJ6123PHEV	BJ6123DPHEV	天然气/混合动力	11980	2550	3350	5900	17900	12600	0	0	37	40	32	0	0	0	0	0	0	0	132	0	0	0	46	178
			BJ6123PHEV－1	BJ6123PHEV－1	柴油/混合动力	11980	2550	3150	5900	17950	11600	0	2	0	1	0	0	0	0	0	0	0	0		0	0	0		
			BJ6123PHEVCA－1	承载式车身	柴油/混合动力	11980	2550	3150	5900	17950	11600	0	0	0	0	19	0	0	0	0	0	0	0		0	0	0		
			BJ6123SHEVCA	BJ6123SHEVDA	柴油/混合动力	11980	2550	3150	5900	17950	12500	0	0	0	1	0	0	0	0	0	0	0	0		0	0	0		
		插电式混合动力城市客车	BJ6105PHEVCA－6	承载式车身	柴油/混合动力	10500	2500	3200	5000	15500	10350	0	0	0	0	0	0	0	0	0	0	0	0		15	11	0		
			BJ6123PHEVCA－7	承载式车身	天然气混合动力	11980	2550	3200	5900	17950	12250	0	0	0	0	0	0	0	0	0	0	0	0		0	0	20		

续表

企业名称	车辆品牌	车辆名称	车辆型号	底盘型号	燃料种类	外形尺寸(mm) 外廓长	外形尺寸(mm) 外廓宽	外形尺寸(mm) 外廓高	轴距(mm)	总质量(kg)	整备质量(kg)	2013年 1月	2013年 2月	2013年 3月	2013年 4月	2013年 5月	2013年 6月	2013年 7月	2013年 8月	2013年 9月	2013年 10月	2013年 11月	2013年 12月	2013年 小计(辆)	2014年 1月	2014年 2月	2014年 3月	2014年 小计(辆)	合计(辆)
湖南南车时代电动汽车股份有限公司	南车时代牌	混合动力城市客车	TEG6106PHEV	TEG6105PHEV	柴油/混合动力	10490	2490	3180	5000	15500	11130	0	0	0	0	0	0	0	0	0	0	0	0	67	108	0	0	108	175
			TEG6129PEV	TEG6129PEV	柴油/混合动力	11980	2540	3300	5900	18000	13050	0	10	56	0	0	0	0	0	0	0	0	0		0	0	0		
			TEG6700PEV	TEG6700PEV	柴油/混合动力	7005	2050	2710	3935	6400	5545	0	0	1	0	0	0	0	0	0	0	0	0		0	0	0		
扬州亚星客车股份有限公司	亚星牌	混合动力城市客车	JS6106GHEV2	承载式车身	柴油/混合动力	10490	2500	3240	5000	15500	10800	0	0	0	0	50	0	0	0	0	0	0	0	114	0	0	0	0	114
			JS6126GHEV	承载式车身	柴油/混合动力	12000	2550	3210	5900	18000	12500	0	0	0	0	0	0	0	0	1	0	0	0		0	0	0		
			JS6126GHEV3	承载式车身	天然气/混合动力	12000	2550	3090	5900	18000	12500	53	0	0	0	10	0	0	0	0	0	0	0		0	0	0		
丹东黄海汽车有限责任公司	黄海牌	混合动力城市客车	DD6109CHEV1	DD6109CHEV1	柴油/混合动力	10490	2482	3410	5000	16500	11750	0	0	0	0	0	0	0	0	0	0	0	4	109	0	0	0	0	109
			DD6129CHEV1	DD6129CHEV1	柴油/混合动力	11980	2532	3300	5800	18000	12980	0	0	0	0	0	0	30	0	0	0	0	45		0	0	0		
			DD6129CHEV2	DD6129CHEV2	柴油/混合动力	11980	2532	3300	5800	18000	12550	30	0	0	0	0	0	0	0	0	0	0	0		0	0	0		
金华青年汽车制造有限公司	青年牌	混合动力城市客车	JNP6120PHEV	承载式车身	柴油/混合动力	12000	2550	3165	5980	18000	11550	0	0	49	0	0	0	0	0	0	0	0	0	98	0	0	0	0	98
			JNP6120PHEV2	承载式车身	柴油/混合动力	12000	2550	3165	5980	18000	11550	0	0	0	0	0	49	0	0	0	0	0	0		0	0	0		
重庆五洲龙新能源汽车有限公司	五洲龙牌	混合动力城市客车	WZL6101PHEVGEG4	承载式车身	天然气/混合动力	10490	2480	3380	5000	17000	13000	0	0	0	0	0	0	0	0	10	0	0	0	60	0	0	0	4	64
			WZL6102PHEVDEG4	承载式车身	柴油/混合动力	10490	2480	3165	5000	16500	11800	0	0	0	0	0	0	0	0	0	0	0	0		0	0	4		
			WZL6123PHEVGEG4	承载式车身	天然气/混合动力	11650	2480	3050	5700	17500	12200	50	0	0	0	0	0	0	0	0	0	0	0		0	0	0		
东风汽车公司	东风牌	混合动力城市客车	EQ6121CLPHEV	EQ6121KRLPHEV	天然气/混合动力	12000	2480	3320	6300	18000	12750	30	0	20	0	0	0	0	0	0	0	0	0	50	0	0	0	1	51
			EQ6122CLPHEV	EQ6112KRLPHEV	柴油/混合动力	11880	2540	3300	6100	17500	12280	0	0	0	0	0	0	0	0	0	0	0	0		1	0	0		

续表

企业名称	车辆品牌	车辆名称	车辆型号	底盘型号	燃料种类	外形尺寸（mm）			轴距（mm）	总质量（kg）	整备质量（kg）	2013年													2014年				合计（辆）
						外廓长	外廓宽	外廓高				1月	2月	3月	4月	5月	6月	7月	8月	9月	10月	11月	12月	小计（辆）	1月	2月	3月	小计（辆）	
江西凯马百路佳客车有限公司	江西牌	混合动力城市客车	JXK6116BPHEV1	承载式车身	柴油/混合动力	11280	2495	3320	5600	16500	11500	0	8	0	0	0	20	0	0	0	0	0	0	28	0	0	0	0	28
上海申沃客车有限公司	申沃牌	混合动力城市客车	SWB6127CHEV	承载式车身	柴油/混合动力	11990	2500	3300	6250	18000	12600	0	0	0	20	0	0	0	0	0	0	0	0	28	0	0	0	0	28
			SWB6127PHEV1	SWB6127PHEV1	柴油/混合动力	11990	2500	3300	6250	18000	12600	0	0	0	0	0	0	0	0	0	0	0	8		0	0	0		
东风扬子江汽车（武汉）有限责任公司	扬子江牌	混合动力城市客车	WG6120PHEVCA	WG6120PHEVCA	天然气/混合动力	12000	2540	3500	6300	18000	12000	0	0	20	0	0	0	0	0	0	0	0	0	20	0	0	0	0	20
上海万象汽车制造有限公司	象牌	混合动力城市客车	SXC6110GHEV	承载式车身	柴油/混合动力	10690	2490	3200	5200	16700	11700	0	0	0	0	0	0	0	0	0	0	0	0	0	0	0	1	3	3
			SXC6120GHEV	承载式车身	柴油/混合动力	12000	2490	3200	6100	17800	12600	0	0	0	0	0	0	0	0	0	0	0	0		0	0	2		
上海申龙客车有限公司	申龙牌	混合动力城市客车	SLK6109USCHEV02	承载式车身	柴油/混合动力	10500	2500	3200	5000	16500	10300	0	0	0	0	0	0	0	0	0	0	0	0	0	0	0	2	2	2
长春华奥汽车制造有限公司	金华奥牌	混合动力城市客车	CCA6110HEV	CCA6110HEVD	天然气/混合动力	11406	2550	3257	5700	18000	12500	0	0	0	0	0	0	0	0	0	0	5	0	5	0	0	0	0	5
江西博能上饶客车有限公司	上饶牌	混联式混合动力城市客车	SR6110CHEV	SR6111CHEV	柴油/混合动力	11490	2500	3365	5980	17500	12000	0	0	0	0	0	0	0	0	1	0	0	0	1	0	0	0	0	1
一汽客车（大连）有限公司	解放牌	混合动力城市客车	CA6126URHEV31	CA6120CRHEV22	柴油/混合动力	11995	2550	3495	6100	18000	12476	0	0	0	0	0	0	0	0	0	0	1	0	1	0	0	0	0	1
广州汽车集团客车有限公司	广汽牌	混合动力城市客车	GZ6922PHEV	承载式车身	柴油/混合动力	9190	2500	3270	4300	13500	10300	0	0	0	0	0	0	0	0	0	0	1	0	1	0	0	0	0	1
合计（辆）												413	177	583	327	1365	433	123	23	52	1	57	1182	4736	471	85	972	1528	6264

（2）乘用车

企业名称	车辆品牌	车辆名称	车辆型号	底盘型号	燃料种类	外形尺寸（mm）外廓长	外廓宽	外廓高	轴距（mm）	总质量（kg）	整备质量（kg）	2013年 1月	2月	3月	4月	5月	6月	7月	8月	9月	10月	11月	12月	小计（辆）	2014年 1月	2月	3月	小计（辆）	合计（辆）
比亚迪汽车有限公司	比亚迪牌	混合动力轿车	BYD7150WTHEV	承载式车身	汽油/混合动力	4740	1770	1480	2670	2045	1670	0	0	0	0	0	0	0	0	0	0	1	0	568	0	0	0	1144	1712
			BYD7150WTHEV2	承载式车身	汽油/混合动力	4740	1770	1480	2670	2095	1720	0	0	0	0	0	0	0	0	0	0	0	162		256	336	522		
			BYD7150WTHEV3	承载式车身	汽油/混合动力	4740	1770	1480	2670	2095	1720	0	0	0	0	0	0	0	0	0	0	0	0		3	1	26		
			QCJ7100ADM	承载式车身	汽油/电	4533	1705	1520	2600	2055	1680	23	0	0	175	152	55	0	0	0	0	0	0		0	0	0		
上海汽车集团股份有限公司	荣威牌	插电式混合动力轿车	CSA7150PHEV	承载式车身	汽油/混合动力	4648	1827	1479	2705	2074	1699	0	0	0	0	0	0	0	0	0	0	0	19	19	30	26	42	98	117
中国第一汽车集团公司	红旗牌	混合动力轿车	CA7155PHEV	承载式车身	汽油	4600	1785	1435	2675	2009	1634	0	0	0	24	0	0	0	57	0	0	0	0	81	0	0	0	0	81
安徽江淮汽车股份有限公司	江淮牌	混合动力轿车	HFC7100B1HEVF	承载式车身	汽油/混合动力	4590	1765	1465	2710	1900	1600	0	20	0	20	0	0	0	0	0	0	0	0	40	0	0	0	0	40
广州汽车集团乘用车有限公司	传祺牌/Trumpchi	混合动力轿车	GAC7100SHEVA4	承载式车身	汽油	4800	1819	1484	2710	2110	1735	0	0	0	0	0	0	0	0	0	0	0	10	10	0	0	0	0	10
合计（辆）												23	20	0	219	152	55	0	57	0	0	1	191	718	289	363	590	1242	1960

3. 混合动力汽车

（1）大中型客车、轻型客车

企业名称	车辆品牌	车辆名称	车辆型号	底盘型号	燃料种类	外形尺寸（mm）长	宽	高	轴距（mm）	总质量（kg）	整备质量（kg）	2013年 1月	2月	3月	4月	5月	6月	7月	8月	9月	10月	11月	12月	小计（辆）	2014年 1月	2月	3月	小计（辆）	合计（辆）
郑州宇通客车股份有限公司	宇通牌	混合动力电动城市客车	ZK6105CHEVNG1	承载式车身	天然气/混合动力	10500	2500	3200	5200	16500	11300	2	65	1	149	476	0	26	0	0	25	35	55	2473	0	0	0	0	2473
			ZK6108CHEVG2	ZK6100CHEVGC2	柴油	10305	2500	3240	5000	16500	11100	75	52	2	32	98	0	0	50	0	46	0	0		0	0	0		
			ZK6120CHEVG1	承载式车身	天然气/混合动力	11500	2550	3200	5800	18000	12000	38	297	9	35	200	0	0	12	0	0	0	0		0	0	0		
			ZK6120CHEVG2	ZK6118CHEVGC2	柴油/混合动力	11650	2500	3265	5800	16500	12100	0	0	1	0	0	0	0	0	0	0	0	0		0	0	0		
			ZK6120CHEVNG2	承载式车身	天然气/混合动力	11500	2550	3200	5800	18000	12000	0	0	0	0	0	0	0	0	20	0	0	0		0	0	0		

续表

企业名称	车辆品牌	车辆名称	车辆型号	底盘型号	燃料种类	外形尺寸（mm）长	宽	高	轴距（mm）	总质量（kg）	整备质量（kg）	2013年 1月	2月	3月	4月	5月	6月	7月	8月	9月	10月	11月	12月	小计（辆）	2014年 1月	2月	3月	小计（辆）	合计（辆）
同上	同上	同上	ZK6125CHEVNG1	承载式车身	天然气/混合动力	12000	2550	3360	6100	18000	12500	0	0	0	0	16	0	0	0	0	0	42	14		0	0	0		
			ZK6126CHEVG2	承载式车身	柴油	11990	2550	3150	6100	18000	12700	35	70	19	11	25	0	0	0	0	9	0	0		0	0	0		
			ZK6126CHEVG4	ZK6118CHEVGC04	柴油/混合动力	11650	2500	3265	5800	16500	11700	15	0	238	0	109	0	0	0	0	69	0	0		0	0	0		
湖南南车时代电动汽车股份有限公司	南车时代牌	混合动力城市客车	TEG6102PHEV	TEG6103PHEV	柴油/混合动力	10490	2490	3180	5000	15500	11090	0	0	68	0	0	3	6	0	0	0	0	0	856	0	0	0	108	964
			TEG6106CHEV	TEG6106CHEV	柴油/混合动力	10490	2490	3450	5000	16000	11900	0	0	0	0	0	0	20	87	0	0	34	0		0	0	0		
			TEG6106PHEV	TEG6105PHEV	柴油/混合动力	10490	2490	3180	5000	15500	11130	50	0	10	6	72	0	20	40	80	87	22	0		108	0	0		
			TEG6129CHEV	TEG6121CHEV	柴油/混合动力	11980	2540	3300	5900	18000	13500	0	30	0	10	80	0	20	33	32	0	46	0		0	0	0		
厦门金龙旅行车有限公司	金旅牌	混合动力城市客车	XML6105JHEV38C	承载式车身	柴油/混合动力	10480	2500	3200	5000	17500	11230	14	80	167	25	56	0	0	0	0	0	0	0	706	0	0	0	0	706
			XML6105JHEV38CN	承载式车身	天然气/混合动力	10480	2500	3200	5000	17500	12035	0	0	1	0	0	0	0	0	0	0	0	0		0	0	0		
			XML6125JHEV35CN	承载式车身	天然气/混合动力	11980	2540	3300	6100	18000	13000	0	0	0	0	0	0	0	0	0	0	0	43		0	0	0		
			XML6125JHEV38C	承载式车身	柴油/混合动力	11980	2540	3300	5980	18000	12590	63	55	61	0	50	0	0	66	0	0	0	0		0	0	0		
			XML6125JHEV38CN	承载式车身	天然气/混合动力	11980	2540	3300	6100	18000	13000	0	0	0	0	0	0	25	0	0	0	0	0		0	0	0		
厦门金龙联合汽车工业有限公司	金龙牌	混合动力城市客车	XMQ6106AGHEV6	XMQ6102GRHEV6	天然气/混合动力	10480	2500	3190	5100	15500	11200	0	0	0	60	228	0	0	0	0	0	0	0	335	0	0	0	52	387
			XMQ6106AGHEV7	XMQ6102GRHEV7	柴油/混合动力	10500	2500	3190	5100	15500	11200	0	0	0	0	0	0	0	0	0	0	0	44		52	0	0		
			XMQ6120BCHEV	XMQ6114GRHEV	柴油/混合动力	11950	2550	3300	6000	18000	12900	0	0	2	0	0	0	0	0	0	0	0	0		0	0	0		
			XMQ6127GH5	XMQ6121CRH5	柴油/混合动力	11980	2550	3190	6000	18000	12400	0	0	0	0	0	0	0	1	0	0	0	0		0	0	0		

续表

企业名称	车辆品牌	车辆名称	车辆型号	底盘型号	燃料种类	外形尺寸（mm）			轴距（mm）	总质量（kg）	整备质量（kg）	2013年													2014年				合计（辆）
						长	宽	高				1月	2月	3月	4月	5月	6月	7月	8月	9月	10月	11月	12月	小计（辆）	1月	2月	3月	小计（辆）	
安徽安凯汽车股份有限公司	安凯牌	混合动力城市客车	HFF6103G03PHEV	承载式车身	天然气/混合动力	10320	2500	3150	5000	16500	11500	0	0	0	0	0	0	0	0	0	0	0	17	166	0	0	0	0	166
			HFF6104G03PHEV	承载式车身	柴油/混合动力	10450	2500	3250	4900	16500	11100	0	0	0	0	0	0	0	0	0	0	99	0		0	0	0		
			HFF6126G03PHEV	承载式车身	柴油/混合动力	12000	2550	3150	6100	17000	12200	0	0	0	0	0	0	0	0	0	1	49	0		0	0	0		
中通客车控股股份有限公司	中通牌	混合动力城市客车	LCK6121HEV	承载式车身	柴油/混合动力	11990	2540	3210	6000	18000	11600	20	0	0	0	0	0	0	0	0	0	0	0	100	0	0	0	0	100
			LCK6125PHENV	LCK6124RPHENV	天然气/混合动力	11990	2540	3260	6000	18000	12200	80	0	0	0	0	0	0	0	0	0	0	0		0	0	0		
东风扬子江汽车（武汉）有限责任公司	扬子江牌	混合动力城市客车	WG6120CHEVAM	WG6120CHEVAM	天然气/混合动力	12000	2540	3340	6200	18000	12000	0	0	0	0	0	0	31	0	49	0	0	0	80	0	0	0	0	80
上海申龙客车有限公司	申龙牌	混合动力城市客车	SLK6129USCHEV01	承载式车身	柴油/混合动力	11980	2550	3220	6000	18000	12240	0	0	0	0	0	0	0	66	0	0	0	11	77	0	0	0	0	77
合计（辆）												392	649	579	328	1410	3	148	355	181	237	327	184	4793	160	0	0	160	4953

（2）乘用车

企业名称	车辆品牌	车辆名称	车辆型号	底盘型号	燃料种类	外形尺寸（mm）			轴距（mm）	总质量（kg）	整备质量（kg）	2013年													2014年				合计（辆）
						长	宽	高				1月	2月	3月	4月	5月	6月	7月	8月	9月	10月	11月	12月	小计（辆）	1月	2月	3月	小计（辆）	
广汽丰田汽车有限公司	丰田牌/TOYOTA	混合动力轿车	GTM7251HEVS	承载式车身	汽油/混合动力	4825	1825	1480	2775	2100	1605	238	0	367	474	0	568	532	436	0	0	602	527	5353	631	0	481	1458	6811
						4825	1825	1505	2775	2100	1635	0	176	0	0	396	0	0	0	477	560	0	0		0	346	0		
华晨汽车集团控股有限公司	中华牌	混合动力轿车	SY7150X1SHEVBAB	承载式车身	汽油/混合动力	4510	1758	1460	2580	1630	1240	44	6	113	120	130	150	69	6	78	21	48	2	787	0	0	129	129	916
四川一汽丰田汽车有限公司	丰田牌/TOYOTA	混合动力轿车	CA7180CHEVAE4	承载式车身	汽油/混合动力	4485	1745	1525	2700	1805	1420	24	0	0	0	0	28	48	75	0	8	39	29	607	100	16	16	281	888
			CA7180CHEVBE4	承载式车身	汽油/混合动力	4485	1745	1510	2700	1805	1395	13	0	0	0	0	21	29	16	14	19	15	25		4	12	21		
			CA7180CHEVCE4	承载式车身	汽油/混合动力	4485	1745	1510	2700	1805	1385	13	0	0	0	0	21	13	15	50	39	12	41		12	44	56		

续表

企业名称	车辆品牌	车辆名称	车辆型号	底盘型号	燃料种类	外形尺寸（mm）长	宽	高	轴距（mm）	总质量（kg）	整备质量（kg）	2013年 1月	2月	3月	4月	5月	6月	7月	8月	9月	10月	11月	12月	小计（辆）	2014年 1月	2月	3月	小计（辆）	合计（辆）
浙江吉利汽车有限公司	吉利美日牌	混合动力轿车	MR7183HEV	承载式车身	汽油/混合动力	4635	1789	1470	2650	1690	1280	23	22	34	72	33	86	18	4	13	3	0	0	308	4	0	0	4	312
东风汽车公司	风神牌	混合动力轿车	DFM7161B1DHEV	承载式车身	汽油/混合动力	4502	1740	1465	2610	1590	1215	50	147	0	0	0	0	0	0	0	0	0	0	300	0	0	0	0	300
			DFM7161B1B	承载式车身	汽油/混合动力	4502	1740	1465	2610	1590	1215	0	0	103	0	0	0	0	0	0	0	0	0		0	0	0		
重庆长安汽车股份有限公司	长安牌	混合动力轿车	SC7155HEV	承载式车身	汽油/混合动力	4600	1800	1475	2650	1765	1390	17	0	100	0	0	100	0	0	0	0	0	0	234	0	0	0	13	247
			SC7158BHEV	承载式车身	汽油/混合动力	4620	1820	1490	2660	1765	1390	0	0	0	0	0	0	0	0	0	13	1	3		0	11	2		
上海通用汽车有限公司	别克牌/BUICK	混合动力轿车	SGM7240EAPHEV	承载式车身	汽油/混合动力	5005	1858	1496	2837	2142	1750	0	0	0	0	4	7	0	0	2	89	58	38	198	0	0	0	0	198
上海汽车集团股份有限公司	荣威牌	混合动力轿车	CSA7180ACHEV	承载式车身	汽油/混合动力	4846	1765	1422	2849	1977	1602	0	52	0	5	55	7	3	1	9	4	1	5	142	1	0	4	5	147
合计（辆）												422	403	717	671	618	988	712	553	643	756	776	670	7929	752	429	709	1890	9819

三、2013年1月至2014年3月天然气汽车产量统计

1. 天然气单一燃料汽车产量统计

（1）大中型客车、轻型客车

企业名称	车辆品牌	车辆名称	车辆型号	底盘型号	发动机型号	排量（mL）	功率（kW）	排放标准	外形尺寸（mm）外廓长	外廓宽	外廓高	轴距（mm）	总质量（kg）	整备质量（kg）	2013年 1月	2月	3月	4月	5月	6月	7月	8月	9月	10月	11月	12月	小计（辆）	2014年 1月	2月	3月	小计（辆）	合计（辆）
金龙联合汽车工业（苏州）有限公司	海格牌	城市客车	KLQ6108GAC5	承载式车身	WP7NG240E50	7140	177	GB11340－2005 GB18285－2005 GB17691－2005 国Ⅴ	10490	2480	3490	5100	16000	11300	0	0	0	0	0	0	0	0	0	0	0	13	4416	0	0	0	0	4416
			KLQ6108GC	KLQ6101GC	YC6G230N－30	7800	170	GB11340－2005 GB18285－2005 GB17691－2005 国Ⅲ	10490	2480	3200	5100	15300	10300	0	0	0	2	0	0	0	0	0	0	0	0		0	0	0		
					YC6J210N－30	6454	155	GB11340－2005 GB18285－2005 GB17691－2005 国Ⅲ	10490	2480	3400	5100	15300	10300	0	0	0	0	0	0	5	0	0	0	0	0		0	0	0		

续表

企业名称	车辆品牌	车辆名称	车辆型号	底盘型号	发动机型号	排量(mL)	功率(kW)	排放标准	外形尺寸(mm) 外廓长	外廓宽	外廓高	轴距(mm)	总质量(kg)	整备质量(kg)	2013年 1月	2月	3月	4月	5月	6月	7月	8月	9月	10月	11月	12月	小计(辆)	2014年 1月	2月	3月	小计(辆)	合计(辆)
同上	同上	同上	KLQ6109GAC5	承载式车身	YC6G230N-50	7800	170	GB11340-2005 GB18285-2005 GB17691-2005 国Ⅴ	10490	2480	3490	5100	16000	11300	0	0	0	0	34	0	0	0	0	30	20	26		0	0	0		
					YC6J210N-52	6494	155	GB11340-2005 GB18285-2005 GB17691-2005 国Ⅴ	10490	2480	3490	5100	16000	11300	0	0	0	0	0	0	41	0	0	0	0	0		0	0	0		
			KLQ6109GCE4	KLQ6101GCE4	CA6SF2-23E4N	7130	173	GB17691-2005 国Ⅳ GB11340-2005 GB18285-2005	10490	2480	3075	5100	15500	10500	0	0	0	0	0	0	0	109	45	0	0	0		0	0	0		
					SC8DT250Q4	8270	184	GB17691-2005 国Ⅳ GB11340-2005 GB18285-2005	10490	2480	3200	5100	15500	10500	0	0	0	0	0	0	0	0	0	191	0	0		0	0	0		
					WP6NG240E40	6750	176	GB17691-2005 国Ⅳ GB11340-2005 GB18285-2005	10490	2480	3200	5100	15500	10500	0	0	0	0	0	54	48	0	0	0	12	0		0	0	0		
					WP7NG240E40	7140	177	GB17691-2005 国Ⅳ GB11340-2005 GB18285-2005	10490	2480	3075	5100	15500	10500	0	0	0	25	0	0	0	0	0	0	0	0		0	0	0		
					YC6G230N-40	7800	170	GB17691-2005 国Ⅳ GB11340-2005 GB18285-2005	10490	2480	3200	5100	15500	12050	2	0	35	0	38	0	0	0	0	0	0	68		0	0	0		
			KLQ6119GAC5	承载式车身	YC6G260N-50	7800	191	GB11340-2005 GB18285-2005 GB17691-2005 国Ⅴ	11460	2550	3485	5700	17000	11600	0	0	0	0	0	0	4	2	41	0	19	16		0	0	0		
			KLQ6119GCE4	KLQ6116GCE4	SC8DT250Q4	8270	184	GB17691-2005 国Ⅳ GB11340-2005 GB18285-2005	11460	2550	3150	5700	17000	12670	0	0	0	0	0	71	0	0	0	0	0	0		0	0	0		
					WP7NG260E40	7140	191	GB17691-2005 国Ⅳ GB11340-2005 GB18285-2005	11460	2550	3150	5700	17000	11470	40	0	42	0	50	0	10	79	68	90	33	2		0	0	0		
			KLQ6129GAC5	承载式车身	YC6G260N-50	7800	191	GB11340-2005 GB18285-2005 GB17691-2005 国Ⅴ	12000	2550	3485	6100	18000	12600	0	0	0	0	0	0	10	0	12	0	0	0		0	0	0		
					CA6SL2-26E5N	8600	195	GB11340-2005 GB18285-2005 GB17691-2005 国Ⅴ	12000	2550	3200	6100	18000	12600	0	0	0	0	0	0	0	0	0	50	0	0		0	0	0		

续表

企业名称	车辆品牌	车辆名称	车辆型号	底盘型号	发动机型号	排量（mL）	功率（kW）	排放标准	外形尺寸（mm）外廓长	外廓宽	外廓高	轴距（mm）	总质量（kg）	整备质量（kg）	2013年 1月	2月	3月	4月	5月	6月	7月	8月	9月	10月	11月	12月	小计（辆）	2014年 1月	2月	3月	小计（辆）	合计（辆）
同上	同上	同上	KLQ6129GCE4	KLQ6128GCE4	SC9DT280Q4	8820	206	GB11340－2005 GB18285－2005 GB17691－2005 国Ⅳ	12000	2535	3200	6100	18000	11600	0	0	0	0	0	0	0	0	50	0	0	0		0	0	0		
					WP7NG260E40	7140	191	GB11340－2005 GB18285－2005 GB17691－2005 国Ⅳ	12000	2535	3485	6100	18000	11600	0	0	0	0	0	0	0	0	0	0	231	24		0	0	0		
					YC6G260N－40	7800	191	GB11340－2005 GB18285－2005 GB17691－2005 国Ⅳ	12000	2535	3200	6100	18000	11600	0	0	0	0	68	0	0	30	0	131	0	0		0	0	0		
			KLQ6129GTCE4	KLQ6129RGC4	WP7NG270E40	7140	199	GB11340－2005 GB18285－2005 GB17691－2005 国Ⅳ	12000	2550	3370	6100	18000	12200	0	0	0	0	0	5	0	1	0	2	0	0		0	0	0		
			KLQ6140GAC5	承载式车身	YC6L280N－52	8424	206	GB11340－2005 GB18285－2005 GB17691－2005 国Ⅴ	13630	2550	3500	6300＋1350	23000	15500	0	0	0	0	0	0	20	0	0	0	0	0		0	0	0		
			KLQ6668GC	KLQ6601GC	CY4102－N3B	3856	88	GB11340－2005 GB18285－2005 GB17691－2005 国Ⅲ	6645	2270	2920	3308	7100	4600	0	0	0	0	6	0	0	0	0	0	0	0		0	0	0		
			KLQ6669GCE4	KLQ6601GCE4	YC4D140N－40	4214	103	GB11340－2005 GB18285－2005 GB17691－2005 国Ⅳ	6645	2270	2950	3308	7100	4640	0	0	0	0	0	0	2	0	0	0	0	0		0	0	0		
			KLQ6758ACC5	KLQ6728RLC5	YC4D140N－50	4214	103	11340－2005 GB18285－2005 GB17691－2005 国Ⅴ	7545	2370	3145	3900	9875	6870	0	0	0	0	0	0	0	0	0	0	3	1		0	0	0		
			KLQ6770GCE4	KLQ6770GCE4	YC4G180N－40	5200	132	GB11340－2005 GB18285 2005 GB17691－2005 国Ⅳ	7749	2340	3050	3600	11000	8200	30	0	39	0	0	22	0	31	31	0	0	0		0	0	0		
			KLQ6770GQC5	KLQ6790RGC5	YC4G180N－50	5200	132	GB11340－2005 GB18285－2005 GB17691－2005 国Ⅴ	7749	2340	3050	3600	11200	8385	0	0	0	0	0	0	0	0	21	38	0	7		0	0	0		
			KLQ6825GCE4	KLQ6790RGC4	YC4G180N－40	5200	132	GB11340－2005 GB18285－2005 GB17691－2005 国Ⅳ	8230	2400	3450	3850	11200	7900	0	0	0	0	40	0	0	0	10	0	2	0		0	0	0		
			KLQ6825GQC5	KLQ6790RGC5	YC4G180N－50	5200	132	GB11340－2005 GB18285－2005 GB17691－2005 国Ⅴ	8230	2400	3050	3850	12400	8875	0	0	0	0	0	0	0	22	0	0	8	0		0	0	0		

续表

企业名称	车辆品牌	车辆名称	车辆型号	底盘型号	发动机型号	排量(mL)	功率(kW)	排放标准	外形尺寸(mm) 外廓长	外形尺寸(mm) 外廓宽	外形尺寸(mm) 外廓高	轴距(mm)	总质量(kg)	整备质量(kg)	2013年 1月	2013年 2月	2013年 3月	2013年 4月	2013年 5月	2013年 6月	2013年 7月	2013年 8月	2013年 9月	2013年 10月	2013年 11月	2013年 12月	2013年 小计(辆)	2014年 1月	2014年 2月	2014年 3月	2014年 小计(辆)	合计(辆)
同上	同上	同上	KLQ6850GC	KLQ6820GC	YC4G180N－30	5200	132	GB11340－2005 GB18285－2005 GB17691－2005 国Ⅲ	8540	2440	3050	4000	11500	8055	0	0	0	14	4	0	0	0	0	0	0	0		0	0	0		
			KLQ6850GCE4	KLQ6820GCE4	WP5NG180E40	4760	132	GB11340－2005 GB18285－2005 GB17691－2005 国Ⅳ	8540	2440	3105	4000	13000	8500	97	0	0	0	0	58	10	4	20	30	0	43		0	0	0		
			KLQ6850GQC5	KLQ6820GCE5	WP5NG180E50	4760	132	GB11340－2005 GB18285－2005 GB17691－2005 国Ⅴ	8540	2440	3080	4000	12400	8850	0	0	0	0	29	0	0	0	0	0	0	0		0	0	0		
					YC4G180N－50	5200	132	GB11340－2005 GB18285－2005 GB17691－2005 国Ⅴ	8540	2440	3080	4000	12400	9100	0	0	0	0	0	0	0	14	0	0	0	0		0	0	0		
			KLQ6895GC	KLQ6891GC	YC6J210N－30	6454	155	GB11340－2005 GB18285－2005 GB17691－2005 国Ⅲ	8949	2440	3200	4250	13200	9050	21	0	0	0	0	0	0	0	0	0	0	0		0	0	0		
			KLQ6895GCE4	KLQ6891GCE4	YC6J210N－40	6545	155	GB11340－2005 GB18285－2005 GB17691－2005 国Ⅳ	8949	2440	3450	4250	13200	9050	8	0	0	0	0	25	0	7	6	0	0	0		0	0	0		
			KLQ6895GQC5	KLQ6891GCE5	YC6J210N－52	6494	155	GB11340－2005 GB18285－2005 GB17691－2005 国Ⅴ	8949	2440	3200	4300	13200	9550	0	0	0	0	0	0	0	0	13	0	0	73		0	0	0		
			KLQ6935GC	KLQ6891GC	YC6J210N－30	6454	155	GB11340－2005 GB18285－2005 GB17691－2005 国Ⅲ	9265	2440	2950	4400	13200	8800	0	0	10	0	0	0	0	0	0	0	0	0		0	0	0		
			KLQ6935GC5	KLQ6891GCE5	WP6NG210E50	6750	155	GB11340－2005 GB18285－2005 GB17691－2005 国Ⅴ	9265	2440	3450	4400	13200	9850	0	0	0	2	0	0	20	16	0	0	61	0		0	0	0		
			KLQ6935GCE4	KLQ6891GCE4	YC6J210N－40	6545	155	GB11340－2005 GB18285－2005 GB17691－2005 国Ⅳ	9265	2440	3450	4400	13200	9150	0	0	0	0	25	0	0	0	30	28	13	10		0	0	0		
		客车	KLQ6112HAC41	承载式车身	WP7NG270E40	7140	199	GB17691－2005 国Ⅳ GB11340－2005 GB18285－2005	11010	2550	3610	5670	15900	11800	0	0	0	0	0	0	0	0	0	0	6	0		0	0	0		
					YC6G260N－40	7800	191	GB17691－2005 国Ⅳ GB11340－2005 GB18285－2005	11010	2550	3610	5670	15900	11800	0	0	0	1	0	0	0	0	4	0	0	0		0	0	0		

续表

企业名称	车辆品牌	车辆名称	车辆型号	底盘型号	发动机型号	排量(mL)	功率(kW)	排放标准	外形尺寸(mm) 外廓长	外廓宽	外廓高	轴距(mm)	总质量(kg)	整备质量(kg)	2013年 1月	2月	3月	4月	5月	6月	7月	8月	9月	10月	11月	12月	小计(辆)	2014年 1月	2月	3月	小计(辆)	合计(辆)
同上	同上	同上	KLQ6112HAC41	承载式车身	YC6L280N-40	8424	206	GB17691-2005 国Ⅳ GB11340-2005 GB18285-2005	11010	2550	3610	5670	15900	11800	2	0	1	0	0	0	0	0	0	0	0	6		0	0	0		
			KLQ6112HAC51	承载式车身	WP7NG270E50	7140	199	GB11340-2005 GB18285-2005 GB17691-2005 国Ⅴ	11010	2550	3610	5670	16500	12360	0	0	0	0	0	0	0	7	0	0	0	0		0	0	0		
			KLQ6112HQC40	KLQ6110CE4	YC6G260N-40	7800	191	GB17691-2005 国Ⅳ GB11340-2005 GB18285-2005	10990	2500	3610	5670	15900	11800	0	0	0	1	0	0	0	0	0	0	0	0		0	0	0		
			KLQ6112HQC41	KLQ6110CE4	YC6L280N-40	8424	206	GB17691-2005 国Ⅳ GB11340-2005 GB18285-2005	10990	2500	3610	5670	15900	11800	0	0	0	1	2	26	1	2	0	0	0	0		0	0	0		
			KLQ6115HAC41	承载式车身	YC6G260N-40	7800	191	GB17691-2005 国Ⅳ GB11340-2005 GB18285-2005	10740	2500	3610	5420	15900	12070	0	0	0	0	0	0	0	0	0	0	0	3		0	0	0		
			KLQ6115HAC51	承载式车身	YC6G260N-50	7800	191	GB11340-2005 GB18285-2005 GB17691-2005 国Ⅴ	10740	2500	3610	5420	15900	11920	0	0	0	0	0	0	0	0	0	0	1	15		0	0	0		
			KLQ6115HAC52	承载式车身	YC6L280N-52	8424	206	GB11340-2005 GB18285-2005 GB17691-2005 国Ⅴ	10740	2500	3610	5420	15250	11740	0	0	0	0	0	0	0	0	0	0	0	1		0	0	0		
			KLQ6115HC	KLQ6101QC	YC6G260N-30	7800	191	GB11340-2005 GB18285-2005 GB17691-2005 国Ⅲ	10740	2500	3700	5420	15900	11920	0	0	0	0	5	1	0	0	0	0	0	0		0	0	0		
			KLQ6115HQC51	KLQ6101QCE5	WP7NG260E50	7140	191	GB11340-2005 GB18285-2005 GB17691-2005 国Ⅴ	10740	2500	3610	5420	15900	11920	0	0	0	0	0	0	0	0	1	0	0	0		0	0	0		
			KLQ6115HQCE4	KLQ6101QCE4	YC6G260N-40	7800	191	GB17691-2005 国Ⅳ GB11340-2005 GB18285-2005	10740	2500	3610	5420	15900	11920	17	0	0	0	10	0	0	1	0	8	0	0		0	0	0		
			KLQ6115HTC41	KLQ6110CE4	YC6L280N-40	8424	206	GB17691-2005 国Ⅳ GB11340-2005 GB18285-2005	10990	2500	3455	5670	16500	12360	0	0	0	0	0	0	0	0	1	0	0	0		0	0	0		
					WP7NG270E40	7140	199	GB17691-2005 国Ⅳ GB11340-2005 GB18285-2005	10990	2500	3455	5670	16500	12360	0	0	0	0	0	0	0	0	0	0	0	4		0	0	0		

续表

企业名称	车辆品牌	车辆名称	车辆型号	底盘型号	发动机型号	排量(mL)	功率(kW)	排放标准	外形尺寸(mm) 外廓长	外廓宽	外廓高	轴距(mm)	总质量(kg)	整备质量(kg)	2013年 1月	2月	3月	4月	5月	6月	7月	8月	9月	10月	11月	12月	小计(辆)	2014年 1月	2月	3月	小计(辆)	合计(辆)
同上	同上	同上	KLQ6115HTC50	KLQ6110CE5	YC6L280N-52	8424	206	GB11340-2005 GB18285-2005 GB17691-2005 国Ⅴ	10990	2500	3455	5670	16500	12360	0	0	0	0	0	0	3	0	10	0	0	0		0	0	0		
			KLQ6115HTC51	KLQ6110CE5	YC6L280N-52	8424	206	GB11340-2005 GB18285-2005 GB17691-2005 国Ⅴ	10990	2500	3455	5670	16500	12360	0	0	0	0	0	0	0	0	0	0	0	26		0	0	0		
			KLQ6115KAC41	承载式车身	WP10NG300E40	9726	220	GB17691-2005 国Ⅳ GB11340-2005 GB18285-2005	11490	2500	3610	5870	16500	12200	2	0	0	0	0	0	0	0	0	0	0	0		0	0	0		
					YC6MK290N-40	10338	214	GB17691-2005 国Ⅳ GB11340-2005 GB18285-2005	11490	2500	3610	5870	16500	12200	0	0	0	0	0	0	0	12	1	0	0	0		0	0	0		
			KLQ6119TBCE4	KLQ6101QCE4	YC6G260N-40	7800	191	GB17691-2005 国Ⅳ GB11340-2005 GB18285-2005	10740	2500	3400	5420	15000	10630	6	0	0	0	8	1	1	15	25	0	0	0		0	0	0		
			KLQ6122BAC41	承载式车身	WP10NG336E40	9726	247	GB17691-2005 国Ⅳ GB11340-2005 GB18285-2005	12000	2550	3795	6000	18000	13550	0	0	0	0	0	0	0	0	0	0	0	18		0	0	0		
					WP12NG350E40	11596	257	GB17691-2005 国Ⅳ GB11340-2005 GB18285-2005	12000	2550	3795	6000	18000	13550	0	0	0	0	0	0	0	3	0	0	0	0		0	0	0		
					YC6MK340N-40	10338	250	GB17691-2005 国Ⅳ GB11340-2005 GB18285-2005	12000	2550	3795	6000	18000	13550	0	1	1	0	1	3	0	0	11	0	35	0		0	0	0		
			KLQ6122BAC42	承载式车身	WP10NG336E40	9726	247	GB17691-2005 国Ⅳ GB11340-2005 GB18285-2005	12000	2550	3795	6000	18000	13550	4	0	0	0	0	0	0	0	0	4	27	0		0	0	0		
					WP12NG350E40	11596	257	GB17691-2005 国Ⅳ GB11340-2005 GB18285-2005	12000	2550	3795	6000	18000	13550	0	0	0	0	0	0	0	0	0	0	0	5		0	0	0		
			KLQ6122BAC43	承载式车身	WP12NG380E40	11596	280	GB17691-2005 国Ⅳ GB11340-2005 GB18285-2005	12000	2550	3795	6000	18000	13550	0	0	0	0	0	0	0	0	9	0	0	0		0	0	0		
			KLQ6122BAC52	承载式车身	WP10NG336E50	9726	247	GB11340-2005 GB18285-2005 GB17691-2005 国Ⅴ	12000	2550	3795	6000	18000	13390	0	0	0	0	0	0	0	0	0	0	14	1		0	0	0		

续表

企业名称	车辆品牌	车辆名称	车辆型号	底盘型号	发动机型号	排量(mL)	功率(kW)	排放标准	外形尺寸(mm) 外廓长	外廓宽	外廓高	轴距(mm)	总质量(kg)	整备质量(kg)	2013年 1月	2月	3月	4月	5月	6月	7月	8月	9月	10月	11月	12月	小计(辆)	2014年 1月	2月	3月	小计(辆)	合计(辆)
同上	同上	同上	KLQ6122DAC41	承载式车身	WP12NG350E40	11596	257	GB17691－2005 国Ⅳ GB11340－2005 GB18285－2005	12000	2550	3920	6000	18000	13080	0	0	5	0	0	0	0	0	5	0	5	5		0	0	0		
					YC6MK375N－40	10338	276	GB17691－2005 国Ⅳ GB11340－2005 GB18285－2005	12000	2550	3920	6000	18000	13080	3	0	0	3	2	2	2	8	0	0	0	0		0	0	0		
			KLQ6122DAC42	承载式车身	WP12NG350E40	11596	257	GB17691－2005 国Ⅳ GB11340－2005 GB18285－2005	12000	2550	3920	6000	18000	13080	0	0	0	0	0	2	0	0	1	0	0	0		0	0	0		
					YC6MK375N－40	10338	276	GB17691－2005 国Ⅳ GB11340－2005 GB18285－2005	12000	2550	3920	6000	18000	13080	6	0	1	0	0	0	0	0	0	0	2	0		0	0	0		
			KLQ6122DAC51	承载式车身	WP12NG350E50	11596	257	GB11340－2005 GB18285－2005 GB17691－2005 国Ⅴ	12000	2550	3920	6000	18000	13080	0	0	0	0	0	0	0	1	0	0	0	0		0	0	0		
					YC6MK375N－50	10338	276	GB11340－2005 GB18285－2005 GB17691－2005 国Ⅴ	12000	2550	3920	6000	18000	13080	0	0	0	0	0	0	0	0	0	0	0	18		0	0	0		
			KLQ6122DAC52	承载式车身	YC6MK375N－50	10338	276	GB11340－2005 GB18285－2005 GB17691－2005 国Ⅴ	12000	2550	3920	6000	18000	13080	0	0	0	0	1	0	0	0	0	0	0	0		0	0	0		
			KLQ6122KAC40	承载式车身	WP10NG336E40	9726	247	GB17691－2005 国Ⅳ GB11340－2005 GB18285－2005	12000	2500	3610	6150	18000	13550	0	0	0	0	0	0	0	6	0	0	0	0		0	0	0		
			KLQ6122KAC41	承载式车身	WP10NG336E40	9726	247	GB17691－2005 国Ⅳ GB11340－2005 GB18285－2005	12000	2500	3610	6150	18000	13550	2	0	0	0	0	1	0	5	0	0	0	0		0	0	0		
					YC6MK340N－40	10338	250	GB17691－2005 国Ⅳ GB11340－2005 GB18285－2005	12000	2500	3610	6150	18000	13550	0	0	1	0	0	0	0	0	0	0	0	0		0	0	0		
			KLQ6125ACE4	承载式车身	YC6MK340N－40	10338	250	GB17691－2005 国Ⅳ GB11340－2005 GB18285－2005	12000	2550	3800	6150	18000	13400	0	0	0	0	0	0	0	0	0	0	1	0		0	0	0		
			KLQ6125BAC40	承载式车身	YC6MK340N－40	10338	250	GB17691－2005 国Ⅳ GB11340－2005 GB18285－2005	12000	2550	3795	6150	18000	13710	0	0	0	0	0	0	0	0	0	0	0	1		0	0	0		

续表

企业名称	车辆品牌	车辆名称	车辆型号	底盘型号	发动机型号	排量(mL)	功率(kW)	排放标准	外形尺寸(mm) 外廓长	外廓宽	外廓高	轴距(mm)	总质量(kg)	整备质量(kg)	2013年 1月	2月	3月	4月	5月	6月	7月	8月	9月	10月	11月	12月	小计(辆)	2014年 1月	2月	3月	小计(辆)	合计(辆)
同上	同上	同上	KLQ6122DAC41	承载式车身	WP10NG336E40	9726	247	GB17691－2005 国Ⅳ GB11340－2005 GB18285－2005	12000	2550	3795	6150	18000	13710	19	0	0	6	6	21	0	5	8	0	2	0		0	0	0		
					YC6MK340N－40	10338	250	GB17691－2005 国Ⅳ GB11340－2005 GB18285－2005	12000	2550	3795	6150	18000	13710	0	0	20	0	0	0	0	0	0	6	0	0		0	0	0		
			KLQ6125BAC42	承载式车身	WP10NG336E40	9726	247	GB17691－2005 国Ⅳ GB11340－2005 GB18285－2005	12000	2550	3795	6150	18000	13710	0	7	0	0	1	0	0	0	0	0	0	0		0	0	0		
					YC6MK340N－40	10338	250	GB17691－2005 国Ⅳ GB11340－2005 GB18285－2005	12000	2550	3795	6150	18000	13710	0	0	0	0	0	1	0	0	0	0	0	0		0	0	0		
			KLQ6125BAC51	承载式车身	WP10NG336E50	9726	247	GB11340－2005 GB18285－2005 GB17691－2005 国Ⅴ	12000	2550	3795	6150	18000	14000	0	0	0	0	3	0	18	0	16	0	0	1		0	0	0		
			KLQ6125KAC51	承载式车身	YC6MK340N－50	10338	250	GB11340－2005 GB18285－2005 GB17691－2005 国Ⅴ	12000	2500	3610	6150	18000	13390	0	0	0	0	0	0	0	0	0	0	0	15		0	0	0		
			KLQ6129C	KLQ6120QC	WP12NG350E30	11596	257	GB17691－2005 国Ⅲ GB11340－2005 GB18285－2005	12000	2550	3645	6150	18000	12770	0	0	5	0	0	0	0	0	0	0	0	0		0	0	0		
					YC6M340N－30	9839	250	GB17691－2005 国Ⅲ GB11340－2005 GB18285－2005	12000	2550	3700	6150	18000	12770	0	0	0	1	0	0	0	0	0	0	0	0		0	0	0		
			KLQ6129KAC40	承载式车身	WP10NG336E40	9726	247	GB17691－2005 国Ⅳ GB11340－2005 GB18285－2005	12000	2500	3500	6150	18000	13000	0	0	0	1	0	0	0	0	0	0	0	0		0	0	0		
					YC6MK340N－40	10338	250	GB17691－2005 国Ⅳ GB11340－2005 GB18285－2005	12000	2500	3710	6150	18000	13000	0	0	0	0	1	0	12	8	0	0	0	0		0	0	0		
			KLQ6129KAC41	承载式车身	YC6MK340N－40	10338	250	GB17691－2005 国Ⅳ GB11340－2005 GB18285－2005	12000	2500	3710	6150	18000	13000	0	0	4	0	0	0	0	0	7	0	4	7		0	0	0		
			KLQ6129KAC51	承载式车身	WP10NG336E50	9726	247	GB11340－2005 GB18285－2005 GB17691－2005 国Ⅴ	12000	2500	3700	6150	18000	14000	0	0	0	1	0	0	0	0	0	0	0	0		0	0	0		

续表

企业名称	车辆品牌	车辆名称	车辆型号	底盘型号	发动机型号	排量(mL)	功率(kW)	排放标准	外形尺寸(mm) 外廓长	外形尺寸(mm) 外廓宽	外形尺寸(mm) 外廓高	轴距(mm)	总质量(kg)	整备质量(kg)	2013年 1月	2013年 2月	2013年 3月	2013年 4月	2013年 5月	2013年 6月	2013年 7月	2013年 8月	2013年 9月	2013年 10月	2013年 11月	2013年 12月	2013年 小计(辆)	2014年 1月	2014年 2月	2014年 3月	2014年 小计(辆)	合计(辆)
同上	同上	同上	KLQ6129TAC40	承载式车身	YC6L280N－40	8424	206	GB17691－2005 国Ⅳ GB11340－2005 GB18285－2005	12000	2550	3400	6150	18000	12770	0	0	0	0	0	0	0	0	0	4	0	1		0	0	0		
同上	同上	同上	KLQ6129TAC40	承载式车身	YC6MK290N－40	10338	214	GB17691－2005 国Ⅳ GB11340－2005 GB18285－2005	12000	2550	3400	6150	18000	12770	0	0	0	0	0	2	0	1	7	0	0	0		0	0	0		
同上	同上	同上	KLQ6129TAC50	承载式车身	YC6MK340N－50	10338	250	GB11340－2005 GB18285－2005 GB17691－2005 国Ⅴ	12000	2550	3400	6150	16500	12050	0	0	0	0	11	0	0	0	0	0	0	0		0	0	0		
同上	同上	同上	KLQ6129TBCE4	KLQ6126TCE4	YC6L280N－40	8424	206	GB17691－2005 国Ⅳ GB11340－2005 GB18285－2005	12000	2550	3400	6180	16500	11350	9	0	1	1	1	0	0	0	7	0	0	0		0	0	0		
同上	同上	同上	KLQ6609C	KLQ6601GC	NQ120N	3759	92	GB11340－2005 GB18285－2005 GB17691－2005 国Ⅲ	5995	2270	2950	3308	5950	4360	18	0	0	0	0	0	2	0	0	0	0	0		0	0	0		
同上	同上	同上	KLQ6609C5	KLQ6579RLC5	CY4102－N5C	3856	91	GB11340－2005 GB18285－2005 GB17691－2005 国Ⅴ	5995	2270	2840	3308	6250	4600	0	0	0	0	0	0	0	0	0	2	49	28		0	0	0		
同上	同上	同上	KLQ6609CE4	KLQ6601GCE4	NQ120N4	3759	92	GB11340－2005 GB18285－2005 GB17691－2005 国Ⅳ	5995	2270	2950	3308	5950	4460	0	0	0	0	0	0	0	6	0	0	2	0		0	0	0		
同上	同上	同上	KLQ6702C50	KLQ6680RLC5	CY4102－N5C	3856	91	GB17691－2005 国Ⅴ GB11340－2005 GB18285－2005	7005	2040	2655	3935	6990	4800	0	0	0	0	0	0	0	0	0	0	13	1		0	0	0		
同上	同上	同上	KLQ6755KQC51	KLQ6735RAC5	WP5NG180E50	4760	132	GB11340－2005 GB18285 2005 GB17691－2005 国Ⅴ	7495	2380	3215	3500	10150	7730	0	0	0	0	0	0	0	0	0	0	0	5		0	0	0		
同上	同上	同上	KLQ6759ACE4	KLQ6758CE4	YC4D140N－40	4214	103	GB17691－2005 国Ⅳ GB3847－2005	7495	2270	3030	3900	8510	6000	1	0	1	15	0	5	6	6	0	1	1	0		0	0	0		
同上	同上	同上	KLQ6796C	KLQ6795QC	YC4G180N－30	5200	132	GB11340－2005 GB18285－2005 GB17691－2005 国Ⅲ	7948	2450	3600	3800	11000	8200	11	0	3	0	1	8	1	0	0	0	0	0		0	0	0		
同上	同上	同上	KLQ6796KQC50	KLQ6795QCE5	YC4G180N－50	5200	132	GB11340－2005 GB18285－2005 GB17691－2005 国Ⅴ	7948	2450	3380	3800	11500	8770	0	0	0	0	0	0	0	0	0	2	3	0		0	0	0		

续表

企业名称	车辆品牌	车辆名称	车辆型号	底盘型号	发动机型号	排量（mL）	功率（kW）	排放标准	外形尺寸（mm）			轴距（mm）	总质量（kg）	整备质量（kg）	2013年													2014年				合计（辆）
									外廓长	外廓宽	外廓高				1月	2月	3月	4月	5月	6月	7月	8月	9月	10月	11月	12月	小计（辆）	1月	2月	3月	小计（辆）	
同上	同上	同上	KLQ6796KQC51	KLQ6795QCE5	YC4G180N－50	5200	132	GB11340－2005 GB18285－2005 GB17691－2005 国Ⅴ	7948	2450	3380	3800	11500	8770	0	0	0	0	0	0	0	0	0	0	5	0		0	0	0		
			KLQ6796QC	KLQ6795QC	YC4G180N－30	5200	132	GB11340－2005 GB18285－2005 GB17691－2005 国Ⅲ	7948	2450	3365	3800	10150	7570	1	4	3	0	6	25	0	0	0	0	0	0		0	0	0		
			KLQ6798ACE4	KLQ6795QCE4	YC4G180N－40	5200	132	GB11340－2005 GB18285－2005 GB17691－2005 国Ⅳ	7948	2450	3365	3800	11000	8200	15	0	0	1	0	0	3	0	2	0	1	5		0	0	0		
			KLQ6798QACE4	KLQ6795QCE4	YC4G180N－40	5200	132	GB11340－2005 GB18285－2005 GB17691－2005 国Ⅳ	7948	2450	3365	3800	10150	7420	6	0	39	1	0	2	1	1	14	10	0	14		0	0	0		
			KLQ6856KQC51	KLQ6840RAC5	YC6J210N－52	6494	155	GB11340－2005 GB18285－2005 GB17691－2005 国Ⅴ	8510	2450	3600	4100	11900	9000	0	0	0	0	0	0	0	1	1	2	0	1		0	0	0		
			KLQ6858C	KLQ6840QC	YC6J210N－30	6454	155	GB11340－2005 GB18285－2005 GB17691－2005 国Ⅲ	8490	2450	3600	4100	11900	9000	0	0	0	0	1	0	1	0	0	0	0	0		0	0	0		
			KLQ6858CE4	KLQ6840QCE4	YC6J210N－40	6494	155	GB11340－2005 GB18285－2005 GB17691－2005 国Ⅳ	8545	2450	3600	4100	11900	9000	0	0	0	11	0	22	0	0	0	1	5	0		0	0	0		
			KLQ6858QC	KLQ6840QC	YC6J210N－30	6454	155	GB11340－2005 GB18285－2005 GB17691－2005 国Ⅲ	8545	2450	3365	4100	11900	9000	4	1	3	4	13	2	0	0	0	0	0	0		0	0	0		
			KLQ6858QCE4	KLQ6840QCE4	YC6J210N－40	6494	155	GB11340－2005 GB18285－2005 GB17691－2005 国Ⅳ	8545	2450	3365	4100	11900	9000	1	1	0	3	2	2	1	4	1	0	11	24		0	0	0		
			KLQ6898C	KLQ6860QC	YC6J210N－30	6454	155	GB11340－2005 GB18285－2005 GB17691－2005 国Ⅲ	8949	2450	3600	4340	12500	9300	1	1	0	0	0	2	0	0	0	0	0	0		0	0	0		
			KLQ6898CE4	KLQ6860QCE4	WP6NG240E40	6750	176	GB11340－2005 GB18285－2005 GB17691－2005 国Ⅳ	8949	2450	3365	4340	12500	9300	0	0	0	0	0	0	0	1	0	0	0	0		0	0	0		
					YC6G230N－40	7800	170	GB11340－2005 GB18285－2005 GB17691－2005 国Ⅳ	8949	2450	3365	4340	12500	9300	0	0	0	0	0	0	6	0	2	0	8	0		0	0	0		

续表

企业名称	车辆品牌	车辆名称	车辆型号	底盘型号	发动机型号	排量(mL)	功率(kW)	排放标准	外形尺寸(mm) 外廓长	外廓宽	外廓高	轴距(mm)	总质量(kg)	整备质量(kg)	2013年 1月	2月	3月	4月	5月	6月	7月	8月	9月	10月	11月	12月	小计(辆)	2014年 1月	2月	3月	小计(辆)	合计(辆)
同上	同上	同上	KLQ6898QC	KLQ6860QC	WP6NG240E30	6750	177	GB11340－2005 GB18285－2005 GB17691－2005 国Ⅲ	8949	2450	3365	4340	12500	9300	10	0	15	2	4	4	2	0	0	0	0	0		0	0	0		
					YC6J210N－30	6454	155	GB11340－2005 GB18285－2005 GB17691－2005 国Ⅲ	8949	2450	3365	4340	12500	9300	0	2	0	0	0	0	0	0	0	0	0	0		0	0	0		
			KLQ6898QCE4	KLQ6860QCE4	CA6SF2－23E4N	7130	173	GB11340－2005 GB18285－2005 GB17691－2005 国Ⅳ	8949	2450	3400	4340	13070	9870	0	0	0	0	0	0	0	0	7	0	0	0		0	0	0		
					WP6NG240E40	6750	176	GB11340－2005 GB18285－2005 GB17691－2005 国Ⅳ	8949	2450	3365	4340	12500	9300	37	0	16	1	0	0	18	32	16	2	1	9		0	0	0		
					WP7NG240E40	7140	177	GB11340－2005 GB18285－2005 GB17691－2005 国Ⅳ	8949	2450	3365	4340	12500	9300	0	0	0	0	4	0	0	0	0	0	0	0		0	0	0		
					YC6G230N－40	7800	170	GB11340－2005 GB18285－2005 GB17691－2005 国Ⅳ	8949	2450	3365	4340	12500	9300	0	0	0	0	0	2	0	0	0	0	0	0		0	0	0		
			KLQ6905KQC50	KLQ6870RAC5	WP6NG240E50	6750	176	GB11340－2005 GB18285－2005 GB17691－2005 国Ⅴ	8995	2500	3470	4300	13530	10330	0	0	0	0	0	0	0	2	0	0	0	0		0	0	0		
			KLQ6920QCE4	KLQ6880QCE4	WP6NG240E40	6750	176	GB11340－2005 GB18285－2005 GB17691－2005 国Ⅳ	9225	2450	3600	4500	14500	11300	3	0	0	0	0	0	3	1	0	1	0	0		0	0	0		
			KLQ6995KAC51	承载式车身	YC6G260N－50	7800	191	GB17691－2005 国Ⅴ GB11340－2005 GB18285－2005	9945	2500	3440	4950	14400	10890	0	0	0	0	0	0	0	0	3	0	0	0		0	0	0		
					WP7NG240E50	7140	177	GB17691－2005 国Ⅴ GB11340－2005 GB18285－2005	9945	2500	3440	4950	14400	10890	0	0	0	0	0	0	0	0	0	0	3	0		0	0	0		
			KLQ6995KQC41	KLQ6975QC4	YC6G260N－40	7800	191	GB3847－2005 GB17691－2005 国Ⅳ	9945	2500	3455	4950	14400	10890	0	0	0	0	0	3	0	0	0	1	0	0		0	0	0		

续表

企业名称	车辆品牌	车辆名称	车辆型号	底盘型号	发动机型号	排量(mL)	功率(kW)	排放标准	外形尺寸(mm) 外廓长	外形尺寸(mm) 外廓宽	外形尺寸(mm) 外廓高	轴距(mm)	总质量(kg)	整备质量(kg)	2013年 1月	2月	3月	4月	5月	6月	7月	8月	9月	10月	11月	12月	小计(辆)	2014年 1月	2月	3月	小计(辆)	合计(辆)
北汽福田汽车股份有限公司	福田牌	城市客车	BJ6105C6MCD	BJ6105C6MCD	WP6NG240E50	6750	176	GB17691-2005 国Ⅴ GB11340-2005 GB18285-2005	10500	2500	3200	5000	15500	10500	0	0	0	5	30	0	0	0	48	0	34	0	2954	0	0	0	0	2954
						6750	176	GB17691-2005 国Ⅴ GB11340-2005 GB18285-2005	10500	2500	3420	5000	15500	10500	0	0	0	0	0	0	0	0	0	0	0	16		0	0	0		
					YC6G230N-50	7800	170	GB17691-2005 国Ⅴ GB11340-2005 GB18285-2005	10500	2500	3200	5000	15500	10500	0	0	0	0	0	0	0	1	0	2	0	0		0	0	0		
			BJ6105C7MCB-1	BJ6105C7MCB-1	YC6G230N-40	7800	170	GB17691-2005 国Ⅳ GB11340-2005 GB18285-2005	10490	2500	3150	5000	15500	10500	0	0	0	0	0	36	54	0	25	0	1	0		0	0	0		
			BJ6105C7MTB	BJ6105C7MTB	SC8DT230Q4	8270	170	GB17691-2005 国Ⅳ GB11340-2005 GB18285-2005	10490	2500	3150	5000	15500	10500	0	0	0	0	0	0	0	0	86	0	0	0		0	0	0		
			BJ6112C7MCB	BJ6112C7MCB	WP7NG240E40	7140	177	GB17691-2005 国Ⅳ GB11340-2005 GB18285-2005	11400	2500	3050	5650	16000	11100	48	0	0	0	0	0	0	0	0	0	0	0		0	0	0		
					WP7NG260E40	7140	191	GB17691-2005 国Ⅳ GB11340-2005 GB18285-2005	11400	2500	3150	5650	16000	11400	0	0	0	0	0	11	0	0	0	0	0	0		0	0	0		
			BJ6112C7MCB-1	BJ6112C7MCB-1	YC6G260N-50	7800	191	GB17691-2005 国Ⅴ GB11340-2005 GB18285-2005	11400	2500	3250	5650	16000	11400	0	0	0	0	0	0	0	0	30	0	0	0		0	0	0		
			BJ6123C7BCD-1	BJ6123C7BCD-1	WP7NG240E40	7140	177	GB17691-2005 国Ⅳ GB11340-2005 GB18285-2005	11980	2550	3100	5900	17950	11900	0	0	0	0	1	0	0	0	0	0	0	0		0	0	0		
					YC6G260N-40	7800	191	GB17691-2005 国Ⅳ GB11340-2005 GB18285-2005	11980	2550	3200	5900	17950	12200	0	0	0	15	0	0	0	0	0	0	0	49		0	0	0		
			BJ6123C7BCD-2	承载式车身	F4BE0642D * B	5880	150	GB17691-2005 国Ⅴ GB18285-2005 GB11340-2005	11980	2550	3250	5900	17950	11800	0	0	0	0	0	0	0	0	0	0	0	174		0	0	0		
			BJ6123C7BTD-1	承载式车身	WP7NG260E50	7140	191	GB17691-2005 国Ⅳ GB18285-2005 GB11340-2005	11980	2550	3250	5900	17950	12500	0	0	0	0	0	0	163	0	0	200	150	0		0	0	0		

续表

企业名称	车辆品牌	车辆名称	车辆型号	底盘型号	发动机型号	排量(mL)	功率(kW)	排放标准	外形尺寸(mm) 外廓长	外形尺寸(mm) 外廓宽	外形尺寸(mm) 外廓高	轴距(mm)	总质量(kg)	整备质量(kg)	2013年 1月	2013年 2月	2013年 3月	2013年 4月	2013年 5月	2013年 6月	2013年 7月	2013年 8月	2013年 9月	2013年 10月	2013年 11月	2013年 12月	2013年 小计(辆)	2014年 1月	2014年 2月	2014年 3月	2014年 小计(辆)	合计(辆)
同上	同上	同上	BJ6123C7BTD-1	承载式车身	YC6L240N-52	8424	177	GB17691-2005 国Ⅴ GB18285-2005 GB11340-2005	11980	2550	3400	5900	17950	12100	0	0	0	0	0	0	0	0	0	0	0	51		0	0	0		
					YC6L260N-52	8424	191	GB17691-2005 国Ⅳ GB18285-2005 GB11340-2005	11980	2550	3250	5900	17950	12500	0	0	0	0	0	0	0	133	149	0	0	0		0	0	0		
			BJ6128C8BCD	承载式车身	F2BE0642F*B	7800	213	GB17691-2005 国Ⅳ GB11340-2005 GB18285-2005	12350	2550	3980	5000+1450	23800	14500	0	0	0	40	0	0	0	0	0	0	0	1		0	0	0		
			BJ6140C8CTD	承载式车身	WP10NG300E50	9726	220	GB17691-2005 国Ⅳ GB3847-2005	13680	2550	3420	6150+1450	22900	13900	0	0	0	0	0	0	0	0	0	0	0	26		0	0	0		
			BJ6180C8CTD	承载式车身	F2BE0642F*B	7800	213	GB17691-2005 国Ⅳ GB11340-2005 GB18285-2005	17980	2550	3200	5800+6100	28000	17000	0	0	0	0	0	50	0	0	0	0	0	0		0	0	0		
			BJ6760C5MCB	BJ6750BCOCA	YC4D140N-40	4214	103	GB17691-2005 国Ⅳ GB11340-2005 GB18285-2005	7645	2350	3100	3600	10600	7100	0	0	0	50	0	0	0	0	0	0	0	0		0	0	0		
						4214	103	GB17691-2005 国Ⅳ GB11340-2005 GB18285-2005	7645	2350	3220	3600	10600	6900	0	0	0	0	25	0	0	0	0	0	0	0		0	0	0		
			BJ6760C5MCB-1	BJ6750BCOCA-1	YC4D140N-50	4214	103	GB17691-2005 国Ⅴ GB11340-2005 GB18285-2005	7645	2350	3220	3600	10600	6900	30	0	0	0	0	0	0	0	0	0	0	0		0	0	0		
						4214	103	GB17691-2005 国Ⅴ GB11340-2005 GB18285-2005	7645	2350	3100	3600	10600	7100	0	0	0	0	0	0	1	40	0	0	0	0		0	0	0		
			BJ6831C6MCB-1	BJ6810BKODA-1	YC4G180N-40	5200	132	GB17691-2005 国Ⅳ GB11340-2005 GB18285-2005	8345	2450	3280 3150 3050	3900	12200	8400 8600	14	0	0	0	1	0	0	2	0	0	0	9		0	0	0		
			BJ6831C6MCB-2	BJ6810BKODA-2	WP5NG180E50	4760	132	GB17691-2005 国Ⅴ GB11340-2005 GB18285-2005	8345	2450	3280	3900	12200	8400	14	0	0	0	8	0	0	0	0	0	0	0		0	0	0		
					YC4G180N-50	5200	132	GB17691-2005 国Ⅴ GB11340-2005 GB18285-2005	8345	2450	3150	3900	12200	8600	0	0	0	0	0	0	1	0	0	0	20	0		0	0	0		

续表

企业名称	车辆品牌	车辆名称	车辆型号	底盘型号	发动机型号	排量(mL)	功率(kW)	排放标准	外形尺寸(mm) 外廓长	外形尺寸(mm) 外廓宽	外形尺寸(mm) 外廓高	轴距(mm)	总质量(kg)	整备质量(kg)	2013年 1月	2013年 2月	2013年 3月	2013年 4月	2013年 5月	2013年 6月	2013年 7月	2013年 8月	2013年 9月	2013年 10月	2013年 11月	2013年 12月	2013年 小计(辆)	2014年 1月	2014年 2月	2014年 3月	2014年 小计(辆)	合计(辆)
同上	同上	城市客车	BJ6851C6BCD	BJ6851C6BCD	YC4G180N－50	5200	132	GB17691－2005 国Ⅴ GB11340－2005 GB18285－2005	8540	2350	3000	4000	12500	8500	0	0	0	0	0	0	0	0	0	0	0	71		0	0	0		
			BJ6901C6MCB－2	BJ6870BKODD－2	YC6J210N－40	6500	155	GB17691－2005 国Ⅳ GB11340－2005 GB18285－2005	8990	2450	3150	4250	13200	8900	0	0	16	0	0	0	0	0	0	0	0	0		0	0	0		
			BJ6931C6MCB	BJ6900BKODD	YC6J210N－40	6500	155	GB17691－2005 国Ⅳ GB11340－2005 GB18285－2005	9300	2450	3300 3150	4560	13200	9000	0	0	6	0	0	0	0	0	0	0	1	93		0	0	0		
		客车	BJ6110U7LCB－1	BJ6102BKODK	WP7NG260E40	7140	191	GB17691－2005 国Ⅳ GB11340－2005 GB18285－2005	10680	2500	3600	5170	15330	11670	1	1	0	0	40	0	0	0	1	0	0	0		0	0	0		
			BJ6113U8MCB	BJ6113U8MCB	YC6G260N－50	7800	191	GB17691－2005 国Ⅴ GB11340－2005 GB18285－2005	10990	2500	3420	5450	16500	11350	0	0	0	0	0	0	0	0	0	0	0	1		0	0	0		
			BJ6115U8ATB	承载式车身	YC6G260N－40	7800	191	GB17691－2005 国Ⅳ GB11340－2005 GB18285－2005	10990	2500	3580	5450	15900	11770	0	0	0	0	0	0	0	40	0	0	1			0	0	0		
					SC8DT250Q4	8270	184	GB17691－2005 国Ⅳ GB11340－2005 GB18285－2005	10990	2500	3580	5450	15900	11770	0	0	0	0	0	0	0	0	0	0	0	1		0	0	0		
			BJ6115U8ATB－1	承载式车身	WP7NG260E40	7140	191	GB17691－2005 国Ⅳ GB11340－2005 GB18285－2005	10990	2500	3580	5450	15900	11770	0	0	0	2	0	0	0	0	0	0	1	0		0	0	0		
			BJ6115U8ATB－2	承载式车身	YC6L280N－52	8424	206	GB17691－2005 国Ⅴ GB11340－2005 GB18285－2005	10990	2500	3580	5450	15900	11770	0	0	0	0	0	0	0	0	0	10	0	0		0	0	0		
			BJ6115U8ATB－3	承载式车身	YC6L280N－52	8424	206	GB17691－2005 国Ⅴ GB11340－2005 GB18285－2005	10990	2500	3580	5450	15900	11770	0	0	1	0	0	0	0	0	0	0	0	0		0	0	0		
			BJ6127C8MTB	BJ6127C8MTB	YC6MK320N－50	10338	236	GB17691－2005 国Ⅴ GB11340－2005 GB18285－2005	11980	2550	3330	6000	17800	12500	0	0	0	0	0	0	100	124	235	151	108	1		0	0	0		
			BJ6129U8BTB	承载式车身	WP10NG336E40	9726	247	GB17691－2005 国Ⅳ GB11340－2005 GB18285－2005	12000	2550	3960	6000	18000	13240	1	0	0	0	0	0	0	0	0	0	0	1		0	0	0		

续表

企业名称	车辆品牌	车辆名称	车辆型号	底盘型号	发动机型号	排量(mL)	功率(kW)	排放标准	外形尺寸(mm) 外廓长	外廓宽	外廓高	轴距(mm)	总质量(kg)	整备质量(kg)	2013年 1月	2月	3月	4月	5月	6月	7月	8月	9月	10月	11月	12月	小计(辆)	2014年 1月	2月	3月	小计(辆)	合计(辆)
同上	同上	同上	BJ6129U8BTB-1	承载式车身	WP12NG380E50	11596	280	GB17691-2005 国Ⅴ / GB11340-2005 / GB18285-2005	12000	2550	3960	6000	18000	13240	0	0	0	0	0	9	0	0	0	0	4	0		0	0	0		
同上	同上	同上	BJ6800U6ACB	承载式车身	YC4G180N-40	5199	132	GB17691-2005 国Ⅳ / GB11340-2005 / GB18285-2005	7995	2450	3380	3800	10600	7870	0	0	0	0	0	0	5	0	1	0	0	0		0	0	0		
同上	同上	同上	BJ6800U6ACB-1	承载式车身	SC5DT180Q4	5308	132	GB17691-2005 国Ⅳ / GB11340-2005 / GB18285-2005	7995	2450	3580	3800	10600	7870	0	0	0	0	0	0	1	0	0	0	0	0		0	0	0		
同上	同上	同上	BJ6800U6ACB-1	承载式车身	YC4G180N-40	5199	132	GB17691-2005 国Ⅳ / GB11340-2005 / GB18285-2005	7995	2450	3380	3800	10150	7570	1	0	0	0	14	3	0	0	1	0	13	2		0	0	0		
同上	同上	同上	BJ6850U6ACB-1	承载式车身	YC6J210N-40	6494	155	GB17691-2005 国Ⅳ / GB11340-2005 / GB18285-2005	8520	2450	3380	4100	11920	8880	1	0	1	2	3	16	0	0	0	0	0	2		0	0	0		
同上	同上	同上	BJ6900U7ACB	承载式车身	YC6G230N-40	7800	170	GB17691-2005 国Ⅳ / GB11340-2005 / GB18285-2005	8995	2450	3580	4425	12800	9300	0	0	0	0	0	0	0	0	1	0	0	0		0	0	0		
同上	同上	同上	BJ6900U7ACB-1	承载式车身	WP6NG240E40	6750	176	GB17691-2005 国Ⅳ / GB11340-2005 / GB18285-2005	8995	2450	3380	4425	12800	9300	4	0	0	0	0	0	0	1	0	0	0	0		0	0	0		
同上	同上	同上	BJ6900U7ACB-1	承载式车身	YC6G230N-40	7800	170	GB17691-2005 国Ⅳ / GB11340-2005 / GB18285-2005	8995	2450	3380	4425	12800	9300	0	0	0	0	6	0	0	0	0	0	0	0		0	0	0		
同上	同上	同上	BJ6902U7ACB-1	承载式车身	YC6G230N-50	7800	170	GB17691-2005 国Ⅴ / GB11340-2005 / GB18285-2005	8995	2450	3400	4380	13000	9600	0	0	0	0	0	10	0	0	0	0	0	0		0	0	0		
同上	同上	同上	BJ6902U7ACB-1	承载式车身	WP6NG240E50	6750	176	GB17691-2005 国Ⅴ / GB11340-2005 / GB18285-2005	8995	2450	3400	4380	13000	9600	0	0	0	0	0	0	0	0	0	1	0	0		0	0	0		
中通客车控股股份有限公司	中通牌	城市客车	LCK6105HGC	LCK6104RGC	WP7NG240E40	7140	177	GB17691-2005 国Ⅳ / GB11340-2005 / GB18285-2005	10500	2500	3380	5000	16000	10900	90	72	8	0	20	0	0	64	10	0	0	71	2557	0	0	0	0	2557
中通客车控股股份有限公司	中通牌	城市客车	LCK6105HGC	LCK6104RGC	YC6G230N-40	7800	170	GB17691-2005 国Ⅳ / GB11340-2005 / GB18285-2005	10500	2500	3280	5000	16000	10900	0	0	0	0	0	0	0	0	0	2	0	0	2557	0	0	0	0	2557

续表

企业名称	车辆品牌	车辆名称	车辆型号	底盘型号	发动机型号	排量(mL)	功率(kW)	排放标准	外形尺寸(mm)			轴距(mm)	总质量(kg)	整备质量(kg)	2013年													2014年				合计(辆)
									外廓长	外廓宽	外廓高				1月	2月	3月	4月	5月	6月	7月	8月	9月	10月	11月	12月	小计(辆)	1月	2月	3月	小计(辆)	
同上	同上	同上	LCK6105HGC	LCK6104RGC	YC6J210N－40	6454	155	GB17691－2005国Ⅳ GB11340－2005 GB18285－2005	10500	2500	3380	5000	16000	10500	0	0	0	0	0	17	0	0	0	0	9	0		0	0	0		
				LCK6995RGN	WP6NG240E50	6750	176	GB17691－2005国Ⅴ GB18285－2005 GB11340－2005	10500	2500	3260	5000	16000	10900	0	0	0	0	0	0	2	0	0	0	0	0		0	0	0		
					WP7NG240E50	7140	177	GB17691－2005国Ⅴ GB18285－2005 GB11340－2005	10500	2500	3260	5000	16000	10900	0	0	0	0	0	0	0	18	1	0	0	15		0	0	0		
			LCK6109DGC	LCK6104DGC	NQ180N4	6870	132	GB11340－2005 GB18285－2005 GB17691－2005国Ⅳ	10500	2500	3100	5000	14000	8650	0	0	0	0	0	0	0	25	0	0	0	0		0	0	0		
					YC6J190N－40	6494	140	GB11340－2005 GB18285－2005 GB17691－2005国Ⅳ	10500	2500	3100	5000	14000	8650	0	0	0	0	0	0	0	0	31	10	0	0		0	0	0		
			LCK6115HGC	LCK6114RGC	WP7NG270E40	7140	199	GB17691－2005国Ⅳ GB18285－2005 GB11340－2005	11490	2500	3380	5600	16500	11500	0	0	27	0	30	0	0	0	0	0	0	47		0	0	0		
			LCK6125HGC	LCK6124RGC	WP7NG270E40	7140	199	GB17691－2005国Ⅳ GB11340－2005 GB18285－2005	11990	2540	3260	6000	17990	11900	0	0	4	1	0	0	0	0	0	0	0	0		0	0	0		
					YC6G260N－40	7800	191	GB17691－2005国Ⅳ GB11340－2005 GB18285－2005	11990	2540	3170	6000	17990	11500	0	0	0	0	18	0	0	0	0	0	0	20		0	0	0		
			LCK6125HGN	LCK6125RGN	YC6G260N－50	7800	191	GB17691－2005国Ⅴ GB18285－2005 GB11340－2005	11990	2540	3380	6000	17990	11900	0	0	0	0	0	0	0	50	0	0	0	0		0	0	0		
			LCK6125HQGC	承载式车身	YC6G260N－40	7800	191	GB17691－2005国Ⅳ GB11340－2005 GB18285－2005	11990	2540	3380	6000	17990	11900	0	0	0	0	0	0	10	0	0	0	0	0		0	0	0		
			LCK6125HQGN	承载式车身	WP7NG270E50	7140	199	GB17691－2005国Ⅴ GB18285－2005 GB11340－2005	11990	2540	3260	6000	17990	11900	0	0	0	0	0	0	0	0	0	43	62	0		0	0	0		
					YC6G260N－50	7800	191	GB17691－2005国Ⅴ GB18285－2005 GB11340－2005	11990	2540	3455	6000	17990	11900	0	0	0	0	0	0	0	0	0	0	0	34		0	0	0		

续表

企业名称	车辆品牌	车辆名称	车辆型号	底盘型号	发动机型号	排量(mL)	功率(kW)	排放标准	外形尺寸(mm) 外廓长	外廓宽	外廓高	轴距(mm)	总质量(kg)	整备质量(kg)	2013年 1月	2月	3月	4月	5月	6月	7月	8月	9月	10月	11月	12月	小计(辆)	2014年 1月	2月	3月	小计(辆)	合计(辆)
同上	同上	同上	LCK6129DGC	EQ6120KC4N	YC6J210N－40	6454	155	GB11340－2005 GB18285－2005 GB17691－2005国Ⅳ	11990	2500	3060	6000	18000	10450	1	0	0	0	0	0	0	0	0	0	0	0		0	0	0		
			LCK6660CNG3	EQ6570KN3AC	NQ120N	3759	92	GB11340－2005 GB18285－2005 GB17691－2005国Ⅲ	6620	2200	2950	3300	6500	4500	1	0	0	1	0	0	0	0	0	0	0	0		0	0	0		
			LCK6660N4GE	EQ6570KN4AC2	NQ120N4	3759	92	GB11340－2005 GB18285－2005 GB17691－2005国Ⅳ	6620	2240	2820	3300	6900	4300	0	0	0	1	0	0	0	10	1	2	4	11		0	0	0		
			LCK6720N4GH	HFC6640NY1F	NQ120N4	3759	92	GB11340－2005 GB18285－2005 GB17691－2005国Ⅳ	7150	2260	2820	3300	7450	4600	0	0	0	0	0	3	23	0	1	2	4	9		0	0	0		
			LCK6730CNG3	HFC6710CNY3	NQ120N	3759	92	GB17691－2005国Ⅲ GB11340－2005 GB18285－2005	7320	2320	3180	3300	8120	5000	8	1	0	0	0	0	0	0	0	0	0	0		0	0	0		
			LCK6730N4GE	EQ6693TN4AC	NQ120N4	3759	92	GB11340－2005 GB18285－2005 GB17691－2005国Ⅳ	7345	2340	2950	3300	8650	5200	1	0	0	1	6	27	4	19	19	1	27	2		0	0	0		
			LCK6730N4GH	HFC6680NY1F	NQ120N4	3759	92	GB11340－2005 GB18285－2005 GB17691－2005国Ⅳ	7320	2360	3150	3300	8650	5400	9	11	0	3	2	0	0	0	0	0	0	58		0	0	0		
					NQ140N4	3759	103	GB11340－2005 GB18285－2005 GB17691－2005国Ⅳ	7320	2360	2950	3300	8650	5200	0	0	0	0	0	0	51	3	0	6	0	0		0	0	0		
			LCK6770N4GE	EQ6733TN4AC	NQ120N4	3759	92	GB11340－2005 GB18285－2005 GB17691－2005国Ⅳ	7740	2340	3000	3650	9000	5800	0	0	4	0	0	0	0	16	0	0	0	0		0	0	0		
					NQ140N4	3759	103	GB11340－2005 GB18285－2005 GB17691－2005国Ⅳ	7740	2340	3160	3650	9000	5800	0	0	0	0	0	0	0	0	0	0	0	11		0	0	0		
			LCK6770N4GRH	HFC6730NY1F	NQ140N4	3759	103	GB11340－2005 GB18285－2005 GB17691－2005国Ⅳ	7670	2340	3400	3500	9700	6550	0	0	0	0	10	0	0	0	0	0	0	0		0	0	0		
					YC4D140N－40	4214	103	GB11340－2005 GB18285－2005 GB17691－2005国Ⅳ	7670	2340	3000	3500	9700	6550	0	0	0	13	0	0	1	0	1	0	62	21		0	0	0		

续表

企业名称	车辆品牌	车辆名称	车辆型号	底盘型号	发动机型号	排量(mL)	功率(kW)	排放标准	外形尺寸(mm)			轴距(mm)	总质量(kg)	整备质量(kg)	2013年													2014年				合计(辆)
									外廓长	外廓宽	外廓高				1月	2月	3月	4月	5月	6月	7月	8月	9月	10月	11月	12月	小计(辆)	1月	2月	3月	小计(辆)	
同上	同上	同上	LCK6771N4GRH	HFC6730NY2F	WP5NG165E40	4760	121	GB11340-2005 GB18285-2005 GB17691-2005 国Ⅳ	7670	2360	3400	3500	9700	6550	0	0	0	0	0	0	35	5	0	0	0	0		0	0	0		
			LCK6820HGC	LCK6764RGC	WP5NG180E40	4760	132	GB17691-2005 国Ⅳ GB18285-2005 GB11340-2005	8190	2380	3140	3800	11000	7600	35	0	0	0	0	0	0	67	0	0	0	20		0	0	0		
			LCK6820HGN	LCK6765RGN	WP5NG180E50	4760	132	GB17691-2005 国Ⅴ GB18285-2005 GB11340-2005	8190	2380	3140	3800	11000	8000	0	0	0	0	0	0	0	0	0	0	0	20		0	0	0		
			LCK6841GC	LCK6781RGC	YC4G180N-30	5202	132	GB17691-2005 国Ⅲ GB18285-2005 GB11340-2005	8430	2480	3380	3900	11550	8000	1	0	16	0	0	2	2	0	0	0	0	0		0	0	0		
			LCK6850HGC	LCK6794RGC	WP5NG180E40	4760	132	GB17691-2005 国Ⅳ GB18285-2005 GB11340-2005	8545	2480	3380	4000	12200	8200	0	0	16	0	0	0	0	0	8	10	1	8		0	0	0		
			LCK6850HGN	LCK6805RGN	YC4G180N-50	5200	132	GB17691-2005 国Ⅴ GB18285-2005 GB11340-2005	8545	2480	3240	4000	12200	8200	0	0	0	0	0	14	0	0	0	0	0	0		0	0	0		
					WP5NG180E50	4760	132	GB17691-2005 国Ⅴ GB18285-2005 GB11340-2005	8545	2480	3240	4000	12200	9200	0	0	0	0	0	0	0	0	0	79	0	0		0	0	0		
			LCK6859DGC	EQ6780TN4AC	NQ160N4	5975	118	GB11340-2005 GB18285-2005 GB17691-2005 国Ⅳ	8545	2500	3060	4000	11200	7300	0	0	0	0	0	2	0	0	0	4	0	0		0	0	0		
			LCK6900HGN	LCK6865RGN	YC6J210N-52	6494	155	GB17691-2005 国Ⅴ GB18285-2005 GB11340-2005	8995	2480	3240	4200	13200	9200	0	0	0	0	0	50	0	0	0	0	0	0		0	0	0		
					WP6NG210E50	6750	155	GB17691-2005 国Ⅴ GB18285-2005 GB11340-2005	8995	2480	3240	4200	13200	9200	0	0	0	0	0	0	9	0	0	2	0	0		0	0	0		
			LCK6950HGC	LCK6894RGC	YC6J210N-40	6500	155	GB17691-2005 国Ⅳ GB18285-2005 GB11340-2005	9500	2500	3140	4500	13200	9300	0	21	0	0	0	0	3	0	0	0	0	0		0	0	0		
					WP6NG210E40	6750	155	GB17691-2005 国Ⅳ GB18285-2005 GB11340-2005	9500	2500	3020	4500	13200	8765	0	0	0	0	0	0	0	0	46	0	0	5		0	0	0		

续表

企业名称	车辆品牌	车辆名称	车辆型号	底盘型号	发动机型号	排量(mL)	功率(kW)	排放标准	外形尺寸(mm) 外廓长	外廓宽	外廓高	轴距(mm)	总质量(kg)	整备质量(kg)	2013年 1月	2月	3月	4月	5月	6月	7月	8月	9月	10月	11月	12月	小计(辆)	2014年 1月	2月	3月	小计(辆)	合计(辆)
同上	同上	客车	LCK6107HC	LCK6103RAC	YC6G260N－30	7800	191	GB17691－2005 国Ⅲ GB18285－2005 GB11340－2005	10500	2500	3580	5170	15700	11725	4	0	1	1	0	0	0	0	0	0	0	0		0	0	0		
			LCK6107HCD	LCK6104RAC	WP7NG260E40	7140	191	GB17691－2005 国Ⅳ GB11340－2005 GB18285－2005	10500	2500	3580	5170	16450	11725	0	0	0	0	0	5	0	0	0	0	0	9		0	0	0		
			LCK6107HCD1	LCK6104RBC	WP7NG260E40	7140	191	GB17691－2005 国Ⅳ GB18285－2005 GB11340－2005	10500	2500	3580	5170	15900	11725	7	2	0	0	0	1	0	0	0	0	0	1		0	0	0		
					YC6G260N－40	7800	191	GB17691－2005 国Ⅳ GB18285－2005 GB11340－2005	10500	2500	3580	5170	15900	11725	0	0	0	0	5	0	0	6	0	0	1	0		0	0	0		
			LCK6117HCD1	LCK6104RDC	WP7NG270E40	7140	199	GB17691－2005 国Ⅳ GB18285－2005 GB11340－2005	10980	2500	3580	5400	15900	11760	3	1	0	0	0	0	12	23	0	0	0	4		0	0	0		
					YC6G260N－40	7800	191	GB17691－2005 国Ⅳ GB18285－2005 GB11340－2005	10980	2500	3580	5400	15900	11760	0	0	0	5	0	3	0	0	0	0	0	0		0	0	0		
			LCK6117HN	LCK6105RBN	YC6L280N－52	8424	206	GB17691－2005 国Ⅴ GB11340－2005 GB18285－2005	10980	2500	3620	5400	16500	11500	0	0	0	0	0	0	7	0	0	0	0	4		0	0	0		
					WP7NG270E50	7140	199	GB17691－2005 国Ⅴ GB11340－2005 GB18285－2005	10980	2500	3620	5400	16500	11500	0	0	0	0	0	0	0	0	0	1	0	0		0	0	0		
			LCK6120HCD1	LCK6114RAC	YC6MK290N－40	10338	214	GB17691－2005 国Ⅳ GB18285－2005 GB11340－2005	11565	2500	3700	5870	17000	12700	0	0	0	0	0	0	0	1	2	0	0	0		0	0	0		
			LCK6120HQN1	承载式车身	YC6MK300N－50	10338	221	GB17691－2005 国Ⅴ GB11340－2005 GB18285－2005	11700	2540	3700	5980	16500	12365	0	0	0	0	0	0	0	0	0	0	0	1		0	0	0		
			LCK6125HCD1	LCK6124RBC	WP10NG336E40	9726	247	GB17691－2005 国Ⅳ GB18285－2005 GB11340－2005	11990	2540	3700	6000	18000	13390	0	0	0	0	0	0	0	1	0	0	0	0		0	0	0		
			LCK6125HQCD1	承载式车身	WP10NG336E40	9726	247	GB17691－2005 国Ⅳ GB18285－2005 GB11340－2005	11990	2540	3700	6000	18000	13550	1	0	0	0	3	0	0	4	9	8	30	0		0	0	0		

续表

企业名称	车辆品牌	车辆名称	车辆型号	底盘型号	发动机型号	排量(mL)	功率(kW)	排放标准	外形尺寸(mm)			轴距(mm)	总质量(kg)	整备质量(kg)	2013年													2014年				合计(辆)
									外廓长	外廓宽	外廓高				1月	2月	3月	4月	5月	6月	7月	8月	9月	10月	11月	12月	小计(辆)	1月	2月	3月	小计(辆)	
同上	同上	同上	LCK6129HQBN1	承载式车身	WP12NG380E50	11596	280	GB17691－2005 国Ⅴ GB11340－2005 GB18285－2005	11990	2550	3920	5800	18000	13550	0	0	0	0	0	0	0	0	0	0	0	4		0	0	0		
			LCK6129HQCD1	承载式车身	WP10NG336E40	9726	247	GB17691－2005 国Ⅳ GB18285－2005 GB11340－2005	11990	2550	3830	6000	18000	13700	0	0	0	0	0	0	0	1	0	0	0	0		0	0	0		
					YC6MK340N－40	10338	250	GB17691－2005 国Ⅳ GB18285－2005 GB11340－2005	11990	2550	3830	6000	18000	13700	2	0	0	1	1	0	0	0	0	1	0	0		0	0	0		
			LCK6129HQCD2	承载式车身	WP10NG336E40	9726	247	GB17691－2005 国Ⅳ GB18285－2005 GB11340－2005	11990	2550	3830	6000	18000	13350	2	0	5	0	0	0	0	1	0	1	0	0		0	0	0		
			LCK6601N3	HFC6601CNY3	NQ120N	3759	92	GB17691－2005 国Ⅲ GB11340－2005 GB18285－2005	5998	2200	2750	3308	5320	3600	8	0	6	4	8	5	1	0	0	0	0	0		0	0	0		
			LCK6601N4E	EQ6570KN4AC1	NQ100N4	3759	79	GB11340－2005 GB18285－2005 GB17691－2005 国Ⅳ	5998	2240	2820	3300	5782	4100	8	0	0	0	16	0	7	16	20	4	4	1		0	0	0		
			LCK6601N4H	HFC6570NY1F	NQ100N4	3759	79	GB11340－2005 GB18285－2005 GB17691－2005 国Ⅳ	5998	2240	2820	3308	5782	4100	0	0	0	0	0	6	0	0	0	0	0	0		0	0	0		
					NQ120N4	3759	92	GB11340－2005 GB18285－2005 GB17691－2005 国Ⅳ	5998	2240	2820	3308	5782	4100	3	0	0	0	1	0	4	2	1	3	0	6		0	0	0		
			LCK6660N4E	EQ6570KN4AC2	NQ120N4	3759	92	GB11340－2005 GB18285－2005 GB17691－2005 国Ⅳ	6620	2240	2820	3300	6528	4300	4	0	0	1	11	3	4	0	0	1	1	0		0	0	0		
			LCK6660N4H	HFC6570NY1F	NQ100N4	3759	79	GB11340－2005 GB18285－2005 GB17691－2005 国Ⅳ	6620	2240	2820	3308	6500	4300	0	0	0	0	0	0	0	0	0	0	11	0		0	0	0		
					NQ120N4	3759	92	GB11340－2005 GB18285－2005 GB17691－2005 国Ⅳ	6620	2240	2820	3308	6500	4300	7	0	1	0	0	5	2	0	9	6	0	1		0	0	0		
			LCK6750N4E	EQ6690KN4AC	NQ160N4	5975	118	GB11340－2005 GB18285－2005 GB17691－2005 国Ⅳ	7495	2340	3125	3800	8500	5900	1	0	0	0	1	4	2	0	2	0	0	0		0	0	0		

续表

企业名称	车辆品牌	车辆名称	车辆型号	底盘型号	发动机型号	排量(mL)	功率(kW)	排放标准	外形尺寸(mm) 外廓长	外廓宽	外廓高	轴距(mm)	总质量(kg)	整备质量(kg)	2013年 1月	2月	3月	4月	5月	6月	7月	8月	9月	10月	11月	12月	小计(辆)	2014年 1月	2月	3月	小计(辆)	合计(辆)
同上	同上	同上	LCK6750N4H	HFC6710NY1F	NQ140N4	3759	103	GB11340－2005 GB18285－2005 GB17691－2005 国Ⅳ	7495	2340	3125	3800	8500	5900	5	0	0	1	0	0	0	0	0	0	0	0		0	0	0		
同上	同上	同上	LCK6758HC	LCK6733RAC	YC4G180N－30	5202	132	GB17691－2005 国Ⅲ GB18285－2005 GB11340－2005	7548	2420	3290	3500	10000	7270	0	0	1	0	0	0	0	0	0	0	0	0		0	0	0		
同上	同上	同上	LCK6769HC1	LCK6734RAC	WP5NG180E40	4760	132	GB11340－2005 GB18285－2005 GB17691－2005 国Ⅳ	7620	2480	3350	3550	10500	7900	0	0	0	0	1	0	0	0	1	0	0	0		0	0	0		
同上	同上	同上	LCK6769HC1	LCK6734RAC	YC4G180N－40	5200	132	GB11340－2005 GB18285－2005 GB17691－2005 国Ⅳ	7620	2480	3350	3550	10500	7900	0	0	0	0	0	0	0	0	0	0	0	2		0	0	0		
同上	同上	同上	LCK6769HN1	LCK6735RAN	WP5NG180E50	4760	132	GB17691－2005 国Ⅴ GB18285－2005 GB11340－2005	7620	2480	3380	3550	10500	7900	0	0	0	0	0	0	0	0	0	1	0	3		0	0	0		
同上	同上	同上	LCK6798DC	EQ6770TN3AC1	NQ170N	5638	125	GB11340－2005 GB18285－2005 GB17691－2005 国Ⅲ	7948	2420	3400	3800	9800	7050	0	0	0	1	1	0	0	0	0	0	0	0		0	0	0		
同上	同上	同上	LCK6798HC	LCK6773RAC	YC4G180N－30	5200	132	GB17691－2005 国Ⅲ GB18285－2005 GB11340－2005	7948	2420	3290	3800	10700	7970	5	2	3	0	3	0	3	0	0	0	0	0		0	0	0		
同上	同上	同上	LCK6798HC－1	LCK6773RAC	YC4G180N－30	5200	132	GB17691－2005 国Ⅲ GB18285－2005 GB11340－2005	7948	2420	3290	3800	10700	7970	0	1	0	0	0	0	1	0	0	0	0	0		0	0	0		
同上	同上	同上	LCK6798N4E	EQ6780TGN4AC	NQ160N4	5975	118	GB11340－2005 GB18285－2005 GB17691－2005 国Ⅳ	7948	2420	3400	3800	9800	7050	0	1	0	1	0	0	0	0	0	0	0	0		0	0	0		
同上	同上	同上	LCK6798N4E	EQ6780TGN4AC	NQ180N4	6870	132	GB11340－2005 GB18285－2005 GB17691－2005 国Ⅳ	7948	2420	3400	3800	9800	7050	0	0	0	0	0	0	0	0	4	0	0	0		0	0	0		
同上	同上	同上	LCK6809HC	LCK6774RAC	YC4G180N－40	5200	132	GB17691－2005 国Ⅳ GB11340－2005 GB18285－2005	8040	2480	3350	3800	11000	8270	1	0	0	4	3	0	0	0	1	0	1	1		0	0	0		
同上	同上	同上	LCK6809HC1	LCK6774RAC	WP5NG180E40	4760	132	GB17691－2005 国Ⅳ GB11340－2005 GB18285－2005	8040	2480	3350	3800	10800	8270	0	0	0	0	1	1	0	0	2	0	0	0		0	0	0		

续表

企业名称	车辆品牌	车辆名称	车辆型号	底盘型号	发动机型号	排量(mL)	功率(kW)	排放标准	外形尺寸(mm) 外廓长	外廓宽	外廓高	轴距(mm)	总质量(kg)	整备质量(kg)	2013年 1月	2月	3月	4月	5月	6月	7月	8月	9月	10月	11月	12月	小计(辆)	2014年 1月	2月	3月	小计(辆)	合计(辆)
同上	同上	同上	LCK6809HC1	LCK6774RAC	YC4G180N－40	5200	132	GB17691－2005 国Ⅳ GB11340－2005 GB18285－2005	8040	2480	3350	3800	10800	8070	0	6	1	7	0	0	3	2	0	2	1	0		0	0	0		
			LCK6856HC	LCK6804RAC	YC6J210N－40	6454	155	GB17691－2005 国Ⅳ GB11340－2005 GB18285－2005	8540	2480	3350	4100	11900	8850	0	0	0	0	0	0	1	11	0	0	0	0		0	0	0		
			LCK6856HC1	LCK6804RAC	WP6NG240E40	6750	176	GB17691－2005 国Ⅳ GB11340－2005 GB18285－2005	8540	2480	3350	4100	11900	8850	0	0	0	0	0	0	5	3	3	0	0	0		0	0	0		
					YC6J210N－40	6454	155	GB17691－2005 国Ⅳ GB11340－2005 GB18285－2005	8540	2480	3350	4100	11900	8850	7	0	0	0	27	9	0	0	0	7	9	2		0	0	0		
			LCK6859HC	LCK6803RAC	WP6NG210E30	6750	155	GB17691－2005 国Ⅲ GB18285－2005 GB11340－2005	8540	2450	3330	4100	11600	8550	11	0	0	0	0	0	0	0	0	0	0	0		0	0	0		
					YC6J210N－30	6454	155	GB17691－2005 国Ⅲ GB18285－2005 GB11340－2005	8540	2450	3330	4100	11600	8550	0	0	0	2	1	1	0	0	0	0	0	0		0	0	0		
			LCK6880HC	LCK6833RAC	YC6J210N－30	6454	155	GB17691－2005 国Ⅲ GB18285－2005 GB11340－2005	8750	2450	3290	4250	11600	8550	0	0	0	0	3	0	0	0	0	0	0	0		0	0	0		
			LCK6880HC－1	LCK6833RAC	WP6NG210E30	6750	155	GB17691－2005 国Ⅲ GB18285－2005 GB11340－2005	8750	2450	3290	4250	11600	8550	0	0	2	1	1	0	0	0	0	0	0	0		0	0	0		
					YC6J210N－30	6454	155	GB17691－2005 国Ⅲ GB18285－2005 GB11340－2005	8750	2450	3290	4250	11600	8550	0	0	0	0	0	3	0	0	0	0	0	0		0	0	0		
			LCK6880HN1	LCK6835RAN	WP6NG240E50	6750	176	GB17691－2005 国Ⅴ GB18285－2005 GB11340－2005	8750	2480	3380	4250	11900	8850	0	0	0	0	0	0	0	0	0	0	0	6		0	0	0		
			LCK6899HC	LCK6863RAC	WP6NG210E30	6750	155	GB17691－2005 国Ⅲ GB18285－2005 GB11340－2005	8945	2450	3330	4250	11900	9400	2	0	0	0	0	0	0	0	0	0	0	0		0	0	0		
					WP6NG240E30	6750	177	GB17691－2005 国Ⅲ GB18285－2005 GB11340－2005	8945	2450	3330	4250	11900	9400	0	1	0	0	0	1	0	0	0	0	0	0		0	0	0		

续表

企业名称	车辆品牌	车辆名称	车辆型号	底盘型号	发动机型号	排量(mL)	功率(kW)	排放标准	外形尺寸(mm) 外廓长	外廓宽	外廓高	轴距(mm)	总质量(kg)	整备质量(kg)	2013年 1月	2月	3月	4月	5月	6月	7月	8月	9月	10月	11月	12月	小计(辆)	2014年 1月	2月	3月	小计(辆)	合计(辆)
同上	同上	客车	LCK6909HC	LCK6874RAC	YC6J210N-40	6454	155	GB17691-2005 国Ⅳ GB11340-2005 GB18285-2005	8995	2480	3350	4300	12500	9300	0	0	0	0	0	0	0	1	0	0	0	0		0	0	0		
					WP6NG240E40	6750	176	GB17691-2005 国Ⅳ GB11340-2005 GB18285-2005	8995	2480	3350	4300	12500	9300	0	0	0	0	0	0	0	0	0	1	0	25		0	0	0		
			LCK6909HC1	LCK6874RAC	WP6NG240E40	6750	176	GB17691-2005 国Ⅳ GB11340-2005 GB18285-2005	8995	2480	3350	4300	12500	9300	13	1	4	0	9	1	14	9	11	0	0	0		0	0	0		
					YC6G230N-40	7800	170	GB17691-2005 国Ⅳ GB11340-2005 GB18285-2005	8995	2480	3350	4300	12500	9300	0	0	0	0	0	0	0	0	0	13	20	0		0	0	0		
			LCK6939HC1	LCK6904RAC	WP6NG240E40	6750	176	GB17691-2005 国Ⅳ GB11340-2005 GB18285-2005	9345	2480	3350	4600	13400	10000	0	0	0	0	0	0	1	0	0	0	0	1		0	0	0		
		小学生专用校车	LCK6100DCX	LCK6964DAC	YC6J210N-40	6494	155	GB17691-2005 国Ⅳ GB18285-2005 GB11340-2005	9960	2470	3070	5750	14000	9400	0	0	0	0	0	0	7	0	0	0	0	0		0	0	0		
					NQ200N4	5638	147	GB17691-2005 国Ⅳ GB18285-2005 GB11340-2005	9960	2470	2970	5750	14000	9100	0	0	0	0	0	0	0	8	0	0	0	0		0	0	0		
			LCK6801DCX	LCK6764DAC	YC4D140N-40	4214	103	GB17691-2005 国Ⅳ GB18285-2005 GB11340-2005	7960	2470	2955	4600	9500	6800	0	0	0	0	0	0	0	2	0	0	26	2		0	0	0		
		铰接式城市客车	LCK6180HQCNA	承载式车身	WP10NG336E50	9726	247	GB17691-2005 国Ⅴ GB11340-2005 GB18285-2005	17990	2540	3260	5900+6000	28000	18200	0	0	0	0	0	0	0	0	0	0	0	13		0	0	0		
郑州宇通客车股份有限公司	宇通牌	城市客车	ZK6100HNG2	ZK6990GCRN2	YC6J210N-52	6494	155	GB17691-2005 国Ⅴ GB11340-2005 GB18285-2005	10305	2500	3240	5000	16500	11300	0	0	0	0	0	0	0	0	0	0	0	0		30	0	0		
			ZK6100HNGA9	ZK6990GCRNA9	WP7NG240E40	7140	177	GB17691-2005 国Ⅳ GB18285-2005 GB11340-2005	10305	2500	3440	5000	16500	12000	0	0	0	0	0	0	0	0	0	0	0	0	0	0	0	61	2230	2230
					YC6G230N-40	7800	170	GB17691-2005 国Ⅳ GB18285-2005 GB11340-2005	10305	2500	3400	5000	16500	11400	0	0	0	0	0	0	0	0	0	0	0	0		10	0	0		

续表

企业名称	车辆品牌	车辆名称	车辆型号	底盘型号	发动机型号	排量(mL)	功率(kW)	排放标准	外形尺寸(mm) 外廓长	外廓宽	外廓高	轴距(mm)	总质量(kg)	整备质量(kg)	2013年 1月	2月	3月	4月	5月	6月	7月	8月	9月	10月	11月	12月	小计(辆)	2014年 1月	2月	3月	小计(辆)	合计(辆)
同上	同上	同上	ZK6100HNGA9	ZK6990GCRNA9	YC6J210N－40	6494	155	GB17691－2005 国Ⅳ GB18285－2005 GB11340－2005	10305	2500	3440	5000	16500	10700	0	0	0	0	0	0	0	0	0	0	0	0		9	78	0		
			ZK6100NG1	ZK6100GCN1	NQ160N4	5975	118	GB17691－2005 国Ⅳ GB11340－2005 GB18285－2005	10440	2500	3200	5000	15000	9500	0	0	0	0	0	0	0	0	0	0	0	0		0	0	3		
			ZK6100NG5	ZK6100GCN6	NQ190DN5	5638	140	GB17691－2005 国Ⅴ GB11340－2005 GB18285－2005	10440	2500	3180	5000	15000	9700	0	0	0	0	0	0	0	0	0	0	0	0		1	0	0		
			ZK6105HNG1	承载式车身	YC6G230N－40	7800	170	GB17691－2005 国Ⅳ GB11340－2005 GB18285－2005	10500	2500	3200	5200	16500	11100	0	0	0	0	0	0	0	0	0	0	0	0		39	0	0		
			ZK6105HNG2	承载式车身	YC6G230N－50	7800	170	GB17691－2005 国Ⅴ GB11340－2005 GB18285－2005	10500	2500	3200	5200	16500	10800	0	0	0	0	0	0	0	0	0	0	0	0		71	44	10		
			ZK6110NG1	ZK6100GCN2	NQ180N	5638	132	GB17691－2005 国Ⅳ GB11340－2005 GB18285－2005	10530	2500	3500	5000	15000	10000	0	0	0	0	0	0	0	0	0	0	0	0		0	0	12		
			ZK6110NG5	ZK6100GCN5	NQ190DN5	5638	140	GB17691－2005 国Ⅴ GB11340－2005 GB18285－2005	10530	2500	3500	5000	15000	9700	0	0	0	0	0	0	0	0	0	0	0	0		0	0	21		
			ZK6116HNG2	ZK6106GCRN5	WP7NG270E50	7140	199	GB17691－2005 国Ⅴ GB11340－2005 GB18285－2005	10690	2500	3520	5250	17000	10800	0	0	0	0	0	0	0	0	0	0	0	0		4	0	0		
			ZK6120HNG3	承载式车身	YC6G260N－50	7800	191	GB17691－2005 国Ⅴ GB11340－2005 GB18285－2005	11500	2550	3200	5800	16500	11200	0	0	0	0	0	0	0	0	0	0	0	0		14	36	0		
			ZK6120HNGAA	ZK6110GCRNAA	WP7NG260E40	7140	191	GB17691－2005 国Ⅳ GB11340－2005 GB18285－2005	11600	2500	3400	5800	16500	12270	0	0	0	0	0	0	0	0	0	0	0	0		0	28	0		
			ZK6125HNG1	承载式车身	YC6G260N－40	7800	191	GB17691－2005 国Ⅳ GB11340－2005 GB18285－2005	12000	2550	3200	6100	18000	12200	0	0	0	0	0	0	0	0	0	0	0	0		73	20	0		
					WP7NG260E40	7140	191	GB17691－2005 国Ⅳ GB11340－2005 GB18285－2005	12000	2550	3200	6100	18000	11600	0	0	0	0	0	0	0	0	0	0	0	0		0	0	26		

续表

企业名称	车辆品牌	车辆名称	车辆型号	底盘型号	发动机型号	排量（mL）	功率（kW）	排放标准	外形尺寸（mm）外廓长	外形尺寸（mm）外廓宽	外形尺寸（mm）外廓高	轴距（mm）	总质量（kg）	整备质量（kg）	2013年 1月	2013年 2月	2013年 3月	2013年 4月	2013年 5月	2013年 6月	2013年 7月	2013年 8月	2013年 9月	2013年 10月	2013年 11月	2013年 12月	2013年 小计（辆）	2014年 1月	2014年 2月	2014年 3月	2014年 小计（辆）	合计（辆）
同上	同上	同上	ZK6125HNG2	承载式车身	YC6G260N－50	7800	191	GB17691－2005 国Ⅴ GB11340－2005 GB18285－2005	12000	2550	3200	6100	18000	11600	0	0	0	0	0	0	0	0	0	0	0	0		5	0	0		
					WP7NG260E50	7140	191	GB17691－2005 国Ⅴ GB11340－2005 GB18285－2005	12000	2550	3200	6100	18000	11600	0	0	0	0	0	0	0	0	0	0	0	0		0	111	119		
			ZK6125HNGB	ZK6128GCRNB	YC6G260N－50	7800	191	GB17691－2005 国Ⅲ GB11340－2005 GB18285－2005	11960	2500	3265	6100	18000	12600	0	0	0	0	0	0	0	0	0	0	0	0		1	0	0		
			ZK6140HNG2	承载式车身	YC6MK300N－50	10338	221	GB17691－2005 国Ⅴ GB11340－2005 GB18285－2005	13700	2550	3400	6100＋1470	23600	15200	0	0	0	0	0	0	0	0	0	0	0	0		0	0	39		
			ZK6609NG6	ZK6570GCN5	NQ140BN5	3759	103	GB17691－2005 国Ⅴ GB11340－2005 GB18285－2005	5995	2240	2970	3100	6600	4800	0	0	0	0	0	0	0	0	0	0	0	0		0	0	31		
			ZK6669NG5	ZK6620GCN5	NQ140BN5	3759	103	GB17691－2005 国Ⅴ GB11340－2005 GB18285－2005	6610	2240	3000	3300	7800	5500	0	0	0	0	0	0	0	0	0	0	0	0		0	0	1		
			ZK6731NG1	ZK6700GCN2	NQ140N4	3759	103	GB17691－2005 国Ⅳ GB11340－2005 GB18285－2005	7320	2400	3150	3300	9700	6400	0	0	0	0	0	0	0	0	0	0	0	0		104	45	12		
			ZK6731NG5	ZK6700GCN5	NQ140BN5	3759	103	GB17691－2005 国Ⅴ GB11340－2005 GB18285－2005	7320	2400	3150	3300	9700	6400	0	0	0	0	0	0	0	0	0	0	0	0		2	4	6		
			ZK6741HNG1	ZK6700GCRN1	YC4D140N－40	4214	103	GB17691－2005 国Ⅳ GB11340－2005 GB18285－2005	7352	2350	3200	3400	9000	6650	0	0	0	0	0	0	0	0	0	0	0	0		8	0	0		
			ZK6770HNG1	ZK6740GCRN1	YC4G180N－40	5200	132	GB17691－2005 国Ⅳ GB11340－2005 GB18285－2005	7700	2350	3400	3500	10400	7300	0	0	0	0	0	0	0	0	0	0	0	0		12	0	6		
			ZK6780HNG2	ZK6740GCRN3	YC4G180N－50	5200	132	GB17691－2005 国Ⅴ GB11340－2005 GB18285－2005	7788	2350	3400	3550	11000	7300	0	0	0	0	0	0	0	0	0	0	0	0		20	0	25		
			ZK6820HNG2	ZK6780GCRN2	YC4G180N－50	5200	132	GB17691－2005 国Ⅴ GB11340－2005 GB18285－2005	8160	2350	3150	3800	11200	8100	0	0	0	0	0	0	0	0	0	0	0	0		40	0	0		

续表

企业名称	车辆品牌	车辆名称	车辆型号	底盘型号	发动机型号	排量(mL)	功率(kW)	排放标准	外形尺寸(mm) 外廓长	外廓宽	外廓高	轴距(mm)	总质量(kg)	整备质量(kg)	2013年 1月	2月	3月	4月	5月	6月	7月	8月	9月	10月	11月	12月	小计(辆)	2014年 1月	2月	3月	小计(辆)	合计(辆)
同上	同上	同上	ZK6820HNGAA	ZK6780GCRNAA	YC4G180N－40	5200	132	GB17691－2005 国Ⅳ GB11340－2005 GB18285－2005	8160	2350	3400	3800	11200	7600	0	0	0	0	0	0	0	0	0	0	0	0		34	5	19		
			ZK6821NG5	ZK6791GCN5	NQ160CN5	4750	118	GB17691－2005 国Ⅴ GB11340－2005 GB18285－2005	8180	2430	3140	3800	11350	7100	0	0	0	0	0	0	0	0	0	0	0	0		2	4	0		
			ZK6842NG1	ZK6790GCN1	NQ160N4	5975	118	GB17691－2005 国Ⅳ GB11340－2005 GB18285－2005	8350	2430	3265	4000	11200	7400	0	0	0	0	0	0	0	0	0	0	0	0		15	5	22		
			ZK6850HNG2	ZK6825GCRN2	YC4G180N－50	5200	132	GB17691－2005 国Ⅴ GB11340－2005 GB18285－2005	8545	2500	3200	4200	12500	9000	0	0	0	0	0	0	0	0	0	0	0	0		12	0	64		
			ZK6852HNG2	ZK6820GCRN2	WP5NG180E50	4760	132	GB17691－2005 国Ⅴ GB11340－2005 GB18285－2005	8545	2420	3210	4000	12200	8900	0	0	0	0	0	0	0	0	0	0	0	0		23	0	45		
			ZK6852HNGAA	ZK6820GCRNAA	YC4G180N－40	5200	132	GB17691－2005 国Ⅳ GB11340－2005 GB18285－2005	8545	2420	3085	4000	12200	8600	0	0	0	0	0	0	0	0	0	0	0	0		56	0	20		
			ZK6902HNGAA	ZK6892GCRNAA	WP6NG210E40	6750	155	GB17691－2005 国Ⅳ GB11340－2005 GB18285－2005	8995	2420	3220	4300	13200	9800	0	0	0	0	0	0	0	0	0	0	0	0		3	34	5		
			ZK6905HNG2	ZK6865GCRN2	YC6J210N－52	6494	155	GB17691－2005 国Ⅴ GB11340－2005 GB18285－2005	8995	2500	3200	4300	13700	9700	0	0	0	0	0	0	0	0	0	0	0	0		12	0	0		
			ZK6932HNG2	ZK6900GCRN2	YC6J190N－52	6494	140	GB17691－2005 国Ⅴ GB11340－2005 GB18285－2005	9295	2420	3220	4550	13700	9700	0	0	0	0	0	0	0	0	0	0	0	0		6	0	0		
					YC6J210N－52	6494	155	GB17691－2005 国Ⅴ GB11340－2005 GB18285－2005	9295	2420	3220	4550	13700	9700	0	0	0	0	0	0	0	0	0	0	0	0		10	10	0		
			ZK6932HNGAA	ZK6900GCRNAA	WP6NG210E40	6750	155	GB17691－2005 国Ⅳ GB11340－2005 GB18285－2005	9295	2420	3400	4550	13200	9400	0	0	0	0	0	0	0	0	0	0	0	0		0	1	0		
					YC6J210N－40	6494	155	GB17691－2005 国Ⅳ GB11340－2005 GB18285－2005	9295	2420	3400	4550	13200	9000	0	0	0	0	0	0	0	0	0	0	0	0		0	0	1		

续表

企业名称	车辆品牌	车辆名称	车辆型号	底盘型号	发动机型号	排量(mL)	功率(kW)	排放标准	外形尺寸(mm) 外廓长	外廓宽	外廓高	轴距(mm)	总质量(kg)	整备质量(kg)	2013年 1月	2月	3月	4月	5月	6月	7月	8月	9月	10月	11月	12月	小计(辆)	2014年 1月	2月	3月	小计(辆)	合计(辆)
同上	同上	同上	ZK6109HN2Y	ZK6109CRN	WP7NG260E40	7140	191	GB17691－2005 国Ⅳ GB11340－2005 GB18285－2005	10390	2500	3550	5150	15300	11400	0	0	0	0	0	0	0	0	0	0	0	0		1	0	1		
			ZK6109HN5Z	ZK6109CRN5	YC6G260N－50	7800	191	GB17691－2005 国Ⅴ GB11340－2005 GB18285－2005	10390	2500	3550	5150	16500	11400	0	0	0	0	0	0	0	0	0	0	0	0		14	0	0		
			ZK6110HN01Y	ZK6107CRNA	WP7NG270E40	7140	199	GB17691－2005 国Ⅳ GB11340－2005 GB18285－2005	10800	2500	3550	5550	15900	11900	0	0	0	0	0	0	0	0	0	0	0	0		0	1	0		
					YC6G260N－40	7800	191	GB17691－2005 国Ⅳ GB11340－2005 GB18285－2005	10800	2500	3550	5550	15900	11900	0	0	0	0	0	0	0	0	0	0	0	0		14	0	5		
			ZK6110HN01Z	ZK6107CRNA	YC6G260N－40	7800	191	GB17691－2005 国Ⅳ GB11340－2005 GB18285－2005	10800	2500	3550	5550	15900	11900	0	0	0	0	0	0	0	0	0	0	0	0		0	0	2		
			ZK6110HNQ1E	承载式车身	YC6L280N－40	8424	206	GB17691－2005 国Ⅳ GB11340－2005 GB18285－2005	10800	2500	3550	5550	15255	11900	0	0	0	0	0	0	0	0	0	0	0	0		0	3	0		
			ZK6110HNQ1Z	承载式车身	WP7NG270E40	7140	199	GB17691－2005 国Ⅳ GB11340－2005 GB18285－2005	10800	2500	3550	5550	15900	11900	0	0	0	0	0	0	0	0	0	0	0	0		0	0	1		
			ZK6116HNA1Z	ZK6106CRN1	YC6L280N－40	8424	206	GB17691－2005 国Ⅳ GB11340－2005 GB18285－2005	10690	2500	3520	5250	16400	11550	0	0	0	0	0	0	0	0	0	0	0	0		2	0	0		
			ZK6116HNQ1Y	承载式车身	WP7NG270E40	7140	199	GB17691－2005 国Ⅳ GB11340－2005 GB18285－2005	10990	2500	3520	5550	16100	11900	0	0	0	0	0	0	0	0	0	0	0	0		0	0	1		
			ZK6116HNQ1Z	承载式车身	YC6L280N－40	8424	206	GB17691－2005 国Ⅳ GB11340－2005 GB18285－2005	10990	2500	3520	5550	16500	11900	0	0	0	0	0	0	0	0	0	0	0	0		1	0	0		
			ZK6117HNQ2Y	承载式车身	WP7NG270E40	7140	199	GB17691－2005 国Ⅳ GB11340－2005 GB18285－2005	10690	2500	3550	5250	16000	12170	0	0	0	0	0	0	0	0	0	0	0	0		2	0	1		
			ZK6117HNQ2Z	承载式车身	YC6G260N－40	7800	191	GB17691－2005 国Ⅳ GB11340－2005 GB18285－2005	10690	2500	3550	5250	16500	11500	0	0	0	0	0	0	0	0	0	0	0	0		0	0	1		

续表

企业名称	车辆品牌	车辆名称	车辆型号	底盘型号	发动机型号	排量(mL)	功率(kW)	排放标准	外形尺寸(mm) 外廓长	外廓宽	外廓高	轴距(mm)	总质量(kg)	整备质量(kg)	2013年 1月	2月	3月	4月	5月	6月	7月	8月	9月	10月	11月	12月	小计(辆)	2014年 1月	2月	3月	小计(辆)	合计(辆)
同上	同上	同上	ZK6118HNQY8E	承载式车身	YC6MK340N-50	10338	250	GB17691-2005 国Ⅴ GB11340-2005 GB18285-2005	11290	2500	3795	5580	18000	13710	0	0	0	0	0	0	0	0	0	0	0	0		0	1	0		
			ZK6118HNQY9Y	承载式车身	YC6MK340N-40	10338	250	GB17691-2005 国Ⅳ GB11340-2005 GB18285-2005	11290	2500	3795	5580	18000	13710	0	0	0	0	0	0	0	0	0	0	0	0		0	0	1		
			ZK6118HNY1Y	ZK6108CRN1	YC6L280N-40	8424	206	GB17691-2005 国Ⅳ GB11340-2005 GB18285-2005	10690	2500	3795	5150	17160	12500	0	0	0	0	0	0	0	0	0	0	0	0		16	0	1		
			ZK6118HNY5Y	ZK6108CRN5	WP7NG270E50	7140	199	GB17691-2005 国Ⅴ GB11340-2005 GB18285-2005	10690	2500	3795	5150	16580	12200	0	0	0	0	0	0	0	0	0	0	0	0		1	0	0		
			ZK6119HN5Y	ZK6119CRN5	YC6L280N-52	8424	206	GB17691-2005 国Ⅴ GB11340-2005 GB18285-2005	10990	2500	3750	5550	16500	12300	0	0	0	0	0	0	0	0	0	0	0	0		5	1	0		
					WP7NG270E50	7140	199	GB17691-2005 国Ⅴ GB11340-2005 GB18285-2005	10990	2500	3750	5550	16500	12300	0	0	0	0	0	0	0	0	0	0	0	0		0	0	1		
			ZK6119HN5Z	ZK6119CRN5	YC6L280N-52	8424	206	GB17691-2005 国Ⅴ GB11340-2005 GB18285-2005	10990	2500	3550	5550	16500	12300	0	0	0	0	0	0	0	0	0	0	0	0		7	0	0		
			ZK6119HN6Y	ZK6119CRN1	WP7NG270E40	7140	199	GB17691-2005 国Ⅳ GB11340-2005 GB18285-2005	10990	2500	3550	5550	16500	12510	0	0	0	0	0	0	0	0	0	0	0	0		0	0	3		
			ZK6119HN6Z	ZK6119CRN1	WP7NG270E40	7140	199	GB17691-2005 国Ⅳ GB11340-2005 GB18285-2005	10990	2500	3550	5550	16500	12510	0	0	0	0	0	0	0	0	0	0	0	0		0	0	3		
			ZK6119HNQ3Y	承载式车身	YC6L280N-40	8424	206	GB17691-2005 国Ⅳ GB11340-2005 GB18285-2005	11300	2500	3750	5680	16500	11900	0	0	0	0	0	0	0	0	0	0	0	0		1	0	0		
			ZK6119HNQ5E	承载式车身	WP10NG300E50	9726	220	GB17691-2005 国Ⅴ GB11340-2005 GB18285-2005	11300	2500	3550	5680	16290	12600	0	0	0	0	0	0	0	0	0	0	0	0		1	0	0		
			ZK6119HNQ5Y	承载式车身	YC6L280N-52	8424	206	GB17691-2005 国Ⅴ GB11340-2005 GB18285-2005	11300	2500	3550	5680	16500	11900	0	0	0	0	0	0	0	0	0	0	0	0		0	0	22		

续表

企业名称	车辆品牌	车辆名称	车辆型号	底盘型号	发动机型号	排量（mL）	功率（kW）	排放标准	外形尺寸（mm）外廓长	外形尺寸（mm）外廓宽	外形尺寸（mm）外廓高	轴距（mm）	总质量（kg）	整备质量（kg）	2013年 1月	2013年 2月	2013年 3月	2013年 4月	2013年 5月	2013年 6月	2013年 7月	2013年 8月	2013年 9月	2013年 10月	2013年 11月	2013年 12月	2013年 小计（辆）	2014年 1月	2014年 2月	2014年 3月	2014年 小计（辆）	合计（辆）
同上	同上	同上	ZK6119HNQ6Y	承载式车身	YC6L280N－40	8424	206	GB17691－2005 国Ⅳ GB11340－2005 GB18285－2005	10990	2500	3550	5550	16400	12400	0	0	0	0	0	0	0	0	0	0	0	0		1	0	1		
			ZK6119HNQ6Z	承载式车身	WP7NG270E40	7140	199	GB17691－2005 国Ⅳ GB11340－2005 GB18285－2005	10990	2500	3550	5550	16500	12300	0	0	0	0	0	0	0	0	0	0	0	0		1	0	0		
			ZK6121HNQ1Z	承载式车身	YC6MK320N－40	10338	235	GB17691－2005 国Ⅳ GB11340－2005 GB18285－2005	12000	2550	3400	6050	18000	12695	0	0	0	0	0	0	0	0	0	0	0	0		1	0	4		
			ZK6121HNQ5Y	承载式车身	WP10NG336E50	9726	247	GB17691－2005 国Ⅴ GB11340－2005 GB18285－2005	12000	2550	3580	6050	18000	12900	0	0	0	0	0	0	0	0	0	0	0	0		1	0	0		
			ZK6121HNQ5Z	承载式车身	YC6MK320N－50	10338	236	GB17691－2005 国Ⅴ GB11340－2005 GB18285－2005	12000	2550	3580	6050	18000	13000	0	0	0	0	0	0	0	0	0	0	0	0		1	0	42		
			ZK6122HNQ11Y	承载式车身	YC6MK320N－40	10338	235	GB17691－2005 国Ⅳ GB11340－2005 GB18285－2005	11600	2550	3830	5650	17750	13300	0	0	0	0	0	0	0	0	0	0	0	0		3	0	0		
					WP10NG336E40	9726	247	GB17691－2005 国Ⅳ GB11340－2005 GB18285－2005	11600	2550	3830	5650	17750	13300	0	0	0	0	0	0	0	0	0	0	0	0		0	0	17		
			ZK6122HNQ12Y	承载式车身	YC6MK320N－40	10338	235	GB17691－2005 国Ⅳ GB11340－2005 GB18285－2005	11600	2550	3600	5650	17750	13300	0	0	0	0	0	0	0	0	0	0	0	0		2	0	0		
			ZK6122HNQ15Y	承载式车身	WP10NG336E50	9726	247	GB17691－2005 国Ⅴ GB11340－2005 GB18285－2005	11600	2550	3830	5650	17750	13600	0	0	0	0	0	0	0	0	0	0	0	0		1	0	0		
			ZK6122HNQ1E	承载式车身	WP10NG336E40	9726	247	GB17691－2005 国Ⅳ GB11340－2005 GB18285－2005	12000	2550	3830	6050	18000	14020	0	0	0	0	0	0	0	0	0	0	0	0		2	0	0		
					YC6MK340N－40	10338	250	GB17691－2005 国Ⅳ GB11340－2005 GB18285－2005	12000	2550	3830	6050	18000	13550	0	0	0	0	0	0	0	0	0	0	0	0		2	0	0		
			ZK6122HNQ1Y	承载式车身	WP10NG336E40	9726	247	GB17691－2005 国Ⅳ GB11340－2005 GB18285－2005	12000	2550	3830	6050	18000	13400	0	0	0	0	0	0	0	0	0	0	0	0		6	1	9		

续表

企业名称	车辆品牌	车辆名称	车辆型号	底盘型号	发动机型号	排量(mL)	功率(kW)	排放标准	外形尺寸(mm) 外廓长	外廓宽	外廓高	轴距(mm)	总质量(kg)	整备质量(kg)	2013年 1月	2月	3月	4月	5月	6月	7月	8月	9月	10月	11月	12月	小计(辆)	2014年 1月	2月	3月	小计(辆)	合计(辆)
同上	同上	同上	ZK6122HNQ2E	承载式车身	YC6MK320N－40	10338	235	GB17691－2005 国Ⅳ GB11340－2005 GB18285－2005	12000	2550	3600	6050	18000	13550	0	0	0	0	0	0	0	0	0	0	0	0		1	0	0		
			ZK6122HNQ2Y	承载式车身	WP10NG336E40	9726	247	GB17691－2005 国Ⅳ GB11340－2005 GB18285－2005	12000	2550	3600	6050	18000	13400	0	0	0	0	0	0	0	0	0	0	0	0		2	0	2		
			ZK6122HNQ7E	承载式车身	WP10NG336E50	9726	247	GB17691－2005 国Ⅴ GB11340－2005 GB18285－2005	12000	2550	3830	6050	18000	13710	0	0	0	0	0	0	0	0	0	0	0	0		0	0	2		
			ZK6122HNQ7Y	承载式车身	WP10NG336E50	9726	247	GB17691－2005 国Ⅴ GB11340－2005 GB18285－2005	12000	2550	3795	6050	18000	13710	0	0	0	0	0	0	0	0	0	0	0	0		2	0	2		
					YC6MK340N－50	10338	250	GB17691－2005 国Ⅴ GB11340－2005 GB18285－2005	12000	2550	3830	6050	18000	13710	0	0	0	0	0	0	0	0	0	0	0	0		4	1	0		
			ZK6122HNQ8Y	承载式车身	WP10NG336E50	9726	247	GB17691－2005 国Ⅴ GB11340－2005 GB18285－2005	12000	2550	3600	6050	18000	13550	0	0	0	0	0	0	0	0	0	0	0	0		1	0	0		
					YC6MK340N－50	10338	250	GB17691－2005 国Ⅴ GB11340－2005 GB18285－2005	12000	2550	3670	6250	18000	13560	0	0	0	0	0	0	0	0	0	0	0	0		0	0	11		
			ZK6126HNY5E	承载式车身	WP12NG380E50	11596	280	GB17691－2005 国Ⅴ GB11340－2005 GB18285－2005	12000	2550	3955	6050	18000	13550	0	0	0	0	0	0	0	0	0	0	0	0		0	1	0		
			ZK6126HNY5Y	承载式车身	WP12NG380E50	11596	280	GB17691－2005 国Ⅴ GB11340－2005 GB18285－2005	12000	2550	3955	6050	18000	13550	0	0	0	0	0	0	0	0	0	0	0	0		1	0	0		
			ZK6127HNQCA	承载式车身	WP12NG380E40	11596	280	GB17691－2005 国Ⅳ GB11340－2005 GB18285－2005	12000	2550	3955	6050	18000	13550	0	0	0	0	0	0	0	0	0	0	0	0		8	1	0		
					YC6MK375N－40	10338	276	GB17691－2005 国Ⅳ GB11340－2005 GB18285－2005	12000	2550	3955	6050	18000	13550	0	0	0	0	0	0	0	0	0	0	0	0		0	0	2		
			ZK6127HNQDA	承载式车身	WP12NG380E40	11596	280	GB17691－2005 国Ⅳ GB11340－2005 GB18285－2005	12000	2550	3955	6050	18000	13550	0	0	0	0	0	0	0	0	0	0	0	0		2	0	1		

续表

企业名称	车辆品牌	车辆名称	车辆型号	底盘型号	发动机型号	排量(mL)	功率(kW)	排放标准	外形尺寸(mm) 外廓长	外形尺寸(mm) 外廓宽	外形尺寸(mm) 外廓高	轴距(mm)	总质量(kg)	整备质量(kg)	2013年 1月	2013年 2月	2013年 3月	2013年 4月	2013年 5月	2013年 6月	2013年 7月	2013年 8月	2013年 9月	2013年 10月	2013年 11月	2013年 12月	2013年 小计(辆)	2014年 1月	2014年 2月	2014年 3月	2014年 小计(辆)	合计(辆)
同上	同上	同上	ZK6127HNQDA	承载式车身	YC6MK375N－40	10338	276	GB17691－2005 国Ⅳ GB11340－2005 GB18285－2005	12000	2550	3955	6050	18000	13550	0	0	0	0	0	0	0	0	0	0	0	0		0	1	0		
			ZK6127HNQEA	承载式车身	WP12NG380E40	11596	280	GB17691－2005 国Ⅳ GB11340－2005 GB18285－2005	12000	2550	3955	6050	18000	13550	0	0	0	0	0	0	0	0	0	0	0	0		1	0	1		
			ZK6146HNQCA	承载式车身	WP12NG380E40	11596	280	GB17691－2005 国Ⅳ GB18285－2005 GB11340－2005	13670	2550	3955	6250＋1470	23000	17500	0	0	0	0	0	0	0	0	0	0	0	0		0	0	2		
			ZK6601N1	ZK6560CN1	NQ120N4	3759	92	GB17691－2005 国Ⅳ GB11340－2005 GB18285－2005	5995	2240	2910	3100	6600	5000	0	0	0	0	0	0	0	0	0	0	0	0		21	6	2		
			ZK6609N5	ZK6570CN5	NQ120BN5	3795	88	GB17691－2005 国Ⅴ GB11340－2005 GB18285－2005	5995	2240	3085	3100	6600	4800	0	0	0	0	0	0	0	0	0	0	0	0		1	1	0		
					NQ140BN5	3759	103	GB17691－2005 国Ⅴ GB11340－2005 GB18285－2005	5995	2240	3020	3100	6600	4980	0	0	0	0	0	0	0	0	0	0	0	0		0	0	3		
			ZK6661N1	ZK6620CN1	NQ120N4	3759	92	GB17691－2005 国Ⅳ GB11340－2005 GB18285－2005	6610	2240	2830	3308	7400	5200	0	0	0	0	0	0	0	0	0	0	0	0		1	3	0		
			ZK6752N1	ZK6621CN1	NQ140N4	3759	103	GB17691－2005 国Ⅳ GB11340－2005 GB18285－2005	7470	2320	3180	3800	8580	6160	0	0	0	0	0	0	0	0	0	0	0	0		1	0	0		
					NQ160N4	5975	118	GB17691－2005 国Ⅳ GB11340－2005 GB18285－2005	7470	2320	3020	3800	8580	6160	0	0	0	0	0	0	0	0	0	0	0	0		0	0	16		
					YC4D140N－40	4214	103	GB17691－2005 国Ⅳ GB11340－2005 GB18285－2005	7470	2320	3180	3800	8580	6160	0	0	0	0	0	0	0	0	0	0	0	0		25	2	0		
			ZK6752N5	ZK6621CN5	YC4D140N－50	4214	103	GB17691－2005 国Ⅴ GB11340－2005 GB18285－2005	7470	2320	3170	3800	8580	6240	0	0	0	0	0	0	0	0	0	0	0	0		1	0	0		
					NQ140BN5	3759	103	GB17691－2005 国Ⅴ GB11340－2005 GB18285－2005	7470	2320	3170	3800	8580	6240	0	0	0	0	0	0	0	0	0	0	0	0		16	0	0		

续表

企业名称	车辆品牌	车辆名称	车辆型号	底盘型号	发动机型号	排量(mL)	功率(kW)	排放标准	外形尺寸(mm) 外廓长	外形尺寸(mm) 外廓宽	外形尺寸(mm) 外廓高	轴距(mm)	总质量(kg)	整备质量(kg)	2013年 1月	2013年 2月	2013年 3月	2013年 4月	2013年 5月	2013年 6月	2013年 7月	2013年 8月	2013年 9月	2013年 10月	2013年 11月	2013年 12月	2013年 小计(辆)	2014年 1月	2014年 2月	2014年 3月	2014年 小计(辆)	合计(辆)
同上	同上	同上	ZK6752N5	ZK6621CN5	NQ160CN5	4750	118	GB17691－2005 国Ⅴ GB11340－2005 GB18285－2005	7470	2320	3170	3800	8580	6240	0	0	0	0	0	0	0	0	0	0	0	0		0	0	23		
			ZK6758HN3Y	ZK6710CRN3	YC4G180N－40	5200	132	GB17691－2005 国Ⅳ GB18285－2005 GB11340－2005	7495	2480	3380	3500	10150	7900	0	0	0	0	0	0	0	0	0	0	0	0		8	0	0		
			ZK6792N1	ZK6640CN1	NQ180N	5638	132	GB17691－2005 国Ⅳ GB18285－2005 GB11340－2005	7945	2450	3230	3800	10900	7900	0	0	0	0	0	0	0	0	0	0	0	0		2	0	3		
			ZK6792N5	ZK6640CN5	NQ190DN5	5638	140	GB17691－2005 国Ⅴ GB11340－2005 GB18285－2005	7945	2450	3370	3800	10900	7900	0	0	0	0	0	0	0	0	0	0	0	0		2	1	0		
			ZK6808HN1Y	ZK6770CRN1	YC4G190N－40	5200	140	GB17691－2005 国Ⅳ GB18285－2005 GB11340－2005	8045	2500	3580	3800	10760	8180	0	0	0	0	0	0	0	0	0	0	0	0		0	0	8		
			ZK6808HN2Z	ZK6770CRN2	YC4G180N－50	5200	132	GB17691－2005 国Ⅴ GB11340－2005 GB18285－2005	8045	2500	3340	3800	11000	8270	0	0	0	0	0	0	0	0	0	0	0	0		0	5	0		
			ZK6808HNAA	ZK6770CRNAA	YC4G180N－40	5200	132	GB17691－2005 国Ⅳ GB11340－2005 GB18285－2005	8000	2470	3340	3800	10300	7570	0	0	0	0	0	0	0	0	0	0	0	0		17	8	4		
			ZK6808HNBA	ZK6770CRNAA	YC4G180N－40	5200	132	GB17691－2005 国Ⅳ GB11340－2005 GB18285－2005	8000	2470	3340	3800	11000	8270	0	0	0	0	0	0	0	0	0	0	0	0		3	0	2		
			ZK6842N1	ZK6660CN1	NQ180N	5638	132	GB17691－2005 国Ⅳ GB18285－2005 GB11340－2005	8400	2450	3370	4000	11000	8100	0	0	0	0	0	0	0	0	0	0	0	0		4	1	0		
			ZK6842N5	ZK6660CN5	NQ190DN5	5638	140	GB17691－2005 国Ⅴ GB11340－2005 GB18285－2005	8400	2450	3230	4000	11200	8300	0	0	0	0	0	0	0	0	0	0	0	0		0	1	6		
			ZK6858HN2Y	ZK6820CRN2	WP6NG240E50	6750	176	GB17691－2005 国Ⅴ GB11340－2005 GB18285－2005	8543	2500	3340	4100	11900	9150	0	0	0	0	0	0	0	0	0	0	0	0		3	0	0		
					YC6J210N－52	6494	155	GB17691－2005 国Ⅴ GB11340－2005 GB18285－2005	8543	2500	3340	4100	11900	9150	0	0	0	0	0	0	0	0	0	0	0	0		1	3	10		

续表

企业名称	车辆品牌	车辆名称	车辆型号	底盘型号	发动机型号	排量(mL)	功率(kW)	排放标准	外形尺寸(mm) 外廓长	外廓宽	外廓高	轴距(mm)	总质量(kg)	整备质量(kg)	2013年 1月	2月	3月	4月	5月	6月	7月	8月	9月	10月	11月	12月	小计(辆)	2014年 1月	2月	3月	小计(辆)	合计(辆)
同上	同上	同上	ZK6858HN2Z	ZK6820CRN2	YC6J210N-52	6494	155	GB17691-2005 国Ⅴ GB11340-2005 GB18285-2005	8543	2500	3340	4100	11900	9000	0	0	0	0	0	0	0	0	0	0	0	0		0	0	1		
			ZK6858HNAA	ZK6810CRNAA	YC6J210N-40	6500	155	GB17691-2005 国Ⅳ GB11340-2005 GB18285-2005	8543	2470	3580	4100	11900	9000	0	0	0	0	0	0	0	0	0	0	0	0		10	2	8		
			ZK6858HNBA	ZK6810CRNAA	WP7NG210E40	7140	155	GB17691-2005 国Ⅳ GB11340-2005 GB18285-2005	8543	2470	3340	4100	11900	9000	0	0	0	0	0	0	0	0	0	0	0	0		2	0	0		
			ZK6888HN1E	ZK6840CRNAA	YC6J210N-40	6500	155	GB17691-2005 国Ⅳ GB11340-2005 GB18285-2005	8774	2470	3385	4250	12550	9350	0	0	0	0	0	0	0	0	0	0	0	0		1	0	0		
			ZK6888HN2Y	ZK6840CRN2	YC6J225N-52	6494	166	GB17691-2005 国Ⅴ GB11340-2005 GB18285-2005	8774	2500	3385	4250	12700	9650	0	0	0	0	0	0	0	0	0	0	0	0		3	0	0		
			ZK6888HN2Z	ZK6840CRN2	WP6NG240E50	6750	176	GB17691-2005 国Ⅴ GB11340-2005 GB18285-2005	8774	2500	3595	4250	12700	9650	0	0	0	0	0	0	0	0	0	0	0	0		2	0	0		
			ZK6888HNAA	ZK6840CRNAA	YC6J210N-40	6500	155	GB17691-2005 国Ⅳ GB11340-2005 GB18285-2005	8774	2470	3385	4250	12700	9650	0	0	0	0	0	0	0	0	0	0	0	0		0	3	0		
					WP6NG240E40	6750	176	GB17691-2005 国Ⅳ GB11340-2005 GB18285-2005	8774	2470	3385	4250	12700	9650	0	0	0	0	0	0	0	0	0	0	0	0		0	0	1		
			ZK6888HNBA	ZK6840CRNAA	WP6NG240E40	6750	176	GB17691-2005 国Ⅳ GB11340-2005 GB18285-2005	8774	2470	3385	4250	12700	9650	0	0	0	0	0	0	0	0	0	0	0	0		0	0	1		
			ZK6888HNQ2E	承载式车身	WP6NG240E50	6750	176	GB17691-2005 国Ⅴ GB11340-2005 GB18285-2005	8774	2500	3385	4250	12500	9650	0	0	0	0	0	0	0	0	0	0	0	0		0	3	0		
			ZK6900N5	ZK6760CN5	NQ210FN5	6234	154	GB17691-2005 国Ⅴ GB11340-2005 GB18285-2005	8990	2450	3540	4300	12830	9630	0	0	0	0	0	0	0	0	0	0	0	0		0	1	2		
			ZK6908HN1E	ZK6889CRN1	YC6G260N-40	7800	191	GB17691-2005 国Ⅳ GB11340-2005 GB18285-2005	8995	2500	3460	4300	13600	10550	0	0	0	0	0	0	0	0	0	0	0	0		1	1	2		

续表

企业名称	车辆品牌	车辆名称	车辆型号	底盘型号	发动机型号	排量(mL)	功率(kW)	排放标准	外形尺寸(mm)			轴距(mm)	总质量(kg)	整备质量(kg)	2013年													2014年				合计(辆)
									外廓长	外廓宽	外廓高				1月	2月	3月	4月	5月	6月	7月	8月	9月	10月	11月	12月	小计(辆)	1月	2月	3月	小计(辆)	
同上	同上	同上	ZK6908HN2E	ZK6889CRN2E	YC6G260N－50	7800	191	GB17691－2005 国Ⅴ GB11340－2005 GB18285－2005	8995	2500	3460	4300	13600	10400	0	0	0	0	0	0	0	0	0	0	0	0		0	0	1		
同上	同上	同上	ZK6908HN2Y	ZK6889CRN2	YC6G260N－50	7800	191	GB17691－2005 国Ⅴ GB11340－2005 GB18285－2005	8995	2500	3460	4300	14000	10400	0	0	0	0	0	0	0	0	0	0	0	0		16	1	7		
同上	同上	同上	ZK6908HNAA	ZK6889CRNAA	YC6G260N－40	7800	191	GB17691－2005 国Ⅳ GB11340－2005 GB18285－2005	8995	2500	3460	4300	13600	10400	0	0	0	0	0	0	0	0	0	0	0	0		36	0	0		
同上	同上	同上	ZK6908HNAA	ZK6889CRNAA	WP6NG240E40	6750	176	GB17691－2005 国Ⅳ GB11340－2005 GB18285－2005	8995	2500	3460	4300	13600	10400	0	0	0	0	0	0	0	0	0	0	0	0		0	15	15		
同上	同上	同上	ZK6908HNBA	ZK6889CRNAA	YC6G260N－40	7800	191	GB17691－2005 国Ⅳ GB11340－2005 GB18285－2005	8995	2500	3460	4300	13600	10400	0	0	0	0	0	0	0	0	0	0	0	0		8	0	0		
同上	同上	同上	ZK6998HN2Z	ZK6970CRN2	YC6G260N－50	7800	191	GB17691－2005 国Ⅴ GB11340－2005 GB18285－2005	9945	2500	3450	5100	14000	10330	0	0	0	0	0	0	0	0	0	0	0	0		0	0	8		
同上	同上	同上	ZK6998HNAA	ZK6979CRNAA	YC6G260N－40	7800	191	GB17691－2005 国Ⅳ GB11340－2005 GB18285－2005	9945	2500	3460	5100	14000	10490	0	0	0	0	0	0	0	0	0	0	0	0		1	0	1		
同上	同上	商务车	ZK5140XSW1	ZK6908HN2E	YC6G260N－50	7800	191	GB17691－2005 国Ⅴ GB11340－2005 GB18285－2005	8995	2500	3460	4300	13600	10400	0	0	0	0	0	0	0	0	0	0	0	0		0	0	1		
同上	同上	双层城市客车	ZK6116HNGSAA	ZK6116GCRNAA	YC6G260N－40	7800	191	GB17691－2005 国Ⅳ GB11340－2005 GB18285－2005	11310	2550	4200	5500	18000	13320	0	0	0	0	0	0	0	0	0	0	0	0		10	0	0		
同上	同上	小学生专用校车	ZK6102NX2	ZK6100CN1	YC6J210N－40	6454	155	GB17691－2005 国Ⅳ GB11340－2005 GB18285－2005	10130	2450	3185	5700	13000	9950	0	0	0	0	0	0	0	0	0	0	0	0		5	0	0		
重庆恒通客车有限公司	恒通客车牌	城市客车	CKZ6106N3	EQ6980TN3AC1	YC6J150N－30	6500	110	GB11340－2005 GB18285－2005 GB17691－2005 国Ⅲ	10200	2500	3350	5000	13000	8900	12	81	55	0	0	0	0	0	0	0	0	0	2184	0	0	0	0	2184
重庆恒通客车有限公司	恒通客车牌	城市客车	CKZ6106N4	CKZ6989N4	YC6J190N－40	6454	140	GB11340－2005 GB18285－2005 GB17691－2005 国Ⅳ	10200	2500	3350	5000	13000	8900	0	0	0	0	50	0	0	0	12	0	0	0		0	0	0		

续表

企业名称	车辆品牌	车辆名称	车辆型号	底盘型号	发动机型号	排量(mL)	功率(kW)	排放标准	外形尺寸(mm) 外廓长	外廓宽	外廓高	轴距(mm)	总质量(kg)	整备质量(kg)	2013年 1月	2月	3月	4月	5月	6月	7月	8月	9月	10月	11月	12月	小计(辆)	2014年 1月	2月	3月	小计(辆)	合计(辆)
同上	同上	同上	CKZ6106NA4	CKZ6989NA4	NQ160N4	5975	118	GB11340-2005 GB18285-2005 GB17691-2005 国Ⅳ	10200	2500	3040	5000	13000	8100	0	0	0	0	0	22	0	0	60	0	0	0		0	0	0		
			CKZ6116HN3	EQ6101KRDN	YC6G230N-30	7800	170	GB11340-2005 GB18285-2005 GB17691-2005 国Ⅲ	10505	2500	3200	5000	14000	10000	41	0	0	0	0	0	0	0	0	0	0	0		0	0	0		
			CKZ6116HN4	CKZ6109HN4	YC6G230N-40	7800	170	GB11340-2005 GB18285-2005 GB17691-2005 国Ⅳ	10505	2500	3200	5000	14000	10000	0	0	0	30	13	22	14	0	10	0	128	0		0	0	0		
			CKZ6116HNA3	EQ6111RCDN3G	SC8DT230Q3	8300	170	GB11340-2005 GB18285-2005 GB17691-2005 国Ⅲ	11370	2500	3350	5600	17500	10900	0	0	15	0	0	0	0	0	0	0	0	0		0	0	0		
			CKZ6116HNA4	CKZ6119HN4	YC6G230N-40	7800	170	GB11340-2005 GB18285-2005 GB17691-2005 国Ⅳ	11370	2500	3200	5600	17500	10900	6	0	0	0	0	0	55	0	25	0	9	25		0	0	0		
			CKZ6116N3	EQ6980TN3AC1	YC6J150N-30	6500	110	GB11340-2005 GB18285-2005 GB17691-2005 国Ⅲ	10505	2500	3040	5000	13000	9000	0	1	0	0	0	0	0	0	0	0	0	0		0	0	0		
			CKZ6116N4	CKZ6989N4	YC6J190N-40	6454	140	GB11340-2005 GB18285-2005 GB17691-2005 国Ⅳ	10505	2500	3040	5000	14000	9000	0	0	0	25	0	0	0	0	0	0	0	0		0	0	0		
					NQ200N4	5638	147	GB11340-2005 GB18285-2005 GB17691-2005 国Ⅳ	10505	2500	3200	5000	14000	8200	0	0	0	0	2	0	0	0	0	0	0	0		0	0	0		
			CKZ6116N5	CKZ6989N5	NQ190DN5	5638	140	GB11340-2005 GB18285-2005 GB17691-2005 国Ⅴ	10505	2500	3040	5000	14000	9950	0	0	0	0	0	0	0	0	0	0	125	0		0	0	0		
					YC6J190N-52	6494	140	GB11340-2005 GB18285-2005 GB17691-2005 国Ⅴ	10505	2500	3040	5000	14000	9950	0	0	0	0	0	0	0	0	0	0	0	31		0	0	0		
			CKZ6116NA4	CKZ6989NA4	NQ160N4	5975	118	GB11340-2005 GB18285-2005 GB17691-2005 国Ⅳ	10505	2500	3040	5000	14000	8200	0	0	10	110	126	0	12	0	13	4	0	0		0	0	0		
			CKZ6126HN4	CKZ6129HN4	YC6G230N 40	7800	170	GB11340-2005 GB18285-2005 GB17691-2005 国Ⅳ	11980	2500	3040	6200	17800	11100	0	0	0	0	44	0	0	0	0	0	43	0		0	0	0		

续表

企业名称	车辆品牌	车辆名称	车辆型号	底盘型号	发动机型号	排量(mL)	功率(kW)	排放标准	外形尺寸(mm) 外廓长	外廓宽	外廓高	轴距(mm)	总质量(kg)	整备质量(kg)	2013年 1月	2月	3月	4月	5月	6月	7月	8月	9月	10月	11月	12月	小计(辆)	2014年 1月	2月	3月	小计(辆)	合计(辆)
同上	同上	同上	CKZ6126NA4	CKZ6129NA4	NQ160N4	5975	118	GB11340－2005 GB18285－2005 GB17691－2005 国Ⅳ	12000	2500	3040	6200	18000	10400	0	0	0	0	0	0	28	0	0	0	0	0		0	0	0		
			CKZ6590N4	EQ6579KN4AC2	NQ100N4	3759	79	GB11340－2005 GB18285－2005 GB17691－2005 国Ⅳ	5905	2200	2640	3300	6600	4190	0	0	0	0	0	0	0	0	1	0	3	0		0	0	0		
					NQ120N4	3759	92	GB11340－2005 GB18285－2005 GB17691－2005 国Ⅳ	5905	2200	2750	3300	6600	4450	0	0	0	0	0	0	0	0	0	15	0	0		0	0	0		
			CKZ6650N3	EQ6650KN3AC	NQ120N	3759	92	GB11340－2005 GB18285－2005 GB17691－2005 国Ⅲ	6470	2200	2750	3650	6000	4320	0	0	0	0	0	5	0	0	0	0	0	0		0	0	0		
			CKZ6650NA4	EQ6629KN4AC	NQ120N4	3759	92	GB11340－2005 GB18285－2005 GB17691－2005 国Ⅳ	6470	2200	2750	3650	6000	4420	0	0	0	81	117	40	25	75	15	70	0	15		0	0	0		
			CKZ6710N4	EQ6680KN4AC	NQ120N4	3759	92	GB11340－2005 GB18285－2005 GB17691－2005 国Ⅳ	7055	2200	2640	4100	7100	4540	0	0	0	0	15	0	0	8	50	0	50	0		0	0	0		
			CKZ6751N4	CKZ6739N4	NQ160N4	5975	118	GB11340－2005 GB18285－2005 GB17691－2005 国Ⅳ	7545	2400	3050	3650	9500	6050	0	0	0	0	0	0	0	0	5	0	6	0		0	0	0		
			CKZ6762HN4	CKZ6729HN4	NQ140N4	3759	103	GB11340－2005 GB18285－2005 GB17691－2005 国Ⅳ	7640	2200	3080	4100	9500	6590	0	0	0	0	0	11	14	0	8	0	0	0		0	0	0		
			CKZ6801N3	EQ6770TN3AC	NQ150N	5638	110	GB11340－2005 GB18285－2005 GB17691－2005 国Ⅲ	8045	2400	3010	3800	9400	6110	12	0	0	0	1	0	0	0	0	0	0	0		0	0	0		
			CKZ6851HN3	EQ6820HN3AC	NQ170N	5638	125	GB11340－2005 GB18285－2005 GB17691－2005 国Ⅲ	8485	2400	3245	4000	10200	7450	5	0	0	0	0	0	0	0	0	0	0	0		0	0	0		
			CKZ6851HN4	CKZ6829HN4	YC4G180N－40	5200	132	GB11340－2005 GB18285－2005 GB17691－2005 国Ⅳ	8485	2400	3245	4000	11000	7150	0	0	0	0	0	0	5	36	6	0	0	2		0	0	0		
			CKZ6851N3	EQ6821TN3AC	NQ150N	5638	110	GB11340－2005 GB18285－2005 GB17691－2005 国Ⅲ	8485	2400	3050	4000	9770	6700	1	0	16	0	0	0	0	0	0	0	0	0		0	0	0		

续表

企业名称	车辆品牌	车辆名称	车辆型号	底盘型号	发动机型号	排量(mL)	功率(kW)	排放标准	外形尺寸(mm) 外廓长	外廓宽	外廓高	轴距(mm)	总质量(kg)	整备质量(kg)	2013年 1月	2月	3月	4月	5月	6月	7月	8月	9月	10月	11月	12月	小计(辆)	2014年 1月	2月	3月	小计(辆)	合计(辆)
同上	同上	同上	CKZ6851N4	CKZ6829N4	NQ160N4	5975	118	GB11340－2005 GB18285－2005 GB17691－2005国Ⅳ	8485	2400	2950	4000	11000	6640	0	0	1	0	4	30	0	5	0	2	0	33		0	0	0		
			CKZ6896N5	CKZ6879N5	NQ190DN5	5638	140	GB11340－2005 GB18285－2005 GB17691－2005国Ⅴ	8949	2500	3040	4300	12400	7900	0	0	0	0	0	0	0	0	25	0	0	0		0	0	0		
			CKZ6918N4	CKZ6909N4	NQ180N4	6870	132	GB11340－2005 GB18285－2005 GB17691－2005国Ⅳ	9140	2500	3100	4500	13000	7200	0	0	0	4	0	0	20	3	0	0	0	0		0	0	0		
			CKZ6926HN4	CKZ6899HN4	NQ180N	5638	132	GB11340－2005 GB18285－2005 GB17691－2005国Ⅳ	9245	2500	3040	4400	13000	8650	5	0	0	0	0	0	0	0	0	0	0	0		0	0	0		
					YC6J210N－40	6454	155	GB11340－2005 GB18285－2005 GB17691－2005国Ⅳ	9245	2500	3040	4400	13000	8650	0	0	0	0	0	0	0	26	0	0	0	0		0	0	0		
					WP6NG210E40	6750	155	GB11340－2005 GB18285－2005 GB17691－2005国Ⅳ	9245	2500	3350	4400	13000	9100	0	0	0	0	0	0	0	0	5	0	0	0		0	0	0		
			CKZ6926N4	CKZ6909N4	NQ180N4	6870	132	GB11340－2005 GB18285－2005 GB17691－2005国Ⅳ	9245	2500	3200	4500	13000	8160	0	0	0	0	0	10	0	0	0	0	0	0		0	0	0		
			CKZ6958N4	CKZ6909N4	NQ180N4	6870	132	GB11340－2005 GB18285－2005 GB17691－2005国Ⅳ	9540	2500	3250	4700	13000	8150	0	0	0	0	0	0	0	0	0	0	0	1		0	0	0		
		客车	CKZ6590CN4	EQ6579KN4AC2	NQ120N4	3759	92	GB11340－2005 GB18285－2005 GB17691－2005国Ⅳ	5905	2200	2750	3300	6000	4000	0	0	0	11	0	0	1	0	0	0	0	0		0	0	0		
					NQ100N4	3759	79	GB11340－2005 GB18285－2005 GB17691－2005国Ⅳ	5905	2200	2640	3300	6000	3800	0	0	0	0	0	0	0	0	0	5	10	0		0	0	0		
			CKZ6590NA3	EQ6570KN3AC	NQ120N	3759	92	GB11340－2005 GB18285－2005 GB17691－2005国Ⅲ	5905	2200	2640	3300	5390	3780	0	0	0	10	0	1	0	0	0	0	0	0		0	0	0		
成都客车股份有限公司	蜀都牌	城市客车	CDK6100CAR	CA6103D92	CA6SF2－19NE3	7130	148	GB17691－2005国Ⅲ GB11340－2005 GB18285－2005	10445	2500	3350	5100	14500	10340	0	0	0	0	4	0	0	0	0	0	0	0	1637	0	0	0	0	1637

续表

企业名称	车辆品牌	车辆名称	车辆型号	底盘型号	发动机型号	排量(mL)	功率(kW)	排放标准	外形尺寸(mm)			轴距(mm)	总质量(kg)	整备质量(kg)	2013年													2014年				合计(辆)
									外廓长	外廓宽	外廓高				1月	2月	3月	4月	5月	6月	7月	8月	9月	10月	11月	12月	小计(辆)	1月	2月	3月	小计(辆)	
同上	同上	同上	CDK6101CA1R	CA6100CRN21	CA6SF2－19E4N	7130	143	GB17691－2005 国Ⅲ GB11340－2005 GB18285－2005	10490	2500	3420	5100	14500	10080	0	3	0	0	0	29	0	0	0	0	0	0		0	0	0		
			CDK6101CA2	CA6990CFN21	NQ180N	5638	132	GB17691－2005 （国Ⅳ阶段） GB11340－2005 GB18285－2005	10430	2500	3350	5000	13200	8780	0	10	0	0	6	0	0	0	0	0	0	0		0	0	0		
					NQ160N4	5975	118	GB17691－2005 （国Ⅳ阶段） GB11340－2005 GB18285－2005	10250	2500	3200	5000	13200	8400	0	0	0	0	0	6	0	0	0	0	0	17		0	0	0		
			CDK6101CE3	EQ6983TN4AC1	NQ160N4	5975	118	GB11340－2005 GB18285－2005 GB17691－2005 国Ⅳ	10250	2500	3350	5000	14500	8780	0	17	0	20	20	15	6	0	0	0	0	0		0	0	0		
			CDK6101CE4	EQ6989TN5AC	NQ190DN5	5638	140	GB11340－2005 GB18285－2005 GB17691－2005 国Ⅴ	10250	2500	3350	5000	14500	8780	0	0	0	0	0	0	0	0	0	0	47	12		0	0	0		
			CDK6102CAG5R	CA6100CRN25	CA6SF2－19E5N	7130	143	GB17691－2005 国Ⅴ阶段 GB11340－2005 GB18285－2005	10490	2500	3420	5100	14500	10080	0	0	0	0	0	0	0	0	0	0	0	43		0	0	0		
			CDK6111CA1	CA6990CFN24	NQ190DN5	5638	140	GB17691－2005 （国Ⅴ阶段） GB11340－2005 GB18285－2005	10600	2500	3350	5000	13200	9070	0	0	0	0	0	0	0	26	0	0	0	0		0	0	0		
			CDK6111CE1	EQ6105TN3AC	NQ160N3	5975	118	GB11340－2005 GB18285－2005 GB17691－2005 国Ⅲ	10600	2500	3350	5000	13400	8980	0	40	14	0	0	0	0	0	0	0	0	0		0	0	0		
			CDK6111CE2	EQ6983TN4AC1	NQ160N4	5975	118	GB11340－2005 GB18285－2005 GB17691－2005 国Ⅳ	10650	2500	3350	5000	14500	9100	0	0	0	0	0	0	0	0	42	0	0	0		0	0	0		
			CDK6122CA1R	CA6120CRN24	SC8DT250Q5	8270	184	GB17691－2005 （国Ⅴ阶段） GB11340－2005 GB18285－2005	12000	2550	3420	6150	18000	12200	0	0	0	488	350	0	1	0	0	0	0	0		0	0	0		

续表

企业名称	车辆品牌	车辆名称	车辆型号	底盘型号	发动机型号	排量(mL)	功率(kW)	排放标准	外形尺寸(mm) 外廓长	外廓宽	外廓高	轴距(mm)	总质量(kg)	整备质量(kg)	2013年 1月	2月	3月	4月	5月	6月	7月	8月	9月	10月	11月	12月	小计(辆)	2014年 1月	2月	3月	小计(辆)	合计(辆)
同上	同上	同上	CDK6122CAR	CA6124D172－1N	SC8DT230Q4	8270	170	GB17691－2005（国Ⅳ阶段） GB11340－2005 GB18285－2005	12000	2550	3420	6150	18000	12200	0	27	0	0	0	0	0	0	0	0	0	0		0	0	0		
			CDK6122CS1R	SWB6127QLE	SC8DT250Q4	8270	184	GB17691－2005 国Ⅳ GB11340－2005 GB18285－2005	12000	2550	3420	6150	18000	12200	0	0	0	0	0	50	0	0	0	0	0	0		0	0	0		
			CDK6122CS2R	SWB6127Q8LE	SC8DT250Q5	8270	184	GB17691－2005 国Ⅳ GB11340－2005 GB18285－2005	12000	2550	3420	6150	18000	12200	0	0	0	0	40	0	61	99	0	0	0	0		0	0	0		
			CDK6550CE	EQ6543KN5AC	YN30QNE	2977	75	GB11340－2005 GB18285－2005 GB17691－2005 国Ⅴ	5520	2020	2810	3300	5150	3900	0	0	0	0	0	0	0	0	0	0	34	0		0	0	0		
			CDK6701CN	NJ6650YFC2	CA4GNE3	3700	85	GB17691－2005 国Ⅲ GB11340－2005 GB18285－2005	7010	2180	2950	3500	6900	5275	0	0	0	0	10	0	0	0	0	0	0	0		0	0	0		
			CDK6701CN1	NJ6711YFC2	CA4GNE4	3700	85	GB17691－2005 国Ⅳ GB11340－2005 GB18285－2005	7010	2180	2950	3500	7100	4955	0	11	0	0	0	0	0	2	0	0	0	0		0	0	0		
			CDK6731CE	EQ6700TN3AC	NQ120N	3759	92	GB11340－2005 GB18285－2005 GB17691－2005 国Ⅲ	7280	2260	3100	3300	7700	5490	0	0	0	4	0	0	0	0	0	0	0	0		0	0	0		
			CDK6781CE	EQ6740TN3AC	NQ120N	3759	92	GB11340－2005 GB18285－2005 GB17691－2005 国Ⅲ	7800	2380	3000	3650	9400	5900	0	6	0	0	0	0	0	0	0	0	0	0		0	0	0		
			CDK6782CE	EQ6733TN4AC	NQ120N4	3759	92	GB11340－2005 GB18285－2005 GB17691－2005 国Ⅳ	7830	2380	3160	3650	9000	6335	0	0	0	0	0	4	0	0	0	0	10	0		0	0	0		
			CDK6822CE	EQ6783TN4AC	NQ140N4	3759	103	GB11340－2005 GB18285－2005 GB17691－2005 国Ⅳ	8170	2380	3160	3800	10400	6760	0	0	0	1	0	0	0	0	0	0	0	0		0	0	0		
			CDK6851CE1	EQ6830TN3ACD	NQ150N	5638	110	GB11340－2005 GB18285－2005 GB17691－2005 国Ⅲ	8510	2380	3230	4000	12000	7530	0	2	0	0	0	0	0	0	0	0	0	0		0	0	0		

续表

企业名称	车辆品牌	车辆名称	车辆型号	底盘型号	发动机型号	排量(mL)	功率(kW)	排放标准	外形尺寸(mm)			轴距(mm)	总质量(kg)	整备质量(kg)	2013年													2014年				合计(辆)
									外廓长	外廓宽	外廓高				1月	2月	3月	4月	5月	6月	7月	8月	9月	10月	11月	12月	小计(辆)	1月	2月	3月	小计(辆)	
同上	同上	同上	CDK6852CE	EQ6820TN4AC	NQ140N4	3759	103	GB11340－2005 GB18285－2005 GB17691－2005 国Ⅳ	8535	2400	3160	4000	10400	6880	0	0	0	12	0	5	0	0	0	0	0	0		0	0	0		
			CDK6852CE1	EQ6783TN5AC	NQ140BN5	3759	103	GB11340－2005 GB18285－2005 GB17691－2005 国Ⅴ	8535	2400	3160	4000	10400	6880	0	0	0	0	0	0	0	0	14	0	0	0		0	0	0		
			CDK6891CE1	EQ6869TN5AC	NQ160CN5	4750	118	GB11340－2005 GB18285－2005 GB17691－2005 国Ⅴ	8935	2480	3220	4200	12000	8090	0	0	0	0	0	0	0	0	7	0	0	8		0	0	0		
			CDK6941CE	EQ6900TN4AC	NQ160N4	5975	118	GB11340－2005 GB18285－2005 GB17691－2005 国Ⅳ	9420	2500	3200	4500	12500	8010	0	1	0	0	0	1	1	0	0	0	3	0		0	0	0		
			CDK6952CER	EQ6900HN4AC	NQ180N	5638	132	GB11340－2005 GB18285－2005 GB17691－2005 国Ⅳ	9490	2500	3450	4500	13500	9400	0	0	0	0	0	4	0	0	0	0	0	0		0	0	0		
			CDK6981CA	CA6963D82－3	NQ150N	5638	110	GB17691－2005 国Ⅲ GB11340－2005 GB18285－2005	9750	2500	3300	4700	12700	8280	0	0	0	0	0	0	3	0	0	0	0	0		0	0	0		
		客车	CDK6750E	EQ6690KN3AC	NQ150N	5638	110	GB17691－2005 国Ⅲ GB11340－2005 GB18285－2005	7496	2330	3120	3800	8100	5760	0	0	0	0	0	1	0	0	0	0	0	0		0	0	0		
扬州亚星客车股份有限公司	亚星牌	城市客车	JS6101GCJ	JS6981GDCJ	NQ160N4	5975	118	GB17691－2005 国Ⅳ GB18285－2005 GB11340－2005	10450	2500	3070	5000	12200	8350	0	19	22	36	0	25	15	0	0	23	52	0		0	0	0		
			JS6101GCP	JS6981GDCP	NQ190DN5	5638	140	GB17691－2005 国Ⅴ GB11340－2005 GB18285－2005	10450	2500	3070	5000	13200	8900	0	0	0	0	0	80	0	0	12	20	0	14		0	0	0		
			JS6106GHCJ	JS6106GHDCJ	WP6NG240E40	6750	176	GB17691－2005 国Ⅳ GB18285－2005 GB11340－2005	10490	2500	3120	5000	15500	10600	0	0	0	0	0	0	18	0	0	0	38	0	1577	0	0	0	15	1592
					WP7NG240E40	7140	177	GB17691－2005 国Ⅳ GB18285－2005 GB11340－2005	10490	2500	3120	5000	15500	10600	0	0	60	20	0	0	0	0	0	0	0	36		0	0	0		
					YC6G230N－40	7800	170	GB17691－2005 国Ⅳ GB18285－2005 GB11340－2005	10490	2500	3460	5000	15000	11000	20	0	0	0	0	0	0	0	0	0	0	0		0	0	0		

续表

企业名称	车辆品牌	车辆名称	车辆型号	底盘型号	发动机型号	排量(mL)	功率(kW)	排放标准	外形尺寸(mm) 外廓长	外廓宽	外廓高	轴距(mm)	总质量(kg)	整备质量(kg)	2013年 1月	2月	3月	4月	5月	6月	7月	8月	9月	10月	11月	12月	小计(辆)	2014年 1月	2月	3月	小计(辆)	合计(辆)
同上	同上	同上	JS6106GHCP	JS6106GHDCP	YC6G230N－50	7800	170	GB17691－2005 国Ⅴ GB11340－2005 GB18285－2005	10490	2500	3240	5000	15500	11000	0	0	0	0	0	8	0	0	0	0	0	0		0	0	0		
					WP7NG240E50	7140	177	GB17691－2005 国Ⅴ GB11340－2005 GB18285－2005	10490	2500	3240	5000	16500	11000	0	0	0	0	0	0	0	0	0	0	0	66		0	0	0		
			JS6116GHCJ	JS6116GHDCJ	WP7NG270E40	7140	199	GB17691－2005 国Ⅳ GB18285－2005 GB11340－2005	11490	2550	3240	5800	16500	11600	2	0	0	0	0	0	0	0	37	0	0	0		0	0	0		
					WP7NG240E40	7140	177	GB17691－2005 国Ⅳ GB18285－2005 GB11340－2005	11490	2550	3240	5800	16500	11600	0	0	0	0	0	0	0	0	0	0	12	0		0	0	0		
					YC6G260N－40	7800	191	GB17691－2005 国Ⅳ GB18285－2005 GB11340－2005	11490	2550	3240	5800	16500	11600	0	0	0	0	0	0	0	0	0	0	0	4		0	0	0		
			JS6126GHCJ	JS6126GHDCJ	WP7NG260E40	7140	191	GB17691－2005 国Ⅳ GB11340－2005 GB18285－2005	12000	2550	3240	6100	17500	12100	0	0	20	0	0	0	0	0	0	0	0	12		0	0	0		
			JS6146GHQCP	承载式车身	WP10NG280E50	9726	206	GB17691－2005 国Ⅴ GB18285－2005 GB11340－2005	13690	2550	3350	6150＋1470	24000	14800	0	0	0	0	0	0	0	27	13	0	0	0		0	0	0		
			JS6770GHC	JS6760GHDC	WP5NG180E40	4760	132	GB17691－2005 国Ⅳ GB18285－2005 GB11340－2005	7745	2360	2980	3580	10200	6950	30	0	12	0	22	0	0	0	0	0	1	17		0	0	0		
			JS6770GHCP	JS6760GHDCP	WP5NG180E50	4760	132	GB17691－2005 国Ⅴ GB18285－2005 GB11340－2005	7745	2360	2940	3580	10200	7300	0	0	0	0	0	0	0	0	0	0	33	0		0	0	0		
			JS6811GHC	JS6760GHDC	WP5NG180E40	4760	132	GB17691－2005 国Ⅳ GB18285－2005 GB11340－2005	8135	2360	2980	3800	10200	7250	0	24	0	0	8	0	0	0	10	0	0	0		0	0	0		
					XL4SF－4	4750	130	GB17691－2005 国Ⅳ GB18285－2005 GB11340－2005	8135	2360	3300	3800	10200	7250	15	0	0	0	0	0	0	0	0	0	0	0		0	0	0		
			JS6851GHCJ	JS6851GHDCJ	YC4G180N－40	5200	132	GB17691－2005 国Ⅳ GB18285－2005 GB11340－2005	8540	2400	2980	4100	12200	7700	9	0	0	0	0	0	0	0	0	0	0	0		0	0	0		

续表

企业名称	车辆品牌	车辆名称	车辆型号	底盘型号	发动机型号	排量(mL)	功率(kW)	排放标准	外形尺寸(mm) 外廓长	外廓宽	外廓高	轴距(mm)	总质量(kg)	整备质量(kg)	2013年 1月	2月	3月	4月	5月	6月	7月	8月	9月	10月	11月	12月	小计(辆)	2014年 1月	2月	3月	小计(辆)	合计(辆)
同上	同上	同上	JS6851GHCJ	JS6851GHDCJ	WP5NG180E40	4760	132	GB17691－2005 国Ⅳ GB18285－2005 GB11340－2005	8540	2400	2980	4100	12200	7700	0	0	0	0	30	16	0	26	0	0	0	20		0	0	0		
			JS6851GHCP	JS6851GHDCP	WP5NG180E50	4760	132	GB17691－2005 国Ⅴ GB18285－2005 GB11340－2005	8540	2400	3050	4100	12200	8700	0	0	0	0	13	0	0	0	0	0	33	0		0	0	0		
					YC4G180N－50	5200	132	GB17691－2005 国Ⅴ GB18285－2005 GB11340－2005	8540	2400	3050	4100	12200	8700	0	0	0	0	0	4	0	0	0	0	0	0		0	0	0		
			JS6861GCJ	JS6861GDCJ	NQ160N4	5975	118	GB17691－2005 国Ⅳ GB18285－2005 GB11340－2005	8640	2500	3070	4000	11300	7200	0	1	0	34	4	0	36	10	5	0	0	6		0	0	0		
			JS6861GCP	JS6861GDCP	NQ160CN5	4750	118	GB17691－2005 国Ⅴ GB11340－2005 GB18285－2005	8640	2500	3070	4000	12300	7500	0	0	0	0	0	0	0	0	0	0	0	109		0	0	0		
			JS6901GCP	JS6861GDCP	NQ160CN5	4750	118	GB17691－2005 国Ⅴ GB11340－2005 GB18285－2005	8990	2500	3070	4150	12300	7700	0	0	0	0	0	0	0	0	0	0	0	30		0	0	0		
			JS6921GCJ	JS6921GDCJ	NQ160N4	5975	118	GB17691－2005 国Ⅳ GB18285－2005 GB11340－2005	9240	2500	3070	4400	11300	7450	0	0	0	4	12	30	54	0	0	0	24	2		0	0	0		
			JS6936GHCJ	JS6886GHDCJ	WP6NG210E40	6750	155	GB17691－2005 国Ⅳ GB18285－2005 GB11340－2005	9295	2500	3160	4400	13200	9300	0	0	0	0	49	0	0	0	12	40	0	7		0	0	0		
			JS6936GHCP	JS6886GHDCP	YC6J210N－52	6494	155	GB17691－2005 国Ⅴ GB11340－2005 GB18285－2005	9295	2500	3160	4400	13200	9400	0	0	0	0	0	3	0	0	0					0	0	0		
			JS6981GCJ	JS6981GDCJ	NQ160N4	5975	118	GB17691－2005 国Ⅳ GB18285－2005 GB11340－2005	9845	2500	3070	5000	12200	8000	0	0	0	0	0	0	0	2	0	0	0	0		0	0	0		
		客车	JS6752TCJ	EQ6690KN4AC	NQ160N4	5975	118	GB17691－2005 国Ⅳ GB11340－2005 GB18285－2005	7480	2350	3130	3800	8500	6080	0	0	0	0	0	18	0	0	0	0	0	1		0	0	0		
			YBL6110HCJ	YBL6110HDCJ	WP7NG270E40	7140	199	GB17691－2005 国Ⅳ GB18285－2005 GB11340－2005	10800	2500	3560	5390	15700	11720	0	0	0	0	0	0	0	0	0	0	0	0		0	0	1		

续表

企业名称	车辆品牌	车辆名称	车辆型号	底盘型号	发动机型号	排量(mL)	功率(kW)	排放标准	外形尺寸(mm) 外廓长	外廓宽	外廓高	轴距(mm)	总质量(kg)	整备质量(kg)	2013年 1月	2月	3月	4月	5月	6月	7月	8月	9月	10月	11月	12月	小计(辆)	2014年 1月	2月	3月	小计(辆)	合计(辆)
同上	同上	同上	YBL6805HCP	YBL6796HDCP	WP5NG180E50	4760	132	GB17691－2005 国Ⅴ GB18285－2005 GB11340－2005	7995	2460	3360	3800	10800	8070	0	0	0	0	0	0	0	0	0	0	0	0		3	0	0		
			YBL6855H1CP	YBL6855HDCP	WP7NG210E50	7140	155	GB17691－2005 国Ⅴ GB18285－2005 GB11340－2005	8545	2460	3360	4100	11800	8910	0	0	0	0	0	0	0	0	0	0	0	0		0	6	0		
			YBL6905H1CJ	YBL6896HDCJ	WP7NG240E40	7140	177	GB17691－2005 国Ⅳ GB18285－2005 GB11340－2005	8995	2460	3360	4300	12800	9600	0	0	0	0	0	0	0	0	0	0	0	0		2	0	0		
			YBL6905HCP	YBL6896HDCP	WP7NG260E50	7140	191	GB17691－2005 国Ⅴ GB18285－2005 GB11340－2005	8995	2460	3360	4300	12800	9600	0	0	0	0	0	0	0	0	0	0	0	0		0	0	3		
		双层城市客车	JS6111SHCJ	JS6111SHDCJ	WP10NG280E40	9726	206	GB17691－2005 国Ⅳ GB18285－2005 GB11340－2	11370	2500	4180	5500	18000	12900	0	0	22	0	0	10	14	3	0	0	0	0		0	0	0		
			JS6111SHF	JS6110SHDF	SC8DT250Q3	8300	184	GB17691－2005 国Ⅲ GB18285－2005 GB11340－2005	11370	2500	4180	5500	17500	12900	0	0	0	1	0	0	0	0	0	0	0	0		0	0	0		
丹东黄海汽车有限责任公司	黄海牌	城市客车	DD6106B01	DD6106B01	YC6J210N－40	6494	155	GB11340－2005 GB18285－2005 GB17691－2005 国Ⅳ	10490	2500	3380	5000	16000	11200	0	0	0	0	10	0	0	40	0	6	0	28	1350	0	0	0	0	1350
			DD6106B02	DD6106B02	WP6NG210E40	6750	155	GB11340－2005 GB18285－2005 GB17691－2005 国Ⅳ	10490	2500	3220	5000	16000	10800	0	0	0	0	0	0	86	48	0	0	0	0		0	0	0		
			DD6109B11	DD6109B11	YC6G230N－40	7800	170	GB11340－2005 GB18285－2005 GB17691－2005 国Ⅳ	10490	2500	3375	5000	16000	11350	0	0	0	0	21	0	0	0	0	0	0	0		0	0	0		
			DD6109B22N	DD6109B22N	SC7HT210Q5	6440	155	GB11340－2005 GB18285－2005 GB17691－2005 国Ⅴ	10490	2482	3380	5000	16000	11400	0	0	0	0	0	144	0	0	0	0	0	0		0	0	0		
					YC6J210N－52	6494	155	GB11340－2005 GB18285－2005 GB17691－2005 国Ⅴ	10490	2482	3220	5000	16000	11000	0	0	0	0	0	0	0	13	0	0	0	0		0	0	0		
			DD6109S55	DD6109S55	WP7NG240E40	7140	177	GB11340－2005 GB18285－2005 GB17691－2005 国Ⅳ	10490	2482	3380	5000	16000	11600	1	0	0	0	0	18	0	0	0	0	0	0		0	0	0		

续表

企业名称	车辆品牌	车辆名称	车辆型号	底盘型号	发动机型号	排量(mL)	功率(kW)	排放标准	外形尺寸(mm)			轴距(mm)	总质量(kg)	整备质量(kg)	2013年													2014年				合计(辆)
									外廓长	外廓宽	外廓高				1月	2月	3月	4月	5月	6月	7月	8月	9月	10月	11月	12月	小计(辆)	1月	2月	3月	小计(辆)	
同上	同上	同上	DD6118B25N	DD6118B25N	YC6G230N－50	7800	170	GB11340－2005 GB18285－2005 GB17691－2005 国Ⅴ	11310	2532	3180	5600	16500	11800	0	0	0	0	0	0	0	0	0	0	0	163		0	0	0		
			DD6129B02F	DD6129B02F	YC6B170N－40	6870	125	GB11340－2005 GB18285－2005 GB17691－2005 国Ⅳ	11980	2550	3210	6000	18000	10700	0	0	0	0	0	0	0	0	0	0	20	20		0	0	0		
			DD6129B03FN	DD6129B03FN	NQ190DN5	5638	140	GB11340－2005 GB18285－2005 GB17691－2005 国Ⅴ	11980	2550	3210	6000	18000	11000	0	0	0	0	0	0	0	0	0	0	54	0		0	0	0		
			DD6129B30	DD6129B30	SC8DT250Q4	8270	184	GB11340－2005 GB18285－2005 GB17691－2005 国Ⅳ	12000	2532	3380	6000	18000	13200	60	0	0	0	0	0	0	0	0	0	0	0		0	0	0		
					YC6G260N－40	7800	191	GB11340－2005 GB18285－2005 GB17691－2005 国Ⅳ	12000	2532	3180	6000	18000	12800	0	0	0	70	0	0	0	0	50	0	24	0		0	0	0		
			DD6129B31	DD6129B31	WP7NG270E50	7140	199	GB11340－2005 GB18285－2005 GB17691－2005 国Ⅴ	12000	2532	3510	6000	18000	12800	0	0	0	0	0	0	6	0	0	0	0	0		0	0	0		
			DD6129B32N	DD6129B32N	SC8DT250Q5	8270	184	GB11340－2005 GB18285－2005 GB17691－2005 国Ⅴ	12000	2532	3380	6000	18000	13200	0	0	0	0	0	118	0	0	0	0	0	0		0	0	0		
					CA6SL2－26E5N	8600	195	GB11340－2005 GB18285－2005 GB17691－2005 国Ⅴ	12000	2532	3180	6000	18000	12800	0	0	0	0	0	0	0	78	0	0	0	0		0	0	0		
			DD6129B50N	承载式车身	WP7NG270E50	7140	199	GB11340－2005 GB18285－2005 GB17691－2005 国Ⅴ	11990	2532	3450	6000	18000	11350	0	0	0	0	0	0	0	0	0	0	0	4		0	0	0		
			DD6129S80	DD6129S80	WP7NG270E40	7140	199	GB11340－2005 GB18285－2005 GB17691－2005 国Ⅳ	12000	2532	3380	6000	18000	13200	0	20	0	0	0	0	0	0	0	0	4	0		0	0	0		
			DD6141B02N	DD6131DB02N	SC9DT320Q5	8820	235	GB11340－2005 GB18285－2005 GB17691－2005 国Ⅴ	13680	2532	3400	6300＋1400	23500	15000	0	0	0	0	0	10	0	0	0	0	0	0		0	0	0		
			DD6851B01N	DD6821DB01N	SC5DT180Q5	5308	132	GB11340－2005 GB18285－2005 GB17691－2005 国Ⅴ	8540	2430	3030	4000	12500	8400	0	0	0	0	0	0	0	20	0	28	0	0		0	0	0		

续表

企业名称	车辆品牌	车辆名称	车辆型号	底盘型号	发动机型号	排量(mL)	功率(kW)	排放标准	外形尺寸(mm) 外廓长	外廓宽	外廓高	轴距(mm)	总质量(kg)	整备质量(kg)	2013年 1月	2月	3月	4月	5月	6月	7月	8月	9月	10月	11月	12月	小计(辆)	2014年 1月	2月	3月	小计(辆)	合计(辆)
同上	同上	同上	DD6851B02N	DD6821B02N	YC4G180N-50	5200	132	GB11340-2005 GB18285-2005 GB17691-2005 国V	8540	2430	3180	4000	12500	8300	0	0	0	0	0	0	8	0	0	0	0	0		0	0	0		
			DD6930B21	DD6890DB21	WP6NG210E40	6750	155	GB11340-2005 GB18285-2005 GB17691-2005 国Ⅳ	9290	2440	3000	4435	13500	9700	0	0	0	0	0	0	0	0	16	0	0	0		0	0	0		
			DD6930B23N	DD6890DB23N	SC5DT180Q5	5308	132	GB11340-2005 GB18285-2005 GB17691-2005 国V	9290	2440	3180	4435	13500	10400	0	0	0	0	0	139	0	0	0	0	0	0		0	0	0		
		客车	DD6119C31	DD6109DC31	YC6G260N-40	7800	191	GB11340-2005 GB18285-2005 GB17691-2005 国Ⅳ	10800	2500	3534	5360	16500	11150	0	0	0	0	0	0	0	0	1	0	2	0		0	0	0		
			DD6128C02N	承载式车身	WP10NG336E50	9726	247	GB11340-2005 GB18285-2005 GB17691-2005 国V	11985	2500	3815	6000	18000	13850	0	0	0	0	0	0	0	17	3	0	0	0		0	0	0		
安徽安凯汽车股份有限公司	安凯牌	城市客车	HFF6100G39C	HFF6104D13C	YC6J210N-30	6454	155	GB17691-2005 国Ⅲ GB11340-2005 GB18285-2005	10320	2500	2930	5000	15500	9600	0	2	0	0	0	1	0	0	0	0	0	0		0	0	0		
			HFF6100G39CE5	承载式车身	YC6J210N-52	6494	155	GB17691-2005 国V GB11340-2005 GB18285-2005	10320	2500	3150	5000	15500	9600	0	0	0	0	3	0	0	0	0	0	0	0		0	0	0		
			HFF6101G39C	HFF6105D13C	YC6G230N-30	7800	170	GB17691-2005 国Ⅲ GB11340-2005 GB18285-2005	10320	2500	3250	5000	15500	9800	4	0	0	0	0	16	0	0	0	0	0	0		0	0	0		
					CA6SF2-23NE3	7130	180	GB17691-2005 国Ⅲ GB11340-2005 GB18285-2005	10320	2500	3140	5000	15500	9800	0	26	0	0	0	0	0	0	0	0	0	0	1290	0	0	0	0	1290
			HFF6103G39CE5	承载式车身	NQ170FN5	6234	125	GB17691-2005 国V GB11340-2005 GB18285-2005	10140	2500	3250	4800	14200	8900	0	0	0	0	0	0	42	1	50	0	0	0		0	0	0		
			HFF6104G39C	HFF6104D39C	WP7NG210E40	7140	155	GB17691-2005 国Ⅳ GB11340-2005 GB18285-2005	10320	2500	3250	5000	15500	9800	0	11	0	0	0	0	0	0	0	0	0	0		0	0	0		
					YC6G230N-40	7800	170	GB17691-2005 国Ⅳ GB11340-2005 GB18285-2005	10320	2500	3250	5000	15500	9800	0	0	0	14	0	1	0	0	0	8	0	0		0	0	0		

续表

企业名称	车辆品牌	车辆名称	车辆型号	底盘型号	发动机型号	排量(mL)	功率(kW)	排放标准	外形尺寸(mm) 外廓长	外廓宽	外廓高	轴距(mm)	总质量(kg)	整备质量(kg)	2013年 1月	2月	3月	4月	5月	6月	7月	8月	9月	10月	11月	12月	小计(辆)	2014年 1月	2月	3月	小计(辆)	合计(辆)
同上	同上	同上	HFF6104G39C	HFF6104D39C	YC6G230N－40	7800	170	GB17691－2005 国Ⅳ GB11340－2005 GB18285－2005	10420	2500	3250	5000	16350	10400	0	0	0	0	0	0	0	0	0	0	8	0		0	0	0		
			HFF6105G39C	承载式车身	WP7NG240E50	7140	177	GB17691－2005 国Ⅴ GB11340－2005 GB18285－2005	10320	2500	3250	5000	15500	9800	0	0	0	0	0	0	0	18	0	0	0	0		0	0	0		
					CA6SF2－23E5N	7130	173	GB17691－2005 国Ⅴ GB11340－2005 GB18285－2005	10450	2500	3250	4900	16350	10400	0	0	0	0	0	0	0	0	43	0	0	0		0	0	0		
			HFF6111G50C	HFF6111D50C	WP7NG240E40	7140	177	GB17691－2005 国Ⅳ GB11340－2005 GB18285－2005	11350	2500	3250	5700	16500	11430	0	0	0	0	0	0	0	0	0	0	0	2		0	0	0		
					YC6G230N－50	7800	170	GB17691－2005 国Ⅴ GB11340－2005 GB18285－2005	11350	2500	3150	5700	16500	10780	0	0	0	0	3	184	0	0	0	0	0	0		0	0	0		
			HFF6120GZ－4C	HFF6120DZ－4C	WP7NG260E40	7140	191	GB17691－2005 国Ⅳ GB11340－2005 GB18285－2005	12000	2550	3250	6100	18000	12300	0	0	0	0	0	0	0	0	0	0	0	46		0	0	0		
					YC6G260N－40	7800	191	GB17691－2005 国Ⅳ GB11340－2005 GB18285－2005	12000	2550	3250	6100	17500	11830	0	29	0	36	143	127	0	0	0	0	0	0		0	0	0		
			HFF6125GZ－4C	承载式车身	YC6L260N－52	8424	191	GB17691－2005 国Ⅴ GB11340－2005 GB18285－2005	12000	2550	3250	6100	17500	11830	0	0	0	0	0	0	0	30	0	0	0	38		0	0	0		
			HFF6127GK15	HFF6129D17	SC8DT250Q3	8300	184	GB17691－2005 国Ⅲ GB11340－2005 GB18285－2005	11860	2500	3000	6000	16000	10200	0	0	0	0	0	1	0	0	0	0	0	0		0	0	0		
		豪华客车	HFF6120YK40C	承载式车身	YC6M340N－30	9839	250	GB17691－2005 国Ⅲ GB11340－2005 GB18285－2005	12000	2550	3950	6080	18000	13200	2	0	0	0	0	0	0	0	0	0	0	0		0	0	0		
			HFF6122YK40C	承载式车身	WP12NG380E40	11596	280	GB17691－2005 国Ⅳ GB11340－2005 GB18285－2005	12000	2550	3950	6080	18000	13380	0	6	35	0	5	4	0	9	0	9	1	0		0	0	0		
					YC6MK340N－40	10338	250	GB17691－2005 国Ⅳ GB11340－2005 GB18285－2005	12000	2550	3950	6080	18000	13380	0	0	0	2	0	0	0	0	0	0	0	0		0	0	0		

续表

企业名称	车辆品牌	车辆名称	车辆型号	底盘型号	发动机型号	排量（mL）	功率（kW）	排放标准	外形尺寸（mm） 外廓长	外廓宽	外廓高	轴距（mm）	总质量（kg）	整备质量（kg）	2013年 1月	2月	3月	4月	5月	6月	7月	8月	9月	10月	11月	12月	小计（辆）	2014年 1月	2月	3月	小计（辆）	合计（辆）
同上	同上	同上	HFF6123YK40C1	承载式车身	WP10NG336E50	9726	247	GB17691－2005国Ⅳ GB11340－2005 GB18285－2005	12000	2550	3950	6080	18000	13380	0	0	1	0	0	0	1	0	0	0	1	0		0	0	0		
			HFF6123YK40C2	承载式车身	WP12NG380E50	11596	280	GB17691－2005国Ⅴ GB11340－2005 GB18285－2005	12000	2550	3950	6080	18000	13500	0	0	0	0	0	0	0	0	0	0	0	10		0	0	0		
			HFF6123YK40C3	承载式车身	WP12NG380E50	11596	280	GB17691－2005国Ⅳ GB11340－2005 GB18285－2005	12000	2550	3950	6080	18000	13500	0	0	0	0	2	0	0	0	0	0	0	0		0	0	0		
		客车	HFF6110K10C1E5	承载式车身	WP7NG270E50	7140	199	GB17691－2005国Ⅴ GB11340－2005 GB18285－2005	10800	2500	3520	5460	15650	11670	0	0	0	0	0	0	0	0	0	1	0	0		0	0	0		
			HFF6110LK10C	承载式车身	WP7NG270E40	7140	199	GB17691－2005国Ⅳ GB11340－2005 GB18285－2005	10800	2500	3520	5460	15500	11670	3	0	0	7	8	0	0	0	6	0	4	0		0	0	0		
					YC6G260N－40	7800	191	GB17691－2005国Ⅳ GB11340－2005 GB18285－2005	10800	2500	3520	5460	15500	11670	0	0	0	0	0	8	0	0	0	0	0	0		0	0	0		
			HFF6111K06C	HFF6101D06C	WP10NG260E40	9726	191	GB17691－2005国Ⅳ GB11340－2005 GB18285－2005	10600	2500	3550	5250	15600	11350	0	2	0	0	0	1	0	0	0	0	0	0		0	0	0		
			HFF6114K06C1	承载式车身	WP10NG300E50	9726	220	GB17691－2005国Ⅴ GB11340－2005 GB18285－2005	10990	2500	3550	5450	16000	11850	0	0	0	0	0	0	0	0	1	0	0	0		0	0	0		
			HFF6115K06C1	承载式车身	WP10NG280E50	9726	206	GB17691－2005国Ⅴ GB11340－2005 GB18285－2005	10600	2500	3550	5250	15700	11700	0	0	0	0	0	0	0	0	1	0	0	3		0	0	0		
			HFF6120K06C1	承载式车身	WP10NG336E40	9726	247	GB17691－2005国Ⅳ GB11340－2005 GB18285－2005	12000	2550	3680	6080	17200	12800	0	0	0	0	3	0	0	0	0	0	0	0		0	0	0		
						9726	247	GB17691－2005国Ⅳ GB11340－2005 GB18285－2005	12000	2550	3680	6080	17800	13400	0	0	0	0	0	0	0	0	10	0	4	0		0	0	0		
					YC6MK340N－40	10338	250	GB17691－2005国Ⅳ GB11340－2005 GB18285－2005	12000	2550	3680	6080	17200	12800	1	0	0	0	0	1	0	0	0	0	0	0		0	0	0		

续表

企业名称	车辆品牌	车辆名称	车辆型号	底盘型号	发动机型号	排量(mL)	功率(kW)	排放标准	外形尺寸(mm)			轴距(mm)	总质量(kg)	整备质量(kg)	2013年													2014年				合计(辆)
									外廓长	外廓宽	外廓高				1月	2月	3月	4月	5月	6月	7月	8月	9月	10月	11月	12月	小计(辆)	1月	2月	3月	小计(辆)	
同上	同上	同上	HFF6120K06C1E5	承载式车身	WP10NG336E50	9726	247	GB17691－2005国Ⅴ GB11340－2005 GB18285－2005	12000	2550	3680	6080	17800	13400	0	0	0	0	0	0	0	0	0	0	0	3		0	0	0		
			HFF6120K06C2	承载式车身	WP10NG336E40	9726	247	GB17691－2005国Ⅳ GB11340－2005 GB18285－2005	12000	2550	3680	6080	17200	12800	0	0	3	0	0	0	0	0	0	0	0	0		0	0	0		
			HFF6120K40C	HFF6120D40C	WP12NG330E30	11596	243	GB17691－2005国Ⅲ GB11340－2005 GB18285－2005	12000	2500	3550	6080	17300	12800	0	1	0	0	0	0	0	0	0	0	0	0		0	0	0		
			HFF6121K06C2	承载式车身	WP10NG336E50	9726	247	GB17691－2005国Ⅴ GB11340－2005 GB18285－2005	12000	2550	3680	6080	17800	13400	0	0	0	0	0	0	0	0	0	7	0	1		0	0	0		
			HFF6121K40C2	承载式车身	YC6MK375N－50	10338	276	GB17691－2005国Ⅴ GB11340－2005 GB18285－2005	12000	2500	3550	6080	17300	12800	0	0	0	0	1	0	0	0	0	0	0	0		0	0	0		
					WP10NG336E50	9726	247	GB17691－2005国Ⅴ GB11340－2005 GB18285－2005	12000	2500	3550	6080	17300	12800	0	0	0	0	0	0	0	0	16	1	0	0		0	0	0		
			HFF6121K40C3	承载式车身	WP12NG380E50	11596	280	GB17691－2005国Ⅴ GB11340－2005 GB18285－2005	12000	2500	3550	6080	17300	12800	0	0	0	0	0	0	1	0	0	0	0	0		0	0	0		
					YC6MK375N－50	10338	276	GB17691－2005国Ⅴ GB11340－2005 GB18285－2005	12000	2500	3550	6080	17300	12800	0	0	0	0	0	0	0	0	0	0	1	0		0	0	0		
			HFF6850K57C	HFF6820D16C	YC6J210N－40	6494	155	GB17691－2005国Ⅳ GB11340－2005 GB18285－2005	8490	2400	3310	4000	11750	8650	2	0	4	0	0	6	0	0	0	0	0	0		0	0	0		
			HFF6850K57C1E5	承载式车身	YC6J210N－52	6494	155	GB17691－2005国Ⅴ GB11340－2005 GB18285－2005	8490	2500	3390	4000	11900	8850	0	0	0	0	0	0	0	0	0	0	0	8		0	0	0		
			HFF6900K08C	HFF6879D35	WP6NG240E30	6750	177	GB17691－2005国Ⅲ GB11340－2005 GB18285－2005	8990	2500	3560	4300	12800	9500	6	1	0	0	0	0	0	0	0	0	0	0		0	0	0		
						6750	177	GB17691－2005国Ⅲ GB11340－2005 GB18285－2005	8990	2500	3410	4300	12800	9500	0	0	0	3	1	0	0	0	0	0	0	0		0	0	0		

续表

企业名称	车辆品牌	车辆名称	车辆型号	底盘型号	发动机型号	排量(mL)	功率(kW)	排放标准	外形尺寸(mm) 外廓长	外廓宽	外廓高	轴距(mm)	总质量(kg)	整备质量(kg)	2013年 1月	2月	3月	4月	5月	6月	7月	8月	9月	10月	11月	12月	小计(辆)	2014年 1月	2月	3月	小计(辆)	合计(辆)
同上	同上	同上	HFF6900K08C2E5	承载式车身	YC6G260N-50	7800	191	GB17691-2005 国Ⅴ GB11340-2005 GB18285-2005	8990	2500	3410	4300	13300	10100	0	0	0	0	0	0	1	0	0	0	0	1		0	0	0		
			HFF6902K08C	承载式车身	WP7NG240E40	7140	177	GB17691-2005 国Ⅳ GB11340-2005 GB18285-2005	8990	2500	3410	4300	12800	9500	12	3	3	0	0	0	23	0	8	5	0	0		0	0	0		
						7140	177	GB17691-2005 国Ⅳ GB11340-2005 GB18285-2005	8990	2500	3560	4300	12800	9500	0	0	0	0	0	0	0	9	0	0	0	0		0	0	0		
					YC6G230N-40	7800	170	GB17691-2005 国Ⅳ GB11340-2005 GB18285-2005	8990	2500	3410	4300	12800	9500	0	0	0	0	0	0	0	0	0	0	5	1		0	0	0		
		双层城市客车	HFF6115GS01C	承载式车身	YC6L260N-52	8424	191	GB17691-2005 国Ⅴ GB11340-2005 GB18285-2005	11320	2550	4200	5600	18000	12780	0	0	0	0	0	30	9	0	0	0	0	15		0	0	0		
			HFF6120GS01C	承载式车身	ISLGEEV280	8900	209	GB17691-2005 国Ⅳ GB11340-2005 GB18285-2005	12000	2550	4000	5170+1470	22500	15200	20	0	0	0	1	39	0	0	0	0	0	0		0	0	0		
厦门金龙旅行车有限公司	金旅牌	城市客车	XML6105J15CN	承载式车身	WP7NG240E50	7140	177	GB17691-2005 国Ⅴ GB18285-2005 GB11340-2005	10480	2500	3500	5000	16500	10780	0	0	0	0	0	0	0	0	0	0	0	0	0	25	0	76	886	886
			XML6105J28CN	承载式车身	YC6G230N-40	7800	170	GB17691-2005 国Ⅳ GB18285-2005 GB11340-2005	10480	2500	3300	5000	16500	10780	0	0	0	0	0	0	0	0	0	0	0	0		28	0	13		
			XML6115J15CN	承载式车身	YC6L260N-32	8424	191	GB17691-2005 国Ⅴ GB18285-2005 GB11340-2005	11380	2540	3300	5700	17000	12100	0	0	0	0	0	0	0	0	0	0	0	0		0	0	34		
			XML6125J15CN	承载式车身	WP7NG270E50	7140	199	GB17691-2005 国Ⅴ GB18285-2005 GB11340-2005	11980	2540	3500	5980	18000	12320	0	0	0	0	0	0	0	0	0	0	0	0		110	53	108		
			XML6125J18CN	承载式车身	WP7NG260E40	7140	191	GB17691-2005 国Ⅳ GB18285-2005 GB11340-2005	11980	2540	3500	6100	18000	12320	0	0	0	0	0	0	0	0	0	0	0	0		20	0	22		
			XML6602J15CN	承载式车身	YC4D140N-50	4214	103	GB17691-2005 国Ⅴ GB18285-2005 GB11340-2005	5995	2280	2960	3100	7700	4500	0	0	0	0	0	0	0	0	0	0	0	0		0	0	31		

续表

企业名称	车辆品牌	车辆名称	车辆型号	底盘型号	发动机型号	排量(mL)	功率(kW)	排放标准	外形尺寸(mm) 外廓长	外廓宽	外廓高	轴距(mm)	总质量(kg)	整备质量(kg)	2013年 1月	2月	3月	4月	5月	6月	7月	8月	9月	10月	11月	12月	小计(辆)	2014年 1月	2月	3月	小计(辆)	合计(辆)
同上	同上	同上	XML6700J15CN	承载式车身	YC4D140N-50	4214	103	GB17691-2005 国Ⅴ GB18285-2005 GB11340-2005	7005	2050	2890	3935	7000	4950	0	0	0	0	0	0	0	0	0	0	0	0		0	50	50		
			XML6805J15CN	承载式车身	YC4G180N-50	5200	132	GB17691-2005 国Ⅴ GB18285-2005 GB11340-2005	8005	2300	3180	3800	11500	7740	0	0	0	0	0	0	0	0	0	0	0	0		10	0	0		
			XML6805J18CN	承载式车身	YC4G180N-40	5200	132	GB17691-2005 国Ⅳ GB18285-2005 GB11340-2005	7985	2300	3000	3800	11500	7740	0	0	0	0	0	0	0	0	0	0	0	0		13	0	11		
			XML6845J15CN	承载式车身	YC4G180N-50	5200	132	GB17691-2005 国Ⅴ GB18285-2005 GB11340-2005	8390	2460	3350	4000	12200	7865	0	0	0	0	0	0	0	0	0	0	0	0		0	0	29		
			XML6845J18CN	承载式车身	YC4G180N-40	5200	132	GB17691-2005 国Ⅳ GB18285-2005 GB11340-2005	8390	2460	3120	4000	12200	9040	0	0	0	0	0	0	0	0	0	0	0	0		0	0	10		
			XML6895J18CN	XML6865D18CN	YC6J210N-40	6454	155	GB17691-2005 国Ⅳ GB18285-2005 GB11340-2005	8930	2460	3120	4250	13200	9200	0	0	0	0	0	0	0	0	0	0	0	0		0	0	1		
			XML6925J15CN	承载式车身	YC6J210N-52	6494	155	GB17691-2005 国Ⅴ GB18285-2005 GB11340-2005	9180	2460	3120	4250	13200	9400	0	0	0	0	0	0	0	0	0	0	0	0		0	0	102		
			XML6925J18CN	XML6905D18CN	YC6J210N-40	6454	155	GB17691-2005 国Ⅳ GB18285-2005 GB11340-2005	9180	2460	3120	4250	13200	8900	0	0	0	0	0	0	0	0	0	0	0	0		4	0	0		
		客车	XML6103J15N	承载式车身	YC6G260N-50	7800	191	GB17691-2005 国Ⅴ GB18285-2005 GB11340-2005	10490	2500	3600	5200	15900	11530	0	0	0	0	0	0	0	0	0	0	0	0		0	2	0		
			XML6103J18N	XML6103D18N	YC6L280N-40	8424	206	GB17691-2005 国Ⅳ GB18285-2005 GB11340-2005	10490	2500	3760	5200	15200	11530	0	0	0	0	0	0	0	0	0	0	0	0		0	0	1		
			XML6113J55N	承载式车身	YC6L280N-52	8424	206	GB17691-2005 国Ⅴ GB18285-2005 GB11340-2005	10990	2500	3600	5550	16500	11500	0	0	0	0	0	0	0	0	0	0	0	0		4	2	9		
			XML6125J28N	承载式车身	WP10NG336E40	9726	247	GB17691-2005 国Ⅳ GB18285-2005 GB11340-2005	12000	2550	3995	6000	18000	13550	0	0	0	0	0	0	0	0	0	0	0	0		0	0	1		

续表

企业名称	车辆品牌	车辆名称	车辆型号	底盘型号	发动机型号	排量(mL)	功率(kW)	排放标准	外形尺寸(mm)			轴距(mm)	总质量(kg)	整备质量(kg)	2013年													2014年				合计(辆)
									外廓长	外廓宽	外廓高				1月	2月	3月	4月	5月	6月	7月	8月	9月	10月	11月	12月	小计(辆)	1月	2月	3月	小计(辆)	
同上	同上	同上	XML6127J15N	承载式车身	YC6MK340N－50	10338	250	GB17691－2005 国Ⅴ GB18285－2005 GB11340－2005	12000	2550	3690	6000	18000	13210	0	0	0	0	0	0	0	0	0	0	0	0		18	0	0		
			XML6128J25N	承载式车身	WP12NG380E50	11596	280	GB17691－2005 国Ⅴ GB18285－2005 GB11340－2005	11985	2540	3970	6000	18000	13710	0	0	0	0	0	0	0	0	0	0	0	0		1	0	0		
			XML6700J18N	承载式车身	YC4D140N－40	4214	103	GB17691－2005 国Ⅳ GB18285－2005 GB11340－2005	6970	2050	2770	3935	6500	4310	0	0	0	0	0	0	0	0	0	0	0	0		1	0	0		
			XML6723J28N	承载式车身	YC4D140N－40	4214	103	GB17691－2005 国Ⅳ GB11340－2005 GB18285－2005	7235	2250	2870	3800	7500	5160	0	0	0	0	0	0	0	0	0	0	0	0		12	0	0		
			XML6752J15N	承载式车身	YC4D140N－50	4214	103	GB17691－2005 国Ⅴ GB18285－2005 GB11340－2005	7495	2280	2960	3935	8500	5410	0	0	0	0	0	0	0	0	0	0	0	0		1	0	0		
			XML6807J15N	承载式车身	YC4G180N－50	5200	132	GB17691－2005 国Ⅴ GB18285－2005 GB11340－2005	8030	2500	3300	3800	11000	7850	0	0	0	0	0	0	0	0	0	0	0	0		0	0	3		
			XML6807J18N	承载式车身	YC4G180N－40	5200	132	GB17691－2005 国Ⅳ GB18285－2005 GB11340－2005	8030	2500	3440	3800	10580	7850	0	0	0	0	0	0	0	0	0	0	0	0		0	1	0		
			XML6807J25N	承载式车身	YC4G180N－50	5200	132	GB17691－2005 国Ⅴ GB18285－2005 GB11340－2005	8030	2500	3300	3800	10150	7570	0	0	0	0	0	0	0	0	0	0	0	0		20	0	0		
			XML6807J28N	承载式车身	YC4G180N－40	5200	132	GB17691－2005 国Ⅳ GB18285－2005 GB11340－2005	8030	2500	3300	3800	10150	7570	0	0	0	0	0	0	0	0	0	0	0	0		0	0	2		
			XML6857J25N	承载式车身	YC6J210N－52	6494	155	GB17691－2005 国Ⅴ GB18285－2005 GB11340－2005	8540	2500	3300	4100	11830	8940	0	0	0	0	0	0	0	0	0	0	0	0		0	0	1		
			XML6857J28N	承载式车身	YC6J210N－40	6454	155	GB17691－2005 国Ⅳ GB18285－2005 GB11340－2005	8540	2500	3300	4100	11830	8940	0	0	0	0	0	0	0	0	0	0	0	0		0	0	2		
			XML6907J25N	承载式车身	YC6G260N－50	7800	191	GB17691－2005 国Ⅴ GB18285－2005 GB11340－2005	8995	2500	3480	4300	13000	9800	0	0	0	0	0	0	0	0	0	0	0	0		3	0	1		

续表

企业名称	车辆品牌	车辆名称	车辆型号	底盘型号	发动机型号	排量(mL)	功率(kW)	排放标准	外形尺寸(mm) 外廓长	外形尺寸(mm) 外廓宽	外形尺寸(mm) 外廓高	轴距(mm)	总质量(kg)	整备质量(kg)	2013年 1月	2013年 2月	2013年 3月	2013年 4月	2013年 5月	2013年 6月	2013年 7月	2013年 8月	2013年 9月	2013年 10月	2013年 11月	2013年 12月	2013年 小计(辆)	2014年 1月	2014年 2月	2014年 3月	2014年 小计(辆)	合计(辆)
同上	同上	同上	XML6907J28N	承载式车身	YC6G230N-40	7800	170	GB17691-2005 国Ⅳ GB18285-2005 GB11340-2005	8995	2500	3480	4300	13000	9800	0	0	0	0	0	0	0	0	0	0	0	0		0	1	0		
河南少林客车股份有限公司	少林牌	城市客车	SLG6600T5GF	HFC6570NY1V	NQ120BN5	3759	88	GB11340-2005 GB18285-2005 GB17691-2005 国Ⅴ	5995	2240	2800	3308	7000	4200	0	0	0	0	0	0	0	0	0	0	4	6	883	0	0	0	0	883
			SLG6660T3GE	EQ6570KSDN3G1	NQ120N	3759	92	GB11340-2005 GB18285-2005 GB17691-2005 国Ⅲ	6620	2240	2820	3300	6500	4350	30	1	0	0	0	0	0	0	0	0	0	0		0	0	0		
			SLG6660T4GE	EQ6570KN4AC2	NQ120N4	3759	92	GB11340-2005 GB18285-2005 GB17691-2005 国Ⅳ	6620	2240	2820	3300	6500	4350	0	0	0	0	6	17	0	10	10	4	0	0		0	0	0		
			SLG6660T4GF	HFC6570NY1F	NQ100N4	3759	79	GB11340-2005 GB18285-2005 GB17691-2005 国Ⅳ	6620	2240	2820	3308	6500	4350	0	0	0	0	0	0	0	0	0	0	1	0		0	0	0		
			SLG6660T5GE	EQ6570KN5AC1	NQ120BN5	3759	88	GB11340-2005 GB18285-2005 GB17691-2005 国Ⅴ	6620	2240	3020	3300	6600	4640	0	0	0	0	0	0	0	80	0	0	0	1		0	0	0		
			SLG6661T4GE	EQ6570KN4AC1	CA4GNE4	3700	85	GB11340-2005 GB18285-2005 GB17691-2005 国Ⅳ	6620	2240	2820	3300	6600	4350	0	0	0	1	0	0	0	0	0	0	0	0		0	0	0		
					NQ100N4	3759	79	GB11340-2005 GB18285-2005 GB17691-2005 国Ⅳ	6620	2240	2820	3300	6600	4350	0	0	0	0	20	0	0	0	0	0	0	0		0	0	0		
			SLG6700T3GF	HFC6601CNY3	NQ120N	3759	92	GB17691-2005 国Ⅲ GB11340-2005 GB18285-2005	7000	2245	2820	3308	6500	4480	19	0	0	0	0	0	0	0	0	0	0	0		0	0	0		
			SLG6700T4GF	HFC6640NY1F	NQ120N4	3759	92	GB11340-2005 GB18285-2005 GB17691-2005 国Ⅳ	7000	2240	2820	3300	7450	4500	0	0	0	0	0	0	4	0	2	0	0	16		0	0	0		
			SLG6720T5GF	HFC6640NY1V	NQ120BN5	3759	88	GB11340-2005 GB18285-2005 GB17691-2005 国Ⅴ	7200	2400	3020	3300	7450	5030	0	0	0	0	0	0	0	0	0	0	0	2		0	0	0		
			SLG6730T3GE	EQ6700TN3AC	CA4GNE3	3700	85	GB11340-2005 GB18285-2005 GB17691-2005 国Ⅲ	7255	2360	3030	3300	7700	5070	0	8	0	0	0	0	0	0	0	0	0	0		0	0	0		

续表

企业名称	车辆品牌	车辆名称	车辆型号	底盘型号	发动机型号	排量(mL)	功率(kW)	排放标准	外形尺寸(mm) 外廓长	外形尺寸(mm) 外廓宽	外形尺寸(mm) 外廓高	轴距(mm)	总质量(kg)	整备质量(kg)	2013年 1月	2013年 2月	2013年 3月	2013年 4月	2013年 5月	2013年 6月	2013年 7月	2013年 8月	2013年 9月	2013年 10月	2013年 11月	2013年 12月	2013年 小计(辆)	2014年 1月	2014年 2月	2014年 3月	2014年 小计(辆)	合计(辆)
同上	同上	同上	SLG6730T4GE	EQ6693TN4AC1	NQ100N4	3759	79	GB11340－2005 GB18285－2005 GB17691－2005 国Ⅳ	7300	2400	3030	3300	9000	5070	0	0	8	0	0	0	0	0	0	0	0	0		0	0	0		
			SLG6731T4GE	EQ6693TN4AC	NQ140N4	3759	103	GB11340－2005 GB18285－2005 GB17691－2005 国Ⅳ	7300	2400	3030	3300	9000	5070	0	0	0	8	0	0	0	2	0	7	8	0		0	0	0		
			SLG6850T4GE	EQ6780TN4AC	NQ160N4	5975	118	GB11340－2005 GB18285－2005 GB17691－2005 国Ⅳ	8455	2400	3200	4000	10400	6750	0	0	0	0	0	0	0	14	0	0	0	0		0	0	0		
			SLG6880T3GER	EQ6820HN3AC	NQ170N	5638	125	GB11340－2005 GB18285－2005 GB17691－2005 国Ⅲ	8780	2400	3020	4000	12500	7400	1	1	0	0	0	0	0	0	0	0	0	0		0	0	0		
			SLG6898T4GE	EQ6850TN4AC	NQ160N4	5975	118	GB11340－2005 GB18285－2005 GB17691－2005 国Ⅳ	8945	2490	3060	4300	12500	7300	1	0	22	0	28	20	0	0	0	0	0	0		0	0	0		
			SLG6930T4GER	EQ6900HN4AC	NQ180N	5638	132	GB11340－2005 GB18285－2005 GB17691－2005 国Ⅳ	9345	2500	3230	4500	13500	8220	0	0	0	0	0	0	0	0	25	0	0	0		0	0	0		
					YC6J210N－40	6454	155	GB11340－2005 GB18285－2005 GB17691－2005 国Ⅳ	9345	2500	3230	4500	13500	8220	0	0	0	0	20	0	0	0	0	0	0	0		0	0	0		
		客车	SLG6600T3F	HFC6601CNY3	CA4GNE3	3700	85	GB17691－2005 国Ⅲ GB11340－2005 GB18285－2005	5995	2240	2800	3308	5990	4300	0	0	0	1	2	0	0	0	0	0	0	0		0	0	0		
			SLG6600T4F	HFC6570NY1F	NQ120N4	3759	92	GB11340－2005 GB18285－2005 GB17691－2005 国Ⅳ	5995	2240	3000	3308	5990	4500	0	0	1	0	0	1	1	48	38	1	6	7		0	0	0		
			SLG6601T4E	EQ6570KN4AC1	NQ100N4	3759	79	GB11340－2005 GB18285－2005 GB17691－2005 国Ⅳ	5995	2240	2800	3300	6000	4200	0	0	0	0	0	0	2	22	3	2	1	24		0	0	0		
			SLG6603T3E	EQ6570KN3AC	NQ120N	3759	92	GB11340－2005 GB18285－2005 GB17691－2005 国Ⅲ	5995	2240	2800	3300	5990	4300	0	0	20	18	0	0	0	0	0	0	0	0		0	0	0		
				EQ6570KSDN3G	CA4GNE3	3700	85	GB11340－2005 GB18285－2005 GB17691－2005 国Ⅲ	5995	2240	2800	3300	5990	4300	2	0	0	0	0	0	0	0	0	0	0	0		0	0	0		

续表

企业名称	车辆品牌	车辆名称	车辆型号	底盘型号	发动机型号	排量(mL)	功率(kW)	排放标准	外形尺寸(mm) 外廓长	外廓宽	外廓高	轴距(mm)	总质量(kg)	整备质量(kg)	2013年 1月	2月	3月	4月	5月	6月	7月	8月	9月	10月	11月	12月	小计(辆)	2014年 1月	2月	3月	小计(辆)	合计(辆)
同上	同上	客车	SLG6603T3E	EQ6570KSDN3G1	NQ120N	3759	92	GB11340－2005 GB18285－2005 GB17691－2005 国Ⅲ	5995	2240	2800	3300	5990	4300	1	2	0	0	11	22	0	0	0	0	0	0		0	0	0		
			SLG6603T4E	EQ6570KN4AC1	CA4GNE4	3700	85	GB11340－2005 GB18285－2005 GB17691－2005 国Ⅳ	5995	2240	2800	3300	5990	4300	0	0	0	1	0	1	0	0	0	0	0	11		0	0	0		
					NQ100N4	3759	79	GB11340－2005 GB18285－2005 GB17691－2005 国Ⅳ	5995	2240	2800	3300	5990	4300	0	0	0	0	0	0	1	1	6	5	16	0		0	0	0		
			SLG6603T5E	EQ6570KN5AC1	NQ120BN5	3759	88	GB11340－2005 GB18285－2005 GB17691－2005 国Ⅴ	5995	2240	2820	3300	6050	4400	0	0	0	0	0	0	0	0	0	0	1	0		0	0	0		
			SLG6608T5E	EQ6570KS5N	NQ120BN5	3759	88	GB11340－2005 GB18285－2005 GB17691－2005 国Ⅴ	5995	2240	2820	3300	6050	4400	0	0	0	0	0	0	0	0	0	1	0	0		0	0	0		
			SLG6660T4Z	SLG6570NS4	NQ120N4	3759	92	GB11340－2005 GB18285－2005 GB17691－2005 国Ⅳ	6620	2240	2900	3300	6900	4650	0	0	0	0	0	1	1	0	19	0	0	0		0	0	0		
			SLG6750T5E	EQ6690KN5AC	NQ140BN5	3759	103	GB11340－2005 GB18285－2005 GB17691－2005 国Ⅴ	7480	2330	3000	3800	8500	5600	0	0	0	0	0	0	0	0	0	4	0	5		0	0	0		
			SLG6751T3E	EQ6690KN3AC	NQ150N	5638	110	GB11340－2005 GB18285－2005 GB17691－2005 国Ⅲ	7480	2330	2990	3800	7800	5200	8	0	0	13	4	3	1	0	0	0	0	0		0	0	0		
			SLG6751T4E	EQ6690KN4AC	NQ140N4	3759	103	GB11340－2005 GB18285－2005 GB17691－2005 国Ⅳ	7480	2330	3030	3800	8000	5050	0	0	0	11	0	2	3	0	0	2	0	39		0	0	0		
					NQ160N4	5975	118	GB11340－2005 GB18285－2005 GB17691－2005 国Ⅳ	7480	2330	3250	3800	8000	5350	0	0	0	0	0	0	0	1	2	0	12	0		0	0	0		
			SLG6800T4E	EQ6780TGN4AC	NQ160N4	5975	118	GB11340－2005 GB18285－2005 GB17691－2005 国Ⅳ	7990	2450	3350	3800	10400	7300	0	0	0	0	0	0	0	2	0	0	0	0		0	0	0		
					NQ180N4	6870	132	GB11340－2005 GB18285－2005 GB17691－2005 国Ⅳ	7990	2450	3350	3800	10400	7300	0	0	0	0	0	0	0	0	19	0	0	0		0	0	0		

续表

企业名称	车辆品牌	车辆名称	车辆型号	底盘型号	发动机型号	排量(mL)	功率(kW)	排放标准	外形尺寸(mm) 外廓长	外廓宽	外廓高	轴距(mm)	总质量(kg)	整备质量(kg)	2013年 1月	2月	3月	4月	5月	6月	7月	8月	9月	10月	11月	12月	小计(辆)	2014年 1月	2月	3月	小计(辆)	合计(辆)
同上	同上	同上	SLG6810T4ER	EQ6770RN4AC	YC4G180N－40	5200	132	GB11340－2005 GB18285－2005 GB17691－2005 国Ⅳ	8120	2450	3570	3800	10150	7400	0	0	0	0	4	0	2	0	0	0	0	0		0	0	0		
			SLG6810T5ER	EQ6770RN5AC	YC4G190N－50	5200	140	GB11340－2005 GB18285－2005 GB17691－2005 国Ⅴ	8120	2450	3330	3800	10700	7900	0	0	0	0	0	0	0	0	0	0	0	1		0	0	0		
			SLG6840T3E	EQ6822TN3AC	NQ170N	5638	125	GB11340－2005 GB18285－2005 GB17691－2005 国Ⅲ	8440	2450	3350	4000	11000	7900	3	0	0	1	0	0	0	0	0	0	0	0		0	0	0		
			SLG6840T4E	EQ6780TGN4AC	NQ160N4	5975	118	GB11340－2005 GB18285－2005 GB17691－2005 国Ⅳ	8440	2450	3250	4000	11200	7700	0	22	0	1	0	0	0	0	0	0	0	0		0	0	0		
			SLG6840T4E	EQ6780TGN4AC	NQ180N4	6870	132	GB11340－2005 GB18285－2005 GB17691－2005 国Ⅳ	8440	2450	3250	4000	11200	7700	1	0	0	0	2	3	0	0	0	1	0	2		0	0	0		
			SLG6900T4ER	EQ6870RN4AC	WP6NG240E40	6750	176	GB11340－2005 GB18285－2005 GB17691－2005 国Ⅳ	8995	2450	3330	4300	12960	9500	0	0	0	0	0	0	1	0	0	0	0	0		0	0	0		
金华青年汽车制造有限公司	青年牌	城市客车	JNP6100GVCP	JNP6100GVCJ	WP6NG240E50	6750	176	GB17691－2005 国Ⅴ GB11340－2005 GB18285－2005	10500	2500	3165	5100	15800	10250	0	0	0	0	0	0	0	0	0	40	0	0	804	0	0	0	0	804
		豪华城市客车	JNP6100GVC	JNP6100GVCJ	WP6NG240E50	6750	176	GB17691－2005 国Ⅴ GB11340－2005 GB18285－2005	10500	2500	3165	5100	15800	10250	0	0	0	0	0	0	0	68	0	0	0	0		0	0	0		
					YC6G230N－50	7800	170	GB17691－2005 国Ⅴ GB11340－2005 GB18285－2005	10500	2500	3165	5100	15800	10250	0	0	0	0	0	0	0	0	0	0	99	1		0	0	0		
			JNP6105GC	承载式车身	WP6NG240E40	6750	176	GB17691－2005 国Ⅳ GB11340－2005 GB18285－2005	10500	2500	3165	5100	15800	10250	20	0	0	0	0	27	0	0	0	0	0	0		0	0	0		
					YC6G230N－40	7800	170	GB17691－2005 国Ⅳ GB11340－2005 GB18285－2005	10500	2500	3165	5100	15800	10250	0	0	0	0	0	0	0	0	5	0	0	0		0	0	0		
			JNP6180GVC	承载式车身	YC6MK320N－50	10338	236	GB17691－2005 国Ⅴ GB11340－2005 GB18285－2005	18000	2550	3200	5720＋6200	28000	18600	0	0	0	0	1	0	0	0	0	0	0	0		0	0	0		

续表

企业名称	车辆品牌	车辆名称	车辆型号	底盘型号	发动机型号	排量（mL）	功率（kW）	排放标准	外形尺寸（mm）外廓长	外廓宽	外廓高	轴距（mm）	总质量（kg）	整备质量（kg）	2013年 1月	2月	3月	4月	5月	6月	7月	8月	9月	10月	11月	12月	小计（辆）	2014年 1月	2月	3月	小计（辆）	合计（辆）
同上	同上	同上	JNP6180GVC	承载式车身	WP10NG336E50	9726	247	GB17691-2005 国V GB11340-2005 GB18285-2005	18000	2550	3165	5720+6200	28000	17850	0	0	0	0	0	0	0	0	0	0	0	116		0	0	0		
			JNP6140GVC	承载式车身	ISLGEEV 280	8900	209	GB17691-2005 国V GB11340-2005 GB18285-2005	13700	2550	3165	6100+1400	22500	13650	0	0	0	0	0	0	0	40	0	0	0	0		0	0	0		
			JNP6181GC	承载式车身	SC9DT280Q4	8820	206	GB17691-2005 国Ⅳ GB11340-2005 GB18258-2005	18000	2550	3330	5720+6200	28000	18200	20	0	0	0	0	0	0	0	0	0	0	0		0	0	0		
		豪华客车	JNP6100DNV1	承载式车身	YC6G260N-50	7800	191	GB17691-2005 国V GB11340-2005 GB18285-2005	10150	2500	3430	5000	14700	11150	0	0	0	0	0	0	0	0	1	0	0	0		0	0	0		
			JNP6110DNV	承载式车身	WP10NG300E50	9726	220	GB17691-2005 国V GB11340-2005 GB18285-2005	11000	2500	3430	5350	15770	12260	0	0	0	0	0	0	0	0	3	0	0	0		0	0	0		
			JNP6122DNV	承载式车身	WP10NG336E50	9726	247	GB17691-2005 国V GB11340-2005 GB18285-2005	12000	2500	3430	6100	17100	13100	0	0	0	0	0	0	0	0	0	0	6	1		0	0	0		
			JNP6122DNV1	承载式车身	WP10NG336E50	9726	247	GB17691-2005 国V GB11340-2005 GB18285-2005	12000	2500	3430	6100	18000	13100	0	0	0	0	0	0	0	0	0	5	0	0		0	0	0		
			JNP6127FNV1	承载式车身	YC6MK375N-50	10338	276	GB17691-2005 国V GB11340-2005 GB18285-2005	12000	2550	3960	5800	18000	13395	0	0	0	0	0	0	0	0	0	0	0	6		0	0	0		
			JNP6127FNV3	承载式车身	WP12NG380E50	11596	280	GB17691-2005 国V GB11340-2005 GB18285-2005	12000	2550	3960	5800	18000	13700	0	0	0	0	0	0	1	12	1	1	0	5		0	0	0		
			JNP6127NV	承载式车身	WP10NG336E50	9726	247	GB17691-2005 国V GB11340-2005 GB18285-2005	12000	2550	3850	5800	17480	13500	0	0	0	0	0	0	0	1	0	0	0	10		0	0	0		
					YC6MK340N-50	10338	250	GB17691-2005 国V GB11340-2005 GB18285-2005	12000	2550	3850	5800	17480	13500	0	0	0	0	0	0	0	0	0	1	0	0		0	0	0		
			JNP6127NV1	承载式车身	WP10NG336E50	9726	247	GB17691-2005 国V GB11340-2005 GB18285-2005	12000	2550	3850	5800	18000	13500	0	0	0	0	0	0	0	8	0	0	0	0		0	0	0		

续表

企业名称	车辆品牌	车辆名称	车辆型号	底盘型号	发动机型号	排量（mL）	功率（kW）	排放标准	外形尺寸（mm）外廓长	外形尺寸（mm）外廓宽	外形尺寸（mm）外廓高	轴距（mm）	总质量（kg）	整备质量（kg）	2013年 1月	2013年 2月	2013年 3月	2013年 4月	2013年 5月	2013年 6月	2013年 7月	2013年 8月	2013年 9月	2013年 10月	2013年 11月	2013年 12月	2013年 小计（辆）	2014年 1月	2014年 2月	2014年 3月	2014年 小计（辆）	合计（辆）
同上	同上	豪华客车	JNP6127NV3	承载式车身	WP12NG380E50	11596	280	GB17691－2005 国Ⅴ GB11340－2005 GB18285－2005	12000	2550	3850	5800	17700	13500	0	0	0	0	0	0	0	0	1	0	0	5		0	0	0		
			JNP6900NV	承载式车身	YC6G260N－50	7800	191	GB17691－2005 国Ⅴ GB11340－2005 GB18285－2005	8980	2500	3320	4200	13050	9700	0	0	0	0	0	0	0	0	12	4	1	3		0	0	0		
			JNP6900NV2	承载式车身	WP7NG260E50	7140	191	GB17691－2005 国Ⅴ GB11340－2005 GB18285－2005	8980	2500	3320	4200	11800	9700	0	0	0	0	0	0	0	0	0	9	6	0		0	0	0		
		豪华旅游客车	JNP6100DN	承载式车身	WP7NG260E40	7140	191	GB17691－2005 国Ⅳ GB11340－2005 GB18285－2005	10150	2500	3430	5000	14700	11150	7	0	1	3	1	0	0	0	2	0	0	2		0	0	0		
			JNP6110DN－1	承载式车身	YC6L280N－52	8424	206	GB17691－2005 国Ⅴ GB11340－2005 GB18285－2005	11000	2500	3430	5350	15950	12120	0	0	0	0	0	0	2	5	0	0	1	16		0	0	0		
			JNP6120FN	承载式车身	YC6MK375N－40	10338	276	GB17691－2005 国Ⅳ GB3847－2005	12000	2550	3760	6050	18000	13700	0	0	0	0	0	1	0	0	0	0	6	0		0	0	0		
			JNP6122DCN	承载式车身	WP10NG336E40	9726	247	GB17691－2005 国Ⅳ GB11340－2005 GB18285－2005	12000	2550	3430	6100	17300	13300	0	0	1	0	0	0	0	1	0	4	0	6		0	0	0		
					YC6MK340N－40	10338	250	GB17691－2005 国Ⅳ GB11340－2005 GB18285－2005	12000	2550	3430	6100	17300	13300	0	0	0	1	0	0	0	0	0	0	0	0		0	0	0		
			JNP6122DCN－1	承载式车身	WP10NG336E40	9726	247	GB17691－2005 国Ⅳ GB11340－2005 GB18285－2005	12000	2550	3430	6100	18000	13300	16	0	2	0	8	5	0	5	0	0	0	9		0	0	0		
					YC6MK340N－40	10338	250	GB17691－2005 国Ⅳ GB11340－2005 GB18285－2005	12000	2550	3430	6100	18000	13300	0	0	0	0	0	0	4	0	3	0	0	0		0	0	0		
			JNP6127FN	承载式车身	WP12NG380E40	11596	280	GB17691－2005 国Ⅳ GB11340－2005 GB18285－2005	12000	2550	3960	5800	18000	14490	29	0	0	3	0	0	0	0	9	0	0	14		0	0	0		
					YC6MK375N－40	10338	276	GB17691－2005 国Ⅳ GB11340－2005 GB18285－2005	12000	2550	3960	5800	18000	13395	0	0	0	0	0	1	0	10	0	0	0	0		0	0	0		

续表

企业名称	车辆品牌	车辆名称	车辆型号	底盘型号	发动机型号	排量(mL)	功率(kW)	排放标准	外形尺寸(mm) 外廓长	外廓宽	外廓高	轴距(mm)	总质量(kg)	整备质量(kg)	2013年 1月	2月	3月	4月	5月	6月	7月	8月	9月	10月	11月	12月	小计(辆)	2014年 1月	2月	3月	小计(辆)	合计(辆)
同上	同上	同上	JNP6127FN-1	承载式车身	WP12NG380E40	11596	280	GB17691-2005 国Ⅳ GB11340-2005 GB18285-2005	12000	2550	3960	5800	18000	13395	0	2	0	0	0	1	1	0	8	0	0	1		0	0	0		
					YC6MK375N-40	10338	276	GB17691-2005 国Ⅳ GB11340-2005 GB18285-2005	12000	2550	3960	5800	18000	13395	2	0	0	0	1	0	5	0	0	0	0	0		0	0	0		
			JNP6127LN	承载式车身	WP10NG336E40	9726	247	GB17691-2005 国Ⅳ GB11340-2005 GB18285-2005	12000	2550	3850	5800	17200	13200	15	0	0	4	5	0	2	0	0	0	0	5		0	0	0		
			JNP6127LN	承载式车身	YC6MK340N-40	10338	250	GB17691-2005 国Ⅳ GB11340-2005 GB18285-2005	12000	2550	3850	5800	17200	13200	0	0	0	0	0	2	0	0	1	0	0	0		0	0	0		
			JNP6127LN-1	承载式车身	YC6MK340N-40	10338	250	GB17691-2005 国Ⅳ GB11340-2005 GB18285-2005	12000	2550	3850	5800	17850	13200	0	0	0	0	0	1	0	0	0	0	0	0		0	0	0		
		双层城市客车	JNP6130GSC	承载式车身	ISLGEEV 280	8900	209	GB17691-2005 国Ⅳ GB11340-2005 GB18285-2005	12700	2550	4000	5800+1500	24500	15900	0	0	0	0	0	0	0	0	0	30	0	0		0	0	0		
安徽江淮客车有限公司	合客牌	城市客车	HK6105HGQ4	HFC6100NY1F	YC6G230N-40	7800	170	GB11340-2005 GB18285-2005 GB17691-2005 国Ⅳ	10430	2500	3070 3170	5000	16000	10150	0	0	0	11	2	0	0	0	0	0	0	0	676	0	0	0	0	676
			HK6105HGQ5	HFC6100NY1V	WP6NG240E50	6750	176	GB17691-2005 国Ⅴ GB18285-2005 GB11340-2005	10430	2500	3070	5000	16500	9850	0	0	0	0	0	0	0	0	0	10	0	0		0	0	0		
			HK6601GQ5	HFC6570NY1V	NQ120BN5	3759	88	GB17691-2005 国Ⅴ GB18285-2005 GB11340-2005	5995	2260	2995	3308	6700	5150	0	0	0	0	0	40	0	0	0	0	60	0		0	0	0		
			HK6668GQ	HFC6601CNY3	CA4GNE3	3700	85	GB17691-2005 国Ⅲ GB11340-2005 GB18285-2005	6620	2240	2795	3308	6800	4450	2	1	0	0	0	0	0	0	0	0	0	0		0	0	0		
					NQ120N	3759	92	GB17691-2005 国Ⅲ GB11340-2005 GB18285-2005	6620	2240	2795	3308	6800	4450	0	0	11	5	8	4	0	17	0	0	0	0		0	0	0		
			HK6669GQ	HFC6570NY1V	NQ120BN5	3759	88	GB17691-2005 国Ⅴ GB18285-2005 GB11340-2005	6620	2250	2795	3308	7000	4450	0	0	0	0	0	0	20	0	0	0	0	0		0	0	0		

续表

企业名称	车辆品牌	车辆名称	车辆型号	底盘型号	发动机型号	排量（mL）	功率（kW）	排放标准	外形尺寸（mm）			轴距（mm）	总质量（kg）	整备质量（kg）	2013年													2014年				合计（辆）
									外廓长	外廓宽	外廓高				1月	2月	3月	4月	5月	6月	7月	8月	9月	10月	11月	12月	小计（辆）	1月	2月	3月	小计（辆）	
同上	同上	同上	HK6746GQ	HFC6710CNY3	NQ120N	3759	92	GB17691－2005国Ⅲ GB11340－2005 GB18285－2005	7390	2420	3050	3300	8400	5600	6	0	0	0	0	0	0	0	0	0	0	0		0	0	0		
			HK6770HGQ5	HFC6730NY1V	YC4D140N－50	4214	103	GB17691－2005国Ⅴ GB18285－2005 GB11340－2005	7745	2420	3070	3600	10500	6400	0	0	0	0	0	0	0	0	0	0	5	0		0	0	0		
						4214	103	GB11340－2005 GB18285－2005 GB17691－2005国Ⅴ	7745	2420	3170	3600	10500	7300	0	0	0	0	0	2	6	0	0	0	0	25		0	0	0		
						4214	103	GB11340－2005 GB18285－2005 GB17691－2005国Ⅳ	7745	2420	3460	3600	10500	7300	0	0	0	0	4	0	0	0	0	0	0	0		0	0	0		
			HK6813HGQ5	HFC6782NY1V	YC4G180N－50	5200	132	GB17691－2005国Ⅴ GB18285－2005 GB11340－2005	8130	2420	3460	3800	10500	7300	0	0	0	0	0	0	0	0	0	0	0	12		0	0	0		
			HK6850HGQ	HFC6832NYG3	YC4G180N－30	5200	132	GB17691－2005国Ⅲ GB11340－2005 GB18285－2005	8500	2420	3170	3900	12000	7950	3	0	0	1	0	0	0	0	0	0	0	0		0	0	0		
			HK6850HGQ4	HFC6832NY1F	NQ160N4	5975	118	GB11340－2005 GB18285－2005 GB17691－2005国Ⅳ	8500	2420	3070	3900	12000	7460	0	0	0	0	62	0	0	0	0	0	0	0		0	0	0		
					YC4G180N－40	5200	132	GB11340－2005 GB18285－2005 GB17691－2005国Ⅳ	8500	2420	3170	3900	12000	7850	0	0	0	12	0	0	0	0	0	0	0	51		0	0	0		
			HK6850HGQ5	HFC6832NY1V	YC4G180N－50	5200	132	GB17691－2005国Ⅴ GB18285－2005 GB11340－2005	8500	2420	3070	3900	12500	7200	0	0	0	0	0	0	0	0	0	0	46	0		0	0	0		
						5200	132	GB17691－2005国Ⅴ GB18285－2005 GB11340－2005	8500	2420	3170	3900	12500	8260	0	0	0	0	0	0	0	0	14	0	0	0		0	0	0		
						5200	132	GB17691－2005国Ⅴ GB18285－2005 GB11340－2005	8500	2420	3170	3900	12500	7600	0	0	0	0	0	0	0	0	0	0	12	0		0	0	0		
			HK6900HGQ5	HFC6880NY1V	WP6NG210E50	6750	155	GB17691－2005国Ⅴ GB18285－2005 GB11340－2005	8995	2420	3170	4200	13500	8950	0	0	0	0	0	0	0	6	0	4	0	0		0	0	0		

续表

企业名称	车辆品牌	车辆名称	车辆型号	底盘型号	发动机型号	排量(mL)	功率(kW)	排放标准	外形尺寸(mm)			轴距(mm)	总质量(kg)	整备质量(kg)	2013年													2014年				合计(辆)
									外廓长	外廓宽	外廓高				1月	2月	3月	4月	5月	6月	7月	8月	9月	10月	11月	12月	小计(辆)	1月	2月	3月	小计(辆)	
同上	同上	同上	HK6900HCQ5	HFC6880NY1V	YC6J210N－52	6494	155	GB17691－2005 国Ⅴ GB18285－2005 GB11340－2005	8995	2420	3170	4200	13500	8400	0	0	0	0	0	0	0	0	0	0	29	2		0	0	0		
			HK6940HCQ4	HFC6880NY1F	YC6J210N－40	6494	155	GB11340－2005 GB18285－2005 GB17691－2005 国Ⅳ	9400	2420	3070	4400	13000	8670	0	0	2	0	0	0	0	0	0	0	0	0		0	0	0		
		客车	HK6117HQ	HFF6101D11C	YC6G260N－40	7800	191	GB17691－2005 国Ⅳ GB18285－2005 GB11340－2005	10690	2500	3570	5300	15900	11920	0	0	0	0	0	20	0	0	0	0	0	9		0	0	0		
			HK6608Q	HFC6601CNY3	NQ120N	3759	92	GB17691－2005 国Ⅲ GB11340－2005 GB18285－2005	5990	2240	2795	3308	5900	4400	3	0	0	3	5	54	0	0	0	0	0	0		0	0	0		
			HK6609Q	HFC6570NY1V	NQ120BN5	3759	88	GB17691－2005 国Ⅴ GB18285－2005 GB11340－2005	5990	2250	2995	3308	5900	4400	0	0	0	0	0	0	0	0	0	15	50	4		0	0	0		
						3759	88	GB17691－2005 国Ⅴ GB18285－2005 GB11340－2005	6620	2250	2795	3308	6800	4450	0	0	0	0	0	0	0	0	0	0	1	0		0	0	0		
						3759	88	GB17691－2005 国Ⅴ GB18285－2005 GB11340－2005	6620	2250	2995	3308	6800	4650	0	0	0	0	0	0	0	0	0	0	0	1		0	0	0		
			HK6879HQ5	HFC6850NY1V	WP6NG240E50	6750	176	GB17691－2005 国Ⅴ GB18285－2005 GB11340－2005	8710	2450	3326	4150	11900	8700	0	0	0	0	0	0	0	0	0	0	0	1		0	0	0		
			HK6909HQ4	HFC6870NY1F	YC6J210N－40	6494	155	GB17691－2005 国Ⅳ GB18285－2005 GB11340－2005	8970	2450	3345	4300	11900	8850	0	0	0	0	4	0	0	0	0	0	1	0		0	0	0		
			HK6909HQ5	HFC6870NY1V	WP6NG240E50	6750	176	GB17691－2005 国Ⅴ GB18285－2005 GB11340－2005	8970	2450	3345	4300	12400	9200	0	0	0	0	0	0	0	0	0	0	10	0		0	0	0		
上海申沃客车有限公司	申沃牌	城市客车	SWB6107Q	SWB6107Q	SC8DT230Q4	8270	170	GB17691－2005 国Ⅳ GB11340－2005 GB18285－2005	10480	2500	3400	5000	16000	11380	0	0	115	0	49	0	0	6	152	34	10	0	643	0	0	0	0	643
			SWB6107Q8	SWB6107Q8	SC8DT230Q5	8270	170	GB17691－2005 国Ⅴ GB18285－2005 GB11340－2005	10480	2500	3150	5000	16000	11380	0	0	0	0	0	0	23	0	0	0	0	0		0	0	0		

续表

企业名称	车辆品牌	车辆名称	车辆型号	底盘型号	发动机型号	排量(mL)	功率(kW)	排放标准	外形尺寸(mm) 外廓长	外廓宽	外廓高	轴距(mm)	总质量(kg)	整备质量(kg)	2013年 1月	2月	3月	4月	5月	6月	7月	8月	9月	10月	11月	12月	小计(辆)	2014年 1月	2月	3月	小计(辆)	合计(辆)
同上	同上	同上	SWB6107Q8	SWB6107Q8	YC6J210N－52	6494	155	GB17691－2005国Ⅴ GB18285－2005 GB11340－2005	10480	2500	3150	5000	16000	11380	0	0	0	0	0	0	0	0	0	50	0	0		0	0	0		
			SWB6117Q8	SWB6117Q8	SC8DT250Q5	8270	184	GB17691－2005国Ⅴ GB18285－2005 GB11340－2005	11420	2500	3000	5700	16900	11600	0	0	0	0	0	0	0	0	0	0	41	0		0	0	0		
					WP7NG240E50	7140	177	GB17691－2005国Ⅴ GB18285－2005 GB11340－2005	11420	2500	3150	5700	16900	12280	0	0	0	0	0	0	0	0	0	0	0	37		0	0	0		
			SWB6127LNG2	SWB6127LNG2	SC8DT250Q4	8270	184	GB17691－2005国Ⅳ GB18285－2005 GB11340－2005	12000	2500	3150	6000	18000	11800	0	0	104	0	0	0	0	0	0	0	0	0		0	0	0		
			SWB6850Q8	SWB6830Q8	WP5NG180E50	4760	132	GB17691－2005国Ⅴ GB18285－2005 GB11340－2005	8540	2420	3350	4000	12200	8830	0	0	0	0	1	0	0	20	0	0	0	0		0	0	0		
			SWB6940Q8	SWB6930Q8	YC6J210N－52	6494	155	GB17691－2005国Ⅴ GB18285－2005 GB11340－2005	9436	2420	3400	4500	14000	10100	0	0	0	0	0	0	0	0	0	0	0	1		0	0	0		
东风特种汽车有限公司	东风牌	城市客车	EQ6660CTN1	EQ6570KJN4AC2	NQ120N4	3759	92	GB11340－2005 GB18285－2005 GB17691－2005国Ⅳ	6570	2250	2780	3300	7000	4400	0	0	0	0	0	0	0	0	0	0	6	4	581	0	0	0	0	581
			EQ6661PT3	EQ6570KN3AC	NQ120N	3759	92	GB11340－2005 GB18285－2005 GB17691－2005国Ⅲ	6570	2250	2780	3300	6500	4420	1	0	0	4	1	0	0	0	0	0	0	0		0	0	0		
					CA4GNE3	3700	85	GB11340－2005 GB18285－2005 GB17691－2005国Ⅲ	6570	2250	2780	3300	6500	4420	0	0	0	0	0	0	3	0	0	0	0	0		0	0	0		
			EQ6710CTN	EQ6570KN5AC1	NQ120BN5	3759	88	GB11340－2005 GB18285－2005 GB17691－2005国Ⅴ	7120	2250	2950，3150	3300	7000	5050，4850	0	0	0	0	0	0	0	0	8	0	0	12		0	0	0		
			EQ6710PT3	EQ6641TN3AC	NQ120N	3759	92	GB11340－2005 GB18285－2005 GB17691－2005国Ⅲ	7120	2250	2950，3150	3300	7195	4850，5050	0	1	0	0	8	10	0	0	0	0	0	0		0	0	0		
			EQ6730CTN	EQ6693TN4AC	NQ120N4	3759	92	GB11340－2005 GB18285－2005 GB17691－2005国Ⅳ	7260	2340	2850	3300	9000	5480	0	2	0	0	2	6	0	21	0	0	21	2		0	0	0		

续表

企业名称	车辆品牌	车辆名称	车辆型号	底盘型号	发动机型号	排量（mL）	功率（kW）	排放标准	外形尺寸（mm）			轴距（mm）	总质量（kg）	整备质量（kg）	2013年													2014年				合计（辆）
									外廓长	外廓宽	外廓高				1月	2月	3月	4月	5月	6月	7月	8月	9月	10月	11月	12月	小计（辆）	1月	2月	3月	小计（辆）	
同上	同上	同上	EQ6730CTN	EQ6693TN4AC	NQ140N4	3759	103	GB11340－2005 GB18285－2005 GB17691－2005 国Ⅳ	7260	2340	3080	3300	9000	5685	0	0	0	0	0	0	3	0	5	0	40	0		0	0	0		
			EQ6751CTN	EQ6733TN4AC	NQ120N4	3759	92	GB11340－2005 GB18285－2005 GB17691－2005 国Ⅳ	7540	2360	2950	3650	9000	5550	0	0	2	0	0	2	6	0	0	0	0	0		0	0	0		
					NQ140N4	3759	103	GB11340－2005 GB18285－2005 GB17691－2005 国Ⅳ	7540	2360	2950	3650	9000	5550	0	0	0	0	0	0	0	0	0	1	0	0		0	0	0		
			EQ6751PTN3	EQ6720TN3AC	NQ120N	3759	92	GB11340－2005 GB18285－2005 GB17691－2005 国Ⅲ	7540	2360	2950	3650	8300	5340	7	0	0	0	0	1	0	0	0	0	0	0		0	0	0		
			EQ6830CTN	EQ6780TN4AC	NQ160N4	5975	118	GB11340－2005 GB18285－2005 GB17691－2005 国Ⅳ	8290	2360	2850	4000	10400	6690	0	0	0	0	0	0	0	0	0	0	1	0		0	0	0		
			EQ6930CHTN	EQ6900HN5AC	WP6NG210E50	6750	155	GB11340－2005 GB18285－2005 GB17691－2005 国Ⅴ	9340	2500	3190	4500	13500	8450	0	0	0	0	0	0	0	0	0	0	0	25		0	0	0		
		客车	EQ6606LTN	EQ6570KN4AC1	NQ100N4	3759	79	GB11340－2005 GB18285－2005 GB17691－2005 国Ⅳ	5990	2250	2780	3300	6000	4300	0	0	0	0	31	0	0	0	1	0	0	1		0	0	0		
			EQ6606LTN1	EQ6570KN4AC2	NQ120N4	3759	92	GB11340－2005 GB18285－2005 GB17691－2005 国Ⅳ	5990	2250	2780，2990	3300	6000	4300，4500	0	0	0	6	3	1	14	29	5	6	3	68		0	0	0		
			EQ6606PTN3	EQ6570KN3AC	NQ100N3	3759	79	GB11340－2005 GB18285－2005 GB17691－2005 国Ⅲ	5990	2250	2780，2990	3300	5860	4180，4370	21	2	4	5	9	13	4	0	0	0	0	0		0	0	0		
			EQ6660LTN1	EQ6570KN4AC2	NQ120N4	3759	92	GB11340－2005 GB18285－2005 GB17691－2005 国Ⅳ	6570	2250	2990，2780	3300	6600	4570，4400	0	0	0	0	12	3	6	1	7	3	0	2		0	0	0		
			EQ6660LTN2	EQ6570KN4AC2	NQ120N4	3759	92	GB11340－2005 GB18285－2005 GB17691－2005 国Ⅳ	6570	2250	2780	3300	6600	4400	0	0	2	0	0	0	4	0	0	0	0	2		0	0	0		
			EQ6661PTN5	EQ6570KN3AC	NQ120N	3759	92	GB11340－2005 GB18285－2005 GB17691－2005 国Ⅲ	6570	2250	2780	3300	6400	4420	8	0	1	2	2	8	0	0	0	0	0	0		0	0	0		

续表

企业名称	车辆品牌	车辆名称	车辆型号	底盘型号	发动机型号	排量(mL)	功率(kW)	排放标准	外形尺寸(mm) 外廓长	外形尺寸(mm) 外廓宽	外形尺寸(mm) 外廓高	轴距(mm)	总质量(kg)	整备质量(kg)	2013年 1月	2013年 2月	2013年 3月	2013年 4月	2013年 5月	2013年 6月	2013年 7月	2013年 8月	2013年 9月	2013年 10月	2013年 11月	2013年 12月	2013年 小计(辆)	2014年 1月	2014年 2月	2014年 3月	2014年 小计(辆)	合计(辆)
同上	同上	同上	EQ6672CTN		WP5NG180E50	4760	132	GB11340－2005 GB18285－2005 GB17691－2005 国Ⅴ	6735	2320	3010	3650	8200	6400	0	0	0	0	1	0	0	0	0	1	0	0		0	0	0		
			EQ6730PT1	EQ6690KN3AC	NQ120N	3759	92	GB11340－2005 GB18285－2005 GB17691－2005 国Ⅲ	7280	2250	2850	3800	7400	4800	6	0	0	1	1	0	1	0	0	0	0	0		0	0	0		
			EQ6750PTN3	EQ6690KN3AC	NQ150N	5638	110	GB11340－2005 GB18285－2005 GB17691－2005 国Ⅲ	7480	2360	3160	3800	8100	5760	0	3	1	3	1	17	0	0	0	0	0	0		0	0	0		
			EQ6752LTN	EQ6690KN4AC	NQ140N4	3759	103	GB11340－2005 GB18285－2005 GB17691－2005 国Ⅳ	7480	2360	3160	3800	8500	6080	0	0	0	1	0	0	0	0	0	0	0	0		0	0	0		
					NQ160N4	5975	118	GB11340－2005 GB18285－2005 GB17691－2005 国Ⅳ	7480	2360	3160	3800	8500	6080	0	0	0	0	0	0	0	2	2	4	4	1		0	0	0		
			EQ6792LTN	EQ6780TGN4AC	NQ180N4	6870	132	GB11340－2005 GB18285－2005 GB17691－2005 国Ⅳ	7940	2430	3290	3800	9800	7070	2	0	0	0	0	0	9	7	1	1	0	2		0	0	0		
			EQ6792PTN3	EQ6770TN3AC1	NQ170N	5638	125	GB11340－2005 GB18285－2005 GB17691－2005 国Ⅲ	7940	2430	3290	3800	9800	7070	3	1	2	1	2	6	0	0	0	0	0	0		0	0	0		
上海申龙客车有限公司	申龙牌	城市客车	SLK6105UF5N	FZ6105U5N	SC8DT230Q4	8270	170	GB17691－2005 国Ⅳ GB18285－2005 GB11340－2005	10500	2500	3220	5000	16500	11750	0	0	0	0	0	0	34	14	0	20	0	0		0	0	0		
					WP6NG240E40	6750	176	GB17691－2005 国Ⅳ GB18285－2005 GB11340－2005	10500	2500	3220	5000	16500	11750	0	0	0	0	0	0	0	0	0	0	52	0		0	0	0		
			SLK6109US3N5	SLK6109U3N5	SC7HT230Q5	6440	170	GB17691－2005 国Ⅴ GB11340－2005 GB18285－2005	10500	2500	3490	5000	16500	11750	0	0	0	0	0	0	0	0	0	0	0	99	567	0	0	0	0	567
			SLK6109US5N5	SLK6109U5N5	YC6L260N－52	8424	191	GB17691－2005 国Ⅴ GB11340－2005 GB18285－2005	10500	2500	3200	5000	16500	11350	0	0	0	0	0	0	0	0	0	0	5	0		0	0	0		
					YC6G230N－50	7800	170	GB17691－2005 国Ⅴ GB11340－2005 GB18285－2005	10500	2500	3200	5000	16500	11350	0	0	0	0	0	0	0	0	0	0	0	4		0	0	0		

续表

企业名称	车辆品牌	车辆名称	车辆型号	底盘型号	发动机型号	排量（mL）	功率（kW）	排放标准	外形尺寸（mm）			轴距（mm）	总质量（kg）	整备质量（kg）	2013年													2014年				合计（辆）
									外廓长	外廓宽	外廓高				1月	2月	3月	4月	5月	6月	7月	8月	9月	10月	11月	12月	小计（辆）	1月	2月	3月	小计（辆）	
同上	同上	同上	SLK6119US5N5	SLK6119U5N5	WP7NG270E50	7140	199	GB17691－2005 国Ⅴ GB11340－2005 GB18285－2005	11380	2550	3200	5700	17000	11780	0	0	0	0	0	0	46	0	0	0	0	0		0	0	0		
					YC6L260N－52	8424	191	GB17691－2005 国Ⅴ GB11340－2005 GB18285－2005	11380	2550	3200	5700	17000	11780	0	0	0	0	0	0	0	0	0	0	0	2		0	0	0		
			SLK6125UF5N	FZ6125U5N	YC6G260N－40	7800	191	GB17691－2005 国Ⅳ GB18285－2005 GB11340－2005	11980	2500	3220	6000	18000	12530	0	0	0	5	0	0	0	0	0	0	0	0		0	0	0		
			SLK6129US5N5	SLK6129U5N5	SC8DT250Q5	8270	184	GB17691－2005 国Ⅴ GB11340－2005 GB18285－2005	11995	2550	3490	6000	18000	12530	0	0	0	0	0	0	0	50	0	0	0	0		0	0	0		
			SLK6753UF5N	FZ6723U5N	YC4D140N－40	4214	103	GB17691－2005 国Ⅳ GB18285－2005 GB11340－2005	7490	2300	3050	3600	10600	7800	0	0	0	0	0	0	0	0	8	0	0	0		0	0	0		
			SLK6759US5N5	SLK6729U5N5	YC4D140N－50	4214	103	GB17691－2005 国Ⅴ GB11340－2005 GB18285－2005	7490	2350	3050	3600	10600	7800	0	0	0	0	0	0	33	0	0	0	0	0		0	0	0		
			SLK6809US5N5	SLK6779U5N5	WP5NG180E50	4760	132	GB17691－2005 国Ⅴ GB11340－2005 GB18285－2005	8000	2350	3050	3800	12200	8420	0	0	0	0	0	0	0	0	0	0	0	6		0	0	0		
			SLK6855UF5N	FZ6825U5N	SC5DT180Q4	5308	132	GB17691－2005 国Ⅳ GB18285－2005 GB11340－2005	8545	2450	3200	4000	12200	8940	0	0	0	0	0	20	0	0	0	0	0	0		0	0	0		
					NQ180N4	6870	132	GB17691－2005 国Ⅳ GB18285－2005 GB11340－2005	8545	2450	3440	4000	12200	8940	0	0	0	0	0	0	12	0	0	0	0	0		0	0	0		
			SLK6859US5N5	SLK6829U5N5	YC4G180N－50	5200	132	GB17691－2005 国Ⅴ GB11340－2005 GB18285－2005	8545	2500	3200	4000	12200	8940	0	0	0	0	0	0	0	0	0	0	0	7		0	0	0		
			SLK6905UF5N	FZ6865U5N	NQ200N4	5638	147	GB17691－2005 国Ⅳ GB18285－2005 GB11340－2005	8995	2450	3440	4250	13200	9420	0	0	0	0	0	0	0	0	0	0	0	2		0	0	0		
			SLK6935UF5N	FZ6905U5N	YC6J210N－40	6454	155	GB17691－2005 国Ⅳ GB18285－2005 GB11340－2005	9340	2500	3220	4400	13700	9900	0	0	0	0	0	0	0	0	21	0	0	0		0	0	0		

续表

企业名称	车辆品牌	车辆名称	车辆型号	底盘型号	发动机型号	排量(mL)	功率(kW)	排放标准	外形尺寸(mm) 外廓长	外廓宽	外廓高	轴距(mm)	总质量(kg)	整备质量(kg)	2013年 1月	2月	3月	4月	5月	6月	7月	8月	9月	10月	11月	12月	小计(辆)	2014年 1月	2月	3月	小计(辆)	合计(辆)
同上	同上	客车	SLK6112F5AN	FZ6102A5N	WP7NG270E40	7140	199	GB17691－2005 国Ⅳ GB11340－2005 GB18285－2005	10800	2500	3600	5300	16000	12020	3	0	0	0	0	0	0	0	0	0	0	0		0	0	0		
					YC6L280N－40	8424	206	GB17691－2005 国Ⅳ GB11340－2005 GB18285－2005	10800	2500	3600	5300	16000	12020	0	0	0	0	0	0	0	0	20	0	0	0		0	0	0		
			SLK6118S5AN5	SLK6118A5N	YC6L280N－52	8424	206	GB17691－2005 国Ⅳ GB11340－2005 GB18285－2005	10995	2500	3880	5550	16400	12200	0	0	0	0	0	1	0	0	18	0	0	0		0	0	0		
			SLK6120L5AN	承载式车身	WP10NG336E40	9726	247	GB11340－2005 GB18285－2005 GB17691－2005 国Ⅳ	11995	2550	3795	6200	18000	13390	0	0	0	0	0	1	0	0	0	0	0	0		0	0	0		
					YC6MK340N－40	10338	250	GB11340－2005 GB18285－2005 GB17691－2005 国Ⅳ	11995	2550	3795	6200	18000	13390	0	0	0	0	0	0	0	0	0	0	1	0		0	0	0		
			SLK6120L5AN5	承载式车身	YC6MK340N－50	10338	250	GB11340－2005 GB18285－2005 GB17691－2005 国Ⅳ	11995	2550	3795	6200	18000	13390	0	0	0	0	0	0	0	0	0	1	0	0		0	0	0		
			SLK6802F5AN	FZ6772A5N	YC4G180N－40	5200	132	GB17691－2005 国Ⅳ GB18285－2005 GB11340－2005	7995	2450	3320	3800	10150	7420	6	0	0	0	0	0	8	0	10	0	0	28		0	0	0		
			SLK6872F5AN	FZ6832A5N	WP6NG240E40	6750	176	GB17691－2005 国Ⅳ GB11340－2005 GB18285－2005	8720	2450	3570	4200	12900	9850	1	0	0	1	0	0	0	0	0	0	0	12		0	0	0		
					YC6J210N－40	6454	155	GB17691－2005 国Ⅳ GB11340－2005 GB18285－2005	8720	2450	3570	4200	12900	9850	0	0	0	0	0	2	0	0	0	2	0	0		0	0	0		
			SLK6902F5AN	FZ6882A5N	YC6G230N－40	7800	170	GB17691－2005 国Ⅳ GB11340－2005 GB18285－2005	8975	2500	3570	4350	13200	10150	4	0	0	0	0	0	0	0	0	0	0	0		0	0	0		
					WP6NG240E40	6750	176	GB17691－2005 国Ⅳ GB11340－2005 GB18285－2005	8975	2500	3570	4350	13200	10150	0	0	0	4	0	4	0	0	0	0	0	0		0	0	0		

续表

企业名称	车辆品牌	车辆名称	车辆型号	底盘型号	发动机型号	排量(mL)	功率(kW)	排放标准	外形尺寸(mm) 外廓长	外廓宽	外廓高	轴距(mm)	总质量(kg)	整备质量(kg)	2013年 1月	2月	3月	4月	5月	6月	7月	8月	9月	10月	11月	12月	小计(辆)	2014年 1月	2月	3月	小计(辆)	合计(辆)
厦门金龙联合汽车工业有限公司	金龙牌	城市客车	XMQ6106AGN5	XMQ6102GR7	YC6G230N－50	7800	170	GB11340－2005 GB18285－2005 GB17691－2005 国Ⅴ	10480	2500	3370	5100	16350	11400	0	0	0	0	0	0	0	0	0	0	0	0	0	20	0	0	515	515
			XMQ6106AGN5	XMQ6102GR7	WP7NG240E50	7140	177	GB11340－2005 GB18285－2005 GB17691－2005 国Ⅴ	10480	2500	3190	5100	16350	11100	0	0	0	0	0	0	0	0	0	0	0	0		0	0	85		
			XMQ6106BGN4	XMQ6102GR6	YC6G230N－40	7800	170	GB11340－2005 GB18285－2005 GB17691－2005 国Ⅳ	10480	2500	3190	5100	15500	11200	0	0	0	0	0	0	0	0	0	0	0	0		11	1	0		
			XMQ6119AGN4	XMQ6113GR7	YC6G260N－40	7800	191	GB11340－2005 GB18285－2005 GB17691－2005 国Ⅳ	11490	2550	3160	5700	16500	11400	0	0	0	0	0	0	0	0	0	0	0	0		15	0	0		
			XMQ6119AGN5	XMQ6113GR8	YC6G260N－50	7800	191	GB11340－2005 GB18285－2005 GB17691－2005 国Ⅴ	11490	2550	3370	5700	16500	11900	0	0	0	0	0	0	0	0	0	0	0	0		0	0	20		
			XMQ6127AGN4	XMQ6121GR11	YC6G260N－40	7800	191	GB11340－2005 GB18285－2005 GB17691－2005 国Ⅳ	11980	2550	3070	6000	18000	12000	0	0	0	0	0	0	0	0	0	0	0	0		1	0	0		
			XMQ6127BGN5	承载式车身	WP10NG280E50	9726	206	GB11340－2005 GB18285－2005 GB17691－2005 国Ⅴ	11980	2550	3190	6000	18000	11650	0	0	0	0	0	0	0	0	0	0	0	0		0	15	0		
			XMQ6770AGN4	XMQ6740GR2	YC4G180N－40	5200	132	GB11340－2005 GB18285－2005 GB17691－2005 国Ⅳ	7700	2350	3220	3780	10500	7370	0	0	0	0	0	0	0	0	0	0	0	0		0	12	0		
			XMQ6801AGN4	XMQ6770GR2	YC4G180N－40	5200	132	GB11340－2005 GB18285－2005 GB17691－2005 国Ⅳ	7990	2450	3370	3750	11500	7500	0	0	0	0	0	0	0	0	0	0	0	0		20	0	0		
			XMQ6801AGN5	XMQ6770GR3	YC4G180N－50	5200	132	GB11340－2005 GB18285－2005 GB17691－2005 国Ⅴ	7990	2450	3080	3750	11500	7500	0	0	0	0	0	0	0	0	0	0	0	0		14	0	0		
			XMQ6850AGN5	XMQ6821GR5	YC4G180N－50	5200	132	GB11340－2005 GB18285－2005 GB17691－2005 国Ⅴ	8490	2450	3080	4250	12200	9300	0	0	0	0	0	0	0	0	0	0	0	0		36	0	0		
			XMQ6850AGN5	XMQ6821GR5	WP5NG180E50	4760	132	GB11340－2005 GB18285－2005 GB17691－2005 国Ⅴ	8490	2450	3080	4250	12200	9300	0	0	0	0	0	0	0	0	0	0	0	0		0	0	97		

续表

企业名称	车辆品牌	车辆名称	车辆型号	底盘型号	发动机型号	排量(mL)	功率(kW)	排放标准	外形尺寸(mm) 外廓长	外廓宽	外廓高	轴距(mm)	总质量(kg)	整备质量(kg)	2013年 1月	2月	3月	4月	5月	6月	7月	8月	9月	10月	11月	12月	小计(辆)	2014年 1月	2月	3月	小计(辆)	合计(辆)
同上	同上	同上	XMQ6850BGN4	XMQ6821GR4	YC4G180N－40	5200	132	GB11340－2005 GB18285－2005 GB17691－2005国Ⅳ	8490	2450	3370	4250	12200	8200	0	0	0	0	0	0	0	0	0	0	0	0		0	0	31		
			XMQ6931AGN4	XMQ6900GR4	YC6J210N－40	6454	155	GB11340－2005 GB18285－2005 GB17691－2005国Ⅳ	9300	2450	3050	4460	13200	9100	0	0	0	0	0	0	0	0	0	0	0	0		2	0	0		
			XMQ6931AGN5	XMQ6900GR5	WP6NG210E50	6750	155	GB11340－2005 GB18285－2005 GB17691－2005国Ⅴ	9300	2450	3100	4460	13200	9300	0	0	0	0	0	0	0	0	0	0	0	0		21	0	0		
					YC6J210N－52	6494	155	GB11340－2005 GB18285－2005 GB17691－2005国Ⅴ	9300	2450	3100	4460	13200	9300	0	0	0	0	0	0	0	0	0	0	0	0		0	0	6		
		客车	XMQ6101AYN5C	XMQ6100R4	YC6G260N－50	7800	191	GB11340－2005 GB18285－2005 GB17691－2005国Ⅴ	10490	2480	3650	5450	15900	11700	0	0	0	0	0	0	0	0	0	0	0	0		0	0	4		
			XMQ6113AYN4C	XMQ6116R2	YC6G260N－40	7800	191	GB11340－2005 GB18285－2005 GB17691－2005国Ⅳ	10950	2500	3580	5550	16000	12000	0	0	0	0	0	0	0	0	0	0	0	0		0	0	1		
			XMQ6113AYN5C	XMQ6116R3	YC6L280N－52	8424	206	GB11340－2005 GB18285－2005 GB17691－2005国Ⅴ	10950	2500	3580	5550	16500	12300	0	0	0	0	0	0	0	0	0	0	0	0		9	0	0		
			XMQ6115AYN4C	承载式车身	YC6MK290N－40	10338	214	GB11340－2005 GB18285－2005 GB17691－2005国Ⅳ	11500	2550	3670	5500	16900	12350	0	0	0	0	0	0	0	0	0	0	0	0		1	0	0		
			XMQ6125AYN5C	承载式车身	WP10NG336E50	9726	247	GB11340－2005 GB18285－2005 GB17691－2005国Ⅴ	12000	2550	3820	6000	18000	13550	0	0	0	0	0	0	0	0	0	0	0	0		1	0	0		
			XMQ6128DYN5C	承载式车身	WP10NG336E50	9726	247	GB11340－2005 GB18285－2005 GB17691－2005国Ⅴ	12000	2550	3870	6000	18000	13710	0	0	0	0	0	0	0	0	0	0	0	0		0	0	30		
			XMQ6129FYN4C	承载式车身	WP12NG380E40	11596	280	GB11340－2005 GB18285－2005 GB17691－2005国Ⅳ	12000	2550	3940	6000	18000	13240	0	0	0	0	0	0	0	0	0	0	0	0		4	0	0		
			XMQ6129FYN5B	承载式车身	WP10NG336E50	9726	247	GB11340－2005 GB18285－2005 GB17691－2005国Ⅴ	12000	2550	3940	6000	18000	13710	0	0	0	0	0	0	0	0	0	0	0	0		1	0	0		

续表

企业名称	车辆品牌	车辆名称	车辆型号	底盘型号	发动机型号	排量（mL）	功率（kW）	排放标准	外形尺寸（mm）			轴距（mm）	总质量（kg）	整备质量（kg）	2013年													2014年				合计（辆）
									外廓长	外廓宽	外廓高				1月	2月	3月	4月	5月	6月	7月	8月	9月	10月	11月	12月	小计（辆）	1月	2月	3月	小计（辆）	
同上	同上	同上	XMQ6129FYN5C	承载式车身	WP12NG380E50	11596	280	GB11340－2005 GB18285－2005 GB17691－2005 国Ⅴ	12000	2550	3940	6000	18000	13240	0	0	0	0	0	0	0	0	0	0	0	0		0	0	1		
			XMQ6129HYN4C	承载式车身	WP10NG336E40	9726	247	GB11340－2005 GB18285－2005 GB17691－2005 国Ⅳ	11950	2550	3690	6000	18000	13710	0	0	0	0	0	0	0	0	0	0	0	0		2	0	0		
					YC6MK340N－40	10338	250	GB11340－2005 GB18285－2005 GB17691－2005 国Ⅳ	11950	2550	3690	6000	18000	13710	0	0	0	0	0	0	0	0	0	0	0	0		0	0	1		
			XMQ6608AYN4D	HFC6570NY1F	NQ120N4	3759	92	GB11340－2005 GB18285－2005 GB17691－2005 国Ⅳ	5995	2270	2910	3308	5900	4300	0	0	0	0	0	0	0	0	0	0	0	0		7	0	0		
			XMQ6759AYN4C	XMQ6730R4	YC4G180N－40	5200	132	GB11340－2005 GB18285－2005 GB17691－2005 国Ⅳ	7495	2480	3337	3500	10200	7600	0	0	0	0	0	0	0	0	0	0	0	0		10	0	0		
			XMQ6759AYN5D	XMQ6730R5	YC4G190N－50	5200	140	GB11340－2005 GB18285－2005 GB17691－2005 国Ⅴ	7495	2480	3337	3500	10200	7600	0	0	0	0	0	0	0	0	0	0	0	0		0	0	9		
			XMQ6802AYN4D	XMQ6780R4	WP5NG180E40	4760	132	GB11340－2005 GB18285－2005 GB17691－2005 国Ⅳ	8045	2480	3356	3850	10600	7850	0	0	0	0	0	0	0	0	0	0	0	0		3	0	0		
					YC4G180N－40	5200	132	GB11340－2005 GB18285－2005 GB17691－2005 国Ⅳ	8045	2480	3356	3850	10600	7850	0	0	0	0	0	0	0	0	0	0	0	0		0	0	2		
			XMQ6859AYN4C	XMQ6830R4	YC6J210N－40	6454	155	GB11340－2005 GB18285－2005 GB17691－2005 国Ⅳ	8495	2480	3388	4020	11900	9000	0	0	0	0	0	0	0	0	0	0	0	0		5	0	1		
			XMQ6859AYN5C	XMQ6820R5	YC6J210N－52	6494	155	GB11340－2005 GB18285－2005 GB17691－2005 国Ⅴ	8545	2480	3388	4100	11600	8700	0	0	0	0	0	0	0	0	0	0	0	0		4	0	0		
			XMQ6879AYN4C	XMQ6850R4	YC6J210N－40	6454	155	GB11340－2005 GB18285－2005 GB17691－2005 国Ⅳ	8745	2480	3388	4170	11500	8200	0	0	0	0	0	0	0	0	0	0	0	0		1	0	0		
			XMQ6879AYN4D	XMQ6850R4	YC6J210N－40	6454	155	GB11340－2005 GB18285－2005 GB17691－2005 国Ⅳ	8745	2480	3388	4170	11500	8200	0	0	0	0	0	0	0	0	0	0	0	0		4	0	1		

续表

企业名称	车辆品牌	车辆名称	车辆型号	底盘型号	发动机型号	排量(mL)	功率(kW)	排放标准	外形尺寸(mm) 外廓长	外形尺寸(mm) 外廓宽	外形尺寸(mm) 外廓高	轴距(mm)	总质量(kg)	整备质量(kg)	2013年 1月	2月	3月	4月	5月	6月	7月	8月	9月	10月	11月	12月	小计(辆)	2014年 1月	2月	3月	小计(辆)	合计(辆)
同上	同上	同上	XMQ6898AYN4B	XMQ6870R4	YC6G230N－40	7800	170	GB11340－2005 GB18285－2005 GB17691－2005 国Ⅳ	8945	2480	3630	4300	11990	8790	0	0	0	0	0	0	0	0	0	0	0	0		0	0	4		
			XMQ6898AYN5C	XMQ6870R5	YC6G230N－50	7800	170	GB11340－2005 GB18285－2005 GB17691－2005 国Ⅴ	8945	2480	3382	4300	12960	9760	0	0	0	0	0	0	0	0	0	0	0	0		1	0	0		
			XMQ6998AYN5C	XMQ6970R4	YC6G260N－50	7800	191	GB11340－2005 GB18285－2005 GB17691－2005 国Ⅴ	9895	2480	3404	5000	14000	10490	0	0	0	0	0	0	0	0	0	0	0	0		1	0	0		
东风南充汽车有限公司	东风牌	城市客车	EQ6660PCN30	EQ6580KSN30	NQ115N	3759	85	GB17691－2005 国Ⅲ GB11340－2005 GB18285－2005	6640	2250	3000	3300	7080	4610	7	0	3	0	0	9	0	0	0	0	0	0	468	0	0	0	0	468
			EQ6660PCN40	EQ6581KSN40	NQ120N4	3759	92	GB17691－2005 国Ⅳ GB11340－2005 GB18285－2005	6640	2280	3000	3300	7080	4610	1	0	1	0	4	0	2	2	0	0	0	0		0	0	0		
			EQ6730PCN40	EQ6680KTN40	NQ120N4	3759	92	GB17691－2005 国Ⅳ GB11340－2005 GB18285－2005	7345	2280	2900	3300	7880	5050	1	0	1	4	0	1	4	2	1	7	0	1		0	0	0		
			EQ6751PCN40	EQ6740KTN40	NQ120N4	3759	92	GB17691－2005 国Ⅳ GB11340－2005 GB18285－2005	7495	2360	3240	3800	8620	5500	4	0	0	0	0	9	0	0	0	0	6	1		0	0	0		
					NQ140N4	3759	103	GB17691－2005 国Ⅳ GB11340－2005 GB18285－2005	7495	2360	3040，3240	3800	8620	5300	0	0	0	0	0	0	0	6	5	16	0	0		0	0	0		
			EQ6820PCN40	EQ6780KTN40	NQ160N4	5975	118	GB17691－2005 国Ⅳ GB11340－2005 GB18285－2005	8200	2380	3040	3800	10015	5850	0	0	0	0	0	1	0	0	0	0	0	0		0	0	0		
			EQ6860PCN40	EQ6820KTN40	NQ160N4	5975	118	GB17691－2005 国Ⅳ GB11340－2005 GB18285－2005	8560	2500	3260	4000	12000	7000	0	0	0	0	1	0	0	0	0	0	0	0		0	0	0		
			EQ6963PCN40	EQ6890KTN40	NQ160N4	5975	118	GB17691－2005 国Ⅳ GB11340－2005 GB18285－2005	9600	2480	3260，3460	4700	13500	7500	0	1	0	0	0	0	1	0	0	0	0	0		0	0	0		
					NQ180N	5638	132	GB17691－2005 国Ⅳ GB11340－2005 GB18285－2005	9600	2480	3460	4700	13500	7500	0	0	1	2	0	0	0	0	0	0	0	5		0	0	0		

续表

企业名称	车辆品牌	车辆名称	车辆型号	底盘型号	发动机型号	排量(mL)	功率(kW)	排放标准	外形尺寸(mm)			轴距(mm)	总质量(kg)	整备质量(kg)	2013年													2014年				合计(辆)
									外廓长	外廓宽	外廓高				1月	2月	3月	4月	5月	6月	7月	8月	9月	10月	11月	12月	小计(辆)	1月	2月	3月	小计(辆)	
同上	同上	客车	EQ6600PCN30	EQ6580KSN30	NQ115N	3759	85	GB17691－2005 国Ⅲ GB11340－2005 GB18285－2005	5998	2250	2800，3000	3300	5650	4068	2	0	2	2	5	9	0	0	0	0	0	0		0	0	0		
			EQ6600PCN40	EQ6581KSN40	NQ100N4	3759	79	GB17691－2005 国Ⅳ GB11340－2005 GB18285－2005	5980	2260	3000，2800	3300	5650	4168	0	0	0	0	0	38	13	11	0	0	0	0		0	0	0		
					NQ120N4	3759	92	GB17691－2005 国Ⅳ GB11340－2005 GB18285－2005	5980	2260	2800，3000	3300	5650	4068	7	0	0	12	5	0	0	0	32	2	0	0		0	0	0		
			EQ6600PCN50	EQ6580KSN50	NQ120BN5	3759	88	GB17691－2005 国Ⅴ GB11340－2005 GB18285－2005	5998	2260	2850	3300	5720	4138	0	0	0	0	0	0	0	0	6	1	0	17		0	0	0		
			EQ6660PCN50	EQ6580KSN50	NQ120BN5	3759	88	GB17691－2005 国Ⅴ GB11340－2005 GB18285－2005	6640	2260	2850，3050	3300	6640	4450	0	0	0	0	0	0	10	1	0	0	1	12		0	0	0		
			EQ6666PC	EQ6581KSN40	NQ100N4	3759	79	GB17691－2005 国Ⅳ GB11340－2005 GB18285－2005	6640	2260	2850	3300	6740	4550	0	0	4	21	25	47	0	0	0	0	0	0		0	0	0		
					NQ120N4	3759	92	GB17691－2005 国Ⅳ GB11340－2005 GB18285－2005	6640	2260	2850，3050	3300	6740	4550	3	0	0	0	0	0	2	3	4	0	2	2		0	0	0		
			EQ6750PCN30	EQ6690KSN30	NQ120N	3759	92	GB17691－2005 国Ⅲ GB11340－2005 GB18285－2005	7495	2360	3060	3800	7662	5200	1	0	0	0	0	1	0	0	0	0	0	0		0	0	0		
			EQ6750PCN31	EQ6690KSN31	NQ150N	5638	110	GB17691－2005 国Ⅲ GB11340－2005 GB18285－2005	7495	2360	3100	3800	8382	6120	8	1	1	0	2	4	0	0	0	0	0	0		0	0	0		
			EQ6760PCN40	EQ6690KSN40	NQ140N4	3759	103	GB17691－2005 国Ⅳ GB11340－2005 GB18285－2005	7595	2380	3240，3040	3800	8550	6120	1	0	0	0	0	6	0	0	0	2	2	4		0	0	0		
					NQ160N4	5975	118	GB17691－2005 国Ⅳ GB11340－2005 GB18285－2005	7595	2380	3240	3800	8550	6120	0	0	1	0	2	0	0	0	2	0	0	0		0	0	0		
			EQ6760PCN50	EQ6690KSN50	NQ140BN5	3759	103	GB17691－2005 国Ⅴ GB11340－ 2005 GB18285－2005	7595	2380	3260	3800	8550	6120	0	0	0	0	0	0	0	2	0	0	5	0		0	0	0		

续表

企业名称	车辆品牌	车辆名称	车辆型号	底盘型号	发动机型号	排量(mL)	功率(kW)	排放标准	外形尺寸(mm) 外廓长	外廓宽	外廓高	轴距(mm)	总质量(kg)	整备质量(kg)	2013年 1月	2月	3月	4月	5月	6月	7月	8月	9月	10月	11月	12月	小计(辆)	2014年 1月	2月	3月	小计(辆)	合计(辆)
同上	同上	同上	EQ6760PCN50	EQ6690KSN50	NQ160CN5	4750	118	GB17691－2005 国Ⅴ GB11340－2005 GB18285－2005	7595	2380	3040	3800	8550	5920	0	0	0	0	0	0	0	0	1	0	0	11		0	0	0		
中国重汽集团济南豪沃客车有限公司	黄河牌	城市客车	JK6109GDC	EQ6980TN3AC1	EQ6100N－30	5420	95	GB11340－2005 GB18285－2005 GB17691－2005 国Ⅲ	10500	2500	3180	5000	13000	8250	0	0	20	0	0	0	0	0	0	0	0	0	443	0	0	0	0	443
			JK6109GN	ZZ6107GH1DC	YC6J210N－40	6454	155	GB11340－2005 GB18285－2005 GB17691－2005 国Ⅳ	10500	2500	3240	5000	16500	11300	0	0	5	0	0	0	0	0	0	0	0	0		0	0	0		
					YC6G230N－40	7800	170	GB11340－2005 GB18285－2005 GB17691－2005 国Ⅳ	10500	2500	3400	5000	16500	11300	0	0	0	0	0	0	30	0	0	0	0	0		0	0	0		
			JK6109GN5	ZZ6107GK1E	YC6G230N－50	7800	170	GB17691－2005 国Ⅴ GB11340－2005 GB18285－2005	10500	2500	3140	5000	16500	11300	0	0	0	0	0	0	0	0	0	111	0	0		0	0	0		
					YC6J210N－52	6494	155	GB17691－2005 国Ⅴ GB11340－2005 GB18285－2005	10500	2500	3300	5000	16500	11300	0	0	0	0	0	0	0	0	0	0	0	50		0	0	0		
			JK6129GC	ZZ6127GM1CC	T10．27－40	9726	196	GB17691－2005 国Ⅳ GB11340－2005 GB18285－2005	11990	2550	3180	6000	18000	12150	0	0	0	0	0	0	0	0	0	2	0	0		0	0	0		
			JK6129GN	ZZ6127GM1DC	YC6G260N－40	7800	191	GB17691－2005 国Ⅳ GB11340－2005 GB18285－2005	11990	2550	3240	6000	18000	12600	0	0	15	1	4	0	0	0	0	20	0	0		0	0	0		
			JK6608DGN	EQ6570KJN4AC1	NQ100N4	3759	79	GB11340－2005 GB18285－2005 GB17691－2005 国Ⅳ	6005	2250	2800	3300	6600	4300	0	0	0	0	0	0	0	0	0	0	0	1		0	0	0		
			JK6729DGN	HFC6640NY1F	NQ120N4	3759	92	GB11340－2005 GB18285－2005 GB17691－2005 国Ⅳ	7200	2300	2820	3300	7450	4700	0	0	0	0	20	0	0	0	2	1	0	0		0	0	0		
			JK6729DGNB	ZZ6577GE1DF	NQ120N4	3759	92	GB11340－2005 GB18285－2005 GB17691－2005 国Ⅳ	7200	2300	2820	3308	7450	4700	0	0	0	0	0	0	0	0	0	60	0	0		0	0	0		
			JK6779DGN	EQ6750KC4N	NQ120N4	3759	92	GB11340－2005 GB18285－2005 GB17691－2005 国Ⅳ	7745	2400	3020	3650	8400	5540	0	0	0	0	0	16	0	0	0	0	0	0		0	0	0		

续表

企业名称	车辆品牌	车辆名称	车辆型号	底盘型号	发动机型号	排量(mL)	功率(kW)	排放标准	外形尺寸(mm)			轴距(mm)	总质量(kg)	整备质量(kg)	2013年													2014年				合计(辆)
									外廓长	外廓宽	外廓高				1月	2月	3月	4月	5月	6月	7月	8月	9月	10月	11月	12月	小计(辆)	1月	2月	3月	小计(辆)	
同上	同上	同上	JK6790GN	ZZ6767GG1DN	YC4G180N-40	5200	132	GB11340-2005 GB18285-2005 GB17691-2005 国Ⅳ	7895	2400	3235	3650	11200	7945	0	0	0	18	0	0	0	0	0	0	0	0		0	0	0		
同上	同上	同上	JK6919GN5	ZZ6887GH1EN	YC6J210N-52	6494	155	GB17691-2005 国Ⅴ GB11340-2005 GB18285-2005	9145	2500	3080	4200	13200	9100	0	0	0	0	0	0	0	0	0	44	0	0		0	0	0		
同上	同上	客车	JK6118HN	ZZ6117HK1DN	YC6G260N-40	7800	191	GB17691-2005 国Ⅳ GB11340-2005 GB18285-2005	10990	2500	3500	5600	15900	11900	0	6	0	0	2	0	0	1	0	0	0	0		0	0	0		
同上	同上	客车	JK6808HNA	ZZ6777HG1DC	YC4G180N-40	5200	132	GB11340-2005 GB18285-2005 GB17691-2005 国Ⅳ	7999	2430	3300	3800	10300	7700	0	0	0	1	3	0	0	1	0	0	0	0		0	0	0		
同上	同上	客车	JK6858HN	ZZ6827HH1DC	YC6J210N-40	6454	155	GB11340-2005 GB18285-2005 GB17691-2005 国Ⅳ	8540	2430	3300	4100	11600	8400	0	0	0	0	0	0	0	0	0	0	0	1		0	0	0		
同上	同上	客车	JK6858HNA	ZZ6827HH1DC	YC6J210N-40	6454	155	GB11340-2005 GB18285-2005 GB17691-2005 国Ⅳ	8540	2430	3300	4100	11600	8400	0	1	1	0	0	0	0	0	0	0	0	0		0	0	0		
同上	同上	客车	JK6898HNA	ZZ6877HH1DC	YC6J210N-40	6454	155	GB11340-2005 GB18285-2005 GB17691-2005 国Ⅳ	8945	2430	3300	4300	11900	8800	0	0	0	0	1	0	0	0	0	0	0	5		0	0	0		
上汽唐山客车有限公司	飞翼牌	城市客车	SK6107NG1E5	SWB6107Q8	YC6J210N-52	6494	155	GB17691-2005 国Ⅴ GB18285-2005 GB11340-2005	10480	2500	3150	5000	16000	11380	0	0	0	0	0	0	0	0	0	50	216	173	439	0	0	0	0	439
一汽客车（大连）有限公司	解放牌	城市客车	CA6101UFN32	CA6990CFN23	NQ160N4	5975	118	GB17691-2005 （国Ⅳ阶段） GB11340-2005 GB18285-2005	10490	2500	3160	5000	13200	8588	0	1	5	0	0	0	0	0	0	0	0	0	431	0	0	0	0	431
					CA6SH-N1E4	5560	110	GB17691-2005 （国Ⅳ阶段） GB11340-2005 GB18285-2005	10490	2500	3160	5000	13200	8588	0	0	0	0	0	0	0	0	0	50	50	0		0	0	0		
			CA6125URN33	CA6124D172N	BF6M1013-24E4N	7146	180	GB17691-2005 （国Ⅳ阶段） GB11340-2005 GB18285-2005	11995	2550	3490	6100	18000	12550	0	0	0	0	0	0	0	0	0	258	0	0		0	0	0		

续表

企业名称	车辆品牌	车辆名称	车辆型号	底盘型号	发动机型号	排量(mL)	功率(kW)	排放标准	外形尺寸(mm) 外廓长	外廓宽	外廓高	轴距(mm)	总质量(kg)	整备质量(kg)	2013年 1月	2月	3月	4月	5月	6月	7月	8月	9月	10月	11月	12月	小计(辆)	2014年 1月	2月	3月	小计(辆)	合计(辆)
同上	同上	同上	CA6862SQ9	CA6833D87	CA6SH－NE3	5560	105	GB17691－2005 国Ⅲ GB11340－2005 GB18285－2005	8593	2500	3035	4000	11000	7345	0	0	0	2	0	0	63	0	0	0	0	0		0	0	0		
			CA6862UFN31	CA6830CFN21	NQ160N4	5975	118	GB17691－2005（国Ⅳ阶段）GB11340－2005 GB18285－2005	8593	2500	3035	4000	11000	7345	0	0	0	2	0	0	0	0	0	0	0	0		0	0	0		
四川汽车工业股份有限公司	野马牌	城市客车	SQJ6101B2N4	EQ6983TN4AC1	NQ160N4	5975	118	GB11340－2005 GB18285－2005 GB17691－2005 国Ⅳ	10120	2500	3300	5000	13500	8620	0	0	0	13	0	29	1	0	0	0	0	0		0	0	0		
					YC6B170N－40	6870	125	GB11340－2005 GB18285－2005 GB17691－2005 国Ⅳ	10120	2500	3150	5000	13500	8460	79	0	0	0	0	0	0	0	0	0	0	0		0	0	0		
			SQJ6661B1N3	EQ6570KN3AC	NQ120N	3759	92	GB11340－2005 GB18285－2005 GB17691－2005 国Ⅲ	6580	2300	2850	3300	6500	4290	5	0	2	3	12	8	15	1	0	0	0	0		0	0	0		
			SQJ6661B1N4	EQ6570KJN4AC1	NQ100N4	3759	79	GB11340－2005 GB18285－2005 GB17691－2005 国Ⅳ	6580	2300	2850	3300	7000	4790	0	0	0	0	0	0	0	0	1	0	0	0		0	0	0		
			SQJ6661B2N4	EQ6570KN4AC2	NQ120N4	3759	92	GB11340－2005 GB18285－2005 GB17691－2005 国Ⅳ	6580	2300	2850	3300	7000	4790	38	0	1	0	0	0	3	0	2	6	2	0	383	0	0	0	0	383
			SQJ6751A1N3	HFC6710CNY3	NQ120N	3759	92	GB17691－2005 国Ⅲ GB11340－2005 GB18285－2005	7495	2340	2980	3600	8400	5540	0	0	0	0	0	0	1	0	0	0	0	0		0	0	0		
			SQJ6781B1N3	EQ6720TN3AC	NQ120N	3759	92	GB11340－2005 GB18285－2005 GB17691－2005 国Ⅲ	7760	2340	3150	3650	8400	5670	10	0	5	6	6	0	0	0	0	0	0	0		0	0	0		
			SQJ6781B1N4	EQ6733TN4AC1	NQ100N4	3759	79	GB11340－2005 GB18285－2005 GB17691－2005 国Ⅳ	7760	2340	2950	3650	9000	6140	0	0	0	0	0	0	0	0	0	0	18	13		0	0	0		
			SQJ6861B1N5	EQ6800TN5AC	NQ180CN5	4750	132	GB11340－2005 GB18285－2005 GB17691－2005 国Ⅴ	8650	2400	3200	4000	10500	7100	0	0	0	0	0	0	0	0	0	3	1	0		0	0	0		

续表

企业名称	车辆品牌	车辆名称	车辆型号	底盘型号	发动机型号	排量(mL)	功率(kW)	排放标准	外形尺寸(mm) 外廓长	外廓宽	外廓高	轴距(mm)	总质量(kg)	整备质量(kg)	2013年 1月	2月	3月	4月	5月	6月	7月	8月	9月	10月	11月	12月	小计(辆)	2014年 1月	2月	3月	小计(辆)	合计(辆)
同上	同上	客车	SQJ6600B1N3	EQ6570KN3AC	NQ120N	3759	92	GB11340-2005 GB18285-2005 GB17691-2005 国Ⅲ	5995	2220	2780	3300	6000	4370	4	0	0	0	0	3	0	0	0	0	0	0		0	0	0		
			SQJ6600B1N4	EQ6570KN4AC2	NQ120N4	3759	92	GB11340-2005 GB18285-2005 GB17691-2005 国Ⅳ	5995	2220	2780	3300	6100	4470	1	0	0	1	7	0	0	0	1	0	0	0		0	0	0		
			SQJ6750B1N3	EQ6690KN3AC	NQ150N	5638	110	GB11340-2005 GB18285-2005 GB17691-2005 国Ⅲ	7495	2340	2980	3800	8100	5700	5	0	0	0	0	1	0	0	0	0	0	0		0	0	0		
			SQJ6760B1N3	EQ6690KN3AC	NQ150N	5638	110	GB11340-2005 GB18285-2005 GB17691-2005 国Ⅲ	7630	2340	3140	3800	8100	5835	0	0	4	1	2	13	0	0	0	0	0	0		0	0	0		
			SQJ6760B1N4	EQ6690KN4AC	NQ140N4	3759	103	GB11340-2005 GB18285-2005 GB17691-2005 国Ⅳ	7630	2340	3140	3800	8500	6160	2	0	1	0	1	3	0	1	3	0	1	7		0	0	0		
			SQJ6800B1N3	EQ6770TN3AC	NQ150N	5638	110	GB11340-2005 GB18285-2005 GB17691-2005 国Ⅲ	7990	2380	3300	3800	9400	6700	0	0	0	1	1	1	0	0	0	0	0	0		0	0	0		
			SQJ6800B1N4	EQ6780TGN4AC	NQ160N4	5975	118	GB11340-2005 GB18285-2005 GB17691-2005 国Ⅳ	7990	2380	3300	3800	9800	7100	1	0	1	0	0	2	1	1	0	5	8	11		0	0	0		
			SQJ6840B1N3H	EQ6810RN3AC	NQ190N	5638	144	GB11340-2005 GB18285-2005 GB17691-2005 国Ⅲ	8445	2450	3450	4000	11540	8800	2	0	2	0	0	0	0	0	0	0	0	0		0	0	0		
河北长安汽车有限公司	长安牌	城市客车	SC6607N1G5	SC6580DNG5	YN36QNE	3612	85	GB17691-2005 国Ⅴ GB11340-2005 GB18285-2005	5995	2240	2780	3300	6300	4250	0	0	0	0	0	0	0	0	0	1	0	22	371	0	0	0	0	371
			SC6662NG3	SC6580DN1G3	NQ120N	3759	92	GB17691-2005 国Ⅲ GB11340-2005 GB18285-2005	6600	2260	2805	3300	6850	4450	5	0	0	0	0	0	0	0	0	0	0	0		0	0	0		
			SC6662NG5	SC6580DNG5	YN36QNE	3612	85	GB17691-2005 国Ⅴ GB11340-2005 GB18285-2005	6600	2260	2865	3300	7300	4650	0	0	0	0	0	0	0	0	0	0	0	3		0	0	0		
			SC6711NG3	SC6580DN1G3	NQ120N	3759	92	GB17691-2005 国Ⅲ GB11340-2005 GB18285-2005	7110	2240	2825	3300	7000	4650	4	0	0	0	0	0	0	0	0	0	0	0		0	0	0		

续表

企业名称	车辆品牌	车辆名称	车辆型号	底盘型号	发动机型号	排量(mL)	功率(kW)	排放标准	外形尺寸(mm) 外廓长	外形尺寸(mm) 外廓宽	外形尺寸(mm) 外廓高	轴距(mm)	总质量(kg)	整备质量(kg)	2013年 1月	2013年 2月	2013年 3月	2013年 4月	2013年 5月	2013年 6月	2013年 7月	2013年 8月	2013年 9月	2013年 10月	2013年 11月	2013年 12月	2013年 小计(辆)	2014年 1月	2014年 2月	2014年 3月	2014年 小计(辆)	合计(辆)
同上	同上	同上	SC6721NG3	SC6681NG3	NQ120N	3759	92	GB17691-2005 国Ⅲ GB11340-2005 GB18285-2005	7166	2310	2910	3300	7720	5440	0	0	6	0	0	0	0	0	0	0	0	0		0	0	0		
			SC6721NG4	SC6681DNG4	NQ120N4	3759	92	GB17691-2005 国Ⅳ GB11340-2005 GB18285-2005	7216	2310	2910	3300	8100	5440	0	0	0	0	0	0	15	4	28	16	0	8		0	0	0		
			SC6751HNG3	SC6730DNG3	NQ120N	3759	92	GB17691-2005 国Ⅲ GB11340-2005 GB18285-2005	7455	2340	3050	3300	9400	6000	0	0	0	10	13	0	0	0	0	0	0	0		0	0	0		
			SC6751HNG5	SC6680DNG5	NQ140BN5	3759	103	GB17691-2005 国Ⅴ GB11340-2005 GB18285-2005	7455	2380	2960	3300	9400	5800	0	0	0	0	0	0	0	0	0	0	0	12		0	0	0		
			SC6781N1G4	SC6750DN1G4	NQ160N4	5975	118	GB17691-2005 国Ⅳ GB11340-2005 GB18285-2005	7805	2320	2960	3650	9500	5720	0	0	0	0	0	0	0	0	9	0	0	0		0	0	0		
			SC6781NG4	SC6750DNG4	NQ120N4	3759	92	GB17691-2005 国Ⅳ GB11340-2005 GB18285-2005	7805	2320	2960	3650	9500	5720	2	0	0	0	13	0	0	0	21	22	1	4		0	0	0		
			SC6840HNG4	SC6820DNG4	NQ140BN5	3759	103	GB17691-2005 国Ⅳ GB11340-2005 GB18285-2005	8360	2380	3050	4000	10600	6550	0	0	0	0	0	0	0	0	13	0	0	0		0	0	0		
			SC6842HNJ4	HFC6782NY1F	NQ140N4	3759	103	GB11340-2005 GB18285-2005 GB17691-2005 国Ⅳ	8360	2380	3050	3800	10500	6850	0	0	0	0	0	20	0	0	0	0	0	0		0	0	0		
			SC6850NG4	SC6810DNG4	NQ160N4	5975	118	GB17691-2005 国Ⅳ GB11340-2005 GB18285-2005	8515	2380	3050	4000	11200	6900	0	0	0	8	0	0	0	0	0	0	0	0		0	0	0		
			SC6901HNG5	SC6870DNG5	YC6J210N-52	6494	155	GB17691-2005 国Ⅴ GB11340-2005 GB18285-2005	9000	2500	3200	4200	13500	9360	0	0	0	0	0	0	0	0	0	0	0	16		0	0	0		
			SC6901HNJ4	HFC6880NY1F	NQ200N4	5638	147	GB11340-2005 GB18285-2005 GB17691-2005 国Ⅳ	9000	2500	3050	4200	13000	8200	0	0	0	0	0	4	0	0	0	0	0	3		0	0	0		
		客车	SC6607NG4	SC6580DNG4	NQ100N4	3759	79	GB17691-2005 国Ⅳ GB11340-2005 GB18285-2005	5995	2220	2780	3300	5635	4150	0	0	12	9	30	0	0	32	0	0	0	0		0	0	0		

续表

企业名称	车辆品牌	车辆名称	车辆型号	底盘型号	发动机型号	排量(mL)	功率(kW)	排放标准	外形尺寸(mm) 外廓长	外廓宽	外廓高	轴距(mm)	总质量(kg)	整备质量(kg)	2013年 1月	2月	3月	4月	5月	6月	7月	8月	9月	10月	11月	12月	小计(辆)	2014年 1月	2月	3月	小计(辆)	合计(辆)
同上	同上	同上	SC6687NG3	SC6580DN2G3	NQ120N	3759	92	GB17691－2005 国Ⅲ GB11340－2005 GB18285－2005	6800	2260	2865	3800	6650	4450	2	0	1	1	0	0	0	0	0	0	0	0		0	0	0		
			SC6726NG4	SC6650DNG5	NQ120BN5	3759	88	GB17691－2005 国Ⅴ GB11340－2005 GB18285－2005	7260	2280	3030	3800	7340	4920	0	0	0	0	0	0	0	0	0	0	0	1		0	0	0		
四川南骏汽车有限公司	南骏牌	城市客车	CNJ6100JHNM	CA6100CRN24	YC6J210N－40	6494	155	GB17691－2005(国Ⅳ阶段),GB11340－2005 GB18285－2005	10490	2500	3480	5100	14500	10080	0	0	1	0	0	1	0	0	0	0	0	0	329	0	0	0	0	329
			CNJ6100JNB	EQ6980TN3AC1	NQ150N	5638	110	GB11340－2005 GB18285－2005 GB17691－2005 国Ⅲ	10260	2500	3100	5000	13000	7695	1	1	0	0	0	0	0	0	0	0	0	0		0	0	0		
			CNJ6100JQNM	CNJ6950TQNM	NQ160N4	5975	118	GB11340－2005 GB18285－2005 GB17691－2005 国Ⅳ	10490	2500	3300	5000	13270	8000	14	0	0	20	32	2	0	0	0	0	0	0		0	0	0		
			CNJ6100JQNM	CNJ6950TQNM	NQ180N4	6870	132	GB11340－2005 GB18285－2005 GB17691－2005 国Ⅳ	10490	2500	3100	5000	13270	7700	0	20	0	0	0	0	0	0	0	0	0	0		0	0	0		
			CNJ6121HNB	CNJ6120HNB	SC8DT230Q3	8300	170	GB17691－2005 国Ⅲ GB11340－2005 GB18285－2005	12000	2550	3480	6000	18000	12200	0	2	0	0	0	0	0	0	0	0	0	0		0	0	0		
			CNJ6660ENG1B	CNJ6590NB	NQ120N	3759	88	GB11340－2005 GB18285－2005 GB17691－2005 国Ⅲ	6580	2250	2960	3300	7080	4540	1	0	0	2	1	0	0	0	0	0	0	0		0	0	0		
			CNJ6660JQNM	CNJ6572KQNM	NQ100N4	3759	79	GB11340－2005 GB18285－2005 GB17691－2005 国Ⅳ	6600	2250	2960	3300	6500	4410	0	0	0	12	0	6	4	0	0	0	0	0		0	0	0		
			CNJ6720JNG1B	CNJ6680JNGB	NQ100N3	3759	79	GB17691－2005 国Ⅲ GB11340－2005 GB18285－2005	7220	2370	3000	3300	7330	4400	24	0	22	3	0	0	0	0	0	0	0	0		0	0	0		
			CNJ6720JQNM	CNJ6690TQNM	NQ120N4	3759	92	GB11340－2005 GB18285－2005 GB17691－2005 国Ⅳ	7220	2370	3000	3300	8430	5500	0	0	0	0	0	0	2	0	0	0	0	0		0	0	0		
			CNJ6750JNB	CNJ6680JNGB	NQ120N	3759	88	GB17691－2005 国Ⅲ GB11340－2005 GB18285－2005	7460	2370	2830	3300	7700	4700	2	0	0	0	0	0	0	0	0	0	0	0		0	0	0		

续表

企业名称	车辆品牌	车辆名称	车辆型号	底盘型号	发动机型号	排量(mL)	功率(kW)	排放标准	外形尺寸(mm) 外廓长	外廓宽	外廓高	轴距(mm)	总质量(kg)	整备质量(kg)	2013年 1月	2月	3月	4月	5月	6月	7月	8月	9月	10月	11月	12月	小计(辆)	2014年 1月	2月	3月	小计(辆)	合计(辆)
同上	同上	同上	CNJ6750JQNM	CNJ6691TQNM	NQ140N4	3759	103	GB11340－2005 GB18285－2005 GB17691－2005 国Ⅳ	7495	2370	3130	3300	8500	5700	0	0	0	0	0	1	0	0	0	0	0	0		0	0	0		
					NQ120N4	3759	92	GB11340－2005 GB18285－2005 GB17691－2005 国Ⅳ	7495	2370	3130	3300	8500	5700	0	0	0	0	0	0	4	0	0	0	0	0		0	0	0		
			CNJ6780JNGB	CNJ6720JNGB	NQ120N	3759	88	GB17691－2005 国Ⅲ GB11340－2005 GB18285－2005	7760	2370	3000	3650	8400	5320	8	0	0	6	0	6	0	0	0	0	0	0		0	0	0		
			CNJ6780JQNM	CNJ6721TQNM	NQ140N4	3759	103	GB11340－2005 GB18285－2005 GB17691－2005 国Ⅳ	7840	2370	3200	3650	8500	5640	1	0	0	0	0	0	0	0	0	0	0	0		0	0	0		
					NQ120N4	3759	92	GB11340－2005 GB18285－2005 GB17691－2005 国Ⅳ	7840	2370	3000	3650	8500	5440	0	0	0	0	1	12	5	0	0	0	0	0		0	0	0		
			CNJ6850JQNM	CNJ6800TQNM	NQ160N4	5975	118	GB11340－2005 GB18285－2005 GB17691－2005 国Ⅳ	8500	2400	3200	4000	10120	6800	0	0	0	0	1	31	7	0	0	0	0	0		0	0	0		
			CNJ6851TNB	CNJ6810TNB	NQ160N3	5975	118	GB17691－2005 国Ⅲ GB11340－2005 GB18285－2005	8500	2400	3000	4000	9400	6200	4	0	0	5	0	0	0	0	0	0	0	0		0	0	0		
					NQ150N	5638	110	GB17691－2005 国Ⅲ GB11340－2005 GB18285－2005	8500	2400	3000	3900	9400	6200	0	0	0	0	1	0	0	0	0	0	0	0		0	0	0		
			CNJ6921HNB	CNJ6900HNB	NQ170N	5638	125	GB17691－2005 国Ⅲ GB11340－2005 GB18285－2005	9245	2500	3300	4500	13100	9200	0	1	0	0	0	0	0	0	0	0	0	0		0	0	0		
		客车	CNJ6600LQNM	CNJ6570KQNM	NQ100N4	3759	79	GB11340－2005 GB18285－2005 GB17691－2005 国Ⅳ	5995	2250	2960	3300	5900	4410	0	0	0	0	0	1	0	0	0	0	0	0		0	0	0		
			CNJ6601HB	CNJ6590NB	NQ100N3	3759	79	GB17691－2005 国Ⅲ GB11340－2005 GB18285－2005	5995	2250	3060	3300	5800	4318	0	0	0	1	9	0	0	0	0	0	0	0		0	0	0		
			CNJ6601LQNM	CNJ6571KQNM	NQ120N4	3759	92	GB11340－2005 GB18285－2005 GB17691－2005 国Ⅳ	5995	2250	3060	3300	6340	4850	0	0	0	0	16	18	0	0	0	0	0	0		0	0	0		

续表

企业名称	车辆品牌	车辆名称	车辆型号	底盘型号	发动机型号	排量(mL)	功率(kW)	排放标准	外形尺寸(mm)			轴距(mm)	总质量(kg)	整备质量(kg)	2013年													2014年				合计(辆)
									外廓长	外廓宽	外廓高				1月	2月	3月	4月	5月	6月	7月	8月	9月	10月	11月	12月	小计(辆)	1月	2月	3月	小计(辆)	
同上	同上	同上	CNJ6660LQNM	CNJ6574KQNM	NQ100N4	3759	79	GB11340－2005 GB18285－2005 GB17691－2005 国Ⅳ	6600	2250	2960	3300	6610	4610	0	0	0	0	0	0	1	0	0	0	0	0		0	0	0		
			CNJ6750LQNM	CNJ6690KQNM	NQ160N4	5975	118	GB11340－2005 GB18285－2005 GB17691－2005 国Ⅳ	7495	2370	3200	3800	8500	6160	2	0	0	0	1	0	0	0	0	0	0	0		0	0	0		
					NQ140N4	3759	103	GB11340－2005 GB18285－2005 GB17691－2005 国Ⅳ	7495	2370	3100	3800	8500	5960	0	0	0	0	0	0	1	0	0	0	0	0		0	0	0		
			CNJ6751JN1B	EQ6690KN3AC	NQ150N	5638	110	GB11340－2005 GB18285－2005 GB17691－2005 国Ⅲ	7495	2370	3000	3800	7910	5370	0	0	0	0	0	1	1	0	0	0	0	0		0	0	0		
			CNJ6800LQNM	CNJ6771TQNM	NQ160N4	5975	118	GB17691－2005 国Ⅳ GB18285－2005 GB11340－2005	7995	2400	3300	3800	9750	7000	0	0	0	0	1	2	0	0	0	0	0	0		0	0	0		
			CNJ6800TNB	CNJ6770TNB	NQ160N3	5975	118	GB17691－2005 国Ⅲ GB11340－2005 GB18285－2005	7995	2400	3300	3800	9160	6508	0	0	0	2	2	3	0	0	0	0	0	0		0	0	0		
珠海市广通汽车有限公司	广通牌	城市客车	GTQ6107N4GJ5	EQ6101HN4AC1	YC6G230N－40	7800	170	GB11340－2005 GB18285－2005 GB17691－2005 国Ⅳ	10470	10470	3140	5000	16500	10640	0	0	0	0	0	30	0	0	0	0	0	0		0	0	0		
			GTQ6108N5GJ5	EQ6101HN5AC1	WP7NG240E50	7140	177	GB11340－2005 GB18285－2005 GB17691－2005 国Ⅴ	10470	2500	3130	5000	16500	10640	0	0	0	0	0	0	0	0	0	51	61	0		0	0	0		
			GTQ6116N4GJ5	EQ6101HN4AC1	YC6G230N－40	7800	170	GB11340－2005 GB18285－2005 GB17691－2005 国Ⅳ	10690	2500	3140	5000	16000	10640	0	0	0	0	0	0	0	0	35	0	0	0	261	0	0	0	0	261
			GTQ6605N5GJ	HFC6576NY2V	NQ100BN5	3759	73	GB11340－2005 GB18285－2005 GB17691－2005 国Ⅴ	6005	2210	2450	3300	6500	4700	0	0	0	0	0	0	0	0	0	0	40	0		0	0	0		
			GTQ6768N5GJ	HFC6730NY1V	WP5NG165E50	4760	121	GB11340－2005 GB18285－2005 GB17691－2005 国Ⅴ	7585	2380	3040	3500	10500	7100	0	0	0	0	0	0	0	0	0	0	0	16		0	0	0		
			GTQ6858N5GJ	HFC6832NY1V	YC4G180N－50	5200	132	GB11340－2005 GB18285－2005 GB17691－2005 国Ⅴ	8548	2500	3130	3900	12500	8800	0	0	0	0	0	0	0	20	0	0	0	8		0	0	0		

续表

企业名称	车辆品牌	车辆名称	车辆型号	底盘型号	发动机型号	排量（mL）	功率（kW）	排放标准	外形尺寸（mm）外廓长	外廓宽	外廓高	轴距（mm）	总质量（kg）	整备质量（kg）	2013年 1月	2月	3月	4月	5月	6月	7月	8月	9月	10月	11月	12月	小计（辆）	2014年 1月	2月	3月	小计（辆）	合计（辆）
洛阳中集凌宇汽车有限公司	凌宇牌	城市客车	CLY6852HCNGC	EQ6820HN5AC	YC4G180N－50	5200	132	GB11340－2005 GB18285－2005 GB17691－2005国Ⅴ	8520	2410	3410	3900	12500	8900	0	0	0	0	0	0	0	0	0	80	0	0	248	0	0	0	0	248
			CLY6110HCNGC	EQ6101HN5AC1	YC6G230N－50	7800	170	GB11340－2005 GB18285－2005 GB17691－2005国Ⅴ	10650	2495	3410	5000	16500	10950	0	0	0	0	0	0	0	0	0	0	78	90		0	0	0		
中车集团西安骊山汽车制造厂	骊山牌	城市客车	LS6670GN4	EQ6570KN4AC1	CA4GNE4	3700	85	GB11340－2005 GB18285－2005 GB17691－2005国Ⅳ	6660	2240	2760	3300	6600	4300	0	0	2	0	0	1	4	1	0	2	3	0	240	0	0	0	0	240
					NQ100N4	3759	79	GB11340－2005 GB18285－2005 GB17691－2005国Ⅳ	6660	2240	2760	3300	6600	4300	0	0	0	4	3	0	0	0	0	0	0	0		0	0	0		
			LS6670N	EQ6580KSN30	NQ115N	3759	85	GB11340－2005 GB18285－2005 GB17691－2005国Ⅲ	6660	2240	2760	3300	6500	4300	3	0	0	0	0	0	0	0	0	0	0	0		0	0	0		
			LS6729GN4	HFC6640NY1F	NQ120N4	3759	92	GB11340－2005 GB18285－2005 GB17691－2005国Ⅳ	7220	2240	2830	3300	7450	4600	0	0	0	9	0	0	2	0	0	11	0	0		0	0	0		
			LS6729N	HFC6601CNY3	CA4GNE3	3700	85	GB11340－2005 GB18285－2005 GB17691－2005国Ⅲ	7220	2240	2830	3308	6500	4200	1	0	0	0	0	0	0	0	0	0	0	0		0	0	0		
			LS6740GN5	EQ6693TN5AC	NQ140BN5	3759	103	GB11340－2005 GB18285－2005 GB17691－2005国Ⅴ	7360	2360	2950	3300	9000	5300	0	0	0	0	0	0	0	0	0	0	10	0		0	0	0		
			LS6760N	EQ6700TN3AC	NQ120N	3759	92	GB11340－2005 GB18285－2005 GB17691－2005国Ⅲ	7600	2380	3000	3300	7700	4700	6	0	9	11	16	3	0	0	0	0	0	0		0	0	0		
			LS6762GN	EQ6720TN3AC	NQ120N	3759	92	GB11340－2005 GB18285－2005 GB17691－2005国Ⅲ	7595	2380	2980	3650	8400	5200	2	0	0	0	0	0	0	0	0	0	0	0		0	0	0		
			LS6780GN4	HFC6680NY1F	NQ120N4	3759	92	GB11340－2005 GB18285－2005 GB17691－2005国Ⅳ	7750	2360	2935	3500	8900	5400	0	0	0	26	4	16	0	0	0	0	0	1		0	0	0		
			LS6910N	EQ6900KSDN3G	EQ6100N－30	5420	95	GB11340－2005 GB18285－2005 GB17691－2005国Ⅲ	9100	2480	3050	4700	10600	6690	3	0	1	0	0	0	0	2	0	0	0	0		0	0	0		

续表

企业名称	车辆品牌	车辆名称	车辆型号	底盘型号	发动机型号	排量(mL)	功率(kW)	排放标准	外形尺寸(mm) 外廓长	外廓宽	外廓高	轴距(mm)	总质量(kg)	整备质量(kg)	2013年 1月	2月	3月	4月	5月	6月	7月	8月	9月	10月	11月	12月	小计(辆)	2014年 1月	2月	3月	小计(辆)	合计(辆)
同上	同上	同上	LS6600N	EQ6570KN3AC	CA4GNE3	3700	85	GB11340－2005 GB18285－2005 GB17691－2005 国Ⅲ	5995	2240	2760	3300	5650	4100	0	1	0	0	0	0	0	0	0	0	0	0		0	0	0		
					NQ120N	3759	92	GB11340－2005 GB18285－2005 GB17691－2005 国Ⅲ	5995	2240	2760	3300	5650	4100	11	0	0	0	0	7	1	0	0	0	0	0		0	0	0		
				EQ6580KSN30	NQ115N	3759	85	GB11340－2005 GB18285－2005 GB17691－2005 国Ⅲ	5995	2240	2760	3300	5650	4100	0	0	0	3	10	0	0	0	0	0	0	0		0	0	0		
			LS6600N4	EQ6570KN4AC1	CA4GNE4	3700	85	GB11340－2005 GB18285－2005 GB17691－2005 国Ⅳ	5995	2240	2760	3300	5900	4200	0	0	1	0	1	0	0	1	0	1	4	2		0	0	0		
					NQ100N4	3759	79	GB11340－2005 GB18285－2005 GB17691－2005 国Ⅳ	5995	2240	3000	3300	5900	4400	0	0	0	0	0	0	0	0	9	0	0	0		0	0	0		
			LS6601N4	EQ6570KN4AC2	NQ120N4	3759	92	GB11340－2005 GB18285－2005 GB17691－2005 国Ⅳ	5995	2240	3000	3300	5900	4400	0	0	0	0	0	0	1	0	0	6	4	8		0	0	0		
			LS6761N	EQ6690KSDN3G	NQ150N	5638	110	GB11340－2005 GB18285－2005 GB17691－2005 国Ⅲ	7590	2380	3160	3900	8200	5580	3	0	0	0	0	0	0	0	0	0	0	0		0	0	0		
			LS6761N4	EQ6690KN4AC	NQ160N4	5975	118	GB11340－2005 GB18285－2005 GB17691－2005 国Ⅳ	7590	2380	3160	3900	8500	5580	0	0	0	0	0	1	0	0	0	2	6	1		0	0	0		
东风汽车股份有限公司	东风牌	城市客车	DFA6660KJN4C	EQ6570KJN4AC1	NQ100N4	3759	79	GB11340－2005 GB18285－2005 GB17691－2005 国Ⅳ	6600	2260	2850	3300	7000	4250	0	0	0	0	0	0	0	0	0	0	6	0	230	0	0	0	0	230
				EQ6570KJN4AC2	NQ120N4	3759	92	GB11340－2005 GB18285－2005 GB17691－2005 国Ⅳ	6600	2260	3050	3300	7000	4450	0	0	0	0	0	0	15	0	0	7	0	2		0	0	0		
			DFA6660KN3CD	EQ6570KN3AC	NQ120N	3759	92	GB11340－2005 GB18285－2005 GB17691－2005 国Ⅲ	6600	2260	3000	3300	6500	4550	0	0	0	0	1	0	0	0	0	0	0	0		0	0	0		
			DFA6720TN3G	EQ6700TN3AC	NQ120N	3759	92	GB11340－2005 GB18285－2005 GB17691－2005 国Ⅲ	7200	2300	2900	3300	7690	4850	4	0	0	0	0	3	0	0	0	0	0	0		0	0	0		

续表

企业名称	车辆品牌	车辆名称	车辆型号	底盘型号	发动机型号	排量(mL)	功率(kW)	排放标准	外形尺寸(mm)			轴距(mm)	总质量(kg)	整备质量(kg)	2013年													2014年				合计(辆)
									外廓长	外廓宽	外廓高				1月	2月	3月	4月	5月	6月	7月	8月	9月	10月	11月	12月	小计(辆)	1月	2月	3月	小计(辆)	
同上	同上	同上	DFA6720TN4G	EQ6680TN4AC	NQ120N4	3759	92	GB11340－2005 GB18285－2005 GB17691－2005国Ⅳ	7200	2300	2970	3300	7700	4800	20	10	0	0	0	11	0	0	0	0	0	0		0	0	0		
					CA4GNE4	3700	85	GB11340－2005 GB18285－2005 GB17691－2005国Ⅳ	7200	2300	2970	3300	7700	4800	0	0	0	0	0	0	15	0	0	0	0	0		0	0	0		
			DFA6750TN3G	EQ6720TN3AC	NQ120N	3759	92	GB11340－2005 GB18285－2005 GB17691－2005国Ⅲ	7498	2360	3000	3500	8260	5330	8	0	0	0	0	0	0	0	0	0	0	0		0	0	0		
			DFA6783TN4G	EQ6733TN4AC	NQ120N4	3759	92	GB11340－2005 GB18285－2005 GB17691－2005国Ⅳ	7800	2360	2970	3650	9000	5400	0	0	0	0	0	0	0	0	8	2	0	0		0	0	0		
					NQ140N4	3759	103	GB11340－2005 GB18285－2005 GB17691－2005国Ⅳ	7800	2360	2970	3650	9000	5400	0	0	0	53	0	0	0	0	0	0	0	11		0	0	0		
			DFA6820TN5G	EQ6783TN5AC	NQ160CN5	4750	118	GB11340－2005 GB18285－2005 GB17691－2005国Ⅴ	8150	2360	3040	3800	10600	6450	0	0	0	0	0	32	0	0	0	0	0	0		0	0	0		
		客车	DFA6600KN3CD	EQ6570KN3AC	NQ120N	3759	92	GB11340－2005 GB18285－2005 GB17691－2005国Ⅲ	5998	2260	2830	3300	5300	3710	13	0	0	0	1	2	0	0	0	0	0	0		0	0	0		
			DFA6600KN4C	EQ6570KN4AC1	NQ100N4	3759	79	GB11340－2005 GB18285－2005 GB17691－2005国Ⅳ	5998	2260	2800	3300	5700	3950	0	0	0	0	0	0	0	0	0	5	1	0		0	0	0		
中国第一汽车集团公司	解放牌	城市客车	CA6120URN21	CA6124D172N	BF6M1013－26E4N	7146	203	GB17691 2005(国Ⅳ阶段),GB11340－2005 GB18285－2005	11990	2500	3330	6100	18000	12176	0	50	0	50	0	0	0	0	0	0	0	45	220	0	0	0	0	220
					CA6SL1－24E4N	7700	180	GB17691－2005(国Ⅳ阶段),GB11340－2005 GB18285－2005	11990	2500	3150	6100	18000	12176	0	0	75	0	0	0	0	0	0	0	0	0		0	0	0		
一汽客车(成都)有限公司	解放牌	城市客车	CA6110UFN51F	CA6990CFN24	NQ190DN5	5638	140	GB11340－2005 GB18285－2005 GB17691－2005国Ⅴ	10550	2500	3350	5000	13200	9100	0	0	0	0	0	0	0	10	0	0	10	0	219	0	0	0	0	219
			CA6730UFN51F	CA6690CFN22	NQ120BN5	3759	88	GB11340－2005 GB18285－2005 GB17691－2005国Ⅴ	7280	2400	3160	3300	8700	5830	0	0	0	0	0	0	0	0	0	0	0	24		0	0	0		

续表

企业名称	车辆品牌	车辆名称	车辆型号	底盘型号	发动机型号	排量（mL）	功率（kW）	排放标准	外形尺寸（mm）			轴距（mm）	总质量（kg）	整备质量（kg）	2013年													2014年				合计（辆）
									外廓长	外廓宽	外廓高				1月	2月	3月	4月	5月	6月	7月	8月	9月	10月	11月	12月	小计（辆）	1月	2月	3月	小计（辆）	
同上	同上	客车	CA6760LFN51F	CA6690CFN21	NQ140BN5	3759	103	GB11340-2005 GB18285-2005 GB17691-2005 国Ⅴ	7630	2320	3130	3800	8100	5680	0	0	0	0	0	0	0	0	0	0	1	2		0	0	0		
			CDL6606ET	CDL6570ET	NQ100N4	3759	79	GB11340-2005 GB18285-2005 GB17691-2005 国Ⅳ	5990	2025	2650	3200	4900	3100	0	0	1	2	3	0	12	0	0	0	5	0		0	0	0		
			CDL6606FT	CDL6570FT	NQ100BN5	3759	73	GB11340-2005 GB18285-2005 GB17691-2005 国Ⅴ	5990	2025	2650	3200	4900	3400	0	0	0	0	0	0	0	0	34	9	4	30		0	0	0		
			CDL6607DT	CDL6571DT	NQ100N3	3759	79	GB11340-2005 GB18285-2005 GB17691-2005 国Ⅲ	5995	2200	2750	3300	5400	3750	0	0	0	0	0	6	0	0	0	0	0	0		0	0	0		
			CDL6608ET	CDL6572ET	NQ100N4	3759	79	GB11340-2005 GB18285-2005 GB17691-2005 国Ⅳ	5995	2185	2750	3200	5440	3640	0	0	0	12	1	4	0	1	0	2	1	0		0	0	0		
			CDL6608FT	CDL6572FT	NQ120BN5	3759	88	GB11340-2005 GB18285-2005 GB17691-2005 国Ⅴ	5995	2185	2750	3200	5440	3640	0	0	0	0	0	0	0	0	1	2	1	17		0	0	0		
			CDL6701ET	CDL6671ET	NQ120N4	3759	92	GB11340-2005 GB18285-2005 GB17691-2005 国Ⅳ	6990	2185	2750	3935	6500	4300	7	0	0	3	2	0	0	8	1	1	0	0		0	0	0		
			CDL6701FT	CDL6671FT	NQ120BN5	3759	88	GB11340-2005 GB18285-2005 GB17691-2005 国Ⅴ	6990	2185	2750	3935	6500	4300	0	0	0	0	0	0	1	1	0	0	0	0		0	0	0		
桂林客车工业集团有限公司	桂林牌	城市客车	GL6666NGGQ	GL6610DNGT	NQ100BN5	3759	73	GB17691-2005 国Ⅴ GB18285-2005 GB11340-2005	6640	2325	3165	3300	6700	4945	0	0	0	0	0	0	16	134	0	0	0	0	184	0	0	0	0	184
		客车	GL6127HKND1	承载式车身	YC6MK340N-40	10338	250	GB17691-2005 国Ⅳ GB11340-2005 GB18285-2005	12000	2500	3700	6300	17600	13200	2	0	0	0	0	0	0	0	0	0	0	0		0	0	0		
					WP10NG336E40	9726	247	GB17691-2005 国Ⅳ GB11340-2005 GB18285-2005	12000	2500	3700	6300	17600	13200	0	0	0	0	0	0	0	0	0	0	0	5		0	0	0		
			GL6128HKND1	承载式车身	WP10NG336E40	9726	247	GB17691-2005 国Ⅳ GB11340-2005 GB18285-2005	12000	2550	3770	6300	17600	13300	1	0	0	0	0	0	0	0	0	0	0	0		0	0	0		

续表

企业名称	车辆品牌	车辆名称	车辆型号	底盘型号	发动机型号	排量(mL)	功率(kW)	排放标准	外形尺寸(mm) 外廓长	外廓宽	外廓高	轴距(mm)	总质量(kg)	整备质量(kg)	2013年 1月	2月	3月	4月	5月	6月	7月	8月	9月	10月	11月	12月	小计(辆)	2014年 1月	2月	3月	小计(辆)	合计(辆)
同上	同上	同上	GL6128HKND1	承载式车身	YC6MK340N-40	10338	250	GB17691-2005 国Ⅳ GB11340-2005 GB18285-2005	12000	2550	3770	6300	17600	13300	0	0	0	0	0	0	0	0	1	0	0	0		0	0	0		
			GL6666NGCQ	GL6610DNGT	NQ100BN5	3759	73	GB17691-2005 国Ⅴ GB18285-2005 GB11340-2005	6640	2325	3165	3300	6700	5080	0	0	0	0	25	0	0	0	0	0	0	0		0	0	0		
四川省客车制造有限责任公司	峨嵋牌	城市客车	EM6100HNG	EQ6100KRN	NQ190N	5638	144	GB17691-2005 国Ⅲ GB11340-2005 GB18285-2005	10400	2500	3450	5000	16000	9800	0	7	0	0	0	0	0	0	0	0	0	0	170	0	0	0	0	170
			EM6101HNG5	EQ6101RC5N	NQ190DN5	5638	140	GB11340-2005 GB18285-2005 GB17691-2005 国Ⅴ	10500	2500	3300	5000	16500	10550	0	0	0	0	0	0	1	0	0	0	0	0		0	0	0		
			EM6105QNG5	EQ6100KC5N	NQ190DN5	5638	140	GB11340-2005 GB18285-2005 GB17691-2005 国Ⅴ	10400	2500	3300	5000	15000	8800	0	0	0	0	0	0	16	0	0	0	10	8		0	0	0		
			EM6120HNG5	EQ6121RC5N	SC8DT230Q5	8270	170	GB11340-2005 GB18285-2005 GB17691-2005 国Ⅴ	11990	2550	3480	6000	18000	12200	0	0	0	0	0	0	1	0	0	0	0	9		0	0	0		
			EM6730QNG5	EQ6720KC5N	NQ120BN5	3759	88	GB11340-2005 GB18285-2005 GB17691-2005 国Ⅴ	7345	2300	2950	3300	8600	5340	0	0	0	0	0	0	0	0	0	0	0	2		0	0	0		
			EM6770QNG4	EQ6750KC4N	NQ120N4	3759	92	GB11340 2005 GB18285-2005 GB17691-2005 国Ⅳ	7700	2360	3000	3650	8600	5300	0	0	6	9	8	0	0	0	0	0	0	0		0	0	0		
			EM6820QNG4	EQ6740KTN40	NQ140N4	3759	103	GB17691-2005 国Ⅳ GB11340-2005 GB18285-2005	8170	2360	3250	3800	9000	5600	0	0	0	0	0	8	0	0	0	0	3	0		0	0	0		
			EM6820QNG5	EQ6740KTN50	NQ140BN5	3759	103	GB17691-2005 国Ⅴ GB11340-2005 GB18285-2005	8170	2360	3250	3800	9550	6050	0	0	0	0	0	0	0	0	0	0	2	9		0	0	0		
			EM6860QNG4	EQ6790KC4N	NQ140N4	3759	103	GB11340-2005 GB18285-2005 GB17691-2005 国Ⅳ	8570	2440	3200	4000	11500	7500	17	4	0	0	4	6	0	0	0	0	0	0		0	0	0		
			EM6870QNG5	EQ6840KC5N	NQ180CN5	4750	132	GB11340-2005 GB18285-2005 GB17691-2005 国Ⅴ	8700	2500	3300	4000	12000	6700	0	0	0	0	0	0	0	0	0	0	4	0		0	0	0		

续表

企业名称	车辆品牌	车辆名称	车辆型号	底盘型号	发动机型号	排量（mL）	功率（kW）	排放标准	外形尺寸（mm）外廓长	外形尺寸（mm）外廓宽	外形尺寸（mm）外廓高	轴距（mm）	总质量（kg）	整备质量（kg）	2013年 1月	2013年 2月	2013年 3月	2013年 4月	2013年 5月	2013年 6月	2013年 7月	2013年 8月	2013年 9月	2013年 10月	2013年 11月	2013年 12月	2013年 小计（辆）	2014年 1月	2014年 2月	2014年 3月	2014年 小计（辆）	合计（辆）
同上	同上	客车	EM6600QNL5	EQ6570KS5N	NQ120BN5	3759	88	GB11340－2005 GB18285－2005 GB17691－2005 国Ⅴ	5990	2250	3000	3300	6000	4500	0	0	0	0	0	0	0	0	0	0	4	0		0	0	0		
			EM6660QNL5	EQ6570KS5N	NQ120BN5	3759	88	GB11340－2005 GB18285－2005 GB17691－2005 国Ⅴ	6640	2250	3000	3300	6950	4850	0	0	0	0	0	0	0	0	0	0	3	2		0	0	0		
			EM6761QNL5	EQ6690KS5N	NQ140BN5	3759	103	GB11340－2005 GB18285－2005 GB17691－2005 国Ⅴ	7600	2360	3200	3800	8350	5900	0	0	0	0	0	0	0	1	0	0	4	1		0	0	0		
			EM6821QNL5	EQ6760KT5N	NQ170FN5	6234	125	GB11340－2005 GB18285－2005 GB17691－2005 国Ⅴ	8170	2400	3200	3800	9580	6850	0	0	0	0	0	0	0	0	0	16	4	1		0	0	0		
东风汽车有限公司	东风牌	城市客车	EQ6662C5N	EQ6570KS5N	NQ120BN5	3759	88	GB11340－2005 GB18285－2005 GB17691－2005 国Ⅴ	6557	2250	2800	3300	7150	4550	0	0	0	0	0	0	0	0	0	0	6	0		0	0	0		
			EQ6730C5N	EQ6720KC5N1	NQ140BN5	3759	103	GB11340－2005 GB18285－2005 GB17691－2005 国Ⅴ	7340	2340	2930	3300	8600	5620	0	0	0	0	30	10	0	1	0	0	0	1		0	0	0		
			EQ6730PDN3G	EQ6700KSDN3G	NQ120N	3759	92	GB11340－2005 GB18285－2005 GB17691－2005 国Ⅲ	7340	2340	2930	3300	8600	5270	0	1	0	0	0	0	0	0	0	0	0	0		0	0	0		
			EQ6850PN3G	EQ6800KSN3G	EQ6100N－30	5420	95	GB11340－2005 GB18285－2005 GB17691－2005 国Ⅲ	8460	2440	3000	3900	10800	7300	0	0	0	0	0	1	0	0	0	0	0	0		0	0	0		
			EQ6851C4N	EQ6821RC4N	YC6B170N－40	6870	125	GB11340－2005 GB18285－2005 GB17691－2005 国Ⅳ	8540	2440	3400	4000	12500	7800	0	0	0	0	0	0	0	0	8	0	0	0	166	0	0	0	0	166
		客车	EQ6600HDN3G	EQ6570KSDN3G	CA4GNE3	3700	85	GB11340－2005 GB18285－2005 GB17691－2005 国Ⅲ	5998	2200	2800	3300	6500	4270	0	2	0	0	0	0	0	0	0	0	0	0		0	0	0		
				EQ6570KSDN3G1	NQ120N	3759	92	GB11340－2005 GB18285－2005 GB17691－2005 国Ⅲ	5998	2200	3000	3300	6500	4520	0	0	0	0	0	4	0	0	0	0	0	0		0	0	0		
			EQ6600L5N	EQ6570KS5N	NQ120BN5	3759	88	GB11340－2005 GB18285－2005 GB17691－2005 国Ⅴ	5998	2200	2800	3300	6050	4380	0	0	0	0	0	0	0	40	0	0	0	0		0	0	0		

续表

企业名称	车辆品牌	车辆名称	车辆型号	底盘型号	发动机型号	排量(mL)	功率(kW)	排放标准	外形尺寸(mm) 外廓长	外廓宽	外廓高	轴距(mm)	总质量(kg)	整备质量(kg)	2013年 1月	2月	3月	4月	5月	6月	7月	8月	9月	10月	11月	12月	小计(辆)	2014年 1月	2月	3月	小计(辆)	合计(辆)
同上	同上	同上	EQ6600L5N	EQ6570KS5N	NQ120BN5	3759	88	GB11340－2005 GB18285－2005 GB17691－2005 国Ⅴ	6600	2200	2800	3300	7200	4750	0	0	0	0	0	0	0	20	0	0	0	1		0	0	0		
			EQ6700HDN3G	EQ6670KSDN3G	CA4GNE3	3700	85	GB3847－2005 GB17691－2005 国Ⅲ	7000	2200	3000	3650	7400	4660	0	0	0	0	1	0	0	0	0	0	0	0		0	0	0		
			EQ6730L5N		NQ140BN5	3759	103	GB11340－2005 GB18285－2005 GB17691－2005 国Ⅴ	7255	2300	2930	3800	7300	4550	0	0	0	0	0	0	0	40	0	0	0	0		0	0	0		
陕西汽车集团有限责任公司	陕汽牌	商务车	SX5181XSW	SX6125LR93T	WP12NG350E50	11596	257	GB11340－2005 GB18285－2005 GB17691－2005 国Ⅴ	11990	2550	3980	6000	18000	14000	1	0	0	0	0	0	0	0	0	0	0	0	166	0	0	0	0	166
		城市客车	SX6100GJN	SX6104GJ81T01	YC6J210N－40	6454	155	GB17691－2005 国Ⅳ GB11340－2005 GB18285－2005	10490	2480	3200	5100	15500	12050	0	0	0	0	0	0	0	0	0	0	0	40		0	0	0		
			SX6101GGFN	SX6984GG81FT	YC6B170N－40	6870	125	GB11340－2005 GB18285－2005 GB17691－2005 国Ⅳ	10200	2500	3050	5000	14500	9400	0	0	0	0	16	0	0	0	0					0	0	0		
			SX6122GKN01	SX6124GK81T01	WP7NG260E40	7140	191	GB11340－2005 GB18285－2005 GB17691－2005 国Ⅳ	12000	2550	3200	6100	18000	12000	0	0	14	0	0	0	0	0	0	0	0	0		0	0	0		
					YC6G230N－40	7800	171	GB11340－2005 GB18285－2005 GB17691－2005 国Ⅳ	12000	2550	3200	6100	18000	12000	0	0	0	35	0	20	0	0	0	0	0	0		0	0	0		
					YC6G230N－40	7800	170	GB11340－2005 GB18285－2005 GB17691－2005 国Ⅳ	12000	2550	3200	6100	18000	12000	0	0	0	0	0	0	0	0	0	0	40	0		0	0	0		
佛山市飞驰汽车制造有限公司	飞驰牌	城市客车	FSQ6112DNG	EQ6101HN5AC1	YC6G230N－50	7800	170	GB11340－2005 GB18285－2005 GB17691－2005 国Ⅴ	10600	2490	3320	5000	16500	10800	0	0	0	0	0	0	0	6	17	0	0	0	151	0	0	0	0	151
			FSQ6852JNG	HFC6852NY1V	YC4G180N－50	5200	132	GB11340－2005 GB18285－2005 GB17691－2005 国Ⅴ	8500	2380	3080	3900	12000	8180	0	0	0	0	6	0	0	90	10	13	0	50		0	0	0		
		客车	FSQ6980DN	EQ6950RN5AC	YC6G260N－50	7800	191	GB11340－2005 GB18285－2005 GB17691－2005 国Ⅴ	9845	2490	3570	4700	14000	10450	0	0	0	0	0	0	0	0	0	4	0	0		0	0	0		

续表

企业名称	车辆品牌	车辆名称	车辆型号	底盘型号	发动机型号	排量(mL)	功率(kW)	排放标准	外形尺寸(mm) 外廓长	外廓宽	外廓高	轴距(mm)	总质量(kg)	整备质量(kg)	2013年 1月	2月	3月	4月	5月	6月	7月	8月	9月	10月	11月	12月	小计(辆)	2014年 1月	2月	3月	小计(辆)	合计(辆)
宁波吉江汽车制造有限责任公司	吉江牌	城市客车	NE6721NG51	HFC6640NY1V	NQ140BN5	3759	103	GB11340-2005 GB18285-2005 GB17691-2005 国Ⅴ	7223	2300	3050	3300	7450	5230	0	0	0	0	0	0	0	0	0	46	0	0	147	0	0	0	0	147
			NE6732NG01	HFC6640NY1F	NQ120N4	3759	92	GB11340-2005 GB18285-2005 GB17691-2005 国Ⅳ	7280	2300	2955	3300	7450	4950	50	0	0	0	18	0	0	0	0	0	0	0		0	0	0		
			NE6910HGC01	HFC6880CNY3	NQ190N	5638	144	GB11340-2005 GB18285-2005 GB17691-2005 国Ⅲ	9085	2400	3260	4200	12900	8200	0	0	0	0	0	1	0	0	0	0	0	0		0	0	0		
		客车	NE6606NK01	HFC6570NY1F	NQ120N4	3759	92	GB11340-2005 GB18285-2005 GB17691-2005 国Ⅳ	5995	2280	2950	3308	6050	4450	0	0	0	0	5	0	0	0	0	0	6	0		0	0	0		
			NE6606NK02	EQ6570KS4N	NQ120N4	3759	92	GB11340-2005 GB18285-2005 GB17691-2005 国Ⅳ	5995	2280	2950	3300	6050	4550	20	0	0	0	0	0	0	0	0	0	0	0		0	0	0		
			NE6660NK01	EQ6570KS4N	NQ120N4	3759	92	GB11340-2005 GB18285-2005 GB17691-2005 国Ⅳ	6632	2280	2950	3300	6900	4550	0	0	0	0	0	1	0	0	0	0	0	0		0	0	0		
一汽客车(无锡)有限公司	解放牌	城市客车	CA6731SQ9	HFC6601CNY3	NQ120N	3759	92	GB17691-2005 国Ⅲ GB11340-2005 GB18285-2005	7288	2240	2780	3308	7450	4850	0	0	0	0	0	5	1	0	0	0	0	0	145	0	0	0	0	145
			CA6110URN81	CA6100CRN81	WP6NG210E50	6750	155	GB17691-2005(国Ⅴ阶段),GB11340-2005 GB18285-2005	10590	2500	3450	5000	15500	9500	0	0	0	0	0	0	0	0	0	0	0	102		0	0	0		
		客车	CA6111PRN82	CA6110CRN80	WP7NG260E40	7140	191	GB17691-2005 国Ⅳ GB18285-2005 GB11340-2005	10850	2470	3590	5450	14900	11050	0	0	0	0	0	0	0	0	20	15	0	0		0	0	0		
		轻型客车	CA6603TQ9	HFC6601CNY3	NQ120N	3759	92	GB17691-2005 国Ⅲ GB11340-2005 GB18285-2005	5995	2240	2780	3308	5800	3950	0	0	0	0	0	2	0	0	0	0	0	0		0	0	0		
四川现代汽车有限公司	南骏牌	城市客车	CNJ6100JQNM	CNJ6950TQNM	NQ180N4	6870	132	GB11340-2005 GB18285-2005 GB17691-2005 国Ⅳ	10490	2500	3300	5000	13270	8000	0	0	0	0	0	0	0	0	0	1	1	0	134	0	0	0	0	134
			CNJ6100JQNV	CNJ6100TQNV	NQ190DN5	5638	140	GB17691-2005 第Ⅴ阶段,GB18285-2005 GB11340-2005	10495	2500	3200	5000	13750	9100	0	0	0	0	0	0	0	0	1	0	0	6		0	0	0		

续表

企业名称	车辆品牌	车辆名称	车辆型号	底盘型号	发动机型号	排量(mL)	功率(kW)	排放标准	外形尺寸(mm) 外廓长	外廓宽	外廓高	轴距(mm)	总质量(kg)	整备质量(kg)	2013年 1月	2月	3月	4月	5月	6月	7月	8月	9月	10月	11月	12月	小计(辆)	2014年 1月	2月	3月	小计(辆)	合计(辆)
同上	同上	同上	CNJ6720JQNM	CNJ6690TQNM	NQ120N4	3759	92	GB11340－2005 GB18285－2005 GB17691－2005 国Ⅳ	7220	2370	3000	3300	8430	5500	0	0	0	0	0	0	0	21	1	0	0	0		0	0	0		
			CNJ6750JQNM	CNJ6691TQNM	NQ120N4	3759	92	GB11340－2005 GB18285－2005 GB17691－2005 国Ⅳ	7495	2370	2830	3300	8500	5500	0	0	0	0	0	0	0	0	0	0	0	13		0	0	0		
			CNJ6780JQNM	CNJ6721TQNM	NQ120N4	3759	92	GB11340－2005 GB18285－2005 GB17691－2005 国Ⅳ	7840	2370	3000	3650	8500	5440	0	0	0	0	0	0	0	16	0	1	2	0		0	0	0		
			CNJ6780JQNV	CNJ6750TQNV	NQ140BN5	3759	103	GB17691－2005 第Ⅴ阶段,GB18285－2005 GB11340－2005	7840	2340	2860	3650	8900	5830	0	0	0	0	0	0	0	0	0	0	0	1		0	0	0		
			CNJ6850JQNM	CNJ6800TQNM	NQ160N4	5975	118	GB11340－2005 GB18285－2005 GB17691－2005 国Ⅳ	8500	2400	3000	4000	10120	6600	0	0	0	0	0	0	0	7	10	0	0	16		0	0	0		
			CNJ6850JQNV	CNJ6810TQNV	NQ160CN5	4752	118	GB11340－2005 GB18285－2005 GB17691－2005 国Ⅴ	8540	2400	3010	4000	10500	6870	0	0	0	0	0	0	0	0	0	0	7	0		0	0	0		
		客车	CNJ6600LQNM	CNJ6570KQNM	NQ100N4	3759	79	GB11340－2005 GB18285－2005 GB17691－2005 国Ⅳ	5995	2250	2960	3300	5900	4410	0	0	0	0	0	0	0	25	1	0	0	0		0	0	0		
			CNJ6601LQNM	CNJ6571KQNM	NQ120N4	3759	92	GB11340－2005 GB18285－2005 GB17691－2005 国Ⅳ	5995	2250	2960	3300	6340	4650	0	0	0	0	0	0	0	0	0	0	0	2		0	0	0		
			CNJ6750LQNM	CNJ6690KQNM	NQ140N4	3759	103	GB11340－2005 GB18285－2005 GB17691－2005 国Ⅳ	7495	2370	3200	3800	8500	6160	0	0	0	0	0	0	0	0	0	0	1	0		0	0	0		
			CNJ6800LQNM	CNJ6771TQNM	NQ160N4	5975	118	GB17691－2005 国Ⅳ GB18285－2005 GB11340－2005	7995	2400	3300	3800	9750	7000	0	0	0	0	0	0	0	0	0	1	0	0		0	0	0		
南京金龙客车制造有限公司	东宇牌	城市客车	NJL6129GN5	ZJZ6120RN5	YC6G260N－50	7800	191	GB17691－2005 国Ⅴ GB11340－2005 GB18285－2005	11980	2550	3190	6000	18000	12500	0	0	0	0	0	0	36	84	0	0	0	0	127	0	0	0	0	127
		客车	NJL6118YN5	ZJZ6111RN5	YC6G260N－50	7800	191	GB17691－2005 国Ⅴ GB11340－2005 GB18285－2005	10960	2480	3550	5600	16500	11800	0	0	0	0	0	0	5	0	0	0	0	0		0	0	0		

续表

企业名称	车辆品牌	车辆名称	车辆型号	底盘型号	发动机型号	排量(mL)	功率(kW)	排放标准	外形尺寸(mm) 外廓长	外廓宽	外廓高	轴距(mm)	总质量(kg)	整备质量(kg)	2013年 1月	2月	3月	4月	5月	6月	7月	8月	9月	10月	11月	12月	小计(辆)	2014年 1月	2月	3月	小计(辆)	合计(辆)
同上	同上	同上	NJL6668YFN	HFC6570NY1F	NQ120N4	3759	92	GB11340－2005 GB18285－2005 GB17691－2005 国Ⅳ	6630	2270	2750	3308	6500	4500	0	0	0	0	0	0	0	0	0	0	1	0						
		轻型客车	NJL6608YFN	HFC6570NY1F	NQ120N4	3759	92	GB11340－2005 GB18285－2005 GB17691－2005 国Ⅳ	5995	2270	2910	3308	5900	4400	0	0	0	0	0	0	0	0	0	0	0	1		0	0	0		
成都安达特种车辆有限责任公司	川马牌	城市客车	CAT6660EET	EQ6570KN4AC2	NQ120N4	3759	92	GB11340－2005 GB18285－2005 GB17691－2005 国Ⅳ	6580	2300	3030	3300	6500	4400	0	0	1	1	0	0	0	0	0	0	0	0		0	0	0		
			CAT6720EET	EQ6693TN4AC1	NQ100N4	3759	79	GB11340－2005 GB18285－2005 GB17691－2005 国Ⅳ	7220	2340	3070	3300	7450	4700	2	0	0	0	0	7	0	3	0	0	1	0		0	0	0		
			CAT6780EET	EQ6733TN4AC	NQ140N4	3759	103	GB11340－2005 GB18285－2005 GB17691－2005 国Ⅳ	7760	2340	3150	3650	8400	5400	0	0	0	0	2	0	0	0	0	0	0	0		0	0	0		
		客车	CAT6750DYT	CA6683D161	NQ160N3	5975	118	GB17691－2005 国Ⅲ GB11340－2005 GB18285－2005	7495	2320	3110	3800	8150	5800	0	0	0	0	0	1	0	0	0	0	0	0		0	0	0		
			CAT6750EET	EQ6690KN4AC	NQ140N4	3759	103	GB11340－2005 GB18285－2005 GB17691－2005 国Ⅳ	7495	2320	3110	3800	8100	5750	1	0	0	0	5	8	3	0	0	1	1	0	106	0	0	0	0	106
			CAT6760EET	EQ6690KN4AC	NQ140N4	3759	103	GB11340－2005 GB18285－2005 GB17691－2005 国Ⅳ	7630	2300	3030	3800	8100	5550	0	0	2	20	12	0	4	0	0	0	0	0		0	0	0		
					NQ160N4	5975	118	GB11340－2005 GB18285－2005 GB17691－2005 国Ⅳ	7630	2300	3130	3800	8100	5680	0	0	0	0	0	10	0	3	0	0	1	0		0	0	0		
			CAT6800EET	EQ6780TGN4AC	NQ160N4	5975	118	GB11340－2005 GB18285－2005 GB17691－2005 国Ⅳ	7990	2380	3250	3800	9600	6800	1	0	0	1	3	3	1	5	2	1	0	0		0	0	0		
常州黄海汽车有限公司	黄海牌	城市客车	DD6100G08	DD6100G08	YC6G230N－40	7800	170	GB11340－2005 GB18285－2005 GB17691－2005 国Ⅳ	10490	2500	3260	5200	16500	10800	0	0	0	0	0	0	0	15	15	0	0	0	102	0	0	0	0	102
			DD6109S08F	DD6990NQG2	NQ150N	5638	110	GB11340－2005 GB18285－2005 GB17691－2005 国Ⅲ	10410	2500	3150	4900	13500	8700	42	0	0	0	0	0	0	0	0	0	0	0		0	0	0		

续表

企业名称	车辆品牌	车辆名称	车辆型号	底盘型号	发动机型号	排量(mL)	功率(kW)	排放标准	外形尺寸(mm) 外廓长	外廓宽	外廓高	轴距(mm)	总质量(kg)	整备质量(kg)	2013年 1月	2月	3月	4月	5月	6月	7月	8月	9月	10月	11月	12月	小计(辆)	2014年 1月	2月	3月	小计(辆)	合计(辆)
同上	同上	同上	DD6850G04	DD6820DG04	YC4G180N－40	5200	132	GB11340－2005 GB18285－2005 GB17691－2005 国Ⅳ	8540	2430	3180	4000	12200	8400	0	0	0	0	12	0	0	0	0	0	0	18		0	0	0		
湖南南车时代电动汽车股份有限公司	南车时代牌	城市客车	TEG6106NG06	DD6100G09N	WP7NG240E50	7140	177	GB11340－2005 GB18285－2005 GB17691－2005 国Ⅴ	10490	2490	3480	5000	16500	11200	0	0	0	0	0	0	0	0	0	0	0	0	0	50	0	0	101	101
			TEG6109NG02	HFC6100NY1F	YC6G230N－40	7800	170	GB11340－2005 GB18285－2005 GB17691－2005 国Ⅳ	10490	2490	3410	5000	16000	11200	0	0	0	0	0	0	0	0	0	0	0	0		0	0	26		
			TEG6129NG	DD6129B32N	SC8DT250Q5	8270	184	GB17691－2005 国Ⅴ GB11340－2005 GB18285－2005	11980	2540	3480	6000	18000	13100	0	0	0	0	0	0	0	0	0	0	0	0		0	0	15		
			TEG6932NG	HFC6880NY1V	YC6J210N－52	6494	155	GB11340－2005 GB18285－2005 GB17691－2005 国Ⅴ	9300	2482	3180	4400	13500	9500	0	0	0	0	0	0	0	0	0	0	0	0		10	0	0		
包头北奔重型汽车有限公司	北奔牌	城市客车	ND6100G	承载式车身	YC6J210N40	6494	155	GB11340－2005 GB17691－2005 国Ⅳ GB18285－2005	10480	2500	3125	5000	16500	10650	0	0	0	0	0	0	0	99	1	0	0	0	100	0	0	0	0	100
沈阳五洲龙新能源汽车有限公司	五洲龙牌	城市客车	SWM6110NG	EQ6110HN5AC	YC6G260N－50	7800	191	GB11340－2005 GB18285－2005 GB17691－2005 国Ⅴ	11470	2500	3080	5800	16500	10500	0	0	0	0	0	0	0	100	0	0	0	0	100	0	0	0	0	100
江西凯马白路佳客车有限公司	江西牌	城市客车	JXK6121BL5N	HQG6120R5N	CA6SL2－29E5N	8600	216	GB11340－2005 GB18285－2005 GB17691－2005 国Ⅴ	11980	2495	3220	6000	18000	12750	0	0	0	0	0	0	0	20	0	0	0	0	90	0	0	0	0	90
		客车	JXK6111CS53N	HQG6102R5N	YC6L280N－52	8424	206	GB11340－2005 GB18285－2005 GB17691－2005 国Ⅴ	10990	2500	3600	5550	16500	12360	0	0	0	0	0	15	0	20	20	0	0	0		0	0	0		
			JXK6901CS53N	HQG6860R5N	YC6J225N－52	6494	166	GB11340－2005 GB18285－2005 GB17691－2005 国Ⅴ	8995	2480	3380	4300	13500	10300	0	0	0	0	0	15	0	0	0	0	0	0		0	0	0		
四川坤鼎车业有限公司	科威达牌	城市客车	KWD6110HNG	EQ6101RC4N1	NC6AR220	6494	162	GB11340－2005 GB18285－2005 GB17691－2005 国Ⅳ	10560	2500	3240	5000	15000	10000	0	0	0	21	0	0	0	0	0	0	0	0	87	0	0	0	0	87

续表

企业名称	车辆品牌	车辆名称	车辆型号	底盘型号	发动机型号	排量(mL)	功率(kW)	排放标准	外形尺寸(mm) 外廓长	外形尺寸(mm) 外廓宽	外形尺寸(mm) 外廓高	轴距(mm)	总质量(kg)	整备质量(kg)	2013年 1月	2013年 2月	2013年 3月	2013年 4月	2013年 5月	2013年 6月	2013年 7月	2013年 8月	2013年 9月	2013年 10月	2013年 11月	2013年 12月	2013年 小计(辆)	2014年 1月	2014年 2月	2014年 3月	2014年 小计(辆)	合计(辆)
同上	同上	同上	KWD6110QNG	EQ6990KSDN3G	NQ190N	5638	144	GB11340－2005 GB18285－2005 GB17691－2005 国Ⅲ	10560	2500	3040	5000	13500	8100	0	0	0	0	0	10	0	0	0	0	0	0		0	0	0		
			KWD6822QNG	EQ6740KTN40	NQ120N4	3759	92	GB17691－2005 国Ⅳ GB11340－2005 GB18285－2005	8160	2360	3040	3800	9000	5850	0	0	0	0	3	0	1	6	0	10	0	0		0	0	0		
		客车	KWD6661QN3	EQ6580KSN30	NQ115N	3759	85	GB17691－2005 国Ⅲ GB11340－2005 GB18285－2005	6640	2230	3090	3300	6950	4850	5	4	1	1	7	2	1	1	0	0	0	0		0	0	0		
			KWD6662QN	EQ6581KSN40	NQ100N4	3759	79	GB11340－2005 GB18285－2005 GB17691－2005 国Ⅳ	6640	2230	2800	3300	7150	4750	0	0	0	0	0	0	0	0	0	0	1	0		0	0	0		
			KWD6662QN1	EQ6581KSN40	NQ100N4	3759	79	GB11340－2005 GB18285－2005 GB17691－2005 国Ⅳ	6640	2230	3050	3300	7150	4980	0	0	0	0	0	0	0	1	0	0	0	0		0	0	0		
			KWD6850QN	EQ6780KTN40	NQ160N4	5975	118	GB11340－2005 GB18285－2005 GB17691－2005 国Ⅳ	8480	2440	3220	4000	9680	6780	1	3	0	0	1	0	0	1	0	0	6	0		0	0	0		
福建新福达汽车工业有限公司	福达牌	城市客车	FZ6115UFN4	FZ6115U5N	SC8DT250Q4	8270	184	GB17691－2005 国Ⅳ GB18285－2005 GB11340－2005	11380	2500	3220	5700	17000	12080	0	0	0	15	0	0	0	0	0	0	0	0	68	0	0	0	0	68
			FZ6895UFN4	FZ6865U5N	SC6HT210Q4	5883	155	GB17691－2005 国Ⅳ GB18285－2005 GB11340－2005	8930	2500	3200	4250	13200	9420	0	0	0	16	0	0	0	0	0	0	0	0		0	0	0		
			FZ6775UFN4	FZ6745U5N	SC5DT180Q4	5308	132	GB17691－2005 国Ⅳ GB18285－2005 GB11340－2005	7740	2350	3050	3600	11000	8000	0	0	0	0	0	0	0	0	0	31	0	0		0	0	0		
			FZ6805UFN4	FZ6775U5N	SC5DT180Q4	5308	132	GB17691－2005 国Ⅳ GB18285－2005 GB11340－2005	8000	2350	3050	3800	12200	8420	0	0	0	0	0	0	0	0	0	0	0	5		0	0	0		
		客车	FZ6120N4C	承载式车身	WP10NG336E40	9726	247	GB11340－2005 GB18285－2005 GB17691－2005 国Ⅳ	12000	2550	3800	6200	18000	13500	1	0	0	0	0	0	0	0	0	0	0	0		0	0	0		
新疆中通客车有限公司	西域牌	城市客车	XJ6109GC5	EQ6983TN5AC	NQ190DN5	5638	140	GB11340－2005 GB18285－2005 GB17691－2005 国Ⅴ	10500	2500	3100	5000	15000	8650	0	0	0	0	0	0	0	0	0	0	0	0	0	40	0	0	64	64

续表

企业名称	车辆品牌	车辆名称	车辆型号	底盘型号	发动机型号	排量(mL)	功率(kW)	排放标准	外形尺寸(mm) 外廓长	外廓宽	外廓高	轴距(mm)	总质量(kg)	整备质量(kg)	2013年 1月	2月	3月	4月	5月	6月	7月	8月	9月	10月	11月	12月	小计(辆)	2014年 1月	2月	3月	小计(辆)	合计(辆)
同上	同上	同上	XJ6740GC5	EQ6670KC5N	NQ120BN5	3759	88	GB11340－2005 GB18285－2005 GB17691－2005 国Ⅴ	7360	2350	2860	3300	7700	4300	0	0	0	0	0	0	0	0	0	0	0	0		4	0	1		
			XJ6859GC	EQ6780TN4AC	NQ160N4	5975	118	GB11340－2005 GB18285－2005 GB17691－2005 国Ⅳ	8545	2500	3060	4000	11200	7100	0	0	0	0	0	0	0	0	0	0	0	0		0	0	5		
		客车	XJ6601TC4	EQ6570KS4N	NQ120N4	3759	92	GB11340－2005 GB18285－2005 GB17691－2005 国Ⅳ	5995	2260	2830	3300	6130	4580	0	0	0	0	0	0	0	0	0	0	0	0		5	0	5		
			XJ6660TC3	EQ6570KS4N	NQ120N4	3759	92	GB11340－2005 GB18285－2005 GB17691－2005 国Ⅳ	6640	2260	2830	3300	7300	4850	0	0	0	0	0	0	0	0	0	0	0	0		1	0	2		
			XJ6660TC4	EQ6570KS4N	NQ120N4	3759	92	GB11340－2005 GB18285－2005 GB17691－2005 国Ⅳ	6640	2260	2830	3300	7300	4850	0	0	0	0	0	0	0	0	0	0	0	0		1	0	0		
贵州贵龙客车制造有限公司	贵龙牌	城市客车	GJ6950SN	EQ6900HN5AC	NQ190DN5	5638	140	GB11340－2005 GB18285－2005 GB17691－2005 国Ⅴ	9500	2480	3050	4500	13500	8620	0	0	0	0	20	0	0	20	20	0	0	0	60	0	0	0	0	60
烟台舒驰客车有限责任公司	舒驰牌	城市客车	YTK6803G2	ND6770WDT0	WP5NG165E40	4760	121	GB17691－2005 国Ⅳ GB11340－2005 GB18285－2005	8050	2400	3070	3800	10500	7100	0	0	0	0	0	0	0	0	0	0	0	0	0	0	0	21	45	45
		客车	YTK6118HET	ND6110WDT4	WP7NG260E40	7140	191	GB17691－2005 国Ⅳ GB11340－2005 GB18285－2005	10980	2490	3540	5300	14950	10800	0	0	0	0	0	0	0	0	0	0	0	0		0	0	1		
			YTK6605N	EQ6570KS5N	NQ120BN5	3759	88	GB11340－2005 GB18285－2005 GB17691－2005 国Ⅴ	5995	2240	2830	3300	5700	4000	0	0	0	0	0	0	0	0	0	0	0	0		4	0	4		
			YTK6800HET	HFC6782NY2F	YC4G180N－40	5200	132	GB17691－2005 国Ⅳ GB11340－2005 GB18285－2005	8040	2410	3270	3800	10280	7700	0	0	0	0	0	0	0	0	0	0	0	0		8	0	1		
			YTK6840HET	HFC6820NY1F	YC6J210N－40	6494	155	GB11340－2005 GB18285－2005 GB17691－2005 国Ⅳ	8450	2410	3280	4000	11200	8300	0	0	0	0	0	0	0	0	0	0	0	0		2	1	0		
			YTK6891HET	ND6851WDT0	WP7NG240E40	7140	177	GB17691－2005 国Ⅳ GB11340－2005 GB18285－2005	8890	2410	3280	4200	11950	8914	0	0	0	0	0	0	0	0	0	0	0	0		3	0	0		

续表

企业名称	车辆品牌	车辆名称	车辆型号	底盘型号	发动机型号	排量(mL)	功率(kW)	排放标准	外形尺寸(mm) 外廓长	外廓宽	外廓高	轴距(mm)	总质量(kg)	整备质量(kg)	2013年 1月	2月	3月	4月	5月	6月	7月	8月	9月	10月	11月	12月	小计(辆)	2014年 1月	2月	3月	小计(辆)	合计(辆)
东风扬子江汽车(武汉)有限责任公司	扬子江牌	城市客车	WG6100NHM4	EQ6107RC4N	YC6G230N-40	7800	170	GB17691-2005 国Ⅳ GB3847-2005 GB11340-2005	10500	2500	3340	5000	15500	9780	0	0	0	0	0	0	0	0	0	0	0	0	0	38	0	0	43	43
			WG6850NHK5	EQ6839RC5N	YC4G180N-50	5200	132	GB11340-2005 GB18285-2005 GB17691-2005 国Ⅴ	8535	2450	3175	4000	12500	8705	0	0	0	0	0	0	0	0	0	0	0	0		0	5	0		
无锡华策汽车有限公司	华新牌	客车	HM6600LFN2	EQ6570KN4AC2	NQ120N4	3759	92	GB11340-2005 GB1885-2005 GB17691-2005 国Ⅳ	5995	2240	2820	3300	5860	4250	0	0	0	0	0	0	6	2	1	0	0	31	42	0	0	0	0	42
			HM6730LFN2	EQ6690KN4AC	NQ140N4	3759	103	GB11340-2005 GB18285-2005 GB17691-2005 国Ⅳ	7300	2240	3100	3800	7450	5100	0	0	0	0	0	0	0	0	0	0	0	2		0	0	0		
哈尔滨龙江客车制造有限公司	龙江牌	城市客车	LJK6105SHN5	JS6106GHDCP	WP7NG240E50	7140	177	GB17691-2005 国Ⅴ GB11340-2005 GB18285-2005	10490	2500	3520	5000	16500	10600	0	0	0	0	0	0	0	0	0	0	0	42	42	0	0	0	0	42
江苏友谊汽车有限公司	友谊牌	城市客车	ZGT6109NHS1	HFC6100NY2F	NQ230N4	6870	169	GB11340-2005 GB18285-2005 GB17691-2005 国Ⅳ	10490	2490	3250	5000	15000	9980	0	0	0	0	0	0	0	0	0	0	0	0	0	2	0	0	41	41
			ZGT6668NS	HFC6570NY1F	NQ120N4	3759	92	GB17691-2005 国Ⅳ GB11340-2005 GB18285-2005	6640	2240	2750	3308	6500	4290	0	0	0	0	0	0	0	0	0	0	0	0		9	0	0		
			ZGT6718NS	HFC6640NY1V	NQ120BN5	3759	88	GB11340-2005 GB18285-2005 GB17691-2005 国Ⅴ	7145	2240	2790	3300	7450	4520	0	0	0	0	0	0	0	0	0	0	0	0		0	0	1		
			ZGT6760NHS1	NJ6751YBC2	XL4SF-4	4750	130	GB17691-2005 国Ⅳ GB11340-2005 GB18285-2005	7640	2380	3140	3500	9700	6800	0	0	0	0	0	0	0	0	0	0	0	0		0	0	1		
			ZGT6810NV	EQ6783TN5AC	NQ140BN5	3759	103	GB11340-2005 GB18285-2005 GB17691-2005 国Ⅴ	8080	2380	3080	3800	10600	6500	0	0	0	0	0	0	0	0	0	0	0	0		2	0	0		
			ZGT6852NV	EQ6783TN5AC	NQ140BN5	3759	103	GB11340-2005 GB18285-2005 GB17691-2005 国Ⅴ	8480	2380	3080	4000	10600	6820	0	0	0	0	0	0	0	0	0	0	0	0		0	22	0		
		客车	ZGT6608NV1	HFC6570NY1V	NQ120BN5	3759	88	GB11340-2005 GB18285-2005 GB17691-2005 国Ⅴ	5995	2240	2750	3308	5860	4250	0	0	0	0	0	0	0	0	0	0	0	0		0	0	4		

续表

企业名称	车辆品牌	车辆名称	车辆型号	底盘型号	发动机型号	排量(mL)	功率(kW)	排放标准	外形尺寸(mm) 外廓长	外廓宽	外廓高	轴距(mm)	总质量(kg)	整备质量(kg)	2013年 1月	2月	3月	4月	5月	6月	7月	8月	9月	10月	11月	12月	小计(辆)	2014年 1月	2月	3月	小计(辆)	合计(辆)
桂林大宇客车有限公司	桂林大宇牌	城市客车	GDW6106HGND1	GL6100DNGR1	YC6G230N－40	7800	170	GB17691－2005 国Ⅳ GB11340－2005 GB18285－2005	10550	2500	3250	5100	16500	11000	0	0	0	0	0	0	0	6	0	0	0	0	38	0	0	0	0	38
		客车	GDW6117HKND1	GL6110DNGR1	YC6G260N－40	7800	191	GB17691－2005 国Ⅳ GB11340－2005 GB18285－2005	10990	2500	3560	5600	15500	11450	4	0	0	0	0	8	0	1	0	0	1	1		0	0	0		
			GDW6117HKNE1	GL6110DNGR2	YC6L280N－52	8424	206	GB17691－2005 国Ⅴ GB11340－2005 GB18285－2005	10990	2500	3560	5600	15600	11450	0	0	0	0	0	0	8	0	0	0	1	0		0	0	0		
			GDW6900HKND1	GL6880DNGR2	YC6J210N－40	6494	155	GB17691－2005 国Ⅳ GB11340－2005 GB18285－2005	8990	2475	3375	4300	11900	8800	0	0	0	0	2	1	0	0	3	1	0	1		0	0	0		
广州汽车集团客车有限公司	广汽牌	城市客车	GZ6851SN	承载式车身	YC4G180N－50	5200	132	GB17691－2005 国Ⅴ GB18285－2005 GB11340－2005	8520	2450	3240	4000	12800	8850	0	0	0	0	0	0	0	0	0	0	0	8	35	0	0	0	0	35
			GZ6921SN	承载式车身	YC6J210N－52	6494	155	GB17691－2005 国Ⅴ GB18285－2005 GB11340－2005	9190	2500	3270	4300	13500	9450	0	0	0	0	0	0	0	0	0	0	0	27		0	0	0		
湖南衡山汽车制造有限公司	衡山牌	城市客车	HSZ6661CNG	EQ6570KSDN3G	CA4GNE3	3700	85	GB11340－2005 GB18285－2005 GB17691－2005 国Ⅲ	6560	2270	2770	3300	6600	4180	0	0	0	0	3	0	0	0	0	0	0	0	34	0	0	0	0	34
			HSZ6663CNG	EQ6570KN4AC2	NQ120N4	3759	92	GB11340－2005 GB18285－2005 GB17691－2005 国Ⅳ	6560	2270	2770	3300	6600	4180	0	0	0	0	5	0	13	0	0	0	5	0		0	0	0		
		客车	HSZ6602CNG	EQ6570KSDN3G	CA4GNE3	3700	85	GB11340－2005 GB18285－2005 GB17691－2005 国Ⅲ	5996	2270	2770	3300	5180	3595	7	0	0	0	0	1	0	0	0	0	0	0		0	0	0		
黑龙江龙华汽车有限公司	黑龙江牌	城市客车	HLJ6105HY	EQ6101RC5N	YC6J210N－52	6494	155	GB11340－2005 GB18285－2005 GB17691－2005 国Ⅴ	10490	2500	3050	5000	16500	9530	0	0	0	0	0	0	0	0	0	0	0	4	26	0	0	0	0	26
			HLJ6121HY	CA6124D172N	CA6SL1－24E4N	7700	180	GB17691－2005 国Ⅳ GB11340－2005 GB18285－2005	11990	2500	3250	6100	18000	11315	0	0	1	12	0	1	0	0	0	0	0	0		0	0	0		
			HLJ6850HY	EQ6821RC5N	YC4G180N－50	5200	132	GB11340－2005 GB18285－2005 GB17691－2005 国Ⅴ	8500	2450	3350	4000	12500	7950	0	0	0	8	0	0	0	0	0	0	0	0		0	0	0		

续表

企业名称	车辆品牌	车辆名称	车辆型号	底盘型号	发动机型号	排量(mL)	功率(kW)	排放标准	外形尺寸(mm) 外廓长	外形尺寸(mm) 外廓宽	外形尺寸(mm) 外廓高	轴距(mm)	总质量(kg)	整备质量(kg)	2013年 1月	2013年 2月	2013年 3月	2013年 4月	2013年 5月	2013年 6月	2013年 7月	2013年 8月	2013年 9月	2013年 10月	2013年 11月	2013年 12月	2013年 小计(辆)	2014年 1月	2014年 2月	2014年 3月	2014年 小计(辆)	合计(辆)
重庆五洲龙新能源汽车有限公司	五洲龙牌	城市客车	WZL6848NGT4	EQ6780TN4AC	NQ160N4	5975	118	GB11340－2005 GB18285－2005 GB17691－2005 国Ⅳ	8430	2380	3150	4000	11200	6300	0	0	0	0	0	0	0	0	0	0	0	0	0	14	0	0	14	14
西安西沃客车有限公司	西沃牌	客车	XW6110AL	承载式车身	YC6L280N－52	8424	206	GB11340－2005 GB18285－2005 GB17691－2005 国Ⅴ	10820	2500	3450	5650	15500	11200	0	0	0	0	0	0	0	0	0	0	0	0	0	0	0	5	14	14
			XW6123CL1	承载式车身	WP10NG336E50	9726	247	GB11340－2005 GB18285－2005 GB17691－2005 国Ⅴ	12000	2550	3690	6200	17700	13100	0	0	0	0	0	0	0	0	0	0	0	0		1	0	1		
			XW6123CL2	承载式车身	WP10NG336E50	9726	247	GB11340－2005 GB18285－2005 GB17691－2005 国Ⅴ	12000	2550	3690	6200	17700	13100	0	0	0	0	0	0	0	0	0	0	0	0		5	0	2		
奇瑞万达贵州客车股份有限公司	万达牌	城市客车	WD6720NGB	EQ6693TN4AC	NQ120N4	3759	92	GB11340－2005 GB18285－2005 GB17691－2005 国Ⅳ	7250	2320	3000	3300	8450	5500	0	0	0	0	0	0	0	0	0	0	0	0	0	4	0	0	11	11
		客车	WD6608NA	EQ6570KN4AC1	CA4GNE4	3700	85	GB11340－2005 GB18285－2005 GB17691－2005 国Ⅳ	5995	2252	3050	3300	5860	4370	0	0	0	0	0	0	0	0	0	0	0	0		0	0	7		
江西博能上饶客车有限公司	上饶牌	城市客车	SR6890GHN	FZ6865U5N5	YC6J210N－52	6494	155	GB11340－2005 GB18285－2005 GB17691－2005 国Ⅳ	8990	2460	3200	4250	13200	8950	0	0	0	0	0	0	0	0	10	0	0	0	10	0	0	0	0	10
湖北新楚风汽车股份有限公司	楚风牌	客车	HQG6660ESRL	EQ6570KN3AC	NQ120N	3759	92	GB11340－2005 GB18285－2005 GB17691－2005 国Ⅲ	6600	2280	3000	3300	6475	3790	0	0	0	1	0	0	0	0	0	0	0	0	10	0	0	0	0	10
		城市客车	HQG6660ESRL3	EQ6570KN3AC	CA4GNE3	3700	85	GB11340－2005 GB18285－2005 GB17691－2005 国Ⅲ	6600	2280	2800	3300	6475	4200	0	0	0	4	0	0	0	0	0	0	0	0		0	0	0		
			HQG6720EN4	EQ6680TN4AC	NQ120N4	3759	92	GB11340－2005 GB18285－2005 GB17691－2005 国Ⅳ	7200	2300	3150	3300	7700	4700	0	0	0	0	0	0	0	0	0	0	0	5		0	0	0		
北京北方华德尼奥普兰客车股份有限公司	北方牌	豪华旅游客车	BFC6120BNG1	承载式车身	WP10NG336E50	9726	247	GB17691－2005 国Ⅴ GB11340－2005 GB18285－2005	12000	2500	3520	5800	17200	12800	0	0	0	0	0	0	0	0	0	1	0	0	10	0	0	0	0	10
			BFC6120BNG2	承载式车身	WP10NG336E50	9726	247	GB17691－2005 国Ⅴ GB11340－2005 GB18285－2005	12000	2500	3520	5800	17200	12800	0	0	0	0	0	0	0	6	2	0	0	0		0	0	0		

续表

企业名称	车辆品牌	车辆名称	车辆型号	底盘型号	发动机型号	排量(mL)	功率(kW)	排放标准	外形尺寸(mm) 外廓长	外廓宽	外廓高	轴距(mm)	总质量(kg)	整备质量(kg)	2013年 1月	2月	3月	4月	5月	6月	7月	8月	9月	10月	11月	12月	小计(辆)	2014年 1月	2月	3月	小计(辆)	合计(辆)
同上	同上	同上	BFC6128HNG3	承载式车身	WP12NG380E50	11596	280	GB17691－2005国Ⅴ GB11340－2005 GB18285－2005	12000	2550	3945	6000	18000	13390	0	0	0	0	0	0	0	0	1	0	0	0		0	0	0		
东风云南汽车有限公司	东风牌	城市客车	EQ6608PN5G	EQ6580PNJ5	YN36QNE	3612	85	GB17691－2005国Ⅴ GB11340－2005 GB18285－2005	5995	2250	2780	3300	6300	4200	0	0	0	0	0	0	0	0	0	0	0	9	9	0	0	0	0	9
上海万象汽车制造有限公司	象牌	城市客车	SXC6105G5N	GL6100DNGR5	YC6G230N－50	7800	170	GB17691－2005国Ⅴ GB11340－2005 GB18285－2005	10500	2490	3260	5100	16100	11200	0	0	0	0	0	0	0	0	0	0	5	0	5	0	0	0	0	5
江苏登达汽车有限公司	钻石牌	客车	SGK6900KN10	HFC6870NY2V	YC6G230N－50	7800	170	GB11340－2005 GB18285－2005 GB17691－2005国Ⅴ	8970	2450	3345	4300	12400	9200	0	0	0	0	0	0	0	0	0	0	0	5	5	0	0	0	0	5
安徽省广通汽车制造有限公司	安通牌	客车	CHG6662EKNG	HFC6601CNY3	NQ120N	3759	92	GB17691－2005国Ⅲ GB11340－2005 GB18285－2005	6590	2280	2910	3308	6500	4150	0	0	0	0	0	0	0	4	0	0	0	0	4	0	0	0	0	4
山东齐鲁汽车制造有限公司	齐鲁牌	城市客车	BWC6731NG	EQ6700TN3AC	CA4GNE3	3700	85	GB11340－2005 GB18285－2005 GB17691－2005国Ⅲ	7348	2280	2860	3300	7700	4850	2	0	0	0	0	0	0	0	0	0	0	0	4	0	0	0	0	4
			BWC6735GH	HFC6640NY1F	NQ120N4	3756	92	GB11340－2005 GB18285－2005 GB17691－2005国Ⅳ	7325	2350	2920	3300	7450	4850	0	0	0	2	0	0	0	0	0	0	0	0		0	0	0		
深圳市五洲龙汽车有限公司	五洲龙牌	城市客车	FDG6101NG5	EQ6101HN5AC1	YC6G280N－50	7800	170	GB11340－2005 GB18285－2005 GB17691－2005国Ⅴ	10490	2480	3140	5000	16500	11200	0	0	0	0	0	0	1	0	0	0	0	0	4	0	0	0	0	4
			FDG6123NG5	EQ6120HN5AC	YC6L280N－52	8424	206	GB17691－2005国Ⅴ GB11340－2005 GB18285－2005	11980	2540	3140	6200	18000	12300	0	0	0	0	0	0	1	0	0	0	0	0		0	0	0		
			FDG6123NG5－1	HFF6120D17CE5	WP7NG270E50	7140	199	GB17691－2005国Ⅴ GB11340－2005 GB18285－2005	11980	2540	3140	6200	18000	12300	0	0	0	0	0	0	1	0	0	0	0	0		0	0	0		
			FDG6123NG5－2	SX6125GM81T	YC6L280N－52	8424	206	GB17691－2005国Ⅴ GB11340－2005 GB18285－2005	11980	2540	3140	6200	18000	12300	0	0	0	0	0	0	1	0	0	0	0	0		0	0	0		

续表

企业名称	车辆品牌	车辆名称	车辆型号	底盘型号	发动机型号	排量（mL）	功率（kW）	排放标准	外形尺寸（mm）			轴距（mm）	总质量（kg）	整备质量（kg）	2013 年													2014 年				合计（辆）
									外廓长	外廓宽	外廓高				1月	2月	3月	4月	5月	6月	7月	8月	9月	10月	11月	12月	小计（辆）	1月	2月	3月	小计（辆）	
湖北大力专用汽车制造有限公司	大力牌	客车	DLQ6600EAN5	EQ6570KN5AC1	NQ120BN5	3759	88	GB11340－2005 GB18285－2005 GB17691－2005 国Ⅴ	5990	2300	2750	3300	6050	3770	0	0	0	0	0	0	0	0	0	0	0	3	3	0	0	0	0	3
西虎汽车工业有限公司	西虎牌	城市客车	QAC6600NG5	HFC6570NY1V	NQ120BN5	3759	88	GB17691－2005 国Ⅴ GB18285－2005 GB11340－2005	5990	2250	3050	3308	6500	4200	0	0	0	0	0	0	0	0	0	0	0	3	3	0	0	0	0	3
东风汽车公司	东风牌	城市客车	EQ6121CL	EQ6121KRL	NQ260N4	8300	190	GB11340－2005 GB18285－2005 GB17691－2005 国Ⅳ	12000	2480	3320	6300	18000	11800	0	0	0	0	0	0	0	0	2	0	0	0	2	0	0	0	0	2
山西宇星客车有限公司	山西牌	城市客车	SXK6110G4N	EQ6101HN4AC1	YC6G230N－40	7800	170	GB17691－2005 国Ⅳ GB18285－2005 GB11340－2005	10580	2490	3310	5000	16500	11300	0	0	0	0	0	0	0	0	2	0	0	0	2	0	0	0	0	2
福建新龙马汽车股份有限公司	福建牌	客车	FJ6105HN5	承载式车身	YC6L260N－52	8424	191	GB17691－2005（国Ⅴ阶段） GB18285－2005 GB11340－2005	10490	2500	3770	5250	15200	11000	0	0	1	0	0	0	0	0	0	0	0	0	1	0	0	0	0	1
广汽日野（沈阳）汽车有限公司	广汽牌	城市客车	SFQ6110GFVG	SFQ6110GFVGD	SC7HT230Q5	6440	170	GB17691－2005（国Ⅴ阶段） GB18285－2005 GB11340－2005	11490	2540	3200	5600	16500	11000	0	0	0	0	0	0	0	0	0	0	0	1	1	0	0	0	0	1
湖南中联重科车桥有限公司	邦乐牌	旅游客车	HNQ6122TQ	承载式车身	WP10NG336E50	9726	247	GB11340－2005 GB18285－2005 GB17691－2005 国Ⅴ	12000	2500	3520	6000	17500	13000	0	0	0	0	0	0	0	0	0	1	0	0	1	0	0	0	0	1
合计（辆）															1740	644	1193	1902	2603	2856	1967	3196	2667	2744	3230	4053	28795	1597	664	1718	3979	32774

(2)货车 (重型货车、中型货车、轻型货车、微型货车、牵引汽车)、专用车(自卸汽车、运输车及其他专用车)

企业名称	车辆品牌	车辆名称	车辆型号	底盘型号	发动机型号	燃料种类	排量(mL)	功率(kW)	排放标准	外形尺寸(mm)			轴距(mm)	总质量(kg)	额定总质量	整备质量(kg)	2013年													2014年				合计(辆)
										外廓长	外廓宽	外廓高					1月	2月	3月	4月	5月	6月	7月	8月	9月	10月	11月	12月	小计(辆)	1月	2月	3月	小计(辆)	
陕西汽车集团有限责任公司	陕汽牌	仓栅式运输车	SX5250CC YGP5N	SX1250GP5N	YC6G230N－50	天然气	7800	170	GB17691－2005国Ⅴ GB11340－2005 GB18285－2005	11990	2500	3900	1800＋5500	25000	13800	11005	0	0	0	0	0	0	0	0	0	0	1	0	10577	0	0	0	0	10577
			SX5316CC YGR456TL	SX1316G R456TL	WP10NG336E50	天然气	9726	247	GB17691－2005国Ⅴ GB11340－2005 GB18285－2005	11990	2490	3950	1800＋4575＋1400	31000	17870	13000	0	0	0	0	0	0	0	0	0	0	0	1		0	0	0		
		粉粒物料運输车	SX5316G FLN1456TL	SX3316DT 456TL	WP12NG350E40	天然气	11596	257	GB17691－2005国Ⅲ GB11340－2005 GB18285－2005	12000	2500	3930	1800＋4575＋1400	31000	15570	15300	0	0	0	2	0	0	0	0	0	0	0	0		0	0	0		
					WP12N G380E40	天然气	11596	280	GB17691－2005国Ⅲ GB11340－2005 GB18285－2005	12000	2500	3930	1800＋4575＋1400	31000	15570	15300	0	0	0	0	0	0	0	0	0	0	0	2		0	0	0		
		混凝土搅拌运输车	SX5256G JBDR384TL	SX3256DR 384TL	WP10NG336E40	天然气	9726	247	GB17691－2005国Ⅲ GB11340－2005 GB18285－2005	9135	2500	3950	3775＋1400	25000	10970	13900	0	0	0	0	0	0	0	0	1	0	5	0		0	0	0		
					WP12NG350E40	天然气	11596	257	GB17691－2005国Ⅳ GB11340－2005 GB18285－2005	9360	2500	3950	3975＋1400	25000	10970	13900	0	7	3	0	0	0	2	21	0	0	0	0		0	0	0		
		牵引汽车	SX4180GP4N	—	YC6G260N－40	天然气	7800	191	GB17691－2005国Ⅳ GB11340－2005 GB18285　2005	6080	2500	2950	3600	18000	—	5605	0	0	3	0	0	1	0	0	0	0	0	0		0	0	0		
			SX4180GP5N	—	YC6J190N－50	天然气	6494	140	GB17691－2005国Ⅴ GB11340－2005 GB18285－2005	6080	2500	2950	3600	18000	—	5605	0	0	0	0	2	0	0	0	0	0	0	0		0	0	0		
			SX4186BM 361TL	—	WP7NG260E40	天然气	7140	191	GB17691－2005国Ⅳ GB11340－2005 GB18285－2005	6281	2490	3585	3600	18000	—	7350	0	2	12	0	0	0	0	0	0	0	0	0		0	0	0		
			SX4186GN 361TL	—	WP10NG280E40	天然气	9726	206	GB17691－2005国Ⅳ GB11340－2005 GB18285－2005	6110	2490	3560	3600	18000	—	7460	0	0	0	0	0	5	0	0	0	0	3	0		0	0	0		
					WP10NG 300E40	天然气	9726	220	GB17691－2005国Ⅳ GB11340－2005 GB18285－2005	6680	2490	3560	4200	18000	—	6450	5	0	1	3	0	8	0	0	0	0	0	0		0	0	0		
					WP10NG336 E40	天然气	9726	247	GB17691－2005国Ⅳ GB11340－2005 GB18285－2005	6080	2490	3560	3600	18000	—	6450	0	0	0	0	8	0	11	0	10	1	0	3		0	0	0		

续表

企业名称	车辆品牌	车辆名称	车辆型号	底盘型号	发动机型号	燃料种类	排量(mL)	功率(kW)	排放标准	外形尺寸(mm)			轴距(mm)	总质量(kg)	额定总质量	整备质量(kg)	2013年													2014年				合计(辆)
										外廓长	外廓宽	外廓高					1月	2月	3月	4月	5月	6月	7月	8月	9月	10月	11月	12月	小计(辆)	1月	2月	3月	小计(辆)	
同上	同上	同上	SX4186NN361T	—	WP10NG300E40	天然气	9726	220	GB17691-2005 国Ⅲ GB11340-2005 GB18285-2005	6150	2490	3624	3600	18000	—	7540	0	0	0	1	0	6	0	0	0	0	0	0		0	0	0		
			SX4186NN381T	—	WP10NG300E40	天然气	9726	220	GB17691-2005 国Ⅳ GB11340-2005 GB18285-2005	6450	2490	3624	3800	18000	—	8000	0	1	0	0	0	4	0	0	0	0	0	0		0	0	0		
			SX4186NR361TL	—	WP10NG336E40	天然气	9726	247	GB17691-2005 国Ⅳ GB11340-2005 GB18285-2005	6150	2490	3624	3600	18000	—	7540	0	0	10	4	0	7	1	3	0	0	0	0		0	0	0		
			SX4188GR361TL	—	WP10NG336E50	天然气	9726	247	GB17691-2005 国Ⅴ GB11340-2005 GB18285-2005	6680	2490	3560	4200	18000	—	6450	0	0	0	0	0	0	0	0	0	0	1	0		0	0	0		
					WP10NG300E50	天然气	9726	220	GB17691-2005 国Ⅴ GB11340-2005 GB18285-2005	6080	2490	3560	3600	18000	—	6450	0	0	0	0	0	0	0	2	0	1	3	7		0	0	0		
			SX4255NM384TS	—	SC9DT280Q3	天然气	8820	206	GB17691-2005 国Ⅲ GB11340-2005 GB18285-2005	7475	2490	3730	3800+1350	25000	—	11000	1	38	0	0	0	0	0	0	0	0	0	0		0	0	0		
			SX4255NR384T	—	WT618Z350NG	天然气	11590	257	GB17691-2005 国Ⅲ GB11340-2005 GB18285-2005	7475	2490	3710	3800+1350	25000	—	11000	0	0	0	0	1	0	0	0	0	0	0	0		0	0	0		
			SX4255NT384TL	—	WP12NG330E40	天然气	11596	243	GB17691-2005 国Ⅲ GB11340-2005 GB18285-2005	7475	2490	3710	3800+1350	25000	—	9750	0	21	0	0	0	0	33	24	0	0	0	0		0	0	0		
					WP12NG350E40	天然气	11596	257	GB17691-2005 国Ⅲ GB11340-2005 GB18285-2005	7475	2490	3730	3800+1350	25000	—	9750	0	0	90	0	0	0	0	0	0	0	0	0		0	0	0		
					WP12NG380E40	天然气	11596	280	GB17691-2005 国Ⅲ GB11340-2005 GB18285-2005	7475	2490	3710	3800+1350	25000	—	9750	32	0	0	33	71	29	0	0	0	0	0	0		0	0	0		
			SX4256GR279TL	—	WP10NG300E40	天然气	9726	220	GB17691-2005 国Ⅳ GB11340-2005 GB18285-2005	6885	2490	3560	1800+2700	25000	—	7500	0	0	0	0	611	0	0	0	0	0	0	0		0	0	0		
					WP10NG336E40	天然气	9726	247	GB17691-2005 国Ⅳ GB11340-2005 GB18285-2005	6885	2490	3560	1800+2700	25000	—	7500	182	204	409	443	0	732	305	232	181	261	253	253		0	0	0		

续表

企业名称	车辆品牌	车辆名称	车辆型号	底盘型号	发动机型号	燃料种类	排量(mL)	功率(kW)	排放标准	外形尺寸(mm) 外廓长	外形尺寸(mm) 外廓宽	外形尺寸(mm) 外廓高	轴距(mm)	总质量(kg)	额定总质量	整备质量(kg)	2013年 1月	2013年 2月	2013年 3月	2013年 4月	2013年 5月	2013年 6月	2013年 7月	2013年 8月	2013年 9月	2013年 10月	2013年 11月	2013年 12月	2013年 小计(辆)	2014年 1月	2014年 2月	2014年 3月	2014年 小计(辆)	合计(辆)
同上	同上	同上	SX4256GR 384T	—	WP10NG336E40	天然气	9726	247	GB17691 - 2005 国Ⅳ GB11340 - 2005 GB18285 - 2005	7335	2490	3560	3775 + 1350	25000	—	9400	0	0	1	0	0	1	1	3	2	20	3	2		0	0	0		
			SX4256GR 384TL	—	WP10NG336E40	天然气	9726	247	GB17691 - 2005 国Ⅳ GB11340 - 2005 GB18285 - 2005	7335	2490	3560	3775 + 1350	25000	—	8800	34	57	50	71	135	115	51	34	31	34	14	18		0	0	0		
			SX4256NR 299TL	—	WP12NG330E40	天然气	11590	243	GB17691 - 2005 国Ⅳ GB11340 - 2005 GB18285 - 2005	6920	2490	3900	1500 + 2900	25000	—	7800	0	0	0	43	0	0	0	0	0	0	0	0		0	0	0		
					WP12NG350E40	天然气	11590	257	GB17691 - 2005 国Ⅳ GB11340 - 2005 GB18285 - 2005	6920	2490	4000	1500 + 2900	25000	—	7800	11	3	12	10	9	24	2	6	2	1	4	2		0	0	0		
					WP12NG380E40	天然气	11590	280	GB17691 - 2005 国Ⅳ GB11340 - 2005 GB18285 - 2005	6920	2490	3710	1500 + 2900	25000	—	7800	0	0	0	8	1	0	0	2	1	1	0	3		0	0	0		
			SX4256NT 384T	—	WP12NG330E40	天然气	11596	243	GB17691 - 2005 国Ⅳ GB11340 - 2005 GB18285 - 2005	7500	2490	3670	3775 + 1400	25000	—	8800	0	0	0	0	0	0	0	36	0	0	0	81		0	0	0		
					WP12NG350E40	天然气	11596	257	GB17691 - 2005 国Ⅳ GB11340 - 2005 GB18285 - 2005	7500	2490	3710	3775 + 1400	25000	—	8800	0	0	57	0	0	46	56	36	83	173	103	0		0	0	0		
					WP12NG380E40	天然气	11596	280	GB17691 - 2005 国Ⅳ GB11340 - 2005 GB18285 - 2005	7475	2490	3670	3800 + 1350	25000	—	8800	47	39	0	51	94	0	0	0	0	0	0	0		0	0	0		
			SX4256NT 384TL	—	WP12NG380E40	天然气	11596	280	GB17691 - 2005 国Ⅳ GB11340 - 2005 GB18285 - 2005	7475	2490	3710	3800 + 1350	25000	—	8800	60	84	148	203	100	187	125	26	2	4	8	20		0	0	0		
					WP10NG336E40	天然气	9726	247	GB17691 - 2005 国Ⅳ GB11340 - 2005 GB18285 - 2005	7500	2490	3730	3775 + 1400	25000	—	8800	0	0	0	61	0	0	0	0	0	0	0	0		0	0	0		
					WP12NG330E40	天然气	11596	243	GB17691 - 2005 国Ⅳ GB11340 - 2005 GB18285 - 2005	7500	2490	3710	3775 + 1400	25000	—	8800	0	0	51	0	0	0	0	0	0	0	0	0		0	0	0		
					WP12NG350E40	天然气	11596	257	GB17691 - 2003 国Ⅳ GB11340 - 2005 GB18285 - 2005	7475	2490	3730	3800 + 1350	25000	—	8800	38	0	0	0	0	0	0	319	162	0	128	131		0	0	0		

续表

企业名称	车辆品牌	车辆名称	车辆型号	底盘型号	发动机型号	燃料种类	排量(mL)	功率(kW)	排放标准	外形尺寸(mm) 外廓长	外廓宽	外廓高	轴距(mm)	总质量(kg)	额定总质量	整备质量(kg)	2013年 1月	2月	3月	4月	5月	6月	7月	8月	9月	10月	11月	12月	小计(辆)	2014年 1月	2月	3月	小计(辆)	合计(辆)
同上	同上	同上	SX4256NT 384TLZ	—	WP12NG380E40	天然气	11596	280	GB17691－2005 国Ⅳ GB11340－2005 GB18285－2005	7475	2490	3730	3800＋1350	25000	—	8800	0	26	0	2	135	105	81	0	0	193	0	0		0	0	0		
			SX4258GR 279TL	—	WP10NG336E50	天然气	9726	247	GB17691－2005 国Ⅴ GB11340－2005 GB18285－2005	6885	2490	3560	1800＋2700	25000	—	7500	0	0	0	0	0	0	20	56	20	55	88	34		0	0	0		
			SX4258GR 384TL	—	WP10NG336E50	天然气	9726	247	GB17691－2005 国Ⅴ GB11340－2005 GB18285－2005	7335	2490	3560	3775＋1350	25000	—	8800	0	0	0	0	0	0	13	29	34	21	14	13		0	0	0		
			SX4258NR 384T	—	WP12NG350E50	天然气	11596	257	GB17691－2005 国Ⅴ GB11340－2005 GB18285－2005	7500	2490	3730	3775＋1400	25000	—	9400	0	0	0	0	0	0	0	0	13	4	0	46		0	0	0		
					WP12NG380E50	天然气	11596	280	GB17691－2005 国Ⅴ GB11340－2005 GB18285－2005	7500	2490	3730	3775＋1400	25000	—	9400	0	0	0	0	0	0	0	0	0	0	13	0		0	0	0		
			SX4258NT 299TL	—	WP12NG350E50	天然气	11596	257	GB17691－2005 国Ⅴ GB11340－2005 GB18285－2005	6950	2490	3710	1500＋2900	25000	—	7800	0	0	0	0	0	0	0	0	0	0	1	0		0	0	0		
			SX4258NT 384TL	—	WP12NG350E50	天然气	11596	257	GB17691－2005 国Ⅴ GB11340－2005 GB18285－2005	7500	2490	3730	3775＋1400	25000	—	8800	0	0	0	0	0	2	0	0	0	0	36	0		0	0	0		
					WP12NG380E50	天然气	11596	280	GB17691－2005 国Ⅴ GB11340－2005 GB18285－2005	7500	2490	3730	3775＋1400	25000	—	8800	0	0	0	5	0	0	63	54	26	46	0	121		0	0	0		
			SX4258NT 404T	—	WP12NG380E50	天然气	11596	280	GB17691－2005 国Ⅴ GB11340－2005 GB18285－2005	7600	2490	3210	3875＋1400	25000	—	11000	0	0	0	0	0	0	0	0	0	0	0	3		0	0	0		
		载货汽车	SX1256DR 604TL	SX1256DR 604TL	WP10NG300E40	天然气	9726	220	GB17691－2005 国Ⅳ GB11340－2005 GB18285－2005	12000	2490	3270	5975＋1400	25000	12470	12400	0	1	0	0	0	0	0	0	0	0	0	0		0	0	0		
			SX1166HR 414TL	SX1166HR 414TL	WP10NG336E40	天然气	9726	247	GB17691－2005 国Ⅳ GB11340－2005 GB18285－2005	9385	2490	3430	4075＋1400	16000	7965	7905	0	0	3	0	0	0	0	0	0	0	0	0		0	0	0		
			SX1258DT 434TL	SX1258DT 434TL	WP12NG350E50	天然气	11596	257	GB17691－2005 国Ⅴ GB11340－2005 GB18285－2005	9675	2490	3270	4375＋1400	25000	12670	12200	0	0	0	0	12	0	0	0	0	0	0	0		0	0	0		

续表

企业名称	车辆品牌	车辆名称	车辆型号	底盘型号	发动机型号	燃料种类	排量（mL）	功率（kW）	排放标准	外形尺寸（mm）外廓长	外形尺寸（mm）外廓宽	外形尺寸（mm）外廓高	轴距（mm）	总质量（kg）	额定总质量	整备质量（kg）	2013年 1月	2013年 2月	2013年 3月	2013年 4月	2013年 5月	2013年 6月	2013年 7月	2013年 8月	2013年 9月	2013年 10月	2013年 11月	2013年 12月	2013年 小计（辆）	2014年 1月	2014年 2月	2014年 3月	2014年 小计（辆）	合计（辆）
同上	同上	载货汽车	SX1316DT456TL	SX1316DT456TL	WP10NG336E40	天然气	9726	247	GB17691－2005国Ⅳ GB11340－2005 GB18285－2005	12000	2490	3830	1800+4575+1400	31000	18010	12860	0	0	0	0	0	0	0	0	0	1	0	0		0	0	0		
		自卸汽车	SX3160GP4N	SX3160GP4N	YC6J210N－40	天然气	6494	155	GB17691－2005国Ⅳ GB3847－2005 GB18285－2005	7915	2500	3080	4550	16000	8005	7800	0	0	0	3	0	1	0	0	1	0	0	0		0	0	0		
			SX3255BN384T	SX3255BN384T	WP10NG300E30	天然气	9726	221	GB17691－2005国Ⅲ GB11340－2005 GB18285－2005	8636	2490	3450	3800+1350	25000	12370	12500	0	1	0	0	0	0	0	0	0	0	0	0		0	0	0		
			SX3256DR354TL	SX3256DR354TL	WP10NG336E40	天然气	9726	247	GB17691－2005国Ⅳ GB11340－2005 GB18285－2005	8150	2490	3450	3575+1400	25000	12870	12000	0	0	0	0	0	0	0	0	0	0	2	0		0	0	0		
			SX3256DR384TL	SX3256DR384TL	WP10NG300E40	天然气	9726	220	GB17691－2005国Ⅳ GB11340－2005 GB18285－2005	8329	2490	3450	3775+1400	25000	12370	12500	0	0	8	33	1	0	0	0	0	0	0	2		0	0	0		
					WP12NG350E40	天然气	11596	257	GB17691－2005国Ⅳ GB11340－2005 GB18285－2005	8329	2490	3450	3775+1400	25000	12370	12500	0	0	0	0	0	30	5	0	0	0	0	0		0	0	0		
			SX3256DR404TL	SX3256DR384TL	WP10NG300E40	天然气	9726	220	GB17691－2005国Ⅳ GB11340－2005 GB18285－2005	8950	2490	3450	3975+1400	25000	12425	12445	0	0	0	0	0	0	0	0	0	1	3	0		0	0	0		
					WP10NG336E40	天然气	9726	247	GB17691－2005国Ⅳ GB11340－2005 GB18285－2005	8950	2490	3450	3975+1400	25000	12425	12445	0	0	0	0	0	2	0	0	0	0	0	0		0	0	0		
					WP12NG350E40	天然气	11596	257	GB17691－2005国Ⅳ GB11340－2005 GB18285－2005	8950	2490	3450	3975+1400	25000	12425	12445	0	0	0	2	10	0	3	0	0	0	0	0		0	0	0		
			SX3256DR464TL	SX3256DR464TL	WP10NG300E40	天然气	9726	220	GB17691－2005国Ⅳ GB11340－2005 GB18285－2005	9610	2490	3450	4675+1400	25000	12405	12400	0	0	0	0	0	0	0	0	0	0	2	2		0	0	0		
			SX3258DR384TL	SX3258DR404TL	WP12NG350E50	天然气	11596	257	GB17691－2005国Ⅴ GB11340－2005 GB18285－2005	8329	2490	3450	3775+1400	25000	12370	12500	0	0	0	0	0	0	0	0	0	0	1	0		0	0	0		
			SX3316DR346TL	SX3316DR346TL	WP12NG330E40	天然气	11596	243	GB17691－2005国Ⅳ GB11340－2005 GB18285－2005	10030	2490	3450	1800+3375+1400	31000	15420	15450	0	0	0	0	0	0	2	0	0	0	0	0		0	0	0		

续表

企业名称	车辆品牌	车辆名称	车辆型号	底盘型号	发动机型号	燃料种类	排量(mL)	功率(kW)	排放标准	外形尺寸(mm) 外廓长	外形尺寸(mm) 外廓宽	外形尺寸(mm) 外廓高	轴距(mm)	总质量(kg)	额定总质量	整备质量(kg)	2013年 1月	2013年 2月	2013年 3月	2013年 4月	2013年 5月	2013年 6月	2013年 7月	2013年 8月	2013年 9月	2013年 10月	2013年 11月	2013年 12月	2013年 小计(辆)	2014年 1月	2014年 2月	2014年 3月	2014年 小计(辆)	合计(辆)
同上	同上	同上	SX3316DR346TL	SX3316DR346TL	WP12NG350E40	天然气	11596	257	GB17691-2005 国Ⅳ GB11340-2005 GB18285-2005	10030	2490	3450	1800+3375+1400	31000	15420	15450	0	0	0	0	0	0	0	0	0	9	0	0		0	0	0		
			SX3316DR366TL	SX3316DR366TL	WP12NG350E40	天然气	11596	257	GB17691-2005 国Ⅳ GB11340-2005 GB18285-2005	10423	2490	3450	1800+3575+1400	31000	16090	14780	0	0	31	0	1	0	0	0	0	0	1	0		0	0	0		
					WP12NG380E40	天然气	11596	280	GB17691-2005 国Ⅳ GB11340-2005 GB18285-2005	10423	2490	3450	1800+3575+1400	31000	16090	14780	0	0	20	0	6	3	1	4	0	1	2	0		0	0	0		
			SX3316DT456TL	SX3316DT456TL	WP12NG380E40	天然气	11596	280	GB17691-2005 国Ⅳ GB11340-2005 GB18285-2005	11980	2490	3450	1800+4575+1400	31000	15570	15300	9	0	2	4	13	22	2	20	0	2	0	4		0	0	0		
			SX3316DT456TL1	SX3316DT456TL1	WP12NG330E40	天然气	11596	243	GB17691-2005 国Ⅳ GB11340-2005 GB18285-2005	11230	2490	3450	1800+4575+1400	31000	15820	15050	0	1	0	0	0	0	0	15	0	0	0	0		0	0	0		
					WP12NG350E40	天然气	11596	257	GB17691-2005 国Ⅳ GB11340-2005 GB18285-2005	11030	2490	3450	1800+4375+1400	31000	15820	15050	0	0	120	0	0	0	0	0	0	0	38	0		0	0	0		
					WP12NG380E40	天然气	11596	280	GB17691-2005 国Ⅳ GB11340-2005 GB18285-2005	11230	2490	3450	1800+4575+1400	31000	15820	15050	22	0	0	38	65	61	30	0	2	8	0	5		0	0	0		
			SX3316HR326TL	SX3316HR366TL	WP10NG280E40	天然气	9726	206	GB17691-2005 国Ⅳ GB11340-2005 GB18285-2005	9810	2490	3450	1800+3175+1400	31000	16020	14850	0	4	0	6	0	0	0	0	0	0	0	1		0	0	0		
					WP10NG336E40	天然气	9726	247	GB17691-2005 国Ⅳ GB11340-2005 GB18285-2005	9610	2490	3450	1800+3175+1400	31000	16020	14850	0	0	4	0	0	0	0	0	0	0	0	0		0	0	0		
			SX3316HR346TL	SX3316HR366TL	WP10NG280E40	天然气	9726	206	GB17691-2005 国Ⅳ GB11340-2005 GB18285-2005	10210	2490	3450	1800+3375+1400	31000	15970	14900	0	0	4	0	0	0	0	0	0	0	0	0		0	0	0		
					WP10NG300E40	天然气	9726	220	GB17691-2005 国Ⅳ GB11340-2005 GB18285-2005	10210	2490	3450	1800+3375+1400	31000	15970	14900	0	0	0	2	11	1	0	0	0	0	27	0		0	0	0		
					WP10NG336E40	天然气	9726	247	GB17691-2005 国Ⅳ GB11340-2005 GB18285-2005	10310	2490	3450	1800+3775+1400	31000	15970	14900	0	0	0	0	0	0	0	0	1	0	0	0		0	0	0		

续表

企业名称	车辆品牌	车辆名称	车辆型号	底盘型号	发动机型号	燃料种类	排量(mL)	功率(kW)	排放标准	外形尺寸(mm) 外廓长	外形尺寸(mm) 外廓宽	外形尺寸(mm) 外廓高	轴距(mm)	总质量(kg)	额定总质量	整备质量(kg)	2013年 1月	2013年 2月	2013年 3月	2013年 4月	2013年 5月	2013年 6月	2013年 7月	2013年 8月	2013年 9月	2013年 10月	2013年 11月	2013年 12月	2013年 小计(辆)	2014年 1月	2014年 2月	2014年 3月	2014年 小计(辆)	合计(辆)
同上	同上	同上	SX3316HR 366TL	SX3316HR 366TL	WP10NG300E40	天然气	9726	220	GB17691－2005 国Ⅳ GB11340－2005 GB18285－2005	10210	2490	3450	1800＋3575＋1400	31000	15920	14950	0	24	9	0	94	22	4	0	0	0	2	0		0	0	0		
					WP10NG336E40	天然气	9726	247	GB17691－2005 国Ⅳ GB11340－2005 GB18285－2005	10210	2490	3450	1800＋3575＋1400	31000	15920	14950	0	0	0	0	0	0	0	1	7	1	0	3		0	0	0		
			SX3316HR 456T	SX3316HR 456T	WP10NG300E40	天然气	9726	220	GB17691－2005 国Ⅳ GB11340－2005 GB18285－2005	11410	2490	3450	1800＋4575＋1400	31000	16070	14800	0	0	0	2	0	20	0	30	0	0	0	0		0	0	0		
			SX3318DR 366TL	SX3318DR 366TL	WP12NG350E50	天然气	11596	257	GB17691－2005 国Ⅴ GB11340－2005 GB18285－2005	10423	2490	3450	1800＋3575＋1400	31000	16090	14780	0	0	0	0	0	0	0	1	0	2	0	0		0	0	0		
			SX3318DT 456T	SX3318DT 456T	WP12NG350E50	天然气	11596	257	GB17691－2005 国Ⅴ GB11340－2005 GB18285－2005	11350	2490	3450	1800＋4575＋1400	31000	15420	15450	0	0	0	0	0	0	0	0	0	0	0	1		0	0	0		
			SX3318DT 456TL	SX3318DT 456TL	WP12NG380E50	天然气	11596	280	GB17691－2005 国Ⅴ GB11340－2005 GB18285－2005	11980	2490	3450	1800＋4575＋1400	31000	15570	15300	0	0	0	0	0	0	0	2	0	0	1	1		0	0	0		
			SX3318DT 456TL1	SX3318DT 456TL1	WP12NG380E50	天然气	11596	280	GB17691－2005 国Ⅴ GB11340－2005 GB18285－2005	11030	2490	3450	1800＋4575＋1400	31000	15820	15050	0	0	0	0	0	0	0	4	3	1	1	16		0	0	0		
			SX3318HR 366TL	SX3318HR 366TL	WP10NG336E50	天然气	9726	247	GB17691－2005 国Ⅴ GB11340－2005 GB18285－2005	10435	2490	3450	1800＋3575＋1400	31000	15755	15050	0	0	0	0	0	0	0	0	0	0	2	0		0	0	0		
		扫路车	SX5166TSLDM 461T	SX1166DM 461T	WP10NG280E40	天然气	9726	206	GB17691－2005 国Ⅳ GB11340－2005 GB18285－2005	8990	2490	3270	4600	16000	4370	11500	0	0	0	0	2	0	0	0	0	0	0	0		0	0	0		
一汽解放青岛汽车有限公司	解放牌	仓栅式运输车	CA5167CCYPK2L2NA80－1	CA1167PK2L2NA80	CA6SF2－17E4N	天然气	7130	128	GB3847－1999 GB17691－2005 国Ⅳ	8998	2499	3790	5270	15800	8955	6650	0	0	0	0	0	0	0	0	0	0	0	1		0	0	0		
			CA5169CCYPK15L2NA80－1	CA1169PK15L2NA80	YC4D140N－40	天然气	4214	103	GB3847－1999 GB17691－2005 国Ⅳ	8998	2499	3790	5270	15800	9155	6450	0	0	0	2	0	0	0	0	0	0	0	0	6864	0	0	0	0	6864
			CA5169CCYPK15L2NA80－1	CA1169PK15L2NA80	YC4D140N－40	天然气	4214	103	GB3847－1999 GB17691－2005 国Ⅳ	8998	2499	3790	5270	15800	9155	6450	0	0	0	0	0	5	0	0	0	0	0	1		0	0	0		

续表

企业名称	车辆品牌	车辆名称	车辆型号	底盘型号	发动机型号	燃料种类	排量(mL)	功率(kW)	排放标准	外形尺寸(mm) 外廓长	外形尺寸(mm) 外廓宽	外形尺寸(mm) 外廓高	轴距(mm)	总质量(kg)	额定总质量	整备质量(kg)	2013年 1月	2013年 2月	2013年 3月	2013年 4月	2013年 5月	2013年 6月	2013年 7月	2013年 8月	2013年 9月	2013年 10月	2013年 11月	2013年 12月	2013年 小计(辆)	2014年 1月	2014年 2月	2014年 3月	2014年 小计(辆)	合计(辆)
同上	同上	同上	CA5169CCYPK15L2NE5A80-1	CA1169PK15L2NE5A80	YC4D140N-50	天然气	4214	103	GB18285-2005 GB11340-2005 GB17691-2005 国Ⅴ	8998	2499	3790	5270	15800	9155	6450	0	0	0	0	0	0	0	0	0	1	2	4		0	0	0		
			CA5250CCYP1K15L7T3NA80-1	CA1250P1K15L7T3BNA80	WP7NG210E40	天然气	7140	155	GB18285-2005 GB11340-2005 GB17691-2005 国Ⅳ	11935	2490	3900	1900+5650	25000	13965	10840	0	0	0	1	0	4	0	0	0	0	0	2		0	0	0		
			CA5250CCYP1K15L7T3NE5A80-1	CA1250P1K15L7T3NE5A80	WP7NG210E50	天然气	7140	155	GB18285-2005 GB11340-2005 GB17691-2005 国Ⅴ	11935	2490	3900	1900+5650	25000	13965	10840	0	0	0	0	0	0	0	0	0	2	3	3		0	0	0		
			CA5313CCYP2K15L7T4NA80-1	CA1313P2K15L7T4NA80	WP10NG280E40	天然气	9726	206	GB3847-2005 GB17691-2005 国Ⅳ	11995	2490	3835	1900+4500+1350	31000	18060	12745	0	0	0	2	0	0	1	0	0	0	0	5		0	0	0		
					WP10NG300E40	天然气	9726	220	GB3847-2005 GB17691-2005 国Ⅳ	11995	2490	3835	1900+4500+1350	31000	18060	12745	0	0	1	0	1	1	0	1	0	3	0	0		0	0	0		
			CA5313CCYP2K15L7T4NE5A80-1	CA1313P2K15L7T4NE5A80	WP10NG280E50	天然气	9726	206	GB18285-2005 GB11340-2005 GB17691-2005 国Ⅴ	11995	2490	3835	1900+4500+1350	31000	18060	12745	0	0	0	0	0	0	0	1	0	0	0	0		0	0	0		
					WP10NG300E50	天然气	9726	220	GB18285-2005 GB11340-2005 GB17691-2005 国Ⅴ	11995	2490	3835	1900+4500+1350	31000	18060	12745	0	0	0	0	0	0	0	0	0	0	0	1		0	0	0		
		平头天然气牵引车	CA4163P1K2NE5A80	—	WP10NG260E50	天然气	9726	191	GB3847-2005 GB17691-2005 国Ⅲ	6505	2493	3815	4200	16490	—	6580	0	0	0	0	0	0	0	0	0	0	0	1		0	0	0		
			CA4180P1K15NA80	—	WP10NG300E40	天然气	9726	220	GB18285-2005 GB11340-2005 GB17691-2005 国Ⅳ	6505	2493	3450	4200	18000	—	6805	7	0	2	7	0	1	0	0	0	0	2	4		0	0	0		
			CA4180P1K15NE5A80	—	WP10NG300E50	天然气	9726	220	GB18285-2005 GB11340-2005 GB17691-2005 国Ⅴ	6505	2493	3260	4200	18000	—	7005	0	0	0	0	0	0	0	0	1	0	0	0		0	0	0		
					CA6SL2-29E5N	天然气	8600	216	GB18285-2005 GB11340-2005 GB17691-2005 国Ⅴ	6505	2493	3450	4200	18000	—	7005	0	0	0	0	0	0	0	0	0	0	0	3		0	0	0		
			CA4226P1K15T3NA80	—	WP10NG300E40	天然气	9726	220	GB18285-2005 GB11340-2005 GB17691-2005 国Ⅳ	7025	2490	3290	1700+3000	22000	—	8200	0	0	0	0	0	1646	0	0	0	0	0	0		0	0	0		

续表

企业名称	车辆品牌	车辆名称	车辆型号	底盘型号	发动机型号	燃料种类	排量(mL)	功率(kW)	排放标准	外形尺寸(mm)			轴距(mm)	总质量(kg)	额定总质量	整备质量(kg)	2013年													2014年				合计(辆)
										外廓长	外廓宽	外廓高					1月	2月	3月	4月	5月	6月	7月	8月	9月	10月	11月	12月	小计(辆)	1月	2月	3月	小计(辆)	
同上	同上	同上	CA4226P1K 15T3NA80	—	WP10NG336E40	天然气	9726	247	GB18285－2005 GB11340－2005 GB17691－2005 国Ⅳ	7025	2490	3290	1700+3000	22000	—	8200	258	132	558	188	302	275	82	90	63	334	253	1219		0	0	0		
			CA4226P1K 15T3NE5A80	—	WP10NG336E50	天然气	9726	247	GB18285－2005 GB11340－2005 GB17691－2005 国Ⅴ	7025	2490	3320	1700+3000	22000	—	8200	0	0	0	0	0	0	0	0	0	0	0	59		0	0	0		
					WP10NG330E40	天然气	9726	247	GB18285－2005 GB11340－2005 GB17691－2005 国Ⅳ	7143	2490	3385	1700+3000	22000	—	8700	0	0	13	0	0	0	0	0	0	0	0	0		0	0	0		
			CA4226P2 K15T3NA80	—	WP10NG336E40	天然气	9726	247	GB18285－2005 GB11340－2005 GB17691－2005 国Ⅳ	7143	2490	3580	1700+3000	22000	—	8700	1	12	0	0	3	1	50	0	0	4	0	111		0	0	0		
					WP12NG330E40	天然气	11596	243	GB18285－2005 GB11340－2005 GB17691－2005 国Ⅳ	7143	2490	3580	1700+3000	22000	—	8700	0	0	0	0	0	47	0	0	0	0	0	0		0	0	0		
					WP12NG350E40	天然气	11596	257	GB18285－2005 GB11340－2005 GB17691－2005 国Ⅳ	7143	2490	3385	1700+3000	22000	—	8700	0	0	0	0	0	0	0	4	5	0	8	0		0	0	0		
			CA4226P2K 15T3NE5A80	—	WP10NG336E50	天然气	9726	247	GB18285－2005 GB11340－2005 GB17691－2005 国Ⅴ	7170	2500	3470	1700+3000	22000	—	8700	0	0	0	0	0	0	0	4	4	8	6	10		0	0	0		
					WP12NG350E50	天然气	11596	257	GB18285－2005 GB11340－2005 GB17691－2005 国Ⅴ	7170	2500	3400	1700+3000	22000	—	8700	0	0	0	0	0	0	0	0	0	0	0	13		0	0	0		
			CA4251P1K15 T1NA80	—	WP10NG336E40	天然气	9726	247	GB18285－2005 GB11340－2005 GB17691－2005 国Ⅳ	7325	2490	3280	3800+1350	25000	—	8805	0	0	0	0	4	0	0	3	0	0	3	0		0	0	0		
			CA4253P1K15 T1NA80	—	WP10NG336E40	天然气	9726	247	GB18285－2005 GB11340－2005 GB17691－2005 国Ⅳ	7325	2490	3480	3800+1350	25000	—	9380	0	1	22	3	6	59	11	41	0	18	6	25		0	0	0		
			CA4253P1K 15T1NE5A80	—	WP10NG336E50	天然气	9726	247	GB18285－2005 GB11340－2005 GB17691－2005 国Ⅴ	7325	2490	3290	3800+1350	25000	—	9380	0	0	0	0	0	0	0	0	0	0	0	2		0	0	0		
			CA4257P2K 15T1NA80	—	WP10NG336E40	天然气	9726	247	GB18285－2005 GB11340－2005 GB17691－2005 国Ⅳ	7443	2490	3350	3800+1350	25000	—	8805	0	1	2	0	0	0	0	0	0	1	0	0		0	0	0		

续表

企业名称	车辆品牌	车辆名称	车辆型号	底盘型号	发动机型号	燃料种类	排量(mL)	功率(kW)	排放标准	外形尺寸(mm) 外廓长	外形尺寸(mm) 外廓宽	外形尺寸(mm) 外廓高	轴距(mm)	总质量(kg)	额定总质量	整备质量(kg)	2013年 1月	2013年 2月	2013年 3月	2013年 4月	2013年 5月	2013年 6月	2013年 7月	2013年 8月	2013年 9月	2013年 10月	2013年 11月	2013年 12月	2013年 小计(辆)	2014年 1月	2014年 2月	2014年 3月	2014年 小计(辆)	合计(辆)
同上	同上	同上	CA4258P2K 15T1NA80	—	WP12NG350E40	天然气	11596	257	GB3847－2005 GB17691－2005 国Ⅲ	7443	2490	3550	3800＋1350	25000	—	8805	28	54	0	1	25	54	1	14	0	1	1	51		0	0	0		
					WP12NG380E40	天然气	11596	280	GB18285－2005 GB11340－2005 GB17691－2005 国Ⅳ	7443	2490	3550	3800＋1350	25000	—	8805	0	0	28	33	0	0	0	0	2	0	0	3		0	0	0		
			CA4258P2K15 T1NE5A80	—	WP10NG336E50	天然气	9726	247	GB18285－2005 GB11340－2005 GB17691－2005 国Ⅴ	7470	2500	3450	3800＋1350	25000	—	8805	0	0	0	0	0	0	0	0	0	0	0	2		0	0	0		
					WP12NG350E50	天然气	11596	257	GB18285－2005 GB11340－2005 GB17691－2005 国Ⅴ	7470	2500	3450	3800＋1350	25000	—	8805	0	0	0	0	0	0	0	0	0	0	0	32		0	0	0		
		平头天然气自卸汽车	CA3208P1K 2L2T1NE5A80	CA3208P1K2 L2T1NE5A80	WP10NG300E50	天然气	9726	220	GB18285－2005 GB11340－2005 GB17691－2005 国Ⅴ	8705	2490	3300	4080＋1350	20200	9970	10100	0	0	0	0	0	0	0	0	0	0	0	21		0	0	0		
			CA3310P1K 15L3T4NA80	CA3310P1K15 L3T4NA80	WP10NG280E40	天然气	9726	206	GB18285－2005 GB11340－2005 GB17691－2005 国Ⅳ	10205	2500	3250	1900＋3650＋1350	31000	16035	14770	0	0	5	0	0	39	3	0	0	3	14	15		0	0	0		
					WP10NG300E40	天然气	9726	220	GB18285－2005 GB11340－2005 GB17691－2005 国Ⅳ	10005	2500	3250	1900＋3650＋1350	31000	16100	14770	10	0	0	0	1	0	0	0	0	0	0	0		0	0	0		
		平头液化天然气自卸汽车	CA3256P2 K2T1NA80	CA3256P2 K2T1NA80	WP12NG350E40	天然气	11596	257	GB18285－2005 GB11340－2005 GB17691－2005 国Ⅲ	8393	2500	3280	3825＋1350	25000	12725	12080	12	0	0	0	0	1	5	0	0	0	9	31		0	0	0		
			CA3310P2K2 L4T4NA80	CA3310P2K2 L4T4NA80	WP12NG350E40	天然气	11596	257	GB18285－2005 GB11340－2005 GB17691－2005 国Ⅲ	10488	2500	3280	1860＋3960＋1350	31000	16100	14770	0	0	0	0	0	2	1	1	6	0	0	2		0	0	0		
					WP12NG380E40	天然气	11596	280	GB3847－2005 GB17691－2005 国Ⅳ	11058	2500	3280	1860＋4360＋1350	31000	16100	14770	0	0	4	0	71	30	5	48	41	15	13	0		0	0	0		
		厢式运输车	CA5160XXYPK 2L5NA80－3	CA5160XXYPK 2L5NA80－3	CA6SF2－19E4N	天然气	7130	143	GB3847－1999 GB17691－2005 国Ⅳ	9985	2550	3895	5720	15800	8005	7600	0	0	0	0	0	0	0	0	0	0	0	1		0	0	0		
			CA5169XXYPK 15L2NA80－3	CA1169PK 15L2NA80	YC4D140N－40	天然气	4214	103	GB3847－1999 GB17691－2005 国Ⅳ	8998	2550	3640	5270	15800	8945	6660	0	0	0	0	0	5	0	0	0	0	0	1		0	0	0		

续表

企业名称	车辆品牌	车辆名称	车辆型号	底盘型号	发动机型号	燃料种类	排量（mL）	功率（kW）	排放标准	外形尺寸（mm）外廓长	外形尺寸（mm）外廓宽	外形尺寸（mm）外廓高	轴距（mm）	总质量（kg）	额定总质量	整备质量（kg）	2013年 1月	2013年 2月	2013年 3月	2013年 4月	2013年 5月	2013年 6月	2013年 7月	2013年 8月	2013年 9月	2013年 10月	2013年 11月	2013年 12月	2013年 小计（辆）	2014年 1月	2014年 2月	2014年 3月	2014年 小计（辆）	合计（辆）
同上	同上	同上	CA5250XXYP1K15L7T3NA80－3	CA1250P1K15L7T3BNA80	WP7NG210E40	天然气	7140	155	GB18285－2005 GB11340－2005 GB17691－2005 国Ⅳ	11935	2550	3905	1900＋5650	25000	13965	10840	0	0	0	5	0	3	3	0	1	0	0	2		0	0	0		
		同上	CA5250XXYP1K15L7T3NE5A80－3	CA1250P1K15L7T3NE5A80	WP7NG210E50	天然气	7140	155	GB18285－2005 GB11340－2005 GB17691－2005 国Ⅴ	11935	2550	3905	1900＋5650	25000	14030	10840	0	0	0	0	0	0	0	0	4	2	0	1		0	0	0		
		平头天然气载货汽车	CA1169PK15L2NA80	CA1169PK15L2NA80	YC4D140N－40	天然气	4214	103	GB3847－1999 GB17691－2005 国Ⅳ	8475	2496	2900	4920	15800	9900	5705	0	0	0	0	1	0	0	0	0	0	0	0		0	0	0		
		平头天然气载货汽车	CA1313P2K15L7T4NA80	CA1313P2K15L7T4NA80	WP10NG300E40	天然气	9726	220	GB3847－2005 GB17691－2005 国Ⅳ	11995	2490	3532	1900＋4500＋1350	31000	18985	11885	0	0	0	0	0	0	0	0	0	0	0	1		0	0	0		
		混凝土搅拌运输车	CA5250GJBP2K15T1NA80	CA1250P2K15T1S2NA80	WP12NG350E40	天然气	11596	257	GB18285－2005 GB11340－2005 GB17691－2005 国Ⅳ	10290	2496	3760	4300＋1350	25000	9755	15115	0	0	0	0	0	1	0	0	0	0	0	9		0	0	0		
		冷藏车	CA5313XLCP2K15L7T4NA80	CA1313P2K15L7T4NA80	WP10NG280E40	天然气	9726	206	GB3847－2005 GB17691－2005 国Ⅳ	11995	2540	4000	1900＋4500＋1350	31000	17905	12900	0	0	0	0	0	0	0	0	0	0	0	2		0	0	0		
		篷式运输车	CA5169CPYPK15L2NA80－2	CA1169PK15L2NA80	YC4D140N－40	天然气	4214	103	GB3847－1999 GB17691－2005 国Ⅳ	8998	2496	3790	5270	15800	9105	6500	0	0	0	33	0	4	0	0	0	0	0	0		0	0	0		
北京福田戴姆勒汽车有限公司	欧曼牌	半挂牵引车	BJ4182SLFCA－1	—	YC6G260N－30	天然气	7800	191	GB18285－2005 GB11340－2005 GB17691－2005 国Ⅲ	6182	2495	2960	3650	18000	—	6200	0	0	0	2	0	0	0	0	0	0	0	0		0	0	0		
		半挂牵引车	BJ4253SMFCB－4	—	WP12NG350E40	天然气	11596	257	GB17691－2005 国Ⅲ GB11340－2005 GB18285－2005	7525	2495	3410	3825＋1350	25000	—	8805	37	1	0	50	86	0	0	0	0	0	0	0		0	0	0		
		半挂牵引车	BJ4253SMFCB－4	—	WP12NG380E40	天然气	11596	280	GB17691－2005 国Ⅲ GB11340－2005 GB18285－2005	7525	2495	3410	3825＋1350	25000	-	8805	29	106	27	3	0	61	71	1	0	0	0	0	3331	0	0	0	0	3331
		半挂牵引车	BJ4253SNFCB－AA	—	WP12NG350E40	天然气	11596	257	GB18285－2005 GB11340－2005 GB17691－2005 国Ⅳ	7460	2495	3410	1800＋3100	25000	—	8100	168	67	143	269	279	434	661	48	28	40	37	87		0	0	0		
		半挂牵引汽车	BJ4253SNFCB－AB	—	WP12NG350E40	天然气	11596	257	GB17691－2005 国Ⅳ GB11340－2005 GB18285－2005	7525	2495	3410	3825＋1350	25000	—	8800	0	0	0	0	0	0	0	0	0	0	46	0		0	0	0		

续表

企业名称	车辆品牌	车辆名称	车辆型号	底盘型号	发动机型号	燃料种类	排量(mL)	功率(kW)	排放标准	外形尺寸(mm) 外廓长	外廓宽	外廓高	轴距(mm)	总质量(kg)	额定总质量	整备质量(kg)	2013年 1月	2月	3月	4月	5月	6月	7月	8月	9月	10月	11月	12月	小计(辆)	2014年 1月	2月	3月	小计(辆)	合计(辆)
同上	同上	同上	BJ42535NF CB－AB	—	WP12NG380E40	天然气	11596	280	GB17691－2005 国Ⅳ GB11340－2005 GB18285－2005	7525	2495	3410	3825＋1350	25000	—	8800	0	0	0	0	0	0	1	18	23	21	0	58	3331	0	0	0	0	3331
			BJ4253SNF CB－AC	—	WP12NG380E50	天然气	11596	280	GB17691－2005 国Ⅴ GB11340－2005 GB18285－2005	7525	2495	3410	3825＋1350	25000	—	8800	0	0	0	0	0	0	0	1	0	0	1	43		0	0	0		
			BJ4253SNF CB－AD	—	WP12NG350E50	天然气	11596	257	GB18285－2005 GB11340－2005 GB17691－2005 国Ⅴ	7460	2495	3410	1800＋3100	25000	—	8100	0	0	0	0	0	0	0	0	4	2	0	1		0	0	0		
		自卸汽车	BJ3253DL PCE	BJ3253DLPCE	WP12NG380E40	天然气	11596	280	GB18285－2005 GB11340－2005 GB17691－2005 国Ⅳ	9280	2495	3400	4300＋1350	25000	12420	12450	0	0	0	0	0	0	0	1	0	0	0	0		0	0	0		
			BJ3253VLP CE－1	BJ3253VLPC E－1	WP12NG350E40	天然气	11596	257	GB17691－2005 国Ⅲ GB11340－2005 GB18285－2005	8770	2495	3400	4100＋1350	25000	12410	12395	0	1	2	3	1	14	0	0	0	3	0	0		0	0	0		
			BJ3313DM PCC	BJ3313DMPCC	WP12NG380E40	天然气	11596	280	GB18285－2005 GB11340－2005 GB17691－2005 国Ⅳ	10478	2495	3700	1800＋3950＋1350	31000	15405	15400	0	0	0	0	0	0	0	0	6	0	0	0		0	0	0		
			BJ3313DMP CJ－3	BJ3313DMPC J－3	WP12NG380E40	天然气	11596	280	GB17691－2005 国Ⅲ GB11340－2005 GB18285－2005	12000	2490	3700	1800＋4700＋1350	31000	15535	15270	2	0	0	0	0	0	0	0	0	0	0	0		0	0	0		
			BJ3313DMP CJ－4	BJ3313DMPC J－4	WP12NG380E40	天然气	11596	280	GB17691－2005 国Ⅲ GB11340－2005 GB18285－2005	11602	2495	3400	1800＋4700＋1350	31000	15420	15385	11	16	2	8	8	100	9	7	0	3	19	4		0	0	0		
			BJ3313VMP CF－1	BJ3313VMP CF－1	WP12NG380E40	天然气	11596	257	GB17691－2005 国Ⅳ GB11340－2005 GB18285－2005	10884	2495	3700	1800＋4300＋1350	31000	15840	14965	0	0	0	0	0	24	0	0	0	0	0	0		0	0	0		
					WP12NG380E40	天然气	11596	280	GB17691－2005 国Ⅲ GB11340－2005 GB18285－2005	10884	2495	3700	1800＋4300＋1350	31000	15840	14965	0	1	0	34	7	0	25	2	0	0	0	64		0	0	0		
东风汽车有限公司	东风牌	半挂牵引车	DFL4251A11	—	YC6M340N－30	天然气	9839	250	GB11340－2005 GB18285－2005 GB17691－2005 国Ⅲ	7260	2500	3700	3600＋1350	25000	—	11000	0	0	0	1	0	0	0	0	0	0	0	0	2097	0	0	0	0	2097

续表

企业名称	车辆品牌	车辆名称	车辆型号	底盘型号	发动机型号	燃料种类	排量(mL)	功率(kW)	排放标准	外形尺寸(mm) 外廓长	外廓宽	外廓高	轴距(mm)	总质量(kg)	额定总质量	整备质量(kg)	2013年 1月	2月	3月	4月	5月	6月	7月	8月	9月	10月	11月	12月	小计(辆)	2014年 1月	2月	3月	小计(辆)	合计(辆)
同上	同上	同上	DFL4251A12	—	EQRN380－30	天然气	11120	280	GB11340－2005 GB18285－2005 GB17691－2005 国Ⅲ	7560	2500	3700	3600＋1350	25000	—	8800	26	0	0	0	0	34	30	0	0	0	0	0		0	0	0		
					YC6M340N－30	天然气	9839	250	GB11340－2005 GB18285－2005 GB17691－2005 国Ⅲ	7560	2500	3700	3900＋1350	25000	—	8800	0	3	0	68	64	0	0	0	0	0	0	0		0	0	0		
					YC6MK375N－30	天然气	10338	276	GB11340－2005 GB18285－2005 GB17691－2005 国Ⅲ	7560	2500	3700	3900＋1350	25000	—	8800	0	0	25	0	0	0	0	0	0	0	0	0		0	0	0		
			DFL4251A18	—	YC6MK340N－40	天然气	10338	250	GB11340－2005 GB18285－2005 GB17691－2005 国Ⅳ	7460	2500	3700	3900＋1350	25000	—	9600	0	0	0	106	0	0	0	0	0	0	0	0		0	0	0		
					YC6MK375N－40	天然气	10338	276	GB11340－2005 GB18285－2005 GB17691－2005 国Ⅳ	7460	2500	3700	3900＋1350	25000	—	9600	27	14	104	51	116	60	132	48	95	69	105	84		0	0	0		
			EQ4250GD3GN	—	WP12NG380E40	天然气	11596	280	GB11340－2005 GB18285－2005 GB17691－2005 国Ⅳ	7560	2500	3700	3900＋1350	25000	—	8800	0	7	2	10	34	18	10	0	4	10	4	28		0	0	0		
			EQ4250GD5N	—	YC6MK340N－50	天然气	10338	250	GB11340－2005 GB18285－2005 GB17691－2005 国Ⅴ	6950	2500	3700	1700＋2700	25000	—	8220	0	0	10	20	0	0	0	0	0	1	0	0		0	0	0		
			EQ4250GD5N1	—	YC6MK375N－50	天然气	10338	276	GB11340－2005 GB18285－2005 GB17691－2005 国Ⅴ	7560	2500	3700	3900＋1350	25000	—	9600	0	0	0	0	0	0	0	5	0	0	10	0		0	0	0		
		半挂牵引汽车	DFL4160B1	—	EQD230N－30	天然气	6324	172	GB11340－2005 GB18285－2005 GB17691－2005 国Ⅲ	6030	2470	2830	3500	15900	—	5705	0	0	0	0	0	1	0	0	0	0	0	0		0	0	0		
			DFL4250A1	—	YC6M340N－30	天然气	9839	250	GB11340－2005 GB18285－2005 GB17691－2005 国Ⅲ	6950	2500	3700	1700＋2700	25000	—	8620	2	5	0	2	2	7	1	0	0	0	0	0		0	0	0		
			DFL4251AX12A	—	EQRN385－40	天然气	11120	283	GB11340－2005 GB18285－2005 GB17691－2005 国Ⅳ	7460	2500	3700	3800＋1350	25000	—	9685	19	0	37	11	18	50	40	52	19	40	32	26		0	0	0		
			DFL4251AX18	—	YC6MK340N－40	天然气	10338	250	GB11340－2005 GB18285－2005 GB17691－2005 国Ⅳ	7460	2500	3030	3900＋1350	25000	—	8805	8	0	0	0	0	0	10	0	5	0	0	0		0	0	0		

续表

企业名称	车辆品牌	车辆名称	车辆型号	底盘型号	发动机型号	燃料种类	排量(mL)	功率(kW)	排放标准	外形尺寸(mm) 外廓长	外形尺寸(mm) 外廓宽	外形尺寸(mm) 外廓高	轴距(mm)	总质量(kg)	额定总质量	整备质量(kg)	2013年 1月	2013年 2月	2013年 3月	2013年 4月	2013年 5月	2013年 6月	2013年 7月	2013年 8月	2013年 9月	2013年 10月	2013年 11月	2013年 12月	2013年 小计(辆)	2014年 1月	2014年 2月	2014年 3月	2014年 小计(辆)	合计(辆)
同上	同上	半挂牵引汽车	DFL4251AX18	—	YC6MK375N－40	天然气	10338	276	GB11340－2005 GB18285－2005 GB17691－2005 国Ⅳ	7460	2500	3700	3900＋1350	25000	—	8805	0	3	6	6	7	4	0	5	0	4	5	33		0	0	0		
		混凝土搅拌运输车	DFL5251GJBA5	DFL5251GJBA5	EQRN385－40	天然气	11120	283	GB11340－2005 GB18285－2005 GB17691－2005 国Ⅳ	9980	2500	3990	4000＋1350	24900	10770	14000	0	0	0	9	0	0	0	0	0	0	0	0		0	0	0		
					YC6MK340N－40	天然气	10338	250	GB11340－2005 GB18285－2005 GB17691－2005 国Ⅳ	9780	2500	3990	3800＋1350	24900	10705	14000	0	0	0	12	4	0	0	0	0	0	0	0		0	0	0		
		载货汽车	EQ1310GD5N	EQ1310GD5NJ	YC6MK340N－50	天然气	10338	250	GB11340－2005 GB18285－2005 GB17691－2005 国Ⅴ	12000	2500	3760	2150＋4500＋1350	30600	17900	12505	0	0	0	0	0	0	0	1	0	0	0	0		0	0	0		
				EQ1310GD5NJ	YC6MK300N－50	天然气	10338	221	GB11340－2005 GB18285－2005 GB17691－2005 国Ⅴ	12000	2500	3760	2150＋4500＋1350	30600	17900	12505	0	0	0	0	0	0	0	0	1	0	2	0		0	0	0		
		自卸汽车	DFL3310A15	DFL3310A15	YC6M340N－30	天然气	9839	250	GB11340－2005 GB18285－2005 GB17691－2005 国Ⅲ	10300	2500	3450	1850＋3800＋1350	31000	16100	14770	0	0	0	3	0	0	0	0	0	0	0	0		0	0	0		
			DFL3310A17	DFL3310A17	YC6MK375N－40	天然气	10338	276	GB11340－2005 GB18285－2005 GB17691－2005 国Ⅳ	10550	2500	3450	1850＋3800＋1350	31000	16100	14770	0	0	6	8	3	5	5	4	0	0	0	0		0	0	0		
			DFL3310A18	DFL3310A17	YC6MK375N－40	天然气	10338	276	GB11340－2005 GB18285－2005 GB17691－2005 国Ⅳ	10700	2500	3450	1850＋4200＋1350	31000	16100	14770	0	0	0	2	0	0	0	0	0	0	0	0		0	0	0		
			EQ3122GD3GN	EQ3122GD3GNJ	YC6J210N－30	天然气	6494	155	GB11340－2005 GB18285－2005 GB17691－2005 国Ⅲ	7600	2470	2850	4500	11500	4800	6505	0	0	2	0	62	63	0	0	0	0	0	0		0	0	0		
			EQ3310GD3GN	EQ3310GD3GNJ	YC6M290N－30	天然气	9839	214	GB11340－2005 GB17691－2005 国Ⅲ GB18285－2005	10650	2500	3300	1950＋3800＋1350	31000	16000	14805	2	1	1	1	2	3	0	0	0	0	0	0		0	0	0		
奇瑞商用车（安徽）有限公司	集瑞联合牌	混凝土搅拌运输车	SQR5252GJBN6T4	SQR5252GJBN6T4－E	YC6K380N－50	天然气	12939	280	GB17691－2005 国Ⅴ GB18285－2005 GB11340－2005	10055	2500	3990	4200＋1350	25000	9870	15000	0	0	0	0	0	0	1	0	0	0	0	0	1788	0	0	0	0	1788

续表

企业名称	车辆品牌	车辆名称	车辆型号	底盘型号	发动机型号	燃料种类	排量(mL)	功率(kW)	排放标准	外形尺寸(mm) 外廓长	外廓宽	外廓高	轴距(mm)	总质量(kg)	额定总质量	整备质量(kg)	2013年 1月	2月	3月	4月	5月	6月	7月	8月	9月	10月	11月	12月	小计(辆)	2014年 1月	2月	3月	小计(辆)	合计(辆)
同上	同上	同上	SQR5251GJBN6T4	SQR3251N6T4-E	YC6MK340N-40	天然气	10338	250	GB11340-2005 GB18285-2005 GB17691-2005国Ⅳ	9550	2500	3950	3825+1350	25000	10670	14200	0	0	0	0	3	20	0	0	0	0	0	8		0	0	0		
		同上	SQR5252GJBN6T4	SQR5252GJBN6T4-E	YC6MK340N-50	天然气	10338	250	GB17691-2005国Ⅴ GB18285-2005 GB11340-2005	10530	2500	3990	4200+1350	25000	9870	15000	0	0	0	0	0	0	0	0	0	0	0	56		0	0	0		
		同上	SQR5251GJBN6T4-1	SQR3251N6T4-E1	YC6MK375N-40	天然气	10338	276	GB11340-2005 GB18285-2005 GB17691-2005国Ⅳ	10055	2500	3980	4200+1350	25000	9870	15000	0	0	26	19	70	97	2	32	0	55	25	26		0	0	0		
		牵引汽车	SQR4181N5Z	—	YC6L260N-40	天然气	8424	191	GB17691-2005国Ⅳ GB18285-2005 GB11340-2005	6726	2500	3320	4200	18000	—	6950	0	0	0	0	0	2	0	0	0	0	0	6		0	0	0		
		牵引汽车	SQR4181N6Z	—	YC6MK340N-40	天然气	10338	250	GB17691-2005国Ⅳ GB18285-2005 GB11340-2005	6726	2500	3905	4200	18000	—	6805	0	0	0	0	22	0	0	3	0	0	0	0		0	0	0		
		牵引汽车	SQR4181N6Z-2	—	YC6MK340N-40	天然气	10338	250	GB17691-2005国Ⅳ GB18285-2005 GB11340-2005	6726	2500	3320	4200	18000	—	8500	0	5	0	2	0	12	0	0	5	0	0	0		0	0	0		
		牵引汽车	SQR4182N6Z-1	—	YC6MK340N-50	天然气	10338	250	GB17691-2005国Ⅴ GB18285-2005 GB11340-2005	6726	2500	3905	4200	18000	—	6870	0	0	0	0	0	0	0	0	0	0	12	0		0	0	0		
		牵引汽车	SQR4251N6ZT2	—	YC6MK340N-40	天然气	10338	250	GB17691-2005国Ⅳ GB18285-2005 GB11340-2005	7126	2500	3650	1950+2650	25000	—	8300	0	0	0	12	6	25	10	17	55	3	55	2		0	0	0		
		牵引汽车	SQR4251N6ZT4	—	YC6MK375N-40	天然气	10338	276	GB11340-2005 GB18285-2005 GB17691-2005国Ⅳ	7515	2500	3905	3825+1350	25000	—	8750	4	11	27	39	70	37	39	8	38	13	24	1		0	0	0		
		牵引汽车	SQR4251N6ZT4-3	—	YC6K400N-40	天然气	12939	294	GB17691-2005国Ⅳ GB18285-2005 GB11340-2005	7398	2500	3650	3825+1350	25000	—	8750	0	0	0	0	0	0	0	1	0	0	0	0		0	0	0		
		牵引汽车	SQR4252N6ZT4	—	YC6K400N-50	天然气	12939	294	GB17691-2005国Ⅴ GB18285-2005 GB11340-2005	7398	2500	3650	3825+1350	25000	—	8805	0	0	0	25	18	17	11	23	0	49	49	73		0	0	0		
					YC6K420N-50	天然气	12939	309	GB17691-2005国Ⅴ GB18285-2005 GB11340-2005	7398	2500	3905	3825+1350	25000	—	8805	0	0	0	0	0	0	0	0	61	0	0	0		0	0	0		

续表

企业名称	车辆品牌	车辆名称	车辆型号	底盘型号	发动机型号	燃料种类	排量(mL)	功率(kW)	排放标准	外形尺寸(mm) 外廓长	外形尺寸(mm) 外廓宽	外形尺寸(mm) 外廓高	轴距(mm)	总质量(kg)	额定总质量	整备质量(kg)	2013年 1月	2013年 2月	2013年 3月	2013年 4月	2013年 5月	2013年 6月	2013年 7月	2013年 8月	2013年 9月	2013年 10月	2013年 11月	2013年 12月	2013年 小计(辆)	2014年 1月	2014年 2月	2014年 3月	2014年 小计(辆)	合计(辆)
同上	同上	同上	SQR4252N6 ZT2	—	YC6MK340N－50	天然气	10338	250	GB17691－2005 国Ⅴ GB18285－2005 GB11340－2005	7126	2500	3650	1950＋2650	25000	—	8300	0	0	0	0	0	0	0	0	10	6	22	9		0	0	0		
			SQR4252N6 ZT4－1	—	YC6MK340N－50	天然气	10338	250	GB17691－2005 国Ⅴ GB18285－2005 GB11340－2005	7398	2500	3650	3825＋1350	25000	—	8805	0	0	0	0	0	0	2	0	12	5	0	2		0	0	0		
		自卸汽车	SQR3251N 6T1	SQR3251N 6T1－E	YC6MK340N－40	天然气	10338	250	GB11340－2005 GB18285－2005 GB17691－2005 国Ⅳ	8557	2500	3560	3825＋1350	25000	12820	12050	44	0	6	0	0	50	0	0	0	3	37	0		0	0	0		
			SQR3251N 6T4－1	SQR3251N 6T4－E1	YC6MK375N－40	天然气	10338	276	GB11340－2005 GB18285－2005 GB17691－2005 国Ⅳ	9555	2500	3560	4600＋1350	25000	12380	12490	0	0	2	0	0	0	0	0	0	0	0	0		0	0	0		
			SQR3252N 6T4	SQR3252N 6T4－E	YC6MK340N－50	天然气	10338	250	GB17691－2005 国Ⅴ GB18285－2005 GB11340－2005	8457	2500	3560	3825＋1350	25000	12820	12050	0	0	0	0	35	1	20	0	0	0	0	0		0	0	0		
			SQR3252N6 T4－1	SQR3252N 6T4－E1	YC6K380N－50	天然气	12939	280	GB17691－2005 国Ⅴ GB18285－2005 GB11340－2005	9320	2500	3560	4600＋1350	25000	12380	12490	0	0	0	0	0	0	0	0	0	0	0	1		0	0	0		
			SQR3311N 6T6	SQR3311N 6T6－E	YC6MK375N－40	天然气	10338	276	GB11340－2005 GB18285－2005 GB17691－2005 国Ⅳ	10520	2500	3560	1950＋3850＋1350	31000	16070	14800	0	0	0	10	10	0	0	0	0	0	0	0		0	0	0		
			SQR3311N6 T6－1	SQR3311N6 T6－E1	YC6MK375N－40	天然气	10338	276	GB11340－2005 GB18285－2005 GB17691－2005 国Ⅳ	11020	2500	3560	1950＋4350＋1350	31000	15925	14945	0	1	2	1	24	24	19	20	3	0	1	0		0	0	0		
			SQR3312N 6T6	SQR3312N6 T6－E	YC6K380N－50	天然气	12939	280	GB17691－2005 国Ⅴ GB18285－2005 GB11340－2005	11220	2500	3560	1950＋4350＋1350	31000	15925	14945	0	0	0	0	0	1	7	3	0	12	51	0		0	0	0		
成都大运汽车集团有限公司	大运牌	牵引汽车	CGC4181N4XA	—	WP10NG336E40	天然气	9726	247	GB17691－2005 国Ⅳ GB11340－2005 GB18285－2005	6630	2490	3410	4200	18000	—	7800	0	0	0	0	0	0	0	5	0	0	0	0	1711	0	0	0	0	1711
			CGC4253N43 CA	—	WP12NG380E40	天然气	11596	280	GB17691－2005 国Ⅳ GB11340－2005 GB18285－2005	7455	2490	3515	3800＋1350	25000	—	8800	0	0	0	0	0	0	0	0	19	0	0	1		0	0	0		
			CGC4253N4XB	—	WP10NG336E40	天然气	9726	247	GB17691－2005 国Ⅳ GB11340－2005 GB18285－2005	7150	2500	3425	1700＋3000	25000	—	8300	0	0	186	116	0	277	109	93	51	125	113	44		0	0	0		

续表

企业名称	车辆品牌	车辆名称	车辆型号	底盘型号	发动机型号	燃料种类	排量(mL)	功率(kW)	排放标准	外形尺寸(mm) 外廓长	外廓宽	外廓高	轴距(mm)	总质量(kg)	额定总质量	整备质量(kg)	2013年 1月	2月	3月	4月	5月	6月	7月	8月	9月	10月	11月	12月	小计(辆)	2014年 1月	2月	3月	小计(辆)	合计(辆)
同上	同上	同上	CGC4253N4XB	—	WP12NG350E40	天然气	11596	257	GB17691－2005 国Ⅳ GB11340－2005 GB18285－2005	7150	2500	3425	1700＋3000	25000	—	8300	0	0	0	0	216	0	0	0	0	0	0	0		0	0	0		
			CGC4253PB38WPN3H	—	WP12NG350E30	天然气	11596	257	GB17691－2005 国Ⅲ GB11340－2005 GB18285－2005	7455	2490	3515	3800＋1350	25000	—	8700	0	0	50	0	0	0	0	0	0	0	0	0		0	0	0		
					WP12NG380E30	天然气	11596	280	GB17691－2005 国Ⅲ GB11340－2005 GB18285－2005	7455	2490	3515	3800＋1350	25000	—	8700	0	0	29	80	10	31	2	0	0	0	0	0		0	0	0		
			CGC4253WN3X	—	WP12NG380E30	天然气	11596	280	GB17691－2005 国Ⅲ GB11340－2005 GB18285－2005	7455	2490	3160	3800＋1350	25000	—	9750	0	0	0	10	0	6	0	0	0	0	0	0		0	0	0		
			CGC4253WN4RC	—	WP10NG300E40	天然气	9726	220	GB17691－2005 国Ⅳ GB11340－2005 GB18285－2005	7455	2490	3515	3800＋1350	25000	—	10700	0	0	0	0	0	0	0	8	0	1	0	0		0	0	0		
			CGC4253WN4XC	—	WP10NG336E40	天然气	9726	247	GB17691－2005 国Ⅳ GB11340－2005 GB18285－2005	7455	2490	3515	3800＋1350	25000	—	9750	0	0	0	0	0	20	0	15	0	12	0	9		0	0	0		
					WP12NG350E40	天然气	11596	257	GB17691－2005 国Ⅳ GB11340－2005 GB18285－2005	7455	2490	3515	3800＋1350	25000	—	9750	0	0	0	13	10	0	0	0	0	0	0	0		0	0	0		
					WP12NG380E40	天然气	11596	280	GB17691－2005 国Ⅳ GB11340－2005 GB18285－2005	7455	2490	3515	3800＋1350	25000	—	9750	0	0	0	6	0	0	6	0	7	0	11	0		0	0	0		
		自卸汽车	CGC3251N42CB	CGC3251N42CA	WP10NG336E40	天然气	9726	247	GB17691－2005 国Ⅳ GB11340－2005 GB18285－2005	8235	2490	3500	3800＋1350	25000	12815	12055	0	0	0	0	0	0	0	0	0	0	0	1		0	0	0		
			CGC3313N4AD	CGC3313N4XD	WP10NG336E40	天然气	9726	247	GB17691－2005 国Ⅳ GB11340－2005 GB18285－2005	10230	2500	3500	1800＋3800＋1350	31000	16070	14800	0	0	0	0	0	0	13	1	0	0	0	1		0	0	0		
			CGC3313N4HD	CGC3313N43D	WP12NG380E40	天然气	11596	280	GB17691－2005 国Ⅳ GB11340－2005 GB18285－2005	11430	2500	3860	1800＋4600＋1350	31000	16005	14800	0	0	0	0	0	0	0	0	0	0	1	0		0	0	0		
			CGC3313N4XD	CGC3313N4XD	WP10NG300E40	天然气	9726	220	GB17691－2005 国Ⅳ GB11340－2005 GB18285－2005	9830	2500	3500	1800＋3400＋1350	31000	16005	14800	0	0	0	0	0	0	0	1	1	1	0	0		0	0	0		

续表

企业名称	车辆品牌	车辆名称	车辆型号	底盘型号	发动机型号	燃料种类	排量(mL)	功率(kW)	排放标准	外形尺寸(mm)			轴距(mm)	总质量(kg)	额定总质量	整备质量(kg)	2013年													2014年				合计(辆)
										外廓长	外廓宽	外廓高					1月	2月	3月	4月	5月	6月	7月	8月	9月	10月	11月	12月	小计(辆)	1月	2月	3月	小计(辆)	
包头北奔重型汽车有限公司	北奔牌	牵引车	ND41800A38J	—	WP10NG336E40	天然气	9726	247	GB17691－2005 国Ⅳ GB11340－2005 GB18285－2005	6295	2500	3180	3800	18000	—	7020	0	0	0	0	5	0	0	0	0	0	4	0	1487	0	0	0	0	1487
			ND41800A38J7	—	WP10NG336E40	天然气	9726	247	GB17691－2005 国Ⅳ GB11340－2005 GB18285－2005	6400	2500	3555	3800	18000	—	7370	0	0	0	1	0	0	0	0	0	0	0	0		0	0	0		
			ND42400L27J	—	WP10NG336E40	天然气	9726	247	GB17691－2005 国Ⅳ GB11340－2005 GB18285－2005	6895	2500	3200	1700＋2700	24000	—	7000	0	0	26	0	55	73	0	0	45	1	32	0		0	0	0		
					WP12NG350E40	天然气	9726	257	GB17691－2005 国Ⅳ GB11340－2005 GB18285－2005	6895	2500	3200	1700＋2700	24000	—	7000	0	0	0	0	0	0	0	0	0	17	0	0		0	0	0		
					WP12NG350E40	天然气	11596	257	GB17691－2005 国Ⅳ GB11340－2005 GB18285－2005	6895	2500	3200	1700＋2700	24000	—	7000	57	11	0	43	0	2	33	13	0	0	0	0		0	0	0		
			ND4240L27J6Z00	—	WP10NG336E50	天然气	9726	247	GB11340－2005 GB17691－2005 国Ⅴ GB18285－2005	6895	2495	3150	1700＋2700	24000	—	7000	0	0	0	0	0	0	0	0	1	0	0	0		0	0	0		
			ND4240L27J7Z01	—	WP10NG336E50	天然气	9726	247	GB11340－2005 GB17691－2005 国Ⅴ GB18285－2005	6965	2500	3500	1700＋2700	24000	—	7000	0	0	0	0	0	0	0	2	0	0	0	4		0	0	0		
					WP12NG380E50	天然气	11596	280	GB11340－2005 GB17691－2005 国Ⅴ GB18285－2005	6965	2500	3500	1700＋2700	24000	—	7000	0	0	0	0	0	0	0	0	0	2	0	0		0	0	0		
			ND42500B38J	—	WP12NG350E40	天然气	11596	257	GB17691－2005 国Ⅳ GB11340－2005 GB18285－2005	7485	2495	3180	3850＋1350	25000	—	8805	0	16	27	0	5	0	0	0	0	0	0	31		0	0	0		
					WP12NG380E40	天然气	11596	280	GB17691－2005 国Ⅳ GB11340－2005 GB18285－2005	7485	2495	3180	3850＋1350	25000	—	8805	0	0	1	0	0	42	34	1	25	0	1	0		0	0	0		
			ND42500B38J7	—	WP12NG380E40	天然气	11596	280	GB17691－2005 国Ⅳ GB11340－2005 GB18285－2005	7640	2500	3530	3850＋1450	25000	—	8800	3	1	18	2	11	8	4	4	4	2	1	3		0	0	0		
			ND42502B38J	—	WP10NG336E40	天然气	9726	247	GB17691－2005 国Ⅳ GB11340－2005 GB18285－2005	7450	2500	3180	3850＋1350	25000	—	8805	0	49	0	0	0	0	0	8	0	0	34	0		0	0	0		

续表

企业名称	车辆品牌	车辆名称	车辆型号	底盘型号	发动机型号	燃料种类	排量(mL)	功率(kW)	排放标准	外形尺寸(mm) 外廓长	外廓宽	外廓高	轴距(mm)	总质量(kg)	额定总质量	整备质量(kg)	2013年 1月	2月	3月	4月	5月	6月	7月	8月	9月	10月	11月	12月	小计(辆)	2014年 1月	2月	3月	小计(辆)	合计(辆)
同上	同上	同上	ND42502B38J	—	WP12NG350E40	天然气	11596	257	GB17691－2005 国Ⅳ GB11340－2005 GB18285－2005	7535	2500	3180	3850＋1450	25000	—	8805	0	0	0	24	0	0	41	0	0	0	0	0		0	0	0		
					WP12NG380E40	天然气	11596	280	GB17691－2005 国Ⅳ GB11340－2005 GB18285－2005	7535	2500	3180	3850＋1450	25000	—	8805	0	0	39	53	91	98	0	0	35	22	0	35		0	0	0		
			ND42502B38J7	—	WP10NG336E40	天然气	11596	257	GB17691－2005 国Ⅳ GB11340－2005 GB18285－2005	7540	2500	3455	3850＋1350	25000	—	8800	0	0	0	1	0	0	0	0	0	0	0	0		0	0	0		
					WP12NG336E40	天然气	9726	247	GB17691－2005 国Ⅳ GB11340－2005 GB18285－2005	7540	2500	3795	3850＋1350	25000	—	8800	0	0	0	0	0	3	0	0	0	0	0	0		0	0	0		
					WP12NG380E40	天然气	11596	280	GB17691－2005 国Ⅳ GB11340－2005 GB18285－2005	7540	2500	3455	3850＋1350	25000	—	8800	0	0	3	1	14	0	3	0	0	2	7	5		0	0	0		
			ND4250B38J	—	WP10NG300E30	天然气	9726	221	GB17691－2005 国Ⅲ GB11340－2005 GB18285－2005	7535	2495	3180	3850＋1450	25000	—	10800	0	6	0	0	0	0	0	0	0	0	0	0		0	0	0		
			ND4250B38J6Z00	—	WP12NG380E50	天然气	11596	280	GB17691－2005 国Ⅴ，GB11340－2005 GB18285－2005	7585	2495	3150	3850＋1450	25000	—	8805	0	0	0	0	0	0	1	5	0	0	7	7		0	0	0		
			ND4250B38J7Z00	—	WP12NG380E50	天然气	11596	280	GB17691－2005 国Ⅴ GB11340－2005 GB18285－2005	7690	2500	3555	3850＋1350	25000	—	8800	0	0	0	0	0	0	0	0	0	0	22	0		0	0	0		
			ND4252B38J	—	WP12NG380E40	天然气	11596	280	GB17691－2005 国Ⅳ GB11340－2005 GB18285－2005	7535	2495	3180	3850＋1450	25000	—	9970	4	59	20	0	27	1	0	0	1	7	1	4		0	0	0		
		自卸汽车	ND3258B38	ND1256B38	WP12NG330E40	天然气	11596	243	GB17691－2005 国Ⅳ GB11340－2005 GB18285－2005	8347	2500	3430	3800＋1450	25000	12610	12260	0	0	0	0	0	10	0	0	0	0	0	0		0	0	0		
				ND1256B38	WP12NG380E40	天然气	11596	280	GB17691－2005 国Ⅳ GB11340－2005 GB18285－2005	8347	2500	3430	3800＋1450	25000	12610	12260	0	0	0	0	0	0	0	0	0	19	0	0		0	0	0		
			ND33101D50J	ND1315D50J	WP12NG380E40	天然气	11596	280	GB17691－2005 国Ⅳ GB11340－2005 GB18285－2005	11480	2500	3484	1500＋5050＋1450	31000	15725	15145	0	0	1	0	2	0	0	0	0	0	0	0		0	0	0		

续表

企业名称	车辆品牌	车辆名称	车辆型号	底盘型号	发动机型号	燃料种类	排量(mL)	功率(kW)	排放标准	外形尺寸(mm)			轴距(mm)	总质量(kg)	额定总质量	整备质量(kg)	2013年													2014年				合计(辆)
										外廓长	外廓宽	外廓高					1月	2月	3月	4月	5月	6月	7月	8月	9月	10月	11月	12月	小计(辆)	1月	2月	3月	小计(辆)	
同上	同上	同上	ND33102D44J	ND13112D44J	WP12NG380E40	天然气	11596	280	GB17691-2005 国Ⅳ GB11340-2005 GB18285-2005	10970	2500	3484	1500+4450+1450	31000	15810	15060	0	0	0	0	1	0	0	0	0	0	0	0		0	0	0		
			ND33103D46J	ND13103D46J	WP12NG350E40	天然气	11596	257	GB17691-2005 国Ⅳ GB11340-2005 GB18285-2005	11870	2500	3484	1950+4600+1450	31000	15720	15150	0	0	0	0	2	0	0	0	0	0	0	0		0	0	0		
			ND3315D41J	ND1317D41J	WP12NG380E40	天然气	11596	280	GB17691-2005 国Ⅳ GB11340-2005 GB18285-2005	10430	2500	3484	1500+4150+1450	31000	15700	15170	0	0	0	0	13	0	4	6	0	0	0	0		0	0	0		
					WP12NG330E40	天然气	11596	243	GB17691-2005 国Ⅳ GB11340-2005 GB18285-2005	10430	2500	3484	1500+4150+1450	31000	15700	15170	0	0	0	0	0	0	0	0	4	0	0	0		0	0	0		
		自卸式垃圾车	ND5250ZLJZ06	ND1250B38J6Z02	WP10NG336E40	天然气	9726	247	GB17691-2005 国Ⅳ GB11340-2005 GB18285-2005	8450	2500	3430	3800+1450	25000	12450	12420	0	0	0	0	1	0	0	0	0	0	0	0		0	0	0		
		载货汽车	ND11602B41J	ND11602B41J	WP10NG300E40	天然气	9726	220	GB17691-2005 国Ⅳ GB11340-2005 GB18285-2005	9090	2500	3260	4100+1350	16000	7965	7905	5	0	6	0	0	0	0	0	0	0	1	0		0	0	0		
		混凝土搅拌运输车	ND5250GJBZ12	ND12503B41J	WP12NG350E40	天然气	11596	257	GB17691-2005 国Ⅳ GB11340-2005 GB18285-2005	9900	2500	3980	4100+1450	25000	9715	15155	0	0	1	0	0	0	0	0	0	0	0	0		0	0	0		
安徽江淮汽车股份有限公司	江淮牌	牵引汽车	HFC4181P1N4A38F	—	T10. 29-40	天然气	9726	213	GB17691-2005 国Ⅳ GB18285-2005 GB11340-2005	6395	2495	3660	4200	17950	—	7200	0	4	0	0	0	0	0	0	0	0	0	0	1449	0	0	0	0	1449
					WP10NG300E40	天然气	9726	220	GB17691-2005 国Ⅳ GB18285-2005 GB11340-2005	6395	2495	3660	3800	17950	—	7200	0	0	0	0	0	30	0	0	0	0	0	0		0	0	0		
			HFC4181P1N4A38V	—	T10. 34-50	天然气	9726	250	GB11340-2005 GB18285-2005 GB17691-2005 国Ⅴ	6795	2495	3660	4200	17950	—	6700	0	0	0	0	0	0	0	0	1	0	2	3		0	0	0		
			HFC4241P1N5C29AF	—	WP12NG350E40	天然气	11596	257	GB17691-2005 国Ⅳ GB18285-2005 GB11340-2005	7275	2495	3660	1900+2900	24500	—	5805	0	0	0	35	3	21	0	0	1	1	0	7		0	0	0		

续表

企业名称	车辆品牌	车辆名称	车辆型号	底盘型号	发动机型号	燃料种类	排量(mL)	功率(kW)	排放标准	外形尺寸(mm) 外廓长	外廓宽	外廓高	轴距(mm)	总质量(kg)	额定总质量	整备质量(kg)	2013年 1月	2月	3月	4月	5月	6月	7月	8月	9月	10月	11月	12月	小计(辆)	2014年 1月	2月	3月	小计(辆)	合计(辆)
同上	同上	同上	HFC4241P1N5C29F	—	WP10NG336E40	天然气	9726	247	GB17691－2005 国Ⅳ GB18285－2005 GB11340－2005	6975	2495	3220	1700＋2800	24500	—	7800	0	0	0	8	36	41	27	0	26	13	15	538		0	0	0		
					WP12NG350E40	天然气	11596	257	GB17691－2005 国Ⅳ GB18285－2005 GB11340－2005	7275	2495	3560	1900＋2900	24500	—	7800	35	9	21	9	0	0	0	0	0	0	0	0		0	0	0		
			HFC4241P1N6E38F	—	WP12NG350E40	天然气	11596	257	GB17691－2005 国Ⅳ GB18285－2005 GB11340－2005	7415	2495	3660	3800＋1350	24500	—	8300	5	0	12	0	0	19	37	6	0	0	0	413		0	0	0		
					WP12NG380E40	天然气	11596	280	GB17691－2005 国Ⅳ GB18285－2005 GB11340－2005	7415	2495	3660	3800＋1350	24500	—	8300	0	0	0	7	2	0	0	0	8	3	4	0		0	0	0		
			HFC4251P1N6E38V	—	WP12NG350E50	天然气	11596	257	GB11340－2005 GB18285－2005 GB17691－2005 国Ⅴ	7415	2495	3220	3800＋1350	25000	—	8800	0	0	0	0	0	0	2	0	0	0	0	0		0	0	0		
					WP12NG380E50	天然气	11596	280	GB11340－2005 GB18285－2005 GB17691－2005 国Ⅴ	7415	2495	3660	3800＋1350	25000	—	8800	0	0	0	0	0	6	0	0	0	0	2	0		0	0	0		
		厢式运输车	HFC5161XXYP3N1A53V	HFC1161P3N1A40V	CA6SF2－19E5N	天然气	7130	143	GB11340－2005 GB18285－2005 GB17691－2005 国Ⅴ	9980	2545	3800	5700	15600	8955	6450	0	0	0	0	0	0	0	1	0	0	0	0		0	0	0		
			HFC5251XXYP2K2C54V	HFC1251P2K2C54V	CA6SF2－23E5N	天然气	7130	173	GB11340－2005 GB18285－2005 GB17691－2005 国Ⅴ	11990	2545	3950	1900＋5400	25000	14705	10100	0	0	0	0	0	0	0	0	0	1	0	2		0	0	0		
		自卸汽车	HFC3311P1N6H41V	HFC3311P1N6H41V	T12．38－50	天然气	11596	279	GB11340－2005 GB18285－2005 GB17691－2005 国Ⅴ	10945	2495	3500	1800＋4400＋1350	30950	15930	14825	0	0	0	0	0	0	0	2	3	0	0	3		0	0	0		
			HFC3311P2N4H41F	HFC3311P2N4H41F	T10．34－40	天然气	9726	250	GB17691－2005 国Ⅳ GB18285－2005 GB11340－2005	10745	2495	3500	1800＋4100＋1350	30950	15930	14825	0	0	0	0	1	0	0	0	0	0	0	0		0	0	0		
					WP10NG300E40	天然气	9726	220	GB17691－2005 国Ⅳ GB18285－2005 GB11340－2005	10945	2495	3500	1800＋4100＋1350	30950	15930	14825	0	0	0	0	0	0	20	1	1	0	0	0		0	0	0		
		仓栅式运输车	HFC5161CCYP3N1A53V	HFC1161P3N1A40V	CA6SF2－19E5N	天然气	7130	143	GB11340－2005 GB18285－2005 GB17691－2005 国Ⅴ	8980	2495	3800	5700	15600	9500	5905	0	0	0	0	0	0	0	0	0	0	0	2		0	0	0		

续表

企业名称	车辆品牌	车辆名称	车辆型号	底盘型号	发动机型号	燃料种类	排量(mL)	功率(kW)	排放标准	外形尺寸(mm) 外廓长	外廓宽	外廓高	轴距(mm)	总质量(kg)	额定总质量	整备质量(kg)	2013年 1月	2月	3月	4月	5月	6月	7月	8月	9月	10月	11月	12月	小计(辆)	2014年 1月	2月	3月	小计(辆)	合计(辆)
安徽华菱汽车有限公司	华菱之星牌	牵引汽车	HN4180NGB38C8M3	—	SC9DT320Q3	天然气	8820	235	GB18285-2005 GB11340-2005 GB17691-2005 国Ⅲ	6170	2495	3100	3400	18000	—	6805	0	5	7	26	34	0	0	0	0	0	0	0	1066	0	0	0	0	1066
					WP12NG330E30	天然气	11596	243	GB18285-2005 GB11340-2005 GB17691-2005 国Ⅲ	6570	2495	3800	4200	18000	—	6805	0	0	0	0	0	86	0	0	0	0	0	0		0	0	0		
					WP12NG380E30	天然气	11596	280	GB18285-2005 GB11340-2005 GB17691-2005 国Ⅲ	6170	2495	3600	3800	18000	—	6805	8	0	0	0	0	0	0	0	0	0	0	0		0	0	0		
			HN4180NGB38C8M4	—	WP12NG330E40	天然气	11596	243	GB17691-2005 国Ⅳ GB11340-2005 GB18285-2005	6170	2495	3600	3800	18000	—	7500	1	0	0	35	1	55	0	0	1	0	1	0		0	0	0		
			HN4180NGX35D2M5	—	SC9DT320Q5	天然气	8820	235	GB18285-2005 GB11340-2005 GB17691-2005 国Ⅴ	6500	2495	3000	4000	18000	—	6805	0	0	0	0	0	0	0	0	5	0	0	0		0	0	0		
					WP12NG330E50	天然气	11596	243	GB18285-2005 GB11340-2005 GB17691-2005 国Ⅴ	6700	2495	3800	4200	18000	—	6805	0	0	0	0	0	0	0	0	0	2	0	0		0	0	0		
					T10. 34-50	天然气	9726	250	GB18285-2005 GB11340-2005 GB17691-2005 国Ⅴ	6600	2495	3700	4000	18000	—	6805	0	0	0	0	0	0	0	0	0	0	0	2		0	0	0		
			HN4250NGB32C2M4	—	SC9DT320Q4	天然气	8820	235	GB17691-2005 国Ⅳ GB11340-2005 GB18285-2005	7520	2495	3100	1850+3250	25000	—	8195	0	1	0	2	0	0	2	10	8	3	0	0		0	0	0		
					WP10NG336E40	天然气	9726	247	GB17691-2005 国Ⅳ GB11340-2005 GB18285-2005	7520	2495	3600	1850+3250	25000	—	8195	32	0	19	7	12	0	0	0	0	0	0	22		0	0	0		
					WP12NG350E40	天然气	11596	257	GB17691-2005 国Ⅳ GB11340-2005 GB18285-2005	7520	2495	3100	1850+3250	25000	—	8195	0	0	0	0	0	195	0	0	0	0	0	0		0	0	0		
			HN4250NGB38C9M3	—	WP12NG350E30	天然气	11596	257	GB18285-2005 GB11340-2005 GB17691-2005 国Ⅲ	7460	2495	3100	3900+1350	25000	—	8805	0	0	2	1	0	0	0	0	0	0	0	0		0	0	0		
					WP12NG380E30	天然气	11596	280	GB18285-2005 GB11340-2005 GB17691-2005 国Ⅲ	7460	2495	3100	3900+1350	25000	—	8805	0	0	0	0	1	1	0	0	0	0	0	0		0	0	0		

续表

企业名称	车辆品牌	车辆名称	车辆型号	底盘型号	发动机型号	燃料种类	排量(mL)	功率(kW)	排放标准	外形尺寸(mm) 外廓长	外形尺寸(mm) 外廓宽	外形尺寸(mm) 外廓高	轴距(mm)	总质量(kg)	额定总质量	整备质量(kg)	2013年 1月	2013年 2月	2013年 3月	2013年 4月	2013年 5月	2013年 6月	2013年 7月	2013年 8月	2013年 9月	2013年 10月	2013年 11月	2013年 12月	2013年 小计(辆)	2014年 1月	2014年 2月	2014年 3月	2014年 小计(辆)	合计(辆)
同上	同上	同上	HN4250NGB 38C9M4	—	WP12NG350E40	天然气	11596	257	GB17691－2005 国Ⅳ GB11340－2005 GB18285－2005	7460	2495	3800	3900＋1350	25000	—	8740	3	0	0	0	13	0	24	2	41	7	0	0		0	0	0		
					WP12NG380E40	天然气	11596	280	GB17691－2005 国Ⅳ GB11340－2005 GB18285－2005	7460	2495	3800	3900＋1350	25000	—	8740	0	0	13	16	0	182	0	0	0	0	4	19		0	0	0		
			HN4250NGX 35C2M5	—	SC9DT320Q5	天然气	8820	235	GB18285－2005 GB11340－2005 GB17691－2005 国Ⅴ	7600	2495	3100	1940＋3160	25000	—	8195	0	0	0	0	0	0	0	0	0	0	0	19		0	0	0		
					WP10NG336E50	天然气	9726	247	GB18285－2005 GB11340－2005 GB17691－2005 国Ⅴ	7200	2495	3600	1940＋2760	25000	—	8195	0	0	0	0	0	0	0	0	0	8	0	0		0	0	0		
			HN4250NGX 38C9M5	—	SC12ET350Q5	天然气	11810	257	GB18285－2005 GB11340－2005 GB17691－2005 国Ⅴ	7540	2495	3600	3900＋1350	25000	—	8805	0	0	0	0	0	0	0	0	9	0	0	0		0	0	0		
					T10．34－50	天然气	9726	250	GB18285－2005 GB11340－2005 GB17691－2005 国Ⅴ	7540	2495	3100	3900＋1350	25000	—	8805	0	0	0	0	0	0	0	0	0	0	0	8		0	0	0		
					WP12NG380E50	天然气	11596	280	GB18285－2005 GB11340－2005 GB17691－2005 国Ⅴ	7640	2495	3700	3900＋1350	25000	—	8805	0	0	0	0	0	0	0	50	0	1	0	0		0	0	0		
			HN4250NGX 39C8M5	—	WP12NG380E50	天然气	11596	280	GB18285－2005 GB11340－2005 GB17691－2005 国Ⅴ	7690	2495	3700	3850＋1450	25000	—	8805	0	0	0	0	0	0	0	0	0	0	0	7		0	0	0		
		自卸汽车	HN3250NGB 38D1M4	HN3250NGB 38D1M4J	WP12NG350E40	天然气	11596	257	GB17691－2005 国Ⅳ GB11340－2005 GB18285－2005	9280	2495	3360	4400＋1350	25000	12305	12500	0	0	0	0	0	0	1	0	0	0	0	0		0	0	0		
			HN3310NGB 38C3M4	HN3310NGB 38C3M4J	WP10NG336E40	天然气	9726	247	GB17691－2005 国Ⅳ GB11340－2005 GB18285－2005	10180	2495	3360	1850＋3700＋1350	31000	15310	15495	6	0	0	0	0	0	0	0	0	0	3	15		0	0	0		
			HN3310NGB 38DLM4	HN3310NGB 38DLM4J	WP10NG336E40	天然气	9726	247	GB17691－2005 国Ⅳ GB11340－2005 GB18285－2005	10680	2495	3360	1850＋4000＋1350	31000	15400	15405	0	0	0	0	1	4	0	0	0	0	14	0		0	0	0		
					WP12NG380E40	天然气	11596	280	GB17691－2005 国Ⅳ GB11340－2005 GB18285－2005	10380	2495	3360	1850＋4000＋1350	31000	15400	15405	0	0	0	0	0	0	0	0	0	0	0	1		0	0	0		

续表

企业名称	车辆品牌	车辆名称	车辆型号	底盘型号	发动机型号	燃料种类	排量(mL)	功率(kW)	排放标准	外形尺寸(mm) 外廓长	外廓宽	外廓高	轴距(mm)	总质量(kg)	额定总质量	整备质量(kg)	2013年 1月	2月	3月	4月	5月	6月	7月	8月	9月	10月	11月	12月	小计(辆)	2014年 1月	2月	3月	小计(辆)	合计(辆)
同上	同上	自卸汽车	HN3310NGX38D5M5	HN3310NGX38D5M5J	T12. 38-50	天然气	11596	279	GB18285-2005 GB11340-2005 GB17691-2005 国Ⅴ	11380	2495	3360	1940+4515+1350	31000	15755	15050	0	0	0	0	0	0	0	0	0	0	0	1		0	0	0		
同上	同上	压缩天然气牵引汽车	HN4250PT32C9M3	—	SC9DT320Q3	天然气	8820	235	GB18285-2005 GB11340-2005 GB17691-2005 国Ⅲ	7460	2495	3100	3900+1350	25000	—	9405	0	1	1	1	0	2	1	0	0	0	0	0		0	0	0		
同上	同上	载货汽车	HN1310NGB38D6M3	HN1310NGB38D6M3J	SC9DT320Q3	天然气	8820	235	GB18285-2005 GB11340-2005 GB17691-2005	11980	2500	3200	1850+4605+1350	31000	18865	11940	0	0	0	1	0	0	0	0	0	0	0	0		0	0	0		
东风特种汽车有限公司	东风牌	低密度粉粒物料运输车	EQ5310GFLT1	DFE3310VFJ4	WP12NG350E40	天然气	11596	257	GB11340-2005 GB18285-2005 GB17691-2005 国Ⅳ	10300	2500	3600	1950+3800+1350	31000	16005	14800	0	0	0	0	0	0	500	0	0	0	0	0	1002	0	0	0	0	1002
东风特种汽车有限公司	东风牌	低密度粉粒物料运输车	EQ5310GFLT1	DFE3310VFJ4	YC6MK340N-40	天然气	10338	250	GB11340-2005 GB18285-2005 GB17691-2005 国Ⅳ	10300	2500	3600	1950+3800+1350	31000	16005	14800	0	0	0	0	0	501	0	0	0	1	0	0		0	0	0		
中国重汽集团济南卡车股份有限公司	豪泺牌	混凝土搅拌运输车	ZZ5257GJBN4047E1L	ZZ1257N4047E1L	T10. 34-50	天然气	9726	250	GB17691-2005 国Ⅴ GB18285-2005 GB11340-2005	9480	2496	3980	4025+1350	25000	10840	14030	0	0	0	0	0	0	0	0	0	0	0	0	0	0	1	0	710	710
中国重汽集团济南卡车股份有限公司	豪泺牌	牵引汽车	ZZ4187N4217E1LB	—	T10. 34-50	天然气	9726	250	GB17691-2005 国Ⅴ GB18285-2005 GB11340-2005	6300	2496	3835	3800	18000	—	6800	0	0	0	0	0	0	0	0	0	0	0	0		2	0	0		
中国重汽集团济南卡车股份有限公司	豪泺牌	牵引汽车	ZZ4257N25C7D1L	—	T10. 34-40	天然气	9726	250	GB17691-2005 国Ⅳ GB18285-2005 GB11340-2005	6910	2496	3835	1800+2500	25000	—	7400	0	0	0	0	0	0	0	0	0	0	0	0		0	0	4		
中国重汽集团济南卡车股份有限公司	豪泺牌	牵引汽车	ZZ4257N25C7E1L	—	T10. 34-50	天然气	9726	250	GB17691-2005 国Ⅴ GB18285-2005 GB11340-2005	6910	2496	3835	1800+2500	25000	—	7400	0	0	0	0	0	0	0	0	0	0	0	0		0	1	1		
中国重汽集团济南卡车股份有限公司	豪泺牌	牵引汽车	ZZ4257N3847D1CB	—	T12. 38-40	天然气	11596	279	GB17691-2005 国Ⅳ GB18285-2005 GB11340-2005	7390	2496	3668	3825+1350	25000	—	9210	0	0	0	0	0	0	0	0	0	0	0	0		1	0	0		
中国重汽集团济南卡车股份有限公司	豪泺牌	牵引汽车	ZZ4257N3847E1CB	—	T10. 34-50	天然气	9726	250	GB17691-2005 国Ⅴ GB18285-2005 GB11340-2005	7390	2496	3835	3800+1400	25000	—	9200	0	0	0	0	0	0	0	0	0	0	0	0		7	0	0		

续表

企业名称	车辆品牌	车辆名称	车辆型号	底盘型号	发动机型号	燃料种类	排量(mL)	功率(kW)	排放标准	外形尺寸(mm)			轴距(mm)	总质量(kg)	额定总质量	整备质量(kg)	2013年													2014年				合计(辆)
										外廓长	外廓宽	外廓高					1月	2月	3月	4月	5月	6月	7月	8月	9月	10月	11月	12月	小计(辆)	1月	2月	3月	小计(辆)	
同上	同上	同上	ZZ4257N3847E1CB	—	T12．38－50	天然气	11596	279	GB17691－2005国Ⅴ GB18285－2005 GB11340－2005	7390	2496	3835	3800+1400	25000	—	9200	0	0	0	0	0	0	0	0	0	0	0	0		0	0	4		
			ZZ4257N3847E1LB	—	T12．38－50	天然气	11596	279	GB17691－2005国Ⅴ GB18285－2005 GB11340－2005	7375	2496	3835	3825+1350	25000	—	8800	0	0	0	0	0	0	0	0	0	0	0	0		4	0	3		
			ZZ4257N3847E1LH	—	T12．38－50	天然气	11596	279	GB17691－2005国Ⅴ GB18285－2005 GB11340－2005	7375	2496	3835	3825+1350	25000	—	9600	0	0	0	0	0	0	0	0	0	0	0	0		1	0	0		
			ZZ4257N3847P1CB	—	T12．38－40	天然气	11596	279	GB17691－2005国Ⅳ GB18285－2005 GB11340－2005	7585	2496	3850	3800+1400	25000	—	8800	0	0	0	0	0	0	0	0	0	0	0	0		1	0	0		
			ZZ4257N3847Q1CB	—	T12．38－50	天然气	11596	279	GB17691－2005国Ⅴ GB18285－2005 GB11340－2005	7585	2496	3850	3800+1400	25000	—	9300	0	0	0	0	0	0	0	0	0	0	0	0		1	0	0		
			ZZ4257N3847Q1LB	—	T12．38－50	天然气	11596	279	GB17691－2005国Ⅴ GB18285－2005 GB11340－2005	7585	2496	3850	3800+1400	25000	—	8800	0	0	0	0	0	0	0	0	0	0	0	0		2	0	0		
			ZZ4257V3847D1LB	—	T12．42－40	天然气	11596	309	GB17691－2005国Ⅳ GB18285－2005 GB11340－2005	7375	2496	3835	3825+1350	25000	—	8800	0	0	0	0	0	0	0	0	0	0	0	0		3	0	0		
			ZZ4257V3847D1LH	—	T12．42－40	天然气	11596	309	GB17691－2005国Ⅳ GB18285－2005 GB11340－2005	7375	2496	3835	3825+1350	25000	—	9600	0	0	0	0	0	0	0	0	0	0	0	0		1	0	0		
		自卸汽车	ZZ3317N3567E1L	ZZ3317N3567E1L	T10．34－50	天然气	9726	250	GB17691－2005国Ⅴ GB18285－2005 GB11340－2005	10150	2496	3450	1800+3500+1350	31000	15720	15150	0	0	0	0	0	0	0	0	0	0	0	0		1	0	0		
			ZZ3317N4667E1L	ZZ3317N4667E1L	T10．34－50	天然气	9726	250	GB17691－2005国Ⅴ GB18285－2005 GB11340－2005	11550	2496	3450	1800+4600+1350	31000	15480	15390	0	0	0	0	0	0	0	0	0	0	0	0		31	0	0		
	豪沃牌	混凝土搅拌运输车	ZZ5317GJBN3667E1L	ZZ1317N3667E1L	T10．34－50	天然气	9726	250	GB17691－2005国Ⅴ GB18285－2005 GB11340－2005	10820	2496	3980	1800+3600+1350	31000	14320	16550	0	0	0	0	0	0	0	0	0	0	0	0		10	0	0		
			ZZ5257GJBN4047E1L	ZZ1257N4047E1L	T10．34－50	天然气	9726	250	GB17691－2005国Ⅴ GB18285－2005 GB11340－2005	9480	2496	3980	4025+1350	25000	10840	14030	0	0	0	0	0	0	0	0	0	0	0	0		0	0	10		

续表

企业名称	车辆品牌	车辆名称	车辆型号	底盘型号	发动机型号	燃料种类	排量(mL)	功率(kW)	排放标准	外形尺寸(mm) 外廓长	外形尺寸(mm) 外廓宽	外形尺寸(mm) 外廓高	轴距(mm)	总质量(kg)	额定总质量	整备质量(kg)	2013年 1月	2013年 2月	2013年 3月	2013年 4月	2013年 5月	2013年 6月	2013年 7月	2013年 8月	2013年 9月	2013年 10月	2013年 11月	2013年 12月	2013年 小计(辆)	2014年 1月	2014年 2月	2014年 3月	2014年 小计(辆)	合计(辆)
同上	同上	同上	ZZ5257GJBN4347E1L	ZZ1257N4347E1L	T12. 38-50	天然气	11596	279	GB17691-2005 国Ⅴ GB18285-2005 GB11340-2005	10380	2496	3980	4325+1350	25000	10370	14500	0	0	0	0	0	0	0	0	0	0	0	0		0	0	6		
		牵引汽车	ZZ4187M3817E1CB	—	T10. 29-50	天然气	9726	213	GB17691-2005 国Ⅴ GB18285-2005 GB11340-2005	6300	2496	3730	3800	18000	—	7300	0	0	0	0	0	0	0	0	0	0	0	0		0	10	2		
			ZZ4187N4217E1LB	—	T12. 38-50	天然气	11596	279	GB17691-2005 国Ⅴ GB18285-2005 GB11340-2005	6700	2496	3835	4200	18000	—	6800	0	0	0	0	0	0	0	0	0	0	0	0		0	13	12		
			ZZ4257N25C7E1C	—	T10. 34-50	天然气	9726	250	GB17691-2005 国Ⅴ GB18285-2005 GB11340-2005	6910	2496	3835	1800+2500	25000	—	8400	0	0	0	0	0	0	0	0	0	0	0	0		0	1	2		
			ZZ4257N25C7E1L	—	T10. 34-50	天然气	9726	250	GB17691-2005 国Ⅴ GB18285-2005 GB11340-2005	6910	2496	3835	1800+2500	25000	—	7400	0	0	0	0	0	0	0	0	0	0	0	0		0	26	7		
			ZZ4257N25C7Q1L	—	T12. 38-50	天然气	11596	279	GB17691-2005 国Ⅴ GB18285-2005 GB11340-2005	7085	2496	3850	1950+2475	25000	—	7400	0	0	0	0	0	0	0	0	0	0	0	0		3	0	0		
					T10. 34-50	天然气	9726	250	GB17691-2005 国Ⅴ GB18285-2005 GB11340-2005	7085	2496	3850	1950+2475	25000	—	7400	0	0	0	0	0	0	0	0	0	0	0	0		0	2	11		
			ZZ4257N3847D1LB	—	T12. 38-40	天然气	11596	279	GB17691-2005 国Ⅳ GB18285-2005 GB11340-2005	7375	2496	3668	3825+1350	25000	—	8800	0	0	0	0	0	0	0	0	0	0	0	0		0	0	1		
			ZZ4257N3847E1CB	—	T10. 34-50	天然气	9726	250	GB17691-2005 国Ⅴ GB18285-2005 GB11340-2005	7390	2496	3125	3825+1350	25000	—	9200	0	0	0	0	0	0	0	0	0	0	0	0		6	15	27		
			ZZ4257N3847E1LB	—	T12. 38-50	天然气	11596	279	GB17691-2005 国Ⅴ GB18285-2005 GB11340-2005	7375	2496	3835	3825+1350	25000	—	8800	0	0	0	0	0	0	0	0	0	0	0	0		22	41	82		
			ZZ4257N3847E1LH	—	T10. 34-50	天然气	9726	250	GB17691-2005 国Ⅴ GB18285-2005 GB11340-2005	7375	2496	3730	3825+1350	25000	—	9600	0	0	0	0	0	0	0	0	0	0	0	0		0	0	1		

续表

企业名称	车辆品牌	车辆名称	车辆型号	底盘型号	发动机型号	燃料种类	排量(mL)	功率(kW)	排放标准	外形尺寸(mm) 外廓长	外形尺寸(mm) 外廓宽	外形尺寸(mm) 外廓高	轴距(mm)	总质量(kg)	额定总质量	整备质量(kg)	2013年 1月	2013年 2月	2013年 3月	2013年 4月	2013年 5月	2013年 6月	2013年 7月	2013年 8月	2013年 9月	2013年 10月	2013年 11月	2013年 12月	2013年 小计(辆)	2014年 1月	2014年 2月	2014年 3月	2014年 小计(辆)	合计(辆)
同上	同上	同上	ZZ4257N3847P1LB	—	T12. 38-40	天然气	11596	279	GB17691-2005国Ⅳ GB18285-2005 GB11340-2005	7585	2496	3850	3800+1400	25000	—	8800	0	0	0	0	0	0	0	0	0	0	0	0		0	0	1		
			ZZ4257N3847Q1CB	—	T12. 38-50	天然气	11596	279	GB17691-2005国Ⅴ GB18285-2005 GB11340-2005	7585	2496	3850	3800+1400	25000	—	9300	0	0	0	0	0	0	0	0	0	0	0	0		1	0	0		
			ZZ4257N3847Q1LB	—	T12. 38-50	天然气	11596	279	GB17691-2005国Ⅴ GB18285-2005 GB11340-2005	7585	2496	3850	3800+1400	25000	—	8800	0	0	0	0	0	0	0	0	0	0	0	0		0	50	31		
			ZZ4257V25C7P1L	—	T12. 42-40	天然气	11596	309	GB17691-2005国Ⅳ GB18285-2005 GB11340-2005	7085	2496	3850	1950+2475	25000	—	7400	0	0	0	0	0	0	0	0	0	0	0	0		0	1	0		
			ZZ4257V3847D1CB	—	T12. 42-40	天然气	11596	309	GB17691-2005国Ⅳ GB18285-2005 GB11340-2005	7390	2496	3835	3825+1350	25000	—	9210	0	0	0	0	0	0	0	0	0	0	0	0		2	4	7		
			ZZ4257V3847D1LB	—	T12. 42-40	天然气	11596	309	GB17691-2005国Ⅳ GB18285-2005 GB11340-2005	7375	2496	3835	3825+1350	25000	—	8800	0	0	0	0	0	0	0	0	0	0	0	0		2	0	9		
			ZZ4257V3847D1LH	—	T12. 42-40	天然气	11596	309	GB17691-2005国Ⅳ GB18285-2005 GB11340-2005	7375	2496	3125	3825+1350	25000	—	9600	0	0	0	0	0	0	0	0	0	0	0	0		0	1	1		
			ZZ4257V3847P1LB	—	T12. 42-40	天然气	11596	309	GB17691-2005国Ⅳ GB18285-2005 GB11340-2005	7585	2496	3850	3825+1350	25000	—	8800	0	0	0	0	0	0	0	0	0	0	0	0		0	1	0		
		自卸汽车	ZZ3257N3847E1L	ZZ3257N3847E1L	T10. 34-50	天然气	9726	250	GB17691-2005国Ⅴ GB18285-2005 GB11340-2005	8545	2496	3450	3825+1350	25000	12610	12260	0	0	0	0	0	0	0	0	0	0	0	0		0	0	45		
			ZZ3257N4147E1L	ZZ3257N4147E1L	T10. 34-50	天然气	9726	250	GB17691-2005国Ⅴ GB18285-2005 GB11340-2005	8675	2496	3450	4125+1350	25000	12550	12320	0	0	0	0	0	0	0	0	0	0	0	0		0	0	4		
			ZZ3317N3567E1L	ZZ3317N3567E1L	T12. 38-50	天然气	11596	279	GB17691-2005国Ⅴ GB18285-2005 GB11340-2005	10150	2496	3450	1800+3500+1350	31000	15720	15150	0	0	0	0	0	0	0	0	0	0	0	0		0	30	1		
			ZZ3317N3867E1L	ZZ3317N3867E1L	T10. 34-50	天然气	9726	250	GB17691-2005国Ⅴ GB18285-2005 GB11340-2005	10410	2496	3450	1800+3800+1350	31000	15620	15250	0	0	0	0	0	0	0	0	0	0	0	0		0	1	0		

续表

企业名称	车辆品牌	车辆名称	车辆型号	底盘型号	发动机型号	燃料种类	排量(mL)	功率(kW)	排放标准	外形尺寸(mm) 外廓长	外廓宽	外廓高	轴距(mm)	总质量(kg)	额定总质量	整备质量(kg)	2013年 1月	2月	3月	4月	5月	6月	7月	8月	9月	10月	11月	12月	小计(辆)	2014年 1月	2月	3月	小计(辆)	合计(辆)
同上	同上	同上	ZZ3317N4267E1L	ZZ3317N4267E1L	T10. 34-50	天然气	9726	250	GB17691-2005 国V GB18285-2005 GB11340-2005	11050	2496	3450	1800+4200+1350	31000	15560	15310	0	0	0	0	0	0	0	0	0	0	0	0		24	6	0		
同上	同上	同上	ZZ3317N4667E1L	ZZ3317N4667E1L	T12. 38-50	天然气	11596	279	GB17691-2005 国V GB18285-2005 GB11340-2005	11550	2496	3450	1800+4600+1350	31000	15480	15390	0	0	0	0	0	0	0	0	0	0	0	0		31	5	0		
同上	同上	同上	ZZ3317N4667E1L	ZZ3317N4667E1L	T10. 34-50	天然气	9726	250	GB17691-2005 国V GB18285-2005 GB11340-2005	11550	2496	3450	1800+4600+1350	31000	15480	15390	0	0	0	0	0	0	0	0	0	0	0	0		0	0	50		
同上	同上	同上	ZZ3317N4867E1L	ZZ3317N4867E1L	T10. 34-50	天然气	9726	250	GB17691-2005 国V GB18285-2005 GB11340-2005	11830	2496	3450	1800+4800+1350	31000	15380	15490	0	0	0	0	0	0	0	0	0	0	0	0		0	0	20		
同上	同上	载货汽车	ZZ1257M5847E1L	ZZ1257M5847E1L	T10. 32-50	天然气	9726	235	GB17691-2005 国V GB18285-2005 GB11340-2005	11963	2496	3215	5825+1350	25000	13070	11800	0	0	0	0	0	0	0	0	0	0	0	0		0	0	3		
东风南充汽车有限公司	东风牌	仓栅式运输车	EQ5041CCYN-40	EQ1041TNJ-40	NQ100N4	天然气	3759	79	GB17691-2005 国Ⅳ GB11340-2005 GB18285-2005	5995	1980	2935	3300	4280	1495	2590	0	0	0	4	0	0	0	0	0	0	0	0		0	0	0		
			EQ5041CCYN-50	EQ1041GNJ-50	NQ100BN5	天然气	3759	73	GB17691-2005 国V GB11340-2005 GB18285-2005	5995	2090	3050	3300	4280	1495	2590	0	0	0	0	0	0	0	0	0	1	0	2		0	0	0		
			EQ5160CCYN1-40	EQ1160GNJ1-40	NQ200N4	天然气	5638	147	GB17691-2005 国Ⅳ GB11340-2005 GB18285-2005	9000	2500	3450	5200	15995	9990	5810	0	0	0	4	6	2	1	0	0	0	0	0		0	0	0		
			EQ5160CCYN-50	EQ1160GNJ-50	NQ190FN5	天然气	6234	140	GB17691-2005 国V GB11340-2005 GB18285-2005	9000	2500	3650	5200	15995	9990	5810	0	0	0	0	0	0	2	1	0	0	7	2	581	0	0	0	0	581
			EQ5160GCCQN1-30	EQ1160GNJ1-30	NQ190N	天然气	5638	144	GB17691-2005 国Ⅲ GB11340-2005 GB18285-2005	9000	2480	3450	5200	15995	9990	5810	1	1	5	1	4	0	2	0	0	0	0	0		0	0	0		
			EQ5250CCYN-50	EQ1250GNJ-50	NQ230FN5	天然气	6234	169	GB17691-2005 国V GB11340-2005 GB18285-20	11900	2500	3850	1950+5350	24995	14790	10010	0	0	0	0	0	0	11	2	7	0	6	1		0	0	0		
			EQ5252GCCQN1-30	EQ1252GNJ1-30	NQ230N	天然气	6870	172	GB17691-2005 国Ⅲ GB11340-2005 GB18285-2005	11900	2480	3450	1950+5350	24995	14790	10010	0	4	10	8	10	0	0	0	0	0	0	0		0	0	0		

续表

企业名称	车辆品牌	车辆名称	车辆型号	底盘型号	发动机型号	燃料种类	排量(mL)	功率(kW)	排放标准	外形尺寸(mm) 外廓长	外形尺寸(mm) 外廓宽	外形尺寸(mm) 外廓高	轴距(mm)	总质量(kg)	额定总质量	整备质量(kg)	2013年 1月	2013年 2月	2013年 3月	2013年 4月	2013年 5月	2013年 6月	2013年 7月	2013年 8月	2013年 9月	2013年 10月	2013年 11月	2013年 12月	2013年 小计(辆)	2014年 1月	2014年 2月	2014年 3月	2014年 小计(辆)	合计(辆)
同上	同上	厢式运输车	EQ5040XXYN-40	EQ6580KSN40	NQ120N4	天然气	3759	92	GB17691-2005 国Ⅳ GB11340-2005 GB18285-2005	5998	2250	2800	3300	4495	960	3405	0	0	0	2	3	26	0	0	0	0	0	0		0	0	0		
			EQ5040XXYN-50	EQ6580KSN50	NQ120BN5	天然气	3759	88	GB17691-2005 国Ⅴ GB11340-2005 GB18285-2005	5998	2250	2800	3300	4495	830	3405	0	0	0	0	0	0	0	0	2	0	0	5		0	0	0		
			EQ5041XXYN-40	EQ1041TNJ-40	NQ100N4	天然气	3759	79	GB17691-2005 国Ⅳ GB11340-2005 GB18285-2005	5995	1980	2935	3300	4495	1495	2805	0	0	0	9	5	3	0	1	2	0	0	4		0	0	0		
			EQ5041XXYN-50	EQ1041GNJ-50	NQ100BN5	天然气	3759	73	GB17691-2005 国Ⅴ GB11340-2005 GB18285-2005	5995	2090	3050	3300	4495	1495	2805	0	0	0	0	0	0	2	2	0	0	6	3		0	0	0		
			EQ5160XXYN1-50	EQ1160GNJ1-50	NQ190FN5	天然气	6234	140	GB17691-2005 国Ⅴ GB11340-2005 GB18285-2005	10000	2550	3750	5800	16000	9990	5815	0	0	0	0	0	0	2	1	1	1	1	6		0	0	0		
			EQ5160XXYN-50	EQ1160GNJ-50	NQ190FN5	天然气	6234	140	GB17691-2005 国Ⅴ GB11340-2005 GB18285-2005	9000	2550	3650	5200	16000	9990	5815	0	0	0	0	0	0	0	0	0	1	1	2		0	0	0		
			EQ5162GXXYN-30	EQ1162GNJ-30	NQ190N	天然气	5638	144	GB17691-2005 国Ⅲ GB11340-2005 GB18285-2005	10000	2480	3450	5800	15900	7990	7715	0	0	1	0	0	0	0	0	0	0	0	0		0	0	0		
			EQ5250XXYN-50	EQ1250GNJ-50	NQ230FN5	天然气	6234	169	GB17691-2005 国Ⅴ GB11340-2005 GB18285-2005	11900	2550	3850	1950+5350	25000	14990	10500	0	0	0	0	0	0	0	0	0	0	1	1		0	0	0		
			EQ5252GXXYN1-30	EQ1252GNJ1-30	NQ230N	天然气	6870	172	GB17691-2005 国Ⅲ GB11340-2005 GB18285-2005	11900	2550	3450	1950+5350	25000	14305	10500	0	0	0	2	1	0	0	0	0	0	0	0		0	0	0		
		载货汽车	EQ1040GN-40	EQ1040GNJ-40	NQ100N4	天然气	3759	79	GB17691-2005 国Ⅳ GB11340-2005 GB18285-2005	5995	1980	2280	3300	3940	1495	2250	6	0	0	0	1	1	0	0	0	0	0	0		0	0	0		
			EQ1041GN-50	EQ1041GNJ-50	NQ100BN5	天然气	3759	73	GB17691-2005 国Ⅴ GB11340-2005 GB18285-2005	5995	2090	2450	3300	3940	1495	2250	0	0	0	0	0	0	0	1	0	1	1	5		0	0	0		
			EQ1041TN-40	EQ1041TNJ-40	NQ100N4	天然气	3759	79	GB17691-2005 国Ⅳ GB11340-2005 GB18285-2005	5995	1980	2280	3300	3940	1495	2250	0	2	2	1	1	0	0	0	0	0	0	0		0	0	0		

续表

企业名称	车辆品牌	车辆名称	车辆型号	底盘型号	发动机型号	燃料种类	排量(mL)	功率(kW)	排放标准	外形尺寸(mm) 外廓长	外廓宽	外廓高	轴距(mm)	总质量(kg)	额定总质量	整备质量(kg)	2013年 1月	2月	3月	4月	5月	6月	7月	8月	9月	10月	11月	12月	小计(辆)	2014年 1月	2月	3月	小计(辆)	合计(辆)
同上	同上	同上	EQ1120FN-30	EQ1120FNJ-30	NQ100N3	天然气	3759	79	GB17691-2005 国Ⅲ GB11340-2005 GB18285-2005	9000	2480	2700	5300	12010	5810	6005	0	0	0	5	0	2	0	20	0	0	0	0		0	0	0		
			EQ1160GN1-30	EQ1160GNJ1-30	NQ190N	天然气	5638	144	GB17691-2005 国Ⅲ GB11340-2005 GB18285-2005	9000	2480	3150	5200	15855	9990	5670	3	2	3	0	4	1	0	0	0	0	0	0		0	0	0		
			EQ1160GN1-40	EQ1160GNJ1-40	NQ200N4	天然气	5638	147	GB17691-2005 国Ⅳ GB11340-2005 GB18285-2005	9000	2500	3150	5200	15855	9990	5670	0	4	0	7	14	2	1	0	0	0	0	0		0	0	0		
			EQ1160GN-50	EQ1160GNJ-50	NQ190FN5	天然气	6234	140	GB17691-2005 国Ⅴ GB11340-2005 GB18285-2005	9000	2500	3150	5200	15855	9990	5670	0	0	0	0	0	0	3	0	2	0	0	0		0	0	0		
			EQ1250GN-50	EQ1250GNJ-50	NQ230FN5	天然气	6234	169	GB17691-2005 国Ⅴ GB11340-2005 GB18285-2005	11900	2500	3150	1950+5350	24995	14990	9810	0	0	0	0	0	0	0	0	0	0	2	1		0	0	0		
			EQ1252GN1-30	EQ1252GNJ1-30	NQ230N	天然气	6870	172	GB17691-2005 国Ⅲ GB11340-2005 GB18285-2005	11900	2480	2920	1950+5350	24995	14990	9810	1	0	0	4	6	0	0	0	0	0	0	0		0	0	0		
		自卸汽车	EQ3120FN-50	EQ3120FNJ-50	NQ190FN5	天然气	6234	140	GB17691-2005 国Ⅴ GB11340-2005 GB18285-2005	6900	2500	2820	3950	11990	4990	6805	0	0	0	0	0	0	0	1	0	0	0	0		0	0	0		
			EQ3166GN-50	EQ3166GNJ-50	NQ210FN5	天然气	6234	154	GB17691-2005 国Ⅴ GB11340-2005 GB18285-2005	7550	2500	3150	4200	16000	7990	7815	0	0	0	0	0	0	0	0	0	1	0	0		0	0	0		
			EQ3200GN-40	EQ3200GNJ-40	NQ230N4	天然气	6870	169	GB17691-2005 国Ⅳ GB11340-2005 GB18285-2005	8300	2500	3150	1800+3300	19530	9990	9345	0	0	0	0	0	0	0	0	0	0	0	1		0	0	0		
			EQ3310GN-50	EQ3310GNJ-50	NQ280HN5	天然气	8300	206	GB17691-2005 国Ⅴ GB11340-2005 GB18285-2005	9340	2480	3450	1850+3100+1300	31000	16040	14765	0	0	1	0	0	0	0	0	0	0	0	0		0	0	0		
			EQ3310GN1-50	EQ3310GNJ1-50	NQ230FN5	天然气	6234	169	GB17691-2005 国Ⅴ GB11340-2005 GB18285-2005	8900	2480	3450	1700+2900+1300	31000	16040	14765	0	0	0	0	0	0	0	0	0	0	1	0		0	0	0		
			EQ3310GN2-50	EQ3310GNJ2-50	NQ280HN5	天然气	8300	206	GB17691-2005 国Ⅴ GB11340-2005 GB18285-2005	9800	2480	3450	1850+3300+1300	31000	16040	14765	0	0	0	1	0	1	5	0	0	0	0	3		0	0	0		

续表

企业名称	车辆品牌	车辆名称	车辆型号	底盘型号	发动机型号	燃料种类	排量(mL)	功率(kW)	排放标准	外形尺寸(mm)			轴距(mm)	总质量(kg)	额定总质量	整备质量(kg)	2013年													2014年				合计(辆)
										外廓长	外廓宽	外廓高					1月	2月	3月	4月	5月	6月	7月	8月	9月	10月	11月	12月	小计(辆)	1月	2月	3月	小计(辆)	
同上	同上	教练车	EQ5120XLHFN－40	EQ1120FNJ－40	NQ100N4	天然气	3759	79	GB17691－2005 国Ⅳ GB11340－2005 GB18285－2005	9000	2480	2700	5300	12010	—	6005	0	0	2	0	0	0	0	0	1	0	20	0		0	0	0		
同上	同上	轻型厢式货车	EQ5041XXYN－40	EQ1041TNJ－40	NQ100N4	天然气	3759	79	GB17691－2005 国Ⅳ GB11340－2005 GB18285－2005	5995	1980	2935	3300	4495	1495	2805	0	0	1	0	0	0	0	0	0	0	0	0		0	0	0		
同上	嘉龙牌	厢式运输车	DNC5040GXXYN－30	DNC1040GNJ－30	NQ115N	天然气	3759	85	GB17691－2005 国Ⅲ GB11340－2005 GB18285－2005	5995	2030	2935	3300	4490	1490	2805	0	0	5	0	1	2	0	0	0	0	0	0		0	0	0		
同上	嘉龙牌	厢式运输车	DNC5080XXYN－50	DNC1080GNJ－50	NQ140BN5	天然气	3759	103	GB17691－2005 国Ⅳ GB11340－2005 GB18285－2005	8000	2500	3450	4700	8495	3400	4900	0	0	10	0	0	1	0	0	0	0	0	1		0	0	0		
同上	嘉龙牌	载货汽车	DNC1040GN－30	DNC1040GNJ－30	NQ115N	天然气	3759	85	GB17691－2005 国Ⅲ GB11340－2005 GB18285－2005	5995	2030	2350	3300	3920	1490	2235	0	0	1	0	0	0	0	0	0	0	0	0		0	0	0		
同上	嘉龙牌	载货汽车	DNC1070GN－30	DNC1070GNJ－30	NQ115N	天然气	3759	85	GB17691－2005 国Ⅲ GB11340－2005 GB18285－2005	6760	2200	2920	3850	6925	2990	3740	7	0	1	0	1	0	0	0	0	0	0	0		0	0	0		
同上	嘉龙牌	自卸汽车	DNC3070FN－30	DNC3070FNJ－30	NQ190N	天然气	5638	144	GB17691－2005 国Ⅲ GB11340－2005 GB18285－2005	7000	2480	2650	4200	7425	2990	4240	0	0	0	0	0	130	0	0	0	0	0	0		0	0	0		
同上	嘉龙牌	自卸汽车	DNC3120GN－30	DNC3120GNJ－30	NQ210N	天然气	6870	153	GB17691－2005 国Ⅲ GB11340－2005 GB18285－2005	7600	2500	2950	4500	11965	4990	6780	3	17	32	15	4	0	0	0	0	0	0	0		0	0	0		
东风汽车公司	东风牌	仓栅式运输车	EQ5161CCYQN	EQ1161GQNJ	NQ180N	天然气	5638	132	GB11340－2005 GB18285－2005 GB17691－2005 国Ⅳ	9000	2500	3760	5000	15900	9705	6000	0	0	0	0	0	0	0	0	0	0	0	6	378	0	0	0	0	378
东风汽车公司	东风牌	仓栅式运输车	EQ5250CCYQN	EQ1250GQNJ	NQ230N4	天然气	6870	169	GB11340－2005 GB18285－2005 GB17691－2005 国Ⅳ	11990	2500	3950	1850＋5400	25000	15505	9300	0	0	0	0	0	0	0	0	0	0	0	9		0	0	0		
东风汽车公司	东风牌	教练车	EQ5120XLHF4	EQ1120FFJ2	CA4GNE4	天然气	3700	85	GB11340－2005 GB18285－2005 GB17691－2005 国Ⅳ	9000	2480	2600	5200	12400	—	5000	1	0	2	9	13	126	14	5	0	2	15	8		0	0	0		
东风汽车公司	东风牌	厢式运输车	EQ5250XXYQN	EQ1250GQNJ	NQ230N4	天然气	6870	169	GB11340－2005 GB18285－2005 GB17691－2005 国Ⅳ	11990	2500	3950	1850＋5400	25000	15505	9300	0	0	2	0	0	0	0	0	0	0	0	2		0	0	0		

续表

企业名称	车辆品牌	车辆名称	车辆型号	底盘型号	发动机型号	燃料种类	排量(mL)	功率(kW)	排放标准	外形尺寸(mm)			轴距(mm)	总质量(kg)	额定总质量	整备质量(kg)	2013年													2014年				合计(辆)
										外廓长	外廓宽	外廓高					1月	2月	3月	4月	5月	6月	7月	8月	9月	10月	11月	12月	小计(辆)	1月	2月	3月	小计(辆)	
同上	同上	载货汽车	EQ1043TKN	EQ1043TKNJ	CY4102－N4A	天然气	3856	88	GB17691－2005 国Ⅳ GB18285－2005 GB11340－2005	5995	2150	2320	3300	4320	1930	2195	0	0	4	1	0	0	0	0	0	0	0	0		0	0	0		
	华神牌	半挂牵引汽车	DFD4251GN	—	WP12NG350 E40	天然气	11596	257	GB17691－2005 国Ⅳ GB18285－2005 GB11340－2005	7515	2500	3700	3850＋1350	25000	—	8805	0	0	0	0	0	2	0	0	0	0	0	0		0	0	0		
					WP12NG380 E40	天然气	11596	280	GB17691－2005 国Ⅳ GB18285－2005 GB11340－2005	7515	2500	3700	3850＋1350	25000	—	8805	0	0	2	0	0	0	0	0	0	0	0	0		0	0	0		
					YC6MK375 N－40	天然气	10338	276	GB17691－2005 国Ⅳ GB18285－2005 GB11340－2005	7465	2500	3700	3850＋1300	25000	—	8805	0	0	0	0	0	0	1	0	0	0	0	0		0	0	0		
	特商牌	混凝土搅拌运输车	DFE5250GJBF1	DFE5250GJBFJ1	YC6MK340N－40	天然气	10338	250	GB11340－2005 GB18285－2005 GB17691－2005 国Ⅳ	9950	2500	3980	4000＋1350	24900	11805	12900	0	0	0	10	0	1	0	0	0	0	0	0		0	0	0		
					WP10NG336 E40	天然气	9726	247	GB11340－2005 GB18285－2005 GB17691－2005 国Ⅳ	9950	2500	3980	4000＋1350	24900	11805	12900	0	0	0	0	0	0	0	1	0	0	0	0		0	0	0		
		牵引汽车	DFE4160VF1	—	YC6G260 N－40	天然气	7800	191	GB11340－2005 GB18285－2005 GB17691－2005 国Ⅳ	6400	2490	2900	3950	16400	—	6205	20	0	0	0	0	0	0	0	0	0	0	0		0	0	0		
			DFE4160VFN	—	YC6L280 N－52	天然气	8424	206	GB11340－2005 GB18285－2005 GB17691－2005 国Ⅴ	6430	2490	2900	3950	16400	—	6205	0	0	0	0	0	0	0	0	0	10	5	4		0	0	0		
			DFE4250VF4	—	WP12NG380 E40	天然气	11596	280	GB11340－2005 GB18285－2005 GB17691－2005 国Ⅳ	7515	2490	3700	3850＋1350	25000	—	8805	1	0	0	3	5	0	0	0	0	0	0	0		0	0	0		
					YC6MK375 N－40	天然气	10338	276	GB11340－2005 GB18285－2005 GB17691－2005 国Ⅳ	7515	2490	3700	3850＋1350	25000	—	8805	4	0	0	0	0	2	1	0	0	0	0	6		0	0	0		
			DFE4250VFN	—	YC6MK340 N－50	天然气	10338	250	GB11340－2005 GB18285－2005 GB17691－2005 国Ⅴ	7515	2490	3030	3850＋1350	25000	—	8870	0	0	0	0	0	0	0	1	1	0	0	0		0	0	0		
					YC6MK375 N－50	天然气	10338	276	GB11340－2005 GB18285－2005 GB17691－2005 国Ⅴ	7515	2490	3800	3850＋1350	25000	—	8870	0	0	0	0	0	0	0	0	0	0	30	0		0	0	0		

续表

企业名称	车辆品牌	车辆名称	车辆型号	底盘型号	发动机型号	燃料种类	排量(mL)	功率(kW)	排放标准	外形尺寸(mm) 外廓长	外廓宽	外廓高	轴距(mm)	总质量(kg)	额定总质量	整备质量(kg)	2013年 1月	2月	3月	4月	5月	6月	7月	8月	9月	10月	11月	12月	小计(辆)	2014年 1月	2月	3月	小计(辆)	合计(辆)
同上	同上	同上	DFE4252VF	—	YC6MK340 N-40	天然气	10338	250	GB11340-2005 GB18285-2005 GB17691-2005国Ⅳ	7180	2490	3200	1700+2950	25000	—	7800	0	0	0	3	0	0	0	0	0	0	0	0		0	0	0		
同上	同上	同上	DFE4252VFN	—	WP12NG350 E50	天然气	11596	257	GB11340-2005 GB18285-2005 GB17691-2005国Ⅴ	7180	2490	3700	1700+2950	25000	—	7800	0	0	0	0	0	0	0	0	0	0	10	0		0	0	0		
同上	同上	自卸汽车	DFE3250VF2	DFE3250VFJ2	WP10NG336 E40	天然气	9726	247	GB11340-2005 GB18285-2005 GB17691-2005国Ⅳ	9080	2500	3400	4350+1350	24900	12805	11900	0	0	0	1	0	0	0	0	0	0	0	0		0	0	0		
同上	同上	自卸汽车	DFE3250VF2	DFE3250VFJ2	YC6MK340 N-40	天然气	10338	250	GB11340-2005 GB18285-2005 GB17691-2005国Ⅳ	9080	2500	3400	4350+1350	24900	12805	11900	1	0	1	0	0	0	0	0	0	2	2	0		0	0	0		
同上	同上	自卸汽车	DFE3310VF1	DFE3310VFJ	YC6M320 N-30	天然气	9839	236	GB11340-2005 GB18285-2005 GB17691-2005国Ⅲ	10400	2500	3500	1950+3800+1300	31000	16005	14800	3	0	0	0	0	0	0	0	0	0	0	0		0	0	0		
同上	同上	自卸汽车	DFE3310VF4	DFE3310VFJ4	WP12NG350 E40	天然气	11596	257	GB11340-2005 GB18285-2005 GB17691-2005国Ⅳ	10400	2500	3350	1950+3800+1350	31000	16005	14800	1	0	1	0	0	0	0	0	0	0	0	0		0	0	0		
同上	同上	自卸汽车	DFE3310VF4	DFE3310VFJ4	YC6MK340 N-40	天然气	10338	250	GB11340-2005 GB18285-2005 GB17691-2005国Ⅳ	10400	2500	3350	1950+3800+1350	31000	16005	14800	6	0	0	2	0	13	0	0	0	2	0	1		0	0	0		
上汽依维柯红岩商用车有限公司	红岩牌	半挂牵引汽车	CQ4256HT G303T	—	WP10NG336 E50	天然气	9726	247	GB18285-2005 GB11340-2005 GB17691-2005国Ⅴ	7230	2500	3797	1800+3000	25000	—	8600	0	0	0	0	7	12	34	7	19	9	2	10		0	0	0		
上汽依维柯红岩商用车有限公司	红岩牌	半挂牵引汽车	CQ4256HT G303T	—	WP12NG350 E50	天然气	11596	257	GB18285-2005 GB11340-2005 GB17691-2005国Ⅴ	7230	2500	3797	1800+3000	25000	—	7800	0	0	0	8	0	0	0	0	0	0	0	0		0	0	0		
上汽依维柯红岩商用车有限公司	红岩牌	半挂牵引汽车	CQ4256HTG 384T	—	WP10NG336 E50	天然气	9726	247	GB18285-2005 GB11340-2005 GB17691-2005国Ⅳ	7360	2500	3797	3850+1350	25000	—	8800	0	0	0	0	0	27	20	0	0	0	11	0	289	0	0	0	0	289
上汽依维柯红岩商用车有限公司	红岩牌	半挂牵引汽车	CQ4256HTG 384T	—	WP12NG350 E50	天然气	11596	257	GB18285-2005 GB11340-2005 GB17691-2005国Ⅳ	7360	2500	3797	3850+1350	25000	—	8800	0	0	0	7	0	0	0	33	0	0	0	0		0	0	0		
上汽依维柯红岩商用车有限公司	红岩牌	半挂牵引汽车	CQ4256HTG 384T	—	WP12NG380 E50	天然气	11596	280	GB18285-2005 GB11340-2005 GB17691-2005国Ⅳ	7360	2500	3797	3850+1350	25000	—	8800	0	2	3	4	26	0	0	3	23	15	0	7		0	0	0		

续表

企业名称	车辆品牌	车辆名称	车辆型号	底盘型号	发动机型号	燃料种类	排量(mL)	功率(kW)	排放标准	外形尺寸(mm) 外廓长	外形尺寸(mm) 外廓宽	外形尺寸(mm) 外廓高	轴距(mm)	总质量(kg)	额定总质量	整备质量(kg)	2013年 1月	2013年 2月	2013年 3月	2013年 4月	2013年 5月	2013年 6月	2013年 7月	2013年 8月	2013年 9月	2013年 10月	2013年 11月	2013年 12月	2013年 小计(辆)	2014年 1月	2014年 2月	2014年 3月	2014年 小计(辆)	合计(辆)
中国第一汽车集团公司	解放牌	平头燃气载货汽车	CA1160P9K2L4A70E4	CA1160P9K2L4A70E	CA6SH－N1E4	天然气	5560	110	GB11340－2005 GB18285－2005 GB17691－2005 国Ⅳ	8990	2490	2840	5005	16000	9000	6805	0	3	2	0	0	0	0	0	0	0	0	0	278	0	0	0	0	278
		平头天然气半挂牵引汽车	CA4250P66T1A1E24M4	—	CA6SM2－35E4N	天然气	11050	261	GB18285－2005 GB11340－2005 GB17691－2005 国Ⅳ	7420	2500	3560	3800＋1350	25000	—	8800	0	0	0	0	0	0	0	0	0	4	0	0		0	0	0		
		平头天然气半挂牵引汽车	CA4250P66T1A1EM	—	CA6SL2－31E3N	天然气	8600	231	GB3847－2005 GB17691－2005 国Ⅲ	7510	2495	3560	1350＋3800	25000	—	9520	0	0	0	2	0	3	0	0	0	0	0	0		0	0	0		
		平头天然气半挂牵引汽车	CA4250P66T1A1EM4	—	CA6SL2－31E4N	天然气	8600	231	GB11340－2005 GB18285－2005 GB17691－2005 国Ⅳ	7510	2495	3560	3800＋1350	25000	—	9520	0	0	0	2	0	0	0	0	0	0	0	0		0	0	0		
		平头天然气半挂牵引汽车	CA4250P66T1A2E24M4	—	CA6SM2－35E4N	天然气	11050	261	GB18285－2005 GB11340－2005 GB17691－2005 国Ⅳ	7420	2500	3560	3800＋1350	25000	—	10300	0	0	0	0	0	0	0	0	3	2	1	0		0	0	0		
		平头天然气自卸汽车	CA3310P63L2T4E2M4	CA3310P63L2BT4E2M4	CA6SL2－29E4N	天然气	8600	216	GB18285－2005 GB11340－2005 GB17691－2005 国Ⅳ	10245	2495	3260	1950＋3550＋1350	31000	15915	14890	0	0	0	0	0	2	0	0	0	0	0	0		0	0	0		
		平头天然气自卸汽车	CA3310P66L7T4E22M4	CA3310P66L7BT4E22M4	CA6SN1－39E4N	天然气	12530	290	GB18285－2005 GB11340－2005 GB17691－2005 国Ⅳ	11800	2500	3680	2100＋4700＋1350	31000	15480	15390	0	0	0	0	0	1	0	0	0	0	0	0		0	0	0		
		平头液化天然气半挂牵引车	CA4250P66T1A2E22M	—	CA6SN1－39E4N	天然气	12530	287	GB18285－2005 GB11340－2005 GB17691－2005 国Ⅲ	7510	2495	3560	1350＋3800	25000	—	8870	0	0	0	2	0	0	0	0	0	0	0	0		0	0	0		
		平头液化天然气半挂牵引车	CA4250P66T1A2E22M4	—	CA6SN1－39E4N	天然气	12530	290	GB18285－2005 GB11340－2005 GB17691－2005 国Ⅳ	7510	2495	3980	3800＋1350	25000	—	8870	3	11	23	15	29	53	19	12	36	6	2	17		0	0	0		
		平头液化天然气半挂牵引车	CA4250P66T1A3E22M4	—	CA6SN1－39E4N	天然气	12530	290	GB18285－2005 GB11340－2005 GB17691－2005 国Ⅳ	7420	2500	3560	3800＋1350	25000	—	10800	0	0	0	0	5	2	5	2	5	1	0	0		0	0	0		
		厢式运输车	CA5160XXYP9K2L4A70E4	CA1160P9K2L4A70E4	CA6SH－N1E4	天然气	5560	110	GB11340－2005 GB18285－2005 GB17691－2005 国Ⅳ	9990	2490	3760	5725	16000	8255	7550	0	0	0	0	0	0	1	0	0	0	1	3		0	0	0		

续表

企业名称	车辆品牌	车辆名称	车辆型号	底盘型号	发动机型号	燃料种类	排量(mL)	功率(kW)	排放标准	外形尺寸(mm)外廓长	外形尺寸(mm)外廓宽	外形尺寸(mm)外廓高	轴距(mm)	总质量(kg)	额定总质量	整备质量(kg)	2013年1月	2013年2月	2013年3月	2013年4月	2013年5月	2013年6月	2013年7月	2013年8月	2013年9月	2013年10月	2013年11月	2013年12月	2013年小计(辆)	2014年1月	2014年2月	2014年3月	2014年小计(辆)	合计(辆)
北京汽车制造厂有限公司	北京牌	自卸车	BJ32501PC61	BJ32501PC61D	WP10NG336E40	天然气	9726	247	GB17691－2005国Ⅳ GB3847－2005	8435	2490	3450	3775＋1400	25000	12770	12100	0	0	0	0	0	0	0	0	0	0	0	264	264	0	0	0	0	264
中国重汽集团济南商用车有限公司	斯达－斯太尔牌	混凝土搅拌运输车	ZZ5253GJBN3841D1L	ZZ1253N3841D1L	T12. 34－40	天然气	11596	249	GB17691－2005国Ⅳ GB18285－2005 GB11340－2005	9215	2496	3980	3825＋1350	25000	11770	13100	0	0	0	0	0	0	0	0	0	0	0	0	0	5	0	0	179	179
			ZZ5253GJBN4341E1L	ZZ1253N4341E1L	T10. 34－50	天然气	9726	250	GB17691－2005国Ⅴ GB18285－2005 GB11340－2005	10140	2496	3980	4025＋1350	25000	10690	14180	0	0	0	0	0	0	0	0	0	0	0	0		10	0	0		
		牵引汽车	ZZ4181N3811E1C	—	T10. 32－50	天然气	9726	235	GB17691－2005国Ⅴ GB18285－2005 GB11340－2005	6150	2496	3070	3800	18000	—	6700	0	0	0	0	0	0	0	0	0	0	0	0		0	0	1		
			ZZ4181N4211E1L	—	T10. 27－50	天然气	9726	196	GB17691－2005国Ⅴ GB18285－2005 GB11340－2005	6150	2496	3070	3800	18000	—	6600	0	0	0	0	0	0	0	0	0	0	0	0		7	0	1		
			ZZ4183N4211E1L	—	T10. 34－50	天然气	9726	250	GB17691－2005国Ⅴ GB18285－2005 GB11340－2005	6755	2496	3720	4200	18000	—	6900	0	0	0	0	0	0	0	0	0	0	0	0		0	0	1		
			ZZ4253N25C1D1L	—	T10. 34－40	天然气	9726	250	GB17691－2005国Ⅳ GB18285－2005 GB11340－2005	6855	2496	3720	1800＋2500	25000	—	7400	0	0	0	0	0	0	0	0	0	0	0	0		12	0	16		
			ZZ4253N25C1E1L	—	T10. 34－50	天然气	9726	250	GB17691－2005国Ⅴ GB18285－2005 GB11340－2005	6855	2496	3660	1800＋2500	25000	—	7400	0	0	0	0	0	0	0	0	0	0	0	0		21	5	25		
			ZZ4253N3841E1C	—	T12. 38－50	天然气	11596	279	GB17691－2005国Ⅴ GB18285－2005 GB11340－2005	7425	2496	3720	3825＋1350	25000	—	9800	0	0	0	0	0	0	0	0	0	0	0	0		0	1	8		
			ZZ4253N3841E1L	—	T10. 34－50	天然气	9726	250	GB17691－2005国Ⅴ GB18285－2005 GB11340－2005	7425	2496	3720	3825＋1350	25000	—	8800	0	0	0	0	0	0	0	0	0	0	0	0		1	0	0		
					T12. 38－50	天然气	11596	279	GB17691－2005国Ⅴ GB18285－2005 GB11340－2005	7425	2496	3720	3800＋1400	25000	—	8800	0	0	0	0	0	0	0	0	0	0	0	0		0	25	22		

续表

企业名称	车辆品牌	车辆名称	车辆型号	底盘型号	发动机型号	燃料种类	排量(mL)	功率(kW)	排放标准	外形尺寸(mm) 外廓长	外形尺寸(mm) 外廓宽	外形尺寸(mm) 外廓高	轴距(mm)	总质量(kg)	额定总质量	整备质量(kg)	2013年 1月	2月	3月	4月	5月	6月	7月	8月	9月	10月	11月	12月	小计(辆)	2014年 1月	2月	3月	小计(辆)	合计(辆)
同上	同上	自卸汽车	ZZ3251N3841 E1L	ZZ3251N3841 E1L	T10. 34－50	天然气	9726	250	GB17691－2005 国Ⅴ GB18285－2005 GB11340－2005	8020	2496	3450	3825＋1350	25000	12770	12100	0	0	0	0	0	0	0	0	0	0	0	0		0	0	11		
			ZZ3253N4041 E1L	ZZ3253N4041 E1L	T10. 34－50	天然气	9726	250	GB17691－2005 国Ⅴ GB18285－2005 GB11340－2005	8425	2496	3500	4000＋1350	25000	12740	12130	0	0	0	0	0	0	0	0	0	0	0	0		0	0	1		
			ZZ3313N4661 D1C	ZZ3313N4661 D1C	T12. 38－40	天然气	11596	279	GB17691－2005 国Ⅳ GB18285－2005 GB11340－2005	11475	2496	3500	1800＋4600＋1350	31000	15370	15500	0	0	0	0	0	0	0	0	0	0	0	0		0	0	4		
			ZZ3313N4661 E1L	ZZ3313N4661 E1L	T12. 38－50	天然气	11596	279	GB17691－2005 国Ⅴ GB18285－2005 GB11340－2005	11575	2496	3500	1800＋4600＋1350	31000	15400	15470	0	0	0	0	0	0	0	0	0	0	0	0		0	2	0		
北汽福田汽车股份有限公司	福田牌	混凝土搅拌运输车	BJ5253GJ B－XE	BJ5253GJ B－XE	WP12NG350 E40	天然气	11596	257	GB17691－2005 国Ⅳ GB11340－2005 GB18285－2005	9802	2495	3995	4100＋1350	25000	10055	14750	7	1	1	0	0	15	15	0	1	18	37	0		0	0	0		
		载货汽车	BJ1049V9 JEA－BA	BJ1049V9J EA－BA	YN36QNE	天然气	3612	85	GB17691－2005 国Ⅳ GB11340－2005 GB18285－2005	5995	2150	2320	3360	4480	1785	2500	0	0	0	0	0	0	0	0	2	0	0	2		0	0	0		
		自卸汽车	BJ3255DL PKB－1	BJ3255DL PKB－1	WP12NG350 E50	天然气	11596	257	GB17691－2005 国Ⅴ GB11340－2005 GB18285－2005	8480	2495	3460	3900＋1350	25000	12965	11905	0	0	0	0	0	0	0	0	0	0	0	2	131	0	0	0	0	131
			BJ3315DNPJ C－5	BJ3315DNPJ C－6	WP10NG300 E50	天然气	9726	220	GB17691－2005 国Ⅴ GB11340－2005 GB18285－2005	9900	2495	3150	1800＋3450＋1350	31000	16035	14770	0	0	0	0	0	1	0	0	1	0	2	2		0	0	0		
			BJ3315DNP JC－6	BJ3315DNP JC－6	WP10NG300 E50	天然气	9726	220	GB17691－2005 国Ⅴ GB11340－2005 GB18285－2005	10100	2495	3150	1800＋3450＋1350	31000	16100	14770	0	0	0	2	0	6	0	0	1	0	8	7		0	0	0		
中国重汽集团济宁商用车有限公司	豪瀚牌	牵引汽车	ZZ4185M4213 0 E1L	—	MT07. 26－50	天然气	6870	191	GB17691－2005 国Ⅴ GB18285－2005 GB11340－2005	6750	2496	3030	4200	18000	—	7300	0	0	0	0	0	0	0	0	0	0	0	0		0	0	50		
			ZZ4185M4216 E1C	—	T10. 27－50	天然气	9726	196	GB17691－2005 国Ⅴ GB18285－2005 GB11340－2005	6750	2496	3030	4200	18000	—	7300	0	0	0	0	0	0	0	0	0	0	0	0	0	0	0	1	118	118
			ZZ4185N4216 E1L	—	T10. 32－50	天然气	9726	235	GB17691－2005 国Ⅴ GB18285－2005 GB11340－2005	6750	2496	3700	4200	18000	—	7300	0	0	0	0	0	0	0	0	0	0	0	0		0	12	0		

续表

企业名称	车辆品牌	车辆名称	车辆型号	底盘型号	发动机型号	燃料种类	排量(mL)	功率(kW)	排放标准	外形尺寸(mm) 外廓长	外形尺寸(mm) 外廓宽	外形尺寸(mm) 外廓高	轴距(mm)	总质量(kg)	额定总质量	整备质量(kg)	2013年 1月	2013年 2月	2013年 3月	2013年 4月	2013年 5月	2013年 6月	2013年 7月	2013年 8月	2013年 9月	2013年 10月	2013年 11月	2013年 12月	2013年 小计(辆)	2014年 1月	2014年 2月	2014年 3月	2014年 小计(辆)	合计(辆)
同上	同上	同上	ZZ4255N27C6E1L	—	T10. 34－50	天然气	9726	250	GB17691－2005国Ⅴ GB18285－2005 GB11340－2005	6980	2496	3350	1800＋2700	25000	—	7970	0	0	0	0	0	0	0	0	0	0	0	0		10	6	38		
			ZZ4255N3846E1LB	—	T10. 34－50	天然气	9726	250	GB17691－2005国Ⅴ GB18285－2005 GB11340－2005	7450	2496	3350	3825＋1350	25000	—	8800	0	0	0	0	0	0	0	0	0	0	0	0		0	0	1		
二汽车制造有限公司	三一牌	混凝土搅拌运输车	SYM5253GJB2E	SYM1253T2E	WP10NG336E50	天然气	9726	247	GB17691－2005国Ⅴ GB3847－2005 GB11340－2005	9480	2500	3975	3720＋1350	25000	9670	15200	0	0	0	0	0	0	0	0	0	0	0	0	0	30	0	0	92	92
					WP12NG350E50	天然气	11596	257	GB17691－2005国Ⅴ GB3847－2005 GB11340－2005	9950	2500	3975	4090＋1350	25000	8670	16200	0	0	0	0	0	0	0	0	0	0	0	0		0	10	23		
			SYM5312GJB2E	SYM1312T2E	WP12NG380E50	天然气	11596	280	GB17691－2005国Ⅴ GB3847－2005	10635	2500	3965	1700＋3500＋1350	30985	12855	18000	0	0	0	0	0	0	0	0	0	0	0	0		0	0	29		
郑州宇通客车股份有限公司	宇通牌	教练车	ZK5110XLHN	ZK6840CDN	YC4G180N－40	天然气	5200	132	GB17691－2005国Ⅳ GB11340－2005 GB18285－2005	9000	2450	3165	5300	11000	—	7800	0	0	0	0	0	0	0	0	0	0	0	0	0	3	0	4	87	87
			ZK5110XLHN3	ZK6840CN3	NQ160CN5	天然气	4750	118	GB17691－2005国Ⅴ GB11340－2005 GB18285－2005	9000	2450	3165	5300	11000	—	7800	0	0	0	0	0	0	0	0	0	0	0	0		0	2	0		
			ZK5110XLHN4	ZK6840CN4	YC4G180N－50	天然气	5200	132	GB17691－2005国Ⅴ GB11340－2005 GB18285－2005	9000	2450	3280	5000	11000	—	7800	0	0	0	0	0	0	0	0	0	0	0	0		41	2	15		
		厢式运输车	ZK5040XXYN2	ZK6562CN1	NQ120BN5	天然气	3759	88	GB17691－2005国Ⅴ GB11340－2005 GB18285－2005	5995	2240	2850	3100	4495	960	3405	0	0	0	0	0	0	0	0	0	0	0	0		10	0	10		
华菱星马汽车（集团）股份有限公司	星马牌	低密度粉粒物料运输车	AH5310GFLLNG4	HN1310NGB38D6M4J	WP12NG380E40	天然气	11596	280	GB17691－2005国Ⅳ GB11340－2005 GB18285－2005	11960	2495	3990	1850＋4605＋1350	31000	14000	16805	0	0	0	0	0	1	0	0	0	0	1	0	84	0	0	0	0	84
		混凝土搅拌运输车	AH5259GJB4LNG5	HN3250NGX38D4M5J	SC12ET390Q5	天然气	11810	287	GB18285－2005 GB11340－2005 GB17691－2005国Ⅴ	8850	2500	3900	3900＋1350	25000	10305	14500	0	0	0	0	0	0	0	0	0	0	0	1		0	0	0		
			AH5259GJB5	HN3250NGB38D1M4J	WP12NG380E40	天然气	11596	280	GB17691－2005国Ⅳ GB11340－2005 GB18285－2005	9800	2500	3950	4100＋1350	25000	9105	15700	0	0	0	0	9	0	0	0	10	0	0	0		0	0	0		

续表

企业名称	车辆品牌	车辆名称	车辆型号	底盘型号	发动机型号	燃料种类	排量(mL)	功率(kW)	排放标准	外形尺寸(mm) 外廓长	外廓宽	外廓高	轴距(mm)	总质量(kg)	额定总质量	整备质量(kg)	2013年 1月	2月	3月	4月	5月	6月	7月	8月	9月	10月	11月	12月	小计(辆)	2014年 1月	2月	3月	小计(辆)	合计(辆)
同上	同上	同上	AH5319G JB3	HN3310NGB 38C3M4J	WP12NG380 E40	天然气	11596	280	GB17691－2005 国Ⅳ GB11340－2005 GB18285－2005	10800	2500	3998	1850＋3700＋1350	31000	12505	18300	0	0	0	0	0	30	0	0	0	0	0	10		0	0	0		
同上	同上	平板运输车	AH5310TP B1LNG4	HN3310NGB 38DLM4J	WP10NG 336E40	天然气	9726	247	GB17691－2005 国Ⅳ GB11340－2005 GB18285－2005	9810	2495	3100	1850＋4000＋1350	31000	18405	12400	0	22	0	0	0	0	0	0	0	0	0	0		0	0	0		
芜湖中集瑞江汽车有限公司	瑞江牌	自卸式垃圾车	WL5250ZLJ SQR38	SQR3252N6 T4－E	YC6MK340 N－50	天然气	10338	250	GB17691－2005 国Ⅴ GB18285－2005 GB11340－2005	8460	2500	3500	3825＋1350	25000	12610	12260	0	0	0	0	0	0	0	0	0	0	0	0		3	0	28		
芜湖中集瑞江汽车有限公司	瑞江牌	混凝土搅拌运输车	WL5251GJB SQR42	SQR5252GJB N6T4－E	YC6K380N－50	天然气	12939	280	GB17691－2005 国Ⅴ GB18285－2005 GB11340－2005	10220	2500	3990	4200＋1350	25000	8970	15900	0	0	0	0	0	0	0	0	0	0	0	0	0	0	0	16	47	47
江铃重型汽车有限公司	远威牌	半挂牵引车	SXQ4251M 7N－4		WP12NG380 E40	天然气	11596	280	GB11340－2005 GB18285－2005 GB17691－2005 国Ⅲ	7545	2498	3700	3800＋1350	25000		10300	0	0	0	0	2	0	0	0	0	0	0	0		0	0	0		
江铃重型汽车有限公司	远威牌	半挂牵引车	SXQ4251M 7N－4		WP12NG350 E40	天然气	11596	257	GB11340－2005 GB18285－2005 GB17691－2005 国Ⅲ	7545	2498	3700	3800＋1350	25000		10300	0	0	0	0	0	1	0	0	0	0	0	0		0	0	0		
江铃重型汽车有限公司	远威牌	自卸汽车	SXQ3310G5 N－4	SXQ3310GJ5 N－4	SC9DT280Q4	天然气	8820	206	GB11340－2005 GB18285－2005 GB17691－2005 国Ⅳ	10290	2498	3200	1950＋3800＋1350	30825	15950	14680	0	0	0	0	37	0	0	0	0	0	0	0	46	0	0	0	0	46
江铃重型汽车有限公司	远威牌	自卸汽车	SXQ3310G5 N1－4	SXQ3310GJ5 N1－4	SC9DT280Q4	天然气	8820	206	GB11340－2005 GB18285－2005 GB17691－2005 国Ⅵ	10290	2498	3200	1950＋3800＋1350	30825	15950	14680	0	0	0	0	0	1	0	0	0	0	0	0		0	0	0		
江铃重型汽车有限公司	远威牌	自卸汽车	SXQ3310G5 N1－5	SXQ3310GJ5 N1－5	SC9DT280Q5	天然气	8820	206	GB11340－2005 GB18285－2005 GB17691－2005 国Ⅴ	10290	2498	3200	1950＋3800＋1350	30825	15950	14680	0	0	0	0	0	0	0	5	0	0	0	0		0	0	0		
徐州工程机械集团有限公司	徐工牌	混凝土搅拌运输车	XZJ5250G JBA1L	ZZ1257N 4047D1L	T10. 34－40	天然气	9726	250	GB17691－2005 国Ⅳ GB18285－2005 GB11340－2005	9850	2496	3980	4025＋1350	25000	9000	15870	0	0	0	0	0	0	0	0	0	0	0	0	0	10	0	34	44	44

续表

企业名称	车辆品牌	车辆名称	车辆型号	底盘型号	发动机型号	燃料种类	排量(mL)	功率(kW)	排放标准	外形尺寸(mm) 外廓长	外廓宽	外廓高	轴距(mm)	总质量(kg)	额定总质量	整备质量(kg)	2013年 1月	2月	3月	4月	5月	6月	7月	8月	9月	10月	11月	12月	小计(辆)	2014年 1月	2月	3月	小计(辆)	合计(辆)
湖北三环专用汽车有限公司	十通牌	仓栅式运输车	STQ5257CCYD4	STQ1257L16Y4D4	YC6L260N-40	天然气	8424	191	GB11340-2005 GB18285-2005 GB17691-2005 国Ⅳ	11990	2490	3950	1850+5400	25000	16000	8805	0	0	0	0	0	0	0	0	0	0	2	3	44	0	0	0	0	44
		牵引汽车	STQ4251L10N5S4	—	WP12NG380E40	天然气	11596	280	GB11340-2005 GB18285-2005 GB17691-2005 国Ⅳ	7320	2490	3690	3800+1350	25000	—	8805	0	0	0	1	0	0	0	0	0	0	0	0		0	0	0		
			STQ4251L10N5S5	—	WP12NG380E50	天然气	11596	280	GB11340-2005 GB18285-2005 GB17691-2005 国Ⅴ	7440	2500	3730	3800+1300	25000	—	8800	0	0	0	0	0	0	0	0	0	0	2	0		0	0	0		
			STQ4251L7Y10D4	—	YC6MK375N-40	天然气	10338	276	GB11340-2005 GB18285-2005 GB17691-2005 国Ⅳ	6980	2500	3740	1700+2700	24980	—	7500	0	0	0	0	1	0	0	0	0	0	0	0		0	0	0		
		载货汽车	STQ1081L08Y1N04	STQ1081L08Y1N04	CA4GNE4	天然气	3700	85	GB11340-2005 GB18285-2005 GB17691-2005 国Ⅳ	7020	2300	2450	3800	8280	4685	3400	0	0	0	2	0	0	0	0	0	0	0	0		0	0	0		
			STQ1160L10Y34	STQ1160L10Y34	YC6J190N-40	天然气	6494	140	GB11340-2005 GB18285-2005 GB17691-2005 国Ⅳ	9000	2490	3200	5200	15800	9900	5705	0	0	1	2	0	0	0	8	0	0	0	0		0	0	0		
			STQ1257L16Y4D4	STQ1257L16Y4D4	YC6L260N-40	天然气	8424	191	GB11340-2005 GB18285-2005 GB17691-2005 国Ⅳ	11990	2490	3810	1850+5400	25000	16100	8705	0	0	0	0	0	0	0	0	0	0	1	0		0	0	0		
			STQ3310L16N5B4	STQ3310L16N5B4	YC6MK375N-40	天然气	10338	276	GB11340-2005 GB18285-2005 GB17691-2005 国Ⅳ	10310	2490	3320	1850+3800+1350	31000	16040	14765	1	0	1	0	0	0	0	0	0	0	0	0		0	0	0		
		自卸汽车	STQ3250L10Y3D5	STQ1250L10Y3D5	YC6J210N-52	天然气	6494	155	GB11340-2005 GB18285-2005 GB17691-2005 国Ⅴ	8490	2490	3200	1850+3250	25000	12900	11905	0	0	0	0	0	2	0	0	0	0	0	0		0	0	0		
			STQ3310L16N5B4	STQ3310L16N5B4	YC6MK375N-40	天然气	10338	276	GB11340-2005 GB18285-2005 GB17691-2005 国Ⅳ	10510	2490	3320	1850+3800+1350	31000	16040	14765	0	0	0	0	0	0	0	4	0	0	0	0		0	0	0		
			STQ3311L16N5B4	STQ3311L16N5B4	YC6MK375N-40	天然气	10338	276	GB11340-2005 GB18285-2005 GB17691-2005 国Ⅳ	10110	2490	3320	1850+3500+1350	31000	16040	14765	0	0	0	0	0	5	0	0	0	0	0	0		0	0	0		
			STQ3312L16N5B4	STQ3312L16N5B4	YC6MK375N-40	天然气	10338	276	GB11340-2005 GB18285-2005 GB17691-2005 国Ⅳ	9610	2490	3320	1850+3200+1350	31000	16040	14765	0	0	0	0	0	7	0	0	1	0	0	0		0	0	0		

续表

企业名称	车辆品牌	车辆名称	车辆型号	底盘型号	发动机型号	燃料种类	排量(mL)	功率(kW)	排放标准	外形尺寸(mm) 外廓长	外形尺寸(mm) 外廓宽	外形尺寸(mm) 外廓高	轴距(mm)	总质量(kg)	额定总质量	整备质量(kg)	2013年 1月	2013年 2月	2013年 3月	2013年 4月	2013年 5月	2013年 6月	2013年 7月	2013年 8月	2013年 9月	2013年 10月	2013年 11月	2013年 12月	2013年 小计(辆)	2014年 1月	2014年 2月	2014年 3月	2014年 小计(辆)	合计(辆)
查特中汽深冷特种车(常州)有限公司	查特牌	低温液体运输车	CTZ5300GDY	SX3316DT456TL	WP12NG350E40	天然气	11596	257	GB17691-2005 国Ⅳ GB11340-2005 GB18285-2005	11800	2500	3465	1800+4575+1400	29535	8460	20880	2	2	2	0	6	4	0	1	7	0	0	3	27	0	0	0	0	27
山西大运汽车制造有限公司	大运牌	自卸汽车	DYX3310WN3X	CGC3310WN3X	WP12NG330E30	天然气	11596	243	GB17691-2005 国Ⅲ GB18285-2005 GB11340-2005	10150	2500	3500	1800+3800+1350	31000	15920	14950	0	0	10	0	0	10	0	1	0	0	0	0	21	0	0	0	0	21
广州市环境卫生机械设备厂	广环牌	压缩式垃圾车	GH5250ZYSLNG	CQ1255HPG384T	SC9DT280Q4	天然气	8820	206	GB18285-2005 GB11340-2005 GB17691-2005 国Ⅳ	9445	2500	3400	3825+1350	25000	10350	14520	0	0	0	0	1	0	0	0	0	0	0	0	20	0	0	0	0	20
			GH5251ZYSLNG	CQ1256HPG384T	SC9DT280Q5	天然气	8820	206	GB18285-2005 GB11340-2005 GB17691-2005 国Ⅴ	9510	2500	3400	3800+1400	25000	10140	14730	0	0	0	0	0	0	0	0	0	0	0	19		0	0	0		
深圳东风汽车有限公司	东风牌	半挂牵引车	SE4250GN4	—	YC6MK340N-40	天然气	10338	250	GB17691-2005 国Ⅳ GB11340-2005 GB18285-2005	7490	2500	3800	3800+1350	25000	10140	11050	0	0	0	0	0	0	0	0	1	0	0	1	19	0	0	0	0	19
		混凝土搅拌运输车	SE5311GJBN4	SE1311GJN4	YC6MK375N-40	天然气	10338	276	GB17691-2005 国Ⅳ GB11340-2005 GB18285-2005	10350	2500	3990	1850+3400+1350	31000	14355	16450	0	0	0	2	0	0	0	0	5	0	0	0		0	0	0		
		自卸汽车	SE3310GN4	SE3310GJN4	YC6MK320N-40	天然气	10338	235	GB17691-2005 国Ⅳ GB11340-2005 GB18285-2005	10700	2500	3300	1950+3850+1350	31000	15735	15070	0	0	0	0	2	0	0	2	0	0	0	6		0	0	0		
中国重汽集团湖北华威专用汽车有限公司	华威驰乐牌	低密度粉粒物料运输车	SGZ5310GFLZZ4W46L	ZZ1317N4667D1LH	T10. 34-40	天然气	9726	250	GB17691-2005 国Ⅳ GB18285-2005 GB11340-2005	11990	2500	3950	1800+4600+1350	31000	13375	17495	0	0	0	0	0	0	0	15	0	0	0	0	15	0	0	0	0	15

续表

企业名称	车辆品牌	车辆名称	车辆型号	底盘型号	发动机型号	燃料种类	排量(mL)	功率(kW)	排放标准	外形尺寸(mm) 外廓长	外廓宽	外廓高	轴距(mm)	总质量(kg)	额定总质量	整备质量(kg)	2013年 1月	2月	3月	4月	5月	6月	7月	8月	9月	10月	11月	12月	小计(辆)	2014年 1月	2月	3月	小计(辆)	合计(辆)
张家港中集圣达因低温装备有限公司	圣达因牌	低温液体运输车	SDY5310GDYT	SQR1312N6T6-E	YC6MK340N-50	天然气	10338	250	GB17691-2005 国Ⅴ GB11340-2005 GB18285-2005	11785	2500	3410	1950+4500+1350	31000	8050	22820	0	0	0	0	0	0	0	0	0	4	4	4	12	0	0	0	0	12
中联重科股份有限公司	中联牌	清洗车	ZLJ5161GQXTE3	EQ1168KFJ	YC6J210N-30	天然气	6454	155	GB11340-2005 GB18285-2005 GB17691-2005 国Ⅲ	8055	2470	2850	4500	15900	7455	8250	0	0	1	0	0	0	0	0	0	0	0	0	1	0	0	0	10	11
		混凝土搅拌运输车	ZLJ5250GJBH	ZZ1257N3847D1L	T10.34-40	大然气	9726	250	GB17691-2005 国Ⅳ GB18285-2005 GB11340-2005	9160	2500	3965	3825+1350	25000	9550	15320	0	0	0	0	0	0	0	0	0	0	0	0		0	1	0		
		混凝土搅拌运输车	ZLJ5250GJBL	SX3256DR384TL	WP12NG330E40	天然气	11596	243	GB17691-2005 国Ⅲ GB11340-2005 GB18285-2005	9260	2500	3960	3775+1400	25000	9310	15560	0	0	0	0	0	0	0	0	0	0	0	0		0	1	0		
		混凝土搅拌运输车	ZLJ5253GJBH5	ZZ1257N4347E1L	T12.38-50	天然气	11596	279	GB17691-2005 国Ⅴ GB18285-2005 GB11340-2005	10010	2500	3970	4325+1350	25000	8620	16250	0	0	0	0	0	0	0	0	0	0	0	0		0	0	8		
精功镇江汽车制造有限公司	精功牌	半挂牵引汽车	ZJZ4250NPT4AZ4		WP12NG330E40	天然气	11596	243	GB17691-2005 国Ⅳ GB11340-2005 GB18285-2005	7025	2500	3750	3380+1350	25000		8730	0	0	0	0	0	0	0	0	0	0	0	0	0	11	0	0	11	11
洛阳中集凌宇汽车有限公司	凌宇牌	混凝土搅拌运输车	CLY5250GJB2	SQR3251N6T4-F1	YC6MK375N 40	天然气	10338	276	GB11340-2005 GB18285-2005 GB17691-2005 国Ⅳ	10090	2500	3990	4200+1350	25000	8370	16500	0	0	10	0	0	0	0	0	0	0	0	0	10	0	0	0	0	10
湖北江山专用汽车有限公司	江山神剑牌	自卸式垃圾车	HJS5310ZLJ	DFE3310VFJ4	YC6MK340N-40	天然气	10338	250	GB11340-2500 GB18285-2005 GB17691-2005 国Ⅳ	10400	2500	3300	1950+3800+1350	31000	15405	15400	0	0	0	0	0	0	8	0	0	0	0	0	8	0	0	0	0	8
东风实业（十堰）车辆有限公司	华神牌	自卸汽车	DFD3312GN1	DFD1310GNJ	YC6MK310N-40	天然气	10338	228	GB17691-2005 国Ⅳ GB18285 2005 GB11340-2005	10600	2500	3600	1950+3800+1350	31000	16040	14765	0	1	0	0	0	0	0	0	0	0	0	0	7	0	0	0	0	7

续表

企业名称	车辆品牌	车辆名称	车辆型号	底盘型号	发动机型号	燃料种类	排量 (mL)	功率 (kW)	排放标准	外形尺寸 (mm) 外廓长	外形尺寸 (mm) 外廓宽	外形尺寸 (mm) 外廓高	轴距 (mm)	总质量 (kg)	额定总质量	整备质量 (kg)	2013年 1月	2013年 2月	2013年 3月	2013年 4月	2013年 5月	2013年 6月	2013年 7月	2013年 8月	2013年 9月	2013年 10月	2013年 11月	2013年 12月	2013年 小计 (辆)	2014年 1月	2014年 2月	2014年 3月	2014年 小计 (辆)	合计 (辆)
同上	同上	仓栅式运输车	DFD5043CCYN	EQ1043TKNJ	CY4102 - N4A	天然气	3856	88	GB17691 - 2005 国Ⅳ GB18285 - 2005 GB11340 - 2005	5995	2150	3050	3300	4320	1730	2395	0	0	2	0	0	0	0	0	0	0	0	0		0	0	0		
		厢式运输车	DFD5043XXYN	EQ1043TKNJ	CY4102 - N4A	天然气	3856	88	GB17691 - 2005 国Ⅳ GB18285 - 2005 GB11340 - 2005	5995	2150	3050	3300	4320	1530	2595	0	0	2	0	0	0	0	0	0	1	0	1		0	0	0		
东风汽车股份有限公司	东风牌	载货汽车	DFA1041L10R2	DFA1041LJ10R2	CY4102 - N4A	天然气	3856	88	GB17691 - 2005 国Ⅳ GB18285 - 2005 GB11340 - 2005	5995	2150	2500	3300	4445	1800	2450	0	0	0	0	0	1	0	0	0	0	0	0	6	0	0	0	0	6
			DFA1040S12N2	DFA1040SJ12N2	CY4102 - N5D	天然气	3856	84	GB17691 - 2005 国Ⅴ GB18285 - 2005 GB11340 - 2005	5995	2150	2500	3300	4445	1800	2450	0	0	0	0	0	0	0	0	0	0	0	5		0	0	0		
江西制氧机有限公司	五峰牌	低温液体运输车	JXY5290GDY	DFE1310VFJ	WP10NG300E40	天然气	9726	220	GB11340 - 2005 GB18285 - 2005 GB17691 - 2005 国Ⅳ	11960	2500	3380	1950 + 4500 + 1300	29350	8020	21135	0	0	0	0	0	2	0	0	0	0	2	0	5	0	0	0	0	5
			JXY5312GDY1	DFE1310VFNJ	WP10NG300E50	天然气	9726	220	GB11340 - 2005 GB18285 - 2005 GB17691 - 2005 国Ⅴ	11960	2500	3650	1850 + 4600 + 1300	31000	11115	19690	0	0	0	0	0	0	0	0	0	0	0	1		0	0	0		
随州市力神专用汽车有限公司	醒狮牌	铝合金易燃液体罐式运输车	SLS5310GRYZ5	ZZ1317N4667E1LB	T10. 34 - 50	天然气	9726	250	GB17691 - 2005 国Ⅴ GB18285 - 2005 GB11340 - 2005	11900	2500	3730	1800 + 4575 + 1400	31000	18000	12870	0	0	0	0	0	0	0	0	0	0	2	3	5	0	0	0	0	5
张家港韩中深冷科技有限公司	韩中深冷牌	低温液体运输车	ZHJ5291GDY	DFE1310VFJ	WP10NG300E40	天然气	9726	220	GB11340 - 2005 GB18285 - 2005 GB17691 - 2005 国Ⅳ	11950	2500	3380	1950 + 4500 + 1300	29000	8095	20710	0	0	0	0	0	0	0	0	0	0	0	0	0	1	0	0	4	4
			ZHJ5300GDY	HN1310NGB30D3M5J	WP10NG300E50	天然气	9726	191	GB18285 - 2005 GB11340 - 2005 GB17691 - 2005 国Ⅴ	11900	2500	3375	1850 + 4300 + 1350	29500	8095	21210	0	0	0	0	0	0	0	0	0	0	0	0		1	1	1		
河北渤海石油装备专用车有限公司	油龙牌	供液车	YLL5250TGY5	ND1250BG5J6Z00	WP10NG336E50	天然气	9726	247	GB17691 - 2005 国Ⅴ GB11340 - 2005 GB18285 - 2005	9520	2500	3280	4450 + 1450	25000	12160	12710	0	0	0	0	0	0	0	0	0	0	0	0	0	0	0	4	4	4

续表

企业名称	车辆品牌	车辆名称	车辆型号	底盘型号	发动机型号	燃料种类	排量(mL)	功率(kW)	排放标准	外形尺寸(mm)			轴距(mm)	总质量(kg)	额定总质量	整备质量(kg)	2013年													2014年				合计(辆)
										外廓长	外廓宽	外廓高					1月	2月	3月	4月	5月	6月	7月	8月	9月	10月	11月	12月	小计(辆)	1月	2月	3月	小计(辆)	
三一重工股份有限公司	三一牌	混凝土搅拌运输车	SY5253GJB2E	SYM1253T2E	WP12NG350E50	天然气	11596	257	GB17691－2005国Ⅳ GB3847－2005	9950	2500	3975	4090＋1350	25000	8670	16200	0	0	0	0	0	1	0	0	0	0	0	0	3	0	0	0	0	3
			SY5312GJB2D	SYM1312T2D	WP12NG380E40	天然气	11596	280	GB17691－2005国Ⅳ GB3847－2005	10635	2500	3965	1700＋3500＋1350	30985	13655	17200	0	0	0	2	0	0	0	0	0	0	0	0		0	0	0		
湖北程力专用汽车有限公司	程力威牌	压缩式垃圾车	CLW5160ZYST4	EQ1165GQNJ	NQ180N	天然气	5638	132	GB11340－2005 GB18285－2005 GB17691－2005国Ⅳ	8470	2490	3250	4500	15900	7000	8705	0	0	0	0	0	0	1	0	0	0	0	0	2	0	0	0	0	2
		洒水车	CLW5162CSST4	EQ1165GQNJ	NQ180N	天然气	5638	132	GB11340－2005 GB18285－2005 GB17691－2005国Ⅳ	8200	2480	3000	4500	15900	9800	5905	0	0	0	0	0	0	0	1	0	0	0	0		0	0	0		
上海华东建筑机械厂有限公司	华建牌	混凝土搅拌运输车	HDJ5257GJBSX	SX3256DR384TL	WP12NG350E40	天然气	11596	257	GB17691－2005国Ⅳ GB11340－2005 GB18285－2005	9337	2500	3896	3775＋1400	25000	10500	14370	0	0	0	0	0	2	0	0	0	0	0	0	2	0	0	0	0	2
吉林石油装备技术工程服务有限公司	吉石牌	热油（水）清蜡车	JS5251TQL	SX1256DR464TL	WP10NG300E40	天然气	9726	220	GB17691－2005国Ⅳ GB11340－2005 GB18285－2005	10375	2500	3270	4575＋1400	25000	11000	13870	0	0	0	0	0	0	0	0	0	0	0	1	1	0	0	0	0	1
荆门宏图特种飞行器制造有限公司	宏图牌	低温液体运输车	HT5310GDYT	SX3316DT456TL	WP12NG380E40	天然气	11596	280	GB17691－2005国Ⅳ GB11340－2005 GB18285－2005	11855	2490	3550	1800＋4575＋1400	31000	8460	22410	0	0	1	0	0	0	0	0	0	0	0	0	1	0	0	0	0	1
太原长安重型汽车有限公司	远威牌	自卸汽车	SXQ3252GJ4N－4	SXQ3252GJ4N－4	SC8DT230Q4	天然气	8270	170	GB11340－2005 GB18285－2005 GB17691－2005国Ⅳ	8690	2498	3150	1950＋3500	25000	12900	11905	0	0	1	0	0	0	0	0	0	0	0	0	1	0	0	0	0	1
温州云顶专用汽车制造有限公司	云顶牌	车厢可卸式垃圾车	RYD5163ZXXPL	SX1163P	HD65N	天然气	6494	162	GB17691－2005国Ⅴ GB11340－2005 GB18285－2005	7250	2475	2960	4500	16000	8495	7310	0	0	0	0	0	0	0	0	0	0	1	0	1	0	0	0	0	1
合计（辆）																	1366	1189	2741	2733	3518	6994	3091	1816	1521	1904	2084	4677	33634	332	277	697	1306	34940

2. 汽油/天然气两用燃料汽车产量统计

(1)大中型客车、轻型客车

企业名称	车辆品牌	车辆名称	车辆型号	底盘型号	发动机型号	燃料种类	排量(mL)	功率(kW)	排放标准	外形尺寸(mm)			轴距(mm)	总质量(kg)	整备质量(kg)	2013 年													2014 年				合计(辆)
										外廓长	外廓宽	外廓高				1月	2月	3月	4月	5月	6月	7月	8月	9月	10月	11月	12月	小计(辆)	1月	2月	3月	小计(辆)	
重庆长安汽车股份有限公司	长安牌	两用燃料客车	SC6399GCNG	承载式车身	JL466QG	汽油/天然气	999	50.8/41	GB18352.3－2005 国Ⅳ	3860	1500	1900	2500	1725	1125	393	24	570	362	627	401	140	198	503	450	628	225	6134	0	0	0	0	6134
			SC6399GVCNG	承载式车身	JL466QG	汽油/天然气	999	50.8/41	GB18352.3－2005 国Ⅳ	3860	1500	1900	2500	1725	1125	0	0	49	151	100	155	50	20	80	241	63			0	0	0		
			SC6408FCNG	承载式车身	JL474QAE	汽油/天然气	1298	60/53	GB18352.3－2005 国Ⅳ	3995	1645	1910	2605	1800	1180	0	25	73	248	0	0	0	0	0	0	0	0		0	0	0		
			SC6408FVCNG	承载式车身	JL474QAE	汽油/天然气	1298	60/53	GB18352.3－2005 国Ⅳ	3995	1645	1910	2605	1800	1175	0	0	148	210	0	0	0	0	0	0	0	0		0	0	0		
河北长安汽车有限公司	长安牌	两用燃料客车	SC6443FBCNG	承载式车身	JL475QS	汽油/天然气	1497	75/64	GB18352.3－2005 国Ⅳ	4390	1655	1935	2800	1925	1310	130	77	93	6	93	145	84	57	84	101	163	95	1628	0	0	0	0	1628
			SC6443FVBCNG	承载式车身	JL475QS	汽油/天然气	1497	75/64	GB18352.3－2005 国Ⅳ	4390	1655	1935	2800	1925	1300	34	10	50	50	39	93	36	11	26	37	49	65		0	0	0		
重庆力帆汽车有限公司	力帆牌	客车	LF6401C/CNG	承载式车身	LF466Q/PC－h	汽油/天然气	999	50	GB18352.3－2005 国Ⅳ	4015	1595	1900	2525	1785	1185	0	0	1	0	1	0	0	10	7	12	0	8	1325	0	0	0	0	1325
			LF6401CNG	承载式车身	LF479Q6	汽油/天然气	1299	66.5	GB18352.3－2005 国Ⅳ	4015	1595	1900	2525	1810	1210	75	18	65	121	140	58	21	27	7	70	23	123		0	0	0		
			LF6420CNG	承载式车身	LF479Q6	汽油/天然气	1299	66.5/57.2	GB18352.3－2005 国Ⅳ	4201	1650	1908	2850	1960	1285	34	1	0	89	21	49	42	12	42	100	82	66		0	0	0		
东风小康汽车有限公司	东风牌	客车	EQ6400LF16	承载式车身	BG13G/N－01	汽油/天然气	1300	60.5/51.5	GB18352.3－2005 国Ⅳ	4040	1560	1925	2760	1820	1085	4	0	0	0	0	0	0	0	8	7	0	0	1203	0	0	0	0	1203
			EQ6400PFCNG	承载式车身	AF10G/N	汽油/天然气	1000	46/39	GB18352.3－2005 国Ⅳ	4040	1560	1925	2760	1820	1050	0	0	8	156	221	59	147	106	124	131	86	75		0	0	0		
			EQ6420PF22	承载式车身	BG13G/N－01	汽油/天然气	1300	60.5/51.5	GB18352.3－2005(国Ⅳ阶段)	4180	1635	1960	2760	1720	1180	4	19	37	10	0	0	0	0	0	1	0	0		0	0	0		

续表

企业名称	车辆品牌	车辆名称	车辆型号	底盘型号	发动机型号	燃料种类	排量(mL)	功率(kW)	排放标准	外形尺寸(mm) 外廓长	外廓宽	外廓高	轴距(mm)	总质量(kg)	整备质量(kg)	2013年 1月	2月	3月	4月	5月	6月	7月	8月	9月	10月	11月	12月	小计(辆)	2014年 1月	2月	3月	小计(辆)	合计(辆)
桂林客车工业集团有限公司	五菱牌	客车	GL6508NCQ	承载式车身	LJ475QNE1	汽油/天然气	1590	71/67.5	GB18352.3－2005 国Ⅳ	5035	1900	2450	3570	3200	2025	0	0	0	0	0	0	0	0	0	0	0	10	178	0	0	0	0	178
		城市客车	GL6481NGQ	承载式车身	LJ475QNE1	汽油/天然气	1590	71/67.45	GB18352.3－2005 国Ⅳ	4805	1900	2450	3340	3050	1895	0	0	0	0	30	0	0	0	0	0	0	0		0	0	0		
			GL6505NGQ	承载式车身	LJ475QNE1	汽油/天然气	1590	71	GB18352.3－2005 国Ⅳ	5035	1900	2450	3570	3200	2180	0	0	0	0	0	42	0	0	0	0	0	0		0	0	0		
			GL6508NGQ	承载式车身	LJ475QNE1	汽油/天然气	1590	71	GB18352.3－2005 国Ⅳ	5035	1900	2450	3570	3200	2025	0	0	0	0	0	0	2	32	10	26	12	12		0	0	0		
			GL6509NGQ	承载式车身	LJ475QNE1	汽油/天然气	1590	71	GB18352.3－2005 国Ⅳ	5035	1900	2450	3570	3200	2070	0	0	0	0	0	0	2	0	0	0	0	0		0	0	0		
南京长安汽车有限公司	长安牌	两用燃料客车	SC6408FCNG	承载式车身	JL474QAE	汽油/天然气	1298	60/53	GB18352.3－2005 国Ⅳ	3995	1645	1910	2605	1800	1180	155	0	0	0	0	0	0	0	0	0	0	0	155	0	0	0	0	155
厦门金龙联合汽车工业有限公司	金龙牌	轻型客车	XMQ6501 EEB4	承载式车身	XG491Q－ME	汽油/天然气	2237	82/70.5	GB18352.3－2005 国Ⅳ	5040	1700	2050	2590	2800	1795	0	0	0	0	0	0	0	0	0	0	0	0	0	3	3	2	109	109
			XMQ6501 EEB4C	承载式车身	XG491Q－ME	汽油/天然气	2237	82/70.5	GB18352.3－2005 国Ⅳ	5040	1700	2050	2590	2800	1795	0	0	0	0	0	0	0	0	0	0	0	0		1	0	2		
			XMQ6530 EEB4	承载式车身	XG491Q－ME	汽油/天然气	2237	82/70.5	GB18352.3－2005 国Ⅳ	5340	1700	2250	2890	3060	1930	0	0	0	0	0	0	0	0	0	0	0	0		5	7	14		
			XMQ6530 EEB4D	承载式车身	XG491Q－ME	汽油/天然气	2237	82/70.5	GB18352.3－2005 国Ⅳ	5340	1700	2250	2890	3060	1930	0	0	0	0	0	0	0	0	0	0	0	0		43	7	9		
			XMQ6531 EEB4	承载式车身	XG491Q－ME	汽油/天然气	2237	82/70.5	GB18352.3－2005 国Ⅳ	5340	1700	2250	2890	2860	1795	0	0	0	0	0	0	0	0	0	0	0	0		10	1	2		
厦门金龙旅行车有限公司	金旅牌	客车	XML6532J18N	承载式车身	JM491Q－ME	汽油/天然气	2237	76	GB18352.3－2005 国Ⅳ	5330	1700	2240	2890	2960	1860	0	0	0	0	0	0	0	0	0	0	0	0	0	12	1	21	94	94
			XML6532J38N	承载式车身	JM491Q－ME	汽油/天然气	2237	76	GB18352.3－2005 国Ⅳ	5330	1700	2240	2890	2960	1860	0	0	0	0	0	0	0	0	0	0	0	0		0	1	7		
		小型客车	XML6502J28N	承载式车身	JM491Q－ME	汽油/天然气	2237	76	GB18352.3－2005 国Ⅳ	5030	1700	1980	2590	2960	1800	0	0	0	0	0	0	0	0	0	0	0	0		4	0	3		
			XML6532J28N	承载式车身	JM491Q－ME	汽油/天然气	2237	76	GB18352.3－2005 国Ⅳ	5330	1700	2240	2890	2960	1860	0	0	0	0	0	0	0	0	0	0	0	0		16	0	29		

续表

企业名称	车辆品牌	车辆名称	车辆型号	底盘型号	发动机型号	燃料种类	排量(mL)	功率(kW)	排放标准	外形尺寸(mm) 外廓长	外形尺寸(mm) 外廓宽	外形尺寸(mm) 外廓高	轴距(mm)	总质量(kg)	整备质量(kg)	2013年 1月	2月	3月	4月	5月	6月	7月	8月	9月	10月	11月	12月	小计(辆)	2014年 1月	2月	3月	小计(辆)	合计(辆)
哈飞汽车股份有限公司	松花江牌	两用燃料客车	HFJ6392BE4S	承载式车身	DA465QA	汽油/天然气	970	44/39	GB18352.3-2005 国Ⅳ	3948	1525	1855	2470	1650	1095	0	2	0	0	9	4	0	0	1	8	5	0	29	0	0	0	0	29
陕西通家汽车股份有限公司	通家福牌	两用燃料客车	STJ6402A	承载式车身	LJ474Q3E2	汽油/天然气	1298	60.5/54.3	GB18352.3-2005 国Ⅳ	4030	1620	1900	2700	1850	1268	10	0	0	0	10	0	0	0	1	0	0	1	22				0	22
江苏九龙汽车制造有限公司	大马牌	轻型客车	HKL6540NA	JS6520TDCJ	4RB2	汽油/天然气	2438	102	GB18352.3-2005 国Ⅳ	5380	1880	2285	3110	3450	2280	8	4	2	9	2	1	1	0	0	1	1	1	30	0	0	0	0	30
沈阳华晨金杯汽车有限公司	金杯牌	轻型客车	SY6513U5ST3BH	承载式车身	4G21N	汽油/天然气	2021	78/66	GB18352.3-2005 国Ⅳ	5070	1690	1935	2590	2800	1915	0	0	0	0	0	0	0	2	0	0	0	0	2				0	2
合计(辆)																847	180	1096	1412	1293	1007	525	475	893	944	1290	744	10706	94	20	89	203	10909

(2)货车(重型货车、中型货车、轻型货车、微型货车、牵引汽车)、专用车(自卸汽车、运输车及其他专用车)

企业名称	车辆品牌	车辆名称	车辆型号	底盘型号	发动机型号	燃料种类	排量(mL)	功率(kW)	排放标准	外形尺寸(mm) 外廓长	外形尺寸(mm) 外廓宽	外形尺寸(mm) 外廓高	轴距(mm)	总质量(kg)	额定总质量	整备质量(kg)	2013年 1月	2月	3月	4月	5月	6月	7月	8月	9月	10月	11月	12月	小计(辆)	2014年 1月	2月	3月	小计(辆)	合计(辆)
北汽福田汽车股份有限公司	福田牌	仓栅式运输车	BJ5020CCY-X1	BJ1020V3JV4-A1	LJ465Q-2AE	汽油/天然气	1051	45	GB18352.3-2005 国Ⅳ	4690	1610	2320	2700	2070	740	1200	0	0	0	0	0	1	0	0	0	0	0	0	12792	0	0	0	0	12792
			BJ5020CCY-X3	BJ1020V3AV4-A1	LJ465Q-2AE	汽油/天然气	1051	45	GB18352.3-2005 国Ⅳ	4920	1610	2320	2700	2000	495	1180	0	0	0	1	0	0	0	0	0	1	0	0		0	0	0		
			BJ5036CCY-K1	BJ1036V4JV5-K1	BJ486EQV4	汽油/天然气	1998	95	GB18352.3-2005 国Ⅳ	5680	1830	2640	3000	3495	1495	1870	0	0	0	0	0	0	0	0	0	0	0	1		0	0	0		
		多用途货车	BJ1027V2MS5-XA	BJ1027V2MS5-XA	BJ491EQ4	汽油/天然气	2237	76/65	GB18352.3-2005 国Ⅳ	5160	1750	1675	3025	2340	475	1540	0	0	0	0	0	0	0	0	0	23	0	0		0	0	0		
		厢式运输车	BJ5020XXY-X1	BJ1020V3JV4-A1	LJ465Q-2AE	汽油/天然气	1051	45	GB18352.3-2005 国Ⅳ	4690	1510	2320	2700	2120	740	1250	4	1	4	17	32	14	30	15	35	39	33	37		0	0	0		
			BJ5020XXY-X3	BJ1020V3AV4-A1	LJ465Q-2AE	汽油/天然气	1051	45	GB18352.3-2005 国Ⅳ	4920	1510	2320	2700	2025	495	1205	1	0	1	9	8	16	6	2	5	8	5	2		0	0	0		

续表

企业名称	车辆品牌	车辆名称	车辆型号	底盘型号	发动机型号	燃料种类	排量(mL)	功率(kW)	排放标准	外形尺寸(mm) 外廓长	外廓宽	外廓高	轴距(mm)	总质量(kg)	额定总质量	整备质量(kg)	2013年 1月	2月	3月	4月	5月	6月	7月	8月	9月	10月	11月	12月	小计(辆)	2014年 1月	2月	3月	小计(辆)	合计(辆)
同上	同上	同上	BJ5030 XXY - A1	BJ1030V4 JV4 - A1	LJ465Q - 2AE	汽油/天然气	1051	45	GB18352.3 - 2005 国Ⅳ	4690	1510	2320	2700	2875	1495	1250	72	32	54	109	239	244	145	195	260	207	336	255		0	0	0		
			BJ5030X XY - C3	BJ1030V4 AV4 - A3	LJ465Q - 2AE	汽油/天然气	1051	45	GB18352.3 - 2005 国Ⅳ	4920	1510	2320	2700	3025	1495	1205	4	0	23	36	28	37	17	26	29	24	41	22		0	0	0		
			BJ5032X XY - X1	BJ1032V5 JV5 - X1	BJ486EQV4	汽油/天然气	1998	95	GB18352.3 - 2005 国Ⅳ	4986	1760	2574	2750	3495	1800	1565	0	0	0	0	0	0	1	0	4	23	22	10		0	0	0		
			BJ5036X XY - K1	BJ1036V 4JV5 - K1	BJ486EQV4	汽油/天然气	1998	95	GB18352.3 - 2005 国Ⅳ	5670	1780	2700	3000	3495	1495	1870	0	0	3	6	19	10	19	9	27	44	24	36		0	0	0		
			BJ5036X XY - K3	BJ1036V 4AV5 - K1	BJ486EQV4	汽油/天然气	1998	95	GB18352.3 - 2005 国Ⅳ	5640	1780	2700	3000	3495	1300	1870	0	0	0	0	0	1	0	0	1	1	0	1		0	0	0		
		载货汽车	BJ1020V3 AV4 - A1	BJ1020V3 AV4 - A1	LJ465Q - 2AE	汽油/天然气	1051	45	GB18352.3 - 2005 国Ⅳ	4920	1510	1850	2700	1970	495	1150	4	20	91	114	98	61	25	86	64	71	104	89		0	0	0		
			BJ1020V3 JV4 - A1	BJ1020V3 JV4 - A1	LJ465Q - 2AE	汽油/天然气	1051	45	GB18352.3 - 2005 国Ⅳ	4340	1510	1850	2370	1970	740	1100	8	4	2	9	29	4	10	9	5	16	31	9		0	0	0		
			BJ1030V4 AV4 - A3	BJ1030V4 AV4 - A3	LJ465Q - 2AE	汽油/天然气	1051	45	GB18352.3 - 2005 国Ⅳ	4920	1510	1940	2700	2970	1495	1150	388	314	694	497	573	811	442	455	622	603	811	820		0	0	0		
			BJ1030V4 JV4 - A1	BJ1030V4 JV4 - A1	LJ465Q - 2AE	汽油/天然气	1051	45	GB18352.3 - 2005 国Ⅳ	4690	1510	1940	2700	2725	1495	1100	55	17	32	122	142	182	104	100	143	142	98	132		0	0	0		
			BJ1032V4 AV5 - E3	BJ1032V4 AV5 - E3	BJ486EQV4	汽油/天然气	1998	95	GB18352.3 - 2005 国Ⅳ, GB3847 - 2005	5475	1730	2100	2600	3495	1495	1675	0	0	0	0	0	0	0	0	0	0	0	1		0	0	0		
			BJ1032V4 AV5 - X1	BJ1032V4 AV5 - X1	BJ486EQV4	汽油/天然气	1998	95	GB18352.3 - 2005 国Ⅳ	5190	1750	2045	2750	3430	1495	1610	0	0	0	0	0	0	0	1	0	0	0	0		0	0	0		
			BJ1032V 4AV5 - X1	BJ1032V 4AV5 - X1	BJ486EQV4	汽油/天然气	1998	95	GB18352.3 - 2005 国Ⅳ	5190	1750	2045	2750	3430	1495	1610	0	0	0	0	0	0	0	0	2	0	0	0		0	0	0		
			BJ1032V5 JV5 - E1	BJ1032V5 JV5 - E1	BJ486EQV4	汽油/天然气	1998	95	GB18352.3 - 2005 国Ⅳ, GB3847 - 2005	5445	1730	2100	2600	3495	1765	1600	0	0	0	0	0	0	1	3	5	35	34	0		0	0	0		
			BJ1036V4 AV5 - K1	BJ1036V4 AV5 - K1	BJ486EQV4	汽油/天然气	1998	95	GB18352.3 - 2005 国Ⅳ	5600	1740	2080	3000	3495	1420	1750	0	0	2	2	29	41	18	9	35	50	23	27		0	0	0		
			BJ1036V4 JV5 - K1	BJ1036V4 JV5 - K1	BJ486EQV4	汽油/天然气	1998	95	GB18352.3 - 2005 国Ⅳ	5630	1740	2080	3000	3345	1495	1720	0	0	9	3	27	10	13	10	13	25	4	11		0	0	0		
			BJ1036V4 PV5 - K1	BJ1036V 4PV5 - K1	BJ486EQV4	汽油/天然气	1998	95	GB18352.3 - 2005 国Ⅳ	5600	1740	2080	3000	3345	1495	1720	0	0	0	2	9	14	2	1	3	6	2	1		0	0	0		

续表

企业名称	车辆品牌	车辆名称	车辆型号	底盘型号	发动机型号	燃料种类	排量(mL)	功率(kW)	排放标准	外形尺寸(mm)			轴距(mm)	总质量(kg)	额定总质量	整备质量(kg)	2013年													2014年				合计(辆)
										外廓长	外廓宽	外廓高					1月	2月	3月	4月	5月	6月	7月	8月	9月	10月	11月	12月	小计(辆)	1月	2月	3月	小计(辆)	
河北长安汽车有限公司	长安牌	两用燃料载货汽车	SC1025DA4CNG	SC1025DA4CNG	DAM13R	汽油/天然气	1299	73/63	GB18352.3-2005国Ⅳ	4950	1800	1980	2900	2490	960	1400	49	22	48	41	34	2	36	21	5	30	9	53	2719	0	0	0	0	2719
			SC1025SA4CNG	SC1025SA4CNG	DAM13R	汽油/天然气	1299	73/63	GB18352.3-2005国Ⅳ	5030	1800	1980	2900	2490	715	1450	0	54	14	70	55	26	45	0	0	58	86	74		0	0	0		
			SC1026SCNG	承载式车身	JL466QN	汽油/天然气	1012	50.7/41	GB18352.3-2005国Ⅳ	4390	1475	1870	2750	1810	445	1040	0	0	0	21	41	71	99	0	0	0	0	0		0	0	0		
		厢式运输车	SC5025XXYDA4CNG	SC1025DA4CNG	DAM13R	汽油/天然气	1299	73/63	GB18352.3-2005国Ⅳ	4980	1810	2500	2900	2490	850	1510	0	1	1	20	20	1	13	7	2	36	24	63		0	0	0		
			SC5027XXYA4CNG	SC6406AV4CNG	JL473QE	汽油/天然气	1243	72/63	GB18352.3-2005国Ⅳ	3980	1620	1890	2560	1800	270	1205	0	0	0	0	0	0	0	0	0	0	0	43		0	0	0		
			SC5028XXYFVBCNG	SC6443FVBCNG	JL475QS	汽油/天然气	1497	75/64	GB18352.3-2005国Ⅳ	4390	1655	1935	2800	1925	300	1300	65	41	41	204	185	201	79	45	115	164	172	112		0	0	0		
重庆长安汽车股份有限公司	长安牌	仓栅式运输车	SC5021CCYADD43CNG	SC1021ADD43CNG	AF10-06	汽油/天然气	997	39/31	GB18352.3-2005(国Ⅳ阶段)	5250	1700	2530	2990	2430	960	1340	0	0	0	0	0	0	1	0	0	0	0	0	1835	0	0	0	0	1835
			SC5031CCYAAS41CNG	SC1031AAS41CNG	BG13-20	汽油/天然气	1300	60.5/52	GB18352.3-2005(国Ⅳ阶段)	5400	1700	2515	3400	3360	1605	1430	1	0	0	0	0	0	0	0	0	0	0	0		0	0	0		
			SC5031CCYADD42CNG	SC1031ADD42CNG	BG13-20	汽油/天然气	1300	60.5/52	GB18352.3-2005(国Ⅳ阶段)	5250	1700	2530	2990	3360	1960	1270	0	0	1	0	0	0	0	0	0	0	0	1		0	0	0		
		厢式运输车	SC5020XXYGCNG	SC6399GCNG	JL466QG	汽油/天然气	999	50.8/41	GB18352.3-2005国Ⅳ	3860	1500	1900	2500	1715	490	1095	225	0	0	20	30	50	10	10	106	128	130	0		0	0	0		
			SC5021XXYADD44CNG	SC1021ADD44CNG	BG13-20	汽油/天然气	1300	60.5/52	GB18352.3-2005(国Ⅳ阶段)	5250	1700	2560	2990	2430	950	1350	1	1	11	0	1	0	0	0	1	1	0	0		0	0	0		
			SC5021XXYADS43CNG	SC1021ADS43CNG	AF10-06	汽油/天然气	997	39/31	GB18352.3-2005(国Ⅳ阶段)	5250	1700	2460	2990	2430	715	1390	0	0	1	0	0	0	0	0	0	0	0	0		0	0	0		
			SC5021XXYADS44CNG	SC1021ADS44CNG	BG13-20	汽油/天然气	1300	60.5/52	GB18352.3-2005(国Ⅳ阶段)	5250	1700	2460	2990	2430	715	1390	0	1	0	0	1	0	0	0	0	0	0	0		0	0	0		
			SC5021XXYGDD41CNG	SC1021GDD41CNG	AF10-06	汽油/天然气	997	39/31	GB18352.3-2005(国Ⅳ阶段)	4745	1580	2470	2990	1835	495	1210	0	0	0	0	3	0	0	0	0	0	0	0		0	0	0		
			SC5021XXYKQ42CNG	SC6450KQ42CNG	DAM15R	汽油/天然气	1498	82/72	GB18352.3-2005(国Ⅳ阶段)	4498	1735	1940	2900	2445	925	1390	0	0	0	0	0	0	0	0	0	0	0	1		0	0	0		

续表

企业名称	车辆品牌	车辆名称	车辆型号	底盘型号	发动机型号	燃料种类	排量（mL）	功率（kW）	排放标准	外形尺寸（mm）外廓长	外廓宽	外廓高	轴距（mm）	总质量（kg）	额定总质量	整备质量（kg）	2013年 1月	2月	3月	4月	5月	6月	7月	8月	9月	10月	11月	12月	小计（辆）	2014年 1月	2月	3月	小计（辆）	合计（辆）
同上	同上	同上	SC5028XXYCNG	SC6408FCNG	JL474QAE	汽油/天然气	1298	60/53	GB18352.3－2005 国Ⅳ	3995	1645	1910	2605	1800	495	1175	0	19	1	0	0	0	0	0	0	0	0	0		0	0	0		
			SC5031XXYAAS41CNG	SC1031AAS41CNG	BG13－20	汽油/天然气	1300	60.5/52	GB18352.3－2005（国Ⅳ阶段）	5400	1700	2545	3400	3360	1635	1400	3	1	4	1	0	0	1	0	0	4	0	0		0	0	0		
			SC5031XXYADD42CNG	SC1031ADD42CNG	BG13－20	汽油/天然气	1300	60.5/52	GB18352.3－2005（国Ⅳ阶段）	5250	1700	2560	2990	3360	1950	1280	3	0	7	6	1	9	0	10	5	15	6	14		0	0	0		
			SC5031XXYGAS41CNG	SC1031GAS41CNG	AF10－06	汽油/天然气	997	45/36	GB18352.3－2005（国Ⅳ阶段）	5380	1580	2460	3400	3100	1205	1570	0	8	8	3	7	1	8	0	10	4	1	0		0	0	0		
			SC5031XXYCDD41CNG	SC1031GDD41CNG	AF10－06	汽油/天然气	997	39/31	GB18352.3－2005（国Ⅳ阶段）	4995	1580	2570	2990	3100	1420	1550	11	0	11	7	9	4	3	3	7	4	0	6		0	0	0		
		载货汽车	SC1021ADS43CNG	SC1021ADS43CNG	AF10－06	汽油/天然气	997	39/31	GB18352.3－2005（国Ⅳ阶段）	5250	1700	2080	2990	2430	755	1350	1	0	0	0	0	0	0	0	0	0	0	1		0	0	0		
			SC1021GAS41CNG	SC1021GAS41CNG	AF10－06	汽油/天然气	997	39/31	GB18352.3－2005（国Ⅳ阶段）	5380	1650	2060	3400	1980	495	1160	0	0	0	0	2	1	0	3	7	6	3	3		0	0	0		
			SC1031AAS41CNG	SC1031AAS41CNG	BG13－20	汽油/天然气	1300	60.5/52	GB18352.3－2005（国Ⅳ阶段）	5400	1700	2065	3400	3360	1655	1380	0	0	86	1	13	18	28	66	2	36	25	6		0	0	0		
			SC1031AAS42CNG	SC1031AAS42CNG	BG13－20	汽油/天然气	1300	60.5/52	GB18352.3－2005（国Ⅳ阶段）	5380	1700	2065	3400	2700	995	1380	0	2	0	0	0	0	0	0	0	1	1	1		0	0	0		
			SC1031ADD41CNG	SC1031ADD41CNG	AF10－06	汽油/天然气	997	39/31	GB18352.3－2005（国Ⅳ阶段）	5250	1700	2000	2990	3360	1990	1240	0	0	3	1	0	0	0	0	0	0	0	0		0	0	0		
			SC1031ADD42CNG	SC1031ADD42CNG	BG13－20	汽油/天然气	1300	60.5/52	GB18352.3－2005（国Ⅳ阶段）	5250	1700	2000	2990	3360	1990	1240	0	0	37	8	11	3	5	13	10	14	13	7		0	0	0		
			SC1031ADS41CNC	SC1031ADS41CNG	AF10－06	汽油/天然气	997	39/31	GB18352.3－2005（国Ⅳ阶段）	5250	1700	2080	2990	3360	1755	1280	3	0	3	0	0	0	0	0	0	0	0	0		0	0	0		
			SC1031ADS42CNG	SC1031ADS42CNG	BG13－20	汽油/天然气	1300	60.5/52	GB18352.3－2005（国Ⅳ阶段）	5250	1700	2080	2990	3360	1755	1280	0	0	1	0	0	0	0	0	0	0	0	0		0	0	0		
			SC1031GAS41CNG	SC1031GAS41CNG	AF10－06	汽油/天然气	997	39/31	GB18352.3－2005（国Ⅳ阶段）	5380	1650	2060	3400	3100	1275	1500	21	18	47	34	109	8	15	14	19	39	19	25		0	0	0		
			SC1031GAS42CNG	SC1031GAS42CNG	BG10－05	汽油/天然气	1012	51/41	GB18352.3－2005（国Ⅳ阶段）	5380	1650	2060	3400	2840	1065	1450	0	0	0	0	0	0	0	0	1	0	0	0		0	0	0		
			SC1031GDD41CNG	SC1031GDD41CNG	AF10－06	汽油/天然气	997	39/31	GB18352.3－2005（国Ⅳ阶段）	4995	1650	1985	2990	3100	1490	1480	8	0	18	0	15	7	3	1	7	0	0	0		0	0	0		
			SC5021CCYADS43CNG	SC1021ADS43CNG	AF10－06	汽油/天然气	997	39/31	GB18352.3－2005（国Ⅳ阶段）	5250	1700	2430	2990	2430	725	1380	0	0	1	0	0	0	0	0	0	0	0	0		0	0	0		

续表

企业名称	车辆品牌	车辆名称	车辆型号	底盘型号	发动机型号	燃料种类	排量（mL）	功率（kW）	排放标准	外形尺寸（mm）			轴距（mm）	总质量（kg）	额定总质量	整备质量（kg）	2013年													2014年				合计（辆）
										外廓长	外廓宽	外廓高					1月	2月	3月	4月	5月	6月	7月	8月	9月	10月	11月	12月	小计（辆）	1月	2月	3月	小计（辆）	
东风汽车公司	华神牌	仓栅式运输车	DFD5022CCYU1	DFD1022NUJ	4F18－F	天然气/汽油	1051	51	GB18352.3－2005国Ⅳ	5320	1750	2780	3300	2490	625	1540	0	1	0	0	0	0	0	0	0	0	0	0	1402	0	0	0	0	1402
			DFD5022CCYU3	DFD1022NUJ1	TNN4G12	汽油/天然气	1205	62.5	GB18352.3－2005国Ⅳ	5420	1790	2760	3300	2490	615	1550	0	1	0	0	0	0	0	0	0	0	0	0		0	0	0		
			DFD5031CCY	DFD1031NUJ1	491Q－ME	天然气/汽油	2237	76	GB18352.3－2005国Ⅳ	5450	1800	2780	3500	3440	1385	1730	0	0	0	0	0	0	0	1	0	0	1	0		0	0	0		
			DFD5031CCYU	DFD1031TUJ1	491Q－ME	天然气/汽油	2237	76	GB18352.3－2005国Ⅳ	5460	1800	2780	3500	3440	1600	1710	0	0	0	0	0	0	0	0	2	1	1	0		0	0	0		
		车厢可卸式垃圾车	DFD5031ZXX2	DFD1031TUJ1	491Q－ME	天然气/汽油	2237	76	GB18352.3－2005国Ⅳ	5050	1780	2130	3500	3440	1500	1810	0	0	0	2	0	0	0	0	0	0	0	0		0	0	0		
		冷藏车	DFD5031XLCU1	DFD1031NUJ1	491Q－ME	天然气/汽油	2237	76	GB18352.3－2005国Ⅳ	5450	1800	2780	3500	3440	1315	1800	0	0	0	0	0	0	0	0	0	0	1	0		0	0	0		
		两用燃料轻型载货汽车	DFD1030GU	DFD1030GUJ	YF4G12	汽油/天然气	1200	63/56.3	GB18352.3－2005国Ⅳ	5250	1610	2140	3300	3050	1470	1450	0	0	0	0	0	0	0	0	0	0	0	2		0	0	0		
			DFD1031NU2	DFD1031NUJ2	YF4G12	汽油/天然气	1200	63/56.3	GB18352.3－2005国Ⅳ	5450	1610	2140	3300	3235	1430	1480	0	0	0	0	0	0	0	0	0	0	0	1		0	0	0		
		轻型载货汽车	DFD1022GU	DFD1022GUJ	4F18－F	天然气/汽油	1051	51	GB18352.3－2005国Ⅳ	5380	1750	2200	3300	2490	860	1500	1	1	0	0	0	0	2	0	1	0	0	0		0	0	0		
			DFD1022GU1	DFD1022GUJ1	TNN4G12	汽油/天然气	1205	62.5/55.9	GB18352.3－2005国Ⅳ	5300	1850	2140	3300	2490	860	1500	0	0	2	4	1	1	2	6	1	5	1	2		0	0	0		
			DFD1022NU	DFD1022NUJ	4F18－F	天然气/汽油	1051	51	GB18352.3－2005国Ⅳ	5320	1750	2200	3300	2490	665	1500	12	2	0	5	3	0	3	1	5	0	0	0		0	0	0		
			DFD1022NU1	DFD1022NUJ1	TNN4G12	汽油/天然气	1205	62.5/55.9	GB18352.3－2005国Ⅳ	5420	1850	2140	3300	2490	665	1500	6	16	10	13	40	0	1	11	33	13	2	4		0	0	0		
			DFD1031NU1	DFD1031NUJ1	491Q－ME	天然气/汽油	2237	76	GB18352.3－2005国Ⅳ	5450	1800	2200	3500	3440	1435	1680	66	42	47	144	46	3	19	27	82	52	51	53		0	0	0		
			DFD1031TU1	DFD1031TUJ1	491Q－ME	天然气/汽油	2237	76	GB18352.3－2005国Ⅳ	5460	1800	2200	3500	3440	1650	1660	19	4	7	8	13	3	17	10	11	16	11	7		0	0	0		

续表

企业名称	车辆品牌	车辆名称	车辆型号	底盘型号	发动机型号	燃料种类	排量(mL)	功率(kW)	排放标准	外形尺寸(mm) 外廓长	外廓宽	外廓高	轴距(mm)	总质量(kg)	额定总质量	整备质量(kg)	2013年 1月	2月	3月	4月	5月	6月	7月	8月	9月	10月	11月	12月	小计(辆)	2014年 1月	2月	3月	小计(辆)	合计(辆)
同上	同上	清洗吸污车	DFD5022GQWU	DFD1022GUJ1	TNN4G12	汽油/天然气	1205	62.5/55.9	GB18352.3－2005国Ⅳ	4900	1770	2200	3300	2490	1070	1290	0	0	1	0	0	0	0	0	0	0	0	0		0	0	0		
		厢式运输车	DFD5022XXYU2	DFD1022GUJ1	TNN4G12	汽油/天然气	1205	62.5/55.9	GB18352.3－2005国Ⅳ	5300	1750	2760	3300	2490	790	1570	0	4	0	0	0	0	1	0	1	2	0	0		0	0	0		
			DFD5022XXYU3	DFD1022NUJ1	TNN4G12	汽油/天然气	1205	62.5/55.9	GB18352.3－2005国Ⅳ	5420	1750	2760	3300	2490	595	1570	0	0	0	0	1	1	0	0	2	0	0	0		0	0	0		
			DFD5031XXY1	DFD1031NUJ1	491Q－ME	天然气/汽油	2237	76	GB18352.3－2005国Ⅳ	5450	1800	2780	3500	3440	1315	1800	1	2	2	4	0	0	1	1	1	2	2	0		0	0	0		
			DFD5031XXYU	DFD1031TUJ1	491Q　ME	天然气/汽油	2237	76	GB18352.3　2005国Ⅳ	5300	1800	2780	3500	3440	1510	1800	4	4	3	17	14	4	5	126	70	65	68	11		0	0	0		
郑州日产汽车有限公司	东风牌	多用途货车	ZN1023U2N4	ZN1023U2NM	ZG24	汽油/天然气	2438	102	GB18352.3－2005国Ⅳ	4980	1690	1650	2950	2310	490	1495	0	0	0	0	0	0	0	0	0	0	0	0		0	242	0		
			ZN1023U2ND	ZN1023U2NM	ZG24	汽油/天然气	2438	102/90	GB18352.3－2005国Ⅳ	4980	1690	1650	2950	2310	375	1610	0	0	0	0	0	0	0	0	0	0	0	0		21	20	27		
			ZN1033U2M4	ZN1033U2MM	CYQD80－E4	柴油/天然气	3153	80.9	GB18352.3－2005国Ⅳ，GB3847－2005	4980	1690	1650	2950	2515	528	1662	0	0	0	0	0	0	0	0	0	0	0	0		0	275	0		
			ZN1033UBND	ZN1033UBNM	ZG24	汽油/天然气	2438	102/90	GB18352.3－2005国Ⅳ	4980	1820	1715	2950	2540	420	1795	0	0	0	0	0	0	0	0	0	0	0	0		46	72	132		
			ZN1034UCX4	ZN1034UCXM	ZD25TCI	柴油/天然气	2498	85	GB18352.3－2005国Ⅳ，GB3847－2005	5730	1820	1715	3700	2980	825	1830	0	0	0	0	0	0	0	0	0	0	0	0	0	0	3	0	853	853
		厢式运输车	ZN5024XXYH2X4	ZN6474H2XM	ZD25TCI	柴油/天然气	2498	85	GB18352.3－2005国Ⅳ，GB3847－2005	4949	1690	1895	2950	2410	360	1725	0	0	0	0	0	0	0	0	0	0	0	0		0	8	0		
	尼桑牌	多用途货车	ZN1033UBD4	ZN1033UBD4J	KA24	汽油/天然气	2388	110/95	GB18352.3－2005国Ⅳ	4980	1820	1725	2950	2740	625	1790	0	0	0	0	0	0	0	0	0	0	0	0		0	0	1		
		厢式运输车	ZN5024XXYH2G4	ZN6494H2G4	KA24	汽油/天然气	2388	110	GB18352.3－2005国Ⅳ	4949	1690	1875	2950	2220	280	1615	0	0	0	0	0	0	0	0	0	0	0	0		0	6	0		

续表

企业名称	车辆品牌	车辆名称	车辆型号	底盘型号	发动机型号	燃料种类	排量(mL)	功率(kW)	排放标准	外形尺寸(mm) 外廓长	外廓宽	外廓高	轴距(mm)	总质量(kg)	额定总质量	整备质量(kg)	2013年 1月	2月	3月	4月	5月	6月	7月	8月	9月	10月	11月	12月	小计(辆)	2014年 1月	2月	3月	小计(辆)	合计(辆)
山东唐骏欧铃汽车制造有限公司	欧铃牌	轻型货车	ZB1033 BDC1F	ZB1033 BDC1F	G4AC	汽油/天然气	1298	51	GB18352.3-2005 国Ⅳ	5040	1730	2060	2600	3490	1900	1460	0	0	0	0	0	0	0	0	0	0	0	0	0	5	0	7	590	590
			ZB1033 BSD0F	ZB1033 BSD0F	G4AC	汽油/天然气	1298	51	GB18352.3-2005 国Ⅳ	5680	1730	2060	3050	3420	1495	1600	0	0	0	0	0	0	0	0	0	0	0	0		17	12	20		
		厢式运输车	ZB5023XX YADC3F	ZB1023 ADC3F	LJ465Q-2AE	汽油/天然气	1051	45	GB18352.3-2005 国Ⅳ	4730	1630	2440	2700	1875	495	1250	0	0	0	0	0	0	0	0	0	0	0	0		0	0	2		
			ZB5033XX YADC3F	ZB1033 ADC3F	LJ465Q-2AE	汽油/天然气	1051	45	GB18352.3-2005 国Ⅳ	4730	1520	2440	2700	2920	1450	1340	0	0	0	0	0	0	0	0	0	0	0	0		1	5	17		
		载货汽车	ZB1023 ADC3F	ZB1023 ADC3F	LJ465Q-2AE	汽油/天然气	1051	45	GB18352.3-2005 国Ⅳ	4730	1520	1930	2700	1725	495	1100	0	0	0	0	0	0	0	0	0	0	0	0		5	6	5		
			ZB1023 ASC3F	ZB1023 ASC3F	LJ465Q-2AE	汽油/天然气	1051	45	GB18352.3-2005 国Ⅳ	5000	1630	1930	2700	2080	495	1260	0	0	0	0	0	0	0	0	0	0	0	0		28	21	5		
			ZB1033 ADC3F	ZB1033 ADC3F	LJ465Q-2AE	汽油/天然气	1051	45	GB18352.3-2005 国Ⅳ	4730	1630	1930	2700	2845	1495	1220	0	0	0	0	0	0	0	0	0	0	0	0		0	8	55		
			ZB1033 ASC3F	ZB1033 ASC3F	LJ465Q-2AE	汽油/天然气	1051	45	GB18352.3-2005 国Ⅳ	5000	1630	1930	2700	2920	1345	1250	0	0	0	0	0	0	0	0	0	0	0	0		111	127	133		
山东凯马汽车制造有限公司	凯马牌	仓栅式运输车	KMC5030C CYA26D4	KMC1030 A26D4	LJ465Q-2AE	汽油/天然气	1051	45/40.5	GB18352.3-2005 国Ⅳ	4735	1625	2350	2700	2880	1370	1380	0	0	0	0	0	0	0	0	1	0	0	0	512	0	0	0	0	512
		多用途货车	KMC1026 A33S4	KMC1026 A33S4	JM491Q-ME	汽油/天然气	2237	76/65	GB18352.3-2005 国Ⅳ	5450	1760	1710	3380	2340	495	1520	0	0	0	3	0	0	1	15	0	11	1	3		0	0	0		
		厢式运输车	KMC5030X XYA26D4	KMC1030 A26D4	LJ465Q-2AE	汽油/天然气	1051	45/40.5	GB18352.3-2005 国Ⅳ	4735	1625	2320	2700	2840	1360	1350	0	0	3	2	4	4	7	1	0	2	3	5		0	0	0		
			KMC5030X XYA26P4	KMC1030 A26P4	LJ465Q-2AE	汽油/天然气	1051	45/40.5	GB18352.3-2005 国Ⅳ	4735	1625	2320	2700	2850	1360	1360	0	0	0	0	1	0	0	0	0	0	0	0		0	0	0		
			KMC5030X XYA26S4	KMC1030 A26S4	LJ465Q-2AE	汽油/天然气	1051	45/40.5	GB18352.3-2005 国Ⅳ	5035	1625	2320	2700	2870	1165	1380	0	0	0	0	1	1	0	0	0	1	0	1		0	0	0		
		载货汽车	KMC102 1B29D4	KMC1021 B29D4	LJ465Q-2AE	汽油/天然气	1051	45/40.5	GB18352.3-2005 国Ⅳ	4690	1670	1930	2900	1610	490	990	0	0	0	0	0	0	0	0	0	0	0	4		0	0	0		
			KMC1021 B29S4	KMC1021 B29S4	LJ465Q-2AE	汽油/天然气	1051	45/40.5	GB18352.3-2005 国Ⅳ	4630	1670	1970	2900	1820	435	1060	0	0	0	0	0	0	0	0	0	0	0	4		0	0	0		

续表

企业名称	车辆品牌	车辆名称	车辆型号	底盘型号	发动机型号	燃料种类	排量(mL)	功率(kW)	排放标准	外形尺寸(mm) 外廓长	外廓宽	外廓高	轴距(mm)	总质量(kg)	额定总质量	整备质量(kg)	2013年 1月	2月	3月	4月	5月	6月	7月	8月	9月	10月	11月	12月	小计(辆)	2014年 1月	2月	3月	小计(辆)	合计(辆)
同上	同上	同上	KMC1030 A26D4	KMC1030 A26D4	LJ465Q-2AE	汽油/天然气	1051	45/40.5	GB18352.3-2005 国Ⅳ	4735	1625	2010	2700	2710	1360	1220	0	0	6	3	7	11	14	5	6	9	13	1		0	0	0		
			KMC1030 A26P4	KMC1030 A26P4	LJ465Q-2AE	汽油/天然气	1051	45/40.5	GB18352.3-2005 国Ⅳ	4735	1625	2010	2700	2720	1360	1230	0	0	0	1	5	0	1	0	0	0	0	1		0	0	0		
			KMC1030 A26S4	KMC1030 A26S4	LJ465Q-2AE	汽油/天然气	1051	45/40.5	GB18352.3-2005 国Ⅳ	5035	1625	2010	2700	2750	1165	1260	0	0	26	10	46	32	40	30	11	38	71	46		0	0	0		
沈阳金杯车辆制造有限公司	金杯牌	轻型货车	SY1034 DK1F	SY1034 DK1F	G4AE	汽油/天然气	1298	51/46	GB18352.3-2005 国Ⅳ	4965	1850	2120	2515	3495	1700	1665	0	0	0	0	0	0	0	0	0	0	9	6	229	0	0	0	0	229
			SY1034SK1L	SY1034SK1L	G4AE	汽油/天然气	1298	51/46	GB18352.3-2005 国Ⅳ	5400	1850	2160	2800	3495	1400	1770	0	0	0	0	0	0	0	0	0	0	15	17		0	0	0		
		轻型载货汽车	SY1023 KQ42CL	SY1023 KQ42CL	JM491Q-ME	汽油/天然气	2237	76	GB18352.3-2005 国Ⅳ	5285	1700	1640	3380	2475	500	1650	0	9	5	6	5	7	2	4		1	2	4		0	0	0		
		厢式运输车	SY5034XX YDF-K1	SY1034 DK1F	G4AE	汽油/天然气	1298	51/46	GB18352.3-2005 国Ⅳ	4965	1780	2640	2515	3495	1495	1870	0	0	0	0	0	0	0	0	0	0	24	24		0	0	0		
			SY5034XX YSL-K1	SY1034 SK1L	G4AE	汽油/天然气	1298	51/46	GB18352.3-2005 国Ⅳ	5400	1850	2640	2800	3495	1220	1950	0	0	0	0	0	0	0	0	0	0	1	1		0	0	0		
		载货汽车	SY1028 HQ42CL	SY1028 HQ42C	JM491Q-ME	汽油/天然气	2237	76	GB18352.3-2005 国Ⅳ	5470	1725	1690	3380	2475	500	1650	10	10	11	5	3	0	15	7	3	2	7	14		0	0	0		
安徽江淮安驰汽车有限公司	江淮牌	多用途货车	MC1021 TK4R4	HFC6451 NFA	JM491Q ME	汽油/天然气	2237	76/66	GB18352.3-2005 国Ⅳ	5135	1750	1710	3025	2335	500	1510	0	1	0	1	0	0	4	0	0	0	0	0	156	0	0	0	0	156
			MC1021 TK5R4	HFC6491 NFA	JM491Q-ME	汽油/天然气	2237	76/66	GB18352.3-2005 国Ⅳ	5450	1750	1710	3380	2425	550	1550	0	3	18	0	9	9	14	19	65	0	12	1		0	0	0		
东风南充汽车有限公司	嘉龙牌	轻型载货汽车	DNC1031 GU-40	DNC1031 GUJ-40	JM491Q-ME	汽油/天然气	2237	76/69	GB18352.3-2005 国Ⅳ	5520	1800	2175	3500	3280	1300	1655	0	0	0	0	0	0	0	0	1	40	0	0	41	0	0	0	0	41
中国第一汽车集团公司	解放牌	平头燃气载货汽车	CA1160P9K2 L4A70E4	CA1160P9 K2L4A70E	CA6SH-N1E4	汽油/天然气	5560	110	GB11340-2005, GB18285-2005, CB17691 2005 国Ⅳ	8990	2490	2840	5005	16000	9000	6805	0	0	0	0	0	0	0	0	0	0	18	3	21	0	0	0	0	21

续表

企业名称	车辆品牌	车辆名称	车辆型号	底盘型号	发动机型号	燃料种类	排量(mL)	功率(kW)	排放标准	外形尺寸(mm)			轴距(mm)	总质量(kg)	额定总质量	整备质量(kg)	2013年													2014年				合计(辆)
										外廓长	外廓宽	外廓高					1月	2月	3月	4月	5月	6月	7月	8月	9月	10月	11月	12月	小计(辆)	1月	2月	3月	小计(辆)	
重庆力帆汽车有限公司	力帆牌	厢式运输车	LF5028X XYCNG	—	LF479Q6	汽油/天然气	1299	66.5	GB18352.3-2005 国Ⅳ	4015	1595	1900	2525	1810	480	1200	0	0	0	0	6	0	10	0	0	0	1	0	19	0	0	0	0	19
			LF5029X XY/CNG	承载式车身	LF479Q6	汽油/天然气	1299	66.5/57.2	GB18352.3-2005 国Ⅳ	4201	1650	1908	2850	1960	335	1300	0	0	0	0	0	0	0	0	0	0	0	2		0	0	0		
东风汽车股份有限公司	东风牌	轻型载货汽车	DFA1021H Z17Q3B	DFA1021 HJ17Q3B	V20	汽油/天然气	2020	81	GB18352.3-2005 国Ⅳ	5340	1690	1710	3380	2245	420	1500	0	2	0	0	0	1	0	0	0	0	0	0	16	0	0	0	0	16
		厢式运输车	DFA5021X XY17Q3B	DFA1021 HJ17Q3B	V20	汽油/天然气	2020	81	GB18352.3-2005 国Ⅳ	5020	1690	1810	3025	2245	400	1520	0	0	0	10	0	0	0	0	0	0	0	0		0	0	0		
	俊风牌	厢式运输车	DFA5020XX Y30QDB	DFA6400 W30QDB	DFXC13-40	汽油/天然气	1298	65/58.8	GB18352.3-2005 国Ⅳ	4030	1635	1910	2700	1755	300	1130	0	0	0	1	0	0	0	1	0	1	0	0		0	0	0		
厦门金龙联合汽车工业有限公司	金龙牌	厢式运输车	XMQ5030 XXY84	XMQ6531 EEB4	XG491Q-ME	汽油/天然气	2237	82/70.5	GB18352.3-2005 国Ⅳ	5340	1700	2250	2890	2860	740	1795	0	0	0	0	0	0	0	0	0	0	0	0	0	10	1	2	14	14
			XMQ5031 XXY84	XMQ6501 EEB4C	XG491Q-ME	汽油/天然气	2237	82/70.5	GB18352.3-2005 国Ⅳ	5040	1700	2050	2590	2800	680	1795	0	0	0	0	0	0	0	0	0	0	0	0		1				
哈飞汽车股份有限公司	松花江牌	两用燃料货车	HFJ1021 HBE4S	HFJ1021 HBE4	DA465QA	汽油/天然气	970	44/39	GB18352.3-2005 国Ⅳ	4635	1544	1915	2800	1890	495	1070	0	0	0	0	0	0	0	0	0	0	10	0	10	0	0	0	0	10
长城汽车股份有限公司	长城牌	多用途货车	CC1021 PA0E	CC1021 PA0E	491QE	汽油/天然气	2237	78/68	GB18352.3-2005 国Ⅳ	5360	1720	1675	3350	2400	405	1670	0	0	0	0	0	0	0	0	0	0	1	4	5	0	0	0	0	5
东风小康汽车有限公司	东风牌	载货汽车	EQ1021 NFCNG	EQ1021 NFJ	BG13G/N-01	汽油/天然气	1300	60.5/51.5	GB18352.3-2005 国Ⅳ	4640	1635	1945	2820	1995	475	1195	0	0	0	0	1	0	1	0	0	1	0	0	3	0	0	0	0	3
陕西汽车集团有限责任公司	陕汽牌	自卸汽车	SX3255 DR384H	SX3255 DR384H	WP10.336 (SQH)	柴油/天然气	9726	247	GB17691-2005 国Ⅲ, GB3847-2005, GB11340-2005, GB18285-2005	8329	2490	3450	3800+1350	25000	12370	12500	0	0	0	1	0	0	0	0	0	0	0	0	3	0	0	0	0	3
		牵引汽车	SX4256 GR384H	—	WP10.336 (SQH)	柴油/天然气	9726	247	GB17691-2005 国Ⅲ, GB3847-2005, GB11340-2005, GB18285-2005	7335	2490	3410	3775+1350	25000	3775+1350	8800	0	0	0	1	0	0	0	1	0	0	0	0		0	0	0		

续表

企业名称	车辆品牌	车辆名称	车辆型号	底盘型号	发动机型号	燃料种类	排量（mL）	功率（kW）	排放标准	外形尺寸（mm） 外廓长	外廓宽	外廓高	轴距（mm）	总质量（kg）	额定总质量	整备质量（kg）	2013年 1月	2月	3月	4月	5月	6月	7月	8月	9月	10月	11月	12月	小计（辆）	2014年 1月	2月	3月	小计（辆）	合计（辆）
陕西通家汽车股份有限公司	通家福牌	厢式运输车	STJ5022XXY	承载式车身	LJ474Q3E2	汽油/天然气	1298	60.5/54.3	GB18352.3－2005国Ⅳ	4030	1620	1900	2700	1850	472	1248	0	0	0	0	2	0	0	0	0	0	0	0	2	0	0	0	0	2
合计（辆）																	1046	658	1400	1605	1978	1925	1337	1382	1845	2121	2383	2085	19765	245	806	406	1457	21222

（3）乘用车

企业名称	车辆品牌	车辆名称	车辆型号	底盘型号	发动机型号	燃料种类	排量（mL）	功率（kW）	排放标准	外形尺寸（mm） 长	宽	高	轴距（mm）	总质量（kg）	整备质量（kg）	2013年 1月	2月	3月	4月	5月	6月	7月	8月	9月	10月	11月	12月	小计（辆）	2014年 1月	2月	3月	小计（辆）	合计（辆）
北京现代汽车有限公司	北京现代牌	两用燃料轿车	BH7162FAZ	承载式车身	14ED	汽油/天然气	1599	82/70	GB18352.3－2005国Ⅳ	4545	1725	1425	2610	1710	1365	259	1	0	0	0	0	0	0	0	0	0	0	21857	0	0	0	0	21857
			BH7162FMY	承载式车身	14ED	汽油/天然气	1599	82/70	GB18352.3－2005国Ⅳ	4545	1725	1425	2610	1646	1321	693	530	962	1361	1224	1198	1317	1161	924	1196	1357	757		0	0	0		
			BH7162FMZ	承载式车身	14ED	汽油/天然气	1599	82/70	GB18352.3－2005国Ⅳ	4545	1725	1425	2610	1680	1343	0	0	2	457	1269	306	267	0	0	180	1	56		0	0	0		
			BH7183FMY	承载式车身	14GB	汽油/天然气	1795	94.9/82	GB18352.3－2005国Ⅳ	4770	1820	1420	2700	1825	1500	850	747	600	370	215	245	423	572	602	442	736	342		0	0	0		
			BH7200FMY	承载式车身	14GC	汽油/天然气	1975	101/89	GB18352.3－2005国Ⅳ	4770	1820	1420	2700	1825	1525	12	17	40	0	24	6	27	14	34	25	20	16		0	0	0		
神龙汽车有限公司	东风标致牌	轿车	DC7164RTAM	承载式车身	N6A 10XA 3A PSA	汽油/天然气	1587	78/68	GB18352.3－2005国Ⅳ	4558	1805	1505	2612	1805	1415	0	0	0	0	0	0	0	37	151	243	141	104	20252	0	0	0	0	20252
			DC7164RTBM	承载式车身	N6A 10XA 3A PSA	汽油/天然气	1587	78/68	GB18352.3－2005国Ⅳ	4688	1815	1525	2710	1855	1465	0	0	0	0	0	0	0	12	69	50	67	78		0	0	0		
	东风雪铁龙牌	轿车	DC7165RTAM	承载式车身	N6A 10XA 3A PSA	汽油/天然气	1587	78/68	GB18352.3－2005国Ⅳ	4588	1773	1486	2610	1790	1390	117	378	633	454	639	696	975	776	892	1128	774	878		0	0	0		
		两用燃料轿车	DC7163RT	承载式车身	N6A 10FX 3A PSA	汽油/天然气	1587	78/67	GB18352.3－2005国Ⅳ	4367	1708	1413	2540	1564	1189	1484	747	1112	1219	1072	910	655	726	676	821	781	757		0	0	0		

续表

企业名称	车辆品牌	车辆名称	车辆型号	底盘型号	发动机型号	燃料种类	排量(mL)	功率(kW)	排放标准	外形尺寸(mm)			轴距(mm)	总质量(kg)	整备质量(kg)	2013年													2014年				合计(辆)
										长	宽	高				1月	2月	3月	4月	5月	6月	7月	8月	9月	10月	11月	12月	小计(辆)	1月	2月	3月	小计(辆)	
一汽一大众汽车有限公司	捷达牌/JETTA	两用燃料轿车	FV7160FCG	承载式车身	BJT	汽油/天然气	1595	70/55	GB18352.3－2005 国Ⅳ	4415	1674	1415	2471	1545	1142	4647	2827	3046	0	0	0	0	0	0	0	0	0	11881	0	0	0	0	11881
	大众牌	两用燃料轿车	FV7160BBMGC	承载式车身	CUC	汽油/天然气	1598	70/81	GB18352.3－2005 国Ⅳ	4487	1706	1470	2603	1740	1260	0	0	0	0	0	0	0	0	0	0	200	1161		0	0	0		
上海大众汽车有限公司	大众汽车牌/VOLKSWAGEN	两用燃料轿车	SVW71612JS	承载式车身	CUC	汽油/天然气	1598	81/70	GB18352.3－2005 国Ⅳ	4473	1706	1469	2603	1735	1275	0	0	0	0	0	0	0	0	0	24	0	209	9881	0	0	0	0	9881
	桑塔纳牌/SANTANA VISTA	两用燃料轿车	SVW7182RQD	承载式车身	CKZ	汽油/天然气	1781	74/66	GB18352.3－2005 国Ⅳ	4687	1700	1450	2656	1655	1280	669	1802	2152	1712	537	1368	63	0	0	0	0	1345		0	0	0		
比亚迪汽车有限公司	比亚迪牌	两用燃料轿车	QCJ7150A6/CNG	承载式车身	BYD473QD	汽油/天然气	1497	80/72	GB18352.3－2005 国Ⅳ	4533	1705	1490	2600	1650	1275	401	30	425	307	501	233	186	265	216	271	216	385	6151	0	0	0	0	6151
			QCJ7160A4/CNG	承载式车身	DA4G18	汽油/天然气	1584	73.5/65	GB18352.3－2005 国Ⅳ	4533	1705	1490	2600	1650	1275	203	59	232	550	178	201	31	222	250	333	174	282		0	0	0		
东风汽车公司	风神牌	两用燃料轿车	DFM7160B1ECNG	承载式车身	N6A 10FX 3A PSA	汽油/天然气	1587	78/67	GB18352.3－2005 国Ⅳ	4502	1740	1465	2610	1675	1300	351	1	67	1	61	22	35	44	20	5	421	341	4857	0	0	0	0	4857
			DFM7160B1F1	承载式车身	N6A 10FX 3A PSA	汽油/天然气	1587	78/67	GB18352.3－2005 国Ⅳ	4526	1740	1465	2610	1675	1300	0	0	127	193	297	311	339	152	181	415	806	667		0	0	0		
奇瑞汽车股份有限公司	开瑞牌	多用途乘用车	SQR6440K067/N	承载式车身	SQR472WB	汽油/天然气	1173	59/50	GB18352.3－2005 国Ⅳ	4430	1626	1930	2800	1970	1365	0	0	0	0	0	0	0	0	0	0	5	0	4458	0	0	0	0	4458
	奇瑞牌	轿车	SQR7163A210/N	承载式车身	SQR477FD	汽油/天然气	1552	81/68	GB18352.3－2005 国Ⅳ	4552	1750	1483	2600	1750	1375	11	9	250	211	149	100	52	409	30	15	317	270		0	0	0		
			SQR7164A150/N	承载式车身	SQR477FD	汽油/天然气	1552	81/68	GB18352.3－2005 国Ⅳ	4393	1682	1424	2468	1553	1178	203	61	237	255	277	118	149	537	36	91	381	285		0	0	0		

续表

企业名称	车辆品牌	车辆名称	车辆型号	底盘型号	发动机型号	燃料种类	排量(mL)	功率(kW)	排放标准	外形尺寸(mm) 长	宽	高	轴距(mm)	总质量(kg)	整备质量(kg)	2013年 1月	2月	3月	4月	5月	6月	7月	8月	9月	10月	11月	12月	小计(辆)	2014年 1月	2月	3月	小计(辆)	合计(辆)
重庆长安铃木汽车有限公司	长安牌	轿车	SC7165A	承载式车身	M16A3	汽油/天然气	1586	80/66	GB18352.3-2005国Ⅳ	4490	1730	1555	2500	1640	1265	130	20	251	505	102	320	325	155	161	165	339	380	2853	0	0	0	0	2853
东风悦达起亚汽车有限公司	起亚牌	轿车	YQZ7140C4	承载式车身	G4EE	汽油/天然气	1399	69.9	GB18352.3-2005国Ⅳ	4290	1695	1480	2500	1533	1188	0	0	0	0	0	0	0	0	0	0	0	0	0	172	195	124	2417	2417
			YQZ7162C4	承载式车身	G4ED	汽油/天然气	1599	82.4	GB18352.3-2005国Ⅳ	4500	1735	1470	2610	1784	1300	0	0	0	0	0	0	0	0	0	0	0	0		819	398	709		
重庆力帆乘用车有限公司	力帆牌	轿车	LF7152/CNG	承载式车身	LF479Q2/PC	汽油/天然气	1498	69/60	GB18352.3-2005国Ⅳ	4550	1705	1495	2605	1555	1205	573	125	428	297	123	55	13	17	21	0	9	729	2390	0	0	0	0	2390
安徽江淮汽车股份有限公司	江淮牌	两用燃料轿车	HFC7150BNF	承载式车身	HFC4NB2.3C	汽油/天然气	1499	83/66	GB18352.3-2005国Ⅳ	4590	1765	1465	2710	1760	1385	296	64	249	137	173	166	30	132	112	94	197	130	1780	0	0	0	0	1780
华晨汽车集团控股有限公司	中华牌	轿车	SY7150E1STBAB	承载式车身	BM15L	汽油/天然气	1498	77/67	GB18352.3-2005国Ⅳ	4523	1758	1460	2580	1717	1327	0	0	0	0	0	0	0	0	0	20	20	107	1602	0	0	0	0	1602
			SY7150E1STBAE	承载式车身	BM15L	汽油/天然气	1498	77/67	GB18352.3-2005国Ⅳ	4390	1703	1482	2570	1692	1302	0	0	0	0	0	0	0	0	0	1	31	19		0	0	0		
			SY7150X1STBAB	承载式车身	4A91S	汽油/天然气	1499	77/67	GB18352.3 2005国Ⅳ	4510	1758	1460	2580	1715	1325	60	81	51	18	33	14	60	121	12	0	3	0		0	0	0		
			SY7160XSTBAB	承载式车身	4A92S	汽油/天然气	1590	87/76	GB18352.3-2005国Ⅳ	4510	1758	1460	2580	1715	1325	60	77	25	8	7	46	458	26	17	8	14	0		0	0	0		
			SY7160XSTBAC	承载式车身	4A92S	汽油/天然气	1590	87/76	GB18352.3-2005国Ⅳ	4708	1788	1475	2700	1780	1390	0	18	2	21	80	23	10	26	3	1	2	5		0	0	0		
			SY7162G2STBBB	承载式车身	BL16L	汽油/天然气	1587	87/81	GB18352.3-2005国Ⅳ	4650	1800	1450	2790	1920	1530	0	0	0	11	0	2	0	0	0	1	0	0		0	0	0		
天津一汽夏利汽车股份有限公司	威志牌	两用燃料轿车	CA7150BUE4M	承载式车身	CA4GA5	汽油/天然气	1497	75/66	GB18352.3-2005国Ⅳ	4290	1680	1500	2425	1420	1070	0	9	191	0	3	200	338	226	271	38	108	36	1420	0	0	0	0	1420

续表

企业名称	车辆品牌	车辆名称	车辆型号	底盘型号	发动机型号	燃料种类	排量(mL)	功率(kW)	排放标准	外形尺寸(mm) 长	宽	高	轴距(mm)	总质量(kg)	整备质量(kg)	2013年 1月	2月	3月	4月	5月	6月	7月	8月	9月	10月	11月	12月	小计(辆)	2014年 1月	2月	3月	小计(辆)	合计(辆)
东南（福建）汽车工业有限公司	东南牌	两用燃料轿车	DN7156 MQNS	承载式车身	4A91	汽油/天然气	1499	88/74	GB18352.3－2005 国Ⅳ	4570	1770	1475	2610	1605	1230	10	20	0	0	0	55	0	47	326	132	371	0	1171	0	0	0	0	1171
	三菱牌	两用燃料轿车	DN7160 MQN4B	承载式车身	DA4G18	汽油/天然气	1584	73.5/62	GB18352.3－2005 国Ⅳ	4400	1700	1415	2500	1570	1190	0	0	0	0	46	38	0	19	12	0	39	56		0	0	0		
郑州日产汽车有限公司	东风牌	多用途乘用车	ZN6461WAX	ZN6441WAXJ	ZD25TCR	柴油/天然气	2498	80	GB18352.3－2005 国Ⅲ，GB3847－2005	4580	1840	1820	2650	2505	1890	0	0	0	0	0	0	0	0	0	0	0	0	0	1	0	0	1109	1109
			ZN6462W1E4	ZN6442 W1E4M	4G69S4N	汽油/天然气	2378	110	GB18352.3－2005 国Ⅳ	4580	1840	1820	2650	2180	1695	0	0	0	0	0	0	0	0	0	0	0	0		12	23	0		
		轻型客车	ZN6441V1B4	承载式车身	TU5JP4	汽油/天然气	1587	78	GB18352.3－2005 国Ⅳ	4420	1695	1825	2695	2030	1440	0	0	0	0	0	0	0	0	0	0	0	0		1065	0	0		
			ZN6442V1R4	承载式车身	4G94D	汽油/天然气	1999	108	GB18352.3－2005 国Ⅳ	4420	1695	1825	2695	2100	1500	0	0	0	0	0	0	0	0	0	0	0	0		0	8	0		
北京汽车股份有限公司	北京牌	两用燃料多用途乘用车	BJ6400L3R2N	承载式车身	A12	汽油/天然气	1199	63.5/57.2	GB18352.3－2005 国Ⅳ	4030	1636	1907	2700	1850	1225	0	0	0	0	0	0	0	197	97	267	165	343	1069	0	0	0	0	1069
浙江豪情汽车制造有限公司	吉利牌	两用燃料轿车	JL7151K01N	承载式车身	MR479QA	汽油/天然气	1498	69/58	GB18352.3－2005 国Ⅳ	4324	1692	1435	2502	1518	1143	0	0	0	0	0	0	0	0	0	0	50	0	900	0	0	0	0	900
			JL7181K03N	承载式车身	JL4G18	汽油/天然气	1792	102/92	GB18352.3－2005 国Ⅳ	4602	1725	1485	2602	1660	1250	56	4	10	47	9	311	128	97	0	0	0	1		0	0	0		
			JL7181K05N	承载式车身	JLγ－4G18	汽油/天然气	1808	98/92	GB18352.3－2005 国Ⅳ	4602	1725	1485	2602	1660	1250	0	0	0	0	0	0	0	0	13	1	44	129		0	0	0		
浙江吉利汽车有限公司	吉利美日牌	两用燃料轿车	MR7182K03N	承载式车身	JL4G18	汽油/天然气	1792	102	GB18352.3－2005 国Ⅳ	4635	1789	1470	2650	1755	1380	215	0	1	0	4	0	0	0	0	1	0	0	752	0	0	0	0	752
			MR7182K07N	承载式车身	JLγ－4G18	汽油/天然气	1808	98/78	GB18352.3－2005 国Ⅳ	4635	1789	1470	2650	1700	1325	0	0	0	0	0	100	54	37	4	1	42	293		0	0	0		

续表

企业名称	车辆品牌	车辆名称	车辆型号	底盘型号	发动机型号	燃料种类	排量（mL）	功率（kW）	排放标准	外形尺寸（mm）			轴距（mm）	总质量（kg）	整备质量（kg）	2013年													2014年				合计（辆）
										长	宽	高				1月	2月	3月	4月	5月	6月	7月	8月	9月	10月	11月	12月	小计（辆）	1月	2月	3月	小计（辆）	
河北长安汽车有限公司	长安牌	两用燃料多用途乘用车	SC6406A4CNG	承载式车身	JL473QE	汽油/天然气	1243	72/63	GB18352.3－2005国Ⅳ	3980	1620	1890	2560	1800	1220	0	0	0	0	0	0	0	34	23	145	293	11	640	0	0	0	0	640
			SC6406AV4CNG	承载式车身	JL473QE	汽油/天然气	1243	72/63	GB18352.3－2005国Ⅳ	3980	1620	1890	2560	1800	1220	0	0	0	0	0	0	0	21	18	10	53	32		0	0	0		
长城汽车股份有限公司	长城牌	轿车	CC7150CE07	承载式车身	GW4G15	汽油/天然气	1497	78	GB18352.3－2005国Ⅳ	4452	1705	1480	2610	1585	1210	25	10	35	137	2	75	5	4	138	0	76	47	554	0	0	0	0	554
重庆长安汽车股份有限公司	长安牌	两用燃料轿车	SC7151A4CNG	承载式车身	JL475QT	汽油/天然气	1497	72/61	GB18352.3－2005国Ⅳ	4360	1710	1475	2515	1608	1233	1	29	4	25	55	0	0	78	0	0	0	30	241	0	0	0	0	241
			SC7163B4CNG	承载式车身	JL475QU	汽油/天然气	1590	71/62	GB18352.3－2005国Ⅳ	4600	1800	1475	2650	1775	1400	19	0	0	0	0	0	0	0	0	0	0	0		0	0	0		
中国第一汽车集团公司	红旗牌	两用燃料轿车	CA7165MTE4C	承载式车身	BWH	汽油/天然气	1595	76/69	GB18352.3－2005国Ⅳ	4600	1785	1435	2675	1870	1420	0	0	0	50	0	0	0	0	0	0	0	89	139	0	0	0	0	139
一汽海马汽车有限公司	海马牌	轿车	HMC7165A4S0	承载式车身	HM479Q－BA	汽油/天然气	1598	85.8	GB18352.3－2005国Ⅳ	4557	1740	1480	2615	1713	1360	0	0	0	10	0	1	0	0	0	0	54	36	127	0	0	0	0	127
			HMC7160B4S1	承载式车身	HM479Q－BA	汽油/天然气	1598	85.8	GB18352.3－2005国Ⅳ	4365	1695	1410	2610	1595	1220	0	0	0	0	0	25	1	0	0	0	0	0		0	0	0		
沈阳华晨金杯汽车有限公司	金杯牌	多用途乘用车	SY6513U4ST1BH	承载式车身	4G20B	汽油/天然气	1998	75/63	GB18352.3－2005国Ⅳ	5070	1690	2225	2590	2800	1785	0	0	0	0	1	4	4	15	16	36	13	31	120	0	0	0	0	120
东风汽车股份有限公司	俊风牌	多用途乘用车	DFA6400W30QDB	承载式车身	DFXC13－40	汽油/天然气	1298	65/58.8	GB18352.3－2005国Ⅳ	4030	1635	1910	2700	1800	1200	0	0	29	8	1	13	2	2	1	2	4	6	68	0	0	0	0	68
北汽银翔汽车有限公司	北京牌	多用途乘用车	BJ6400AJW1L	BJ6400AJW1L	BJ413A	汽油/天然气	1342	69/60	GB18352.3－2005国Ⅳ	4022	1600	1878	2630	1770	1100	0	0	0	0	0	0	0	0	0	0	5	11	16	0	0	0	0	16
东风小康汽车有限公司	东风牌	多用途乘用车	EQ6411PFCNG	承载式车身	AF10G/N	汽油/天然气	1000	46/39	GB18352.3－2005国Ⅳ	4135	1590	1925	2760	1750	1100	0	0	0	0	0	0	0	0	0	0	0	5	5	0	0	0	0	5
湖南江南汽车制造有限公司	众泰牌	轻型客车	JNJ6411SA	承载式车身	TNN4G16T00	汽油/天然气	1596	76	GB18352.3－2005国Ⅳ	4089	1871	1695	2666	2028	1578	0	0	0	0	0	1	2	1	0	1	0	0	5	0	0	0	0	5
合计（辆）																11345	7666	11161	8364	7082	7163	5949	6182	5326	6163	8329	10459	95189	2069	624	833	3526	98715

第六篇

关键零部件配套数量统计

一、2013 年 1 月至 2014 年 3 月电动汽车关键零部件配套数量统计

（一）储能装置配套统计

1. 纯电动汽车

（1）大中型客车、轻型客车

储能装置单体生产企业	电动汽车储能装置种类	储能装置单体型号	超级电容器总成标称静电容量（F）	储能装置总储电量（kW·h）	储能装置总成质量（kg）	动力蓄电池箱是否具有快换装置	车载能源管理系统生产企业	电动汽车续驶里程（工况法，km）	电动汽车30分钟最高车速（km/h）	车辆名称	2013年（辆）	2014年1—3月（辆）	配套车型合计（辆）
惠州比亚迪电池有限公司	磷酸铁钴锂蓄电池	FADM07315	—	324	3200	—	深圳市比亚迪汽车有限公司	250	69	纯电动城市客车	397	357	754
合肥国轩高科动力能源有限公司	磷酸铁锂电池	1865140	—	212.4	2300	否	惠州市亿能电子有限公司	190	68	纯电动城市客车	467	180	647
		1865140	—	265.5	2600	否	惠州市亿能电子有限公司	240	68	纯电动城市客车			
		1865140	—	212.4	2300	否	惠州市亿能电子有限公司	190	65	纯电动城市客车			
	磷酸铁锂离子电池	1865140	—	125	1326	否	上海瑞华（集团）有限公司，合肥国轩高科动力能源有限公司	140	65	纯电动客车			
	磷酸铁锂蓄电池	1865140	—	161.4	1800	有	合肥国轩高科动力能源有限公司	—	78	纯电动城市客车			
		1865140	—	161.4	1800	有	合肥国轩高科动力能源有限公司	—	90	纯电动城市客车			
		1865140	—	172.8	2600	否	惠州市亿能电子有限公司	—	69	纯电动城市客车			
		1865140	—	215.2	1900	否	国轩高科动力能源有限公司	240	78	纯电动客车			
		1865140	—	232.416	2500	否	惠州市亿能电子有限公司	220	64	纯电动双层城市客车			
		1865140	—	269	2660	—	合肥国轩高科动力能源有限公司	—	80	纯电动客车			
		1865140	—	300	2700	是	安徽力高新能源技术有限公司	140	75	纯电动城市客车			
	磷酸亚铁锂电池	1865140	—	161.4	1800	是	合肥国轩高科动力能源有限公司	—	69	纯电动城市客车			
万向电动汽车有限公司	锂离子动力电池	WX12I3222	—	142	2000	是	万向电动汽车有限公司	—	65	纯电动城市客车	110	1	111
		WX12I3222	—	40.6	520	否	北京科易动力科技有限公司	—	68	纯电动客车			
	磷酸铁锂蓄电池	WX12I3250	—	81.9	1100	否	万向电动汽车有限公司	60	60	纯电动城市客车			

续表

储能装置单体生产企业	电动汽车储能装置种类	储能装置单体型号	超级电容器总成标称静电容量（F）	储能装置总储电量（kW·h）	储能装置总成质量（kg）	动力蓄电池箱是否具有快换装置	车载能源管理系统生产企业	电动汽车续驶里程（工况法，km）	电动汽车30分钟最高车速（km/h）	车辆名称	2013年（辆）	2014年1—3月（辆）	配套车型合计（辆）
中信国安盟固利动力科技有限公司	锂电池	SPIM23300260	—	142	1850	是	惠州市亿能电子有限公司	130	90	纯电动城市客车	19	74	93
		SPIM23300260	—	142	1850	是	惠州市亿能电子有限公司	130	69	纯电动城市客车			
	锂离子电池	SPIM22320255	—	36.5	340	否	惠州市亿能电子有限公司	120	90	依维柯纯电动客车			
	锰酸锂电池	SPIM14245190	—	130.5	1680	否	惠州市亿能电子有限公司	100	—	纯电动城市客车			
	锰酸锂蓄电池	SPIM14245190	—	40.4	570	否	中信国安盟固利动力科技有限公司	51	80	纯电动城市客车			
		SPIM23300260	—	106.7	1400	是	惠州市亿能电子有限公司	110	≥70	纯电动城市客车			
天津力神电池股份有限公司	磷酸铁锂	LP44147172	—	301	3500±200	无	天津力神电池股份有限公司	—	65	纯电动城市客车	62	20	82
	磷酸铁锂电池	LP2770120	—	142	1800±100	是	天津力神电池股份有限公司	—	65	纯电动城市客车			
	磷酸铁锂蓄电池	LSDCDT－16.5AH	—	141.9	2220	是	天津力神电池股份有限公司	150	67	纯电动城市客车			
		LP2770120AC	—	161.4	2000	是	惠州市亿能电子有限公司	140（仅采用市区循环）	65	纯电动城市客车			
合肥国轩高科动力能源有限公司，深圳市沃特玛电池有限公司	磷酸铁锂电池 磷酸铁锂电池	1865140，3.2V10AH	—	212.4	2420，2330	否	惠州市亿能电子有限公司	210	78	纯电动城市客车	76	0	76
	磷酸铁锂蓄电池 磷酸铁锂电池	1865140，3.2V 10AH	—	269	2990，2780	否	惠州市亿能电子有限公司	210	78	纯电动城市客车			
	磷酸铁锂蓄电池 磷酸铁锂蓄电池	1865140，3.2V 10AH	—	272	3400	是	惠州市亿能电子有限公司	240	78	纯电动客车			
			—	272	3400	是	惠州市亿能电子有限公司	240	79	纯电动客车			
宁德时代新能源科技有限公司	磷酸铁锂动力电池	250/220/45－200Ah	—	215.2	2168	否	宁德时代新能源科技有限公司	91	65	纯电动城市客车	68	0	68
广东五洲龙电源科技有限公司	磷酸铁锂	EV120Ah	—	38.4	425	否	东莞三新电动汽车技术有限公司	—	69	纯电动城市客车	62	0	62
		HEV100Ah	—	268.8	4200±200	无	广东五洲龙电源科技有限公司	—	80	纯电动城市客车			
			—	268.8	4200±200	无	广东五洲龙电源科技有限公司	—	65	纯电动城市客车			
				69	1200±200	否	广东五洲龙电源科技有限公司	—	70	纯电动城市客车			

续表

储能装置单体生产企业	电动汽车储能装置种类	储能装置单体型号	超级电容器总成标称静电容量（F）	储能装置总储电量（kW·h）	储能装置总成质量（kg）	动力蓄电池箱是否具有快换装置	车载能源管理系统生产企业	电动汽车续驶里程（工况法，km）	电动汽车30分钟最高车速（km/h）	车辆名称	2013年（辆）	2014年1—3月（辆）	配套车型合计（辆）
力神迈尔斯动力电池系统有限公司	磷酸铁锂电池	LP2770120AC	—	—	1209.6	是	—	—	69	纯电动城市客车	59	0	59
	磷酸铁锂动力电池	LP2770120AC	—	142	1570	是	北京八恺电气科技有限公司	91	65	纯电动城市客车			
安耐信（北京）储能技术有限公司，上海三玖电气设备有限公司	磷酸铁锂蓄电池，无机电解质电极对称型超级电容	DLP85300320－250AH，单体UCEY－2.7V3000F模块UCEY－48/165F	12.7	272	4200	无	上海瑞华（集团）有限公司	—	75	纯电动城市客车	59	0	59
	磷酸铁锂蓄电池/超级电容器	DLP85300320－250Ah，UCEY－2.7V 3000F	12.7	271.3（锂电池总成），0.7（超级电容总成）	3910，124	无	上海瑞华（集团）有限公司	150	70	纯电动城市客车			
			12.7	272	1955	具有滑轮导轨快换装置	上海瑞华（集团）有限公司	200	75	纯电动城市客车			
中航锂电（洛阳）有限公司	锂离子电池	SE180AHA	—	270	2900	是	惠州市亿能电子有限公司	—	65	纯电动城市客车	54	0	54
	磷酸铁锂蓄电池	SE200FI	—	230.4	2780	是	惠州市亿能电子有限公司 深圳科列技术有限公司	245	67	纯电动城市客车			
		SE100AHA	—	34.56	530	否	惠州市亿能电子有限公司	100	60	纯电动轻型客车			
北京普莱德新能源电池科技有限公司	磷酸铁锂动力蓄电池	47/173/132.5－86Ah	—	138.7	1510	是	惠州市亿能电子有限公司 北京普莱德新能源电池科技有限公司	100	60	纯电动城市客车	42	2	44
	磷酸铁锂蓄电池	29/135/220/72Ah	—	165.9	2073	是	惠州市亿能电子有限公司	140（仅采用市区循环）	73	纯电动城市客车			
			—	165.9	2073	是	惠州市亿能电子有限公司	140（仅采用市区循环）	76.5	纯电动城市客车			
	钛酸锂电池	101－0020－02	—	70.7	1312	否	北京普莱德新能源电池科技有限公司	60	65	纯电动城市客车			
珠海银通新能源有限公司	磷酸铁锂蓄电池	22Ah软包电池	—	136.9	1530	否	珠海银通新动力科技有限公司	—	69	纯电动城市客车	22	15	37
	钛酸锂电池	85200235	—	70.6	1300	否	珠海银通新动力科技有限公司	—	69	纯电动城市客车			

续表

储能装置单体生产企业	电动汽车储能装置种类	储能装置单体型号	超级电容器总成标称静电容量（F）	储能装置总储电量（kW·h）	储能装置总成质量（kg）	动力蓄电池箱是否具有快换装置	车载能源管理系统生产企业	电动汽车续驶里程（工况法，km）	电动汽车30分钟最高车速（km/h）	车辆名称	2013年（辆）	2014年1—3月（辆）	配套车型合计（辆）
中航锂电（洛阳）有限公司，河南环宇赛尔新能源科技有限公司	磷酸铁锂离子电池，磷酸铁锂离子电池	SE180AHA，EV－HYLFP001S－200Ah	—	68.9，70.4	616，651.2	否	哈尔滨冠拓电源设备有限公司	—	69	纯电动城市客车	0	27	27
天空能源（洛阳）有限公司，河南环宇赛尔新能源科技有限公司	磷酸铁锂蓄电池	SE180AHA，HYLFP001S－200Ah	—	207.4，230.4	2680，2988	否	哈尔滨冠拓电源设备有限公司	—	70	纯电动城市客车	0	21	21
山西皇城相府中道能源有限公司中道和分公司	磷酸铁锂蓄电池	ZDE－R60260	—	242	1860	无	深圳中德世纪新能源有限公司	220	78	纯电动城市客车	0	20	20
	磷酸铁锂	3.2V 100Ah	—	310	3400	无	深圳市沃特玛电池有限公司	—	65	纯电动城市客车			
深圳市沃特玛电池有限公司		3.2V 10Ah	—	35.2	450	否	东莞三新电动汽车技术有限公司	—	65	纯电动城市客车			
		32650－5Ah	—	322.5	4200	否	深圳市沃特玛电池有限公司	—	65	纯电动城市客车	12	7	19
	磷酸铁锂电池	3.2V－100AH	—	84	1000	否	深圳市沃特玛电池有限公司	—	75	纯电动客车			
		32650－5Ah	—	93	1100	否	深圳市沃特玛电池有限公司	—	65	纯电动城市客车			
中聚（天津）新能源投资有限公司	磷酸铁锂锂离子电池	SP－LFP200AHA	—	112.64	1390	是	惠州市亿能电子科技有限公司	—	65	纯电动城市客车	14	0	14
安徽恒基伟业科技有限公司	磷酸铁锂蓄电池	HJ29019173	—	326.4	3400	否	合肥恒能新能源科技有限公司	240	78	纯电动客车	10	3	13
			—	326.4	3400	否	合肥恒能新能源科技有限公司	240	65	纯电动客车			
淄博国利新电源科技有限公司	金属氢化物镍蓄电池	UCQNF200	—	115	3200	是	哈尔滨冠拓电源设备有限公司，北京八恺电气科技有限公司	—	105，≥100	纯电动城市客车	10	2	12
淄博国利新能源科技有限公司，淄博齐盛新能源科技有限公司	镍氢电池	UCQNF200，NMCH200	—	115.2，100	3300，2600	否	惠州市亿能电子有限公司 淄博洁力电气设备有限公司	80	78	纯电动城市客车	10	0	10
哈尔滨巨容新能源有限公司	无机电解质碳电极非对称型超级电容器	VCT1E5D	318	13.522	1825	—	—	—	60	纯电动城市客车	10	0	10
万向电动汽车有限公司，协鑫动力新材料（盐城）有限公司	锂离子动力电池，锂离子动力电池	WX12I3260，3.8V 56Ah	—	161/180	2000，2000	是	万向电动汽车有限公司 协鑫动力新材料（盐城）有限公司	—	65	纯电动城市客车	10	0	10

续表

储能装置单体生产企业	电动汽车储能装置种类	储能装置单体型号	超级电容器总成标称静电容量（F）	储能装置总储电量（kW·h）	储能装置总成质量（kg）	动力蓄电池箱是否具有快换装置	车载能源管理系统生产企业	电动汽车续驶里程（工况法，km）	电动汽车30分钟最高车速（km/h）	车辆名称	2013年（辆）	2014年1—3月（辆）	配套车型合计（辆）
微宏动力（湖州）有限公司	磷酸铁锂蓄电池	26650E	—	189.5	2720	否	微宏动力系统（湖州）有限公司	—	60	纯电动城市客车	4	2	6
	钛酸锂电池	MPS02110T	—	60.94	1800	否	微宏动力系统（湖州）有限公司	—	65	纯电动城市客车			
		MPS0230E	—	83.16	2050	否	微宏动力系统（湖州）有限公司	—	69	纯电动城市客车			
合肥国轩高科动力能源有限公司，深圳市沃特玛电池有限公司，中航锂电（洛阳）有限公司	磷酸铁锂电池 磷酸铁锂电池 磷酸铁锂电池	1865140，3.2V 10AH，CAM10	—	129.1	1540，1500，1500	是	惠州市亿能电子有限公司 惠州市亿能电子有限公司 哈尔滨冠拓电源设备有限公司	210	69	纯电动城市客车	5	0	5
安耐信（北京）储能技术有限公司	磷酸铁锂蓄电池	ANX－1280－1	11.7	272	3450	否	上海瑞华（集团）有限公司	150	—	纯电动客车	5	0	5
协鑫动力新材料（盐城）有限公司	锂电池	3.8V 56Ah	—	—	846	是	—	—	69	纯电动城市客车	4	0	4
朝阳立塬新能源有限公司	磷酸铁锂蓄电池	36130185－60AH	—	312	3250	无	惠州市亿能电子有限公司	240	120	纯电动客车	4	0	4
东莞新能源电池科技有限公司	磷酸铁锂离子动力蓄电池	VOD5N0	—	66.35	920	是	惠州市亿能电子有限公司	80	50	纯电动城市客车	2	0	2
哈尔滨光宇电源股份有限公司	磷酸铁锂	FP56137260A	—	311	3600	无	广东五州龙电源科技有限公司	—	78	纯电动城市客车	1	1	2
	磷酸铁锂蓄电池	FP56283271A	—	129	1510	否	哈尔滨光宇电源股份有限公司	—	69	纯电动城市客车			
中宇锂电能源股份有限公司	磷酸铁锂蓄电池	LJY－LFMP 100Ah	—	175	2215	否	哈尔滨冠拓电源设备有限公司	—	60	纯电动城市客车	2	0	2
海宁青年科技有限公司	无极电解质碳电极对称性超级电容器	UCEF－1.6V 150000F	340F	14	1900	否	无锡万谷电子有限公司	11	—	纯电动城市客车	2	0	2
合肥国轩高科动力能源股份公司	磷酸铁锂电池	IFP1865140	—	—	2500	否	—	—	64	纯电动客车	0	1	1
新普科技股份有限公司	磷酸铁锂蓄电池	110G0164F	—	213.7	2200	否	新普科技股份有限公司	250	69	纯电动客车	0	1	1
深圳长河动力科技有限公司	磷酸铁锂	60Ah	—	322.5	3600	无	深圳长河动力科技有限公司	—	65	纯电动城市客车	1	0	1

续表

储能装置单体生产企业	电动汽车储能装置种类	储能装置单体型号	超级电容器总成标称静电容量（F）	储能装置总储电量（kW·h）	储能装置总成质量（kg）	动力蓄电池箱是否具有快换装置	车载能源管理系统生产企业	电动汽车续驶里程（工况法，km）	电动汽车30分钟最高车速（km/h）	车辆名称	2013年（辆）	2014年1—3月（辆）	配套车型合计（辆）
天空能源（洛阳）有限公司	磷酸铁锂蓄电池	SE180AHA，GBS－LFMP 200Ah	—	172.8，192	1864，1686	否	EV03	—	75	纯电动城市客车	1	0	1
北京电控新能源科技责任有限公司	三元锂离子电池	750－0228	—	233	1900	否	惠州市亿能电子有限公司	180	68	纯电动城市客车	1	0	1
宁德新能源科技有限公司 朝阳立塬新能源有限公司	磷酸铁锂蓄电池（东莞新能德） 电容型锂离子电池（朝阳立塬）	29/135/220－60Ah（宁德新能源），361 30185－60Ah（朝阳立塬新能源）	—	34.56	448（东莞新能德），445（朝阳立塬新能源）	否	东莞新能德科技有限公司/东莞新能德科技有限公司 惠州市亿能电子有限公司/惠州市亿能电子有限公司	80	75	纯电动轻型客车	1	0	1
南京中大青山电动汽车有限公司	磷酸铁钒锂动力电池	ZDLFP13078 238160	—	180	1784	否	惠州市亿能电子有限公司	—	69	纯电动城市客车	1	0	1
配套车型合计（辆）											1607	734	2341

（2）专用车（运输车、邮政车、服务车、垃圾车、自卸车、扫路车、洒水车、售货车、载货车、工程车等）

储能装置单体生产企业	电动汽车储能装置种类	储能装置单体型号	超级电容器总成标称静电容量（F）	储能装置总储电量（kW·h）	储能装置总成质量（kg）	动力蓄电池箱是否具有快换装置	车载能源管理系统生产企业	电动汽车续驶里程（工况法，km）	电动汽车30分钟最高车速（km/h）	车辆名称	2013年（辆）	2014年1—3月（辆）	配套车型合计（辆）
合肥国轩高科动力能源有限公司	磷酸铁锂蓄电池	IFP1865140A	—	20.16	260	否	合肥国轩高科动力能源有限公司	100	60	纯电动载货汽车	595	2	597
			—	20.16	260	否	合肥国轩高科动力能源有限公司	100	75	纯电动载货汽车			
			—	20.16	260	否	合肥国轩高科动力能源有限公司	100	88	纯电动载货车			
	汽车用磷酸铁锂锂离子方形蓄电池	1865140	—	20.8	270	无	合肥国轩高科动力能源有限公司	95	85	纯电动载货汽车			
			—	20.8	270	无	合肥国轩高科动力能源有限公司	95	85	纯电动双排载货汽车			

续表

储能装置单体生产企业	电动汽车储能装置种类	储能装置单体型号	超级电容器总成标称静电容量（F）	储能装置总储电量（kW·h）	储能装置总成质量（kg）	动力蓄电池箱是否具有快换装置	车载能源管理系统生产企业	电动汽车续驶里程（工况法，km）	电动汽车30分钟最高车速（km/h）	车辆名称	2013年（辆）	2014年1—3月（辆）	配套车型合计（辆）
中信国安盟固利动力科技有限公司	纯电动	SPIM23300260	—	143	1744	有	惠州市亿能电子有限公司	150	80	纯电动洒水车	377	16	393
	锂离子蓄电池	SPIM23300260	—	65.7	850	无	惠州市亿能电子有限公司	180	100	依维柯纯电动服务车			
	锰酸锂	SPIM23300260	—	70	1020	否	惠州市亿能电子有限公司	130	114	纯电动吸尘车			
	锰酸锂蓄电池	SPIM23300260	—	71.1	1020	是	惠州市亿能电子有限公司	130	65	纯电动自装卸式垃圾车			
		SPIM23300260	—	71.1	1020	是	惠州市亿能电子有限公司	130	100	纯电动压缩式垃圾车			
		SPIM14245190	—	27	430	是	惠州市亿能电子有限公司	75	68	纯电动桶装垃圾运输车			
		SPIM14245190	—	27	430	是	惠州市亿能电子有限公司	75	70	纯电动桶装垃圾运输车			
		SPIM14245190	—	27	430	是	惠州市亿能电子有限公司	75	≥85	纯电动桶装垃圾运输车			
天能电池集团有限公司	阀控密封式铅酸蓄电池	6-EVF-65P	—	9.36	264	是	—	75（仅采用市区循环）	69	纯电动厢式运输车	127	105	232
	铅酸免维护电池	3-EVF-200	—	17.28	420	—	—	—	170	纯电动厢式货车			
		3-EVF-200	—	17.28	420	—	—	—	60	纯电动自卸车			
北京普莱德新能源电池科技有限公司	磷酸铁锂	29/135/220-60A.H	—	70	1020	否	惠州市亿能电子有限公司	130	205	纯电动自装卸式垃圾车	151	42	193
	磷酸铁锂电池	29/135/220-66Ah	—	22.39	306	否	惠州市亿能电子有限公司	80	90	纯电动厢式运输车			
			—	22.39	306	否	惠州市亿能电子有限公司	80	≥100	纯电动邮政车			
			—	22.39	306	否	惠州市亿能电子有限公司	80	50	纯电动厢式运输车			
	磷酸铁锂蓄电池	29/135/220-60Ah	—	23	≥330	是	惠州市亿能电子有限公司	75	60	纯电动自卸式垃圾车			
中航锂电（洛阳）有限公司，湖北京远新能源科技有限公司，深圳市沃特玛电池有限公司	磷酸铁锂蓄电池	CA60FI，JY-LiFe-3.2V60AHAI，3.2V 60AH	—	20.35，20.35，20.35	212，218，213	无	—	80	60	纯电动自卸式垃圾车	192	0	192
			—	20.35，20.35，20.35	212，218，213	无	—	80	40	纯电动自装卸式垃圾车			
湖北京远新能源科技有限公司	磷酸铁锂蓄电池	JY-LiFe-3.2V 60AHAI	—	20.35	217	无	—	80	100	纯电动自装卸式垃圾车	132	0	132

续表

储能装置单体生产企业	电动汽车储能装置种类	储能装置单体型号	超级电容器总成标称静电容量（F）	储能装置总储电量（kW·h）	储能装置总成质量（kg）	动力蓄电池箱是否具有快换装置	车载能源管理系统生产企业	电动汽车续驶里程（工况法，km）	电动汽车30分钟最高车速（km/h）	车辆名称	2013年（辆）	2014年1—3月（辆）	配套车型合计（辆）
中航锂电（洛阳）有限公司	磷酸铁锂电池	CA180FI	—	17.28	≤180	否	惠州市亿能电子有限公司	80	80	纯电动车厢可卸式垃圾车	129	0	129
	磷酸铁锂蓄电池	SE100AHA	—	18	359	否	哈尔滨冠拓电源设备有限公司	80	170	纯电动垃圾车			
			—	32	48	无	惠州市亿能电子有限公司	80		纯电动车厢可卸式垃圾车			
			—	35.8	400	否	惠州市亿能电子有限公司	130	80	纯电动工程车			
		SE180AHA	—	55	1120	有	惠州市亿能电子有限公司	80	75	纯电动垃圾车			
			—	55	1120	有	惠州市亿能电子有限公司	80	75	纯电动洒水车			
			—	55	1120	有	惠州市亿能电子有限公司	80	73	纯电动厢式运输车			
			—	110	1120	有	惠州市亿能电子有限公司	80	100	纯电动洒水车			
	磷酸铁锂动力电池	SE180AHA	—	25.92	290	否	哈尔滨冠拓电源设备有限公司	183.8	80	纯电动厢式运输车			
	磷酸铁锂锂离子动力电池	SE180AHA	—	142	1600	有	惠州市亿能电子有限公司	150	80	纯电动洒水车			
浙江超威电源有限公司，天能电池集团有限公司	阀控密封式铅酸蓄电池	6DM120 6－EVF－120P	—	8.64	258，253.8	否，是	—	75（仅采用市区循环）	60	纯电动厢式运输车	96	0	96
北京中华汽车制造有限公司	铅酸蓄电池	12V/100Ah	—	14.4	396	否	—	120	60	纯电动厢式运输车	56	0	56
深圳市沃特玛电池有限公司	磷酸铁锂电池	32650－5AH	—	69.1	740	具有快换装置	深圳市沃特玛电池有限公司	80	75	纯电动垃圾车	47	0	47
	锂离子蓄电池	32650－5AH	—	35.8	400	—	惠州市亿能电子有限公司	130	60	纯电动工程车			
超威电源有限公司	铅酸蓄电池	12V100Ah	—	11.5	360	否	软件开发企业：福瑞德科技有限公司；硬件生产企业：江西江铃汽车集团改装车有限公司	—	70	纯电动车厢可卸式垃圾车	32	3	35
	铅酸电池	6DM150	—	10.8	312	—	—	80	69	纯电动厢式运输车			
	铅酸动力蓄电池	4DM135 8V135Ah	—	9.72	345	否	—	≥60	≥75	纯电动仓栅式运输车			
		4DM135 8V135Ah	—	9.72	345	否	—	≥60	≥70	纯电动售货车			
		6DM100（12V100Ah）	—	14.4	460	否	—	≥60	≥70	纯电动厢式运输车			
			—	14.4	460	否	—	≥60	≥80	纯电动厢式运输车			
			—	14.4	460	否	—	≥60	88	纯电动厢式运输车			

续表

储能装置单体生产企业	电动汽车储能装置种类	储能装置单体型号	超级电容器总成标称静电容量（F）	储能装置总储电量（kW·h）	储能装置总成质量（kg）	动力蓄电池箱是否具有快换装置	车载能源管理系统生产企业	电动汽车续驶里程（工况法，km）	电动汽车30分钟最高车速（km/h）	车辆名称	2013年（辆）	2014年1—3月（辆）	配套车型合计（辆）
天津力神电池股份有限公司	磷酸铁锂	LP2770106AB	—	10.5	120	否	天津清源电动车辆有限责任公司	—	48	纯电动服务车	24	2	26
	三元锂电池	18650（2.0Ah）	—	15.6	205	否	捷源绿能科技上海有限公司	—	60	纯电动仓栅式运输车			
	磷酸铁锂离子动力电池	LP2770120AC	—	36.9	458	否	天津力神电池股份有限公司	120	60	纯电动厢式运输车			
江苏双登集团有限公司，上海恒动汽车电池有限公司	磷酸铁锂动力蓄电池	YZ-14180270 IFP32/101/192	—	18.4	260，280	否	江苏双登集团有限公司，上海恒动汽车电池有限公司	—	60	纯电动车厢可卸式垃圾车	27	0	27
河南环宇赛尔新能源科技有限公司	动力用锂离子蓄电池	EV-HYLFP001S-200Ah	—	30.72	375	否	安徽力高新能源技术有限公司	—	70	纯电动邮政车	13	1	14
合肥国轩高科动力能源有限责任公司	磷酸铁锂蓄电池	1865140	—	69.2（快换）/96（非快换）	1300（快换）/1250（非快换）	快换可选	合肥国轩高科动力能源有限责任公司	120	95	纯电动扫路车	6	0	6
万向电动汽车有限公司	聚合物锂离子动力电池	8L12-100MA	—	33.6	200	否	万向电动汽车有限公司	150	65	纯电动工程车	6	0	6
中航锂电（洛阳）有限公司，深圳市沃特玛电池有限公司	锂离子蓄电池	SE100AHA 32650-5AH	—	35.8	400	—	惠州市亿能电子有限公司，深圳市沃特玛电池有限公司	130	95	纯电动工程车	6	0	6
浙江天能电池有限公司	密封阀控式铅酸蓄电池	6-EVF-100	—	14.4	432	否	—	—	60	纯电动厢式运输车	6	0	6
天空能源（洛阳）有限公司	磷酸铁锂电池	SE180AHA	—	129.6	1634	否	上海中科深江电动车辆有限公司	60	50	纯电动清洗车	4	0	4
中山恩留宁电源有限公司	铅酸电池	6-DM-250	—	24	504	否	合肥国轩高科动力能源有限公司	100	—	纯电动载货汽车	3	0	3
	阀控密封式铅酸电池	6-DM-250	—	18	504	否	无	90	72	纯电动载货车			
北大先行科技产业有限公司	磷酸铁锂	PUIFP25/110/270	—	76.8	950	有	惠州市亿能电子有限公司	130	90	纯电动压缩式垃圾车	2	0	2
山东久力电子科技有限公司	动力蓄电池模组	JL-3.2V-190Ah	—	14.592	155	否	山东久力电子科技有限公司	—	69	纯电动厢式运输车	2	0	2

续表

储能装置单体生产企业	电动汽车储能装置种类	储能装置单体型号	超级电容器总成标称静电容量（F）	储能装置总储电量（kW·h）	储能装置总成质量（kg）	动力蓄电池箱是否具有快换装置	车载能源管理系统生产企业	电动汽车续驶里程（工况法，km）	电动汽车30分钟最高车速（km/h）	车辆名称	2013年（辆）	2014年1—3月（辆）	配套车型合计（辆）
万向电动汽车有限公司，中航锂电（洛阳）有限公司	磷酸铁锂动力电池	IFP152/40/256 CA66FI	—	22.08 21.12	256，262	是	万向电动汽车有限公司，杭州大有科技发展有限公司	160（仅采用市区循环），140（仅采用市区循环）	80	纯电动厢式运输车	1	0	1
浙江超威动力能源有限公司	铅酸免维护电池	6-EVF-120	—	17.28	504	无	—	100	50	纯电动自装卸式垃圾车	1	0	1
浙江佳贝思绿色能源有限公司	磷酸铁锂	GBS-LFMP100Ah	—	—	280	否	合普新能源科技有限公司	70	69	纯电动厢式运输车	1	0	1
天津蓝天电池股份有限公司	铅酸密封电池	6DMJ150	—	10.8	330	否	—	—	48	纯电动服务车	0	1	1
配套车型合计（辆）											2036	172	2208

（3）乘用车

储能装置单体生产企业	电动汽车储能装置种类	储能装置单体型号	超级电容器总成标称静电容量（F）	储能装置总储电量（kW·h）	储能装置总成质量（kg）	动力蓄电池箱是否具有快换装置	车载能源管理系统生产企业	电动汽车续驶里程（工况法，km）	电动汽车30分钟最高车速（km/h）	配套车辆名称	2013年（辆）	2014年1—3月（辆）	配套车型合计（辆）
超威电源有限公司，浙江天能电池有限公司，天能电池集团有限公司，山东圣阳电源科技有限公司	铅酸	3DM180（超威）6-DM-150AH（浙江天能）2101AAE（天能，圣阳）	—	9（6-DM-150AH，圣阳2101AAE），10.8（3DM180，天能2101AAE）	280（6-DM-150AH，圣阳2101AAE），350（3DM180），312（2101AAE）	否	—	≥80	80	纯电动轿车	5725	2235	7960
中聚（天津）新能源投资有限公司	磷酸铁锂动力电池	SP-LFP66AHA	—	21.12	310	是	杭州大有科技发展有限公司	100	50	纯电动轿车	1447	664	2111
			—	21.12	310	是	杭州大有科技发展有限公司	100	80	纯电动轿车			
浙江万向亿能动力电池有限公司	磷酸铁锂动力电池	WXL12E32066A	—	21.12	300	可换二箱	金华市康迪新能源车辆有限公司	150	80	纯电动轿车	1272	478	1750

续表

储能装置单体生产企业	电动汽车储能装置种类	储能装置单体型号	超级电容器总成标称静电容量（F）	储能装置总储电量（kW·h）	储能装置总成质量（kg）	动力蓄电池箱是否具有快换装置	车载能源管理系统生产企业	电动汽车续驶里程（工况法，km）	电动汽车30分钟最高车速（km/h）	配套车辆名称	2013年（辆）	2014年1—3月（辆）	配套车型合计（辆）
合肥国轩高科动力能源有限公司	磷酸铁锂动力电池	1865140	—	19，19.2	223	无	惠州市亿能电子有限公司	152	95	纯电动轿车			1282
	汽车用磷酸铁锂锂离子方形蓄电池	1865140	—	20.8	270	无	合肥国轩高科动力能源有限公司	95	85	纯电动多用途乘用车	1184	98	
惠州比亚迪电池有限公司	磷酸铁钴锂电池	FADM07315	—	63.4	750	无	深圳市比亚迪汽车有限公司 深圳市比亚迪汽车有限公司	322	65	纯电动轿车	1113	102	1215
			—	63.4	750	无	深圳市比亚迪汽车有限公司 深圳市比亚迪汽车有限公司	322	140	纯电动轿车			
北京普莱德新能源电池科技有限公司	磷酸铁锂电池	29/135/220－80Ah	—	25.6	285	否	北京普莱德新能源电池科技有限公司	160，160	110，110	纯电动轿车	989	0	989
			—	25.6	285	否	北京普莱德新能源电池科技有限公司	160，160	75	纯电动轿车			
	磷酸铁锂动力电池	29/135/220－60Ah，29/135/220/72Ah	—	20.34，24.8	280，323	否	惠州市亿能电子有限公司 惠州市亿能电子有限公司	≥80，≥120	114	纯电动轿车			
中航锂电（洛阳）有限公司，中聚（天津）新能源投资有限公司	磷酸铁锂动力电池	CA66FI，SP－LFP66AHA	—	21.12	328	是	杭州大有科技发展有限公司	120	80	纯电动多用途乘用车	752	0	752
			—	21.12	328	是	杭州大有科技发展有限公司	120	65	纯电动多用途乘用车			
美国A123电池系统有限公司	磷酸铁锂蓄电池	APP72161227	—	18	235	无	美国A123电池系统有限公司 美国A123电池系统有限公司	140	65	纯电动轿车	484	63	547
Automotive Energy Supply	锂离子电池	295B1 3NA0 *	—	24	273	否	Calsonic Kansei	180	69	纯电动轿车	214	84	298
北京普莱德新能源电池科技有限公司，北京普莱德新能源电池科技有限公司，哈尔滨光宇电源股份有限公司，北京普莱德新能源电池科技有限公司，宁德新能源科技有限公司	磷酸铁锂电池	29/135/220－66Ah 29/135/220/72Ah FP31136225A 29/135/220/72Ah 29/135/220/72Ah	—	21.54 23.5 20 23.5 23.04	275 288 260 288 272	否	惠州市亿能电子有限公司 东莞新能德科技有限公司 惠州市亿能电子有限公司 东莞新能德科技有限公司 北京光宇新能科技有限公司 惠州市亿能电子有限公司 东莞新能德科技有限公司 惠州市亿能电子有限公司	—	—	纯电动轿车	281	0	281

续表

储能装置单体生产企业	电动汽车储能装置种类	储能装置单体型号	超级电容器总成标称静电容量（F）	储能装置总储电量（kW·h）	储能装置总成质量（kg）	动力蓄电池箱是否具有快换装置	车载能源管理系统生产企业	电动汽车续驶里程（工况法，km）	电动汽车30分钟最高车速（km/h）	配套车辆名称	2013年（辆）	2014年1—3月（辆）	配套车型合计（辆）
比克国际（天津）有限公司	磷酸铁锂蓄电池	2101AAQ	—	15.1	235	否	奇瑞汽车股份有限公司，埃泰克汽车电子（芜湖）有限公司	80	82	纯电动轿车	160	97	257
			—	19.2	280	否	惠州亿能电子有限公司 惠州亿能电子有限公司	80	80	纯电动轿车			
东莞新能源科技有限公司	汽车用磷酸铁锂锂离子方形蓄电池	25/135/180－45Ah	—	29	380	否	惠州亿能电子有限公司	120（NEDC综合工况）	90	纯电动轿车	202	7	209
合肥国轩高科动力能源股份公司	磷酸铁锂	1865140	—	20.16	270	否	杭州杰能动力有限公司，合肥国轩高科动力能源股份有限公司	100	90	纯电动多用途乘用车	26	148	174
北京普莱德新能源电池科技有限公司，北京普莱德新能源电池科技有限公司	磷酸铁锂电池，磷酸铁锂电池	29/135/220－60Ah 29/135/220－66Ah	—	20.35 22.39	303 296	否	惠州市亿能电子有限公司	70，80	90	纯电动客车	170	0	170
			—	20.35 22.39	303 296	否	惠州市亿能电子有限公司	70，80	75	纯电动客车			
多氟多（焦作）新能源科技有限公司	锰酸锂电池	DFDPMP1665132	—	11.8	168	是	哈尔滨冠拓电源设备有限公司	85	69	纯电动轿车	0	170	170
深圳比克电池有限公司	三元锂离子电池	H18650CB	—	36	270	否	北京亿马先锋汽车科技有限公司	130	80	纯电动多用途乘用车	100	0	100
波士顿电池（Boston－Power Inc.）	混合三元锂电池	550－0431－001 Swing 106安时锂电池	—	37.95	375	否	波士顿电池/波士顿电池	170	65	纯电动轿车	77	17	94
		750－0228 Swing key 84Ah	—	27.6	277	是	波士顿电池（Boston－Power Inc.）	150	105	纯电动轿车			
			—	30.07	320	否	波士顿电池/波士顿电池	120	80	纯电动轿车			
万向电动汽车有限公司，山东润峰集团新能源科技有限公司，赛恩斯能源科技有限公司	磷酸铁锂	WX12I3222，RFE－F24，3.2V22Ah	—	20.3 22.1 20.3	167 181.4 165 （均不含框）	是	万向电动汽车有限公司/杭州大有科技发展有限公司，杭州杰能动力有限公司/杭州大有科技发展有限公司	80	114	纯电动轿车	78	0	78
河南环宇赛尔新能源科技有限公司	锂离子动力蓄电池	HYLFP45127225－70Ah	—	20.2	260	是	广东惠州亿能电子有限公司	＞80	69	纯电动轿车	1	67	68

续表

储能装置单体生产企业	电动汽车储能装置种类	储能装置单体型号	超级电容器总成标称静电容量（F）	储能装置总储电量（kW·h）	储能装置总成质量（kg）	动力蓄电池箱是否具有快换装置	车载能源管理系统生产企业	电动汽车续驶里程（工况法，km）	电动汽车30分钟最高车速（km/h）	配套车辆名称	2013年（辆）	2014年1—3月（辆）	配套车型合计（辆）
A123 Systems	磷酸铁锂电池	APP72161227	—	21.4	265	否	GM/延锋伟世通汽车电子有限公司	130	130	纯电动轿车	60	3	63
宁德新能源科技有限公司	磷酸铁锂离子动力电池	48/174/132.5－80Ah	—	24	475	否	Preh	150	65	纯电动轿车	11	44	55
深圳市沃特玛电池有限公司	磷酸铁锂蓄电池	IFR 32750	—	25.9	298	—	惠州市亿能电子有限公司	120	86	纯电动轿车	33	0	33
中航锂电（洛阳）有限公司	磷酸铁锂电池	SE100AHA	—	33.6	385	是	—	—	110	纯电动轻型客车	11	12	23
中航锂电（洛阳）有限公司，河北洁神新能源科技有限公司	磷酸铁锂蓄电池	SE100AHA JS13078218－140	—	32.0 44.8	500 550	否	惠州市亿能电子有限公司 宁波拜特测控技术有限有限公司	120，200	60	纯电动乘用车	17	0	17
天空能源（洛阳）有限公司；苏州冠硕新能源有限公司	磷酸铁锂	SE100AHA GCE－74120175A－100Ah	—	30	300 270	无	上海中科深江电动车辆有限公司	—	—	纯电动轿车	12	0	12
苏州冠硕新能源有限公司	磷酸铁锂	GCE7490175A－75Ah	—	24，20	290	无	惠州市亿能电子有限公司 上海中科深江电动车辆有限公司	130	120	纯电动轿车	10	0	10
力神迈尔斯动力电池系统有限公司	蓄电池	LP2770102	—	20.4	270	否	力神迈尔斯动力电池系统有限公司	—	67	纯电动轿车	10	0	10
上海恒动汽车电池有限公司	磷酸铁锂锂离子电池	2101AAS	—	20	260	否	埃泰克汽车电子（芜湖）有限公司	120	100	纯电动轿车	10	0	10
上海航天电源技术有限责任公司	磷酸铁锂蓄电池	55Ah－2P	—	16.8	180	—	上海航天电源电源技术有限责任公司	100	80	纯电动轿车	8	0	8
天空能源（洛阳）有限公司	磷酸铁锂	SE180AHA	—	57.6	510	是	—	—	69（混合动力模式）	纯电动轿车	6	1	7
			—	57.6	510	是	—	—	120	纯电动轿车			
天津力神电池股份有限公司，深圳比克电池有限公司	三元锂离子蓄电池	18650（2.0Ah） H18650CB	—	18.5 19.1	167	否	富奥汽车零部件股份有限公司	110	67	纯电动轿车	7	0	7

续表

储能装置单体生产企业	电动汽车储能装置种类	储能装置单体型号	超级电容器总成标称静电容量（F）	储能装置总储电量（kW·h）	储能装置总成质量（kg）	动力蓄电池箱是否具有快换装置	车载能源管理系统生产企业	电动汽车续驶里程（工况法，km）	电动汽车30分钟最高车速（km/h）	配套车辆名称	2013年（辆）	2014年1—3月（辆）	配套车型合计（辆）
浙江佳贝思绿色能源有限公司	磷酸铁锂	GBS-LFMP100Ah	—	32	400	无	惠州市亿能电子有限公司	—	—	纯电动多用途乘用车	1	3	4
万向电动汽车有限公司	锂电池	L100-60-0001	—	—	—	—	—	—	—	电动轻型客车	3	0	3
	磷酸铁锂动力蓄电池	CE12	—	24	300	是	万向电动汽车有限公司	—	90	纯电动轿车			
浙江兴海能源科技有限公司，天空能源（洛阳）有限公司	磷酸铁锂电池	38120，SE100AHA	—	26.88，33.6	322，385	是	—	—	110	纯电动轻型客车	3	0	3
			—	26.88，33.6	322，385	是	—	—	60	纯电动轻型客车			
江苏伊思达电池有限公司	锰酸锂电池	26650	—	20.5	180	否	宁波拜特测控技术有限公司	112	69	纯电动轿车	0	1	1
浙江万向亿能动力电池有限公司，中聚（天津）新能源投资有限公司	磷酸铁锂动力电池	WXL12E32066A，SP-LFP66AHA	—	21.12	300，310	可换二箱	金华市康迪新能源车辆有限公司 杭州大有科技发展有限公司	150，100	80	纯电动轿车	0	1	1
天津力神电池股份有限公司	磷酸铁锂动力蓄电池	LP2770120AC	—	36	450	否	UQM技术有限公司	160	78	纯电动轿车	1	0	1
配套车型合计（辆）											14478	4295	18773

2．插电式混合动力汽车

（1）大中型客车、轻型客车

储能装置单体生产企业	电动汽车储能装置种类	储能装置单体型号	超级电容器总成标称静电容量（F）	储能装置总储电量（kW·h）	储能装置总成质量（kg）	动力蓄电池箱是否具有快换装置	车载能源管理系统生产企业	电动汽车续驶里程（工况法，km）	电动汽车30分钟最高车速（km/h）	车辆名称	2013年（辆）	2014年1—3月（辆）	配套车型合计（辆）
郑州宇通客车股份有限公司，美国麦克斯威科技公司	磷酸亚铁锂蓄电池/超级电容器	YT18650P，BCAP 3000 K2	13.75	13.812	451.8	否	惠州市亿能电子有限公司	34	67	混合动力电动城市客车	777	295	1072
		SNP2211F10FHA，BCAP3000 K2	13.75	13.8816	438.6	否	惠州市亿能电子有限公司	31	67	混合动力城市客车			
			13.75	13.8816	438.6	否	惠州市亿能电子有限公司	31	69	混合动力城市客车			
微宏动力（湖州）有限公司	钛酸锂电池	MPS02110T	—	40.15	850	否	微宏动力系统（湖州）有限公司	—	60	混合动力城市客车	547	150	697
			—	40.15	850	否	微宏动力系统（湖州）有限公司	—	69	混合动力城市客车			
			—	40.15	850	否	微宏动力系统（湖州）有限公司	—	75	混合动力城市客车			

续表

储能装置单体生产企业	电动汽车储能装置种类	储能装置单体型号	超级电容器总成标称静电容量（F）	储能装置总储电量（kW·h）	储能装置总成质量（kg）	动力蓄电池箱是否具有快换装置	车载能源管理系统生产企业	电动汽车续驶里程（工况法，km）	电动汽车30分钟最高车速（km/h）	车辆名称	2013年（辆）	2014年1—3月（辆）	配套车型合计（辆）
中信国安盟固利动力科技有限公司	锂离子蓄电池	SPIM08HP	—	5.5	270	否	上海申龙客车有限公司	—	68	混合动力城市客车	539	149	688
	锰基锂离子动力电池	SPIM08HP	—	5.76，5.53	200，235	否	惠州亿能电子有限公司	—	80	混合动力城市客车			
		SPIM14245190	—	25	360	否	中信国安盟固利动力科技有限公司	20	69	插电式混合动力城市客车			
			—	25	360	否	中信国安盟固利动力科技有限公司	20	70	插电式混合动力城市客车			
	锰酸锂电池	SPIM08HP	—	5.53	220	否	中信国安盟固利动力科技有限公司	—	60	混合动力城市客车			
	锰酸锂电池	SPIM14245190	—	24.86	320	否	中通客车控股股份有限公司	33	—	混合动力城市客车			
			—	25	320	否	中通客车控股股份有限公司	27	69	混合动力城市客车			
		SPIM16HP	—	5.52	250	否	中通客车控股股份有限公司	35	69	混合动力城市客车			
	锰酸锂离子电池	SPIM08HP	—	5.5	200	是	惠州市亿能电子有限公司	—	65	混合动力城市客车			
			—	6.0	120	否	上海万象汽车制造有限公司	—	80	混合动力城市客车			
		SPIM14245190	—	25	360	否	中信国安盟固利动力科技有限公司	—	80	混合动力城市客车			
	锰酸锂蓄电池	SPIM14245190	—	36.288	355.968	是	中通客车控股股份有限公司	35	69	混合动力城市客车			
			不适用	28.6	600	否	惠州市亿能电子有限公司	不适用	80	混合动力城市客车			
			不适用	28.6	600	否	惠州市亿能电子有限公司	不适用	100（混合动力模式）	混合动力城市客车			
			不适用	28.6	600	否	惠州市亿能电子有限公司	不适用	64	混合动力城市客车			
			—	36.288	355.968	是	中通客车控股股份有限公司	35	—	混合动力城市客车			
		SPIM24HP	—	15.5	514	否	惠州亿能电子有限公司	—	60	混合动力城市客车			
上海恒动汽车电池有限公司	磷酸铁锂电池	ZTF40E	—	42.24	475.2	是	中通客车控股股份有限公司	—	80	混合动力城市客车	654	0	654
			—	42.24	475.2	是	中通客车控股股份有限公司	35	69	混合动力城市客车			
美国麦克斯威科技公司（选装锂电池：苏州海格新能源汽车电控系统有限公司）	超级电容（选装磷酸铁锂电池）	BCAP3000（选装锂电池：HGL－1）	165	0.5（选装锂电池：12.8）	158.4（选装锂电池：116）	否	苏州海格新能源汽车电控系统科技有限公司	—	69	混合动力城市客车	615	0	615

续表

储能装置单体生产企业	电动汽车储能装置种类	储能装置单体型号	超级电容器总成标称静电容量（F）	储能装置总储电量（kW·h）	储能装置总成质量（kg）	动力蓄电池箱是否具有快换装置	车载能源管理系统生产企业	电动汽车续驶里程（工况法，km）	电动汽车30分钟最高车速（km/h）	车辆名称	2013年（辆）	2014年1—3月（辆）	配套车型合计（辆）
郑州宇通客车股份有限公司/美国麦克斯威科技公司，郑州宇通客车股份有限公司/郑州宇通客车股份有限公司	锰酸锂电池/超级电容器，锰酸锂电池/超级电容器	SNP2211F10FHA/BCAP3000K2，SNP2211F10FHA/YTPC3000	13.75	13.8816	438.6	否	惠州市亿能电子有限公司 郑州精益达汽车零部件有限公司高新区分公司	31	—	混合动力城市客车	0	429	429
哈尔滨光宇电源股份有限公司；广东五州龙电源科技有限公司	磷酸铁钾	FP56137260A；HEV100Ah	—	33.6；33.6	660；640	无	哈尔滨光宇电源股份有限公司 广东五洲龙电源科技有限公司	—	65	混合动力城市客车	292	0	292
郑州宇通客车股份有限公司/美国麦克斯威科技公司，郑州宇通客车股份有限公司/美国麦克斯威科技公司	磷酸铁锂蓄电池/超级电容器，磷酸铁锂蓄电池/超级电容器	YT3280E 80Ah/YTPC3000，YT3280E 80Ah/BCAP3000 K2	13.75	12.9216	400	否	惠州市亿能电子有限公司 郑州精益达汽车零部件有限公司高新区分公司	31	—	混合动力城市客车	0	275	275
美国麦克斯威科技公司（超级电容）+厦门华锂能源有限公司（锂电池）	超级电容器+磷酸铁锂蓄电池	BCAP3000/BMOD0165（超级电容）+47115215-50Ah（锂电池）	41.25	38.4	735	无	深圳市清友能源技术有限公司	—	—	混合动力城市客车	225	0	225
郑州宇通客车股份有限公司/郑州宇通客车股份有限公司，郑州宇通客车股份有限公司/美国麦克斯威科技公司	磷酸铁锂蓄电池/超级电容器，磷酸铁锂蓄电池/超级电容器	YT26650E/YTPC3000，YT26650E/BCAP3000 K2系列	36.66，36.66	39.8304	850	否	惠州市亿能电子有限公司 郑州精益达汽车零部件有限公司高新区分公司	61	67	混合动力城市客车	164	0	164
			27.5，27.5	41.8	1192	否	惠州市亿能电子有限公司 郑州精益达汽车零部件有限公司高新区分公司	51	67	混合动力铰接城市客车			
合肥国轩高科动力能源有限公司	磷酸铁锂蓄电池	1865140	—	42.98	600	否	合肥国轩高科动力能源有限公司	48	69	混合动力城市客车	152	0	152
			—	160	2500	否	安徽力高新能源技术有限公司 惠州市亿能电子有限公司	170	69	混合动力城市客车			
			—	187.2	2000	否	合肥国轩高科动力能源有限公司	207	69	混合动力城市客车			

续表

储能装置单体生产企业	电动汽车储能装置种类	储能装置单体型号	超级电容器总成标称静电容量（F）	储能装置总储电量（kW·h）	储能装置总成质量（kg）	动力蓄电池箱是否具有快换装置	车载能源管理系统生产企业	电动汽车续驶里程（工况法，km）	电动汽车30分钟最高车速（km/h）	车辆名称	2013年（辆）	2014年1—3月（辆）	配套车型合计（辆）
深圳市沃特玛电池有限公司，美国麦克斯威科技公司	磷酸铁锂电池/超级电容	3.2V－100AH，BCAP3000	41.25F	电池：12.8，电容：0.55	电池：500，电容：250	否	深圳市沃特玛电池有限公司	—	—	混合动力城市客车	114	0	114
		3.2V－5AH，BCAP3000	41.25F	25.6	180	否	深圳市沃特玛电池有限公司	—	—	混合动力城市客车			
		32650－5AH和BCAP3000	41.25	—	116和158.4	否	苏州海格新能源汽车电控系统科技有限公司	—	69	混合动力城市客车			
Maxwell Technologies，Inc.，凯迈嘉华（洛阳）新能源有限公司	超级电容	BCAP3000，48V/165F（单体规格），2.8V/3000F	16.5，16.5	0.53，0.53	160，170	否	CPEV	—	65	混合动力城市客车	0	108	108
美国麦克斯威科技公司（选装锂电池：苏州海格新能源汽车电控系统有限公司或厦门华锂能源有限公司）	超级电容（选装磷酸铁锂电池）	BCAP3000（选装锂电池：HGL－1或47115215）	165	0.5（选装锂电池：12.8）	158.4（选装锂电池：116）	否	海格新能源汽车电控系统科技有限公司	—	69	混合动力城市客车	106	0	106
湖北京远新能源科技有限公司	磷酸铁锂蓄电池	JY－LiFe－3.2V160AHAI	—	96	1150	否	北京海博思创科技有限公司	90	75	混合动力城市客车	70	0	70
		JY－LiFe－3.2V100Ah－Al	—	57.6	750	无	惠州市亿能电子有限公司	33	69	混合动力城市客车			
广东五州龙电源科技有限公司	磷酸铁锂	HEV100Ah	—	34.6	690	无	广东五洲龙电源科技有限公司	—	48	混合动力城市客车	62	4	66
			—	33.6	640	无	广东五洲龙电源科技有限公司	—	60	混合动力城市客车			
			—	33.6	690	否	安徽力高新能源技术有限公司	—	60	混合动力城市客车			
		HEV100AH	—	34.6	690	否	西安冠通数源电子有限公司	—	≥70	混合动力城市客车			
	磷酸亚铁锂锂离子电池	HEV100AH	—	33.3	650	否	西安冠通数源电子有限公司	—	≥70	混合动力城市客车			
万向电动汽车有限公司，Maxwell-Technologies，Inc.，深圳市沃特玛电池有限公司	锂离子蓄电池，超级电容，锂离子蓄电池	WX12I3222，BCAP3000，32650－5AH	11	60.08，0.53，62.2	740，390，850	否	万向电动汽车有限公司，湖南南车时代电动汽车股份有限公司，深圳市沃特玛电池有限公司	—	65	混合动力城市客车	66	0	66

续表

储能装置单体生产企业	电动汽车储能装置种类	储能装置单体型号	超级电容器总成标称静电容量（F）	储能装置总储电量（kW·h）	储能装置总成质量（kg）	动力蓄电池箱是否具有快换装置	车载能源管理系统生产企业	电动汽车续驶里程（工况法，km）	电动汽车30分钟最高车速（km/h）	车辆名称	2013年（辆）	2014年1—3月（辆）	配套车型合计（辆）
美国麦克斯威科技公司，微宏动力系统（湖州）有限公司	超级电容 磷酸铁锂蓄电池	BCAP3000 K2系列/ BMOD0165 MPS0304P	—	34.5	700	否	微宏动力系统（湖州）有限公司	—	40	混合动力城市客车	61	0	61
		BCAP3000 K2系列/ BMOD0165 MPS0304P	—	0.866，10.24	227.2，250	否	微宏动力系统（湖州）有限公司	—	—	混合动力城市客车			
		BCAP3000，18650	—	0.866，10.24	227.2，250	否	微宏动力系统（湖州）有限公司	—	—	混合动力城市客车			
郑州宇通客车股份有限公司，郑州宇通客车股份有限公司	锰酸锂电池/超级电容器	NP2211F10FHA YTPC3000	13.75	13.8816	438.6	否	惠州市亿能电子有限公司	31	68	混合动力城市客车	54	0	54
		YT26650E YTPC3000	13.75	39.5136	655	否	惠州市亿能电子有限公司	61	65	混合动力城市客车			
美国麦克斯威科技公司	无机电解质碳电极对称型超级电容	BCAP3000	41.25	0.8448	224	—	中通客车控股股份有限公司	40	65	混合动力城市客车	2	52	54
	超级电容器	BCAP3000	20.625	0.35	108	无	—	—	>80	混合动力城市客车			
		BCAP3000 K2系列/ BMOD0165	41.25	0.866	227.2	否	天津市松正电动汽车技术股份有限公司	—	68	混合动力城市客车			
力神迈尔斯动力电池系统有限公司	磷酸铁锂电池	LP2770120AC	—	35.9	750	否	捷源绿能科技（上海）有限公司	—		混合动力城市客车	53	0	53
深圳市沃特玛电池有限公司	磷酸铁锂蓄电池	32650－5AH	—	20.74	240	否	深圳市沃特玛电池有限公司	—	80	混合动力城市客车	50	0	50
	磷酸铁锂	3.2V－100Ah	—	33.6	620	无	深圳市沃特玛电池有限公司	—	65	混合动力城市客车			
深圳市长河动力技术有限公司，深圳市沃特玛电池有限公司	磷酸铁锂蓄电池 磷酸铁锂蓄电池	PL20185270 32650－5AH	—	20.74，20.74	272，≤240	否	深圳科列技术有限公司 深圳市沃特玛电池有限公司	—	—	混合动力城市客车	49	0	49
美国麦克斯威科技公司，合肥国轩高科动力能源有限公司	超级电容＋磷酸铁锂电池	BCAP3000 K2系列/ BMOD0165＋1865140	20.8	0.433，201.75	114，1760	否	天津市松正电动汽车技术股份有限公司	135	69	插电式混合动力城市客车	0	44	44

续表

储能装置单体生产企业	电动汽车储能装置种类	储能装置单体型号	超级电容器总成标称静电容量（F）	储能装置总储电量（kW·h）	储能装置总成质量（kg）	动力蓄电池箱是否具有快换装置	车载能源管理系统生产企业	电动汽车续驶里程（工况法，km）	电动汽车30分钟最高车速（km/h）	车辆名称	2013年（辆）	2014年1—3月（辆）	配套车型合计（辆）
苏州新中能源科技有限公司	高功率锂离子电池	DPMP16N	—	5.53	150	无	苏州杰拓腾动力科技有限公司	—	—	混合动力城市客车	28	0	28
			—	5.53	150	无	苏州杰拓腾动力科技有限公司	—	—	混合动力城市客车			
合肥国轩高科动力能源有限公司/美国麦克斯威科技公司	磷酸铁锂电池/超级电容	1865140/BCAP3000 K2系列	41.25	12.5/0.742	2200/216	无	合肥国轩高科动力能源有限公司/福建福工混合动力技术开发有限公司	—	—	混合动力城市客车	20	0	20
中信国安盟固利动力科技有限公司，北汽福田汽车股份有限公司（北京福田爱易科新能源工程科技分公司）	锰基锂离子动力电池	SPIM16HP 02L09115145MP	—	5.54，5.52	235，215	否	中信国安盟固利动力科技有限公司，北汽福田汽车股份有限公司（北京福田爱易科新能源工程科技分公司）	—	—	混合动力城市客车	19	0	19
苏州海格新能源汽车电控系统科技有限公司，苏州海格新能源汽车电控系统科技有限公司	超级电容 磷酸铁锂电池	HC－HUC3000 锂电池：HGL－1	20	0.4，锂电池：20.5	108，锂电池：300	否	—	—	180	混合动力城市客车	0	14	14
			20	0.4，锂电池：20.5	108，锂电池：300	否	—	—	69	混合动力城市客车			
江苏春兰清洁能源研究院有限公司	金属氢化物镍动力蓄电池	QNFG40F	—	69	900	否	北京海博思创科技有限公司	50	80	混合动力城市客车	5	1	6
	金属氢化物镍蓄电池	QNFG40f	—	12.96	435	否	江苏春兰清洁能源研究院有限公司	—	—	混合动力城市客车			
厦门华锂能源有限公司	磷酸铁锂蓄电池	72142220－100Ah	—	34.56	500	无	深圳市清友能源技术有限公司	—	—	混合动力城市客车	5	0	5
深圳市沃特玛电池有限公司和美国麦克斯威科技公司	磷酸铁锂电池＋超级电容	32650－5AH和BCAP3000	41.25	—	116＋158.4	否	苏州海格新能源汽车电控系统科技有限公司	—	69	混合动力城市客车	0	4	4
赛恩斯能源科技有限公司	磷酸亚铁锂电池	3.2V100Ah	—	51	832	否	金龙联合汽车工业（苏州）有限公司	—	69	混合动力城市客车	4	0	4
			—	51.2	740	否	赛恩斯能源科技有限公司	—	63	混合动力城市客车			

续表

储能装置单体生产企业	电动汽车储能装置种类	储能装置单体型号	超级电容器总成标称静电容量（F）	储能装置总储电量（kW·h）	储能装置总成质量（kg）	动力蓄电池箱是否具有快换装置	车载能源管理系统生产企业	电动汽车续驶里程（工况法，km）	电动汽车30分钟最高车速（km/h）	车辆名称	2013年（辆）	2014年1—3月（辆）	配套车型合计（辆）
美国麦克斯威科技公司，美国麦克斯威科技公司	超级电容器 超级电容器	BCAP3000 K2 系列/BMOD0165 BCAP3000 K2 系列/BMOD0165	41.25 13.75	0.8448 0.6336	216 240	否	—	—	50	混合动力电动城市客车	0	3	3
哈尔滨光宇电源股份有限公司	磷酸铁锂蓄电池	FP36170324A - 100Ah	—	53.46	534	是	湖南南车时代电动汽车股份有限公司	—	180	混合动力客车	1	0	1
深圳市比克电池有限公司	三元锂离子电池	H18650CFL	—	32.5	500	否	捷星新能源科技（苏州）有限公司	—	50	混合动力城市客车	1	0	1
深圳拓邦股份有限公司	磷酸铁锂蓄电池	TB - 32180FH	—	103.68	1470	否	上海中科深江电动车辆有限公司	—	60	混联式混合动力城市客车	1	0	1
配套车型合计（辆）											4736	1528	6264

（2）乘用车

储能装置单体生产企业	电动汽车储能装置种类	储能装置单体型号	超级电容器总成标称静电容量（F）	储能装置总储电量（kW·h）	储能装置总成质量（kg）	动力蓄电池箱是否具有快换装置	车载能源管理系统生产企业	电动汽车续驶里程（工况法，km）	电动汽车30分钟最高车速（km/h）	车辆名称	2013年（辆）	2014年1—3月（辆）	配套车型合计（辆）
比亚迪股份有限公司	磷酸铁锂电池	FADM07318	—	10	150	—	深圳市比亚迪汽车有限公司/深圳市比亚迪汽车有限公司	50	150	混合动力轿车	568	1144	1712
		FADM07319	—	13	160	—	深圳市比亚迪汽车有限公司/深圳市比亚迪汽车有限公司	70	150	混合动力轿车			
			—	13	160	—	深圳市比亚迪汽车有限公司/深圳市比亚迪汽车有限公司	70	65	混合动力轿车			
	磷酸铁锂蓄电池	FADM07305	—	17	280	否	深圳市比亚迪汽车有限公司	60	170	混合动力轿车			
美国A123电池系统有限公司	磷酸铁锂电池	APP72161227	—	11.8	153	—	美国A123电池系统有限公司	58	—	插电式混合动力轿车	19	98	117
东莞新能源科技有限公司（ATL）	磷酸铁锂蓄电池	FC - F35 - R5D5 J0 - 01SP	—	11	200	否	东莞新能德科技有限公司（NVT）	—	170	混合动力轿车	81	0	81
天津力神电池股份有限公司	磷酸铁锂蓄电池	LP2714897	—	12	200	否	惠州市亿能电子有限公司	55	75	混合动力轿车	40	0	40
万向电动汽车有限公司	磷酸亚铁锂电池	WX14I3220	—	13	266.5	否	—	≥50	40	混合动力轿车	10	0	10
配套车型合计（辆）											718	1242	1960

3. 混合动力汽车

(1) 大中型客车、轻型客车

储能装置单体生产企业	电动汽车储能装置种类	储能装置单体型号	超级电容器总成标称静电容量（F）	储能装置总储电量（kW·h）	储能装置总成质量（kg）	动力蓄电池箱是否具有快换装置	车载能源管理系统生产企业	电动汽车续驶里程（工况法，km）	电动汽车30分钟最高车速（km/h）	车辆名称	2013年（辆）	2014年1—3月（辆）	配套车型合计（辆）
美国麦克斯威（Maxwell）科技公司，美国麦克斯威（Maxwell）科技公司	超级电容	BCAP3000	41.25	0.55	232	否	上海申龙客车有限公司	—	64	混合动力城市客车	3056	0	3056
		BCAP3000 K2 系列/BMOD0165	20.8	0.433	114	否	天津市松正电动汽车技术股份有限公司	—	75	混合动力城市客车			
	超级电容器	BCAP3000 K2	18.3	0.4743	121.5	否	—	—	69	混合动力电动城市客车			
		BCAP3000 K2 系列/BMOD0165	41.25	0.8448	216	否	—	—	70	混合动力电动城市客车			
		BCAP3000/BMOD0165	41.25	0.69	216	无	—	—	—	混合动力城市客车			
			41.25	0.84	227.2	—	深圳市沃特玛电池有限公司	—	135	混合动力城市客车			
	无机电解质碳电极对称型超级电容器	BCAP3000	41.25	0.8448	227.2	否	—	—	67	混合动力电动城市客车			
	无机电解质碳电极对称型超级电容器	BCAP3000 K2	41.25	0.8448	216	否	—	—	67	混合动力电动城市客车			
		BCAP3000 K2	41.25	0.8448	216	否	—	—	87	混合动力电动城市客车			
	有机电解质碳电极对称型超级电容器	BCAP3000 K2	41.25	0.87	216	否	厦门金龙旅行车有限公司	—	75	混合动力城市客车			
			41.25	0.87	216	否	厦门金龙旅行车有限公司	—	69	混合动力城市客车			
	超级电容器 超级电容器	BCAP3000 K2 系列/BMOD0165，BCAP3000 K2 系列/BMOD0165	41.25，13.75	0.8448 0.6336	216，240	否	—	—	50	混合动力电动城市客车			
			41.25，13.75	0.8448 0.6336	216，240	否	—	—	65	混合动力电动城市客车			
			41.25，13.75	0.8448 0.6336	216，240	否	—	—	68	混合动力电动城市客车			
美国麦克斯威（Maxwell）科技公司，LS Mtron Ltd.	有机电解质碳电极对称型超级电容器	BCAP3000 K2，LSU C002R8P 3000F EA	41.25，41.5	0.87，0.94	216，275	否	厦门金龙旅行车有限公司	—	69	混合动力城市客车	715	0	715
	超级电容 超级电容	BMOD0165 P048（单体型号），48V/165F（单体规格）2.8V/3000F	16.5，16.6	0.53，0.56	160，172	否	CPEV	—	64	混合动力城市客车			

续表

储能装置单体生产企业	电动汽车储能装置种类	储能装置单体型号	超级电容器总成标称静电容量（F）	储能装置总储电量（kW·h）	储能装置总成质量（kg）	动力蓄电池箱是否具有快换装置	车载能源管理系统生产企业	电动汽车续驶里程（工况法，km）	电动汽车30分钟最高车速（km/h）	车辆名称	2013年（辆）	2014年1—3月（辆）	配套车型合计（辆）
美国麦克斯威（Maxwell）科技公司，凯迈嘉华（洛阳）新能源有限公司	超级电容	BCAP3000，48V/165F（单体规格）2.8V/3000F	16.5，16.5	0.53，0.53	160，170	否	CPEV	—	64	混合动力城市客车	528	108	636
			16.5，16.5	0.53，0.53	160，170	否	CPEV	—	65	混合动力城市客车			
	超级电容 超级电容	BCAP3000，UCPY 3000F	11.9，11.9	0.53，0.51	340，340	否	CPEV	—	65，65，65	混合动力城市客车			
美国麦克斯威（Maxwell）科技公司；Inc.，凯迈嘉华（洛阳）新能源有限公司；LS Mtron Ltd.	超级电容 超级电容 超级电容	BCAP3000；UCPY 3000F，LSUM050R4 P0166FEA/LSUC002 R8P3000FEA	16.5，16.5，15	0.53，0.53，0.55	340，340，370	否	湖南南车时代电动汽车股份有限公司	—	65	混合动力城市客车	251	0	251
			16.5，16.5，15	0.53，0.53，0.55	340，340，370	否	湖南南车时代电动汽车股份有限公司	—	80	混合动力城市客车			
中信国安盟固利动力科技有限公司	锂离子电池	SPIM08HP	—	5.5	200	否	中信国安盟固利动力科技有限公司	—	75	混合动力城市客车	100	0	100
	锰酸锂蓄电池	ZTM16H	—	5.52	200	—	中通客车控股股份有限公司	—	75	混合动力城市客车			
美国麦克斯威（Maxwell）科技公司，深圳市今朝时代新能源技术有限公司	超级电容器	BCAP3000/BMOD0165，LSUC002R8P 3000FEA	41.25，41.5	0.69，0.7	216，275.2	无	—	—	69	混合动力城市客车	44	52	96
凯迈嘉华（洛阳）新能源有限公司	有机电解质碳电级对称型超级电容	CUCPY－2R7V3000F	41	0.85	320	无	—	—	≥70	混合动力城市客车	80	0	80
美国麦克斯威（Maxwell）科技公司，微宏动力系统（湖州）有限公司	超级电容 磷酸铁锂蓄电池	BCAP3000 K2系列/BMOD0165，MPS0304P	—	0.866，10.24	227.2，250	否	微宏动力系统（湖州）有限公司	—	100	混合动力城市客车	17	0	17
万向电动汽车有限公司	磷酸铁锂离子电池	WX12I3222	—	5.5	200	否	启特动力（上海）有限公司	—	—	混合动力城市客车	2	0	2
配套车型合计（辆）											4793	160	4953

（2）乘用车

储能装置单体生产企业	电动汽车储能装置种类	储能装置单体型号	超级电容器总成标称静电容量（F）	储能装置总储电量（kW·h）	储能装置总成质量（kg）	动力蓄电池箱是否具有快换装置	车载能源管理系统生产企业	电动汽车续驶里程（工况法，km）	电动汽车30分钟最高车速（km/h）	车辆名称	2013年（辆）	2014年1—3月（辆）	配套车型合计（辆）
PRIMEARTH EV ENERGY CO., LTD.	金属氢化物镍蓄电池	G9281－47050	—	1.59	49	否	TOYOTA MOTOR CORPRATION/ DENSO CORPRATION	—	80	混合动力轿车	5353	1458	6811
上海江森自控国际蓄电池有限公司	铅酸蓄电池	AGM 60Ah－H5	—	0.72	17.9	—	—	—	165	混合动力轿车	1095	133	1228
	阀控密封铅酸蓄电池	D34	—	0.66	19.5	否	博世汽车部件（苏州）有限公司	—	180	混合动力轿车			
日本 Panasonic EV Energy 株式会社	金属氢化物镍蓄电池	G9281－47050	—	1.31	41	否	日本丰田汽车公司/DENSO 株式会社	—	67	混合动力轿车	607	281	888
			—	1.31	41	否	日本丰田汽车公司/DENSO 株式会社	—	69	混合动力轿车			
			—	1.31	41	否	日本丰田汽车公司/DENSO 株式会社	—	177	混合动力轿车			
			—	1.31	41	否	日本丰田汽车公司/DENSO 株式会社	—	180	混合动力轿车			
风帆股份有限公司	免维护铅酸蓄电池	6－DW－75	—	0.9	20	是	东风电动车辆股份有限公司	—	65	混合动力轿车	300	0	300
重庆长安新能源汽车有限公司	金属氢化物镍蓄电池	ND06ACHN	—	0.884	35	无	重庆长安新能源汽车有限公司	—	60	混合动力轿车	234	13	247
			—	0.864	35	否	重庆长安新能源汽车有限公司	—	80	混合动力轿车			
Hitachi Vehicle Energy, Ltd.	锰酸锂电池	CPC0044	—	0.5	13.3	否	Hitachi Vehicle Energy, Ltd.	—	69	混合动力轿车	198	0	198
常州高博能源材料有限公司	磷酸铁锂蓄电池	AHR32113Ultra－B	—	0.5	16	否	Delphi Automotive Systems Singapore Pte Ltd/Delphi Automotive Systems Singapore Pte Ltd	—	60	混合动力轿车	142	5	147
配套车型合计（辆）											7929	1890	9819

（二）驱动电机配套数量统计

1．纯电动汽车

（1）大中型客车、轻型客车

电动汽车驱动电机生产企业	电动汽车驱动电机类型	电动汽车驱动电机型号	电动汽车驱动电机额定功率/转速/转矩（kW/r/min/N·m）	电动汽车驱动电机峰值功率/转速/转矩（kW/r/min/N·m）	电动汽车续驶里程（工况法，km）	电动汽车30分钟最高车速（km/h）	车辆名称	2013年（辆）	2014年1—3月（辆）	配套车型合计（辆）
深圳市比亚迪汽车有限公司	永磁同步电机	BYD－TYC90A	75/2500/280	90/2500/350	250	69	纯电动城市客车	397	357	754

续表

电动汽车驱动电机生产企业	电动汽车驱动电机类型	电动汽车驱动电机型号	电动汽车驱动电机额定功率/转速/转矩（kW/r/min/N·m）	电动汽车驱动电机峰值功率/转速/转矩（kW/r/min/N·m）	电动汽车续驶里程（工况法，km）	电动汽车30分钟最高车速（km/h）	车辆名称	2013年（辆）	2014年1—3月（辆）	配套车型合计（辆）
安徽安凯汽车股份有限公司	交流异步电机	420YSXS100	100/950/1005	250/950/3000	240	78	纯电动客车	244	21	265
		420YS－XS101	100/950/1005	250/3000/2800	190	68	纯电动城市客车			
			100/950/1005	250/3000/2800	180	68	纯电动城市客车			
		420YS－XS100	100/950/1005	250/950/3000	140（仅采用市区循环）	65	纯电动城市客车			
武汉理工通宇新源动力有限公司	三相异步	WTEMT100/4－08/4－0	80/1600/477	160/3200/954	—	69	纯电动城市客车	33	150	183
			80/1600/477	160/3200/954	—	78	纯电动城市客车			
			80/1600/477	160/3200/954	—	80	纯电动客车			
郑州宇通客车股份有限公司	车载永磁同步电机	YTM280－CV4－H	100/800/1200	200/3000/2400	245	67	纯电动城市客车	169	0	169
	三相交流感应电机	YTM280－CV3－H	100/982/972	180/2500/2000	91	65	纯电动城市客车			
北京中瑞蓝科电动汽车技术有限公司	交流异步电机	ZRS100－6/350	100/950/1005	200/3000/2360	240	68	纯电动城市客车	140	0	140
湖南南车时代电动汽车股份有限公司	交流	TYC－168－260－8－C	40/2500/220	90/4000/300	120	90	纯电动客车	112	20	132
	交流电机	JD147A	80/—/—	180/4500/1600	—	65	纯电动城市客车			
	异步牵引电机	JD185	100/1000/955	150/3000/2500	60	60	纯电动城市客车			
		JD185	100/1000/955	150/3000/2500	51	80	纯电动城市客车			
大洋电机新动力科技有限公司	交流永磁同步电动机	YTD115F01	115/2000/514	170/4500/850	130	90	纯电动城市客车	51	56	107
			115/2000/514	170/4500/850	130	69	纯电动城市客车			
	永磁同步电机	YTD100W04	100/1000/955	150/3000/2800	100	60	纯电动城市客车			
			100/1000/955	150/3000/2800	220	64	纯电动双层城市客车			
			100/1000/955	150/3000/2800	60	65	纯电动城市客车			
		YTD115F01	115/2000/550	170/4500/850	110	≥70	纯电动城市客车			

续表

电动汽车驱动电机生产企业	电动汽车驱动电机类型	电动汽车驱动电机型号	电动汽车驱动电机额定功率/转速/转矩（kW/r/min/N·m）	电动汽车驱动电机峰值功率/转速/转矩（kW/r/min/N·m）	电动汽车续驶里程（工况法，km）	电动汽车30分钟最高车速（km/h）	车辆名称	2013年（辆）	2014年1—3月（辆）	配套车型合计（辆）
东方电气集团东风电机有限公司，安徽安凯汽车股份有限公司	交流异步电机	QYS100－6/400 420YS－XS101	100/950/1005，100/950/1005	250/950/2400，250/3000/2800	140	75	纯电动城市客车	91	10	101
			100/950/1005，100/950/1005	250/950/2400，250/3000/2800	210	78	纯电动城市客车			
			100/950/1005，100/950/1005	250/950/2400，250/3000/2800	210	69	纯电动城市客车			
			100/950/1005，100/950/1005	250/950/2400，250/3000/2800	80	78	纯电动城市客车			
	交流异步电机 交流异步电机		100/950/1005，100/950/1005	250/950/2400，250/3000/2800	240	78	纯电动客车			
			100/950/1005，100/950/1005	250/950/2400，250/3000/2800	240	79	纯电动客车			
上海大郡动力控制技术有限公司	永磁磁阻电机	O110WA	45/3000/144	110/9000/350	—	65	纯电动城市客车	99	0	99
			45/3000/144	110/9000/350	100	60	纯电动轻型客车			
		0200WA	100/800/1250	200/3000/2500	—	80	纯电动城市客车			
			100/800/1250	200/3000/2500	—	65	纯电动城市客车			
	永磁同步电机	DJ－2103－1－T－100－630－035－W－A0	48 / 1500 /300	100/3500/630	—	75	纯电动客车			
大连电机集团有限公司	三相异步交流电机	MDPQ/S120－4－SJ	120/1480/774.3	210/5000/1568.4	—	69	纯电动城市客车	62	2	64
			120/1480/774.3	210/5000/1568.4	—	105，≥100	纯电动城市客车			
上海南洋电机有限公司	变频调速三相异步电动机	YTSP280L1－4Q	100/—/—	297/2231/2850	150	—	纯电动客车	64	0	64
	交流异步电机	YQSL250L1－4	90/993/866	250/2221/2420	150	70	纯电动城市客车			
	三相交流变频异步电动机	YQSL250L1－4	90/993/866	250/2221/2512	200	70	纯电动城市客车			
		YQSL250L1－4	90/993/866	250/2221/2512	200	75	纯电动城市客车			
	三相交流异步电机	YQSL250L1－4	90/993/866	250/2221/2420	—	75	纯电动城市客车			
珠海银通新动力科技有限公司	交流异步电动机	KAM280HF	90/1400/716	150/3300/2000	—	69	纯电动城市客车	22	15	37
	永磁同步电机	YTP－MP120－W	100/800/1194	200/3000/2200	—	69	纯电动城市客车			
襄樊特种电机有限公司	交流异步电机	YCVF250L－4C	100/1480/637	200/3000/1273	—	60	纯电动城市客车	31	0	31
	三相交流异步电机	YCVF280M2－6B	110/985/1050	200/3500/1910	150	67	纯电动城市客车			
唐山普林亿威科技有限公司，深圳市大地和电气有限公司	无刷直流永磁电机 无刷永磁电机	BS60－3000/320 GLMP65L1	60/3000/133，60/3000/191	120/4300/473，120/5100/565	—	69	纯电动城市客车	0	27	27

续表

电动汽车驱动电机生产企业	电动汽车驱动电机类型	电动汽车驱动电机型号	电动汽车驱动电机额定功率/转速/转矩（kW/r/min/N·m）	电动汽车驱动电机峰值功率/转速/转矩（kW/r/min/N·m）	电动汽车续驶里程（工况法，km）	电动汽车30分钟最高车速（km/h）	车辆名称	2013年（辆）	2014年1—3月（辆）	配套车型合计（辆）
西门子电气传动有限公司	交流感应电机	1PV5138	85/3650/220	150/3650/392	240	120	纯电动客车	24	0	24
		1PV5135-4WS24	61/3640/160	141/10000/370	—	65	纯电动城市客车			
	交流异步	1PV5135-4WS28	67/4000/160	180/10000/430	—	69	纯电动城市客车			
	异步电机	1PV5138	85/4000/220	150/10000/530	—	65	纯电动城市客车			
大连电机集团有限公司襄樊特种电机有限公司东方电气集团东风电机有限公司	三相异步交流电机	MDPQ/S120-4-SJ YCVF280M-4 QYS100-6/400	120/1480/774.3 110/1365/761.3 100/950/1105	210/5000/1568.4 220/4500/1580.4 250/2400/2400	—	70	纯电动城市客车	0	21	21
			120/1480/774.3 110/1365/761.3 100/950/1105	210/5000/1568.4 220/4500/1580.4 250/2400/2400	—	69	纯电动城市客车			
深圳中德世纪新能源有限公司	双速异步风冷电机	448YS-XFZD25H02	90KW/1400r/min/595N.m	150/3300/1500	220	78	纯电动城市客车	0	20	20
襄樊宇清电动车有限公司	交流异步电机	YCVF250L-4C	100/1480/637	200/3000/1244	—	69	纯电动城市客车	1	18	19
	三相异步	YCVF250L-4C	100/1480/637	200/3600/1273	—	90	纯电动城市客车			
东莞三新电动汽车技术有限公司	永磁同步电机	3i-PMSM-336-A	30/3000/95.5	50/5000/185	—	65	纯电动城市客车	6	7	13
			30/3000/95.5	50/5000/185	—	69	纯电动城市客车			
安徽安凯汽车股份有限公司，安徽安凯汽车股份有限公司	交流异步电机 交流异步电机	420YS-XS100 420YS-XS101	100/950/1005，100/950/1005	250/2400/2400，250/3000/2800	240	78	纯电动客车	10	3	13
			100/950/1005，100/950/1005	250/2400/2400，250/3000/2800	240	65	纯电动客车			
上海电机厂	直流牵引电动机	ZQ-60	60/1340/427	101/2500/974	—	60	纯电动城市客车	10	0	10
万向电动汽车有限公司	三相交流感应电机	YCVF250L-4	100/1480/637	200/3600/1244	—	65	纯电动城市客车	10	0	10
万向电动汽车有限公司，深圳市大地和电气有限公司，启特动力（上海）有限公司，湖南南车时代电动汽车股份有限公司	三相交流感应电机	YCVF250L-4，GLMP280L0，KSS-STW-120kW-PSM，JD188	100/1480/637，120/1000/1200 120/2550/450，100/1000/955	200/3600/1244，180/2800/2800 170/6000/608，200/3000/2500	—	65	纯电动城市客车	10	0	10
广东大洋电机股份有限公司	永磁同步	YTD115F01	115/—/—	—	—	—	纯电动城市客车	6	0	6
哈尔滨电机厂（昆明）有限责任公司	异步电机	YQD280-6-75-90	90/750/1146	185/3000/2500	—	60	纯电动城市客车	2	2	4
			90/750/1146	185/3000/2500	—	69	纯电动城市客车			

续表

电动汽车驱动电机生产企业	电动汽车驱动电机类型	电动汽车驱动电机型号	电动汽车驱动电机额定功率/转速/转矩（kW/r/min/N·m）	电动汽车驱动电机峰值功率/转速/转矩（kW/r/min/N·m）	电动汽车续驶里程（工况法，km）	电动汽车30分钟最高车速（km/h）	车辆名称	2013年（辆）	2014年1—3月（辆）	配套车型合计（辆）
唐山普林亿威科技有限公司	永磁无刷直流电机	BS4－120－3000/320	120/3000/382	180/3750/306	—	75	纯电动城市客车	3	0	3
		BS120－3000/520	120/3000/382	180/3750/764	11	—	纯电动城市客车			
采埃孚传动技术（苏州）有限公司	异步感应电机	AS1619C	60/4200/136	120/3000/382	140（仅采用市区循环）	73	纯电动城市客车	2	1	3
			60/4200/136	120/3000/382	140（仅采用市区循环）	76.5	纯电动城市客车			
	交流异步电机	AS1619C	60/3000/220	120/11000/465	100	—	纯电动城市客车			
北汽福田汽车股份有限公司	永磁同步电机	FTTB056	56/810/655	100/2500/2050	80	50	纯电动城市客车	2	0	2
大连天元电机股份有限公司	三相异步电机	YPQ220M－6	90/734/1170	136/3200/1800	—	78	纯电动城市客车	2	0	2
上海南洋电机有限公司 深圳市大地和电气有限公司	交流异步电机 永磁同步电机	YQSL160L－4 GLMP120L0	80/2650/289 80/1910/400	211/4850/772 150/4000/1200	140	65	纯电动客车	2	0	2
深圳市大地和电气有限公司	永磁同步电机	GLMP280L0	120/1200/955	200/3300/3000	—	65	纯电动城市客车	1	0	1
厦门金龙联合汽车工业有限公司	永磁同步电机	KLBEVTM200	100/800/1250	200/3000/2500	250	69	纯电动客车	0	1	1
武汉英康汇通电气有限公司	三相交流变频异步电机	YKHTTM001	96/800/1146	165/3000/1973	—	69	纯电动城市客车	0	1	1
江苏微特利电机制造有限公司	交流异步电机	WTGSDJ30B－4－HC	30/2300/124	65/6900/270	80	75	纯电动轻型客车	1	0	1
精进电动科技（北京）有限公司	永磁同步电机	TM5002	100/2300/400	150/6000/600	—	68	纯电动客车	0	1	1
苏州海格新能源汽车电控系统科技有限公司	交流异步	HC－HDM4000	100/950/1005	250/2400/2400	—	64	纯电动客车	0	1	1
配套车型合计（辆）								1607	734	2341

（2）专用车（运输车、邮政车、服务车、垃圾车、自卸车、扫路车、洒水车、售货车、载货车、工程车等）

电动汽车驱动电机生产企业	电动汽车驱动电机类型	电动汽车驱动电机型号	电动汽车驱动电机额定功率/转速/转矩（kW/r/min/N·m）	电动汽车驱动电机峰值功率/转速/转矩（kW/r/min/N·m）	电动汽车续驶里程（工况法，km）	电动汽车30分钟最高车速（km/h）	车辆名称	2013年（辆）	2014年1—3月（辆）	配套车型合计（辆）
纽贝耳汽车（杭州）有限公司	永磁直流无刷电机	ZYBLDC7210C	8/3500/22	17.5/3500/47.8	90	72	纯电动载货车	551	2	553
			8/3500/22	17.5/3500/47.8	100	88	纯电动载货车			
			8/3500/22	17.5/3500/47.8	100	100	纯电动载货车			
北汽福田汽车股份有限公司	永磁同步电机	FTTB035	35/3000/110	70/8000/210	75	60	纯电动自卸式垃圾车	422	22	444
			35/3000/110	70/8000/210	75	68	纯电动桶装垃圾运输车			
			35/3000/110	70/8000/210	75	70	纯电动桶装垃圾运输车			
			35/3000/110	70/8000/210	75	>85	纯电动桶装垃圾运输车			
永康市斯科若电器有限公司	异步交流感应	SCRMP07U1	7.5/2250/32	15/2400/100	75（仅采用市区循环）	69	纯电动厢式运输车	121	105	226
深圳市大地和电气有限公司	交流感应电机	GLMI10A2	10/3000/32	20/8000/130	80	80	纯电动车厢可卸式垃圾车	201	3	204
		GLMI10A1	7.5/2250	15/8000/100	80	69	纯电动厢式运输车			
	永磁同步电动机	GLMP10L0	20/3180/60	35/9000/130	80	60	纯电动自卸式垃圾车			
		GLMP10L0	20/3180/60	35/9000/130	80	40	纯电动自装卸式垃圾车			
	永磁同步电机	GLMP15L0	20/2500/64	40/6800/150	80	80	纯电动车厢可卸式垃圾车			
		GLMP25L1	40/3000/127	80/6000/250	120	95	纯电动扫路车			
湖南南车时代电动汽车股份有限公司	交流	TYC－168－260－8－C	40/2250/170	90/6000/220	180	100	依维柯纯电动服务车	169	0	169
		TQD101	45	65/3500/167	70	69	纯电动厢式运输车			
	交流异步	JD156	100 /1178/810	150/3000/2500	80	73	纯电动厢式运输车			
		JD156	100 /1178/810	150/3000/2500	80	75	纯电动洒水车			
		JD156	100 /1178/810	150/3000/2500	80	100	纯电动洒水车			
	永磁同步	TQD101D	45/2150/200	90/6000/450	80	75	纯电动垃圾车			
		JD163	35/3038/110	75/12000/220	80	170	纯电动垃圾车			
	永磁同步电机	JD163	35/3038/110	75/12000/220	130	80	纯电动工程车			
		JD163	35/3038/110	75/12000/220	130	60	纯电动工程车			
襄阳宇清传动科技有限公司	变频调速电动机	YCVF160S－4	22/3263/64	44/6500/128	80	100	纯电动自装卸式垃圾车	132	0	132

续表

电动汽车驱动电机生产企业	电动汽车驱动电机类型	电动汽车驱动电机型号	电动汽车驱动电机额定功率/转速/转矩（kW/r/min/N·m）	电动汽车驱动电机峰值功率/转速/转矩（kW/r/min/N·m）	电动汽车续驶里程（工况法，km）	电动汽车30分钟最高车速（km/h）	车辆名称	2013年（辆）	2014年1—3月（辆）	配套车型合计（辆）
深圳市大康电气有限公司	异步交流感应	GLMI10A1	7.5/2250/32	15/2400/100	75（仅采用市区循环）	60	纯电动厢式运输车	97	0	97
	交流异步电机	GLMI10A1	7.5/2250/32	15/2400/100	160（仅采用市区循环），140（仅采用市区循环）	80	纯电动厢式运输车			
中山大洋电机股份有限公司	三相永磁同步电机	BOMM130/170－I	130/2100/590	170/4500/774	150	80	纯电动洒水车	87	0	87
			60/3500/164	110/5500/300	130	65	纯电动自装卸式垃圾车			
			60/3500/164	110/5500/300	130	90	纯电动压缩式垃圾车			
			60/3500/164	110/5500/300	130	100	纯电动压缩式垃圾车			
			60/3500/164	110/5500/300	130	114	纯电动吸尘车			
			60/3500/164	110/5500/300	130	205	纯电动自装卸式垃圾车			
大洋电机新动力科技有限公司	永磁同步电机	YTD020W01	20/3000/64	45/9000/144	80	50	纯电动厢式运输车	26	36	62
			20/3000/64	45/9000/144	80	≥100	纯电动邮政车			
		YTD030W01	30/3000/100	60/8000/200	130	95	纯电动工程车			
北京中华汽车制造有限公司	直流串励电机	ZHXQ－8.5－1	8.5/2800/35.5	29/3500/130	120	60	纯电动厢式运输车	56	0	56
浙江正宇机电有限公司	永磁直流无刷电机	ZYBLDC7210C	8/3500/22	17.5/3500/47.8	100	75	纯电动载货汽车	45	0	45
			8/3500/22	17.5/3500/47.8	100	60	纯电动载货汽车			
江苏奥新新能源汽车有限公司	三相交流异步电机	JY10－4/100	10/2950/33	20/5000/116.3	—	60	纯电动车厢可卸式垃圾车	33	0	33
		JY10－4/100	10/2950/33	20/5000/116.3	—	80	纯电动车厢可卸式垃圾车			
		JY10－4/100	10/2950/33	20/5000/116.3	—	60	纯电动厢式运输车			
		JY10－4/100	10/2950/33	20/5000/116.3	—	82	纯电动厢式运输车			
常州市华盛电机厂	三相交流感应电机	XYQ－7.5－1AH	7.5/1550/46	26/4800/160	—	48	纯电动服务车	29	2	31
			7.5/1550/46	26/4800/160	—	65	纯电动厢式运输车			
			7.5/1550/46	26/4800/160	—	69	纯电动厢式运输车			
			7.5/1550/46	26/4800/160	—	70	纯电动邮政车			

续表

电动汽车驱动电机生产企业	电动汽车驱动电机类型	电动汽车驱动电机型号	电动汽车驱动电机额定功率/转速/转矩（kW/r/min/N·m）	电动汽车驱动电机峰值功率/转速/转矩（kW/r/min/N·m）	电动汽车续驶里程（工况法，km）	电动汽车30分钟最高车速（km/h）	车辆名称	2013年（辆）	2014年1—3月（辆）	配套车型合计（辆）
上海电驱动有限公司	交流永磁同步电机	190ZWS011	8/2400/32	20/3800/82	≥60	≥70	纯电动厢式运输车	22	0	22
			8/2400/32	20/3800/82	≥60	≥80	纯电动厢式运输车			
			8/2400/32	20/3800/82	≥60	88	纯电动厢式运输车			
			8/2400/32	20/3800/82	183.8	80	纯电动厢式运输车			
	永磁同步电机	190ZWS011	8//2400/32	20/3800/82	100	50	纯电动自装卸式垃圾车			
东方电气集团东风电机有限公司	交流异步电机	QYF10－4/70	10/3000/31.5	30/6000/94.5	—	60	纯电动仓栅式运输车	10	0	10
南昌福瑞德科技有限公司	交流异步电机	FRDY103012A0	10/3000/32	20/5600/100	—	70	纯电动车厢可卸式垃圾车	10	0	10
淄博休普电机电器有限公司	直流串励电机	ZC6.3－72	6.3//2800/22.5	25/3000/100	≥60	≥75	纯电动仓栅式运输车	7	0	7
			6.3//2800/22.5	25/3000/100	≥60	≥70	纯电动售货车			
常州华盛电机有限公司	三相交流异步电机	XYQ－7.5－1HV	7.5/2500/48	15/5900/140	—	170	纯电动厢式货车	6	0	6
			7.5/2500/48	15/5900/140	—	60	纯电动自卸车			
襄樊特种电机有限公司	交流电机	IPF152/40/256	32/2100/304	64/4500/305	150	65	纯电动工程车	6	0	6
上海中科深江电动车辆有限公司	三相交流永磁同步电机	SJ2103P50－B	50/2000/238	80/5000/382	60	50	纯电动清洗车	4	0	4
天津清源电动车辆有限责任公司	三相异步电动机	YCS90－4	30/3600/79.6	90/9400/238.8	120	60	纯电动厢式运输车	0	2	2
安徽巨一自动化装备有限公司	永磁同步电机	JEEMC01003B	18/3000/58	42/6000/175	95	85	纯电动载货汽车	2	0	2
			18/3000/58	42/6000/175	95	85	纯电动双排载货汽车			
配套车型合计（辆）								2036	172	2208

（3）乘用车

电动汽车驱动电机生产企业	电动汽车驱动电机类型	电动汽车驱动电机型号	电动汽车驱动电机额定功率/转速/转矩（kW/r/min/N.m）	电动汽车驱动电机峰值功率/转速/转矩（kW/r/min/N.m）	电动汽车续驶里程（工况法，km）	电动汽车30分钟最高车速（km/h）	车辆名称	2013年（辆）	2014年1—3月（辆）	配套车型合计（辆）
上海电驱动股份有限公司	永磁同步	2103AAD 2103AAK	6/1600/36（2103AAD） 6/3000/19（2103AAK）	12/1600/72	≥80	80	纯电动轿车	5735	2235	7970
	永磁同步电机	2103AAC	29/3000/92	40/2600/145	120	100	纯电动轿车			

续表

电动汽车驱动电机生产企业	电动汽车驱动电机类型	电动汽车驱动电机型号	电动汽车驱动电机额定功率/转速/转矩（kW/r/min/N. m）	电动汽车驱动电机峰值功率/转速/转矩（kW/r/min/N. m）	电动汽车续驶里程（工况法，km）	电动汽车30分钟最高车速（km/h）	车辆名称	2013年（辆）	2014年1—3月（辆）	配套车型合计（辆）
永康市斯科若电器有限公司	交流异步电机	SCRMP10U1	10/3000/32	20/6500/103	100	50	纯电动轿车	3471	1143	4614
		SCRMP10U1	10/3000/32	20/6500/103	100	80	纯电动轿车			
		SCRMP10U1	10/3000/32	20/6500/103	150	80	纯电动轿车			
		SCRMP10U1	10/3000/32	20/6500/103	150，100	80	纯电动轿车			
		SCRMP10U1	10/3000/32	20/6500/103	120	80	纯电动多用途乘用车			
		SCRMP10U1	10/3000/32	20/6500/103	120	65	纯电动多用途乘用车			
安徽巨一自动化装备有限公司	永磁同步电机	JEEMC01002B	13/3000/41.4	42/6000/165	152	95	纯电动轿车	1184	98	1282
			13/3000/41.4	42/6000/165	152	65	纯电动轿车			
		JEEMC01003B	18/3000/58	42/6000/175	95	85	纯电动多用途乘用车			
深圳市比亚迪汽车有限公司	永磁同步电机	BYD－TYC120A	75/2550/280	120/2550/450	322	140	纯电动轿车	1113	102	1215
大洋电机新动力科技有限公司，北京大郡晟誉驱动系统技术有限公司	永磁同步电机	YTD020W01 050WA	20/3000/64	45/9000/144	160，160	110，110	纯电动轿车	942	0	942
			20/3000/64	45/9000/144	160，160	75	纯电动轿车			
华域汽车电动系统有限公司	永磁同步电机	230TY28K	28/3000/90	52kw/3200rpm/155Nm	140	65	纯电动轿车	484	63	547
NISSAN	永磁同步电机	EM57	70/6380/105	80/（3008～10000） 254/（0～3008）	180	69	纯电动轿车	214	84	298
大洋电机新动力科技有限公司，大洋电机新动力科技有限公司，大洋电机新动力科技有限公司，北京大郡晟誉驱动系统技术有限公司，大洋电机新动力科技有限公司	永磁同步电机	YTD020W01 YTD020W01 YTD020W01 050WA YTD020W01	20/3000/64	45/9000/144			纯电动轿车	281	0	281
大洋电机新动力科技有限公司	永磁同步电机	YTD020W01 YTD030W09	20/3000/64 30/3000/96	45/9000/144 60/9000/192	≥80 ≥120	114	纯电动轿车	249	7	256
		YTD045W01	45/3500/123	85/9000/280	120（NEDC综合工况）	90	纯电动轿车			

续表

电动汽车驱动电机生产企业	电动汽车驱动电机类型	电动汽车驱动电机型号	电动汽车驱动电机额定功率/转速/转矩（kW/r/min/N. m）	电动汽车驱动电机峰值功率/转速/转矩（kW/r/min/N. m）	电动汽车续驶里程（工况法，km）	电动汽车30分钟最高车速（km/h）	车辆名称	2013年（辆）	2014年1—3月（辆）	配套车型合计（辆）
杭州杰能动力有限公司	交流异步电机	JNMP30L0	30/3500/82	75/9000/240	80	114	纯电动轿车	104	148	252
	永磁无刷直流电机	LJRBLDC7612C	15/3000/47.75	28/6200/142	100	90	纯电动多用途乘用车			
上海电驱动有限公司 奇瑞汽车股份有限公司	永磁同步电机	2103AAC（上海） 2103AAG（奇瑞）	29/3000/92	40/2600/145	80	82	纯电动轿车	87	97	184
大洋电机新动力科技有限公司，大洋电机新动力科技有限公司	永磁同步电机	YTD020W01	20/3000/64 20/3000/64	40/9000/144 45/9000/144	70，80	90	纯电动客车	170	0	170
		YTD020W01	20/3000/64 20/3000/64	40/9000/144 45/9000/144	70，80	75	纯电动客车			
新大洋机电集团有限公司	直流无刷电机	BLDC9kW－5000－72	9/4200/20.4	18/2500/82	85	69	纯电动轿车	0	170	170
北京亿马先锋汽车科技有限公司	交流感应电机	150 MOTOR	40/6000/64	150/11000/220	130	80	纯电动多用途乘用车	100	0	100
江苏微特利电机制造有限公司	交流感应电机	WTGSDJ－20A－XN	20/3400/56	65/8950/185	>80	69	纯电动轿车	7	69	76
	水冷变频感应电机	WTGSDJ－30A	30/3600/80	90/6000/240.8	—	69（混合动力模式）	纯电动轿车			
			30/3600/80	90/6000/240.8	—	120	纯电动轿车			
	永磁无刷直流电机	WTGSDJ－11A－WS（ZH）	11/3000/35	28/5900/180	112	69	纯电动轿车			
上海电驱动有限公司	永磁同步电机	264TYZ－XS09AJ	30/3200/90	65/10000/180	80	80	纯电动轿车	73	0	73
General Motor	永磁同步电机	213TZ－XY46F	30/500/582	85/1260/1616	130	130	纯电动轿车	60	3	63
BMW AC	永磁同步电机	IB1P25B	75/4800/150	125/4800/250	150	65	纯电动轿车	11	44	55
北京汽车新能源汽车有限公司	永磁同步	TE40S01	40/3000/127	80/9000/255	170	65	纯电动轿车	33	17	50
	永磁同步电机	TZ20S02	20/3000/64	45/9000/144	150	105	纯电动轿车			
大洋电机新动力科技有限公司/北京大郡晟誉驱动系统技术有限公司	永磁同步	YTD040W04－A O80WA	40/3000/127	80/9000/255	120	80	纯电动轿车	44	0	44
东方电气集团东风电机有限公司	交流异步电动机	QYS20－4/180	20/3600/53	60/9000/159	120	86	纯电动轿车	33	0	33
纽贝耳汽车（杭州）有限公司	永磁无刷直流电机	BLT11/27－3000/312	11/3000/35	27/6000/220	—	110	纯电动轻型客车	15	12	27

续表

电动汽车驱动电机生产企业	电动汽车驱动电机类型	电动汽车驱动电机型号	电动汽车驱动电机额定功率/转速/转矩（kW/r/min/N. m）	电动汽车驱动电机峰值功率/转速/转矩（kW/r/min/N. m）	电动汽车续驶里程（工况法，km）	电动汽车30分钟最高车速（km/h）	车辆名称	2013年（辆）	2014年1—3月（辆）	配套车型合计（辆）
上海中科深江电动车辆有限公司	交流永磁同步电动机	SJ2103P20 - C	20/—/—	40/7000/150	—	—	纯电动轿车	22	0	22
		SJ2103P030 - L1	30/2700/107	60/7000/213	130	120	纯电动轿车			
深圳市大地和电气有限公司	永磁同步电机	GLMP25L2	30/3400/82	60/9000/250	120，200	60	纯电动乘用车	18	3	21
现代 MOBIS 汽车株式会社	三相异步电机	36500 - 0E010	22/2210/95	50/9500/167	—	67	纯电动轿车	10	0	10
东风汽车公司	永磁直流无刷电机	A170010J - H0100 A170010J - H0101	10.5/2850/45	23.8/4800/80	100	80	纯电动轿车	8	0	8
富奥汽车零部件股份有限公司	交流异步电动机	FQY - 320 - 220SFA	35/6000/90	70/7100/200	110	67	纯电动轿车	7	0	7
万向电动汽车有限公司	车用永磁同步电机	WXMP20L0	20/3500/55	40/7200/200	—	90	纯电动轿车	2	0	2
UQM 技术有限公司	永磁交流电机	20080 - 011	60/3000/191	100/8000/300	160	78	纯电动轿车	1	0	1
配套车型合计（辆）								14478	4295	18773

2. 插电式混合动力汽车

（1）大中型客车、轻型客车

电动汽车驱动电机生产企业	电动汽车驱动电机类型	电动汽车驱动电机型号	电动汽车驱动电机额定功率/转速/转矩（kW/r/min/N·m）	电动汽车驱动电机峰值功率/转速/转矩（kW/r/min/N·m）	电动汽车续驶里程（工况法，km）	电动汽车30分钟最高车速（km/h）	车辆名称	2013年（辆）	2014年1—3月（辆）	配套车型合计（辆）
郑州宇通客车股份有限公司	永磁同步电机	YTM280 - CV4 - L	110/700/1500	147/3000/2006	31	—	混合动力城市客车	995	1002	1997
			110/700/1500	147/3000/2006	31	67	混合动力城市客车			
			110/700/1500	147/3000/2006	31	68	混合动力城市客车			
			110/700/1500	147/3000/2006	31	69	混合动力城市客车			
			110/700/1500	147/3000/2006	34	67	混合动力电动城市客车			
			110/700/1500	147/3000/2006	61	65	混合动力城市客车			
		YTM280 - CV5 - L	155/700/2100	205/3000/2800	61	67	混合动力城市客车			
			155/700/2100	205/3000/2800	51	67	混合动力铰接城市客车			
	三相交流异步电机	YTM280 - CV2	95/800/1100	180/3000/2100	—	50	混合动力电动城市客车			

续表

电动汽车驱动电机生产企业	电动汽车驱动电机类型	电动汽车驱动电机型号	电动汽车驱动电机额定功率/转速/转矩（kW/r/min/N·m）	电动汽车驱动电机峰值功率/转速/转矩（kW/r/min/N·m）	电动汽车续驶里程（工况法，km）	电动汽车30分钟最高车速（km/h）	车辆名称	2013年（辆）	2014年1—3月（辆）	配套车型合计（辆）
福建尤迪电机制造有限公司	交流异步电机	YHD280M－90	90/800/780	155/3000/1950	—	—	混合动力城市客车	855	4	859
	三相异步电动机	YHD280M－90	90/1480/1000	158/3000/2000	—	—	混合动力城市客车			
		YHD280M－96	96/800/1890	165/3000/1890	—	—	混合动力城市客车			
			96/800/1146	165/3000/1973	—	—	混合动力城市客车			
	三相异步电机	HC－HDM109010	90/800/780	155/3000/1950	—	69	混合动力城市客车			
			96/800/1146	165/3000/1972	—	69	混合动力城市客车			
			96/800/1146	165/3000/1972	—	65	混合动力城市客车			
南京绿控传动科技有限公司，上海电驱动有限公司	永磁同步电机	368TYZ－XIS03H 368TYZ－XIS03H	94/1800/500，94/1800/500	121/2800/750，120/2800/700	—	60	混合动力城市客车	547	150	697
			94/1800/500，94/1800/500	121/2800/750，120/2800/700	—	69	混合动力城市客车			
			94/1800/500，94/1800/500	121/2800/750，120/2800/700	—	75	混合动力城市客车			
中通客车控股股份有限公司	三相交流感应电机	ZTM100－2400	100/1200/800	200/3500/2400	—	80	混合动力城市客车	654	0	654
			100/1200/800	200/3500/2400	35	69	混合动力城市客车			
上海电驱动有限公司	永磁同步电机	359TYZ－XS02B	84/2000/300	147/7500/700	不适用	80	混合动力城市客车	352	0	352
			84/2000/300	147/7500/700	不适用	100（混合动力模式）	混合动力城市客车			
			84/2000/300	147/7500/700	不适用	64	混合动力城市客车			
			84/2000/400	147/2000－7500/700		50	混合动力城市客车			
		368TYZ－XIS03H	94/1800/500	120/2800/700	35	69	混合动力城市客车			
			94/1800/500	120/2800/700	35	—	混合动力城市客车			
大连天元电机股份有限公司	三相异步电机	YPQ220M－6	90/734/1170	153/3200/1800	—	48	混合动力城市客车	295	4	299
			90/734/1170	153/3200/1800	—	60	混合动力城市客车			
			90/734/1170	153/3200/1800	—	65	混合动力城市客车			
福建省福工动力股份有限公司	交流异步电机	FGHEV3E120－96	96/800/1146	165/3000/1973	—	—	混合动力城市客车	286	0	286
	交流异步电机	FGHEV3E120－96	96/800/1146	165/8000/1973	—	—	混合动力城市客车			
	三相交流异步电机	FGHEV3E120－96	96/800/1146	165/3000/1973	—	40	混合动力城市客车			

续表

电动汽车驱动电机生产企业	电动汽车驱动电机类型	电动汽车驱动电机型号	电动汽车驱动电机额定功率/转速/转矩（kW/r/min/N·m）	电动汽车驱动电机峰值功率/转速/转矩（kW/r/min/N·m）	电动汽车续驶里程（工况法，km）	电动汽车30分钟最高车速（km/h）	车辆名称	2013年（辆）	2014年1—3月（辆）	配套车型合计（辆）
湖南南车时代电动汽车股份有限公司	异步牵引电动机	JD156	100/1178/810	150/573－2000/2500	—	65	混合动力城市客车	67	108	175
	永磁同步电动机	JD178	60/320/1800	130/1100/3300	—	180	混合动力客车			
	永磁同步电机	TQD101	45/2700/159	60/5000/250	—	65	混合动力城市客车			
广西三立科技发展有限公司	永磁同步电机	SL－DM－120	92/1450/606	120/2800/791	—	80	混合动力城市客车	161	0	161
		SL－DM－100	50/1450/340	100/2800/680	—	—	混合动力城市客车			
西门子电气传动有限公司	交流感应电机	1PV5138	85/3680/220	150/10000/400	48	69	混合动力城市客车	152	0	152
	交流异步	1PV5138	85/3680/220	150/10000/400	48	69	混合动力城市客车			
		1PV5138	85/3680/220	150/10000/400	207	69	混合动力城市客车			
	交流异步电机	1PV5138	85/3680/220	150/10000/530	—	60	混合动力城市客车			
上海电驱动股份有限公司	永磁同步电机	368TYZ－XIS15N	40/1600/240	65/2500/500	—	80	混合动力城市客车	20	101	121
			40/1600/240	65/2500/500	27	69	混合动力城市客车			
			40/1600/240	65/2500/500	33	—	混合动力城市客车			
			40/1600/240	65/2500/500	35	69	混合动力城市客车			
		368TZ－XIS15N	40/1600/240	65/2500/500	—	68	混合动力城市客车			
美国伊顿公司 上海电驱动有限公司	永磁同步电机	A－7811 368TYZ－XIS03B	26/1000/252 30/1200/239	44/2600/420 50/3000/400	—	80	混合动力城市客车	112	0	112
襄阳宇清传动科技有限公司	交流异步电动机	YCVF280M－8C	110/1335/778	220/2700/1556	90	75	混合动力城市客车	70	0	70
	三相交流变频异步电机	YCVF280M－8C	110/1335/778	220/2700/1556	33	69	混合动力城市客车			
北京锋锐新源电驱动科技有限公司	永磁同步电机	368TYZ－XIS15N	40/1600/240	65/2500/500	20	69	插电式混合动力城市客车	19	46	65
			40/1600/240	65/2500/500	20	70	插电式混合动力城市客车			
		368TYZ－XIS03R	94/1800/500	120/2800/750	—	—	混合动力城市客车			
大连天元电机有限公司	三相感应交流电机	YPQ220M－6	90/734/1200	153/3200/1800	—	≥70	混合动力城市客车	60	0	60
厦门金龙联合汽车工业有限公司	交流异步电机	KLHEVTM100	100/800/1200	165/3000/1950	—	>80	混合动力城市客车	0	52	52
上海大郡动力控制技术有限公司	永磁同步电动机	DJ－2103－065－A0	42/1250/320	65/3000/500	—	65	混合动力城市客车	47	0	47
安徽安凯汽车股份有限公司	三相交流异步电机	520YS－HS100	100/800/1193	140/2600/2400	135	69	插电式混合动力城市客车	0	44	44

续表

电动汽车驱动电机生产企业	电动汽车驱动电机类型	电动汽车驱动电机型号	电动汽车驱动电机额定功率/转速/转矩（kW/r/min/N·m）	电动汽车驱动电机峰值功率/转速/转矩（kW/r/min/N·m）	电动汽车续驶里程（工况法，km）	电动汽车30分钟最高车速（km/h）	车辆名称	2013年（辆）	2014年1—3月（辆）	配套车型合计（辆）
南京绿控传动科技有限公司	永磁同步电机	368TYZ-XIS02B	94/1800/500	121/2800/750	—	—	混合动力城市客车	28	0	28
苏州海格新能源汽车电控系统科技有限公司	永磁同步电机	HC-HDM3000	100/1600/600	130/3000/850	—	180	混合动力城市客车	0	14	14
			100/1600/600	130/3000/850	—	69	混合动力城市客车			
采埃孚传动技术（苏州）有限公司	永磁同步电机	HY60	48/2258/203	50/2700/460	—	60	混合动力城市客车	8	0	8
赛恩斯能源科技有限公司	交流异步电动机	YPQ280M 6M	90/622/1380	165/2500/2532	—	69	混合动力城市客车	3	0	3
	交流异步电机	YPQ280M-6M	90/622/1380	165/2500/2532	—	63	混合动力城市客车			
天津市松正电动汽车股份有限公司	交流异步电机	MIM090-384S	100/800/1194	140/2600/1800	40	65	混合动力城市客车	2	0	2
上海电驱动股份有限公司 广西三立科技股份有限公司	永磁同步电机	368TYZ-XIS15N SL-DM-100	40/1600/240 50/1450/340	65/2500/500 100/2800/680	—	80	混合动力城市客车	0	2	2
上海中科深江电动车辆有限公司	永磁同步电机	SJ2103P100-L0	88/2000/420	167/2000~4500/800	—	60	混联式混合动力城市客车	1	0	1
东方电气集团东风电机有限公司，安徽安凯汽车股份有限公司，安徽安凯汽车股份有限公司	交流异步电机	QYS100-6/400 420YS-XS100 420YS-XS101	100/950/1005 100/950/1005 100/950/1005	250/950/2400 250/3000/2400 250/3000/2800	170	69	混合动力城市客车	1	0	1
北京中纺锐力机电有限公司	开关磁阻电机	KCTC-180-2000	35/2000/286	60/4500/286	50	80	混合动力城市客车	0	1	1
哈尔滨电机厂（昆明）有限责任公司	交流异步电动机	YQD280-6-75-90	90/750/1146	185/3000/2500	—	69	混合动力城市客车	1	0	1
配套车型合计（辆）								4736	1528	6264

（2）乘用车

电动汽车驱动电机生产企业	电动汽车驱动电机类型	电动汽车驱动电机型号	电动汽车驱动电机额定功率/转速/转矩（kW/r/min/N·m）	电动汽车驱动电机峰值功率/转速/转矩（kW/r/min/N·m）	电动汽车续驶里程（工况法，km）	电动汽车30分钟最高车速（km/h）	车辆名称	2013年（辆）	2014年1—3月（辆）	配套车型合计（辆）
深圳市比亚迪汽车有限公司	永磁同步电机	BYD－TYC110A	40/8127/47	110/10000/200	50	150	混合动力轿车	568	1144	1712
			40/8127/47	110/10000/200	70	65	混合动力轿车			
			40/8127/47	110/10000/200	70	150	混合动力轿车			
		F3DMB－2103	37/1400/250	50/6000/350	60	170	混合动力轿车			
联合电子汽车有限公司	永磁同步电机	IMG－290.1－2	26/3000/83	44/7000/317	58	—	插电式混合动力轿车	19	98	117
上海电驱动有限公司	永磁同步电机	200TYZ－XS05D	20/1460/130	40/7600/260	—	170	混合动力轿车	81	0	81
中达光电工业（吴江）有限公司	永磁同步电机	ECMV－BR306AMJ	30/3000/96	58/9200/185	55	75	混合动力轿车	40	0	40
上海大郡动力控制技术有限公司 上海电驱动有限公司	永磁同步电动机	1510010BAC0100	45/4300/100	94/4000/225	≥50	40	混合动力轿车	10	0	10
配套车型合计（辆）								718	1242	1960

3. 混合动力汽车

（1）大中型客车、轻型客车

电动汽车驱动电机生产企业	电动汽车驱动电机类型	电动汽车驱动电机型号	电动汽车驱动电机额定功率/转速/转矩（kW/r/min/N·m）	电动汽车驱动电机峰值功率/转速/转矩（kW/r/min/N·m）	电动汽车续驶里程（工况法，km）	电动汽车30分钟最高车速（km/h）	车辆名称	2013年（辆）	2014年1—3月（辆）	配套车型合计（辆）
郑州宇通客车股份有限公司	三相交流异步电机	YTM280－CV2	95/800/1100	180/3000/2100	—	50	混合动力电动城市客车	2473	0	2473
			95/800/1100	180/3000/2100	—	64	混合动力电动城市客车			
			95/800/1100	180/3000/2100	—	65	混合动力电动城市客车			
			95/800/1100	180/3000/2100	—	67	混合动力电动城市客车			
			95/800/1100	180/3000/2100	—	68	混合动力电动城市客车			
			95/800/1100	180/3000/2100	—	70	混合动力电动城市客车			
			95/800/1100	180/3000/2100	—	87	混合动力电动城市客车			
	永磁同步电机	YTM280－CV4－L	110/700/1500	147/3000/2006	—	65	混合动力电动城市客车			
			110/700/1500	147/3000/2006	—	69	混合动力电动城市客车			

续表

电动汽车驱动电机生产企业	电动汽车驱动电机类型	电动汽车驱动电机型号	电动汽车驱动电机额定功率/转速/转矩（kW/r/min/N·m）	电动汽车驱动电机峰值功率/转速/转矩（kW/r/min/N·m）	电动汽车续驶里程（工况法，km）	电动汽车30分钟最高车速（km/h）	车辆名称	2013年（辆）	2014年1—3月（辆）	配套车型合计（辆）
湖南南车时代电动汽车股份有限公司	三相电机	JD180	100/868/1100	135/2500/2000	—	65，65，65	混合动力城市客车	856	108	964
	永磁电机	TQD101	45/2700/159	60/5000/250	—	64	混合动力城市客车			
	异步牵引电动机	JD160	110/1167/900	150/3000/2500	—	65	混合动力城市客车			
		JD160	110/1167/900	150/3000/2500	—	80	混合动力城市客车			
	永磁同步电机	TQD101	45/2700/159	60/5000/2501	—	64	混合动力城市客车			
		TQD101	45/2700/159	60/5000/250	—	65	混合动力城市客车			
厦门金龙旅行车有限公司	交流异步电机	GHS280M－4	90/800/1050	155/3000/1950	—	69	混合动力城市客车	706	0	706
		GHS280M－4A	100/1200/796	180/3000/2140	—	69	混合动力城市客车			
			100/1200/796	180/3000/2140	—	75	混合动力城市客车			
厦门金龙联合汽车工业有限公司	交流异步电机	KLHEVTM100	100/800/1200	165/3000/1950	—	—	混合动力城市客车	332	52	384
天津市松正电动汽车技术股份有限公司	交流异步	MIM090－384S	100/800/1194	140/2600/1800	—	75	混合动力城市客车	149	0	149
上海电驱动有限公司	交流异步电机	270TYZ－XS02R	42/4000/100	90/11500/210	—	75	混合动力城市客车	80	0	80
武汉英康汇通电气有限公司	三相交流变频异步电机	YKHTTM001	96/800/1146	165/3000/1973	—	≥70	混合动力城市客车	80	0	80
福建尤迪电机制造有限公司	三相异步	GL－QD1090－10	90/800/780	155/3000/1950	—	64	混合动力城市客车	78	0	78
		GL－QD1090－10	90/800/780	155/3000/1950	—	60	混合动力城市客车			
	交流异步电机	YHD280M－4－90	90/800/780	155/3000/1950	—	135	混合动力城市客车			
上海安乃达驱动技术有限公司，上海大郡动力控制技术有限公司	永磁同步电动机 永磁同步电动机	270ZWS001 DJ－2103－065－A0	42/4000/100 42/1250/320	90/11500/210 65/3000/500	—	75	混合动力城市客车	20	0	20
福建省福工动力股份有限公司	交流异步电机	FGHEV3E120－96	96/800/1146	165/3000/1973	—	100	混合动力城市客车	17	0	17
启特动力（上海）有限公司	异步电动机	YCVF280M－8G	67/784/804	130/784/1608	—	—	混合动力城市客车	2	0	2
配套车型合计（辆）								4793	160	4953

（2）乘用车

电动汽车驱动电机生产企业	电动汽车驱动电机类型	电动汽车驱动电机型号	电动汽车驱动电机额定功率/转速/转矩（kW/r/min/N·m）	电动汽车驱动电机峰值功率/转速/转矩（kW/r/min/N·m）	电动汽车续驶里程（工况法，km）	电动汽车30分钟最高车速（km/h）	车辆名称	2013年（辆）	2014年1—3月（辆）	配套车型合计（辆）
TOYOTA MOTOR CORPORATION	永磁同步电机	2JM	22/5100/41.2	44/4500/93	—	80	混合动力轿车	5353	1458	6811
博世汽车部件（长沙）有限公司	永磁起动机	S74 - L	1.7/1500/11.2	2.1/1580/13.2	—	—	混合动力轿车	1095	133	1228
	永磁式起动机	0 399 703 024	1.1/—/—	1.7/4472/17.7	—	—	混合动力轿车			
日本丰田汽车公司	永磁同步电机	3JM	16/3940/38.8	60/13500/207	—	67	混合动力轿车	607	281	888
			16/3940/38.8	60/13500/207	—	69	混合动力轿车			
			16/3940/38.8	60/13500/207	—	177	混合动力轿车			
			16/3940/38.8	60/13500/207	—	180	混合动力轿车			
大陆汽车系统（天津）有限公司	交流异步电机	HVMHIM	8/3000/25.5	20/3500/60	—	60	混合动力轿车	340	5	345
	三相异步电机	MGU	10.2/4000/24.4	15.3/3000/48.7	—	69	混合动力轿车			
雷米电机（中国）有限公司	混合励磁同步电机	BAS - 44M - 02	1.1/500/21	1.1/500/21	—	75	混合动力轿车	300	0	300
			1.1/500/21	1.1/500/21	—	65	混合动力轿车			
重庆长安新能源汽车有限公司	永磁同步内转子电机	SL000AQL	13/—/—	19.5/6000/110	—	60	混合动力轿车	234	13	247
	永磁同步	DJ00YAQL	13.5/3000/42	20.5/6000/105	—	80	混合动力轿车			
配套车型合计（辆）								7929	1890	9819

（三）混合动力汽车发动机配套数量统计

1. 插电式混合动力汽车

（1）大中型客车、轻型客车

发动机生产企业	发动机型号	油耗（L/100km）	排量（mL）	功率（kW）	排放标准	外形尺寸（mm）			轴距（mm）	总质量（kg）	整备质量（kg）	配套车型名称	2013年（辆）	2014年1—3月（辆）	配套车型合计（辆）
						长	宽	高							
广西玉柴机器股份有限公司	YC4D140 - 41	20	4200	103	GB17691 - 2005 国Ⅳ，GB3847 - 2005	12000	2550	3250	6100	18000	12800	混合动力城市客车	2854	742	3596
	YC4D140N - 40	—	4214	103	GB17691 - 2005 国Ⅳ GB11340 - 2005，GB18285 - 2005	12000	2550	3250	6100	18000	13500	混合动力城市客车			

续表

发动机生产企业	发动机型号	油耗（L/100km）	排量（mL）	功率（kW）	排放标准	外形尺寸（mm） 长	宽	高	轴距（mm）	总质量（kg）	整备质量（kg）	配套车型名称	2013年（辆）	2014年1—3月（辆）	配套车型合计（辆）
同上	YC4D140N－50	—	4214	103	GB17691－2005国Ⅳ GB11340－2005，GB18285－2005	11350	2500	3250	5700	17000	11300	混合动力城市客车			
	YC4FA130－40	—			GB17691－2005国Ⅳ，GB3847－2005	12000	2550	3250	6000	18000	12930	混合动力城市客车			
	YC4G180－40	—	5200	132	GB17691－2005国Ⅳ，GB3847－2005	11490	2500	3365	5980	17500	12000	混联式混合动力城市客车			
	YC6G230N－50	—	7800	170	GB17691－2005国Ⅴ GB11340－2005，GB18285－2005	11500	2550	3050	5800	18000	12000	混合动力城市客车			
		—	7800	170	GB17691－2005国Ⅴ GB11340－2005，GB18285－2005	11500	2550	3360	5800	18000	12950	混合动力城市客车			
		—	7800	170	GB17691－2005国Ⅴ GB11340－2005，GB18285－2005	12000	2550	3360	6100	18000	12900	混合动力城市客车			
	YC6J180－30	—	6500	132	GB17691－2005国Ⅲ，GB3847－2005	10500	2500	3210	5000	16500	10780	混合动力城市客车			
		—	6500	132	GB17691－2005国Ⅲ，GB3847－2005	11980	2532	3300	5800	18000	12550	混合动力城市客车			
	YC6J180－42	18	6500	132	GB17691－2005国Ⅳ，GB3847－2005	10490	2482	3410	5000	16500	11750	混合动力城市客车			
		23	6500	132	GB17691－2005国Ⅳ，GB3847－2005	11980	2532	3300	5800	18000	12980	混合动力城市客车			
	YC6J190N－40	—	6454	140	GB11340－2005，GB18285－2005 GB17691－2005国Ⅳ	11370	2500	3500	5600	18000	12600	混合动力城市客车			
		—	6494	140	GB17691－2005国Ⅳ GB11340－2005，GB18285－2005	11650	2480	3050	5700	17500	12200	混合动力城市客车			
		—	6494	140	GB17691－2005国Ⅳ GB11340－2005，GB18285－2005	10490	2480	3380	5000	17000	13000	混合动力城市客车			
	YC6J190N－52	—	6494	140	GB17691－2005国Ⅴ GB11340－2005，GB18285－2005	10490	2480	3140	5000	16500	12200	混合动力城市客车			
		—	6494	140	GB17691－2005国Ⅴ GB11340－2005，GB18285－2005	11980	2540	3140	6000	18000	12500	混合动力城市客车			
	YC6J200－42	—	6500	147	GB17691－2005国Ⅳ GB3847－2005	11990	2500	3300	6250	18000	12600	混合动力城市客车			
		18	6500	147	GB17691－2005国Ⅳ，GB3847－2005	10490	2500	3150	5100	16000	10500	混合动力城市客车			
		18.8	6500	147	GB17691－2005国Ⅳ，GB3847－2005	10500	2500	3360	5200	16500	11300	混合动力城市客车			
		19.8	6500	147	GB17691－2005国Ⅳ，GB3847－2005	10500	2500	3200	5000	15500	10350	插电式混合动力城市客车			

续表

发动机生产企业	发动机型号	油耗（L/100km）	排量（mL）	功率（kW）	排放标准	外形尺寸（mm）			轴距（mm）	总质量（kg）	整备质量（kg）	配套车型名称	2013年（辆）	2014年1—3月（辆）	配套车型合计（辆）
						长	宽	高							
同上	YC6J200－42	24	6494	147	GB17691－2005国Ⅳ，GB3847－2005	10490	2480	3165	5000	16500	11800	混合动力城市客车			
		25	6500	147	GB3847－2005，GB17691－2005国Ⅳ	10480	2500	3190	5100	15500	11200	混合动力城市客车			
		25	6500	147	GB3847－2005，GB17691－2005国Ⅳ	10480	2500	3170	5100	15500	10800	混合动力城市客车			
		25.0	6500	147	GB17691－2005国Ⅳ，GB3847－2005	12000	2550	3165	5980	18000	11550	混合动力城市客车			
		26	6500	147	GB3847－2005，GB17691－2005国Ⅳ	11980	2550	3190	6000	18000	12600	混合动力城市客车			
		26.5	6500	147	GB17691－2005国Ⅳ，GB3847－2005	11990	2500	3300	6250	18000	12600	混合动力城市客车			
		32.0	6500	147	GB17691－2005国Ⅳ，GB3847－2005	12000	2550	3165	5980	18000	11550	混合动力城市客车			
		34	6500	147	GB17691－2005国Ⅳ，GB3847－2005	11280	2495	3320	5600	16500	11500	混合动力城市客车			
	YC6J210N－40	—	6454	155	GB11340－2005，GB18285－2005 GB17691－2005国Ⅳ	10500	2500	3360	5200	16500	11300	混合动力城市客车			
		—	6454	155	GB11340－2005，GB18285－2005 GB17691－2005国Ⅳ	11406	2550	3257	5700	18000	12500	混合动力城市客车			
		—	6454	155	GB11340－2005，GB18285－2005 GB17691－2005国Ⅳ	11980	2550	3350	5900	17900	12600	混合动力城市客车			
		—	6454	155	GB11340－2005，GB18285－2005 GB17691－2005国Ⅳ	11980	2550	3190	6000	18000	12600	混合动力城市客车			
		—	6454	155	GB11340－2005，GB18285－2005 GB17691－2005国Ⅳ	12000	2540	3500	6300	18000	12000	混合动力城市客车			
		—	6500	155	GB11340－2005，GB18285－2005 GB17691－2005国Ⅳ	12000	2550	3150	6100	18000	12400	混合动力城市客车			
		—	6500	155	GB11340－2005，GB18285－2005 GB17691－2005国Ⅳ	12000	2550	3485	6100	18000	12400	混合动力城市客车			
	YC6J210N－50	—	6494	155	GB17691－2005国Ⅴ，GB11340－2005 GB18285－2005	11980	2550	3200	5900	17950	12250	插电式混合动力城市客车			
	YC6J210N－52	—	6494	155	GB17691－2005国Ⅴ，GB11340－2005 GB18285－2005	10490	2480	3150	5100	16500	11800	混合动力城市客车			
		—	6494	155	GB17691－2005国Ⅴ，GB11340－2005 GB18285－2005	10500	2500	3360	5200	16500	11900	混合动力城市客车			
		—	6494	155	GB11340－2005，GB18285－2005 GB17691－2005国Ⅴ	12000	2550	3150	6100	18000	12400	混合动力城市客车			

续表

发动机生产企业	发动机型号	油耗（L/100km）	排量（mL）	功率（kW）	排放标准	外形尺寸（mm） 长	宽	高	轴距（mm）	总质量（kg）	整备质量（kg）	配套车型名称	2013年（辆）	2014年1—3月（辆）	配套车型合计（辆）
同上	YC6J220-42	20	6500	162	GB17691-2005国Ⅳ，GB3847-2005	12000	2550	3200	6100	18000	13800	插电式混合动力城市客车			
		20.9	6500	162	GB17691-2005国Ⅳ，GB3847-2005	12000	2550	3150	6100	18000	12600	混合动力城市客车			
		21.2	6500	162	GB17691-2005国Ⅳ，GB3847-2005	10500	2500	3200	5200	16500	11300	混合动力电动城市客车			
		28	6500	162	GB17691-2005国Ⅳ，GB3847-2005	12000	2550	3150	6100	18000	12400	混合动力城市客车			
		28	6500	162	GB17691-2005国Ⅳ，GB3847-2005	12000	2550	3150	6000	18000	12400	混合动力城市客车			
	YC6L280N-52	—	8424	206	GB17691-2005国Ⅴ，GB11340-2005 GB18285-2005	13700	2550	3200	6100+1470	23600	16000	混合动力城市客车			
	YC6MK340N-50	—	10338	250	GB17691-2005国Ⅴ，GB11340-2005 GB18285 2005	18000	2550	3200	3725+6150	28000	19300	混合动力铰接城市客车			
潍柴动力西港（潍坊）新能源发动机有限公司；广西玉柴机器股份有限公司	WP7NG210E50 YC6J210N-52	—	7140 6494	155 155	GB17691-2005国Ⅳ，GB11340-2005 GB18285-2005	10500	2500	3260	5000	16500	11200	混合动力城市客车	941	0	941
		—	7140 6494	155 155	GB17691-2005国Ⅳ，GB11340-2005 GB18285-2005	10500	2500	3380	5000	16500	11200	混合动力城市客车			
		—	7140 6494	155 155	GB17691-2005国Ⅳ，GB11340-2005 GB18285-2005	11990	2540	3380	6000	18000	11700	混合动力城市客车			
		—	7140 6494	155 155	GB17691-2005国Ⅳ，GB11340-2005 GB18285-2005	11990	2540	3380	6000	18000	12200	混合动力城市客车			
		—	7140 6494	155 155	GB17691-2005国Ⅳ，GB11340-2005 GB18285-2005	11990	2540	3260	6000	18000	12200	混合动力城市客车			
		—	7140 6494	155 155	GB11340-2005，GB18285-2005 GB17691-2005国Ⅳ	11980	2550	3070	6000	18000	12600	混合动力城市客车			
广西玉柴机器股份有限公司；潍柴动力西港（潍坊）新能源发动机有限公司	YC6G230N-50 WP7NG240E50	—	7800 7140	170 177	GB17691-2005国Ⅴ，GB11340-2005 GB18285-2005	12000	2550	3360	6100	18000	12900	混合动力城市客车	83	372	455
	YC6J210N-40 WP7NG210E40	—	6454 7140	155 155	GB17691-2005国Ⅳ，GB18285-2005 GB11340-2005	12000	2550	3090	5900	18000	12500	混合动力城市客车			
	YC6J210N-52 WP6NG210E50	—	6494 6750	155 155	GB17691-2005国Ⅴ，GB11340-2005 GB18285-2005	10500	2500	3260	5000	16500	11000	混合动力城市客车			

续表

发动机生产企业	发动机型号	油耗（L/100km）	排量（mL）	功率（kW）	排放标准	外形尺寸（mm） 长	宽	高	轴距（mm）	总质量（kg）	整备质量（kg）	配套车型名称	2013年（辆）	2014年1—3月（辆）	配套车型合计（辆）
广西玉柴机器股份有限公司；广西玉柴机器股份有限公司；潍柴动力西港（潍坊）新能源发动机有限公司	YC6G230N－50 YC6J210N－52 WP7NG240E50	—	7800 6494 7140	170 155 177	GB17691－2005 国Ⅴ GB11340－2005 GB18285－2005	10500	2500	3200	5200	16500	11500	混合动力城市客车	0	295	295
		—	7800 6494 7140	170 155 177	GB17691－2005 国Ⅴ GB11340－2005 GB18285－2005	10500	2500	3050	5200	16500	11100	混合动力城市客车			
东风康明斯发动机有限公司；广西玉柴机器股份有限公司	ISDe198 41 YC6J200－42	—	6700 6494	146 147	GB17691－2005 国Ⅳ GB3847－2005	11490	2500	3140	5600	18000	13000	混合动力城市客车	292	0	292
广西玉柴机器股份有限公司；广西玉柴机器股份有限公司；潍柴动力西港（潍坊）新能源发动机有限公司；广西玉柴机器股份有限公司	YC6J190N－40 YC6J210N－40 WP7NG210E40 YC6J190N－52	—	6500 6494 7140 6494	140 155 155 140	GB11340－2005 GB18285－2005 GB17691－2005 国Ⅳ	10490	2480	3200	5100	16400	11400	混合动力城市客车	274	0	274
广西玉柴机器股份有限公司；上海柴油机股份有限公司；上海柴油机股份有限公司；潍坊潍柴道依茨柴油机有限公司	YC6J220－42 SC8DK215Q4 SC7H215Q4 WP6.220E40	—	6500 8270 6440 6750	162 158 158 162	GB17691－2005 国Ⅳ GB3847－2005	10490	2490	3180	5000	15500	11130	混合动力城市客车	0	108	108
昆明雷默动力系统有限公司	D19TCID1	20.5	1800	100	GB17691－2005（国Ⅳ） GB3847－2005	11980	2540	3300	5900	18000	13050	混合动力城市客车	68	0	68
		—	1850	100	GB17691－2005 国Ⅳ阶段 GB3847－2005	9190	2500	3270	4300	13500	10300	混合动力城市客车			
		—	1850	100	GB17691－2005 国Ⅳ阶段 GB3847－2005	12000	2550	3250	6000	18000	12930	混合动力城市客车			
潍柴动力股份有限公司；广西玉柴机器股份有限公司	WP7.210E40 YC6J200－42	19.84 20.50	7140 6500	155 147	GB17691－2005 国Ⅳ GB3847－2005	11990	2540	3210	6000	18000	11600	混合动力城市客车	55	1	56
广西玉柴机器股份有限公司；潍柴动力股份有限公司	YC6J200－42 WP7.210E40	23	6454 7140	147 155	GB17691－2005 国Ⅳ GB3847－2005	10490	2500	3240	5000	15500	10800	混合动力城市客车	51	0	51
		—	6494 7140	147 155	GB17691－2005 国Ⅳ GB3847－2005	12000	2550	3210	5900	18000	12500	混合动力城市客车			

续表

发动机生产企业	发动机型号	油耗（L/100km）	排量（mL）	功率（kW）	排放标准	外形尺寸（mm）长	宽	高	轴距（mm）	总质量（kg）	整备质量（kg）	配套车型名称	2013年（辆）	2014年1—3月（辆）	配套车型合计（辆）
东风南充汽车有限公司	NQ200N4	—	5638	147	GB11340－2005 GB18285－2005 GB17691－2005 国Ⅳ	12000	2480	3320	6300	18000	12750	混合动力城市客车	50	0	50
潍柴动力西港（潍坊）新能源发动机有限公司	WP7NG210E50	—	7140	155	GB17691－2005 国Ⅳ GB11340－2005，GB18285－2005	11500	2550	3200	5800	16700	11700	混合动力城市客车	40	0	40
广西玉柴机器股份有限公司；康明斯公司	YC6J200－42 ISBe4＋205B	26.5	6500 6700	147 151	GB17691－2005 国Ⅳ GB3847－2005	11980	2550	3150	5900	17950	11600	混合动力城市客车	19	0	19
潍柴动力股份有限公司；广西玉柴机器股份有限公司；广西玉柴机器股份有限公司	WP7.210E40 YC6J180－42 YC6J200－42	27.5 25.8 26.5	7140 6500 6500	155 132 147	GB17691－2005 国Ⅳ GB3847－2005	10600	2500	3260	5000	18000	11700	混合动力城市客车	1	3	4
		23.5 24.2 23.9	7140 6440 6500	155 132 147	GB17691－2005 国Ⅳ GB3847－2005	10690	2490	3200	5200	16700	11700	混合动力城市客车			
		26.8 27.5 26.3	7140 6440 6500	155 132 147	GB17691－2005 国Ⅳ GB3847－2005	12000	2490	3200	6100	17800	12600	混合动力城市客车			
广西玉柴机器股份有限公司；广西玉柴机器股份有限公司	YC6J210N－50 YC6J210N－52	—	6494；6494	155；155	GB11340－2005，GB18285－2005 GB17691－2005 国Ⅴ	10490	2480	3200	5100	16400	11400	混合动力城市客车	0	4	4
康明斯公司；康明斯公司；广西玉柴机器股份有限公司；广西玉柴机器股份有限公司	ISBE4＋205B ISBE4＋225B YC6J220－42 YC6J200－42	—	6700 6700 6500 6500	151 165 162 147	GB17691－2005 国Ⅳ GB3847－2005	11980	2550	3150	5900	17950	11600	混合动力城市客车	3	0	3
广西玉柴机器股份有限公司；上海柴油机股份有限公司	YC6J200－42 SC7H200Q4	21.8 21.9	6500 6440	147 147	GB17691－2005 国Ⅳ GB3847－2005	10500	2500	3200	5000	16500	10300	混合动力城市客车	0	2	2
安徽江淮汽车股份有限公司；北京福田康明斯发动机有限公司	HFC4DA1－2C ISF2.8s4129V	32	2771 2780	88 96	GB17691－2005 国Ⅳ GB3847－2005	12000	2550	3150	6100	18000	13800	混合动力城市客车	1	0	1

续表

发动机生产企业	发动机型号	油耗（L/100km）	排量（mL）	功率（kW）	排放标准	外形尺寸（mm）长	外形尺寸（mm）宽	外形尺寸（mm）高	轴距（mm）	总质量（kg）	整备质量（kg）	配套车型名称	2013年（辆）	2014年1—3月（辆）	配套车型合计（辆）
北京福田康明斯发动机有限公司	ISF3. 8s4168	—	3760	125	GB17691 - 2005 国Ⅳ GB3847 - 2005	11980	2550	3150	5900	17950	12500	混合动力城市客车	1	0	1
道依茨一汽（大连）柴油机有限公司	TCD2013L4 - 18E4	21	4764	139	GB17691 - 2005（国Ⅳ阶段） GB3847 - 2005	11995	2550	3495	6100	18000	12476	混合动力城市客车	1	0	1
东风康明斯发动机有限公司	ISDe160 41	29	4500	118	GB3847 - 2005 GB17691 - 2005 国Ⅳ	11880	2540	3300	6100	17500	12280	混合动力城市客车	0	1	1
广西玉柴机器股份有限公司；东风康明斯发动机有限公司	YC6J200 - 42 ISDe198 41	—	6494 6700	147 146	GB17691 - 2005 国Ⅳ GB3847 - 2005	11490	2500	3140	5600	18000	13000	混合动力城市客车	1	0	1
江铃汽车股份有限公司	JX493ZLQ4	10. 5	2771	80	GB17691 - 2005（国Ⅳ） GB3847 - 2005	7005	2050	2710	3935	6400	5545	混合动力客车	1	0	1
配套车型合计（辆）													4736	1528	6264

（2）乘用车

发动机生产企业	发动机型号	油耗（L/100km）	排量（mL）	功率（kW）	排放标准	外形尺寸（mm）长	外形尺寸（mm）宽	外形尺寸（mm）高	轴距（mm）	总质量（kg）	整备质量（kg）	配套车型名称	2013年（辆）	2014年1—3月（辆）	配套车型合计（辆）
比亚迪汽车有限公司	BYD371QA	2. 67	998	50	GB18352. 3 - 2005 国Ⅳ	4533	1705	1520	2600	2055	1680	混合动力轿车	568	1144	1712
	BYD476ZQA	2. 0	1497	113	GB18352. 3 - 2005 国Ⅳ	4740	1770	1480	2670	2045	1670	混合动力轿车			
		1. 6	1497	113	GB18352. 3 - 2005 国Ⅳ	4740	1770	1480	2670	2095	1720	混合动力轿车			
上海汽车集团股份有限公司	15S4U	2. 3	1498	80	GB18352. 3 - 2005 国Ⅳ	4648	1827	1479	2705	2074	1699	混合动力轿车	19	98	117
天津一汽夏利汽车股份有限公司内燃机制造分公司	CA4GA5H	3. 2	1497	73	GB18352. 3 - 2005 国Ⅳ	4600	1785	1435	2675	2009	1634	混合动力轿车	81	0	81
安徽江淮汽车股份有限公司	HFC3GB4. C1	2. 8	999	37	GB18352. 3 - 2005 国Ⅳ	4590	1765	1465	2710	1900	1600	混合动力轿车	40	0	40
柳州五菱柳机动力有限公司	LJ465QR1NE2	油耗 2. 5 电耗 16 （kWh/100km）	998	42	GB18352. 3 - 2005（国Ⅳ阶段）	4800	1819	1484	2710	2110	1735	混合动力轿车	10	0	10
配套车型合计（辆）													718	1242	1960

2. 混合动力汽车

（1）大中型客车、轻型客车

发动机生产企业	发动机型号	油耗（L/100km）	排量（mL）	功率（kW）	排放标准	外形尺寸（mm）长	宽	高	轴距（mm）	总质量（kg）	整备质量（kg）	配套车型名称	2013年（辆）	2014年1—3月（辆）	配套车型合计（辆）
广西玉柴机器股份有限公司	YC6G230N-40	—	7800	170	GB17691-2005国Ⅳ GB11340-2005，GB18285-2005	11500	2550	3200	5800	18000	12000	混合动力电动城市客车	2499	52	2551
	YC6J200-42	—	6500	147	GB3847-2005，GB17691-2005国Ⅳ	11980	2550	3190	6000	18000	12400	混合动力城市客车			
		18	6500	147	GB17691-2005国Ⅳ，GB3847-2005	10450	2500	3250	4900	16500	11100	混合动力城市客车			
		18.8	6500	147	GB3847-2005，GB17691-2005国Ⅳ	10500	2500	3190	5100	15500	11200	混合动力城市客车			
		22.7	6500	147	GB17691-2005国Ⅳ，GB3847-2005	10305	2500	3210	5000	16500	11100	混合动力电动城市客车			
		23.7	6500	147	GB17691-2005国Ⅳ，GB3847-2005	11650	2500	3075	5800	16500	11000	混合动力电动城市客车			
		23.7	6500	147	GB17691-2005国Ⅳ，GB3847-2005	11650	2500	3265	5800	16500	11700	混合动力电动城市客车			
	YC6J210N-40	—	6494	155	GB17691-2005国Ⅳ GB11340-2005，GB18285-2005	10500	2500	3200	5200	16500	11300	混合动力电动城市客车			
		—	6494	155	GB17691-2005国Ⅳ GB11340-2005，GB18285-2005	10500	2500	3360	5200	16500	11300	混合动力电动城市客车			
		—	6494	155	GB17691-2005国Ⅳ GB11340-2005，GB18285-2005	11500	2550	3200	5800	18000	12000	混合动力电动城市客车			
		—	6494	155	GB17691-2005国Ⅳ GB11340-2005，GB18285-2005	11500	2550	3050	5800	18000	11800	混合动力电动城市客车			
		—	6494	155	GB17691-2005国Ⅳ GB11340-2005，GB18285-2005	11500	2550	3200	5800	18000	12200	混合动力电动城市客车			
		—	6494	155	GB17691-2005国Ⅳ GB11340-2005，GB18285-2005	12000	2550	3200	6100	18000	12500	混合动力电动城市客车			
	YC6J220-30	25	6500	162	GB3847-2005，GB17691-2005国Ⅲ	11950	2550	3300	6000	18000	12900	混合动力城市客车			
	YC6J220-42	20	6500	162	GB17691-2005国Ⅳ，GB3847-2005	12000	2550	3150	6100	17000	12200	混合动力城市客车			
广西玉柴机器股份有限公司；上海柴油机股份有限公司	YC6J200-42 SC7H200Q4	23.7	6500；6440	147；147	GB17691-2005国Ⅳ，GB3847-2005	10480	2500	3125	5000	17500	11230	混合动力城市客车	714	0	714
		23.7	6500；6440	147；147	GB17691-2005国Ⅳ，GB3847-2005	10480	2500	3200	5000	17500	11230	混合动力城市客车			
		24.8	6500；6440	147；147	GB17691-2005国Ⅳ，GB3847-2005	11980	2540	3300	5980	18000	12590	混合动力城市客车			
		25.0	6500；6440	147；147	GB17691-2005国Ⅳ，GB3847-2005	11980	2550	3220	6000	18000	12240	混合动力城市客车			

续表

发动机生产企业	发动机型号	油耗（L/100km）	排量（mL）	功率（kW）	排放标准	外形尺寸（mm）			轴距（mm）	总质量（kg）	整备质量（kg）	配套车型名称	2013年（辆）	2014年1—3月（辆）	配套车型合计（辆）
						长	宽	高							
广西玉柴机器股份有限公司；上海柴油机股份有限公司；上海柴油机股份有限公司；潍坊潍柴道依茨柴油机有限公司	YC6J220－42 SC8DK215Q4 SC7H215Q4 WP6.220E40	—	6500 8270 6440 6750	162 158 158 162	GB17691－2005 国Ⅳ GB3847－2005	10490	2490	3180	5000	15500	11130	混合动力城市客车	387	108	495
潍柴动力西港（潍坊）新能源发动机有限公司；广西玉柴机器股份有限公司	WP7NG210E50 YC6J210N－52	—	7140 6494	155 155	GB11340－2005，GB18285－2005 GB17691－2005 国Ⅴ	10480	2500	3190	5100	15500	11200	混合动力城市客车	305	0	305
		—	7140 6494	155 155	GB17691－2005 国Ⅴ，GB11340－2005 GB18285－2005	10320	2500	3150	5000	16500	11500	混合动力城市客车			
上海柴油机股份有限公司；广西玉柴机器股份有限公司；广西玉柴机器股份有限公司	SC8DK230Q4 YC6G240－40 YC6J220－42	25.40	8270 7800 6494	170 177 162	GB17691－2005 国Ⅳ GB3847－2005	11980	2540	3300	5900	18000	13500	混合动力城市客车	251	0	251
康明斯公司；广西玉柴机器股份有限公司	ISBE4＋205B YC6J200－42	—	6700 6500	151 147	GB17691－2005 国Ⅳ，GB3847－2005	11990	2550	3150	6100	18000	12700	混合动力电动城市客车	169	0	169
广西玉柴机器股份有限公司；潍柴动力西港（潍坊）新能源发动机有限公司	YC6J210N－40 WP7NG210E40	—	6494 7140	155 155	GB17691－2005 国Ⅳ GB18285－2005，GB11340－2005	10480	2500	3200	5000	17500	12035	混合动力城市客车	149	0	149
		—	6494 7140	155 155	GB17691－2005 国Ⅳ GB11340－2005，GB18285－2005	11990	2540	3170	6000	18000	11700	混合动力城市客车			
		—	6494 7140	155 155	GB17691－2005 国Ⅳ GB11340－2005，GB18285－2005	11990	2540	3260	6000	18000	12200	混合动力城市客车			
		—	6494 7140	155 155	GB17691－2005 国Ⅳ GB18285－2005，GB11340－2005	11980	2540	3300	6100	18000	13000	混合动力城市客车			
上海柴油机股份有限公司；广西玉柴机器股份有限公司；上海柴油机股份有限公司	SC8DK215Q4 YC6J220－42 SC7H215Q4	22.5 22.6 22.6	8270 6500 6440	158 162 158	GB17691－2005 国Ⅳ GB3847－2005	10490	2490	3450	5000	16000	11900	混合动力城市客车	141	0	141
广西玉柴机器股份有限公司；东风南充汽车有限公司	YC6J210N－40 NQ200N4	—	6454 5638	155 147	GB11340－2005，GB18285－2005 GB17691－2005 国Ⅳ	12000	2540	3340	6200	18000	12000	混合动力城市客车	80	0	80

续表

发动机生产企业	发动机型号	油耗（L/100km）	排量（mL）	功率（kW）	排放标准	外形尺寸（mm）			轴距（mm）	总质量（kg）	整备质量（kg）	配套车型名称	2013年（辆）	2014年1—3月（辆）	配套车型合计（辆）
						长	宽	高							
广西玉柴机器股份有限公司；广西玉柴机器股份有限公司；上海柴油机股份有限公司；潍柴动力股份有限公司	YC6J200－30 YC6J220－30 SC8DK215Q3 WP7.210E30	—	6500 6500 8270 7140	147 162 158 155	GB17691－2005 国Ⅲ GB3847－2005	10490	2490	3180	5000	15500	11090	混合动力城市客车	77	0	77
康明斯公司；广西玉柴机器股份有限公司；潍柴动力股份有限公司	ISBE4＋225B YC6J200－42 WP7.210E40	—	6700 6500 7140	165 147 155	GB17691－2005 国Ⅳ GB3847－2005	11990	2540	3210	6000	18000	11600	混合动力城市客车	20	0	20
广西玉柴机器股份有限公司；广西玉柴机器股份有限公司	YC6J220－42 YC6G240－40	23.1 22.4	6500 7800	162 177	GB17691－2005 国Ⅳ GB3847－2005	11650	2500	3265	5800	16500	12100	混合动力电动城市客车	1	0	1
配套车型合计（辆）													4793	160	4953

（2）乘用车

发动机生产企业	发动机型号	油耗（L/100km）	排量（mL）	功率（kW）	排放标准	外形尺寸（mm）			轴距（mm）	总质量（kg）	额定质量（kg）	整备质量（kg）	配套车型名称	2013年（辆）	2014年1—3月（辆）	配套车型合计（辆）
						长	宽	高								
广汽丰田发动机有限公司	4AR	5.3	2494	118	GB18352.3－2005 国Ⅳ	4825	1825	1480	2775	2100	—	1605	混合动力轿车	5353	1458	6811
		5.3	2494	118	GB18352.3－2005 国Ⅳ	4825	1825	1505	2775	2100	—	1635	混合动力轿车			
日本丰田汽车公司	5ZR	4.3	1798	73	GB18352.3－2005 国Ⅳ	4485	1745	1510	2700	1805	—	1385	混合动力轿车	607	281	888
		4.3	1798	73	GB18352.3－2005 国Ⅳ	4485	1745	1510	2700	1805	—	1395	混合动力轿车			
		4.3	1798	73	GB18352.3－2005 国Ⅳ	4485	1745	1525	2700	1805	—	1420	混合动力轿车			
上海汽车集团股份有限公司	18K4G	7.5	1796	118	GB18352.3－2005 国Ⅳ	4846	1765	1422	2849	1977	1602	1602	混合动力轿车	142	5	147
上海通用汽车有限公司	LUK	7.2	2384	137	GB18352.3－2005 国Ⅳ	5005	1858	1496	2837	2142	—	1750	混合动力轿车	198	0	198
神龙汽车有限公司	N6A 10FX3A PSA	6.8	1587	78	GB18352.3－2005 国Ⅳ	4502	1740	1465	2610	1590	—	1215	混合动力轿车	300	0	300

续表

发动机生产企业	发动机型号	油耗（L/100km）	排量（mL）	功率（kW）	排放标准	外形尺寸（mm）			轴距（mm）	总质量（kg）	额定质量（kg）	整备质量（kg）	配套车型名称	2013年（辆）	2014年1—3月（辆）	配套车型合计（辆）
						长	宽	高								
沈阳航天三菱汽车发动机制造有限公司	4A91S	6.3	1499	77	GB18352.3－2005国Ⅳ	4510	1758	1460	2580	1630	—	1240	混合动力轿车	787	129	916
浙江吉利汽车有限公司	JLγ－4G18	7.0 7.1	1808	98	GB18352.3－2005国Ⅳ	4635	1789	1470	2650	1690	—	1280	混合动力轿车	308	4	312
重庆长安汽车股份有限公司	JL475Q3	6.4	1497	72	GB18352.3－2005（国Ⅳ）	4600	1800	1475	2650	1765	—	1390	混合动力轿车	234	13	247
	JL478QCE	5.4	1499	84	GB18352.3－2005国Ⅳ	4620	1820	1490	2660	1765	—	1390	混合动力轿车			
配套车型合计（辆）														7929	1890	9819

（四）电动汽车车载充电电机配套数量统计

1. 纯电动汽车

（1）大中型客车、轻型客车

电动汽车车载充电机生产企业	电动汽车车载充电机型号	电动汽车充电方式	车载充电机额定输入电压（V）、电流（A）和频率（Hz）	车载充电机输出电压（V）、电流（A）和功率（kW）	车辆名称	2013年（辆）	2014年1—3月（辆）	配套车型合计（辆）
杭州铁城信息科技有限公司	TCCH－H417V－11A	恒压限流充电	220/19/50	417/11/4	纯电动轻型客车	1	0	1
湖南南车时代电动汽车股份有限公司	TGX3	先恒流限压　后恒压降流	340－420/.150/50	250－480/150/75	纯电动城市客车	10	0	10
上海瑞华（集团）有限公司	CDZN－600V/40A	恒流限压充电	380/17/50	600/40/30	纯电动城市客车	50	0	50
深圳市比亚迪汽车有限公司	BYD－EVMC600B	先恒流充电后恒压充电	380/63/50	400－600/100/40	纯电动城市客车	397	357	754
深圳欣锐特科技有限公司	SEV－CH4－BRA1－H2L	恒流充电	220/16/50	380/9/0	纯电动轻型客车	1	0	1
沈阳金阳光电气有限公司	ADDC40/60－600200	先恒流充电，后恒压充电	330－720/100－180/—	330－700/100－180/120	纯电动城市客车	2	1	3
	ADC380/60050	恒流转恒压充电	DC600V/50A	600V/50A/30kW	纯电动城市客车			
西安金石电气有限公司	DJC－45K3	恒压充电	DC600V±20%/40A/—，380V三相（手动切换）/40A/50HZ	DC460V±1%/50A±1%/23Kw	纯电动城市客车	100	0	100
其他企业	—	—	—	—	—	1046	376	1422
配套车型合计（辆）						1607	734	2341

（2）专用车（运输车、邮政车、服务车、垃圾车、自卸车、扫路车、洒水车、售货车、载货车、工程车等）

电动汽车车载充电机生产企业	电动汽车车载充电机型号	电动汽车充电方式	车载充电机额定输入电压（V）、电流（A）和频率（Hz）	车载充电机输出电压（V）、电流（A）和功率（kW）	电动汽车续驶里程（工况法，km）	电动汽车30分钟最高车速（km/h）	车辆名称	2013年（辆）	2014年1—3月（辆）	配套车型合计（辆）
北京嘉昌机电设备有限公司	JC04S1P332-440V7.5A	快充/慢充	220/16/50	300-440/0-11/3.3	75	60	纯电动自卸式垃圾车	422	22	444
		先恒流后恒压	220/16/50	300-440/0-11/3.3	75	70	纯电动桶装垃圾运输车			
			220/16/50	300-440/0-11/3.3	75	68	纯电动桶装垃圾运输车			
			220/16/50	300-440/0-11/3.3	75	≥85	纯电动桶装垃圾运输车			
北京优科利尔能源设备有限公司	NCP-M-600V/30KW-A-D0	电感式充电	—	—	80	—	纯电动车厢可卸式垃圾车	1	0	1
杭州铁城信息科技有限公司	TCCH-144-12（2kW） TCCH-144-16（3kW）	插电式	AC220/10/50 AC220/15/50	DC144/12/2 DC144/16/3	100	50	纯电动自装卸式垃圾车	919	110	1029
	TCCH-144-30	脉冲充电	220/20/50	144/30/4	183.8	80	纯电动厢式运输车			
	TCCH-144V-24A	程序控制，恒压限流充电	220/16/50	144/24/3.5	—	60	纯电动厢式运输车			
	TCCH-400-5.5/2KW	车载充电、外接充电	电压AC220V±20%/电流8/50	输出最高电压400/最大电流5.5/功率2000	150	65	纯电动工程车			
	TCCH-7216	三段式充电：初段恒流充电、二段恒压充电、三段涓流浮冲	85-265/10/50	72-90/16/1.5	75（仅采用市区循环）	60	纯电动厢式运输车			
			85-265/10/50	72-90/16/1.5	75（仅采用市区循环）	69	纯电动厢式运输车			
	TCCH-7225	插接式	220/9/50	144/25/2	≥60	≥80	纯电动厢式运输车			
		恒压、恒流充电	220/9/50	144/25/2	≥60	≥70	纯电动厢式运输车			
			220/9/50	144/25/2	≥60	88	纯电动厢式运输车			
	TCCH-72-25	插接式	220/10/50	72/25/2	≥60	≥75	纯电动仓栅式运输车			
		恒压、恒流充电	220/10/50	72/25/2	≥60	≥70	纯电动售货车			
	TCCH-H168-30	恒流充电	220/25/50	168/30/5	—	60	纯电动仓栅式运输车			
	TCCH-H192-24	程序控制的限压恒流充电	220/16/50	153/24/4	—	60	纯电动车厢可卸式垃圾车			
	TCCH-H389-10	交流充电	220、16、50	200-389/0-10/0-3.3	95	85	纯电动载货汽车			
			220、16、50	200-389/0-10/0-3.3	95	85	纯电动双排载货汽车			
	TCCH-H389-18	先恒流后恒压	220/15/50	365/8.5/3.1	120	60	纯电动厢式运输车			
	TCCH-H90-40	恒流转恒压	220/14/50	87.6/40/3	100	60	纯电动载货汽车			
			220/14/50	87.6/40/3	100	75	纯电动载货汽车			
			220/14/50	87.6/40/3	100	88	纯电动载货车			
			220/14/50	87.6/40/3	100	100	纯电动载货车			

续表

电动汽车车载充电机生产企业	电动汽车车载充电机型号	电动汽车充电方式	车载充电机额定输入电压（V）、电流（A）和频率（Hz）	车载充电机输出电压（V）、电流（A）和功率（kW）	电动汽车续驶里程（工况法，km）	电动汽车30分钟最高车速（km/h）	车辆名称	2013年（辆）	2014年1—3月（辆）	配套车型合计（辆）
杭州铁城信息科技有限公司	TCCH - H96.2 - 25	便携式（外置）	AC100 - 240/15、11/50、60	96/25/2.4	—	48	纯电动服务车			
			AC100 - 240/25、21/50、60	96/50/5	—	70	纯电动邮政车			
	TCCH - H96V - 25A	三段式充电：初段恒流充电、二段恒压充电、三段涓流浮冲	100 - 240/11/50	60 - 96/25/2	160（仅采用市区循环），140（仅采用市区循环）	80	纯电动厢式运输车			
杭州铁城信息科技有限公司、株洲达能科技有限公司	TCCH - H377 - 14.4A DHCZ - 450/10	恒压充电	220/5/50 AC380/5/50	342/14.4/4 450/10/3.3	80	170	纯电动垃圾车	1	0	1
湖南南车时代电动汽车股份有限公司	TGX1	先恒流充电，再恒压充电，恒流充电与恒压充电相结合的方式	—	—	180	—	依维柯纯电动服务车	2	0	2
江苏嘉钰新能源有限公司	JYNP - 0 - 380 - 18	整车充电/快换电池	—	—	120	95	纯电动扫路车	6	0	6
江苏首旺新能源汽车零部件有限公司	2107010 - D10301 - 0618	插电式，CAN 通信	180 - 260，18，45 - 65	260 - 390/8 - 12/4	80	100	纯电动自装卸式垃圾车	324	0	324
			180 - 260/18/45 - 65	260 - 390/8 - 12/4	80	60	纯电动自卸式垃圾车			
			180 - 260/18/45 - 65	260 - 390/8 - 12/4	80	40	纯电动自装卸式垃圾车			
南昌福瑞德科技有限公司	TCCH - 168 - 10	车载充电/ 非车载直流快速充电	220/12/50	182/15/2.5	—	70	纯电动车厢可卸式垃圾车	10	0	10
青岛美凯麟科技有限公司，北京嘉昌机电科技有限公司	EVC - 10/387/3.3 E00006995	先恒流限压后恒压限流	176 - 264/16/50	290 - 380/8/3.3	80	≥100	纯电动邮政车	0	20	20
青岛美凯麟科技有限公司，北京嘉昌机电科技有限公司，深圳欣瑞特科技有限公司	EVC - 10/387/3.3	先恒流限压后恒压限流	76 - 264/16/50	290 - 387/8/3.3	80	90	纯电动厢式运输车	20	16	36
			176 - 264/16/50	290 - 387/8/3.3	80	50	纯电动厢式运输车			
山东久力电子科技有限公司	CX25.620 * 3L	车载式充电（内置）	AC220V ±15% /9/50 - 60	76.8/20/1.536	—	69	纯电动厢式运输车	2	0	2
山东威海天力电源科技有限公司	WT7225F	车载式	220/20/50	220/20/1.5	120	60	纯电动厢式运输车	56	0	56

续表

电动汽车车载充电机生产企业	电动汽车车载充电机型号	电动汽车充电方式	车载充电机额定输入电压（V）、电流（A）和频率（Hz）	车载充电机输出电压（V）、电流（A）和功率（kW）	电动汽车续驶里程（工况法，km）	电动汽车30分钟最高车速（km/h）	车辆名称	2013年（辆）	2014年1—3月（辆）	配套车型合计（辆）
上海边沿科技有限公司	BC7235	插电式	220/10/50	72/35/15	—	170	纯电动厢式货车	6	0	6
		均衡充电	220/10/50	72/35/15	—	60	纯电动自卸车			
深圳市欣锐特科技有限公司	2107010-HWEV001	插电式，CAN通信	220/15/50	109/30/3.3	80	80	纯电动车厢可卸式垃圾车	2	0	2
张家港市华为电子有限公司	HWC4-7225A	慢充	220/6/50	72/16/1.152	80	69	纯电动厢式运输车	0	3	3
浙江兰溪市天隆电子产品厂	ZY7245BM	恒压充电	220/16/50	72/45/3.2	90	72	纯电动载货车	2	0	2
珠海英博尔电气有限公司	ipCHPC-7220	便携式（外置）	AC100-240/15、11/50、60	96/25/2.4	—	48	纯电动服务车	0	1	1
株洲达能科技有限公司	DHCZ-450/10	车载交流充电，地面直流充电	AC380/5/50	450/10/3.3	130	60	纯电动工程车	67	0	67
			AC380/5/50	450/10/3.3	130	80	纯电动工程车			
			AC380/5/50	450/10/3.3	130	95	纯电动工程车			
其他企业	—	—	—	—	—	—	—	196	0	196
配套车型合计（辆）								2036	172	2208

（3）乘用车

电动汽车车载充电机生产企业	电动汽车车载充电机型号	电动汽车充电方式	车载充电机额定输入电压（V）、电流（A）和频率（Hz）	车载充电机输出电压（V）、电流（A）和功率（kW）	电动汽车续驶里程（工况法，km）	电动汽车30分钟最高车速（km//h）	车辆名称	2013年（辆）	2014年1—3月（辆）	配套车型合计(辆)
艾默生网络能源有限公司，杭州铁城信息科技有限公司，奇瑞新能源汽车技术有限公司	S11-2107010（杭州铁城） S11-2107010CA（艾默生） S11-2107010DA（奇瑞） S11-2107010BB（杭州铁城）	恒流充电 恒压充电 恒压限流充电 脉冲充电	220/8/50 220/14/50	54～73.5/20/1.5 54～73.5/30/2.2 18～96/16/1.5	≥80	80	纯电动轿车	5725	2235	7960
杭州铁城信息科技有限公司	TCCH-H96V-25A	三段式充电：初段恒流充电、二段恒压充电、三段涓流浮冲	100～240/11/50	1.5，60～96/25/2	100	50	纯电动轿车	4786	1255	6041
			100～240/11/50	1.5，60～96/25/2	120	65	纯电动多用途乘用车			
			100～240/11/50	1.5，60～96/25/2	120	80	纯电动多用途乘用车			

续表

电动汽车车载充电机生产企业	电动汽车车载充电机型号	电动汽车充电方式	车载充电机额定输入电压（V）、电流（A）和频率（Hz）	车载充电机输出电压（V）、电流（A）和功率（kW）	电动汽车续驶里程（工况法，km）	电动汽车30分钟最高车速（km/h）	车辆名称	2013年（辆）	2014年1—3月（辆）	配套车型合计（辆）
杭州铁城信息科技有限公司	TCCH - 312V - 6A	恒流充电	220/16/50	312/6/2	—	60	纯电动轻型客车			
			220/16/50	312/6/2	—	69（混合动力模式）	纯电动轿车			
			220/16/50	312/6/2	—	110	纯电动轻型客车			
			220/16/50	312/6/2	—	120	纯电动轿车			
	TCCH - 320 - 6	车载/快充，车载/快充恒压限流充电	220/10/50	360/6/2.2	80	114	纯电动轿车			
	TCCH - 360 - 06	慢充，快充	85 - 265/16/45 - 65	312/6/2	152	95	纯电动轿车			
			85 - 265/16/45 - 65	312/6/2	152	65	纯电动轿车			
	TCCH - H337 - 14.4	先恒流，再恒压	100 ~ 220/20/50 ~ 60	337/14.4/4	120	86	纯电动轿车			
	TCCH - H389 - 10	交流充电	220/16/50	200 ~ 389/0 ~ 10/0 ~ 3.3	95	85	纯电动多用途乘用车			
	TCCH - H389 - 6	恒流→恒压	85 ~ 265/10/45 ~ 65	220 ~ 389/6/2	112	69	纯电动轿车			
深圳市比亚迪汽车有限公司，深圳市比亚迪汽车有限公司	e6B，KTZ31X60S - C06A	恒流充电，先恒流后恒压	220/10/50，单相220V 三相380V，最大电流63A，频率50Hz	330/5/2，200 ~ 400/0 ~ 100/40	322	140	纯电动轿车	1113	102	1215
			220V，10A，50Hz，单相220V，三相380V 最大电流63A，频率50Hz	330/5/2，200 ~ 400/0 ~ 100/40	322	65	纯电动轿车			
北京嘉昌机电设备制造有限公司	E00007410	车载充电	187 ~ 253/16/50	220 ~ 410/8/3.3	120	80	纯电动轿车	1037	20	1057
	E00008193	先恒流限压后恒压限流	186 ~ 264/16/50	240 ~ 410/7.5/3.3	150	105	纯电动轿车			
	E00008255	车载充电	220/32/50	220 ~ 410/15/6.6	170	65	纯电动轿车			
		先恒流限压后恒压限流	186 ~ 264/32/50	220 ~ 420/15/6.6	160，160	110，110	纯电动轿车			
	JC - 400V/8A	恒压充电	220/0 ~ 8/45 - 60	400/0 ~ 8/3.2	—	—	纯电动多用途乘用车			
	JC - 440V/7.5A	恒流恒压充电	220/15/50	200 ~ 440/7.5/3.3	120，200	60	纯电动乘用车			
艾默生网络能源有限公司	SAIC3300 - 7438	传导充电	220/16/50	250 ~ 380/14/3.3	140	65	纯电动轿车	571	160	731
	S18 - 2107010	恒压限流充电	176 ~ 264/10/50	250 ~ 380/5.2/2	80	82	纯电动轿车			

续表

电动汽车车载充电机生产企业	电动汽车车载充电机型号	电动汽车充电方式	车载充电机额定输入电压（V）、电流（A）和频率（Hz）	车载充电机输出电压（V）、电流（A）和功率（kW）	电动汽车续驶里程（工况法，km）	电动汽车30分钟最高车速（km//h）	车辆名称	2013年（辆）	2014年1—3月（辆）	配套车型合计(辆)
青岛美凯麟科技有限公司，北京嘉昌机电设备制造有限公司	EVC－10/423/3.3，JCF04S1P332	恒流、恒压限流充电	176～264/16/50，220/16/50	290～387/8/3.3，200～440/8/3.36	≥80，≥120	114	纯电动轿车	328	0	328
	EVC－10/387/3.3，JCF04S1P332－440v/7.5A	先恒流限压后恒压限流	176～264/16/50，186～264/16/50	290～387/8/3.3，290～440/8/3.3	—	—	纯电动轿车			
Panasonic	292C0 3NF**	定功率充电	90～264/18/50～60	260～410/12.7/3.3	180	69	纯电动轿车	214	84	298
台达电子股份有限公司	DAP－6000AB A	慢充	220/30/50	240～420/25～14/6	120(NEDC综合工况)	90	纯电动轿车	202	7	209
杭州杰能动力有限公司，江苏嘉钰新能源技术有限公司	EVC－OC－100/32－1A	恒流充电；车载充电机与BMS通信，BMS实时采集单体电池情况，控制充电机充电	220/16/45～65	87.6/30/2.5	100	90	纯电动多用途乘用车	26	148	174
江苏嘉钰新能源技术有限公司，南京中港电力科技有限公司	JYNP－RN168/018；/ZGBC2000	初始恒流充电，80%以后恒压充电	220/25/50	86/25/2	85	69	纯电动轿车	0	170	170
青岛美凯麟科技有限公司	EVC－10/387/3.3	先恒流限压后恒压限流	176～264/16/50，	290～387/8/3.3	70，80	90	纯电动客车	170	170	170
			176～264/16/50，	290～387/8/3.3	70，80	75	纯电动客车			
北京亿马先锋汽车科技有限公司	Reductive	先恒流充电后恒压充电	100～250/80/50	480/37/18	130	80	纯电动多用途乘用车	100	0	100
深圳市欣锐特科技有限公司	BEC2107100	恒流恒压	220/16/50	200～400/10/3	130	120	纯电动轿车	83	0	83
	SEV－CH4－BRA－A0	交流慢充	230/13/50	350/8/0	80	80	纯电动轿车			
李尔公司（Lear Corporation）	JZB－3300－220－420－A	恒流充电和恒压充电	220/16/50	200～420/11/3.3	130	130	纯电动轿车	61	3	64
			220/16/50	200～420/11/3.3	152	75	纯电动轿车			
	DAP－3300AB	恒压充电	85～265/32/50	200～420/22/3.3	160	78	纯电动轿车		0	
BMW	LE125LD.6	恒流充电，恒压充电	220/16/50	250～410/10/3.5	150	65	纯电动轿车	11	44	55
石家庄迪龙科技有限公司	J02－2107010	恒压限流充电	176～264/15/50	270～410/11/3000	120	100	纯电动轿车	10	0	10
万都（株）式会社	36400－0E100	车载充电机/快充接口	AC220/16/50	250～450/13/3.3	—	67	纯电动轿车	10	0	10
杭州铁城信息科技有限公司，深圳市欣锐特科技有限公司	Z110083J－H01**	先恒流再恒压	220/15/50 220/16/50	120～175/16/3 100～200/16/3	100	80	纯电动轿车	8	0	8

续表

电动汽车车载充电机生产企业	电动汽车车载充电机型号	电动汽车充电方式	车载充电机额定输入电压（V）、电流（A）和频率（Hz）	车载充电机输出电压（V）、电流（A）和功率（kW）	电动汽车续驶里程（工况法，km）	电动汽车30分钟最高车速（km//h）	车辆名称	2013年（辆）	2014年1—3月（辆）	配套车型合计(辆)
中国兵器工业第二0八研究所	BZA-3KW-220S360F	恒压限流充电	220/16/50	200~400/8/3.2	110	67	纯电动轿车	7	0	7
杭州铁城科技有限公司，艾默生网络能源有限公司	TCCH-360-6/2KW，EVA2000	恒流-恒压充电	90~265/10/50 176~264/14/50	288~389/6/0	—	90	纯电动轿车	2	0	2
其他企业	—	—	—	—	—	—	—	14	67	81
配套车型合计（辆）								14478	4295	18773

2. 插电式混合动力汽车

（1）大中型客车、轻型客车

电动汽车车载充电机生产企业	电动汽车车载充电机型号	电动汽车充电方式	车载充电机额定输入电压（V）、电流（A）和频率（Hz）	车载充电机输出电压（V）、电流（A）和功率（kW）	电动汽车续驶里程（工况法，km）	电动汽车30分钟最高车速（km//h）	车辆名称	2013年（辆）	2014年1—3月（辆）	配套车型合计（辆）
北京嘉昌机电设备制造有限公司	650V/50A型充电机	恒流充电	380/78/50	450~650/50/30	170 km	69km/h	混合动力城市客车	1	0	1
江苏嘉钰新能源技术有限公司/江苏嘉钰新能源技术有限公司	—	恒流充电	—	—	—	—	混合动力城市客车	20	0	20
上海瑞华（集团）有限公司	CDZN-346	恒流限压充电	380/17/50	346/40/30	—	80	混合动力城市客车	0	3	3
沈阳虹展机电科技有限公司	HZDC-27K380/657	先恒流，后恒压限流	AC380/AC41/50	DC657/DC40/27	—	60	混联式混合动力城市客车	1	0	1
郑州宇通客车股份有限公司	YTCDJ-CV1-L	恒流充电	380，32，50	200，80，25	31	68	混合动力城市客车	45	0	45
			380，32，50	200，80，25	34	67	混合动力电动城市客车	27	0	27
	YT-CZCD025-380-165	恒流充电	380，32，50	200，80，25	31	67	混合动力城市客车	750	0	750
			380，32，50	200，80，25	31	69	混合动力城市客车	0	295	295
			380，32，50	200，80，25	31	—	混合动力城市客车	0	429	429
			380，32，50	200，80，25	51	67	混合动力铰接城市客车	162	0	162
			380，32，50	200，80，25	61	67	混合动力城市客车	11	0	11

续表

电动汽车车载充电机生产企业	电动汽车车载充电机型号	电动汽车充电方式	车载充电机额定输入电压（V）、电流（A）和频率（Hz）	车载充电机输出电压（V）、电流（A）和功率（kW）	电动汽车续驶里程（工况法，km）	电动汽车30分钟最高车速（km//h）	车辆名称	2013年（辆）	2014年1—3月（辆）	配套车型合计（辆）
郑州宇通客车股份有限公司，郑州宇通客车股份有限公司	YTCDJ-CV1-L，YT-CZCD025-380-165	先恒流充电后恒压限流充电	380，32，50	200，80，25	31	—	混合动力城市客车	0	275	275
株洲达能科技有限公司	DHC-700.25	—	—	—	—	—	混合动力城市客车	114	0	114
其他企业	—	—	—	—	—	—	—	1211	219	1430
配套车型合计（辆）								4736	1528	6264

（2）乘用车

电动汽车车载充电机生产企业	电动汽车车载充电机型号	电动汽车充电方式	车载充电机额定输入电压（V）、电流（A）和频率（Hz）	车载充电机输出电压（V）、电流（A）和功率（kW）	电动汽车续驶里程（工况法，km）	电动汽车30分钟最高车速（km//h）	车辆名称	2013年（辆）	2014年1—3月（辆）	配套车型合计（辆）
深圳市比亚迪汽车有限公司	BYDF3DM-2107010	恒流限压式充电	220/10/50	150~380/5/2	60	170	混合动力轿车	406	0	406
	HA	恒功率充电	220/10/50	486/4/2	50	150	混合动力轿车			
艾默生网络能源有限公司	SAIC2000-7438	交流充电（16A）	220 /10 /50，110 /10 /50	250~380/8/2	58	—	插电式混合动力轿车	19	98	117
东莞新能德科技有限公司（NVT），苏州舜唐新能源电控设备有限公司	MD-XX6-004-2983 9340010-0FC	恒压限流充电 先恒流后恒压	220/10/50 220/10/45~65	50~360/5/1.8 200~420/10/2.2	—	170	混合动力轿车	81	0	81
杭州铁城信息科技有限公司	TCCH-H389-6	恒流恒压	220/10/50	250~360/6/2	55	75	混合动力轿车	50	0	50
	TCCH-H417-5.5	车载充电	90~265/11/40~70	200~417/5.5/2	≥50	40	混合动力轿车			
其他企业	—	—	—	—	—	—	—	162	1144	1306
配套车型合计（辆）								718	1242	1960

二、2013 年 1 月至 2014 年 3 月天然气及两用燃料汽车发动机配套数量统计

(一)天然气单一燃料汽车发动机配套数量统计

1. 大中型客车、轻型客车

发动机生产企业	发动机型号	排量(mL)	功率(kW)	排放标准	配套车辆名称	外形尺寸(mm)			轴距(mm)	总质量(kg)	整备质量(kg)	2013 年(辆)	2014 年 1—3 月(辆)	配套车型合计(辆)
						长	宽	高						
广西玉柴机器股份有限公司	YC4D140N－40	4214	103	GB11340－2005，GB18285－2005，GB17691－2005 国Ⅳ	城市客车	6645	2270	2950	3308	7100	4640	9421	2051	11472
		4214	103	GB17691－2005 国Ⅳ，GB11340－2005，GB18285－2005	城市客车	7352	2350	3200	3400	9000	6650			
		4214	103	GB17691－2005 国Ⅳ，GB18285－2005，GB11340－2005	城市客车	7490	2300	3050	3600	10600	7800			
		4214	103	GB17691－2005 国Ⅳ，GB11340－2005，GB18285－2005	城市客车	7645	2350	3100	3600	10600	7100			
		4214	103	GB17691－2005 国Ⅳ，GB11340－2005，GB18285－2005	城市客车	7645	2350	3220	3600	10600	6900			
		4214	103	GB11340－2005，GB18285－2005，GB17691－2005 国Ⅳ	城市客车	7670	2340	3000	3500	9700	6550			
		4214	103	GB17691－2005 国Ⅳ，GB18285－2005，GB11340－2005	客车	6970	2050	2770	3935	6500	4310			
		4214	103	GB17691－2005 国Ⅳ，GB11340－2005，GB18285－2005	客车	7235	2250	2870	3800	7500	5160			
		4214	103	GB17691－2005 国Ⅳ，GB11340－2005，GB18285－2005	客车	7470	2320	3180	3800	8580	6160			
		4214	103	GB17691－2005 国Ⅳ，GB3847－2005	客车	7495	2270	3030	3900	8510	6000			
		4214	103	GB17691－2005 国Ⅳ，GB18285－2005，GB11340－2005	小学生专用校车	7960	2470	2955	4600	9500	6800			
	YC4D140N－50	4214	103	GB17691－2005 国Ⅴ，GB18285－2005，GB11340－2005	城市客车	5995	2280	2960	3100	7700	4500			
		4214	103	GB17691－2005 国Ⅴ，GB18285－2005，GB11340－2005	城市客车	7005	2050	2890	3935	7000	4950			
		4214	103	GB17691－2005 国Ⅴ，GB11340－2005，GB18285－2005	城市客车	7490	2350	3050	3600	10600	7800			
		4214	103	11340－2005，GB18285－2005，GB17691－2005 国Ⅴ	城市客车	7545	2370	3145	3900	9875	6870			
		4214	103	GB17691－2005 国Ⅴ，GB11340－2005，GB18285－2005	城市客车	7645	2350	3220	3600	10600	6900			
		4214	103	GB17691－2005 国Ⅴ，GB11340－2005，GB18285－2005	城市客车	7645	2350	3100	3600	10600	7100			
		4214	103	GB17691－2005 国Ⅴ，GB18285－2005，GB11340－2005	城市客车	7745	2420	3070	3600	10500	6400			
		4214	103	GB11340－2005，GB18285－2005，GB17691－2005 国Ⅴ	城市客车	7745	2420	3170	3600	10500	7300			
		4214	103	GB11340－2005，GB18285－2005，GB17691－2005 国Ⅳ	城市客车	7745	2420	3460	3600	10500	7300			
		4214	103	GB17691－2005 国Ⅴ，GB11340－2005，GB18285－2005	客车	7470	2320	3170	3800	8580	6240			
		4214	103	GB17691－2005 国Ⅴ，GB18285－2005，GB11340－2005	客车	7495	2280	2960	3935	8500	5410			

续表

发动机生产企业	发动机型号	排量（mL）	功率（kW）	排放标准	配套车辆名称	外形尺寸（mm） 长	宽	高	轴距（mm）	总质量（kg）	整备质量（kg）	2013年（辆）	2014年1—3月（辆）	配套车型合计（辆）
同上		5202	132	GB17691－2005国Ⅲ，GB18285－2005，GB11340－2005	城市客车	8430	2480	3380	3900	11550	8000			
		5200	132	GB17691－2005国Ⅲ，GB11340－2005，GB18285－2005	城市客车	8500	2420	3170	3900	12000	7950			
		5200	132	GB11340－2005，GB18285－2005，GB17691－2005国Ⅲ	城市客车	8540	2440	3050	4000	11500	8055			
	YC4G180N－30	5202	132	GB17691－2005国Ⅲ，GB18285－2005，GB11340－2005	客车	7548	2420	3290	3500	10000	7270			
		5200	132	GB11340－2005，GB18285－2005，GB17691－2005国Ⅲ	客车	7948	2450	3600	3800	11000	8200			
		5200	132	GB11340－2005，GB18285－2005，GB17691－2005国Ⅲ	客车	7948	2450	3365	3800	10150	7570			
		5200	132	GB17691－2005国Ⅲ，GB18285－2005，GB11340－2005	客车	7948	2420	3290	3800	10700	7970			
		5200	132	GB17691－2005国Ⅳ，GB11340－2005，GB18285－2005	城市客车	7700	2350	3400	3500	10400	7300			
		5200	132	GB11340－2005，GB18285－2005，GB17691－2005国Ⅳ	城市客车	7700	2350	3220	3780	10500	7370			
		5200	132	GB11340－2005，GB18285－2005，GB17691－2005国Ⅳ	城市客车	7749	2340	3050	3600	11000	8200			
		5200	132	GB11340－2005，GB18285－2005，GB17691－2005国Ⅳ	城市客车	7895	2400	3235	3650	11200	7945			
		5200	132	GB17691－2005国Ⅳ，GB18285－2005，GB11340－2005	城市客车	7985	2300	3000	3800	11500	7740			
		5200	132	GB11340－2005，GB18285－2005，GB17691－2005国Ⅳ	城市客车	7990	2450	3370	3750	11500	7500			
		5200	132	GB17691－2005国Ⅳ，GB11340－2005，GB18285－2005	城市客车	8160	2350	3400	3800	11200	7600			
		5200	132	GB11340－2005，GB18285－2005，GB17691－2005国Ⅳ	城市客车	8230	2400	3450	3850	11200	7900			
	YC4G180N－40	5200	132	GB17691－2005国Ⅳ，GB11340－2005，GB18285－2005	城市客车	8345	2450	3280 3150 3050	3900	12200	8400 8600			
		5200	132	GB17691－2005国Ⅳ，GB18285－2005，GB11340－2005	城市客车	8390	2460	3120	4000	12200	9040			
		5200	132	GB11340－2005，GB18285－2005，GB17691－2005国Ⅳ	城市客车	8485	2400	3245	4000	11000	7150			
		5200	132	GB11340－2005，GB18285－2005，GB17691－2005国Ⅳ	城市客车	8490	2450	3370	4250	12200	8200			
		5200	132	GB11340－2005，GB18285－2005，GB17691－2005国Ⅳ	城市客车	8500	2420	3170	3900	12000	7850			
		5200	132	GB17691－2005国Ⅳ，GB18285－2005，GB11340－2005	城市客车	8540	2400	2980	4100	12200	7700			
		5200	132	GB11340－2005，GB18285－2005，GB17691－2005国Ⅳ	城市客车	8540	2430	3180	4000	12200	8400			
		5200	132	GB17691－2005国Ⅳ，GB11340－2005，GB18285－2005	城市客车	8545	2420	3085	4000	12200	8600			
		5200	132	GB17691－2005国Ⅳ，GB18285－2005，GB11340－2005	客车	7495	2480	3380	3500	10150	7900			
		5200	132	GB11340－2005，GB18285－2005，GB17691－2005国Ⅳ	客车	7495	2480	3337	3500	10200	7600			

续表

发动机生产企业	发动机型号	排量(mL)	功率(kW)	排放标准	配套车辆名称	外形尺寸(mm) 长	宽	高	轴距(mm)	总质量(kg)	整备质量(kg)	2013年(辆)	2014年1—3月(辆)	配套车型合计(辆)
同上	同上	5200	132	GB11340－2005，GB18285－2005，GB17691－2005 国Ⅳ	客车	7620	2480	3350	3550	10500	7900			
		5200	132	GB11340－2005，GB18285－2005，GB17691－2005 国Ⅳ	客车	7948	2450	3365	3800	11000	8200			
		5200	132	GB11340－2005，GB18285－2005，GB17691－2005 国Ⅳ	客车	7948	2450	3365	3800	10150	7420			
		5199	132	GB17691－2005 国Ⅳ，GB11340－2005，GB18285－2005	客车	7995	2450	3380	3800	10600	7870			
		5199	132	GB17691－2005 国Ⅳ，GB11340－2005，GB18285－2005	客车	7995	2450	3380	3800	10150	7570			
		5200	132	GB17691－2005 国Ⅳ，GB18285－2005，GB11340－2005	客车	7995	2450	3320	3800	10150	7420			
		5200	132	GB11340－2005，GB18285－2005，GB17691－2005 国Ⅳ	客车	7999	2430	3300	3800	10300	7700			
		5200	132	GB17691－2005 国Ⅳ，GB11340－2005，GB18285－2005	客车	8000	2470	3340	3800	10300	7570			
		5200	132	GB17691－2005 国Ⅳ，GB11340－2005，GB18285－2005	客车	8000	2470	3340	3800	11000	8270			
		5200	132	GB17691－2005 国Ⅳ，GB18285－2005，GB11340－2005	客车	8030	2500	3440	3800	10580	7850			
		5200	132	GB17691－2005 国Ⅳ，GB18285－2005，GB11340－2005	客车	8030	2500	3300	3800	10150	7570			
		5200	132	GB17691－2005 国Ⅳ，GB11340－2005，GB18285－2005	客车	8040	2480	3350	3800	11000	8270			
		5200	132	GB17691－2005 国Ⅳ，GB11340－2005，GB18285－2005	客车	8040	2480	3350	3800	10800	8070			
		5200	132	GB17691－2005 国Ⅳ，GB11340－2005，GB18285－2005	客车	8040	2410	3270	3800	10280	7700			
		5200	132	GB11340－2005，GB18285－2005，GB17691－2005 国Ⅳ	客车	8045	2480	3356	3850	10600	7850			
		5200	132	GB11340－2005，GB18285－2005，GB17691－2005 国Ⅳ	客车	8120	2450	3570	3800	10150	7400			
	YC4G180N－50	5200	132	GB11340－2005，GB18285－2005，GB17691－2005 国Ⅴ	城市客车	7749	2340	3050	3600	11200	8385			
		5200	132	GB17691－2005 国Ⅴ，GB11340－2005，GB18285－2005	城市客车	7788	2350	3400	3550	11000	7300			
		5200	132	GB11340－2005，GB18285－2005，GB17691－2005 国Ⅴ	城市客车	7990	2450	3080	3750	11500	7500			
		5200	132	GB17691－2005 国Ⅴ，GB18285－2005，GB11340－2005	城市客车	8005	2300	3180	3800	11500	7740			
		5200	132	GB17691－2005 国Ⅴ，GB18285－2005，GB11340－2005	城市客车	8130	2420	3460	3800	10500	7300			
		5200	132	GB17691－2005 国Ⅴ，GB11340－2005，GB18285－2005	城市客车	8160	2350	3150	3800	11200	8100			
		5200	132	GB11340－2005，GB18285－2005，GB17691－2005 国Ⅴ	城市客车	8230	2400	3050	3850	12400	8875			
		5200	132	GB17691－2005 国Ⅴ，GB11340－2005，GB18285－2005	城市客车	8345	2450	3150	3900	12200	8600			
		5200	132	GB17691－2005 国Ⅴ，GB18285－2005，GB11340－2005	城市客车	8390	2460	3350	4000	12200	7865			
		5200	132	GB11340－2005，GB18285－2005，GB17691－2005 国Ⅴ	城市客车	8490	2450	3080	4250	12200	9300			

续表

发动机生产企业	发动机型号	排量(mL)	功率(kW)	排放标准	配套车辆名称	外形尺寸(mm) 长	宽	高	轴距(mm)	总质量(kg)	整备质量(kg)	2013年(辆)	2014年1—3月(辆)	配套车型合计(辆)
同上	同上	5200	132	GB17691 - 2005 国Ⅴ，GB18285 - 2005，GB11340 - 2005	城市客车	8500	2420	3070	3900	12500	7200			
		5200	132	GB17691 - 2005 国Ⅴ，GB18285 - 2005，GB11340 - 2005	城市客车	8500	2420	3170	3900	12500	8260			
		5200	132	GB17691 - 2005 国Ⅴ，GB18285 - 2005，GB11340 - 2005	城市客车	8500	2420	3170	3900	12500	7600			
		5200	132	GB11340 - 2005，GB18285 - 2005，GB17691 - 2005 国Ⅴ	城市客车	8500	2380	3080	3900	12000	8180			
		5200	132	GB11340 - 2005，GB18285 - 2005，GB17691 - 2005 国Ⅴ	城市客车	8500	2450	3350	4000	12500	7950			
		5200	132	GB11340 - 2005，GB18285 - 2005，GB17691 - 2005 国Ⅴ	城市客车	8520	2410	3410	3900	12500	8900			
		5200	132	GB17691 - 2005 国Ⅴ，GB18285 - 2005，GB11340 - 2005	城市客车	8520	2450	3240	4000	12800	8850			
		5200	132	GB11340 - 2005，GB18285 - 2005，GB17691 - 2005 国Ⅴ	城市客车	8535	2450	3175	4000	12500	8705			
		5200	132	GB11340 - 2005，GB18285 - 2005，GB17691 - 2005 国Ⅴ	城市客车	8540	2440	3080	4000	12400	9100			
		5200	132	GB17691 - 2005 国Ⅴ，GB11340 - 2005，GB18285 - 2005	城市客车	8540	2350	3000	4000	12500	8500			
		5200	132	GB17691 - 2005 国Ⅴ，GB18285 - 2005，GB11340 - 2005	城市客车	8540	2400	3050	4100	12200	8700			
		5200	132	GB11340 - 2005，GB18285 - 2005，GB17691 - 2005 国Ⅴ	城市客车	8540	2430	3180	4000	12500	8300			
		5200	132	GB17691 - 2005 国Ⅴ，GB18285 - 2005，GB11340 - 2005	城市客车	8545	2480	3240	4000	12200	8200			
		5200	132	GB17691 - 2005 国Ⅴ，GB11340 - 2005，GB18285 - 2005	城市客车	8545	2500	3200	4200	12500	9000			
		5200	132	GB17691 - 2005 国Ⅴ，GB11340 - 2005，GB18285 - 2005	城市客车	8545	2500	3200	4000	12200	8940			
		5200	132	GB11340 - 2005，GB18285 - 2005，GB17691 - 2005 国Ⅴ	城市客车	8548	2500	3130	3900	12500	8800			
		5200	132	GB11340 - 2005，GB18285 - 2005，GB17691 - 2005 国Ⅴ	客车	7948	2450	3380	3800	11500	8770			
		5200	132	GB17691 - 2005 国Ⅴ，GB18285 - 2005，GB11340 - 2005	客车	8030	2500	3300	3800	11000	7850			
		5200	132	GB17691 - 2005 国Ⅴ，GB18285 - 2005，GB11340 - 2005	客车	8030	2500	3300	3800	10150	7570			
		5200	132	GB17691 - 2005 国Ⅴ，GB11340 - 2005，GB18285 - 2005	客车	8045	2500	3340	3800	11000	8270			
	YC4G190N - 40	5200	140	GB17691 - 2005 国Ⅳ，GB18285 - 2005，GB11340 - 2005	客车	8045	2500	3580	3800	10760	8180			
	YC4G190N - 50	5200	140	GB11340 - 2005，GB18285 - 2005，GB17691 - 2005 国Ⅴ	客车	8120	2450	3330	3800	10700	7900			
		5200	140	GB11340 - 2005，GB18285 - 2005，GB17691 - 2005 国Ⅴ	客车	7495	2480	3337	3500	10200	7600			
	YC6B170N - 40	6870	125	GB11340 - 2005，GB18285 - 2005，GB17691 - 2005 国Ⅳ	城市客车	8540	2440	3400	4000	12500	7800			
		6870	125	GB11340 - 2005，GB18285 - 2005，GB17691 - 2005 国Ⅳ	城市客车	10120	2500	3150	5000	13500	8460			
		6870	125	GB11340 - 2005，GB18285 - 2005，GB17691 - 2005 国Ⅳ	城市客车	10200	2500	3050	5000	14500	9400			
		6870	125	GB11340 - 2005，GB18285 - 2005，GB17691 - 2005 国Ⅳ	城市客车	11980	2550	3210	6000	18000	10700			

续表

发动机生产企业	发动机型号	排量（mL）	功率（kW）	排放标准	配套车辆名称	外形尺寸（mm）			轴距（mm）	总质量（kg）	整备质量（kg）	2013年（辆）	2014年1—3月（辆）	配套车型合计（辆）
						长	宽	高						
同上	YC6G230N-30	7800	170	GB11340-2005，GB18285-2005，GB17691-2005 国Ⅲ	城市客车	10490	2480	3200	5100	15300	10300			
		7800	170	GB11340-2005，GB18285-2005，GB17691-2005 国Ⅲ	城市客车	10505	2500	3200	5000	14000	10000			
		7800	170	GB17691-2005 国Ⅲ，GB11340-2005，GB18285-2005	城市客车	10320	2500	3250	5000	15500	9800			
	YC6G230N-40	7800	170	GB17691-2005 国Ⅳ，GB18285-2005，GB11340-2005	城市客车	10305	2500	3400	5000	16500	11400			
		7800	170	GB17691-2005 国Ⅳ，GB11340-2005，GB18285-2005	城市客车	10320	2500	3250	5000	15500	9800			
		7800	170	GB17691-2005 国Ⅳ，GB11340-2005，GB18285-2005	城市客车	10420	2500	3250	5000	16350	10400			
		7800	170	GB11340-2005，GB18285-2005，GB17691-2005 国Ⅳ	城市客车	10430	2500	3070	5000	16000	10150			
		7800	170	GB11340-2005，GB18285-2005，GB17691-2005 国Ⅳ	城市客车	10470	10470	3140	5000	16500	10640			
		7800	170	GB17691-2005 国Ⅳ，GB18285-2005，GB11340-2005	城市客车	10480	2500	3300	5000	16500	10780			
		7800	170	GB11340-2005，GB18285-2005，GB17691-2005 国Ⅳ	城市客车	10480	2500	3190	5100	15500	11200			
		7800	170	GB17691-2005 国Ⅳ，GB11340-2005，GB18285-2005	城市客车	10490	2480	3200	5100	15500	12050			
		7800	170	GB17691-2005 国Ⅳ，GB11340-2005，GB18285-2005	城市客车	10490	2500	3150	5000	15500	10500			
		7800	170	GB17691-2005 国Ⅳ，GB18285-2005，GB11340-2005	城市客车	10490	2500	3460	5000	15000	11000			
		7800	170	GB11340-2005，GB18285-2005，GB17691-2005 国Ⅳ	城市客车	10490	2500	3375	5000	16000	11350			
		7800	170	GB11340-2005，GB18285-2005，GB17691-2005 国Ⅳ	城市客车	10490	2500	3260	5200	16500	10800			
		7800	170	GB11340-2005，GB18285-2005，GB17691-2005 国Ⅳ	城市客车	10490	2490	3410	5000	16000	11200			
		7800	170	GB17691-2005 国Ⅳ，GB11340-2005，GB18285-2005	城市客车	10500	2500	3280	5000	16000	10900			
		7800	170	GB17691-2005 国Ⅳ，GB11340-2005，GB18285-2005	城市客车	10500	2500	3200	5200	16500	11100			
		7800	170	GB11340-2005，GB18285-2005，GB17691-2005 国Ⅳ	城市客车	10500	2500	3400	5000	16500	11300			
		7800	170	GB17691-2005 国Ⅳ，GB3847-2005，GB11340-2005	城市客车	10500	2500	3340	5000	15500	9780			
		7800	170	GB11340-2005，GB18285-2005，GB17691-2005 国Ⅳ	城市客车	10505	2500	3200	5000	14000	10000			
		7800	170	GB17691-2005 国Ⅳ，GB11340-2005，GB18285-2005	城市客车	10550	2500	3250	5100	16500	11000			
		7800	170	GB17691-2005 国Ⅳ，GB18285-2005，GB11340-2005	城市客车	10580	2490	3310	5000	16500	11300			
		7800	170	GB11340-2005，GB18285-2005，GB17691-2005 国Ⅳ	城市客车	10690	2500	3140	5000	16000	10640			
		7800	170	GB11340-2005，GB18285-2005，GB17691-2005 国Ⅳ	城市客车	11370	2500	3200	5600	17500	10900			
		7800	170	GB11340-2005，GB18285-2005，GB17691-2005 国Ⅳ	城市客车	11980	2500	3040	6200	17800	11100			

续表

发动机生产企业	发动机型号	排量（mL）	功率（kW）	排放标准	配套车辆名称	外形尺寸（mm） 长	宽	高	轴距（mm）	总质量（kg）	整备质量（kg）	2013年（辆）	2014年1—3月（辆）	配套车型合计（辆）
同上	同上	7800	170	GB11340－2005，GB18285－2005，GB17691－2005国Ⅳ	城市客车	12000	2550	3200	6100	18000	12000			
		7800	170	GB11340－2005，GB18285－2005，GB17691－2005国Ⅳ	客车	8945	2480	3630	4300	11990	8790			
		7800	170	GB11340－2005，GB18285－2005，GB17691－2005国Ⅳ	客车	8949	2450	3365	4340	12500	9300			
		7800	170	GB17691－2005国Ⅳ，GB11340－2005，GB18285－2005	客车	8975	2500	3570	4350	13200	10150			
		7800	170	GB17691－2005国Ⅳ，GB11340－2005，GB18285－2005	客车	8990	2500	3410	4300	12800	9500			
		7800	170	GB17691－2005国Ⅳ，GB11340－2005，GB18285－2005	客车	8995	2450	3580	4425	12800	9300			
		7800	170	GB17691－2005国Ⅳ，GB11340－2005，GB18285－2005	客车	8995	2450	3380	4425	12800	9300			
		7800	170	GB17691－2005国Ⅳ，GB11340－2005，GB18285－2005	客车	8995	2480	3350	4300	12500	9300			
		7800	170	GB17691－2005国Ⅳ，GB18285－2005，GB11340－2005	客车	8995	2500	3480	4300	13000	9800			
		7800	170	GB17691－2005国Ⅳ，GB11340－2005，GB18285－2005	豪华城市客车	10500	2500	3165	5100	15800	10250			
	YC6G230N－50	7800	170	GB11340－2005，GB18285－2005，GB17691－2005国Ⅴ	城市客车	10480	2500	3370	5100	16350	11400			
		7800	170	GB11340－2005，GB18285－2005，GB17691－2005国Ⅴ	城市客车	10490	2480	3490	5100	16000	11300			
		7800	170	GB17691－2005国Ⅴ，GB11340－2005，GB18285－2005	城市客车	10490	2500	3240	5000	15500	11000			
		7800	170	GB17691－2005国Ⅴ，GB11340－2005，GB18285－2005	城市客车	10500	2500	3200	5000	15500	10500			
		7800	170	GB17691－2005国Ⅴ，GB11340－2005，GB18285－2005	城市客车	10500	2500	3200	5200	16500	10800			
		7800	170	GB17691－2005国Ⅴ，GB11340－2005，GB18285－2005	城市客车	10500	2500	3200	5000	16500	11350			
		7800	170	GB17691－2005国Ⅴ，GB11340－2005，GB18285－2005	城市客车	10500	2500	3140	5000	16500	11300			
		7800	170	GB17691－2005国Ⅴ，GB11340－2005，GB18285－2005	城市客车	10500	2490	3260	5100	16100	11200			
		7800	170	GB11340－2005，GB18285－2005，GB17691－2005国Ⅴ	城市客车	10600	2490	3320	5000	16500	10800			
		7800	170	GB11340－2005，GB18285－2005，GB17691－2005国Ⅴ	城市客车	10650	2495	3410	5000	16500	10950			
		7800	170	GB11340－2005，GB18285－2005，GB17691－2005国Ⅴ	城市客车	11310	2532	3180	5600	16500	11800			
		7800	170	GB17691－2005国Ⅴ，GB11340－2005，GB18285－2005	城市客车	11350	2500	3150	5700	16500	10780			
		7800	170	GB17691－2005国Ⅴ，GB11340－2005，GB18285－2005	客车	8995	2450	3400	4380	13000	9600			
		7800	170	GB11340－2005，GB18285－2005，GB17691－2005国Ⅴ	客车	8945	2480	3382	4300	12960	9760			
		7800	170	GB11340－2005，GB18285－2005，GB17691－2005国Ⅴ	客车	8970	2450	3345	4300	12400	9200			
		7800	170	GB17691－2005国Ⅴ，GB11340－2005，GB18285－2005	豪华城市客车	10500	2500	3165	5100	15800	10250			

续表

发动机生产企业	发动机型号	排量（mL）	功率（kW）	排放标准	配套车辆名称	外形尺寸（mm）			轴距（mm）	总质量（kg）	整备质量（kg）	2013 年（辆）	2014 年 1—3 月（辆）	配套车型合计（辆）
						长	宽	高						
同上	YC6G260N－30	7800	191	GB11340－2005，GB18285－2005，GB17691－2005 国Ⅲ	客车	10740	2500	3700	5420	15900	11920			
		7800	191	GB17691－2005 国Ⅲ，GB18285－2005，GB11340－2005	客车	10500	2500	3580	5170	15700	11725			
	YC6G260N－40	7800	191	GB17691－2005 国Ⅳ，GB18285－2005，GB11340－2005	城市客车	11490	2550	3240	5800	16500	11600			
		7800	191	GB11340－2005，GB18285－2005，GB17691－2005 国Ⅳ	城市客车	11490	2550	3160	5700	16500	11400			
		7800	191	GB17691－2005 国Ⅳ，GB11340－2005，GB18285－2005	城市客车	11980	2550	3200	5900	17950	12200			
		7800	191	GB17691－2005 国Ⅳ，GB18285－2005，GB11340－2005	城市客车	11980	2500	3220	6000	18000	12530			
		7800	191	GB11340－2005，GB18285－2005，GB17691－2005 国Ⅳ	城市客车	11980	2550	3070	6000	18000	12000			
		7800	191	GB17691－2005 国Ⅳ，GB11340－2005，GB18285－2005	城市客车	11990	2540	3170	6000	17990	11500			
		7800	191	GB17691－2005 国Ⅳ，GB11340－2005，GB18285－2005	城市客车	11990	2540	3380	6000	17990	11900			
		7800	191	GB17691－2005 国Ⅳ，GB11340－2005，GB18285－2005	城市客车	11990	2550	3240	6000	18000	12600			
		7800	191	GB11340－2005，GB18285－2005，GB17691－2005 国Ⅳ	城市客车	12000	2535	3200	6100	18000	11600			
		7800	191	GB17691－2005 国Ⅳ，GB11340－2005，GB18285－2005	城市客车	12000	2550	3200	6100	18000	12200			
		7800	191	GB11340－2005，GB18285－2005，GB17691－2005 国Ⅳ	城市客车	12000	2532	3180	6000	18000	12800			
		7800	191	GB17691－2005 国Ⅳ，GB11340－2005，GB18285－2005	城市客车	12000	2550	3250	6100	17500	11830			
		7800	191	GB17691－2005 国Ⅳ，GB11340－2005，GB18285－2005	客车	8995	2500	3460	4300	13600	10550			
		7800	191	GB17691－2005 国Ⅳ，GB11340－2005，GB18285－2005	客车	8995	2500	3460	4300	13600	10400			
		7800	191	GB3847－2005，GB17691－2005 国Ⅳ	客车	9945	2500	3455	4950	14400	10890			
		7800	191	GB17691－2005 国Ⅳ，GB11340－2005，GB18285－2005	客车	9945	2500	3460	5100	14000	10490			
		7800	191	GB17691－2005 国Ⅳ，GB18285－2005，GB11340－2005	客车	10500	2500	3580	5170	15900	11725			
		7800	191	GB17691－2005 国Ⅳ，GB11340－2005，GB18285－2005	客车	10690	2500	3550	5250	16500	11500			
		7800	191	GB17691－2005 国Ⅳ，GB18285－2005，GB11340－2005	客车	10690	2500	3570	5300	15900	11920			
		7800	191	GB17691－2005 国Ⅳ，GB11340－2005，GB18285－2005	客车	10740	2500	3610	5420	15900	12070			
		7800	191	GB17691－2005 国Ⅳ，GB11340－2005，GB18285－2005	客车	10740	2500	3610	5420	15900	11920			
		7800	191	GB17691－2005 国Ⅳ，GB11340－2005，GB18285－2005	客车	10740	2500	3400	5420	15000	10630			
		7800	191	GB17691－2005 国Ⅳ，GB11340－2005，GB18285－2005	客车	10800	2500	3550	5550	15900	11900			
		7800	191	GB11340－2005，GB18285－2005，GB17691－2005 国Ⅳ	客车	10800	2500	3534	5360	16500	11150			

续表

发动机生产企业	发动机型号	排量(mL)	功率(kW)	排放标准	配套车辆名称	外形尺寸(mm) 长	宽	高	轴距(mm)	总质量(kg)	整备质量(kg)	2013年(辆)	2014年1—3月(辆)	配套车型合计(辆)
同上	同上	7800	191	GB17691－2005国Ⅳ，GB11340－2005，GB18285－2005	客车	10800	2500	3520	5460	15500	11670			
		7800	191	GB11340－2005，GB18285－2005，GB17691－2005国Ⅳ	客车	10950	2500	3580	5550	16000	12000			
		7800	191	GB17691－2005国Ⅳ，GB18285－2005，GB11340－2005	客车	10980	2500	3580	5400	15900	11760			
		7800	191	GB17691－2005国Ⅳ，GB11340－2005，GB18285－2005	客车	10990	2500	3610	5670	15900	11800			
		7800	191	GB17691－2005国Ⅳ，GB11340－2005，GB18285－2005	客车	10990	2500	3580	5450	15900	11770			
		7800	191	GB17691－2005国Ⅳ，GB11340－2005，GB18285－2005	客车	10990	2500	3500	5600	15900	11900			
		7800	191	GB17691－2005国Ⅳ，GB11340－2005，GB18285－2005	客车	10990	2500	3560	5600	15500	11450			
		7800	191	GB17691－2005国Ⅳ，GB11340－2005，GB18285－2005	客车	11010	2550	3610	5670	15900	11800			
		7800	191	GB17691－2005国Ⅳ，GB11340－2005，GB18285－2005	双层城市客车	11310	2550	4200	5500	18000	13320			
	YC6G260N－50	7800	191	GB17691－2005国Ⅴ，GB11340－2005，GB18285－2005	城市客车	11400	2500	3250	5650	16000	11400			
		7800	191	GB11340－2005，GB18285－2005，GB17691－2005国Ⅴ	城市客车	11460	2550	3485	5700	17000	11600			
		7800	191	GB11340－2005，GB18285－2005，GB17691－2005国Ⅴ	城市客车	11470	2500	3080	5800	16500	10500			
		7800	191	GB11340－2005，GB18285－2005，GB17691－2005国Ⅴ	城市客车	11490	2550	3370	5700	16500	11900			
		7800	191	GB17691－2005国Ⅴ，GB11340－2005，GB18285－2005	城市客车	11500	2550	3200	5800	16500	11200			
		7800	191	GB17691－2005国Ⅲ，GB11340－2005，GB18285－2005	城市客车	11960	2500	3265	6100	18000	12600			
		7800	191	GB17691－2005国Ⅴ，GB11340－2005，GB18285－2005	城市客车	11980	2550	3190	6000	18000	12500			
		7800	191	GB17691－2005国Ⅴ，GB18285－2005，GB11340－2005	城市客车	11990	2540	3380	6000	17990	11900			
		7800	191	GB17691－2005国Ⅴ，GB18285－2005，GB11340－2005	城市客车	11990	2540	3455	6000	17990	11900			
		7800	191	GB11340－2005，GB18285－2005，GB17691－2005国Ⅴ	城市客车	12000	2550	3485	6100	18000	12600			
		7800	191	GB17691－2005国Ⅴ，GB11340－2005，GB18285－2005	城市客车	12000	2550	3200	6100	18000	11600			
		7800	191	GB17691－2005国Ⅴ，GB11340－2005，GB18285－2005	客车	8990	2500	3410	4300	13300	10100			
		7800	191	GB17691－2005国Ⅴ，GB11340－2005，GB18285－2005	客车	8995	2500	3460	4300	13600	10400			
		7800	191	GB17691－2005国Ⅴ，GB11340－2005，GB18285－2005	客车	8995	2500	3460	4300	14000	10400			
		7800	191	GB17691－2005国Ⅴ，GB18285－2005，GB11340－2005	客车	8995	2500	3480	4300	13000	9800			
		7800	191	GB11340－2005，GB18285－2005，GB17691－2005国Ⅴ	客车	9845	2490	3570	4700	14000	10450			
		7800	191	GB11340－2005，GB18285－2005，GB17691－2005国Ⅴ	客车	9895	2480	3404	5000	14000	10490			

续表

发动机生产企业	发动机型号	排量（mL）	功率（kW）	排放标准	配套车辆名称	外形尺寸（mm） 长	宽	高	轴距（mm）	总质量（kg）	整备质量（kg）	2013年（辆）	2014年1—3月（辆）	配套车型合计（辆）
同上	同上	7800	191	GB17691－2005 国Ⅴ，GB11340－2005，GB18285－2005	客车	9945	2500	3440	4950	14400	10890			
		7800	191	GB17691－2005 国Ⅴ，GB11340－2005，GB18285－2005	客车	9945	2500	3450	5100	14000	10330			
		7800	191	GB17691－2005 国Ⅴ，GB11340－2005，GB18285－2005	客车	10390	2500	3550	5150	16500	11400			
		7800	191	GB17691－2005 国Ⅴ，GB18285－2005，GB11340－2005	客车	10490	2500	3600	5200	15900	11530			
		7800	191	GB11340－2005，GB18285－2005，GB17691－2005 国Ⅴ	客车	10490	2480	3650	5450	15900	11700			
		7800	191	GB11340－2005，GB18285－2005，GB17691－2005 国Ⅴ	客车	10740	2500	3610	5420	15900	11920			
		7800	191	GB17691－2005 国Ⅴ，GB11340－2005，GB18285－2005	客车	10960	2480	3550	5600	16500	11800			
		7800	191	GB17691－2005 国Ⅴ，GB11340－2005，GB18285－2005	客车	10990	2500	3420	5450	16500	11350			
		7800	191	GB17691－2005 国Ⅴ，GB11340－2005，GB18285－2005	豪华客车	10150	2500	3430	5000	14700	11150			
		7800	191	GB17691－2005 国Ⅴ，GB11340－2005，GB18285－2005	豪华客车	8980	2500	3320	4200	13050	9700			
		7800	191	GB17691－2005 国Ⅴ，GB11340－2005，GB18285－2005	商务车	8995	2500	3460	4300	13600	10400			
	YC6G280N－50	7800	170	GB11340－2005，GB18285－2005，GB17691－2005 国Ⅴ	城市客车	10490	2480	3140	5000	16500	11200			
	YC6J150N－30	6500	110	GB11340－2005，GB18285－2005，GB17691－2005 国Ⅲ	城市客车	10200	2500	3350	5000	13000	8900			
		6500	110	GB11340－2005，GB18285－2005，GB17691－2005 国Ⅲ	城市客车	10505	2500	3040	5000	13000	9000			
	YC6J190N－40	6454	140	GB11340－2005，GB18285－2005，GB17691－2005 国Ⅳ	城市客车	10200	2500	3350	5000	13000	8900			
		6494	140	GB11340－2005，GB18285－2005，GB17691－2005 国Ⅳ	城市客车	10500	2500	3100	5000	14000	8650			
		6454	140	GB11340－2005，GB18285－2005，GB17691－2005 国Ⅳ	城市客车	10505	2500	3040	5000	14000	9000			
	YC6J190N－52	6494	140	GB17691－2005 国Ⅴ，GB11340－2005，GB18285－2005	城市客车	9295	2420	3220	4550	13700	9700			
		6494	140	GB11340－2005，GB18285－2005，GB17691－2005 国Ⅴ	城市客车	10505	2500	3040	5000	14000	9950			
	YC6J210N－30	6454	155	GB11340－2005，GB18285－2005，GB17691－2005 国Ⅲ	城市客车	8949	2440	3200	4250	13200	9050			
		6454	155	GB11340－2005，GB18285－2005，GB17691－2005 国Ⅲ	城市客车	9265	2440	2950	4400	13200	8800			
		6454	155	GB17691－2005 国 III，GB11340－2005，GB18285－2005	城市客车	10320	2500	2930	5000	15500	9600			
		6454	155	GB11340－2005，GB18285－2005，GB17691－2005 国Ⅲ	城市客车	10490	2480	3400	5100	15300	10300			
		6454	155	GB11340－2005，GB18285－2005，GB17691－2005 国Ⅲ	客车	8490	2450	3600	4100	11900	9000			
		6454	155	GB17691－2005 国Ⅲ，GB18285－2005，GB11340－2005	客车	8540	2450	3330	4100	11600	8550			
		6454	155	GB11340－2005，GB18285－2005，GB17691－2005 国Ⅲ	客车	8545	2450	3365	4100	11900	9000			

续表

发动机生产企业	发动机型号	排量（mL）	功率（kW）	排放标准	配套车辆名称	外形尺寸（mm）			轴距（mm）	总质量（kg）	整备质量（kg）	2013年（辆）	2014年1—3月（辆）	配套车型合计（辆）
						长	宽	高						
同上	同上	6454	155	GB17691－2005国Ⅲ，GB18285－2005，GB11340－2005	客车	8750	2450	3290	4250	11600	8550			
		6454	155	GB11340－2005，GB18285－2005，GB17691－2005国Ⅲ	客车	8949	2450	3600	4340	12500	9300			
		6454	155	GB11340－2005，GB18285－2005，GB17691－2005国Ⅲ	客车	8949	2450	3365	4340	12500	9300			
	YC6J210N－40	6454	155	GB17691－2005国Ⅳ，GB18285－2005，GB11340－2005	城市客车	8930	2460	3120	4250	13200	9200			
		6545	155	GB11340－2005，GB18285－2005，GB17691－2005国Ⅳ	城市客车	8949	2440	3450	4250	13200	9050			
		6500	155	GB17691－2005国Ⅳ，GB11340－2005，GB18285－2005	城市客车	8990	2450	3150	4250	13200	8900			
		6454	155	GB17691－2005国Ⅳ，GB18285－2005，GB11340－2005	城市客车	9180	2460	3120	4250	13200	8900			
		6454	155	GB11340－2005，GB18285－2005，GB17691－2005国Ⅳ	城市客车	9245	2500	3040	4400	13000	8650			
		6545	155	GB11340－2005，GB18285－2005，GB17691－2005国Ⅳ	城市客车	9265	2440	3450	4400	13200	9150			
		6494	155	GB17691－2005国Ⅳ，GB11340－2005，GB18285－2005	城市客车	9295	2420	3400	4550	13200	9000			
		6500	155	GB17691－2005国Ⅳ，GB11340－2005，GB18285－2005	城市客车	9300	2450	3300	4560	13200	9000			
		6454	155	GB11340－2005，GB18285－2005，GB17691－2005国Ⅳ	城市客车	9300	2450	3050	4460	13200	9100			
		6454	155	GB17691－2005国Ⅳ，GB18285－2005，GB11340－2005	城市客车	9340	2500	3220	4400	13700	9900			
		6454	155	GB11340－2005，GB18285－2005，GB17691－2005国Ⅳ	城市客车	9345	2500	3230	4500	13500	8220			
		6494	155	GB11340－2005，GB18285－2005，GB17691－2005国Ⅳ	城市客车	9400	2420	3070	4400	13000	8670			
		6500	155	GB17691－2005国Ⅳ，GB18285－2005，GB11340－2005	城市客车	9500	2500	3140	4500	13200	9300			
		6494	155	GB17691－2005国Ⅳ，GB18285－2005，GB11340－2005	城市客车	10305	2500	3440	5000	16500	10700			
		6494	155	GB11340－2005，GB17691－2005国Ⅳ，GB18285－2005	城市客车	10480	2500	3125	5000	16500	10650			
		6494	155	GB11340－2005，GB18285－2005，GB17691－2005国Ⅳ	城市客车	10490	2500	3380	5000	16000	11200			
		6494	155	GB17691－2005（国Ⅳ阶段），GB11340－2005，GB18285－2005	城市客车	10490	2500	3480	5100	14500	10080			
		6454	155	GB17691－2005国Ⅳ，GB11340－2005，GB18285－2005	城市客车	10490	2480	3200	5100	15500	12050			
		6454	155	GB17691－2005国Ⅳ，GB11340－2005，GB18285－2005	城市客车	10500	2500	3380	5000	16000	10500			
		6454	155	GB11340－2005，GB18285－2005，GB17691－2005国Ⅳ	城市客车	10500	2500	3240	5000	16500	11300			
		6454	155	GB11340－2005，GB18285－2005，GB17691－2005国Ⅳ	城市客车	11990	2500	3060	6000	18000	10450			
		6494	155	GB11340－2005，GB18285－2005，GB17691－2005国Ⅳ	客车	8450	2410	3280	4000	11200	8300			
		6494	155	GB17691－2005国Ⅳ，GB11340－2005，GB18285－2005	客车	8490	2400	3310	4000	11750	8650			

续表

发动机生产企业	发动机型号	排量(mL)	功率(kW)	排放标准	配套车辆名称	外形尺寸(mm)			轴距(mm)	总质量(kg)	整备质量(kg)	2013年(辆)	2014年1—3月(辆)	配套车型合计(辆)
						长	宽	高						
同上	同上	6454	155	GB11340-2005，GB18285-2005，GB17691-2005 国Ⅳ	客车	8495	2480	3388	4020	11900	9000			
		6494	155	GB17691-2005 国Ⅳ，GB11340-2005，GB18285-2005	客车	8520	2450	3380	4100	11920	8880			
		6454	155	GB17691-2005 国Ⅳ，GB11340-2005，GB18285-2005	客车	8540	2480	3350	4100	11900	8850			
		6454	155	GB17691-2005 国Ⅳ，GB18285-2005，GB11340-2005	客车	8540	2500	3300	4100	11830	8940			
		6454	155	GB11340-2005，GB18285-2005，GB17691-2005 国Ⅳ	客车	8540	2430	3300	4100	11600	8400			
		6500	155	GB17691-2005 国Ⅳ，GB11340-2005，GB18285-2005	客车	8543	2470	3580	4100	11900	9000			
		6494	155	GB11340-2005，GB18285-2005，GB17691-2005 国Ⅳ	客车	8545	2450	3600	4100	11900	9000			
		6494	155	GB11340-2005，GB18285-2005，GB17691-2005 国Ⅳ	客车	8545	2450	3365	4100	11900	9000			
		6454	155	GB17691-2005 国Ⅳ，GB11340-2005，GB18285-2005	客车	8720	2450	3570	4200	12900	9850			
		6454	155	GB11340-2005，GB18285-2005，GB17691-2005 国Ⅳ	客车	8745	2480	3388	4170	11500	8200			
		6500	155	GB17691-2005 国Ⅳ，GB11340-2005，GB18285-2005	客车	8774	2470	3385	4250	12550	9350			
		6500	155	GB17691-2005 国Ⅳ，GB11340-2005，GB18285-2005	客车	8774	2470	3385	4250	12700	9650			
		6454	155	GB11340-2005，GB18285-2005，GB17691-2005 国Ⅳ	客车	8945	2430	3300	4300	11900	8800			
		6494	155	GB17691-2005 国Ⅳ，GB18285-2005，GB11340-2005	客车	8970	2450	3345	4300	11900	8850			
		6494	155	GB17691-2005 国Ⅳ，GB11340-2005，GB18285-2005	客车	8990	2475	3375	4300	11900	8800			
		6454	155	GB17691-2005 国Ⅳ，GB11340-2005，GB18285-2005	客车	8995	2480	3350	4300	12500	9300			
		6494	155	GB17691-2005 国Ⅳ，GB18285-2005，GB11340-2005	小学生专用校车	9960	2470	3070	5750	14000	9400			
		6454	155	GB17691-2005 国Ⅳ，GB11340-2005，GB18285-2005	小学生专用校车	10130	2450	3185	5700	13000	9950			
	YC6J210N-52	6494	155	GB11340-2005，GB18285-2005，GB17691-2005 国Ⅴ	城市客车	8949	2440	3200	4300	13200	9550			
		6494	155	GB11340-2005，GB18285-2005，GB17691-2005 国Ⅳ	城市客车	8990	2460	3200	4250	13200	8950			
		6494	155	GB17691-2005 国Ⅴ，GB18285-2005，GB11340-2005	城市客车	8995	2480	3240	4200	13200	9200			
		6494	155	GB17691-2005 国Ⅴ，GB11340-2005，GB18285-2005	城市客车	8995	2500	3200	4300	13700	9700			
		6494	155	GB17691-2005 国Ⅴ，GB18285-2005，GB11340-2005	城市客车	8995	2420	3170	4200	13500	8400			
		6494	155	GB17691-2005 国Ⅴ，GB11340-2005，GB18285-2005	城市客车	9000	2500	3200	4200	13500	9360			
		6494	155	GB17691-2005 国Ⅴ，GB11340-2005，GB18285-2005	城市客车	9145	2500	3080	4200	13200	9100			
		6494	155	GB17691-2005 国Ⅴ，GB18285-2005，GB11340-2005	城市客车	9180	2460	3120	4250	13200	9400			

续表

发动机生产企业	发动机型号	排量（mL）	功率（kW）	排放标准	配套车辆名称	外形尺寸（mm）			轴距（mm）	总质量（kg）	整备质量（kg）	2013年（辆）	2014年1—3月（辆）	配套车型合计（辆）
						长	宽	高						
同上	同上	6494	155	GB17691－2005国Ⅴ，GB18285－2005，GB11340－205	城市客车	9190	2500	3270	4300	13500	9450			
		6494	155	GB17691－2005国Ⅴ，GB11340－2005，GB18285－2005	城市客车	9295	2420	3220	4550	13700	9700			
		6494	155	GB17691－2005国Ⅴ，GB11340－2005，GB18285－2005	城市客车	9295	2500	3160	4400	13200	9400			
		6494	155	GB11340－2005，GB18285－2005，GB17691－2005国Ⅴ	城市客车	9300	2450	3100	4460	13200	9300			
		6494	155	GB11340－2005，GB18285－2005，GB17691－2005国Ⅴ	城市客车	9300	2482	3180	4400	13500	9500			
		6494	155	GB17691－2005国Ⅴ，GB18285－2005，GB11340－2005	城市客车	9436	2420	3400	4500	14000	10100			
		6494	155	GB17691－2005国Ⅴ，GB11340－2005，GB18285－2005	城市客车	10305	2500	3240	5000	16500	11300			
		6494	155	GB17691－2005国Ⅴ，GB11340－2005，GB18285－2005	城市客车	10320	2500	3150	5000	15500	9600			
		6494	155	GB17691－2005国Ⅴ，GB18285－2005，GB11340－2005	城市客车	10480	2500	3150	5000	16000	11380			
		6494	155	GB11340－2005，GB18285－2005，GB17691－2005国Ⅴ	城市客车	10490	2480	3490	5100	16000	11300			
		6494	155	GB11340－2005，GB18285－2005，GB17691－2005国Ⅴ	城市客车	10490	2482	3220	5000	16000	11000			
		6494	155	GB11340－2005，GB18285－2005，GB17691－2005国Ⅴ	城市客车	10490	2500	3050	5000	16500	9530			
		6494	155	GB17691－2005国Ⅴ，GB11340－2005，GB18285－2005	城市客车	10500	2500	3300	5000	16500	11300			
		6494	155	GB11340－2005，GB18285－2005，GB17691－2005国Ⅴ	客车	8510	2450	3600	4100	11900	9000			
		6494	155	GB17691－2005国Ⅴ，GB11340－2005，GB18285－2005	客车	8543	2500	3340	4100	11900	9150			
		6494	155	GB17691－2005国Ⅴ，GB11340－2005，GB18285－2005	客车	8543	2500	3340	4100	11900	9000			
		6494	155	GB17691－2005国Ⅴ，GB11340－2005，GB18285－2005	客车	8490	2500	3390	4000	11900	8850			
		6494	155	GB17691－2005国Ⅴ，GB18285－2005，GB11340－2005	客车	8540	2500	3300	4100	11830	8940			
		6494	155	GB11340－2005，GB18285－2005，GB17691－2005国Ⅴ	客车	8545	2480	3388	4100	11600	8700			
	YC6J225N－52	6494	166	GB17691－2005国Ⅴ，GB11340－2005，GB18285－2005	客车	8774	2500	3385	4250	12700	9650			
		6494	166	GB11340－2005，GB18285－2005，GB17691－2005国Ⅴ	客车	8995	2480	3380	4300	13500	10300			
	YC6L240N－52	8424	177	GB17691－2005国Ⅴ，GB18285－2005，GB11340－2005	城市客车	11980	2550	3400	5900	17950	12100			
	YC6L260N－52	8424	191	GB17691－2005国Ⅴ，GB11340－2005，GB18285－2005	城市客车	10500	2500	3200	5000	16500	11350			
		8424	191	GB17691－2005国Ⅴ，GB18285－2005，GB11340－2005	城市客车	11380	2540	3300	5700	17000	12100			
		8424	191	GB17691－2005国Ⅴ，GB11340－2005，GB18285－2005	城市客车	11380	2550	3200	5700	17000	11780			
		8424	191	GB17691－2005国Ⅳ，GB18285－2005，GB11340－2005	城市客车	11980	2550	3250	5900	17950	12500			

续表

发动机生产企业	发动机型号	排量（mL）	功率（kW）	排放标准	配套车辆名称	外形尺寸（mm） 长	宽	高	轴距（mm）	总质量（kg）	整备质量（kg）	2013 年（辆）	2014 年 1—3 月（辆）	配套车型合计（辆）
同上	同上	8424	191	GB17691－2005 国Ⅴ，GB11340－2005，GB18285－2005	城市客车	12000	2550	3250	6100	17500	11830			
		8424	191	GB17691－2005（国Ⅴ阶段），GB18285－2005，GB11340－2005	客车	10490	2500	3770	5250	15200	11000			
		8424	191	GB17691－2005 国Ⅴ，GB11340－2005，GB18285－2005	双层城市客车	11320	2550	4200	5600	18000	12780			
	YC6L280N－40	8424	206	GB17691－2005 国Ⅳ，GB18285－2005，GB11340－2005	客车	10490	2500	3760	5200	15200	11530			
		8424	206	GB17691－2005 国Ⅳ，GB11340－2005，GB18285－2005	客车	10690	2500	3520	5250	16400	11550			
		8424	206	GB17691－2005 国Ⅳ，GB11340－2005，GB18285－2005	客车	10690	2500	3795	5150	17160	12500			
		8424	206	GB17691－2005 国Ⅳ，GB11340－2005，GB18285－2005	客车	10800	2500	3550	5550	15255	11900			
		8424	206	GB17691－2005 国Ⅳ，GB11340－2005，GB18285－2005	客车	10800	2500	3600	5300	16000	12020			
		8424	206	GB17691－2005 国Ⅳ，GB11340－2005，GB18285－2005	客车	10990	2500	3610	5670	15900	11800			
		8424	206	GB17691－2005 国Ⅳ，GB11340－2005，GB18285－2005	客车	10990	2500	3455	5670	16500	12360			
		8424	206	GB17691－2005 国Ⅳ，GB11340－2005，GB18285－2005	客车	10990	2500	3520	5550	16500	11900			
		8424	206	GB17691－2005 国Ⅳ，GB11340－2005，GB18285－2005	客车	10990	2500	3550	5550	16400	12400			
		8424	206	GB17691－2005 国Ⅳ，GB11340－2005，GB18285－2005	客车	11010	2550	3610	5670	15900	11800			
		8424	206	GB17691－2005 国Ⅳ，GB11340－2005，GB18285－2005	客车	11300	2500	3750	5680	16500	11900			
		8424	206	GB17691－2005 国Ⅳ，GB11340－2005，GB18285－2005	客车	12000	2550	3400	6150	18000	12770			
		8424	206	GB17691－2005 国Ⅳ，GB11340－2005，GB18285－2005	客车	12000	2550	3400	6180	16500	11350			
	YC6L280N－52	8424	206	GB11340－2005，GB18285－2005，GB17691－2005 国Ⅴ	城市客车	13630	2550	3500	6300＋1350	23000	15500			
		8424	206	GB17691－2005 国Ⅴ，GB11340－2005，GB18285－2005	城市客车	11980	2540	3140	6200	18000	12300			
		8424	206	GB11340－2005，GB18285－2005，GB17691－2005 国Ⅴ	客车	10740	2500	3610	5420	15250	11740			
		8424	206	GB11340－2005，GB18285－2005，GB17691－2005 国Ⅴ	客车	10820	2500	3450	5650	15500	11200			
		8424	206	GB11340－2005，GB18285－2005，GB17691－2005 国Ⅴ	客车	10950	2500	3580	5550	16500	12300			
		8424	206	GB17691－2005 国Ⅴ，GB11340－2005，GB18285－2005	客车	10980	2500	3620	5400	16500	11500			
		8424	206	GB11340－2005，GB18285－2005，GB17691－2005 国Ⅴ	客车	10990	2500	3455	5670	16500	12360			
		8424	206	GB17691－2005 国Ⅴ，GB11340－2005，GB18285－2005	客车	10990	2500	3550	5550	16500	12300			
		8424	206	GB17691－2005 国Ⅴ，GB11340－2005，GB18285－2005	客车	10990	2500	3560	5600	15600	11450			
		8424	206	GB17691－2005 国Ⅴ，GB11340－2005，GB18285－2005	客车	10990	2500	3580	5450	15900	11770			

续表

发动机生产企业	发动机型号	排量（mL）	功率（kW）	排放标准	配套车辆名称	外形尺寸（mm）长	宽	高	轴距（mm）	总质量（kg）	整备质量（kg）	2013年（辆）	2014年1—3月（辆）	配套车型合计（辆）
同上	同上	8424	206	GB17691－2005国Ⅴ，GB18285－2005，GB11340－2005	客车	10990	2500	3600	5550	16500	11500			
		8424	206	GB11340－2005，GB18285－2005，GB17691－2005国Ⅴ	客车	10990	2500	3600	5550	16500	12360			
		8424	206	GB17691－2005国Ⅳ，GB11340－2005，GB18285－2005	客车	10995	2500	3880	5550	16400	12200			
		8424	206	GB17691－2005国Ⅴ，GB11340－2005，GB18285－2005	客车	11300	2500	3550	5680	16500	11900			
		8424	206	GB17691－2005国Ⅴ，GB11340－2005，GB18285－2005	豪华旅游客车	11000	2500	3430	5350	15950	12120			
	YC6M340N－30	9839	250	GB17691－2005国Ⅲ，GB11340－2005，GB18285－2005	客车	12000	2550	3700	6150	18000	12770			
		9839	250	GB17691－2005国Ⅲ，GB11340－2005，GB18285－2005	豪华客车	12000	2550	3950	6080	18000	13200			
	YC6MK290N－40	10338	214	GB17691－2005国Ⅳ，GB11340－2005，GB18285－2005	客车	11490	2500	3610	5870	16500	12200			
		10338	214	GB17691－2005国Ⅳ，GB11340－2005，GB18285－2005	客车	12000	2550	3400	6150	18000	12770			
		10338	214	GB17691－2005国Ⅳ，GB18285－2005，GB11340－2005	客车	11565	2500	3700	5870	17000	12700			
		10338	214	GB11340－2005，GB18285－2005，GB17691－2005国Ⅳ	客车	11500	2550	3670	5500	16900	12350			
	YC6MK300N－50	10338	221	GB17691－2005国Ⅴ，GB11340－2005，GB18285－2005	客车	11700	2540	3700	5980	16500	12365			
		10338	221	GB17691－2005国Ⅴ，GB11340－2005，GB18285－2005	城市客车	13700	2550	3400	6100＋1470	23600	15200			
	YC6MK320N－40	10338	235	GB17691－2005国Ⅳ，GB11340－2005，GB18285－2005	客车	11600	2550	3830	5650	17750	13300			
		10338	235	GB17691－2005国Ⅳ，GB11340－2005，GB18285－2005	客车	11600	2550	3600	5650	17750	13300			
		10338	235	GB17691－2005国Ⅳ，GB11340－2005，GB18285－2005	客车	12000	2550	3400	6050	18000	12695			
		10338	235	GB17691－2005国Ⅳ，GB11340－2005，GB18285－2005	客车	12000	2550	3600	6050	18000	13550			
	YC6MK320N－50	10338	236	GB17691－2005国Ⅴ，GB11340－2005，GB18285－2005	客车	11980	2550	3330	6000	17800	12500			
		10338	236	GB17691－2005国Ⅴ，GB11340－2005，GB18285－2005	客车	12000	2550	3580	6050	18000	13000			
		10338	236	GB17691－2005国Ⅴ，GB11340－2005，GB18285－2005	豪华城市客车	18000	2550	3200	5720＋6200	28000	18600			
	YC6MK340N－40	10338	250	GB17691－2005国Ⅳ，GB11340－2005，GB18285－2005	客车	11290	2500	3795	5580	18000	13710			
		10338	250	GB11340－2005，GB18285－2005，GB17691－2005国Ⅳ	客车	11950	2550	3690	6000	18000	13710			
		10338	250	GB17691－2005国Ⅳ，GB18285－2005，GB11340－2005	客车	11990	2550	3830	6000	18000	13700			
		10338	250	GB11340－2005，GB18285－2005，GB17691－2005国Ⅳ	客车	11995	2550	3795	6200	18000	13390			
		10338	250	GB17691－2005国Ⅳ，GB11340－2005，GB18285－2005	客车	12000	2500	3610	6150	18000	13550			
		10338	250	GB17691－2005国Ⅳ，GB11340－2005，GB18285－2005	客车	12000	2550	3680	6080	17200	12800			

续表

发动机生产企业	发动机型号	排量（mL）	功率（kW）	排放标准	配套车辆名称	外形尺寸（mm）			轴距（mm）	总质量（kg）	整备质量（kg）	2013年（辆）	2014年1—3月（辆）	配套车型合计（辆）
						长	宽	高						
同上	同上	10338	250	GB17691－2005 国Ⅳ，GB11340－2005，GB18285－2005	客车	12000	2500	3700	6300	17600	13200			
		10338	250	GB17691－2005 国Ⅳ，GB11340－2005，GB18285－2005	客车	12000	2500	3710	6150	18000	13000			
		10338	250	GB17691－2005 国Ⅳ，GB11340－2005，GB18285－2005	客车	12000	2550	3770	6300	17600	13300			
		10338	250	GB17691－2005 国Ⅳ，GB11340－2005，GB18285－2005	客车	12000	2550	3795	6000	18000	13550			
		10338	250	GB17691－2005 国Ⅳ，GB11340－2005，GB18285－2005	客车	12000	2550	3795	6150	18000	13710			
		10338	250	GB17691－2005 国Ⅳ，GB11340－2005，GB18285－2005	客车	12000	2550	3800	6150	18000	13400			
		10338	250	GB17691－2005 国Ⅳ，GB11340－2005，GB18285－2005	客车	12000	2550	3830	6050	18000	13550			
		10338	250	GB17691－2005 国Ⅳ，GB11340－2005，GB18285－2005	豪华客车	12000	2550	3950	6080	18000	13380			
		10338	250	GB17691－2005 国Ⅳ，GB11340－2005，GB18285－2005	豪华旅游客车	12000	2550	3430	6100	17300	13300			
		10338	250	GB17691－2005 国Ⅳ，GB11340－2005，GB18285－2005	豪华旅游客车	12000	2550	3430	6100	18000	13300			
		10338	250	GB17691－2005 国Ⅳ，GB11340－2005，GB18285－2005	豪华旅游客车	12000	2550	3850	5800	17200	13200			
		10338	250	GB17691－2005 国Ⅳ，GB11340－2005，GB18285－2005	豪华旅游客车	12000	2550	3850	5800	17850	13200			
	YC6MK340N－50	10338	250	GB17691－2005 国Ⅴ，GB11340－2005，GB18285－2005	客车	11290	2500	3795	5580	18000	13710			
		10338	250	GB11340－2005，GB18285－2005，GB17691－2005 国Ⅳ	客车	11995	2550	3795	6200	18000	13390			
		10338	250	GB11340－2005，GB18285－2005，GB17691－2005 国Ⅴ	客车	12000	2500	3610	6150	18000	13390			
		10338	250	GB11340－2005，GB18285－2005，GB17691－2005 国Ⅴ	客车	12000	2550	3400	6150	16500	12050			
		10338	250	GB17691－2005 国Ⅴ，GB11340－2005，GB18285－2005	客车	12000	2550	3830	6050	18000	13710			
		10338	250	GB17691－2005 国Ⅴ，GB11340－2005，GB18285－2005	客车	12000	2550	3670	6250	18000	13560			
		10338	250	GB17691－2005 国Ⅴ，GB18285－2005，GB11340－2005	客车	12000	2550	3690	6000	18000	13210			
		10338	250	GB17691－2005 国Ⅴ，GB11340－2005，GB18285－2005	豪华客车	12000	2550	3850	5800	17480	13500			
	YC6MK375N－40	10338	276	GB17691－2005 国Ⅳ，GB11340－2005，GB18285－2005	客车	12000	2550	3920	6000	18000	13080			
		10338	276	GB17691－2005 国Ⅳ，GB11340－2005，GB18285－2005	客车	12000	2550	3955	6050	18000	13550			
		10338	276	GB17691－2005 国Ⅳ，GB3847－2005	豪华旅游客车	12000	2550	3760	6050	18000	13700			
		10338	276	GB17691－2005 国Ⅳ，GB11340－2005，GB18285－2005	豪华旅游客车	12000	2550	3960	5800	18000	13395			
	YC6MK375N－50	10338	276	GB11340－2005，GB18285－2005，GB17691－2005 国Ⅴ	客车	12000	2550	3920	6000	18000	13080			
		10338	276	GB17691－2005 国Ⅳ，GB11340－2005，GB18285－2005	客车	12000	2550	3955	6050	18000	13550			
		10338	276	GB17691－2005 国Ⅴ，GB11340－2005，GB18285－2005	客车	12000	2500	3550	6080	17300	12800			
		10338	276	GB17691－2005 国Ⅴ，GB11340－2005，GB18285－2005	豪华客车	12000	2550	3960	5800	18000	13395			

续表

发动机生产企业	发动机型号	排量(mL)	功率(kW)	排放标准	配套车辆名称	外形尺寸(mm) 长	宽	高	轴距(mm)	总质量(kg)	整备质量(kg)	2013年(辆)	2014年1—3月(辆)	配套车型合计(辆)
东风南充汽车有限公司	NQ100BN5	3759	73	GB11340－2005，GB18285　2005，GB17691－2005国Ⅴ	城市客车	6005	2210	2450	3300	6500	4700	8372	544	8916
		3759	73	GB11340－2005，GB18285－2005，GB17691－2005国Ⅴ	客车	5990	2025	2650	3200	4900	3400			
	NQ100BN5	3759	73	GB17691－2005国Ⅴ，GB18285－2005，GB11340－2005	城市客车	6640	2325	3165	3300	6700	4945			
		3759	73	GB17691－2005国Ⅴ，GB18285－2005，GB11340－2005	客车	6640	2325	3165	3300	6700	5080			
	NQ100N3	3759	79	GB17691－2005国Ⅲ，GB11340－2005，GB18285－2005	城市客车	7220	2370	3000	3300	7330	4400			
		3759	79	GB11340－2005，GB18285－2005，GB17691－2005国Ⅲ	客车	5990	2250	2780	3300	5860	4180			
		3759	79	GB17691－2005国Ⅲ，GB11340－2005，GB18285－2005	客车	5995	2250	3060	3300	5800	4318			
		3759	79	GB11340－2005，GB18285－2005，GB17691－2005国III	客车	5995	2200	2750	3300	5400	3750			
	NQ100N4	3759	79	GB11340－2005，GB18285－2005，GB17691－2005国Ⅳ	城市客车	5905	2200	2640	3300	6600	4190			
		3759	79	GB11340－2005，GB18285－2005，GB17691－2005国Ⅳ	城市客车	6005	2250	2800	3300	6600	4300			
		3759	79	GB11340－2005，GB18285－2005，GB17691－2005国Ⅳ	城市客车	6580	2300	2850	3300	7000	4790			
		3759	79	GB11340－2005，GB18285－2005，GB17691－2005国Ⅳ	城市客车	6600	2250	2960	3300	6500	4410			
		3759	79	GB11340－2005，GB18285－2005，GB17691－2005国Ⅳ	城市客车	6600	2260	2850	3300	7000	4250			
		3759	79	GB11340－2005，GB18285－2005，GB17691－2005国Ⅳ	城市客车	6620	2240	2820	3308	6500	4350			
		3759	79	GB11340－2005，GB18285－2005，GB17691－2005国Ⅳ	城市客车	6620	2240	2820	3300	6600	4350			
		3759	79	GB11340－2005，GB18285－2005，GB17691－2005国Ⅳ	城市客车	6660	2240	2760	3300	6600	4300			
		3759	79	GB11340－2005，GB18285－2005，GB17691－2005国Ⅳ	城市客车	7220	2310	3070	3300	7450	4700			
		3759	79	GB11340－2005，GB18285－2005，GB17691－2005国Ⅳ	城市客车	7300	2400	3030	3300	9000	5070			
		3759	79	GB11340－2005，GB18285－2005，GB17691－2005国Ⅳ	城市客车	7760	2340	2950	3650	9000	6140			
		3759	79	GB11340－2005，GB18285－2005，GB17691－2005国Ⅳ	客车	5905	2200	2640	3300	6000	3800			
		3759	79	GB17691－2005国Ⅳ，GB11340－2005，GB18285－2005	客车	5980	2260	3000	3300	5650	4168			
		3759	79	GB11340－2005，GB18285－2005，GB17691－2005国Ⅳ	客车	5990	2250	2780	3300	6000	4300			
		3759	79	GB11340－2005，GB18285－2005，GB17691－2005国Ⅳ	客车	5990	2025	2650	3200	4900	3100			
		3759	79	GB11340－2005，GB18285－2005，GB17691－2005国Ⅳ	客车	5995	2240	2800	3300	6000	4200			
		3759	79	GB11340－2005，GB18285－2005，GB17691－2005国Ⅳ	客车	5995	2240	2800	3300	5990	4300			
		3759	79	GB17691－2005国Ⅳ，GB11340－2005，CB18285－2005	客车	5995	2220	2780	3300	5635	4150			

续表

发动机生产企业	发动机型号	排量（mL）	功率（kW）	排放标准	配套车辆名称	外形尺寸（mm）			轴距（mm）	总质量（kg）	整备质量（kg）	2013 年（辆）	2014 年 1—3 月（辆）	配套车型合计（辆）
						长	宽	高						
同上	同上	3759	79	GB11340－2005，GB18285－2005，GB17691－2005 国Ⅳ	客车	5995	2250	2960	3300	5900	4410			
		3759	79	GB11340－2005，GB18285－2005，GB17691－2005 国Ⅳ	客车	5995	2240	3000	3300	5900	4400			
		3759	79	GB11340－2005，GB18285－2005，GB17691－2005 国Ⅳ	客车	5995	2185	2750	3200	5440	3640			
		3759	79	GB11340－2005，GB18285－2005，GB17691－2005 国Ⅳ	客车	5995	2250	2960	3300	5900	4410			
		3759	79	GB11340－2005，GB18285－2005，GB17691－2005 国Ⅳ	客车	5998	2240	2820	3300	5782	4100			
		3759	79	GB11340－2005，GB18285－2005，GB17691－2005 国Ⅳ	客车	5998	2240	2820	3308	5782	4100			
		3759	79	GB11340－2005，GB18285－2005，GB17691－2005 国Ⅳ	客车	5998	2260	2800	3300	5700	3950			
		3759	79	GB11340－2005，GB18285－2005，GB17691－2005 国Ⅳ	客车	6600	2250	2960	3300	6610	4610			
		3759	79	GB11340－2005，GB18285－2005，GB17691－2005 国Ⅳ	客车	6620	2240	2820	3308	6500	4300			
		3759	79	GB17691－2005 国Ⅳ，GB11340－2005，GB18285－2005	客车	6640	2260	2850	3300	6740	4550			
		3759	79	GB11340－2005，GB18285－2005，GB17691－2005 国Ⅳ	客车	6640	2230	2800	3300	7150	4750			
		3759	79	GB11340－2005，GB18285－2005，GB17691－2005 国Ⅳ	客车	6640	2230	3050	3300	7150	4980			
	NQ115N	3759	85	GB17691－2005 国Ⅲ，GB11340－2005，GB18285－2005	城市客车	6640	2250	3000	3300	7080	4610			
		3759	85	GB11340－2005，GB18285－2005，GB17691－2005 国Ⅲ	城市客车	6660	2240	2760	3300	6500	4300			
		3759	85	GB17691－2005 国Ⅲ，GB11340－2005，GB18285－2005	客车	5998	2250	2800	3300	5650	4068			
		3759	85	GB11340－2005，GB18285－2005，GB17691－2005 国Ⅲ	客车	5995	2240	2760	3300	5650	4100			
		3759	85	GB17691－2005 国Ⅲ，GB11340－2005，GB18285－2005	客车	6640	2230	3090	3300	6950	4850			
	NQ120BN5	3759	88	GB17691－2005 国Ⅴ，GB18285－2005，GB11340－2005	城市客车	5990	2250	3050	3308	6500	4200			
		3759	88	GB11340－2005，GB18285－2005，GB17691－2005 国Ⅴ	城市客车	5995	2240	2800	3308	7000	4200			
		3759	88	GB17691－2005 国Ⅴ，GB18285－2005，GB11340－2005	城市客车	5995	2260	2995	3308	6700	5150			
		3759	88	GB11340－2005，GB18285－2005，GB17691－2005 国Ⅴ	城市客车	6557	2250	2800	3300	7150	4550			
		3759	88	GB11340－2005，GB18285－2005，GB17691－2005 国Ⅴ	城市客车	6620	2240	3020	3300	6600	4640			
		3759	88	GB17691－2005 国Ⅴ，GB18285－2005，GB11340－2005	城市客车	6620	2250	2795	3308	7000	4450			
		3759	88	GB11340－2005，GB18285－2005，GB17691－2005 国Ⅴ	城市客车	7120	2250	3150，2950	3300	7000	5050，4850			
		3759	88	GB11340－2005，GB18285－2005，GB17691－2005 国Ⅴ	城市客车	7145	2240	2790	3300	7450	4520			
		3759	88	GB11340－2005，GB18285－2005，GB17691－2005 国Ⅴ	城市客车	7200	2400	3020	3300	7450	5030			

续表

发动机生产企业	发动机型号	排量（mL）	功率（kW）	排放标准	配套车辆名称	外形尺寸（mm）			轴距（mm）	总质量（kg）	整备质量（kg）	2013年（辆）	2014年1—3月（辆）	配套车型合计（辆）
						长	宽	高						
同上	同上	3759	88	GB11340 - 2005，GB18285 - 2005，GB17691 - 2005 国Ⅴ	城市客车	7280	2400	3160	3300	8700	5830			
		3759	88	GB11340 - 2005，GB18285 - 2005，GB17691 - 2005 国Ⅴ	城市客车	7345	2300	2950	3300	8600	5340			
		3759	88	GB11340 - 2005，GB18285 - 2005，GB17691 - 2005 国Ⅴ	城市客车	7360	2350	2860	3300	7700	4300			
		3759	88	GB11340 - 2005，GB18285 - 2005，GB17691 - 2005 国Ⅴ	客车	5995	2185	2750	3200	5440	3640			
		3759	88	GB11340 - 2005，GB18285 - 2005，GB17691 - 2005 国Ⅴ	客车	5995	2240	2750	3308	5860	4250			
		3759	88	GB11340 - 2005，GB18285 - 2005，GB17691 - 2005 国Ⅴ	客车	5995	2240	2820	3300	6050	4400			
		3759	88	GB11340 - 2005，GB18285 - 2005，GB17691 - 2005 国Ⅴ	客车	5995	2240	2830	3300	5700	4000			
		3795	88	GB17691 - 2005 国Ⅴ，GB11340 - 2005，GB18285 - 2005	客车	5995	2240	3085	3100	6600	4800			
		3759	88	GB17691 - 2005 国Ⅴ，GB18285 - 2005，GB11340 - 2005	客车	5990	2250	2995	3308	5900	4400			
		3759	88	GB11340 - 2005，GB18285 - 2005，GB17691 - 2005 国Ⅴ	客车	5990	2250	3000	3300	6000	4500			
		3759	88	GB11340 - 2005，GB18285 - 2005，GB17691 - 2005 国Ⅴ	客车	5990	2300	2750	3300	6050	3770			
		3759	88	GB17691 - 2005 国Ⅴ，GB11340 - 2005，GB18285 - 2005	客车	5998	2260	2850	3300	5720	4138			
		3759	88	GB11340 - 2005，GB18285 - 2005，GB17691 - 2005 国Ⅴ	客车	5998	2200	2800	3300	6050	4380			
		3759	88	GB11340 - 2005，GB18285 - 2005，GB17691 - 2005 国Ⅴ	客车	6600	2200	2800	3300	7200	4750			
		3759	88	GB17691 - 2005 国Ⅴ，GB18285 - 2005，GB11340 - 2005	客车	6620	2250	2795	3308	6800	4450			
		3759	88	GB17691 - 2005 国Ⅴ，GB18285 - 2005，GB11340 - 2005	客车	6620	2250	2995	3308	6800	4650			
		3759	88	GB17691 - 2005 国Ⅴ，GB11340 - 2005，GB18285 - 2005	客车	6640	2260	2850	3300	6640	4450			
		3759	88	GB11340 - 2005，GB18285 - 2005，GB17691 - 2005 国Ⅴ	客车	6640	2250	3000	3300	6950	4850			
		3759	88	GB11340 - 2005，GB18285 - 2005，GB17691 - 2005 国Ⅴ	客车	6990	2185	2750	3935	6500	4300			
		3759	88	GB17691 - 2005 国Ⅴ，GB11340 - 2005，GB18285 - 2005	客车	7260	2280	3030	3800	7340	4920			
	NQ120N	3759	92	GB11340 - 2005，GB18285 - 2005，GB17691 - 2005 国Ⅲ	城市客车	6470	2200	2750	3650	6000	4320			
		3759	92	GB11340 - 2005，GB18285 - 2005，GB17691 - 2005 国Ⅲ	城市客车	6570	2250	2780	3300	6500	4420			
		3759	92	GB11340 - 2005，GB18285 - 2005，GB17691 - 2005 国Ⅲ	城市客车	6580	2300	2850	3300	6500	4290			
		3759	88	GB11340 - 2005，GB18285 - 2005，GB17691 - 2005 国Ⅲ	城市客车	6580	2250	2960	3300	7080	4540			
		3759	92	GB17691 - 2005 国Ⅲ，GB11340 - 2005，GB18285 - 2005	城市客车	6600	2260	2805	3300	6850	4450			
		3759	92	GB11340 - 2005，GB18285 - 2005，GB17691 - 2005 国Ⅲ	城市客车	6600	2260	3000	3300	6500	4550			

续表

发动机生产企业	发动机型号	排量(mL)	功率(kW)	排放标准	配套车辆名称	外形尺寸(mm)			轴距(mm)	总质量(kg)	整备质量(kg)	2013年(辆)	2014年1—3月(辆)	配套车型合计(辆)
						长	宽	高						
同上	同上	3759	92	GB11340－2005，GB18285－2005，GB17691－2005国Ⅲ	城市客车	6620	2200	2950	3300	6500	4500			
		3759	92	GB11340－2005，GB18285－2005，GB17691－2005国Ⅲ	城市客车	6620	2240	2820	3300	6500	4350			
		3759	92	GB17691－2005国Ⅲ，GB11340－2005，GB18285－2005	城市客车	6620	2240	2795	3308	6800	4450			
		3759	92	GB17691－2005国Ⅲ，GB11340－2005，GB18285－2005	城市客车	7000	2245	2820	3308	6500	4480			
		3759	92	GB17691－2005国Ⅲ，GB11340－2005，GB18285－2005	城市客车	7110	2240	2825	3300	7000	4650			
		3759	92	GB11340－2005，GB18285－2005，GB17691－2005国Ⅲ	城市客车	7120	2250	2950，3150	3300	7195	4850 5050			
		3759	92	GB17691－2005国Ⅲ，GB11340－2005，GB18285－2005	城市客车	7166	2310	2910	3300	7720	5440			
		3759	92	GB11340－2005，GB18285－2005，GB17691－2005国Ⅲ	城市客车	7200	2300	2900	3300	7690	4850			
		3759	92	GB11340－2005，GB18285－2005，GB17691－2005国Ⅲ	城市客车	7280	2260	3100	3300	7700	5490			
		3759	92	GB17691－2005国Ⅲ，GB11340－2005，GB18285－2005	城市客车	7288	2240	2780	3308	7450	4850			
		3759	92	GB17691－2005国Ⅲ，GB11340－2005，GB18285－2005	城市客车	7320	2320	3180	3300	8120	5000			
		3759	92	GB11340－2005，GB18285－2005，GB17691－2005国Ⅲ	城市客车	7340	2340	2930	3300	8600	5270			
		3759	92	GB17691－2005国Ⅲ，GB11340－2005，GB18285－2005	城市客车	7390	2420	3050	3300	8400	5600			
		3759	92	GB17691－2005国Ⅲ，GB11340－2005，GB18285－2005	城市客车	7455	2340	3050	3300	9400	6000			
		3759	88	GB17691－2005国Ⅲ，GB11340－2005，GB18285－2005	城市客车	7460	2370	2830	3300	7700	4700			
		3759	92	GB17691－2005国Ⅲ，GB11340－2005，GB18285－2005	城市客车	7495	2340	2980	3600	8400	5540			
		3759	92	GB11340－2005，GB18285－2005，GB17691－2005国Ⅲ	城市客车	7498	2360	3000	3500	8260	5330			
		3759	92	GB11340－2005，GB18285－2005，GB17691－2005国Ⅲ	城市客车	7540	2360	2950	3650	8300	5340			
		3759	92	GB11340－2005，GB18285－2005，GB17691－2005国Ⅲ	城市客车	7595	2380	2980	3650	8400	5200			
		3759	92	GB11340－2005，GB18285－2005，GB17691－2005国Ⅲ	城市客车	7600	2380	3000	3300	7700	4700			
		3759	92	GB11340－2005，GB18285－2005，GB17691－2005国Ⅲ	城市客车	7760	2340	3150	3650	8400	5670			
		3759	88	GB17691－2005国Ⅲ，GB11340－2005，GB18285－2005	城市客车	7760	2370	3000	3650	8400	5320			
		3759	92	GB11340－2005，GB18285－2005，GB17691－2005国Ⅲ	城市客车	7800	2380	3000	3650	9400	5900			
		3759	92	GB11340－2005，GB18285－2005，GB17691－2005国Ⅲ	客车	5905	2200	2640	3300	5390	3780			
		3759	92	GB17691－2005国Ⅲ，GB11340－2005，GB18285－2005	客车	5990	2240	2795	3308	5900	4400			
		3759	92	GB11340－2005，GB18285－2005，GB17691－2005国Ⅲ	客车	5995	2270	2950	3308	5950	4360			

续表

发动机生产企业	发动机型号	排量（mL）	功率（kW）	排放标准	配套车辆名称	外形尺寸（mm）			轴距（mm）	总质量（kg）	整备质量（kg）	2013年（辆）	2014年1—3月（辆）	配套车型合计（辆）
						长	宽	高						
同上	同上	3759	92	GB11340－2005，GB18285－2005，GB17691－2005国Ⅲ	客车	5995	2240	2800	3300	5990	4300			
		3759	92	GB11340－2005，GB18285－2005，GB17691－2005国Ⅲ	客车	5995	2220	2780	3300	6000	4370			
		3759	92	GB11340－2005，GB18285－2005，GB17691－2005国Ⅲ	客车	5995	2240	2760	3300	5650	4100			
		3759	92	GB17691－2005国Ⅲ，GB11340－2005，GB18285－2005	客车	5998	2200	2750	3308	5320	3600			
		3759	92	GB11340－2005，GB18285－2005，GB17691－2005国Ⅲ	客车	5998	2260	2830	3300	5300	3710			
		3759	92	GB11340－2005，GB18285－2005，GB17691－2005国Ⅲ	客车	5998	2200	3000	3300	6500	4520			
		3759	92	GB11340－2005，GB18285－2005，GB17691－2005国Ⅲ	客车	6570	2250	2780	3300	6400	4420			
		3759	92	GB17691－2005国Ⅲ，GB11340－2005，GB18285－2005	客车	6590	2280	2910	3308	6500	4150			
		3759	92	GB11340－2005，GB18285－2005，GB17691－2005国Ⅲ	客车	6600	2280	3000	3300	6475	3790			
		3759	92	GB17691－2005国Ⅲ，GB11340－2005，GB18285－2005	客车	6800	2260	2865	3800	6650	4450			
		3759	92	GB11340－2005，GB18285－2005，GB17691－2005国Ⅲ	客车	7280	2250	2850	3800	7400	4800			
		3759	92	GB17691－2005国Ⅲ，GB11340－2005，GB18285－2005	客车	7495	2360	3060	3800	7662	5200			
		3759	92	GB17691－2005国Ⅲ，GB11340－2005，GB18285－2005	轻型客车	5995	2240	2780	3308	5800	3950			
	NQ120N4	3759	92	GB11340－2005，GB18285－2005，GB17691－2005国Ⅳ	城市客车	5905	2200	2750	3300	6600	4450			
		3759	92	GB11340－2005，GB18285－2005，GB17691－2005国Ⅳ	城市客车	6470	2200	2750	3650	6000	4420			
		3759	92	GB11340－2005，GB18285－2005，GB17691－2005国Ⅳ	城市客车	6560	2270	2770	3300	6600	4180			
		3759	92	GB11340－2005，GB18285－2005，GB17691－2005国Ⅳ	城市客车	6570	2250	2780	3300	7000	4400			
		3759	92	GB11340－2005，GB18285－2005，GB17691－2005国Ⅳ	城市客车	6580	2300	2850	3300	7000	4790			
		3759	92	GB11340－2005，GB18285－2005，GB17691－2005国Ⅳ	城市客车	6580	2300	3030	3300	6500	4400			
		3759	92	GB11340－2005，GB18285－2005，GB17691－2005国Ⅳ	城市客车	6600	2260	3050	3300	7000	4450			
		3759	92	GB11340－2005，GB18285－2005，GB17691－2005国Ⅳ	城市客车	6620	2240	2820	3300	6900	4300			
		3759	92	GB11340－2005，GB18285－2005，GB17691－2005国Ⅳ	城市客车	6620	2240	2820	3300	6500	4350			
		3759	92	GB17691－2005国Ⅳ，GB11340－2005，GB18285－2005	城市客车	6640	2280	3000	3300	7080	4610			
		3759	92	GB17691－2005国Ⅳ，GB11340－2005，GB18285－2005	城市客车	6640	2240	2750	3308	6500	4290			
		3759	92	GB11340－2005，GB18285－2005，GB17691－2005国Ⅳ	城市客车	7000	2240	2820	3300	7450	4500			
		3759	92	GB11340－2005，GB18285－2005，GB17691－2005国Ⅳ	城市客车	7055	2200	2640	4100	7100	4540			

续表

发动机生产企业	发动机型号	排量(mL)	功率(kW)	排放标准	配套车辆名称	外形尺寸(mm) 长	宽	高	轴距(mm)	总质量(kg)	整备质量(kg)	2013年(辆)	2014年1—3月(辆)	配套车型合计(辆)
同上	同上	3759	92	GB11340－2005，GB18285－2005，GB17691－2005 国Ⅳ	城市客车	7150	2260	2820	3300	7450	4600			
		3759	92	GB11340－2005，GB18285－2005，GB17691－2005 国Ⅳ	城市客车	7200	2300	2820	3300	7450	4700			
		3759	92	GB11340－2005，GB18285－2005，GB17691－2005 国Ⅳ	城市客车	7200	2300	2820	3308	7450	4700			
		3759	92	GB11340－2005，GB18285－2005，GB17691－2005 国Ⅳ	城市客车	7200	2300	2970	3300	7700	4800			
		3759	92	GB11340－2005，GB18285－2005，GB17691－2005 国Ⅳ	城市客车	7200	2300	3150	3300	7700	4700			
		3759	92	GB17691－2005 国Ⅳ，GB11340－2005，GB18285－2005	城市客车	7216	2310	2910	3300	8100	5440			
		3759	92	GB11340－2005，GB18285－2005，GB17691－2005 国Ⅳ	城市客车	7220	2240	2830	3300	7450	4600			
		3759	92	GB11340－2005，GB18285－2005，GB17691－2005 国Ⅳ	城市客车	7220	2370	3000	3300	8430	5500			
		3759	92	GB11340－2005. GB18285－2005. GB17691－2005 国Ⅳ	城市客车	7250	2320	3000	3300	8450	5500			
		3759	92	GB11340－2005，GB18285－2005，GB17691－2005 国Ⅳ	城市客车	7260	2340	2850	3300	9000	5480			
		3759	92	GB11340－2005，GB18285－2005，GB17691－2005 国Ⅳ	城市客车	7280	2300	2955	3300	7450	4950			
		3759	92	GB11340－2005，GB18285－2005，GB17691－2005 国Ⅳ	城市客车	7320	2360	3150	3300	8650	5400			
		3756	92	GB11340－2005，GB18285－2005，GB17691－2005IV	城市客车	7325	2350	2920	3300	7450	4850			
		3759	92	GB11340－2005，GB18285－2005，GB17691－2005 国Ⅳ	城市客车	7345	2340	2950	3300	8650	5200			
		3759	92	GB17691－2005 国Ⅳ，GB11340－2005 ，GB18285－2005	城市客车	7345	2280	2900	3300	7880	5050			
		3759	92	GB17691－2005 国Ⅳ，GB11340－2005 ，GB18285－2005	城市客车	7495	2360	3240	3800	8620	5500			
		3759	92	GB11340－2005，GB18285－2005，GB17691－2005 国Ⅳ	城市客车	7495	2370	3130	3300	8500	5700			
		3759	92	GB11340－2005，GB18285－2005，GB17691－2005 国Ⅳ	城市客车	7495	2370	2830	3300	8500	5500			
		3759	92	GB11340－2005，GB18285－2005，GB17691－2005 国Ⅳ	城市客车	7540	2360	2950	3650	9000	5550			
		3759	92	GB11340－2005，GB18285－2005，GB17691－2005 国Ⅳ	城市客车	7700	2360	3000	3650	8600	5300			
		3759	92	GB11340－2005，GB18285－2005，GB17691－2005 国Ⅳ	城市客车	7740	2340	3000	3650	9000	5800			
		3759	92	GB11340－2005，GB18285－2005，GB17691－2005 国Ⅳ	城市客车	7745	2400	3020	3650	8400	5540			
		3759	92	GB11340－2005，GB18285－2005，GB17691－2005 国Ⅳ	城市客车	7750	2360	2935	3500	8900	5400			
		3759	92	GB11340－2005，GB18285－2005，GB17691－2005 国Ⅳ	城市客车	7800	2360	2970	3650	9000	5400			
		3759	92	GB17691－2005 国Ⅳ，GB11340－2005，GB18285－2005	城市客车	7805	2320	2960	3650	9500	5720			
		3759	92	GB11340－2005，GB18285－2005，GB17691－2005 国Ⅳ	城市客车	7830	2380	3160	3650	9000	6335			

续表

发动机生产企业	发动机型号	排量(mL)	功率(kW)	排放标准	配套车辆名称	外形尺寸(mm) 长	宽	高	轴距(mm)	总质量(kg)	整备质量(kg)	2013年(辆)	2014年1—3月(辆)	配套车型合计(辆)
同上	同上	3759	92	GB11340－2005，GB18285－2005，GB17691－2005国Ⅳ	城市客车	7840	2370	3000	3650	8500	5440			
		3759	92	GB17691－2005国Ⅳ，GB11340－2005，GB18285－2005	城市客车	8160	2360	3040	3800	9000	5850			
		3759	92	GB11340－2005，GB18285－2005，GB17691－2005国Ⅳ	客车	5905	2200	2750	3300	6000	4000			
		3759	92	GB17691－2005国Ⅳ，GB11340－2005，GB18285－2005	客车	5980	2260	2800	3300	5650	4068			
		3759	92	GB11340－2005，GB18285－2005，GB17691－2005国Ⅳ	客车	5990	2250	2780	3300	6000	4300			
		3759	92	GB11340－2005，GB18285－2005，GB17691－2005国Ⅳ	客车	5995	2220	2780	3300	6100	4470			
		3759	92	GB17691－2005国Ⅳ，GB11340－2005，GB18285－2005	客车	5995	2240	2910	3100	6600	5000			
		3759	92	GB11340－2005，GB18285－2005，GB17691－2005国Ⅳ	客车	5995	2240	3000	3308	5990	4500			
		3759	92	GB11340－2005，GB18285－2005，GB17691－2005国Ⅳ	客车	5995	2240	3000	3300	5900	4400			
		3759	92	GB11340－2005，GB1885－2005，GB17691－2005国Ⅳ	客车	5995	2240	2820	3300	5860	4250			
		3759	92	GB11340－2005，GB18285－2005，GB17691－2005国Ⅳ	客车	5995	2250	3060	3300	6340	4850			
		3759	92	GB11340－2005，GB18285－2005，GB17691－2005国Ⅳ	客车	5995	2250	2960	3300	6340	4650			
		3759	92	GB11340－2005，GB18285－2005，GB17691－2005国Ⅳ	客车	5995	2260	2830	3300	6130	4580			
		3759	92	GB11340－2005，GB18285－2005，GB17691－2005国Ⅳ	客车	5995	2270	2950	3308	5950	4460			
		3759	92	GB11340－2005，GB18285－2005，GB17691－2005国Ⅳ	客车	5995	2270	2910	3308	5900	4300			
		3759	92	GB11340－2005，GB18285－2005，GB17691－2005国Ⅳ	客车	5995	2280	2950	3308	6050	4450			
		3759	92	GB11340－2005，GB18285－2005，GB17691－2005国Ⅳ	客车	5995	2280	2950	3300	6050	4550			
		3759	92	GB11340－2005，GB18285－2005，GB17691－2005国Ⅳ	客车	5998	2240	2820	3308	5782	4100			
		3759	92	GB11340－2005，GB18285－2005，GB17691－2005国Ⅳ	客车	6570	2250	2990	3300	6600	4570			
		3759	92	GB11340－2005，GB18285－2005，GB17691－2005国Ⅳ	客车	6570	2250	2780	3300	6600	4400			
		3759	92	GB17691－2005国Ⅳ，GB11340－2005，GB18285－2005	客车	6610	2240	2830	3308	7400	5200			
		3759	92	GB11340－2005，GB18285－2005，GB17691－2005国Ⅳ	客车	6620	2240	2820	3300	6528	4300			
		3759	92	GB11340－2005，GB18285－2005，GB17691－2005国Ⅳ	客车	6620	2240	2820	3308	6500	4300			
		3759	92	GB11340－2005，GB18285－2005，GB17691－2005国Ⅳ	客车	6620	2240	2900	3300	6900	4650			
		3759	92	GB11340－2005，GB18285－2005，GB17691－2005国Ⅳ	客车	6630	2270	2750	3308	6500	4500			

续表

发动机生产企业	发动机型号	排量（mL）	功率（kW）	排放标准	配套车辆名称	外形尺寸（mm）长	宽	高	轴距（mm）	总质量（kg）	整备质量（kg）	2013 年（辆）	2014 年 1—3 月（辆）	配套车型合计（辆）
同上	同上	3759	92	GB11340－2005，GB18285－2005，GB17691－2005 国Ⅳ	客车	6632	2280	2950	3300	6900	4550			
		3759	92	GB17691－2005 国Ⅳ，GB11340－2005 ，GB18285－2005	客车	6640	2260	2850	3300	6740	4550			
		3759	92	GB11340－2005，GB18285－2005，GB17691－2005 国Ⅳ	客车	6640	2260	2830	3300	7300	4850			
		3759	92	GB11340－2005，GB18285－2005，GB17691－2005 国Ⅳ	客车	6990	2185	2750	3935	6500	4300			
		3759	92	GB11340－2005，GB18285－2005，GB17691－2005 国Ⅳ	轻型客车	5995	2270	2910	3308	5900	4400			
	NQ140BN5	3759	103	GB17691－2005 国Ⅴ，GB11340－2005，GB18285－2005	城市客车	5995	2240	2970	3100	6600	4800			
		3759	103	GB17691－2005 国Ⅴ，GB11340－2005，GB18285－2005	城市客车	6610	2240	3000	3300	7800	5500			
		3759	103	GB11340－2005，GB18285－2005，GB17691－2005 国Ⅴ	城市客车	7223	2300	3050	3300	7450	5230			
		3759	103	GB17691－2005 国Ⅴ，GB11340－2005，GB18285－2005	城市客车	7320	2400	3150	3300	9700	6400			
		3759	103	GB11340－2005，GB18285－2005，GB17691－2005 国Ⅴ	城市客车	7340	2340	2930	3300	8600	5620			
		3759	103	GB11340－2005，GB18285－2005，GB17691－2005 国Ⅴ	城市客车	7360	2360	2950	3300	9000	5300			
		3759	103	GB17691－2005 国Ⅴ，GB11340－2005，GB18285－2005	城市客车	7455	2380	2960	3300	9400	5800			
		3759	103	GB17691－2005 第Ⅴ阶段，GB18285－2005，GB11340－2005	城市客车	7840	2340	2860	3650	8900	5830			
		3759	103	GB11340－2005，GB18285－2005，GB17691－2005 国Ⅴ	城市客车	8080	2380	3080	3800	10600	6500			
		3759	103	GB17691－2005 国Ⅴ，GB11340－ 2005，GB18285－2005	城市客车	8170	2360	3250	3800	9550	6050			
		3759	103	GB17691－2005 国Ⅳ，GB11340－2005，GB18285－2005	城市客车	8360	2380	3050	4000	10600	6550			
		3759	103	GB11340－2005，GB18285－2005，GB17691－2005 国Ⅴ	城市客车	8480	2380	3080	4000	10600	6820			
		3759	103	GB11340－2005，GB18285－2005，GB17691－2005 国Ⅴ	城市客车	8535	2400	3160	4000	10400	6880			
		3759	103	GB17691－2005 国Ⅴ，GB11340－2005，GB18285－2005	客车	5995	2240	3020	3100	6600	4980			
		3759	103	GB11340－2005，GB18285－2005，GB17691－2005 国Ⅴ	客车	7255	2300	2930	3800	7300	4550			
		3759	103	GB17691－2005 国Ⅴ，GB11340－2005，GB18285－2005	客车	7470	2320	3170	3800	8580	6240			
		3759	103	GB11340－2005，GB18285－2005，GB17691－2005 国Ⅴ	客车	7480	2330	3000	3800	8500	5600			
		3759	103	GB17691－2005 国Ⅴ，GB11340－ 2005，GB18285－2005	客车	7595	2380	3260	3800	8550	6120			
		3759	103	GB11340－2005，GB18285－2005，GB17691－2005 国Ⅴ	客车	7600	2360	3200	3800	8350	5900			
		3759	103	GB11340－2005，GB18285－2005，GB17691－2005 国Ⅴ	客车	7630	2320	3130	3800	8100	5680			
	NQ140N4	3759	103	GB11340－2005，GB18285－2005，GB17691－2005 国Ⅳ	城市客车	7260	2340	3080	3300	9000	5685			

续表

发动机生产企业	发动机型号	排量(mL)	功率(kW)	排放标准	配套车辆名称	外形尺寸(mm)			轴距(mm)	总质量(kg)	整备质量(kg)	2013年(辆)	2014年1—3月(辆)	配套车型合计(辆)
						长	宽	高						
同上	同上	3759	103	GB11340-2005，GB18285-2005，GB17691-2005国Ⅳ	城市客车	7300	2400	3030	3300	9000	5070			
		3759	103	GB11340-2005，GB18285-2005，GB17691-2005国Ⅳ	城市客车	7320	2360	2950	3300	8650	5200			
		3759	103	GB17691-2005国Ⅳ，GB11340-2005，GB18285-2005	城市客车	7320	2400	3150	3300	9700	6400			
		3759	103	GB17691-2005国Ⅳ，GB11340-2005，GB18285-2005	城市客车	7495	2360	3040	3800	8620	5300			
		3759	103	GB11340-2005，GB18285-2005，GB17691-2005国Ⅳ	城市客车	7495	2370	3130	3300	8500	5700			
		3759	103	GB11340-2005，GB18285-2005，GB17691-2005国Ⅳ	城市客车	7540	2360	2950	3650	9000	5550			
		3759	103	GB11340-2005，GB18285-2005，GB17691-2005国Ⅳ	城市客车	7640	2200	3080	4100	9500	6590			
		3759	103	GB11340-2005，GB18285-2005，GB17691-2005国Ⅳ	城市客车	7670	2340	3400	3500	9700	6550			
		3759	103	GB11340-2005，GB18285-2005，GB17691-2005国Ⅳ	城市客车	7740	2340	3160	3650	9000	5800			
		3759	103	GB11340-2005，GB18285-2005，GB17691-2005国Ⅳ	城市客车	7760	2340	3150	3650	8400	5400			
		3759	103	GB11340-2005，GB18285-2005，GB17691-2005国Ⅳ	城市客车	7800	2360	2970	3650	9000	5400			
		3759	103	GB11340-2005，GB18285-2005，GB17691-2005国Ⅳ	城市客车	7840	2370	3200	3650	8500	5640			
		3759	103	GB11340-2005，GB18285-2005，GB17691-2005国Ⅳ	城市客车	8170	2380	3160	3800	10400	6760			
		3759	103	GB17691-2005国Ⅳ，GB11340-2005，GB18285-2005	城市客车	8170	2360	3250	3800	9000	5600			
		3759	103	GB11340-2005，GB18285-2005，GB17691-2005国Ⅳ	城市客车	8360	2380	3050	3800	10500	6850			
		3759	103	GB11340-2005，GB18285-2005，GB17691-2005国Ⅳ	城市客车	8535	2400	3160	4000	10400	6880			
		3759	103	GB11340-2005，GB18285-2005，GB17691-2005国Ⅳ	城市客车	8570	2440	3200	4000	11500	7500			
		3759	103	GB11340-2005，GB18285-2005，GB17691-2005国Ⅳ	客车	7300	2240	3100	3800	7450	5100			
		3759	103	GB17691-2005国Ⅳ，GB11340-2005，GB18285-2005	客车	7470	2320	3180	3800	8580	6160			
		3759	103	GB11340-2005，GB18285-2005，GB17691-2005国Ⅳ	客车	7480	2330	3030	3800	8000	5050			
		3759	103	GB11340-2005，GB18285-2005，GB17691-2005国Ⅳ	客车	7480	2360	3160	3800	8500	6080			
		3759	103	GB11340-2005，GB18285-2005，GB17691-2005国Ⅳ	客车	7495	2340	3125	3800	8500	5900			
		3759	103	GB11340-2005，GB18285-2005，GB17691-2005国Ⅳ	客车	7495	2370	3100	3800	8500	5960			
		3759	103	GB11340-2005，GB18285-2005，GB17691-2005国Ⅳ	客车	7495	2370	3200	3800	8500	6160			
		3759	103	GB11340-2005，GB18285-2005，GB17691-2005国Ⅳ	客车	7495	2320	3110	3800	8100	5750			
		3759	103	GB17691-2005国Ⅳ，GB11340-2005，GB18285-2005	客车	7595	2380	3240	3800	8550	6120			

续表

发动机生产企业	发动机型号	排量（mL）	功率（kW）	排放标准	配套车辆名称	外形尺寸（mm） 长	宽	高	轴距（mm）	总质量（kg）	整备质量（kg）	2013年（辆）	2014年1—3月（辆）	配套车型合计（辆）
同上	同上	3759	103	GB11340－2005，GB18285－2005，GB17691－2005 国Ⅳ	客车	7630	2340	3140	3800	8500	6160			
		3759	103	GB11340－2005，GB18285－2005，GB17691－2005 国Ⅳ	客车	7630	2300	3030	3800	8100	5550			
	NQ150N	5638	110	GB11340－2005，GB18285－2005，GB17691－2005 国Ⅲ	城市客车	8045	2400	3010	3800	9400	6110			
		5638	110	GB11340－2005，GB18285－2005，GB17691－2005 国Ⅲ	城市客车	8485	2400	3050	4000	9770	6700			
		5638	110	GB17691－2005 国Ⅲ，GB11340－2005，GB18285－2005	城市客车	8500	2400	3000	3900	9400	6200			
		5638	110	GB11340－2005，GB18285－2005，GB17691－2005 国Ⅲ	城市客车	8510	2380	3230	4000	12000	7530			
		5638	110	GB17691－2005 国Ⅲ，GB11340－2005，GB18285－2005	城市客车	9750	2500	3300	4700	12700	8280			
		5638	110	GB11340－2005，GB18285－2005，GB17691－2005 国Ⅲ	城市客车	10260	2500	3100	5000	13000	7695			
		5638	110	GB11340－2005，GB18285－2005，GB17691－2005 国 III	城市客车	10410	2500	3150	4900	13500	8700			
		5638	110	GB11340－2005，GB18285－2005，GB17691－2005 国Ⅲ	客车	7480	2330	2990	3800	7800	5200			
		5638	110	GB11340－2005，GB18285－2005，GB17691－2005 国Ⅲ	客车	7480	2360	3160	3800	8100	5760			
		5638	110	GB17691－2005 国Ⅲ，GB11340－2005，GB18285－2005	客车	7495	2360	3100	3800	8382	6120			
		5638	110	GB11340－2005，GB18285－2005，GB17691－2005 国Ⅲ	客车	7495	2340	2980	3800	8100	5700			
		5638	110	GB11340－2005，GB18285－2005，GB17691－2005 国Ⅲ	客车	7495	2370	3000	3800	7910	5370			
		5638	110	GB17691－2005 国Ⅲ，GB11340－2005，GB18285－2005	客车	7496	2330	3120	3800	8100	5760			
		5638	110	GB11340－2005，GB18285－2005，GB17691－2005 国Ⅲ	客车	7590	2380	3160	3900	8200	5580			
		5638	110	GB11340－2005，GB18285－2005，GB17691－2005 国Ⅲ	客车	7630	2340	3140	3800	8100	5835			
		5638	110	GB11340－2005，GB18285－2005，GB17691－2005 国Ⅲ	客车	7990	2380	3300	3800	9400	6700			
	NQ160CN5	4750	118	GB11340－2005，GB18285－2005，GB17691－2005 国Ⅴ	城市客车	8150	2360	3040	3800	10600	6450			
		4750	118	GB17691－2005 国Ⅴ，GB11340－2005，GB18285－2005	城市客车	8180	2430	3140	3800	11350	7100			
		4752	118	GB11340－2005，GB18285－2005，GB17691－2005 国Ⅴ	城市客车	8540	2400	3010	4000	10500	6870			
		4750	118	GB17691－2005 国Ⅴ，GB11340－2005，GB18285－2005	城市客车	8640	2500	3070	4000	12300	7500			
		4750	118	GB11340－2005，GB18285－2005，GB17691－2005 国Ⅴ	城市客车	8935	2480	3220	4200	12000	8090			
		4750	118	GB17691－2005 国Ⅴ，GB11340－2005，GB18285－2005	城市客车	8990	2500	3070	4150	12300	7700			
		4750	118	GB17691－2005 国Ⅴ，GB11340－2005，GB18285－2005	客车	7470	2320	3170	3800	8580	6240			
		4750	118	GB17691－2005 国Ⅴ，GB11340－2005，GB18285－2005	客车	7595	2380	3040	3800	8550	5920			

续表

发动机生产企业	发动机型号	排量（mL）	功率（kW）	排放标准	配套车辆名称	外形尺寸（mm）			轴距（mm）	总质量（kg）	整备质量（kg）	2013年（辆）	2014年1—3月（辆）	配套车型合计（辆）
						长	宽	高						
同上	NQ160N3	5975	118	GB11340－2005，GB18285－2005，GB17691－2005国Ⅲ	城市客车	10600	2500	3350	5000	13400	8980			
		5975	118	GB17691－2005国Ⅲ，GB11340－2005，GB18285－2005	城市客车	8500	2400	3000	4000	9400	6200			
		5975	118	GB17691－2005国Ⅲ，GB11340－2005，GB18285－2005	客车	7995	2400	3300	3800	9160	6508			
		5975	118	GB17691－2005国Ⅲ，GB11340－2005，GB18285－2005	客车	7495	2320	3110	3800	8150	5800			
	NQ160N4	5975	118	GB11340－2005，GB18285－2005，GB17691－2005国Ⅳ	城市客车	7545	2400	3050	3650	9500	6050			
		5975	118	GB17691－2005国Ⅳ，GB11340－2005，GB18285－2005	城市客车	7805	2320	2960	3650	9500	5720			
		5975	118	GB17691－2005国Ⅳ，GB11340－2005，GB18285－2005	城市客车	8200	2380	3040	3800	10015	5850			
		5975	118	GB11340－2005，GB18285－2005，GB17691－2005国Ⅳ	城市客车	8290	2360	2850	4000	10400	6690			
		5975	118	GB17691－2005国Ⅳ，GB11340－2005，GB18285－2005	城市客车	8350	2430	3265	4000	11200	7400			
		5975	118	GB11340－2005，GB18285－2005，GB17691－2005国Ⅳ	城市客车	8430	2380	3150	4000	11200	6300			
		5975	118	GB11340－2005，GB18285－2005，GB17691－2005国Ⅳ	城市客车	8455	2400	3200	4000	10400	6750			
		5975	118	GB11340－2005，GB18285－2005，GB17691－2005国Ⅳ	城市客车	8485	2400	2950	4000	11000	6640			
		5975	118	GB11340－2005，GB18285－2005，GB17691－2005国Ⅳ	城市客车	8500	2420	3070	3900	12000	7460			
		5975	118	GB11340－2005，GB18285－2005，GB17691－2005国Ⅳ	城市客车	8500	2400	3200	4000	10120	6800			
		5975	118	GB11340－2005，GB18285－2005，GB17691－2005国Ⅳ	城市客车	8500	2400	3000	4000	10120	6600			
		5975	118	GB17691－2005国Ⅳ，GB11340－2005，GB18285－2005	城市客车	8515	2380	3050	4000	11200	6900			
		5975	118	GB11340－2005，GB18285－2005，GB17691－2005国Ⅳ	城市客车	8545	2500	3060	4000	11200	7300			
		5975	118	GB11340－2005，GB18285－2005，GB17691－2005国Ⅳ	城市客车	8545	2500	3060	4000	11200	7100			
		5975	118	GB17691－2005国Ⅳ，GB11340－2005，GB18285－2005	城市客车	8560	2500	3260	4000	12000	7000			
		5975	118	GB17691－2005（国Ⅳ阶段），GB11340－2005，GB18285－2005	城市客车	8593	2500	3035	4000	11000	7345			
		5975	118	GB17691－2005国Ⅳ，GB18285－2005，GB11340－2005	城市客车	8640	2500	3070	4000	11300	7200			
		5975	118	GB11340－2005，GB18285－2005，GB17691－2005国Ⅳ	城市客车	8945	2490	3060	4300	12500	7300			
		5975	118	GB17691－2005国Ⅳ，GB18285－2005，GB11340－2005	城市客车	9240	2500	3070	4400	11300	7450			
		5975	118	GB11340－2005，GB18285－2005，GB17691－2005国Ⅳ	城市客车	9420	2500	3200	4500	12500	8010			
		5975	118	GB17691－2005国Ⅳ，GB11340－2005，GB18285－2005	城市客车	9600	2480	3260	4700	13500	7500			
		5975	118	GB17691－2005国Ⅳ，GB18285－2005，GB11340－2005	城市客车	9845	2500	3070	5000	12200	8000			

续表

发动机生产企业	发动机型号	排量（mL）	功率（kW）	排放标准	配套车辆名称	外形尺寸（mm） 长	宽	高	轴距（mm）	总质量（kg）	整备质量（kg）	2013年（辆）	2014年1—3月（辆）	配套车型合计（辆）
同上	同上	5975	118	GB11340-2005，GB18285-2005，GB17691-2005国Ⅳ	城市客车	10120	2500	3300	5000	13500	8620			
		5975	118	GB11340-2005，GB18285-2005，GB17691-2005国Ⅳ	城市客车	10200	2500	3040	5000	13000	8100			
		5975	118	GB17691-2005（国Ⅳ阶段），GB11340-2005，GB18285-2005	城市客车	10250	2500	3200	5000	13200	8400			
		5975	118	GB11340-2005，GB18285-2005，GB17691-2005国Ⅳ	城市客车	10250	2500	3350	5000	14500	8780			
		5975	118	GB17691-2005国Ⅳ，GB11340-2005，GB18285-2005	城市客车	10440	2500	3200	5000	15000	9500			
		5975	118	GB17691-2005国Ⅳ，GB18285-2005，GB11340-2005	城市客车	10450	2500	3070	5000	12200	8350			
		5975	118	GB17691-2005（国Ⅳ阶段），GB11340-2005，GB18285-2005	城市客车	10490	2500	3160	5000	13200	8588			
		5975	118	GB11340-2005，GB18285-2005，GB17691-2005国Ⅳ	城市客车	10490	2500	3300	5000	13270	8000			
		5975	118	GB11340-2005，GB18285-2005，GB17691-2005国Ⅳ	城市客车	10505	2500	3040	5000	14000	8200			
		5975	118	GB11340-2005，GB18285-2005，GB17691-2005国Ⅳ	城市客车	10650	2500	3350	5000	14500	9100			
		5975	118	GB11340-2005，GB18285-2005，GB17691-2005国Ⅳ	城市客车	12000	2500	3040	6200	18000	10400			
		5975	118	GB17691-2005国Ⅳ，GB11340-2005，GB18285-2005	客车	7470	2320	3020	3800	8580	6160			
		5975	118	GB17691-2005国Ⅳ，GB11340-2005，GB18285-2005	客车	7480	2350	3130	3800	8500	6080			
		5975	118	GB11340-2005，GB18285-2005，GB17691-2005国Ⅳ	客车	7480	2330	3250	3800	8000	5350			
		5975	118	GB11340-2005，GB18285-2005，GB17691-2005国Ⅳ	客车	7480	2360	3160	3800	8500	6080			
		5975	118	GB11340-2005，GB18285-2005，GB17691-2005国Ⅳ	客车	7495	2340	3125	3800	8500	5900			
		5975	118	GB11340-2005，GB18285-2005，GB17691-2005国Ⅳ	客车	7495	2370	3200	3800	8500	6160			
		5975	118	GB11340-2005，GB18285-2005，GB17691-2005国Ⅳ	客车	7590	2380	3160	3900	8500	5580			
		5975	118	GB17691-2005国Ⅳ，GB11340-2005，GB18285-2005	客车	7595	2380	3240	3800	8550	6120			
		5975	118	GB11340-2005，GB18285-2005，GB17691-2005国Ⅳ	客车	7630	2300	3130	3800	8100	5680			
		5975	118	GB11340-2005，GB18285-2005，GB17691-2005国Ⅳ	客车	7948	2420	3400	3800	9800	7050			
		5975	118	GB11340-2005，GB18285-2005，GB17691-2005国Ⅳ	客车	7990	2450	3350	3800	10400	7300			
		5975	118	GB11340-2005，GB18285-2005，GB17691-2005国Ⅳ	客车	7990	2380	3300	3800	9800	7100			
		5975	118	GB11340-2005，GB18285-2005，GB17691-2005国Ⅳ	客车	7990	2380	3250	3800	9600	6800			
		5975	118	GB17691-2005国Ⅳ，GB18285-2005，GB11340-2005	客车	7995	2400	3300	3800	9750	7000			
		5975	118	GB11340-2005，GB18285-2005，GB17691-2005国Ⅳ	客车	8440	2450	3250	4000	11200	7700			

续表

发动机生产企业	发动机型号	排量(mL)	功率(kW)	排放标准	配套车辆名称	外形尺寸(mm)			轴距(mm)	总质量(kg)	整备质量(kg)	2013年(辆)	2014年1—3月(辆)	配套车型合计(辆)
						长	宽	高						
同上	NQ160N4	5975	118	GB11340－2005，GB18285－2005，GB17691－2005 国Ⅳ	客车	8480	2440	3220	4000	9680	6780			
	NQ170FN5	6234	125	GB17691－2005 国Ⅴ，GB11340－2005，GB18285－2005	城市客车	10140	2500	3250	4800	14200	8900			
		6234	125	GB11340－2005，GB18285－2005，GB17691－2005 国Ⅴ	客车	8170	2400	3200	3800	9580	6850			
	NQ170N	5638	125	GB11340－2005，GB18285－2005，GB17691－2005 国Ⅲ	城市客车	8485	2400	3245	4000	10200	7450			
		5638	125	GB11340－2005，GB18285－2005，GB17691－2005 国Ⅲ	城市客车	8780	2400	3020	4000	12500	7400			
		5638	125	GB17691－2005 国Ⅲ，GB11340－2005，GB18285－2005	城市客车	9245	2500	3300	4500	13100	9200			
		5638	125	GB11340－2005，GB18285－2005，GB17691－2005 国Ⅲ	客车	7940	2430	3290	3800	9800	7070			
		5638	125	GB11340－2005，GB18285－2005，GB17691－2005 国Ⅲ	客车	7948	2420	3400	3800	9800	7050			
		5638	125	GB11340－2005，GB18285－2005，GB17691－2005 国Ⅲ	客车	8440	2450	3350	4000	11000	7900			
	NQ180CN5	4750	132	GB11340－2005，GB18285－2005，GB17691－2005 国Ⅴ	城市客车	8650	2400	3200	4000	10500	7100			
		4750	132	GB11340－2005，GB18285－2005，GB17691－2005 国Ⅴ	城市客车	8700	2500	3300	4000	12000	6700			
	NQ180N	5638	132	GB11340－2005，GB18285－2005，GB17691－2005 国Ⅳ	城市客车	9245	2500	3040	4400	13000	8650			
		5638	132	GB11340－2005，GB18285－2005，GB17691－2005 国Ⅳ	城市客车	9345	2500	3230	4500	13500	8220			
		5638	132	GB11340－2005，GB18285－2005，GB17691－2005 国Ⅳ	城市客车	9490	2500	3450	4500	13500	9400			
		5638	132	GB17691－2005 国Ⅳ，GB11340－2005，GB18285－2005	城市客车	9600	2480	3460	4700	13500	7500			
		5638	132	GB17691－2005（国Ⅳ阶段），GB11340－2005，GB18285－2005	城市客车	10430	2500	3350	5000	13200	8780			
		5638	132	GB17691－2005 国Ⅳ，GB11340－2005，GB18285－2005	城市客车	10530	2500	3500	5000	15000	10000			
		5638	132	GB17691－2005 国Ⅳ，GB18285－2005，GB11340－2005	客车	7945	2450	3230	3800	10900	7900			
		5638	132	GB17691－2005 国Ⅳ，GB18285－2005，GB11340－2005	客车	8400	2450	3370	4000	11000	8100			
	NQ180N4	6870	132	GB17691－2005 国Ⅳ，GB18285－2005，GB11340－2005	城市客车	8545	2450	3440	4000	12200	8940			
		6870	132	GB11340－2005，GB18285－2005，GB17691－2005 国Ⅳ	城市客车	9140	2500	3100	4500	13000	7200			
		6870	132	GB11340－2005，GB18285－2005，GB17691－2005 国Ⅳ	城市客车	9245	2500	3200	4500	13000	8160			
		6870	132	GB11340－2005，GB18285－2005，GB17691－2005 国Ⅳ	城市客车	9540	2500	3250	4700	13000	8150			
		6870	132	GB11340－2005，GB18285－2005，GB17691－2005 国Ⅳ	城市客车	10490	2500	3100	5000	13270	7700			
		6870	132	GB11340－2005，GB18285－2005，GB17691－2005 国Ⅳ	城市客车	10490	2500	3300	5000	13270	8000			
		6870	132	GB11340－2005，GB18285－2005，GB17691－2005 国Ⅳ	城市客车	10500	2500	3100	5000	14000	8650			

续表

发动机生产企业	发动机型号	排量（mL）	功率（kW）	排放标准	配套车辆名称	外形尺寸（mm）			轴距（mm）	总质量（kg）	整备质量（kg）	2013 年（辆）	2014 年 1—3 月（辆）	配套车型合计（辆）
						长	宽	高						
同上	同上	6870	132	GB11340－2005，GB18285－2005，GB17691－2005 国Ⅳ	客车	7940	2430	3290	3800	9800	7070			
		6870	132	GB11340－2005，GB18285－2005，GB17691－2005 国Ⅳ	客车	7948	2420	3400	3800	9800	7050			
		6870	132	GB11340－2005，GB18285－2005，GB17691－2005 国Ⅳ	客车	7990	2450	3350	3800	10400	7300			
		6870	132	GB11340－2005，GB18285－2005，GB17691－2005 国Ⅳ	客车	8440	2450	3250	4000	11200	7700			
	NQ190DN5	5638	140	GB11340－2005，GB18285－2005，GB17691－2005 国Ⅴ	城市客车	8949	2500	3040	4300	12400	7900			
		5638	140	GB11340－2005，GB18285－2005，GB17691－2005 国Ⅴ	城市客车	9500	2480	3050	4500	13500	8620			
		5638	140	GB11340－2005，GB18285－2005，GB17691－2005 国Ⅴ	城市客车	10250	2500	3350	5000	14500	8780			
		5638	140	GB11340－2005，GB18285－2005，GB17691－2005 国Ⅴ	城市客车	10400	2500	3300	5000	15000	8800			
		5638	140	GB17691－2005 国Ⅴ，GB11340－2005，GB18285－2005	城市客车	10440	2500	3180	5000	15000	9700			
		5638	140	GB17691－2005 国Ⅴ，GB11340－2005，GB18285－2005	城市客车	10450	2500	3070	5000	13200	8900			
		5638	140	GB17691－2005 第Ⅴ阶段，GB18285－2005，GB11340－2005	城市客车	10495	2500	3200	5000	13750	9100			
		5638	140	GB11340－2005，GB18285－2005，GB17691－2005 国Ⅴ	城市客车	10500	2500	3300	5000	16500	10550			
		5638	140	GB11340－2005，GB18285－2005，GB17691－2005 国Ⅴ	城市客车	10500	2500	3100	5000	15000	8650			
		5638	140	GB11340－2005，GB18285－2005，GB17691－2005 国Ⅴ	城市客车	10505	2500	3040	5000	14000	9950			
		5638	140	GB17691－2005 国Ⅴ，GB11340－2005，GB18285－2005	城市客车	10530	2500	3500	5000	15000	9700			
		5638	140	GB11340－2005，GB18285－2005，GB17691－2005 国Ⅴ	城市客车	10550	2500	3350	5000	13200	9100			
		5638	140	GB17691－2005（国Ⅴ阶段），GB11340－2005，GB18285－2005	城市客车	10600	2500	3350	5000	13200	9070			
		5638	140	GB11340－2005，GB18285－2005，GB17691－2005 国Ⅴ	城市客车	11980	2550	3210	6000	18000	11000			
		5638	140	GB17691－2005 国Ⅴ，GB11340－2005，GB18285－2005	客车	7945	2450	3370	3800	10900	7900			
		5638	140	GB17691－2005 国Ⅴ，GB11340－2005，GB18285－2005	客车	8400	2450	3230	4000	11200	8300			
	NQ190N	5638	144	GB11340－2005，GB18285－2005，GB17691－2005 国Ⅲ	城市客车	9085	2400	3260	4200	12900	8200			
		5638	144	GB17691－2005 国Ⅲ，GB11340－2005，GB18285－2005	城市客车	10400	2500	3450	5000	16000	9800			
		5638	144	GB11340－2005，GB18285－2005，GB17691－2005 国Ⅲ	城市客车	10560	2500	3040	5000	13500	8100			
		5638	144	GB11340－2005，GB18285－2005，GB17691－2005 国Ⅲ	客车	8445	2450	3450	4000	11540	8800			
	NQ200N4	5638	147	GB17691－2005 国Ⅳ，GB18285－2005，GB11340－2005	城市客车	8995	2450	3440	4250	13200	9420			
		5638	147	GB11340－2005，GB18285－2005，GB17691－2005 国Ⅳ	城市客车	9000	2500	3050	4200	13000	8200			

续表

发动机生产企业	发动机型号	排量(mL)	功率(kW)	排放标准	配套车辆名称	外形尺寸(mm) 长	宽	高	轴距(mm)	总质量(kg)	整备质量(kg)	2013年(辆)	2014年1—3月(辆)	配套车型合计(辆)
同上	同上	5638	147	GB11340－2005，GB18285－2005，GB17691－2005 国Ⅳ	城市客车	10505	2500	3200	5000	14000	8200			
		5638	147	GB17691－2005 国Ⅳ，GB18285－2005，GB11340－2005	小学生专用校车	9960	2470	2970	5750	14000	9100			
	NQ210FN5	6234	154	GB17691－2005 国Ⅴ，GB11340－2005，GB18285－2005	客车	8990	2450	3540	4300	12830	9630			
	NQ230N4	6870	169	GB11340－2005，GB18285－2005，GB17691－2005 国Ⅳ	城市客车	10490	2490	3250	5000	15000	9980			
	NQ260N4	8300	190	GB11340－2005，GB18285－2005，GB17691－2005 国Ⅳ	城市客车	12000	2480	3320	6300	18000	11800			
潍柴动力西港（潍坊）新能源发动机有限公司	WP10NG280E40	9726	206	GB17691－2005 国Ⅳ，GB18285－2005，GB11340－2	双层城市客车	11370	2500	4180	5500	18000	12900	4743	884	5627
		9726	206	GB17691－2005 国Ⅴ，GB18285－2005，GB11340－2005	城市客车	13690	2550	3350	6150＋1470	24000	14800			
		9726	206	GB11340－2005，GB18285－2005，GB17691－2005 国Ⅴ	城市客车	11980	2550	3190	6000	18000	11650			
		9726	206	GB17691－2005 国Ⅴ，GB11340－2005，GB18285－2005	客车	10600	2500	3550	5250	15700	11700			
	WP10NG300E40	9726	220	GB17691－2005 国Ⅳ，GB11340－2005，GB18285－2005	客车	11490	2500	3610	5870	16500	12200			
	WP10NG300E50	9726	220	GB17691－2005 国Ⅳ，GB3847－2005	城市客车	13680	2550	3420	6150＋1450	22900	13900			
		9726	220	GB17691－2005 国Ⅴ，GB11340－2005，GB18285－2005	豪华客车	11000	2500	3430	5350	15770	12260			
		9726	220	GB17691－2005 国Ⅴ，GB11340－2005，GB18285－2005	客车	11300	2500	3550	5680	16290	12600			
		9726	220	GB17691－2005 国Ⅴ，GB11340－2005，GB18285－2005	客车	10990	2500	3550	5450	16000	11850			
	WP10NG336E40	9726	247	GB17691－2005 国Ⅳ，GB11340－2005，GB18285－2005	豪华旅游客车	12000	2550	3430	6100	17300	13300			
		9726	247	GB17691－2005 国Ⅳ，GB11340－2005，GB18285－2005	豪华旅游客车	12000	2550	3430	6100	18000	13300			
		9726	247	GB17691－2005 国Ⅳ，GB11340－2005，GB18285－2005	豪华旅游客车	12000	2550	3850	5800	17200	13200			
		9726	247	GB17691－2005 国Ⅳ，GB11340－2005，GB18285－2005	客车	11600	2550	3830	5650	17750	13300			
		9726	247	GB11340－2005，GB18285－2005，GB17691－2005 国Ⅳ	客车	11950	2550	3690	6000	18000	13710			
		9726	247	GB17691－2005 国Ⅳ，GB18285－2005，GB11340－2005	客车	11990	2540	3700	6000	18000	13390			
		9726	247	GB17691－2005 国Ⅳ，GB18285－2005，GB11340－2005	客车	11990	2550	3830	6000	18000	13350			
		9726	247	GB11340－2005，GB18285－2005，GB17691－2005 国Ⅳ	客车	11995	2550	3795	6200	18000	13390			
		9726	247	GB17691－2005 国Ⅳ，GB11340－2005，GB18285－2005	客车	12000	2550	3795	6000	18000	13550			
		9726	247	GB17691－2005 国Ⅳ，GB11340－2005，GB18285－2005	客车	12000	2500	3500	6150	18000	13000			
		9726	247	GB17691－2005 国Ⅳ，GB11340－2005，GB18285－2005	客车	12000	2550	3830	6050	18000	14020			
		9726	247	GB17691－2005 国Ⅳ，GB11340－2005，GB18285－2005	客车	12000	2550	3830	6050	18000	13400			

续表

发动机生产企业	发动机型号	排量（mL）	功率（kW）	排放标准	配套车辆名称	外形尺寸（mm）			轴距（mm）	总质量（kg）	整备质量（kg）	2013 年（辆）	2014 年 1—3 月（辆）	配套车型合计（辆）
						长	宽	高						
同上	同上	9726	247	GB17691－2005 国Ⅳ，GB11340－2005，GB18285－2005	客车	12000	2550	3600	6050	18000	13400			
		9726	247	GB17691－2005 国Ⅳ，GB11340－2005，GB18285－2005	客车	12000	2550	3680	6080	17200	12800			
		9726	247	GB17691－2005 国Ⅳ，GB11340－2005，GB18285－2005	客车	12000	2550	3680	6080	17800	13400			
		9726	247	GB11340－2005，GB18285－2005，GB17691－2005 国Ⅳ	客车	12000	2550	3800	6200	18000	13500			
	WP10NG336E50	9726	247	GB17691－2005 国Ⅴ，GB11340－2005，GB18285－2005	豪华城市客车	18000	2550	3165	5720＋6200	28000	17850			
		9726	247	GB17691－2005 国Ⅴ，GB11340－2005，GB18285－2005	豪华客车	12000	2500	3430	6100	17100	13100			
		9726	247	GB17691－2005 国Ⅴ，GB11340－2005，GB18285－2005	豪华客车	12000	2500	3430	6100	18000	13100			
		9726	247	GB17691－2005 国Ⅳ，GB11340－2005，GB18285－2005	豪华客车	12000	2550	3950	6080	18000	13380			
		9726	247	GB17691－2005 国Ⅴ，GB11340－2005，GB18285－2005	豪华客车	12000	2550	3850	5800	17480	13500			
		9726	247	GB17691－2005 国Ⅴ，GB11340－2005，GB18285－2005	豪华客车	12000	2550	3850	5800	18000	13500			
		9726	247	GB17691－2005 国Ⅴ，GB11340－2005，GB18285－2005	豪华旅游客车	12000	2500	3520	5800	17200	12800			
		9726	247	GB11340－2005，GB18285－2005，GB17691－2005 国Ⅴ	旅游客车	12000	2500	3520	6000	17500	13000			
		9726	247	GB17691－2005 国Ⅴ，GB11340－2005，GB18285－2005	铰接式城市客车	17990	2540	3260	5900＋6000	28000	18200			
		9726	247	GB17691－2005 国Ⅴ，GB11340－2005，GB18285－2005	客车	11600	2550	3830	5650	17750	13600			
		9726	247	GB11340－2005，GB18285－2005，GB17691－2005 国Ⅴ	客车	11985	2500	3815	6000	18000	13850			
		9726	247	GB11340－2005，GB18285－2005，GB17691－2005 国Ⅴ	客车	12000	2500	3700	6150	18000	14000			
		9726	247	GB17691－2005 国Ⅴ，GB11340－2005，GB18285－2005	客车	12000	2500	3550	6080	17300	12800			
		9726	247	GB17691－2005 国Ⅴ，GB11340－2005，GB18285－2005	客车	12000	2550	3580	6050	18000	12900			
		9726	247	GB17691－2005 国Ⅴ，GB11340－2005，GB18285－2005	客车	12000	2550	3600	6050	18000	13550			
		9726	247	GB17691－2005 国Ⅴ，GB11340－2005，GB18285－2005	客车	12000	2550	3680	6080	17800	13400			
		9726	247	GB11340－2005，GB18285－2005，GB17691－2005 国Ⅴ	客车	12000	2550	3690	6200	17700	13100			
		9726	247	GB11340－2005，GB18285－2005，GB17691－2005 国Ⅴ	客车	12000	2550	3795	6000	18000	13390			
		9726	247	GB11340－2005，GB18285－2005，GB17691－2005 国Ⅴ	客车	12000	2550	3795	6150	18000	14000			
		9726	247	GB17691－2005 国Ⅴ，GB11340－2005，GB18285－2005	客车	12000	2550	3795	6050	18000	13710			
		9726	247	GB11340－2005，GB18285－2005，GB17691－2005 国Ⅴ	客车	12000	2550	3820	6000	18000	13550			
		9726	247	GB17691－2005 国Ⅴ，GB11340－2005，GB18285－2005	客车	12000	2550	3830	6050	18000	13710			

续表

发动机生产企业	发动机型号	排量（mL）	功率（kW）	排放标准	配套车辆名称	外形尺寸（mm） 长	宽	高	轴距（mm）	总质量（kg）	整备质量（kg）	2013年（辆）	2014年1—3月（辆）	配套车型合计（辆）
同上		9726	247	GB11340－2005，GB18285－2005，GB17691－2005国Ⅴ	客车	12000	2550	3940	6000	18000	13710			
	WP12NG350E40	11596	257	GB17691－2005国Ⅳ，GB11340－2005，GB18285－2005	客车	12000	2550	3795	6000	18000	13550			
	WP12NG350E50	11596	257	GB11340－2005，GB18285－2005，GB17691－2005国Ⅴ	客车	12000	2550	3920	6000	18000	13080			
		11596	257	GB11340－2005，GB18285－2005，GB17691－2005国Ⅴ	商务车	11990	2550	3980	6000	18000	14000			
	WP12NG380E40	11596	280	GB17691－2005国Ⅳ，GB11340－2005，GB18285－2005	豪华旅游客车	12000	2550	3960	5800	18000	14490			
		11596	280	GB17691－2005国Ⅳ，GB11340－2005，GB18285－2005	豪华旅游客车	12000	2550	3960	5800	18000	13395			
		11596	280	GB17691－2005国Ⅳ，GB11340－2005，GB18285－2005	客车	12000	2550	3795	6000	18000	13550			
		11596	280	GB17691－2005国Ⅳ，GB11340－2005，GB18285－2005	客车	12000	2550	3955	6050	18000	13550			
		11596	280	GB11340－2005，GB18285－2005，GB17691－2005国Ⅳ	客车	12000	2550	3940	6000	18000	13240			
		11596	280	GB17691－2005国Ⅳ，GB18285－2005，GB11340－2005	客车	13670	2550	3955	6250＋1470	23000	17500			
	WP12NG380E50	11596	280	GB17691－2005国Ⅴ，GB11340－2005，GB18285－2005	豪华客车	12000	2550	3950	6080	18000	13500			
		11596	280	GB17691－2005国Ⅴ，GB11340－2005，GB18285－2005	豪华客车	12000	2550	3960	5800	18000	13700			
		11596	280	GB17691－2005国Ⅴ，GB11340－2005，GB18285－2005	豪华客车	12000	2550	3850	5800	17700	13500			
		11596	280	GB17691－2005国Ⅴ，GB11340－2005，GB18285－2005	豪华旅游客车	12000	2550	3945	6000	18000	13390			
		11596	280	GB17691－2005国Ⅴ，GB18285－2005，GB11340－2005	客车	11985	2540	3970	6000	18000	13710			
		11596	280	GB17691－2005国Ⅴ，GB11340－2005，GB18285－2005	客车	11990	2550	3920	5800	18000	13550			
		11596	280	GB17691－2005国Ⅴ，GB11340－2005，GB18285－2005	客车	12000	2550	3960	6000	18000	13240			
		11596	280	GB17691－2005国Ⅴ，GB11340－2005，GB18285－2005	客车	12000	2550	3955	6050	18000	13550			
		11596	280	GB17691－2005国Ⅴ，GB11340－2005，GB18285－2005	客车	12000	2500	3550	6080	17300	12800			
		11596	280	GB11340－2005，GB18285－2005，GB17691－2005国Ⅴ	客车	12000	2550	3940	6000	18000	13240			
	WP5NG165E40	4760	121	GB11340－2005，GB18285－2005，GB17691－2005国Ⅳ	城市客车	7670	2360	3400	3500	9700	6550			
		4760	121	GB17691－2005国Ⅳ，GB11340－2005，GB18285－2005	城市客车	8050	2400	3070	3800	10500	7100			
		4760	121	GB11340－2005，GB18285－2005，GB17691－2005国Ⅴ	城市客车	7585	2380	3040	3500	10500	7100			
	WP5NG180E40	4760	132	GB17691－2005国Ⅳ，GB18285－2005，GB11340－2005	城市客车	7745	2360	2980	3580	10200	6950			
		4760	132	GB17691－2005国Ⅳ，GB18285－2005，GB11340－2005	城市客车	8135	2360	2980	3800	10200	7250			
		4760	132	GB17691－2005国Ⅳ，GB18285－2005，GB11340－2005	城市客车	8190	2380	3140	3800	11000	7600			

续表

发动机生产企业	发动机型号	排量（mL）	功率（kW）	排放标准	配套车辆名称	外形尺寸（mm）			轴距（mm）	总质量（kg）	整备质量（kg）	2013 年（辆）	2014 年 1—3 月（辆）	配套车型合计（辆）
						长	宽	高						
同上	同上	4760	132	GB11340－2005，GB18285－2005，GB17691－2005 国Ⅳ	城市客车	8540	2440	3105	4000	13000	8500			
		4760	132	GB17691－2005 国Ⅳ，GB18285－2005，GB11340－2005	城市客车	8540	2400	2980	4100	12200	7700			
		4760	132	GB17691－2005 国Ⅳ，GB18285－2005，GB11340－2005	城市客车	8545	2480	3380	4000	12200	8200			
		4760	132	GB11340－2005，GB18285－2005，GB17691－2005 国Ⅳ	客车	7620	2480	3350	3550	10500	7900			
		4760	132	GB17691－2005 国Ⅳ，GB11340－2005，GB18285－2005	客车	8040	2480	3350	3800	10800	8270			
		4760	132	GB11340－2005，GB18285－2005，GB17691－2005 国Ⅳ	客车	8045	2480	3356	3850	10600	7850			
	WP5NG180E50	4760	132	GB17691－2005 国Ⅴ，GB18285－2005，GB11340－2005	城市客车	7745	2360	2940	3580	10200	7300			
		4760	132	GB17691－2005 国Ⅴ，GB11340－2005，GB18285－2005	城市客车	8000	2350	3050	3800	12200	8420			
		4760	132	GB17691－2005 国Ⅴ，GB18285－2005，GB11340－2005	城市客车	8190	2380	3140	3800	11000	8000			
		4760	132	GB17691－2005 国Ⅴ，GB11340－2005，GB18285－2005	城市客车	8345	2450	3280	3900	12200	8400			
		4760	132	GB11340－2005，GB18285－2005，GB17691－2005 国Ⅴ	城市客车	8490	2450	3080	4250	12200	9300			
		4760	132	GB11340－2005，GB18285－2005，GB17691－2005 国Ⅴ	城市客车	8540	2440	3080	4000	12400	8850			
		4760	132	GB17691－2005 国Ⅴ，GB18285－2005，GB11340－2005	城市客车	8540	2400	3050	4100	12200	8700			
		4760	132	GB17691－2005 国Ⅴ，GB18285－2005，GB11340－2005	城市客车	8540	2420	3350	4000	12200	8830			
		4760	132	GB17691－2005 国Ⅴ，GB18285－2005，GB11340－2005	城市客车	8545	2480	3240	4000	12200	9200			
		4760	132	GB17691－2005 国Ⅴ，GB11340－2005，GB18285－2005	城市客车	8545	2420	3210	4000	12200	8900			
		4760	132	GB11340－2005，GB18285－2005，GB17691－2005 国Ⅴ	客车	7495	2380	3215	3500	10150	7730			
		4760	132	GB17691－2005 国Ⅴ，GB18285－2005，GB11340－2005	客车	7620	2480	3380	3550	10500	7900			
		4760	132	GB17691－2005 国Ⅴ，GB18285－2005，GB11340－2005	客车	7995	2460	3360	3800	10800	8070			
		4760	132	GB11340－2005，GB18285－2005，GB17691－2005 国Ⅴ	客车	6735	2320	3010	3650	8200	6400			
	WP6NG210E40	6750	155	GB17691－2005 国Ⅳ，GB11340－2005，GB18285－2005	城市客车	8995	2420	3220	4300	13200	9800			
		6750	155	GB11340－2005，GB18285－2005，GB17691－2005 国Ⅳ	城市客车	9245	2500	3350	4400	13000	9100			
		6750	155	GB11340－2005，GB18285－2005，GB17691－2005 国Ⅳ	城市客车	9290	2440	3000	4435	13500	9700			
		6750	155	GB17691－2005 国Ⅳ，GB11340－2005，GB18285－2005	城市客车	9295	2420	3400	4550	13200	9400			
		6750	155	GB11340－2005，GB18285－2005，GB17691－2005 国Ⅳ	城市客车	10490	2500	3220	5000	16000	10800			
	WP6NG210E50	6750	155	GB17691－2005 国Ⅴ，GB18285－2005，GB11340－2005	城市客车	8995	2480	3240	4200	13200	9200			

续表

发动机生产企业	发动机型号	排量（mL）	功率（kW）	排放标准	配套车辆名称	外形尺寸（mm） 长	宽	高	轴距（mm）	总质量（kg）	整备质量（kg）	2013年（辆）	2014年1—3月（辆）	配套车型合计（辆）
同上	同上	6750	155	GB17691－2005国Ⅴ，GB18285－2005，GB11340－2005	城市客车	8995	2420	3170	4200	13500	8950			
		6750	155	GB11340－2005，GB18285－2005，GB17691－2005国Ⅴ	城市客车	9265	2440	3450	4400	13200	9850			
		6750	155	GB11340－2005，GB18285－2005，GB17691－2005国Ⅴ	城市客车	9300	2450	3100	4460	13200	9300			
		6750	155	GB11340－2005，GB18285－2005，GB17691－2005国Ⅴ	城市客车	9340	2500	3190	4500	13500	8450			
		6750	155	GB17691－2005（国Ⅴ阶段），GB11340－2005，GB18285－2005	城市客车	10590	2500	3450	5000	15500	9500			
	WP6NG240E40	6750	176	GB17691－2005国Ⅳ，GB11340－2005，GB18285－2005	城市客车	10490	2480	3200	5100	15500	10500			
		6750	176	GB17691－2005国Ⅳ，GB18285－2005，GB11340－2005	城市客车	10490	2500	3120	5000	15500	10600			
		6750	176	GB17691－2005国Ⅳ，GB18285－2005，GB11340－2005	城市客车	10500	2500	3220	5000	16500	11750			
		6750	176	GB17691－2005国Ⅳ，GB11340－2005，GB18285－2005	豪华城市客车	10500	2500	3165	5100	15800	10250			
		6750	176	GB17691－2005国Ⅳ，GB11340－2005，GB18285－2005	客车	8995	2450	3380	4425	12800	9300			
		6750	176	GB11340－2005，GB18285－2005，GB17691－2005国Ⅳ	客车	8995	2450	3330	4300	12960	9500			
		6750	176	GB17691－2005国Ⅳ，GB11340－2005，GB18285－2005	客车	8720	2450	3570	4200	12900	9850			
		6750	176	GB17691－2005国Ⅳ，GB11340－2005，GB18285－2005	客车	8975	2500	3570	4350	13200	10150			
	WP6NG240E50	6750	176	GB17691－2005国Ⅴ，GB11340－2005，GB18285－2005	城市客车	10500	2500	3200	5000	15500	10500			
		6750	176	GB17691－2005国Ⅴ，GB11340－2005，GB18285－2005	城市客车	10500	2500	3420	5000	15500	10500			
		6750	176	GB17691－2005国Ⅴ，GB11340－2005，GB18285－2005	城市客车	10500	2500	3165	5100	15800	10250			
		6750	176	GB17691－2005国Ⅴ，GB18285－2005，GB11340－2005	城市客车	10430	2500	3070	5000	16500	9850			
		6750	176	GB17691－2005国Ⅴ，GB11340－2005，GB18285－2005	豪华城市客车	10500	2500	3165	5100	15800	10250			
		6750	176	GB11340－2005，GB18285－2005，GB17691－2005国Ⅴ	客车	8995	2500	3470	4300	13530	10330			
		6750	176	GB17691－2005国Ⅴ，GB11340－2005，GB18285－2005	客车	8995	2450	3400	4380	13000	9600			
		6750	176	GB17691－2005国Ⅴ，GB11340－2005，GB18285－2005	客车	8543	2500	3340	4100	11900	9150			
		6750	176	GB17691－2005国Ⅴ，GB11340－2005，GB18285－2005	客车	8774	2500	3595	4250	12700	9650			
		6750	176	GB17691－2005国Ⅴ，GB11340－2005，GB18285－2005	客车	8774	2500	3385	4250	12500	9650			
		6750	176	GB17691－2005国Ⅴ，GB18285－2005，GB11340－2005	客车	8710	2450	3326	4150	11900	8700			
		6750	176	GB17691－2005国Ⅴ，GB18285－2005，GB11340－2005	客车	8970	2450	3345	4300	12400	9200			
	WP7NG210E40	7140	155	GB17691－2005国Ⅳ，GB11340－2005，GB18285－2005	城市客车	10320	2500	3250	5000	15500	9800			

续表

发动机生产企业	发动机型号	排量（mL）	功率（kW）	排放标准	配套车辆名称	外形尺寸（mm） 长	宽	高	轴距（mm）	总质量（kg）	整备质量（kg）	2013年（辆）	2014年1—3月（辆）	配套车型合计（辆）
同上	同上	7140	155	GB17691－2005国Ⅳ，GB11340－2005，GB18285－2005	客车	8543	2470	3340	4100	11900	9000			
	WP7NG210E50	7140	155	GB17691－2005国Ⅴ，GB18285－2005，GB11340－2005	客车	8545	2460	3360	4100	11800	8910			
	WP7NG240E40	7140	177	GB17691－2005国Ⅳ，GB18285－2005，GB11340－2005	城市客车	10305	2500	3440	5000	16500	12000			
		7140	177	GB17691－2005国Ⅳ，GB11340－2005，GB18285－2005	城市客车	10490	2480	3075	5100	15500	10500			
		7140	177	GB11340－2005，GB18285－2005，GB17691－2005国Ⅳ	城市客车	10490	2482	3380	5000	16000	11600			
		7140	177	GB17691－2005国Ⅳ，GB11340－2005，GB18285－2005	城市客车	11350	2500	3250	5700	16500	11430			
		7140	177	GB17691－2005国Ⅳ，GB11340－2005，GB18285－2005	城市客车	11400	2500	3050	5650	16000	11100			
		7140	177	GB17691－2005国Ⅳ，GB11340－2005，GB18285－2005	城市客车	11980	2550	3100	5900	17950	11900			
		7140	177	GB11340－2005，GB18285－2005，GB17691－2005国Ⅳ	客车	8949	2450	3365	4340	12500	9300			
		7140	177	GB17691－2005国Ⅳ，GB18285－2005，GB11340－2005	客车	8995	2460	3360	4300	12800	9600			
		7140	177	GB17691－2005国Ⅳ，GB11340－2005，GB18285－2005	客车	8990	2500	3410	4300	12800	9500			
		7140	177	GB17691－2005国Ⅳ，GB11340－2005，GB18285－2005	客车	8990	2500	3560	4300	12800	9500			
		7140	177	GB17691－2005国Ⅳ，GB11340－2005，GB18285－2005	客车	8890	2410	3280	4200	11950	8914			
	WP7NG240E50	7140	177	GB17691－2005国Ⅴ，GB11340－2005，GB18285－2005	城市客车	10320	2500	3250	5000	15500	9800			
		7140	177	GB11340－2005，GB18285－2005，GB17691－2005国Ⅴ	城市客车	10470	2500	3130	5000	16500	10640			
		7140	177	GB11340－2005，GB18285－2005，GB17691－2005国Ⅴ	城市客车	10480	2500	3190	5100	16350	11100			
		7140	177	GB11340－2005，GB18285－2005，GB17691－2005国Ⅴ	城市客车	10490	2480	3490	5100	16000	11300			
		7140	177	GB11340－2005，GB18285－2005，GB17691－2005国Ⅴ	城市客车	10490	2490	3480	5000	16500	11200			
		7140	177	GB17691－2005国Ⅴ，GB11340－2005，GB18285－2005	城市客车	10490	2500	3240	5000	16500	11000			
		7140	177	GB17691－2005国Ⅴ，GB11340－2005，GB18285－2005	城市客车	10490	2500	3520	5000	16500	10600			
		7140	177	GB17691－2005国Ⅴ，GB18285－2005，GB11340－2005	城市客车	11420	2500	3150	5700	16900	12280			
		7140	177	GB17691－2005国Ⅴ，GB11340－2005，GB18285－2005	客车	9945	2500	3440	4950	14400	10890			
	WP7NG260E40	7140	191	GB17691－2005国Ⅳ，GB11340－2005，GB18285－2005	城市客车	11400	2500	3150	5650	16000	11400			
		7140	191	GB17691－2005国Ⅳ，GB11340－2005，GB18285－2005	城市客车	11460	2550	3150	5700	17000	11470			
		7140	191	GB17691－2005国Ⅳ，GB11340－2005，GB18285－2005	城市客车	11600	2500	3400	5800	16500	12270			
		7140	191	GB11340－2005，GB18285－2005，GB17691－2005国Ⅳ	城市客车	12000	2535	3485	6100	18000	11600			

续表

发动机生产企业	发动机型号	排量（mL）	功率（kW）	排放标准	配套车辆名称	外形尺寸（mm） 长	宽	高	轴距（mm）	总质量（kg）	整备质量（kg）	2013年（辆）	2014年1—3月（辆）	配套车型合计（辆）
同上	同上	7140	191	GB17691－2005国Ⅳ，GB11340－2005，GB18285－2005	城市客车	12000	2550	3200	6100	18000	11600			
		7140	191	GB17691－2005国Ⅳ，GB11340－2005，GB18285－2005	城市客车	12000	2550	3250	6100	18000	12300			
		7140	191	GB17691－2005国Ⅳ，GB11340－2005，GB18285－2005	豪华旅游客车	10150	2500	3430	5000	14700	11150			
		7140	191	GB17691－2005国Ⅳ，GB11340－2005，GB18285－2005	客车	10990	2500	3580	5450	15900	11770			
		7140	191	GB17691－2005国Ⅳ，GB11340－2005，GB18285－2005	客车	10390	2500	3550	5150	15300	11400			
		7140	191	GB17691－2005国Ⅳ，GB18285－2005，GB11340－2005	客车	10850	2470	3590	5450	14900	11050			
		7140	191	GB17691－2005国Ⅳ，GB11340－2005，GB18285－2005	客车	10980	2490	3540	5300	14950	10800			
	WP7NG260E50	7140	191	GB17691－2005国Ⅳ，GB18285－2005，GB11340－2005	城市客车	11980	2550	3250	5900	17950	12500			
		7140	191	GB17691－2005国Ⅴ，GB11340－2005，GB18285－2005	城市客车	12000	2550	3200	6100	18000	11600			
		7140	191	GB17691－2005国Ⅴ，GB11340－2005，GB18285－2005	豪华客车	8980	2500	3320	4200	11800	9700			
		7140	191	GB11340－2005，GB18285－2005，GB17691－2005国Ⅴ	客车	10740	2500	3610	5420	15900	11920			
		7140	191	GB17691－2005国Ⅴ，GB18285－2005，GB11340－2005	客车	8995	2460	3360	4300	12800	9600			
	WP7NG270E40	7140	199	GB11340－2005，GB18285－2005，GB17691－2005国Ⅳ	城市客车	12000	2550	3370	6100	18000	12200			
		7140	199	GB17691－2005国Ⅳ，GB18285－2005，GB11340－2005	城市客车	11490	2550	3240	5800	16500	11600			
		7140	199	GB17691－2005国Ⅳ，GB11340－2005，GB18285－2005	客车	10690	2500	3550	5250	16000	12170			
		7140	199	GB17691－2005国Ⅳ，GB11340－2005，GB18285－2005	客车	10800	2500	3550	5550	15900	11900			
		7140	199	GB17691－2005国Ⅳ，GB18285－2005，GB11340－2005	客车	10800	2500	3560	5390	15700	11720			
		7140	199	GB17691－2005国Ⅳ，GB11340－2005，GB18285－2005	客车	10800	2500	3520	5460	15500	11670			
		7140	199	GB17691－2005国Ⅳ，GB11340－2005，GB18285－2005	客车	10800	2500	3600	5300	16000	12020			
		7140	199	GB17691－2005国Ⅳ，GB18285－2005，GB11340－2005	客车	10980	2500	3580	5400	15900	11760			
		7140	199	GB17691－2005国Ⅳ，GB11340－2005，GB18285－2005	客车	10990	2500	3520	5550	16100	11900			
		7140	199	GB17691－2005国Ⅳ，GB11340－2005，GB18285－2005	客车	10990	2500	3550	5550	16500	12510			
		7140	199	GB17691－2005国Ⅳ，GB11340－2005，GB18285－2005	客车	10990	2500	3550	5550	16500	12300			
		7140	199	GB17691－2005国Ⅳ，GB11340－2005，GB18285－2005	客车	11010	2550	3610	5670	15900	11800			
	WP7NG270E50	7140	199	GB17691－2005国Ⅴ，GB11340－2005，GB18285－2005	城市客车	10690	2500	3520	5250	17000	10800			
		7140	199	GB17691－2005国Ⅴ，GB11340－2005，GB18285－2005	城市客车	11380	2550	3200	5700	17000	11780			

续表

发动机生产企业	发动机型号	排量（mL）	功率（kW）	排放标准	配套车辆名称	外形尺寸（mm）			轴距（mm）	总质量（kg）	整备质量（kg）	2013 年（辆）	2014 年 1—3 月（辆）	配套车型合计（辆）
						长	宽	高						
同上	同上	7140	199	GB17691－2005 国Ⅴ，GB11340－2005，GB18285－2005	城市客车	11980	2540	3140	6200	18000	12300			
		7140	199	GB17691－2005 国Ⅴ，GB18285－2005，GB11340－2005	城市客车	11990	2540	3260	6000	17990	11900			
		7140	199	GB11340－2005，GB18285－2005，GB17691－2005 国Ⅴ	城市客车	11990	2532	3450	6000	18000	11350			
		7140	199	GB11340－2005，GB18285－2005，GB17691－2005 国Ⅴ	城市客车	12000	2532	3510	6000	18000	12800			
		7140	199	GB17691－2005 国Ⅴ，GB11340－2005，GB18285－2005	客车	10690	2500	3795	5150	16580	12200			
		7140	199	GB17691－2005 国Ⅴ，GB11340－2005，GB18285－2005	客车	10800	2500	3520	5460	15650	11670			
		7140	199	GB17691－2005 国Ⅴ，GB11340－2005，GB18285－2005	客车	10980	2500	3620	5400	16500	11500			
		7140	199	GB17691－2005 国Ⅴ，GB11340－2005，GB18285－2005	客车	10990	2500	3750	5550	16500	12300			
		7140	199	GB11340－2005，GB18285－2005，GB17691－2005 国Ⅴ	客车	11010	2550	3610	5670	16500	12360			
上海柴油机股份有限公司	SC5DT180Q4	5308	132	GB17691－2005 国Ⅳ，GB18285－2005，GB11340－2005	城市客车	8545	2450	3200	4000	12200	8940	2923	15	2938
		5308	132	GB17691－2005 国Ⅳ，GB18285－2005，GB11340－2005	城市客车	7740	2350	3050	3600	11000	8000			
		5308	132	GB17691－2005 国Ⅳ，GB18285－2005，GB11340－2005	城市客车	8000	2350	3050	3800	12200	8420			
		5308	132	GB17691－2005 国Ⅳ，GB11340－2005，GB18285－2005	客车	7995	2450	3580	3800	10600	7870			
	SC5DT180Q5	5308	132	GB11340－2005，GB18285－2005，GB17691－2005 国Ⅴ	城市客车	8540	2430	3030	4000	12500	8400			
		5308	132	GB11340－2005，GB18285－2005，GB17691－2005 国Ⅴ	城市客车	9290	2440	3180	4435	13500	10400			
	SC6HT210Q4	5883	155	GB17691－2005 国Ⅳ，GB18285－2005，GB11340－2005	城市客车	8930	2500	3200	4250	13200	9420			
	SC7HT210Q5	6440	155	GB11340－2005，GB18285－2005，GB17691－2005 国Ⅴ	城市客车	10490	2482	3380	5000	16000	11400			
	SC7HT230Q5	6440	170	GB17691－2005 国Ⅴ，GB11340－2005，GB18285－2005	城市客车	10500	2500	3490	5000	16500	11750			
		6440	170	GB17691－2005（国Ⅴ阶段），GB18285－2005，GB11340－2005	城市客车	11490	2540	3200	5600	16500	11000			
	SC8DT230Q3	8300	170	GB17691－2005 国Ⅲ，GB11340－2005，GB18285－2005	城市客车	12000	2550	3480	6000	18000	12200			
		8300	170	GB11340－2005，GB18285－2005，GB17691－2005 国Ⅲ	城市客车	11370	2500	3350	5600	17500	10900			
	SC8DT230Q4	8270	170	GB17691－2005 国Ⅳ，GB11340－2005，GB18285－2005	城市客车	10480	2500	3400	5000	16000	11380			
		8270	170	GB17691－2005 国Ⅳ，GB11340－2005，GB18285－2005	城市客车	10490	2500	3150	5000	15500	10500			
		8270	170	GB17691－2005 国Ⅳ，GB18285－2005，GB11340－2005	城市客车	10500	2500	3220	5000	16500	11750			
		8270	170	GB17691－2005（国Ⅳ阶段），GB11340－2005，GB18285－2005	城市客车	12000	2550	3420	6150	18000	12200			
	SC8DT230Q5	8270	170	GB17691－2005 国Ⅴ，GB18285－2005，GB11340－2005	城市客车	10480	2500	3150	5000	16000	11380			
		8270	170	GB11340－2005，GB18285－2005，GB17691－2005 国Ⅴ	城市客车	11990	2550	3480	6000	18000	12200			

续表

发动机生产企业	发动机型号	排量（mL）	功率（kW）	排放标准	配套车辆名称	外形尺寸（mm）			轴距（mm）	总质量（kg）	整备质量（kg）	2013年（辆）	2014年1—3月（辆）	配套车型合计（辆）
						长	宽	高						
同上	SC8DT250Q3	8300	184	GB17691－2005国III，GB11340－2005，GB18285－2005	城市客车	11860	2500	3000	6000	16000	10200			
		8300	184	GB17691－2005国Ⅲ，GB18285－2005，GB11340－2005	双层城市客车	11370	2500	4180	5500	17500	12900			
	SC8DT250Q4	8270	184	GB17691－2005国Ⅳ，GB11340－2005，GB18285－2005	城市客车	10490	2480	3200	5100	15500	10500			
		8270	184	GB17691－2005国Ⅳ，GB18285－2005，GB11340－2005	城市客车	12000	2500	3150	6000	18000	11800			
		8270	184	GB17691－2005国Ⅳ，GB18285－2005，GB11340－2005	城市客车	11380	2500	3220	5700	17000	12080			
		8270	184	GB17691－2005国Ⅳ，GB11340－2005，GB18285－2005	城市客车	11460	2550	3150	5700	17000	12670			
		8270	184	GB17691－2005国Ⅳ，GB11340－2005，GB18285－2005	城市客车	12000	2550	3420	6150	18000	12200			
		8270	184	GB11340－2005，GB18285－2005，GB17691－2005国Ⅳ	城市客车	12000	2532	3380	6000	18000	13200			
		8270	184	GB17691－2005国Ⅳ，GB11340－2005，GB18285－2005	客车	10990	2500	3580	5450	15900	11770			
	SC8DT250Q5	8270	184	GB17691－2005国Ⅴ，GB18285－2005，GB11340－2005	城市客车	11420	2500	3000	5700	16900	11600			
		8270	184	GB17691－2005国Ⅴ，GB11340－2005，GB18285－2005	城市客车	11980	2540	3480	6000	18000	13100			
		8270	184	GB17691－2005国Ⅴ，GB11340－2005，GB18285－2005	城市客车	11995	2550	3490	6000	18000	12530			
		8270	184	GB17691－2005（国Ⅴ阶段），GB11340－2005，GB18285－2005	城市客车	12000	2550	3420	6150	18000	12200			
		8270	184	GB11340－2005，GB18285－2005，GB17691－2005国Ⅴ	城市客车	12000	2532	3380	6000	18000	13200			
	SC9DT280Q4	8820	206	GB11340－2005，GB18285－2005，GB17691－2005国Ⅳ	城市客车	12000	2535	3200	6100	18000	11600			
		8820	206	GB17691－2005国Ⅳ，GB11340－2005，GB18258－2005	豪华城市客车	18000	2550	3330	5720＋6200	28000	18200			
	SC9DT320Q5	8820	235	GB11340－2005，GB18285－2005，GB17691－2005国Ⅴ	城市客车	13680	2532	3400	6300＋1400	23500	15000			
潍坊潍柴培新气体发动机有限公司	WP10NG260E40	9726	191	GB17691－2005国Ⅳ，GB11340－2005，GB18285－2005	客车	10600	2500	3550	5250	15600	11350	1288	32	1320
	WP10NG336E40	9726	247	GB17691－2005国Ⅳ，GB11340－2005，GB18285－2005	客车	12000	2550	3795	6150	18000	13710			
	WP12NG330E30	11596	243	GB17691－2005国Ⅲ，GB11340－2005，GB18285－2005	客车	12000	2500	3550	6080	17300	12800			
	WP12NG350E30	11596	257	GB17691－2005国Ⅲ，GB11340－2005，GB18285－2005	客车	12000	2550	3645	6150	18000	12770			
	WP12NG350E40	11596	257	GB17691－2005国Ⅳ，GB11340－2005，GB18285－2005	客车	12000	2550	3920	6000	18000	13080			
	WP12NG380E40	11596	280	GB17691－2005国Ⅳ，GB11340－2005，GB18285－2005	豪华客车	12000	2550	3950	6080	18000	13380			
	WP6NG210E30	6750	155	GB17691－2005国Ⅲ，GB18285－2005，GB11340－2005	客车	8540	2450	3330	4100	11600	8550			
		6750	155	GB17691－2005国Ⅲ，GB18285－2005，GB11340－2005	客车	8750	2450	3290	4250	11600	8550			
		6750	155	GB17691－2005国Ⅲ，GB18285－2005，GB11340－2005	客车	8945	2450	3330	4250	11900	9400			

续表

发动机生产企业	发动机型号	排量（mL）	功率（kW）	排放标准	配套车辆名称	外形尺寸（mm）			轴距（mm）	总质量（kg）	整备质量（kg）	2013年（辆）	2014年1—3月（辆）	配套车型合计（辆）
						长	宽	高						
同上	WP6NG210E40	6750	155	GB17691－2005国Ⅳ，GB18285－2005，GB11340－2005	城市客车	9500	2500	3020	4500	13200	8765			
		6750	155	GB17691－2005国Ⅳ，GB18285－2005，GB11340－2005	城市客车	9295	2500	3160	4400	13200	9300			
	WP6NG240E30	6750	177	GB11340－2005，GB18285－2005，GB17691－2005国Ⅲ	客车	8949	2450	3365	4340	12500	9300			
		6750	177	GB17691－2005国Ⅲ，GB18285－2005，GB11340－2005	客车	8945	2450	3330	4250	11900	9400			
		6750	177	GB17691－2005国Ⅲ，GB11340－2005，GB18285－2005	客车	8990	2500	3560	4300	12800	9500			
		6750	177	GB17691－2005国Ⅲ，GB11340－2005，GB18285－2005	客车	8990	2500	3410	4300	12800	9500			
	WP6NG240E40	6750	176	GB17691－2005国Ⅳ，GB11340－2005，GB18285－2005	客车	8540	2480	3350	4100	11900	8850			
		6750	176	GB17691－2005国Ⅳ，GB11340－2005，GB18285－2005	客车	8774	2470	3385	4250	12700	9650			
		6750	176	GB11340－2005，GB18285－2005，GB17691－2005国Ⅳ	客车	8949	2450	3365	4340	12500	9300			
		6750	176	GB17691－2005国Ⅳ，GB11340－2005，GB18285－2005	客车	8995	2500	3460	4300	13600	10400			
		6750	176	GB11340－2005，GB18285－2005，GB17691－2005国Ⅳ	客车	9225	2450	3600	4500	14500	11300			
		6750	176	GB17691－2005国Ⅳ，GB11340－2005，GB18285－2005	客车	9345	2480	3350	4600	13400	10000			
	WP6NG240E50	6750	176	GB17691－2005国Ⅴ，GB18285－2005，GB11340－2005	城市客车	10500	2500	3260	5000	16000	10900			
	WP7NG240E40	7140	177	GB17691－2005国Ⅳ，GB11340－2005，GB18285－2005	城市客车	10500	2500	3380	5000	16000	10900			
		7140	177	GB17691－2005国Ⅳ，GB18285－2005，GB11340－2005	城市客车	10490	2500	3120	5000	15500	10600			
		7140	177	GB17691－2005国Ⅳ，GB18285－2005，GB11340－2005	城市客车	11490	2550	3240	5800	16500	11600			
		7140	177	GB17691－2005国Ⅴ，GB18285－2005，GB11340－2005	城市客车	10500	2500	3260	5000	16000	10900			
	WP7NG260E40	7140	191	GB17691－2005国Ⅳ，GB11340－2005，GB18285－2005	客车	10680	2500	3600	5170	15330	11670			
		7140	191	GB17691－2005国Ⅳ，GB11340－2005，GB18285－2005	客车	10500	2500	3580	5170	16450	11725			
		7140	191	GB17691－2005国Ⅳ，GB18285－2005，GB11340－2005	客车	10500	2500	3580	5170	15900	11725			
		7140	191	GB17691－2005国Ⅳ，GB11340－2005，GB18285－2005	城市客车	12000	2550	3240	6100	17500	12100			
	WP7NG270E40	7140	199	GB17691－2005国Ⅳ，GB18285－2005，GB11340－2005	城市客车	11490	2500	3380	5600	16500	11500			
		7140	199	GB17691－2005国ⅣGB11340－2005，GB18285－2005	城市客车	11990	2540	3260	6000	17990	11900			
		7140	199	GB11340－2005，GB18285－2005，GB17691－2005国Ⅳ	城市客车	12000	2532	3380	6000	18000	13200			
中国第一汽车集团公司	BF6M1013－24E4N	7146	180	GB17691－2005（国Ⅳ阶段），GB11340－2005，GB18285－2005	城市客车	11995	2550	3490	6100	18000	12550	696	0	696
	BF6M1013－26E4N	7146	203	GB17691－2005（国Ⅳ阶段），GB11340－2005，GB18285－2005	城市客车	11990	2500	3330	6100	18000	12176			

续表

发动机生产企业	发动机型号	排量(mL)	功率(kW)	排放标准	配套车辆名称	外形尺寸(mm) 长	宽	高	轴距(mm)	总质量(kg)	整备质量(kg)	2013年(辆)	2014年1—3月(辆)	配套车型合计(辆)
同上	CA6SH－N1E4	5560	110	GB17691－2005(国Ⅳ阶段),GB11340－2005,GB18285－2005	城市客车	10490	2500	3160	5000	13200	8588			
	CA6SH－NE3	5560	105	GB17691－2005国Ⅲ,GB11340－2005,GB18285－2005	城市客车	8593	2500	3035	4000	11000	7345			
	CA6SL2－26E5N	8600	195	GB11340－2005,GB18285－2005,GB17691－2005国Ⅴ	城市客车	12000	2550	3200	6100	18000	12600			
		8600	195	GB11340－2005,GB18285－2005,GB17691－2005国Ⅴ	城市客车	12000	2532	3180	6000	18000	12800			
潍柴西港新能源动力有限公司	WP10NG336E40	9726	247	GB17691－2005国Ⅳ,GB11340－2005,GB18285－2005	客车	12000	2500	3700	6300	17600	13200	102	415	517
		9726	247	GB17691－2005国Ⅳ,GB11340－2005,GB18285－2005	客车	12000	2550	3960	6000	18000	13240			
		9726	247	GB17691－2005国Ⅳ,GB18285－2005,GB11340－2005	客车	12000	2550	3995	6000	18000	13550			
		9726	247	GB17691－2005国Ⅳ,GB11340－2005,GB18285－2005	客车	12000	2550	3770	6300	17600	13300			
	WP6NG240E40	6750	176	GB17691－2005国Ⅳ,GB11340－2005,GB18285－2005	客车	8995	2480	3350	4300	12500	9300			
		6750	176	GB17691－2005国Ⅴ,GB18285－2005,GB11340－2005	客车	8750	2480	3380	4250	11900	8850			
	WP7NG240E50	7140	177	GB17691－2005国Ⅴ,GB18285－2005,GB11340－2005	城市客车	10480	2500	3500	5000	16500	10780			
	WP7NG260E40	7140	191	GB17691－2005国Ⅳ,GB18285－2005,GB11340－2005	城市客车	11980	2540	3500	6100	18000	12320			
	WP7NG270E50	7140	199	GB17691－2005国Ⅴ,GB18285－2005,GB11340－2005	城市客车	11980	2540	3500	5980	18000	12320			
一汽解放汽车有限公司无锡柴油机厂	CA6SF2－19E4N	7130	143	GB17691－2005国Ⅲ,GB11340－2005,GB18285－2005	城市客车	10490	2500	3420	5100	14500	10080	418	0	418
	CA6SF2－19E5N	7130	143	GB17691－2005国Ⅴ阶段,GB11340－2005,GB18285－2005	城市客车	10490	2500	3420	5100	14500	10080			
	CA6SF2－19NE3	7130	148	GB17691－2005国Ⅲ,GB11340－2005,GB18285－2005	城市客车	10445	2500	3350	5100	14500	10340			
	CA6SF2－23E4N	7130	173	GB17691－2005国Ⅳ,GB11340－2005,GB18285－2005	城市客车	10490	2480	3075	5100	15500	10500			
		7130	173	GB11340－2005,GB18285－2005,GB17691－2005国Ⅳ	客车	8949	2450	3400	4340	13070	9870			
	CA6SF2－23E5N	7130	173	GB17691－2005国Ⅴ,GB11340－2005,GB18285－2005	城市客车	10450	2500	3250	4900	16350	10400			
	CA6SF2－23NE3	7130	180	GB17691－2005国Ⅲ,GB11340－2005,GB18285－2005	城市客车	10320	2500	3140	5000	15500	9800			
	CA6SL1－24E4N	7700	180	GB17691－2005(国Ⅳ阶段),GB11340－2005,GB18285－2005	城市客车	11990	2500	3150	6100	18000	12176			
		7700	180	GB17691－2005国Ⅳ,GB11340－2005,GB18285－2005	城市客车	11990	2500	3250	6100	18000	11315			
	CA6SL2－29E5N	8600	216	GB11340－2005,GB18285－2005,GB17691－2005国Ⅴ	城市客车	11980	2495	3220	6000	18000	12750			
FPT INDUSTRIAL S. p. A.	F4BE0642D＊B	5880	150	GB17691－2005国Ⅴ,GB18285－2005,GB11340－2005	城市客车	11980	2550	3250	5900	17950	11800	265	0	265
	F2BE0642F＊B	7800	213	GB17691－2005国Ⅳ,GB11340－2005,GB18285－2005	城市客车	12350	2550	3980	5000＋1450	23800	14500			
		7800	213	GB17691－2005国Ⅳ,GB11340－2005,GB18285－2005	城市客车	17980	2550	3200	5800＋6100	28000	17000			

续表

发动机生产企业	发动机型号	排量（mL）	功率（kW）	排放标准	配套车辆名称	外形尺寸（mm） 长	宽	高	轴距（mm）	总质量（kg）	整备质量（kg）	2013年（辆）	2014年1—3月（辆）	配套车型合计（辆）
康明斯公司	ISLGEEV 280	8900	209	GB17691－2005 国Ⅴ，GB11340－2005，GB18285－2005	豪华城市客车	13700	2550	3165	6100＋1400	22500	13650	130	0	130
		8900	209	GB17691－2005 国Ⅳ，GB11340－2005，GB18285－2005	双层城市客车	12000	2550	4000	5170＋1470	22500	15200			
		8900	209	GB17691－2005 国Ⅳ，GB11340－2005，GB18285－2005	双层城市客车	12700	2550	4000	5800＋1500	24500	15900			
长春一汽四环发动机制造有限公司	CA4GNE3	3700	85	GB11340－2005，GB18285－2005，GB17691－2005 国Ⅲ	城市客车	6560	2270	2770	3300	6600	4180	116	7	123
		3700	85	GB11340－2005，GB18285－2005，GB17691－2005 国Ⅲ	城市客车	6570	2250	2780	3300	6500	4420			
		3700	85	GB11340－2005，GB18285－2005，GB17691－2005 国Ⅲ	城市客车	6600	2280	2800	3300	6475	4200			
		3700	85	GB17691－2005 国Ⅲ，GB11340－2005，GB18285－2005	城市客车	6620	2240	2795	3308	6800	4450			
		3700	85	GB17691－2005 国Ⅲ，GB11340－2005，GB18285－2005	城市客车	7010	2180	2950	3500	6900	5275			
		3700	85	GB11340－2005，GB18285－2005，GB17691－2005 国Ⅲ	城市客车	7220	2240	2830	3308	6500	4200			
		3700	85	GB11340－2005，GB18285－2005，GB17691－2005 国Ⅲ	城市客车	7255	2360	3030	3300	7700	5070			
		3700	85	GB11340－2005，GB18285－2005，GB17691－2005 国Ⅲ	城市客车	7348	2280	2860	3300	7700	4850			
		3700	85	GB17691－2005 国Ⅲ，GB11340－2005，GB18285－2005	客车	5995	2240	2800	3308	5990	4300			
		3700	85	GB11340－2005，GB18285－2005，GB17691－2005 国Ⅲ	客车	5995	2240	2800	3300	5990	4300			
		3700	85	GB11340－2005，GB18285－2005，GB17691－2005 国Ⅲ	客车	5995	2240	2760	3300	5650	4100			
		3700	85	GB11340－2005，GB18285－2005，GB17691－2005 国Ⅲ	客车	5996	2270	2770	3300	5180	3595			
		3700	85	GB11340－2005，GB18285－2005，GB17691－2005 国Ⅲ	客车	5998	2200	2800	3300	6500	4270			
		3700	85	GB3847－2005，GB17691－2005 国Ⅲ	客车	7000	2200	3000	3650	7400	4660			
	CA4GNE4	3700	85	GB17691－2005 国Ⅳ，GB11340－2005，GB18285－2005	城市客车	7010	2180	2950	3500	7100	4955			
		3700	85	GB11340－2005，GB18285－2005，GB17691－2005 国Ⅳ	城市客车	6620	2240	2820	3300	6600	4350			
		3700	85	GB11340－2005，GB18285－2005，GB17691－2005 国Ⅳ	城市客车	6660	2240	2760	3300	6600	4300			
		3700	85	GB11340－2005，GB18285－2005，GB17691－2005 国Ⅳ	城市客车	7200	2300	2970	3300	7700	4800			
		3700	85	GB11340－2005，GB18285－2005，GB17691－2005 国Ⅳ	客车	5995	2240	2800	3300	5990	4300			
		3700	85	GB11340－2005，GB18285－2005，GB17691－2005 国Ⅳ	客车	5995	2240	2760	3300	5900	4200			
		3700	85	GB11340－2005. GB18285－2005，GB17691－2005 国Ⅳ	客车	5995	2252	3050	3300	5860	4370			

续表

发动机生产企业	发动机型号	排量（mL）	功率（kW）	排放标准	配套车辆名称	外形尺寸（mm）			轴距（mm）	总质量（kg）	整备质量（kg）	2013年（辆）	2014年1—3月（辆）	配套车型合计（辆）
						长	宽	高						
潍柴动力股份有限公司	WP10NG336E40	9726	247	GB17691－2005国Ⅳ，GB18285－2005，GB11340－2005	客车	11990	2540	3700	6000	18000	13550	88	30	118
		9726	247	GB17691－2005国Ⅳ，GB18285－2005，GB11340－2005	客车	11990	2550	3830	6000	18000	13700			
		9726	247	GB17691－2005国Ⅳ，GB11340－2005，GB18285－2005	客车	12000	2500	3610	6150	18000	13550			
	WP10NG336E50	9726	247	GB11340－2005，GB18285－2005，GB17691－2005国Ⅴ	客车	12000	2550	3870	6000	18000	13710			
	WP7NG270E40	7140	199	GB17691－2005国Ⅳ，GB11340－2005，GB18285－2005	客车	10990	2500	3455	5670	16500	12360			
	WP7NG260E40	7140	191	GB11340－2005，GB18285－2005，GB17691－2005国Ⅳ	城市客车	12000	2550	3200	6100	18000	12000			
东风朝阳朝柴动力有限公司	CY4102－N3B	3856	88	GB11340－2005，GB18285－2005，GB17691－2005国Ⅲ	城市客车	6645	2270	2920	3308	7100	4600	99	0	99
	CY4102－N5C	3856	91	GB11340－2005，GB18285－2005，GB17691－2005国Ⅴ	客车	5995	2270	2840	3308	6250	4600			
		3856	91	GB17691－2005国Ⅴ，GB11340－2005，GB18285－2005	客车	7005	2040	2655	3935	6990	4800			
昆明云内动力股份有限公司	YN36QNE	3612	85	GB17691－2005国Ⅴ，GB11340－2005，GB18285－2005	城市客车	5995	2240	2780	3300	6300	4250	35	0	35
		3612	85	GB17691－2005国Ⅴ，GB11340－2005，GB18285－2005	城市客车	5995	2250	2780	3300	6300	4200			
		3612	85	GB17691－2005国Ⅴ，GB11340－2005，GB18285－2005	城市客车	6600	2260	2865	3300	7300	4650			
成都云内动力有限公司	YN30QNE	2977	75	GB11340－2005，GB18285－2005，GB17691－2005国Ⅴ	城市客车	5520	2020	2810	3300	5150	3900	34	0	34
南昌凯马柴油机有限公司	NC6AR220	6494	162	GB11340－2005，GB18285－2005，GB17691－2005国Ⅳ	城市客车	10560	2500	3240	5000	15000	10000	21	0	21
东风汽车有限公司商用车公司发动机厂	EQ6100N－30	5420	95	GB11340－2005，GB18285－2005，GB17691－2005国Ⅲ	城市客车	10500	2500	3180	5000	13000	8250	20	0	20
无锡市锡联柴油机制造有限公司	XL4SF－4	4750	130	GB17691－2005国Ⅳ，GB18285－2005，GB11340－2005	城市客车	8135	2360	3300	3800	10200	7250	15	1	16
		4750	130	GB17691－2005国Ⅳ，GB11340－2005，GB18285－2005	城市客车	7640	2380	3140	3500	9700	6800			
东风汽车有限公司	EQ6100N－30	5420	95	GB11340－2005，GB18285－2005，GB17691－2005国Ⅲ	城市客车	9100	2480	3050	4700	10600	6690	7	0	7
	EQ6100N－30	5420	95	GB11340－2005，GB18285－2005，GB17691－2005国Ⅲ	城市客车	8460	2440	3000	3900	10800	7300			
中国重型汽车集团有限公司	T10.27－40	9726	196	GB17691－2005国Ⅳ，GB11340－2005，GB18285－2005	城市客车	11990	2550	3180	6000	18000	12150	2	0	2
配套车型合计（辆）												28795	3979	32774

2. 货车（重型货车、中型货车、轻型货车、微型货车、牵引汽车）、专用车（自卸汽车、运输车及其他专用车）

发动机生产企业	发动机型号	燃料种类	排量（mL）	功率（kW）	排放标准	配套车辆名称	外形尺寸（mm）			轴距（mm）	总质量（kg）	额定总质量	整备质量（kg）	2013 年（辆）	2014 年 1—3 月（辆）	配套车型合计（辆）
							外廓长	外廓宽	外廓高							
潍柴动力西港（潍坊）新能源发动机有限公司	WP10NG280E40	天然气	9726	206	GB17691－2005 国Ⅳ，GB11340－2005，GB18285－2005	牵引汽车	6110	2490	3560	3600	18000	—	7460	14803	112	14915
			9726	206	GB17691－2005 国Ⅳ，GB11340－2005，GB18285－2005	扫路车	8990	2490	3270	4600	16000	4370	11500			
			9726	206	GB17691－2005 国Ⅳ，GB11340－2005，GB18285－2005	自卸汽车	9810	2490	3450	1800＋3175＋1400	31000	16020	14850			
			9726	206	GB17691－2005 国Ⅳ，GB11340－2005，GB18285－2005	自卸汽车	10210	2490	3450	1800＋3375＋1400	31000	15970	14900			
	WP10NG280E50	天然气	9726	206	GB18285－2005，GB11340－2005，GB17691－2005 国Ⅴ	仓栅式运输车	11995	2490	3835	1900＋4500＋1350	31000	18060	12745			
	WP10NG300E30	天然气	9726	221	GB17691－2005 国Ⅲ，GB11340－2005，GB18285－2005	牵引车	7535	2495	3180	3850＋1450	25000	—	10800			
	WP10NG300E40	天然气	9726	220	GB11340－2005，GB18285－2005，GB17691－2005 国Ⅳ	低温液体运输车	11960	2500	3380	1950＋4500＋1300	29350	8020	21135			
			9726	220	GB11340－2005，GB18285－2005，GB17691－2005 国Ⅳ	低温液体运输车	11950	2500	3380	1950＋4500＋1300	29000	8095	20710			
			9726	220	GB17691－2005 国Ⅳ，GB11340－2005，GB18285－2005	牵引汽车	6680	2490	3560	4200	18000	—	6450			
			9726	220	GB17691－2005 国Ⅲ，GB11340－2005，GB18285－2005	牵引汽车	6150	2490	3624	3600	18000	—	7540			
			9726	220	GB17691－2005 国Ⅳ，GB11340－2005，GB18285－2005	牵引汽车	6450	2490	3624	3800	18000	—	8000			
			9726	220	GB17691－2005 国Ⅳ，GB11340－2005，GB18285－2005	牵引汽车	6885	2490	3560	1800＋2700	25000	—	7500			
			9726	220	GB17691－2005 国Ⅳ，GB18285－2005，GB11340－2005	牵引汽车	6395	2495	3660	3800	17950	—	7200			
			9726	220	GB17691－2005 国Ⅳ，GB11340－2005，GB18285－2005	热油（水）清蜡车	10375	2500	3270	4575＋1400	25000	11000	13870			
			9726	220	GB17691－2005 国Ⅳ，GB11340－2005，GB18285－2005	载货汽车	12000	2490	3270	5975＋1400	25000	12470	12400			
			9726	220	GB17691－2005 国Ⅳ，GB11340－2005，GB18285－2005	载货汽车	9090	2500	3260	4100＋1350	16000	7965	7905			
			9726	220	GB17691－2005 国Ⅳ，GB11340－2005，GB18285－2005	自卸汽车	8329	2490	3450	3775＋1400	25000	12370	12500			
			9726	220	GB17691－2005 国Ⅳ，GB11340－2005，GB18285－2005	自卸汽车	8950	2490	3450	3975＋1400	25000	12425	12445			
			9726	220	GB17691－2005 国Ⅳ，GB11340－2005，GB18285－2005	自卸汽车	9610	2490	3450	4675＋1400	25000	12405	12400			
			9726	220	GB17691－2005 国Ⅳ，GB11340－2005，GB18285－2005	自卸汽车	9830	2500	3500	1800＋3400＋1350	31000	16005	14800			
			9726	220	GB17691－2005 国Ⅳ，GB11340－2005，GB18285－2005	自卸汽车	10210	2490	3450	1800＋3375＋1400	31000	15970	14900			
			9726	220	GB17691－2005 国Ⅳ，GB11340－2005，GB18285－2005	自卸汽车	10210	2490	3450	1800＋3575＋1400	31000	15920	14950			
			9726	220	GB17691－2005 国Ⅳ，GB11340－2005，GB18285－2005	自卸汽车	11410	2490	3450	1800＋4575＋1400	31000	16070	14800			
			9726	220	GB17691－2005 国Ⅳ，GB18285－2005，GB11340－2005	自卸汽车	10945	2495	3500	1800＋4100＋1350	30950	15930	14825			
	WP10NG300E50	天然气	9726	220	GB18285－2005，GB11340－2005，GB17691－2005 国Ⅴ	仓栅式运输车	11995	2490	3835	1900＋4500＋1350	31000	18060	12745			
			9726	220	GB11340－2005，GB18285－2005，GB17691－2005 国Ⅴ	低温液体运输车	11960	2500	3650	1850＋4600＋1300	31000	11115	19690			

续表

发动机生产企业	发动机型号	燃料种类	排量(mL)	功率(kW)	排放标准	配套车辆名称	外形尺寸(mm) 外廓长	外廓宽	外廓高	轴距(mm)	总质量(kg)	额定总质量	整备质量(kg)	2013年(辆)	2014年1—3月(辆)	配套车型合计(辆)
同上	同上	同上	9726	191	GB18285-2005，GB11340-2005，GB17691-2005国Ⅴ	低温液体运输车	11900	2500	3375	1850+4300+1350	29500	8095	21210			
			9726	220	GB18285-2005，GB11340-2005，GB17691-2005国Ⅴ	平头天然气牵引车	6505	2493	3260	4200	18000	—	7005			
			9726	220	GB18285-2005，GB11340-2005，GB17691-2005国Ⅴ	平头天然气自卸汽车	8705	2490	3300	4080+1350	20200	9970	10100			
			9726	220	GB17691-2005国Ⅴ，GB11340-2005，GB18285-2005	牵引汽车	6080	2490	3560	3600	18000	—	6450			
			9726	220	GB17691-2005国Ⅴ，GB11340-2005，GB18285-2005	自卸汽车	9900	2495	3150	1800+3450+1350	31000	16035	14770			
			9726	220	GB17691-2005国Ⅴ，GB11340-2005，GB18285-2005	自卸汽车	10100	2495	3150	1800+3450+1350	31000	16100	14770			
	WP10NG330E40	天然气	9726	247	GB18285-2005，GB11340-2005，GB17691-2005国Ⅳ	平头天然气牵引车	7143	2490	3385	1700+3000	22000	—	8700			
	WP10NG336E40	天然气	9726	247	GB17691-2005国Ⅲ，GB11340-2005，GB18285-2005	混凝土搅拌运输车	9135	2500	3950	3775+1400	25000	10970	13900			
			9726	247	GB11340-2005，GB18285-2005，GB17691-2005国Ⅳ	混凝土搅拌运输车	9950	2500	3980	4000+1350	24900	11805	12900			
			9726	247	GB17691-2005国Ⅳ，GB11340-2005，GB18285-2005	平板运输车	9810	2495	3100	1850+4000+1350	31000	18405	12400			
			9726	247	GB18285-2005，GB11340-2005，GB17691-2005国Ⅳ	平头天然气牵引车	7325	2490	3280	3800+1350	25000	—	8805			
			9726	247	GB18285-2005，GB11340-2005，GB17691-2005国Ⅳ	平头天然气牵引车	7443	2490	3350	3800+1350	25000	—	8805			
			9726	247	GB17691-2005国Ⅳ，GB11340-2005，GB18285-2005	牵引车	6295	2500	3180	3800	18000	—	7020			
			9726	247	GB17691-2005国Ⅳ，GB11340-2005，GB18285-2005	牵引车	6400	2500	3555	3800	18000	—	7370			
			9726	247	GB17691-2005国Ⅳ，GB11340-2005，GB18285-2005	牵引车	6895	2500	3200	1700+2700	24000	—	7000			
			9726	247	GB17691-2005国Ⅳ，GB11340-2005，GB18285-2005	牵引车	7450	2500	3180	3850+1350	25000	—	8805			
			11596	257	GB17691-2005国Ⅳ，GB11340-2005，GB18285-2005	牵引车	7540	2500	3455	3850+1350	25000	—	8800			
			9726	247	GB17691-2005国Ⅳ，GB11340-2005，GB18285-2005	牵引汽车	6080	2490	3560	3600	18000	—	6450			
			9726	247	GB17691-2005国Ⅳ，GB11340-2005，GB18285-2005	牵引汽车	6150	2490	3624	3600	18000	—	7540			
			9726	247	GB17691-2005国Ⅳ，GB11340-2005，GB18285-2005	牵引汽车	6630	2490	3410	4200	18000	—	7800			
			9726	247	GB17691-2005国Ⅳ，GB11340-2005，GB18285-2005	牵引汽车	6885	2490	3560	1800+2700	25000	—	7500			
			9726	247	GB17691-2005国Ⅳ，GB18285-2005，GB11340-2005	牵引汽车	6975	2495	3220	1700+2800	24500	—	7800			
			9726	247	GB17691-2005国Ⅳ，GB11340-2005，GB18285-2005	牵引汽车	7335	2490	3560	3775+1350	25000	—	9400			
			9726	247	GB17691-2005国Ⅳ，GB11340-2005，GB18285-2005	牵引汽车	7335	2490	3560	3775+1350	25000	—	8800			
			9726	247	GB17691-2005国Ⅳ，GB11340-2005，GB18285-2005	牵引汽车	7500	2490	3730	3775+1400	25000	—	8800			
			9726	247	GB17691-2005国Ⅳ，GB11340-2005，GB18285-2005	牵引汽车	7520	2495	3600	1850+3250	25000	—	8195			

续表

发动机生产企业	发动机型号	燃料种类	排量（mL）	功率（kW）	排放标准	配套车辆名称	外形尺寸（mm） 外廓长	外廓宽	外廓高	轴距（mm）	总质量（kg）	额定总质量	整备质量（kg）	2013 年（辆）	2014 年 1—3 月（辆）	配套车型合计（辆）
同上	同上	同上	9726	247	GB17691－2005 国Ⅳ，GB11340－2005，GB18285－2005	载货汽车	9385	2490	3430	4075＋1400	16000	7965	7905			
			9726	247	GB17691－2005 国Ⅳ，GB11340－2005，GB18285－2005	载货汽车	12000	2490	3830	1800＋4575＋1400	31000	18010	12860			
			9726	247	GB17691－2005 国Ⅳ，GB3847－2005	自卸车	8435	2490	3450	3775＋1400	25000	12770	12100			
			9726	247	GB17691－2005 国Ⅳ，GB11340－2005，GB18285－2005	自卸汽车	8150	2490	3450	3575＋1400	25000	12870	12000			
			9726	247	GB17691－2005 国Ⅳ，GB11340－2005，GB18285－2005	自卸汽车	8950	2490	3450	3975＋1400	25000	12425	12445			
			9726	247	GB17691－2005 国Ⅳ，GB11340－2005，GB18285－2005	自卸汽车	9610	2490	3450	1800＋3175＋1400	31000	16020	14850			
			9726	247	GB17691－2005 国Ⅳ，GB11340－2005，GB18285－2005	自卸汽车	10310	2490	3450	1800＋3775＋1400	31000	15970	14900			
			9726	247	GB17691－2005 国Ⅳ，GB11340－2005，GB18285－2005	自卸汽车	10210	2490	3450	1800＋3575＋1400	31000	15920	14950			
			9726	247	GB17691－2005 国Ⅳ，GB11340－2005，GB18285－2005	自卸汽车	8235	2490	3500	3800＋1350	25000	12815	12055			
			9726	247	GB17691－2005 国Ⅳ，GB11340－2005，GB18285－2005	自卸汽车	10230	2500	3500	1800＋3800＋1350	31000	16070	14800			
			9726	247	GB11340－2005，GB18285－2005，GB17691－2005 国Ⅳ	自卸汽车	9080	2500	3400	4350＋1350	24900	12805	11900			
			9726	247	GB17691－2005 国Ⅳ，GB11340－2005，GB18285－2005	自卸式垃圾车	8450	2500	3430	3800＋1450	25000	12450	12420			
	WP10NG336E50	天然气	9726	247	GB18285－2005，GB11340－2005，GB17691－2005 国Ⅴ	半挂牵引汽车	7230	2500	3797	1800＋3000	25000	—	8600			
			9726	247	GB18285－2005，GB11340－2005，GB17691－2005 国Ⅳ	半挂牵引汽车	7360	2500	3797	3850＋1350	25000	—	8800			
			9726	247	GB17691－2005 国Ⅴ，GB11340－2005，GB18285－2005	仓栅式运输车	11990	2490	3950	1800＋4575＋1400	31000	17870	13000			
			9726	247	GB17691－2005 国Ⅴ，GB11340－2005，GB18285－2005	供液车	9520	2500	3280	4450＋1450	25000	12160	12710			
			9726	247	GB17691－2005 国Ⅴ，GB3847－2005，GB11340－2005	混凝土搅拌运输车	9480	2500	3975	3720＋1350	25000	9670	15200			
			9726	247	GB18285－2005，GB11340－2005，GB17691－2005 国Ⅴ	平头天然气牵引车	7025	2490	3320	1700＋3000	22000	—	8200			
			9726	247	GB18285－2005，GB11340－2005，GB17691－2005 国Ⅴ	平头天然气牵引车	7170	2500	3470	1700＋3000	22000	—	8700			
			9726	247	GB18285－2005，GB11340－2005，GB17691－2005 国Ⅴ	平头天然气牵引车	7325	2490	3290	3800＋1350	25000	—	9380			
			9726	247	GB18285－2005，GB11340－2005，GB17691－2005 国Ⅴ	平头天然气牵引车	7470	2500	3450	3800＋1350	25000	—	8805			
			9726	247	GB11340－2005，GB17691－2005 国Ⅴ，GB18285－2005	牵引车	6895	2495	3150	1700＋2700	24000	—	7000			
			9726	247	GB11340－2005，GB17691－2005 国Ⅴ，GB18285－2005	牵引车	6965	2500	3500	1700＋2700	24000	—	7000			
			9726	247	GB17691－2005 国Ⅴ，GB11340－2005，GB18285－2005	牵引汽车	6680	2490	3560	4200	18000	—	6450			
			9726	247	GB17691－2005 国Ⅴ，GB11340－2005，GB18285－2005	牵引汽车	6885	2490	3560	1800＋2700	25000	—	7500			
			9726	247	GB17691－2005 国Ⅴ，GB11340－2005，GB18285－2005	牵引汽车	7335	2490	3560	3775＋1350	25000	—	8800			

续表

发动机生产企业	发动机型号	燃料种类	排量（mL）	功率（kW）	排放标准	配套车辆名称	外形尺寸（mm）			轴距（mm）	总质量（kg）	额定总质量	整备质量（kg）	2013年（辆）	2014年1—3月（辆）	配套车型合计（辆）
							外廓长	外廓宽	外廓高							
同上	同上	同上	9726	247	GB18285－2005，GB11340－2005，GB17691－2005国Ⅴ	牵引汽车	7200	2495	3600	1940＋2760	25000	—	8195			
			9726	247	GB17691－2005国Ⅴ，GB11340－2005，GB18285－2005	自卸汽车	10435	2490	3450	1800＋3575＋1400	31000	15755	15050			
	WP12NG330E40	大然气	11596	243	GB17691－2005国Ⅳ，GB11340－2005，GB18285－2005	半挂牵引汽车	7025	2500	3750	3380＋1350	25000		8730			
			11596	243	GB17691－2005国Ⅲ，GB11340－2005，GB18285－2005	混凝土搅拌运输车	9260	2500	3960	3775＋1400	25000	9310	15560			
			11596	243	GB18285－2005，GB11340－2005，GB17691－2005国Ⅳ	平头天然气牵引车	7143	2490	3580	1700＋3000	22000	—	8700			
			11590	243	GB17691－2005国Ⅳ，GB11340－2005，GB18285－2005	牵引汽车	6920	2490	3900	1500＋2900	25000	—	7800			
			11596	243	GB17691－2005国Ⅳ，GB11340－2005，GB18285－2005	牵引汽车	7500	2490	3670	3775＋1400	25000	—	8800			
			11596	243	GB17691－2005国Ⅳ，GB11340－2005，GB18285－2005	牵引汽车	7500	2490	3710	3775＋1400	25000	—	8800			
			11596	243	GB17691－2005国Ⅳ，GB11340－2005，GB18285－2005	自卸车	8347	2500	3430	3800＋1450	25000	12610	12260			
			11596	243	GB17691－2005国Ⅳ，GB11340－2005，GB18285－2005	自卸车	10430	2500	3484	1500＋4150＋1450	31000	15700	15170			
			11596	243	GB17691－2005国Ⅳ，GB11340－2005，GB18285－2005	自卸汽车	10030	2490	3450	1800＋3375＋1400	31000	15420	15450			
			11596	243	GB17691－2005国Ⅳ，GB11340－2005，GB18285－2005	自卸汽车	11230	2490	3450	1800＋4575＋1400	31000	15820	15050			
	WP12NG330E50	天然气	11596	243	GB18285－2005，GB11340－2005，GB17691－2005国Ⅴ	牵引汽车	6700	2495	3800	4200	18000	—	6805			
	WP12NG336E40	天然气	9726	247	GB17691－2005国Ⅳ，GB11340－2005，GB18285－2005	牵引车	7540	2500	3795	3850＋1350	25000	—	8800			
	WP12NG350E40	天然气	11596	257	GB17691－2005国Ⅳ，GB18285－2005，GB11340－2005	半挂牵引汽车	7515	2500	3700	3850＋1350	25000	—	8805			
			11596	257	GB17691－2005国Ⅲ，GB11340－2005，GB18285－2005	粉粒物料运输车	12000	2500	3930	1800＋4575＋1400	31000	15570	15300			
			11596	257	GB17691－2005国Ⅳ，GB11340－2005，GB18285－2005	混凝土搅拌运输车	9337	2500	3896	3775＋1400	25000	10500	14370			
			11596	257	GB17691－2005国Ⅳ，GB11340－2005，GB18285－2005	混凝土搅拌运输车	9360	2500	3950	3975＋1400	25000	10970	13900			
			11596	257	GB17691－2005国Ⅳ，GB11340－2005，GB18285－2005	混凝土搅拌运输车	9900	2500	3980	4100＋1450	25000	9715	15155			
			11596	257	GB18285－2005，GB11340－2005，GB17691－2005国Ⅳ	混凝土搅拌运输车	10290	2496	3760	4300＋1350	25000	9755	15115			
			11596	257	GB18285－2005，GB11340－2005，GB17691－2005国Ⅳ	平头天然气牵引车	7143	2490	3385	1700＋3000	22000	—	8700			
			11596	257	GB3847－2005，GB17691－2005国Ⅲ	平头天然气牵引车	7443	2490	3550	3800＋1350	25000	—	8805			
			11596	257	GB17691－2005国Ⅳ，GB11340－2005，GB18285－2005	牵引车	6895	2500	3200	1700＋2700	24000	—	7000			
			11596	257	GB17691－2005国Ⅳ，GB11340－2005，GB18285－2005	牵引车	7485	2495	3180	3850＋1350	25000	—	8805			
			11596	257	GB17691－2005国Ⅳ，GB11340－2005，GB18285－2005	牵引车	7535	2500	3180	3850＋1450	25000	—	8805			
			11590	257	GB17691－2005国Ⅳ，GB11340－2005，GB18285－2005	牵引汽车	6920	2490	4000	1500＋2900	25000	—	7800			

续表

发动机生产企业	发动机型号	燃料种类	排量(mL)	功率(kW)	排放标准	配套车辆名称	外形尺寸(mm)			轴距(mm)	总质量(kg)	额定总质量	整备质量(kg)	2013年(辆)	2014年1—3月(辆)	配套车型合计(辆)
							外廓长	外廓宽	外廓高							
同上	同上	同上	11596	257	GB17691－2005 国Ⅳ，GB18285－2005，GB11340－2005	牵引汽车	7275	2495	3660	1900＋2900	24500	—	5805			
			11596	257	GB17691－2005 国Ⅳ，GB18285－2005，GB11340－2005	牵引汽车	7275	2495	3560	1900＋2900	24500	—	7800			
			11596	257	GB17691－2005 国Ⅳ，GB18285－2005，GB11340－2005	牵引汽车	7415	2495	3660	3800＋1350	24500	—	8300			
			11596	257	GB17691－2005 国Ⅳ，GB11340－2005，GB18285－2005	牵引汽车	7475	2490	3730	3800＋1350	25000	—	8800			
			11596	257	GB17691－2005 国Ⅳ，GB11340－2005，GB18285－2005	牵引汽车	7500	2490	3710	3775＋1400	25000	—	8800			
			11596	257	GB17691－2005 国Ⅳ，GB11340－2005，GB18285－2005	牵引汽车	7520	2495	3100	1850＋3250	25000	—	8195			
			11596	257	GB17691－2005 国Ⅳ，GB11340－2005，GB18285－2005	自卸车	11870	2500	3484	1950＋4600＋1450	31000	15720	15150			
			11596	257	GB17691－2005 国Ⅳ，GB11340－2005，GB18285－2005	自卸汽车	8329	2490	3450	3775＋1400	25000	12370	12500			
			11596	257	GB17691－2005 国Ⅳ，GB11340－2005，GB18285－2005	自卸汽车	8950	2490	3450	3975＋1400	25000	12425	12445			
			11596	257	GB17691－2005 国Ⅳ，GB11340－2005，GB18285－2005	自卸汽车	10030	2490	3450	1800＋3375＋1400	31000	15420	15450			
			11596	257	GB17691－2005 国Ⅳ，GB11340－2005，GB18285－2005	自卸汽车	10423	2490	3450	1800＋3575＋1400	31000	16090	14780			
			11596	257	GB17691－2005 国Ⅳ，GB11340－2005，GB18285－2005	自卸汽车	11030	2490	3450	1800＋4375＋1400	31000	15820	15050			
			11596	257	GB17691－2005 国Ⅳ，GB11340－2005，GB18285－2005	自卸汽车	11800	2500	3465	1800＋4575＋1400	29535	8460	20880			
	WP12NG350E50	天然气	11596	257	GB18285－2005，GB11340－2005，GB17691－2005 国Ⅴ	半挂牵引汽车	7230	2500	3797	1800＋3000	25000	—	7800			
			11596	257	GB18285－2005，GB11340－2005，GB17691－2005 国Ⅳ	半挂牵引汽车	7360	2500	3797	3850＋1350	25000	—	8800			
			11596	257	GB17691－2005 国Ⅴ，GB3847－2005，GB11340－2005	混凝土搅拌运输车	9950	2500	3975	4090＋1350	25000	8670	16200			
			11596	257	GB18285－2005，GB11340－2005，GB17691－2005 国Ⅴ	平头天然气牵引车	7170	2500	3400	1700＋3000	22000	—	8700			
			11596	257	GB18285－2005，GB11340－2005，GB17691－2005 国Ⅴ	平头天然气牵引车	7470	2500	3450	3800＋1350	25000	—	8805			
			11596	257	GB17691－2005 国Ⅴ，GB11340－2005，GB18285－2005	牵引汽车	6950	2490	3710	1500＋2900	25000	—	7800			
			11596	257	GB11340－2005，GB18285－2005，GB17691－2005 国Ⅴ	牵引汽车	7180	2490	3700	1700＋2950	25000	—	7800			
			11596	257	GB11340－2005，GB18285－2005，GB17691－2005 国Ⅴ	牵引汽车	7415	2495	3220	3800＋1350	25000	—	8800			
			11596	257	GB17691－2005 国Ⅴ，GB11340－2005，GB18285－2005	牵引汽车	7500	2490	3730	3775＋1400	25000	—	9400			
			11596	257	GB17691－2005 国Ⅴ，GB11340－2005，GB18285－2005	牵引汽车	7500	2490	3730	3775＋1400	25000	—	8800			
			11596	257	GB17691－2005 国Ⅴ，GB11340－2005，GB18285－2005	载货汽车	9675	2490	3270	4375＋1400	25000	12670	12200			
			11596	257	GB17691－2005 国Ⅴ，GB11340－2005，GB18285－2005	自卸汽车	8329	2490	3450	3775＋1400	25000	12370	12500			
			11596	257	GB17691－2005 国Ⅴ，GB11340－2005，GB18285－2005	自卸汽车	8480	2495	3460	3900＋1350	25000	12965	11905			

续表

发动机生产企业	发动机型号	燃料种类	排量（mL）	功率（kW）	排放标准	配套车辆名称	外形尺寸（mm） 外廓长	外廓宽	外廓高	轴距（mm）	总质量（kg）	额定总质量	整备质量（kg）	2013 年（辆）	2014 年 1—3 月（辆）	配套车型合计（辆）
同上	同上	同上	11596	257	GB17691 - 2005 国Ⅴ，GB11340 - 2005，GB18285 - 2005	自卸汽车	10423	2490	3450	1800 + 3575 + 1400	31000	16090	14780			
			11596	257	GB17691 - 2005 国Ⅴ，GB11340 - 2005，GB18285 - 2005	自卸汽车	11350	2490	3450	1800 + 4575 + 1400	31000	15420	15450			
	WP12NG380E40	天然气	11596	280	GB17691 - 2005 国Ⅳ，GB18285 - 2005，GB11340 - 2005	半挂牵引汽车	7515	2500	3700	3850 + 1350	25000	—	8805			
			11596	280	GB17691 - 2005 国Ⅳ，GB11340 - 2005，GB18285 - 2005	低温液体运输车	11855	2490	3550	1800 + 4575 + 1400	31000	8460	22410			
			11596	280	GB17691 - 2005 国Ⅲ，GB11340 - 2005，GB18285 - 2005	粉粒物料运输车	12000	2500	3930	1800 + 4575 + 1400	31000	15570	15300			
			11596	280	GB17691 - 2005 国Ⅳ，GB11340 - 2005，GB18285 - 2005	混凝土搅拌运输车	9800	2500	3950	4100 + 1350	25000	9105	15700			
			11596	280	GB17691 - 2005 国Ⅳ，GB11340 - 2005，GB18285 - 2005	混凝土搅拌运输车	10800	2500	3998	1850 + 3700 + 1350	31000	12505	18300			
			11596	280	GB17691 - 2005 国Ⅳ，GB3847 - 2005	混凝土搅拌运输车	10635	2500	3965	1700 + 3500 + 1350	30985	13655	17200			
			11596	280	GB18285 - 2005，GB11340 - 2005，GB17691 - 2005 国Ⅳ	平头天然气牵引车	7443	2490	3550	3800 + 1350	25000	—	8805			
			11596	280	GB17691 - 2005 国Ⅳ，GB11340 - 2005，GB18285 - 2005	牵引车	7485	2495	3180	3850 + 1350	25000	—	8805			
			11596	280	GB17691 - 2005 国Ⅳ，GB11340 - 2005，GB18285 - 2005	牵引车	7535	2500	3180	3850 + 1450	25000	—	8805			
			11596	280	GB17691 - 2005 国Ⅳ，GB11340 - 2005，GB18285 - 2005	牵引车	7535	2495	3180	3850 + 1450	25000	—	9970			
			11596	280	GB17691 - 2005 国Ⅳ，GB11340 - 2005，GB18285 - 2005	牵引车	7540	2500	3455	3850 + 1350	25000	—	8800			
			11596	280	GB17691 - 2005 国Ⅳ，GB11340 - 2005，GB18285 - 2005	牵引车	7640	2500	3530	3850 + 1450	25000	—	8800			
			11590	280	GB17691 - 2005 国Ⅳ，GB11340 - 2005，GB18285 - 2005	牵引汽车	6920	2490	3710	1500 + 2900	25000	—	7800			
			11596	280	GB17691 - 2005 国Ⅳ，GB11340 - 2005，GB18285 - 2005	牵引汽车	7475	2490	3670	3800 + 1350	25000	—	8800			
			11596	280	GB17691 - 2005 国Ⅳ，GB11340 - 2005，GB18285 - 2005	牵引汽车	7475	2490	3710	3800 + 1350	25000	—	8800			
			11596	280	GB17691 - 2005 国Ⅳ，GB11340 - 2005，GB18285 - 2005	牵引汽车	7475	2490	3730	3800 + 1350	25000	—	8800			
			11596	280	GB17691 - 2005 国Ⅳ，GB18285 - 2005，GB11340 - 2005	牵引汽车	7415	2495	3660	3800 + 1350	24500	—	8300			
			11596	280	GB17691 - 2005 国Ⅳ，GB11340 - 2005，GB18285 - 2005	自卸车	8347	2500	3430	3800 + 1450	25000	12610	12260			
			11596	280	GB17691 - 2005 国Ⅳ，GB11340 - 2005，GB18285 - 2005	自卸车	11480	2500	3484	1500 + 5050 + 1450	31000	15725	15145			
			11596	280	GB17691 - 2005 国Ⅳ，GB11340 - 2005，GB18285 - 2005	自卸车	10970	2500	3484	1500 + 4450 + 1450	31000	15810	15060			
			11596	280	GB17691 - 2005 国Ⅳ，GB11340 - 2005，GB18285 - 2005	自卸车	10430	2500	3484	1500 + 4150 + 1450	31000	15700	15170			
			11596	280	GB17691 - 2005 国Ⅳ，GB11340 - 2005，GB18285 - 2005	自卸汽车	10423	2490	3450	1800 + 3575 + 1400	31000	16090	14780			
			11596	280	GB17691 - 2005 国Ⅳ，GB11340 - 2005，GB18285 - 2005	自卸汽车	11980	2490	3450	1800 + 4575 + 1400	31000	15570	15300			
			11596	280	GB17691 - 2005 国Ⅳ，GB11340 - 2005，GB18285 - 2005	自卸汽车	11230	2490	3450	1800 + 4575 + 1400	31000	15820	15050			

续表

发动机生产企业	发动机型号	燃料种类	排量（mL）	功率（kW）	排放标准	配套车辆名称	外形尺寸（mm） 外廓长	外廓宽	外廓高	轴距（mm）	总质量（kg）	额定总质量	整备质量（kg）	2013年（辆）	2014年1—3月（辆）	配套车型合计（辆）
同上	同上	同上	11596	280	GB18285－2005，GB11340－2005，GB17691－2005国Ⅳ	自卸汽车	9280	2495	3400	4300＋1350	25000	12420	12450			
			11596	280	GB17691－2005国Ⅳ，GB11340－2005，GB18285－2005	自卸汽车	11430	2500	3860	1800＋4600＋1350	31000	16005	14800			
	WP12NG380E50	天然气	11596	280	GB18285－2005，GB11340－2005，GB17691－2005国Ⅳ	半挂牵引汽车	7360	2500	3797	3850＋1350	25000	—	8800			
			11596	280	GB17691－2005国Ⅴ，GB3847－2005	混凝土搅拌运输车	10635	2500	3965	1700＋3500＋1350	30985	12855	18000			
			11596	280	GB11340－2005，GB17691－2005国Ⅴ，GB18285－2005	牵引车	6965	2500	3500	1700＋2700	24000	—	7000			
			11596	280	GB17691－2005国Ⅴ，GB11340－2005，GB18285－2005	牵引车	7585	2495	3150	3850＋1450	25000	—	8805			
			11596	280	GB17691－2005国Ⅴ，GB11340－2005，GB18285－2005	牵引车	7690	2500	3555	3850＋1350	25000	—	8800			
			11596	280	GB17691－2005国Ⅴ，GB11340－2005，GB18285－2005	牵引汽车	7500	2490	3730	3775＋1400	25000	—	9400			
			11596	280	GB17691－2005国Ⅴ，GB11340－2005，GB18285－2005	牵引汽车	7500	2490	3730	3775＋1400	25000	—	8800			
			11596	280	GB17691－2005国Ⅴ，GB11340－2005，GB18285－2005	牵引汽车	7600	2490	3210	3875＋1400	25000	—	11000			
			11596	280	GB11340－2005，GB18285－2005，GB17691－2005国Ⅴ	牵引汽车	7415	2495	3660	3800＋1350	25000	—	8800			
			11596	280	GB18285－2005，GB11340－2005，GB17691－2005国Ⅴ	牵引汽车	7640	2495	3700	3900＋1350	25000	—	8805			
			11596	280	GB18285－2005，GB11340－2005，GB17691－2005国Ⅴ	牵引汽车	7690	2495	3700	3850＋1450	25000	—	8805			
			11596	280	GB11340－2005，GB18285－2005，GB17691－2005国Ⅴ	牵引汽车	7440	2500	3730	3800＋1300	25000	—	8800			
			11596	280	GB17691－2005国Ⅴ，GB11340－2005，GB18285－2005	自卸汽车	11980	2490	3450	1800＋4575＋1400	31000	15570	15300			
			11596	280	GB17691－2005国Ⅴ，GB11340－2005，GB18285－2005	自卸汽车	11030	2490	3450	1800＋4575＋1400	31000	15820	15050			
	WP7NG210E40	天然气	7140	155	GB18285－2005，GB11340－2005，GB17691－2005国Ⅳ	仓栅式运输车	11935	2490	3900	1900＋5650	25000	13965	10840			
			7140	155	GB18285－2005，GB11340－2005，GB17691－2005国Ⅳ	厢式运输车	11935	2550	3905	1900＋5650	25000	13965	10840			
	WP7NG210E50	天然气	7140	155	GB18285－2005，GB11340－2005，GB17691－2005国Ⅴ	仓栅式运输车	11935	2490	3900	1900＋5650	25000	13965	10840			
			7140	155	GB18285－2005，GB11340－2005，GB17691－2005国Ⅴ	厢式运输车	11935	2550	3905	1900＋5650	25000	14030	10840			
	WP7NG260E40	天然气	7140	191	GB17691－2005国Ⅳ，GB11340－2005，GB18285－2005	牵引汽车	6281	2490	3585	3600	18000	—	7350			
潍柴动力股份有限公司	WP10NG300E40	天然气	9726	220	GB18285－2005，GB11340－2005，GB17691－2005国Ⅳ	平头天然气牵引车	7025	2490	3290	1700＋3000	22000	—	8200	5592	0	5592
	WP10NG336E40	天然气	9726	247	GB18285－2005，GB11340－2005，GB17691－2005国Ⅳ	平头天然气牵引车	7025	2490	3290	1700＋3000	22000	—	8200			
			9726	247	GB18285－2005，GB11340－2005，GB17691－2005国Ⅳ	平头天然气牵引车	7325	2490	3480	3800＋1350	25000	—	9380			

续表

发动机生产企业	发动机型号	燃料种类	排量（mL）	功率（kW）	排放标准	配套车辆名称	外形尺寸（mm）外廓长	外廓宽	外廓高	轴距（mm）	总质量（kg）	额定总质量	整备质量（kg）	2013 年（辆）	2014 年 1—3 月（辆）	配套车型合计（辆）
潍坊潍柴培新气体发动机有限公司	WP10NG260E50	天然气	9726	191	GB3847－2005，GB17691－2005 国Ⅲ	平头天然气牵引车	6505	2493	3815	4200	16490	—	6580	4802	0	4802
	WP10NG280E40	天然气	9726	206	GB3847－2005，GB17691－2005 国Ⅳ	仓栅式运输车	11995	2490	3835	1900＋4500＋1350	31000	18060	12745			
			9726	206	GB18285－2005，GB11340－2005，GB17691－2005 国Ⅳ	平头天然气自卸汽车	10205	2500	3250	1900＋3650＋1350	31000	16035	14770			
			9726	206	GB3847－2005，GB17691－2005 国Ⅳ	冷藏车	11995	2540	4000	1900＋4500＋1350	31000	17905	12900			
	WP10NG300E30	天然气	9726	221	GB17691－2005 国Ⅲ GB11340－2005GB18285－2005	自卸汽车	8636	2490	3450	3800＋1350	25000	12370	12500			
	WP10NG300E40	天然气	9726	220	GB3847－2005，GB17691－2005 国Ⅳ	仓栅式运输车	11995	2490	3835	1900＋4500＋1350	31000	18060	12745			
			9726	220	GB18285－2005，GB11340－2005，GB17691－2005 国Ⅳ	平头天然气牵引车	6505	2493	3450	4200	18000	—	6805			
			9726	220	GB18285－2005，GB11340－2005，GB17691－2005 国Ⅳ	平头天然气自卸汽车	10005	2500	3250	1900＋3650＋1350	31000	16100	14770			
			9726	220	GB3847－2005，GB17691－2005 国Ⅳ	平头天然气载货汽车	11995	2490	3532	1900＋4500＋1350	31000	18985	11885			
			9726	220	GB17691－2005 国Ⅳ，GB11340－2005，GB18285－2005	牵引汽车	7455	2490	3515	3800＋1350	25000	—	10700			
	WP10NG336E40	天然气	9726	247	GB18285－2005，GB11340－2005，GB17691－2005 国Ⅳ	平头天然气牵引车	7143	2490	3580	1700＋3000	22000	—	8700			
			9726	247	GB17691－2005 国Ⅳ，GB11340－2005，GB18285－2005	牵引汽车	7150	2500	3425	1700＋3000	25000	—	8300			
			9726	247	GB17691－2005 国Ⅳ，GB11340－2005，GB18285－2005	牵引汽车	7455	2490	3515	3800＋1350	25000	—	9750			
			9726	247	GB17691－2005 国Ⅳ，GB11340－2005，GB18285－2005	自卸汽车	10180	2495	3360	1850＋3700＋1350	31000	15310	15495			
			9726	247	GB17691－2005 国Ⅳ，GB11340－2005，GB18285－2005	自卸汽车	10680	2495	3360	1850＋4000＋1350	31000	15400	15405			
	WP12NG330E30	天然气	11596	243	GB18285－2005，GB11340－2005，GB17691－2005 国Ⅲ	牵引汽车	6570	2495	3800	4200	18000	—	6805			
			11596	243	GB17691－2005 国Ⅲ，GB18285－2005，GB11340－2005	自卸汽车	10150	2500	3500	1800＋3800＋1350	31000	15920	14950			
	WP12NG330E40	天然气	11596	243	GB17691－2005 国Ⅲ，GB11340－2005，GB18285－2005	牵引汽车	7475	2490	3710	3800＋1350	25000	—	9750			
			11596	243	GB17691－2005 国Ⅳ，GB11340－2005，GB18285－2005	牵引汽车	6170	2495	3600	3800	18000	—	7500			
	WP12NG350E30	天然气	11596	257	GB17691－2005 国Ⅲ，GB11340－2005，GB18285－2005	牵引汽车	7455	2490	3515	3800＋1350	25000	—	8700			
			11596	257	GB18285－2005，GB11340－2005，GB17691－2005 国Ⅲ	牵引汽车	7460	2495	3100	3900＋1350	25000	—	8805			
	WP12NG350E40	天然气	11596	257	GB17691－2005 国Ⅲ，GB11340－2005，GB18285－2005	半挂牵引车	7525	2495	3410	3825＋1350	25000	—	8805			
			11596	257	GB11340－2005，GB18285－2005，GB17691－2005 国Ⅲ	半挂牵引车	7545	2498	3700	3800＋1350	25000	8970	10300			
			11596	257	GB11340－2005，GB18285－2005，GB17691－2005 国Ⅳ	低密度粉粒物料运输车	10300	2500	3600	1950＋3800＋1350	31000	16005	14800			
			11596	257	GB17691－2005 国Ⅳ，GB11340－2005，GB18285－2005	混凝土搅拌运输车	9802	2495	3995	4100＋1350	25000	10055	14750			

续表

发动机生产企业	发动机型号	燃料种类	排量（mL）	功率（kW）	排放标准	配套车辆名称	外形尺寸（mm）外廓长	外廓宽	外廓高	轴距（mm）	总质量（kg）	额定总质量	整备质量（kg）	2013 年（辆）	2014 年 1—3 月（辆）	配套车型合计（辆）
同上	同上	同上	11596	257	GB18285－2005，GB11340－2005，GB17691－2005 国Ⅲ	平头液化天然气自卸汽车	8393	2500	3280	3825＋1350	25000	12725	12080			
			11596	257	GB18285－2005，GB11340－2005，GB17691－2005 国Ⅲ	平头液化天然气自卸汽车	10488	2500	3280	1860＋3960＋1350	31000	16100	14770			
			11596	257	GB17691－2005 国Ⅲ，GB11340－2005，GB18285－2005	牵引汽车	7475	2490	3730	3800＋1350	25000	—	9750			
			11596	257	GB17691－2005 国Ⅳ，GB11340－2005，GB18285－2005	牵引汽车	7150	2500	3425	1700＋3000	25000	—	8300			
			11596	257	GB17691－2005 国Ⅳ，GB11340－2005，GB18285－2005	牵引汽车	7455	2490	3515	3800＋1350	25000	—	9750			
			11596	257	GB17691－2005 国Ⅳ，GB11340－2005，GB18285－2005	牵引汽车	7460	2495	3800	3900＋1350	25000	—	8740			
			11596	257	GB17691－2005 国Ⅲ，GB11340－2005，GB18285－2005	自卸汽车	8770	2495	3400	4100＋1350	25000	12410	12395			
			11596	257	GB17691－2005 国Ⅳ，GB11340－2005，GB18285－2005	自卸汽车	9280	2495	3360	4400＋1350	25000	12305	12500			
			11596	257	GB11340－2005，GB18285－2005，GB17691－2005 国Ⅳ	自卸汽车	10400	2500	3350	1950＋3800＋1350	31000	16005	14800			
	WP12NG380E30	天然气	11596	280	GB17691－2005 国Ⅲ，GB11340－2005，GB18285－2005	牵引汽车	7455	2490	3515	3800＋1350	25000	—	8700			
			11596	280	GB17691－2005 国Ⅲ，GB11340－2005，GB18285－2005	牵引汽车	7455	2490	3160	3800＋1350	25000	—	9750			
			11596	280	GB18285－2005，GB11340－2005，GB17691－2005 国Ⅲ	牵引汽车	6170	2495	3600	3800	18000	—	6805			
			11596	280	GB18285－2005，GB11340－2005，GB17691－2005 国Ⅲ	牵引汽车	7460	2495	3100	3900＋1350	25000	—	8805			
	WP12NG380E40	天然气	11596	280	GB17691－2005 国Ⅲ，GB11340－2005，GB18285－2005	半挂牵引车	7525	2495	3410	3825＋1350	25000	—	8805			
			11596	280	GB11340－2005，GB18285－2005，GB17691－2005 国Ⅳ	半挂牵引车	7560	2500	3700	3900＋1350	25000	—	8800			
			11596	280	GB11340－2005，GB18285－2005，GB17691－2005 国Ⅲ	半挂牵引车	7545	2498	3700	3800＋1350	25000	8970	10300			
			11596	280	GB17691－2005 国Ⅳ，GB11340－2005，GB18285－2005	低密度粉粒物料运输车	11960	2495	3990	1850＋4605＋1350	31000	14000	16805			
			11596	280	GB3847－2005，GB17691－2005 国Ⅳ	平头液化天然气自卸汽车	11058	2500	3280	1860＋4360＋1350	31000	16100	14770			
			11596	280	GB17691－2005 国Ⅲ，GB11340－2005，GB18285－2005	牵引汽车	7475	2490	3710	3800＋1350	25000	—	9750			
			11596	280	GB17691－2005 国Ⅳ，GB11340－2005，GB18285－2005	牵引汽车	7455	2490	3515	3800＋1350	25000	—	8800			
			11596	280	GB17691－2005 国Ⅳ，GB11340－2005，GB18285－2005	牵引汽车	7455	2490	3515	3800＋1350	25000	—	9750			
			11596	280	GB11340－2005，GB18285－2005，GB17691－2005 国Ⅳ	牵引汽车	7515	2490	3700	3850＋1350	25000	—	8805			
			11596	280	GB11340－2005，GB18285－2005，GB17691－2005 国Ⅳ	牵引汽车	7320	2490	3690	3800＋1350	25000	—	8805			
			11596	280	GB17691－2005 国Ⅳ，GB11340－2005，GB18285－2005	牵引汽车	7460	2495	3800	3900＋1350	25000	—	8740			

续表

发动机生产企业	发动机型号	燃料种类	排量（mL）	功率（kW）	排放标准	配套车辆名称	外形尺寸（mm）外廓长	外廓宽	外廓高	轴距（mm）	总质量（kg）	额定总质量	整备质量（kg）	2013年（辆）	2014年1—3月（辆）	配套车型合计（辆）
同上	同上	同上	11596	280	GB17691－2005国Ⅳ，GB11340－2005，GB18285－2005	自卸汽车	10380	2495	3360	1850＋4000＋1350	31000	15400	15405			
			11596	280	GB18285－2005，GB11340－2005，GB17691－2005国Ⅳ	自卸汽车	10478	2495	3700	1800＋3950＋1350	31000	15405	15400			
			11596	280	GB17691－2005国Ⅲ，GB11340－2005，GB18285－2005	自卸汽车	10884	2495	3700	1800＋4300＋1350	31000	15840	14965			
			11596	280	GB17691－2005国Ⅲ，GB11340－2005，GB18285－2005	自卸汽车	11602	2495	3400	1800＋4700＋1350	31000	15420	15385			
			11596	280	GB17691－2005国Ⅲ，GB11340－2005，GB18285－2005	自卸汽车	12000	2490	3700	1800＋4700＋1350	31000	15535	15270			
	WT618Z350NG	天然气	11590	257	GB17691－2005国Ⅲ，GB11340－2005，GB18285－2005	牵引汽车	7475	2490	3710	3800＋1350	25000	—	11000			
广西玉柴机器股份有限公司	YC4D140N－40	天然气	4214	103	GB3847－1999，GB17691－2005国Ⅳ	仓栅式运输车	8998	2499	3790	5270	15800	9155	6450	4111	112	4223
			4214	103	GB3847－1999，GB17691－2005国Ⅳ	厢式运输车	8998	2550	3640	5270	15800	8945	6660			
			4214	103	GB3847－1999，GB17691－2005国Ⅳ	平头天然气载货汽车	8475	2496	2900	4920	15800	9900	5705			
			4214	103	GB3847－1999，GB17691－2005国Ⅳ	蓬式运输车	8998	2496	3790	5270	15800	9105	6500			
	YC4D140N－50	天然气	4214	103	GB18285－2005，GB11340－2005，GB17691－2005国Ⅴ	仓栅式运输车	8998	2499	3790	5270	15800	9155	6450			
	YC4G180N－40	天然气	5200	132	GB17691－2005国Ⅳ，GB11340－2005，GB18285－2005	教练车	9000	2450	3165	5300	11000	—	7800			
	YC4G180N－50	天然气	5200	132	GB17691－2005国Ⅴ，GB11340－2005，GB18285－2005	教练车	9000	2450	3280	5000	11000	—	7800			
	YC6G230N－50	天然气	7800	170	GB17691－2005国Ⅴ，GB11340－2005，GB18285－2005	仓栅式运输车	11990	2500	3900	1800＋5500	25000	13800	11005			
	YC6G260N－30	天然气	7800	191	GB18285－2005，GB11340－2005，GB17691－2005国Ⅲ	半挂牵引车	6182	2495	2960	3650	18000	—	6200			
	YC6G260N－40	天然气	7800	191	GB17691－2005国Ⅳ，GB11340－2005，GB18285－2005	牵引汽车	6080	2500	2950	3600	18000	—	5605			
			7800	191	GB11340－2005，GB18285－2005，GB17691－2005国Ⅳ	牵引汽车	6100	2490	2900	3950	16400	—	6205			
	YC6J190N－40	天然气	6494	140	GB11340－2005，GB18285－2005，GB17691－2005国Ⅳ	载货汽车	9000	2490	3200	5200	15800	9900	5705			
	YC6J190N－50	天然气	6494	140	GB17691－2005国Ⅴ，GB11340－2005，GB18285－2005	牵引汽车	6080	2500	2950	3600	18000	—	5605			
	YC6J210N－30	天然气	6494	155	GB11340－2005，GB18285－2005，GB17691－2005国Ⅲ	自卸汽车	7600	2470	2850	4500	11500	4800	6505			
			6454	155	GB11340－2005，GB18285－2005，GB17691－2005国Ⅲ	清洗车	8055	2470	2850	4500	15900	7455	8250			
	YC6J210N－40	天然气	6494	155	GB17691－2005国Ⅳ，GB3847－2005，GB18285－2005	自卸汽车	7915	2500	3080	4550	16000	8005	7800			
	YC6J210N－52	天然气	6494	155	GB11340－2005，GB18285－2005，GB17691－2005国Ⅴ	自卸汽车	8490	2490	3200	1850＋3250	25000	12900	11905			
	YC6K380N－50	天然气	12939	280	GB17691－2005国Ⅴ，GB18285－2005，GB11340－2005	自卸汽车	10055	2500	3990	4200＋1350	25000	9870	15000			
			12939	280	GB17691－2005国Ⅴ，GB18285－2005，GB11340－2005	自卸汽车	9320	2500	3560	4600＋1350	25000	12380	12490			
			12939	280	GB17691－2005国Ⅴ，GB18285－2005，GB11340－2005	自卸汽车	11220	2500	3560	1950＋4350＋1350	31000	15925	14945			
			12939	280	GB17691－2005国Ⅴ，GB18285－2005，GB11340－2005	混凝土搅拌运输车	10220	2500	3990	4200＋1350	25000	8970	15900			

续表

发动机生产企业	发动机型号	燃料种类	排量（mL）	功率（kW）	排放标准	配套车辆名称	外形尺寸（mm）外廓长	外形尺寸（mm）外廓宽	外形尺寸（mm）外廓高	轴距（mm）	总质量（kg）	额定总质量	整备质量（kg）	2013年（辆）	2014年1—3月（辆）	配套车型合计（辆）
同上	YC6K400N－40	天然气	12939	294	GB17691－2005 国Ⅳ，GB18285－2005，GB11340－2005	牵引汽车	7398	2500	3650	3825＋1350	25000	—	8750			
	YC6K400N－50	天然气	12939	294	GB17691－2005 国Ⅴ，GB18285－2005，GB11340－2005	牵引汽车	7398	2500	3650	3825＋1350	25000	—	8805			
	YC6K420N－50	天然气	12939	309	GB17691－2005 国Ⅴ，GB18285－2005，GB11340－2005	牵引汽车	7398	2500	3905	3825＋1350	25000	—	8805			
	YC6L260N－40	天然气	8424	191	GB17691－2005 国Ⅳ，GB18285－2005，GB11340－2005	混凝土搅拌运输车	6726	2500	3320	4200	18000	—	6950			
			8424	191	GB11340－2005，GB18285－2005，GB17691－2005 国Ⅳ	仓栅式运输车	11990	2490	3950	1850＋5400	25000	16000	8805			
			8424	191	GB11340－2005，GB18285－2005，GB17691－2005 国Ⅳ	载货汽车	11990	2490	3810	1850＋5400	25000	16100	8705			
	YC6L280N－52	天然气	8424	206	GB11340－2005，GB18285－2005，GB17691－2005 国Ⅴ	牵引汽车	6430	2490	2900	3950	16400	—	6205			
	YC6M290N－30	天然气	9839	214	GB11340－2005，GB17691－2005 国Ⅲ，GB18285－2005	自卸汽车	10650	2500	3300	1950＋3800＋1350	31000	16000	14805			
	YC6M320N－30	天然气	9839	236	GB11340－2005，GB18285－2005，GB17691－2005 国Ⅲ	自卸汽车	10400	2500	3500	1950＋3800＋1300	31000	16005	14800			
	YC6M340N－30	天然气	9839	250	GB11340－2005，GB18285－2005，GB17691－2005 国Ⅲ	半挂牵引车	7260	2500	3700	3600＋1350	25000	—	11000			
			9839	250	GB11340－2005，GB18285－2005，GB17691－2005 国Ⅲ	半挂牵引车	7560	2500	3700	3900＋1350	25000	—	8800			
			9839	250	GB11340－2005，GB18285－2005，GB17691－2005 国Ⅲ	半挂牵引汽车	6950	2500	3700	1700＋2700	25000	—	8620			
			9839	250	GB11340－2005，GB18285－2005，GB17691－2005 国Ⅲ	自卸汽车	10300	2500	3450	1850＋3800＋1350	31000	16100	14770			
	YC6MK300N－50	天然气	10338	221	GB11340－2005，GB18285－2005，GB17691－2005 国Ⅴ	载货汽车	12000	2500	3760	2150＋4500＋1350	30600	17900	12505			
	YC6MK310N－40	天然气	10338	228	GB17691－2005 国Ⅳ，GB18285－2005，GB11340－2005	自卸汽车	10600	2500	3600	1950＋3800＋1350	31000	16040	14765			
	YC6MK320N－40	天然气	10338	235	GB17691－2005 国Ⅳ，GB11340－2005，GB18285－2005	自卸汽车	10700	2500	3300	1950＋3850＋1350	31000	15735	15070			
	YC6MK340N－40	天然气	10338	250	GB11340－2005，GB18285－2005，GB17691－2005 国Ⅳ	半挂牵引车	7460	2500	3700	3900＋1350	25000	—	9600			
			10338	250	GB17691－2005 国Ⅳ，GB11340－2005，GB18285－2005	半挂牵引车	7490	2500	3800	3800＋1350	25000	10140	11050			
			10338	250	GB11340－2005，GB18285－2005，GB17691－2005 国Ⅳ	半挂牵引汽车	7460	2500	3030	3900＋1350	25000	—	8805			
			10338	250	GB11340－2005，GB18285－2005，GB17691－2005 国Ⅳ	低密度粉粒物料运输车	10300	2500	3600	1950＋3800＋1350	31000	16005	14800			
			10338	250	GB11340－2005，GB18285－2005，GB17691－2005 国Ⅳ	混凝土搅拌运输车	9780	2500	3990	3800＋1350	24900	10705	14000			
			10338	250	GB17691－2005 国Ⅳ，GB18285－2005，GB11340－2005	混凝土搅拌运输车	6726	2500	3905	4200	18000	—	6805			
			10338	250	GB17691－2005 国Ⅳ，GB18285－2005，GB11340－2005	混凝土搅拌运输车	6726	2500	3320	4200	18000	—	8500			
			10338	250	GB11340－2005，GB18285－2005，GB17691－2005 国Ⅳ	混凝土搅拌运输车	9950	2500	3980	4000＋1350	24900	11805	12900			
			10338	250	GB17691－2005 国Ⅳ，GB18285－2005，GB11340－2005	牵引汽车	7126	2500	3650	1950＋2650	25000	—	8300			
			10338	250	GB11340－2005，GB18285－2005，GB17691－2005 国Ⅳ	牵引汽车	7180	2490	3200	1700＋2950	25000	—	7800			

续表

发动机生产企业	发动机型号	燃料种类	排量（mL）	功率（kW）	排放标准	配套车辆名称	外形尺寸（mm） 外廓长	外廓宽	外廓高	轴距（mm）	总质量（kg）	额定总质量	整备质量（kg）	2013年（辆）	2014年1—3月（辆）	配套车型合计（辆）
同上	同上	同上	10338	250	GB11340－2005，GB18285－2005，GB17691－2005国Ⅳ	自卸汽车	9550	2500	3950	3825＋1350	25000	10670	14200			
			10338	250	GB11340－2005，GB18285－2005，GB17691－2005国Ⅳ	自卸汽车	8557	2500	3560	3825＋1350	25000	12820	12050			
			10338	250	GB11340－2005，GB18285－2005，GB17691－2005国Ⅳ	自卸汽车	9080	2500	3400	4350＋1350	24900	12805	11900			
			10338	250	GB11340－2005，GB18285－2005，GB17691－2005国Ⅳ	自卸汽车	10400	2500	3350	1950＋3800＋1350	31000	16005	14800			
			10338	250	GB11340－2500，GB18285－2005，GB17691－2005国Ⅳ	自卸式垃圾车	10400	2500	3300	1950＋3800＋1350	31000	15405	15400			
	YC6MK340N－50	天然气	10338	250	GB11340－2005，GB18285－2005，GB17691－2005国Ⅴ	半挂牵引车	6950	2500	3700	1700＋2700	25000	—	8220			
			10338	250	GB17691－2005国Ⅴ，GB11340－2005，GB18285－2005	低温液体运输车	11785	2500	3410	1950＋4500＋1350	31000	8050	22820			
			10338	250	GB17691－2005国Ⅴ，GB18285－2005，GB11340－2005	牵引汽车	6726	2500	3905	4200	18000	—	6870			
			10338	250	GB17691－2005国Ⅴ，GB18285－2005，GB11340－2005	牵引汽车	7126	2500	3650	1950＋2650	25000	—	8300			
			10338	250	GB17691－2005国Ⅴ，GB18285－2005，GB11340－2005	牵引汽车	7398	2500	3650	3825＋1350	25000	—	8805			
			10338	250	GB11340－2005，GB18285－2005，GB17691－2005国Ⅴ	牵引汽车	7515	2490	3030	3850＋1350	25000	—	8870			
			10338	250	GB11340－2005，GB18285－2005，GB17691－2005国Ⅴ	载货汽车	12000	2500	3760	2150＋4500＋1350	30600	17900	12505			
			10338	250	GB17691－2005国Ⅴ，GB18285－2005，GB11340－2005	自卸汽车	10530	2500	3990	4200＋1350	25000	9870	15000			
			10338	250	GB17691－2005国Ⅴ，GB18285－2005，GB11340－2005	自卸汽车	8457	2500	3560	3825＋1350	25000	12820	12050			
			10338	250	GB17691－2005国Ⅴ，GB18285－2005，GB11340－2005	自卸式垃圾车	8460	2500	3500	3825＋1350	25000	12610	12260			
	YC6MK375N－30	天然气	10338	276	GB11340－2005，GB18285－2005，GB17691－2005国Ⅲ	半挂牵引车	7560	2500	3700	3900＋1350	25000	—	8800			
	YC6MK375N－40	天然气	10338	276	GB11340－2005，GB18285－2005，GB17691－2005国Ⅳ	半挂牵引车	7460	2500	3700	3900＋1350	25000	—	9600			
			10338	276	GB11340－2005，GB18285－2005，GB17691－2005国Ⅳ	半挂牵引汽车	7460	2500	3700	3900＋1350	25000	—	8805			
			10338	276	GB17691－2005国Ⅳ，GB18285－2005，GB11340－2005	半挂牵引汽车	7465	2500	3700	3850＋1300	25000	—	8805			
			10338	276	GB11340－2005，GB18285－2005，GB17691－2005国Ⅳ	混凝土搅拌运输车	10055	2500	3980	4200＋1350	25000	9870	15000			
			10338	276	GB17691－2005国Ⅳ，GB11340－2005，GB18285－2005	混凝土搅拌运输车	10350	2500	3990	1850＋3400＋1350	31000	14355	16450			
			10338	276	GB11340－2005，GB18285－2005，GB17691－2005国Ⅳ	混凝土搅拌运输车	10090	2500	3990	4200＋1350	25000	8370	16500			
			10338	276	GB11340－2005，GB18285－2005，GB17691－2005国Ⅳ	牵引汽车	7515	2500	3905	3825＋1350	25000	—	8750			
			10338	276	GB11340－2005，GB18285－2005，GB17691－2005国Ⅳ	牵引汽车	7515	2490	3700	3850＋1350	25000	—	8805			
			10338	276	GB11340－2005，GB18285－2005，GB17691－2005国Ⅳ	牵引汽车	6980	2500	3740	1700＋2700	24980	—	7500			
			10338	276	GB11340－2005，GB18285－2005，GB17691－2005国Ⅳ	载货汽车	10310	2490	3320	1850＋3800＋1350	31000	16040	14765			

续表

发动机生产企业	发动机型号	燃料种类	排量（mL）	功率（kW）	排放标准	配套车辆名称	外形尺寸（mm）外廓长	外形尺寸（mm）外廓宽	外形尺寸（mm）外廓高	轴距（mm）	总质量（kg）	额定总质量	整备质量（kg）	2013 年（辆）	2014 年 1—3 月（辆）	配套车型合计（辆）
同上	同上	同上	10338	276	GB11340－2005，GB18285－2005，GB17691－2005 国Ⅳ	自卸汽车	9555	2500	3560	4600＋1350	25000	12380	12490			
			10338	276	GB11340－2005，GB18285－2005，GB17691－2005 国Ⅳ	自卸汽车	9610	2490	3320	1850＋3200＋1350	31000	16040	14765			
			10338	276	GB11340－2005，GB18285－2005，GB17691－2005 国Ⅳ	自卸汽车	10110	2490	3320	1850＋3500＋1350	31000	16040	14765			
			10338	276	GB11340－2005，GB18285－2005，GB17691－2005 国Ⅳ	自卸汽车	10510	2490	3320	1850＋3800＋1350	31000	16040	14765			
			10338	276	GB11340－2005，GB18285－2005，GB17691－2005 国Ⅳ	自卸汽车	10520	2500	3560	1950＋3850＋1350	31000	16070	14800			
			10338	276	GB11340－2005，GB18285－2005，GB17691－2005 国Ⅳ	自卸汽车	10550	2500	3450	1850＋3800＋1350	31000	16100	14770			
			10338	276	GB11340－2005，GB18285－2005，GB17691－2005 国Ⅳ	自卸汽车	10700	2500	3450	1850＋4200＋1350	31000	16100	14770			
			10338	276	GB11340－2005，GB18285－2005，GB17691－2005 国Ⅳ	自卸汽车	11020	2500	3560	1950＋4350＋1350	31000	15925	14945			
	YC6MK375N－50	天然气	10338	276	GB11340－2005，GB18285－2005，GB17691－2005 国Ⅴ	半挂牵引车	7560	2500	3700	3900＋1350	25000	—	9600			
			10338	276	GB11340－2005，GB18285－2005，GB17691－2005 国Ⅴ	牵引汽车	7515	2490	3800	3850＋1350	25000	—	8870			
潍柴西港新能源动力有限公司	WP12NG350E40	天然气	11596	257	GB18285－2005，GB11340－2005，GB17691－2005 国Ⅳ	半挂牵引车	7460	2495	3410	1800＋3100	25000	—	8100	2480	0	2480
			11596	257	GB17691－2005 国Ⅳ，GB11340－2005，GB18285－2005	半挂牵引汽车	7525	2495	3410	3825＋1350	25000	—	8800			
			11596	257	GB18285－2005，GB11340－2005，GB17691－2005 国Ⅴ	半挂牵引汽车	7460	2495	3410	1800＋3100	25000	—	8100			
	WP12NG380E40	天然气	11596	280	GB17691－2005 国Ⅳ，GB11340－2005，GB18285－2005	半挂牵引汽车	7525	2495	3410	3825＋1350	25000	—	8800			
	WP12NG380E50	天然气	11596	280	GB17691－2005 国Ⅴ，GB11340－2005，GB18285－2005	半挂牵引汽车	7525	2495	3410	3825＋1350	25000	—	8800			
中国重型汽车集团有限公司	MT07.26－50	天然气	6870	191	GB17691－2005 国Ⅴ，GB18285－2005，GB11340－2005	牵引汽车	6750	2496	3030	4200	18000	—	7300	50	1060	1110
	T10.27－50	天然气	9726	196	GB17691－2005 国Ⅴ，GB18285－2005，GB11340－2005	牵引汽车	6150	2496	3070	3800	18000	—	6600			
			9726	196	GB17691－2005 国Ⅴ，GB18285－2005，GB11340－2005	牵引汽车	6750	2496	3030	4200	18000	—	7300			
	T10.29－40	天然气	9726	213	GB17691－2005 国Ⅳ，GB18285－2005，GB11340－2005	牵引汽车	6395	2495	3660	4200	17950	—	7200			
	T10.29－50	天然气	9726	213	GB17691－2005 国Ⅴ，GB18285－2005，GB11340－2005	牵引汽车	6300	2496	3730	3800	18000	—	7300			
	T10.32－50	天然气	9726	235	GB17691－2005 国Ⅴ，GB18285－2005，GB11340－2005	载货汽车	11963	2496	3215	5825＋1350	25000	13070	11800			
			9726	235	GB17691－2005 国Ⅴ，GB18285－2005，GB11340－2005	牵引汽车	6150	2496	3070	3800	18000	—	6700			
			9726	235	GB17691－2005 国Ⅴ，GB18285－2005，GB11340－2005	牵引汽车	6750	2496	3700	4200	18000	—	7300			
	T10.34－40	天然气	9726	250	GB17691－2005 国Ⅳ，GB18285－2005，GB11340－2005	低密度粉粒物料运输车	11990	2500	3950	1800＋4600＋1350	31000	13375	17495			
			9726	250	GB17691－2005 国Ⅳ，GB18285－2005，GB11340－2005	混凝土搅拌运输车	9850	2496	3980	4025＋1350	25000	9000	15870			
			9726	250	GB17691－2005 国Ⅳ，GB18285－2005，GB11340－2005	混凝土搅拌运输车	9160	2500	3965	3825＋1350	25000	9550	15320			

续表

发动机生产企业	发动机型号	燃料种类	排量（mL）	功率（kW）	排放标准	配套车辆名称	外形尺寸（mm） 外廓长	外廓宽	外廓高	轴距（mm）	总质量（kg）	额定总质量	整备质量（kg）	2013年（辆）	2014年1—3月（辆）	配套车型合计（辆）
同上	同上	同上	9726	250	GB17691－2005国Ⅳ，GB18285－2005，GB11340－2005	牵引汽车	6910	2496	3835	1800＋2500	25000	—	7400			
			9726	250	GB17691－2005国Ⅳ，GB18285－2005，GB11340－2005	牵引汽车	6855	2496	3720	1800＋2500	25000	—	7400			
			9726	250	GB17691－2005国Ⅳ，GB18285－2005，GB11340－2005	自卸汽车	10745	2495	3500	1800＋4100＋1350	30950	15930	14825			
	T10.34－50	天然气	9726	250	GB17691－2005国Ⅴ，GB18285－2005，GB11340－2005	混凝土搅拌运输车	9480	2496	3980	4025＋1350	25000	10840	14030			
			9726	250	GB17691－2005国Ⅴ，GB18285－2005，GB11340－2005	混凝土搅拌运输车	10140	2496	3980	4025＋1350	25000	10690	14180			
			9726	250	GB17691－2005国Ⅴ，GB18285－2005，GB11340－2005	混凝土搅拌运输车	10820	2496	3980	1800＋3600＋1350	31000	14320	16550			
			9726	250	GB17691－2005国Ⅴ，GB18285－2005，GB11340－2005	铝合金易燃液体罐式运输车	11900	2500	3730	1800＋4575＋1400	31000	18000	12870			
			9726	250	GB17691－2005国Ⅴ，GB18285－2005，GB11340－2005	牵引汽车	6300	2496	3835	3800	18000	—	6800			
			9726	250	GB18285－2005，GB11340－2005，GB17691－2005国Ⅴ	牵引汽车	6600	2495	3700	4000	18000	—	6805			
			9726	250	GB17691－2005国Ⅴ，GB18285－2005，GB11340－2005	牵引汽车	6755	2496	3720	4200	18000	—	6900			
			9726	250	GB11340－2005，GB18285－2005，GB17691－2005国Ⅴ	牵引汽车	6795	2495	3660	4200	17950	—	6700			
			9726	250	GB17691－2005国Ⅴ，GB18285－2005，GB11340－2005	牵引汽车	6855	2496	3660	1800＋2500	25000	—	7400			
			9726	250	GB17691－2005国Ⅴ，GB18285－2005，GB11340－2005	牵引汽车	6910	2496	3835	1800＋2500	25000	—	7400			
			9726	250	GB17691－2005国Ⅴ，GB18285－2005，GB11340－2005	牵引汽车	6910	2496	3835	1800＋2500	25000	—	8400			
			9726	250	GB17691－2005国Ⅴ，GB18285－2005，GB11340－2005	牵引汽车	6980	2496	3350	1800＋2700	25000	—	7970			
			9726	250	GB17691－2005国Ⅴ，GB18285－2005，GB11340－2005	牵引汽车	7085	2496	3850	1950＋2475	25000	—	7400			
			9726	250	GB17691－2005国Ⅴ，GB18285－2005，GB11340－2005	牵引汽车	7375	2496	3730	3825＋1350	25000	—	9600			
			9726	250	GB17691－2005国Ⅴ，GB18285－2005，GB11340－2005	牵引汽车	7390	2496	3835	3800＋1400	25000	—	9200			
			9726	250	GB17691－2005国Ⅴ，GB18285－2005，GB11340－2005	牵引汽车	7390	2496	3125	3825＋1350	25000	—	9200			
			9726	250	GB17691－2005国Ⅴ，GB18285－2005，GB11340－2005	牵引汽车	7425	2496	3720	3825＋1350	25000	—	8800			
			9726	250	GB17691－2005国Ⅴ，GB18285－2005，GB11340－2005	牵引汽车	7450	2496	3350	3825＋1350	25000	—	8800			
			9726	250	GB18285－2005，GB11340－2005，GB17691－2005国Ⅴ	牵引汽车	7540	2495	3100	3900＋1350	25000	—	8805			
			9726	250	GB17691－2005国Ⅴ，GB18285－2005，GB11340－2005	自卸汽车	8020	2496	3450	3825＋1350	25000	12770	12100			
			9726	250	GB17691－2005国Ⅴ，GB18285－2005，GB11340－2005	自卸汽车	8425	2496	3500	4000＋1350	25000	12740	12130			
			9726	250	GB17691－2005国Ⅴ，GB18285－2005，GB11340－2005	自卸汽车	8545	2496	3450	3825＋1350	25000	12610	12260			
			9726	250	GB17691－2005国Ⅴ，GB18285－2005，GB11340－2005	自卸汽车	8675	2496	3450	4125＋1350	25000	12550	12320			

续表

发动机生产企业	发动机型号	燃料种类	排量（mL）	功率（kW）	排放标准	配套车辆名称	外形尺寸（mm）			轴距（mm）	总质量（kg）	额定总质量	整备质量（kg）	2013 年（辆）	2014 年 1—3 月（辆）	配套车型合计（辆）
							外廓长	外廓宽	外廓高							
同上	同上	同上	9726	250	GB17691－2005 国Ⅴ，GB18285－2005，GB11340－2005	自卸汽车	10150	2496	3450	1800＋3500＋1350	31000	15720	15150			
			9726	250	GB17691－2005 国Ⅴ，GB18285－2005，GB11340－2005	自卸汽车	10410	2496	3450	1800＋3800＋1350	31000	15620	15250			
			9726	250	GB17691－2005 国Ⅴ，GB18285－2005，GB11340－2005	自卸汽车	11050	2496	3450	1800＋4200＋1350	31000	15560	15310			
			9726	250	GB17691－2005 国Ⅴ，GB18285－2005，GB11340－2005	自卸汽车	11550	2496	3450	1800＋4600＋1350	31000	15480	15390			
			9726	250	GB17691－2005 国Ⅴ，GB18285－2005，GB11340－2005	自卸汽车	11830	2496	3450	1800＋4800＋1350	31000	15380	15490			
	T12.34－40	天然气	11596	249	GB17691－2005 国Ⅳ，GB18285－2005，GB11340－2005	混凝土搅拌运输车	9215	2496	3980	3825＋1350	25000	11770	13100			
	T12.38－40	天然气	11596	279	GB17691－2005 国Ⅳ，GB18285－2005，GB11340－2005	牵引汽车	7375	2496	3668	3825＋1350	25000	—	8800			
			11596	279	GB17691－2005 国Ⅳ，GB18285－2005，GB11340－2005	牵引汽车	7390	2496	3668	3825＋1350	25000	—	9210			
			11596	279	GB17691－2005 国Ⅳ，GB18285－2005，GB11340－2005	牵引汽车	7585	2496	3850	3800＋1400	25000	—	8800			
			11596	279	GB17691－2005 国Ⅳ，GB18285－2005，GB11340－2005	自卸汽车	11475	2496	3500	1800＋4600＋1350	31000	15370	15500			
	T12.38－50	天然气	11596	279	GB17691－2005 国Ⅴ，GB18285－2005，GB11340－2005	混凝土搅拌运输车	10380	2496	3980	4325＋1350	25000	10370	14500			
			11596	279	GB17691－2005 国Ⅴ，GB18285－2005，GB11340－2005	混凝土搅拌运输车	10010	2500	3970	4325＋1350	25000	8620	16250			
			11596	279	GB17691－2005 国Ⅴ，GB18285－2005，GB11340－2005	牵引汽车	6700	2496	3835	4200	18000	—	6800			
			11596	279	GB17691－2005 国Ⅴ，GB18285－2005，GB11340－2005	牵引汽车	7085	2496	3850	1950＋2475	25000	—	7400			
			11596	279	GB17691－2005 国Ⅴ，GB18285－2005，GB11340－2005	牵引汽车	7375	2496	3835	3825＋1350	25000	—	8800			
			11596	279	GB17691－2005 国Ⅴ，GB18285－2005，GB11340－2005	牵引汽车	7375	2496	3835	3825＋1350	25000	—	9600			
			11596	279	GB17691－2005 国Ⅴ，GB18285－2005，GB11340－2005	牵引汽车	7390	2496	3835	3800＋1400	25000	—	9200			
			11596	279	GB17691－2005 国Ⅴ，GB18285－2005，GB11340－2005	牵引汽车	7425	2496	3720	3825＋1350	25000	—	9800			
			11596	279	GB17691－2005 国Ⅴ，GB18285－2005，GB11340－2005	牵引汽车	7425	2496	3720	3800＋1400	25000	—	8800			
			11596	279	GB17691－2005 国Ⅴ，GB18285－2005，GB11340－2005	牵引汽车	7585	2496	3850	3800＋1400	25000	—	8800			
			11596	279	GB17691－2005 国Ⅴ，GB18285－2005，GB11340－2005	牵引汽车	7585	2496	3850	3800＋1400	25000	—	9300			
			11596	279	GB17691－2005 国Ⅴ，GB18285－2005，GB11340－2005	自卸汽车	10150	2496	3450	1800＋3500＋1350	31000	15720	15150			
			11596	279	GB11340－2005，GB18285－2005，GB17691－2005 国Ⅴ	自卸汽车	10945	2495	3500	1800＋4400＋1350	30950	15930	14825			
			11596	279	GB18285－2005，GB11340－2005，GB17691－2005 国Ⅴ	自卸汽车	11380	2495	3360	1940＋4515＋1350	31000	15755	15050			
			11596	279	GB17691－2005 国Ⅴ，GB18285－2005，GB11340－2005	自卸汽车	11550	2496	3450	1800＋4600＋1350	31000	15480	15390			
			11596	279	GB17691－2005 国Ⅴ，GB18285－2005，GB11340－2005	自卸汽车	11575	2496	3500	1800＋4600＋1350	31000	15400	15470			

续表

发动机生产企业	发动机型号	燃料种类	排量（mL）	功率（kW）	排放标准	配套车辆名称	外形尺寸（mm）			轴距（mm）	总质量（kg）	额定总质量	整备质量（kg）	2013 年（辆）	2014 年 1—3 月（辆）	配套车型合计（辆）
							外廓长	外廓宽	外廓高							
同上	T12.42-40	天然气	11596	309	GB17691-2005 国Ⅳ，GB18285-2005，GB11340-2005	牵引汽车	7085	2496	3850	1950+2475	25000	—	7400			
			11596	309	GB17691-2005 国Ⅳ，GB18285-2005，GB11340-2005	牵引汽车	7375	2496	3835	3825+1350	25000	—	8800			
			11596	309	GB17691-2005 国Ⅳ，GB18285-2005，GB11340-2005	牵引汽车	7375	2496	3835	3825+1350	25000	—	9600			
			11596	309	GB17691-2005 国Ⅳ，GB18285-2005，GB11340-2005	牵引汽车	7390	2496	3835	3825+1350	25000	—	9210			
			11596	309	GB17691-2005 国Ⅳ，GB18285-2005，GB11340-2005	牵引汽车	7585	2496	3850	3825+1350	25000	—	8800			
东风南充汽车有限公司	NQ100BN5	天然气	3759	73	GB17691-2005 国Ⅴ，GB11340-2005，GB18285-2005	仓栅式运输车	5995	2090	3050	3300	4280	1495	2590	602	22	624
			3759	73	GB17691-2005 国Ⅴ，GB11340-2005，GB18285-2005	厢式运输车	5995	2090	3050	3300	4495	1495	2805			
			3759	73	GB17691-2005 国Ⅴ，GB11340-2005，GB18285-2005	载货汽车	5995	2090	2450	3300	3940	1495	2250			
	NQ100N3	天然气	3759	79	GB17691-2005 国Ⅲ，GB11340-2005，GB18285-2005	载货汽车	9000	2480	2700	5300	12010	5810	6005			
	NQ100N4	天然气	3759	79	GB17691-2005 国Ⅳ，GB11340-2005，GB18285-2005	仓栅式运输车	5995	1980	2935	3300	4280	1495	2590			
			3759	79	GB17691-2005 国Ⅳ，GB11340-2005，GB18285-2005	厢式运输车	5995	1980	2935	3300	4495	1495	2805			
			3759	79	GB17691-2005 国Ⅳ，GB11340-2005，GB18285-2005	载货汽车	5995	1980	2280	3300	3940	1495	2250			
			3759	79	GB17691-2005 国Ⅳ，GB11340-2005，GB18285-2005	教练车	9000	2480	2700	5300	12010	—	6005			
			3759	79	GB17691-2005 国Ⅳ，GB11340-2005，GB18285-2005	轻型厢式货车	5995	1980	2935	3300	4495	1495	2805			
	NQ115N	天然气	3759	85	GB17691-2005 国Ⅲ，GB11340-2005，GB18285-2005	厢式运输车	5995	2030	2935	3300	4490	1490	2805			
			3759	85	GB17691-2005 国Ⅲ，GB11340-2005，GB18285-2005	载货汽车	5995	2030	2350	3300	3920	1490	2235			
			3759	85	GB17691-2005 国Ⅲ，GB11340-2005，GB18285-2005	载货汽车	6760	2200	2920	3850	6925	2990	3740			
	NQ120BN5	天然气	3759	88	GB17691-2005 国Ⅴ，GB11340-2005，GB18285-2005	厢式运输车	5998	2250	2800	3300	4495	830	3405			
			3759	88	GB17691-2005 国Ⅴ，GB11340-2005，GB18285-2005	厢式运输车	5995	2240	2850	3100	4495	960	3405			
	NQ120N4	天然气	3759	92	GB17691-2005 国Ⅳ，GB11340-2005，GB18285-2005	厢式运输车	5998	2250	2800	3300	4495	960	3405			
	NQ140BN5	天然气	3759	103	GB17691-2005 国Ⅳ，GB11340-2005，GB18285-2005	厢式运输车	8000	2500	3450	4700	8495	3400	4900			
	NQ160CN5	天然气	4750	118	GB17691-2005 国Ⅴ，GB11340-2005，GB18285-2005	教练车	9000	2450	3165	5300	11000	—	7800			
	NQ180N	天然气	5638	132	GB11340-2005，GB18285-2005，GB17691-2005 国Ⅳ	仓栅式运输车	9000	2500	3760	5000	15900	9705	6000			
			5638	132	GB11340-2005，GB18285-2005，GB17691-2005 国Ⅳ	压缩式垃圾车	8470	2490	3250	4500	15900	7000	8705			
			5638	132	GB11340-2005，GB18285-2005，GB17691-2005 国Ⅳ	洒水车	8200	2480	3000	4500	15900	9800	5905			
	NQ190FN5	天然气	6234	140	GB17691-2005 国Ⅴ，GB11340-2005，GB18285-2005	仓栅式运输车	9000	2500	3650	5200	15995	9990	5810			
			6234	140	GB17691-2005 国Ⅴ，GB11340-2005，GB18285-2005	厢式运输车	10000	2550	3750	5800	16000	9990	5815			

续表

发动机生产企业	发动机型号	燃料种类	排量（mL）	功率（kW）	排放标准	配套车辆名称	外形尺寸（mm）			轴距（mm）	总质量（kg）	额定总质量	整备质量（kg）	2013 年（辆）	2014 年 1—3 月（辆）	配套车型合计（辆）
							外廓长	外廓宽	外廓高							
同上	同上	同上	6234	140	GB17691－2005 国Ⅴ，GB11340－2005，GB18285－2005	厢式运输车	9000	2550	3650	5200	16000	9990	5815			
			6234	140	GB17691－2005 国Ⅴ，GB11340－2005，GB18285－2005	载货汽车	9000	2500	3150	5200	15855	9990	5670			
			6234	140	GB17691－2005 国Ⅴ，GB11340－2005，GB18285－2005	自卸汽车	6900	2500	2820	3950	11990	4990	6805			
	NQ190N	天然气	5638	144	GB17691－2005 国Ⅲ，GB11340－2005，GB18285－2005	仓栅式运输车	9000	2480	3450	5200	15995	9990	5810			
			5638	144	GB17691－2005 国Ⅲ，GB11340－2005，GB18285－2005	厢式运输车	10000	2480	3450	5800	15900	7990	7715			
			5638	144	GB17691－2005 国Ⅲ，GB11340－2005，GB18285－2005	载货汽车	9000	2480	3150	5200	15855	9990	5670			
			5638	144	GB17691－2005 国Ⅲ，GB11340－2005，GB18285－2005	自卸汽车	7000	2480	2650	4200	7425	2990	4240			
	NQ200N4	天然气	5638	147	GB17691－2005 国Ⅳ，GB11340－2005，GB18285－2005	仓栅式运输车	9000	2500	3450	5200	15995	9990	5810			
			5638	147	GB17691－2005 国Ⅳ，GB11340－2005，GB18285－2005	载货汽车	9000	2500	3150	5200	15855	9990	5670			
	NQ210FN5	天然气	6234	154	GB17691－2005 国Ⅴ，GB11340－2005，GB18285－2005	自卸汽车	7550	2500	3150	4200	16000	7990	7815			
	NQ210N	天然气	6870	153	GB17691－2005 国Ⅲ，GB11340－2005，GB18285－2005	自卸汽车	7600	2500	2950	4500	11965	4990	6780			
	NQ230FN5	天然气	6234	169	GB17691－2005 国Ⅴ，GB11340－2005，GB18285－20	仓栅式运输车	11900	2500	3850	1950＋5350	24995	14790	10010			
			6234	169	GB17691－2005 国Ⅴ，GB11340－2005，GB18285－2005	厢式运输车	11900	2550	3850	1950＋5350	25000	14990	10500			
			6234	169	GB17691－2005 国Ⅴ，GB11340－2005，GB18285－2005	载货汽车	11900	2500	3150	1950＋5350	24995	14990	9810			
			6234	169	GB17691－2005 国Ⅴ，GB11340－2005，GB18285－2005	自卸汽车	8900	2480	3450	1700＋2900＋1300	31000	16040	14765			
	NQ230N	天然气	6870	172	GB17691－2005 国Ⅲ，GB11340－2005，GB18285－2005	仓栅式运输车	11900	2480	3450	1950＋5350	24995	14790	10010			
			6870	172	GB17691－2005 国Ⅲ，GB11340－2005，GB18285－2005	厢式运输车	11900	2550	3450	1950＋5350	25000	14305	10500			
			6870	172	GB17691－2005 国Ⅲ，GB11340－2005，GB18285－2005	载货汽车	11900	2480	2920	1950＋5350	24995	14990	9810			
	NQ230N4	天然气	6870	169	GB11340－2005，GB18285－2005，GB17691－2005 国Ⅳ	仓栅式运输车	11990	2500	3950	1850＋5400	25000	15505	9300			
			6870	169	GB11340－2005，GB18285－2005，GB17691－2005 国Ⅳ	厢式运输车	11990	2500	3950	1850＋5400	25000	15505	9300			
			6870	169	GB17691－2005 国Ⅳ，GB11340－2005，GB18285－2005	自卸汽车	8300	2500	3150	1800＋3300	19530	9990	9345			
	NQ280HN5	天然气	8300	206	GB17691－2005 国Ⅴ，GB11340－2005，GB18285－2005	自卸汽车	9340	2480	3450	1850＋3100＋1300	31000	16040	14765			
			8300	206	GB17691－2005 国Ⅴ，GB11340－2005，GB18285－2005	自卸汽车	9800	2480	3450	1850＋3300＋1300	31000	16040	14765			
东风汽车有限公司	EQRN380－30	天然气	11120	280	GB11340－2005，GB18285－2005，GB17691－2005 国Ⅲ	半挂牵引车	7560	2500	3700	3600＋1350	25000	—	8800	443	0	443
	EQRN385－40	天然气	11120	283	GB11340－2005，GB18285－2005，GB17691－2005 国Ⅳ	半挂牵引汽车	7460	2500	3700	3800＋1350	25000	—	9685			
			11120	283	GB11340－2005，GB18285－2005，GB17691－2005 国Ⅳ	混凝土搅拌运输车	9980	2500	3990	4000＋1350	24900	10770	14000			

续表

发动机生产企业	发动机型号	燃料种类	排量（mL）	功率（kW）	排放标准	配套车辆名称	外形尺寸（mm）			轴距（mm）	总质量（kg）	额定总质量	整备质量（kg）	2013年（辆）	2014年1—3月（辆）	配套车型合计（辆）
							外廓长	外廓宽	外廓高							
中国第一汽车集团公司	CA6SH－N1E4	天然气	5560	110	GB11340－2005，GB18285－2005，GB17691－2005 国Ⅳ	平头燃气载货汽车	8990	2490	2840	5005	16000	9000	6805	281	0	281
			5560	110	GB11340－2005，GB18285－2005，GB17691－2005 国Ⅳ	厢式运输车	9990	2490	3760	5725	16000	8255	7550			
	CA6SL2－29E4N	天然气	8600	216	GB18285－2005，GB11340－2005，GB17691－2005 国Ⅳ	平头天然气自卸汽车	10245	2495	3260	1950＋3550＋1350	31000	15915	14890			
	CA6SL2－29E5N	天然气	8600	216	GB18285－2005，GB11340－2005，GB17691－2005 国Ⅴ	平头天然气牵引车	6505	2493	3450	4200	18000	—	7005			
	CA6SL2－31E3N	天然气	8600	231	GB3847－2005，GB17691－2005 国Ⅲ	平头天然气半挂牵引汽车	7510	2495	3560	1350＋3800	25000	—	9520			
	CA6SL2－31E4N	天然气	8600	231	GB11340－2005，GB18285－2005，GB17691－2005 国Ⅳ	平头天然气半挂牵引汽车	7510	2495	3560	3800＋1350	25000	—	9520			
	CA6SM2－35E4N	天然气	11050	261	GB18285－2005，GB11340－2005，GB17691－2005 国Ⅳ	平头天然气半挂牵引汽车	7420	2500	3560	3800＋1350	25000	—	8800			
			11050	261	GB18285－2005，GB11340－2005，GB17691－2005 国Ⅳ	平头天然气半挂牵引汽车	7420	2500	3560	3800＋1350	25000	—	10300			
	CA6SN1－39E4N	天然气	12530	287	GB18285－2005，GB11340－2005，GB17691－2005 国Ⅲ	平头液化天然气半挂牵引车	7510	2495	3560	1350＋3800	25000	—	8870			
			12530	290	GB18285－2005，GB11340－2005，GB17691－2005 国Ⅳ	平头天然气自卸汽车	11800	2500	3680	2100＋4700＋1350	31000	15480	15390			
			12530	290	GB18285－2005，GB11340－2005，GB17691－2005 国Ⅳ	平头液化天然气半挂牵引车	7510	2495	3980	3800＋1350	25000	—	8870			
			12530	290	GB18285－2005，GB11340－2005，GB17691－2005 国Ⅳ	平头液化天然气半挂牵引车	7420	2500	3560	3800＋1350	25000	—	10800			
上海柴油机股份有限公司	SC12ET350Q5	天然气	11810	257	GB18285－2005，GB11340－2005，GB17691－2005 国Ⅴ	牵引汽车	7540	2495	3600	3900＋1350	25000	—	8805	242	0	242
	SC12ET390Q5	天然气	11810	287	GB18285－2005，GB11340－2005，GB17691－2005 国Ⅴ	混凝土搅拌运输车	8850	2500	3900	3900＋1350	25000	10305	14500			
	SC8DT230Q4	天然气	8270	170	GB11340－2005，GB18285－2005，GB17691－2005 国Ⅳ	自卸汽车	8690	2498	3150	1950＋3500	25000	12900	11905			
	SC9DT280Q3	天然气	8820	206	GB17691－2005 国Ⅲ GB11340－2005GB18285－2005	牵引汽车	7475	2490	3730	3800＋1350	25000	—	11000			
	SC9DT280Q4	天然气	8820	206	GB11340－2005，GB18285－2005，GB17691－2005 国Ⅳ	自卸汽车	10290	2498	3200	1950＋3800＋1350	30825	15950	14680			
			8820	206	GB18285－2005，GB11340－2005，GB17691－2005 国Ⅳ	自卸汽车	9445	2500	3400	3825＋1350	25000	10350	14520			
	SC9DT280Q5	天然气	8820	206	GB11340－2005，GB18285－2005，GB17691－2005 国Ⅴ	自卸汽车	10290	2498	3200	1950＋3800＋1350	30825	15950	14680			
			8820	206	GB18285－2005，GB11340－2005，GB17691－2005 国Ⅴ	自卸汽车	9510	2500	3400	3800＋1400	25000	10140	14730			
	SC9DT320Q3	天然气	8820	235	GB18285－2005，GB11340－2005，GB17691－2005 国Ⅲ	牵引汽车	6170	2495	3100	3400	18000	—	6805			
			8820	235	GB18285－2005，GB11340－2005，GB17691－2005 国Ⅲ	压缩天然气牵引汽车	7460	2495	3100	3900＋1350	25000	—	9405			
			8820	235	GB18285－2005，GB11340－2005，GB17691－2005	载货汽车	11980	2500	3200	1850＋4605＋1350	31000	18865	11940			

续表

发动机生产企业	发动机型号	燃料种类	排量（mL）	功率（kW）	排放标准	配套车辆名称	外形尺寸（mm）			轴距（mm）	总质量（kg）	额定总质量	整备质量（kg）	2013 年（辆）	2014 年 1—3 月（辆）	配套车型合计（辆）
							外廓长	外廓宽	外廓高							
同上	SC9DT320Q4	天然气	8820	235	GB17691－2005 国Ⅳ，GB11340－2005，GB18285－2005	牵引汽车	7520	2495	3100	1850＋3250	25000	—	8195			
	SC9DT320Q5	天然气	8820	235	GB18285－2005，GB11340－2005，GB17691－2005 国Ⅴ	牵引汽车	6500	2495	3000	4000	18000	—	6805			
			8820	235	GB18285－2005，GB11340－2005，GB17691－2005 国Ⅴ	牵引汽车	7600	2495	3100	1940＋3160	25000	—	8195			
长春一汽四环发动机制造有限公司	CA4GNE4	天然气	3700	85	GB11340－2005，GB18285－2005，GB17691－2005 国Ⅳ	教练车	9000	2480	2600	5200	12400	—	5000	197	0	197
			3700	85	GB11340－2005，GB18285－2005，GB17691－2005 国Ⅳ	载货汽车	7020	2300	2450	3800	8280	4685	3400			
东风朝阳朝柴动力有限公司	CY4102－N4A	天然气	3856	88	GB17691－2005 国Ⅳ，GB18285－2005，GB11340－2005	仓栅式运输车	5995	2150	3050	3300	4320	1730	2395	17	0	17
			3856	88	GB17691－2005 国Ⅳ，GB18285－2005，GB11340－2005	厢式运输车	5995	2150	3050	3300	4320	1530	2595			
			3856	88	GB17691－2005 国Ⅳ，GB18285－2005，GB11340－2005	载货汽车	5995	2150	2320	3300	4320	1930	2195			
			3856	88	GB17691－2005 国Ⅳ，GB18285－2005，GB11340－2005	载货汽车	5995	2150	2500	3300	4445	1800	2450			
	CY4102－N5D	天然气	3856	84	GB17691－2005 国Ⅴ，GB18285－2005，GB11340－2005	载货汽车	5995	2150	2500	3300	4445	1800	2450			
一汽解放汽车有限公司无锡柴油机厂	CA6SF2－17E4N	天然气	7130	128	GB3847－1999，GB17691－2005 国Ⅳ	仓栅式运输车	8998	2499	3790	5270	15800	8955	6650	8	0	8
	CA6SF2－19E5N	天然气	7130	143	GB11340－2005，GB18285－2005，GB17691－2005 国Ⅴ	仓栅式运输车	8980	2495	3800	5700	15600	9500	5905			
		天然气	7130	143	GB11340－2005，GB18285－2005，GB17691－2005 国Ⅴ	厢式运输车	9980	2545	3800	5700	15600	8955	6450			
	CA6SF2－23E5N	天然气	7130	173	GB11340－2005，GB18285－2005，GB17691－2005 国Ⅴ	厢式运输车	11990	2545	3950	1900＋5400	25000	14705	10100			
	CA6SF2－19E4N	天然气	7130	143	GB3847－1999，GB17691－2005 国Ⅳ	厢式运输车	9985	2550	3895	5720	15800	8005	7600			
昆明云内动力股份有限公司	YN36QNE	天然气	3612	85	GB17691－2005 国Ⅳ，GB11340－2005，GB18285－2005	载货汽车	5995	2150	2320	3360	4480	1785	2500	4	0	4
东风汽车有限公司商用车发动机厂	EQD230N－30	天然气	6324	172	GB11340－2005，GB18285－2005，GB17691－2005 国Ⅲ	半挂牵引汽车	6030	2470	2830	3500	15900	—	5705	1	0	1
恒天动力有限公司	HD65N	天然气	6494	162	GB17691－2005 国Ⅴ，GB11340－2005，GB18285－2005	车厢可卸式垃圾车	7250	2475	2960	4500	16000	8495	7310	1	0	1
配套车型合计（辆）														33634	1306	34940

(二)汽油/天然气两用燃料汽车发动机配套数量统计

1. 大中型客车、轻型客车

发动机生产企业	发动机型号	燃料种类	排量(mL)	功率(kW)	排放标准	配套车辆名称	外形尺寸(mm) 长	宽	高	轴距(mm)	总质量(kg)	整备质量(kg)	2013年(辆)	2014年1—3月(辆)	配套车型合计(辆)
重庆长安汽车股份有限公司	JL466QG	汽油/天然气	999	50.8/41	GB18352.3－2005 国Ⅳ	两用燃料客车	3860	1500	1900	2500	1725	1125	7762	0	7762
	JL474QAE	汽油/天然气	1298	60/53	GB18352.3－2005 国Ⅳ	两用燃料客车	3995	1645	1910	2605	1800	1180			
			1298	60/53	GB18352.3－2005 国Ⅳ	两用燃料客车	3995	1645	1910	2605	1800	1175			
	JL475QS	汽油/天然气	1497	75/64	GB18352.3－2005 国Ⅳ	两用燃料客车	4390	1655	1935	2800	1925	1310			
			1497	75/64	GB18352.3－2005 国Ⅳ	两用燃料客车	4390	1655	1935	2800	1925	1300			
重庆力帆汽车发动机有限公司	LF479Q6	汽油/天然气	1299	66.5	GB18352.3－2005 国Ⅳ	客车	4015	1595	1900	2525	1810	1210	1325	0	1325
			1299	66.5/57.2	GB18352.3－2005 国Ⅳ	客车	4201	1650	1908	2850	1960	1285			
	LF466Q/PC－h	汽油/天然气	999	50	GB18352.3－2005 国Ⅳ	客车	4015	1595	1900	2525	1785	1185			
重庆渝安淮海动力有限公司	AF10G/N	汽油/天然气	1000	46/39	GB18352.3－2005 国Ⅳ	客车	4040	1560	1925	2760	1820	1050	1203	0	1203
	BG13G/N－01	汽油/天然气	1300	60.5/51.5	GB18352.3－2005 国Ⅳ	客车	4040	1560	1925	2760	1820	1085			
			1300	60.5/51.5	GB18352.3－2005(国Ⅳ阶段)	客车	4180	1635	1960	2760	1720	1180			
柳州五菱柳机动力有限公司	LJ475QNE1	汽油/天然气	1590	71/67.5	GB18352.3－2005 国Ⅳ	客车	5035	1900	2450	3570	3200	2025	355	0	355
			1590	71/67.45	GB18352.3－2005 国Ⅳ	城市客车	4805	1900	2450	3340	3050	1895			
			1590	71	GB18352.3－2005 国Ⅳ	城市客车	5035	1900	2450	3570	3200	2180			
			1590	71	GB18352.3－2005 国Ⅳ	城市客车	5035	1900	2450	3570	3200	2025			
			1590	71	GB18352.3－2005 国Ⅳ	城市客车	5035	1900	2450	3570	3200	2070			
	JL474QAE	汽油/天然气	1298	60/53	GB18352.3－2005 国Ⅳ	两用燃料客车	3995	1645	1910	2605	1800	1180			
	LJ474Q3E2	汽油/天然气	1298	60.5/51.3	GB18352.3－2005 国Ⅳ	两用燃料客车	4030	1620	1900	2700	1850	1268			
绵阳新晨动力机械有限公司	JM491Q－ME	汽油/天然气	2237	76	GB18352.3－2005 国Ⅳ	客车	5330	1700	2240	2890	2960	1860	30	94	124
			2237	76	GB18352.3－2005 国Ⅳ	小型客车	5030	1700	1980	2590	2960	1800			
			2237	76	GB18352.3－2005 国Ⅳ	小型客车	5330	1700	2240	2890	2960	1860			
	4RB2	汽油/天然气	2438	102	GB18352.3－2005 国Ⅳ	轻型客车	5380	1880	2285	3110	3450	2280			
沈阳新光华晨汽车发动机有限公司	XG491Q－ME	汽油/天然气	2237	82/70.5	GB18352.3－2005 国Ⅳ	轻型客车	5040	1700	2050	2590	2800	1795	2	109	111
			2237	82/70.5	GB18352.3－2005 国Ⅳ	轻型客车	5340	1700	2250	2890	3060	1930			
			2237	82/70.5	GB18352.3－2005 国Ⅳ	轻型客车	5340	1700	2250	2890	2860	1795			

续表

发动机生产企业	发动机型号	燃料种类	排量(mL)	功率(kW)	排放标准	配套车辆名称	外形尺寸(mm) 长	宽	高	轴距(mm)	总质量(kg)	整备质量(kg)	2013年(辆)	2014年1—3月(辆)	配套车型合计(辆)
沈阳新光华晨汽车发动机有限公司	4G21N	汽油/天然气	2021	78/66	GB18352.3-2005 国Ⅳ	轻型客车	5070	1690	1935	2590	2800	1915	2	109	111
哈尔滨东安动力股份有限公司	DA465QA	汽油/天然气	970	44/39	GB18352.3-2005 国Ⅳ	两用燃料客车	3948	1525	1855	2470	1650	1095	29	0	29
配套车型合计(辆)													10706	203	10909

2. 货车(重型货车、中型货车、轻型货车、微型货车、牵引汽车)、专用车(自卸汽车、运输车及其他专用车)

发动机生产企业	发动机型号	燃料种类	排量(mL)	功率(kW)	排放标准	配套车辆名称	外形尺寸(mm) 长	宽	高	轴距(mm)	总质量(kg)	额定总质量	整备质量(kg)	2013年(辆)	2014年1—3月(辆)	配套车型合计(辆)
柳州五菱柳机动力有限公司	LJ465Q-2AE	汽油/天然气	1051	45	GB18352.3-2005 国Ⅳ	仓栅式运输车	4690	1610	2320	2700	2070	740	1200	12504	529	13033
			1051	45	GB18352.3-2005 国Ⅳ	仓栅式运输车	4920	1610	2320	2700	2000	495	1180			
			1051	45/40.5	GB18352.3-2005 国Ⅳ	仓栅式运输车	4735	1625	2350	2700	2880	1370	1380			
			1051	45	GB18352.3-2005 国Ⅳ	厢式运输车	4690	1510	2320	2700	2120	740	1250			
			1051	45	GB18352.3-2005 国Ⅳ	厢式运输车	4920	1510	2320	2700	2025	495	1205			
			1051	45	GB18352.3-2005 国Ⅳ	厢式运输车	4690	1510	2320	2700	2875	1495	1250			
			1051	45	GB18352.3-2005 国Ⅳ	厢式运输车	4920	1510	2320	2700	3025	1495	1205			
			1051	45	GB18352.3-2005 国Ⅳ	厢式运输车	4730	1630	2440	2700	1875	495	1250			
			1051	45	GB18352.3-2005 国Ⅳ	厢式运输车	4730	1520	2440	2700	2920	1450	1340			
			1051	45/40.5	GB18352.3-2005 国Ⅳ	厢式运输车	4735	1625	2320	2700	2840	1360	1350			
			1051	45/40.5	GB18352.3-2005 国Ⅳ	厢式运输车	4735	1625	2320	2700	2850	1360	1360			
			1051	45/40.5	GB18352.3-2005 国Ⅳ	厢式运输车	5035	1625	2320	2700	2870	1165	1380			
			1051	45	GB18352.3-2005 国Ⅳ	载货汽车	4340	1510	1850	2370	1970	740	1100			
			1051	45/40.5	GB18352.3-2005 国Ⅳ	载货汽车	4630	1670	1970	2900	1820	435	1060			
			1051	45	GB18352.3-2005 国Ⅳ	载货汽车	4690	1510	1940	2700	2725	1495	1100			
			1051	45/40.5	GB18352.3-2005 国Ⅳ	载货汽车	4690	1670	1930	2900	1610	490	990			
			1051	45	GB18352.3-2005 国Ⅳ	载货汽车	4730	1520	1930	2700	1725	495	1100			
			1051	45	GB18352.3-2005 国Ⅳ	载货汽车	4730	1630	1930	2700	2845	1495	1220			

续表

发动机生产企业	发动机型号	燃料种类	排量（mL）	功率（kW）	排放标准	配套车辆名称	外形尺寸（mm）			轴距（mm）	总质量（kg）	额定总质量	整备质量（kg）	2013年（辆）	2014年1—3月（辆）	配套车型合计（辆）
							长	宽	高							
同上	同上	同上	1051	45/40.5	GB18352.3－2005国Ⅳ	载货汽车	4735	1625	2010	2700	2710	1360	1220			
			1051	45/40.5	GB18352.3－2005国Ⅳ	载货汽车	4735	1625	2010	2700	2720	1360	1230			
			1051	45	GB18352.3－2005国Ⅳ	载货汽车	4920	1510	1850	2700	1970	495	1150			
			1051	45	GB18352.3－2005国Ⅳ	载货汽车	4920	1510	1940	2700	2970	1495	1150			
			1051	45	GB18352.3－2005国Ⅳ	载货汽车	5000	1630	1930	2700	2080	495	1260			
			1051	45	GB18352.3－2005国Ⅳ	载货汽车	5000	1630	1930	2700	2920	1345	1250			
			1051	45/40.5	GB18352.3－2005国Ⅳ	载货汽车	5035	1625	2010	2700	2750	1165	1260			
	LJ474Q3E2	汽油/天然气	1298	60.5/54.3	GB18352.3－2005国Ⅳ	厢式运输车	4030	1620	1900	2700	1850	472	1248			
重庆长安汽车股份有限公司	JL466QN	汽油/天然气	1012	50.7/41	GB18352.3－2005国Ⅳ	两用燃料载货汽车	4390	1475	1870	2750	1810	445	1040	2428	0	2428
	JL466QG	汽油/天然气	999	50.8/41	GB18352.3－2005国Ⅳ	厢式运输车	3860	1500	1900	2500	1715	490	1095			
	JL473QE	汽油/天然气	1243	72/63	GB18352.3－2005国Ⅳ	厢式运输车	3980	1620	1890	2560	1800	270	1205			
	JL474QAE	汽油/天然气	1298	60/53	GB18352.3－2005国Ⅳ	厢式运输车	3995	1645	1910	2605	1800	495	1175			
	JL475QS	汽油/天然气	1497	75/64	GB18352.3－2005国Ⅳ	厢式运输车	4390	1655	1935	2800	1925	300	1300			
绵阳新晨动力机械有限公司	491Q－ME	天然气/汽油	2237	76	GB18352.3－2005国Ⅳ	仓栅式运输车	5450	1800	2780	3500	3440	1385	1730	1587	571	2158
			2237	76	GB18352.3－2005国Ⅳ	仓栅式运输车	5460	1800	2780	3500	3440	1600	1710			
			2237	76	GB18352.3－2005国Ⅳ	车厢可卸式垃圾车	5050	1780	2130	3500	3440	1500	1810			
			2237	76	GB18352.3－2005国Ⅳ	冷藏车	5450	1800	2780	3500	3440	1315	1800			
			2237	76	GB18352.3－2005国Ⅳ	轻型载货汽车	5450	1800	2200	3500	3440	1435	1680			
			2237	76	GB18352.3－2005国Ⅳ	轻型载货汽车	5460	1800	2200	3500	3440	1650	1660			
			2237	76	GB18352.3－2005国Ⅳ	厢式运输车	5450	1800	2780	3500	3440	1315	1800			
			2237	76	GB18352.3－2005国Ⅳ	厢式运输车	5300	1800	2780	3500	3440	1510	1800			
	4F18－F	天然气/汽油	1051	51	GB18352.3－2005国Ⅳ	仓栅式运输车	5320	1750	2780	3300	2490	625	1540			
			1051	51	GB18352.3－2005国Ⅳ	轻型载货汽车	5380	1750	2200	3300	2490	860	1500			
			1051	51	GB18352.3－2005国Ⅳ	轻型载货汽车	5320	1750	2200	3300	2490	665	1500			
	JM491Q－ME	汽油/天然气	2237	76/65	GB18352.3－2005国Ⅳ	多用途货车	5450	1760	1710	3380	2340	495	1520			
			2237	76/66	GB18352.3－2005国Ⅳ	多用途货车	5135	1750	1710	3025	2335	500	1510			
			2237	76/66	GB18352.3－2005国Ⅳ	多用途货车	5450	1750	1710	3380	2425	550	1550			

续表

发动机生产企业	发动机型号	燃料种类	排量（mL）	功率（kW）	排放标准	配套车辆名称	外形尺寸（mm）			轴距（mm）	总质量（kg）	额定总质量	整备质量（kg）	2013年（辆）	2014年1—3月（辆）	配套车型合计（辆）
							长	宽	高							
同上	同上	同上	2237	76	GB18352.3－2005 国Ⅳ	轻型载货汽车	5285	1700	1640	3380	2475	500	1650			
			2237	76/69	GB18352.3－2005 国Ⅳ	轻型载货汽车	5520	1800	2175	3500	3280	1300	1655			
			2237	76	GB18352.3－2005 国Ⅳ	载货汽车	5470	1725	1690	3380	2475	500	1650			
	V20	汽油/天然气	2020	81	GB18352.3－2005 国Ⅳ	轻型载货汽车	5340	1690	1710	3380	2245	420	1500			
			2020	81	GB18352.3－2005 国Ⅳ	厢式运输车	5020	1690	1810	3025	2245	400	1520			
	ZD25TCI	柴油/天然气	2498	85	GB18352.3－2005 国Ⅳ，GB3847－2005	多用途货车	5730	1820	1715	3700	2980	825	1830			
			2498	85	GB18352.3－2005 国Ⅳ，GB3847－2005	厢式运输车	4949	1690	1895	2950	2410	360	1725			
	ZG24	汽油/天然气	2438	102	GB18352.3－2005 国Ⅳ	多用途货车	4980	1690	1650	2950	2310	490	1495			
			2438	102/90	GB18352.3－2005 国Ⅳ	多用途货车	4980	1690	1650	2950	2310	375	1610			
			2438	102/90	GB18352.3－2005 国Ⅳ	多用途货车	4980	1820	1715	2950	2540	420	1795			
重庆渝安淮海动力有限公司	AF10－06	汽油/天然气	997	39/31	GB18352.3－2005（国Ⅳ阶段）	仓栅式运输车	5250	1700	2530	2990	2430	960	1340	1108	0	1108
			997	39/31	GB18352.3－2005（国Ⅳ阶段）	厢式运输车	5250	1700	2460	2990	2430	715	1390			
			997	39/31	GB18352.3－2005（国Ⅳ阶段）	厢式运输车	4745	1580	2470	2990	1835	495	1210			
			997	45/36	GB18352.3－2005（国Ⅳ阶段）	厢式运输车	5380	1580	2460	3400	3100	1205	1570			
			997	39/31	GB18352.3－2005（国Ⅳ阶段）	厢式运输车	4995	1580	2570	2990	3100	1420	1550			
			997	39/31	GB18352.3－2005（国Ⅳ阶段）	载货汽车	5250	1700	2080	2990	2430	755	1350			
			997	39/31	GB18352.3－2005（国Ⅳ阶段）	载货汽车	5380	1650	2060	3400	1980	495	1160			
			997	39/31	GB18352.3－2005（国Ⅳ阶段）	载货汽车	5250	1700	2000	2990	3360	1990	1240			
			997	39/31	GB18352.3－2005（国Ⅳ阶段）	载货汽车	5250	1700	2080	2990	3360	1755	1280			
			997	39/31	GB18352.3－2005（国Ⅳ阶段）	载货汽车	5380	1650	2060	3400	3100	1275	1500			
			997	39/31	GB18352.3－2005（国Ⅳ阶段）	载货汽车	4995	1650	1985	2990	3100	1490	1480			
			997	39/31	GB18352.3－2005（国Ⅳ阶段）	载货汽车	5250	1700	2430	2990	2430	725	1380			
	BG13－20	汽油/天然气	1300	60.5/52	GB18352.3－2005（国Ⅳ阶段）	仓栅式运输车	5400	1700	2515	3400	3360	1605	1430			
			1300	60.5/52	GB18352.3－2005（国Ⅳ阶段）	仓栅式运输车	5250	1700	2530	2990	3360	1960	1270			
			1300	60.5/52	GB18352.3－2005（国Ⅳ阶段）	厢式运输车	5250	1700	2460	2990	2430	715	1390			
			1300	60.5/52	GB18352.3－2005（国Ⅳ阶段）	厢式运输车	5250	1700	2560	2990	2430	950	1350			
			1300	60.5/52	GB18352.3－2005（国Ⅳ阶段）	厢式运输车	5250	1700	2560	2990	3360	1950	1280			

续表

发动机生产企业	发动机型号	燃料种类	排量（mL）	功率（kW）	排放标准	配套车辆名称	外形尺寸（mm） 长	宽	高	轴距（mm）	总质量（kg）	额定总质量	整备质量（kg）	2013年（辆）	2014年1—3月（辆）	配套车型合计（辆）
同上	同上	同上	1300	60.5/52	GB18352.3－2005（国Ⅳ阶段）	厢式运输车	5400	1700	2545	3400	3360	1635	1400			
			1300	60.5/52	GB18352.3－2005（国Ⅳ阶段）	载货汽车	5400	1700	2065	3400	3360	1655	1380			
			1300	60.5/52	GB18352.3－2005（国Ⅳ阶段）	载货汽车	5380	1700	2065	3400	2700	995	1380			
			1300	60.5/52	GB18352.3－2005（国Ⅳ阶段）	载货汽车	5250	1700	2000	2990	3360	1990	1240			
			1300	60.5/52	GB18352.3－2005（国Ⅳ阶段）	载货汽车	5250	1700	2080	2990	3360	1755	1280			
	BG13G/N－01	汽油/天然气	1300	60.5/51.5	GB18352.3－2005国Ⅳ	载货汽车	4640	1635	1945	2820	1995	475	1195			
	BG10－05	汽油/天然气	1012	51/41	GB18352.3－2005（国Ⅳ阶段）	载货汽车	5380	1650	2060	3400	2840	1065	1450			
哈尔滨东安汽车动力股份有限公司	DAM13R	汽油/天然气	1299	73/63	GB18352.3－2005国Ⅳ	两用燃料载货汽车	4950	1800	1980	2900	2490	960	1400	1031	0	1031
			1299	73/63	GB18352.3－2005国Ⅳ	两用燃料载货汽车	5030	1800	1980	2900	2490	715	1450			
			1299	73/63	GB18352.3－2005国Ⅳ	厢式运输车	4980	1810	2500	2900	2490	850	1510			
	DAM15R	汽油/天然气	1498	82/72	GB18352.3－2005（国Ⅳ阶段）	厢式运输车	4498	1735	1940	2900	2445	925	1390			
	DA465QA	汽油/天然气	970	44/39	GB18352.3－2005国Ⅳ	两用燃料货车	4635	1544	1915	2800	1890	495	1070			
北京福田环保动力股份有限公司	BJ486EQV4	汽油/天然气	1998	95	GB18352.3－2005国Ⅳ	仓栅式运输车	5680	1830	2640	3000	3495	1495	1870	666	0	666
			1998	95	GB18352.3－2005国Ⅳ	厢式运输车	4986	1760	2574	2750	3495	1800	1565			
			1998	95	GB18352.3－2005国Ⅳ	厢式运输车	5670	1780	2700	3000	3495	1495	1870			
			1998	95	GB18352.3－2005国Ⅳ	厢式运输车	5640	1780	2700	3000	3495	1300	1870			
			1998	95	GB18352.3－2005国Ⅳ	载货汽车	5190	1750	2045	2750	3430	1495	1610			
			1998	95	GB18352.3－2005国Ⅳ	载货汽车	5600	1740	2080	3000	3495	1420	1750			
			1998	95	GB18352.3－2005国Ⅳ	载货汽车	5600	1740	2080	3000	3345	1495	1720			
			1998	95	GB18352.3－2005国Ⅳ	载货汽车	5630	1740	2080	3000	3345	1495	1720			
东风朝阳朝柴动力有限公司	CYQD80－E4	柴油/天然气	3153	80.9	GB18352.3－2005国Ⅳ，GB3847－2005	多用途货车	4980	1690	1650	2950	2515	528	1662	0	275	275
锐展（铜陵）科技有限公司	TNN4G12	汽油/天然气	1205	62.5	GB18352.3－2005国Ⅳ	仓栅式运输车	5420	1790	2760	3300	2490	615	1550	188	0	188
			1205	62.5/55.9	GB18352.3－2005国Ⅳ	轻型载货汽车	5300	1850	2140	3300	2490	860	1500			
			1205	62.5/55.9	GB18352.3－2005国Ⅳ	轻型载货汽车	5420	1850	2140	3300	2490	665	1500			
			1205	62.5/55.9	GB18352.3－2005国Ⅳ	清洗吸污车	4900	1770	2200	3300	2490	1070	1290			
			1205	62.5/55.9	GB18352.3－2005国Ⅳ	厢式运输车	5300	1750	2760	3300	2490	790	1570			
			1205	62.5/55.9	GB18352.3－2005国Ⅳ	厢式运输车	5420	1750	2760	3300	2490	595	1570			

续表

发动机生产企业	发动机型号	燃料种类	排量（mL）	功率（kW）	排放标准	配套车辆名称	外形尺寸（mm）长	宽	高	轴距（mm）	总质量（kg）	额定总质量	整备质量（kg）	2013年（辆）	2014年1—3月（辆）	配套车型合计（辆）
沈阳新光华晨汽车发动机有限公司	XG491Q－ME	汽油/天然气	2237	82/70.5	GB18352.3－2005国Ⅳ	厢式运输车	5340	1700	2250	2890	2860	740	1795	97	75	172
			2237	82/70.5	GB18352.3－2005国Ⅳ	厢式运输车	5040	1700	2050	2590	2800	680	1795			
	G4AC	汽油/天然气	1298	51	GB18352.3－2005国Ⅳ	轻型货车	5040	1730	2060	2600	3490	1900	1460			
			1298	51	GB18352.3－2005国Ⅳ	轻型货车	5680	1730	2060	3050	3420	1495	1600			
	G4AE	汽油/天然气	1298	51/46	GB18352.3－2005国Ⅳ	轻型货车	4965	1850	2120	2515	3495	1700	1665			
			1298	51/46	GB18352.3－2005国Ⅳ	轻型货车	5400	1850	2160	2800	3495	1400	1770			
			1298	51/46	GB18352.3－2005国Ⅳ	厢式运输车	5400	1850	2640	2800	3495	1220	1950			
			1298	51/46	GB18352.3－2005国Ⅳ	厢式运输车	4965	1780	2640	2515	3495	1495	1870			
北汽福田汽车股份有限公司	BJ491EQ4	汽油/天然气	2237	76/65	GB18352.3－2005国Ⅳ	多用途货车	5160	1750	1675	3025	2340	475	1540	102	0	102
	BJ486EQV4	汽油/天然气	1998	95	GB18352.3－2005国Ⅳ GB3847－2005	载货汽车	5475	1730	2100	2600	3495	1495	1675			
			1998	95	GB18352.3－2005国Ⅳ GB3847－2005	载货汽车	5445	1730	2100	2600	3495	1765	1600			
中国第一汽车集团公司	CA6SH－N1E4	汽油/天然气	5560	110	GB11340－2005，GB18285－2005 GB17691－2005国Ⅳ	平头燃气载货汽车	8990	2490	2840	5005	16000	9000	6805	21	0	21
重庆力帆汽车发动机有限公司	LF479Q6	汽油/天然气	1299	66.5	GB18352.3－2005国Ⅳ	厢式运输车	4015	1595	1900	2525	1810	480	1200	19	0	19
			1299	66.5/57.2	GB18352.3－2005国Ⅳ	厢式运输车	4201	1650	1908	2850	1960	335	1300			
日本日产公司	KA24	汽油/天然气	2388	110/95	GB18352.3－2005国Ⅳ	多用途货车	4980	1820	1725	2950	2740	625	1790	0	7	7
			2388	110	GB18352.3－2005国Ⅳ	厢式运输车	4949	1690	1875	2950	2220	280	1615			
保定长城内燃机制造有限公司	491QE	汽油/天然气	2237	78/68	GB18352.3－2005国Ⅳ	多用途货车	5360	1720	1675	3350	2400	405	1670	5	0	5
常州东风新晨动力机械有限公司	DFXC13－40	汽油/天然气	1298	65/58.8	GB18352.3－2005国Ⅳ	厢式运输车	4030	1635	1910	2700	1755	300	1130	3	0	3
苏州益方动力机械有限公司	YF4G12	汽油/天然气	1200	63/56.3	GB18352.3－2005国Ⅳ	两用燃料轻型载货汽车	5250	1610	2140	3300	3050	1470	1450	3	0	3
			1200	63/56.3	GB18352.3－2005国Ⅳ	两用燃料轻型载货汽车	5450	1610	2140	3300	3235	1430	1480			
潍柴动力股份有限公司 陕西汽车集团有限责任公司	WP10.336（SQH）	柴油/天然气	9726	247	GB17691－2005国Ⅲ，GB3847－2005，GB11340－2005，GB18285－2005	自卸汽车	8329	2490	3450	3800＋1350	25000	12370	12500	3	0	3
			9726	247	GB17691－2005国Ⅲ，GB3847－2005，GB11340－2005，GB18285－2005	牵引汽车	7335	2490	3410	3775＋1350	25000	3775＋1350	8800			
配套车型合计（辆）														19765	1457	21222

3. 乘用车

发动机生产企业	发动机型号	燃料种类	排量（mL）	功率（kW）	排放标准	配套车辆名称	外形尺寸（mm）长	宽	高	轴距（mm）	总质量（kg）	整备质量（kg）	2013年（辆）	2014年1—3月（辆）	配套车型合计（辆）
神龙汽车有限公司	N6A 10FX3A PSA	汽油/天然气	1587	78/67	GB18352.3－2005 国Ⅳ	两用燃料轿车	4367	1708	1413	2540	1564	1189	25109	1065	26174
			1587	78/67	GB18352.3－2005 国Ⅳ	两用燃料轿车	4502	1740	1465	2610	1675	1300			
			1587	78/67	GB18352.3－2005 国Ⅳ	两用燃料轿车	4526	1740	1465	2610	1675	1300			
			1587	78/68	GB18352.3－2005 国Ⅳ	两用燃料轿车	4558	1805	1505	2612	1805	1415			
			1587	78/68	GB18352.3－2005 国Ⅳ	两用燃料轿车	4688	1815	1525	2710	1855	1465			
			1587	78/68	GB18352.3－2005 国Ⅳ	两用燃料轿车	4588	1773	1486	2610	1790	1390			
	TU5JP4	汽油/天然气	1587	78	GB18352.3－2005 国Ⅳ	轻型客车	4420	1695	1825	2695	2030	1440			
北京现代汽车有限公司	14ED	汽油/天然气	1599	82/70	GB18352.3－2005 国Ⅳ	两用燃料轿车	4545	1725	1425	2610	1710	1365	21857	0	21857
			1599	82/70	GB18352.3－2005 国Ⅳ	两用燃料轿车	4545	1725	1425	2610	1646	1321			
			1599	82/70	GB18352.3－2005 国Ⅳ	两用燃料轿车	4545	1725	1425	2610	1680	1343			
	14GB	汽油/天然气	1795	94.9/82	GB18352.3－2005 国Ⅳ	两用燃料轿车	4770	1820	1420	2700	1825	1500			
	14GC	汽油/天然气	1975	101/89	GB18352.3－2005 国Ⅳ	两用燃料轿车	4770	1820	1420	2700	1825	1525			
一汽－大众汽车有限公司	BJT	汽油/天然气	1595	70/55	GB18352.3－2005 国Ⅳ	两用燃料轿车	4415	1674	1415	2471	1545	1142	12253	0	12253
	BWH	汽油/天然气	1595	76/69	GB18352.3－2005 国Ⅳ	两用燃料轿车	4600	1785	1435	2675	1870	1420			
	CUC	汽油/天然气	1598	70/81	GB18352.3－2005 国Ⅳ	两用燃料轿车	4487	1706	1470	2603	1740	1260			
			1598	81/70	GB18352.3－2005 国Ⅳ	两用燃料轿车	4473	1706	1469	2603	1735	1275			
上海大众汽车有限公司	CKZ	汽油/天然气	1781	74/66	GB18352.3－2005 国Ⅳ	两用燃料轿车	4687	1700	1450	2656	1655	1280	9648	0	9648
奇瑞汽车股份有限公司	SQR472WB	汽油/天然气	1173	59/50	GB18352.3－2005 国Ⅳ	多用途乘用车	4430	1626	1930	2800	1970	1365	4458	0	4458
	SQR477FD	汽油/天然气	1552	81/68	GB18352.3－2005 国Ⅳ	轿车	4552	1750	1483	2600	1750	1375			
			1552	81/68	GB18352.3－2005 国Ⅳ	轿车	4393	1682	1424	2468	1553	1178			
比亚迪汽车有限公司	BYD473QD	汽油/天然气	1497	80/72	GB18352.3－2005 国Ⅳ	两用燃料轿车	4533	1705	1490	2600	1650	1275	3436	0	3436
哈尔滨东安汽车发动机制造有限公司	DA4G18	汽油/天然气	1584	73.5/65	GB18352.3－2005 国Ⅳ	两用燃料轿车	4533	1705	1490	2600	1650	1275	2925	8	2933
			1584	73.5/62	GB18352.3－2005 国Ⅳ	两用燃料轿车	4400	1700	1415	2500	1570	1190			
	4G94D	汽油/天然气	1999	108	GB18352.3－2005 国Ⅳ	轻型客车	4420	1695	1825	2695	2100	1500			
重庆长安铃木汽车有限公司	M16A3	汽油/天然气	1586	80/66	GB18352.3－2005 国Ⅳ	轿车	4490	1730	1555	2500	1640	1265	2853	0	2853

续表

发动机生产企业	发动机型号	燃料种类	排量（mL）	功率（kW）	排放标准	配套车辆名称	外形尺寸（mm）长	宽	高	轴距（mm）	总质量（kg）	整备质量（kg）	2013年（辆）	2014年1—3月（辆）	配套车型合计（辆）
东风悦达起亚汽车有限公司	G4EE	汽油/天然气	1399	69.9	GB18352.3－2005 国Ⅳ	轿车	4290	1695	1480	2500	1533	1188	0	2417	2417
	G4ED	汽油/天然气	1599	82.4	GB18352.3－2005 国Ⅳ	轿车	4500	1735	1470	2610	1784	1300			
重庆力帆汽车发动机有限公司	LF479Q2/PC	汽油/天然气	1498	69/60	GB18352.3－2005 国Ⅳ	轿车	4550	1705	1495	2605	1555	1205	2390	0	2390
沈阳航天三菱汽车发动机制造有限公司	4A91	汽油/天然气	1499	88/74	GB18352.3－2005 国Ⅳ	两用燃料轿车	4570	1770	1475	2610	1605	1230	2351	35	2386
	4G69S4N	汽油/天然气	2378	110	GB18352.3－2005 国Ⅳ	多用途乘用车	4580	1840	1820	2650	2180	1695			
	4A91S	汽油/天然气	1499	77/67	GB18352.3－2005 国Ⅳ	轿车	4510	1758	1460	2580	1715	1325			
	4A92S	汽油/天然气	1590	87/76	GB18352.3－2005 国Ⅳ	轿车	4510	1758	1460	2580	1715	1325			
			1590	87/76	GB18352.3－2005 国Ⅳ	轿车	4708	1788	1475	2700	1780	1390			
安徽江淮汽车股份有限公司	HFC4NB2.3C	汽油/天然气	1499	83/66	GB18352.3－2005 国Ⅳ	两用燃料轿车	4590	1765	1465	2710	1760	1385	1780	0	1780
浙江吉利汽车有限公司	JL4G18	汽油/天然气	1792	102/92	GB18352.3－2005 国Ⅳ	两用燃料轿车	4602	1725	1485	2602	1660	1250	1652	0	1652
			1792	102/92	GB18352.3－2005 国Ⅳ	两用燃料轿车	4635	1789	1470	2650	1755	1380			
	JLγ－4G18	汽油/天然气	1808	98/92	GB18352.3－2005 国Ⅳ	两用燃料轿车	4602	1725	1485	2602	1660	1250			
			1808	98/78	GB18352.3－2005 国Ⅳ	两用燃料轿车	4635	1789	1470	2650	1700	1325			
	MR479QA	汽油/天然气	1498	69/58	GB18352.3－2005 国Ⅳ	两用燃料轿车	4324	1692	1435	2502	1518	1143			
天津一汽夏利汽车股份有限公司内燃机制造分公司	CA4GA5	汽油/天然气	1497	75/66	GB18352.3－2005 国Ⅳ	两用燃料轿车	4290	1680	1500	2425	1420	1070	1420	0	1420
北京汽车股份有限公司	A12	汽油/天然气	1199	63.5/57.2	GB18352.3－2005 国Ⅳ	两用燃料多用途乘用车	4030	1636	1907	2700	1850	1225	1069	0	1069
重庆长安汽车股份有限公司	JL473QE	汽油/天然气	1243	72/63	GB18352.3－2005 国Ⅳ	两用燃料多用途乘用车	3980	1620	1890	2560	1800	1220	881	0	881
	JL475QT	汽油/天然气	1497	72/61	GB18352.3－2005 国Ⅳ	两用燃料轿车	4360	1710	1475	2515	1608	1233			
	JL475QU	汽油/天然气	1590	71/62	GB18352.3－2005 国Ⅳ	两用燃料轿车	4600	1800	1475	2650	1775	1400			
长城汽车股份有限公司	GW4G15	汽油/天然气	1497	78	GB18352.3－2005 国Ⅳ	轿车	4452	1705	1480	2610	1585	1210	554	0	554
沈阳华晨金杯汽车有限公司	BM15L	汽油/天然气	1498	77/67	GB18352.3－2005 国Ⅳ	轿车	4523	1758	1460	2580	1717	1327	212	0	212
			1498	77/67	GB18352.3－2005 国Ⅳ	轿车	4390	1703	1482	2570	1692	1302			
	BL16L	汽油/天然气	1587	87/81	GB18352.3－2005 国Ⅳ	轿车	4650	1800	1450	2790	1920	1530			

续表

发动机生产企业	发动机型号	燃料种类	排量（mL）	功率（kW）	排放标准	配套车辆名称	外形尺寸（mm）			轴距（mm）	总质量（kg）	整备质量（kg）	2013 年（辆）	2014 年 1—3 月（辆）	配套车型合计（辆）
							长	宽	高						
一汽海马汽车有限公司	HM479Q - BA	汽油/天然气	1598	85.8	GB18352.3 - 2005 国Ⅳ	轿车	4557	1740	1480	2615	1713	1360	127	0	127
			1598	85.8	GB18352.3 - 2005 国Ⅳ	轿车	4365	1695	1410	2610	1595	1220			
沈阳新光华晨汽车发动机有限公司	4G20B	汽油/天然气	1998	75/63	GB18352.3 - 2005 国Ⅳ	多用途乘用车	5070	1690	2225	2590	2800	1785	120	0	120
常州东风新晨动力机械有限公司	DFXC13 - 40	汽油/天然气	1298	65/58.8	GB18352.3 - 2005 国Ⅳ	多用途乘用车	4030	1635	1910	2700	1800	1200	68	0	68
北汽银翔汽车有限公司	BJ413A	汽油/天然气	1342	69/60	GB18352.3 - 2005 国Ⅳ	多用途乘用车	4022	1600	1878	2630	1770	1100	16	0	16
锐展（铜陵）科技有限公司	TNN4G16T00	汽油/天然气	1596	76	GB18352.3 - 2005（国Ⅳ）	轻型客车	4089	1871	1695	2666	2028	1578	5	0	5
重庆渝安淮海动力有限公司	AF10G/N	汽油/天然气	1000	46/39	GB18352.3 - 2005 国Ⅳ	多用途乘用车	4135	1590	1925	2760	1750	1100	5	0	5
绵阳新晨动力机械有限公司	ZD25TCR	柴油/天然气	2498	80	GB18352.3 - 2005 国Ⅲ, GB3847 - 2005	多用途乘用车	4580	1840	1820	2650	2505	1890	0	1	1
配套车型合计（辆）													95189	3526	98715

第七篇
推广应用数量统计

一、累计推广数量统计

序号	应用城市	车辆类型	2011 年推广数量（辆）	2012 年推广数量（辆）	2013 年推广数量（辆）	合计（辆）
1	合肥市	纯电动客车	250	102	312	6648
		纯电动乘用车	1000	2142	2643	
		纯电动专用车	0	0	6	
		增程式电动车	0	0	39	
		混合动力客车	2	0	0	
		插电式混合动力乘用车	0	0	152	
		混合动力乘用车	0	0	0	
2	北京市	纯电动客车	0	310	92	6402
		纯电动乘用车	520	750	2054	
		纯电动专用车	1000	1065	545	
		混合动力客车	0	66	0	
3	深圳市	纯电动客车	279	1000	1000	6090
		纯电动乘用车	358	666	511	
		插电式混合动力乘用车	0	0	422	
		混合动力客车	1350	0	0	
		混合动力乘用车	287	197	0	
		混合动力双层城市客车	20	0	0	
4	杭州市	纯电动客车	0	0	180	5242
		纯电动乘用车	310	458	3566	
		纯电动专用车	5	0	100	
		混合动力客车	369	214	0	
		混合动力乘用车	9	31	0	
5	郑州市	纯电动客车	7	0	105	2638
		纯电动乘用车	52	0	0	
		纯电动专用车	11	0	0	
		插电式混合动力客车	0	0	915	
		混合动力客车	431	1117	0	
6	上海市	纯电动客车	0	30	45	1613
		纯电动乘用车	5	311	462	
		纯电动专用车	0	3	0	
		混合动力客车	0	4	18	
		混合动力乘用车	9	273	453	
7	沈阳市	纯电动乘用车	0	0	100	1603
		插电式混合动力客车	40	140	95	
		混合动力乘用车	403	825	0	

续表

序号	应用城市	车辆类型	2011年推广数量（辆）	2012年推广数量（辆）	2013年推广数量（辆）	合计（辆）
8	重庆市	纯电动客车	6	25	0	1327
		插电式混合动力客车	0	450	465	
		混合动力客车	50	0	0	
		混合动力乘用车	317	14	0	
9	武汉市	纯电动客车	10	10	5	1324
		纯电动乘用车	15	15	10	
		纯电动专用车	1	1	0	
		插电式混合动力客车	0	0	2	
		混合动力客车	200	705	0	
		混合动力乘用车	0	350	0	
10	广州市	纯电动客车	0	50	0	1320
		纯电动乘用车	0	0	100	
		混合动力客车	300	870	0	
11	成都市	纯电动客车	30	129	122	1260
		纯电动乘用车	2	221	120	
		纯电动专用车	14	269	263	
		混合动力客车	0	90	0	
12	湖南省	纯电动客车	0	0	103	1136
		插电式混合动力客车	0	0	1	
		混合动力客车	588	444	0	
13	海口市	纯电动客车	30	60	0	1052
		纯电动乘用车	27	253	0	
		混合动力客车	50	472	2	
		混合动力乘用车	34	116	8	
14	天津市	纯电动客车	0	40	150	797
		纯电动乘用车	80	6	101	
		纯电动专用车	20	0	15	
		混合动力客车	68	30	287	
15	襄阳市	纯电动客车	23	67	9	759
		纯电动乘用车	0	0	30	
		纯电动专用车	50	70	400	
		混合动力客车	0	20	90	
16	昆明市	纯电动专用车	0	0	25	740
		增程式电动车	0	0	66	
		混合动力客车	200	0	284	
		混合动力乘用车	50	0	115	
17	南昌市	纯电动客车	10	0	0	725
		纯电动专用车	5	36	0	
		混合动力客车	76	101	0	
		混合动力乘用车	183	6	308	

续表

序号	应用城市	车辆类型	2011 年推广数量（辆）	2012 年推广数量（辆）	2013 年推广数量（辆）	合计（辆）
18	大连市	纯电动客车	36	25	10	663
		纯电动专用车	77	0	15	
		插电式混合动力客车	0	0	60	
		混合动力客车	60	30	0	
		混合动力乘用车	0	350	0	
19	唐山市	纯电动客车	0	30	10	628
		混合动力客车	6	106	0	
		混合动力乘用车	0	172	304	
20	金华市	纯电动专用车	0	0	604	604
21	苏州市	纯电动客车	2	0	0	537
		纯电动乘用车	0	10	0	
		混合动力客车	50	461	14	
22	青岛市	纯电动客车	40	450	0	490
23	济南市	纯电动乘用车	26	0	0	426
		混合动力客车	100	300	0	
24	厦门市	纯电动轻型客车	32	0	0	425
		纯电动乘用车	1	7	25	
		混合动力客车	215	145	0	
25	西安市	纯电动客车	50	4	51	255
		混合动力客车	0	0	150	
26	呼和浩特市	纯电动客车	0	3	2	228
		纯电动乘用车	0	0	10	
		纯电动专用车	0	0	13	
		混合动力客车	50	150	0	
27	贵阳市	纯电动客车	0	0	2	225
		混合动力城市客车	0	0	223	
28	长春市	纯电动客车	0	2	0	185
		混合动力客车	100	0	0	
		插电式混合动力乘用车	0	50	33	
29	广西壮族自治区	纯电动客车	13	0	0	178
		纯电动专用车	1	0	10	
		混合动力客车	0	0	150	
		混合动力乘用车	4	0	0	
30	中山市	纯电动客车	0	14	14	154
		纯电动乘用车	0	36	90	
31	芜湖市	纯电动乘用车	0	0	122	122
32	新乡市	纯电动客车	0	0	11	115
		纯电动乘用车	0	0	102	
		纯电动专用车	0	0	2	

续表

序号	应用城市	车辆类型	2011 年推广数量（辆）	2012 年推广数量（辆）	2013 年推广数量（辆）	合计（辆）
33	南京市	纯电动客车	0	0	93	105
		纯电动乘用车	0	0	12	
34	南通市	纯电动客车	0	0	59	89
		纯电动乘用车	0	0	30	
35	淄博市	纯电动客车	0	0	41	56
		纯电动乘用车	0	0	15	
36	惠州市	纯电动客车	0	0	1	54
		纯电动乘用车	0	0	50	
		插电式混合动力客车	0	0	3	
37	宝鸡市	纯电动乘用车	0	0	50	50
38	盐城市	纯电动客车	0	1	0	33
		纯电动乘用车	0	2	10	
		纯电动专用车	0	14	4	
		混合动力乘用车#	0	0	2	
39	遵义市	混合动力客车	0	0	21	21
40	珠海市	纯电动客车	0	0	20	20
41	银川市	纯电动乘用车	20	0	0	20
42	德阳市	混合动力客车	0	0	20	20
43	黑龙江省	纯电动客车	0	0	3	11
		插电式混合动力客车	0	0	8	
44	东莞市	纯电动客车	0	6	0	6
45	乌鲁木齐市	纯电动乘用车	0	3	0	5
		纯电动专用车	0	2	0	
46	韶关市	纯电动客车	0	5	0	5
合计（辆）			10039	17002	19365	46406

注：

本表数据（简称“数据1”）与本书“第一篇　分领域发展综述”中的“二、产业发展和推广应用”中的2013年示范城市推广数据（简称“数据2”）稍有不同，区别在于：

①数据1统计了常规混合动力汽车。

②数据1统计了进口车辆。

③数据1和数据2均为试点城市提供。数据1为四部委统计数据，统计时间为2014年4月；数据2为年鉴办公室统计，统计时间为2014年7月。部分城市对数据1有所修正。

二、2013 年重点城市节能与新能源汽车推广数量

单位：辆

序号	应用城市	纯电动汽车												混合动力汽车								插电式混合动力汽车								增程式电动车			燃料电池汽车		合计（辆）
		大中型客车	轻型客车	载货车	公务车	出租车	私人车	电力工程车	邮政车	环卫车	其他专用车	其他	小计	大中型客车	轻型客车	载货车	公务车	出租车	私人车	其他	小计	大中型客车	轻型客车	载货车	公务车	出租车	私人车	其他	小计	大中型客车	私人车	小计	公交车	小计	
1	杭州市	180	0	100	45	300	3221	0	0	0	0	0	3846	0	0	0	0	0	0	0	0	0	0	0	0	0	0	0	0	0	0	0	0	0	3846
2	合肥市	312	0	196	10	500	1937	0	0	6	0	0	2961	0	0	0	0	0	0	0	0	152	0	0	0	0	0	0	152	0	39	39	0	0	3152
3	北京市	90	2	0	534	1030	126	0	0	545	0	364	2691	0	0	0	0	0	0	0	0	0	0	0	0	0	0	0	0	0	0	0	0	0	2691
4	深圳市	1000	0	0	2	51	458	0	0	0	0	0	1511	0	0	0	0	0	0	0	0	0	0	0	0	0	422	0	422	0	0	0	0	0	1933
5	郑州市	105	0	0	0	0	0	0	0	0	0	0	105	0	0	0	0	0	0	0	0	915	0	0	0	0	0	0	915	0	0	0	0	0	1020
6	上海市	45	0	0	10	0	270	0	0	0	0	182	507	10	0	0	132	0	321	0	463	0	0	0	0	0	0	0	0	8	0	8	0	0	978
7	金华市	0	0	0	0	0	0	0	0	0	589	15	604	0	0	0	0	0	0	0	0	0	0	0	0	0	0	0	0	0	0	0	0	0	604
8	天津市	150	0	0	1	0	100	0	0	0	15	0	266	287	0	0	0	0	0	0	287	0	0	0	0	0	0	0	0	0	0	0	0	0	553
9	襄阳市	9	0	0	10	20	0	0	0	400	0	0	439	0	0	0	0	0	0	0	0	90	0	0	0	0	0	0	90	0	0	0	0	0	529
10	成都市	122	0	0	120	0	0	0	0	154	76	33	505	0	0	0	0	0	0	0	0	0	0	0	0	0	0	0	0	0	0	0	0	0	505
11	昆明市	0	0	0	0	0	0	0	0	25	0	0	25	284	0	0	15	100	0	0	399	0	0	0	0	0	0	0	0	66	0	66	0	0	490
12	重庆市	0	0	0	0	0	0	0	0	0	0	0	0	0	0	0	0	0	0	0	0	465	0	0	0	0	0	0	465	0	0	0	0	0	465
13	唐山市	10	0	0	0	0	0	0	0	0	0	0	10	0	0	0	4	300	0	0	304	0	0	0	0	0	0	0	0	0	0	0	0	0	314
14	南昌市	0	0	0	0	0	0	0	0	0	0	0	0	0	0	0	8	300	0	0	308	0	0	0	0	0	0	0	0	0	0	0	0	0	308
15	贵阳市	2	0	0	0	0	0	0	0	0	0	0	2	223	0	0	0	0	0	0	223	0	0	0	0	0	0	0	0	0	0	0	0	0	225
16	西安市	51	0	0	0	0	0	0	0	0	0	0	51	150	0	0	0	0	0	0	150	0	0	0	0	0	0	0	0	0	0	0	0	0	201
17	沈阳市	0	0	0	100	0	0	0	0	0	0	0	100	0	0	0	0	0	0	0	0	95	0	0	0	0	0	0	95	0	0	0	0	0	195
18	广西壮族自治区	0	0	10	0	0	0	0	0	0	0	0	10	150	0	0	0	0	0	0	150	0	0	0	0	0	0	0	0	0	0	0	0	0	160
19	芜湖市	0	0	0	122	0	0	0	0	0	0	0	122	0	0	0	0	0	0	0	0	0	0	0	0	0	0	0	0	0	0	0	0	0	122
20	新乡市	11	0	0	0	100	2	2	0	0	0	0	115	0	0	0	0	0	0	0	0	0	0	0	0	0	0	0	0	0	0	0	0	0	115
21	南京市	93	0	0	0	12	0	0	0	0	0	0	105	0	0	0	0	0	0	0	0	0	0	0	0	0	0	0	0	0	0	0	0	0	105
22	湖南省	103	0	0	0	0	0	0	0	0	0	0	103	0	0	0	0	0	0	0	0	1	0	0	0	0	0	0	1	0	0	0	0	0	104

续表

序号	应用城市	纯电动汽车												混合动力汽车								插电式混合动力汽车								增程式电动车			燃料电池汽车		合计（辆）
		大中型客车	轻型客车	载货车	公务车	出租车	私人车	电力工程车	邮政车	环卫车	其他专用车	其他	小计	大中型客车	轻型客车	载货车	公务车	出租车	私人车	其他	小计	大中型客车	轻型客车	载货车	公务车	出租车	私人车	其他	小计	大中型客车	私人车	小计	公交车	小计	
23	中山市	14	0	0	0	0	90	0	0	0	0	0	104	0	0	0	0	0	0	0	0	0	0	0	0	0	0	0	0	0	0	0	0	0	104
24	广州市	0	0	0	0	100	0	0	0	0	0	0	100	0	0	0	0	0	0	0	0	0	0	0	0	0	0	0	0	0	0	0	0	0	100
25	南通市	59	0	0	30	0	0	0	0	0	0	0	89	0	0	0	0	0	0	0	0	0	0	0	0	0	0	0	0	0	0	0	0	0	89
26	大连市	10	0	0	0	0	0	0	0	0	15	0	25	0	0	0	0	0	0	0	0	60	0	0	0	0	0	0	60	0	0	0	0	0	85
27	淄博市	41	0	0	0	15	0	0	0	0	0	0	56	0	0	0	0	0	0	0	0	0	0	0	0	0	0	0	0	0	0	0	0	0	56
28	惠州市	1	0	0	0	50	0	0	0	0	0	0	51	0	0	0	0	0	0	0	0	3	0	0	0	0	0	0	3	0	0	0	0	0	54
29	宝鸡市	0	0	0	0	50	0	0	0	0	0	0	50	0	0	0	0	0	0	0	0	0	0	0	0	0	0	0	0	0	0	0	0	0	50
30	长春市	0	0	0	0	0	0	0	0	0	0	0	0	0	0	0	0	0	0	0	0	0	0	0	0	33	0	0	33	0	0	0	0	0	33
31	呼和浩特市	2	0	0	10	0	0	13	0	0	0	0	25	0	0	0	0	0	0	0	0	0	0	0	0	0	0	0	0	0	0	0	0	0	25
32	厦门市	0	0	0	7	18	0	0	0	0	0	0	25	0	0	0	0	0	0	0	0	0	0	0	0	0	0	0	0	0	0	0	0	0	25
33	遵义市	0	0	0	0	0	0	0	0	0	0	0	0	21	0	0	0	0	0	0	21	0	0	0	0	0	0	0	0	0	0	0	0	0	21
34	德阳市	0	0	0	0	0	0	0	0	0	0	0	0	20	0	0	0	0	0	0	20	0	0	0	0	0	0	0	0	0	0	0	0	0	20
35	珠海市	20	0	0	0	0	0	0	0	0	0	0	20	0	0	0	0	0	0	0	0	0	0	0	0	0	0	0	0	0	0	0	0	0	20
36	武汉市	5	0	0	10	0	0	0	0	0	0	0	15	0	0	0	0	0	0	0	0	2	0	0	0	0	0	0	2	0	0	0	0	0	17
37	盐城市	0	0	0	10	0	0	0	0	0	4	0	14	0	0	0	2	0	0	0	2	0	0	0	0	0	0	0	0	0	0	0	0	0	16
38	苏州市	0	0	0	0	0	0	0	0	0	0	0	0	14	0	0	0	0	0	0	14	0	0	0	0	0	0	0	0	0	0	0	0	0	14
39	黑龙江省	3	0	0	0	0	0	0	0	0	0	0	3	0	0	0	0	0	0	0	0	8	0	0	0	0	0	0	8	0	0	0	0	0	11
40	海口市	0	0	0	0	0	0	0	0	0	0	0	0	2	0	0	8	0	0	0	10	0	0	0	0	0	0	0	0	0	0	0	0	0	10
合计（辆）		2438	2	306	1021	2246	6204	15	0	1130	699	594	14655	1161	0	0	169	700	321	0	2351	1791	0	0	0	33	422	0	2246	74	39	113	0	0	19365

注：① 本表中统计的广西壮族自治区推广应用的 150 辆大中型混合动力客车中有 135 辆使用的储能装置为超级电容。

② 本表中统计的西安市推广应用的 150 辆大中型混合动力客车使用的储能装置为超级电容。

③ 本表中统计的武汉市推广应用的 10 辆纯电动公务车为进口车。

④ 本表中统计的盐城市推广应用的 2 辆混合动力公务车为进口车。

⑤ 本表中统计的上海市推广应用的车型全部为 2013 年度办理车牌的数量。

⑥ 本表中统计的上海市推广应用的混合动力汽车中有 29 辆为进口车。

⑦ 本表中未统计上海市推广应用的 101 辆微混合动力汽车和 4 辆进口车。

三、2013 年节能与新能源汽车推广车型及数量统计——按推广地区划分

序号	应用城市	推广车辆生产企业	车辆商标	车辆型号	车辆名称	公告批次	目录序号	数量（辆）	合计（辆）
1	杭州市	湖南江南汽车制造有限公司	众泰	JNJ7000EVM1	纯电动轿车	232	84	330	3846
				JNJ6290EV	纯电动多用途乘用车	240	84	251	
			江南	JNJ1021EVL	纯电动载货车	242	84	100	
		上海华普汽车有限公司	康迪	SMA7000BEV	纯电动轿车	255	52	1500	
		浙江豪情汽车制造有限公司	康迪	JL7001BEV	纯电动轿车	248	52	1485	
		金华青年汽车制造有限公司	青年	JNP6120BEV1	纯电动城市客车	241	7	80	
		江西凯马百路佳客车有限公司	江西	JXK6121BEV	纯电动城市客车	235	3	100	
2	合肥市	安徽安凯汽车股份有限公司	安凯	HFF6100G03EV	纯电动城市客车	252	55	98	3152
				HFF6100G03EV－2	纯电动城市客车	250	55	139	
				HFF6100G03EV－3	纯电动城市客车	257	55	61	
				HFF6125G03EV	纯电动城市客车	253	55	1	
				HFF6101K10EV	纯电动客车	256	55	2	
				HFF6127K46EV－6	纯电动客车	252	55	4	
				HFF6124G03SHEV	混合动力城市客车	253	55	50	
				HFF6125G03SHEV	混合动力城市客车	253	55	100	
				HFF6100K10PHEV	混合动力客车	242	55	2	
				HFF6112G03EV	纯电动城市客车	252	55	7	
		安徽江淮汽车股份有限公司	江淮	HFC7000AEV	纯电动轿车	257	56	2447	
				HFC7100B1HEVF	混合动力轿车	242	56	39	
		合肥昌河汽车有限责任公司	昌河	CH6390BEV	纯电动多用途乘用车	243	59	196	
		中联重科股份有限公司	中联	ZLJ5071TSLHBEV	纯电动扫路车	240	20	6	
3	北京市	北京汽车股份有限公司	北京	BJ7000C7H－BEV	纯电动轿车	248	11	47	2691
				BJ7000B3D1－BEV	纯电动轿车	252	11	947	
				BJ7000B3D－BEV	纯电动轿车	233	11	417	
				BJ6400L3R－BEV	纯电动客车	252	11	200	
		北汽福田汽车股份有限公司	福田	BJ6438EVAA3	纯电动多用途乘用车	233	9	100	

续表

序号	应用城市	推广车辆生产企业	车辆商标	车辆型号	车辆名称	公告批次	目录序号	数量（辆）	合计（辆）
3	北京市	北汽福田汽车股份有限公司	福田	BJ6123EVCA－3	纯电动城市客车	253	9	50	2691
				BJ6123EVCA－9	纯电动城市客车	253	9	40	
		南京汽车集团有限公司	依维柯	NJ6697CEVZ－Y	纯电动客车	243	44	2	
		奇瑞汽车股份有限公司	瑞麒	SQR7000BEVS184	纯电动轿车	259	119	1	
		北京现代汽车有限公司	首望	BH7000BEVAA	纯电动轿车	240	11	104	
		重庆长安汽车股份有限公司	长安	SC7005EV	纯电动轿车	232	96	216	
		比亚迪汽车有限公司	比亚迪	QCJ7006BEVF	纯电动轿车	203	108	22	
		北京华林特装车有限公司	华林	HLT5023ZLJEV	纯电动自卸式垃圾车	232	（一）31	119	
				HLT5031CTYEV	纯电动桶装垃圾运输车	232	（一）31	150	
				HLT5032CTYEV	纯电动桶装垃圾运输车	234	（一）31	179	
				HLT5071ZZZEV	纯电动自装卸式垃圾车	220	（一）31	43	
				HLT5072ZZZEV	纯电动自装卸式垃圾车	222	（一）31	2	
				HLT5076ZYSEV	纯电动压缩式垃圾车	220	（一）31	3	
		中联重科股份有限公司	中联	ZLJ5071TSLHBEV	纯电动扫路车	240	20	49	
4	深圳市	比亚迪汽车工业有限公司	比亚迪	CK6120LGEV1	纯电动城市客车	225	79	190	1933
				CK6120LGEV2	纯电动城市客车	225	79	390	
		比亚迪汽车有限公司	比亚迪	QCJ7006BEV	纯电动轿车	203	108	511	
				BYD7150WTHEV	混合动力轿车	247	108	1	
				QCJ7100ADM	混合动力轿车	193	108	421	
		深圳市五洲龙汽车有限公司	五洲龙	FDG6113EVG3	纯电动城市客车	256	131	340	
				FDG6113EVG5	纯电动城市客车	256	131	80	
5	郑州市	郑州宇通客车股份有限公司	宇通	ZK6120CHEVNPG4	混合动力城市客车	258	71	771	1020
				ZK6180CHEVNPG3	混合动力城市客车	257	71	142	
				ZK6140CHEVNPG3	混合动力城市客车	255	71	2	
				ZK6125BEVG4	纯电动城市客车	258	71	75	
				ZK6125BEVG1	纯电动城市客车	255	71	25	
		河南少林客车股份有限公司	少林	SLG6120EV	纯电动城市客车	253	126	5	

续表

序号	应用城市	推广车辆生产企业	车辆商标	车辆型号	车辆名称	公告批次	目录序号	数量（辆）	合计（辆）
6	上海市	上海汽车集团股份有限公司	荣威	CSA7000BEV	纯电动轿车	235	122	352	978
			荣威	CSA7180ACHEV	混合动力轿车	220	122	189	
		湖南江南汽车制造有限公司	众泰	JNJ7000EVM1	纯电动轿车	232	84	6	
		奇瑞汽车股份有限公司	瑞麒	SQR7000BEVS184	纯电动轿车	234	119	15	
		上海申沃客车有限公司	申沃	SWB6117EV4	纯电动城市客车	229	42	10	
			申沃	SWB6107SHEV1	混合动力城市客车	240	42	8	
			申沃	SWB6107CHEV	混合动力城市客车	237	42	10	
		上海万象汽车制造有限公司	象牌	SXC6105GBEV	纯电动城市客车	236	（九）26	35	
		上海通用汽车有限公司	赛欧（SAIL）	SGM7001EV	纯电动轿车	241	6	74	
			别克（BUICK）	SGM7240PHEV	混合动力轿车	224	6	2	
		四川一汽丰田汽车有限公司	丰田（TOYOTA）	CA7180CHEVAE4	混合动力轿车	228	100	47	
			丰田（TOYOTA）	CA7180CHEVBE4	混合动力轿车	228	100	37	
			丰田（TOYOTA）	CA7180CHEVCE4	混合动力轿车	228	100	33	
		浙江吉利汽车有限公司	吉利美日	MR7183HEV	混合动力轿车	226	52	3	
		广汽丰田汽车有限公司	丰田（TOYOTA）	GTM7251HEVS	混合动力轿车	236	89	113	
		丰田汽车集团	雷克萨斯	JTJBC11A	混合动力轿车	—	—	29	
		重庆力帆乘用车有限公司	力帆	LF7002EV	纯电动轿车	218	93	15	
7	金华市	金华市康迪新能源车辆有限公司	康迪	KD5010XXYEV	纯电动厢式运输车	219	（十一）27	589	604
		湖南江南汽车制造有限公司	众泰	JNJ6408EV	纯电动多用途乘用车	252	84	15	
8	天津市	郑州宇通客车股份有限公司	宇通	ZK6126CHEVGAA	混合动力电动城市客车	227	71	287	553
				ZK6125BEVG1	纯电动城市客车	235	71	47	
		安徽安凯汽车股份有限公司	安凯	HFF6128G03EV	纯电动城市客车	237	55	20	
		北汽福田汽车股份有限公司	福田	BJ6123EVCA－2	纯电动城市客车	235	9	20	
		天津客车装配厂	金马	TJK6122BEV	纯电动城市客车	242	（二）04	20	
				TJK6123BEV	纯电动城市客车	256	（二）04	43	
		安徽江淮汽车股份有限公司	江淮	HFC7000AEV	纯电动轿车	219	56	100	
		天津一汽夏利汽车股份有限公司	威志	CA7000EV	纯电动轿车	242	18	15	
		比亚迪汽车有限公司	比亚迪	QCJ7006BEVF	纯电动轿车	203	108	1	

续表

序号	应用城市	推广车辆生产企业	车辆商标	车辆型号	车辆名称	公告批次	目录序号	数量（辆）	合计（辆）
9	襄阳市	东风汽车公司	东风	EQ1020TACEVJ1	纯电动环卫车	243	3	400	529
				EQ6121CLPHEV	混合动力城市客车	242	3	20	
				EQ6102BEVL1	纯电动城市客车	215	3	9	
		东风汽车有限公司	启辰	DFL7000B1BEV	纯电动轿车	250	3	30	
		东风扬子江汽车（武汉）有限责任公司	扬子江	WG6120PHEVCA	混合动力城市客车	247	48	20	
		郑州宇通客车股份有限公司	宇通	ZK6126CHEVG4	混合动力电动城市客车	257	7	50	
10	成都市	中国重汽集团成都王商用车有限公司	王牌	CDW5164GSSEV	纯电动洒水车	235	101	22	505
				CDW5080ZLJEV1	纯电动垃圾车	243	101	35	
				CDW5030XGCEV1	纯电动工程车	241	101	69	
		成都客车股份有限公司	蜀都	CDK6122CABEV	纯电动城市客车	244	10	122	
		安徽江淮汽车股份有限公司	江淮	HFC7000AEV	纯电动轿车	226	56	120	
		中联重科股份有限公司	中联	ZLJ5071TSLHBEV	纯电动扫路车	240	20	40	
		北京天路通科技有限责任公司	天路	BTL5071TSLEV	纯电动吸尘车	193	44	20	
		郑州日产汽车有限公司	东风	ZN5033XGCH2C	纯电动工程车	232	72	40	
		一汽（四川）专用汽车有限公司	远达	SCZ5160GSSBEV	纯电动洒水车	248	1	37	
11	昆明市	郑州宇通客车股份有限公司	宇通	ZK6126CHEVG2	混合动力电动城市客车	253	71	70	490
		金龙联合汽车工业（苏州）有限公司	海格	KLQ6129GHEV4A	混合动力城市客车	253	112	65	
		厦门金龙旅行车有限公司	金旅	XML6125JHEV38C	混合动力城市客车	258	124	55	
		厦门金龙联合汽车工业有限公司	金龙	XMQ6127GHEV8	混合动力城市客车	253	123	45	
		金华青年汽车制造有限公司	青年	JNP6120PHEV	混合动力城市客车	248	7	49	
		湖南南车时代电动汽车股份有限公司	南车时代	TEG6129PEV	混合动力城市客车	253	（十八）23	66	
		重庆长安汽车股份有限公司	长安	SC7155HEV	混合动力轿车	230	96	115	
		江苏奥新新能源汽车有限公司	达福迪	JAX5020ZXXBEV	纯电动车厢可卸式垃圾车	237	（十）74	25	
12	重庆市	重庆恒通客车有限公司	恒通客车	CKZ6116HNHEVA4	混合动力城市客车	245	（三十一）14	455	465
		重庆五洲龙新能源汽车有限公司	五洲龙	WZL6101PHEVGEG4	混合动力城市客车	243	（二十一）07	10	

续表

序号	应用城市	推广车辆生产企业	车辆商标	车辆型号	车辆名称	公告批次	目录序号	数量（辆）	合计（辆）
13	唐山市	上海申沃客车有限公司	申沃	SWB6121EV6	纯电动城市客车	232	（四）42	10	314
		上海通用汽车有限公司	别克（BUICK）	SGM7240PHEV	混合动力轿车	224	6	2	
		上海汽车集团股份有限公司	荣威	CSA7180ACHEV	混合动力轿车	237	122	2	
		华晨汽车集团控股有限公司	中华	SY7150X1SHEVBAB	混合动力轿车	235	（十二）33	300	
14	南昌市	东风汽车公司	风神	DFM7161B1B	混合动力轿车	227	3	300	308
		重庆长安汽车股份有限公司	长安	SC7155HEV	混合动力轿车	230	96	1	
		上海汽车集团股份有限公司	荣威	CSA7180ACHEV	混合动力轿车	230	122	7	
15	贵阳市	南京汽车集团有限公司	依维柯	NJ6593ERD	纯电动客车	227	44	2	225
		北汽福田汽车股份有限公司	福田	BJ6123PHEV	混合动力城市客车	217	9	55	
		厦门金龙联合汽车工业有限公司	金龙	XMQ6127GHEV6	混合动力城市客车	234	123	54	
		重庆恒通客车有限公司	恒通客车	CKZ6116HNHEVA4	混合动力城市客车	232	（三十一）14	76	
		郑州宇通客车股份有限公司	宇通	ZK6120CHEVG1	混合动力电动城市客车	232	71	38	
16	西安市	比亚迪汽车工业有限公司	比亚迪	CK6120LGEV	纯电动城市客车	227	79	46	201
				CK6120LGEV2	纯电动城市客车	225	79	5	
		金龙联合汽车工业（苏州）有限公司	海格	KLQ6129GCHEV1A	混合动力城市客车	247	112	150	
17	沈阳市	深圳市五洲龙汽车有限公司	五洲龙	FDG6115HEVG1	混合动力城市客车	238	47	95	195
		华晨汽车集团控股有限公司	中华	SY7000BEVDAE	纯电动轿车	242	33	73	
		沈阳华晨金杯汽车有限公司	金杯	SY6548BEVD3HB	纯电动轻型客车	243	33	27	
18	广西壮族自治区	柳州五菱汽车工业有限公司	五菱	LQG5021CCYBEV	纯电动仓栅式运输车	243	9	10	160
		厦门金龙旅行车有限公司	金旅	XML6125JHEV38	混合动力城市客车	238	124	50	
		郑州宇通客车股份有限公司	宇通	ZK6126CHEVG2	混合动力城市客车	253	71	25	
		深圳市五洲龙汽车有限公司	五洲龙	FDG6115HEVG1	混合动力城市客车	238	47	15	
		湖南南车时代电动汽车股份有限公司	南车时代	TEG6119SHEV	混合动力城市客车	253	23	60	
19	芜湖市	奇瑞汽车股份有限公司	瑞麒	SQR7000BEVS184	纯电动轿车	234	119	122	122
20	新乡市	东南（福建）汽车工业有限公司	东南	DN7000MBEV	纯电动轿车	245	（四十三）58	100	
		郑州宇通客车股份有限公司	宇通	ZK6126EGA9	纯电动城市客车	215	71	7	
		山东沂星电动汽车有限公司	飞燕	SDL6120EVG	纯电动城市客车	259	（十五）25	2	

续表

序号	应用城市	推广车辆生产企业	车辆商标	车辆型号	车辆名称	公告批次	目录序号	数量（辆）	合计（辆）
20	新乡市	奇瑞汽车股份有限公司	奇瑞	SQR7000EAS11	纯电动轿车	256	119	2	115
		河南少林客车股份有限公司	少林	SLG6700EV	纯电动客车	227	126	2	
		郑州日产汽车有限公司	东风	ZN5033XGCH2C	纯电动工程车	232	72	2	
21	南京市	南京金龙客车制造有限公司	东宇	NJL6118BEV	纯电动客车	243	15	60	105
		比亚迪汽车工业有限公司	比亚迪	CK6120LGEV	纯电动城市客车	227	79	33	
		比亚迪汽车有限公司	比亚迪	QCJ7006BEVF	纯电动轿车	203	108	12	
22	湖南省	湖南南车时代电动汽车股份有限公司	南车时代	TEG6129PEV	混合动力城市客车	253	（十八）23	1	104
		湖南南车时代电动汽车股份有限公司	南车时代	TEG6120EV	纯电动城市客车	247	（十八）23	2	
		湖南南车时代电动汽车股份有限公司	南车时代	TEG6110EV	纯电动城市客车	238	（十八）23	1	
		比亚迪汽车工业有限公司	比亚迪	CK6120LGEV	纯电动城市客车	259	79	100	
23	中山市	北京汽车股份有限公司	北京	BJ7002B3D－BEV	纯电动轿车	255	11	90	104
		北汽福田汽车股份有限公司	福田	BJ6105EVCA	纯电动城市客车	225	9	14	
24	广州市	东风汽车有限公司	启辰	DFL7000B1BEV	纯电动轿车	250	3	100	100
25	南通市	上海申沃客车有限公司	申沃	SWB6117EV4	纯电动城市客车	229	42	4	89
		南京金龙客车制造有限公司	东宇	NJL6118BEV	纯电动客车	243	15	55	
		江铃控股有限公司	江铃	JX7003BEV	纯电动轿车	235	121	30	
26	大连市	丹东黄海汽车有限责任公司	黄海	DD6129CHEV2	混合动力城市客车	240	29	30	85
				DD6129CHEV1	混合动力城市客车	238	29	30	
		天津清源电动车辆有限责任公司	清源	QY5020XFWBEVEL	纯电动服务车	217	22	14	
				QY5020XXYBEVYL	纯电动厢式运输车	233	22	1	
		一汽客车（大连）有限公司	解放	CA6127URE31	纯电动城市客车	216	28	10	
27	淄博市	华晨汽车集团控股有限公司	中华	SY7000BEVDAE	纯电动轿车	242	33	15	56
		安徽安凯汽车股份有限公司	安凯	HFF6126G03EV	纯电动城市客车	247	55	28	
		山东沂星电动汽车有限公司	飞燕	SDL6121EVG	纯电动城市客车	251	25	13	
28	惠州市	比亚迪汽车有限公司	比亚迪	QCJ7006BEVF	纯电动轿车	203	108	50	54
		厦门金龙旅行车有限公司	金旅	XML6115JHEV75CN	混合动力城市客车	254	124	3	
		比亚迪汽车工业有限公司	比亚迪	CK6120LGEV	纯电动城市客车	259	79	1	

续表

序号	应用城市	推广车辆生产企业	车辆商标	车辆型号	车辆名称	公告批次	目录序号	数量（辆）	合计（辆）
29	宝鸡市	比亚迪汽车有限公司	比亚迪	QCJ7006BEVF	纯电动轿车	203	108	50	50
30	长春市	中国第一汽车集团公司	一汽	CA7155PHEV1	混合动力轿车	235	1	33	33
31	呼和浩特市	比亚迪汽车有限公司	比亚迪	QCJ7006BEVF	纯电动轿车	203	108	10	25
		安徽安凯汽车股份有限公司	安凯	HFF6701BEV	纯电动客车	248	55	2	
		郑州日产汽车有限公司	东风	ZN5033XGCH2C	纯电动工程车	220	72	13	
32	厦门市	奇瑞汽车股份有限公司	瑞麒	SQR7001ELS18	纯电动轿车	255	119	25	25
33	遵义市	重庆恒通客车有限公司	恒通客车	CKZ6116HNHEVA4	混合动力城市客车	232	（三十一）14	10	21
		北汽福田汽车股份有限公司	福田	BJ6123PHEV	混合动力城市客车	217	9	11	
34	德阳市	重庆恒通客车有限公司	恒通客车	CKZ6116HNHEVA4	混合动力城市客车	245	127	20	20
35	珠海市	珠海市广通汽车有限公司	广通	GTQ6117BEVB	纯电动城市客车	235	（十九）28	20	20
36	武汉市	安徽安凯汽车股份有限公司	安凯	HFF6100K10PHEV	混合动力客车	242	55	2	17
		东风扬子江汽车（武汉）有限责任公司	扬子江	WG6121BEVHM	纯电动城市客车	247	48	5	
		日本日产汽车公司	日产聆风	—	纯电动轿车	—	—	10	
37	盐城市	东风悦达起亚汽车有限公司	华骐	YQZ7001BEV	纯电动轿车	245	35	10	16
		江苏奥新新能源汽车有限公司	达福迪	JAX5021ZXXBEV	纯电动车厢可卸式垃圾车	239	（十）74	4	
		韩国起亚自动车株式会社	起亚（K5）	—	混合动力轿车	—	—	2	
38	苏州市	金龙联合汽车工业（苏州）有限公司	海格	KLQ6109GCHEV1A	混合动力城市客车	236	112	14	14
39	黑龙江省	黑龙江龙华汽车有限公司	黑龙江	HLJ6122PHEV	混合动力城市客车	251	（八）16	7	11
		北汽福田汽车股份有限公司	福田	BJ6123EVCA－12	纯电动城市客车	251	9	1	
		山东沂星电动汽车有限公司	飞燕	SDL6120EVG	纯电动城市客车	251	25	2	
		郑州宇通客车股份有限公司	宇通	ZK6120CHEVNPG4	混合动力城市客车	248	71	1	
40	海口市	郑州宇通客车股份有限公司	宇通	ZK6126CHEVG2	混合动力城市客车	225	71	1	10
				ZK6126CHEVG4	混合动力城市客车	235	71	1	
		上海汽车集团股份有限公司	荣威	CSA7180ACHEV	混合动力轿车	220	122	8	
合计（辆）								19365	19365

注：① 本表中统计的武汉市推广应用的 10 辆日产聆风纯电动轿车为进口车。
② 本表中统计的盐城市推广应用的 2 辆起亚（K5）混合动力轿车为进口车。
③ 本表中统计的上海市推广应用的 978 辆新能源汽车全部为 2013 年度办理车牌的数量。
④ 本表中统计的上海市推广应用的 29 辆雷克萨斯混合动力汽车为进口车。
⑤ 本表中未统计上海市推广应用的 101 辆微混合动力汽车和 4 辆进口车。

四、2013年节能与新能源汽车推广车型及数量统计——按车辆品牌划分

序号	推广车辆生产企业	车辆商标	车辆型号	车辆名称	公告批次	目录序号	应用城市	数量（辆）	合计（辆）
1	安徽江淮汽车股份有限公司	江淮	HFC7000AEV	纯电动轿车	257	56	合肥市	2447	2706
			HFC7000AEV	纯电动轿车	219	56	天津市	100	
			HFC7000AEV	纯电动轿车	226	56	成都市	120	
			HFC7100B1HEVF	混合动力轿车	242	56	合肥市	39	
2	北京汽车股份有限公司	北京	BJ7000C7H－BEV	纯电动轿车	248	11	北京市	47	1701
			BJ7000B3D1－BEV	纯电动轿车	252	11	北京市	947	
			BJ7000B3D－BEV	纯电动轿车	233	11	北京市	417	
			BJ7002B3D－BEV	纯电动轿车	255	11	中山市	90	
			BJ6400L3R－BEV	纯电动客车	252	11	北京市	200	
3	郑州宇通客车股份有限公司	宇通	ZK6125BEVG4	纯电动城市客车	258	71	郑州市	75	1542
			ZK6125BEVG1	纯电动城市客车	255	71	郑州市	25	
			ZK6125BEVG1	纯电动城市客车	235	71	天津市	47	
			ZK6126EGA9	纯电动城市客车	215	71	新乡市	7	
			ZK6120CHEVNPG4	混合动力城市客车	258	71	郑州市	771	
			ZK6180CHEVNPG3	混合动力城市客车	257	71	郑州市	142	
			ZK6140CHEVNPG3	混合动力城市客车	255	71	郑州市	2	
			ZK6126CHEVG2	混合动力城市客车	253	71	广西壮族自治区	25	
			ZK6120CHEVNPG4	混合动力城市客车	248	71	黑龙江省	1	
			4ZK6126CHEVG2	混合动力城市客车	225	71	海口市	1	
			ZK6126CHEVG4	混合动力城市客车	235	71	海口市	1	
			ZK6126CHEVGAA	混合动力电动城市客车	227	71	天津市	287	
			ZK6126CHEVG4	混合动力电动城市客车	257	7	襄阳市	50	
			ZK6126CHEVG2	混合动力电动城市客车	253	71	昆明市	70	
			ZK6120CHEVG1	混合动力电动城市客车	232	71	贵阳市	38	
4	上海华普汽车有限公司	康迪	SMA7000BEV	纯电动轿车	255	52	杭州市	1500	1500

续表

序号	推广车辆生产企业	车辆商标	车辆型号	车辆名称	公告批次	目录序号	应用城市	数量（辆）	合计（辆）
5	浙江豪情汽车制造有限公司	康迪	JL7001BEV	纯电动轿车	248	52	杭州市	1485	1485
6	比亚迪汽车有限公司	比亚迪	QCJ7006BEV	纯电动轿车	203	108	深圳市	511	1078
			QCJ7006BEVF	纯电动轿车	203	108	北京市	22	
			QCJ7006BEVF	纯电动轿车	203	108	天津市	1	
			QCJ7006BEVF	纯电动轿车	203	108	南京市	12	
			QCJ7006BEVF	纯电动轿车	203	108	惠州市	50	
			QCJ7006BEVF	纯电动轿车	203	108	宝鸡市	50	
			QCJ7006BEVF	纯电动轿车	203	108	呼和浩特市	10	
			QCJ7100ADM	混合动力轿车	193	108	深圳市	421	
			BYD7150WTHEV	混合动力轿车	247	108	深圳市	1	
7	比亚迪汽车工业有限公司	比亚迪	CK6120LGEV	纯电动城市客车	227	79	西安市	46	765
			CK6120LGEV	纯电动城市客车	227	79	南京市	33	
			CK6120LGEV	纯电动城市客车	227	79	湖南省	100	
			CK6120LGEV	纯电动城市客车	227	79	惠州市	1	
			CK6120LGEV1	纯电动城市客车	225	79	深圳市	190	
			CK6120LGEV2	纯电动城市客车	225	79	深圳市	390	
			CK6120LGEV2	纯电动城市客车	225	79	西安市	5	
8	东风汽车公司	东风	EQ1020TACEVJ1	纯电动环卫车	243	3	襄阳市	400	729
			EQ6102BEVL1	纯电动城市客车	215	3	襄阳市	9	
			EQ6121CLPHEV	混合动力城市客车	242	3	襄阳市	20	
		风神	DFM7161B1B	混合动力轿车	227	3	南昌市	300	
9	湖南江南汽车制造有限公司	众泰	JNJ6290EV	纯电动多用途乘用车	240	84	杭州市	251	702
			JNJ6408EV	纯电动多用途乘用车	252	84	金华市	15	
			JNJ7000EVM1	纯电动轿车	232	84	杭州市	330	
			JNJ7000EVM1	纯电动轿车	232	84	上海市	6	
		江南	JNJ1021EVL	纯电动载货车	242	84	杭州市	100	
10	金华市康迪新能源车辆有限公司	康迪	KD5010XXYEV	纯电动厢式运输车	219	（十一）27	金华市	589	589

续表

序号	推广车辆生产企业	车辆商标	车辆型号	车辆名称	公告批次	目录序号	应用城市	数量（辆）	合计（辆）
11	重庆恒通客车有限公司	恒通客车	CKZ6116HNHEVA4	混合动力城市客车	245	（三十一）14	重庆市	455	561
			CKZ6116HNHEVA4	混合动力城市客车	232	（三十一）14	贵阳市	76	
			CKZ6116HNHEVA4	混合动力城市客车	232	（三十一）14	遵义市	10	
			CKZ6116HNHEVA4	混合动力城市客车	245	127	德阳市	20	
12	上海汽车集团股份有限公司	荣威	CSA7000BEV	纯电动轿车	235	122	上海市	352	558
			CSA7180ACHEV	混合动力轿车	220	122	上海市	189	
			CSA7180ACHEV	混合动力轿车	237	122	唐山市	2	
			CSA7180ACHEV	混合动力轿车	230	122	南昌市	7	
			CSA7180ACHEV	混合动力轿车	220	122	海口市	8	
13	深圳市五洲龙汽车有限公司	五洲龙	FDG6113EVG3	纯电动城市客车	256	131	深圳市	340	530
			FDG6113EVG5	纯电动城市客车	256	131	深圳市	80	
			FDG6115HEVG1	混合动力城市客车	238	47	沈阳市	95	
			FDG6115HEVG1	混合动力城市客车	238	47	广西壮族自治区	15	
14	安徽安凯汽车股份有限公司	安凯	HFF6100G03EV	纯电动城市客车	252	55	合肥市	98	516
			HFF6100G03EV－2	纯电动城市客车	250	55	合肥市	139	
			HFF6100G03EV－3	纯电动城市客车	257	55	合肥市	61	
			HFF6112G03EV	纯电动城市客车	252	55	合肥市	7	
			HFF6125G03EV	纯电动城市客车	253	55	合肥市	1	
			HFF6126G03EV	纯电动城市客车	247	55	淄博市	28	
			HFF6128G03EV	纯电动城市客车	237	55	天津市	20	
			HFF6101K10EV	纯电动客车	256	55	合肥市	2	
			HFF6127K46EV－6	纯电动客车	252	55	合肥市	4	
			HFF6701BEV	纯电动客车	248	55	呼和浩特市	2	
			HFF6124G03SHEV	混合动力城市客车	253	55	合肥市	50	
			HFF6125G03SHEV	混合动力城市客车	253	55	合肥市	100	
			HFF6100K10PHEV	混合动力客车	242	55	合肥市	2	
			HFF6100K10PHEV	混合动力客车	242	55	武汉市	2	

续表

序号	推广车辆生产企业	车辆商标	车辆型号	车辆名称	公告批次	目录序号	应用城市	数量（辆）	合计（辆）
15	北京华林特装车有限公司	华林	HLT5031CTYEV	纯电动桶装垃圾运输车	232	（一）31	北京市	150	496
			HLT5032CTYEV	纯电动桶装垃圾运输车	234	（一）31	北京市	179	
			HLT5076ZYSEV	纯电动压缩式垃圾车	220	（一）31	北京市	3	
			HLT5023ZLJEV	纯电动自卸式垃圾车	232	（一）31	北京市	119	
			HLT5071ZZZEV	纯电动自装卸式垃圾车	220	（一）31	北京市	43	
			HLT5072ZZZEV	纯电动自装卸式垃圾车	222	（一）31	北京市	2	
16	华晨汽车集团控股有限公司	中华	SY7150X1SHEVBAB	混合动力轿车	235	（十二）33	唐山市	300	388
			SY7000BEVDAE	纯电动轿车	242	33	沈阳市	73	
			SY7000BEVDAE	纯电动轿车	242	33	淄博市	15	
17	重庆长安汽车股份有限公司	长安	SC7005EV	纯电动轿车	232	96	北京市	216	332
			SC7155HEV	混合动力轿车	230	96	昆明市	115	
			SC7155HEV	混合动力轿车	230	96	南昌市	1	
18	北汽福田汽车股份有限公司	福田	BJ6123EVCA－3	纯电动城市客车	253	9	北京市	50	291
			BJ6123EVCA－9	纯电动城市客车	253	9	北京市	40	
			BJ6123EVCA－2	纯电动城市客车	235	9	天津市	20	
			BJ6105EVCA	纯电动城市客车	225	9	中山市	14	
			BJ6123EVCA－12	纯电动城市客车	251	9	黑龙江省	1	
			BJ6438EVAA3	纯电动多用途乘用车	233	9	北京市	100	
			BJ6123PHEV	混合动力城市客车	217	9	贵阳市	55	
			BJ6123PHEV	混合动力城市客车	217	9	遵义市	11	
19	金龙联合汽车工业（苏州）有限公司	海格	KLQ6129GHEV4A	混合动力城市客车	253	112	昆明市	65	229
			KLQ6129GCHEV1A	混合动力城市客车	247	112	西安市	150	
			KLQ6109GCHEV1A	混合动力城市客车	236	112	苏州市	14	
20	合肥昌河汽车有限责任公司	昌河	CH6390BEV	纯电动多用途乘用车	243	59	合肥市	196	196
21	奇瑞汽车股份有限公司	瑞麒	SQR7000BEVS184	纯电动轿车	259	119	北京市	1	165
			SQR7000BEVS184	纯电动轿车	234	119	上海市	15	
			SQR7000BEVS184	纯电动轿车	234	119	芜湖市	122	
			SQR7001ELS18	纯电动轿车	255	119	厦门市	25	

续表

序号	推广车辆生产企业	车辆商标	车辆型号	车辆名称	公告批次	目录序号	应用城市	数量（辆）	合计（辆）
			SQR7000EAS11	纯电动轿车	256	119	新乡市	2	
22	东风汽车有限公司	启辰	DFL7000B1BEV	纯电动轿车	250	3	襄阳市	30	130
			DFL7000B1BEV	纯电动轿车	250	3	广州市	100	
23	湖南南车时代电动汽车股份有限公司	南车时代	TEG6120EV	纯电动城市客车	247	（十八）23	湖南省	2	130
			TEG6110EV	纯电动城市客车	238	（十八）23	湖南省	1	
			TEG6129PEV	混合动力城市客车	253	（十八）23	昆明市	66	
			TEG6119SHEV	混合动力城市客车	253	23	广西壮族自治区	60	
			TEG6129PEV	混合动力城市客车	253	（十八）23	湖南省	1	
24	金华青年汽车制造有限公司	青年	JNP6120BEV1	纯电动城市客车	241	7	杭州市	80	129
			JNP6120PHEV	混合动力城市客车	248	7	昆明市	49	
25	中国重汽集团成都王商用车有限公司	王牌	CDW5164GSSEV	纯电动洒水车	235	101	成都市	22	126
			CDW5080ZLJEV1	纯电动垃圾车	243	101	成都市	35	
			CDW5030XGCEV1	纯电动工程车	241	101	成都市	69	
26	成都客车股份有限公司	蜀都	CDK6122CABEV	纯电动城市客车	244	10	成都市	122	122
27	四川一汽丰田汽车有限公司	丰田（TOYOTA）	CA7180CHEVAE4	混合动力轿车	228	100	上海市	47	117
			CA7180CHEVBE4	混合动力轿车	228	100	上海市	37	
			CA7180CHEVCE4	混合动力轿车	228	100	上海市	33	
28	南京金龙客车制造有限公司	东宇	NJL6118BEV	纯电动客车	243	15	南京市	60	115
			NJL6118BEV	纯电动客车	243	15	南通市	55	
29	广汽丰田汽车有限公司	丰田（TOYOTA）	GTM7251HEVS	混合动力轿车	236	89	上海市	113	113
30	厦门金龙旅行车有限公司	金旅	XML6125JHEV38C	混合动力城市客车	258	124	昆明市	55	108
			XML6125JHEV38	混合动力城市客车	238	124	广西壮族自治区	50	
			XML6115JHEV75CN	混合动力城市客车	254	124	惠州市	3	
31	北京现代汽车有限公司	首望	BH7000BEVAA	纯电动轿车	240	11	北京市	104	104
32	江西凯马百路佳客车有限公司	江西	JXK6121BEV	纯电动城市客车	235	3	杭州市	100	100
33	东南（福建）汽车工业有限公司	东南	DN7000MBEV	纯电动轿车	245	（四十三）58	新乡市	100	100
34	厦门金龙联合汽车工业有限公司	金龙	XMQ6127GHEV8	混合动力城市客车	253	123	昆明市	45	99
			XMQ6127GHEV6	混合动力城市客车	234	123	贵阳市	54	

续表

序号	推广车辆生产企业	车辆商标	车辆型号	车辆名称	公告批次	目录序号	应用城市	数量（辆）	合计（辆）
35	中联重科股份有限公司	中联	ZLJ5071TSLHBEV	纯电动扫路车	240	20	合肥市	6	95
			ZLJ5071TSLHBEV	纯电动扫路车	240	20	北京市	49	
			ZLJ5071TSLHBEV	纯电动扫路车	240	20	成都市	40	
36	上海通用汽车有限公司	赛欧（SAIL）	SGM7001EV	纯电动轿车	241	6	上海市	74	78
		别克（BUICK）	SGM7240PHEV	混合动力轿车	224	6	上海市	2	
			SGM7240PHEV	混合动力轿车	224	6	唐山市	2	
37	天津客车装配厂	金马	TJK6122BEV	纯电动城市客车	242	（二）4	天津市	20	63
			TJK6123BEV	纯电动城市客车	256	（二）4	天津市	43	
38	丹东黄海汽车有限责任公司	黄海	DD6129CHEV2	混合动力城市客车	240	29	大连市	30	60
			DD6129CHEV1	混合动力城市客车	238	29	大连市	30	
39	郑州日产汽车有限公司	东风	ZN5033XGCH2C	纯电动工程车	232	72	成都市	40	55
			ZN5033XGCH2C	纯电动工程车	232	72	新乡市	2	
			ZN5033XGCH2C	纯电动工程车	220	72	呼和浩特市	13	
40	上海申沃客车有限公司	申沃	SWB6117EV4	纯电动城市客车	229	42	上海市	10	42
			SWB6117EV4	纯电动城市客车	229	42	南通市	4	
			SWB6121EV6	纯电动城市客车	232	42	唐山市	10	
			SWB6107SHEV1	混合动力城市客车	240	42	上海市	8	
			SWB6107CHEV	混合动力城市客车	237	42	上海市	10	
41	一汽（四川）专用汽车有限公司	远达	SCZ5160GSSBEV	纯电动洒水车	248	1	成都市	37	37
42	上海万象汽车制造有限公司	象牌	SXC6105GBEV	纯电动城市客车	236	（九）26	上海市	35	35
43	中国第一汽车集团公司	一汽	CA7155PHEV1	混合动力轿车	235	1	长春市	33	33
44	江铃控股有限公司	江铃	JX7003BEV	纯电动轿车	235	121	南通市	30	30
45	江苏奥新新能源汽车有限公司	达福迪	JAX5020ZXXBEV	纯电动车厢可卸式垃圾车	237	（十）74	昆明市	25	29
			JAX5021ZXXBEV	纯电动车厢可卸式垃圾车	239	（十）74	盐城市	4	
46	丰田汽车集团	雷克萨斯	JTJBC11A	混合动力轿车	—	—	上海市	29	29
47	沈阳华晨金杯汽车有限公司	金杯	SY6548BEVD3HB	纯电动轻型客车	243	33	沈阳市	27	27
48	东风扬子江汽车（武汉）有限责任公司	扬子江	WG6120PHEVCA	混合动力城市客车	247	48	襄阳市	20	25
			WG6121BEVHM	纯电动城市客车	247	48	武汉市	5	

续表

序号	推广车辆生产企业	车辆商标	车辆型号	车辆名称	公告批次	目录序号	应用城市	数量（辆）	合计（辆）
49	珠海市广通汽车有限公司	广通	GTQ6117BEVB	纯电动城市客车	235	（十九）28	珠海市	20	20
50	北京天路通科技有限责任公司	天路	BTL5071TSLEV	纯电动吸尘车	193	44	成都市	20	20
51	山东沂星电动汽车有限公司	飞燕	SDL6120EVG	纯电动城市客车	259	（十五）25	新乡市	2	17
			SDL6120EVG	纯电动城市客车	251	25	黑龙江省	2	
			SDL6121EVG	纯电动城市客车	251	25	淄博市	13	
52	天津清源电动车辆有限责任公司	清源	QY5020XFWBEVEL	纯电动服务车	217	22	大连市	14	15
			QY5020XXYBEVYL	纯电动厢式运输车	233	22	大连市	1	
53	天津一汽夏利汽车股份有限公司	威志	CA7000EV	纯电动轿车	242	18	天津市	15	15
54	重庆力帆乘用车有限公司	力帆	LF7002EV	纯电动轿车	218	93	上海市	15	15
55	重庆五洲龙新能源汽车有限公司	五洲龙	WZL6101PHEVGEG4	混合动力城市客车	243	（二十一）7	重庆市	10	10
56	一汽客车（大连）有限公司	解放	CA6127URE31	纯电动城市客车	216	28	大连市	10	10
57	东风悦达起亚汽车有限公司	华骐	YQZ7001BEV	纯电动轿车	245	35	盐城市	10	10
58	柳州五菱汽车工业有限公司	五菱	LQG5021CCYBEV	纯电动仓栅式运输车	243	09	广西壮族自治区	10	10
59	日本日产汽车公司	日产聆风	—	纯电动轿车	—	—	武汉市	10	10
60	河南少林客车股份有限公司	少林	SLG6120EV	纯电动城市客车	253	126	郑州市	5	7
			SLG6700EV	纯电动客车	227	126	新乡市	2	
61	黑龙江龙华汽车有限公司	黑龙江	HLJ6122PHEV	混合动力城市客车	251	（八）16	黑龙江省	7	7
62	南京汽车集团有限公司	依维柯	NJ6697CEVZ－Y	纯电动客车	243	44	北京市	2	4
			NJ6593ERD	纯电动客车	227	44	贵阳市	2	
63	浙江吉利汽车有限公司	吉利美日	MR7183HEV	混合动力轿车	226	52	上海市	3	3
64	韩国起亚自动车株式会社	起亚（K5）	—	混合动力轿车	—	—	盐城市	2	2
	合计（辆）							19365	19365

注：① 本表中日本日产汽车公司在武汉市推广应用的10辆日产聆风纯电动轿车为进口车。
② 本表中韩国起亚自动车株式会社在盐城市推广应用的2辆起亚（K5）混合动力轿车为进口车。
③ 本表中上海市推广的车型全部为2013年度办理车牌的数量。
④ 本表中上海市推广的车型全部为2013年度办理车牌的数量。
⑤ 本表中丰田汽车集团在上海市推广的29辆雷克萨斯混合动力汽车为进口车。
⑥ 本表中未统计上海市推广的101辆微混合动力汽车和4辆进口车。

五、2014 年 1—3 月重点城市节能与新能源汽车推广数量统计

序号	应用城市	纯电动汽车												混合动力汽车								插电式混合动力汽车								增程式电动车			燃料电池汽车		合计（辆）
		大中型客车	轻型客车	载货车	公务车	出租车	私人车	电力工程车	邮政车	环卫车	其他专用车	其他	小计	大中型客车	轻型客车	载货车	公务车	出租车	私人车	其他	小计	大中型客车	轻型客车	载货车	公务车	出租车	私人车	其他	小计	大中型客车	私人车	小计	公交车	小计	
1	深圳市	0	0	0	0	0	33	0	0	0	0	0	33	0	0	0	0	0	0	0	0	0	0	0	0	0	574	0	574	0	0	0	0	0	607
2	合肥市	207	0	0	0	0	60	0	0	0	0	0	267	0	0	0	0	0	0	0	0	100	0	0	0	0	0	0	100	0	0	0	0	0	367
3	金华市	1	0	0	0	0	183	0	0	0	0	179	363	0	0	0	0	0	0	0	0	0	0	0	0	0	0	0	0	0	0	0	0	0	363
4	重庆市	0	0	0	0	0	0	0	0	0	0	0	0	0	0	0	0	0	0	0	0	130	0	0	0	0	0	0	130	0	0	0	0	0	130
5	大连市	0	0	0	0	0	80	0	0	0	0	0	80	0	0	0	0	0	0	0	0	0	0	0	0	0	0	0	0	0	0	0	0	0	80
6	上海市	0	0	0	0	0	37	0	0	0	0	0	37	0	0	0	0	0	0	0	0	0	0	0	0	0	0	0	0	26	0	26	0	0	63
7	郑州市	50	0	0	0	0	0	0	0	0	0	0	50	0	0	0	0	0	0	0	0	0	0	0	10	0	0	0	10	0	0	0	0	0	60
8	成都市	0	0	0	0	20	0	0	0	0	3	27	50	0	0	0	0	0	0	0	0	0	0	0	0	0	0	0	0	0	0	0	0	0	50
9	武汉市	33	0	0	0	10	0	0	0	0	0	0	43	0	0	0	0	0	0	0	0	0	0	0	0	0	0	0	0	0	0	0	0	0	43
10	新乡市	20	0	0	0	0	10	0	0	0	0	0	30	0	0	0	0	0	0	0	0	10	0	0	0	0	0	0	10	0	0	0	0	0	40
11	东莞市	40	0	0	0	0	0	0	0	0	0	0	40	0	0	0	0	0	0	0	0	0	0	0	0	0	0	0	0	0	0	0	0	0	40
12	惠州市	0	0	0	0	10	0	0	0	0	0	0	10	0	0	0	0	0	0	0	0	22	0	0	0	0	0	0	22	0	0	0	0	0	32
13	盐城市	4	0	0	0	0	2	0	0	14	6	0	26	0	0	0	0	0	0	0	0	0	0	0	0	0	0	0	0	0	0	0	0	0	26
14	广西壮族自治区	0	0	0	0	0	0	0	0	0	20	0	20	0	0	0	0	0	0	0	0	0	0	0	0	0	0	0	0	0	0	0	0	0	20
15	西安市	0	0	0	0	0	0	0	0	0	0	0	0	0	0	0	0	0	0	0	0	0	0	0	1	0	11	0	12	0	0	0	0	0	12
16	淄博市	0	0	0	0	8	0	0	0	0	0	0	8	0	0	0	0	0	0	0	0	0	0	0	0	0	0	0	0	0	0	0	0	0	8
17	天津市	0	0	0	4	0	1	0	0	0	0	0	5	0	0	0	0	0	0	0	0	0	0	0	0	0	0	0	0	0	0	0	0	0	5
18	昆明市	0	0	0	0	5	0	0	0	0	0	0	5	0	0	0	0	0	0	0	0	0	0	0	0	0	0	0	0	0	0	0	0	0	5
19	泸州市	0	0	0	0	0	0	0	0	0	0	0	0	0	0	0	0	0	0	0	0	4	0	0	0	0	0	0	4	0	0	0	0	0	4
合计（辆）		355	0	0	4	53	406	0	0	14	29	206	1067	0	0	0	0	0	0	0	0	266	0	0	11	0	585	0	862	26	0	26	0	0	1955

注：本表中统计的上海市推广应用的数量全部为 2013 年度办理车牌的数量。

六、2014年1—3月节能与新能源汽车推广车型及数量统计——按推广地区划分

序号	应用城市	生产企业	车辆商标	车辆型号	车辆名称	公告批次	目录序号	数量（辆）	合计（辆）
1	深圳市	比亚迪汽车有限公司	比亚迪	QCJ7006BEV	纯电动轿车	203	108	33	607
				BYD7150WTHEV	混合动力轿车	253	108	574	
2	合肥市	安徽安凯汽车股份有限公司	安凯	HFF6100G03EV－3	纯电动城市客车	257	55	200	367
				HFF6101G03EV	纯电动城市客车	251	55	5	
				HFF6701BEV	纯电动客车	253	55	2	
				HFF6124G03SHEV	混合动力城市客车	253	55	50	
				HFF6127G03PHEV－1	混合动力城市客车	255	55	50	
		安徽江淮汽车股份有限公司	江淮	HFC7000AEV	纯电动轿车	257	56	60	
3	金华市	金华青年汽车制造有限公司	青年	JNP6122BEVC	纯电动城市客车	243	7	1	363
		金华市康迪新能源车辆有限公司	康迪	KD5010XXYEV	纯电动厢式运输车	219	（十一）27	183	
		湖南江南汽车制造有限公司	众泰	JNJ6408EV	纯电动多用途乘用车	252	84	179	
4	重庆市	重庆恒通客车有限公司	恒通客车	CKZ6116HNHEVA4	混合动力城市客车	245	（三十一）14	130	130
5	大连市	东风汽车有限公司	启辰	DFL7000A1BEV	纯电动轿车	235	3	80	80
6	上海市	上海申沃客车有限公司	申沃	SWB6107SHEV1	混合动力城市客车	240	42	26	63
		上海汽车集团股份有限公司	荣威	CSA7000BEV	纯电动轿车	235	122	37	
7	郑州市	郑州宇通客车股份有限公司	宇通	ZK6141BEV1	纯电动城市客车	256	71	50	60
		比亚迪汽车有限公司	比亚迪	BYD7150WTHEV	混合动力轿车	253	108	10	
8	成都市	四川汽车工业股份有限公司	野马	SQJ6452BEV	纯电动乘用车	242	101	20	50
		中国重汽集团成都王商用车有限公司	王牌	CDW5030XGCEV1	纯电动工程车	241	101	30	
9	武汉市	东风扬子江汽车（武汉）有限责任公司	扬子江	WG6121BEVHM	纯电动城市客车	247	48	1	43
		山东沂星电动汽车有限公司	飞燕	SDL6120EVG	纯电动城市客车	256	25	2	
		南京金龙客车制造有限公司	东宇	NJL6129BEV2	纯电动城市客车	252	15	30	
		东风汽车公司	风神	DFM7000H2BBEV	纯电动轿车	258	3	10	
10	东莞市	深圳市五洲龙汽车有限公司	五洲龙	FDG6601EVG1	纯电动城市客车	243	131	25	40
				FDG6652EVG	纯电动城市客车	247	131	15	

续表

序号	应用城市	生产企业	车辆商标	车辆型号	车辆名称	公告批次	目录序号	数量（辆）	合计（辆）
11	新乡市	山东沂星电动汽车有限公司	飞燕	SDL6120EVG	纯电动城市客车	259	（十五）25	20	40
		郑州宇通客车股份有限公司	宇通牌	ZK6105CHEVNPG3	混合动力城市客车	253	71	10	
		东南（福建）汽车工业有限公司	东南	DN7000MBEV	纯电动轿车	245	（四十三）58	10	
12	惠州市	厦门金龙旅行车有限公司	金旅	XML6115JHEV75CN	混合动力城市客车	254	124	22	32
		比亚迪汽车有限公司	比亚迪	QCJ7006BEVF	纯电动轿车	203	108	10	
13	盐城市	上海汽车集团股份有限公司	荣威	CSA7000BEV	纯电动轿车	216	（十八）23	2	26
		南京金龙客车制造有限公司	东宇	NJL6600BEV	纯电动客车	255	（十）15	2	
		深圳市五洲龙汽车有限公司	五洲龙	FDG6701EVG1	纯电动城市客车	257	（十九）47	2	
		北京汽车股份有限公司	北京	BJ5021XXYV3R－BEV	纯电动厢式运输车	260	11	6	
		江苏奥新新能源汽车有限公司	达福迪	JAX5020ZXXBEV	纯电动车厢可卸式垃圾车	237	（十）74	14	
14	广西壮族自治区	柳州延龙汽车有限公司	延龙	LZL5028XXYBEV	纯电动厢式运输车	256	6	20	20
15	西安市	比亚迪汽车有限公司	比亚迪	BYD7150WTHEV2	混合动力轿车	254	108	12	12
16	淄博市	华晨汽车集团控股有限公司	中华	SY7000BEVDAE	纯电动轿车	242	33	8	8
17	天津市	比亚迪汽车有限公司	比亚迪	QCJ7006BEVF	纯电动轿车	203	108	1	5
		东南（福建）汽车工业有限公司	东南	DN7000MBEV	纯电动轿车	245	58	4	
18	昆明市	比亚迪汽车有限公司	比亚迪	QCJ7006BEVF	纯电动轿车	203	108	5	5
19	泸州市	郑州宇通客车股份有限公司	宇通	ZK6105PHEVNPG3	混合动力城市客车	253	71	4	4
合计（辆）								1955	1955

注：① 本表中上海市推广的车型全部为 2013 年度办理车牌的数量。
②本表中上海市推广应用的 26 辆混合动力城市客车是增程式，其他城市推广应用的 266 辆为插电式。

七、2014年1—3月节能与新能源汽车推广车型及数量统计——按车辆品牌划分

序号	生产企业	车辆商标	车辆型号	车辆名称	公告批次	目录序号	应用城市	数量（辆）	合计（辆）
1	比亚迪汽车有限公司	比亚迪	BYD7150WTHEV	混合动力轿车	253	108	深圳市	574	645
			BYD7150WTHEV	混合动力轿车	253	108	郑州市	10	
			BYD7150WTHEV2	混合动力轿车	254	108	西安市	12	
			QCJ7006BEVF	纯电动轿车	203	108	天津市	1	
			QCJ7006BEVF	纯电动轿车	203	108	惠州市	10	
			QCJ7006BEVF	纯电动轿车	203	108	昆明市	5	
			QCJ7006BEV	纯电动轿车	203	108	深圳市	33	
2	安徽安凯汽车股份有限公司	安凯	HFF6100G03EV－3	纯电动城市客车	257	55	合肥市	200	307
			HFF6101G03EV	纯电动城市客车	251	55	合肥市	5	
			HFF6701BEV	纯电动客车	253	55	合肥市	2	
			HFF6124G03SHEV	混合动力城市客车	253	55	合肥市	50	
			HFF6127G03PHEV－1	混合动力城市客车	255	55	合肥市	50	
3	金华市康迪新能源车辆有限公司	康迪	KD5010XXYEV	纯电动厢式运输车	219	（十一）27	金华市	183	183
4	湖南江南汽车制造有限公司	众泰	JNJ6408EV	纯电动多用途乘用车	252	84	金华市	179	179
5	重庆恒通客车有限公司	恒通客车	CKZ6116HNHEVA4	混合动力城市客车	245	（三十一）14	重庆市	130	130
6	东风汽车有限公司	启辰	DFL7000A1BEV	纯电动轿车	235	3	大连市	80	80
7	郑州宇通客车股份有限公司	宇通	ZK6141BEV1	纯电动城市客车	256	71	郑州市	50	64
			ZK6105CHEVNPG3	混合动力城市客车	253	71	新乡市	10	
			ZK6105PHEVNPG3	混合动力城市客车	253	71	泸州市	4	
8	安徽江淮汽车股份有限公司	江淮	HFC7000AEV	纯电动轿车	257	56	合肥市	60	60
9	深圳市五洲龙汽车有限公司	五洲龙	FDG6601EVG1	纯电动城市客车	243	131	东莞市	25	42
			FDG6652EVG	纯电动城市客车	247	131	东莞市	15	
			FDG6701EVG1	纯电动城市客车	257	（十九）47	盐城市	2	
10	上海汽车集团股份有限公司	荣威	CSA7000BEV	纯电动轿车	235	122	上海市	37	39
			CSA7000BEV	纯电动轿车	216	（十八）23	盐城市	2	

续表

序号	生产企业	车辆商标	车辆型号	车辆名称	公告批次	目录序号	应用城市	数量（辆）	合计（辆）
11	南京金龙客车制造有限公司	东宇	NJL6129BEV2	纯电动城市客车	252	15	武汉市	30	32
			NJL6600BEV	纯电动客车	255	（十）15	盐城市	2	
12	中国重汽集团成都王商用车有限公司	王牌	CDW5030XGCEV1	纯电动工程车	241	101	成都市	30	30
13	上海申沃客车有限公司	申沃	SWB6107SHEV1	混合动力城市客车	240	42	上海市	26	26
14	厦门金龙旅行车有限公司	金旅	XML6115JHEV75CN	混合动力城市客车	254	124	惠州市	22	22
15	山东沂星电动汽车有限公司	飞燕	SDL6120EVG	纯电动城市客车	256	25	武汉市	2	22
			SDL6120EVG	纯电动城市客车	259	（十五）25	新乡市	20	
16	柳州延龙汽车有限公司	延龙	LZL5028XXYBEV	纯电动厢式运输车	256	06	广西壮族自治区	20	20
17	四川汽车工业股份有限公司	野马	SQJ6452BEV	纯电动乘用车	242	101	成都市	20	20
18	东南（福建）汽车工业有限公司	东南	DN7000MBEV	纯电动轿车	245	（四十三）58	新乡市	10	14
			DN7000MBEV	纯电动轿车	245	58	天津市	4	
19	江苏奥新新能源汽车有限公司	达福迪	JAX5020ZXXBEV	纯电动车厢可卸式垃圾车	237	（十）74	盐城市	14	14
20	东风汽车公司	风神	DFM7000H2BBEV	纯电动轿车	258	3	武汉市	10	10
21	华晨汽车集团控股有限公司	中华	SY7000BEVDAE	纯电动轿车	242	33	淄博市	8	8
22	北京汽车股份有限公司	北京	BJ5021XXYV3R－BEV	纯电动厢式运输车	260	11	盐城市	6	6
23	东风扬子江汽车（武汉）有限责任公司	扬子江	WG6121BEVHM	纯电动城市客车	247	48	武汉市	1	1
24	金华青年汽车制造有限公司	青年	JNP6122BEVC	纯电动城市客车	243	7	金华市	1	1
合计（辆）								1955	1955

注：① 本表中上海市推广的车型全部为 2013 年度办理车牌的数量。

②本表中上海市推广应用的 26 辆混合动力城市客车是增程式，其他城市推广应用的 266 辆为插电式。

八、2013年代用燃料汽车（含CNG、LNG、LPG及醇醚类）保有量统计

序号	应用城市	LPG							LNG							CNG							醇醚类							合计（辆）
		大中型客车	轻型客车	货车	出租车	私人用车	其他	小计	大中型客车	轻型客车	货车	出租车	私人用车	其他	小计	大中型客车	轻型客车	货车	出租车	私人用车	其他	小计	大中型客车	轻型客车	货车	出租车	私人用车	其他	小计	
1	四川省	180	0	0	0	0	0	180	641	270	407	0	0	0	1318	24475	0	10594	30685	247308	52238	365300	0	0	0	0	0	0	0	366798
2	上海市	0	0	0	1800	0	280000	281800	0	0	233	0	0	0	233	174	0	10	3290	0	0	3474	0	0	0	0	0	0	0	285507
3	乌鲁木齐市	0	0	0	0	0	0	0	0	0	0	0	0	0	0	3085	0	0	8743	145113	0	156941	0	0	0	0	0	0	0	156941
4	重庆市	0	0	0	0	0	0	0	100	0	0	0	0	0	100	22443	281	0	22491	44042	7920	97177	0	0	0	0	0	0	0	97277
5	山东省	0	0	0	0	0	0	0	843	1523	2486	0	0	0	4852	6831	253	714	47425	0	0	55223	0	0	0	0	0	0	0	60075
6	山西省	0	0	0	0	0	0	0	0	0	0	0	0	0	0	0	0	0	0	0	0	0	0	0	0	15200	35736	0	50936	50936
7	银川市	0	0	0	0	0	0	0	0	0	0	0	0	0	0	1600	0	0	5141	34609	0	41350	0	0	0	0	0	0	0	41350
8	广州市	7257	0	0	18761	0	0	26018	421	0	0	0	0	0	421	0	0	0	0	0	0	0	0	0	0	0	0	0	0	26439
9	西安市	0	0	0	0	0	0	0	0	0	0	0	0	0	0	7393	0	0	12230	0	3000	22623	0	0	0	0	0	0	0	22623
10	石家庄市	0	0	0	0	0	0	0	0	0	0	0	0	0	0	2800	0	0	6710	9500	1400	20410	0	0	0	0	0	0	0	20410
11	沈阳市	313	0	60	200	0	0	573	700	0	0	0	0	100	800	529	0	500	20000	500	400	21929	0	0	0	0	0	0	0	23302
12	天津市	0	0	0	0	0	0	0	613	0	1505	0	0	0	2118	170	0	0	15000	0	0	15170	0	0	0	0	0	0	0	17288
13	武汉市	400	0	0	1500	0	0	1900	0	0	0	0	0	0	0	1600	0	0	13000	0	300	14900	0	0	0	0	0	0	0	16800
14	合肥市	0	0	0	0	0	0	0	0	0	0	0	0	0	0	1362	0	0	8395	3000	0	12757	0	0	0	0	0	0	0	12757
15	兰州市	0	0	0	0	0	0	0	0	0	0	0	0	0	0	2900	0	0	6738	0	0	9638	0	0	0	0	0	0	0	9638
16	西宁市	0	0	0	0	0	0	0	0	0	0	0	0	0	0	2248	364	780	5516	311	79	9298	0	0	0	0	0	0	0	9298
17	东莞市	0	0	0	0	0	0	0	300	0	0	0	0	0	300	160	0	0	7000	0	0	7160	0	0	0	0	0	0	0	7460
18	呼和浩特市	0	0	0	0	0	0	0	0	0	0	0	0	0	0	1554	0	0	5568	0	0	7122	0	0	0	0	0	0	0	7122
19	廊坊市	0	0	0	0	0	0	0	0	0	0	0	0	0	0	200	0	0	4020	2600	0	6820	0	0	0	0	0	0	0	6820
20	厦门市	0	0	0	560	0	0	560	174	0	0	300	0	0	474	416	0	0	4350	0	0	4766	0	0	0	0	0	0	0	5800
21	北京市	0	0	0	0	0	0	0	790	0	0	0	0	0	790	2749	0	0	0	0	0	2749	0	0	0	0	0	0	0	3539
22	哈尔滨市	1091	0	0	0	0	0	1091	0	0	0	0	0	0	0	2210	0	0	0	0	0	2210	0	0	0	0	0	0	0	3301
23	湖南省	0	0	0	0	0	0	0	0	0	0	0	0	0	0	646	0	0	2299	0	0	2945	0	0	0	0	0	0	0	2945

续表

序号	应用城市	LPG							LNG							CNG							醇醚类							合计（辆）
		大中型客车	轻型客车	货车	出租车	私人用车	其他	小计	大中型客车	轻型客车	货车	出租车	私人用车	其他	小计	大中型客车	轻型客车	货车	出租车	私人用车	其他	小计	大中型客车	轻型客车	货车	出租车	私人用车	其他	小计	
24	襄阳市	0	0	0	0	0	0	0	0	0	0	0	0	0	0	900	0	0	1700	0	0	2600	0	0	0	0	0	0	0	2600
25	佛山市	0	0	0	0	0	0	0	1500	0	0	0	0	0	1500	0	0	0	1100	0	0	1100	0	0	0	0	0	0	0	2600
26	贵阳市	0	0	0	0	0	0	0	1800	0	0	0	0	0	1800	0	0	0	0	0	0	0	100	0	0	0	0	0	100	1900
27	湛江市	0	0	0	0	0	0	0	370	0	0	0	0	0	370	0	0	0	1200	0	0	1200	0	0	0	0	0	0	0	1570
28	海口市	0	0	0	0	0	0	0	248	0	0	0	0	0	248	320	0	0	977	0	0	1297	0	0	0	0	0	0	0	1545
29	唐山市	0	0	0	0	0	0	0	0	0	0	0	0	0	0	250	0	0	870	0	0	1120	0	0	0	0	0	0	0	1120
30	珠海市	0	0	0	0	0	0	0	858	0	0	0	0	0	858	0	0	0	0	0	0	0	0	0	0	0	0	0	0	858
31	南昌市	0	0	0	0	0	0	0	150	0	0	0	0	0	150	42	0	0	632	0	0	674	0	0	0	0	0	0	0	824
32	杭州市	0	0	0	0	0	0	0	313	0	0	0	0	0	313	0	0	0	330	0	0	330	0	0	0	0	0	0	0	643
33	张家港市	0	0	0	0	0	0	0	90	0	0	0	0	0	90	0	0	0	500	0	50	550	0	0	0	0	0	0	0	640
34	广西壮族自治区	0	0	0	0	0	0	0	0	0	0	0	0	0	0	100	0	0	485	0	0	585	0	0	0	0	0	0	0	585
35	深圳市	0	0	0	0	0	0	0	580	0	0	0	0	0	580	0	0	0	0	0	0	0	0	0	0	0	0	0	0	580
36	惠州市	0	0	0	0	0	0	0	444	0	0	0	0	0	444	0	0	0	100	0	0	100	0	0	0	0	0	0	0	544
37	江门市	0	0	0	0	0	0	0	299	0	0	0	0	0	299	0	0	0	0	0	0	0	0	0	0	0	0	0	0	299
38	肇庆市	0	0	0	0	0	0	0	169	0	0	0	0	0	169	0	0	0	0	0	0	0	0	0	0	0	0	0	0	169
39	梅州市	0	0	0	0	0	0	0	150	0	0	0	0	0	150	0	0	0	0	0	0	0	0	0	0	0	0	0	0	150
40	昆明市	0	0	0	0	0	0	0	71	0	0	0	0	0	71	210	0	0	0	0	0	210	0	0	0	0	0	0	0	281
41	黑龙江省	0	0	0	0	0	0	0	30	0	0	0	0	0	30	150	0	0	0	0	0	150	0	0	0	0	0	0	0	180
42	韶关市	0	0	0	0	0	0	0	38	0	0	0	0	0	38	0	0	0	90	0	0	90	0	0	0	0	0	0	0	128
合计（辆）		9241	0	60	22821	0	280000	312122	11692	1793	4631	300	0	100	18516	87517	898	12598	236585	486983	65387	889968	100	0	0	15200	35736	0	51036	1271642

第八篇 技术成果应用案例

综合、跨领域的车辆电气化仿真

1. 动机

排放限制的引进及其日益严格的更新意味着传统内燃机正经历着持续变化。近年来，内燃机开发工作的重点之一是严格遵守 EU5 和 EU6 的排放规定。

随着碳排放立法的实施，降低燃油消耗已然迅速成为重中之重。现今的汽车制造商将目光锁定在 2020 年，彼时把乘用车二氧化碳排放量限制在 95g/km（欧盟标准，下同）也正在探讨之中。从 2015 年开始，每公里限制排放 130 克二氧化碳的目标即将执行，因此，施行进一步的技术措施以达到既定的企业平均二氧化碳排放目标也将被提上议事日程。

对跑车制造商而言，他们所遭受的挑战远远大于大型车和 SUV 类乘用车制造商。过去，跑车领域的开发重点是在最大限度地提高内燃机性能的同时尽可能保持最轻的车身重量，而非满足未来的排放要求和二氧化碳目标。然而，如今的跑车制造商已经开始使用传统二氧化碳减排措施，如小型化及减少排量。结合这些及内燃机以外的其他措施，如减少滚动阻力、降低车身重量和优化的空气动力学等，都将大大有助于满足 2020 年的减排目标。更有潜力的是，动力总成电气化拥有达到乃至超过既定目标的潜能。

在结合了内燃机和电机的混合动力系统中，对动力总成、车辆动态、车身电子和底盘系统的协调控制来说，系统专业知识十分必要。因为要保证跑车的成功，不仅仅是减少碳排放的问题，更包含了对车辆性能和动态性的要求。混合动力化必须能够保持并提高这些特性。如何设计最优的混合动力系统，包括使用几个电机、如何布置电机，是这次讨论的主题。常见的拓扑结构中，可见集成到内燃机动力系统（并联或功率分流混合动力，Paralle or Power Split）的电机，或者位于车辆其中一个车轴以作为单独驱动（分轴式，Axle Split）的电机。内燃机和高压部件的布置位置也应注意，这些都对重量分布有直接影响。通过优化零部件的布置，可以转移车辆重心，以提高其动态性能。

2. 混合动力概念的选择

未来，如果要实现之前所讨论的 2020 年二氧化碳排放限制目标，跑车市场将必须考虑采取不仅针对内燃机的改进措施。动力总成的电气化将十分必要，如采用插电式混合动力概念。博世提供各种混合动力系统和部件（见图 1）。

为了确定最佳的动力总成拓扑，博世工程技术公司研究了多种混合概念（分轴式混合动力、并联混合动力、串联混合动力、功率分流混合动力，见表 1）。这项研究中的

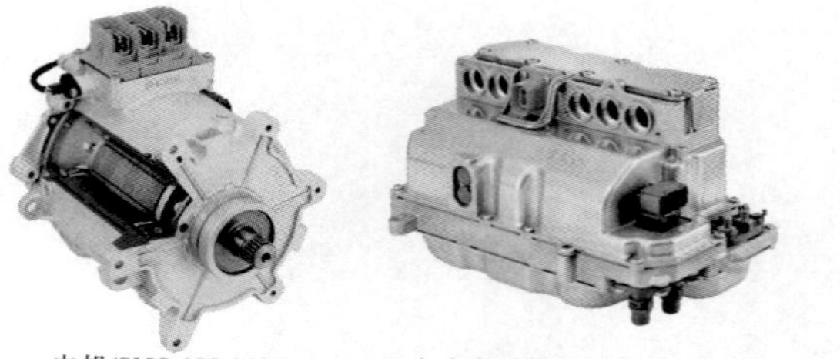

图 1　博世混合动力部件

一个标准是，它需要的混合动力部件必须能够集成到配有传统内燃机的现有跑车的架构中去，而无须重新设计。装备两个电机的分轴式混合动力被证明是最为适合的概念。它具备出色的车辆动态性和一些附加功能，如装配灵活性——跑车的两个特殊需求。权重标准可以根据客户偏好及基础车辆定制。

表 1　混合动力阿斯顿马丁 DB9 概念车的各类混合拓扑结构评估

Evaluation of different hybrid topologies for sports cars					
混合动力技术方案 / 项目	Axle – split hybrid with one EM	Axle – split hybrid wtih two EM	Parallel hybrid	Serial hybrid	Power – split hybrid
功率密度	+	0	+ +	– –	+
效率	+ +	+	+ +	0	+ +
封装灵活性	+	+ +	0	–	0
车辆动态性能和附加功能	+	+ +	0	0	0
成本	+ +	+	+ +	– –	+ +
排行	2	1	3	5	4

为了展示混合动力减少排放量并提高驾驶动力的潜力，博世工程技术公司将一辆搭载了六挡手动变速器的阿斯顿·马丁 DB9 改装成混合动力汽车（见图 2、图 3）。按照分轴式混合动力理念，概念车的两个前轮分别由两台电机驱动。传统内燃机驱动后轮及高压电机，此高压电机可用作启动内燃机和为电池充电。然而，增加的部件使得混合动力概念车的车身重量超过了基础车型（见表 2）。因此，动力总成改装面临的挑战是负载额外重量的同时不能超过二氧化碳的限值，还要提高性能。尽管混合动力化增加了 230 马力的功率且提供了高扭矩，但决定跑车操控性的还是其增加的重量、重心变化及悬架特性。对这些跨域相关性的分析是通过一个综合的车辆系统仿真完成的。这让我们可以针对相关车型和不同的内燃机参数设定来模拟、评估动态性能边际条件，同时考虑侧向动态性能，并直接

可以与量产车型进行比较。

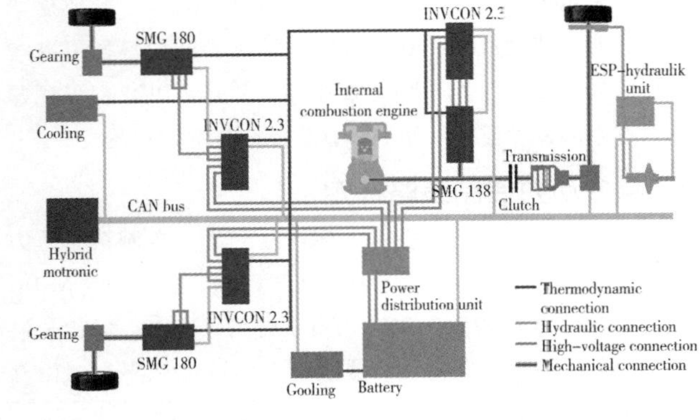

图 2　分轴式混合动力阿斯顿马丁 DB9 概念车动力总成部件概述

图 3　搭载分轴式混合动力系统的阿斯顿马丁 DB9 概念车

表 2　Aston Martin DB9 基础车型和混合动力概念车型数据比较

Vehicle data		
车型 / 对比项目	Aston Martin DB9 basic vehicl	Aston Martin DB9 hybrid concept vehicle
空载重量	1689kg	1983kg
内燃机	V12 front engine, rear – wheel drive	V12 front engine, rear – wheel drive
变速箱	6 – speed manual transmission	6 – speed manual transmission
最大功率（内燃机）	421 kW/572 HP	421 kW/572HP
最大扭矩（内燃机）	620Nm	620Nm
电机	–	2 × SMG 180/120 on the front axle（2 × 85kW） 1 × SMG 138/80 at the ICE 25kW
电力电子部件	–	3 × INVCON 2. 3
高压锂离子电池	–	8kWh usable energy

3. 跨领域整车仿真

博世工程技术有限公司在整车研发初期，综合考虑跨领域车辆系统，开发了一个仿真平台。该平台基于博世标准的动力总成模型化仿真环境，允许针对不同动力总成的拓扑结构在油耗和基本的纵向性能方面进行快速和有效的比较。为了在跑车的设计中将动态特性等重要因素囊括进去，仿真平台已经扩展包括了这些方面，并添加了适当的子模型。考虑到当温度超过一定限值时（例如电池）会对车辆性能造成的影响，车辆仿真也再现了动力总成部件的发热过程。这意味着冷却回路的设计可以更符合特定使用行为的最大需求，如在赛道上。

仿真平台（如图 4）分为动力总成（前后轴）、车辆动态（底盘、车轮和刹车）以及控制软件。Matlab/Simulink 作为集成平台，同时不同深度的模型和零件库作为基础，保证了在给定的要求和应用领域下，合理的细节展现及最佳的仿真运行时间。在 Simulink 中，已有的组建模型——内燃机、变速器、电机、电力电子部件、电池——都被纳入动力总成模型，并创建了连接其他模型的接口。此外，为以下两个目的开发了详细的基于 GT – Power 的 V12 内燃机模型：一是评估内燃机相关性能和工况循环油耗的测量；二是将这些结果传送至整车级别的简化模型中去。系统仿真省去了在发动机试验台上建立发动机变型的工作，节省了时间。混合动力控制策略可以从 Simulink 中导入，以作为模型库的一部分；或者将 ECU 代码直接导入 Simulink 中，作为一个动态链接库文件（DLL）。导入实际混合动力控制策略软件的一个优势是，它可以推导出相应部件的实际负载，由此可对使用寿命进行可靠预测。

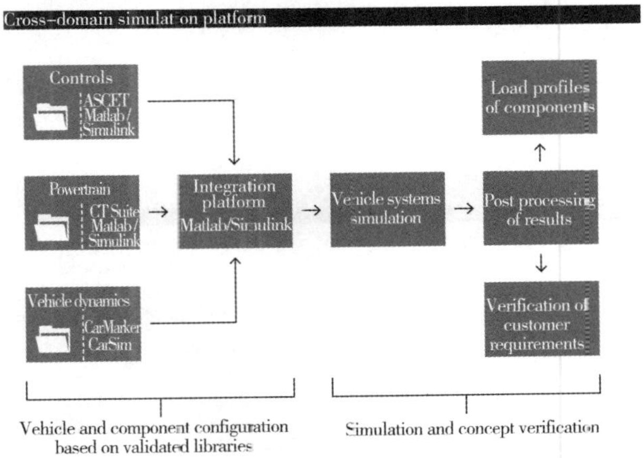

图 4　跨领域仿真平台

这个仿真平台与当今被应用于汽车开发的燃油经济性仿真工具的最大区别体现在详细的车辆动态学方面，即底盘、轮胎和驾驶员模型。相关的车辆动态子系统通过连接 IPG CarMaker 车辆动力学软件来实现，它能呈现出更为详尽的车辆性能。根据不同的使用情况和要求，也可通过简化的 Simulink 模型实现，以降低参数化的工作负载和运行时间。为灵活应对客户需求，也可以集成指定的 Simulink 模型或者其他的软件，如 Mechanical Simulation 的 CarSim。

在开发搭载混合动力系统的阿斯顿马丁 D89 概念车过程中，跨领域车辆仿真被综合应用在所有的初步设计中，用来确定部件的大致设计方案和尺寸，预测性能和能量需求，从而计算出电动行驶范围。此外，通过进一步仿真来确定电池的冷却需求和满足赛道应用的冷却回路设计。仿真结果表明概念车相比基础车型有着显著优点（见表 3）。尽管增加了额外重量，但燃油消耗减少了 50%，以加速时间来衡量的话，其运动性能也有显著提高。油耗在 NEDC（New European Driving Cycle）工况循环下，根据 ECE R101 插电式混合动力汽车测试程序计算。

表 3 关键指标的仿真结果

Simulation results	
	Aston Martin DB9 hybrid concept vehicle
0～100km/h 时间	-20%
0～200km/h 时间	-12%
到 1000m 时间	-70%
油耗（NEDC）	-50%
电动行驶距离	25kW

4. 跨领域应用

如前所述的车辆仿真可以作为一个在不同领域或项目团队的跨域工作平台。举例来说，ESP 开发和标定可以受益于细化的动力总成模型，而动力总成设计也可以参考可靠详细的车辆动态仿真。这使得在评估各种概念的早期，处理车辆设计可以获得更广泛且详细的数据资料。虽然建模和预标定增加了工作量，但是这些工作成果在随后的从原型搭建到量产开发和标定中，都可以得到综合应用（见图 5）。

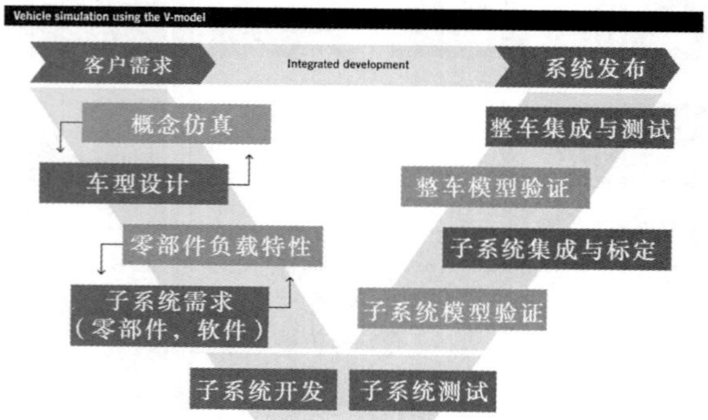

图 5 使用 V-model 的车辆仿真

这个综合的跨领域仿真平台实现了从系统与零部件的软件和功能开发到混合动力控制策略的全覆盖。仿真建模深度可以根据应用领域和仿真目的进行定制。该综合仿真平台可以帮助各团队提升其开发速度、效率及其质量。跨领域仿真平台可以在车辆开发过程中的任意时间节点应用，也可以根据不同阶段的需求灵活设置。这就大大减少了在整个 V-Model 中工具应用量和参数化工作负载。整体模型的充分验证使之成为可能。同时，经过验证的模型可以作为评估功能安全性的一种有效途径，并且可以减少车辆开发过程中测试项目。从而最终显著减少开发时间及成本。

5. 混合动力控制策略标定

仿真平台的另一种应用是标定混合动力控制策略。仿真对认证工况循环的建模绝对有必要，如欧盟市场的 NEDC 或美国市场的 FTP75/US06。仿真平台可以仿真二氧化碳最小排放量、最大行驶范围，或实现预定的能量平衡。仿真结果可以作为对原型车进行更有效预标定的重要依据。

所有使用的部件都按照量产的并联式混合动力跑车进行参数化，博世开发的控制策略也被集成。一个 DLL 文件被导入，以方便后期快速更换个别功能，意味着仅需少量时间即可从混合动力控制策略中截取功能，并将它们集成到仿真环境中或对它们进行更新。控制战略的基本预标定使用 DoE（design-of-experiments，实验设计）方法执行和优化，仅最重要的参数会被包括在参数集中。参数集仿真后，使用 ETAS 公司的 ASCMO（Advanced Simulation for Calibration Modeling and Optimization，高级仿真标定建模和优化）软件，基于不同标准的控制策略，如二氧化碳排放、范围或能量平衡，来定义最优的预标定。其结果作为基本的概念车控制策略的预标定，之后可以在概念车上进行测试，并进行更为细化的标定。这种方法允许在项目中更早开启由计算机辅助的基本预标定，优点是可以节省在原型车搭建之前的开发时间。同时，使用仿真驾驶循环，在一定程度上可以减少在原型车上的标定时间。这使得汽车开发更不依赖于原型车，并且降低了试验台架测试成本。

6. 概念验证

在验证混合动力控制策略时，各子系统建模的详细程度取决于模型对物理现象预测准确性的要求。这就是为什么跨领域车辆仿真的验证概念分为两个步骤。第一步，所有子系统或部件模型将分别验证。为此，每个子模型可以在自己的专门测试环境中通过合理的方式验证，如导入到 Simulink 中的 ECU 代码在车辆的测试中验证。这一步确保概念验证的预测结果尽可能准确，甚至在搭建样车和开展硬件测试之前就能做到。第二步，对整车仿真或者说整体模型与在原型车上测量的数据进行比较。对混合动力控制策略标定来说，仿真结果和从整车测试台架上收集的实际测量数据已进行比对。

如图 6 和图 7 所示，在 NEDC 循环中，并联式混合动力拓扑结构的仿真和测量数据比较。可以在离合器分离时的发动机转速行为中看出两个数据集之间的高相关度，并且可以在工况循环中的发动机启动请求中看出。这个请求取决于多种因素，如驾驶者要求的扭矩水平、催化转换器或冷却水的温度以及电池状态。此处，仿真数据完美匹配出所需发动机的启动要求及离合器侧发动机转速。发动机启动请求的微小差异是因为模拟的“人类”驾驶员的踏板瞬态达到特定的限值，从而引发发动机过早启动请求。在

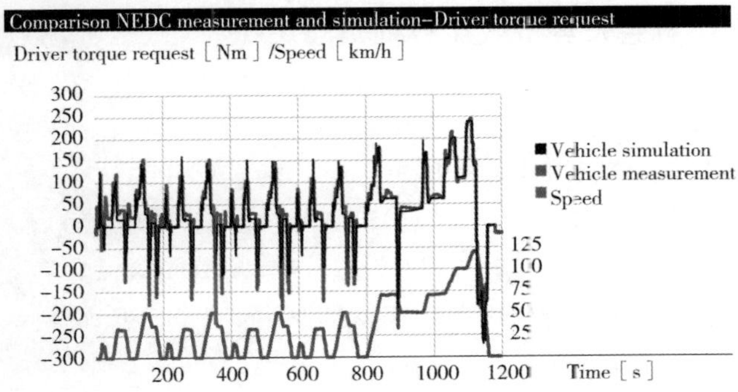

图 6　仿真结果和 NEDC 测量结果关于驾驶员扭矩请求的比较

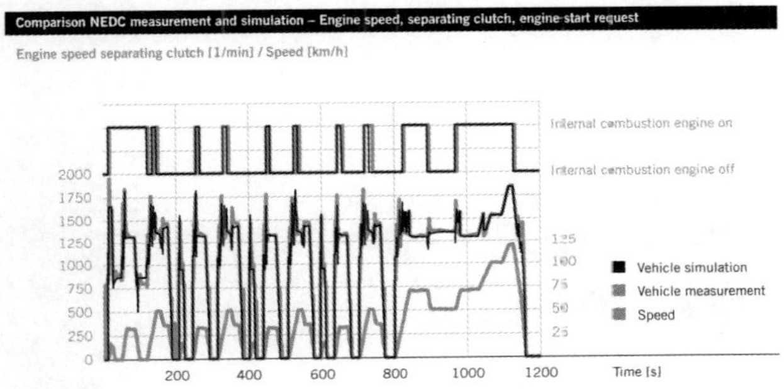

图 7　仿真结果和 NEDC 测量结果关于内燃机转速、离合器断开和内燃机启动请求的比较

对内燃机模型，特别关注预热期，做进一步开发后，根据冷启动加浓、二次进气和加热催化转化器等参数，二氧化碳排放量和行驶工况中的油耗仿真结果现已精确至 1%。

7. 展望

鉴于强劲的发动机是跑车的重要标志，未来二氧化碳法规将对其构成重大挑战。为了展示混合动力在减少排放和燃油消耗，以及同时能够提高车辆动态性能的潜力，博世工程技术公司将一辆高级跑车打造为混合动力概念车。在仿真的概念设计阶段对各类动力总成拓扑进行了研究。为此开发了跨领域，覆盖整车开发流程，汇总了传统动力系统、电气系统和车辆动态系统的仿真平台。这使得不仅燃油经济性，而且赛道模拟都能通过这个详尽的动力总成和整车动态模型仿真。

从概念阶段到系统设计，再到车辆应用，跨领域仿真得到综合运用，如该平台可以用于集成 ECU 软件及虚拟标定。混合动力控制策略是应用首选，且成效显著。这些方法和所获得的知识将被用于未来的项目中，且不仅仅局限于跑车市场，也包括其他领域。这意味着不同市场等级的跨领域系统工程项目将在这个新的仿真平台的帮助下快速有效地展开。

此稿首发于 MTZ 2/2014，斯普林格汽车媒体（Springer Automotive Media），第 75 版，22－28 页。

（博世工程技术有限公司：
Christian Appel　动力总成系统工程部门系统仿真专家
Stefanie Freudenstein 博士　动力总成系统工程部负责人
Christian Temmen　混合动力系统标定工程师）

松正 IV 代深混公交车动力系统

1. 成果简介

天津市松正电动汽车技术股份有限公司是致力于为新能源汽车提供配套动力系统及电辅件，属于节能与新能源汽车领域。

松正 IV 代深混动力系统主要包括以下方面的技术内容：

（1）基于怠速停机的整车控制策略的设计。优化混合动力公交车整车控制策略，实现怠速停机。

（2）基于动力电池和超级电容的复合电源系统的开发。利用蓄电池高能量密度和超级电容器高功率密度，建立动力电池与超级电容的复合电源管理系统，优势互补。

（3）基于双动力模式电机的设计。电机采用双动力模式，根据车辆信息、路况信息等，合理分配动力，实现系统的节能效果最优化。

（4）基于智能启停的发动机优化设计。系统在满足怠速停机条件时，迅速停止发动机，并在需要时快速启动，实现怠速停机。

（5）高效两挡 EMT 变速箱技术的开发。采用高效两挡 EMT 变速箱，拓宽发动机最优效率区间，提升整车的爬坡和加速能力。

（6）高安全性电动液压助力转向系统的开发。根据车速、转弯角度、路面情况等条件提供所需要的最佳转向助力，实现“精确转向”。

（7）水箱散热电控总成的开发。研制基于发动机冷却液温度的水箱风扇电控总成，改善水箱风扇随发动机一起转动耗能的问题。

（8）接线端子温度监控系统的开发。对电动汽车接线

端子温度实时监控，为每一个探测节点设置单独地址，快速确定异常接线端子的位置，方便检修。

公司拥有自主知识产权，荣获全国知识产权试点单位、天津市专利示范企业，年申请专利 120 余项，已累计申请专利 600 多项，针对 IV 代深混公交车动力系统技术申请专利 66 项，其中发明专利 20 项。

2. 创新点及解决的难点问题

松正 IV 代深混公交车动力系统是一套节油率高、动力性强、可靠性高的技术方案，其主要创新点如下：

（1）双动力电机技术的研究。采用双动力电机，拓宽了电机高效区域，同时保证了双能量的高效耦合。

（2）双储能器技术的研究。充分利用电容和电池的优势互补，最大限度地节约车辆能量。

（3）高效两挡变速箱技术的研究。在发动机与主电机之间增加高效两挡 EMT 变速箱，控制逻辑简洁，换挡迅速、连贯、平滑，使发动机完全运行在高效率区域。

3. 国际水平对标分析

松正采用复杂的深度混联模式，实现了发动机的怠速停机；国内首创双源动力电动液压助力转向系统，双电源保证转向系统的高可靠性；国内唯一采用多源温度检测与协同控制网络，实现动力系统温度的可观、可控；实时按需求调整电机功率，城市工况平均功率仅 310W；最大噪声 57dB，乘车更安静、更舒服；所有部件绝缘等级对标国际标准，防水、防尘等级达到国家标准；松正 IV 代深混公交车动力系统经汽车工程学会组织专家鉴定达到国际领先水平，搭载该系统的 12 米公交车百公里油耗低于 20 升，降低 PM 排放 90.3%。

4. 成果应用情况

松正 IV 代深混公交车动力系统现已成为我国主流混合动力公交车的技术方案，大规模产业化，产能达 20000 套/年，批量提供给国内各大整车企业。截至 2014 年 5 月，松正混合动力系统已应用于 6000 多辆混合动力公交车上，分布在全国 60 多个城市。2012 年、2013 年企业连续两年销售收入超过 5 亿元。

针对系统部件进行了功能检测试验、耐久性测试试验、绝缘试验、振动试验、高低温试验、冲击试验、防水试验、盐雾试验、噪声试验等一系列测试试验。除此之外，针对电机、变速箱、变速箱执行机构等做了各种失效分析试验。

为验证该动力系统的功能可靠性，开展了整车可靠性试验，包括北京通州试验场、天津实际公交运营线路、松正试验车调试以及装载松正系统的安凯、宇通、金旅、中通等样车的实际运行。

5. 社会及经济效益分析

搭载松正 IV 代深混公交车动力系统的 12 米公交车在中国汽车技术研究中心转鼓试验台测试结果为：节油率达 45.4%，降低 PM 排放 90.3%。

假设公交车平均日行 218 公里，每年出勤 335 天，油价为 7.8 元/升，则每辆 12 米公交车节省燃油成本为：

218km × 36L/100km × 335 天 × 45.4% × 7.8 元/L = 9.31 万元/年。

节约 1 升柴油等于减少排放 717 克碳，公交车每天运营 218 公里、每年出勤 335 天，每辆 12 米公交车降低“碳排放”：

218km × 36L/100km × 335 天 × 45.4% × 0.717kg/L = 7.69 吨/年。

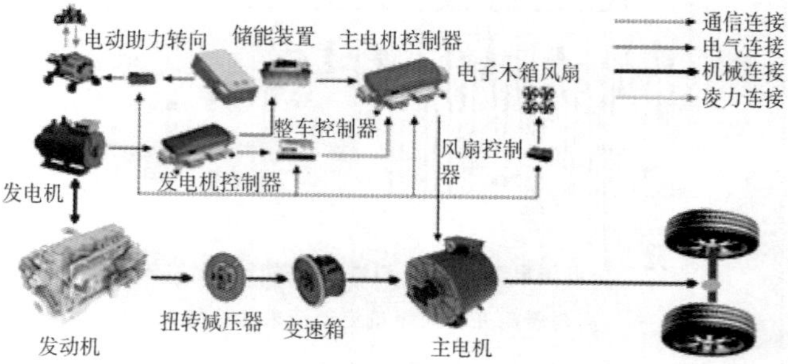

图 1 深混公交车动力系统连接示意图

（a）主电机 （b）发电机 （c）电机控制器

图 2 主要产品

（天津市松正电动汽车技术股份有限公司）

低成本、高可靠性的动力电池包设计

动力电池包一直以来都是电动汽车技术发展的一个瓶颈，一方面由于其成本高，同时也由于现有电池包设计以及电池技术水平的限制，导致其在纯电动/混合动力汽车应用中困难重重。如何设计符合汽车行业所需的高可靠性及高性能电池包，以及如何保证电池包的生产成本及最终价格能够被消费者接受，成为所有汽车生产商与供应商共同面对的问题。

AVL 一直以来致力于高性能及高可靠性电池包的开发，

从整个电池包的概念设计开始就已经考虑其在量产中会遇到的问题，以及如何降低整个电池包的生产技术难度和相应的零部件生产成本。

通过无连接 PCB 连接方式对 MCU 进行装配，保证 MCU 在电池模块安装中的可靠性，同时能够提高整个电池模块的能量密度，缩小模块体积。电芯之间则通过卡扣式电芯框架进行连接，以保证电芯组装的可靠性以及实现最大体积能量密度。如图 1 所示。与此同时，集成式的间接冷却系统分布其中，保证电芯在最佳工作温度范围内的性能表现。冷却系统的设计是以之前对于电芯的完全热模拟仿真计算进行建模为基础进行的，通过确认整个电芯在不同工况下的发热量和发热点确定相应的冷却策略以及冷却系统的选择，使电芯能够工作在最佳温度范围内，保证其最佳性能。在电芯卡扣设计中同时集成有泄压系统，保证电芯在出现极端状况时的压力释放，以保证整个电池的安全性（见图 2）。

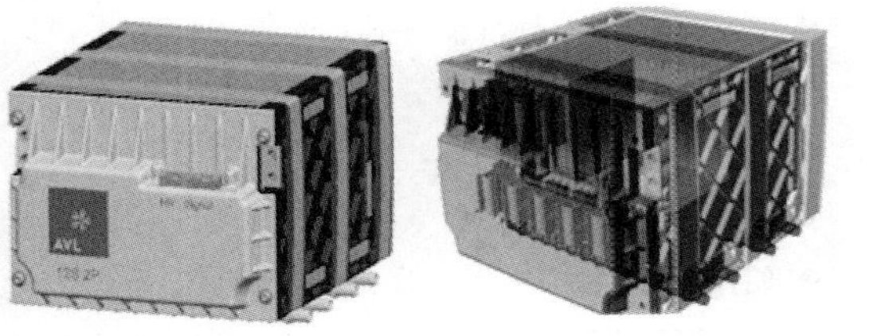

图 1 AVL 高能量密度电池模块设计

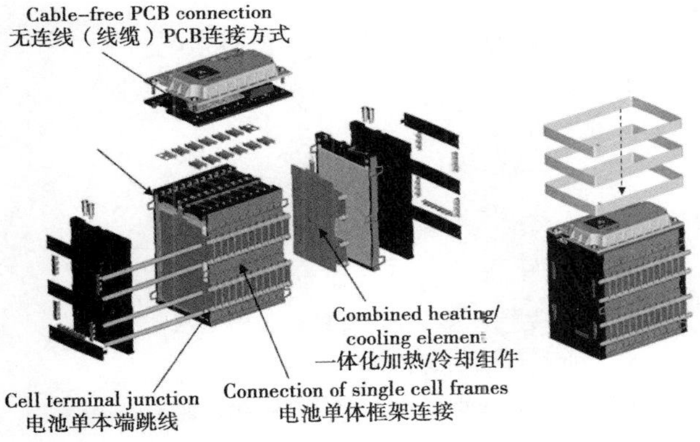

图 2 AVL 高能量密度电池模块设计——爆炸

电芯之间的电气及机械连接采用了 AVL 独特的 Clinching 技术（见图 3），相比传统电阻焊具有可靠性高、不发热、低内阻的特点，与激光焊接相比具有低成本、操作条件更宽松、焊接时间短等优势。成为动力电池包电芯连接的首选方案。

整个电池模块外部通过金属捆绑带进行固定，捆绑带所施加的压力通过之前进行的机械模拟仿真计算获得电芯在不同循环、不同生命周期中所产生的鼓胀系数来确定。

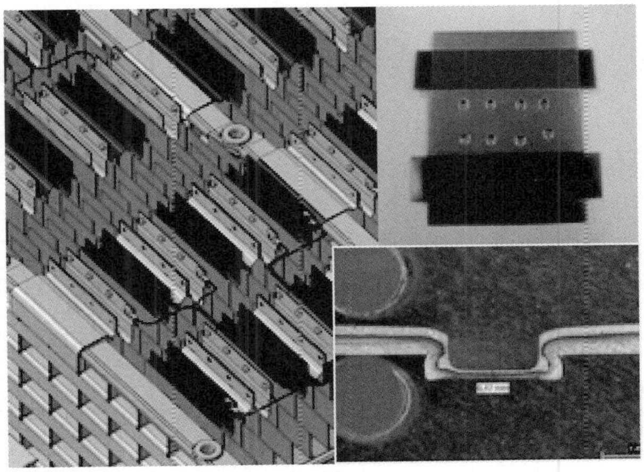

图 3 AVL 创新性电芯连接方式 clinching

所有这些设计都保证了电池模块的最佳性能。同时，面向最终量产的零部件设计，如卡扣式电芯连接框架等都为注塑成型件，MCU 插接的方式都保证了此电池设计的低成本和高可靠性。在本设计中也考虑了在电池模块生产中的装配性能，保证最少的组件数量，以各种卡扣式连接保证装配的简易度。

在整体电池包设计中，电池包的冷却系统首先通过模拟仿真计算定义整体电池包的冷却回路和相应的冷却策略及冷却方式，同时根据整车及客户的具体需求设计出动力电池包外壳及所使用的外壳材料，在外壳设计及材料选型时也要考虑电池包整体的隔热效果与防水等级。高压系统与回路的设计是电池包整体设计中重要的一步，在高压系统设计与零部件选型时要保证严密的监测和控制，以保证电池包的安全性（见图 4）。电磁兼容性是高压电池系统所要考虑的另外一个因素，以保证电池包在整车环境下工作时与整车电子系统、控制器之间不出现任何干扰。AVL 通过独有的 EMC 模拟仿真计算保证了动力电池包系统优异的电磁兼容性。

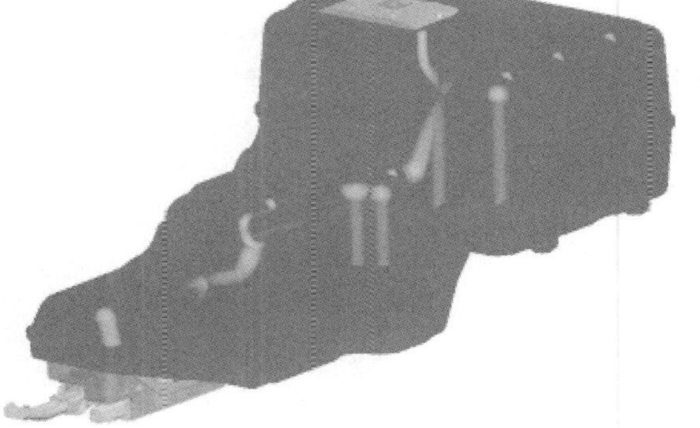

图 4 AVL 高性能及高可靠性电池包设计

（奥地利 AVL 李斯特公司）

ABB 的一体化电动汽车充电解决方案

一、方案介绍

ABB 提供质量领先的直流快速的商业充电机、家庭壁挂式充电机和基于互联网在线服务的一体化充电服务解决方案，能够为不同的客户提供最高性价比的电动汽车解决方案。

1. 系统组成与特点概述

系统由充电机和后台管理网络组成。充电机包括 Wallbox 系列壁挂式充电机和 Terra 系列柜式充电机；后台管理包括监控系统、数据处理系统。

ABB 充电机具有以下特点：

· 充电快速可靠，应用范围广泛；

· 支持远程监控、管理和在线修改、升级；

· 支持智能手机等移动终端的 APP 软件远程控制。

快速可靠的服务，充电机正常运行时间最大化：

图 1　可靠便捷的网络服务

优化用户体验：

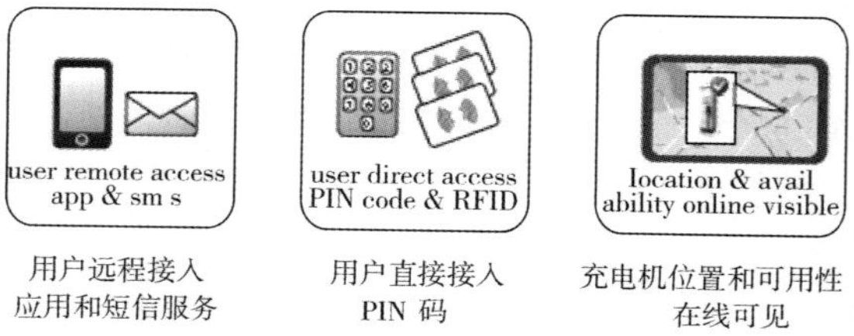

图 2　优化的服务体验

2. 产品简介

（1）Terra 系列充电机（见图 3）——适用于充电站、写字楼和超级商场、汽车经销商、汽车租赁公司等商业用途

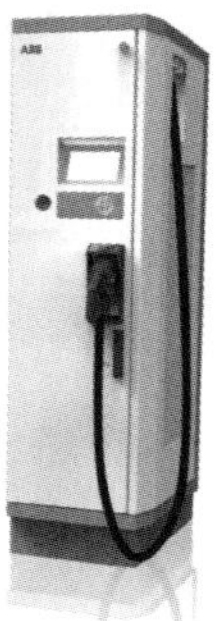

图 3　Terra 系列充电机

得益于其多协议设计，Terra 53 能够轻松定制，支持 GB（默认国际，国内生产只提供国际标准）、CCS 和 CHAdeMO 1. 0 直流快速充电标准以及 EN61851 - 1 交流充电标准（类型 2，模式 3），是一款可以灵活配置的快速充电装置，是汽车经销商、加油站、充电站和繁华市区的理想选择。

所有 ABB 充电装置都享有基于互联网链接的联网服务，客户可以轻松地将充电机接入不同的软件系统，包括后台管理系统、支付平台、智能电网系统等，这样就可实现远程协助，定制故障诊断、排除和维修，远程更新和升级。

主要特性：

◆ GB 标准直流快速充电。

◆ 在 15 分钟内可充电 30% ~80% 。

◆ 通过开放行业标准能够满足未来连接需求。

◆ 灵活接口连接客户增值系统。

◆ 远程协助和正常运行监控。

◆ 远程更新和升级。

◆ 使用简单。

◆ 8 寸防日光触屏显示。

◆ 充电进程图形显示。

◆ 用户授权。

◆ 外形美观及全天候适用的不锈钢机柜。

◆ 安装快速、简单。

◆ 工作声音小。

主要可选功能

◆ 基础型交流电表测量交流输出电能。

◆ PIN 码验证。

◆ 输入功率限制软件，避免昂贵的电网升级成本。

◆ 数据统计和访问管理网络模块。

◆ 集成后台管理系统、支付平台和智能电网系统。

◆ 更广泛的温度范围：-35℃ ~ +50℃。

◆ 远程可复位微型断路器（MCB）和漏电保护器（RCD），正常运行时间最大化。

◆ 定制品牌。

充电出口规格	GB（默认）
充电标准	GB
最大输出功率（kW）	50
输出电压范围（VDC）	50 ~570
最大输出电流（ADC）	125
连接标准	GBT20234. 3 -2011

续表

充电出口规格	GB（默认）
连接器/插座类型	GB
电缆长度（m）	3.9
兼容电动汽车品牌	比亚迪·戴姆勒、东风日产、北汽、上汽等中国国标充电的车型

一般参数	
环境	室内或室外
工作温度（℃）	-10～45 可选：-35～45
贮存温度（℃）	-40～70
兼容性和安全性	国标 GB
交流电源输入连接	3P +N+ PE
输入电压范围	380 VAC±10%（50Hz）
最大额定输入电流和功率（A，kW）	125，86
功率因数（满载）	>0.96
效率	额定输出功率条件下 95%
RFID 系统	ISO/IEC 14443A/B，ISO/IEC 15693，FeliCaTM 1，NFC 读卡器模式，LEGIC Prime & Advant
网络连接	GSM / CDMA/3G 调制解调器，10/100 Base-T 以太网
防护等级	IP54
工作噪声（dBA）	正常运行工况 45～50
尺寸（深×宽×高）（mm）	760×525×1990
重量（kg）	400

（2）Wall-box 壁挂式系列充电机（定制化产品，图片仅供参考）——适用于居民小区、别墅和办公停车场等场所

ABB Wallbox GB 壁挂式充电机是基于国家标准的快速直流充电机。ABB 提供定制化的产品，包括性能、外观、标识等（图 4 仅作参考）。

ABB 壁挂式充电机功率为 10～22kW（可根据实际需要选择），可以在 30 分钟到 3 小时（充电时间与不同车型所带电池相关）充电完毕。

主要可选功能

◆从 10kW 至 22kW（进线为 380V）。

◆根据需要可以有户内和户外选择。

◆PIN 码验证。

◆数据统计和访问管理网络模块，集成后台管理系统、智能电网系统。

◆广泛的温度范围：-10℃～50℃。

◆最大额定输入电流为 16～32 A，输出电压为220V～570V。

◆远程可复位微型断路器（MCB）和漏电保护器（RCD），确保正常运行时间最大化。

◆品牌定制（见图 4）。

（定制化产品，图片仅供参考）

图 4　Wall-box 壁挂式充电机

建议合作模式

ABB 愿意与电动汽车 OEM 建立长期战略合作伙伴关系，共同开发满足于电动汽车的壁挂式直流充电机。为确保每个壁挂式直流充电机都能得到有效使用和及时维护，ABB 建议现阶段采用定制化合作开发模式，建议流程如下：

◆ABB 与 OEM 洽谈，了解电动车型和 OEM 的基本需求。

◆ABB 根据电动车型和 OEM 的基本需求建议合作方案。

◆合作方案进行澄清、调整和优化。

◆双方达成技术和商务初步合作意向。

◆ABB 进行壁挂式直流充电机的开发。

◆开发过程中对充电机和电动车进行测试。

◆小批量交货，并提供安装和调试支持。

◆与 OEM 共同推广电动车和充电机。

◆后续批量合作。

◆其他不同功率需求的电动汽车充电机合作。

ABB 愿意与各个电动汽车 OEM、充电站运营商、电网公司等共同寻找合适的商业模式，推动电动汽车产业在中国的发展。

（3）基于互联网链接的在线服务

ABB 的充电机可提供基于互联网链接的在线服务，能够帮助客户实现快速、稳定的后台管理、在线监控、在线

修改和升级、运营统计等信息化服务。图 5 为网络管理图，包括充电机、手机、iPad 等智能终端，以及通信网络和服务器等。

数据处理架构如图 6 所示，用户管理层可以通过电脑终端的 Galaxy、APIs 等软件与数据层服务器通信，把需要监视、控制、修改、升级等指令传输给数据服务器（Data Layer，数据层），服务器再把指令传输到充电站，并将反馈回来的信息再传输给用户的电脑终端，从而进行充电站网络的数据处理（计费，统计正常工作时间，为后续增加充电机等提供实际数据）和操作。操作层的用户（Operation Center）也可以通过服务器对操作层进行监控。

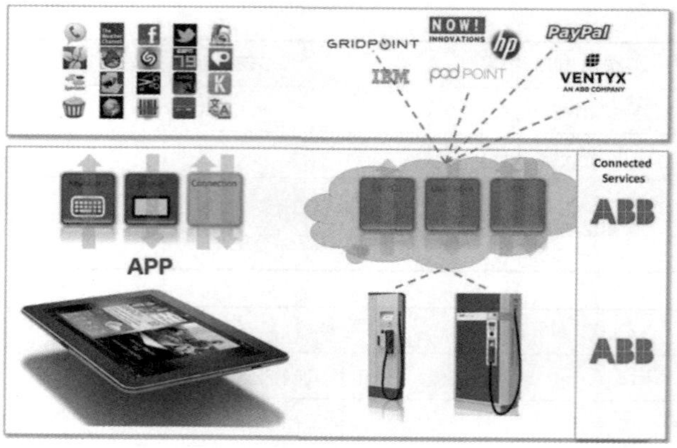

图 5　网络管理

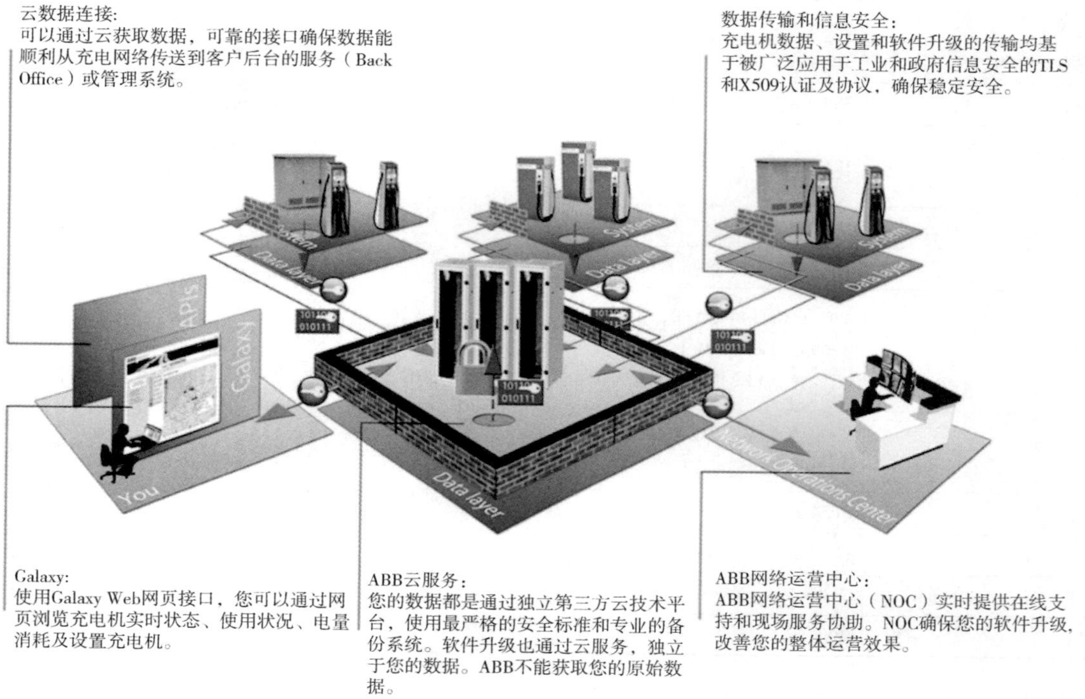

图 6　数据处理架构

二、成功案例

ABB 拥有丰富的经验和成功案例，业务遍及欧洲（荷兰、英国、德国、意大利等）、北美、澳洲、亚洲（韩国、新加坡、中国）等 30 多个国家，在中国以及中国的台湾、香港均有 ABB 的成功案例，为您的爱车保驾护航。

案例 1　爱沙尼亚——全球首个国家级电动汽车充电网络（见图 7、图 8）

在爱沙尼亚的每条主干道上，每隔约 50 公里设有一台快速充电机，并于 2013 年 2 月 20 日启用电动汽车充电内容：

- 超过 200 台“直流 + 交流”组合式快速充电机。
- 在办公地点安装大约 507 台交流充电桩。
- 交钥匙项目和网络服务。
- 通过会员卡的 RFID、短信、电子钱包支付费用。

图 7　爱沙尼亚项目充电示范

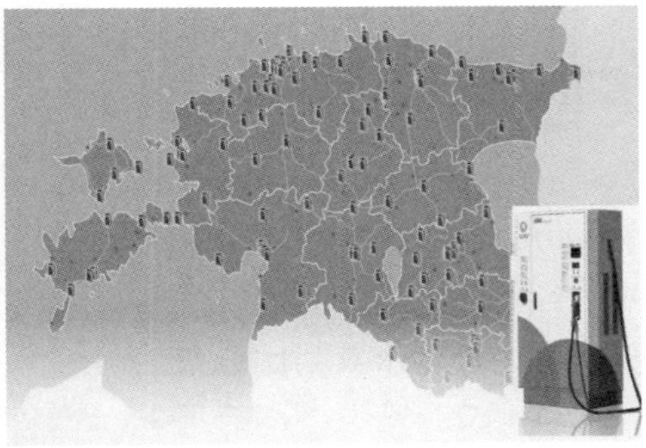

图 8　爱沙尼亚国家级充电站网络

案例 2　荷兰——FASTNED 国家级电动汽车充电网络

◆ 2013 年开始陆续投入使用。

◆ 带太阳能发电遮篷，整体节能解决方案（见图 9）。

◆ 计划到 2015 年建设 201 个充电站，各站使用多台充电机（见图 10）。

图 9　荷兰 Fastned 带太阳能的充电站

图 10　荷兰 Fastned 充电网络

案例 3　ABB 与深圳比亚迪戴姆勒的战略合作项目

ABB 与全国首个专注于电动汽车的深圳市比亚迪戴姆勒新技术有限公司强强合作，为其名下的腾势电动汽车提供壁挂式充电机。该充电机具有结构坚固、充电稳定可靠、操作简便、能够在线连接等特点，适合居民小区和办公车库等场所使用（见图 11、图 12）。

图 11　腾势电动车

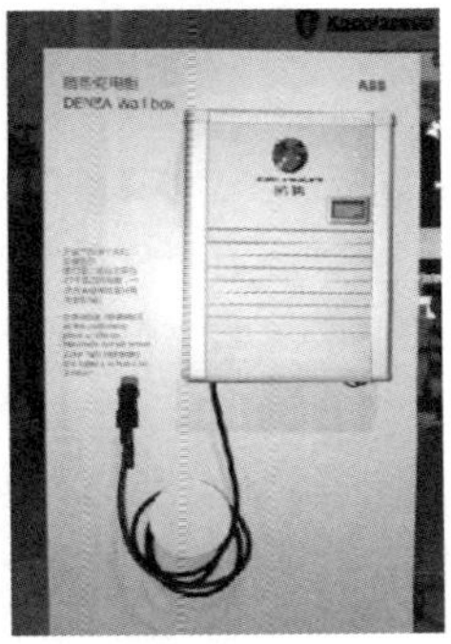

图 12　ABB 为腾势定做的壁挂式充电机

案例 4　广州花都区直流快充网络

ABB 为广州市花都区电动汽车充电站一期项目（见图 13），该项目提供了超过 30 个 Terra 系列 50kW 直流快速充电机（见图 14），为东风日产提供的晨风 E30 纯电动汽车的士充电，耗时 30 分钟，具有充电稳定快捷、会员付费、后台管理等特点，获得“客户高度满意”的评价。

图 13　广州花都 ABB 的充电站

图 14　ABB Terra51 系列充电机

场站大功率多用途充放电设备

1. 发展状况

珠海泰坦科技股份有限公司（以下简称“泰坦”）是在香港上市的中国泰坦能源技术集团有限公司（港股代码：2188）下属全资子公司，主要从事电力电子、自动控制、新能源、节能增效等产品的开发、制造和营销。

2. 成果名称

场站大功率多用途充放电设备。

3. 成果简介

该成果来自“电动汽车充电设备产业化技术攻关”国家科技部863项目，被广泛地使用在大型、中型的城市综合型充电站、高速公路沿途的快速补充电站、电动公车交充电站及厂矿企业各类电动汽车补充电的自备充电站。

在该项目中，泰坦开发的设备为双路大功率充放电装置，是由一套总功率为200kW（250A/800V或2×250A/400V）的充放电设备，由两台功率为100kW（250A/400V）且功能完全相同的充放电组件组成。实现充电站一套装置具有两路快速充电或快速放电的功能及宽范围功率输出的特点，能满足多种类型电动汽车快速充电和快速放电的需要，大大缩短了电动车辆在充电站的停留时间。

该设备获得两项国家实用新型专利：移动式交直流供电电源，专利号为ZL201120041147.7；设备的充电或者放电系统，专利号为ZL201320655751.8。另外，还有一项国家发明专利“电动汽车的充放电系统”正在审核受理中，受理号为ZL2013104956458。

4. 成果创新点及解决的难点问题

（1）利用充电枪自动识别车辆的充电电压范围，自动切换装置实现内部电源串联工作，以输出高电压，满足高电压输入车辆的需求。

（2）为了保证司乘人员的安全，防止充电设备的泄漏电流触及人身安全，该设备采用了工频隔离技术的创新思路。利用变压器隔离的两路功率单元输出，分别实现对蓄电池充电或者放电功能。

（3）该设备突破了常规充电设备输出电压范围窄的缺点，首次使用两级变换电路，使充电输出电压范围从30%可连续调节到100%，实现了宽电压输出，满足了全系列电动汽车的充电需求。

（4）设备的功率单元电路，经过创新发展后可以实现对蓄电池充电或者放电功能，可以满足今后大型充电站既可充电又可放电、既可买电又可卖电的多用途的需求，还可作为储能电站中的双向电源。

（5）采用最新软件算法技术，实现了设备中谐波电流的抑制及多级滤波电路的创新，可以吸收外界空间的电磁干扰，使设备在强电磁范围安全运行。

5. 国外与国内技术水平对比分析

电动汽车能否在很短时间内补充用电，一直是电动汽车能否普及的关键问题。但是，由于国内外各厂家生产的汽车使用的电池容量和工作电压不同，若在公共充电站配备快速充电设备，必须选用输出电压和输出电流范围都可满足对这些车辆进行快充的充电设备。目前国内外电动汽车的公共设施充电情况见表1。

表1 国内外电动汽车的公共设施充电情况

品牌	电池容量（kW·h）	充电时间（h）	泰坦充电设备	
			输出功率（kW·h）	快充时间（min）
宝马 i3（进口）	22	3.5	60×2辆	20
福特福克斯（进口）	23	4	60×2辆	20
日产聆风（进口）	24	5	60×2辆	20
特斯拉 Model S（进口）	60	3.5	100×2辆	35
荣威 E50	18	10	60×2辆	10
众泰 2008EV	25	7	60×2辆	20
比亚迪 E6	60	10	100×2辆	35
申沃 SWB6121EV2	138.7	3.5	200	40
申沃 SWB6121EV	142.2	3.5	200	40
宇通 K6126EGA9	169	9	200	50

本文介绍的泰坦“场站大功率多用途充放电设备”则是满足上述要求的。

6. 成果应用情况

泰坦充放电设备在国内具有一定的知名度，在国内重大项目中都选用了泰坦生产的快速充电设备，如图1～图3所示。

图1 北京奥运会电动汽车充电站的充电设备

图 2　上海世博会电动汽车充电站的充电设备

图 3　广州亚运会电动汽车充电站的充电设备

在国家电网公司电动汽车示范项目中也大量地选用了泰坦生产的快速充电设备。如：北京的奥运会项目、高安屯站、航天桥站、北土城站、马家楼站、祁家豁子站、西黄庄站；香港的龙鼓滩站、青衣站、国际会展中心站、华夏神龙元朗展览中心站、香港中华电力站；广东的深圳机场站、深圳后海站、广州亚运村站；山东的淄博新区站、淄博客运中心站，济宁站，临沂焦庄站、临沂柳清河站、临沂沂南站、巩村站、罗庄站，烟台站，威海站，日照万平口站；四川的成都院山寺站、成都红牌楼北街站、成都城南站、成都金信源站、成都万兴站、成都银沙站、成都成渝站，乐山眉县站；陕西的西安高新区站；宁夏的银川海宝站、银川新城站，宁东灵州站；湖南的长沙东站；广西的南宁竹溪站；江苏的苏州邓尉路站，南京的旭日站；河北的邯郸站，武安曹公泉站、武安涉县站；辽宁的大连友谊街站；吉林的辽源站；以及上汽、金龙、宇通、北汽、广汽、二汽等众多知名车企合作项目等。几年来，泰坦共生产快速充电设备 483 台，共 9351kW，其中销往国外 10 台、125kW。

7. 成果的产能建设情况

泰坦经过产业化改造，类似设备现有年产量 3000 台、60 万千瓦的生产能力。

8. 社会及经济效益分析

本项目进行电动汽车充电设备及充电系统的研发及产业化，通过采用多项关键技术解决目前电动汽车充电站建设面临的问题，包括适应多类型电动汽车大电流的快速充放电问题、大电流充电状态下的蓄电池保护问题。因此，本项目极大地推动了电动汽车的产业化实施和普及发展，具有重大的社会效益及经济效益。

（1）本项目的社会效益主要体现在以下几个方面：

① 大功率电动汽车充放电设备的开发，将推动充电站的规模化建设，完善电动汽车产业基础设施配套体系，营造良好的电动汽车发展和推广应用环境。通过电网在城市的高覆盖率实现路边停车区域的充电模式，有利于完善电动汽车产业设施配套体系，完善城市公共充电网络等基础设施，营造良好电动汽车发展和推广的应用环境。

② 电动汽车充电站是电动汽车大规模产业化后不可缺少的电动汽车能源服务基础设施，开发电动汽车充电站数字化充电设备，实现电动汽车充电站管理和控制的自动化成为必然。本项目的实施，有利于利用先进的信息技术实现其运行和管理的自动化，降低工作人员的劳动强度，提高充电站的运行和管理水平。

③ 开展对电动汽车充电设备核心技术和关键产品的研发，壮大电动汽车产业，培育行业龙头，完善产业链。充电环节涉及面广，有利于完善电动汽车整个产业链。本项目的实施，将带动相关产业，如电池制造商、电池维护和回收企业等，使汽车制造商有效降低采购压力和采购成本，也使广大车主无后顾之忧。

④开发电动汽车充电设备，将促进新能源汽车的规模化发展，有利于促进发展电动公交系统，降低排放和噪声污染，缓解燃油供给压力，符合国家新能源战略和节能减排号召。

⑤ 本项目进行的电动汽车充电设备的研发及产业化，能够带动和促进产业链上下游企业的发展，促进地方税收，加大工作岗位需求，具有重要的社会意义。本项目完成后将实现年产 3000 套大功率充电设备的生产能力，增加 200 个就业岗位，随着项目的推进，该数字将逐步增加。本项目通过对上下游的辐射，将间接增加 1000 个以上的就业岗位。仅这一个产品就可实现年纳税约 3000 万元，具有较大的社会效益。

（2）本项目的建设也可带来极大的经济效益，主要体现在以下几个方面：

① 能够大幅提高电动汽车充电设备的技术水平，使大功率快速充电成为可能，大幅提高充电效率，实现经济效益。

②本项目充电设备具有较高性能，能够满足多型号车辆的充电使用，避免重复建设。

③在大电流充电过程中能够有效地保护蓄电池的性能，

从而延长电动汽车动力电池的寿命。

④有效解决高次谐波对电网电能质量的影响，能够实现绿色环保的电网接入，实现电网保护的经济效益。

⑤本项目的实施能够解决动力汽车的关键问题，从而大力推动电动汽车的发展，节省原油消耗，在交通、能源领域实现间接经济效益。

⑥能够有效带动就业和增加税收，促进地方经济发展。

（珠海泰坦科技股份有限公司）

实现中度混合动力汽车性能优化的400V IGBT技术

1. 引言

石油价格，化石能源有限的储备，以及降低二氧化碳排放的需求，迫使各国政府推出新政策，以提高燃料效率。在北美，OEM生产的汽车燃油率在2016年将限制为35mpg；在欧盟，到2020年二氧化碳的排放量将限制为95g/km。对所有汽车厂商来说，要达到此类规定的要求，唯一途径是在产品组合中推出混合动力汽车和电动车。

看一下当前市场数据，便可理解之后的技术发展趋势：在对传统燃烧系统的节能做进一步优化之后，接下来的开发目标将是中度混合动力汽车，再接下来是重度混合动力汽车，最后是电动汽车。

与重度混合动力系统不同，中度混合动力系统无法仅依靠电力驱动车辆。电机仅用于启动内燃机（有启动和停止功能），并在车辆加速过程中提供助力功能，在刹车时启动制动能量回馈。此类系统用极具性价比的方式提高了燃料效率。对于一些型号的汽车来说，只需比类似的传统型号多耗费几百美元，就可使燃料经济性提升15%~20%。

由于用在中度混合动力汽车上电机的功率有限（低于20kW），与重度混合动力汽车或电动汽车相比，中度混合动力汽车可降低所需的电池电压，这样可减少不同组件（电池、开关、电容器等）的成本。目前，中度混合动力汽车的设计采用的电池电压最高为200V，而重度混合动力汽车或电动汽车则需要高达450V的电池电压（或通过升压器达到更高电压）。但是，所有这些汽车在主要逆变器开关上都使用了相同的技术——绝缘栅双极型晶体管（IGBT）。

由于其自身的特性，IGBT已被证明在成本与性能方面是最佳的半导体开关。为达到最高效率（最低电气损耗），有必要对逆变器直流供电压进行优化（即减少系统的总体杂散电感），并缩小电池电压与IGBT阻断电压能力之间的差距。不过遗憾的是，迄今为止尚无耐压在600V以下的IGBT技术。这意味着，在100~200V工作电压的范围内（中度混合动力汽车）存在非常大的差距，因此逆变器性能下降，导致燃料效率降低。

2. 采用40μm晶圆的IGBT

沟槽与场终止技术同时最大限度地降低了IGBT的稳态损耗与开关损耗。沟槽单元[2]与场终止垂直设计相结合。

由于发射极（阴极）附近的载流子数量增加，因此沟槽单元可减少通态损耗。场终止设计理念是由NPT理念演化而来的，包括附加的n掺杂层，该层植入在晶圆的背面（如图1）。在场终止区与晶圆基片的电阻增加的共同作用下，器件可在保持相同阻断电压的情况下厚度减少大约1/3。由于晶圆厚度减少，可以进一步降低通态损耗与关断损耗。场终止层掺杂度低，因此不影响低掺杂的p发射极，p发射极也植入晶圆的背面。

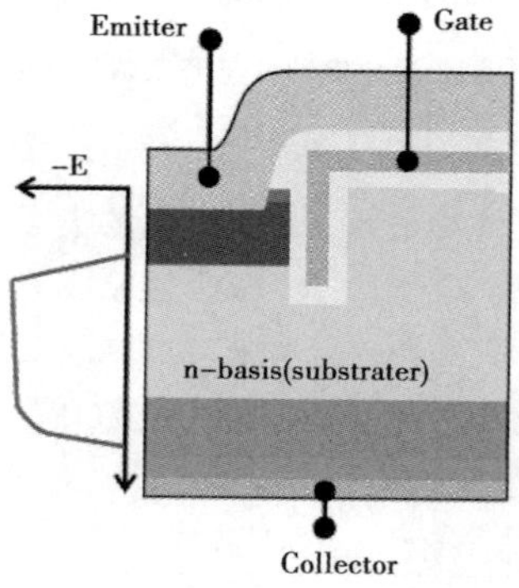

Emitter	发射极
Gate	栅极
n - basis（substrate）	n 基区（基片）
collector	集电极

图1　沟槽与场终止IGBT单元

场终止设计理念意味着需要超薄的晶圆技术，因此在可生产性方面是个挑战。另外，IGBT功率损耗与晶圆厚度大致呈二次方正比，因此减少晶圆厚度意味着提升系统性能。由于这些原因，650V系列的IGBT采用约70μm超薄晶圆，比一流的晶圆的厚度还薄30%。将电压降低至400V，意味着需采用约40μm超薄晶圆。由于许多工艺（即退火、金属化、钝化、平板印刷与蚀刻）是在晶圆已经加工成薄片的情况下实施的，因此存在技术挑战。

复杂的晶圆处理工艺，包括超薄晶圆使用的极为特殊的设备，以及由优化型背面金属化工艺控制的晶圆翘曲度，都是非常关键的。晶圆本身的薄化通过晶圆研磨和湿式化学蚀刻的共同作用来实现[3]。

3. 电气性能

基于40μmIGBT新技术的首款产品开发基于Hybrid-PACK1封装（如图2）。

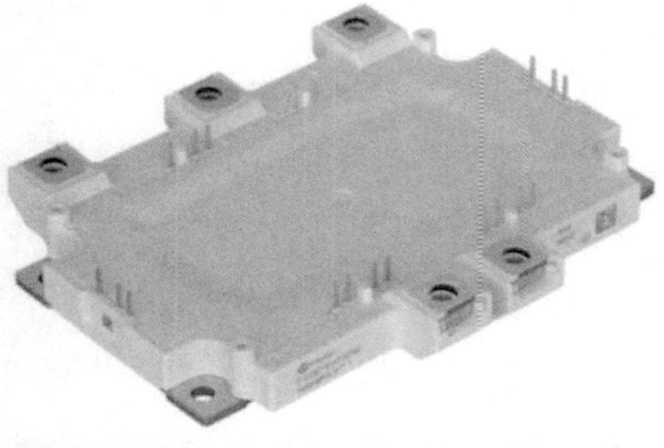

图2　HybridPACK 1 封装

HybridPACKTM 1是经检验技术成熟的功率模块封装，用于650V范围内的IGBT以及其他器件。HybridPACKTM 1封装专为最大功率不超过30 kW的中度混合动力汽车和重度混合动力汽车而设计。由于专为在150°C的结温下工作而设计，模块可以容纳六单元配置（电机驱动配置），适用于风冷式逆变器或液冷式逆变器系统。扁平的铜基板、高性能陶瓷基片再加上经改良的英飞凌绑定线工艺，为中度混合动力汽车逆变器应用提供了可靠的热循环和功率循环能力。

与先进的650VIGBT/二极管芯片组进行比较，结果显示：400V IGBT/二极管芯片组不仅可以显著降低相同母线电压下的导通损耗，而且还可以显著降低开关损耗。400V与650V芯片组损耗的比较方法：在晶片尺寸几乎相等（400V/216A与650V/200A）的情况下，简单地将400V IGBT3/Emcon4芯片组与650V IGBT3/Emcon4芯片组进行交换。两种芯片组是在相同条件下（测试台设置、PCB、电流额定值）进行测定的。

从表1、表2可以看出，与650V IGBT/二极管芯片组相比较，400V IGBT/二极管芯片组的总导通损耗约降低15%。

表1　温度为25℃与150℃时在215A IGBT与430A二极管条件下每次开关的导通损耗比较

（Vce = 120V，Ic = 215A/200A）

条件 / 项目	Vce_ sat [V] @25°C°C	Vf [V] @25°C	Vce_ sat [V] @150°C°C	Vf [V] @150°C
650V导通损耗 [mJ]	1.45	1.55	1.70	1.45
400V导通损耗 [mJ]	1.30	1.35	1，45	1，20
导通损耗降低量 [%]	10.3	12.9	14.7	17.2

在FS215R04A1E3D模块中，与650V IGBT相比较，400V IGBT/二极管芯片组的总开关损耗降低12%。

表2　Rg相同时开关损耗比较

（Tj = 150°C，Vce = 120V，IC = 215 / 200A）

条件 / 项目	Eoff	Eon	Erec	Esum
650V开关损耗 [mJ]	3.95at Rg = 1.8Ω	1.0at Rg = 1.8Ω	3.0at Rg = 1.8Ω	7.95
400V开关损耗 [mJ]	3.75at Rg = 1.8Ω	0.75 at Rg = 1.8Ω	2.5 at Rg = 1.8Ω	7
开关损耗降低量 [%]	5%	25%	17%	12%

4. 结论

本文描述了为中度混合动力汽车使用低电池电压（最高为200V）下的IGBT新技术。通过利用厚度仅为40μm的超薄晶圆，不仅导通损耗可显著降低，而且开关损耗也可明显降低。在克服技术难题后，此类设备的推出将对混合动力汽车的燃料消耗产生影响。

参考文献

[1] C. Castro，T. Reiter，D. Graovac，A. Christmann，Application Requirements for Automotive Power Modules，Automotive Power Electronics，SIA 4th International Conference and Exhibition，April 6&7 2011，Paris，France.

[2] H. Rüthing，F. Umbach，O. Hellmund，P. Kanschat，G. Schmidt，600V - IGBT3，Trench Field Stop Technology in 70μm Ultra Thin Wafer Technology，Circuits，Devices and Systems，IEE Proceedings - special edition，June 2004.

[3] Dr. D. Graovac，Dr. A. Christmann，M. Münzer，Power Semiconductor Solutions for Electric Vehicles，EVS - 25 Shenzhen，China，Nov. 5 - 9，2010.

（英飞凌科技（中国）有限公司　C. Castro　Andreas Kopetz　Laurent Beaurenaut）

亿马先锋动力系统在迷迪纯电动出租车上的应用

北京亿马先锋汽车科技有限公司，全面贯彻落实党中央和国务院关于发展战略性新兴产业和加强节能减排的相关要求，以技术领先、质量为本、追求卓越为远景，以“团队合作、以人为本、共同发展、共创辉煌”为理念，以“立足中国、美国研发、中国制造、建立电动汽车市场领先地位”为战略方针，在引进美国二代 AC－150 电机驱动系统的基础上，成功研发了第三代电机控制系统、300kW 大功率电机系统、第四代电机控制系统等多个项目。北京亿马先锋汽车科技有限公司研发的产品在实际道路运行中具有动力性强、加速性能好、电池续驶里程长、能量回收系统能够有效节省 30% 能量等优势，在乘客和用户中受到一致好评。

1. 项目简介

搭载北京亿马先锋汽车科技有限公司的动力系统——北汽福田迷迪纯电动出租车（见图 1）目前已有 200 辆在北京昌平、怀柔示范运营。该系统采用北京亿马先锋汽车科技有限公司第二代电机控制系统、AC－150 风冷电机系统（见图 2），以及拥有四项发明专利的电池包、电池管理系统。整套系统无论是安全性、动力性和充电时间，还是续驶里程和能量回收，都达到行业领先水平，深受市场欢迎。

图 1　北汽福田迷迪纯电动出租车

图 2　AC－150 电机系统

2. 主要技术创新点

（1）AC－150 电机系统

该系统选用交流感应电机，电机技术成熟可靠，大功率，高转速，高效率，重量轻，功率密度高，稳定性好。在车用电机行业中，其峰值功率密度和连续功率密度均处于绝对领先地位。

成熟可靠的交流感应电机技术融合了 ACP 独特的电机热管理设计专利，有效提高了电机的功率密度。

电机选用铜、铝等常用金属材料，成本低，不受稀土材料价格影响，规避了“石油式”能源危机，并且易于售后维修和车辆报废后的回收处理，真正达到了“绿色环保”的目的。

（2）第二代电机控制系统

高度集成的控制系统包含电机控制器、三相逆变、整车控制、大功率充电机、驱动系统总成匹配和控制、分配与优化控制、能量回收系统、V2G 双向充电等先进技术（见图 3）。ACP 的电机控制、三相逆变、整车控制技术为道路上行驶的车辆提供了稳定的驱动动力；牵引力控制、速度控制和整车安全控制管理策略为车辆行驶提供了安全保障。

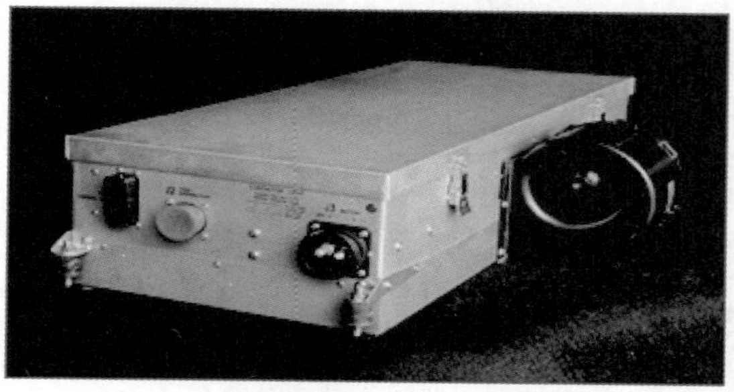

图 3　第二代电机控制系统

集成式大功率充电机，充电功率为 0～18kW，远高于目前市场上的车载充电机（3～6kW，如尼桑 LEAF、通用 VOLT、三菱 i－Mi）的充电功率，在目前电池技术的基础上，正常充电时间为 2 小时，有效缩短了车辆的充电时间，同时避免了快速充电对电池寿命的影响。

制动能量回收率可使机械能转化为电能回收到电池中储存，有效地增加了车辆的续驶里程，非常适合在城市中行驶。

ACP 开发的车辆智能电网双向充电技术——V2G 技术，能使电动汽车在电网波谷时段自动充电，在电网波峰时段放电（售电），创造了“反哺”价值。

（3）电池包及电池管理系统

北京亿马先锋汽车科技有限公司选用 18650 电芯，开发出了电池装配技术（见图 4）和电池管理系统（见图 5），并获得美国、中国的多项专利。电池管理系统中的光纤能监控电池的冲放电压/电流，最优化、最安全地使用电池能量，拓宽电池使用范围和操作寿命，提高电池使用循环次数。

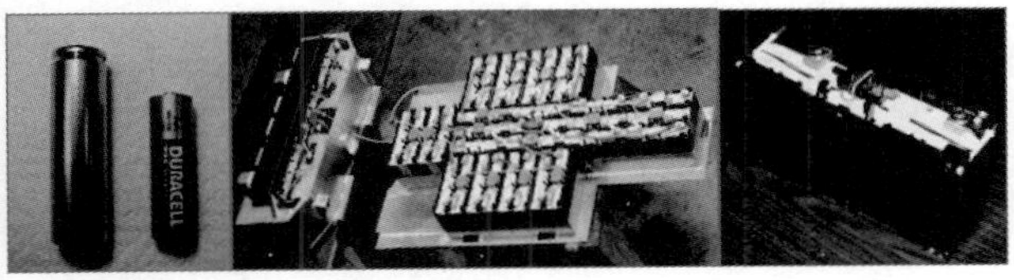

图 4 电池及电池包

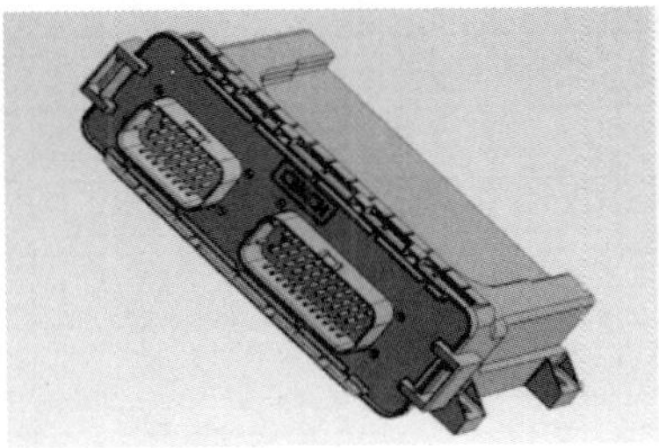

图 5 电池管理系统

3. 新技术的开发

（1）第三代电机控制系统

第三代集成化电机控制器 PEU 的特点：更加稳定，更多的数字化，包含三相逆变器、电池充电机、电源滤波器、电机控制器和数字信号接口。电力电子单元（PEU）与动力电池（通过 BPCM 或客户特定的 BMS 电池管理系统）、驱动电机、充电端口、驱动控制器、驱动接口相连接，增加了高速 CAN 通信协议、电池包管理系统。电机尺寸更加紧密，为第二代产品的 2/3（见图 6）。

AC－150 电力电子器件独有的控制专利技术，将 PEU 的电力电子器件和电机绕组线圈结合成高效的电池充电机，通过共享电机驱动部件和充电器来降低整车的成本和重量，同时也降低了公共充电基础设施的建设成本。

图 6 第三代电机控制系统

（2）第四代电机控制系统

其特点为：

①数字化控制。

②电机和控制器采用液体冷却方式，极大地提高了产品的工作效率，产品体积相对第二代产品减少 50%。

③按照产业化标准重新优化设计，优化了生产流程，降低了人工成本。部分材料采用模压技术、铸造，可以适用于工业化、大批量生产。在现有第二代的基础上降低 30% 的成本。

④两种型号：a. 峰值 80kW（额定功率 40kW）；
b. 峰值 150kW（额定功率 75kW）。

第四代电机控制系统目前正处于测试阶段，预计 2015 年 8 月实现量产。如图 7 所示。

图 7 第四代液冷电机控制系统

4. 推广应用情况、经济效益和社会效益

北京亿马先锋汽车科技有限公司（美国 ACP 公司）的纯电动汽车技术在国际上享有盛誉，曾经为大众、沃尔沃开发纯电动汽车样车，为宝马提供电机电控和电池管理系统。通过技术授权的方式为特斯拉和台湾裕隆提供技术服务。同时，公司产品已在国内多家汽车厂得到应用推广。随着我国碳排放标准的逐步提高，政府对推动纯电动车发展的政策扶持力度逐步增大，中国的乘用车市场将会迎来崭新的“纯电动汽车时代”。届时，亿马先锋的纯电动汽车技术将会成为纯电动汽车行业的领跑者，为城市空气质量的改善、地区经济的快速发展做出贡献。

（北京亿马先锋汽车科技有限公司 美国 ACP 公司）

汽车电控系统一体化解决方案（E－ControlSYS）

1. 成果简介

汽车电子控制单元 ECU 的开发是一个极其复杂的过程，包括多个步骤和任务：功能概念定义、算法开发、软件编程、硬件设计、操作系统和驱动程序开发、硬件在环仿真测试、匹配标定及验证、ECU 软硬件集成等。这些步骤在多数情况下相互关联且反复循环，大量的工作要有跨学科知识、经验和技能的配合才能完成，这就给产品的开发带来很多困难和不便。

力久科技将现有的产品级控制器、底层软件以及常用标定工具进行整合，为客户提供了一套完整的解决方案。基于产品级控制器的一体化电控系统解决方案（E－ControlSYS）可用于传统汽车、纯电动汽车及各种插电式混合动力车等新能源汽车，通过更换硬件控制器，可完全兼容客车系统（系统电压24V）及轿车系统（12V电压）。

该项目成果已成功申请发明专利及软件著作权如下：

序号	专利号或登记号	专利或技术名称	授权公告日期	专利类型	成果来源
1	201020687817.8	电动车动力集成数字管理系统	2011-07-06	实用新型	—
2	ZL201010612338.4	电动车动力集成数字管理系统	2011-07-06	发明	—
3	ZL201110186392.1	一种基于模型的电机驱动车辆的防抖控制方法	2014-02-14	发明	自主研发
4	ZL201110186797.5	汽车用电子油门信号的安全处理方法	2013-09-18	发明	自主研发
5	201210399618.0	基于并行结构的驾驶员请求扭矩滤波安全架构	实质审查	发明	自主研发
6	201210399234.9	基于并行结构的驾驶员请求扭矩安全架构	实质审查	发明	自主研发
7	201110186798.X	基于并行结构的汽车力矩安全架构	实质审查	发明	自主研发
8	ZL201110186874.7	采用相位调节器平抑汽车扭矩波动的控制方法	2013-09-11	发明	自主研发
9	2013SR004789	纯电动汽车整车控制软件 V1.0	2013-01-15	软件著作权	自主研发
10	2013SR004852	混合动力汽车整车控制软件 V1.0	2013-01-15	软件著作权	自主研发
11	2013SRO39271	一种控制器下线监测软件 V1.0	2013-04-28	软件著作权	自主研发
12	2013SRO39293	一种汽车电子控制单元的一体化开发环境软件 V1.0	2013-04-28	软件著作权	自主研发
13	2013SRO39321	一种汽车 ECU 程序刷新软件	2013-04-28	软件著作权	自主研发
14	2013SRO38992	一种汽车 UDS 诊断服务上位机软件 V1.0	2013-04-28	软件著作权	自主研发
15	201410040480.4	一种自动挡汽车启停控制系统	受理	发明	自主研发
16	201410040221.1	一种手动挡汽车启停控制系统	受理	发明	自主研发
17	201420053593.3	一种基于新能源小轿车的整车控制器	受理	实用新型	自主研发
18	201420052741.X	一种新能源汽车的电源电压处理电路	受理	实用新型	自主研发
19	201420059617.6	一种低速电动车电机控制器外壳	受理	实用新型	自主研发
20	201420081467.9	一种电动汽车的电机控制器	受理	实用新型	自主研发

2. 成果创新点及解决的难点问题

力久科技开发的 E-ControlSYS 汽车电控系统一体化开发平台，其控制器硬件采用双 CPU 架构，主 CPU 为 32 位高性能浮点芯片，采用符合 E-GAS 的 3 层安全监控架构规范，具备模拟与数字输入、PWM 输入与输出、LSD 低边驱动、HSD 高边驱动、CAN 通信等多路接口，监控芯片和主芯片之间通过 SPI 通信能够有效地进行检测和监控。为了与硬件控制器配套，力久科技提供了完全满足产品级控制标准的底层驱动和服务软件，包括符合 OSEK 规范的实时操作系统 RTOS、支持 CCP 在线标定和刷写、支持符合 ISO 15765协议的 UDS 诊断服务、BootLoader 引导及刷写服务等。力久科技将上述底层软件和协议栈打包集成，以 simulink 工具箱的形式提供给用户使用，并实现了编译器的自动调用、自动编译链接和 Hex 文件、A2L 文件的自动生成和更新，完全实现了 simulink 环境下的一键编译功能，大大提高了用户的开发效率。

力久科技提供的一体化电控系统解决方案（E-ControlSYS）：

①基础硬件（ControlUNIT）；

②基础软件（ControlKERNEL）；

③应用软件（ControlSOFT）。

（1）基础硬件（ControlUNIT）

力久科技研发的一体化电控系统解决方案支持整车控制器、电机控制器、自动启/停控制器等量产级控制器：

①整车控制器：12V/24V（乘用车/商用车），纯电动、混合动力等。

②电机控制器：72V/144V。

③自动启/停控制器。

（2）基础软件（ControlKERNEL）

①提供基于 Matlab/Simulink 控制软件开发的平台。

②无缝链接 Matlab/Simulink 的自动代码生成，实现一键式编译。

③具有实时操作系统，并提供 CPU 负载率、操作系统运行时间等指示功能，以及运行时的堆栈、内存检测等。

④提供 CCP 协议栈，实现标定、DAQ 数据传输等，支持 INCA 等主流标定软件。

⑤提供数据字典管理工具便可进行标定、观测数据的管理。

⑥支持最大32KB（16bit）的片内EEPROM，采用多重备份结构，保证断电后存储数据的安全；支持256Kbit片外EEPROM；EEPROM分区设置，其中保护区域支持程序刷新后特殊数据的保存，如里程数。

⑦具有BootLoader，提供符合ISO 15765的程序刷新服务，刷新过程将对权限、刷新完整性、有效性等进行检测，确保程序正确刷新，并提供符合ISO 15765程序刷新上位机软件。

⑧提供符合ISO 15765诊断服务的上位机软件。

⑨可支持PLL，外围总线频率在运行时的动态配置，同时维持系统时钟和CAN波特率等不变；可进行动态配置，方便EMC、EMI试验获取数据；结合实时操作系统提供的CPU负载率等方便确定系统最优频率设置。

（3）应用软件（ControlSOFT）

如果客户需要将该快速原型系统应用于电动汽车或者混合动力汽车，则既可以自行开发上层应用控制算法，也可以选择通过购买力久科技的ControlSOFT应用软件快速实现产品级的控制程序。ControlSOFT应用软件已成功应用于国内主流轿车和客车企业的新能源汽车上，其基本架构如图1所示。

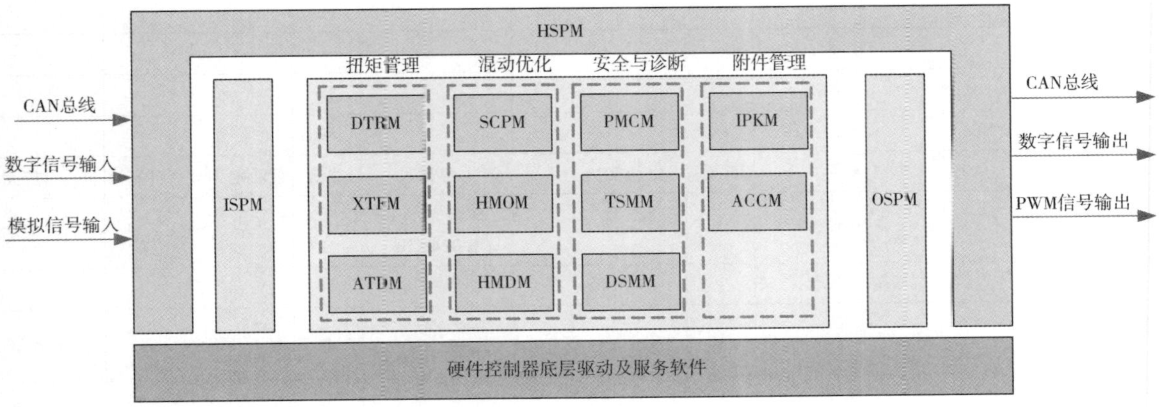

图1 应用软件基本架构

3. 国际水平对标分析

目前快速原型控制器提供商主要有dSPACE公司的microAutobox、woodward公司的MotoHawk、Pi Innovo公司的OpenECU等，其中microAutobox性能较强，但不适合直接作为量产控制器。

E-ControlSYS在硬件、软件等方面都不逊于这些国际知名厂商提供的方案。更近一步，力久科技也可以为客户的ECU定制相应的一体化开发环境，通过个性化有针对性的设计，使客户的开发效率得以大大提高。力久科技开发的E-ControlSYS一体化平台具有非常高的性价比，能够有效地替代国外同类产品，非常适合国内企业小批量装车应用。

以下为部分产品的硬件对比：

	E-ControlSYS（150MHz）			竞品M250（CPU：MPC534，80MHz）			竞品MotoHawk（CPU：MPC5554，80MHz）		
功能	数量	驱动能力（A）	应用	数量	驱动能力（A）	应用	数量	驱动能力（A）	应用
低端驱动（LSD）	4	1.0	带有续流二极管	1	0.5	—	8	1/2（max）	喷油驱动
	4	7.8	PWM功能（10Hz~1.28kHz）	3	5/2	喷油驱动（PWM）	8	5V/0.001	点火触发信号
	8	0.5	其中4路能用作PWM	1	2	喷油驱动（PWM）	2	0~1	开发，电流监控
	8	1.0	其中4路能用作PWM	1	8	PWM	5	0.165/0.700（Max）	开发
	1	1.1	用于主继电器控制（V）	1	10	喷油驱动（PWM）	4	1/7（Max）	开发
	1	—	0~12	1	12	点火驱动	2	0.165/0.350（Max）	开发
	1	—	0~12	1	0.010	驱动信号（点火线圈）		—	—

续表

功能	数量	Loading	Range（V）	数量	Loading	Range	数量	Loading	Range
外部模拟量采集	2	5K to 5V	0~5	7	10K to 5V	0~0.4	3	183 to 5V	电阻输入
	5	1K to 5V	0~5	2	4K7 to VPWR	0~5	12	1K to 5V	电阻输入
	4	10K to 5V	0~5	—	—	0V to VPWR	1	10K to 5V	电阻输入
	3	100K to 5V	0~5	4	4K7 to VPWR	0~5	2	150K to 5V	电阻输入
	1	5K to VPWR	0~5	—	—	0V to VPWR	7	51.1K to VGND	0V to 12V
	2	15K to VGND	0~5	6	51K to VGND	0~5	8	220K to VGND	0V to 12V
	3	51K to VGND	0~12	—	—	—	—	—	—
	2	100K to VGND	0~12	—	—	—	—	—	
	2	220pf	—	—	—	—	—	—	—
	4	10nf	0~5	—	—	—	—	—	—
	2	50K to VGND	0~70	—	—	—	—	—	—
	4	10K to Power/VGND	0~12	—	—	—	—	—	—
功能	**数量**	**驱动能力（A）**	**应用**	**数量**	**驱动能力（A）**	**应用**	**数量**	**驱动能力（A/kHz）**	**应用**
H桥驱动	1	7	H桥驱动	1	8	H桥驱动1（1.024KHz）	1	5/1	H桥驱动1
	1	-7	H桥驱动	1	-8	—	1	-5/1	—
		—	—	1	8	H桥驱动2（1.024KHz）	1	10/1	H桥驱动2
	—	—	—	1	-8	—	1	-10/1	—
CAN	3	—	通信	2	—	通信	2	—	通信
HSD	2	5	—	1	20	—	没有	—	—
功能	**数量**	**Loading**	**Range**	**数量**	**Loading**	**Range**	**数量**	**Loading**	**Range**
数字采集	1	1.8K to VGND	0V to VPWR	12	—	0/1	3	—	0/1
	3	5K to VGND	0V to VPWR	—	—	—	—	—	—
	4	15K to VPWR	0V to VGND	—	—	—	—	—	—
	4	10K to VPWR	0V to5V/12V	—	—	—	—	—	—

4. 成果应用情况

目前已有多家企业、高校在进行新能源车电控系统开发时使用 E-ControlSYS，涉及混动/纯电动整车控制、电机控制等。其中不乏小批量产项目，且单车控制器已经连续运行 10 万公里以上。

5. 经济效益

据预测，该产品的销售额将以平均 22.8% 的比例持续增长，利润的平均增长率将在 35% 左右，产业前景十分可观。未来三年的市场前景如下：

年份	产量（数量）	销售额（万元）	利润（万元）	创汇（万美元）	缴税（万元）
2014	150	250	50	0	8
2015	350	600	105	0	35
2016	600	1060	300	0	60

随着科学技术的不断进步，产业化条件的不断成熟，该产品的成本及费用将进一步降低，利润也将进一步提高。

6. 社会效益

该项目目前已完成中试，实现了小批量生产，正逐步向产业化目标发展。该项目填补了国内空白，可替代进产品，为国家汽车关键零部件制造国产化打下坚实的基础。该产品的开发和利用，将带动行业的技术革新，国内市场前景看好。研究开发并使其产业化，符合我国高技术产业“自主创新、着力应用”的指导思想，也符合当前的国家产业政策。该产品的广泛应用必将带动相关产业链的快速发展，同时拉动就业需求，增加国家税收。由此可见，项目产品的发展不但具有良好的经济效益，而且更具有良好的社会效益。

（苏州力久新能源科技有限公司）

高效平行流换热器的性能优化

1. 成果简介

汽车空调系统对蒸发器有着特殊的要求，汽车仪表盘下面的安装空间非常狭小，因此要求单位体积的换热器必须提供足够大的换热量和温度均匀性。

2012 年 6 月，平行流蒸发器（如图 1）的性能提升及温度场优化项目正式立项，由上海加冷松芝与上海交大合作研发，为此成立了由设计、分析、工艺、质量、试验等人员组成的项目组，研究工作启动。

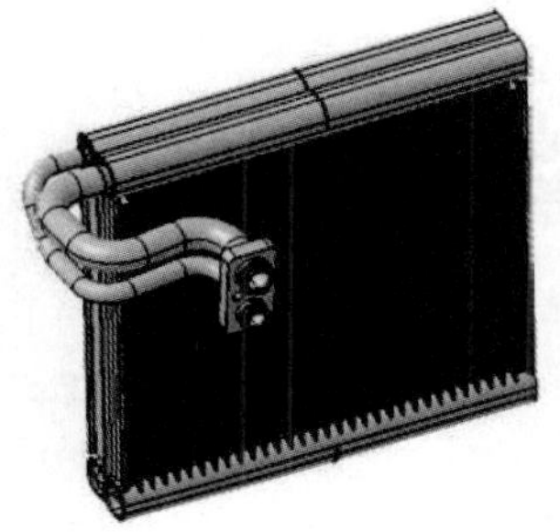

图 1　平行流蒸发器

通过对蒸发器基准样件的分析和测试，提出了第一阶段的优化方案，在其他条件不变的情况下，蒸发器由两流程改为四流程，以降低蒸发器表面的温差。流程增加后的蒸发器表面温差得以减小，但流阻上升，换热能力下降。在此基础上，项目组提出第二阶段的方案，扩大阻尼板上过流孔的孔径，改善流阻和换热能力。同时，在蒸发器进口集流管处均匀增加三处节流孔，调节节流孔的大小对蒸发器内的液体分配进行调整，从而均匀蒸发器的表面温度。而后又提出新的结构，用多孔板（如图 2）代替阻尼板，通过 CFD 模拟计算，对多孔板的位置和形状进行验证，选择计算结果理想的形式进行样件制作。试验使用焓差法车用空调综合试验台架完成单体性能试验，利用红外热像仪、热电偶阵列布点等方法测量其表面温度分布。试验结果显示，此结构使蒸发器芯体的换热效率提升 5% 以上。

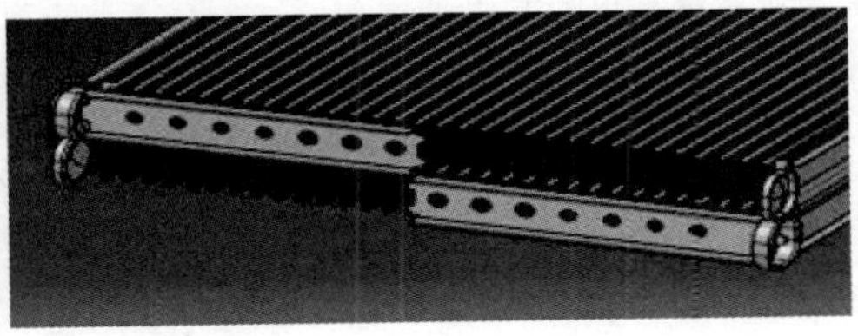

图 2　多孔板结构

目前此项目研究的平行流蒸发器已应用于东南 V5 轿车、东风 S15 乘用车、九龙新海狮面包车、昌河利亚纳等小车中，均取得了较好的性能提升效果。另外，该项目进行阶段，上海加冷松芝申请发明专利一项，目前处于实质审查阶段，同名实用新型专利已授权。上海交大申请发明专利两项，均处于实质审查阶段；在一级期刊上发表论文 1 篇。

2. 成果创新点及解决的难点问题

平行流蒸发器目前国是内外空调系统厂家的重点研究对象，因此加冷松芝公司将技术重心放在了以下几点上：优化平行流蒸发器集流管结构，改善蒸发器内两相流分配，提高蒸发器的传热性能，达到单位体积制冷量增加的目的。调整和优化多孔板的结构和位置，使芯体内分流均匀，达到温度场均匀的目的，从而提高乘员的舒适性。优化平行流蒸发器的设计方式，使得结构简单、重量轻、制造成本低，并且可以用同一种规格的模具实现不同长度的新型、薄型结构的蒸发器制造，使设计和成品标准化，达到降本的目的。

3. 国际水平对标分析

在产品优化后，松芝公司团队自制了与国际上最先进企业 D 公司相同风量流通面积的芯体，从两个芯体的对比数据可以看出，在相同的风量、相同换热流通面积下，松芝公司产品的制冷量都要高。具体比较如下：

测试条件	风量（m^3/h）	300	350	400	450
D 公司产品 1	空气侧制冷量（W）	3966.2	4535.0	4989.4	5417.6
松芝公司产品 1	空气侧制冷量（W）	4015.9	4508.2	4871.2	5491.6

测试条件	风量（m^3/h）	300	350	400	450
D 公司产品 2	空气侧制冷量（W）	3799.5	4277.3	4609.8	4895.1
松芝公司产品 2	空气侧制冷量（W）	3855.0	4296.0	4661.0	5032.0

4. 成果应用情况

经过改进的平行流蒸发器已经获得很多客户的认可，未来定会成为市场的主流，现在已批产或将要批产的项目都采用了该优化结构。如东南 V5 轿车、昌河利亚纳、东风乘用车、九龙新海狮面包车、通用五菱乘用车等。2012 年公司实现了平行流蒸发试生产，销量近 2 万台；2013 年实现了平行流蒸发器小批量生产，销量 6.11 万台；2014 年实现平行流蒸发器小批量生产，预计销量 8 万台。从现有产品和项目的趋势分析，后续的销量会有很大幅度的提高。

从目前的市场反馈看，用户的可接受程度高。

公司将不断开拓新客户，进一步扩大平行流蒸发器的销量。

5. 社会及经济效益分析

汽车工业是上海市的重点支柱产业，汽车空调系统又是现代汽车中不可或缺的独立系统。汽车工业的发展和技术的快速提升，引领汽车空调领域向节能节材、节省空间的方向发展。开发高效率的汽车空调零部件是满足汽车技术发展的基础，只有高效率的核心零部件才能匹配出高效率的空调系统，进而在满足同等舒适性的前提下，实现节能减排、节省材料的目标，同时实现节省空调系统占用空间、减轻空调系统的重量，为整车的新技术新装备提供应用余地。

本项目利用分析软件对现有平行流蒸发器结构进行模拟和优化，在此基础上进行创新，使得蒸发器内两相流分配更为均匀，改善了换热器的换热效率，技术水平国内领先，对蒸发器结构的优化有一定的启示作用。同时，优化后的蒸发器与普通蒸发器相比体积减少 30%，不仅增加了车内有限空间，更节约了原材料，这对于建设资源节约型、环境友好型社会具有重大的社会效益。

紧凑的体积，较少的原材料，降低了产品的成本。同时，配套模具的开发适合宽度相同、长度不同蒸发器的加工，实现设计和生产标准化，节省了重复开模费用，降低了蒸发器的制造成本，降本效果显著。

该项目投产后，取得了显著的经济效益。2012 年实现了平行流蒸发器试生产，销量近 2 万台，实现销售收入近千万元；2013 年实现平行流蒸发器小批量生产，销量超过 6 万台，实现销售收入 4000 万元。从新项目的销量情况和发展趋势来看，后续的销量会有很大幅度的提升。

（上海加冷松芝汽车空调股份有限公司）

电动汽车传导式充电连接器全球标准简介

电动汽车的发展正在推动汽车、电力及能源产业的变革。在这个新兴产业中，标准化的进程至关重要。比如，电动汽车和充电基础设施之间的充电接口标准，直接影响着不同车型在不同国家和地区的电网之间能否进行快速、简便的电能补充。

目前全球主要的传导式充电接口系统有：

（1）IEC 62196－1，2。2012 年 1 月发布，主要被欧洲国家所采用的交流充电标准。

（2）IEC 62196－3。目前还在制定过程中，预计 2014 年制定完成。主要内容是对直流充电接口的定义。

（3）SAE J1772。2010 年 1 月发布，是最早实施的充电接口标准，主要被美国及日本使用。其 5 芯的交流充电接口在 IEC 62196－2 中被定义为 type 1 接口。

（4）Chademo。其协会于 2010 年 3 月 15 日成立，主要成员单位来自日本，主旨为推进快速充电规格在日本的统一，因此主要被日本车厂所采用。

（5）GB/T 20234. 1，2，3－2011。2011 年 12 月颁布，2012 年 3 月实施，共由三部分组成，形式接近 IEC 62196－1，2，3。虽然目前是国标推荐标准，但解决了中国国内不同地区、不同电网公司充电接口不统一的问题。

为了更好地介绍标准，下面先列举标准中常用的充电接口术语定义（见图 1）。

供电插座（socket－outlet）：供电接口中与电源供电线缆或供电设备连接在一起且固定安装的部分。

供电插头（plug）：供电接口中与充电线缆连接且可以移动的部分。

车辆插座（vehicle inlet）：车辆接口中固定安装在电动汽车上，并通过电缆与车载充电机或车载动力蓄电池相互连接的部分。

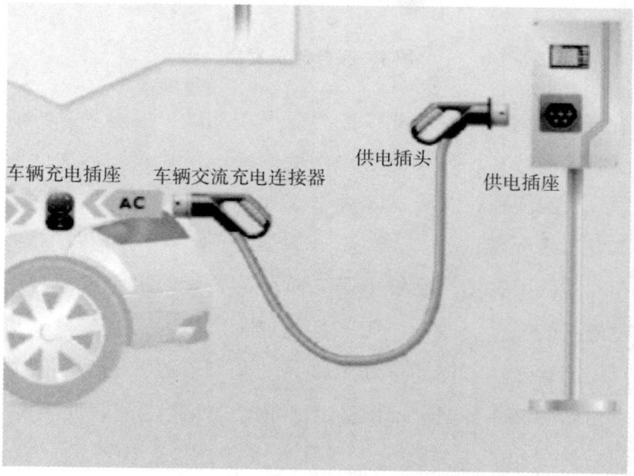

图 1　充电接口术语示意图

车辆插头（vehicle connector）：车辆接口中与充电线缆连接且可以移动的部分。

不同标准的车辆插座比较如图 2 所示。

传导式充电采用的方式

在目前的电动汽车传导式电能补给过程中主要采用两种方式：直流充电（DC）和交流充电（AC）。一般来说，由于直流非车载充电机可以产生较高的功率（100kW 以上），所以充电时间较短，多用于需要快速充电的场合。交流充电一般直接采用民用的 220V 或 110V 电压，通过车载充电机对电池进行电能补充，由于受到车载充电机体积和

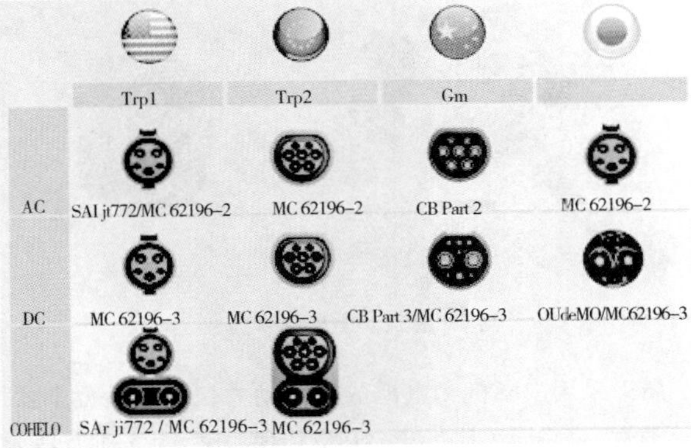

图 2　不同车型插座比较

散热条件的限制，其功率通常在 7kW 以下，所以充电时间较长，因此常利用夜间峰谷电为电动汽车充电。

不同标准的交流充电

交流充电，由于受不同国家和地区电网系统的影响，在充电标准中对充电连接器电压和电流的要求也不尽相同。比如，在德国三相电的使用比较普遍，即使个人用户在民宅中也可以使用，因此在 IEC 62196 －2 标准中，定义了 480V 交流充电电压和 63A 充电电流，实际充电功率可以达到 40kW 以上。在中国，虽然国标 GB/T 20234 －2 也定义三相充电电压为 440V，但因为中国私人住宅及小区直接能使用三相电的情况很少，所以交流充电电流最大只有 32A，而现在实际多采用 220V、16A 进行充电。至于美标的 SAE J1772，因为只定义了 5 芯的充电接口，因此采用此标准的电动汽车只能使用单相交流充电，比如通用的沃兰达（Volt）及日产的聆风（Leaf）。不同交流充电器最大电流、电压对比情况见表 1。

表 1　不同标准定义的交流充电连接器最大电流及电压的对照表

标准	最高交流电压（V）	最大电流（A）
IEC 62196 －2 type2	480（三相）	63（三相） 70（单相）
SAE J1772（IEC 62196 －2 type 1）	250（单相）	80（单相）
GB/T 20234. 2011 －2	440（三相）	32

从交流接口的外形来看，三种标准也有区别，其中 IEC 的 type 2 与 GB 标准最为接近，均采用 7 芯的布局，看似可以互相通用，但实际上，由于车辆插头端分别采用了母头和公头的设计，所以两者无法互换使用。SAE 标准由于只使用 5 芯接口，因此它的充电连接界面与 IEC type 2、GB 完全不兼容（见图 3）。SAE 和 GB 均采用了机械锁的结构，而 IEC 只采用内部电子锁机构对车辆插头和插座进行锁定。

不同标准的交流充电接口造成了电动汽车发展初期全球充电难的问题。比如，一辆通用的沃兰运（Volt）采用 SAE 标准的 5 芯车辆插座，如果在德国行驶的话，就无法使用 IEC type 2 的 7 芯连接系统进行充电。当然，解决方法

图 3　IEC type 2 与 GB 完全不兼容

也是有的：采用转接适配器或混合标准充电线缆的方式。如图 4 所示，供电插头是 IEC type 2 的接口，而在车辆插头端则是 SAE 标准接口。

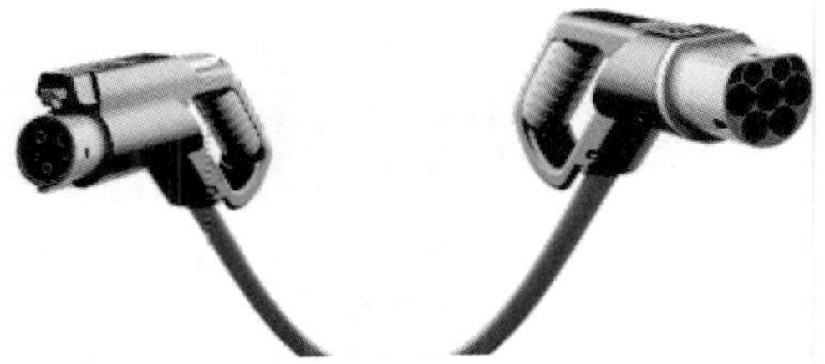

图 4　供电插头与车辆插头完全不同

不同标准的直流充电

由于 IEC 62196 －3 直流充电标准还在制定当中，因此各个国家和地区使用的直流充电接口方式也是五花八门。最早颁布的日本 Chademo 形式的直流充电标准，由于受日系车厂电动汽车推广较早的影响，在市场中的影响最广，在日本、欧洲及北美市场均可以找到采用此接口的直流充电设施以配合日产、三菱等电动车型的使用。由于采用 CAN 的通信协议，因此除了常用的连接确认、充电导引及直流针之外，还有额外的两根 CAN 通信用针脚，所以整个 Chademo 接口有多达 10 芯的连接针脚。

在中国，由于目前直流充电也是采用 CAN 的通信方式，所以充电接口定义与 Chademo 非常接近，但外观却有着天壤之别（见图 5）。在国标 GB/T 20234 －3 中定义的充电电压和电流分别为 750V 和 250A，充电功率可以达到 150kW 以上，相比 Chademo 目前 60kW 的功率高出一倍。所以，在设计连接器时，考虑到电气间隙及爬电距离的影响，充电接口的尺寸有很大差别。

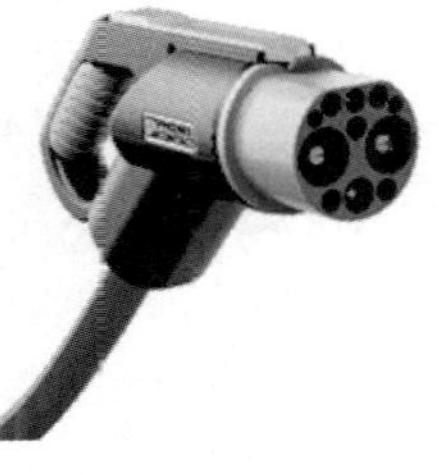

图 5　IEC type 2 的接口

欧洲与北美的直流充电标准目前还在制定当中，但在 IEC 62196 的定义中，type 1 及 type 2 的接口也是可以用于直流充电的，即在小功率（25kW 左右）直流充电时欧标

与美标采用的接口形式同交流充电口（见图2）。需要注意的是，采用直流充电时，充电线缆必须满足标称的额定充电电流。但是，由于受到结构设计的限制，type 1 及 type 2 接口无法用于大功率直流充电（100kW）。

为了解决电动汽车大功率充电问题，德国汽车企业提出了组合式充电接口（Combined Charging）的概念，并得到了美国车企的响应，因此新的直流充电方式应运而生。菲尼克斯电气作为一家专业的电气接口供应商承担了该产品的设计及标准制定工作。与目前广泛使用的 Chademo 充电方式相比，组合式充电接口具有以下的特点：①充电功率更高（100kW 以上），可以大幅缩短停车等待时间。②直流和交流车辆插座（vehicle inlet）合二为一（如图6），减小了插座占用的空间，并降低了成本。③兼容现有的交流充电设施。④采用电力载波通信方式（Power Line Communication），可扩展性强，便于今后有序充电的发展。⑤直流充电只采用5芯连接，降低了充电线缆的成本。从2012下半年开始将会有一批采用 PLC 通信及组合式充电接口的电动汽车上路测试，而与之相关的 ISO 15118 及 IEC 62196 - 3 标准也在加紧制定中，预计在2014年或2015年颁布实施。该标准是否影响 Chademo 及 GB 的直流充电标准，还需要经过市场的检验。不过，从系统设计理念来看，组合式充电接口将具有更广泛的应用前景。

展望

汽车电气化是未来的发展趋势，考虑到目前的电池技术还需要完善，因此传统内燃机仍然会存在相当长的一段时

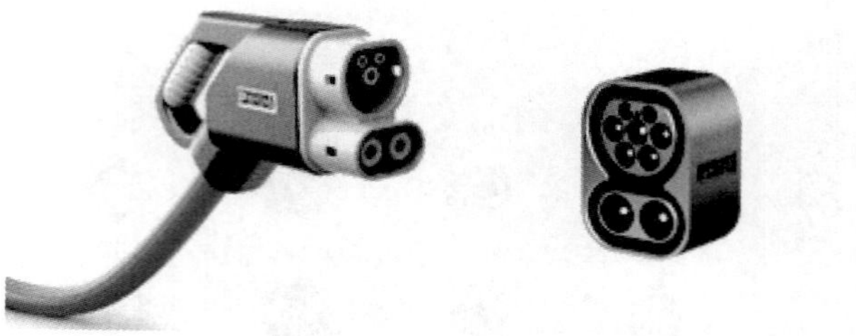

图6　直流、交流一体插头

间，所以采用内燃机和电池的混合动力技术将是近期发展的主要方向。其中，由于 PHEV（插电式混合动力技术）对充电基础设施的依赖较小，节能效果明显，因此将会得到较快的发展。所以，针对 PHEV 车型主要采用交流慢充的方式，利用夜间的峰谷电进行220V、16A的交流充电，让电池在车辆起步及交通拥堵低速行驶的路况下发挥作用。大功率的直流充电技术适用于 BEV（纯电动）车型的电能快速应急补充，在未来也会有很广泛的应用空间。由于其电流大电压高，考虑到安全因素和对电网的影响，不会用于家庭充电场合，更多的会出现在公共快速充电站中。

新产业在发展初期基本都会遇到标准纷繁复杂且互补不兼容的情况，电动汽车产业也不例外。因此，在全球范围内，不同的充电接口标准依然会并存很长的时间。随着电动汽车的普及，人们会越来越多地考虑标准的兼容性问题，即使各个国家和地区的充电接口在结构外形上无法统一，但牵涉到车辆与充电基础设施的通信方式也许会达成一致。

（菲尼克斯电气电动汽车充电连接产品经理　陈凌）

电动新能源汽车智能监控与服务系统

电动新能源汽车的推广、应用很大程度上受制于使用过程的安全性和充电的便利性。武汉电动汽车技术开发有限公司始终高度重视技术创新与应用，拥有与新能源汽车智能与服务系统相关的6项国家专利和12项软件著作权，一直以来致力于电动新能源汽车的工况数据分析、安全监控、智能充电，针对车辆使用的便利性和安全性，推出电动新能源汽车智能监控与服务系统。

系统采用物联网技术、GPS技术、GIS技术、软件工程、电信等现代信息技术，通过集成创新，自主研发出集车网、电网、路网于一体的新型电动新能源汽车智能监控与服务系统平台。系统平台通过对电动新能源车辆实时工况和地理坐标、充电设施的地理坐标和使用状况、道路交通状况等信息数据的采集、分析和运算处理，以及与电动汽车和充电设施之间的信息交互，为车辆提供实时安全监控，自动生成最优的充电路径，为有充电请求的电动汽车提供智能充电引导，实现电动汽车充电、运营管理的自动化、智能化和对充电设施、电动汽车运行过程的安全监控。

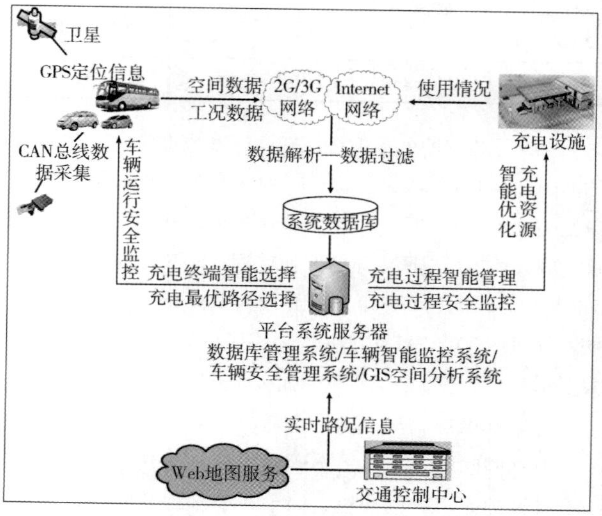

图1　电动新能源汽车智能监控与服务系统综合平台总体技术方案

系统功能主要包括：车辆信息采集、道路状况数据采集、充电设施数据采集、工况数据查询分析显示、车辆自动充电请求、智能充电引导、充电过程安全监控、电动汽车安全监控等。

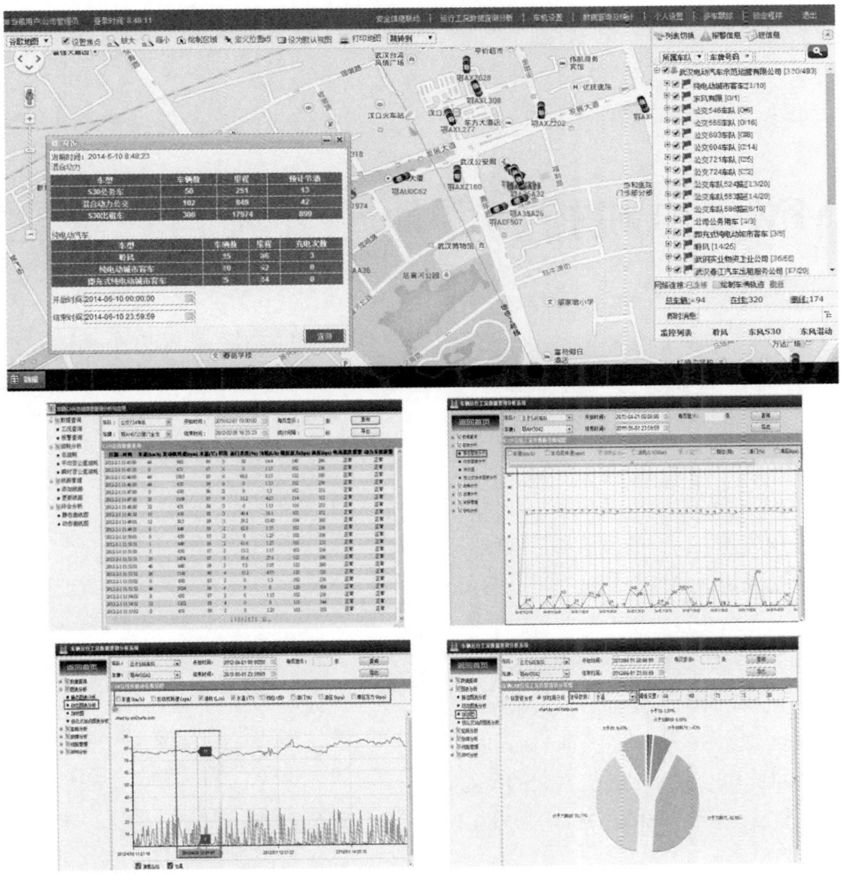

图 2 管理界面

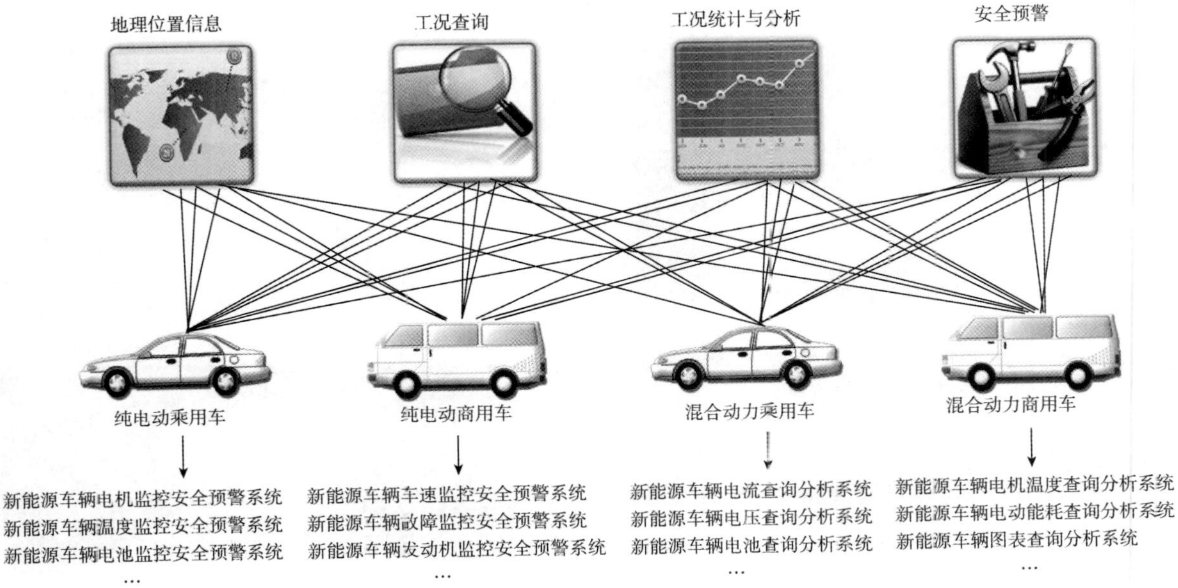

图 3 模块化设计

系统采用模块化设计，由多个子系统及相关模块组成，可根据车型、数量、应用目的等选择相应的模块组成专项应用系统。

系统应用前景广阔。对于主管职能部门，通过数据互通，使充电设施监控、车辆安全监控管理总体投入下降；对于供电部门，可提供设施布局规划参考、保证设施使用率、预知充电需求、提供错峰电力供应调配依据，使提供更多增值服务成为可能；对于电动新能源汽车最终用户，可增加新能源车辆使用信心，提高车辆利用率，减少半途缺电可能，减少充电排队时间，享受更多增值服务。

（武汉电动汽车技术开发有限公司）

MMC 电机控制器原型开发与产业化

1. 产品概述

纯电动汽车或混合动力汽车的核心控制单元主要包括整车控制器 VCU、电池管理系统 BMS 以及电机控制器 MCU。尤其是纯电动汽车，很多研发厂家更是将主要功能集成在电机控制器上。目前对于控制算法的开发，往往采用基于 Matlab/Simulink 模型化语言的 V 字形开发规范，在保证建模规范、测试规范、能力建设的同时，实现算法的快速开发和验证。然而，目前对于传统的快速原型只能进行信号级算法的功能开发与验证，并且无法快速应用于小批量样车。

意昂神州联合美国 RMS 公司，为国内外厂家提供完善的电机控制算法（功率级）快速原型开发平台，实现从研发到样车生产的一体化解决方案——D2P（From Development to Production）。电机控制 D2P 一体化解决方案的核心是基于模型的电机算法控制技术——MMC（Model - based Motor Control）。

MMC 产品主要由电机控制器硬件及软件开发包组成（如图 1），软件开发包运行在 Matlab/Simulink 环境下，且基于成熟的批产控制器硬件平台。客户可以通过基于模型的开发环境，结合自主的电机控制算法，实现算法设计—模型搭建—代码生成—硬件调试—产品定型，大大缩短了产品的开发周期。

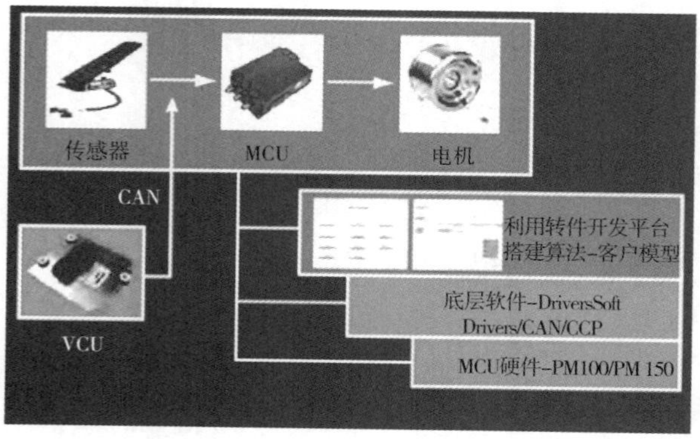

图 1 电机控制器开发包组成

2. 产品特点

◆MMC 硬件产品成熟可靠、体积小、集成度高，散热技术取得美国专利，可匹配永磁同步和交流异步类型电机。

◆PM 系列产品和 Remy 等公司的产品已在北美、亚洲市场进行了小批量应用，市场效果较好。

◆支持电机算法自主开发，基于 Matlab/Simulink/RTW 的软件开发平台，采用 V 字形标准流程。

◆算法软件模块化开发，便于开发资源的统一与客户算法数据库的建立，缩短开发周期。

◆成熟的硬件与底层工具，让客户更专注于自主知识产权的软件开发及真实负载验证。

◆便于开发团队交流设计理念，基于模型的算法评价更为直观。

◆一键式代码生成，Bootloader 下载，操作流程简单。

◆开发平台可一次性快速建立，降低了开发成本。

3. 竞争优势

功率级电机控制开发平台

PM100 产品是专门为电动汽车、混合动力汽车及工业控制设计的一款原型开发与可批量装车的电机控制器。该电机控制器采用高热流强化散热（已申请专利）设计，外观尺寸和重量大大减小，功率容积率大于 25kW/L，功率质量密度大于 16kW/kg，且延长了在恶劣环境中的使用寿命（如图 2）。

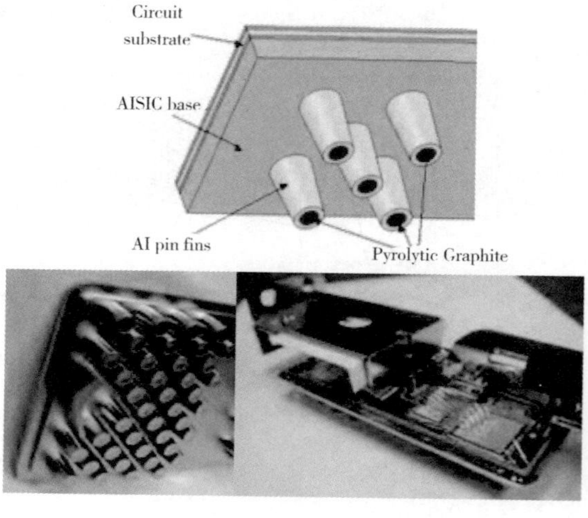

图 2 功率级电机开发平台

MMC 具有以下硬件系列：

Controller Moded	PM100DX	PM100DZ	PM100DXR*	PM1500X	PM1500Z
Maximum DC Voltage – operatin	360V	720V	400V	360V	720V
Maximum DC Voltage – operating	500V	900V	500V	500V	900V
Motor Current Continuous	300Arms	150Arms	300Arms	450Arms	225Arms
Motor Current Peak**	350Arms	200Arms	450Arms	450Arms	300Arms
Size	See drawind	See drawing	See drawing	See drawing	See drawing
Weight	7.5kg	7.5kg	7.5kg	12kg set	12kg set
Minimum Wire Size	4AGW			2AGW	
Minimum Wire Size	4AGW			2AGW	
Minimum Wire Size	1AGW			3/0 AGW	
Minimum Wire O. D.	9.0AGW			11.0mm	
Minimum Wire O. D.	16.5AGW			21.0mm	

* The PM100DXR is only available for special applications (i. e. racing), use must be approved by RMS。

** Peak current is defined as a maximum of 30 seconds。

PM100 **硬件特征：**高屏蔽性能与高低玉隔离设计。

◆高热流强化散热设计。

◆高功率密度。

◆高 IP 等级（IP 等级为 67）。

◆封闭式电源线接头设计。

◆标准的行业内传感器设计。

◆电压范围：100 ~ 360VDC/720VDC，最大驱动功率可达 100kW。

◆适用交流异步电机、永磁同步电机、直流无刷电机。

◆双 CAN2.0 通道。

◆RS – 232 接口。

◆多路模拟与数字 I/O。

◆固件可升级。

◆接受客户定制。

◆基于 Matlab/Simulink/RTW 的软件开发平台。

◆支持电机算法自主开发。

基于 Matlab/Simulink 模型化的电机控制器开发

DriveSoft 是一款集配置 Simulink 模型开发库、代码编译、代码下载、数据标定等功能于一体的应用软件。运行 DriveSoft 软件将自动生成并加载底层模块库（I/O 接口、通信接口、内存单元接口等），用户可以根据实际的资源应用调用相应的封装模块。

DriveSoft 模块库中共包含 11 类大功能模块、33 个子模块（如图 3）。

DriveSoft 软件可实现以下功能：

◆在 Simulink 环境下，将算法模型与硬件驱动模块结合后，直接编译并下载到硬件中，实现算法对硬件的控制，同时支持算法的离线仿真。

◆支持 BootLoader 下载与 CCP 数据标定。

◆支持标定数据掉电存储和读取。

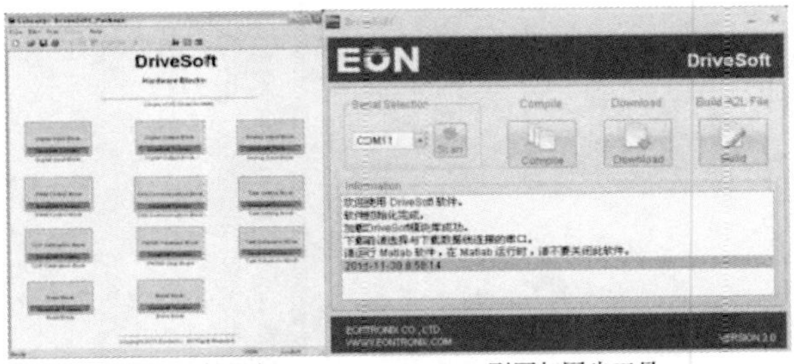

底层软件的模块库　　刷写与同步工具

图 3　模型化的电机控制器开发模型

4. 产品应用

对于 EV/HEC 新能源汽车电机控制器算法策略的开发，业内采用基于 Matlab/Simulink 模型化语言的 V 字形开发规范，在保证建模规范、测试规范、能力建设的同时，实现算法的快速开发和验证。

典型应用

◆EV/HEV 新能源汽车电机控制器 RCP 快速原型开发。

◆功率级电机控制器自主开发。

◆高校、研究所电驱动科研平台建设。

目前该产品已成功匹配多款电机，客户也可使用自己现有的电机完成系统开发。

（意昂神州［北京］科技有限公司）

新能源汽车整车控制器快速开发与产业化解决方案

新能源汽车整车控制器（VCU/HCU）是新能源汽车的核心控制部件，其控制技术水平直接影响着整车的动力性、安全性及经济性。近年来，随着我国新能源汽车示范推广及运营范围的不断扩大，市场对于新能源汽车的核心部件——整车控制系统——的开发与产业化需求越来越迫切与严格。然而，目前国内整车控制系统领域缺乏面向产业化的系统开发经验，控制策略成熟度低、节能效果差，传统 ECU 快速原型开发成本较高且无法与批量产业化有效结合，并且缺少足够的功能安全验证手段以及批量生产管理工具，这些都阻碍了国内新能源汽车整车控制系统产品快速实现产业化的目标。

为提升新能源汽车整车控制系统的质量及产业化水平，多年来意昂神州（北京）科技有限公司通过与汽车电子电控行业众多国际一流公司的合作，并遵循 V 字形开发流程与 ISO26262 车辆功能安全标准，为行业伙伴提供从开发到产业化的一体化解决方案——D2P（From Development to Production），帮助解决新能源汽车整车控制器快速开发与产业化的难题。D2P 方案包括需求与风险分析、系统匹配、控制功能设计、安全与诊断功能设计、整车网络通信设计、成熟的 ECU 硬件平台、基于模型的控制策略快速开发环境与自动代码生成、硬件在环仿真测试、台架和整车标定与测试、控制器产业化服务、生产线刷写与检测等。VCU 开发流程如图 1 所示。

图 1　VCU 开发流程

主要技术创新点

意昂神州新能源汽车整车控制系统，基于北美新能源专家控制策略知识库，参考了欧美成熟的并经过市场验证的模块化控制设计，在用于混动与纯电动控制系统通过了两年 100 万公里的产品耐久性测试及市场验证。

在新能源汽车整车控制系统需求分析阶段，通过合理的系统 FMEA 分析、系统 HIRA 分析，制定系统功能安全目标、控制器硬件功能安全目标、控制器软件功能安全目标、VCU 系统软件架构设计以及策略开发与测试规范。

在新能源汽车整车控制系统概念开发阶段，应用意昂神州北美专家团队与合作伙伴共同开发的整车能量优化工具（EFO），快速搭建整车动力系统仿真平台，通过对不同循环工况的计算，优化并确定整车动力系统架构及子系统特性与参数，为新能源汽车整车控制及能量管理策略提供前期的控制目标与验证环境，并为后期的整车性能标定提供理论依据。

新能源汽车整车控制系统开发平台（如图 2）基于意昂 D2P－MCS 快速开发平台，硬件采用世界知名汽车零配件供应商（德国大陆公司，美国伟世通公司）生产的高质量、批产级控制器，所有硬件都通过湿度、电磁干扰、抗震、盐雾等专业测试标准；D2P－MCS 快速开发平台具有 DEV 开发版控制器和 PRODUCTION 产版控制器两个版本，代码释放后直接从 DEV 开发版控制器移植刷入 PRODUCTION 批产版控制器，开发、样车和批量使用统一的软硬件平台，最大限度地缩短研发周期，提高开发效率，实现整车控制器从开发、样车到批量产业化的快速、低成本衔接。

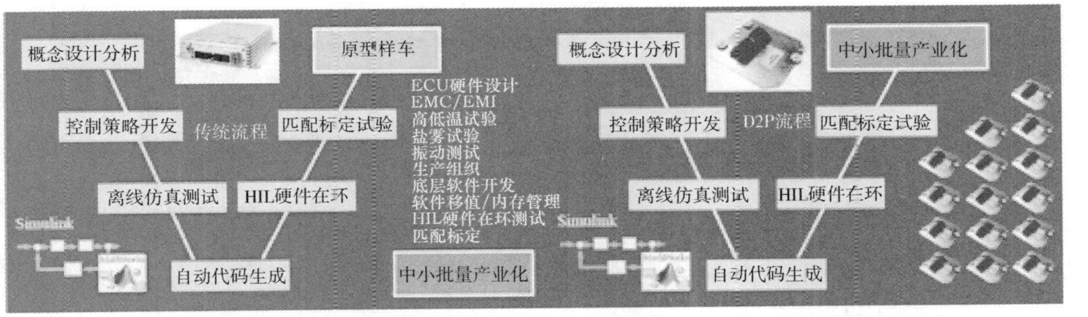

图 2 新能源汽车整车控制系统开发平台

D2P－MCS 快速开发平台（如图 3）软件由基于 Matlab/Simulink 环境的底层软件（OS 操作系统、I/O Drivers、CAN/RS485、CCP 协议等）和应用层软件组成，国内外应用成熟的 MotoHawk 底层软件模块库将帮助工程师将底层与应用层软件快速集成，并实现控制策略设计、刷写、标定、诊断等目标。

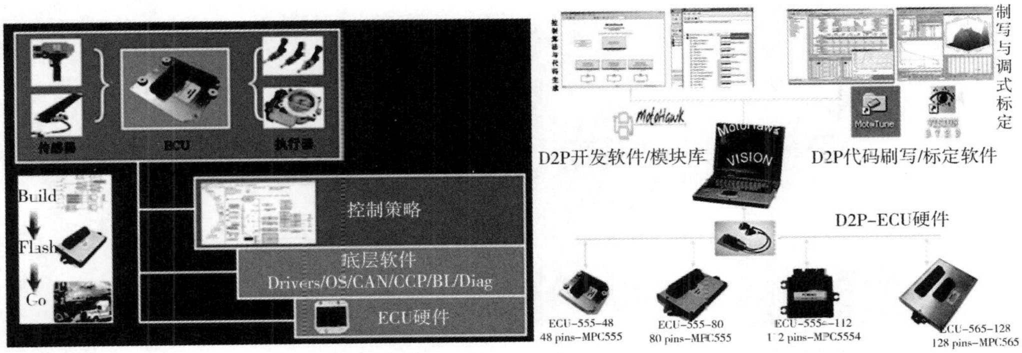

图 3 D2P－MCS 快速开发平台

新能源汽车整车控制系统（如图 4）软件设计，基于北美新能源专家控制策略知识库，具有整车状态识别、扭矩协调管理、能量优化管理、安全监控保护、热管理、充电管理、网络通信管理、故障诊断管理、系统上下电管理、附件管理等 10 个主要功能模块。扭矩协调管理模块可根据驾驶员的扭矩需求，并结合整车能量状态，实现最佳的扭矩控制，提升驾驶平顺性。热管理模块依据高低温环境对电池温度进行调节，保证电池运行环境安全。故障诊断管理包含 360 多种失效模式的诊断和处理。

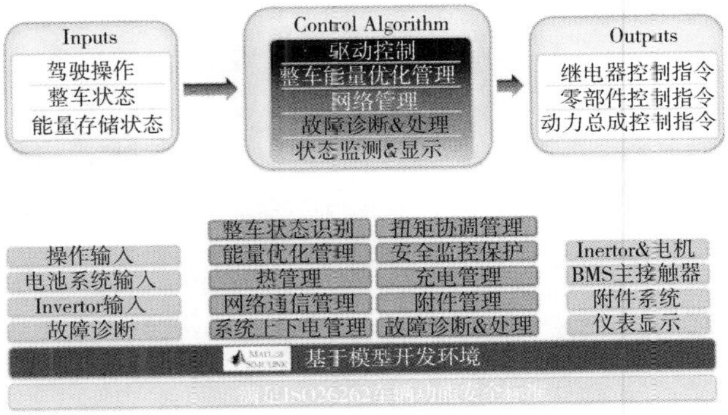

图 4 新能源汽车整车控制系统

根据 ISO 26262 车辆功能安全标准 ASIL C 和 D 安全等级要求，意昂神州应用 Mx－Suite 软件测试工具及 σ－HiL－VehicleSim 整车控制器硬件在环仿真测试系统，在系统开发前期导入测试规范，在开发过程中始终对测试规范和测试案例实现追踪管理，并完成对系统功能进行单元测试、系统集成测试及功能验证等的测试，以确保整车控制系统的功能安全。

根据新能源汽车产品化生产及运行的需要，意昂神州开发了功能完备的新能源汽车整车下线检测系统（End－of－Line Testing，EOLT），EOLT 系统功能包括 ECU 数据集成刷写系统、ECU 数据信息管理系统、生产线终端测试系统。该系统能够帮助减少新能源汽车下线时间，提高生产效率并降低新能源汽车出厂时的故障率。

推广应用情况

意昂神州依托北美专家知识库与技术团队，为国内多家主机厂提供了纯电动或混合动力汽车整车控制器从开发到批量生产的一体化解决方案，服务内容包括纯电动或混合动力汽车整车控制功能及故障诊断功能开发、整车总线网络设计及仿真测试、MiL－SiL－HiL一体化系统功能测试与验证、公告车耐久性试验及批量装车等服务（如图5）。

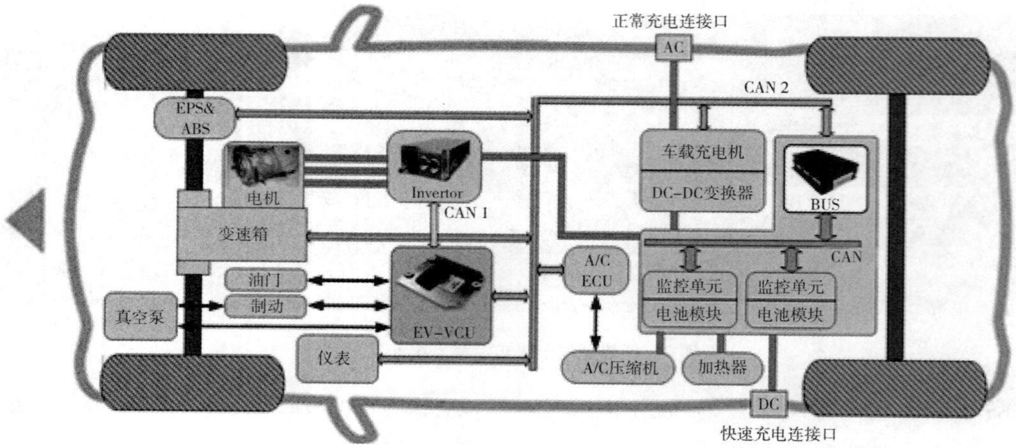

图5　整车控制器一体化解决方案

（意昂神州［北京］科技有限公司）

第九篇
大事记

一、地方项目合作

1月

2013年1月8日 芬兰欧洲电池公司高端锂离子动力电池系统生产线项目落户天津轻纺经济区。芬兰欧洲电池公司将在轻纺经济区分两期建设高端锂离子动力电池系统生产线，总投资20亿元，投产后年总产值达40亿元，年总产能为12亿瓦时，可供4万辆纯电动汽车使用。其中，一期于2013年10月投产，产能6亿瓦时。

2月

2013年2月6日 武汉新能源汽车工业技术研究院签约暨揭牌仪式举行。武汉新能源汽车工业技术研究院是由武汉市人民政府、东风汽车公司和武汉理工大学等联合成立的工业技术研发机构，总投资30亿元，占地500亩。主要进行新能源汽车整车及整车控制系统、动力系统等领域原创性科技成果、专利技术和新能源汽车技术标准的研发，孵化一批新能源汽车及关键零部件核心企业，共建3~5个国际一流水平的研发中心，汇聚10名世界级战略科学家和领军人才。新能源汽车工业技术研究院将在3—5年内，建设成为新能源汽车人才及培训基地、产品中试基地、成果转化基地；10年内，发展成为具有数百亿元产值规模的战略新兴产业。

2013年2月21日 日本宫古岛市、本田技术研究所、东芝签署了《小型电动汽车相关社会实验项目基本协议书》，目的是进行小型电动汽车与充电基础设施之间的协调合作，促进电动汽车的普及。三方计划今后商讨实验细节，并于年内进行试运行。宫古岛市在《观光示范都市行动计划》中设立目标，计划到2030年将该岛内电动汽车所占?的比例提高至40%。

4月

2013年4月19日 电动汽车关键零部件生产基地及电动汽车生产项目签约仪式在天津市宝坻区举行。电动汽车关键零部件生产基地及电动汽车生产项目，主要从事电动汽车关键部件及整车的研发、设计、生产、装配和调试等。计划总投资12亿元，全部建成后可达到年产30万台/套电动汽车的规模，可实现年产值90亿元。

2013年4月28日 江苏沿海新能源汽车研究院正式揭牌。研究院位于江苏盐城市，由盐城工学院校主动联合江苏悦达集团有限公司、盐城市政府有关部门合作共建，力争共同推进盐城汽车产业做大做强和实现盐城金融高地的战略目标。

5月

2013年5月19日 海格新能源客车基地奠基仪式在苏州工业园区隆重举行，这一集新能源客车研发制造于一体的基地占地面积430亩，项目一期投资15亿元，建成后将形成年产新能源客车1万辆的生产能力。

6月

2013年6月2日 福田汽车与古巴交通部战略合作暨福田新能源汽车古巴哈瓦那市示范运行签约仪式在古巴隆重举行。在签约仪式上，北京市政府还向古巴哈瓦那政府赠送了两辆福田汽车生产的救护车辆。

2013年6月13日 山西省襄垣县与清华大学电动汽车项目组就合作开发电动汽车项目举行签约仪式。该项目概算总投资45亿元，由5大子项目组成：一是投资20亿元的新型动力电池生产基地，形成年产新型高能锂离子动力电池300万kW·h能力。二是投资18亿元的电动汽车生产基地，形成年产各类电动汽车15万辆生产能力。三是投资2亿元的充换电成套设备生产基地，形成年产自主知识产权充换电成套设备300站（套）能力。四是投资3亿元的华垣蓄电能源电动汽车研发中心。五是投资2亿元的电动汽车商业化运营公司，逐步完成新型能源电动汽车产业商业化布局。项目计划2017年12月全部完工。全部投产达效后，预计可实现年产值170亿元，利税20亿元。

7月

2013年7月8日 黑龙江省绥化市与澳大利亚伯爵集团正式签订合作协议书，双方将就新能源汽车零部件及整车生产项目进行合作，该项目计划总投资120亿元，分三期建设。第一期投资20亿元，占地20万平方米，争取在2014年10月前建成达产，主要产品是新能源纯电动汽车、混合动力汽车零部件，年产值预计达12.65亿元，税金2.13亿元，可安置就业人员8000~10000人。

2013年7月9日 上海沿锋汽车科技有限公司投资4.5亿元的新能源汽车项目与广德经济开发区签订投资协议，计划建成年产铝合金车身20万台及新能源汽车5万辆的生产规模。项目占地200亩，实施组织生产和规划建设同步进行。项目全部建成投产后可实现年产值约28亿元，年纳税2.5亿元以上。

2013年7月24日 河南省新乡市政府与福建省汽车工业集团有限公司在新乡签订合作协议。根据协议，福汽集团将在新乡建设电动汽车研发基地及全国销售总部，共同推进新能源汽车发展。

2013年7月30日 湖北德普公司在襄阳高新区投资6.2亿元的新能源动力电池项目正式开工。该项目主要生产新能源汽车电池测试及管理设备，将形成年产生产化成设备5000台、综合测试设备800套、电池管理系统6000套、高效智能充放电机2000台的生产规模，可实现年销售收入7.8亿元。

8月

2013年8月28日 山西省晋中市政府与北京北达新兴能源投资基金管理有限公司签署了《新能源汽车产业基地项目合作协议》。项目建设规模为年产新能源发动机40万台、变速箱40万台和汽车整车10万辆，项目计划总投资约100亿元，分两期实施。项目投产后，新增产值384亿元。

9月

2013年9月7日 山东寿光市人民政府、山东泰汽投资控股有限公司与上汽集团上海申沃客车有限公司新能源客车研制基地签约仪式在寿光市举行。此次签定的上汽申沃寿光项目位于寿光市东城工业园，项目计划占地500亩，主要生产纯电动及其他新能源汽车，产品有12米、10.5米、8米和7.2米等车型，三年规划总投资15亿元，计划2014年上半年完成项目建设，项目规划5年内生产纯电动大巴5000辆，实现销售收入60亿元，利税7.2亿元。

2013年9月16日 山西省孝义市与山西华夏动力科技有限公司、上海申沃客车有限公司合作项目——投资50亿元的新能源客车联合研制生产基地项目在太原签约，项目正式入驻孝义高新科技产业园区，该项目规划5年内生产规模达到5000辆生产能力，预计年产值可达70亿元。

10月

2013年10月10日 青岛开发区与天津力神电池股份有限公司签署战略合作协议，双方将在电动汽车锂离子电池领域开展合作。天津力神电池股份有限公司将在青岛开发区投资建设青岛动力锂离子电池项目，将建成具有年产10万辆电动车动力锂离子电池生产装配及售后服务能力的生产基地。

2013年10月16日 北汽集团与重庆市江津区合作框架协议在北汽集团研发基地举行。北汽西南汽车生产基地项目分三期进行，一期建成具备10000辆特种车和5000辆新能源汽车的生产基地；二期建成零部件生产基地；三期建成整车生产基地。其中一期项目规划占地760亩，二、三期项目拟预留用地1500亩。一期项目由北京汽车制造厂有限公司、重庆广旺投资有限公司共同投资，组建北汽（重庆）特种汽车集团实施该项目建设，由北汽有限控股。项目总投资20亿元，建设周期为15个月，新建特种汽车改装生产线、喷涂车间、构件车间、冲压车间、货厢车间、总装车间、研发中心、汽车检测中心、客户服务中心、销售技术服务中心。项目达产后，预计年产值65亿元，年税收5亿元。

2013年10月27日 由匈牙利华人社团牵线搭桥，山东省滨州市阳信县与匈牙利电动汽车股份有限公司《就引进节能环保高科技项目合作意向的协议》签字仪式在布达佩斯举行。

2013年10月29日 江苏省镇江新区与中航工业西飞集团签订了西沃客车项目投资协议。项目总投资20亿元，一期工程将在2014年8月建成投产，主要研发生产新型电动大巴、客运公交以及城市物流配送车。

2013年10月29日 贵州省台江经济开发区与贵州鹏程电动汽车科技有限公司签订了投资协议书，由贵州鹏程公司投资100亿元在台江经济开发区革一北片区建设新能源电动汽车产业园。该项目分三期实施，第一期投资约30亿元，拟建年产30万辆新能源电动汽车生产线及其配套设施。

11月

2013年11月6日 华晨汽车集团与辽宁省环保厅签订战略合作框架协议仪式，暨辽宁省环保专用车辆工程研究中心揭牌仪式在辽宁省环保厅会议室举行。此次华晨与环保厅合作，将共同面对机动车油改气技术研发及产业化工作，同时双方积极合作进行环保专用车辆的研发与制造。

2013年11月13日 南京市和比亚迪股份有限公司签署战略合作框架协议，比亚迪将投资30亿元，在溧水经济开发区上马新能源汽车项目，该项目一期占地300亩，全部建成后，可年产5000辆纯电动大客车和1000辆纯电动轻型客车，实现年产值100亿元，年税收6亿元。比亚迪公司年内将联手南京公交集团，开办南京市首个纯电动出租车公司，首批投放400辆纯电动出租车上路。

2013年11月14日 丰田汽车研发中心（中国）有限公司在江苏省常熟市举行了竣工仪式。该项目预计总投资达6.89亿美元。主要业务包括节能、新能源车的零部件现地化研发，适合中国市场的汽车及发动机研发，以及为上述工作培养本地人才。

12月

2013年12月7日 北汽福田汽车股份有限公司与山东省潍坊市政府签订了《新能源车辆应用项目战略合作意向书》。根据合作意向书，北汽福田汽车股份有限公司将助力潍坊市治理大气污染，并且在提升整个北方区域新能源车辆市场竞争力方面实现重要突破。

2013年12月10日 杭州市余杭区人民政府与杭州长江汽车有限公司共同实施的纯电动新能源汽车项目在余杭区人民政府签约，杭州长江汽车有限公司纯电动新能源汽车项目由香港五龙电动车有限公司、简式国际汽车设计

（北京）有限公司及天津紫荆资本投资管理有限公司合资建设。项目规划总投资约51亿元，一期为年产2万辆纯电动新能源客车；二期为纯电动（含增程式电动）中、轻、微型客车、乘用车以及专用车整车，预计建成后形成年产纯电动汽车26万辆的整车生产规模。

2013年12月10日 苏州市、苏州高新区与天津力神电池股份有限公司签署投资协议，天津力神公司在高新区投资建设华东基地。天津力神华东基从事包括汽车动力电池在内的锂离子电池和新能源材料、超级电容器等的研发生产和销售。项目计划总投资40亿元，其中一期总投资15亿元，注册资金5亿元。项目达产后年产值将达200亿元。项目计划用地500亩，首期用地拟建设厂房约10万平方米，规划5亿安时动力电池电芯装配产能。

2013年12月17日 辽宁曙光汽车集团股份有限公司与辽宁省交通厅运输管理局签订了关于推进道路运输及城市客运节能减排工作战略合作协议，双方将共同推进气化辽宁的“蓝天工程”，公司主要负责清洁能源和新能源客车的设计、制造、推广、培训、服务等工作，对有需求的城市提供清洁能源交通系统解决方案。

二、企业合资合作

1月

2013年1月10日 青岛青博投资有限公司、国能电力集团有限公司及瑞典萨博汽车公司正式签署项目投资协议，计划投资100亿元在青岛市设立整车厂，生产萨博品牌的传统燃油及新能源汽车。该项目达产后，年产值可达1200亿元。项目设计年产能40万辆，一期投资40亿元，生产汽车20万辆。首先量产的车型将会是萨博9-3和新能源车型。

2013年1月15日 东风汽车集团旗下的东风电动车辆公司在上海与加拿大动力电池制造商Electrovaya签署协议，Electrovaya公司将为东风集团下半年投入规模生产的两款电动汽车设计、研发和生产锂电池系统。

2013年1月24日 丰田公司与宝马公司签署了关于“共同开发燃料电池系统”“共同开发运动车型”“共同研究开发轻量化技术”的正式合作协议。

2013年1月31日 总投资70亿元的润峰华泰电动及液化天然气汽车研发制造项目在山东省微山县签约。该项目由润峰集团、华泰集团联袂合作，总投资70亿元，达产后可实现销售年收入180亿元，税收贡献5亿余元，提供就业岗位10000余个。

2月

2013年2月3日 北京理工大学、北京理工华创电动车技术有限公司、上海电巴新能源科技有限公司、中信国安盟固利动力科技有限公司等单位与波兰TAURON集团、华沙理工大学在北京友谊宾馆成功签订了中波e-Bus项目合作协议。主要工作包括从中国进口搭载北理工客车平台系统的6辆大客车整车、动力电池快换机器人系统、电池充/换电站和应急服务系统等，在波兰主要城市开展为期两年的示范运营工作。第二期将计划在波兰5个城市建立16个充/换电站，运营780辆纯电动大巴，同时双方共同推进其系统在其他欧盟成员国和周边邻国的推广实施。

2013年2月18日 由重庆市科学技术委员会认定的重庆市快速充电电动客车工程技术研究中心落户恒通电动客车公司。该中心研发团队是由恒通电动公司、微宏动力系统公司、清华大学、重庆邮电大学共同联合组建。

3月

2013年3月6日 上海通用汽车有限公司与上海国际汽车城（集团）有限公司签署新能源汽车共享示范推广战略合作协议，确定双方在新能源车示范推广领域的合作框架，并向上海电动汽车示范区交付赛欧SPRINGO电动汽车。

2013年3月20日 烟台市牟平区东风海德新能源汽车工业园正式开工建设，项目位于青荣城铁牟平站点旁的沁水韩国工业园内，规划占地2000多亩，计划6年分三期建设，总投资50亿元，规划建设纯电动商用车底盘总装区、综合加工区、物流园区等6大功能区。投产后，年产量可达4万辆，实现销售收入230亿元，出口创汇3.8亿美元，带动就业1200余人。该工业园是由海德专用汽车公司、东风汽车股份有限公司、法国PVI公司三方合资合作的新能源产业和高端装备制造业项目。

2013年3月22日 吉利汽车控股有限公司子公司上海华普国润汽车有限公司与康迪科技集团公司子公司浙江康迪车业有限公司正式签署合资协议，正式成立浙江康迪电动汽车有限公司（下称“合资公司”），合资公司注册资金为10亿元，由上海华普国润及康迪车业分别拥有50%的权益，从事投资、研发、生产、市场推广及销售电动汽车业务。

4月

2013年4月19日 安徽江淮汽车股份有限公司（简称“江淮汽车”）与美国GreenTech Automotive Inc.（简称“GTA公司”）在上海正式签署2000辆江淮同悦爱意为纯电动轿车出口美国的协议。

2013 年 4 月 22 日 SK Innovation 与北京汽车集团、北京电工在北京签订建立动力锂电池合作法人的投资意向书。在起步阶段，SK Innovation 将持续动用西山动力锂电池工厂所生产的蓄电池组作为单边供应源，直至该法人具备自主生产能力。北京电工负责蓄电池组的生产，北京汽车集团负责电动车开发。

5 月

2013 年 5 月 28 日 北京碧空氢能源科技股份公司（简称“碧空”）与加拿大巴拉德动力系统公司（简称“巴拉德”），在北京国际会议中心签署《关于燃料电池产业化技术转让及国产化合作项目备忘录》，标志着碧空与巴拉德在燃料电池大客车领域的正式合作。

6 月

2013 年 6 月 22 日 上海同捷股份有限公司与新日股份签订战略合作协议，同时“新日—同捷新能源联合研发中心”也揭牌成立。此次强强联合标志着新日向新能源汽车领域又迈出了坚实的一步。双方合作成立电动汽车联合研发中心，重点设计研发适合市场需求的电动汽车，打造具有自己特色的电动汽车产品。

2013 年 6 月 24 日 戴姆勒与清华大学联合成立“可持续交通联合研究中心”，双方将共同研究及探讨符合中国道路交通特点的可持续交通之路。联合研究中心设立于清华大学，将充分结合戴姆勒在车辆创新方面的长期经验与清华大学在交通科学领域的研究实力，针对中国路面车辆安全和交通信息系统进行深入研发。戴姆勒将每年向该中心投入 300 万元，用于支持对中国路面交通环境的可持续交通领域课题，如主被动安全系统、事故研究和综合交通信息服务等一系列前瞻性研究项目。

7 月

2013 年 7 月 5 日 由 SK 集团、北汽集团、北京电控公司三方共同组建的北京电控爱思开科技有限公司合资合同在京签订，新公司预计总投资 10 亿元，注册资金 3.5 亿元，其中北京电控持股 41%，北汽集团持股 19%，SK 公司持股 40%。项目初期建设地点选在北京亦庄经济技术开发区。

2013 年 7 月 6 日 中国汽车报社与北京汽车集团公司签署了新能源汽车领域战略合作框架协议。按照合作框架安排，2013 年 8 月底之前，100 辆北汽 E150EV 纯电动轿车，将由中国汽车报社旗下控股公司——易卡绿色汽车租赁有限公司，开始在北京地区进行租赁运营。北汽方面负责车辆的技术支持等配套服务，易卡租车在租赁运营的同时，将协助北汽进行新能源汽车的宣传、推广、体验、销售等工作。

2013 年 7 月 24 日 由郑州兰博尔科技有限公司与少林汽车股份有限公司合作研发生产的换电式纯电动城市物流用车正式交付给巨洋方圆物流有限公司开始示范运营。此款车一次充电可续驶 150～200 公里，最高时速为 65 公里。满载 5 吨后，每百公里耗电约 30 度，按 0.6 元/度计算，只有 18 元。

2013 年 7 月 24 日 深圳比亚迪戴姆勒新技术有限公司与中升集团控股有限公司、利星行（中国）汽车企业管理有限公司、庞大汽贸集团股份有限公司在深圳举行“腾势中国领先经销商合作伙伴签约仪式”。上述三大集团将分别在深圳、上海和北京地区负责 DENZA 腾势新能源汽车的销售与服务工作。

2013 年 7 月 29 日 观致汽车与美国汽车零部件供应商 American AxleManufacturing（AAM）公司签订战略合作协议，AAM 公司将向观致汽车提供混合动力与电力动力传动系统。

2013 年 7 月 30 日 中航锂电（洛阳）有限公司在北京与普天新能源有限责任公司签署战略合作协议，双方拟在新能源汽车、电力、通信等领域，共同推进关于该领域的技术研发、项目运作和市场推广。根据协议，双方共同承担国家部委及省市重大新能源科研项目，加强在知识产权申报及成果转化方面的合作。双方针对电源模块、电池管理系统、充（换）电设施标准化、新能源技术发展规划等方面展开深入合作。

2013 年 7 月 30 日 四川航空集团有限责任公司与四川省有色科技集团有限公司成功签署《战略合作框架协议书》及《意向性投资协议》，双方今后拟在产业成果转化、资本市场对接、企业董事会建设和企业文化建设等多方面加强合作。川航集团拟作为战略投资者与有色集团全资子公司四川科能锂电有限公司开展增资合作，注资金额 3500 万元，生产磷酸铁锂正极材料。

8 月

2013 年 8 月 6 日 一汽集团与奥迪公司达成插电式混合动力车的合作意向，双方签订框架协议，并在今后联合开发针对中国市场的全新插电式混合动力车型。

2013 年 8 月 7 日 上海汽车集团股份有限公司与中国航天科工飞航技术研究院（中国航天科工三院）战略合作协议在沪签署，双方将在新能源汽车、新材料、无人驾驶、汽车电子、车联网等领域，通过信息共享、产品配套、联合开发、成果应用、资本合作等方式开展多层次、多形式的合作。

2013 年 8 月 21 日 中国东方电气集团有限公司与成都客车股份有限公司、西南交通大学签署了联合开发新能源客车的《战略合作协议》。《战略合作协议》明确提出同时开发纯电动和混合动力4款车型，争取尽快完成样车开发，早日投放市场。

10月

2013年10月8日　由河南森源集团奔马股份有限公司和美国奥特易（ALTe）动力科技有限公司合资成立的河南奥特易新能源汽车有限公司正式运行。

2013年10月12日　中国重汽与大同北宇新能源汽车公司重卡"油改气"战略合作协议签约仪式在山西省大同市举行。此次中国重汽集团与大同北宇新能源公司的合作，对大同市在重卡"油改气"项目改造后的车辆运营成本、节能环保、运行平稳等方面都将做出巨大贡献，每年可节约大量资金，具有良好的经济效益和社会效益。

11月

2013年11月5日　由"清华大学—剑桥大学—麻省理工学院低碳能源大学联盟"创办的"未来交通研究中心"正式成立，并在清华大学举行了揭牌仪式。"未来交通"的研究方向包括智慧交通、绿色交通、低碳交通、生态交通。

2013年11月12日　混合动力车用电池生产公司"新中源丰田汽车能源系统有限公司"在江苏省常熟高新技术产业开发区正式成立。该公司由丰田汽车公司、常熟新中源创业投资有限公司、Primearth EV Energy株式会社和丰田汽车（中国）投资有限公司4家公司共同出资设立，注册资金为975万美元。出资比例为常熟新中源创业投资50%，丰田35%，Primearth EV Energy 10%，丰田汽车（中国）投资5%，总投资额为2437万美元。员工数量预定为70人左右。

2013年11月15日　普天新能源与顺丰速运集团合作推出的城市速递新能源物流车试运营启动仪式在普天大厦举行。试点在北京酒仙桥、三元桥、望京、中关村、中发、亚运村、平安里、动物园分部投入10辆纯电动汽车，供网络分部收派件、接驳等使用。

2013年11月18日　深圳空气发动机有限公司和东风汽车集团在深圳市市民中心举行签约仪式，双方就空气发动机的研发、产业化和空气动力汽车的产业化展开战略合作。合作协议签订后，双方将通过合作促进深圳空气发动机有限公司相关技术产业化，并加快推进东风集团新能源汽车的多元化发展。

2013年11月27日　山东东岳集团与AFCC（奔驰福特）公司联合开发车用燃料电池隔膜签约仪式在淄博市齐盛宾馆举行。双方合作的目标是在确保现有燃料电池隔膜批量供膜样品基础上，合作研制下一代高性能低成本燃料电池膜和催化层，合作期3年。

2013年11月27日　睿恒科技装备集团有限公司、北京神州巨电新能源技术开发有限公司、华夏基业三方在京签约，联手发展动力锂离子电池产业，预计用3年总投资100亿元，在全国率先投资建设3~5个动力电池生产、电动汽车制造、新能源城市交通运营集群基地，一期实现年产纯电动大客车2万辆、年销售500亿元，目标是用10年时间形成年产纯电动大客车10万辆和纯电动小轿车200万辆的制造规模。

12月

2013年12月16日　东风集团与法国雷诺汽车在武汉举行东风雷诺汽车有限公司合资经营合同签字仪式，双方将按照50:50的比例共同投资77.6亿元，在武汉进行整车生产和产品研发，其研发中心的项目将包括新能源产品及合资自主品牌。

2013年12月19日　华夏神州集团与德国IWC对华经济技术合作中心有限公司和克拉尼设计院（常州）有限公司签署框架合作协议仪式在北京举行。华夏神州集团的单体大容量固态锂离子电池能够保证在运转中保持低温状态，避免因电池过热而出现的起火隐患。作为北京市科委重点扶持项目，该款产品已经被成功装配在大巴车上，并已经完成路测。

2013年12月23日　由中国汽车工业协会召集的"国嘉汽车动力电池研究院"签字仪式在北京举行。"国嘉汽车动力电池研究院"将依照公司法建立现代公司体制，注册资金5.4亿元，主要集中于锂离子动力电池的研究，同时开展燃料电池、镍氢电池等其他类别动力电池的科研。

三、行业重要事件

1月

2013年1月14日　由金龙精密钢管集团投资建设的锂离子电池隔膜生产基地项目一期工程在新乡市平原新区竣工。一期总投资16亿元，建设锂离子电池隔膜生产线52条，年产锂离子电池隔膜3亿平方米。项目全部建成投产后，可年产锂离子电池隔膜6亿平方米，预计年产值25亿元。金龙精密铜管集团作为河南省电动汽车产业重点骨干企业，在电池材料、动力电池等方面，目前已研制出锂电池隔膜、锂离子动力电池及正负极材料、大功率锂动车辆系列产品，其产品远销国内外。

2013年1月19日　总投资5亿元的玉林市德国米勒电动汽车有限公司容县项目筹建处揭牌暨销售公司成立。

2013年1月30日　中国万向集团出资2.566亿美元对

美国 A123 公司成功完成收购，中国万向集团将占有美国 A123 公司 80% 的股份。

2013 年 1 月 31 日　美国能源部能源效率与可再生能源办公室（EERE）发布《电动汽车普及大挑战蓝图》（EV Everywhere Grand Challenge Blueprint）（简称"电动汽车普及蓝图"），提出了 2022 年电动汽车发展目标。该蓝图提出的技术目标包括：电池成本要从目前的每千瓦时 500 美元降低到每千瓦时 125 美元；通过轻量化技术使汽车重量降低 30%；电驱系统的成本要从目前的每千瓦 30 美元降低到每千瓦 8 美元。此外，该计划提出要发展充电基础设施，未来 5 年工作场所充电设施的就业人数要增加 10 倍。该计划还提出要加强消费者宣传教育和激励措施，以利于电动汽车的广泛普及。

2 月

2013 年 2 月 1 日　安徽安凯汽车股份有限公司与合肥公交集团签署了 150 辆新能源客车订单，订单总金额达到了 2.08 亿元。其中安凯气电混合动力客车 100 辆，安凯增程式客车 50 辆。

2013 年 2 月 27 日　湖南沅陵青山电动汽车科技开发有限公司磷酸铁钒锂动力电池项目奠基仪式在沅陵县"两新"产业园隆重举行。湖南沅陵青山电动磷酸铁钒锂动力电池项目一期计划投资 8 亿元，到 2015 年建成年产 5 亿元 A·h 锂电池及配套正极材料的生产基地，附带 5 兆瓦太阳能光伏发电项目，实现总产值约 20 亿元，为青山纯电动商用车实现产业化奠定基础。

3 月

2013 年 3 月 21 日　福建省新能源汽车电机工程技术中心在福建尤迪电机制造有限公司落户。

2013 年 3 月 27 日　由中国普天投资的普天新能源安徽有限公司正式成立，落户合肥庐阳区财富广场。该公司将负责合肥电动汽车充电设施，投资建设合肥市新能源汽车基础设施网络和智能管理系统平台，支持合肥新能源汽车的示范运行及规模化发展。

4 月

2013 年 4 月 12 日　华晨宝马在北京发布了自主品牌——"之诺"（英文名 ZINORO）。之诺的首款产品为电动汽车 1E，将以租赁的方式推向市场，具体的方式和价格将在此后发布。

2013 年 4 月 18 日　齐齐哈尔市举行龙华新能源汽车交车暨首条示范运营线路开通仪式，首批 20 辆新能源汽车交付使用。

2013 年 4 月 18 日　投资 10 亿元的江苏科德丰新能源电动汽车项目在射阳经济开发区西区机电新材料工业园开工。江苏科德丰新能源实业有限公司计划总建筑面积 19.1 万平方米，主要兴建 16 层新能源大厦、电池电机厂房、总改装厂房、储能变电站、展厅配套区、生活配套区等。项目建成投产后，年可产 1 亿 A·h 车用动力锂电池，可装配 2000 辆电动客车，年产值 7.7 亿元，年利税 1.2 亿元。

2013 年 4 月 20 日　第十五届上海国际车展上，一汽丰田合资自主品牌朗世正式发布了首款车型。新车基于花冠 EX 的基础研发，采用纯电动形式驱动。

2013 年 4 月 24 日　工业和信息化部决定成立电动汽车国际标准法规制定与协调工作组。其中，电动汽车安全专家组由中国第一汽车集团公司担任组长单位，北京汽车股份有限公司为副组长单位；电动汽车与环境专家组由上海汽车集团股份有限公司担任组长单位，深圳市比亚迪汽车有限公司为副组长单位。

5 月

2013 年 5 月 3 日　南车时代新能源汽车产业二期项目——新能源汽车试验检测能力及产能提升项目正式开工，新能源汽车试验检测能力及产能提升项目将新建底盘总装、涂装、充电等厂房 26471 平方米。项目建成投产后，可形成年产节能与新能源客车 10000 辆、系统及管件零部件 20000 台/套的生产能力。

2013 年 5 月 8 日　北京现代将 50 辆首望 500e 纯电动汽车交付给北京平谷区绿谷电动出租小客车公司，标志着北京现代在纯电动汽车探索上迈出了一大步。

2013 年 5 月 8 日　纯电动高速长途客车朝阳至锦州旅游专线运营通车启动仪式在辽宁省朝阳市体育场隆重举行。由 4 辆以电容型锂离子电池为动力的纯电动客车组成的高速长途运营线正式开通。

2013 年 5 月 9 日　韩国首尔市电动汽车共享系统正式投入使用。"电动汽车共享系统"是一种智能化无人服务系统，用户可通过网络或手机进行预约并利用。首尔市电动汽车共享系统服务由韩国 LGCNS、韩国铁道公社、HANKA、KT 锦湖租车公司四家企业共同提供。该服务出台的目的在于节能减排、减少汽车流量、改善空气污染、促进环保型汽车技术发展等。

2013 年 5 月 18 日　首批 45 辆比亚迪 e6 纯电动出租车陆续在香港投入运营。同时，比亚迪 e6 Premier 私家车版本也于 5 月 15 日开始在香港上市销售。这 45 辆电动的士将出租给 30 家出租车公司，月租 8000 港元。

2013 年 5 月 19 日　海格新能源客车基地奠基仪式在苏州工业园区隆重举行，这一集新能源客车研发制造于一体的基地占地面积 430 亩，项目一期投资 15 亿元，建成后将形成年产新能源客车 1 万辆的生产能力。

6月

2013年6月18日 宝马ActiveE“电亮城市”交车仪式在北京举行，20位北京用户将通过租赁方式获得车辆使用权（租金4200元/月），为期12个月。ActiveE项目将进一步深化用户体验，收集更多有关电动车的数据。

2013年6月20日 工业和信息化部装备工业司与德国联邦经济和技术部工业政策司在京组织召开了落实《中德关于电动汽车领域合作的谅解备忘录》的电动汽车工作组第二次会议。按照会议议程，中方介绍了节能与新能源汽车发展最新情况，以及新能源汽车技术创新、节能汽车推广、车船税减免、示范试点、油耗法规和新能源汽车标准有关情况，德方介绍了其国家电动汽车平台进展情况，以及税收优惠、技术研发、联合展示等政策的最新情况。双方就共同关注的电动汽车标准和准入条件、市场导入和应用、充电设施项目等议题进行了深入交流，并确定将共同启动电动汽车标准技术路线图的合作，开展市场和消费者调研的课题研究。

2013年6月22日 东湖产业投资基金整体收购沂星电动汽车公司暨建设临沂电动汽车产业园项目签约仪式举行。该项目总投资110亿元，计划利用3—5年，达到年产电动客车2万辆的生产能力，实现产值500亿元。

7月

2013年7月6日 石家庄市新购411辆天然气空调公交车投入运营启动仪式在石家庄市南位公交停车场举行。该批天然气公交车均达到国Ⅴ排放标准。

2013年7月10日 以色列LOD地区法院通过了Better Place的破产清算报告，同意Sunrise公司以500万美元收购Better Place，并接手后者的全部资产和业务。Sunrise将继续前者在以色列的15座充换电站（Better Place全球的充换电站共有37座）运营，以及电动汽车销售业务。

2013年7月11日 浙江硕维新能源技术有限公司收购西门子（中国）有限公司电动汽车充电事业部的专利技术及设备，签字仪式在上海举行。

2013年7月12日 国务院常务会议强调，要推动节能环保和再生产品消费。政府公务用车、公交车要率先推广使用新能源汽车，同步完善配套设施。到2015年，使高效节能产品市场占有率提高到50%以上。

8月

2013年8月1日 国务院印发《关于加快发展节能环保产业的意见》，明确提出，加快新能源汽车技术攻关和示范推广。加快实施节能与新能源汽车技术创新工程，大力加强动力电池技术创新，重点解决动力电池系统安全性、可靠性和轻量化问题，加强驱动电机及核心材料、电控等关键零部件研发和产业化，加快完善配套产业和充电设施，示范推广纯电动汽车和插电式混合动力汽车、空气动力车辆等。在北京、上海、广州等城市扩大公共服务领域新能源汽车示范推广范围，每年新增或更新的公交车中新能源汽车的比例达到60%以上，开展私人购买新能源汽车和新能源出租车、物流车补贴试点。到2015年，终端用能产品能效水平提高15%以上，高效节能产品市场占有率提高到50%以上。

2013年8月3日 全国首座县域城际公交电动汽车智能充换电站——莱西市电动汽车充换电站正式动工，计划12月底建成投入运行。莱西市电动汽车充换电站位于莱西市上海路南、深圳路东，总占地面积14545平方米，主体为二层钢结构，建筑面积3240平方米。车间底层布置电池更换及电池充电架（共5个工位，本期2个）和10kV配电所及变电所、充电机房、设备维护间，二层为办公及中央监控区域。

2013年8月9日 一汽丰田技术开发有限公司研发基地奠基仪式在天津经济技术开发区西区隆重举行。一汽丰田技术开发有限公司的前身是2008年成立的天津一汽丰田汽车有限公司技术研发中心。一汽丰田技术开发有限公司规划建设用地面积11.2万平方米，将拥有设计办公楼、新能源实验室、整车实验室、零部件实验室、造型室、试制车间等功能区，投资总额12.7亿元。预计一期工程2015年5月全面建成并投入使用。

2013年8月10日 由南京金龙客车制造有限公司联合合肥国轩高科动力能源股份公司生产的100辆纯电动客车在南京市建邺区正式交付给南京亚青组委会使用，此批纯电动客车由生产企业免费提供并全程服务亚青会。

2013年8月15日 我国首个超级电容研究所在中国南车成立，专业研发高比能、低成本的新型超级电容器等。作为新能源领域内的关键技术，更加先进的超级电容储能技术将为中国新能源领域带来一场革命。

2013年8月30日 沈阳五洲龙新能源汽车有限公司生产的100辆LNG天然气客车及100辆油电混合动力新能源客车全部下线，并交付沈阳客运集团，在全运会期间投入运行。

2013年8月底 山东润峰集团完成全资股权收购安达尔汽车。山东润峰开发安达尔新能源电动车的思路已基本确定。

9月

2013年9月7日 首批10辆上汽荣威E50纯电动汽车在中共中央党校投入运营。

2013年9月10日 国务院发布《大气污染防治行动计划》。行动计划要求，大力推广新能源汽车。公交、环卫等行业和政府机关要率先使用新能源汽车，采取直接上牌、财政补贴等措施鼓励个人购买。北京、上海、广州等城市每年新增或更新的公交车中新能源和清洁燃料车的比例达到60%以上。

2013年9月13日　国家工信部、财政部、科技部、发展改革委联合公布《关于继续开展新能源汽车推广应用工作的通知》（以下简称《通知》）。《通知》明确，2013—2015年，重点在京津冀、长三角、珠三角等细颗粒物治理任务较重的区域，选择积极性较高的特大城市或城市群推广应用新能源汽车。特大型城市或重点区域新能源汽车累计推广量不低于10000辆，其他城市或区域累计推广量不低于5000辆；推广应用的车辆中，外地品牌数量不得低于30%等。对消费者购买新能源汽车给予补贴，如对续驶里程在80～150公里的纯电动乘用车，每辆补助3.5万元；对车身长6～8米的纯电动客车，每辆补助30万元；对用于邮政、物流、环卫等领域的纯电动专用车，按电池容量每千瓦时补贴2000元，每辆车补贴总额不超过15万元。此外，中央财政将安排奖励资金，主要用于示范城市的充电设施建设。

2013年9月13日　位于北京朝阳区的四惠电动公交车充换电站正式投入运营，该站是目前北京最大的电动公交车充换电站。该站最多可满足160辆电动车的换电需求。

2013年9月14日　一辆沪产空气动力节能公交车亮相天津空港经济开发区，这款空气动力节能公交车由上海神舟汽车节能环保有限公司设计研发，其工作特点为：当车辆停驶怠速、车辆制动或缓速行驶时，发动机浪费掉的能量被系统中的液压泵回收转化成压缩空气，并贮存在液压蓄能器中，用于车辆的空气动力起步。

2013年9月16日　陆地方舟新型10米插电式混合动力电动大巴（RQ6100GPHEV）在江苏南通如皋市投入示范运营。

2013年9月16日　丰田汽车新能源汽车动力系统项目正式签约落户常熟高新技术产业开发区。该项目总投资1.8亿美元，注册资金6300万美元。该项目包括电池单体模块和电池箱两个子项目，分别生产搭载于混合动力汽车的镍氢电池单体模块和电池箱系统。该项目正常达产后年产电池模块10万组，电池箱项目正常达产后年产电池箱10万个。

2013年9月17日　中美科技创新园区项目签约仪式在河北保定举行。此次签约的中美科技创新园区项目落户保定，在带来CODA新型电动汽车项目、镍反应堆新能源项目、新型防火材料项目的同时，必将极大地推动地方科技和经济的发展。

2013年9月17日　环境保护部、国家发展和改革委员会、工业和信息化部、财政部、住房和城乡建设部、国家能源局等联合发布了关于印发《京津冀及周边地区落实大气污染防治行动计划实施细则》的通知。通知提出，大力推广新能源汽车。公交、环卫等行业和政府机关率先推广使用新能源汽车。北京、天津、石家庄、太原、济南等城市每年新增或更新的公交车中新能源和清洁燃料车的比例达到60%左右。采取直接上牌、财政补贴等综合措施鼓励个人购买新能源汽车。在农村地区积极推广电动低速汽车（三轮汽车、低速货车）。

2013年9月28日　200辆电动出租车在通州区运营，同日，北京市通州区小圣庙电动出租车充电站正式投入运营，该站是目前全国规模最大的电动出租车充电站，现场设有交直流充电桩110个，可同时满足210辆电动出租车的充电需求。交流慢充桩6～8小时可让电池充足电，直流快充30分钟可快充80%的电量。充满电后的电动出租车可行驶160公里，最快行驶速度可达每小时125公里。

2013年9月28日　广西柳州五菱汽车工业有限公司首批10辆五菱新能源电动物流车交付客户投入示范运营，主要用于物流配送。这些新能源电动物流车使用成本低，百公里耗电14度，百公里使用成本约为14元。

2013年9月30日　上海市研发公共服务平台长兴科技服务中心揭牌暨国家动力及储能电池产品质量监督检验中心启用仪式在长兴举行。

10月

2013年10月14日　大洋电机发布定增预案，公司拟订底价8.27元/股，非公开发行股票的数量不超过1.35亿股，募资约11.17亿元用于收购北京佩特来72.768%的股权。本次收购完成后，大洋电机将充分发挥北京佩特来下属公司PEPSL在新能源汽车电驱动领域的技术优势，共同实现新能源汽车电驱动领域的协同效应。

2013年10月14—16日和17—18日　工业和信息化部装备工业司在北京分别主办电动汽车安全（EVS）工作组、电动汽车与环境（EVE）工作组国际会议。来自欧盟、日本、美国、加拿大、韩国等政府部门，以及世界主要汽车及零部件生产企业的近100名代表参加了会议。中方汽车业界代表在会议上做了电动汽车安全标准、测试规范、电池性能测试、充电设施建设、无线充电技术等方面的报告。电动汽车安全（EVS）工作组主要讨论了中美欧日四方正在牵头起草的电动汽车安全全球技术法规草案，并针对各方关注的整车防水、荷电状态、电池防火、电池针刺和挤压、内部短路等具体技术问题进行了深入讨论。会议决定成立由中国、欧盟、日本、韩国、OICA等牵头或参与的技术研究小组，共同针对各方关切的技术问题进行深入研究，支撑电动汽车安全全球技术法规的制定。会议同时对电动汽车安全法规的下一步工作计划进行了讨论。电动汽车与环境（EVE）工作组主要讨论了正在起草的电动汽车与环境相关技术标准和法规参考指南草稿，比较分析了各方在电动汽车续驶里程和能耗效率、电池性能和耐久性、电池循环利用和回收、充电技术和设施等标准和法规方面的差异，以及在市场导入、政策措施等方面的信息，讨论了未来在电动汽车续驶里程和能耗效率、电量消耗量换算、电池性能、电池回收利用等领域制定全球技术法规的可能性。

2013 年 10 月 15 日 邯郸市首批 20 部 10.5 米纯电动公交车在人民路 21 路线试运营。

2013 年 10 月 18 日 北京现代技术中心二期工程正式建成，其建筑面积新增 1.4 万平方米（总面积超过 16 万平方米），技术中心二期的投入使用，将全面提升北京现代技术中心的造型设计能力、工程开发能力、试验验证能力及新能源开发能力，建立起支持北京现代事业计划的研发体系。

2013 年 10 月 18 日 年产 1.2 亿 A·h 高能动力锂离子电池建设项目将落户大连花园口经济区，目前该项目已完成环评公示。该项目由大连比克动力电池有限公司投资建设，占地 153830.96 平方米，规划总建筑面积 88403.53 平方米，总投资约 6200 万美元。项目建成后，年产 1.2 亿 A·h 高能动力锂离子电池。该项目计划 2014 年 9 月竣工。

2013 年 10 月 26 日 中国汽车工程研究院北部新区新基地研发能力发布会举行，新基地总投资 15 亿元，建筑面积 25 万平方米，拥有国家燃气汽车工程技术研究中心、国家机动车质量监督检验中心（重庆）、汽车噪声振动和安全技术国家重点实验室、替代燃料汽车国家地方联合工程实验室四大国家级汽车研发平台。

2013 年 10 月 28 日 湖南科力远长沙工厂正式投产，该项目于 2012 年 3 月投建，总投资达 4.5 亿元，工厂采用全自动生产线，初期可年产全球最先进的镍氢汽车动力电池 6 万台/套，2018 年可年产 30 万套。

2013 年 10 月 31 日 财政部将 2013 年拟支持的新材料研发及产业化项目名单进行公示，涉及电池方面的项目均为隔膜项目，分别为河北金力新能源材料科技有限公司动力电池用高安全耐热隔膜项目、中国乐凯集团有限公司高性能锂离子电池隔膜研发产业化及在动力电池上的示范应用项目、青岛海霸能源集团有限公司年产 4000 万平方米高性能锂离子电池湿法 PE 膜项目。

11 月

2013 年 11 月 6 日 安徽江淮汽车集团有限公司大、中、轻卡改装车暨新能源汽车项目奠基暨新能源轿车交车仪式举行。该项目总投资 5.3 亿元，其中固定资产投资 5 亿元，项目已列入安徽省“861”计划。项目分两期建设：一期工程投资 2 亿元，建设内容为年产商用标准货厢车 10 万辆及轻卡厢式车 1 万辆的生产能力，2013 年 11 月开工建设，到 2014 年 9 月建成投产；二期投资 3.3 亿元，建设内容为 1 万辆中、轻卡改装车及新能源汽车生产线，计划于 2015 年 2 月开工建设，2015 年 12 月前后全部建成投产。一期工程竣工投产后，可实现年销售额 5 亿元，年新增缴纳税收 2000 万元，二期工程达产可实现年销售额超 10 亿元，年缴纳税收 6000 万元。

2013 年 11 月 20 日 华晨宝马合资自主品牌“之诺”首款车型 1E 正式发布。新车是在华晨宝马 X1 的基础上打造而成的一款纯电动车型。

2013 年 11 月 21 日 广州车展上，东风日产发布了启辰 e30 的中文命名——晨风，启辰 e30 是基于聆风（Leaf）打造的一款纯电动车型，其整体延续了聆风（Leaf）的大部分设计。这款车将会在 2015 年正式上市。

2013 年 11 月 21 日 戴姆勒 smart electric drive 在广州车展正式上市，售价 23.5 万元。smart electric drive 电动版搭载 35kW 的磁电电动机，最大输出功率可达到 55kW，峰值扭矩也提升至 130N·m，0～60 公里/小时的加速时间为 6 秒，最快时速可达 130 公里/小时。该车还搭载了容量为 17.6kW·h 的锂离子电池，在满电情况下，车辆续驶里程超过 140 公里。该车只需充电 3.5 小时，即可将 20% 的电池电力充到 80%，而耗尽电量的电池充满电也仅需 7 小时，比上一代缩短了 1 小时。

2013 年 11 月 24 日 北京蓝天计划首批私人志愿者交车仪式在北京汽车全福源金港旗舰店举行。在北京市科委、北京市交通委、北京市交管局等政府部门的联合推进下，个人购买北汽纯电动车首次在北京市实现注册登记，车管所受理了私人电动汽车上牌业务。

2013 年 11 月 25 日 北汽集团重组江西昌河汽车签约仪式在南昌举行。根据双方协议，北汽将持有江西昌河 70% 股份，到 2017 年末计划累计投资约 130 亿元，实现整车产能 50 万辆，全产业链年营业收入达到 500 亿元，并带动汽车服务贸易、汽车金融业的快速发展。随着进一步的发展，北汽还将继续扩大昌河汽车的产业规模，建设合资新基地和自主品牌战略基地，使昌河达到产销整车 100 万辆、实现全产业链 1000 亿元的营业收入，进入“百万千亿”企业级别。

2013 年 11 月 26 日 财政部、科技部、工信部、发展改革委正式确定第一批新能源汽车推广应用城市或区域名单，确认了 28 个城市或区域为第一批新能源汽车推广应用城市，涉及 21 个省市自治区 61 个城市。

2013 年 11 月 26 日 河北御捷车业有限公司在邢台市新世纪广场举行了邢台市政府采购御捷电动汽车的交车仪

式。本次向政府提供的50辆御捷电动汽车，主要用于公安巡逻、城市综合治理等。

2013年11月26日 毕节市新能源汽车高新技术产业化基地被国家科技部认定为国家高新技术产业化基地，这将对毕节试验区调整产业结构、转变经济发展方式、发展战略性新兴产业起到重要的促进作用。

2013年11月28日 北京市公布摇号新政，2014—2017年四年间，北京增量小客车指标额度中有17万个是北京市示范应用新能源小客车指标，并为新能源汽车单设摇号池。摇号新政中所称示范应用新能源小客车是指列入《北京市示范应用新能源小客车生产企业和产品目录》中的纯电驱动小客车。

12月

2013年12月11日 晋城市首座电动汽车充电站投入运行。晋城市（高平）电动汽车充电站项目总占地9.82亩，工程共分两期建设完成，预计总投资5000余万元。一期工程共投资2000余万元，包括变电综合楼、供电设施等主建工程，变电直流充电机3台，交流充电桩4个，可同时满足4辆小型车的充电需求，并根据充换电服务需求配置换电设施，为广大纯电动汽车用户提供宽松便捷的充电服务。

2013年12月13日 东风日产乘用车公司与广州市花都区举行了电动车示范运营交车仪式。东风日产乘用车公司正式向广州市花都区交付120辆启辰晨风纯电动汽车，分别进入出租车及汽车租赁市场。

2013年12月15日 100辆CNG新能源公交车被投放到晋城市区多条公交线路运营。至此，晋城市区使用煤层气清洁能源的公交车达到了300多辆，占公交车总量的80%以上。此次新增的100辆新公交车全部由政府采购。

2013年12月17日 比亚迪旗下的一款全新插电式混合动力汽车——秦在北京正式上市。

2013年12月28日 芜湖市首个电动汽车充电站正式投入运营。该站建有10台大型直流充电机和10个交流充电桩，可容纳10辆公交车和10辆小汽车同时充电。

2013年12月29日 清华大学（汽车工程系）赤峰新能源汽车产学研基地项目签约仪式在清华大学举行，清华大学新能源汽车产学研基地正式落户赤峰。

2013年12月30日 大连市政府与东风日产乘用车公司举行"启辰晨风"纯电动车交车仪式，首批136辆车主要作为租赁车和出租车，即日起正式投入公共系统试运营。

2013年12月30日 年产30万辆新能源电动汽车整车制造项目在湖北省襄阳高新区签约落户。该项目由山东宝雅新能源汽车股份有限公司建设，总投资65亿元，其中工业项目投资50亿元。

2013年12月30日 邢台市400辆天然气公交车正式交付使用。

2013年12月31日 海马汽车89辆普力马纯电动汽车顺利交付海南新月出租汽车公司，在海口投入示范运营。至此，海马汽车在海口投入示范运营的纯电动车数量已达到205辆。

第十篇

附　录

一、2013 年车辆生产企业及产品公告（第 244～255 批）（节能与新能源汽车节选）

1. 纯电动汽车及底盘（共计 157 款车型及底盘，其中包括底盘 14 款、客车及专用车各 7 款）

序号	企业名称	《目录》序号	商标	产品名称	产品型号	公告批次	公告日期
1	北汽福田汽车股份有限公司	9	福田牌	纯电动城市客车	BJ6760	244	2013 年 1 月 18 日
2	浙江飞碟汽车制造有限公司	51	飞碟牌	纯电动多用途乘用车	FD6430	244	2013 年 1 月 18 日
3	厦门金龙旅行车有限公司	124	金旅牌	纯电动客车	XML6700	244	2013 年 1 月 18 日
4	厦门金龙旅行车有限公司	124	金旅牌	纯电动轻型客车	XML6532	244	2013 年 1 月 18 日
5	重庆恒通客车有限公司	127	恒通客车牌	纯电动城市客车	CKZ6127	244	2013 年 1 月 18 日
6	重庆恒通客车有限公司	127	恒通客车牌	纯电动客车底盘	CKZ6129	244	2013 年 1 月 18 日
7	浙江万丰汽车制造有限公司	（十一）36	万丰牌	纯电动厢式运输车	ZWQ5001	244	2013 年 1 月 18 日
8	北汽福田汽车股份有限公司	9	福田牌	纯电动城市客车底盘	BJ6750	245	2013 年 2 月 7 日
9	东风悦达起亚汽车有限公司	47	华骐牌	纯电动轿车	YQZ7001	245	2013 年 2 月 7 日
10	东南（福建）汽车工业有限公司	58	东南牌	纯电动轿车	DN7000	245	2013 年 2 月 7 日
11	郑州宇通客车股份有限公司	71	宇通牌	纯电动城市客车	ZK6105	245	2013 年 2 月 7 日
12	郑州日产汽车有限公司	72	东风牌	纯电动载货汽车底盘	ZN1080	245	2013 年 2 月 7 日
13	郑州日产汽车有限公司	72	东风牌	纯电动压缩式垃圾车	ZN5080ZYS	245	2013 年 2 月 7 日
14	广州汽车集团客车有限公司	89	广汽牌	纯电动城市客车	GZ6100	245	2013 年 2 月 7 日
15	四川汽车工业股份有限公司	101	野马牌	纯电动城市客车	SQJ6121	245	2013 年 2 月 7 日
16	重庆恒通客车有限公司	127	恒通客车牌	纯电动城市客车	CKZ6127	245	2013 年 2 月 7 日
17	山东沂星电动汽车有限公司	（十五）25	飞燕牌	纯电动城市客车	SDL6100	245	2013 年 2 月 7 日
18	中联重科股份有限公司	（十八）20	中联牌	纯电动扫路车	ZLJ5072TSL	245	2013 年 2 月 7 日
19	深圳市五洲龙汽车有限公司	（十九）47	五洲龙牌	纯电动城市客车	FDG6113	245	2013 年 2 月 7 日
20	济南豪瑞通专用汽车有限公司	（十五）46	圆易牌	纯电动洒水车	JHL5162GSS	246	2013 年 3 月 19 日
21	柳州五菱汽车工业有限公司	（二十）09	五菱牌	纯电动自卸式垃圾车	LQG5021ZLJ	246	2013 年 3 月 19 日
22	云南美的客车制造有限公司	（二十四）03	陆胜牌	纯电动城市客车	YK6120	246	2013 年 3 月 19 日
23	安徽安凯汽车股份有限公司	55	安凯牌	纯电动城市客车	HFF6100	247	2013 年 4 月 10 日
24	东风扬子江汽车（武汉）有限责任公司	（十七）48	扬子江牌	纯电动城市客车	WG6121	247	2013 年 4 月 10 日

续表

序号	企业名称	《目录》序号	商标	产品名称	产品型号	公告批次	公告日期
25	深圳市五洲龙汽车有限公司	（十九）47	五洲龙牌	纯电动城市客车	FDG6652	247	2013 年 4 月 10 日
26	深圳市五洲龙汽车有限公司	（十九）47	五洲龙牌	纯电动城市客车	FDG6701	247	2013 年 4 月 10 日
27	东风汽车公司	3	风神牌	纯电动轿车	DFM7000	248	2013 年 5 月 17 日
28	北汽福田汽车股份有限公司	9	福田牌	纯电动城市客车	BJ6127	248	2013 年 5 月 17 日
29	北汽福田汽车股份有限公司	9	福田牌	纯电动城市客车	BJ6123	248	2013 年 5 月 17 日
30	北京汽车股份有限公司	11	北京牌	纯电动轿车	BJ7000	248	2013 年 5 月 17 日
31	上海申沃客车有限公司	42	申沃牌	纯电动城市客车	SWB6121	248	2013 年 5 月 17 日
32	上海申沃客车有限公司	42	申沃牌	纯电动客车底盘	SWB6121	248	2013 年 5 月 17 日
33	南京汽车集团有限公司	44	依维柯牌	纯电动密闭式桶装垃圾车	NJ5028X	248	2013 年 5 月 17 日
34	南京汽车集团有限公司	44	依维柯牌	纯电动自装卸式垃圾车	NJ5028ZZZ	248	2013 年 5 月 17 日
35	浙江豪情汽车制造有限公司	52	康迪牌	纯电动轿车	JL7001	248	2013 年 5 月 17 日
36	安徽安凯汽车股份有限公司	55	安凯牌	纯电动城市客车	HFF6100	248	2013 年 5 月 17 日
37	安徽安凯汽车股份有限公司	55	安凯牌	纯电动城市客车	HFF6123	248	2013 年 5 月 17 日
38	安徽安凯汽车股份有限公司	55	安凯牌	纯电动客车	HFF6702	248	2013 年 5 月 17 日
39	安徽安凯汽车股份有限公司	55	安凯牌	纯电动客车	HFF6701	248	2013 年 5 月 17 日
40	安徽安凯汽车股份有限公司	55	安凯牌	纯电动客车	HFF6120	248	2013 年 5 月 17 日
41	安徽安凯汽车股份有限公司	55	安凯牌	纯电动客车	HFF6101	248	2013 年 5 月 17 日
42	湖南江南汽车制造有限公司	84	众泰牌	纯电动轿车	JNJ7000	248	2013 年 5 月 17 日
43	广州汽车集团客车有限公司	89	广汽牌	纯电动城市客车	GZ6100	248	2013 年 5 月 17 日
44	东风扬子江汽车（武汉）有限责任公司	（十七）48	扬子江牌	纯电动城市客车	WG6122	248	2013 年 5 月 17 日
45	湖南恒润高科股份有限公司	（十八）36	恒润牌	纯电动车厢可卸式垃圾车	HHR5022ZXX	248	2013 年 5 月 17 日
46	东风裕隆汽车有限公司	3	纳智捷牌	纯电动多用途乘用车	DYM6481	249	2013 年 6 月 24 日
47	北京汽车股份有限公司	11	北京牌	纯电动轿车	BJ7000	249	2013 年 6 月 24 日
48	南京汽车集团有限公司	44	畅达牌	纯电动载货汽车底盘	NJ1027	249	2013 年 6 月 24 日
49	南京汽车集团有限公司	44	畅达牌	纯电动密闭式桶装垃圾车	NJ5028X	249	2013 年 6 月 24 日
50	南京汽车集团有限公司	44	畅达牌	纯电动自装卸式垃圾车	NJ5028ZZZ	249	2013 年 6 月 24 日
51	南京汽车集团有限公司	44	跃进牌	纯电动载货汽车	NJ1027	249	2013 年 6 月 24 日
52	南京汽车集团有限公司	44	跃进牌	纯电动载货汽车底盘	NJ1027	249	2013 年 6 月 24 日

续表

序号	企业名称	《目录》序号	商标	产品名称	产品型号	公告批次	公告日期
53	南京汽车集团有限公司	44	跃进牌	纯电动厢式运输车	NJ5027X	249	2013 年 6 月 24 日
54	江西昌河铃木汽车有限责任公司	59	北斗星牌	纯电动轿车	CH7002	249	2013 年 6 月 24 日
55	厦门金龙联合汽车工业有限公司	123	金龙牌	纯电动城市客车	XMQ6119	249	2013 年 6 月 24 日
56	厦门金龙联合汽车工业有限公司	123	金龙牌	纯电动客车底盘	XMQ6113	249	2013 年 6 月 24 日
57	天津清源电动车辆有限责任公司	（二）22	清源宝骑牌	纯电动厢式运输车	QY5020X	249	2013 年 6 月 24 日
58	山东沂星电动汽车有限公司	（十五）25	飞燕牌	纯电动城市客车	SDL6120	249	2013 年 6 月 24 日
59	东风扬子江汽车（武汉）有限责任公司	（十七）48	扬子江牌	纯电动城市客车	WG6700	249	2013 年 6 月 24 日
60	中联重科股份有限公司	（十八）20	中联牌	纯电动洒水车	ZLJ5160GSS	249	2013 年 6 月 24 日
61	珠海市广通汽车有限公司	（十九）28	广通牌	纯电动城市客车	GTQ6105	249	2013 年 6 月 24 日
62	深圳市五洲龙汽车有限公司	（十九）47	五洲龙牌	纯电动城市客车	FDG6113	249	2013 年 6 月 24 日
63	柳州五菱汽车工业有限公司	（二十）09	五菱牌	纯电动仓栅式运输车	LQG5023CCY	249	2013 年 6 月 24 日
64	柳州五菱汽车工业有限公司	（二十）09	五菱牌	纯电动仓栅式运输车	LQG5022CCY	249	2013 年 6 月 24 日
65	江苏奥新新能源汽车有限公司	（十）74	达福迪牌	纯电动售货车	JAX5020X	250	2013 年 7 月 12 日
66	江苏奥新新能源汽车有限公司	（十）74	达福迪牌	纯电动宣传车	JAX5020X	250	2013 年 7 月 12 日
67	东风汽车有限公司	3	启辰牌	纯电动轿车	DFL7000	250	2013 年 7 月 12 日
68	北汽福田汽车股份有限公司	9	福田牌	纯电动城市客车	BJ6123	250	2013 年 7 月 12 日
69	上海申沃客车有限公司	42	申沃牌	纯电动城市客车	SWB6121	250	2013 年 7 月 12 日
70	上海申沃客车有限公司	42	申沃牌	纯电动客车底盘	SWB6121	250	2013 年 7 月 12 日
71	安徽安凯汽车股份有限公司	55	安凯牌	纯电动客车	HFF6620	250	2013 年 7 月 12 日
72	北汽福田汽车股份有限公司	9	福田牌	纯电动城市客车	BJ6127	251	2013 年 8 月 16 日
73	北汽福田汽车股份有限公司	9	福田牌	纯电动城市客车	BJ6123	251	2013 年 8 月 16 日
74	安徽安凯汽车股份有限公司	55	安凯牌	纯电动客车	HFF6800	251	2013 年 8 月 16 日
75	郑州宇通客车股份有限公司	71	宇通牌	纯电动城市客车	ZK6125	251	2013 年 8 月 16 日
76	郑州宇通客车股份有限公司	71	宇通牌	纯电动城市客车	ZK6141	251	2013 年 8 月 16 日
77	奇瑞汽车股份有限公司	119	瑞麒牌	纯电动轿车	SQR7000	251	2013 年 8 月 16 日
78	山东沂星电动汽车有限公司	（十五）25	飞燕牌	纯电动城市客车	SDL6121	251	2013 年 8 月 16 日
79	中联重科股份有限公司	（十八）20	中联牌	纯电动餐厨垃圾车	ZLJ5070TCA	251	2013 年 8 月 16 日
80	珠海市广通汽车有限公司	（十九）28	广通牌	纯电动城市客车	GTQ6105	251	2013 年 8 月 16 日

续表

序号	企业名称	《目录》序号	商标	产品名称	产品型号	公告批次	公告日期
81	安徽安凯汽车股份有限公司	55	安凯牌	纯电动城市客车	HFF6123	252	2013 年 9 月 16 日
82	郑州宇通客车股份有限公司	71	宇通牌	纯电动城市客车	ZK6125	252	2013 年 9 月 16 日
83	湖南江南汽车制造有限公司	84	众泰牌	纯电动多用途乘用车	JNJ6408	252	2013 年 9 月 16 日
84	四川汽车工业股份有限公司	101	野马牌	纯电动乘用车	SQJ6452	252	2013 年 9 月 16 日
85	中通客车控股股份有限公司	125	中通牌	纯电动城市客车	LCK6123	252	2013 年 9 月 16 日
86	北京天路通科技有限责任公司	（一）44	天路牌	纯电动吸尘车	BTL5080TXC	252	2013 年 9 月 16 日
87	北京天路通科技有限责任公司	（一）44	天路牌	纯电动吸尘车	BTL5081TXC	252	2013 年 9 月 16 日
88	南京金龙客车制造有限公司	（十）15	东宇牌	纯电动城市客车	NJL6129	252	2013 年 9 月 16 日
89	江苏常隆客车有限公司	（十）17	常隆牌	纯电动城市客车	YS6122	252	2013 年 9 月 16 日
90	山东沂星电动汽车有限公司	（十五）25	飞燕牌	纯电动城市客车	SDL6120	252	2013 年 9 月 16 日
91	中联重科股份有限公司	（十八）20	中联牌	纯电动扫路车	ZLJ5030TSL	252	2013 年 9 月 16 日
92	中国第一汽车集团公司	1	一汽牌	纯电动轿车	CA7005	253	2013 年 10 月 18 日
93	华晨宝马汽车有限公司	33	之诺（ZINORO）牌	纯电动轿车	BBA7000	253	2013 年 10 月 18 日
94	上海申沃客车有限公司	42	申沃牌	纯电动城市客车	SWB6107	253	2013 年 10 月 18 日
95	上海申沃客车有限公司	42	申沃牌	纯电动客车底盘	SWB6107	253	2013 年 10 月 18 日
96	上海华普汽车有限公司	52	康迪牌	纯电动轿车	SMA7001	253	2013 年 10 月 18 日
97	安徽江淮汽车股份有限公司	56	江淮牌	纯电动载货汽车底盘	HFC1070	253	2013 年 10 月 18 日
98	郑州宇通客车股份有限公司	71	宇通牌	纯电动客车	ZK6106	253	2013 年 10 月 18 日
99	郑州日产汽车有限公司	72	东风牌	纯电动多用途乘用车	ZN6493	253	2013 年 10 月 18 日
100	郑州日产汽车有限公司	72	东风牌	纯电动工程车	ZN5033X	253	2013 年 10 月 18 日
101	湖南江南汽车制造有限公司	84	众泰牌	纯电动轻型客车	JNJ6401	253	2013 年 10 月 18 日
102	金龙联合汽车工业（苏州）有限公司	112	海格牌	纯电动客车	KLQ6109	253	2013 年 10 月 18 日
103	中通客车控股股份有限公司	125	中通牌	纯电动城市客车	LCK6113	253	2013 年 10 月 18 日
104	上海申龙客车有限公司	129	申龙牌	纯电动城市客车	SLK6109	253	2013 年 10 月 18 日
105	南京金龙客车制造有限公司	（十）15	东宇牌	纯电动城市客车	NJL6129	253	2013 年 10 月 18 日
106	江苏奥新新能源汽车有限公司	（十）74	达福迪牌	纯电动厢式运输车	JAX5020X	253	2013 年 10 月 18 日
107	东风扬子江汽车（武汉）有限责任公司	（十七）48	扬子江牌	纯电动城市客车	WG6123	253	2013 年 10 月 18 日
108	湖南恒润高科股份有限公司	（十八）36	恒润牌	纯电动自卸式垃圾车	HHR5021ZLJ	253	2013 年 10 月 18 日

续表

序号	企业名称	《目录》序号	商标	产品名称	产品型号	公告批次	公告日期
109	珠海市广通汽车有限公司	（十九）28	广通牌	纯电动城市客车	GTQ6121	253	2013 年 10 月 18 日
110	深圳市五洲龙汽车有限公司	（十九）47	五洲龙牌	纯电动城市客车	FDG6113	253	2013 年 10 月 18 日
111	东风汽车公司	3	东风牌	纯电动载货汽车底盘	EQ1020	254	2013 年 11 月 22 日
112	安徽安凯汽车股份有限公司	55	安凯牌	纯电动城市客车	HFF6127	254	2013 年 11 月 22 日
113	安徽安凯汽车股份有限公司	55	安凯牌	纯电动城市客车	HFF6101	254	2013 年 11 月 22 日
114	安徽江淮汽车股份有限公司	56	江淮牌	纯电动载货汽车底盘	HFC1090	254	2013 年 11 月 22 日
115	郑州宇通客车股份有限公司	71	宇通牌	纯电动客车	ZK6106	254	2013 年 11 月 22 日
116	湖南江南汽车制造有限公司	84	众泰牌	纯电动轿车	JNJ7000	254	2013 年 11 月 22 日
117	厦门金龙旅行车有限公司	124	金旅牌	纯电动城市客车	XML6125	254	2013 年 11 月 22 日
118	天津清源电动车辆有限责任公司	（二）22	清源牌	纯电动厢式运输车	QY5020X	254	2013 年 11 月 22 日
119	武汉九通汽车厂	（十七）52	九通牌	纯电动车厢可卸式垃圾车	KR5021ZXX	254	2013 年 11 月 22 日
120	中联重科股份有限公司	（十八）20	中联牌	纯电动桶装垃圾运输车	ZLJ5070CTY	254	2013 年 11 月 22 日
121	珠海市广通汽车有限公司	（十九）28	广通牌	纯电动城市客车	GTQ6858	254	2013 年 11 月 22 日
122	珠海市广通汽车有限公司	（十九）28	广通牌	纯电动城市客车	GTQ6601	254	2013 年 11 月 22 日
123	珠海市广通汽车有限公司	（十九）28	广通牌	纯电动城市客车	GTQ6802	254	2013 年 11 月 22 日
124	珠海市广通汽车有限公司	（十九）28	广通牌	纯电动城市客车	GTQ6768	254	2013 年 11 月 22 日
125	珠海市广通汽车有限公司	（十九）28	广通牌	纯电动城市客车	GTQ6121	254	2013 年 11 月 22 日
126	柳州五菱汽车工业有限公司	（二十）09	五菱牌	纯电动邮政车	LQG5022X	254	2013 年 11 月 22 日
127	天津清源电动车辆有限责任公司	（二）22	清源牌	纯电动垃圾车	QY5021ZLJ	255	2013 年 12 月 24 日
128	天津清源电动车辆有限责任公司	（二）22	清源牌	纯电动邮政车	QY5021X	255	2013 年 12 月 24 日
129	黑龙江龙华汽车有限公司	（八）16	黑龙江牌	纯电动扫路车	HLJ5070TSL	255	2013 年 12 月 24 日
130	南京金龙客车制造有限公司	（十）15	东宇牌	纯电动城市客车	NJL6100	255	2013 年 12 月 24 日
131	南京金龙客车制造有限公司	（十）15	东宇牌	纯电动客车	NJL6600	255	2013 年 12 月 24 日
132	湖南恒润高科股份有限公司	（十八）36	恒润牌	纯电动桶装垃圾运输车	HHR5022CTY	255	2013 年 12 月 24 日
133	湖南恒润高科股份有限公司	（十八）36	恒润牌	纯电动洗扫车	HHR5120TXS	255	2013 年 12 月 24 日
134	湖南恒润高科股份有限公司	（十八）36	恒润牌	纯电动路面养护车	HHR5160TYH	255	2013 年 12 月 24 日
135	北汽福田汽车股份有限公司	9	福田牌	纯电动城市客车	BJ6123	255	2013 年 12 月 24 日
136	北京汽车股份有限公司	11	北京牌	纯电动轿车	BJ7000	255	2013 年 12 月 24 日

续表

序号	企业名称	《目录》序号	商标	产品名称	产品型号	公告批次	公告日期
137	北京汽车股份有限公司	11	北京牌	纯电动轿车	BJ7002	255	2013 年 12 月 24 日
138	北京汽车股份有限公司	11	北京牌	纯电动邮政车	BJ5020X	255	2013 年 12 月 24 日
139	天津一汽丰田汽车有限公司	18	朗世牌	纯电动轿车	TV7000	255	2013 年 12 月 24 日
140	上海申沃客车有限公司	42	申沃牌	纯电动城市客车	SWB6702	255	2013 年 12 月 24 日
141	南京汽车集团有限公司	44	依维柯牌	纯电动客车	NJ6607	255	2013 年 12 月 24 日
142	南京汽车集团有限公司	44	依维柯牌	纯电动客车底盘	NJ6587	255	2013 年 12 月 24 日
143	上海华普汽车有限公司	52	康迪牌	纯电动轿车	SMA7000	255	2013 年 12 月 24 日
144	安徽安凯汽车股份有限公司	55	安凯牌	纯电动城市客车	HFF6126	255	2013 年 12 月 24 日
145	安徽江淮汽车股份有限公司	56	江淮牌	纯电动载货汽车底盘	HFC1020	255	2013 年 12 月 24 日
146	郑州宇通客车股份有限公司	71	宇通牌	纯电动城市客车	ZK6125	255	2013 年 12 月 24 日
147	郑州日产汽车有限公司	72	东风牌	纯电动多用途乘用车	ZN6494	255	2013 年 12 月 24 日
148	郑州日产汽车有限公司	72	东风牌	纯电动工程车	ZN5034XGC	255	2013 年 12 月 24 日
149	比亚迪汽车工业有限公司	79	腾势牌	纯电动轿车	QCJ7007	255	2013 年 12 月 24 日
150	广州汽车集团客车有限公司	89	广汽牌	纯电动城市客车	GZ6120	255	2013 年 12 月 24 日
151	重庆长安汽车股份有限公司	96	长安牌	纯电动轿车	SC7001	255	2013 年 12 月 24 日
152	金龙联合汽车工业（苏州）有限公司	112	海格牌	纯电动城市客车	KLQ6129	255	2013 年 12 月 24 日
153	金龙联合汽车工业（苏州）有限公司	112	海格牌	纯电动城市客车	KLQ6109	255	2013 年 12 月 24 日
154	金龙联合汽车工业（苏州）有限公司	112	海格牌	纯电动客车	KLQ6702	255	2013 年 12 月 24 日
155	深圳市五洲龙汽车有限公司	131	五洲龙牌	纯电动城市客车	FDG6103	255	2013 年 12 月 24 日
156	深圳市五洲龙汽车有限公司	131	五洲龙牌	纯电动城市客车	FDG6801	255	2013 年 12 月 24 日
157	深圳市五洲龙汽车有限公司	131	五洲龙牌	纯电动城市客车	FDG6113	255	2013 年 12 月 24 日

2. 混合动力汽车及底盘（共计 158 款车型及底盘，其中包括底盘 16 款，全部是客车底盘）

序号	企业名称	《目录》序号	商标	产品名称	产品型号	公告批次	公告日期
1	东风汽车公司	3	东风牌	混合动力城市客车	EQ6120	244	2013 年 1 月 18 日
2	东风汽车公司	3	东风牌	混合动力客车底盘	EQ6121	244	2013 年 1 月 18 日
3	东风汽车公司	3	东风牌	混合动力客车底盘	EQ6110	244	2013 年 1 月 18 日
4	北汽福田汽车股份有限公司	9	福田牌	混合动力城市客车	BJ6105	244	2013 年 1 月 18 日

续表

序号	企业名称	《目录》序号	商标	产品名称	产品型号	公告批次	公告日期
5	北汽福田汽车股份有限公司	9	福田牌	混合动力城市客车	BJ6123	244	2013 年 1 月 18 日
6	郑州宇通客车股份有限公司	71	宇通牌	混合动力城市客车	ZK6180	244	2013 年 1 月 18 日
7	上海申龙客车有限公司	129	申龙牌	混合动力城市客车	SLK6129	244	2013 年 1 月 18 日
8	上海申龙客车有限公司	129	申龙牌	混合动力城市客车	SLK6109	244	2013 年 1 月 18 日
9	上海申龙客车有限公司	129	申龙牌	混合动力城市客车	SLK6119	244	2013 年 1 月 18 日
10	成都客车股份有限公司	（二十二）10	蜀都牌	混合动力城市客车	CDK6122	244	2013 年 1 月 18 日
11	郑州宇通客车股份有限公司	71	宇通牌	混合动力双层城市客车	ZK6116	245	2013 年 2 月 7 日
12	郑州宇通客车股份有限公司	71	宇通牌	混合动力客车底盘	ZK6116	245	2013 年 2 月 7 日
13	广州汽车集团客车有限公司	89	广汽牌	混合动力城市客车	GZ6103	245	2013 年 2 月 7 日
14	广州汽车集团客车有限公司	89	广汽牌	混合动力城市客车	GZ6113	245	2013 年 2 月 7 日
15	四川汽车工业股份有限公司	101	野马牌	混合动力城市客车	SQJ6121	245	2013 年 2 月 7 日
16	江西凯马百路佳客车有限公司	（十四）03	江西牌	混合动力城市客车	JXK6112	245	2013 年 2 月 7 日
17	江西凯马百路佳客车有限公司	（十四）03	江西牌	混合动力城市客车	JXK6123	245	2013 年 2 月 7 日
18	江西凯马百路佳客车有限公司	（十四）03	江西牌	混合动力城市客车	JXK6115	245	2013 年 2 月 7 日
19	东风扬子江汽车（武汉）有限责任公司	（十七）48	扬子江牌	混合动力城市客车	WG6100	245	2013 年 2 月 7 日
20	东风扬子江汽车（武汉）有限责任公司	（十七）48	扬子江牌	混合动力城市客车	WG6120	245	2013 年 2 月 7 日
21	深圳市五洲龙汽车有限公司	（十九）47	五洲龙牌	混合动力城市客车	FDG6101	245	2013 年 2 月 7 日
22	深圳市五洲龙汽车有限公司	（十九）47	五洲龙牌	混合动力城市客车	FDG6123	245	2013 年 2 月 7 日
23	上海通用汽车有限公司	6	别克（BUICK）牌	混合动力轿车	SGM7240	246	2013 年 3 月 19 日
24	安徽安凯汽车股份有限公司	55	安凯牌	混合动力城市客车	HFF6103	246	2013 年 3 月 19 日
25	重庆长安汽车股份有限公司	96	长安牌	混合动力轿车	SC7158	246	2013 年 3 月 19 日
26	厦门金龙联合汽车工业有限公司	123	金龙牌	混合动力城市客车	XMQ6127	246	2013 年 3 月 19 日
27	厦门金龙联合汽车工业有限公司	123	金龙牌	混合动力城市客车	XMQ6106	246	2013 年 3 月 19 日
28	厦门金龙联合汽车工业有限公司	123	金龙牌	混合动力客车底盘	XMQ6121	246	2013 年 3 月 19 日
29	厦门金龙联合汽车工业有限公司	123	金龙牌	混合动力客车底盘	XMQ6102	246	2013 年 3 月 19 日
30	厦门金龙旅行车有限公司	124	金旅牌	混合动力城市客车	XML6115	246	2013 年 3 月 19 日
31	厦门金龙旅行车有限公司	124	金旅牌	混合动力城市客车	XML6105	246	2013 年 3 月 19 日
32	厦门金龙旅行车有限公司	124	金旅牌	混合动力城市客车	XML6125	246	2013 年 3 月 19 日

续表

序号	企业名称	《目录》序号	商标	产品名称	产品型号	公告批次	公告日期
33	南京金龙客车制造有限公司	（十）15	东宇牌	混合动力城市客车	NJL6129	246	2013 年 3 月 19 日
34	江西凯马百路佳客车有限公司	（十四）03	江西牌	混合动力城市客车	JXK6100	246	2013 年 3 月 19 日
35	东风扬了江汽车（武汉）有限责任公司	（十七）48	扬子江牌	混合动力城市客车	WG6120	246	2013 年 3 月 19 日
36	东风扬子江汽车（武汉）有限责任公司	（十七）48	扬子江牌	混合动力城市客车	WG6121	246	2013 年 3 月 19 日
37	郑州宇通客车股份有限公司	71	宇通牌	混合动力城市客车	ZK6125	247	2013 年 4 月 10 日
38	郑州宇通客车股份有限公司	71	宇通牌	混合动力城市客车	ZK6120	247	2013 年 4 月 10 日
39	郑州宇通客车股份有限公司	71	宇通牌	混合动力城市客车	ZK6105	247	2013 年 4 月 10 日
40	比亚迪汽车有限公司	108	比亚迪牌	混合动力轿车	BYD7150	247	2013 年 4 月 10 日
41	金龙联合汽车工业（苏州）有限公司	112	海格牌	混合动力城市客车	KLQ6119	247	2013 年 4 月 10 日
42	中通客车控股股份有限公司	125	中通牌	混合动力城市客车	LCK6123	247	2013 年 4 月 10 日
43	南京金龙客车制造有限公司	（十）15	东宇牌	混合动力城市客车	NJL6129	247	2013 年 4 月 10 日
44	江西凯马百路佳客车有限公司	（十四）03	江西牌	混合动力城市客车	JXK6123	247	2013 年 4 月 10 日
45	东风扬子江汽车（武汉）有限责任公司	（十七）48	扬子江牌	混合动力城市客车	WG6100	247	2013 年 4 月 10 日
46	东风扬子江汽车（武汉）有限责任公司	（十七）48	扬子江牌	混合动力城市客车	WG6120	247	2013 年 4 月 10 日
47	东风汽车公司	3	东风牌	混合动力客车底盘	EQ6110	248	2013 年 5 月 17 日
48	丹东黄海汽车有限责任公司	29	黄海牌	混合动力城市客车	DD6129	248	2013 年 5 月 17 日
49	丹东黄海汽车有限责任公司	29	黄海牌	混合动力客车底盘	DD6129	248	2013 年 5 月 17 日
50	安徽安凯汽车股份有限公司	55	安凯牌	混合动力城市客车	HFF6113	248	2013 年 5 月 17 日
51	安徽安凯汽车股份有限公司	55	安凯牌	混合动力城市客车	HFF6125	248	2013 年 5 月 17 日
52	郑州宇通客车股份有限公司	71	宇通牌	混合动力城市客车	ZK6125	248	2013 年 5 月 17 日
53	郑州宇通客车股份有限公司	71	宇通牌	混合动力城市客车	ZK6120	248	2013 年 5 月 17 日
54	广州汽车集团客车有限公司	89	广汽牌	混合动力城市客车	GZ6102	248	2013 年 5 月 17 日
55	广州汽车集团客车有限公司	89	广汽牌	混合动力城市客车	GZ6112	248	2013 年 5 月 17 日
56	广州汽车集团客车有限公司	89	广汽牌	混合动力城市客车	GZ6103	248	2013 年 5 月 17 日
57	广州汽车集团客车有限公司	89	广汽牌	混合动力城市客车	GZ6123	248	2013 年 5 月 17 日
58	广州汽车集团客车有限公司	89	广汽牌	混合动力城市客车	GZ6113	248	2013 年 5 月 17 日
59	江苏常隆客车有限公司	（十）17	常隆牌	混合动力城市客车	YS6120	248	2013 年 5 月 17 日
60	江西凯马百路佳客车有限公司	（十四）03	江西牌	混合动力城市客车	JXK6105	248	2013 年 5 月 17 日

续表

序号	企业名称	《目录》序号	商标	产品名称	产品型号	公告批次	公告日期
61	江西凯马百路佳客车有限公司	（十四）03	江西牌	混合动力城市客车	JXK6113	248	2013 年 5 月 17 日
62	江西凯马百路佳客车有限公司	（十四）03	江西牌	混合动力城市客车	JXK6125	248	2013 年 5 月 17 日
63	贵州万达客车股份有限公司	（二十三）06	万达牌	混合动力城市客车	WD6110	248	2013 年 5 月 17 日
64	金华青年汽车制造有限公司	7	青年牌	混合动力城市客车	JNP6120	249	2013 年 6 月 24 日
65	北汽福田汽车股份有限公司	9	福田牌	混合动力城市客车	BJ6105	249	2013 年 6 月 24 日
66	北汽福田汽车股份有限公司	9	福田牌	混合动力城市客车	BJ6123	249	2013 年 6 月 24 日
67	上海申沃客车有限公司	42	申沃牌	混合动力城市客车	SWB6127	249	2013 年 6 月 24 日
68	上海申沃客车有限公司	42	申沃牌	混合动力客车底盘	SWB6127	249	2013 年 6 月 24 日
69	郑州宇通客车股份有限公司	71	宇通牌	混合动力城市客车	ZK6105	249	2013 年 6 月 24 日
70	广州汽车集团客车有限公司	89	广汽牌	混合动力城市客车	GZ6922	249	2013 年 6 月 24 日
71	广州汽车集团客车有限公司	89	广汽牌	混合动力城市客车	GZ6103	249	2013 年 6 月 24 日
72	广州汽车集团客车有限公司	89	广汽牌	混合动力城市客车	GZ6113	249	2013 年 6 月 24 日
73	比亚迪汽车有限公司	108	比亚迪牌	混合动力轿车	BYD7150	249	2013 年 6 月 24 日
74	中通客车控股股份有限公司	125	中通牌	混合动力城市客车	LCK6103	249	2013 年 6 月 24 日
75	中通客车控股股份有限公司	125	中通牌	混合动力城市客车	LCK6123	249	2013 年 6 月 24 日
76	中通客车控股股份有限公司	125	中通牌	混合动力客车底盘	LCK6105	249	2013 年 6 月 24 日
77	河南少林客车股份有限公司	126	少林牌	混合动力城市客车	SLG6107	249	2013 年 6 月 24 日
78	河南少林客车股份有限公司	126	少林牌	混合动力城市客车	SLG6120	249	2013 年 6 月 24 日
79	江西凯马百路佳客车有限公司	（十四）03	江西牌	混合动力城市客车	JXK6111	249	2013 年 6 月 24 日
80	中国重汽集团济南豪沃客车有限公司	（十五）19	黄河牌	混合动力城市客车	JK6109	249	2013 年 6 月 24 日
81	中国重汽集团济南豪沃客车有限公司	（十五）19	黄河牌	混合动力城市客车	JK6129	249	2013 年 6 月 24 日
82	东风扬子江汽车（武汉）有限责任公司	（十七）48	扬子江牌	混合动力城市客车	WG6120	249	2013 年 6 月 24 日
83	湖南南车时代电动汽车股份有限公司	（十八）23	南车时代牌	混合动力城市客车	TEG6106	249	2013 年 6 月 24 日
84	湖南恒润高科股份有限公司	（十八）36	恒润牌	混合动力洗扫车	HHR5070TXS	249	2013 年 6 月 24 日
85	沈阳五洲龙新能源汽车有限公司	（六）16	五洲龙牌	混合动力城市客车	SWM6111	250	2013 年 7 月 12 日
86	湖南南车时代电动汽车股份有限公司	（十八）23	南车时代牌	混合动力城市客车	TEG6106	250	2013 年 7 月 12 日
87	湖南南车时代电动汽车股份有限公司	（十八）23	南车时代牌	混合动力城市客车	TEG6129	250	2013 年 7 月 12 日
88	东风汽车公司	3	东风牌	混合动力城市客车	EQ6121	250	2013 年 7 月 12 日

续表

序号	企业名称	《目录》序号	商标	产品名称	产品型号	公告批次	公告日期
89	东风汽车公司	3	东风牌	混合动力客车底盘	EQ6121	250	2013 年 7 月 12 日
90	上海申沃客车有限公司	42	申沃牌	混合动力城市客车	SWB6127	250	2013 年 7 月 12 日
91	上海申沃客车有限公司	42	申沃牌	混合动力客车底盘	SWB6127	250	2013 年 7 月 12 日
92	郑州宇通客车股份有限公司	71	宇通牌	混合动力城市客车	ZK6125	250	2013 年 7 月 12 日
93	郑州宇通客车股份有限公司	71	宇通牌	混合动力城市客车	ZK6120	250	2013 年 7 月 12 日
94	郑州宇通客车股份有限公司	71	宇通牌	混合动力城市客车	ZK6105	250	2013 年 7 月 12 日
95	广州汽车集团客车有限公司	89	广汽牌	混合动力城市客车	GZ6102	250	2013 年 7 月 12 日
96	广州汽车集团客车有限公司	89	广汽牌	混合动力城市客车	GZ6112	250	2013 年 7 月 12 日
97	广州汽车集团客车有限公司	89	广汽牌	混合动力城市客车	GZ6103	250	2013 年 7 月 12 日
98	广州汽车集团客车有限公司	89	广汽牌	混合动力城市客车	GZ6113	250	2013 年 7 月 12 日
99	厦门金龙旅行车有限公司	124	金旅牌	混合动力城市客车	XML6122	250	2013 年 7 月 12 日
100	一汽客车（大连）有限公司	28	解放牌	混合动力城市客车	CA6126	251	2013 年 8 月 16 日
101	上海申沃客车有限公司	42	申沃牌	混合动力城市客车	SWB6127	251	2013 年 8 月 16 日
102	上海申沃客车有限公司	42	申沃牌	混合动力客车底盘	SWB6127	251	2013 年 8 月 16 日
103	扬州亚星客车股份有限公司	49	亚星牌	混合动力城市客车	JS6106	251	2013 年 8 月 16 日
104	扬州亚星客车股份有限公司	49	亚星牌	混合动力城市客车	JS6126	251	2013 年 8 月 16 日
105	郑州宇通客车股份有限公司	71	宇通牌	混合动力城市客车	ZK6180	251	2013 年 8 月 16 日
106	郑州宇通客车股份有限公司	71	宇通牌	混合动力城市客车	ZK6120	251	2013 年 8 月 16 日
107	郑州宇通客车股份有限公司	71	宇通牌	混合动力城市客车	ZK6140	251	2013 年 8 月 16 日
108	黑龙江龙华汽车有限公司	（八）16	黑龙江牌	混合动力城市客车	HLJ6122	251	2013 年 8 月 16 日
109	丹东黄海汽车有限责任公司	29	黄海牌	混合动力客车底盘	DD6129	252	2013 年 9 月 16 日
110	丹东黄海汽车有限责任公司	29	黄海牌	混合动力城市客车	DD6129	252	2013 年 9 月 16 日
111	厦门金龙联合汽车工业有限公司	123	金龙牌	混合动力城市客车	XMQ6127	252	2013 年 9 月 16 日
112	厦门金龙联合汽车工业有限公司	123	金龙牌	混合动力城市客车	XMQ6106	252	2013 年 9 月 16 日
113	厦门金龙旅行车有限公司	124	金旅牌	混合动力城市客车	XML6115	252	2013 年 9 月 16 日
114	厦门金龙旅行车有限公司	124	金旅牌	混合动力城市客车	XML6125	252	2013 年 9 月 16 日
115	厦门金龙旅行车有限公司	124	金旅牌	混合动力城市客车	XML6855	252	2013 年 9 月 16 日
116	中通客车控股股份有限公司	125	中通牌	混合动力城市客车	LCK6106	252	2013 年 9 月 16 日

续表

序号	企业名称	《目录》序号	商标	产品名称	产品型号	公告批次	公告日期
117	中通客车控股股份有限公司	125	中通牌	混合动力城市客车	LCK6126	252	2013 年 9 月 16 日
118	中通客车控股股份有限公司	125	中通牌	混合动力客车底盘	LCK6105	252	2013 年 9 月 16 日
119	湖南南车时代电动汽车股份有限公司	（十八）23	南车时代牌	混合动力城市客车	TEG6129	252	2013 年 9 月 16 日
120	湖南南车时代电动汽车股份有限公司	（十八）23	南车时代牌	混合动力城市客车	TEG6106	252	2013 年 9 月 16 日
121	湖南南车时代电动汽车股份有限公司	（十八）23	南车时代牌	混合动力城市客车	TEG6119	252	2013 年 9 月 16 日
122	北汽福田汽车股份有限公司	9	福田牌	混合动力城市客车	BJ6123	253	2013 年 10 月 18 日
123	安徽安凯汽车股份有限公司	55	安凯牌	混合动力城市客车	HFF6104	253	2013 年 10 月 18 日
124	安徽安凯汽车股份有限公司	55	安凯牌	混合动力城市客车	HFF6126	253	2013 年 10 月 18 日
125	郑州宇通客车股份有限公司	71	宇通牌	混合动力城市客车	ZK6140	253	2013 年 10 月 18 日
126	郑州宇通客车股份有限公司	71	宇通牌	混合动力城市客车	ZK6850	253	2013 年 10 月 18 日
127	郑州宇通客车股份有限公司	71	宇通牌	混合动力客车底盘	ZK6825	253	2013 年 10 月 18 日
128	郑州宇通客车股份有限公司	71	宇通牌	混合动力铰接城市客车	ZK6180	253	2013 年 10 月 18 日
129	比亚迪汽车有限公司	108	比亚迪牌	混合动力轿车	BYD7150	253	2013 年 10 月 18 日
130	金龙联合汽车工业（苏州）有限公司	112	海格牌	混合动力城市客车	KLQ6129	253	2013 年 10 月 18 日
131	厦门金龙旅行车有限公司	124	金旅牌	混合动力城市客车	XML6125	253	2013 年 10 月 18 日
132	湖南南车时代电动汽车股份有限公司	（十八）23	南车时代牌	混合动力城市客车	TEG6129	253	2013 年 10 月 18 日
133	湖南南车时代电动汽车股份有限公司	（十八）23	南车时代牌	混合动力城市客车	TEG6106	253	2013 年 10 月 18 日
134	重庆五洲龙新能源汽车有限公司	（二十一）07	五洲龙牌	混合动力城市客车	WZL6102	253	2013 年 10 月 18 日
135	金华青年汽车制造有限公司	7	青年牌	混合动力城市客车	JNP6120	254	2013 年 11 月 22 日
136	丹东黄海汽车有限责任公司	29	黄海牌	混合动力城市客车	DD6109	254	2013 年 11 月 22 日
137	丹东黄海汽车有限责任公司	29	黄海牌	混合动力客车底盘	DD6109	254	2013 年 11 月 22 日
138	安徽安凯汽车股份有限公司	55	安凯牌	混合动力城市客车	HFF6105	254	2013 年 11 月 22 日
139	安徽安凯汽车股份有限公司	55	安凯牌	混合动力城市客车	HFF6114	254	2013 年 11 月 22 日
140	安徽安凯汽车股份有限公司	55	安凯牌	混合动力城市客车	HFF6115	254	2013 年 11 月 22 日
141	厦门金龙联合汽车工业有限公司	123	金龙牌	混合动力城市客车	XMQ6127	254	2013 年 11 月 22 日
142	厦门金龙联合汽车工业有限公司	123	金龙牌	混合动力城市客车	XMQ6106	254	2013 年 11 月 22 日
143	厦门金龙旅行车有限公司	124	金旅牌	混合动力城市客车	XML6115	254	2013 年 11 月 22 日
144	厦门金龙旅行车有限公司	124	金旅牌	混合动力城市客车	XML6125	254	2013 年 11 月 22 日

续表

序号	企业名称	《目录》序号	商标	产品名称	产品型号	公告批次	公告日期
145	中通客车控股股份有限公司	125	中通牌	混合动力城市客车	LCK6122	254	2013 年 11 月 22 日
146	黑龙江龙华汽车有限公司	（八）16	黑龙江牌	混合动力客车	HLJ6100	254	2013 年 11 月 22 日
147	上海万象汽车制造有限公司	（九）26	象牌	混合动力城市客车	SXC6120	254	2013 年 11 月 22 日
148	湖南南车时代电动汽车股份有限公司	（十八）23	南车时代牌	混合动力城市客车	TEG6129	255	2013 年 12 月 24 日
149	湖南南车时代电动汽车股份有限公司	（十八）23	南车时代牌	混合动力城市客车	TEG6106	255	2013 年 12 月 24 日
150	上海通用汽车有限公司	6	别克（BUICK）牌	混合动力轿车	SGM7240	255	2013 年 12 月 24 日
151	北汽福田汽车股份有限公司	9	福田牌	混合动力城市客车	BJ6123	255	2013 年 12 月 24 日
152	北京汽车股份有限公司	11	北京牌	混合动力轿车	BJ7080	255	2013 年 12 月 24 日
153	扬州亚星客车股份有限公司	49	亚星牌	混合动力客车	YBL6110	255	2013 年 12 月 24 日
154	金龙联合汽车工业（苏州）有限公司	112	海格牌	混合动力城市客车	KLQ6129	255	2013 年 12 月 24 日
155	金龙联合汽车工业（苏州）有限公司	112	海格牌	混合动力城市客车	KLQ6109	255	2013 年 12 月 24 日
156	金龙联合汽车工业（苏州）有限公司	112	海格牌	混合动力城市客车	KLQ6119	255	2013 年 12 月 24 日
157	厦门金龙旅行车有限公司	124	金旅牌	混合动力城市客车	XML6115	255	2013 年 12 月 24 日
158	厦门金龙旅行车有限公司	124	金旅牌	混合动力城市客车	XML6125	255	2013 年 12 月 24 日

3. 插电式混合动力汽车（共计 4 款车型，其中包括 3 款城市客车、1 款轿车）

序号	企业名称	《目录》序号	商标	产品名称	产品型号	公告批次	公告日期
1	北汽福田汽车股份有限公司	9	福田牌	插电式混合动力城市客车	BJ6105	255	2013 年 12 月 24 日
2	北汽福田汽车股份有限公司	9	福田牌	插电式混合动力城市客车	BJ6123	255	2013 年 12 月 24 日
3	安徽安凯汽车股份有限公司	55	安凯牌	插电式混合动力城市客车	HFF6127	255	2013 年 12 月 24 日
4	上海汽车集团股份有限公司	122	荣威牌	插电混合动力轿车	CSA7154	255	2013 年 12 月 24 日

4. 天然气、两用燃料及其他燃料（共计 70 款车型及底盘，其中包括底盘 23 款，其中自卸汽车 6 款、载货汽车 17 款）

序号	企业名称	《目录》序号	商标	产品名称	产品型号	公告批次	公告日期
1	中国第一汽车集团公司	1	解放牌	天然气自卸汽车	CA3310	244	2013 年 1 月 18 日
2	中国第一汽车集团公司	1	解放牌	天然气自卸汽车底盘	CA3310	244	2013 年 1 月 18 日
3	陕西通家汽车股份有限公司	109	通家福牌	甲醇厢式运输车	STJ5023X	244	2013 年 1 月 18 日
4	陕西通家汽车股份有限公司	109	通家福牌	甲醇多用途乘用车	STJ6404	244	2013 年 1 月 18 日

续表

序号	企业名称	《目录》序号	商标	产品名称	产品型号	公告批次	公告日期
5	北京汽车股份有限公司	11	北京牌	两用燃料多用途乘用车	BJ6400	245	2013 年 2 月 7 日
6	浙江豪情汽车制造有限公司	52	吉利牌	甲醇轿车	JL7152	247	2013 年 4 月 10 日
7	浙江豪情汽车制造有限公司	52	吉利牌	甲醇轿车	JL7182	247	2013 年 4 月 10 日
8	一汽解放青岛汽车有限公司	64	解放牌	天然气自卸汽车底盘	CA3256	247	2013 年 4 月 10 日
9	一汽解放青岛汽车有限公司	64	解放牌	液化天然气自卸汽车	CA3256	247	2013 年 4 月 10 日
10	郑州日产汽车有限公司	72	尼桑牌	两用燃料多用途货车	ZN1033	247	2013 年 4 月 10 日
11	广汽菲亚特汽车有限公司	89	广汽菲亚特牌	两用燃料轿车	GFA7140	247	2013 年 4 月 10 日
12	重庆力帆乘用车有限公司	93	力帆牌	两用燃料轿车	LF7185/	247	2013 年 4 月 10 日
13	中国第一汽车集团公司	1	解放牌	天然气自卸汽车	CA3250	248	2013 年 5 月 17 日
14	中国第一汽车集团公司	1	解放牌	天然气自卸汽车	CA3310	248	2013 年 5 月 17 日
15	中国第一汽车集团公司	1	解放牌	天然气自卸汽车底盘	CA3250	248	2013 年 5 月 17 日
16	中国第一汽车集团公司	1	解放牌	天然气自卸汽车底盘	CA3310	248	2013 年 5 月 17 日
17	河北长安汽车有限公司	22	长安牌	两用燃料多用途乘用车	SC6406	248	2013 年 5 月 17 日
18	浙江豪情汽车制造有限公司	52	吉利牌	两用燃料轿车	JL7181	248	2013 年 5 月 17 日
19	一汽解放青岛汽车有限公司	64	解放牌	天然气载货汽车	CA1169	248	2013 年 5 月 17 日
20	一汽解放青岛汽车有限公司	64	解放牌	天然气载货汽车底盘	CA1148	248	2013 年 5 月 17 日
21	一汽解放青岛汽车有限公司	64	解放牌	天然气载货汽车底盘	CA1169	248	2013 年 5 月 17 日
22	一汽解放青岛汽车有限公司	64	解放牌	天然气自卸汽车底盘	CA3310	248	2013 年 5 月 17 日
23	一汽解放青岛汽车有限公司	64	解放牌	液化天然气自卸汽车	CA3310	248	2013 年 5 月 17 日
24	河北长安汽车有限公司	22	长安牌	两用燃料载货汽车底盘	SC1025	249	2013 年 6 月 24 日
25	一汽解放青岛汽车有限公司	64	解放牌	天然气载货汽车	CA1148	249	2013 年 6 月 24 日
26	一汽解放青岛汽车有限公司	64	解放牌	天然气载货汽车	CA1250	249	2013 年 6 月 24 日
27	一汽解放青岛汽车有限公司	64	解放牌	天然气载货汽车	CA1167	249	2013 年 6 月 24 日
28	一汽解放青岛汽车有限公司	64	解放牌	天然气载货汽车	CA1313	249	2013 年 6 月 24 日
29	一汽解放青岛汽车有限公司	64	解放牌	天然气载货汽车底盘	CA1250	249	2013 年 6 月 24 日
30	一汽解放青岛汽车有限公司	64	解放牌	天然气载货汽车底盘	CA1167	249	2013 年 6 月 24 日
31	一汽解放青岛汽车有限公司	64	解放牌	天然气载货汽车底盘	CA1313	249	2013 年 6 月 24 日

续表

序号	企业名称	《目录》序号	商标	产品名称	产品型号	公告批次	公告日期
32	上海大众汽车有限公司	5	大众汽车（VOLKSWAGEN）牌	两用燃料轿车	SVW71612JS	250	2013 年 7 月 12 日
33	郑州日产汽车有限公司	72	东风牌	两用燃料多用途货车	ZN1034	250	2013 年 7 月 12 日
34	北汽福田汽车股份有限公司	9	福田牌	两用燃料载货汽车	BJ1036	251	2013 年 8 月 16 日
35	北汽福田汽车股份有限公司	9	福田牌	两用燃料载货汽车	BJ1030	251	2013 年 8 月 16 日
36	北汽福田汽车股份有限公司	9	福田牌	两用燃料载货汽车	BJ1032	251	2013 年 8 月 16 日
37	北汽福田汽车股份有限公司	9	福田牌	两用燃料载货汽车底盘	BJ1036	251	2013 年 8 月 16 日
38	北汽福田汽车股份有限公司	9	福田牌	两用燃料载货汽车底盘	BJ1030	251	2013 年 8 月 16 日
39	北汽福田汽车股份有限公司	9	福田牌	两用燃料载货汽车底盘	BJ1032	251	2013 年 8 月 16 日
40	一汽解放青岛汽车有限公司	64	解放牌	天然气自卸汽车	CA3208	251	2013 年 8 月 16 日
41	一汽解放青岛汽车有限公司	64	解放牌	天然气自卸汽车底盘	CA3208	251	2013 年 8 月 16 日
42	山西成功汽车制造有限公司	130	太行成功牌	甲醇多用途乘用车	SCH6400	251	2013 年 8 月 16 日
43	一汽－大众汽车有限公司	2	大众牌	两用燃料轿车	FV7160	252	2013 年 9 月 16 日
44	北汽福田汽车股份有限公司	9	福田牌	两用燃料载货汽车	BJ1036	252	2013 年 9 月 16 日
45	北汽福田汽车股份有限公司	9	福田牌	两用燃料载货汽车底盘	BJ1022	252	2013 年 9 月 16 日
46	北汽福田汽车股份有限公司	9	福田牌	两用燃料载货汽车底盘	BJ1036	252	2013 年 9 月 16 日
47	河北长安汽车有限公司	22	长安牌	两用燃料载货汽车	SC1035	252	2013 年 9 月 16 日
48	河北长安汽车有限公司	22	长安牌	两用燃料多用途乘用车	SC6483	252	2013 年 9 月 16 日
49	哈飞汽车股份有限公司	39	松花江牌	两用燃料货车	HFJ1021	252	2013 年 9 月 16 日
50	重庆长安汽车股份有限公司	96	长安牌	两用燃料多用途乘用车	SC6450	252	2013 年 9 月 16 日
51	重庆长安汽车股份有限公司	96	长安牌	两用燃料轿车	SC7169	252	2013 年 9 月 16 日
52	东风汽车公司	3	华神牌	两用燃料轻型载货汽车	DFD1030	253	2013 年 10 月 18 日
53	东风汽车公司	3	华神牌	两用燃料轻型载货汽车	DFD1032	253	2013 年 10 月 18 日
54	东风汽车公司	3	华神牌	两用燃料轻型载货汽车	DFD1031	253	2013 年 10 月 18 日
55	东风汽车公司	3	华神牌	两用燃料轻型载货汽车底盘	DFD1030	253	2013 年 10 月 18 日
56	东风汽车公司	3	华神牌	两用燃料轻型载货汽车底盘	DFD1032	253	2013 年 10 月 18 日
57	东风汽车公司	3	华神牌	两用燃料轻型载货汽车底盘	DFD1031	253	2013 年 10 月 18 日
58	北汽福田汽车股份有限公司	9	福田牌	两用燃料载货汽车	BJ1022	253	2013 年 10 月 18 日

续表

序号	企业名称	《目录》序号	商标	产品名称	产品型号	公告批次	公告日期
59	天津一汽夏利汽车股份有限公司	18	威志牌	两用燃料轿车	CA7160	254	2013 年 11 月 22 日
60	一汽解放青岛汽车有限公司	64	解放牌	天然气载货汽车底盘	CA1147	254	2013 年 11 月 22 日
61	中国第一汽车集团公司	1	解放牌	天然气载货汽车	CA1160	255	2013 年 12 月 24 日
62	中国第一汽车集团公司	1	解放牌	天然气载货汽车	CA1140	255	2013 年 12 月 24 日
63	中国第一汽车集团公司	1	解放牌	天然气载货汽车底盘	CA1160	255	2013 年 12 月 24 日
64	中国第一汽车集团公司	1	解放牌	天然气载货汽车底盘	CA1140	255	2013 年 12 月 24 日
65	东风汽车公司	3	风神牌	两用燃料轿车	DFM7150	255	2013 年 12 月 24 日
66	北京汽车股份有限公司	11	北京牌	两用燃料多用途乘用车	BJ6400	255	2013 年 12 月 24 日
67	北京汽车股份有限公司	11	北京牌	两用燃料多用途乘用车	BJ6450	255	2013 年 12 月 24 日
68	浙江豪情汽车制造有限公司	52	吉利牌	两用燃料轿车	JL7182	255	2013 年 12 月 24 日
69	一汽解放青岛汽车有限公司	64	解放牌	天然气自卸汽车	CA3256	255	2013 年 12 月 24 日
70	郑州日产汽车有限公司	72	东风牌	两用燃料多用途乘用车	ZN6441	255	2013 年 12 月 24 日

二、节能与新能源汽车示范推广应用工程推荐车型目录（第 41 ~ 52 批）

1. 纯电动客车

序号	企业名称	《目录》序号	商标	产品名称	产品型号	节油率/节气率（%）	目录批次	目录日期
1	北汽福田汽车股份有限公司	9	福田牌	纯电动城市客车	BJ6760EVCA	100	41	2013 年 1 月 18 日
2	南京汽车集团有限公司	44	依维柯牌	纯电动客车	NJ6607CEVZ	100	41	2013 年 1 月 18 日
3	南京汽车集团有限公司	44	依维柯牌	纯电动客车	NJ6697CEVZ	100	41	2013 年 1 月 18 日
4	厦门金龙旅行车有限公司	124	金旅牌	纯电动轻型客车	XML6532JEV10	100	41	2013 年 1 月 18 日
5	厦门金龙旅行车有限公司	124	金旅牌	纯电动客车	XML6700JEV10	100	41	2013 年 1 月 18 日
6	重庆恒通客车有限公司	127	恒通客车牌	纯电动城市客车	CKZ6127HBEVA	100	41	2013 年 1 月 18 日
7	郑州宇通客车股份有限公司	71	宇通牌	纯电动城市客车	ZK6105BEVG1	100	42	2013 年 2 月 7 日
8	广州汽车集团客车有限公司	89	广汽牌	纯电动城市客车	GZ6100EV1	100	42	2013 年 2 月 7 日
9	广州汽车集团客车有限公司	89	广汽牌	纯电动城市客车	GZ6100EV3	100	42	2013 年 2 月 7 日
10	四川汽车工业股份有限公司	101	野马牌	纯电动城市客车	SQJ6121BEV	100	42	2013 年 2 月 7 日

续表

序号	企业名称	《目录》序号	商标	产品名称	产品型号	节油率/节气率（%）	目录批次	目录日期
11	重庆恒通客车有限公司	127	恒通客车牌	纯电动城市客车	CKZ6127HBEVB	100	42	2013 年 2 月 7 日
12	山东沂星电动汽车有限公司	（十五）25	飞燕牌	纯电动城市客车	SDL6100EVG1	100	42	2013 年 2 月 7 日
13	深圳市五洲龙汽车有限公司	（十九）47	五洲龙牌	纯电动城市客车	FDG6113EVG7	100	42	2013 年 2 月 7 日
14	云南美的客车制造有限公司	（二十四）03	陆胜牌	纯电动城市客车	YK6120LBEV	100	43	2013 年 3 月 19 日
15	安徽安凯汽车股份有限公司	55	安凯牌	纯电动城市客车	HFF6100G03EV－1	100	44	2013 年 4 月 10 日
16	安徽安凯汽车股份有限公司	55	安凯牌	纯电动城市客车	HFF6100G03EV－2	100	44	2013 年 4 月 10 日
17	东风扬子江汽车（武汉）有限责任公司	（十七）48	扬子江牌	纯电动城市客车	WG6121BEVHM	100	44	2013 年 4 月 10 日
18	深圳市五洲龙汽车有限公司	（十九）47	五洲龙牌	纯电动城市客车	FDG6652EVG	100	44	2013 年 4 月 10 日
19	深圳市五洲龙汽车有限公司	（十九）47	五洲龙牌	纯电动城市客车	FDG6701EVG1	100	44	2013 年 4 月 10 日
20	北汽福田汽车股份有限公司	9	福田牌	纯电动城市客车	BJ6123EVCA－6	100	45	2013 年 5 月 17 日
21	北汽福田汽车股份有限公司	9	福田牌	纯电动城市客车	BJ6127EVCA	100	45	2013 年 5 月 17 日
22	北汽福田汽车股份有限公司	9	福田牌	纯电动城市客车	BJ6127EVCA－1	100	45	2013 年 5 月 17 日
23	上海申沃客车有限公司	42	申沃牌	纯电动城市客车	SWB6121EV12	100	45	2013 年 5 月 17 日
24	安徽安凯汽车股份有限公司	55	安凯牌	纯电动客车	HFF6701BEV	100	45	2013 年 5 月 17 日
25	安徽安凯汽车股份有限公司	55	安凯牌	纯电动客车	HFF6702BEV	100	45	2013 年 5 月 17 日
26	安徽安凯汽车股份有限公司	55	安凯牌	纯电动客车	HFF6120K46EV－1	100	45	2013 年 5 月 17 日
27	安徽安凯汽车股份有限公司	55	安凯牌	纯电动客车	HFF6101K10EV－1	100	45	2013 年 5 月 17 日
28	安徽安凯汽车股份有限公司	55	安凯牌	纯电动城市客车	HFF6100G03EV－3	100	45	2013 年 5 月 17 日
29	安徽安凯汽车股份有限公司	55	安凯牌	纯电动城市客车	HFF6123G03EV－2	100	45	2013 年 5 月 17 日
30	广州汽车集团客车有限公司	89	广汽牌	纯电动城市客车	GZ6100EV2	100	45	2013 年 5 月 17 日
31	东风扬子江汽车（武汉）有限责任公司	（十七）48	扬子江牌	纯电动城市客车	WG6122BEVHM	100	45	2013 年 5 月 17 日
32	厦门金龙联合汽车工业有限公司	123	金龙牌	纯电动城市客车	XMQ6119AGBEV	100	46	2013 年 6 月 24 日
33	厦门金龙联合汽车工业有限公司	123	金龙牌	纯电动客车底盘	XMQ6113GREV	100	46	2013 年 6 月 24 日
34	珠海市广通汽车有限公司	（十九）28	广通牌	纯电动城市客车	GTQ6105BEVB1	100	46	2013 年 6 月 24 日
35	深圳市五洲龙汽车有限公司	（十九）47	五洲龙牌	纯电动城市客车	FDG6113EVG8	100	46	2013 年 6 月 24 日
36	东风扬子江汽车（武汉）有限责任公司	（十七）48	扬子江牌	纯电动城市客车	WG6700BEVHN	100	46	2013 年 6 月 24 日

续表

序号	企业名称	《目录》序号	商标	产品名称	产品型号	节油率/节气率（%）	目录批次	目录日期
37	山东沂星电动汽车有限公司	（十五）25	飞燕牌	纯电动城市客车	SDL6120EVG4	100	46	2013年6月24日
38	北汽福田汽车股份有限公司	9	福田牌	纯电动城市客车	BJ6123EVCA－11	100	47	2013年7月12日
39	上海申沃客车有限公司	42	申沃牌	纯电动城市客车	SWB6121EV13	100	47	2013年7月12日
40	安徽安凯汽车股份有限公司	55	安凯牌	纯电动客车	HFF6620HKEVX	100	47	2013年7月12日
41	北汽福田汽车股份有限公司	9	福田牌	纯电动城市客车	BJ6123EVCA－12	100	48	2013年8月16日
42	北汽福田汽车股份有限公司	9	福田牌	纯电动城市客车	BJ6127EVCA－2	100	48	2013年8月16日
43	安徽安凯汽车股份有限公司	55	安凯牌	纯电动客车	HFF6800HKEV	100	48	2013年8月16日
44	郑州宇通客车股份有限公司	71	宇通牌	纯电动城市客车	ZK6125BEVG2	100	48	2013年8月16日
45	郑州宇通客车股份有限公司	71	宇通牌	纯电动城市客车	ZK6141BEV1	100	48	2013年8月16日
46	山东沂星电动汽车有限公司	（十五）25	飞燕牌	纯电动城市客车	SDL6121EVG	100	48	2013年8月16日
47	珠海市广通汽车有限公司	（十九）28	广通牌	纯电动城市客车	GTQ6105BEVBT	100	48	2013年8月16日
48	安徽安凯汽车股份有限公司	55	安凯牌	纯电动城市客车	HFF6123G03EV－1	100	49	2013年9月16日
49	郑州宇通客车股份有限公司	71	宇通牌	纯电动城市客车	ZK6125BEVG4	100	49	2013年9月16日
50	中通客车控股股份有限公司	125	中通牌	纯电动城市客车	LCK6123GEV	100	49	2013年9月16日
51	南京金龙客车制造有限公司	（十）15	东宇牌	纯电动城市客车	NJL6129BEV2	100	49	2013年9月16日
52	江苏常隆客车有限公司	（十）17	常隆牌	纯电动城市客车	YS6122GBEV	100	49	2013年9月16日
53	山东沂星电动汽车有限公司	（十五）25	飞燕牌	纯电动城市客车	SDL6120EVG6	100	49	2013年9月16日
54	上海申沃客车有限公司	42	申沃牌	纯电动城市客车	SWB6107EV17	100	50	2013年10月18日
55	上海申沃客车有限公司	42	申沃牌	纯电动城市客车	SWB6107EV18	100	50	2013年10月18日
56	郑州宇通客车股份有限公司	71	宇通牌	纯电动客车	ZK6106BEV1	100	50	2013年10月18日
57	金龙联合汽车工业（苏州）有限公司	112	海格牌	纯电动客车	KLQ6109TAEV1	100	50	2013年10月18日
58	中通客车控股股份有限公司	125	中通牌	纯电动城市客车	LCK6113GEV	100	50	2013年10月18日
59	上海申龙客车有限公司	129	申龙牌	纯电动城市客车	SLK6109USBEV	100	50	2013年10月18日
60	南京金龙客车制造有限公司	（十）15	东宇牌	纯电动城市客车	NJL6129BEV1	100	50	2013年10月18日
61	东风扬子江汽车（武汉）有限责任公司	（十七）48	扬子江牌	纯电动城市客车	WG6123BEVH	100	50	2013年10月18日
62	珠海市广通汽车有限公司	（十九）28	广通牌	纯电动城市客车	GTQ6121BEVBT	100	50	2013年10月18日
63	深圳市五洲龙汽车有限公司	（十九）47	五洲龙牌	纯电动城市客车	FDG6113EVG9	100	50	2013年10月18日

续表

序号	企业名称	《目录》序号	商标	产品名称	产品型号	节油率/节气率（%）	目录批次	目录日期
64	深圳市五洲龙汽车有限公司	（十九）47	五洲龙牌	纯电动城市客车	FDG6113EVG11	100	50	2013 年 10 月 18 日
65	安徽安凯汽车股份有限公司	55	安凯牌	纯电动城市客车	HFF6127G03EV－2	100	51	2013 年 11 月 22 日
66	安徽安凯汽车股份有限公司	55	安凯牌	纯电动城市客车	HFF6101G03EV－3	100	51	2013 年 11 月 22 日
67	郑州宇通客车股份有限公司	71	宇通牌	纯电动客车	ZK6106BEV2	100	51	2013 年 11 月 22 日
68	厦门金龙旅行车有限公司	124	金旅牌	纯电动城市客车	XML6125JEV20C	100	51	2013 年 11 月 22 日
69	珠海市广通汽车有限公司	（十九）28	广通牌	纯电动城市客车	GTQ6858BEVB1	100	51	2013 年 11 月 22 日
70	珠海市广通汽车有限公司	（十九）28	广通牌	纯电动城市客车	GTQ6802BEVB1	100	51	2013 年 11 月 22 日
71	珠海市广通汽车有限公司	（十九）28	广通牌	纯电动城市客车	GTQ6768BEVB1	100	51	2013 年 11 月 22 日
72	珠海市广通汽车有限公司	（十九）28	广通牌	纯电动城市客车	GTQ6601BEVB1	100	51	2013 年 11 月 22 日
73	珠海市广通汽车有限公司	（十九）28	广通牌	纯电动城市客车	GTQ6121BEVB1	100	51	2013 年 11 月 22 日
74	北汽福田汽车股份有限公司	9	福田牌	纯电动城市客车	BJ6123EVCAT	100	52	2013 年 12 月 24 日
75	北汽福田汽车股份有限公司	9	福田牌	纯电动城市客车	BJ6123EVCAT－1	100	52	2013 年 12 月 24 日
76	北汽福田汽车股份有限公司	9	福田牌	纯电动城市客车	BJ6123EVCAT－2	100	52	2013 年 12 月 24 日
77	上海申沃客车有限公司	42	申沃牌	纯电动城市客车	SWB6702EV19	100	52	2013 年 12 月 24 日
78	南京汽车集团有限公司	44	依维柯牌	纯电动客车	NJ6607AEV	100	52	2013 年 12 月 24 日
79	安徽安凯汽车股份有限公司	55	安凯牌	纯电动城市客车	HFF6126G03EV－2	100	52	2013 年 12 月 24 日
80	郑州宇通客车股份有限公司	71	宇通牌	纯电动城市客车	ZK6125BEVG5	100	52	2013 年 12 月 24 日
81	广州汽车集团客车有限公司	89	广汽牌	纯电动城市客车	GZ6120EV2	100	52	2013 年 12 月 24 日
82	金龙联合汽车工业（苏州）有限公司	112	海格牌	纯电动城市客车	KLQ6109GAEV1	100	52	2013 年 12 月 24 日
83	金龙联合汽车工业（苏州）有限公司	112	海格牌	纯电动城市客车	KLQ6129GAEV3	100	52	2013 年 12 月 24 日
84	金龙联合汽车工业（苏州）有限公司	112	海格牌	纯电动客车	KLQ6702KQEV1	100	52	2013 年 12 月 24 日
85	深圳市五洲龙汽车有限公司	131	五洲龙牌	纯电动城市客车	FDG6103EVG	100	52	2013 年 12 月 24 日
86	深圳市五洲龙汽车有限公司	131	五洲龙牌	纯电动城市客车	FDG6113EVG12	100	52	2013 年 12 月 24 日
87	深圳市五洲龙汽车有限公司	131	五洲龙牌	纯电动城市客车	FDG6801EVG1	100	52	2013 年 12 月 24 日
88	南京金龙客车制造有限公司	（十）15	东宇牌	纯电动城市客车	NJL6100BEV1	100	52	2013 年 12 月 24 日
89	南京金龙客车制造有限公司	（十）15	东宇牌	纯电动客车	NJL6600BEV	100	52	2013 年 12 月 24 日

2. 纯电动乘用车

序号	企业名称	《目录》序号	商标	产品名称	产品型号	节油率/节气率（%）	目录批次	目录日期
1	浙江飞碟汽车制造有限公司	51	飞碟牌	纯电动多用途乘用车	FD6430BEV	100	41	2013 年 1 月 18 日
2	东风悦达起亚汽车有限公司	47	华骐牌	纯电动轿车	YQZ7001BEV	100	42	2013 年 2 月 7 日
3	东南（福建）汽车工业有限公司	58	东南牌	纯电动轿车	DN7000MBEV	100	42	2013 年 2 月 7 日
4	东风汽车公司	3	风神牌	纯电动轿车	DFM7000H2BBEV	100	45	2013 年 5 月 17 日
5	北京汽车股份有限公司	11	北京牌	纯电动轿车	BJ7000C7H－BEV	100	45	2013 年 5 月 17 日
6	浙江豪情汽车制造有限公司	52	康迪牌	纯电动轿车	JL7001BEV	100	45	2013 年 5 月 17 日
7	湖南江南汽车制造有限公司	84	众泰牌	纯电动轿车	JNJ7000EVM3	100	45	2013 年 5 月 17 日
8	东风裕隆汽车有限公司	3	纳智捷牌	纯电动多用途乘用车	DYM6481BABEV	100	46	2013 年 6 月 24 日
9	北京汽车股份有限公司	11	北京牌	纯电动轿车	BJ7000B3D1－BEV	100	46	2013 年 6 月 24 日
10	江西昌河铃木汽车有限责任公司	59	北斗星牌	纯电动轿车	CH7002BEVA	100	46	2013 年 6 月 24 日
11	江西昌河铃木汽车有限责任公司	59	北斗星牌	纯电动轿车	CH7002BEVB	100	46	2013 年 6 月 24 日
12	东风汽车有限公司	3	启辰牌	纯电动轿车	DFL7000B1BEV	100	47	2013 年 7 月 12 日
13	奇瑞汽车股份有限公司	119	瑞麒牌	纯电动轿车	SQR7000BEVJ02	100	48	2013 年 8 月 16 日
14	湖南江南汽车制造有限公司	84	众泰牌	纯电动多用途乘用车	JNJ6408EV	100	49	2013 年 9 月 16 日
15	四川汽车工业股份有限公司	101	野马牌	纯电动乘用车	SQJ6452BEV	100	49	2013 年 9 月 16 日
16	中国第一汽车集团公司	1	一汽牌	纯电动轿车	CA7005EV1	100	50	2013 年 10 月 18 日
17	中国第一汽车集团公司	1	一汽牌	纯电动轿车	CA7005EV3	100	50	2013 年 10 月 18 日
18	华晨宝马汽车有限公司	33	之诺（ZINORO）牌	纯电动轿车	BBA7000EV（ZINORO1E）	100	50	2013 年 10 月 18 日
19	上海华普汽车有限公司	52	康迪牌	纯电动轿车	SMA7001BEV	100	50	2013 年 10 月 18 日
20	郑州日产汽车有限公司	72	东风牌	纯电动多用途乘用车	ZN6493H2YBEV	100	50	2013 年 10 月 18 日
21	湖南江南汽车制造有限公司	84	众泰牌	纯电动轻型客车	JNJ6401EVL	100	50	2013 年 10 月 18 日
22	湖南江南汽车制造有限公司	84	众泰牌	纯电动轿车	JNJ7000EVZ	100	51	2013 年 11 月 22 日
23	北京汽车股份有限公司	11	北京牌	纯电动轿车	BJ7000B3D2－BEV	100	52	2013 年 12 月 24 日
24	北京汽车股份有限公司	11	北京牌	纯电动轿车	BJ7000C7H1－BEV	100	52	2013 年 12 月 24 日
25	北京汽车股份有限公司	11	北京牌	纯电动轿车	BJ7000C7H2－BEV	100	52	2013 年 12 月 24 日
26	北京汽车股份有限公司	11	北京牌	纯电动轿车	BJ7002B3D－BEV	100	52	2013 年 12 月 24 日
27	天津一汽丰田汽车有限公司	18	朗世牌	纯电动轿车	TV7000GBEV	100	52	2013 年 12 月 24 日

续表

序号	企业名称	《目录》序号	商标	产品名称	产品型号	节油率/节气率（%）	目录批次	目录日期
28	上海华普汽车有限公司	52	康迪牌	纯电动轿车	SMA7000BEV	100	52	2013 年 12 月 24 日
29	郑州日产汽车有限公司	72	东风牌	纯电动多用途乘用车	ZN6494H2YBEV	100	52	2013 年 12 月 24 日
30	比亚迪汽车工业有限公司	79	腾势牌	纯电动轿车	QCJ7007BEV	100	52	2013 年 12 月 24 日
31	重庆长安汽车股份有限公司	96	长安牌	纯电动轿车	SC7001AEV	100	52	2013 年 12 月 24 日

3. 纯电动专用车

序号	企业名称	《目录》序号	商标	产品名称	产品型号	节油率/节气率（%）	目录批次	目录日期
1	浙江万丰汽车制造有限公司	（十一）36	万丰牌	纯电动厢式运输车	ZWQ5001BEV	100	41	2013 年 1 月 18 日
2	郑州日产汽车有限公司	72	东风牌	纯电动压缩式垃圾车	ZN5080ZYSA5CBEV	100	42	2013 年 2 月 7 日
3	中联重科股份有限公司	（十八）20	中联牌	纯电动扫路车	ZLJ5072TSLBEV	100	42	2013 年 2 月 7 日
4	济南豪瑞通专用汽车有限公司	（十五）46	圆易牌	纯电动洒水车	JHL5162GSSEV	100	43	2013 年 3 月 19 日
5	柳州五菱汽车工业有限公司	（二十）09	五菱牌	纯电动自卸式垃圾车	LQG5021ZLJBEV	100	43	2013 年 3 月 19 日
6	南京汽车集团有限公司	44	畅达牌	纯电动密闭式桶装垃圾车	NJ5028XTYEV	100	45	2013 年 5 月 17 日
7	南京汽车集团有限公司	44	畅达牌	纯电动自装卸式垃圾车	NJ5028ZZZEV	100	45	2013 年 5 月 17 日
8	湖南恒润高科股份有限公司	（十八）36	恒润牌	纯电动车厢可卸式垃圾车	HHR5022ZXXBEV	100	45	2013 年 5 月 17 日
9	南京汽车集团有限公司	44	跃进牌	纯电动载货汽车	NJ1027PBEVAL	100	46	2013 年 6 月 24 日
10	南京汽车集团有限公司	44	跃进牌	纯电动载货汽车底盘	NJ1027PBEVAL	100	46	2013 年 6 月 24 日
11	南京汽车集团有限公司	44	跃进牌	纯电动载货汽车	NJ1027PBEVALS	100	46	2013 年 6 月 24 日
12	南京汽车集团有限公司	44	跃进牌	纯电动载货汽车底盘	NJ1027PBEVALS	100	46	2013 年 6 月 24 日
13	南京汽车集团有限公司	44	跃进牌	纯电动载货汽车	NJ1027PBEV	100	46	2013 年 6 月 24 日
14	南京汽车集团有限公司	44	跃进牌	纯电动载货汽车底盘	NJ1027PBEV	100	46	2013 年 6 月 24 日
15	南京汽车集团有限公司	44	跃进牌	纯电动载货汽车	NJ1027PBEVS	100	46	2013 年 6 月 24 日
16	南京汽车集团有限公司	44	跃进牌	纯电动载货汽车底盘	NJ1027PBEVS	100	46	2013 年 6 月 24 日
17	南京汽车集团有限公司	44	跃进牌	纯电动厢式运输车	NJ5027XXYEV	100	46	2013 年 6 月 24 日
18	南京汽车集团有限公司	44	跃进牌	纯电动厢式运输车	NJ5027XXYEVL	100	46	2013 年 6 月 24 日
19	南京汽车集团有限公司	44	跃进牌	纯电动厢式运输车	NJ5027XXYEVS	100	46	2013 年 6 月 24 日

续表

序号	企业名称	《目录》序号	商标	产品名称	产品型号	节油率/节气率（%）	目录批次	目录日期
20	南京汽车集团有限公司	44	跃进牌	纯电动厢式运输车	NJ5027XXYEVLS	100	46	2013 年 6 月 24 日
21	南京汽车集团有限公司	44	畅达牌	纯电动载货汽车底盘	NJ1027PBEVNZ1	100	46	2013 年 6 月 24 日
22	南京汽车集团有限公司	44	畅达牌	纯电动密闭式桶装垃圾车	NJ5028XTYEV1	100	46	2013 年 6 月 24 日
23	南京汽车集团有限公司	44	畅达牌	纯电动自装卸式垃圾车	NJ5028ZZZEV1	100	46	2013 年 6 月 24 日
24	天津清源电动车辆有限责任公司	（二）22	清源宝骑牌	纯电动厢式运输车	QY5020XXYBEVECCB	100	46	2013 年 6 月 24 日
25	柳州五菱汽车工业有限公司	（二十）09	五菱牌	纯电动仓栅式运输车	LQG5022CCYBEV	100	46	2013 年 6 月 24 日
26	柳州五菱汽车工业有限公司	（二十）09	五菱牌	纯电动仓栅式运输车	LQG5023CCYBEV	100	46	2013 年 6 月 24 日
27	中联重科股份有限公司	（十八）20	中联牌	纯电动洒水车	ZLJ5160GSSCABEV	100	46	2013 年 6 月 24 日
28	江苏奥新新能源汽车有限公司	（十）74	达福迪牌	纯电动宣传车	JAX5020XXCBEVF120LB15M5X1	100	47	2013 年 7 月 12 日
29	江苏奥新新能源汽车有限公司	（十）74	达福迪牌	纯电动宣传车	JAX5020XXCBEVF135LAB15M5X1	100	47	2013 年 7 月 12 日
30	江苏奥新新能源汽车有限公司	（十）74	达福迪牌	纯电动售货车	JAX5020XSHBEVF120LB15M3X1	100	47	2013 年 7 月 12 日
31	江苏奥新新能源汽车有限公司	（十）74	达福迪牌	纯电动售货车	JAX5020XSHBEVF135LAB15M3X1	100	47	2013 年 7 月 12 日
32	中联重科股份有限公司	（十八）20	中联牌	纯电动餐厨垃圾车	ZLJ5070TCAHFBEV	100	48	2013 年 8 月 16 日
33	北京天路通科技有限责任公司	（一）44	天路牌	纯电动吸尘车	BTL5080TXCEV	100	49	2013 年 9 月 16 日
34	北京天路通科技有限责任公司	（一）44	天路牌	纯电动吸尘车	BTL5081TXCEV	100	49	2013 年 9 月 16 日
35	中联重科股份有限公司	（十八）20	中联牌	纯电动扫路车	ZLJ5030TSLZLBEV	100	49	2013 年 9 月 16 日
36	郑州日产汽车有限公司	72	东风牌	纯电动工程车	ZN5033XGCH2YBEV	100	50	2013 年 10 月 18 日
37	江苏奥新新能源汽车有限公司	（十）74	达福迪牌	纯电动厢式运输车	JAX5020XXYBEVF120LB15M2X2	100	50	2013 年 10 月 18 日
38	江苏奥新新能源汽车有限公司	（十）74	达福迪牌	纯电动厢式运输车	JAX5020XXYBEVF135LAB15M2X2	100	50	2013 年 10 月 18 日
39	湖南恒润高科股份有限公司	（十八）36	恒润牌	纯电动自卸式垃圾车	HHR5021ZLJBEV	100	50	2013 年 10 月 18 日
40	天津清源电动车辆有限责任公司	（二）22	清源牌	纯电动厢式运输车	QY5020XXYBEVYL	100	51	2013 年 11 月 22 日

续表

序号	企业名称	《目录》序号	商标	产品名称	产品型号	节油率/节气率（%）	目录批次	目录日期
41	武汉九通汽车厂	（十七）52	九通牌	纯电动车厢可卸式垃圾车	KR5021ZXXEV	100	51	2013年11月22日
42	中联重科股份有限公司	（十八）20	中联牌	纯电动桶装垃圾运输车	ZLJ5070CTYHFBEV	100	51	2013年11月22日
43	柳州五菱汽车工业有限公司	（二十）09	五菱牌	纯电动邮政车	LQG5022XYZBEV	100	51	2013年11月22日
44	北京汽车股份有限公司	11	北京牌	纯电动邮政车	BJ5020XYZD3R－BEV	100	52	2013年12月24日
45	郑州日产汽车有限公司	72	东风牌	纯电动工程车	ZN5034XGCH2YBEV	100	52	2013年12月24日
46	黑龙江龙华汽车有限公司	（八）16	黑龙江牌	纯电动扫路车	HLJ5070TSLBEV	100	52	2013年12月24日
47	天津清源电动车辆有限责任公司	（二）22	清源牌	纯电动邮政车	QY5021XYZBEVEL	100	52	2013年12月24日
48	天津清源电动车辆有限责任公司	（二）22	清源牌	纯电动垃圾车	QY5021ZLJBEVYL	100	52	2013年12月24日
49	湖南恒润高科股份有限公司	（十八）36	恒润牌	纯电动桶装垃圾运输车	HHR5022CTYBEV	100	52	2013年12月24日
50	湖南恒润高科股份有限公司	（十八）36	恒润牌	纯电动洗扫车	HHR5120TXSBEV	100	52	2013年12月24日
51	湖南恒润高科股份有限公司	（十八）36	恒润牌	纯电动路面养护车	HHR5160TYHBEV	100	52	2013年12月24日

4. 混合动力客车

序号	企业名称	《目录》序号	商标	产品名称	产品型号	节油率/节气率（%）	最大电功率比（%）	目录批次	目录日期
1	扬州亚星客车股份有限公司	49	亚星牌	混合动力城市客车	JS6106GHEV3	46.92	51.29	41	2013年1月18日
2	安徽安凯汽车股份有限公司	55	安凯牌	混合动力城市客车	HFF6122G03PHEV	40.37	51.29	41	2013年1月18日
3	安徽安凯汽车股份有限公司	55	安凯牌	混合动力城市客车	HFF6102G03PHEV	40.35	52.61	41	2013年1月18日
4	安徽安凯汽车股份有限公司	55	安凯牌	混合动力城市客车	HFF6110G03SHEV	56.93	100	41	2013年1月18日
5	安徽安凯汽车股份有限公司	55	安凯牌	混合动力城市客车	HFF6123G03PHEV	90.01	58.87	41	2013年1月18日
6	重庆恒通客车有限公司	127	恒通客车牌	混合动力城市客车	CKZ6126HNHEVA4	33.64	53.30	41	2013年1月18日
7	北汽福田汽车股份有限公司	9	福田牌	混合动力城市客车	BJ6123PHEVCA－2	40.37	50.76	42	2013年2月7日
8	北汽福田汽车股份有限公司	9	福田牌	混合动力城市客车	BJ6105PHEVCA－2	40.42	50.76	42	2013年2月7日
9	郑州宇通客车股份有限公司	71	宇通牌	混合动力电动城市客车	ZK6125CHEVNG2	42.36	52.38	42	2013年2月7日
10	中国第一汽车集团公司	1	解放牌	混合动力城市客车	CA6120URHEV21	30.91	50.28	43	2013年3月19日
11	东风汽车公司	3	东风牌	混合动力城市客车	EQ6120CPHEV2	23.79	26.04	43	2013年3月19日

续表

序号	企业名称	《目录》序号	商标	产品名称	产品型号	节油率/节气率（%）	最大电功率比（%）	目录批次	目录日期
12	广州汽车集团客车有限公司	89	广汽牌	混合动力城市客车	GZ6103HEV3	30.99	52.31	43	2013年3月19日
13	广州汽车集团客车有限公司	89	广汽牌	混合动力城市客车	GZ6113HEV4	32.35	52.31	43	2013年3月19日
14	广州汽车集团客车有限公司	89	广汽牌	混合动力城市客车	GZ6102HEV	32.71	51.55	43	2013年3月19日
15	广州汽车集团客车有限公司	89	广汽牌	混合动力城市客车	GZ6102PHEV	74.99	51.55	43	2013年3月19日
16	厦门金龙联合汽车工业有限公司	123	金龙牌	混合动力城市客车	XMQ6106AGHEV7	40.80	52.61	43	2013年3月19日
17	厦门金龙联合汽车工业有限公司	123	金龙牌	混合动力城市客车	XMQ6127GHEV14	40.64	51.29	43	2013年3月19日
18	厦门金龙联合汽车工业有限公司	123	金龙牌	混合动力城市客车	XMQ6127GHEV13	40.22	52.61	43	2013年3月19日
19	重庆五洲龙新能源汽车有限公司	（二十一）07	五洲龙牌	混合动力城市客车	WZL6101PHEVGEG4	59.38	52.22	43	2013年3月19日
20	安徽安凯汽车股份有限公司	55	安凯牌	混合动力城市客车	HFF6124G03SHEV	100	100	44	2013年4月10日
21	安徽安凯汽车股份有限公司	55	安凯牌	混合动力城市客车	HFF6125G03SHEV	58.56	100	44	2013年4月10日
22	中通客车控股股份有限公司	125	中通牌	混合动力城市客车	LCK6123CHEV	41.21	53.63	44	2013年4月10日
23	深圳市五洲龙汽车有限公司	（十九）47	五洲龙牌	混合动力城市客车	FDG6123HEVN5	60.51	52.22	44	2013年4月10日
24	深圳市五洲龙汽车有限公司	（十九）47	五洲龙牌	混合动力城市客车	FDG6101HEVN5	64.69	52.22	44	2013年4月10日
25	成都客车股份有限公司	（二十二）10	蜀都牌	混合动力城市客车	CDK6122CEHEV	40.24	52.31	44	2013年4月10日
26	广州汽车集团客车有限公司	89	广汽牌	混合动力城市客车	GZ6112HEV1	40.65	51.55	45	2013年5月17日
27	广州汽车集团客车有限公司	89	广汽牌	混合动力城市客车	GZ6103HEV5	40.81	52.31	45	2013年5月17日
28	广州汽车集团客车有限公司	89	广汽牌	混合动力城市客车	GZ6113HEV5	41.08	52.31	45	2013年5月17日
29	广州汽车集团客车有限公司	89	广汽牌	混合动力城市客车	GZ6102HEV1	40.15	51.55	45	2013年5月17日
30	广州汽车集团客车有限公司	89	广汽牌	混合动力城市客车	GZ6123HEV5	41.35	52.31	45	2013年5月17日
31	广州汽车集团客车有限公司	89	广汽牌	混合动力城市客车	GZ6113HEV3	40.18	50.22	45	2013年5月17日
32	广州汽车集团客车有限公司	89	广汽牌	混合动力城市客车	GZ6113HEV2	40.63	52.22	45	2013年5月17日
33	广州汽车集团客车有限公司	89	广汽牌	混合动力城市客车	GZ6103HEV2	40.38	50.22	45	2013年5月17日
34	桂林客车工业集团有限公司	90	桂林牌	混合动力城市客车	GL6121PHEV	40.24	34.41	45	2013年5月17日
35	西凯马百路佳客车有限公司	（十四）03	江西牌	混合动力城市客车	JXK6100BPHEVN	48.75	51.20	45	2013年5月17日
36	江西凯马百路佳客车有限公司	（十四）03	江西牌	混合动力城市客车	JXK6116BPHEVN	34.72	35.33	45	2013年5月17日
37	江西凯马百路佳客车有限公司	（十四）03	江西牌	混合动力城市客车	JXK6115BPHEVN	52.55	51.20	45	2013年5月17日
38	江西凯马百路佳客车有限公司	（十四）03	江西牌	混合动力城市客车	JXK6100BPHEV	51.23	51.55	45	2013年5月17日
39	江西凯马百路佳客车有限公司	（十四）03	江西牌	混合动力城市客车	JXK6112BPHEVN	54.04	51.20	45	2013年5月17日

续表

序号	企业名称	《目录》序号	商标	产品名称	产品型号	节油率/节气率（%）	最大电功率比（%）	目录批次	目录日期
40	安徽安凯汽车股份有限公司	55	安凯牌	混合动力城市客车	HFF6124G03PHEV	40.41	51.29	46	2013 年 6 月 24 日
41	郑州宇通客车股份有限公司	71	宇通牌	混合动力城市客车	ZK6125CHEVNG3	45.13	52.38	46	2013 年 6 月 24 日
42	郑州宇通客车股份有限公司	71	宇通牌	混合动力城市客车	ZK6105CHEVNG3	43.41	52.38	46	2013 年 6 月 24 日
43	郑州宇通客车股份有限公司	71	宇通牌	混合动力城市客车	ZK6105CHEVG2	41.32	53.58	46	2013 年 6 月 24 日
44	郑州宇通客车股份有限公司	71	宇通牌	混合动力城市客车	ZK6125CHEVNPG3	70.38	52.38	46	2013 年 6 月 24 日
45	广州汽车集团客车有限公司	89	广汽牌	混合动力城市客车	GZ6113PHEV2	72.56	50.22	46	2013 年 6 月 24 日
46	广州汽车集团客车有限公司	89	广汽牌	混合动力城市客车	GZ6103HEV6	42.47	50.22	46	2013 年 6 月 24 日
47	广州汽车集团客车有限公司	89	广汽牌	混合动力城市客车	GZ6113HEV6	40.36	50.22	46	2013 年 6 月 24 日
48	广州汽车集团客车有限公司	89	广汽牌	混合动力城市客车	GZ6103PHEV2	75.19	51.29	46	2013 年 6 月 24 日
49	江西凯马百路佳客车有限公司	（十四）03	江西牌	混合动力城市客车	JXK6123BCHEV	57.48	50.18	46	2013 年 6 月 24 日
50	江西凯马百路佳客车有限公司	（十四）03	江西牌	混合动力城市客车	JXK6123BCHEVN	52.49	50.18	46	2013 年 6 月 24 日
51	中国重汽集团济南豪沃客车有限公司	（十五）19	黄河牌	混合动力城市客车	JK6109GCHEVN5	41.86	51.29	46	2013 年 6 月 24 日
52	中国重汽集团济南豪沃客车有限公司	（十五）19	黄河牌	混合动力城市客车	JK6109GPHEVN5	42.11	50.76	46	2013 年 6 月 24 日
53	中国重汽集团济南豪沃客车有限公司	（十五）19	黄河牌	混合动力城市客车	JK6129GCHEVN5	40.63	51.29	46	2013 年 6 月 24 日
54	中国重汽集团济南豪沃客车有限公司	（十五）19	黄河牌	混合动力城市客车	JK6129GPHEVN5	40.36	50.76	46	2013 年 6 月 24 日
55	中国重汽集团济南豪沃客车有限公司	（十五）19	黄河牌	混合动力城市客车	JK6129GPHEV	34.57	28.81	46	2013 年 6 月 24 日
56	贵州万达客车股份有限公司	（二十三）06	万达牌	混合动力城市客车	WD6110HEV	38.54	50.76	46	2013 年 6 月 24 日
57	贵州万达客车股份有限公司	（二十三）06	万达牌	混合动力城市客车	WD6110PHEV	64.01	54.68	46	2013 年 6 月 24 日
58	北汽福田汽车股份有限公司	9	福田牌	混合动力城市客车	BJ6105PHEVCA－3	45.20	31.60	48	2013 年 8 月 16 日
59	北汽福田汽车股份有限公司	9	福田牌	混合动力城市客车	BJ6105PHEVCA－4	44.10	30.50	48	2013 年 8 月 16 日
60	北汽福田汽车股份有限公司	9	福田牌	混合动力城市客车	BJ6123PHEVCA－3	44.13	31.63	48	2013 年 8 月 16 日
61	北汽福田汽车股份有限公司	9	福田牌	混合动力城市客车	BJ6123PHEVCA－4	44.90	30.50	48	2013 年 8 月 16 日
62	安徽安凯汽车股份有限公司	55	安凯牌	混合动力城市客车	HFF6103G03PHEV	40.52	51.29	48	2013 年 8 月 16 日
63	安徽安凯汽车股份有限公司	55	安凯牌	混合动力城市客车	HFF6113G03SHEV	65.00	100.00	48	2013 年 8 月 16 日

续表

序号	企业名称	《目录》序号	商标	产品名称	产品型号	节油率/节气率（%）	最大电功率比（%）	目录批次	目录日期
64	安徽安凯汽车股份有限公司	55	安凯牌	混合动力城市客车	HFF6125G03PHEV	26.00	52.31	48	2013 年 8 月 16 日
65	郑州宇通客车股份有限公司	71	宇通牌	混合动力电动城市客车	ZK6105CHEVPG1	72.20	53.58	48	2013 年 8 月 16 日
66	郑州宇通客车股份有限公司	71	宇通牌	混合动力城市客车	ZK6120CHEVNG3	45.43	52.38	48	2013 年 8 月 16 日
67	郑州宇通客车股份有限公司	71	宇通牌	混合动力城市客车	ZK6120CHEVNPG4	73.30	52.40	48	2013 年 8 月 16 日
68	郑州宇通客车股份有限公司	71	宇通牌	混合动力城市客车	ZK6125CHEVPG2	75.50	51.40	48	2013 年 8 月 16 日
69	郑州宇通客车股份有限公司	71	宇通牌	混合动力城市客车	ZK6180CHEVG2	42.90	52.50	48	2013 年 8 月 16 日
70	郑州宇通客车股份有限公司	71	宇通牌	混合动力城市客车	ZK6180CHEVPG1	70.50	52.50	48	2013 年 8 月 16 日
71	广州汽车集团客车有限公司	89	广汽牌	混合动力城市客车	GZ6102HEV2	40.40	51.50	48	2013 年 8 月 16 日
72	广州汽车集团客车有限公司	89	广汽牌	混合动力城市客车	GZ6103PHEV3	76.60	50.20	48	2013 年 8 月 16 日
73	广州汽车集团客车有限公司	89	广汽牌	混合动力城市客车	GZ6112HEV2	40.10	51.50	48	2013 年 8 月 16 日
74	广州汽车集团客车有限公司	89	广汽牌	混合动力城市客车	GZ6113PHEV3	74.20	50.20	48	2013 年 8 月 16 日
75	中通客车控股股份有限公司	125	中通牌	混合动力城市客车	LCK6103CHENV	42.67	52.31	48	2013 年 8 月 16 日
76	中通客车控股股份有限公司	125	中通牌	混合动力城市客车	LCK6123CHENV	42.51	52.31	48	2013 年 8 月 16 日
77	黑龙江龙华汽车有限公司	（八）16	黑龙江牌	混合动力城市客车	HLJ6122PHEV	61.63	50.22	48	2013 年 8 月 16 日
78	江苏常隆客车有限公司	（十）17	常隆牌	混合动力城市客车	YS6120SHEV	100.00	100.00	48	2013 年 8 月 16 日
79	湖南南车时代电动汽车股份有限公司	（十八）23	南车时代牌	混合动力城市客车	TEG6106CHEV – N01	40.67	52.31	48	2013 年 8 月 16 日
80	湖南南车时代电动汽车股份有限公司	（十八）23	南车时代牌	混合动力城市客车	TEG6106CHEV – N10	41.30	52.31	48	2013 年 8 月 16 日
81	湖南南车时代电动汽车股份有限公司	（十八）23	南车时代牌	混合动力城市客车	TEG6106PHEV – N01	32.70	33.05	48	2013 年 8 月 16 日
82	东风扬子江汽车（武汉）有限责任公司	（十七）48	扬子江牌	混合动力城市客车	WG6120CHEVAA	41.73	51.31	48	2013 年 8 月 16 日
83	江西凯马百路佳客车有限公司	（十四）03	江西牌	混合动力城市客车	JXK6105BPHEVN	48.50	52.30	48	2013 年 8 月 16 日
84	江西凯马百路佳客车有限公司	（十四）03	江西牌	混合动力城市客车	JXK6111BPHEV	60.30	51.20	48	2013 年 8 月 16 日
85	江西凯马百路佳客车有限公司	（十四）03	江西牌	混合动力城市客车	JXK6113BPHEVN	51.80	52.31	48	2013 年 8 月 16 日
86	江西凯马百路佳客车有限公司	（十四）03	江西牌	混合动力城市客车	JXK6125BCHEVN	51.90	52.31	48	2013 年 8 月 16 日
87	金华青年汽车制造有限公司	7	青年牌	混合动力城市客车	JNP6120PHEV2	40.23	51.55	49	2013 年 9 月 16 日

续表

序号	企业名称	《目录》序号	商标	产品名称	产品型号	节油率/节气率（%）	最大电功率比（%）	目录批次	目录日期
88	扬州亚星客车股份有限公司	49	亚星牌	混合动力城市客车	JS6106GHEV5	49.24	52.31	49	2013年9月16日
89	扬州亚星客车股份有限公司	49	亚星牌	混合动力城市客车	JS6126GHEV5	49.75	52.31	49	2013年9月16日
90	安徽安凯汽车股份有限公司	55	安凯牌	混合动力城市客车	HFF6121G03PHEV	41.10	50.70	49	2013年9月16日
91	上海申龙客车有限公司	129	申龙牌	混合动力城市客车	SLK6119USNHEV01	41.97	51.29	49	2013年9月16日
92	上海申龙客车有限公司	129	申龙牌	混合动力城市客车	SLK6119USCHEV01	43.89	51.00	49	2013年9月16日
93	上海申龙客车有限公司	129	申龙牌	混合动力城市客车	SLK6129USNHEV01	40.27	51.29	49	2013年9月16日
94	上海申龙客车有限公司	129	申龙牌	混合动力城市客车	SLK6109USNHEV01	42.12	51.29	49	2013年9月16日
95	湖南南车时代电动汽车股份有限公司	（十八）23	南车时代牌	混合动力城市客车	TEG6106HEV01	68.73	51.83	49	2013年9月16日
96	湖南南车时代电动汽车股份有限公司	（十八）23	南车时代牌	混合动力城市客车	TEG6129HEVN01	67.96	52.31	49	2013年9月16日
97	湖南南车时代电动汽车股份有限公司	（十八）23	南车时代牌	混合动力城市客车	TEG6129CHEV－N01	41.02	54.68	49	2013年9月16日
98	上海申沃客车有限公司	42	申沃牌	混合动力城市客车	SWB6127SHEV6	71.27	100.00	50	2013年10月18日
99	上海申沃客车有限公司	42	申沃牌	混合动力城市客车	SWB6127PHEV1	46.02	35.70	50	2013年10月18日
100	郑州宇通客车股份有限公司	71	宇通牌	混合动力城市客车	ZK6140CHEVNG3	40.40	56.10	50	2013年10月18日
101	郑州宇通客车股份有限公司	71	宇通牌	混合动力城市客车	ZK6120CHEVNPG3	86.80	52.40	50	2013年10月18日
102	郑州宇通客车股份有限公司	71	宇通牌	混合动力城市客车	ZK6125CHEVNPG4	70.50	52.40	50	2013年10月18日
103	郑州宇通客车股份有限公司	71	宇通牌	混合动力城市客车	ZK6105CHEVNPG4	70.00	52.40	50	2013年10月18日
104	郑州宇通客车股份有限公司	71	宇通牌	混合动力城市客车	ZK6105CHEVPG2	81.10	53.60	50	2013年10月18日
105	郑州宇通客车股份有限公司	71	宇通牌	混合动力城市客车	ZK6105CHEVNPG3	81.70	54.70	50	2013年10月18日
106	郑州宇通客车股份有限公司	71	宇通牌	混合动力城市客车	ZK6180CHEVNG3	42.30	51.30	50	2013年10月18日
107	中通客车控股股份有限公司	125	中通牌	混合动力城市客车	LCK6126PHENV	55.00	27.76	50	2013年10月18日
108	中通客车控股股份有限公司	125	中通牌	混合动力城市客车	LCK6106PHENV	55.62	30.49	50	2013年10月18日
109	北汽福田汽车股份有限公司	9	福田牌	混合动力城市客车	BJ6123SHEVCA－1	72.97	100	51	2013年11月22日
110	厦门金龙旅行车有限公司	124	金旅牌	混合动力城市客车	XML6125JHEV75CN	67.2	50.6	51	2013年11月22日
111	厦门金龙旅行车有限公司	124	金旅牌	混合动力城市客车	XML6115JHEV75CN	63.7	50.6	51	2013年11月22日
112	厦门金龙旅行车有限公司	124	金旅牌	混合动力城市客车	XML6115JHEV65CN	63.5	50.6	51	2013年11月22日
113	厦门金龙旅行车有限公司	124	金旅牌	混合动力城市客车	XML6125JHEV65CN	67.4	50.6	51	2013年11月22日

续表

序号	企业名称	《目录》序号	商标	产品名称	产品型号	节油率/节气率（%）	最大电功率比（%）	目录批次	目录日期
114	中通客车控股股份有限公司	125	中通牌	混合动力城市客车	LCK6122PHEV	63.15	30.5	51	2013 年 11 月 22 日
115	江西博能上饶客车有限公司	（十四）02	上饶牌	混联式混合动力城市客车	SR6110CHEV	93.24	53.13	51	2013 年 11 月 22 日
116	厦门金龙联合汽车工业有限公司	123	金龙牌	混合动力城市客车	XMQ6106AGHEV9	64.72	53.6	52	2013 年 12 月 24 日
117	厦门金龙联合汽车工业有限公司	123	金龙牌	混合动力城市客车	XMQ6127GHEV16	63.15	53.6	52	2013 年 12 月 24 日
118	厦门金龙联合汽车工业有限公司	123	金龙牌	混合动力城市客车	XMQ6127GHEV17	63.07	52.3	52	2013 年 12 月 24 日
119	厦门金龙旅行车有限公司	124	金旅牌	混合动力城市客车	XML6115JHEV68C	73.6	51.2	52	2013 年 12 月 24 日
120	厦门金龙旅行车有限公司	124	金旅牌	混合动力城市客车	XML6115JHEV78C	73.6	51.2	52	2013 年 12 月 24 日
121	厦门金龙旅行车有限公司	124	金旅牌	混合动力城市客车	XML6125JHEV68C	73.1	51.2	52	2013 年 12 月 24 日
122	厦门金龙旅行车有限公司	124	金旅牌	混合动力城市客车	XML6125JHEV78C	73.1	51.2	52	2013 年 12 月 24 日

5. 混合动力乘用车

序号	企业名称	《目录》序号	商标	产品名称	产品型号	节油率/节气率（%）	最大电功率比（%）	目录批次	目录日期
1	广州汽车集团乘用车有限公司	89	传祺（Trumpchi）牌	混合动力轿车	GAC7100SHEVA4	73.40	100	41	2013 年 1 月 18 日
2	广州汽车集团乘用车有限公司	89	传祺（Trumpchi）牌	混合动力轿车	GAC7180CHEVB4	76.60	45.92	41	2013 年 1 月 18 日
3	上海通用汽车有限公司	6	别克（BUICK）牌	混合动力轿车	SGM7240EAPHEV	16.28	12.96	46	2013 年 6 月 24 日
4	重庆长安汽车股份有限公司	96	长安牌	混合动力轿车	SC7158BHEV	16.92	24.32	46	2013 年 6 月 24 日
5	中国第一汽车集团公司	1	红旗牌	混合动力轿车	CA7155PHEV	62.35	35.40	49	2013 年 9 月 16 日
6	比亚迪汽车有限公司	108	比亚迪牌	混合动力轿车	BYD7150WTHEV1	69.23	41.45	50	2013 年 10 月 18 日
7	比亚迪汽车有限公司	108	比亚迪牌	混合动力轿车	BYD7150WTHEV	69.23	41.45	50	2013 年 10 月 18 日
8	比亚迪汽车有限公司	108	比亚迪牌	混合动力轿车	BYD7150WTHEV2	75.38	41.45	51	2013 年 11 月 22 日
9	比亚迪汽车有限公司	108	比亚迪牌	混合动力轿车	BYD7150WTHEV3	75.38	41.45	51	2013 年 11 月 22 日

三、2013年节能与新能源汽车示范推广应用工程推荐车型及参数

1. 纯电动汽车

（1）宇通牌 ZK6125BEVG1 型纯电动城市客车

生产企业		郑州宇通客车股份有限公司		
整车	公告批次	255		
	目录序号	71		
	识别代号	LZYTAGBW×××××××××		
	外形尺寸（长×宽×高）（mm）	12000×2550×3070/3250		
	总质量（kg）	18000	整备质量（kg）	11700，12000
	轴距（mm）	6000	轴荷（kg）	6500/11500
	底盘型号	承载式车身	生产厂家	郑州宇通客车股份有限公司

（2）宇通牌 ZK6141BEV1 型纯电动城市客车

生产企业		郑州宇通客车股份有限公司		
整车	公告批次	256		
	目录序号	71		
	识别代号	LZYTNGCW×××××××××		
	外形尺寸（长×宽×高）（mm）	13670×2550×3200/3400		
	总质量（kg）	23000	整备质量（kg）	16000
	轴距（mm）	6250+1470	轴荷（kg）	6250/10750/6000
	底盘型号	承载式车身	生产厂家	郑州宇通客车股份有限公司

（3）飞燕牌 SDL6120EVG1 纯电动城市客车

生产企业		山东沂星电动汽车有限公司		
整车	公告批次	251		
	目录序号	十五（25）		
	识别代号	L6941RCF×××××××××		
	外形尺寸（长×宽×高）（mm）	12000×2530×3250		
	总质量（kg）	18000	整备质量（kg）	12000
	轴距（mm）	6200	轴荷（kg）	6500/11500
电机	类型	三项异步交流电机	型号	MDPQ/S120-4-SJ
	峰值功率（kW）	210	连续功率（kW）	—
	生产企业	大连电机集团有限公司		
储能装置	类型	磷酸铁锂电池	型号	WX1213250
	单体标称电压（V）	3.2	单体标称容量（A·h）	50
	总电压（V）	538	总容量（A·h）	300
	生产企业	万向电动汽车有限公司		
性能指标	最高车速（km/h）	69	0~50m/h 加速时间（s）	<20
	最大爬坡度（%）	20	百公里能耗（kg/100km）	—

（4）飞燕牌 SDL6120EVG 纯电动城市客车

生产企业		山东沂星电动汽车有限公司		
整车	公告批次	256		
	目录序号	十五（25）		
	识别代号	L6941RCF×××××××××		
	外形尺寸（长×宽×高）（mm）	12000×2530×3250		
	总质量（kg）	18000	整备质量（kg）	12000
	轴距（mm）	6200	轴荷（kg）	6500/11500
电机	类型	三项异步交流电机	型号	MDPQ/S120－4－SJ YCVF280M－4 QYS100－6/400
	峰值功率（kW）	210/220/250	连续功率（kW）	—
	生产企业	大连电机集团有限公司 襄樊特种电机有限公司 东方电气集团东风电机有限公司		
储能装置	类型	磷酸铁锂电池	型号	SE180AHA，HYLFP001S－200Ah
	单体标称电压（V）	3.2	单体标称容量（A·h）	180/200
	总电压（V）	576	总容量（A·h）	360/400
	生产企业	中航锂电（洛阳）有限公司，河南环宇赛尔新能源科技有限公司		
性能指标	最高车速（km/h）	69	0～50m/h 加速时间（s）	＜20
	最大爬坡度（%）	20	百公里能耗（kg/100km）	—

（5）飞燕牌 SDL6120EVG2 纯电动城市客车

生产企业		山东沂星电动汽车有限公司		
整车	公告批次	251		
	目录序号	十五（25）		
	识别代号	L6941RCF×××××××××		
	外形尺寸（长×宽×高）（mm）	12000×2530×3250		
	总质量（kg）	18000	整备质量（kg）	12000
	轴距（mm）	6200	轴荷（kg）	6500/11500
电机	类型	三项异步交流电机	型号	MDPQ/S120－4－SJ
	峰值功率（kW）	210	连续功率（kW）	—
	生产企业	大连电机集团有限公司		
储能装置	类型	磷酸铁锂电池	型号	2770120
	单体标称电压（V）	3.2	单体标称容量（A·h）	16.5
	总电压（V）	538	总容量（A·h）	264
	生产企业	力神迈尔斯动力电池系统有限公司		
性能指标	最高车速（km/h）	69	0～50m/h 加速时间（s）	＜20
	最大爬坡度（%）	20	百公里能耗（kg/100km）	—

（6）飞燕牌 SDL6120EVG3 纯电动城市客车

生产企业		山东沂星电动汽车有限公司		
整车	公告批次	247		
	目录序号	十五（25）		
	识别代号	L6941RCF×××××××××		
	外形尺寸（长×宽×高）（mm）	12000×2530×3250		
	总质量（kg）	18000	整备质量（kg）	12000
	轴距（mm）	6200	轴荷（kg）	6500/11500
电机	类型	三项异步交流电机	型号	MDPQ/S120－4－SJ
	峰值功率（kW）	210	连续功率（kW）	—
	连续扭矩（N·m）	—	峰值扭矩（N·m）	—
	生产企业	大连电机集团有限公司		
储能装置	类型	磷酸铁锂电池	型号	32650－5AH
	总电压（V）	582.4	总容量（A·h）	400
	生产企业	深圳市沃特玛电池有限公司		
性能指标	最高车速（km/h）	69	0～50m/h 加速时间（s）	<20
	最大爬坡度（%）	20	百公里能耗（kg/100km）	—

（7）飞燕牌 SDL6120EVG4 纯电动城市客车

生产企业		山东沂星电动汽车有限公司		
整车	公告批次	250		
	目录序号	十五（25）		
	识别代号	L6941RCF×××××××××		
	外形尺寸（长×宽×高）（mm）	12000×2530×3250		
	总质量（kg）	18000	整备质量（kg）	12000
	轴距（mm）	6200	轴荷（kg）	6500/11500
电机	类型	三项异步交流电机	型号	MDPQ/S120－4－SJ
	峰值功率（kW）	210	连续功率（kW）	—
储能装置	类型	磷酸铁锂电池	型号	1865140
	单体标称电压（V）	3.2	单体标称容量（A·h）	12.5
	总电压（V）	538	总容量（A·h）	300
	生产企业	合肥国轩高科动力能源有限公司		
性能指标	最高车速（km/h）	69	0～50m/h 加速时间（s）	<20
	最大爬坡度（%）	20	百公里能耗（kg/100km）	—

（8）飞燕牌 SDL6120EVG5 纯电动城市客车

生产企业		山东沂星电动汽车有限公司		
整车	公告批次	259		
	目录序号	十五（25）		
	识别代号	L6941RCF××××××××		
	外形尺寸（长×宽×高）（mm）	12000×2530×3250		
	总质量（kg）	18000	整备质量（kg）	12000
	轴距（mm）	6200	轴荷（kg）	6500/11500
电机	类型	三项异步交流电机	型号	MDPQ/S120－4－SJ
	峰值功率（kW）	210	连续功率（kW）	—
	生产企业	大连电机集团有限公司		
储能装置	类型	磷酸铁锂电池	型号	EV GLP30Ah－93173260
	单体标称电压（V）	3.2	单体标称容量（A·h）	30
	总电压（V）	576	总容量（A·h）	420
	生产企业	河南锂动电源有限公司		
性能指标	最高车速（km/h）	69	0～50m/h 加速时间（s）	<20
	最大爬坡度（%）	20	百公里能耗（kg/100km）	—

（9）飞燕牌 SDL6120EVG6 纯电动城市客车

生产企业		山东沂星电动汽车有限公司		
整车	公告批次	252		
	目录序号	十五（25）		
	识别代号	L6941RCF××××××××		
	外形尺寸（长×宽×高）（mm）	12000×2530×3250		
	总质量（kg）	18000	整备质量（kg）	12000
	轴距（mm）	6200	轴荷（kg）	6500/11500
电机	类型	三项异步交流电机	型号	MDPQ/S120－4－SJ
	峰值功率（kW）	210	连续功率（kW）	—
	生产企业	大连电机集团有限公司		
储能装置	类型	磷酸铁锂电池	型号	1865140
	单体标称电压（V）	3.2	单体标称容量（A·h）	12.5
	总电压（V）	576	总容量（A·h）	400
	生产企业	合肥国轩高科动力能源有限公司		
性能指标	最高车速（km/h）	69	0～50m/h 加速时间（s）	<20
	最大爬坡度（%）	20	百公里能耗（kg/100km）	—

（10）飞燕牌 SDL6121EVG 纯电动城市客车

生产企业		山东沂星电动汽车有限公司		
整车	公告批次	251		
	目录序号	十五（25）		
	识别代号	L6941RCF×××××××××		
	外形尺寸（长×宽×高）（mm）	12000×2530×3250		
	总质量（kg）	18000	整备质量（kg）	12000
	轴距（mm）	6200	轴荷（kg）	6500/11500
电机	类型	三项异步交流电机	型号	MDPQ/S120－4－SJ
	峰值功率（kW）	210	连续功率（kW）	—
	生产企业	大连电机集团有限公司		
储能装置	类型	金属氢化物镍蓄电池	型号	UCQNF200
	单体标称电压（V）	1.2	单体标称容量（A·h）	200
	总电压（V）	576	总容量（A·h）	200
	生产企业	淄博国利新电源科技有限公司		
性能指标	最高车速（km/h）	69	0～50m/h 加速时间（s）	＜20
	最大爬坡度（%）	20	百公里能耗（kg/100km）	—

（11）飞燕牌 SDL6100EVG 纯电动城市客车

生产企业		山东沂星电动汽车有限公司		
整车	公告批次	251		
	目录序号	十五（25）		
	识别代号	L6941RCF×××××××××		
	外形尺寸（长×宽×高）（mm）	10500×2500×3250		
	总质量（kg）	16500	整备质量（kg）	11400
	轴距（mm）	5200	轴荷（kg）	5000/11500
电机	类型	三项异步交流电机	型号	MDPQ/S120－4－SJ
	峰值功率（kW）	210	连续功率（kW）	—
	生产企业	大连电机集团有限公司		
储能装置	类型	磷酸铁锂电池	型号	32650－5AH
	单体标称电压（V）	3.2	单体标称容量（A·h）	5
	总电压（V）	582.4	总容量（A·h）	300
	生产企业	深圳市沃特玛电池有限公司		
性能指标	最高车速（km/h）	69	0～50m/h 加速时间（s）	＜18
	最大爬坡度（%）	20	百公里能耗（kg/100km）	—

（12）飞燕牌 SDL6100EVG1 纯电动城市客车

生产企业		山东沂星电动汽车有限公司		
整车	公告批次	259		
	目录序号	十五（25）		
	识别代号	L6941RCF×××××××××		
	外形尺寸（长×宽×高）（mm）	10500×2500×3250		
	总质量（kg）	16500	整备质量（kg）	11400
	轴距（mm）	5200	轴荷（kg）	5000/11500
电机	类型	三项异步交流电机	型号	MDPQ/S120－4－SJ
	峰值功率（kW）	210	连续功率（kW）	—
	生产企业	大连电机集团有限公司		
储能装置	类型	磷酸铁锂电池	型号	LJY－LFMP100Ah
	单体标称电压（V）	3.2	单体标称容量（A·h）	100
	总电压（V）	582.4	总容量（A·h）	300
	生产企业	中宇锂电能源股份有限公司		
性能指标	最高车速（km/h）	69	0～50m/h 加速时间（s）	＜18
	最大爬坡度（%）	20	百公里能耗（kg/100km）	—

（13）飞燕牌 SDL6100EVG2 纯电动城市客车

生产企业		山东沂星电动汽车有限公司		
整车	公告批次	259		
	目录序号	十五（25）		
	识别代号	L6941RCF×××××××××		
	外形尺寸（长×宽×高）（mm）	10500×2500×3250		
	总质量（kg）	16500	整备质量（kg）	11400
	轴距（mm）	5200	轴荷（kg）	5000/11500
电机	类型	三项异步交流电机	型号	MDPQ/S120－4－SJ
	峰值功率（kW）	210	连续功率（kW）	—
	生产企业	大连电机集团有限公司		
储能装置	类型	磷酸铁锂电池	型号	EV－P－001180－PX08
	单体标称电压（V）	3.2	单体标称容量（A·h）	180
	总电压（V）	582.4	总容量（A·h）	360
	生产企业	河南锂动电源有限公司		
性能指标	最高车速（km/h）	69	0～50m/h 加速时间（s）	＜18
	最大爬坡度（%）	20	百公里能耗（kg/100km）	—

（14）飞燕牌 SDL6110EVSG 纯电动双层城市客车

生产企业		山东沂星电动汽车有限公司		
整车	公告批次	253		
	目录序号	十五（25）		
	识别代号	L694NRCF××××××××		
	外形尺寸（长×宽×高）（mm）	11010×2530×4160		
	总质量（kg）	18000	整备质量（kg）	13000
	轴距（mm）	6200	轴荷（kg）	6500/11500
电机	类型	三项异步交流电机	型号	YCVF280M－4 MDPQ/S120－4－SJ
	峰值功率（kW）	220，210	连续功率（kW）	—
	生产企业	襄樊特种电机有限公司，大连电机集团有限公司		
储能装置	类型	磷酸铁锂电池	型号	HYLFP001S－200A·h
	单体标称电压（V）	3.2	单体标称容量（A·h）	200
	总电压（V）	576	总容量（A·h）	400
	生产企业	河南环宇电池股份有限公司		
性能指标	最高车速（km/h）	69	0～50m/h 加速时间（s）	<20
	最大爬坡度（%）	20	百公里能耗（kg/100km）	—

（15）飞燕牌 SDL6700EV 纯电动客车

生产企业		山东沂星电动汽车有限公司		
整车	公告批次	申报中		
	目录序号	十五（25）		
	识别代号	L6941RBD×××FYK×××		
	外形尺寸（长×/宽×高）（mm）	6970×2035×2800		
	总质量（kg）	7000	整备质量（kg）	5399
	轴距（mm）	3935	轴荷（kg）	2500/4500
电机	类型	三项异步交流电机	峰值功率（kW）	130
储能装置	类型	磷酸铁锂电池	型号	32650－5AH
	单体标称电压（V）	3.2	单体标称容量（A·h）	5
	总电压（V）	352	总容量（A·h）	210
	生产企业	中航锂电（洛阳）有限公司		
性能指标	最高车速（km/h）	100	0～50m/h 加速时间（s）	<18
	最大爬坡度（%）	20	百公里能耗（kg/100km）	—

（16）五洲龙牌 FDG6103EVG 型纯电动城市客车

生产企业		深圳市五洲龙汽车有限公司		
整车	公告批次	255		
	目录序号	131		
	识别代号	LA9BCDBG×××MC1××× LA9BCDBG×××MC2×××		
	外形尺寸（长×宽×高）(mm)	10490×2500×3150		
	总质量（kg）	17000	整备质量（kg）	1300
	轴距（mm）	5300	轴荷（kg）	6500/10500
	底盘型号	承载式车身	生产厂家	深圳市五洲龙汽车有限公司
电机	类型	交流牵引电机	型号	230YS-MS85
	峰值功率（kW）	150	峰值扭矩（N·m）	530
	生产企业	深圳众联能创新能源科技有限公司		
储能装置	类型	磷酸铁锂	型号	EV150Ah（单体）
	单体标称电压（V）	3.2	单体标称容量（A·h）	150
	总电压（V）	537.6	总容量（A·h）	450
	生产企业	广东五洲龙电源科技有限公司		
性能指标	最高车速（km/h）	69	0~50m/h 加速时间（s）	—

（17）五洲龙牌 FDG6113EVG7 型纯电动城市客车

生产企业		深圳市五洲龙汽车有限公司		
整车	公告批次	261		
	目录序号	131		
	识别代号	LA9BCDBG×××MC1×××		
	外形尺寸（长×宽×高）(mm)	11490×2480×3100		
	总质量（kg）	18000	整备质量（kg）	12800
	轴距（mm）	6000	轴荷（kg）	6500/11500
	底盘型号	承载式车身	生产厂家	深圳市五洲龙汽车有限公司
电机	类型	永磁磁阻电机	型号	0200WA
	峰值功率（kW）	200	峰值扭矩（N·m）	2500
	生产企业	上海大郡动力控制技术有限公司		
储能装置	类型	磷酸铁锂	型号	LP44147172（单体）
	单体标称电压（V）	3.2	单体标称容量（A·h）	70
	总电压（V）	537.6	总容量（A·h）	560
	生产企业	天津力神电池股份有限公司		
性能指标	最高车速（km/h）	69	0~50m/h 加速时间（s）	—

（18）五洲龙牌 FDG6113EVG8 型纯电动城市客车

生产企业		深圳市五洲龙汽车有限公司		
整车	公告批次	256		
	目录序号	131		
	识别代号	LA9BCDBG×××MC1×××		
	外形尺寸（长×宽×高）（mm）	11490×2480×3100		
	总质量（kg）	18000	整备质量（kg）	14200
	轴距（mm）	6000	轴荷（kg）	6500/11500
	底盘型号	承载式车身	生产厂家	深圳市五洲龙汽车有限公司
电机	类型	永磁磁阻电机	型号	0200WA
	峰值功率（kW）	200	峰值扭矩（N·m）	2500
	生产企业	上海大郡动力控制技术有限公司		
储能装置	类型	磷酸铁锂	型号	3.2V－100AH（单体）
	单体标称电压（V）	3.2	单体标称容量（A·h）	100
	总电压（V）	345.6	总容量（A·h）	900
	生产企业	深圳市沃特玛电池有限公司		
性能指标	最高车速（km/h）	69	0～50m/h 加速时间（s）	—

（19）五洲龙牌 FDG6113EVG9 型纯电动城市客车

生产企业		深圳市五洲龙汽车有限公司		
整车	公告批次	261		
	目录序号	131		
	识别代号	LA9BCDBG×××MC1×××		
	外形尺寸（长×宽×高）（mm）	11490×2480×3100		
	总质量（kg）	18000	整备质量（kg）	13100
	轴距（mm）	6000	轴荷（kg）	6500/11500
	底盘型号	承载式车身	生产厂家	深圳市五洲龙汽车有限公司
电机	类型	永磁磁阻电机	型号	0200WA
	峰值功率（kW）	200	峰值扭矩（N·m）	2500
	生产企业	上海大郡动力控制技术有限公司		
储能装置	类型	磷酸铁锂	型号	Swing 5300（单体）
	单体标称电压（V）	3.65	单体标称容量（A·h）	5.3
	总电压（V）	548	总容量（A·h）	630
	生产企业	北京波士顿动力电池有限公司		
性能指标	最高车速（km/h）	69	0～50m/h 加速时间（s）	—

（20）五洲龙牌 FDG6113EVG11 型纯电动城市客车

生产企业		深圳市五洲龙汽车有限公司		
整车	公告批次	261		
	目录序号	131		
	识别代号	LA9BCDBG×××MC1××× LA9BCDBG×××MC2×××		
	外形尺寸（长×宽×高）（mm）	11490×2480×3100		
	总质量（kg）	18000	整备质量（kg）	14200
	轴距（mm）	6000	轴荷（kg）	6500/11500
	底盘型号	承载式车身	生产厂家	深圳市五洲龙汽车有限公司
电机	类型	交流牵引电机	型号	230YS－MS85 230YS－MS85
	峰值功率（kW）	150	连续功率（kW）	85
	连续扭矩（N·m）	220	峰值扭矩（N·m）	530
	生产企业	深圳众联能创新能源科技有限公司		
储能装置	类型	磷酸铁锂	型号	HEV100Ah
	单体标称电压（V）	3.2	单体标称容量（A·h）	100
	总电压（V）	537.6	总容量（A·h）	500
	生产企业	广东五州龙电源科技有限公司		
性能指标	最高车速（km/h）	69	0～50m/h 加速时间（s）	—

（21）五洲龙牌 FDG6113EVG12 型纯电动城市客车

生产企业		深圳市五洲龙汽车有限公司		
整车	公告批次	261		
	目录序号	131		
	识别代号	LA9BCDBG×××MC1××× LA9BCDBG×××MC2×××		
	外形尺寸（长×宽×高）（mm）	11490×2480×3100		
	总质量（kg）	18000	整备质量（kg）	14200
	轴距（mm）	6000	轴荷（kg）	6500/11500
	底盘型号	承载式车身	生产厂家	深圳市五洲龙汽车有限公司
电机	类型	交流异步电机	型号	QYS100－6/400
	峰值功率（kW）	250	连续功率（kW）	100
	连续扭矩（N·m）	1005	峰值扭矩（N·m）	2500
	生产企业	深圳市蓝海华腾技术有限公司		
储能装置	类型	磷酸铁锂	型号	HEV100Ah
	单体标称电压（V）	3.2	单体标称容量（A·h）	100
	总电压（V）	537.6	总容量（A·h）	500
	生产企业	广东五州龙电源科技有限公司		
性能指标	最高车速（km/h）	65	0～50m/h 加速时间（s）	—

（22）五洲龙牌 FDG6652EVG 纯电动城市客车

生产企业		深圳市五洲龙汽车有限公司		
整车	公告批次	261		
	目录序号	131		
	识别代号	LA9BBDBG×××MC1×××		
	外形尺寸（长×宽×高）（mm）	6490×2095×2370		
	总质量（kg）	3600	整备质量（kg）	2300
	轴距（mm）	3380	轴荷（kg）	1550/2050
	底盘型号	承载式车身	生产厂家	深圳市五洲龙汽车有限公司
电机	类型	—	型号	3i－PMSM－336－A
	峰值功率（kW）	50	连续功率（kW）	30
	连续扭矩（N·m）	95.5	峰值扭矩（N·m）	185
	生产企业	东莞三新电动汽车技术有限公司		
储能装置	类型	磷酸铁锂	型号	EV120Ah
	单体标称电压（V）	3.2	单体标称容量（A·h）	120
	总电压（V）	320	总容量（A·h）	120
	生产企业	广东五洲龙电源科技有限公司		
性能指标	最高车速（km/h）	69	0～50m/h 加速时间（s）	—

（23）五洲龙牌 FDG6701EVG1 纯电动城市客车

生产企业		深圳市五洲龙汽车有限公司		
整车	公告批次	260		
	目录序号	131		
	识别代号	LA9BBDBG×××MC1×××		
	外形尺寸（长×宽×高）（mm）	7005×2040×2645		
	总质量（kg）	7000	整备质量（kg）	4950
	轴距（mm）	3935	轴荷（kg）	2500/4500
	底盘型号	承载式车身	生产厂家	深圳市五洲龙汽车有限公司
电机	类型	永磁磁阻	型号	O110WA
	峰值功率（kW）	110	连续功率（kW）	45
	连续扭矩（N·m）	144	峰值扭矩（N·m）	350
	生产企业	上海大郡动力控制技术有限公司		
储能装置	类型	磷酸铁锂	型号	32650－5Ah
	单体标称电压（V）	3.2	单体标称容量（A·h）	270
	总电压（V）	345.6	总容量（A·h）	270
	生产企业	深圳市沃特玛电池有限公司		
性能指标	最高车速（km/h）	65	0～50m/h 加速时间（s）	—

（24）五洲龙牌 FDG6801EVG1 纯电动城市客车

生产企业		深圳市五洲龙汽车有限公司		
整车	公告批次	261		
	目录序号	131		
	识别代号	LA9BBDBG×××MC1××× LA9BBDBG×××MC2×××		
	外形尺寸（长×宽×高）（mm）	8050×2440×3050		
	总质量（kg）	12500	整备质量（kg）	8800
	轴距（mm）	4800	轴荷（kg）	4500/8000
	底盘型号	承载式车身	生产厂家	深圳市五洲龙汽车有限公司
电机	类型	交流牵引电机	型号	230YS－MS85
	峰值功率（kW）	150	连续功率（kW）	85
	连续扭矩（N·m）	220	峰值扭矩（N·m）	530
	生产企业	深圳众联能创新能源科技有限公司		
储能装置	类型	磷酸铁锂	型号	60Ah
	单体标称电压（V）	3.2	单体标称容量（A·h）	>60
	总电压（V）	547.2	总容量（A·h）	300
	生产企业	深圳市长河动力技术有限公司		
性能指标	最高车速（km/h）	69	0～50m/h 加速时间（s）	—

（25）安凯牌 HFF6127K46EV 型纯电动客车

生产企业		安徽安凯汽车股份有限公司		
整车	公告批次	240		
	目录序号	55		
	识别代号	LA81K1KT×××××××××		
	外形尺寸（长×宽×高）（mm）	12000×2550/2500×3780/3550		
	总质量（kg）	17800	整备质量（kg）	14100
	轴距（mm）	6080	轴荷（kg）	6300/11500
驱动电机	类型	变频调速三相异步电动机	型号	YTSP280L1—4Q
	峰值功率（kW）	291	连续功率（kW）	147
	连续扭矩（N·m）	1160	峰值扭矩（N·m）	2761
	生产企业	上海南洋电机有限公司		
储能装置	类型	磷酸铁锂电池	型号	ANX－1280－1
	单体标称电压（V）	3.2	单体标称容量（A·h）	100
	总电压（V）	600	总容量（A·h）	500
	生产企业	北京安耐信储能技术有限公司		
性能指标	最高车速（km/h）	80	0～50m/h 加速时间（s）	≤25
	最大爬坡度（%）	18	油耗（L/100km）	≤110

（26）安凯牌 HFF6120G03EV 型纯电动客车

生产企业		安徽安凯汽车股份有限公司		
整车	公告批次	247		
	目录序号	55		
	识别代号	LA86J0LW×××××××××		
	外形尺寸（长×宽×高）（mm）	12000×2500×3100/33000		
	总质量（kg）	18000	整备质量（kg）	13500/13800
	轴距（mm）	6080	轴荷（kg）	6500/11500
	底盘型号	HFF6120D03EV	生产厂家	安徽安凯汽车段份有限公司
驱动电机	类型	交流异步电机	型号	YTSP280L1—4Q
	峰值功率（kW）	291	连续功率（kW）	160
	连续扭矩（N·m）	1160	峰值扭矩（N·m）	2761
	生产企业	上海南洋电机有限公司		
储能装置	类型	磷酸铁锂电池	型号	3.2V 10AH
	单体标称电压（V）	3.2	单体标称容量（A·h）	100
	总电压（V）	538	总容量（A·h）	500
	生产企业	北京安耐信储能技术有限公司		
性能指标	最高车速（km/h）	69	0～50m/h 加速时间（s）	≤25
	最大爬坡度（%）	15	能耗（L/100km）	≤110
	续驶里程（Km）：	≥250（等速工况，不带空调）		

（27）安凯牌 HFF6122G03EV 型纯电动客车

生产企业		安徽安凯汽车股份有限公司		
整车	公告批次	247		
	目录序号	55		
	识别代号	LA86G0HT×××××××××		
	外形尺寸（长×宽×高）（mm）	12000×2550×2950/3150		
	总质量（kg）	18000	整备质量（kg）	13500/13800
	轴距（mm）	6100	轴荷（kg）	6500/11500
	底盘型号	HFF6122D03EV	生产厂家	安徽安凯汽车股份有限公司
驱动电机	类型	变频调速三相异步电动机	型号	YQSL250L1－4
	峰值功率（kW）	250	连续功率（kW）	90
	连续扭矩（N·m）	866	峰值扭矩（N·m）	866
	生产企业	上海南洋电机有限公司		
储能装置	类型	磷酸铁锂蓄电池	型号	—
	单体标称电压（V）	3.2	单体标称容量（A·h）	10
	总电压（V）	538	总容量（A·h）	500
	生产企业	—		
性能指标	最高车速（km/h）	80	0～50m/h 加速时间（s）	—

（28）安凯牌 HFF6123G03EV 型纯电动客车

生产企业		安徽安凯汽车股份有限公司		
整车	公告批次	247		
	目录序号	55		
	识别代号	LA81K1FT×××××××××		
	外形尺寸（长×宽×高）（mm）	12000×2550×2950/3150		
	总质量（kg）	18000	整备质量（kg）	13500/13800
	轴距（mm）	6100	轴荷（kg）	6500/11500
	底盘型号	HFF6123D03EV	生产厂家	安徽安凯汽车股份有限公司
驱动电机	类型	交流异步电机	型号	QYS100－6/400
	峰值功率（kW）	250	连续功率（kW）	100
	连续扭矩（N·m）	1005	峰值扭矩（N·m）	2400
	生产企业	东方电气集团东风电机有限公司		
储能装置	类型	磷酸铁锂蓄电池	型号	—
	单体标称电压（V）	3.2	单体标称容量（A·h）	10
	总电压（V）	538	总容量（A·h）	500
	生产企业	—		
性能指标	最高车速（km/h）	69	0～50m/h 加速时间（s）	—

（29）安凯牌 HFF6125G03EV 型纯电动客车

生产企业		安徽安凯汽车股份有限公司		
整车	公告批次	247		
	目录序号	55		
	识别代号	LA86G0HT×××××××××		
	外形尺寸（长×宽×高）（mm）	12000×2550×3100/3300		
	总质量（kg）	18000	整备质量（kg）	13500/13800
	轴距（mm）	6100	轴荷（kg）	6500/11500
	底盘型号	HFF6125D03EV	生产厂家	安徽安凯汽车股份有限公司
驱动电机	类型	永磁同步电机	型号	GLMP80L0
	峰值功率（kW）	180	连续功率（kW）	100
	连续扭矩（N·m）	350	峰值扭矩（N·m）	800
	生产企业	深圳大地和电气有限公司		
储能装置	类型	磷酸铁锂蓄电池	型号	—
	单体标称电压（V）	3.2	单体标称容量（A·h）	10
	总电压（V）	538	总容量（A·h）	350
	生产企业	—		
性能指标	最高车速（km/h）	69	0～50m/h 加速时间（s）	—

（30）安凯牌 HFF6126G03EV 型纯电动客车

生产企业		安徽安凯汽车股份有限公司		
整车	公告批次	247		
	目录序号	55		
	识别代号	LA83J1HT××××××××		
	外形尺寸（长×宽×高）（mm）	12000×2550×3100/3300		
	总质量（kg）	18000	整备质量（kg）	13500/13800
	轴距（mm）	6100	轴荷（kg）	6500/11500
	底盘型号	—	生产厂家	安徽安凯汽车股份有限公司
驱动电机	类型	交流异步电机	型号	QYS100－6/400
	峰值功率（kW）	250	连续功率（kW）	100
	连续扭矩（N·m）	1005	峰值扭矩（N·m）	2400
	生产企业	东方电气集团东风电机有限公司		
储能装置1	类型	镍氢电池	型号	UCQNF200
	单体标称电压（V）	1.2	单体标称容量（Ah）	200
	总电压（V）	576	总容量（Ah）	200
	生产企业	淄博国利新电源科技有限公司		
储能装置2	类型	镍氢电池	型号	NMCH200
	单体标称电压（V）	1.2	单体标称容量（A·h）	200
	总电压（V）	496.8	总容量（A·h）	200
	生产企业	淄博齐盛新能源科技有限公司		
性能指标	最高车速（km/h）	69	0～50m/h 加速时间（s）	—

（31）安凯牌 HFF6127G03EV 型纯电动客车

生产企业		安徽安凯汽车股份有限公司		
整车	公告批次	247		
	目录序号	55		
	识别代号	LA86G0DT××××××××		
	外形尺寸（长×宽×高）（mm）	12000×2550×2950/3200		
	总质量（kg）	18000	整备质量（kg）	13500/13800
	轴距（mm）	6000	轴荷（kg）	6500/11500
	底盘型号	HFF6127D03EV	生产厂家	安徽安凯汽车股份有限公司
驱动电机	类型	异步感应电机	型号	AS1619C
	峰值功率（kW）	120	连续功率（kW）	60
	连续扭矩（N·m）	136	峰值扭矩（N·m）	382
	生产企业	采埃孚传动技术（苏州）有限公司		
储能装置	类型	磷酸铁锂	型号	UCQNF200
	单体标称电压（V）	3.2	单体标称容量（A·h）	72
	总电压（V）	576	总容量（A·h）	288
	生产企业	—		
性能指标	最高车速（km/h）	69	0～50m/h 加速时间（s）	—

（32）安凯牌 HFF6128G03EV 型纯电动客车

生产企业		安徽安凯汽车股份有限公司		
整车	公告批次	247		
	目录序号	55		
	识别代号	LA86G0HT××××××××		
	外形尺寸（长×宽×高）（mm）	12000×2550×2950/3200		
	总质量（kg）	18000	整备质量（kg）	13500/13800
	轴距（mm）	6100	轴荷（kg）	6500/11500
	底盘型号	HFF6128D03EV	生产厂家	安徽安凯汽车股份有限公司
驱动电机	类型	异步感应电机	型号	420YS－XS100
	峰值功率（kW）	250	连续功率（kW）	100
	连续扭矩（N·m）	1005	峰值扭矩（N·m）	3000
	生产企业	安徽安凯汽车股份有限公司		
储能装置	类型	磷酸铁锂	型号	UCQNF200
	单体标称电压（V）	3.2	单体标称容量（A·h）	16.5
	总电压（V）	538	总容量（A·h）	300
	生产企业	—		
性能指标	最高车速（km/h）	69	0～50m/h 加速时间（s）	—

（33）安凯牌 HFF6110G03EV 型纯电动客车

生产企业		安徽安凯汽车股份有限公司		
整车	公告批次	247		
	目录序号	55		
	识别代号	LA86G0LT××××××××		
	外形尺寸（长×宽×高）（mm）	11220×2500×3100/3300		
	总质量（kg）	17200	整备质量（kg）	12400/12600
	轴距（mm）	5700	轴荷（kg）	6000/11200
	底盘型号	HFF6113D08	生产厂家	安徽安凯汽车股份有限公司
驱动电机	类型	交流异步电机	型号	YTSP280L1—4Q
	峰值功率（kW）	350	连续功率（kW）	160
	连续扭矩（N·m）	1015	峰值扭矩（N·m）	2747
	生产企业	上海南洋电机有限公司		
储能装置	类型	磷酸铁锂电池	型号	—
	单体标称电压（V）	3.2	单体标称容量（A·h）	100
	总电压（V）	538	总容量（A·h）	300
	生产企业	—		
性能指标	最高车速（km/h）	69	0～50m/h 加速时间（s）	≤25
	最大爬坡度（%）	18	百公里能耗（kW·h）	≤110
	续驶里程（km）	≥200（空调关闭）	0～50m/h 加速时间（s）	

（34）安凯牌 HFF6112G03EV 型纯电动城市客车

生产企业		安徽安凯汽车股份有限公司		
整车	公告批次	247		
	目录序号	55		
	识别代号	LA86G0HT×××××××××		
	外形尺寸（长×宽×高）（mm）	11220×2550×2950/3150		
	总质量（kg）	17500	整备质量（kg）	13000/13300
	轴距（mm）	5700	轴荷（kg）	6500/11000
	底盘型号	HFF6112D03EV	生产厂家	安徽安凯汽车股份有限公司
驱动电机	类型	交流异步电机	型号	QYS100－6/400
	峰值功率（kW）	250	连续功率（kW）	100
	连续扭矩（N·m）	1005	峰值扭矩（N·m）	2400
	生产企业	东方电气集团东风电机有限公司		
储能装置	类型	磷酸铁锂电池	型号	—
	单体标称电压（V）	3.2	单体标称容量（A·h）	10
	总电压（V）	496.8	总容量（A·h）	450
	生产企业	—		
性能指标	最高车速（km/h）	59	0～50m/h 加速时间（s）	≤25
	最大爬坡度（%）	18	百公里能耗（kW·h）	≤110
	续驶里程（km）	≥200（空调关闭）	0～50m/h 加速时间（s）	—

（35）安凯牌 HFF6700BEV 型纯电动客车

生产企业		安徽安凯汽车股份有限公司		
整车	公告批次	240		
	目录序号	55		
	识别代号	LA81A1CT×××××××××		
	外形尺寸（长×宽×高）（mm）	7005×2040×2645/2725/2785		
	总质量（kg）	7200	整备质量（kg）	5870
	轴距（mm）	3935	轴荷（kg）	2500/4700
	底盘型号	HFC6685KY1D3	生产厂家	安徽安凯汽车股份有限公司
驱动电机	类型	三相异步电动机	型号	YTSP200L2－4Q
	峰值功率（kW）	211	连续功率（kW）	80
	连续扭矩（N·m）	289	峰值扭矩（N·m）	770
	生产企业	上海南洋电机有限公司		
储能装置	类型	磷酸铁锂电池	型号	ANX－1280－1
	单体标称电压（V）	3.2	单体标称容量（A·h）	10
	总电压（V）	384	总容量（A·h）	250
	生产企业	北京安耐信储能技术有限公司		
性能指标	最高车速（km/h）	100	0～50m/h 加速时间（s）	≤25
	最大爬坡度（%）	18	百公里能耗（kW·h）	≤70
	续驶里程（km）	≥150	0～50m/h 加速时间（s）	—

（36）安凯牌 HFF6701BEV 型纯电动客车

生产企业		安徽安凯汽车股份有限公司		
整车	公告批次	248		
	目录序号	55		
	识别代号	LA81A1FT×××××××××		
	外形尺寸（长×宽×高）（mm）	7005×2040×2645/2725/2785		
	总质量（kg）	7200	整备质量（kg）	5870
	轴距（mm）	3935	轴荷（kg）	2500/4700
驱动电机	类型	交流异步电机	型号	YQSL160L－4
	峰值功率（kW）	211	连续功率（kW）	80
	连续扭矩（N·m）	289	峰值扭矩（N·m）	772
	生产企业	上海南洋电机有限公司		
储能装置 1	类型	超级电容	型号	UCEY－2.7V3000F
	单体标称电压（V）	2.7	单体标称容量（F）	3000
	容器组总电压（V）	576	容器组总容量（F）	13.75
	生产企业	上海三玖电气设备有限公司		
储能装置 2	类型	磷酸铁锂电池	型号	1865140
	单体标称电压（V）	3.2	单体标称容量（A·h）	12.5
	总电压（V）	500	总容量（A·h）	250
	生产企业	合肥国轩高科动力能源有限公司		
性能指标	最高车速（km/h）	100	0～50m/h 加速时间（s）	≤25
	最大爬坡度（%）	18	百公里能耗（kW·h）	≤70
	续驶里程（km）	≥150	0～50m/h 加速时间（s）	—

（37）安凯牌 HFF6702BEV 型纯电动客车

生产企业		安徽安凯汽车股份有限公司		
整车	公告批次	248		
	目录序号	55		
	识别代号	LA81A1FT×××××××××		
	外形尺寸（长×宽×高）（mm）	7005×2040×2645/2725/2785		
	总质量（kg）	7200	整备质量（kg）	5870
	轴距（mm）	3935	轴荷（kg）	2500/4700
驱动电机	类型	永磁同步电机	型号	GLMP120L0
	峰值功率（kW）	150	连续功率（kW）	80
	连续扭矩（N·m）	400	峰值扭矩（N·m）	1200
	生产企业	深圳市大地和电气有限公司		
储能装置	类型	磷酸铁锂电池	型号	1865140
	单体标称电压（V）	3.2	单体标称容量（A·h）	12.5
	总电压（V）	524	总容量（A·h）	250
	生产企业	合肥国轩高科动力能源有限公司		
性能指标	最高车速（km/h）	100	0～50m/h 加速时间（s）	≤25
	最大爬坡度（%）	18	百公里能耗（kW·h）	≤70
	续驶里程（km）	≥150	0～50m/h 加速时间（s）	—

（38）安凯牌 HFF6100G03EV 型纯电动城市客车

生产企业		安徽安凯汽车股份有限公司		
整车	公告批次	247		
	目录序号	55		
	识别代号	LA86E0HT×××××××××		
	外形尺寸（长×宽×高）（mm）	10320×2500×2950/3150		
	总质量（kg）	16500	整备质量（kg）	12000/12300
	轴距（mm）	5100	轴荷（kg）	6000/10500
	底盘型号	HFF6100D03EV	生产厂家	安徽安凯汽车股份有限公司
驱动电机	类型	交流异步电机	型号	QYS100－6/400
	峰值功率（kW）	250	连续功率（kW）	100
	连续扭矩（N·m）	1005	峰值扭矩（N·m）	2400
	生产企业	东方电气集团东风电机有限公司		
储能装置	类型	磷酸铁锂电池	型号	1865140
	单体标称电压（V）	3.2	单体标称容量（A·h）	10
	总电压（V）	600	总容量（A·h）	400
	生产企业	—		
性能指标	最高车速（km/h）	69 km/h	0～50m/h 加速时间（s）	≤25
	最大爬坡度（%）	15	百公里能耗（kW·h）	≤90
	续驶里程（km）	≥180	0～50m/h 加速时间（s）	—

（39）安凯牌 HFF6101G03EV 型纯电动城市客车

生产企业		安徽安凯汽车股份有限公司		
整车	公告批次	247		
	目录序号	55		
	识别代号	LA86E0HT×××××××××		
	外形尺寸（长×宽×高）（mm）	10320×2500×2950/3150		
	总质量（kg）	16500	整备质量（kg）	12000/12300
	轴距（mm）	5100	轴荷（kg）	6000/10500
	底盘型号	HFF6101D03EV	生产厂家	安徽安凯汽车股份有限公司
驱动电机	类型	交流异步电机	型号	QYS100－6/400
	峰值功率（kW）	250	连续功率（kW）	100
	连续扭矩（N·m）	1005	峰值扭矩（N·m）	2400
	生产企业	东方电气集团东风电机有限公司		
储能装置	类型	磷酸铁锂电池	型号	1865140
	单体标称电压（V）	3.2	单体标称容量（A·h）	10
	总电压（V）	538	总容量（A·h）	240
	生产企业	—		
性能指标	最高车速（km/h）	69	0～50m/h 加速时间（s）	≤25
	最大爬坡度（%）	15	百公里能耗（kW·h）	≤100
	续驶里程（km）	≥150（空调关闭 40Km 等速工况）	0～50m/h 加速时间（s）	—

（40）江西牌 JXK6113CEV 型纯电动客车

生产企业		江西凯马百路佳客车有限公司		
整车	公告批次	256		
	目录序号	（十四）03		
	识别代号	LA9DHLMT0DBJXK001		
	依据标准	GB/T 18388－2005，QC/T 900－1997		
	外形尺寸（长×宽×高）(mm)	10900×2500×3600/3500		
	总质量（kg）	18000	整备质量（kg）	13550/13380
	轴距（mm）	5550	轴荷（kg）	6500/11500
	底盘型号	—	生产厂家	—
电机	类型	异步牵引	型号	YZQ280L－6
	峰值功率（kW）	130	连续功率（kW）	—
	连续扭矩（N·m）	—	峰值扭矩（N·m）	2600
	生产企业	大连创为电机有限公司		
储能装置	类型	磷酸铁锂电池	型号	SP－LFP300AHA（B）/WX12 Ⅰ 3250
	单体标称电压（V）	3.2	单体标称容量（A·h）	300
	总电压（V）	538	总容量（A·h）	300
	生产企业	中聚（天津）新能源投资有限公司/万向电动汽车有限公司		
性能指标	最高车速（km/h）	80	0～100m/h 加速时间（s）	18.2
	最大爬坡度（%）	20	油耗（L/100km）	—

（41）江西牌 JXK6113BEV 型纯电动城市客车

生产企业		江西凯马百路佳客车有限公司		
整车	公告批次	253		
	目录序号	（十四）03		
	识别代号	LA9DJLMS3ABJXK002		
	依据标准	GB/T 18388－2005 QC/T 900－1997 GB 7258－2004		
	外形尺寸（长×宽×高）(mm)	11280×2495×3170		
	总质量（kg）	17000	整备质量（kg）	12400
	轴距（mm）	5400	轴荷（kg）	5500/11500
	底盘型号	—	生产厂家	—
电机	类型	变频异步	型号	YCVF250L－4
	峰值功率（kW）	160	连续功率（kW）	—
	连续扭矩（N·m）	—	峰值扭矩（N·m）	1100
	生产企业	万向电动汽车有限公司		
储能装置	类型	锂电池	型号	10S360Ah
	单体标称电压（V）	3.2	单体标称容量（A·h）	60
	总电压（V）	576	总容量（A·h）	360
	生产企业	万向电动汽车有限公司		
性能指标	最高车速（km/h）	68	0～100m/h 加速时间（s）	18
	最大爬坡度（%）	20	油耗（L/100km）	—

（42）江西牌 JXK6113BEV1 型纯电动城市客车

生产企业		江西凯马百路佳客车有限公司		
整车	公告批次	253		
	目录序号	（十四）03		
	识别代号	LA9DJLMS3ABJXK002		
	依据标准	GB/T 18388－2005 QC/T 900－1997 GB 7258－2004		
	外形尺寸（长×宽×高）（mm）	11280×2495×3170		
	总质量（kg）	17000	整备质量（kg）	12400
	轴距（mm）	5400	轴荷（kg）	5500/11500
	底盘型号	—	生产厂家	—
电机	类型	交流感应	型号	QYS100－6/240
	峰值功率（kW）	100	连续功率（kW）	—
	连续扭矩（N·m）	—	峰值扭矩（N·m）	850
	生产企业	万向电动汽车有限公司		
储能装置	类型	磷酸铁锂电池	型号	26650MF－Fe
	单体标称电压（V）	3.2	单体标称容量（A·h）	2.8
	总电压（V）	403.2	总容量（A·h）	487.2
	生产企业	万向电动汽车有限公司		
性能指标	最高车速（km/h）	68	0～100m/h 加速时间（s）	18
	最大爬坡度（%）	20	油耗（L/100km）	—

（43）江西牌 JXK6121BEV 型纯电动城市客车

生产企业		江西凯马百路佳客车有限公司		
整车	公告批次	253		
	目录序号	（十四）03		
	识别代号	LA9DJLMT9BBJXK001		
	依据标准	GB/T 18388－2005 QC/T 900－1997 GB 7258－2004		
	外形尺寸（长×宽×高）（mm）	11980×2495×3170		
	总质量（kg）	18000	整备质量（kg）	13200
	轴距（mm）	6100	轴荷（kg）	6500/11500
	底盘型号	—	生产厂家	—
电机	类型	交流感应	型号	WXE02－Y250L－4
	峰值功率（kW）	100	连续功率（kW）	—
	连续扭矩（N·m）	—	峰值扭矩（N·m）	1273
	生产企业	钱潮轴承有限公司		
储能装置	类型	锂电池	型号	WX12I3250
	单体标称电压（V）	3.2	单体标称容量（A·h）	50
	总电压（V）	576	总容量（A·h）	300
	生产企业	万向电动汽车有限公司		
性能指标	最高车速（km/h）	68	0～100m/h 加速时间（s）	18
	最大爬坡度（%）	20	油耗（L/100km）	—

（44）江西牌 JXK6120AG 型纯电动客车

生产企业		江西凯马百路佳客车有限公司		
整车	公告批次	253		
	目录序号	（十四）03		
	识别代号	LA9DJLMT88BJXK001		
	依据标准	GB/T 18388－2005 QC/T 900－1997 GB 7258－2004		
	外形尺寸（长×宽×高）（mm）	11980×2495×3170		
	总质量（kg）	18000	整备质量（kg）	13200
	轴距（mm）	6100	轴荷（kg）	6500/11500
	底盘型号	—	生产厂家	—
电机	类型	变频异步	型号	YCVF250L－4
	峰值功率（kW）	160	连续功率（kW）	—
	连续扭矩（N·m）	—	峰值扭矩（N·m）	1100
	生产企业	万向电动汽车有限公司		
储能装置	类型	锂电池	型号	BMU－HM－C－C12
	单体标称电压（V）	3.2	单体标称容量（A·h）	60
	总电压（V）	538	总容量（A·h）	300
	生产企业	万向电动汽车有限公司		
性能指标	最高车速（km/h）	68	0～100m/h 加速时间（s）	—
	最大爬坡度（%）	20	油耗（L/100km）	—

（45）上饶牌 SR6700HBEV 型纯电动客车

生产企业		江西博能上饶客车有限公司		
整车	公告批次	232		
	目录序号	（十四）02		
	识别代号	LE3LA2KL××××××××××		
	依据标准	GB3847－2005，GB17691－2005 国Ⅳ		
	外形尺寸（长×宽×高）（mm）	7005×2040×2645		
	总质量（kg）	6800	整备质量（kg）	4680
	轴距（mm）	3935	轴荷（kg）	2480/4320
	底盘型号	SR6700HBEV	生产厂家	江西中科博能上饶客车有限公司
电机	类型	永磁同步电机	型号	SJ2103P50－B
	峰值功率（kW）	80	连续功率（kW）	50
	连续扭矩（N·m）	238	峰值扭矩（N·m）	382
	生产企业	上海中科深江电动汽车有限公司		
储能装置	类型	磷酸铁锂蓄电池	型号	SE180AHA
	单体标称电压（V）	380	单体标称容量（A·h）	180
	总电压（V）	3.2	总容量（A·h）	180
	生产企业	深圳拓邦股份有限公司		
性能指标	最高车速（km/h）	100	0～100m/h 加速时间（s）	≤25
	最大爬坡度（%）	20	油耗（L/100km）	—

(46) 蜀都牌 CDK6123CABEV 型纯电动城市客车

生产企业		成都客车股份有限公司		
整车	公告批次	257		
	目录序号	二十二(10)		
	外形尺寸(长×宽×高)(mm)	12000×2550×3280		
	总质量(kg)	18000	整备质量(kg)	14090
	轴距(mm)	6150	轴荷(kg)	6500/11500
	底盘型号	CA6121CREV23	生产厂家	中国第一汽车集团公司
电机	类型	交流异步电机	型号	QYS100-6/400
	峰值功率(kW)	250	连续功率(kW)	额定功率 100
	连续扭矩(N·m)	额定 1005	峰值扭矩(N·m)	2400
	生产企业	上海南洋电机有限公司		
储能装置	类型	磷酸铁锂	型号	32650-5Ah
	单体标称电压(V)	576	单体标称容量(A·h)	450
	总电压(V)	3.2	总容量(A·h)	5
	生产企业	深圳市沃特玛电池有限公司		
性能指标	最高车速(km/h)	69	0~50m/h 加速时间(s)	20
	最大爬坡度(%)	20	油耗(L/100km)	—

(47) 蜀都牌 CDK6600CABEV 型纯电动城市客车

生产企业名称		成都客车股份有限公司		
整车	公告批次	261		
	目录序号	二十二(10)		
	外形尺寸(长×宽×高)(mm)	6130×2060×2770		
	总质量(kg)	6360	整备质量(kg)	4800/4600/4400
	轴距(mm)	3300	轴荷(kg)	2240/4120
	底盘型号	CA6571CREV21	生产厂家	中国第一汽车集团公司
电机	类型	永磁同步电机	型号	QTS60-8/271
	峰值功率(kW)	110	连续功率(kW)	额定功率 60
	连续扭矩(N·m)	额定扭矩 358	峰值扭矩(N·m)	1000
	生产企业	东方电气集团东风电机有限公司		
储能装置	类型	磷酸铁锂	型号	IFP1865140
	单体标称电压(V)	337.6	单体标称容量(A·h)	104
	总电压(V)	3.2	总容量(A·h)	13
	生产企业	合肥国轩高科动力能源股份公司		
性能指标	最高车速(km/h)	69	0~50m/h 加速时间(s)	20
	最大爬坡度(%)	20	油耗(L/100km)	—

（48）东南牌 DN7000MBEV 型纯电动轿车

生产企业		东南（福建）汽车工业有限公司		
整车	公告批次	245		
	目录序号	58		
	识别代号	LDNM43F2×××××××××		
	外形尺寸（长×宽×高）（mm）	4420×1700×1415		
	总质量（kg）	1730	整备质量（kg）	1330
	轴距（mm）	2500	轴荷（kg）	814/916
	底盘型号	承载式车身	生产厂家	东南（福建）汽车工业有限公司
电机	类型	交流感应电机	型号	XN021101
	峰值功率（kW）	65	连续功率（kW）	20
	连续扭矩（N··m）	58	峰值扭矩（N·m）	185
	生产企业	江苏微特利电机制造有限公司		
储能装置	类型	锂离子电池	型号	HYLFP45127225－70Ah
	单体标称电压（V）	3.2	单体标称容量（A·h）	70
	总电压（V）	288	总容量（A·h）	70
	生产企业	河南环宇赛尔新能源科技有限公司		
性能指标	最高车速（km/h）	120	0～50km/h 加速时间（s）	5.7
	最大爬坡度（%）	20	百公里能耗（kwh/100km）	23.56

（49）东南牌 DN6490MBEV 型纯电动乘用车

生产企业		东南（福建）汽车工业有限公司		
整车	公告批次	251		
	目录序号	58		
	识别代号	LDNM7110××××××××× LDNB7110×××××××××		
	外形尺寸（长×宽×高）（mm）	4945×1695×1970		
	总质量（kg）	2400	整备质量（kg）	1860
	轴距（mm）	2435	轴荷（kg）	1205/1195
	底盘型号	承载式车身	生产厂家	东南（福建）汽车工业有限公司
电机	类型	三相异步电机	型号	YCS90－4
	峰值功率（kW）	90	连续功率（kW）	30
	连续扭矩（N·m）	79.6	峰值扭矩（N·m）	238.8
	生产企业	天津清源电动车辆有限责任公司		
储能装置	类型	磷酸铁锂离子动力电池	型号	BTP320
	单体标称电压（V）	3.2	单体标称容量（A·h）	16.5
	总电压（V）	320	总容量（A·h）	115.5
	生产企业	天津力神电池股份有限公司		
性能指标	最高车速（km/h）	120	0～50km/h 加速时间（s）	6.28
	最大爬坡度（%）	20	百公里能耗（kwh/100km）	14.23

（50）东南牌 DN6490MBEV 型纯电动运输车

生产企业		东南（福建）汽车工业有限公司		
整车	公告批次	249		
	目录序号	58		
	识别代号	LDNM7X10××××××××× LDNB7X10×××××××××		
	外形尺寸（长×宽×高）（mm）	4945×1695×1970		
	总质量（kg）	2400	整备质量（kg）	1835
	轴距（mm）	2435	轴荷（kg）	1205/1195
	底盘型号	承载式车身	生产厂家	东南（福建）汽车工业有限公司
电机	类型	三相异步电机	型号	YCS90－4
	峰值功率（kW）	90	连续功率（kW）	30
	连续扭矩（N·m）	79.6	峰值扭矩（N·m）	238.8
	生产企业	天津清源电动车辆有限责任公司		
储能装置	类型	磷酸铁锂离子动力电池	型号	BTP320
	单体标称电压（V）	3.2	单体标称容量（A·h）	16.5
	总电压（V）	320	总容量（A·h）	115.5
	生产企业	天津力神电池股份有限公司		
性能指标	最高车速（km/h）	120	0～50km/h 加速时间（s）	6.28
	最大爬坡度（%）	20	百公里能耗（kwh/100km）	14.23

（51）东南牌 DN6490MBEV 型纯电动邮政车

生产企业		东南（福建）汽车工业有限公司		
整车	公告批次	252		
	目录序号	58		
	识别代号	LDNM7D10××××××××× LDNB7D10×××××××××		
	外形尺寸（长×宽×高）（mm）	4945×1695×1970		
	总质量（kg）	2400	整备质量（kg）	1835
	轴距（mm）	2435	轴荷（kg）	1205/1195
	底盘型号	承载式车身	生产厂家	东南（福建）汽车工业有限公司
电机	类型	三相异步电机	型号	YCS90－4
	峰值功率（kW）	90	连续功率（kW）	30
	连续扭矩（N·m）	79.6	峰值扭矩（N·m）	238.8
	生产企业	天津清源电动车辆有限责任公司		
储能装置	类型	磷酸铁锂离子动力电池	型号	BTP320
	单体标称电压（V）	3.2	单体标称容量（A·h）	16.5
	总电压（V）	320	总容量（A·h）	115.5
	生产企业	天津力神电池股份有限公司		
性能指标	最高车速（km/h）	120	0～50km/h 加速时间（s）	6.28
	最大爬坡度（%）	20	百公里能耗（kwh/100km）	14.23

（52）腾势牌 QCJ7007BEV 型纯电动轿车

生产企业		比亚迪汽车工业有限公司		
整车	公告批次	255		
	目录序号	79		
	识别代号	LC0DE6CB×××××××××		
	外形尺寸（长×宽×高）（mm）	4642×1850×1642		
	总质量（kg）	2550	整备质量（kg）	2090
	轴距（mm）	2880	轴荷（kg）	1295/1255
	底盘型号	承载式车身	生产厂家	比亚迪汽车工业有限公司
电机	类型	永磁同步电机	型号	2217TZ - XSA
	峰值功率（kW）	86	连续功率（kW）	86
	连续扭矩（N·m）	290	峰值扭矩（N·m）	290
	生产企业	比亚迪汽车工业有限公司		
性能指标	最高车速（km/h）	150	0~50m/h 加速时间（s）	14
	最大爬坡度（%）	30	百公里能耗（kg/100km）	18.9

（53）海马牌 HMA7004S30BEV 型纯电动轿车

生产企业		海马轿车有限公司		
整车	公告批次	申报中		
	目录序号	128		
	外形尺寸（长×宽×高）（mm）	4545×1737×1495		
	总质量（kg）	1785	整备质量（kg）	1410
	轴距（mm）	2600	轴荷（kg）	795/615
	底盘型号	—	生产厂家	—
电机	类型	永磁同步	型号	—
	峰值功率（kW）	62	连续功率（kW）	30
	连续扭矩（N·m）	106	峰值扭矩（N·m）	220
	生产企业	深圳市大地和电气有限公司		
储能装置	类型	三元材料	型号	—
	单体标称电压（V）	3.7	单体标称容量（A·h）	36
	总电压（V）	347	总容量（A·h）	72
	生产企业	浙江万向亿能动力电池有限公司		
性能指标	最高车速（km/h）	130	0~50m/h 加速时间（s）	6
	最大爬坡度（%）	25	百公里能耗（kW/100km）	≤16.5

（54）奇瑞 EQ 电动汽车

生产企业		奇瑞汽车股份有限公司		
整车	公告批次	259		
	目录序号	119		
	识别代号	ZL5WS4F001A		
	外形尺寸（长×宽×高）（mm）	3564×1620×1527		
	总质量（kg）	1428	整备质量（kg）	1128
	轴距（mm）	2340	轴荷（kg）	732/696
电机	类型	永磁同步电机	型号	2103AAL
	峰值功率（kW）	41.8	连续功率（kW）	21
	连续扭矩（N·m）	69.9	峰值扭矩（N·m）	150
	生产企业	上海电驱动股份有限公司		
储能装置	类型	三元电池	型号	方形软包装
	单体标称电压（V）	3.7	单体标称容量（A·h）	36
	总电压（V）	310.8	总容量（A·h）	72
	生产企业	浙江万向亿能动力电池有限公司		
性能指标	最高车速（km/h）	110	0～50m/h 加速时间（s）	6
	最大爬坡度（%）	26	百公里能耗（kwh/100km）	14

（55）海马爱尚纯电动汽车

生产企业		海马轿车有限公司		
整车	公告批次	申报中		
	目录序号	128		
	识别代号	LMVABEDW××××××		
	外形尺寸（长×宽×高）（mm）	3662×1540×1502		
	总质量（kg）	1400	整备质量（kg）	1090
	轴距（mm）	2332	轴荷（kg）	616/484
	底盘型号	承载式车身	生产厂家	—
电机	类型	永磁同步	型号	GLMP18L2
	峰值功率（kW）	56	连续功率（kW）	21
	连续扭矩（N·m）	67	峰值扭矩（N·m）	180
	生产企业	深圳市大地和电气有限公司		
储能装置	类型	三元材料	型号	2101AAT
	单体标称电压（V）	3.7	单体标称容量（A·h）	36
	总电压（V）	300	总容量（A·h）	72
	生产企业	浙江万向亿能动力电池有限公司		
性能指标	最高车速（km/h）	115	0～50m/h 加速时间（s）	4.9
	最大爬坡度（%）	30	百公里能耗（kg/100km）	≤14

（56）飞燕牌 SDL6140EBD 电动旅客摆渡车

生产企业		山东沂星电动汽车有限公司		
整车	公告批次	253		
	目录序号	十五（25）		
	识别代号	L6943RDF×××××××××		
	外形尺寸（长×宽×高）（mm）	13900×3100×3130		
	总质量（kg）	20900	整备质量（kg）	14000
	轴距（mm）	7450	轴荷（kg）	8500/12400
电机	类型	三项异步交流电机	型号	MDPQ/S120－4－SJ
	峰值功率（kW）	210	连续功率（kW）	—
电机	生产企业	大连电机集团有限公司		
储能装置	类型	磷酸铁锂电池	型号	32650－5Ah
	单体标称电压（V）	3.2	单体标称容量（A·h）	5
	总电压（V）	576	总容量（A·h）	250
	生产企业	深圳市沃特玛电池有限公司		
性能指标	最高车速（km/h）	50	0～50m/h 加速时间（s）	＜30

（57）飞燕牌 SDL6100EVL 纯电动旅游客车

生产企业		山东沂星电动汽车有限公司		
整车	公告批次	申报中		
	目录序号	十五（25）		
	识别代号	L6941RCF×××××××××		
	外形尺寸（长×宽×高）（mm）	10480×2500×3530		
	总质量（kg）	16000	整备质量（kg）	12500
	轴距（mm）	5600	轴荷（kg）	5500/10500
电机	类型	三项异步交流电机	型号	MDPQ/S132
	峰值功率（kW）	260	连续功率（kW）	—
	生产企业	大连电机集团有限公司		
储能装置	类型	磷酸铁锂电池	型号	SE180AHA
	单体标称电压（V）	3.2	单体标称容量（A·h）	180
	总电压（V）	550	总容量（A·h）	360
	生产企业	中航锂电（洛阳）有限公司		
性能指标	最高车速（km/h）	100	0～50m/h 加速时间（s）	＜18
	最大爬坡度（%）	20	百公里能耗（kg/100km）	—

2. 混合动力汽车

（1）宇通牌 ZK6105CHEVNPG4 型混合动力城市客车

生产企业		郑州宇通客车股份有限公司		
整车	公告批次	256		
	目录序号	71		
	识别代号	LZYTBGDS×××××××××		
	依据标准	GB17691－2005 国Ⅴ，GB11340－2005，GB18285－2005		
	外形尺寸（长×宽×高）（mm）	10500×2500×3050/3200/3360		
	总质量（kg）	16500	整备质量（kg）	11100，11500，11900
	轴距（mm）	5200，5100	轴荷（kg）	5500/11000
	底盘型号	承载式车身	生产厂家	郑州宇通客车股份有限公司
发动机	型号	YC6G230N－50 YC6J210N－52 WP7NG240E50	生产商	广西玉柴机器股份有限公司 广西玉柴机器股份有限公司 潍柴动力西港（潍坊）新能源发动机有限公司
	排量（mL）	7800 6494 7140	功率（kW）	170 155 177

（2）宇通牌 ZK6120CHEVNPG4 型混合动力城市客车

生产企业		郑州宇通客车股份有限公司		
整车	公告批次	258		
	目录序号	71		
	识别代号	LZYTAGDS×××××××××		
	依据标准	GB17691－2005 国Ⅴ，GB11340－2005，GB18285－2005		
	外形尺寸（长×宽×高）（mm）	11500×2550×3050/3200/3360		
	总质量（kg）	18000	整备质量（kg）	12000/12450/12950
	轴距（mm）	5800	轴荷（kg）	6500/11500
	底盘型号	承载式车身	生产厂家	郑州宇通客车股份有限公司
发动机	型号	YC6G230N－50 WP7NG240E50	生产商	广西玉柴机器股份有限公司 潍柴动力西港（潍坊）新能源发动机有限公司
	排量（mL）	7800 7140	功率（kW）	170 177

（3）宇通牌 ZK6125CHEVNPG4 型混合动力城市客车

生产企业		郑州宇通客车股份有限公司		
整车	公告批次	257		
	目录序号	71		
	识别代号	LZYTAGDS×××××××××		
	依据标准	GB17691－2005 国Ⅴ，GB11340－2005，GB18285－2005		
	外形尺寸（长×宽×高）(mm)	12000×2550×3050/3200/3360		
	总质量（kg）	18000	整备质量（kg）	11900/12400/12900
	轴距（mm）	6100，5875	轴荷（kg）	6500/11500
	底盘型号	承载式车身	生产厂家	郑州宇通客车股份有限公司
发动机	型号	YC6G230N－50 WP7NG240E50	生产商	广西玉柴机器股份有限公司 潍柴动力西港（潍坊）新能源发动机有限公司
	排量（mL）	7800 7140	功率（kW）	170 177

（4）宇通牌 ZK6180CHEVNPG3 型混合动力铰接城市客车

生产企业		郑州宇通客车股份有限公司		
整车	公告批次	257		
	目录序号	71		
	识别代号	LZYTUGES×××××××××		
	依据标准	GB17691－2005 国Ⅴ，GB11340－2005，GB18285－2005		
	外形尺寸（长×宽×高）(mm)	18000×2550×30250/3200/3360		
	总质量（kg）	28000	整备质量（kg）	18600/19300
	轴距（mm）	5725＋6150	轴荷（kg）	6000/10500/11500
	底盘型号	承载式车身	生产厂家	郑州宇通客车股份有限公司
发动机	型号	YC6MK340N－50	生产商	广西玉柴机器股份有限公司
	排量（mL）	10338	功率（kW）	250

（5）宇通牌 ZK6105CHEVPG1 型混合动力电动城市客车

生产企业		郑州宇通客车股份有限公司		
整车	公告批次	257		
	目录序号	71		
	识别代号	LZYTBGDS×××××××××		
	依据标准	GB17691－2005 国Ⅳ，GB3847－2005		
	外形尺寸（长×宽×高）(mm)	10500×2500×3050/3200		
	总质量（kg）	16500	整备质量（kg）	10900/11300
	轴距（mm）	5200	轴荷（kg）	5500/11000
	底盘型号	承载式车身	生产厂家	郑州宇通客车股份有限公司
发动机	型号	YC6J220－42 WP7.240E40	生产商	广西玉柴机器股份有限公司 潍柴动力股份有限公司
	排量（mL）	6500 7140	功率（kW）	162 176

(6) 宇通牌 ZK6125CHEVG2 型混合动力电动城市客车

生产企业		郑州宇通客车股份有限公司		
整车	公告批次	253		
	目录序号	71		
	识别代号	LZYTAGDS×××××××××		
	依据标准	GB17691－2005 国Ⅳ GB3847－2005		
	外形尺寸（长×宽×高）(mm)	12000×2550×2950/3150		
	总质量（kg）	18000	整备质量（kg）	11200/11800
	轴距（mm）	6100	轴荷（kg）	6500/11500
	底盘型号	承载式车身	生产厂家	郑州宇通客车股份有限公司
发动机	型号	YC6J220－42 YC6G240－40	生产商	广西玉柴机器股份有限公司 广西玉柴机器股份有限公司
	排量（mL）	6500 7800	功率（kW）	162 177

(7) 五洲龙牌 FDG6123HEVN5 型混合动力城市客车

生产企业		深圳市五洲龙汽车有限公司		
整车	公告批次	261		
	目录序号	131		
	识别代号	LA9ACCBE×××MC1×××		
	依据标准	GB17691－2005 国Ⅴ，GB11340－2005，GB18285－2005		
	外形尺寸（长×宽×高）(mm)	11980×2540×2910/3140/3390		
	总质量（kg）	18000	整备质量（kg）	12500/12800
	轴距（mm）	6000	轴荷（kg）	6500/11500
	底盘型号	承载式车身	生产厂家	深圳市五洲龙汽车有限公司
发动机	型号	YC6J190N－52	生产商	广西玉柴机器股份有限公司
	排量（mL）	6494	功率（kW）	140
电机	类型	三相异步电机	型号	YPQ220M－6
	峰值功率（kW）	153	连续功率（kW）	90
	连续扭矩（N·m）	1170	峰值扭矩（N·m）	1800
	生产企业	大连天元电机股份有限公司		
储能装置	类型	磷酸铁锂	型号	HEV100Ah
	单体标称电压（V）	3.2	单体标称容量（A·h）	100
	总电压（V）	336	总容量（A·h）	100
	生产企业	广东五洲龙电源科技有限公司		
性能指标	最高车速（km/h）	69	0～50m/h 加速时间（s）	—

（8） 五洲龙牌 FDG6101HEVN5 型混合动力城市客车

生产企业		深圳市五洲龙汽车有限公司		
整车	公告批次	261		
	目录序号	131		
	识别代号	LA9ACCBE×××MC1×××		
	依据标准	GB17691－2005 国Ⅴ，GB11340－2005，GB18285－2005		
	外形尺寸（长×宽×高）（mm）	10490×/2480×2910/3140/3380		
	总质量（kg）	16500	整备质量（kg）	12200
	轴距（mm）	5000	轴荷（kg）	5500/11000
	底盘型号	承载式车身	生产厂家	深圳市五洲龙汽车有限公司
发动机	型号	YC6J190N－52	生产商	广西玉柴机器股份有限公司
	排量（mL）	6494	功率（kW）	140
电机	类型	三相异步电机	型号	YPQ220M－6
	峰值功率（kW）	153	连续功率（kW）	90
	连续扭矩（N·m）	1170	峰值扭矩（N·m）	1800
	生产企业	大连天元电机股份有限公司		
储能装置	类型	磷酸铁锂	型号	HEV100Ah
	单体标称电压（V）	3.2	单体标称容量（A·h）	100
	总电压（V）	336	总容量（A·h）	100
	生产企业	广东五洲龙电源科技有限公司		
性能指标	最高车速（km/h）	69	0～50m/h 加速时间（s）	—

（9） 安凯牌 HFF6120G03SHEV 型混合动力城市客车

生产企业		安徽安凯汽车股份有限公司		
整车	公告批次	242		
	目录序号	55		
	识别代号	LA86G0KU×××××××××		
	依据标准	GB17691－2005 国Ⅳ GB3847－2005		
	外形尺寸（长×宽×高）（mm）	12000×2550×2970/3150		
	总质量（kg）	17500	整备质量（kg）	11580/11980
	轴距（mm）	6000	轴荷（kg）	6500/11000
	底盘型号	HFF6120D03SHEV	生产厂家	安徽安凯汽车股份有限公司
发动机	发动机型号	YC4G180－40	发动机生产商	广西玉柴机器股份有限公司
	发动机排量（mL）	5200	发动机功率（kW）	132
驱动电机	类型	交流异步电机	型号	1PV5138
	电机峰值功率（kW）	205	电机连续功率（kW）	85
	电机连续扭矩（N·m）	220	电机峰值扭矩（N·m）	530
	生产企业	西门子电气传动有限公司		

储能装置	类型	锰酸锂离子电池	型号	SPIM24HP
	单体标称电压（V）	3.6	单体标称容量（A·h）	8
	总电压（V）	650	总容量（A·h）	24
	生产企业	中信国安盟固利动力科技有限公司		
性能指标	最高车速（km/h）	69	0～50m/h 加速时间（s）	≤25
	最大爬坡度（%）	20	油耗（L/100km）	24.10L（空调关闭） 33.02L（空调开启）

（10）南车时代牌 TEG6102PHEV 型混合动力城市客车

生产企业		湖南南车时代电动汽车股份有限公司		
整车	公告批次	247		
	目录序号	十八（23）		
	识别代号	LHWMJ73B ××××××××× LHWMJ74B ×××××××××		
	依据标准	GB17691－2005（国Ⅲ） GB3847－2005		
	外形尺寸（长×宽×高）（mm）	10490×2490×3180/3000		
	总质量（kg）	15500	整备质量	11090
	轴距（mm）	5000	轴荷	5000/10500
	底盘型号	TEG6103PHEV	生产厂家	湖南南车时代电动汽车股份有限公司
发动机	发动机型号	YC6J220－30 YC6J200－30 SC8DK215Q3 WP7.210E30	生产厂家	广西玉柴机器股份有限公司 广西玉柴机器股份有限公司 上海柴油机股份有限公司 潍柴动力股份有限公司
	发动机排量（mL）	6500 6500 8270 7140	发动机功率（kW）	162 147 158 155
电机	类型	永磁同步电机	型号	TQD101
	峰值功率（kW）	45	连续功率（kW）	60
	连续扭矩（N·m）	159	峰值扭矩（N·m）	250
	生产企业	湖南南车时代电动汽车股份有限公司		
储能装置	类型	超级电容	型号	BCAP3000 2.8V/3000F
	单体标称电压（V）	2.7 2.8	单体标称容量（F）	3000 3000
	生产企业	Maxwell Technologies，Inc.　LS Mtron Ltd.		
性能指标	最高车速（km/h）	69	0～50m/h 加速时间（s）	19.7
	最大爬坡度（%）	≥20	油耗（L/100km）	27.6

（11）南车时代牌 TEG6106CHEV 混合动力城市客车

生产企业		湖南南车时代电动汽车股份有限公司		
整车	公告批次	247		
	目录序号	十八（23）		
	识别代号	LHWMJ74B×××××××××		
	依据标准	GB17691－2005（国Ⅳ） GB3847－2005		
	外形尺寸（长×宽×高）（mm）	10490×2490×3450		
	总质量（kg）	16000	整备质量	11900/11600
	轴距（mm）	5000	轴荷	5500/10500
	底盘型号	TEG6106CHEV	生产厂家	湖南南车时代电动汽车股份有限公司
发动机	发动机型号	YC6J200－42 SC8DK215Q4 SC7H215Q4	生产厂家	广西玉柴机器股份有限公司 上海柴油机股份有限公司 上海柴油机股份有限公司
	发动机排量（mL）	6500 8270 6440	发动机功率（kW）	158 155 155
电机	电机类型	三相电机	电机型号	JD160
	电机峰值功率（kW）	135	电机连续功率（kW）	110
	电机连续扭矩（N·m）	868	电机峰值扭矩（N·m）	2500
	电机生产企业	湖南南车时代电动汽车股份有限公司		
储能装置	类型	超级电容	型号	BCAP3000 UCPY3000F
	单体标称电压（V）	2.7 2.7	单体标称容量（F）	3000 3000
	生产企业	Maxwell Technologies，Inc. 凯迈嘉华（洛阳）新能源有限公司		
性能指标	最高车速（km/h）	69	0～50m/h 加速时间（s）	21.3
	最大爬坡度（%）	≥20	油耗（L/100km）	22.5

（12）南车时代牌 TEG6127PHEV 混合动力城市客车

生产企业		湖南南车时代电动汽车股份有限公司		
整车	公告批次	247		
	目录序号	十八（23）		
	识别代号	LHWMK94B×××××××××		
	依据标准	GB 17691－2005（国Ⅲ） GB 3847－2005		
	外形尺寸（长×宽×高）（mm）	11980×2550×3280/3000		
	总质量（kg）	17500	整备质量	11090
	轴距（mm）	6000	轴荷	6000/11500
	底盘型号	TEG6121PHEV	生产厂家	湖南南车时代电动汽车股份有限公司

续表

发动机	发动机型号	YC6J220－30 SC8DK230.1Q3 SC8DK250Q3	生产厂家	广西玉柴机器股份有限公司 上海柴油机股份有限公司 上海柴油机股份有限公司
	发动机排量（mL）	6500 8270 8270	发动机功率（kW）	162 170 184
电机	类型	永磁同步电机	型号	TQD101
	峰值功率（kW）	45	连续功率（kW）	60
	连续扭矩（N·m）	159	峰值扭矩（N·m）	250
	生产企业	湖南南车时代电动汽车股份有限公司		
储能装置	类型	超级电容	型号	BCAP3000
	单体标称电压（V）	2.7	单体标称容量（F）	3000
	生产企业	Maxwell Technologies，Inc.		
性能指标	最高车速（km/h）	69	0～50m/h 加速时间（s）	22.5
	最大爬坡度（%）	≥20	油耗（L/100km）	27.6

（13）南车时代牌 TEG6129PHEV 混合动力城市客车

生产企业		湖南南车时代电动汽车股份有限公司		
整车	公告批次	225		
	目录序号	十八（23）		
	识别代号	LHWMK94B××××××××		
	依据标准	GB 17691－2005（国Ⅳ） GB 3847－2005		
	外形尺寸（长×宽×高）（mm）	11980×2540×3300		
	总质量（kg）	18000	整备质量	13100/12800
	轴距（mm）	5900	轴荷	6500/11500
	底盘型号	TEG6123PHEV	生产厂家	湖南南车时代电动汽车股份有限公司
发动机	发动机型号	SC8DK230Q4	生产厂家	上海柴油机股份有限公司
	发动机排量（mL）	8270	发动机功率（kW）	170
电机	类型	永磁同步电机	型号	JF226
	峰值功率（kW）	50	连续功率（kW）	70
	连续扭矩（N·m）	310	峰值扭矩（N·m）	610
	生产企业	湖南南车时代电动汽车股份有限公司		
储能装置	类型	超级电容	型号	BCAP3000
	单体标称电压（V）	2.7	单体标称容量（F）	3000
	生产企业	Maxwell Technologies，Inc.		
性能指标	最高车速（km/h）	69	0～50m/h 加速时间（s）	21.39
	最大爬坡度（%）	≥20	油耗（L/100km）	28.07

（14）南车时代牌 TEG6129CHEV 混合动力城市客车

生产企业		湖南南车时代电动汽车股份有限公司		
整车	公告批次	247		
	目录序号	十八（23）		
	识别代号	LHWMK94B×××××××××		
	依据标准	GB17691－2005（国Ⅳ） GB3847－2005		
	外形尺寸（长×宽×高）（mm）	11980×2540×3300		
	总质量（kg）	18000	整备质量	13500/13200
	轴距（mm）	5900	轴荷	6500/11500
	底盘型号	TEG6121CHEV	生产厂家	湖南南车时代电动汽车股份有限公司
发动机	发动机型号	SC8DK230Q4	生产厂家	上海柴油机股份有限公司
	发动机排量（mL）	8270	发动机功率（kW）	170
电机	类型	异步牵引电动机	型号	JD160
	峰值功率（kW）	150	连续功率（kW）	110
	连续扭矩（N·m）	900	峰值扭矩（N·m）	2500
	生产企业	湖南南车时代电动汽车股份有限公司		
储能装置	类型	超级电容	型号	BCAP3000
	单体标称电压（V）	2.7	单体标称容量（F）	3000
	生产企业	Maxwell Technologies，Inc.		
性能指标	最高车速（km/h）	69	0～50m/h 加速时间（s）	23.84
	最大爬坡度（%）	≥20	油耗（L/100km）	25.38

（15）南车时代牌 TEG6129PEV 混合动力城市客车

生产企业		湖南南车时代电动汽车股份有限公司		
整车	公告批次	247		
	目录序号	十八（23）		
	识别代号	LHWMK94B×××××××××		
	依据标准	GB 17691－2005（国Ⅳ） GB 3847－2005		
	外形尺寸（长×宽×高）（mm）	11980×2540×3420		
	总质量（kg）	18000	整备质量	13050/12750
	轴距（mm）	5900	轴荷	6500/11500
	底盘型号	TEG6129PEV	生产厂家	湖南南车时代电动汽车股份有限公司
发动机	发动机型号	D19TCID1	生产厂家	昆明雷默动力系统有限公司
	发动机排量（mL）	1800	发动机功率（kW）	100
电机	电机类型：	异步牵引电动机	电机型号	JD156
	电机峰值功率（kW）	150	电机连续功率（kW）	100
	电机连续扭矩（N·m）	810	电机峰值扭矩（N·m）	2500
	电机生产企业	湖南南车时代电动汽车股份有限公司		
储能装置	类型	磷酸铁锂	型号	WX12I3222
	单体标称电压（V）	3.2	单体标称容量（F）	22
	生产企业	万向电动汽车有限公司		
性能指标	最高车速（km/h）	69	0～50m/h 加速时间（s）	22.67
	最大爬坡度（%）	≥20	油耗（L/100km）	20.38

（16）南车时代牌 TEG6129PHEV－N50 混合动力城市客车

生产企业		湖南南车时代电动汽车股份有限公司		
整车	公告批次	247		
	目录序号	十八（23）		
	识别代号	LHWMK94B×××××××××		
	依据标准	GB 11340－2005，GB 18285－2005，GB 17691－2005 国Ⅳ，		
	外形尺寸（长×宽×高）（mm）	11980×2540×3180/3380/3510		
	总质量（kg）	18000	整备质量	13200/12800
	轴距（mm）	5900	轴荷	6500/11500
	底盘型号	TEG6129PHEV－N50	生产厂家	湖南南车时代电动汽车股份有限公司
发动机	发动机型号	SC8DT230Q4	生产厂家	上海柴油机股份有限公司
	发动机排量（mL）	8270	发动机功率（kW）	170
电机	类型	永磁同步电机	型号	TQD101
	峰值功率（kW）	60	连续功率（kW）	45
	连续扭矩（N·m）	159	峰值扭矩（N·m）	250
	生产企业	湖南南车时代电动汽车股份有限公司		
储能装置	类型	超级电容	型号	BCAP3000
	单体标称电压（V）	2.7	单体标称容量（F）	3000
	生产企业	Maxwell Technologies，Inc.		
性能指标	最高车速（km/h）	69	0～50m/h 加速时间（s）	22.35
	最大爬坡度（%）	≥20%	气耗（L/100km）	35.27

（17）安凯牌 HFF6121G03PHEV 型混合动力城市客车

生产企业		安徽安凯汽车股份有限公司		
整车	公告批次	247		
	目录序号	55		
	识别代号	LA86J0KU××××××××× LA86J0LU×××××××××		
	依据标准	GB 17691－2005 国Ⅳ GB 3847－2005		
	外形尺寸（长×宽×高）（mm）	12000×2550×3100/3250		
	总质量（kg）	16700	整备质量（kg）	11200/11500
	轴距（mm）	6100	轴荷（kg）	5700/11000
	底盘型号	HFF6121D03PHEV	生产厂家	安徽安凯汽车股份有限公司
发动机	发动机型号	YC6J200－42 WP6.220E40	发动机生产商	广西玉柴机器股份有限公司 潍坊潍柴道依茨柴油机有限公司
	发动机排量（mL）	6494，6750	发动机功率（kW）	147，162
驱动电机	类型	交流异步电机	型号	FGHEV3E120－96
	电机峰值功率（kW）	165	电机连续功率（kW）	96
	电机连续扭矩（N·m）	1146	电机峰值扭矩（N·m）	1973
	生产企业	福建尤迪电机制造有限公司		
储能装置	类型	超级电容	型号	BMOD0165 P048
	单体标称电压（V）	48	单体标称容量（F）	165
	容器总电压（V）	384	电容个数（个）	16
	生产企业	美国 Maxwell Technologies Inc；		
性能指标	最高车速（km/h）	69	0～50m/h 加速时间（s）	≤25
	最大爬坡度（%）	22	油耗（L/100km）	26.05

（18）安凯牌 HFF6110G03PHEV 型混合动力城市客车

生产企业		安徽安凯汽车股份有限公司		
整车	公告批次	247		
	目录序号	55		
	识别代号	LA86G0LU××××××××		
	依据标准	GB 17691－2005 国Ⅲ GB 3847－2005		
	外形尺寸（长×宽×高）（mm）	11220×2500×2950/3150		
	总质量（kg）	16500	整备质量（kg）	10500/10700
	轴距（mm）	5700	轴荷（kg）	5500/11000
	底盘型号	HFF6110D03PHEV	生产厂家	安徽安凯汽车股份有限公司
发动机	发动机型号	YC6J220－30	发动机生产商	广西玉柴机器股份有限公司
	发动机排量（mL）	6500	发动机功率（kW）	162
驱动电机	类型	永磁同步电机	型号	TQD101
	电机峰值功率（kW）	67	电机连续功率（kW）	45
	电机连续扭矩（N·m）	167	电机峰值扭矩（N·m）	250
	生产企业	湖南南车时代电动汽车股份有限公司		
储能装置	类型	超级电容	型号	BNOD0165FP048
	单体标称电压（V）	48.6	单体标称容量（F）	165
	总电压（V）	486	电容个数（个）	10
	生产企业	美国 Maxwell Technologies Inc		
性能指标	最高车速（km/h）	69	0～50m/h 加速时间（s）	≤30
	最大爬坡度（%）	24.4	油耗（L/100km）	25

（19）安凯牌 HFF6111G03PHEV 型混合动力城市客车

生产企业		安徽安凯汽车股份有限公司		
整车	公告批次	247		
	目录序号	55		
	识别代号	LA86G0KU××××××××		
	依据标准	GB 17691－2005 国Ⅳ GB 3847－2005		
	外形尺寸（长×宽×高）（mm）	11220/11350×2500×2950/3150		
	总质量（kg）	16500	整备质量（kg）	10500/10700
	轴距（mm）	5700	轴荷（kg）	5500/11000
	底盘型号	HFF6111D03PHEV	生产厂家	安徽安凯汽车股份有限公司
发动机	发动机型号	YC6J200－42	发动机生产商	广西玉柴机器股份有限公司
	发动机排量（mL）	6500	发动机功率（kW）	147
驱动电机	类型	永磁电动机	型号	SL－DM－120
	电机峰值功率（kW）	120	电机连续功率（kW）	92
	电机连续扭矩（N·m）	606	电机峰值扭矩（N·m）	791
	生产企业	—		
储能装置	类型	磷酸铁锂离子电池	型号	—
	单体标称电压（V）	3.2	单体标称容量（A·h）	6.5
	总电压（V）	345.6	总容量（A·h）	—
	生产企业	—		
性能指标	最高车速（km/h）	69	0～50m/h 加速时间（s）	≤30
	最大爬坡度（%）	24.2	油耗（L/100km）	25

（20）安凯牌 HFF6122G03SHEV 型混合动力城市客车

生产企业		安徽安凯汽车股份有限公司		
整车	公告批次	247		
	目录序号	55		
	识别代号	LA86G0GU×××××××××		
	依据标准	GB 17691－2005 国Ⅳ，GB 3847－2005		
	外形尺寸（长×宽×高）（mm）	12000×2550×2970/3150		
	总质量（kg）	18000	整备质量（kg）	13500/13800
	轴距（mm）	6100	轴荷（kg）	6500/11500
	底盘型号	HFF6122D03SHEV	生产厂家	安徽安凯汽车股份有限公司
发动机	发动机型号	HFC4DA1－2C	发动机生产商	安徽江淮汽车股份有限公司
	发动机排量（mL）	2771	发动机功率（kW）	88
驱动电机	类型	水冷交流变频电机	型号	QYS100－6/400
	电机峰值功率（kW）	250	电机连续功率（kW）	100
	电机连续扭矩（N·m）	1005	电机峰值扭矩（N·m）	2400
	生产企业	东方电气集团东风电机有限公司		
储能装置	类型	磷酸铁锂离子电池	型号	IFC1865L140
	单体标称电压（V）	3.2	单体标称容量（A·h）	10
	总电压（V）	538	总容量（A·h）	300
	生产企业	安赛锂能（合肥）有限公司		
性能指标	最高车速（km/h）	69	0～50m/h 加速时间（s）	≤25
	最大爬坡度（%）	≥15	油耗（L/100km）	13

（21）安凯牌 HFF6123G03SHEV 型混合动力城市客车

生产企业		安徽安凯汽车股份有限公司		
整车	公告批次	243		
	目录序号	55		
	识别代号	LA86G0GU××××××××× LA86G0HU×××××××××		
	依据标准	GB 17691－2005 国Ⅳ，GB 3847－2005		
	外形尺寸（长×宽×/高）（mm）	12000×2550×2970/3150		
	总质量（kg）	18000	整备质量（kg）	13500/13800
	轴距（mm）	6100	轴荷（kg）	6500/11500
	底盘型号	HFF6123D03SHEV	生产厂家	安徽安凯汽车股份有限公司
发动机	发动机型号	HFC4DA1－2C ISF2.8s4129V	发动机生产商	安徽江淮汽车股份有限公司 北京福田康明斯发动机有限公司
	发动机排量（mL）	2771，2780	发动机功率（kW）	88，96
驱动电机	类型	交流异步电机	型号	QYS100－6/400
	电机峰值功率（kW）	250	电机连续功率（kW）	100
	电机连续扭矩（N·m）	1005	电机峰值扭矩（N·m）	2400
	生产企业	东方电气集团东风电机有限公司		
储能装置	类型	磷酸铁锂离子电池	型号	1865140
	单体标称电压（V）	3.2	单体标称容量（A·h）	10
	总电压（V）	544	总容量（A·h）	300
	生产企业	合肥国轩高科动力能源有限公司		
性能指标	最高车速（km/h）	69	0～50m/h 加速时间（s）	≤25
	最大爬坡度（%）	15	油耗（L/100km）	—

（22）安凯牌 HFF6124G03SHEV 型混合动力城市客车

生产企业		安徽安凯汽车股份有限公司		
整车	公告批次	243		
	目录序号	55		
	识别代号	LA83J1HU×××××××××		
	依据标准	GB 17691－2005 国Ⅳ，GB 3847－2005		
	外形尺寸（长×宽×高）（mm）	12000×2550×3250		
	总质量（kg）	18000	整备质量（kg）	12800
	轴距（mm）	6100	轴荷（kg）	6500/11500
发动机	发动机型号	YC4D140－41	发动机生产商	广西玉柴机器股份有限公司
	发动机排量（mL）	4200	发动机功率（kW）	103
驱动电机	类型	交流异步电机	型号	1PV5138
	电机峰值功率（kW）	150	电机连续功率（kW）	85
	电机连续扭矩（N·m）	220	电机峰值扭矩（N·m）	400
	生产企业	西门子电气传动有限公司		
储能装置	类型	磷酸铁锂电池	型号	1865140
	单体标称电压（V）	3.2	单体标称容量（A·h）	10
	总电压（V）	614	总容量（A·h）	70
	生产企业	合肥国轩高科动力能源有限公司		
性能指标	最高车速（km/h）	69	0～50m/h 加速时间（s）	≤25
	最大爬坡度（%）	18	油耗（L/100km）	13（空调关闭） 23（空调开启）

（23）安凯牌 HFF6125G03SHEV 型混合动力城市客车

生产企业		安徽安凯汽车股份有限公司		
整车	公告批次	243		
	目录序号	55		
	识别代号	LA83J1HU×××××××××		
	依据标准	GB 17691－2005 国Ⅳ GB 11340－2005，GB 18285－2005		
	外形尺寸（长×宽/×高）（mm）	12000×2550×3250		
	总质量（kg）	18000	整备质量（kg）	13500
	轴距（mm）	6100	轴荷（kg）	6500/11500
发动机	发动机型号	YC4D140N－40	发动机生产商	广西玉柴机器股份有限公司
	发动机排量（mL）	4214	发动机功率（kW）	103
驱动电机	类型	交流异步电机	型号	1PV5138
	电机峰值功率（kW）	150	电机连续功率（kW）	85
	电机连续扭矩（N·m）	220	电机峰值扭矩（N·m）	400
	生产企业	西门子电气传动有限公司		
储能装置	类型	磷酸铁锂电池	型号	1865140
	单体标称电压（V）	3.2	单体标称容量（A·h）	10
	总电压（V）	614	总容量（A·h）	70
	生产企业	合肥国轩高科动力能源有限公司		
性能指标	最高车速（km/h）	69	0～50m/h 加速时间（s）	≤25
	最大爬坡度（%）	18	油耗（L/100km）	—

（24）亚星牌 JS6108GHEV 型混合动力城市客车

生产企业		扬州亚星客车股份有限公司		
整车	公告批次	259		
	目录序号	49		
	识别代号	LJSKB8PM×××××××××		
	依据标准	GB 17691－2005 国Ⅳ GB 3847－2005		
	外形尺寸（长×宽×高）（mm）	10500×2500×3090/3210		
	总质量（kg）	16500	整备质量（kg）	11200/10800
	轴距（mm）	5000	轴荷（kg）	5500/11000
发动机	型号	WP6.200E40	生产商	潍坊潍柴道依茨柴油机有限公司
	排量（mL）	6750	功率（kW）	147
电机	类型	三相异步电动机	型号	YXM－100
	峰值功率（kW）	200	连续功率（kW）	100
	连续扭矩（N·m）	955	峰值扭矩（N·m）	2200
	生产企业	扬州亚星客车股份有限公司		
储能装置	类型	功率型，能量型	型号	384－20.625，DYL346－60
	单体标称电压（V）	2.7，3.2	单体标称容量（A·h）	60
	总电压（V）	384，256	总容量（A·h）	60
	生产企业	扬州亚星客车股份有限公司，江苏春兰清洁能源研究院有限公司		
性能指标	最高车速（km/h）	25	0～50m/h 加速时间（s）	—

（25）亚星牌 JS6108GHEVC 型混合动力城市客车

生产企业		扬州亚星客车股份有限公司		
整车	公告批次	259		
	目录序号	49		
	识别代号	LJSKB8PN×××××××××		
	依据标准	GB 17691－2005 国Ⅴ GB 18285－2005，GB 11340－2005		
	外形尺寸（长×宽×高）（mm）	10500×2500×3090/3210/3460		
	总质量（kg）	16500	整备质量（kg）	11800/11400
	轴距（mm）	5000	轴荷（kg）	5500/11000
	底盘型号	承载式车身	生产厂家	扬州亚星客车股份有限公司
发动机	型号	WP6NG210E50	生产商	潍柴西港新能源动力有限公司
	排量（mL）	6750	功率（kW）	155
电机	类型	三相异步电动机	型号	YXM－100
	峰值功率（kW）	200	连续功率（kW）	100
	连续扭矩（N·m）	955	峰值扭矩（N·m）	2200
	生产企业	扬州亚星客车股份有限公司		
储能装置	类型	功率型，能量型	型号	384－20.625，DYL346－60
	单体标称电压（V）	2.7，3.2	单体标称容量（A·h）	60
	总电压（V）	384，256	总容量（A·h）	60
	生产企业	扬州亚星客车股份有限公司，江苏春兰清洁能源研究院有限公司		
性能指标	最高车速（km/h）	25	0～50m/h 加速时间（s）	—

（26）亚星牌 JS6128GHEV 型混合动力城市客车

生产企业		扬州亚星客车股份有限公司		
整车	公告批次	259		
	目录序号	49		
	识别代号	LJSKB9PM××××××××××		
	依据标准	GB 17691－2005 国Ⅳ GB 3847－2005		
	外形尺寸（长×宽×高）（mm）	12000×2550×3090/3210		
	总质量（kg）	18000	整备质量（kg）	12300/11900
	轴距（mm）	5900	轴荷（kg）	6500/11500
	底盘型号	承载式车身	生产厂家	扬州亚星客车股份有限公司
发动机	型号	WP6.200E40	生产商	潍坊潍柴道依茨柴油机有限公司
	排量（mL）	6750	功率（kW）	147
电机	类型	三相异步电动机	型号	YXM－100
	峰值功率（kW）	200	连续功率（kW）	100
	连续扭矩（N·m）	955	峰值扭矩（N·m）	2200
	生产企业	扬州亚星客车股份有限公司		
储能装置	类型	功率型，能量型	型号	384－20.625，DYL346－60
	单体标称电压（V）	2.7，3.2	单体标称容量（A·h）	60
	总电压（V）	384，256	总容量（A·h）	60
	生产企业	扬州亚星客车股份有限公司，江苏春兰清洁能源研究院有限公司		
性能指标	最高车速（km/h）	25	0～50m/h 加速时间（s）	—

（27）亚星牌 JS6128GHEVC 型混合动力城市客车

生产企业		扬州亚星客车股份有限公司		
整车	公告批次	259		
	目录序号	49		
	识别代号	LJSKB9PN××××××××××		
	依据标准	GB 17691－2005 国Ⅴ GB 18285－2005，GB11340－2005		
	外形尺寸（长×宽×高）（mm）	12000×2550×3090/3210/3460		
	总质量（kg）	18000	整备质量（kg）	12900/12500
	轴距（mm）	5900	轴荷（kg）	6500/11500
	底盘型号	承载式车身	生产厂家	扬州亚星客车股份有限公司
发动机	型号	WP6NG210E50	生产商	潍柴西港新能源动力有限公司
	排量（mL）	6750	功率（kW）	155
电机	类型	三相异步电动机	型号	YXM－100
	峰值功率（kW）	200	连续功率（kW）	100
	连续扭矩（N·m）	955	峰值扭矩（N·m）	2200
	生产企业	扬州亚星客车股份有限公司		
储能装置	类型	功率型，能量型	型号	384－20.625，DYL346－60
	单体标称电压（V）	2.7，3.2	单体标称容量（A·h）	60
	总电压（V）	384，256	总容量（A·h）	60
	生产企业	扬州亚星客车股份有限公司，江苏春兰清洁能源研究院有限公司		
性能指标	最高车速（km/h）	25	0～50m/h 加速时间（s）	—

（28）江西牌 JXK6100BPHEV 型混合动力城市客车

生产企业		江西凯马百路佳客车有限公司		
整车	公告批次	253		
	目录序号	（十四）03		
	识别代号	LA9BHLMSXCBJXK004		
	依据标准	GB/T 19750－2005，QC/T 900－1997		
	外形尺寸（长×宽×高）（mm）	10480×2495×3450/3220/3100		
	总质量（kg）	17000	整备质量（kg）	12100/11900
	轴距（mm）	5100/5000	轴荷（kg）	5700/11300
	底盘型号	—	生产厂家	—
发动机	型号	YC6J200－42	生产商	广西玉柴机器股份有限公司
	排量（mL）	6494	功率（kW）	147
电机	类型	永磁同步	型号	SL－DM－120
	峰值功率（kW）	120	连续功率（kW）	—
	连续扭矩（N·m）	—	峰值扭矩（N·m）	800
	生产企业	广西三立科技发展有限公司		
储能装置	类型	DP 动力锂电池	型号：	DPME20N
	单体标称电压（V）	3.6	单体标称容量（A·h）	20
	额定电压（V）	—	额定容量（A·h）	—
	生产企业	苏州新中能源科技有限公司		
性能指标	最高车速（km/h）	68	0～100m/h 加速时间（s）	24.8
	最大爬坡度（%）	20	油耗（L/100km）	27.85

（29）江西牌 JXK6111BPHEV 型混合动力城市客车

生产企业		江西凯马百路佳客车有限公司		
整车	公告批次	253		
	目录序号	（十四）03		
	识别代号	LA9BJLMS2DBJXK102		
	依据标准	GB/T 19750－2005，QC/T 900－1997		
	外形尺寸（长×宽×高）（mm）	11280×2450×3220/3100		
	总质量（kg）	17000	整备质量（kg）	12800/12600
	轴距（mm）	5600/5400	轴荷（kg）	5700/11300
发动机	型号	YC6J220－42	生产商	广西玉柴机器股份有限公司
	排量（mL）	6494	功率（kW）	162
电机	类型	永磁同步	型号	GC－TM100－01
	峰值功率（kW）	130	连续功率（kW）	—
	连续扭矩（N·m）	—	峰值扭矩（N·m）	850
	生产企业	苏州绿控传动科技有限公司		
储能装置	类型	功率型	型号	DPME20N
	单体标称电压（V）	3.6	单体标称容量（A·h）	20
	总电压（V）	345	总容量（A·h）	—
	生产企业	苏州新中能源科技有限公司		
性能指标	最高车速（km/h）	68	0～100m/h 加速时间（s）	23.3
	最大爬坡度（%）	20	油耗（L/100km）	28.22

（30）江西牌 JXK6123BCHEV 型混合动力城市客车

生产企业		江西凯马百路佳客车有限公司		
整车	公告批次	253		
	目录序号	（十四）03		
	识别代号	LA9CJLMT2DBJXK002		
	依据标准	GB/T 19750－2005，GC/T 900－1997		
	外形尺寸（长×宽×高）（mm）	11980×2495×3220/3100		
	总质量（kg）	18000	整备质量（kg）	13060/12880
	轴距（mm）	6000	轴荷（kg）	6500/115000
发动机	型号	ISDe210 41	生产商	东风康明斯发动机有限公司
	排量（mL）	6700	功率（kW）	155
电机	类型	永磁同步	型号	YHD280M－96
	峰值功率（kW）	165	连续功率（kW）	—
	连续扭矩（N·m）	—	峰值扭矩（N·m）	1973
	生产企业	福建尤迪电机制造有限公司		
储能装置	类型	DP 动力锂电池	型号	DPME20N
	单体标称电压（V）	3.6	单体标称容量（A·h）	20
	总电压（V）	346	总容量（A·h）	—
	生产企业	苏州新中能源科技有限公司		
性能指标	最高车速（km/h）	68	0～100m/h 加速时间（s）	23.5
	最大爬坡度（%）	20	油耗（L/100km）	29.71

（31）江西牌 JXK6100BPHEVN 型混合动力城市客车

生产企业		江西凯马百路佳客车有限公司		
整车	公告批次	253		
	目录序号	（十四）03		
	识别代号	LA9BHLMS6CBJXK002		
	依据标准	GB/T 19750－2005，QC/T 900－1997		
	外形尺寸（长×宽×高）（mm）	10480×2495×3450/3220/3100		
	总质量（kg）	17000	整备质量（kg）	12400/12200
	轴距（mm）	5100/5000	轴荷（kg）	5700/11300
发动机	型号	YC6J210N－40	生产商	广西玉柴机器股份有限公司
	排量（mL）	6494	功率（kW）	155
电机	类型	永磁同步	型号	GC－TM100－01
	峰值功率（kW）	130	连续功率（kW）	—
	连续扭矩（N·m）	—	峰值扭矩（N·m）	850
	生产企业	苏州绿控传动科技有限公司		
储能装置	类型	DP 动力锂电池	型号	DPME20N
	单体标称电压（V）	3.6	单体标称容量（A·h）	20
	总电压（V）	—	总容量（A·h）	—
	生产企业	苏州新中能源科技有限公司		
性能指标	最高车速（km/h）	68	0～100m/h 加速时间（s）	24.5
	最大爬坡度（%）	20	油耗（L/100km）	—

(32) 江西牌 JXK6105BPHEVN 型混合动力城市客车

生产企业		江西凯马百路佳客车有限公司		
整车	公告批次	253		
	目录序号	(十四) 03		
	识别代号	LA9BHLMS4DBJXK002		
	依据标准	GB/T 19750-2005, QC/T 900-1997		
	外形尺寸 (长×宽×高) (mm)	10480×2495×3450/3220/3100		
	总质量 (kg)	17000	整备质量 (kg)	12400/12200
	轴距 (mm)	5100/5000	轴荷 (kg)	6500/11500
发动机	型号	YC6J210N-52	生产商	广西玉柴机器股份有限公司
	排量 (mL)	6494	功率 (kW)	155
电机	类型	永磁同步	型号	GC-TM100-01
	峰值功率 (kW)	130	连续功率 (kW)	—
	连续扭矩 (N·m)	—	峰值扭矩 (N·m)	850
	生产企业	苏州绿控传动科技有限公司		
储能装置	类型	动力锂电池	型号	DPME20N
	单体标称电压 (V)	3.6	单体标称容量 (A·h)	20
	总电压 (V)	345	总容量 (A·h)	—
	生产企业	苏州新中能源科技有限公司		
性能指标	最高车速 (km/h)	68	0~100m/h 加速时间 (s)	23.5
	最大爬坡度 (%)	20	油耗 (L/100km)	—

(33) 江西牌 JXK6113BPHEVN 型混合动力城市客车

生产企业		江西凯马百路佳客车有限公司		
整车	公告批次	253		
	目录序号	(十四) 03		
	识别代号	LA9BJLMS7DBJXK001		
	依据标准	GB/T 19750-2005, QC/T 900-1997		
	外形尺寸 (长×宽×高) (mm)	11280×2495×3450/3220/3100		
	总质量 (kg)	17000	整备质量 (kg)	12800/12600
	轴距 (mm)	5600/5400	轴荷 (kg)	5700/11300
发动机	型号	YC6J210N-52	生产商	广西玉柴机器股份有限公司
	排量 (mL)	6494	功率 (kW)	155
电机	类型	永磁同步	型号	GC-TM100-01
	峰值功率 (kW)	130	连续功率 (kW)	—
	连续扭矩 (N·m)	—	峰值扭矩 (N·m)	850
	生产企业	苏州绿控传动科技有限公司		
储能装置	类型	锰酸锂蓄电池	型号	DPME20N
	单体标称电压 (V)	3.6	单体标称容量 (A·h)	20
	总电压 (V)	345	总容量 (A·h)	—
	生产企业	苏州新中能源科技有限公司		
性能指标	最高车速 (km/h)	68	0~100m/h 加速时间 (s)	24.6
	最大爬坡度 (%)	20	油耗 (L/100km)	—

（34）江西牌 JXK6112BPHEVN 型混合动力城市客车

生产企业		江西凯马百路佳客车有限公司		
整车	公告批次	253		
	目录序号	（十四）03		
	识别代号	LA9BJLMT0CBJXK011		
	依据标准	GB/T 19750－2005		
	外形尺寸（长×宽×高）（mm）	11208×2494×3450/3220/3100		
	总质量（kg）	17000	整备质量（kg）	12400/12200
	轴距（mm）	5600/5400	轴荷（kg）	5700/11300
发动机	型号	YC6J210N－40	生产商	广西玉柴机器股份有限公司
	排量（mL）	6494	功率（kW）	147
电机	类型	永磁同步	型号	CG－TM100－01
	峰值功率（kW）	130	连续功率（kW）	—
	连续扭矩（N·m）	—	峰值扭矩（N·m）	850
	生产企业	苏州绿控传动科技有限公司		
储能装置	类型	磷酸铁锂电池	型号	32650－5AH
	单体标称电压（V）	3.2	单体标称容量（A·h）	5
	总电压（V）	345	总容量（A·h）	—
	生产企业	深圳市沃特玛电池有限公司		
性能指标	最高车速（km/h）	68	0～100m/h 加速时间（s）	18.1
	最大爬坡度（%）	20	油耗（L/100km）	—

（35）江西牌 JXK6115BPHEVN 型混合动力城市客车

生产企业		江西凯马百路佳客车有限公司		
整车	公告批次	245		
	目录序号	（十四）03		
	识别代号	LA9BJLMS7CBJXK014		
	依据标准	GB/T 19750－2005		
	外形尺寸（长×宽×高）（mm）	11280×2495×3450/3220/3100		
	总质量（kg）	17000	整备质量（kg）	12400/12200
	轴距（mm）	5600/5400	轴荷（kg）	5700/11300
发动机	型号	YC6J210N－40	生产商	广西玉柴机器股份有限公司
	排量（mL）	6494	功率（kW）	155
电机	类型	永磁同步	型号	GC－TM100－01
	峰值功率（kW）	130	连续功率（kW）	—
	连续扭矩（N·m）	—	峰值扭矩（N·m）	850
	生产企业	苏州绿控传动科技有限公司		
储能装置	类型	磷酸铁锂电池	型号	32650－5AH
	单体标称电压（V）	3.2	单体标称容量（A·h）	5
	总电压（V）	—	总容量（A·h）	—
	生产企业	深圳市沃特玛电池有限公司		
性能指标	最高车速（km/h）	68	0～100m/h 加速时间（s）	17.1
	最大爬坡度（%）	20	油耗（L/100km）	—

（36）江西牌 JXK6123BCHEVN 型混合动力城市客车

生产企业		江西凯马百路佳客车有限公司		
整车	公告批次	253		
	目录序号	（十四）03		
	识别代号	LA9CJLMT4CBJXK002		
	依据标准	GB/T 19750－2005，QC/T 900－1997		
	外形尺寸（长×宽×高）（mm）	11980×2495×3450/3220/3100		
	总质量（kg）	18000	整备质量（kg）	13260/13080
	轴距（mm）	6000	轴荷（kg）	6500/11500
发动机	型号	YC6J210N－40	生产商	广西玉柴机器股份有限公司
	排量（mL）	6494	功率（kW）	155
电机	类型	永磁同步	型号	YHD280M－96
	峰值功率（kW）	165	连续功率（kW）	—
	连续扭矩（N·m）	—	峰值扭矩（N·m）	1973
	生产企业	福建尤迪电机制造有限公司		
储能装置	类型	DP 动力锂电池	型号	DPMP20N
	单体标称电压（V）	3.6	单体标称容量（A·h）	20
	总电压（V）	346	总容量（A·h）	—
	生产企业	苏州新中能源科技有限公司		
性能指标	最高车速（km/h）	68	0～100m/h 加速时间（s）	25.2
	最大爬坡度（%）	20	油耗（L/100km）	—

（37）江西牌 JXK6125BCHEVN 型混合动力城市客车

生产企业		江西凯马百路佳客车有限公司		
整车	公告批次	253		
	目录序号	（十四）03		
	识别代号	LA9CJLMT6DBJXK004		
	依据标准	GB/T 19750－2005，QC/T 900－1997		
	外形尺寸（长×宽×高）（mm）	11980×2450×3450/3220/3100		
	总质量（kg）	18000	整备质量（kg）	13450/13280
	轴距（mm）	6000	轴荷（kg）	6100/11500
发动机	型号	YC6J210N－52	生产商	广西玉柴机器股份有限公司
	排量（mL）	6494	功率（kW）	155
电机	类型	永磁同步	型号	YHD280M－96
	峰值功率（kW）	165	连续功率（kW）	—
	连续扭矩（N·m）	—	峰值扭矩（N·m）	1973
	生产企业	福建尤迪电机制造有限公司		
储能装置	类型	DP 动力锂离子	型号	DPME20N
	单体标称电压（V）	3.6	单体标称容量（A·h）	20
	总电压（V）	346	总容量（A·h）	—
	生产企业	苏州新中能源科技有限公司		
性能指标	最高车速（km/h）	68	0～100m/h 加速时间（s）	29.4
	最大爬坡度（%）	20	油耗（L/100km）	—

（38）上饶牌 SR6116PHEVNG 型混合动力客车

生产企业		江西博能上饶客车有限公司		
整车	公告批次	262		
整车	目录序号	（十四）02		
整车	识别代号	LFZBECNG×××××××××		
整车	依据标准	GB 17691－2005 国Ⅴ GB 11340－2005 GB 18285－2005		
整车	外形尺寸（长×宽×高）（mm）	11490×2500×3400		
整车	总质量（kg）	18000	整备质量（kg）	12650
整车	轴距（mm）	5700	轴荷（kg）	6500/11500
整车	底盘型号	SR6116PHEVNG1	生产厂家	江西博能上饶客车有限公司
发动机	型号	YC6G230N－50	生产商	广西玉柴机器股份有限公司
发动机	排量（mL）	7800	功率（kW）	170/2300
电机	类型	永磁同步电机	型号	368TYZ－XIS15N
电机	峰值功率（kW）	65	连续功率（kW）	40
电机	连续扭矩（N·m）	300	峰值扭矩（N·m）	600
电机	生产企业	上海电驱动股份有限公司		
储能装置	类型	锰酸锂蓄电池	型号	MDEP3550702
储能装置	单体标称电压（V）	3.7	单体标称容量（A·h）	1.46
储能装置	总电压（V）	355.2	总容量（A·h）	70
储能装置	生产企业	中信国安盟固利动力科技有限公司		
性能指标	最高车速（km/h）	69	0～100m/h 加速时间（s）	25
性能指标	最大爬坡度（%）	20	油耗（L/100km）	—

（39）上饶牌 SR6106PHEVNG 型混合动力城市客车

生产企业		江西博能上饶客车有限公司		
整车	公告批次	258		
整车	目录序号	（十四）02		
整车	识别代号	LE3KGXNS×××××××××		
整车	依据标准	GB 17691－2005 国Ⅴ GB 11340－2005 GB 18285－2005		
整车	外形尺寸（长×宽×高）（mm）	10495×2500×3200		
整车	总质量（kg）	16500	整备质量（kg）	11280
整车	轴距（mm）	5000	轴荷（kg）	5500/11000
整车	底盘型号	SR6106PHEVNG1	生产厂家	江西博能上饶客车有限公司
发动机	型号	YC6J210N－52	生产商	广西玉柴机器股份有限公司
发动机	排量（mL）	6494	功率（kW）	146/2500

电机	类型	永磁同步电机	型号	368TYZ－XIS15N
	峰值功率（kW）	65	连续功率（kW）	40
	连续扭矩（N·m）	300	峰值扭矩（N·m）	600
	生产企业	上海电驱动股份有限公司		
储能装置	类型	锰酸锂蓄电池	型号	MDEP3550702
	单体标称电压（V）	3.7	单体标称容量（A·h）	1.46
	总电压（V）	355.2	总容量（A·h）	70
	生产企业	中信国安盟固利动力科技有限公司		
性能指标	最高车速（km/h）	69	0～100m/h 加速时间（s）	25
	最大爬坡度（%）	20	油耗（L/100km）	34

（40）上饶牌 SR6106PHEVG 型混合动力城市客车

生产企业		江西博能上饶客车有限公司		
整车	公告批次	258		
	目录序号	（十四）02		
	识别代号	LE3KGJNS×××××××××		
	依据标准	GB 3847－2005，GB 17691－2005 国Ⅳ		
	外形尺寸（长×宽×高）（mm）	10495×2500×3200		
	总质量（kg）	16500	整备质量（kg）	11280
	轴距（mm）	5000	轴荷（kg）	5500/11000
	底盘型号	SR6106PHEVG1	生产厂家	江西博能上饶客车有限公司
发动机	型号	YC6J200－42	生产商	广西玉柴机器股份有限公司
	排量（mL）	6500	功率（kW）	1472500
电机	类型	永磁同步电机	型号	368TYZ－XIS15N
	峰值功率（kW）	65	连续功率（kW）	40
	连续扭矩（N·m）	300	峰值扭矩（N·m）	600
	生产企业	上海电驱动股份有限公司		
储能装置	类型	锰酸锂蓄电池	型号	MDEP3550702
	单体标称电压（V）	3.7	单体标称容量（A·h）	1.46
	总电压（V）	355.2	总容量（A·h）	70
	生产企业	中信国安盟固利动力科技有限公司		
性能指标	最高车速（km/h）	69	0～100m/h 加速时间（s）	25
	最大爬坡度（%）	20	油耗（L/100km）	—

（41）上饶牌 SR6110CHEV 混联式混合动力城市客车

生产企业		江西博能上饶客车有限公司		
整车	公告批次	234		
	目录序号	（十四）02		
	识别代号	LE3BJJNW×××××××××		
	依据标准	GB 3847－2005，GB 17691－2005 国Ⅳ		
	外形尺寸（长×宽×高）（mm）	11490×2500×3110/3365（带空调）		
	总质量（kg）	17500	整备质量（kg）	12000
	轴距（mm）	5980	轴荷（kg）	6000/11500
	底盘型号	SR6111CHEV	生产厂家	江西博能上饶客车有限公司
发动机	机型号	YC4G180—40	生产商	广西玉柴机器股份有限公司
	排量（mL）	5200	功率（kW）	132
电机	类型	永磁同步电机	型号	SJ2103P100－L0
	峰值功率（kW）	167	连续功率（kW）	88
	连续扭矩（N·m）	420	峰值扭矩（N·m）	800
	生产企业	上海中科深江电动车辆有限公司		
储能装置	类型	磷酸铁锂电池	型号	TB－32180FH
	单体标称电压（V）	3.2	单体标称容量（A·h）	180
	总电压（V）	576	总容量（A·h）	180
	生产企业	深圳拓邦股份有限公司		
性能指标	最高车速（km/h）	85	0～100m/h 加速时间（s）	≤25
	最大爬坡度（%）	25	油耗（L/100km）	—

（42）上饶牌 SR6700SHEV 插电式串联混合动力客车

生产企业		江西博能上饶客车有限公司		
整车	公告批次	234		
	目录序号	（十四）02		
	识别代号	LE3MAEPL×××××××××		
	依据标准	GB 3847－2005，GB 17691－2005 国Ⅳ		
	外形尺寸（长×宽×高）（mm）	7005×2040×2645		
	总质量（kg）	6800	整备质量（kg）	4550
	轴距（mm）	3935	轴荷（kg）	2480/4320
	底盘型号	SR6701SHEV	生产厂家	江西中科博能上饶客车有限公司

发动机	型号	D19TCID3	生产商	昆明雷默动力系统有限公司
	排量（mL）	1850	功率（kW）	82
电机	类型	永磁同步电机	型号	SJ2103P50－B
	峰值功率（kW）	80	连续功率（kW）	50
	连续扭矩（N·m）	238	峰值扭矩（N·m）	382
	生产企业	上海中科深江电动汽车有限公司		
储能装置	类型	磷酸铁锂蓄电池	型号	TB—32100FH
	单体标称电压（V）	3.2	单体标称容量（A·h）	100
	总电压（V）	380	总容量（A·h）	100
	电池生产企业	深圳拓邦股份有限公司		
性能指标	最高车速（km/h）	100	0~100m/h 加速时间（s）	≤25
	最大爬坡度（%）	20	油耗（L/100km）	—

（43）蜀都牌 CDK6113CEHEV 型混合动力城市客车

生产企业		成都客车股份有限公司		
整车	公告批次	262		
	目录序号	（二十二）10		
	识别代号	—		
	依据标准	—		
	外形尺寸（长×宽×高）（mm）	10615×2500×3420		
	总质量（kg）	16500	整备质量（kg）	11700/11300
	轴距（mm）	5000	轴荷（kg）	5500/11000
	底盘型号	EQ6101KRLPHEV1	生产厂家	东风汽车公司
发动机	型号	YC6J190N－52	生产商	广西玉柴机器股份有限公司
	排量（mL）	6494	功率（kW）	140
电机	类型	交流异步电机	型号	QYF165－6/180
	峰值功率（kW）	165	连续功率（kW）	额定功率 96
	连续扭矩（N·m）	额定扭矩 1146	峰值扭矩（N·m）	1973
	生产企业	东方电气集团东风电机有限公司		
储能装置	类型	磷酸铁锂	型号	IFP1865140
	单体标称电压（V）	3.2	单体标称容量（A·h）	9
	总电压（V）	332.8	总容量（A·h）	90
	生产企业	合肥国轩高科动力能源股份公司		
性能指标	最高车速（km/h）	69	0~50 Km/h 加速时间（s）	≤30
	最大爬坡度（%）	20	气耗（m^3/100km）	30.2

（44）传祺（TRUMPCHI）牌 GAC7180CHEVA4 型混合动力轿车——传祺 GA5

生产企业		广州汽车集团乘用车有限公司		
整车	公告批次	233		
	目录序号	89		
	识别代号	LMGEM175×××××××××		
	依据标准	GB 18352.3－2005（国Ⅳ阶段）		
	外形尺寸（长×宽×高）(mm)	4800×1819×1484		
	总质量（kg）	2030	整备质量（kg）	1655
	轴距（mm）	2710	轴荷（kg）	995/1035
	底盘型号	承载式车身	生产厂家	广州汽车集团乘用车有限公司
发动机	型号	4B18H1	生产商	广州汽车集团乘用车有限公司
	排量（mL）	1.751	功率（kW）	106
电机	类型	永磁同步电机	型号	—
	峰值功率（kW）	25	连续功率（kW）	15
	连续扭矩（N·m）	93	峰值扭矩（N·m）	150
	生产企业	浙江达可尔汽车电子科技有限公司（宁波远州汽车电器有限公司）		
储能装置	类型	功率型	型号	LP2770112
	单体标称电压（V）	3.2	单体标称容量（A·h）	6.5
	总电压（V）	288	总容量（A·h）	—
	生产企业	惠州市亿能电子有限公司		
性能指标	最高车速（km/h）	≥180	0～100m/h 加速时间（s）	10.9
	最大爬坡度（%）	30	油耗（L/100km）	≤6.6

（45）传祺（TRUMPCHI）牌 GAC7100SHEVA4 型混合动力轿车——增程式传祺 GA5

生产企业		广州汽车集团乘用车有限公司		
整车	公告批次	242		
	目录序号	89		
	识别代号	LMGGN1S5×××××××××		
	依据标准	GB 18352.3－2005（国Ⅳ阶段）		
	外形尺寸（长×宽×高）(mm)	4800×1819×1484		
	总质量（kg）	2110	整备质量（kg）	1765
	轴距（mm）	2710	轴荷（kg）	980/1130
	底盘型号	承载式车身	生产厂家	广州汽车集团乘用车有限公司
发动机	型号	LJ465QR1NE2	生产商	柳州五菱柳机动力有限公司
	排量（mL）	998	功率（kW）	42

电机	类型	—	型号	—
	峰值功率（kW）	94	连续功率（kW）	45
	连续扭矩（N·m）	100	峰值扭矩（N·m）	225
	生产企业	上海大郡动力控制技术有限公司		
储能装置	类型	磷酸亚铁锂电池	型号	WX14I3220（24015009A）
	单体标称电压（V）	3.2V	单体标称容量（A·h）	20
	总电压（V）	332.8V	总容量（A·h）	—
	生产企业	万向电动汽车有限公司		
性能指标	最高车速（km/h）	150	0～100m/h 加速时间（s）	13.5
	最大爬坡度（%）	30	油耗（L/100km） 电耗（kWh/100km）	2.5 16

（46）传祺（TRUMPCHI）牌 GAC7180CHEVB4 型混合动力轿车——插电式传祺 GA5

生产企业		广州汽车集团乘用车有限公司		
整车	公告批次	242		
	目录序号	89		
	识别代号	LMGEM375×××××××××		
	依据标准	GB 18352.3－2005（国Ⅳ阶段）		
	外形尺寸（长×宽×高）（mm）	4800×1819×1484		
	总质量（kg）	2140	整备质量（kg）	1765
	轴距（mm）	2710	轴荷（kg）	970/1170
	底盘型号	承载式车身	生产厂家	广州汽车集团乘用车有限公司
发动机	型号	4B18H1	生产商	广州汽车集团乘用车有限公司
	排量（mL）	1751	功率（kW）	106
电机	类型	永磁同步电机	型号	—
	峰值功率（kW）	25	连续功率（kW）	15
	连续扭矩（N·m）	93	峰值扭矩（N·m）	150
	生产企业	浙江达可尔汽车电子科技有限公司（宁波远洲汽车电器有限公司）		
储能装置	类型	功率型	型号	IHR18650
	单体标称电压（V）	3.6	单体标称容量（A·h）	35
	总电压（V）	288	总容量（A·h）	—
	生产企业	惠州市亿能电子有限公司		
性能指标	最高车速（km/h）	180	0～100m/h 加速时间（s）	10.9
	最大爬坡度（%）	30	油耗（L/100km） 电耗（kWh/100km）	2.2 14

（47）比亚迪牌 BYD7150WTHEV2 型插电式混合动力轿车——秦

生产企业		比亚迪汽车有限公司		
整车	公告批次	253		
整车	目录序号	108		
整车	识别代号	LGXC76C3×××××××××		
整车	依据标准	GB 18352.3－2005 国Ⅳ		
整车	外形尺寸（长×宽×高）（mm）	4740×1770×1480		
整车	总质量（kg）	2095	整备质量（kg）	1720
整车	轴距（mm）	2670	轴荷（kg）	1119/976
整车	底盘型号	承载式车身	生产厂家	比亚迪汽车有限公司
发动机	型号	BYD476ZQA	生产商	比亚迪汽车有限公司
发动机	排量（mL）	1.5	功率（kW）	113
电机	类型	交流永磁同步电机	型号	BYD－TYC110A
电机	峰值功率（kW）	110	连续功率（kW）	110
电机	连续扭矩（N·m）	250	峰值扭矩（N·m）	250
电机	生产企业	比亚迪汽车工业有限公司		
性能指标	最高车速（km/h）	185	0～50m/h 加速时间（s）	5.9
性能指标	最大爬坡度（%）	43	油耗（L/100km）	1.6

（48）奇瑞牌 M16PHEV 型插电式混合动力轿车

生产企业		奇瑞汽车股份有限公司		
整车	公告批次	申报中		
整车	目录序号	119		
整车	外形尺寸（长×宽×高）（mm）	4652×1825×1483		
整车	总质量（kg）	1965	整备质量（kg）	1590
整车	轴距（mm）	2700	轴荷（kg）	1025/940
发动机	型号	ACTECO，SQRE4G16	生产商	奇瑞汽车股份有限公司
发动机	排量（mL）	1598	功率（kW）	93
电机	类型	永磁同步电机	型号	2103AAQ
电机	峰值功率（kW）	55	连续功率（kW）	25
电机	连续扭矩（N·m）	100	峰值扭矩（N·m）	180
电机	生产企业	上海电驱动股份有限公司		
储能装置	类型	三元	型号	PHEV1
储能装置	单体标称电压（V）	3.6	单体标称容量（A·h）	25
储能装置	总电压（V）	345.6	总容量（A·h）	25
储能装置	生产企业	天津市捷威动力工业有限公司		
性能指标	最高车速（km/h）	180	0～100m/h 加速时间（s）	11
性能指标	最大爬坡度（%）	45	油耗（L/100km）	2.5

（49）海马牌 M6 混合动力汽车

生产企业		海马轿车有限公司		
整车	公告批次	申报中		
	目录序号	128		
	识别代号	—		
	依据标准	GB/7258 等		
	外形尺寸（长×宽×高）（mm）	4700/1808/1490		
	总质量（kg）	1895	整备质量（kg）	1520
	轴距（mm）	2730	轴荷（kg）	890/630
发动机	型号	HMA GN16－VF	生产商	海马轿车有限公司
	排量（mL）	1.6	功率（kW）	81.5
电机	类型	永磁同步	型号	—
	峰值功率（kW）	60	连续功率（kW）	30
	连续扭矩（N·m）	—	峰值扭矩（N·m）	90
	生产企业	上海电驱动股份有限公司		
储能装置	类型	三元材料	型号	—
	单体标称电压（V）	3.7	单体标称容量（A·h）	20
	总电压（V）	310.8	总容量（A·h）	20
	生产企业	—		
性能指标	最高车速（km/h）	160	0～100km/h 加速时间（s）	14
	最大爬坡度（%）	30	油耗（L/100km）	3.5

3. 代用燃料汽车（含 CNG、LNG、LPG 及醇醚类）

（1）宇通牌 ZK6105HNG2 型城市客车

生产企业		郑州宇通客车股份有限公司		
整车	燃料类型	NG		
	外形尺寸（长×宽×高）（mm）	10500×2500×3200/3050/3360		
	总质量（kg）	16500/15000		
	整备质量（kg）	10400/10800/11100		
	轴距（mm）	5200/5100		
	轴荷（kg）	5500/11000，5500/9500		
发动机	发动机型号	YC6J210N－52 WP7NG240E50 YC6G230N－50 CA6SF2－23E5N SC7HT230Q5	发动机排量（mL）	6494 7140 7800 7130 6440
	发动机功率（kW）	155 177 170 173 170	发动机燃料	NG
	发动机生产商	广西玉柴机器股份有限公司 潍柴动力西港（潍坊）新能源发动机有限公司 广西玉柴机器股份有限公司 一汽解放汽车有限公司无锡柴油机厂 上海柴油机股份有限公司		

（2）宇通牌 ZK6120HNG3 型城市客车

生产企业		郑州宇通客车股份有限公司		
整车	燃料类型	NG		
	外形尺寸（长×宽×高）（mm）	11500×2550×3050/3200/3360		
	总质量（kg）	16500		
	整备质量（kg）	10700/11200/11800		
	轴距（mm）	5800		
	轴荷（kg）	5500/11000		
发动机	发动机型号	YC6G260N－50 WP7NG260E50 CA6SL2－26E5N SC8DT250.1Q5 YC6G230N－50	发动机排量（mL）	7800 7140 8600 8270 7800
	发动机功率（kW）	191 191 195 184 170	发动机燃料	NG
	发动机生产商	广西玉柴机器股份有限公司 潍柴动力西港（潍坊）新能源发动机有限公司 中国第一汽车集团公司 上海柴油机股份有限公司 广西玉柴机器股份有限公司		

（3）宇通牌 ZK6125HNG2 型城市客车

生产企业		郑州宇通客车股份有限公司		
整车	燃料类型	NG		
	外形尺寸（长×宽×高）（mm）	12000×2550×3200/3050/3360		
	总质量（kg）	18000		
	整备质量（kg）	11000/11600/12200		
	轴距（mm）	6100/5875		
	轴荷（kg）	6500/11500		
发动机	发动机型号	YC6G260N－50 WP7NG260E50 SC8DT250Q5 CA6SL2－26E5N YC6L280N－52 L8.9GE5 260 YC6G230N－50 WP7NG240E50	发动机排量（mL）	7800 7140 8270 8600 8424 8900 7800 7140
	发动机功率（kW）	191 191 184 195 206 191 170 177	发动机燃料	NG

发动机	发动机生产商	广西玉柴机器股份有限公司 潍柴动力西港（潍坊）新能源发动机有限公司 上海柴油机股份有限公司 中国第一汽车集团公司 广西玉柴机器股份有限公司 东风康明斯发动机有限公司 广西玉柴机器股份有限公司 潍柴动力西港（潍坊）新能源发动机有限公司

（4）宇通牌 ZK6820HNG2 型城市客车

生产企业		郑州宇通客车股份有限公司		
整车	燃料类型	NG		
	外形尺寸（长×宽×高）（mm）	8160×2350×3050/3150/3350		
	总质量（kg）	11200		
	整备质量（kg）	7600/8100		
	轴距（mm）	3800		
	轴荷（kg）	4200/7000		
发动机	发动机型号	WP5NG180E50 YC4G180N－50	发动机排量（mL）	4760 5200
	发动机功率（kW）	132 132	发动机燃料	NG
	发动机生产商	潍柴动力西港（潍坊）新能源发动机有限公司 广西玉柴机器股份有限公司		

（5）宇通牌 ZK6852HNG2 型城市客车

生产企业		郑州宇通客车股份有限公司		
整车	燃料类型	NG		
	外形尺寸（长×宽×高）（mm）	8545×2420×3210/3120/3400		
	总质量（kg）	12200		
	整备质量（kg）	8400/8900		
	轴距（mm）	4000		
	轴荷（kg）	4200/8000		
发动机	发动机型号	WP5NG180E50 YC4G180N－50	发动机排量（mL）	4760 5200
	发动机功率（kW）	132 132	发动机燃料	NG
	发动机生产商	潍柴动力西港（潍坊）新能源发动机有限公司 广西玉柴机器股份有限公司		

（6）江西牌 JXK6121BA5N 型城市客车

生产企业		江西凯马百路佳客车有限公司		
整车	燃料类型	NG		
	外形尺寸（长×宽×高）(mm)	11980×2495×3450/3220/3050		
	总质量（kg）	18000		
	整备质量（kg）	12750/12600		
	轴距（mm）	6000		
	轴荷（kg）	6500/11500		
发动机	发动机型号	YC6L280N－52	发动机排量（mL）	8424
	发动机功率（kW）	206	发动机燃料	NG
	发动机生产商	广西玉柴机器股份有限公司		
变速箱	类别	QJ1205	形式	机械式
性能指标	最高车速（km/h）	68	0～100km/h 加速时间（s）	—
	最大爬坡度（%）	30	综合燃料消耗量（L/100km）	25.7

（7）江西牌 JXK6121BL5N 型城市客车

生产企业		江西凯马百路佳客车有限公司		
整车	燃料类型	NG		
	外形尺寸（长×宽×高）(mm)	11980×2495×3450/3220/3050		
	总质量（kg）	18000		
	整备质量（kg）	12750/12600		
	轴距（mm）	6000		
	轴荷（kg）	6500/11500		
发动机	发动机型号	CA6SL2－29E5N	发动机排量（mL）	8600
	发动机功率（kW）	213	发动机燃料	NG
	发动机生产商	一汽解放汽车有限公司无锡柴油机厂		
变速箱	类别	QJ1205	形式	机械式
性能指标	最高车速（km/h）	68	0～100km/h 加速时间（s）	—
	最大爬坡度（%）	30	综合燃料消耗量（L/100km）	25.7

（8）江西牌 JXK6901CQ55N 型客车

生产企业		江西凯马百路佳客车有限公司		
整车	燃料类型	NG		
	外形尺寸（长×宽×高）(mm)	8995×2480×3600/3380/3260		
	总质量（kg）	13500		
	整备质量（kg）	10300/10130		
	轴距（mm）	4300		
	轴荷（kg）	4500/9000		
发动机	发动机型号	YC6J225N－52	发动机排量（mL）	6494
	发动机功率（kW）	166	发动机燃料	NG
	发动机生产商	广西玉柴机器股份有限公司		
变速箱	类别	S6－100	形式	机械式
性能指标	最高车速（km/h）	100	0～100km/h 加速时间（s）	—
	最大爬坡度（%）	30	综合燃料消耗量（L/100km）	18.5

(9) 江西牌 JXK6901CS53N 型客车

生产企业		江西凯马百路佳客车有限公司		
整车	燃料类型	NG		
	外形尺寸(长×宽×高)(mm)	8995×2480×3600/3380/3260		
	总质量(kg)	13500		
	整备质量(kg)	10300/10130		
	轴距(mm)	4300		
	轴荷(kg)	4500/9000		
发动机	发动机型号	WP6NG240E50	发动机排量(mL)	6750
	发动机功率(kW)	176	发动机燃料	NG
	发动机生产商	潍柴动力西港(潍坊)新能源发动机有限公司		
变速箱	类别	S6-100	形式	机械式
性能指标	最高车速(km/h)	100	0~100km/h 加速时间(s)	—
	最大爬坡度(%)	30	综合燃料消耗量(L/100km)	18.5

(10) 江西牌 JXK6110CQ45N 型客车

生产企业		江西凯马百路佳客车有限公司		
整车	燃料类型	NG		
	外形尺寸(长×宽×高)(mm)	10990×2500×3950/3600/3500		
	总质量(kg)	16500		
	整备质量(kg)	12500/12350		
	轴距(mm)	5550		
	轴荷(kg)	5500/11000		
发动机	发动机型号	WP7NG270E40	发动机排量(mL)	7140
	发动机功率(kW)	199	发动机燃料	NG
	发动机生产商	潍柴动力西港(潍坊)新能源发动机有限公司		
变速箱	类别	QJS6-90	形式	机械式
性能指标	最高车速(km/h)	100	0~100km/h 加速时间(s)	—
	最大爬坡度(%)	30	综合燃料消耗量(L/100km)	18.3

(11) 江西牌 JXK6110CS43N 型客车

生产企业		江西凯马百路佳客车有限公司		
整车	燃料类型	NG		
	外形尺寸(长×宽×高)(mm)	10990×2500×3950/3600/3500		
	总质量(kg)	16500		
	整备质量(kg)	12360/12210		
	轴距(mm)	5550		
	轴荷(kg)	5500/11000		
发动机	发动机型号	YC6L280N-40	发动机排量(mL)	8424
	发动机功率(kW)	206	发动机燃料	NG
	发动机生产商	广西玉柴机器股份有限公司		
变速箱	类别	6DS100T	形式	机械式
性能指标	最高车速(km/h)	100	0~100km/h 加速时间(s)	—
	最大爬坡度(%)	30	综合燃料消耗量(L/100km)	18.3

（12）江西牌 JXK6111CQ55N 型客车

生产企业		江西凯马百路佳客车有限公司		
整车	燃料类型	NG		
	外形尺寸（长×宽×高）（mm）	10990×2500×3950/3600/3500		
	总质量（kg）	16500		
	整备质量（kg）	12500/12350		
	轴距（mm）	5550		
	轴荷（kg）	6500/11000		
发动机	发动机型号	YC6L280N－52	发动机排量（mL）	8424
	发动机功率（kW）	206	发动机燃料	NG
	发动机生产商	广西玉柴机器股份有限公司		
变速箱	类别	QJS6－90	形式	机械式
性能指标	最高车速（km/h）	100	0～100km/h 加速时间（s）	—
	最大爬坡度（%）	30	综合燃料消耗量（L/100km）	26.3

（13）江西牌 JXK6111CS53N 型客车

生产企业		江西凯马百路佳客车有限公司		
整车	燃料类型	NG		
	外形尺寸（长×宽×高）（mm）	10990×2500×3950/3600/3500		
	总质量（kg）	16500		
	整备质量（kg）	12500/12350		
	轴距（mm）	5550		
	轴荷（kg）	6500/11000		
发动机	发动机型号	WP7NG270E50	发动机排量（mL）	7140
	发动机功率（kW）	199	发动机燃料	NG
	发动机生产商	潍柴动力西港（潍坊）新能源发动机有限公司		
变速箱	类别	6DS100T	形式	机械式
性能指标	最高车速（km/h）	100	0～100km/h 加速时间（s）	—
	最大爬坡度（%）	30	综合燃料消耗量（L/100km）	26.3

（14）江西牌 JXK6901BA5N 型城市客车

生产企业		江西凯马百路佳客车有限公司		
整车	燃料类型	NG		
	外形尺寸（长×宽×高）（mm）	8995×2495×3450/3220/3050		
	总质量（kg）	13500		
	整备质量（kg）	9700/9550		
	轴距（mm）	4460		
	轴荷（kg）	4500/9000		
发动机	发动机型号	YC6J210N－52	发动机排量（mL）	6494
	发动机功率（kW）	155	发动机燃料	NG
	发动机生产商	广西玉柴机器股份有限公司		
变速箱	类别	QJ805	形式	机械式
性能指标	最高车速（km/h）	68	0～100km/h 加速时间（s）	—
	最大爬坡度（%）	30	综合燃料消耗量（L/100km）	23.9

(15) 江西牌 JXK6901BL5N 型城市客车

生产企业		江西凯马百路佳客车有限公司		
整车	燃料类型	NG		
	外形尺寸（长×宽×高）(mm)	8995×2495×3450/3220/3050		
	总质量（kg)	13500		
	整备质量（kg)	9700/9550		
	轴距（mm)	4460		
	轴荷（kg)	4500/9000		
发动机	发动机型号	YC6J210N－52	发动机排量（mL)	6494
	发动机功率（kW)	155	发动机燃料	NG
	发动机生产商	广西玉柴机器股份有限公司		
变速箱	类别	QJ805	形式	机械式
性能指标	最高车速（km/h)	68	0～100km/h 加速时间（s)	—
	最大爬坡度（%)	30	综合燃料消耗量（L/100km)	23.9

(16) 江西牌 JXK6935BA5N 型城市客车

生产企业		江西凯马百路佳客车有限公司		
整车	燃料类型	NG		
	外形尺寸（长×宽×高）(mm)	9345×2495×3450/3220/3050		
	总质量（kg)	13500		
	整备质量（kg)	9900/9700		
	轴距（mm)	4460		
	轴荷（kg)	4500/9000		
发动机	发动机型号	YC6J210N－52	发动机排量（mL)	6494
	发动机功率（kW)	155	发动机燃料	NG
	发动机生产商	广西玉柴机器股份有限公司		
变速箱	类别	QJ805	形式	机械式
性能指标	最高车速（km/h)	68	0～100km/h 加速时间（s)	—
	最大爬坡度（%)	30	综合燃料消耗量（L/100km)	23.9

(17) 江西牌 JXK6935BL5N 型城市客车

生产企业		江西凯马百路佳客车有限公司		
整车	燃料类型	NG		
	外形尺寸（长×宽×高）(mm)	9345×2495×3450/3220/3050		
	总质量（kg)	13500		
	整备质量（kg)	9900/9700		
	轴距（mm)	4460		
	轴荷（kg)	4500/9000		
发动机	发动机型号	YC6J210N－52	发动机排量（mL)	6494
	发动机功率（kW)	155	发动机燃料	NG
	发动机生产商	广西玉柴机器股份有限公司		
变速箱	类别	QJ805	形式	机械式
性能指标	最高车速（km/h)	68	0～100km/h 加速时间（s)	—
	最大爬坡度（%)	30	综合燃料消耗量（L/100km)	23.9

（18）江西牌 JXK6105BA5N 型城市客车

生产企业		江西凯马百路佳客车有限公司		
整车	燃料类型	NG		
	外形尺寸（长×宽×高）（mm）	10480×2495×3450/3220/3050		
	总质量（kg）	16000		
	整备质量（kg）	11450/11270		
	轴距（mm）	5100/5000		
	轴荷（kg）	5500/10500		
发动机	发动机型号	YC6J210N－52	发动机排量（mL）	6494
	发动机功率（kW）	155	发动机燃料	NG
	发动机生产商	广西玉柴机器股份有限公司		
变速箱	类别	QJ120	形式	机械式
性能指标	最高车速（km/h）	68	0~100km/h 加速时间（s）	—
	最大爬坡度（%）	30	综合燃料消耗量（L/100km）	24.6

（19）江西牌 JXK6105BL5N 型城市客车

生产企业		江西凯马百路佳客车有限公司		
整车	燃料类型	NG		
	外形尺寸（长×宽×高）（mm）	10480×2495×3450/3220/3050		
	总质量（kg）	16000		
	整备质量（kg）	11450/11270		
	轴距（mm）	5100/5000		
	轴荷（kg）	5500/10500		
发动机	发动机型号	YC6J210N－52	发动机排量（mL）	6494
	发动机功率（kW）	155	发动机燃料	NG
	发动机生产商	广西玉柴机器股份有限公司		
变速箱	类别	QJ120	形式	机械式
性能指标	最高车速（km/h）	68	0~100km/h 加速时间（s）	—
	最大爬坡度（%）	30	综合燃料消耗量（L/100km）	24.6

（20）江西牌 JXK6113BA5N 型城市客车

生产企业		江西凯马百路佳客车有限公司		
整车	燃料类型	NG		
	外形尺寸（长×宽×高）（mm）	11280×2495×3450/3220/3050		
	总质量（kg）	16500		
	整备质量（kg）	11950/11780		
	轴距（mm）	5400/5600		
	轴荷（kg）	6500/11500		
发动机	发动机型号	CA6SL2－26E5N	发动机排量（mL）	8600
	发动机功率（kW）	195	发动机燃料	NG
	发动机生产商	中国第一汽车集团公司		
变速箱	类别	QJ120	形式	机械式
性能指标	最高车速（km/h）	68	0~100km/h 加速时间（s）	—
	最大爬坡度（%）	30	综合燃料消耗量（L/100km）	22.3

（21）江西牌 JXK6113BL5N 型城市客车

生产企业		江西凯马百路佳客车有限公司		
整车	燃料类型	NG		
	外形尺寸（长×宽×高）（mm）	11280×2495×3450/3220/3050		
	总质量（kg）	16500		
	整备质量（kg）	11950/11780		
	轴距（mm）	5400/5600		
	轴荷（kg）	6500/11500		
发动机	发动机型号	YC6G260N－50	发动机排量（mL）	7800
	发动机功率（kW）	191	发动机燃料	NG
	发动机生产商	广西玉柴机器股份有限公司		
变速箱	类别	QJ120	形式	机械式
性能指标	最高车速（km/h）	68	0～100km/h 加速时间（s）	—
	最大爬坡度（%）	30	综合燃料消耗量（L/100km）	22.3

（22）上饶牌 SR6106GHN 型城市客车

生产企业		江西博能上饶客车有限公司		
整车	燃料类型	LNG		
	外形尺寸（长×宽×高）（mm）	10495×2500×3200		
	总质量（kg）	16500		
	整备质量（kg）	10830		
	轴距（mm）	5000		
	轴荷（kg）	5500/11000		
发动机	发动机型号	YC6G230N－50	发动机排量（mL）	7800
	发动机功率（kW）	170	发动机燃料	NG
	发动机生产商	广西玉柴机器股份有限公司		
变速箱	类别	机械手动	形式	两轴
性能指标	最高车速（km/h）	69	0～100km/h 加速时间（s）	—
	最大爬坡度（%）	20	综合燃料消耗量（L/100km）	55

（23）上饶牌 SR6890GHN 型城市客车

生产企业		江西博能上饶客车有限公司		
整车	燃料类型	LNG		
	外形尺寸（长×宽×高）（mm）	8990×2460×3200		
	总质量（kg）	13200		
	整备质量（kg）	8980		
	轴距（mm）	4250		
	轴荷（kg）	4200/9000		
发动机	发动机型号	YC6J210N－52	发动机排量（mL）	6494
	发动机功率（kW）	146	发动机燃料	NG
	发动机生产商	广西玉柴机器股份有限公司		
变速箱	类别	机械手动	形式	机械式五挡
性能指标	最高车速（km/h）	69	0～100km/h 加速时间（s）	≤20
	最大爬坡度（%）	20	综合燃料消耗量（L/100km）	35

（24）蜀都牌 CDK6593CEG5 型城市客车

生产企业		成都客车股份有限公司		
整车	燃料类型	NG		
	外形尺寸（长×宽×高）(mm)	5930×2160×2825/2730		
	总质量（kg）	6600		
	整备质量（kg）	4340/4220		
	轴距（mm）	3300		
	轴荷（kg）	2300/4300		
发动机	发动机型号	YN36QNE	发动机排量（mL）	3762
	发动机功率（kW）	85	发动机燃料	NG
	发动机生产商	昆明云内动力股份有限公司		
变速箱	类别	1700010 - FF03	形式	手动
性能指标	最高车速（km/h）	69	0～50km/h 加速时间（s）	25
	最大爬坡度（%）	25	综合燃料消耗量（m^3/100km）	20

（25）东南牌 DN7156MQNS 型两用燃料轿车

生产企业		东南（福建）汽车工业有限公司		
整车	燃料类型	汽油，天然气		
	外形尺寸（长×宽×高）(mm)	4570×1770×1475		
	总质量（kg）	1605		
	整备质量（kg）	1230		
	轴距（mm）	2610		
	轴荷（kg）	780/825		
发动机	发动机型号	4A91	发动机排量（mL）	1499
	发动机功率（kW）	88（汽油），74（天然气）	发动机燃料	汽油，天然气
	发动机生产商	沈阳航天三菱汽车发动机制造有限公司		
变速箱	类别	MT	形式	5 挡
性能指标	最高车速（km/h）	175	综合燃料消耗量（L/100km）	6.2

（26）三菱牌 DN7160MQN4B 型两用燃料轿车

生产企业		东南（福建）汽车工业有限公司		
整车	燃料类型	汽油，天然气		
	外形尺寸（长×宽×高）(mm)	4400×1700×1415		
	总质量（kg）	1570		
	整备质量（kg）	1190		
	轴距（mm）	2500		
	轴荷（kg）	771/799		
发动机	发动机型号	DA4G18	发动机排量（mL）	1584
	发动机功率（kW）	73.5（汽油），62（天然气）	发动机燃料	燃油/燃气
	发动机生产商	哈尔滨东安汽车发动机制造有限公司		
变速箱	类别	MT	形式	5 挡
性能指标	最高车速（km/h）	175	综合燃料消耗量（L/100km）	7.6

(27) 东风牌 EQ1041GN－50 型载货汽车

生产企业		东风南充汽车有限公司		
整车	燃料类型	NG		
	外形尺寸（长×宽×高）（mm）	5995×2090×2450		
	货厢尺寸（长×宽×高）（mm）	4200/3880×1880/1990×400/450		
	总质量（kg）	3940		
	整备质量（kg）	2250		
	轴距（mm）	3300	载质量利用系数	0.75
	轴荷（kg）	1550/2390	额定载质量（kg）	1495
发动机	发动机型号	NQ100BN5	发动机排量（mL）	2771
	发动机功率（kW）	74	发动机燃料	NG
	发动机生产商	东风南充汽车有限公司		
变速箱	类别	手动	形式	机械式
性能指标	最高车速（km/h）	90	0～100km/h 加速时间（s）	30
	最大爬坡度（%）	15	综合燃料消耗量（L/100km）	21

(28) 东风牌 EQ3160GN－50 型自卸汽车

生产企业		东风南充汽车有限公司		
整车	燃料类型	NG		
	外形尺寸（长×宽×高）（mm）	6950×2500×3150		
	货厢尺寸（长×宽×高）（mm）	4440×2300×800		
	总质量（kg）	16000		
	整备质量（kg）	7815		
	轴距（mm）	3950	载质量利用系数	1.04
	轴荷（kg）	6000/10000	额定载质量（kg）	7990
发动机	发动机型号	NQ190FN5 NQ210FN5	发动机排量（mL）	6234 6234
	发动机功率（kW）	140 154	发动机燃料	NG
	发动机生产商	东风南充汽车有限公司		
变速箱	类别	手动	形式	机械式
性能指标	最高车速（km/h）	80	0～100km/h 加速时间（s）	30
	最大爬坡度（%）	15	综合燃料消耗量（L/100km）	30

(29) 东风牌 EQ1160GN－50 型载货汽车

生产企业		东风南充汽车有限公司		
整车	燃料类型	NG		
	外形尺寸（长×宽×高）（mm）	8525/9000×2500×3150		
	货厢尺寸（长×宽×高）（mm）	6200/6800×2320/2380×600		
	总质量（kg）	15855		
	整备质量（kg）	7815		
	轴距（mm）	4700/5200	载质量利用系数	1.79
	轴荷（kg）	5900/9955	额定载质量（kg）	9990
发动机	发动机型号	NQ160CN5 NQ190FN5	发动机排量（mL）	4750 6234
	发动机功率（kW）	118 140	发动机燃料	NG
	发动机生产商	东风南充汽车有限公司		
变速箱	类别	手动	形式	机械式
性能指标	最高车速（km/h）	90	0～100km/h 加速时间（s）	30
	最大爬坡度（%）	15	综合燃料消耗量（L/100km）	28

四、节能与新能源汽车关键零部件及参数

1. 车用电机及其控制系统技术参数

生产企业	天津市松正电动汽车技术股份有限公司
产品名称	三相交流异步电机及控制器
产品型号	MIM090 - 336SWD/CIM090 - 336SPD
峰值功率（kW）	140
额定功率（kW）	100
峰值转矩（N·m）	2400
额定转矩（N·m）	1193
峰值转速（rpm）	2600
额定转速（rpm）	800
直流母线电压等级（V）	336
工作电压范围（V）	250 ~ 650
控制方式（转矩控制/转速控制）	转矩控制
转矩/转速控制精度	—
通信方式	CAN
电机及其控制系统峰值效率（%）	90.7
电机及其控制线系统高效区（效率≥80%的高效区占整个运行区域）	100%
电机冷却方式（液冷时注明冷却液流量、入口水温）	水冷，$6m^3/h$，<45℃
控制器冷却方式（液冷时注明冷却液流量、入口水温）	水冷，$6m^3/h$，<95℃
电机工作环境温度（℃）	-40 ~ 45
控制工作环境温度（℃）	-40 ~ 45
电机外形尺寸（直径×长）（mm）	∅580 × 527.5
控制器外形尺寸（长×宽×高）（mm）	752 × 420 × 260

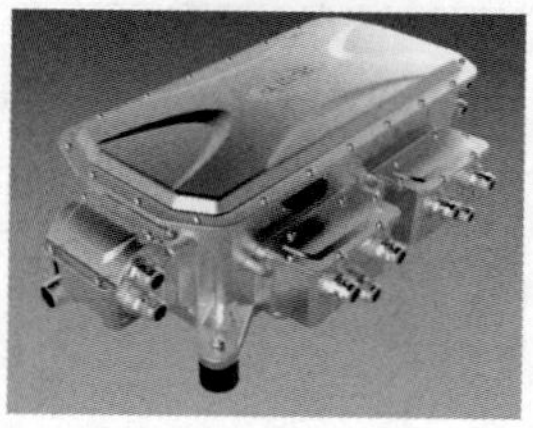

生产企业	天津市松正电动汽车技术股份有限公司
产品名称	三相交流异步电机及控制器
产品型号	MIM030 - 336SWD/CIM030 - 336SPD
峰值功率（kW）	22
额定功率（kW）	35
峰值转矩（N·m）	150
额定转矩（N·m）	90
峰值转速（rpm）	4500
额定转速（rpm）	2500
直流母线电压等级（V）	336
工作电压范围（V）	250 ~ 650
控制方式（转矩控制/转速控制）	转矩控制
转矩/转速控制精度	—
通信方式	CAN
电机及其控制系统峰值效率（%）	86.3

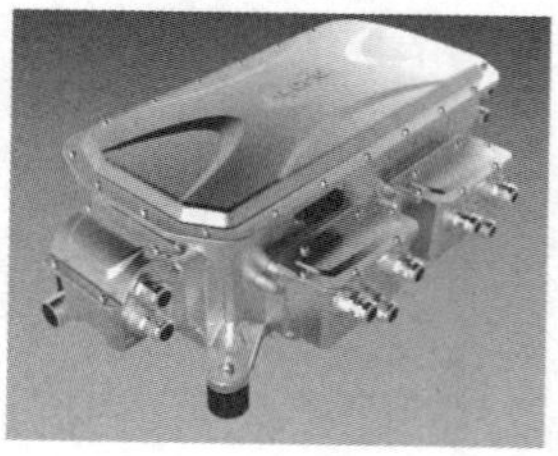

电机及其控制线系统高效区（效率≥80%的高效区占整个运行区域）	45%
电机冷却方式（液冷时注明冷却液流量、入口水温）	水冷/风冷，$6m^3/h$，<45℃
控制器冷却方式（液冷时注明冷却液流量、入口水温）	水冷/风冷，$6m^3/h$，<95℃
电机工作环境温度（℃）	-40～45
控制工作环境温度（℃）	-40～45
电机外形（直径×长）（mm）	∅260×487
控制器外形（长×宽×高）（mm）	752×420×260

生产企业	上海电驱动股份有限公司
产品名称	200kW 纯电动客车用电机及其控制系统
产品型号	EM1353/EC1244
峰值功率（kW）	200
额定功率（kW）	100
峰值转矩（N·m）	2850
额定转矩（N·m）	1200
峰值转速（rpm）	2500
额定转速（rpm）	800
直流母线电压等级（V）	576
工作电压范围（V）	350～720
控制方式（转矩控制/转速控制）	转矩控制
转矩/转速控制精度	±5%
通信方式	CAN
电机及其控制系统峰值效率（%）	94
电机及其控制线系统高效区（效率≥80%的高效区占整个运行区域）	70%
电机冷却方式（液冷时注明冷却液流量、入口水温）	20L/min，≤60℃
控制器冷却方式（液冷时注明冷却液流量、入口水温）	20L/min，≤60℃
电机工作环境温度（℃）	-40～105
控制工作环境温度（℃）	-40～85
电机外形（直径×长）（mm）	∅500×600
控制器外形（长×宽×高）（mm）	560×420×190

生产企业	上海电驱动股份有限公司
产品名称	120kW 混合动力客车用电机及其控制系统
产品型号	EM1147/EC1147
峰值功率（kW）	120
额定功率（kW）	65
峰值转矩（N·m）	800
额定转矩（N·m）	500
峰值转速（rpm）	3000
额定转速（rpm）	1300
直流母线电压等级（V）	360
工作电压范围（V）	250～420
控制方式（转矩控制/转速控制）	转矩控制
转矩/转速控制精度	±5%
通信方式	CAN
电机及其控制系统峰值效率（%）	94
电机及其控制线系统高效区（效率≥80%的高效区占整个运行区域）	70%

电机冷却方式（液冷时注明冷却液流量、入口水温）	20L/min，≤60℃
控制器冷却方式（液冷时注明冷却液流量、入口水温）	20L/min，≤60℃
电机工作环境温度（℃）	-40~105
控制工作环境温度（℃）	-40~85
电机外形（直径×长）（mm）	∅450×300
控制器外形（长×宽×高）（mm）	560×420 ×190

生产企业	上海电驱动股份有限公司
产品名称	65kW 混合动力客车用电机及其控制系统
产品型号	EM1181/EC1181
峰值功率（kW）	65
额定功率（kW）	26
峰值转矩（N·m）	500
额定转矩（N·m）	240
峰值转速（rpm）	2500
额定转速（rpm）	1000
直流母线电压等级（V）	360
工作电压范围（V）	250~420
控制方式（转矩控制/转速控制）	转矩控制
转矩/转速控制精度	±5%
通信方式	CAN
电机及其控制系统峰值效率（%）	93
电机及其控制线系统高效区（效率≥80%的高效区占整个运行区域）	70%
电机冷却方式（液冷时注明冷却液流量、入口水温）	16L/min，≤60℃
控制器冷却方式（液冷时注明冷却液流量、入口水温）	16L/min，≤60℃
电机工作环境温度（℃）	-40~105
控制工作环境温度（℃）	-40~85
电机外形（直径×长）（mm）	∅450×220
控制器外形（长×宽×高）（mm）	400×320 ×160

生产企业	上海电驱动股份有限公司
产品名称	90kW 车用交流电机及其控制器
产品型号	EM2011/EC2005
峰值功率（kW）	90
额定功率（kW）	45
峰值转矩（N·m）	280
额定转矩（N·m）	135
峰值转速（rpm）	10000
额定转速（rpm）	3200
直流母线电压等级（V）	336
工作电压范围（V）	250~420
控制方式（转矩控制/转速控制）	转矩控制
转矩/转速控制精度	±5%
通信方式	CAN

电机及其控制系统峰值效率（%）	94
电机及其控制线系统高效区（效率≥80%的高效区占整个运行区域）	70%
电机冷却方式（液冷时注明冷却液流量、入口水温）	水冷，10 L/min，70℃
控制器冷却方式（液冷时注明冷却液流量、入口水温）	水冷，10 L/min，70℃
电机工作环境温度（℃）	-40～140
控制工作环境温度（℃）	-40～85
电机外形（直径×长）（mm）	∅265×260
控制器外形（长×宽×高）（mm）	326×325 ×145

生产企业	上海电驱动股份有限公司	
产品名称	60kW 纯电动轿车用电机及其控制系统	
产品型号	EM1282/EC1341	 
峰值功率（kW）	60	
额定功率（kW）	24	
峰值转矩（N·m）	180	
额定转矩（N·m）	80	
峰值转速（rpm）	9000	
额定转速（rpm）	3000	
直流母线电压等级（V）	336	
工作电压范围（V）	250～420	
控制方式（转矩控制/转速控制）	转矩控制	
转矩/转速控制精度	±5%	
通信方式	CAN	
电机及其控制系统峰值效率（%）	94	
电机及其控制线系统高效区（效率≥80%的高效区占整个运行区域）	75%	
电机冷却方式（液冷时注明冷却液流量、入口水温）	12L/min，≤60℃	
控制器冷却方式（液冷时注明冷却液流量、入口水温）	12L/min，≤60℃	
电机工作环境温度（℃）	-40～105	
控制工作环境温度（℃）	-40～85	
电机外形（直径×长）（mm）	∅270×270	
控制器外形（长×宽×高）（mm）	450×360 ×240（集成 DCDC）	

生产企业	上海电驱动股份有限公司	
产品名称	50kW 纯电动轿车用电机及其控制系统	
产品型号	EM1365/EC1365	 
峰值功率（kW）	50	
额定功率（kW）	24	
峰值转矩（N·m）	200	
额定转矩（N·m）	75	
峰值转速（rpm）	7200	
额定转速（rpm）	3000	
直流母线电压等级（V）	336	
工作电压范围（V）	250～420	
控制方式（转矩控制/转速控制）	转矩控制	
转矩/转速控制精度	±5%	
通信方式	CAN	
电机及其控制系统峰值效率（%）	93	

电机及其控制线系统高效区（效率≥80%的高效区占整个运行区域）	70%
电机冷却方式（液冷时注明冷却液流量、入口水温）	12L/min，≤60℃
控制器冷却方式（液冷时注明冷却液流量、入口水温）	12L/min，≤60℃
电机工作环境温度（℃）	-40～105
控制工作环境温度（℃）	-40～85
电机外形（直径×长）（mm）	∅230×270
控制器外形（长×宽×高）（mm）	420×300 ×240（集成 DCDC）

生产企业	上海电驱动股份有限公司
产品名称	42kW 小型电动轿车用电机及其控制系统
产品型号	EM1357/EC1357
峰值功率（kW）	42
额定功率（kW）	21
峰值转矩（N·m）	150
额定转矩（N·m）	60
峰值转速（rpm）	7200
额定转速（rpm）	3300
直流母线电压等级（V）	312
工作电压范围（V）	240～400
控制方式（转矩控制/转速控制）	转矩控制
转矩/转速控制精度	±5%
通信方式	CAN
电机及其控制系统峰值效率（%）	93
电机及其控制线系统高效区（效率≥80%的高效区占整个运行区域）	65%
电机冷却方式（液冷时注明冷却液流量、入口水温）	12L/min，≤60℃
控制器冷却方式（液冷时注明冷却液流量、入口水温）	12L/min，≤60℃
电机工作环境温度（℃）	-40～105
控制工作环境温度（℃）	-40～85
电机外形（直径×长）（mm）	∅240×180
控制器外形（长×宽×高）（mm）	360×260 ×180

生产企业	上海电驱动股份有限公司
产品名称	12kW 小型电动轿车用电机及其控制系统
产品型号	EM1148/EC1148
峰值功率（kW）	12
额定功率（kW）	6
峰值转矩（N·m）	60
额定转矩（N·m）	30
峰值转速（rpm）	5300
额定转速（rpm）	2000
直流母线电压等级（V）	60
工作电压范围（V）	48～72
控制方式（转矩控制/转速控制）	转矩控制
转矩/转速控制精度	±5%
通信方式	CAN

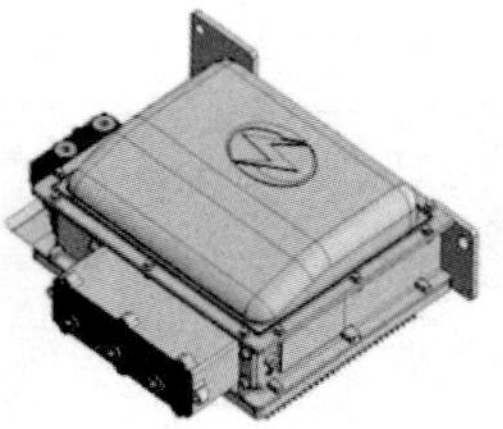

电机及其控制系统峰值效率（%）	92
电机及其控制线系统高效区（效率≥80%的高效区占整个运行区域）	60%
电机冷却方式（液冷时注明冷却液流量、入口水温）	—
控制器冷却方式（液冷时注明冷却液流量、入口水温）	—
电机工作环境温度（℃）	-40~105
控制工作环境温度（℃）	-40~85
电机外形（直径×长）（mm）	∅180×240
控制器外形（长×宽×高）（mm）	280×260×160

生产企业	大洋电机新动力科技有限公司
产品名称	永磁同步电机
产品型号	YTD100W04
峰值功率（kW）	150
额定功率（kW）	100
峰值转矩（N·m）	2800
额定转矩（N·m）	955
峰值转速（rpm）	3000
额定转速（rpm）	1000
直流母线电压等级（V）	600
工作电压范围（V）	500~700
控制方式（转矩控制/转速控制）	转矩控制
转矩/转速控制精度（N·m）	10
通信方式	CAN
电机及其控制系统峰值效率（%）	90
电机及其控制线系统高效区（效率≥80%的高效区占整个运行区域）	85%
电机冷却方式（液冷时注明冷却液流量、入口水温）	液冷
控制器冷却方式（液冷时注明冷却液流量、入口水温）	液冷
电机工作环境温度（℃）	50
控制工作环境温度（℃）	50
电机外形（直径×长）（mm）	∅410×580
控制器外形（长×宽×高）（mm）	524×425×184

生产企业	湖南南车时代电动汽车股份有限公司
产品名称	电动汽车用电机及其控制器
产品型号	电机控制器：DKQ101A 同步电动机：TQD101D
峰值功率（kW）	90
额定功率（kW）	45
峰值转矩（N·m）	450
额定转矩（N·m）	200
峰值转速（rpm）	6000
额定转速（rpm）	2150
直流母线电压等级（V）	384
工作电压范围（V）	250~720
控制方式（转矩控制/转速控制）	转矩控制
转矩/转速控制精度	转矩误差<5%
通信方式	CAN2.0

电机及其控制系统峰值效率（%）	≥94%
电机及其控制线系统高效区（效率≥80%的高效区占整个运行区域）	>80%
电机冷却方式（液冷时注明冷却液流量、入口水温）	水冷（≥10L/min、≤65℃）
控制器冷却方式（液冷时注明冷却液流量、入口水温）	水冷（≥10L/min、≤65℃）
电机工作环境温度（℃）	-20～50
控制工作环境温度（℃）	-20～50
电机外形（直径×长）（mm）	Φ294×427
控制器外形（长×宽×高）（mm）	492.5×310×220

生产企业	福建尤迪电机制造有限公司
产品名称	尤迪混合动力/纯电动大巴车驱动电机
产品型号	YHD/YCD 280M-4
峰值功率（kW）	180
额定功率（kW）	110
峰值转矩（N·m）	2000
额定转矩（N·m）	—
峰值转速（rpm）	2500
额定转速（rpm）	1480
直流母线电压等级（V）	—
工作电压范围（V）	340（额定电压）
电机冷却方式（液冷时注明冷却液流量、入口水温）	风冷

生产企业	福建尤迪电机制造有限公司
产品名称	低速纯电动车驱动电机（永磁无刷电机）
产品型号	—
峰值功率（kW）	—
额定功率（kW）	0.65/1
电机冷却方式（液冷时注明冷却液流量、入口水温）	风冷

生产企业	福建尤迪电机制造有限公司
产品名称	低速纯电动车驱动电机（异步交流电机）
产品型号	—
峰值功率（kW）	—
额定功率（kW）	3/4/5/7.5/10/11/15/20
电机冷却方式（液冷时注明冷却液流量、入口水温）	风冷

生产企业	福建尤迪电机制造有限公司
产品名称	纯电动/增程式乘用车驱动电机（异步交流电机）
产品型号	—
峰值功率（kW）	—
额定功率（kW）	25/30
电机冷却方式（液冷时注明冷却液流量、入口水温）	水冷

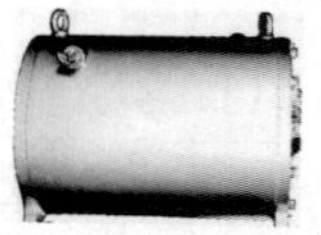

生产企业	福建尤迪电机制造有限公司	
产品名称	纯电动/增程式轿车驱动电机（永磁同步电机）	
产品型号	—	
峰值功率（kW）	—	
额定功率（kW）	25/30	
电机冷却方式（液冷时注明冷却液流量、入口水温）	水冷	

生产企业	江苏吉泰科电气股份有限公司	
产品名称	电机控制器	
产品型号	HE100－4Z200W－A	
峰值功率（kW）	300	
额定功率（kW）	200	
峰值转矩（N·m）	—	
额定转矩（N·m）	—	
峰值转速（rpm）	—	
额定转速（rpm）	—	
直流母线电压等级（V）	540	
工作电压范围（V）	400～800	
控制方式（转矩控制/转速控制）	转矩/转速控制	
转矩/转速控制精度	±5%/±0.02%	
通信方式	CAN	
电机及其控制系统峰值效率（%）	96	
电机及其控制线系统高效区（效率≥80%的高效区占整个运行区域）	80	
电机冷却方式（液冷时注明冷却液流量、入口水温）	—	
控制器冷却方式（液冷时注明冷却液流量、入口水温）	水冷（20L/min、40℃）	
电机工作环境温度（℃）	—	
控制工作环境温度（℃）	－20～50　50～70降额	
电机外形（∅D×L）（mm）	—	
控制器外形（L×W×H）（mm）	452×413×148	

2. 动力电池系统技术参数

生产企业	上海卡耐新能源有限公司	
产品名称	三元锂离子软包装锂离子电芯	
产品型号	CEB－LM26	
产品规格	3.7V 26Ah	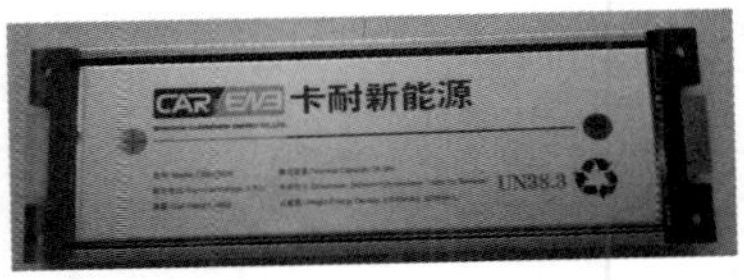
外形尺寸（长/宽/高）（mm）	342×118×8	
额定电压（V）	3.7	
额定容量（A·h）	26	
内阻（mΩ）	<1.2	
工作温度范围（℃）	－20～45	
贮存温度范围（℃）	－20～45	
工作电压范围（V）	3.0～4.2	
充放电效率（%）	0～95	
SOC估算误差（%）	5（系统）	
防护等级	IP67（系统）	

安全性	通过美国 UL1642 认证，UN38．8，符合 QC/T 743－2006“电芯汽车用锂离子蓄电池”有关型式检验要求
循环寿命（年/万公里）	5 年/10 万公里

生产企业	上海卡耐新能源有限公司
产品名称	软包三元锂离子电池
产品型号	CPB－LM20
产品规格	3．7V20Ah
外形尺寸（长/宽/高）（mm）	342×118×7
额定电压（V）	3．7
额定容量（A·h）	20
内阻（mΩ）	<1．2
工作温度范围（℃）	－20～45
贮存温度范围（℃）	－20～45
工作电压范围（V）	3．0～4．2
充放电效率（%）	0～95
SOC 估算误差（%）	5（系统）
防护等级	IP67（系统）
安全性	符合 QC/T 743－2006“电芯汽车用锂离子蓄电池”有关型式检验要求
循环寿命（年/万公里）	5 年/10 万公里

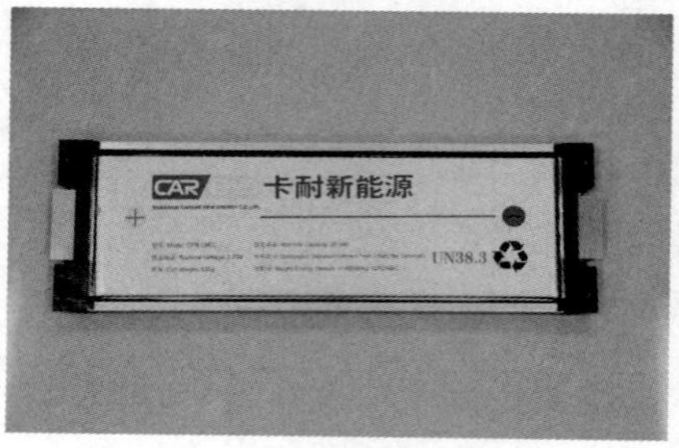

生产企业		天津市松正电动汽车技术股份有限公司
产品名称		50Ah 锂离子电池 PACK
产品型号		SLU050－320
产品规格		320V50Ah
外形尺寸（长×宽×高）（mm）		893．5×480×441．2 两厢
额定电压（V）		320
额定容量（A·h）		50
内阻（mΩ）		100
低温启动	功率（kW）	—
	时间（s）	—
	状态	—
	最低电压（V）	—
工作温度范围（℃）		0～55
贮存温度范围（℃）		－20～55
绝缘电阻（mΩ）		50
工作电压范围（V）		250～360
充放电效率（%）		不同温度不同 SOC 下效率不同
SOC 估算误差（%）		<5
抗干扰能力		在汽研中心做的相关的试验达到 3 级
防护等级		因为有冷却排风防护做到 IP44
安全性		安全

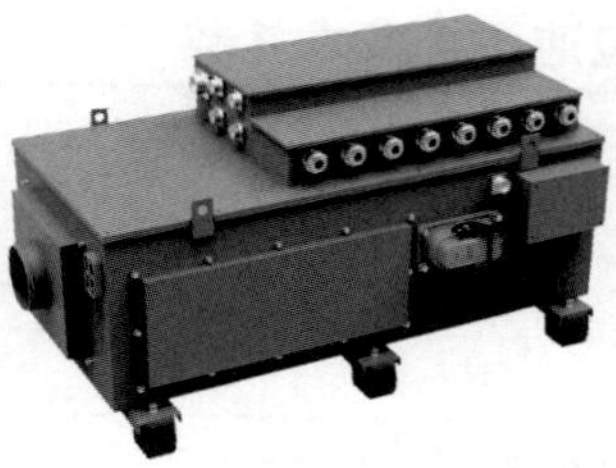

生产企业	中信国安盟固利动力科技有限公司
产品名称	90 安时纯电动汽车用锂离子动力电池系统
产品型号	MDEP3953604
产品规格	90Ah 能量型电池
外形尺寸（长×宽×高）（mm）	810×766×310
额定电压（V）	395
额定容量（A·h）	360
工作温度范围（℃）	-20~50
贮存温度范围（℃）	-10~45
绝缘电阻（MΩ）	≥5
工作电压范围（V）	300~403.2
充放电效率（%）	≥95
SOC 估算误差（%）	5
抗干扰能力	符合 ISO 11452-2、ISO 7637-2、ISO 7637-3、ISO 16750
防护等级	IP54
安全性	符合“QC/T 743-2006”
循环寿命（年/万公里）	4/20

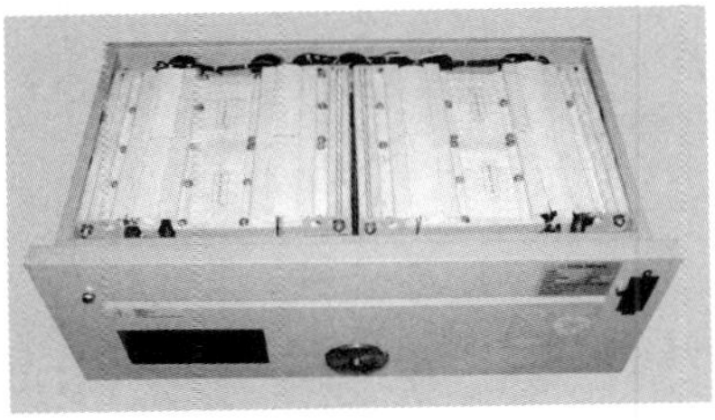

生产企业	中信国安盟固利动力科技有限公司
产品名称	锂离子动力电池系统
产品型号	MDPP3460162
产品规格	8Ah 高功率型电池
外形尺寸（长×宽×高）（mm）	912.5×732.5×553
额定电压（V）	346
额定容量（A·h）	16
工作温度范围（℃）	-20~50
贮存温度范围（℃）	-10~45
绝缘电阻（MΩ）	≥5
工作电压范围（V）	288~403.2
充放电效率（%）	≥95
SOC 估算误差（%）	5
抗干扰能力	符合 ISO 11452-2、ISO 7637-2、ISO 7637-3、ISO 16750
防护等级	IP55
安全性	符合 QC/T743-2006
循环寿命（年/万公里）	8/56

生产企业	中信国安盟固利动力科技有限公司
产品名称	锂离子动力电池系统
产品型号	MDEP3550702

产品规格	35Ah 能量功率型电池	
外形尺寸（长×宽×高）(mm)	1784×633×457.5	
额定电压（V）	355	
额定容量（A·h）	70	
内阻（mΩ）	≤1.0	
工作温度范围（℃）	-20~50	
贮存温度范围（℃）	-10~45	
绝缘电阻（MΩ）	≥5	
工作电压范围（V）	288~403.2	
充放电效率（%）	≥95	
SOC 估算误差（%）	5	
抗干扰能力	符合 ISO 11452-2、ISO 7637-2、ISO 7637-3、ISO 16750	
防护等级	IP54	
安全性	符合 QC/T 743-2006	
循环寿命（年/万公里）	6/42	

生产企业	中信国安盟固利动力科技有限公司	
产品名称	锂离子动力电池系统	
产品型号	TDPP16608010	
产品规格	8.5Ah 钛酸锂电池	
外形尺寸（长×宽×高）(mm)	1360×324×292	
额定电压（V）	165.6	
额定容量（A·h）	85	
工作温度范围（℃）	-20~50	
贮存温度范围（℃）	-10~45	
绝缘电阻（MΩ）	≥5	
工作电压范围（V）	108~201.6	
充放电效率（%）	95	
SOC 估算误差（%）	5	
抗干扰能力	符合 ISO 11452-2、ISO 7637-2、ISO 7637-3、ISO 16750	
防护等级	IP65	
安全性	符合 QC/T 743-2006	
循环寿命（年/万公里）	8 年以上	

生产企业	深圳市沃特玛电池有限公司
产品名称	磷酸铁锂动力电池
产品型号	540V600Ah

产品规格		540V600Ah
外形尺寸（长×宽×高）(mm)		622×452×248
额定电压（V）		540
额定容量（A·h）		600
内阻（MΩ）		30
低温启动	功率（kW）	250
	时间（s）	20
	状态	SOC≥20%
	最低电压（V）	420
工作温度范围（℃）		-20～60
贮存温度范围（℃）		-20～60
绝缘电阻（MΩ）		≥40
工作电压范围（V）		420～613
充放电效率（%）		95
SOC 估算误差（%）		5
抗干扰能力		符合 GB/T 17619—1998
防护等级		IP55
安全性		通过强制性检测
循环寿命（年/万公里）		20

生产企业		深圳市沃特玛电池有限公司
产品名称		磷酸铁锂动力电池
产品型号		256V50Ah
产品规格		256V50Ah
外形尺寸（长×宽×高）(mm)		393×351×210
额定电压（V）		256
额定容量（A·h）		50
内阻（MΩ）		150
低温启动	功率（kW）	40
	时间（s）	20
	状态	SOC≥20%
	最低电压（V）	200
工作温度范围（℃）		-20～60
贮存温度范围（℃）		-20～60
绝缘电阻（MΩ）		≥20
工作电压范围（V）		200～292
充放电效率（%）		95
SOC 估算误差（%）		5
抗干扰能力		符合 GB/T 17619-1998
防护等级		IP55
安全性		通过强制性检测
循环寿命（年/万公里）		5

生产企业	湖南南车时代电动汽车股份有限公司	
产品名称	超级电容系统	
产品规格	TVV2－10	
外形尺寸（长×宽×高）mm	2010×500×350	
额定电压（V）	480	
额定容量（F）	16.5	
内阻（mΩ）	80	
工作温度范围（℃）	－40～65	
贮存温度范围（℃）	－40～70	
绝缘电阻（mΩ）	大于100	
工作电压范围（V）	200～430	
充放电效率（%）	不小于93	
SOC估算误差（%）	小于8	
防护等级	IP43	
循环寿命（年/万公里）	10/60	任何一个条件达到要求即可

生产企业	合肥国轩高科动力能源股份公司
产品名称	锂离子动力电池系统
产品型号	DK1334
产品规格	538V390Ah
外形尺寸（长×宽×高）（mm）	880×730×540
额定电压（V）	538
额定容量（A·h）	390
工作温度范围（℃）	－20～55
贮存温度范围（℃）	0～35
绝缘电阻（MΩ）	＞50
工作电压范围（V）	420～596
充放电效率（%）	98
SOC估算误差（%）	8
抗干扰能力	强
防护等级	IP54
安全性	高
循环寿命（年/万公里）	—

生产企业	合肥国轩高科动力能源股份公司
产品名称	锂离子动力电池系统
产品型号	DK1329
产品规格	538V300Ah
外形尺寸（长×宽×高）（mm）	818×778×286/818×470×286
额定电压（V）	538
额定容量（A·h）	300
工作温度范围（℃）	－20～55
贮存温度范围（℃）	0～35
绝缘电阻（MΩ）	＞50

工作电压范围（V）	420～596
充放电效率（%）	98
SOC 估算误差（%）	8
抗干扰能力	强
防护等级	IP54
安全性	高
循环寿命（年/万公里）	—

生产企业	合肥国轩高科动力能源股份公司
产品名称	锂离子动力电池系统
产品型号	DJ1306
产品规格	307.2V65AH
外形尺寸（长×宽×高）（mm）	872×662×251/799×530.8×261
额定电压（V）	307.2
额定容量（A·h）	65
工作温度范围（℃）	-20～55
贮存温度范围（℃）	0～35
绝缘电阻（MΩ）	>50
工作电压范围（V）	240～340
充放电效率（%）	98
SOC 估算误差（%）	8
抗干扰能力	强
防护等级	IP65
安全性	高
循环寿命（年/万公里）	—

生产企业		山东恒宇新能源有限公司
产品名称		三元材料动力电池
产品型号		576.0V600.0AH
产品规格		576.0V600.0AH
外形尺寸（长×宽×高）（mm）		1230×640×380，9 厢
额定电压（V）		576
额定容量（A·h）		600
内阻（mΩ）		25
低温启动	功率（kW）	300
	时间（s）	30
	状态	SOC≥20%
	最低电压（V）	440
工作温度范围（℃）		-20～65
贮存温度范围（℃）		-20～60
绝缘电阻（MΩ）		≥40

工作电压范围（V）	440.0～672.0
充放电效率（%）	≥98
SOC 估算误差（%）	5
抗干扰能力	符合 GB/T 17619—1998
防护等级	IP55
安全性	通过强制性检测
循环寿命（年/万公里）	5

生产企业		山东恒宇新能源有限公司
产品名称		磷酸铁锂动力电池
产品型号		320.0V66.0AH
产品规格		320.0V66.0AH
外形尺寸（长×宽×高）（mm）		1360×1145×380/2145×220×251
额定电压（V）		320
额定容量（A·h）		66
内阻（mΩ）		120
低温启动	功率（kW）	50
	时间（s）	30
	状态	SOC≥20%
	最低电压（V）	250
工作温度范围（℃）		-20～60
贮存温度范围（℃）		-20～60
绝缘电阻（MΩ）		≥20
工作电压范围（V）		250～365
充放电效率（%）		≥98
SOC 估算误差（%）		5
抗干扰能力		符合 GB/T 17619-1998
防护等级		IP65
安全性		通过强制性检测
循环寿命（年/万公里）		5

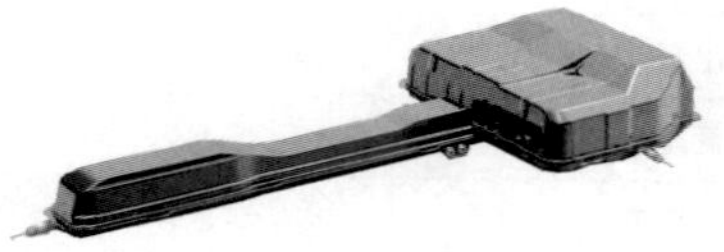

生产企业		山东恒宇新能源有限公司
产品名称		三元材料动力电池
产品型号		72.0V300.0AH
产品规格		72.0V300.0AH
外形尺寸（长×宽×高）（mm）		1500×605×232
额定电压（V）		84
额定容量（A·h）		300
内阻（mΩ）		20
低温启动	功率（kW）	40
	时间（s）	30
	状态	SOC≥20%
	最低电压（V）	55
工作温度范围（℃）		-20～65
贮存温度范围（℃）		-20～60
绝缘电阻（MΩ）		≥10
工作电压范围（V）		55～84

充放电效率（%）	≥98
SOC 估算误差（%）	5
抗干扰能力	符合 GB/T 17619－1998
防护等级	IP55
安全性	通过强制性检测
循环寿命（年/万公里）	5

3. 燃料电池技术参数

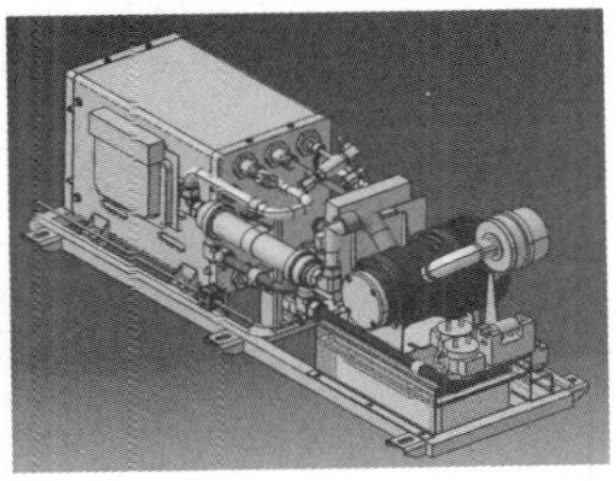

产品名称	5kW 车载燃料电池发动机系统总成
生产企业	上海燃料电池汽车动力系统有限公司
净输出功率（%）	80
最大稳定输出功率（kW）	5
电压（V）	45～100
电流（A·h）	120
氢燃料能量转化效率（%）	≥95
温度（℃）	60
工作温度（℃）	－10～42
工作压力（bar）	350
电堆尺寸（长×宽×高）（mm）	—
重量（kg）	80
噪声（dB）	≤78
燃料类型	氢气
储存方式	车载高压氢瓶

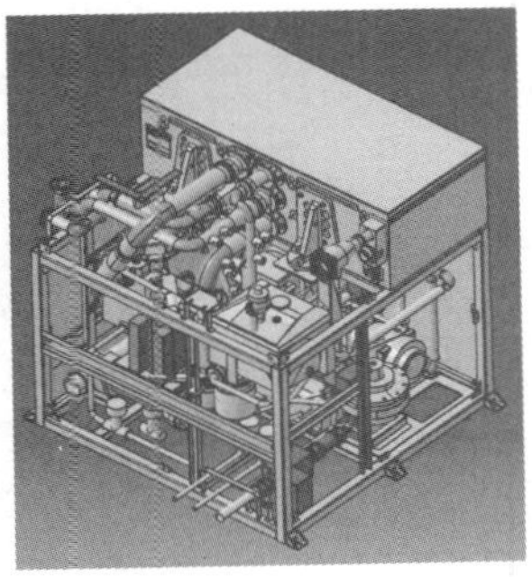

产品名称	50kW 车载燃料电池发动机系统总成
生产企业	上海燃料电池汽车动力系统有限公司
净输出功率（%）	≥40
最大稳定输出功率（kW）	55
电压（V）	280～450
电流（A）（A·h）	150
氢燃料能量转化效率（%）	≥95
温度（℃）	60
工作温度（℃）	－10～40
工作压力（bar）	350
长宽高（电堆尺寸）（mm）	—
重量（kg）	150
噪声（dB）	≤80
燃料类型	氢气
储存方式	车载高压氢瓶

4. 天然气发动机（LNG、LPG、CNG、LCNG 等）技术参数

生产企业	潍柴西港新能源动力有限公司
产品名称	燃气发动机
产品型号	WP5NG
型式	点燃式
燃料类型	MG
总排量（L）	4.98
额定功率（kW）	121～147
额定转速（r/min）	2100～2300
最大扭矩（N·m）	670
最大扭矩时转速（r/min）	1300～1500
怠速转速（r/min）	650
最低燃料消耗（g/kW·h）	185
机油燃油消耗比（%）	≤0.2
排放指标	国V
噪声（dB）	符合国家标准
缸数/缸径×行程（mm）	6/108×136
允许工作介质最高温度（℃）	95
机油压力（kPa）	100～650
机油容量（L）	15
外形尺寸（长×宽×高）（mm）	936×777×985
净质量（kg）	500

生产企业	潍柴西港新能源动力有限公司
产品名称	燃气发动机
产品型号	WP6NG
型式	点燃式
燃料类型	NG
总排量（L）	6.75
额定功率（kW）	155～177
额定转速（r/min）	2300
最大扭矩（N·m）	780
最大扭矩时转速（r/min）	1400～1600
怠速转速（r/min）	650±50
最低燃料消耗（g/kW·h）	185
机油燃油消耗比（%）	≤0.2
排放指标	国V
噪声（dB）	符合国家标准
缸数/缸径×行程（mm）	6/105×130
允许工作介质最高温度（℃）	95
机油压力（kPa）	300～550
机油容量（L）	13.5
外形尺寸（长×宽×高）（mm）	1310×732×1107
净质量（kg）	620±50

生产企业	潍柴西港新能源动力有限公司	
产品名称	燃气发动机	
产品型号	WP7NG	
型式	点燃式	
燃料类型	NG	
总排量（L）	7.47	
额定功率（kW）	155～206	
额定转速（r/min）	2100	
最大扭矩（N·m）	1050	
最大扭矩时转速（r/min）	1300～1500	
怠速转速（r/min）	650	
最低燃料消耗（g/kW·h）	185	
机油燃油消耗比（%）	≤0.2	
排放指标	国Ⅴ	
噪声（dB）	符合国家标准	
缸数/缸径×行程（mm）	6/108×136	
允许工作介质最高温度（℃）	95	
机油压力（kPa）	100～650	
机油容量（L）	20	
外形尺寸（长×宽×高）（mm）	1256×572×970	
净质量（kg）	620	

生产企业	潍柴西港新能源动力有限公司	
产品名称	燃气发动机	
WP10NG	WP10NG	
型式	点燃式	
燃料类型	NG	
总排量（L）	9.726	
额定功率（kW）	191～276	
额定转速（r/min）	1900～2200	
最大扭矩（N·m）	1500	
最大扭矩时转速（r/min）	1200～1500	
怠速转速（r/min）	650	
最低燃料消耗（g/kW·h）	189	
机油燃油消耗比（%）	≤0.2	
排放指标	国Ⅴ	
噪声（dB）	符合国家标准	
缸数/缸径×行程（mm）	6/126×130	
允许工作介质最高温度（℃）	98	
机油压力（kPa）	350～550	
机油容量（L）	23	
外形尺寸（长×宽×高）（mm）	1411×692×1122	
净质量（kg）	870	

生产企业	潍柴西港新能源动力有限公司	
产品名称	燃气发动机	
产品型号	WP12NG	
型式	点燃式	
燃料类型	NG	
总排量（L）	11.596	
额定功率（kW）	247～309	
额定转速（r/min）	1900～2100	
最大扭矩（N·m）	1730	
最大扭矩时转速（r/min）	1200～1500	
怠速转速（r/min）	700	
最低燃料消耗（g/kW·h）	191	
机油燃油消耗比（%）	≤0.2	
排放指标	国Ⅴ	
噪声（dB）	符合国家标准	
缸数/缸径×行程（mm）	6/126×155	
允许工作介质最高温度（℃）	98	
机油压力（kPa）	350～550	
机油容量（L）	24	
外形尺寸（长×宽×高）（mm）	1560×610×1040	
净质量（kg）	950	

生产企业	潍柴西港新能源动力有限公司	
产品名称	燃气发动机	
产品型号	WP13NG	产品照片（略）
型式	点燃式	
燃料类型	NG	
总排量（L）	12.54	
额定功率（kW）	301～330	
额定转速（r/min）	1900～2100	
最大扭矩（N·m）	1800	
最大扭矩时转速（r/min）	1100～1400	
怠速转速（r/min）	700	
最低燃料消耗（g/kW·h）	190	
机油燃油消耗比（%）	≤0.2	
排放指标	国Ⅴ	
噪声（dB）	符合国家标准	
缸数/缸径×行程（mm）	6/127×165	
允许工作介质最高温度（℃）	98	
机油压力（kPa）	350～550	
机油容量（L）	28	
外形尺寸（长×宽×高）（mm）	1556×817×1094	
净质量（kg）	1050	

生产企业	东风南充汽车有限公司
产品名称	燃气发动机
产品型号	NQ140BN5
型式	点燃式
燃料类型	NG
总排量（L）	3.759
额定功率（kW）	103
额定转速（r/min）	2800
最大扭矩（N·m）	410
最大扭矩时转速（r/min）	1200 ~ 1600
怠速转速（r/min）	650 ± 50
全负荷最低燃气消耗（g/kW·h）	≤210
机油燃油消耗比（%）	≤0.3
排放指标	国Ⅴ
噪声（dB）	符合国家标准
缸数/缸径×行程（mm）	4/102 × 115
允许工作介质最高温度（℃）	99
机油压力（kPa）	怠速：≥80；标准工况：294 ~ 588
机油容量（L）	5.5 ~ 7
外形尺寸（长×宽×高）（mm）	1000 × 780 × 850
净质量（kg）	410

生产企业	东风南充汽车有限公司
产品名称	燃气发动机
产品型号	NQ190DN5
型式	点燃式
燃料类型	NG
总排量（L）	5.638
额定功率（kW）	140
额定转速（r/min）	2800
最大扭矩（N·m）	630
最大扭矩时转速（r/min）	1200 ~ 1600
怠速转速（r/min）	650 ± 50
最低燃料消耗（g/kW·h）	≤210
机油燃油消耗比（%）	≤0.3
排放指标	国Ⅴ
噪声（dB）	符合国家标准
缸数/缸径×行程（mm）	6/102 × 115
允许工作介质最高温度（℃）	99
机油压力（kPa）	怠速：≥80； 标准工况：294 ~ 588
机油容量（L）	11 ~ 15
外形尺寸（长×宽×高）（mm）	1080 × 760 × 1000
净质量（kg）	520

生产企业	东风南充汽车有限公司
产品名称	燃气发动机
产品型号	NQ230FN5
型式	点燃式
燃料类型	NG
总排量（L）	6. 234
额定功率（kW）	169
额定转速（r/min）	2800
最大扭矩（N·m）	780
最大扭矩时转速（r/min）	1200 ~ 1600
怠速转速（r/min）	650 ± 50
最低燃料消耗（g/kW·h）	≤210
机油燃油消耗比（%）	≤0. 3
排放指标	国 V
噪声（dB）	符合国家标准
缸数/缸径 × 行程（mm）	6/105 × 120
允许工作介质最高温度（℃）	99
机油压力（kPa）	怠速：≥80；标准工况：294 ~ 588
机油容量（L）	11 ~ 15
外形尺寸（长 × 宽 × 高）（mm）	1160 × 720 × 980
净质量（kg）	≤550

生产企业	东风南充汽车有限公司
产品名称	燃气发动机
产品型号	NQ280HN5
型式	点燃式
燃料类型	NG
总排量（L）	8. 3
额定功率（kW）	206
额定转速（r/min）	2400
最大扭矩（N·m）	1080
最大扭矩时转速（r/min）	1200 ~ 1600
怠速转速（r/min）	650 ± 50
最低燃料消耗（g/kW·h）	≤210
机油燃油消耗比（%）	≤0. 3
排放指标	国 V
噪声（dB）	符合国家标准
缸数/缸径 × 行程（mm）	6/114 × 135
允许工作介质最高温度（℃）	99
机油压力（kPa）	怠速：≥80；　标准工况：294 ~ 588
机油容量（L）	16 ~ 20（不含滤清器）
外形尺寸（长 × 宽 × 高）（mm）	1150 × 730 × 1130
净质量（kg）	780

5. 混合动力汽车专用发动机技术参数

生产企业		东风南充汽车有限公司
产品名称	气电混合动力发动机	产品照片（略）
产品型号	NQ210KN5	
型式	直列、六冲程、液冷、增压中冷、单点电喷、点燃式 NG 发动机	
燃料类型	单一天然气（NG），包括 CNG（压缩天然气）、LNG（液化天然气）	
缸数/缸径×行程（mm）	6/102×120	
总排量（L）	5.9	
额定功率（kW）	155	
额定转速（r/min）	2600	
最大扭矩（N·m）	660	
最大扭矩时转速（r/min）	200～1600	
怠速转速（r/min）	650±50	
最低燃料消耗（g/kW·h）	≤210	
机油燃油消耗比（%）	≤0.3	
排放指标	满足 GB17691－2005 标准第Ⅴ阶段排放限值要求（国Ⅴ）	
噪声（dB）	符合国家标准	
允许工作介质最高温度（℃）	99	
机油压力（kPa）	怠速：≥80； 标准工况：294～588	
机油容量（L）	13～15	
外形尺寸（长×宽×高）（mm）	1090×815×835	
净质量（kg）	680	

6. 车载增程直流发电系统技术参数

生产企业	苏州达思灵新能源科技有限公司	
产品名称	20kW324V 车载增程直流发电系统	
产品型号	DSM200324－S0M000	
峰值功率（kW）	25（60s）	
额定功率（kW）	20	
峰值转速（rpm）	3600	
额定转速（rpm）	3500	
直流母线电压等级（V）	324	
工作电压范围（V）	270 ～ 378	
控制方式	恒功率	
通信方式	CAN2.0B 29bitID/250kHz	
电机及其控制系统峰值效率（%）		90
电机冷却方式（液冷时注明冷却液流量、入口水温）		水冷（＞1L/min、＜80℃）
控制器冷却方式（液冷时注明冷却液流量、入口水温）		自然风冷（散热片）
电机工作环境温度（℃）		－40 ～ 80

控制工作环境温度（℃）	-40 ~ 80
外形尺寸（长×宽×高）（mm）	667 ×451 ×698
净质量（kg）	125
燃料类型	>90 号汽油
机油类型	10W/30SAE
发电效率（L/kW·h）	0.45

生产企业	苏州达思灵新能源科技有限公司	
产品名称	5kW72V/96V 车载增程直流发电系统	
产品型号	DSM0500xx - F0M102	
峰值功率（kW）	5.5（60s）	
额定功率（kW）	5	
峰值转速（rpm）	3600	
额定转速（rpm）	3600	
直流母线电压等级（V）	72/96	
工作电压范围	60 ~ 84/80 ~ 115	
控制方式	恒功率	
通信方式	RS233/CAN2.0B	
工作电压范围（V）	60 ~ 84/80 ~ 115	
控制方式	恒功率	
电机及其控制系统峰值效率（%）	83	
电机冷却方式（液冷时注明冷却液流量、入口水温）	强制风冷 + 自然风冷（散热片）	
控制器冷却方式（液冷时注明冷却液流量、入口水温）	强制风冷	
电机工作环境温度（℃）	-40 ~ 80	
控制工作环境温度（℃）	-40 ~ 80	
外形尺寸（长×宽×高）（mm）	530×510×320	
净质量（kg）	55	
燃料类型	>90 号汽油	
机油类型	10W/30SAE	
发电效率（L/kW·h）	0.55	

生产企业	苏州达思灵新能源科技有限公司	
产品名称	3kW60V/72V/96V 车载增程直流发电系统	
产品型号	DSM0300xx - F0M101	
峰值功率（kW）	3.5（60s）	
额定功率（kW）	3	
峰值转速（rpm）	3600	
额定转速（rpm）	3600	
直流母线电压等级（V）	60/72/96	
工作电压范围（V）	50 ~ 72/60 ~ 84/80 ~ 115	
控制方式	恒功率	
通信方式	RS232/CAN2.0B	

电机及其控制系统峰值效率（%）	78
电机冷却方式（液冷时注明冷却液流量、入口水温）	强制风冷 + 自然风冷（散热片）
控制器冷却方式（液冷时注明冷却液流量、入口水温）	强制风冷
电机工作环境温度（℃）	-40 ~ 80
控制工作环境温度（℃）	-40 ~ 80
外形尺寸（长×宽×高）（mm）	410×410×250
净质量（kg）	32
燃料类型	>90 号汽油
机油类型	10W/30SAE
发电效率（L/kW·h）	0.65

7. CAN 总线仪表技术参数

生产企业	欧科佳（上海）汽车电子设备有限公司
产品名称	CAN 总线智能仪表
产品型号	CWF1.6
产品规格	428×220×100
额定电压（V）	24
电源（V）	16 ~32
待机功耗（mA）	5
工作温度范围（℃）	-35 ~75
逻辑、模拟量、频率量及唤醒输入	54
2A 高边输出管脚	8
可配量的输入/2A 高边输出管脚	4
传感器电源（250mA）输出	1
通信接口	1 CAN lines 250 kbaud，ISO 18898，K line\RS232\RS485（预留）
S/w 可配置唤醒脚	Wake - up inputs
工作电源	1（VBAT）
EOL 程序 DIAG CAN 功能	ISO 15765

8. 车联网智能车载终端技术参数

生产企业	欧科佳（上海）汽车电子设备有限公司
产品名称	车联网智能车载终端
产品型号	VIDU - 3
安装尺寸（宽×高×直径）（mm）	2DIN：179×100×176
通信功能	卫星定位：GPS/北斗（双模）定位系统 无线通信：GSM/GPRS/3G
工作电压（V）	DC：9 ~36
CPU	ARM9 处理器
内存	2GB
SD 存储卡	最大支持 16GB
显示器	7 寸 TFT 触摸屏，分辨率 800×480
通信接口	CAN 接口，K - Line 接口，以太网接口，视频输入接口（4 路）
工作温度（℃）	-20 ~60
储存温度（℃）	-30 ~70

广汽传祺
世界智·传祺质
增程纯电传祺轿车是广汽集团自主开发并拥有完全知识产权的一款中高级新能源轿车,该车汇集和搭载了世界先进的锂电池技术、永磁同步电机技术和广汽自主研发的高智能控制技术，不仅拥有超低能耗，比传统型汽油机车节油50%以上，还拥有超强动力表现，0~50km加速仅需5.3秒；继承了传祺GA5完备的主动和被动安全系统，综合性能可媲美国际品牌的新能源汽车。
增程纯电传祺避免了纯电动车续航里程短和充电设施不足对使用造成的影响，在能源利用效率、使用成本和便利性等方面均具有综合优势，代表当今中国新能源汽车自主创新的最高水平。

启辰晨
启辰
多彩生活·触手可及
我们不仅创想，更在创造，
为你提供触手可及的未来出行生活
纯电动汽车领创者启辰晨风
启辰晨风
服务热线
400 830 8899 800 830 8899
www.venucia.com
东风日产

奇瑞新能源简介

COMPANY INTRODUCTION

奇瑞公司为了加快新能源汽车产业化进程，于2010年4月正式成立了奇瑞新能源汽车技术有限公司。奇瑞公司自2000年开始从事新能源汽车的研发，经历了以下三个重要的发展阶段：

2001—2005年，公司以国家863项目为载体，联合国内顶尖的高校及科研院所，承担并完成了多项国家863电动汽车重大专项研发课题，在3年左右的时间内，完成ISG中度混合动力和纯电动汽车的原理性样车研发。

2005—2008年，以科技部批准组建的“国家节能环保汽车工程技术研究中心”为依托，基本完成了新能源汽车的产业化研发，建立了完善的节能与新能源汽车研发体系、世界一流的新能源试验中心、试制中心等，在电动汽车关键零部件和核心技术方面，公司已经形成一整套关键零部件研发、试验、应用标定及产业化的能力，在电机、电机驱动系统、DC/DC，先进动力电池，电池管理系统，整车控制器等方面都初步形成了批量生产能力，完全掌握了新能源汽车的核心技术、标定技术和试验验证技术。新能源汽车专用的整车附件系统，包括电动空调、电动转向（EPS）、电动真空、电加热、电子制动等产品已形成了系列化，具备了批量生产的能力。第一款A5-BSG混合动力汽车于2008年批量上市，在芜湖、大连等城市作为出租车深受客户欢迎，同时也成为河南、广东、新疆、山西、福建、浙江等私人用户的私家车。中度混合动力（ISG）汽车已进入小批量生产阶段，目前被多个新能源汽车示范试点城市作为出租车、公务用车的首选车型。微型纯电动汽车、中级纯电动汽车、微型电动客车、纯电动中巴、纯电动大巴的产业化开发也取得了重大进展。同时，公司也非常注重高效节能汽油机、柴油机技术、灵活燃料汽车技术、强混合动力技术、燃料电池汽车技术等全面的发展，多项技术均处于国内领先水平。2009年，公司全面启动了新能源汽车大规模产业化及应用，奇瑞A5ISG、A5BSG、S11EV和A01EV已经列入工信部发布的产品公告并入选了国家节能环保产品推荐目录。

2009年1月，奇瑞公司“节能环保汽车技术平台建设项目”获得“国家科技进步奖一等奖”。2010年3月，第一批经济型纯电动轿车交付用户使用和奇瑞新能源汽车技术有限公司成立，标志着公司新能源汽车事业翻开了崭新的篇章。公司从2012年开始立项研发S15EV、A16EV以及M16插电式混合动力轿车，目前三款车型均进入关键研发阶段，S15EV计划在2014年10月实现产业化，A16EV计划在2015年实现小批量示范推广，M16PHEV计划在2015年示范推广。截至2014年6月，公司新能源汽车累计销量达1.8万辆。

净世界 未来

東南汽車

东南（福建）汽车工业有限公司坚持高起点自主创新和国际品牌合作的双品牌发展战略，以一如既往的驾驭、科技、环保的热情，在国际汽车舞台上实现属于自己的汽车梦想。关爱地球、保护环境，东南汽车以不懈的环保热情不断加速新能源技术的市场化应用，通过不断地自主创新，促进技术进步。

2012年，由东南汽车主导联合河南蓝海新能电动汽车有限公司开发的东南牌V3菱悦换电式纯电动车，已在河南新乡示范运行近2年，获得用户的高度认可。

东南牌得利卡纯电动车作为国内首款纯电动轻型客车，已取得国家公告认证，并作为联邦快递的运输车在上海地区示范运行。

现在正在同步开发V5纯电动车型、串联式及并联式混合动力车型。

东南汽车将在此基础上再次扬帆，带来更多新的产品和新的研发成果。

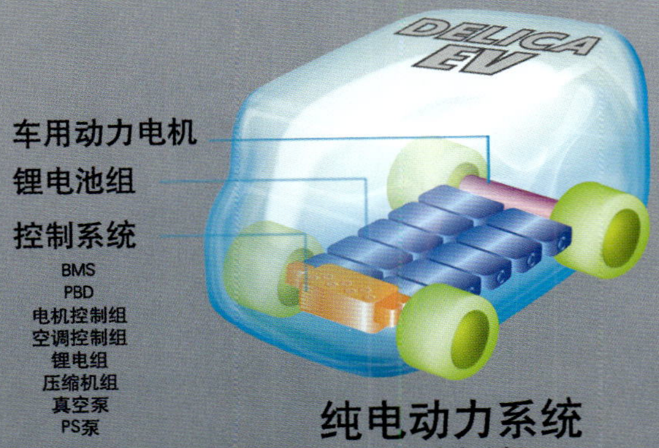

纯电动力系统
（得利卡电动车）

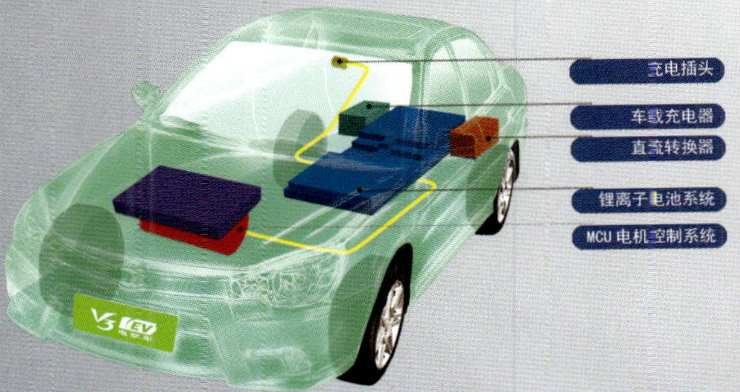

上饶客车
SHANGRAO COACH

江西博能上饶客车有限公司

江西博能上饶客车有限公司，前身为江西鑫新实业股份有限公司上饶客车厂，始建于1969年，拥有悠久的客车制造传统，为原国家机械工业部客车生产定点企业、骨干企业，曾以首创客车汽油发动机后置技术、率先引进全承载车身技术、成功承制江西省国庆50周年和60周年游行彩车而著称。

2007年，公司在德国客车专家指导下，在上饶市经济技术开发区设计建造成占地面积365亩、建筑面积6万余平方米的新工厂。公司专业设计、生产大中型客车，单班具备年产4000辆客车整车产能，产品涵盖6～12米大中轻型客车，包括校车、团体、公交、旅游客运、新能源和专用车六大系列40多个品种，销售及售后服务网络遍布全国各大城市和海外地区。目前公司员工总数700余人，其中专业技术人员占30%以上，且公司技术中心为江西省唯一一家省级客车技术研发中心。公司已通过ISO 9001:2008质量体系认证，所有产品全部通过国家认监委的“3C”强制认证，相关配套企业也全部通过ISO 9001:2008质量体系认证，关键零部件全部通过“3C”强制认证。

2009年，在不断扩大传统客车和海外市场份额的基础上，公司全力进军新能源汽车领域。2010年，公司引进战略投资者中国科学院和江西出版集团，在资金、技术、品牌方面与中国科学院进行全方位合作，开展自主研发和技术创新，建设新能源汽车研发和产业化基地，力争将上饶客车打造成全国新能源汽车第一品牌。

与中科院签约战略合作协议

SR6700HBEV纯电动客车

SR6700SHEV增程式电动客车

SR6110CHEV混合动力城市客车

SR6106PHEVG/PHEVNG混合动力城市客车

SR6116PHEVNG插电式混合动力城市客车

公司地址：江西省上饶市经济技术开发区凤凰西大道18号　　邮编：334100
电话：（0793）8469522　　传真：（0793）8469567　　网址：http://www.srkc.com.cn

LISHEN
Power Your Life!
力神新能源 绿色新驱
超级电容器及超级电池
聚合物锂离子电池
方形锂离子电池
圆柱形锂离子电池
动力锂离子电池
光伏储能系
力神电池创立于1997年，是一家拥有自主知识产权核心技术的股份制高科技企业，专注于锂离子
电池的技术研发、生产和经营。现具有9亿安时锂离子电池的年生产能力，市场份额稳居全球前五位。
公司注册资本12.5亿元人民币，总资产64亿元人民币。消费类电子电池客户既包括苹果、三星、
、戴尔、惠普、微软、TTI、SBDK、联想等国际巨头，也包括华为、中兴、酷派、TCL等国内行业
导者。近年来，随着新型能源应用的不断扩大，公司相继与戴姆勒奔驰、大众、一汽、长安、东风、
吉利、东风悦达起亚、北汽、江淮、广汽、宇通、金龙、北汽福田、安凯、中通、申沃等国内外大
车企展开合作，合作项目包括乘用车、专用车以及商用大巴车等全系列电源解决方案。在储能领域，
司相继与国电电力、中广核、南方电网等合作储能运营项目，并与国家电网、中国普天、中国联通等
营公司相继成为战略合作伙伴。
应用方向
APPLICATION
力神电池——面向全应用方向
的绿色能源解决方案提供商
Total Energy Solutions Provider
公司承担的主要任务
●完成国家及各部委科技和产业化项目(含863项目)共11项。
●承担国家发改委、工信部、科技部、财政部等四部委“国家新能源汽车产业技
创新专项工程”。
●承担中央企业电动汽车产业联盟课题15项，是国资委“央企新能源汽车产业联
盟”电池系统的组长单位。
●完成天津市14项科技开发及产业化项目。
●承接科技部“国家级锂离子动力电池工程技术中心”建设任务。
●参与18项动力电池国标、行标等标准的制定。
主要成果 —— 新平台动力汽车电池开发
●开发了三大系列、十个型号单体电池产品、几十个标准模组和百余种系统电池产品。
●现有专利1343项，其中发明专利100余项。
●参与建立各项标准共18项。
●与16个汽车厂家配套完成了40余款车型的产品公告。
●在天津、青岛等示范城市实车安全运营超过2000万公里。
●通过了一汽、一汽-大众、江淮、宇通、东风起亚等车厂的资质审核、认证，
现了为部分车型批量供货。
A
国家动力电池工程技术研究中心
力神电池
天津力神电池股份有限公司

绿色新能源创造者

使命：绿色新能源创造者
愿景：动力电池行业的领导者
核心价值观：珍惜　务实　诚信　创新
经营理念：成就别人才能成就自己

合肥国轩高科动力能源股份公司成立于2006年5月，位于新站开发区，拥有两个生产基地、一个工程研究院，现有职工1200人，占地300余亩，注册资金2.02亿元，资产总额近18亿元。

公司是一家专业从事新型锂离子电池及其材料的研发、生产和销售，拥有核心技术知识产权的企业，主要产品为磷酸铁锂正极材料、动力电池组、BMS系统及储能型锂电池组等。

至2014年，公司磷酸铁锂正极材料生产线产能1500吨，电芯生产能力2亿安时/年，电池成组生产能力6亿瓦时/年；可提供2000~3000辆纯电动大巴、2.5万辆小车、10万盏风光互补路灯的生产能力。

国轩高科专注于动力电池的研发、生产和销售

DOSTAR®多思达
使命决定产品——多思达愿为新能源汽车普及做出不懈努力！
GB/T20234.2-2011 交流标准
GB/T20234.3-2011 直流标准
IEC62196-2 模式 2 标准
IEC62196-2 模式 1 标准
多思达EV充电接口、高性能连接器，助力新能源汽车的发展
专业用于电动汽车、电动大巴等电动车辆的充电连接；可应用于专业充电桩充电站等充电设施，能满足专业充电站快速充电、充电桩中速充电、家用慢速充电的使用要求。
EV
座电动汽车充电站——迈皋桥电动汽车充电站
首座大型电动汽车充电站——临沂焦庄电动汽车充电站
首座大型电动汽车充电站——合肥柳树塘电动汽车充电站
座民用电动汽车充电站——芜湖电动汽车充电站
首座大型电动汽车充电站——成都石羊电动汽车充电站
首座大型电动汽车充电站——郑州郑东电动汽车充电站
苏州工业园区多思达科技有限公司
地　址：苏州工业园区星汉街5号
网　址：www.dostarchina.com
电　话：0512-62531886 传真：0512-62531887
邮　箱：daijx@dostarchina.com
DOSTAR 多思达科技
www.dostar-ev.com

Ebusbar®
巴斯巴

公司简介 Company Profile

深圳巴斯巴科技发展有限公司是研、产、销一体化的服务型国家高新技术企业和深圳市高新技术企业，深圳市新能源汽车核心零部件产业技术创新联盟及四家发起单位之一。核心产品是高压连接器(叠层母排、充电连接器、充电终端)，产品被广泛运用于电动汽车、风能、太阳能、智能电网等新能源产业。公司不仅拥有先进的仪器设备和高效的标准生产线，而且拥有经验丰富、勇于创新的研发团队，灵活的产品方案，专业的技术支持，以及迅速的客服响应。

As a Shenzhen&national high-tech enterprise, Shenzhen Busbar Sci-Tech Development Co., Ltd., is a specialist in development, manufacturing, sales and service of EV products. Ebusbar is not only a governing unit of New Energy Vehicles Core Parts Industry Technology Innovation Alliance, but also one of the four founder-members. Our four major key products of HV connector, laminated busbar, charging connector, charging system are widely used in electric vehicles, wind energy, solar energy, smart grid and other new energy industry. Apart from that, we hold advanced instruments and equipment and high effective standard production line, having an experienced and innovative R & D team, flexible product solutions, professional technical support and quick customer service response.

深圳巴斯巴科技发展有限公司
SHENZHEN BUSBAR SCI-TECH DEVELOPMENT CO.,LTD.
能源热线：4006-899-718
电话：86-0755-89938488
网址： www.ebusbar.net
地址：深圳市坪山新区兰竹东路8号巴斯巴产业园
Add：Ebusbar Industrial Park, NO.8, Lanzhu East Road,Pingshan New District, Shenzhen, China.
传真：86-0755-89939188
邮箱：busbar_sz@163.com
邮编：518118

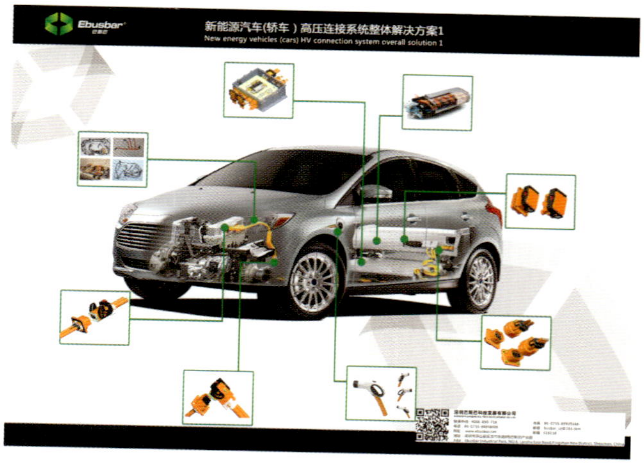

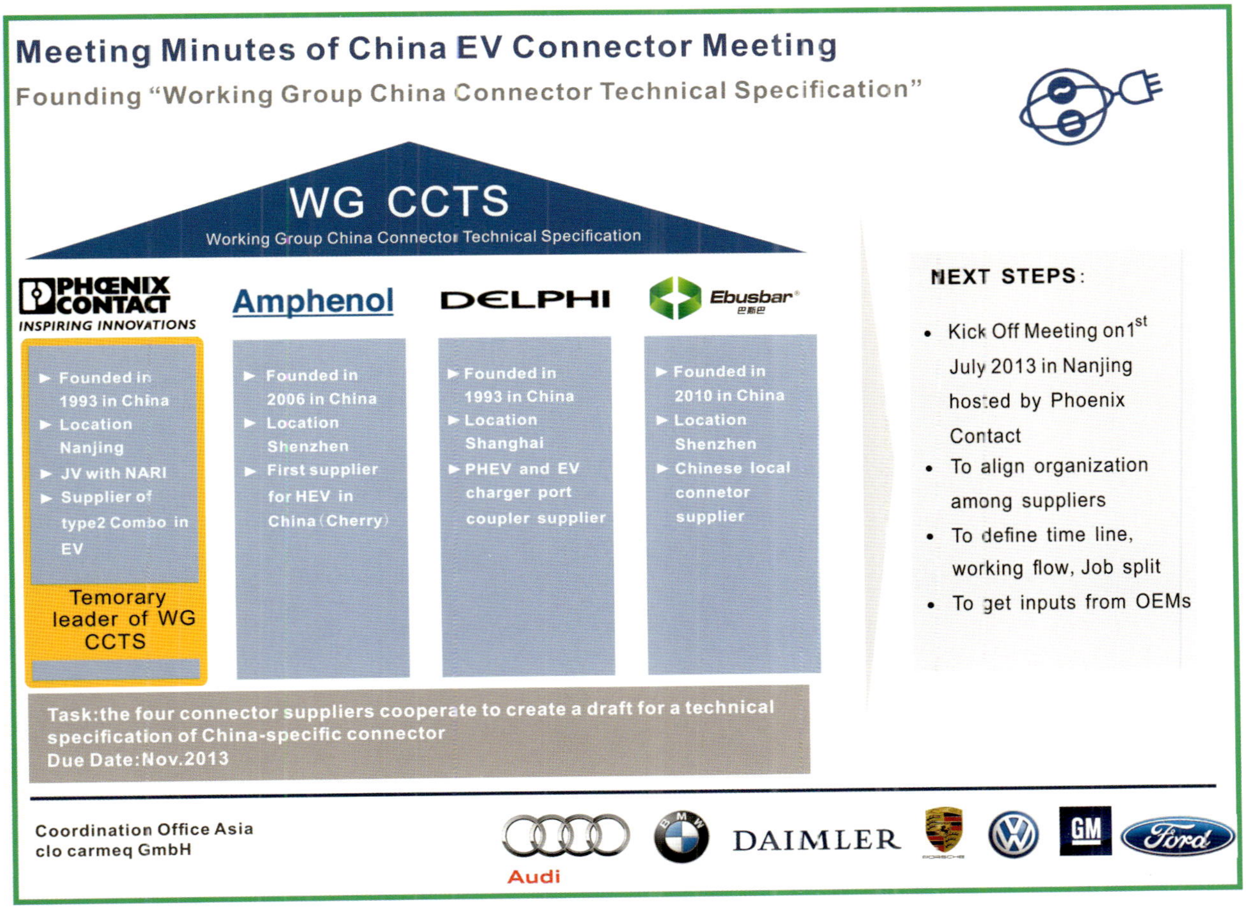
Meeting Minutes of China EV Connector Meeting
Founding "Working Group China Connector Technical Specification"
WG CCTS
Working Group China Connector Technical Specification
PHOENIX CONTACT
INSPIRING INNOVATIONS
Founded in 1993 in China
Location Nanjing
JV with NARI
Supplier of type2 Combo in EV
Temorary leader of WG CCTS
Amphenol
Founded in 2006 in China
Location Shenzhen
First supplier for HEV in China (Cherry)
DELPHI
Founded in 1993 in China
Location Shanghai
PHEV and EV charger port coupler supplier
Ebusbar
Founded in 2010 in China
Location Shenzhen
Chinese local connetor supplier
NEXT STEPS:
Kick Off Meeting on 1st July 2013 in Nanjing hosted by Phoenix Contact
To align organization among suppliers
To define time line, working flow, Job split
To get inputs from OEMs
Task: the four connector suppliers cooperate to create a draft for a technical specification of China-specific connector
Due Date: Nov.2013
Coordination Office Asia
c/o carmeq GmbH
Audi
DAIMLER

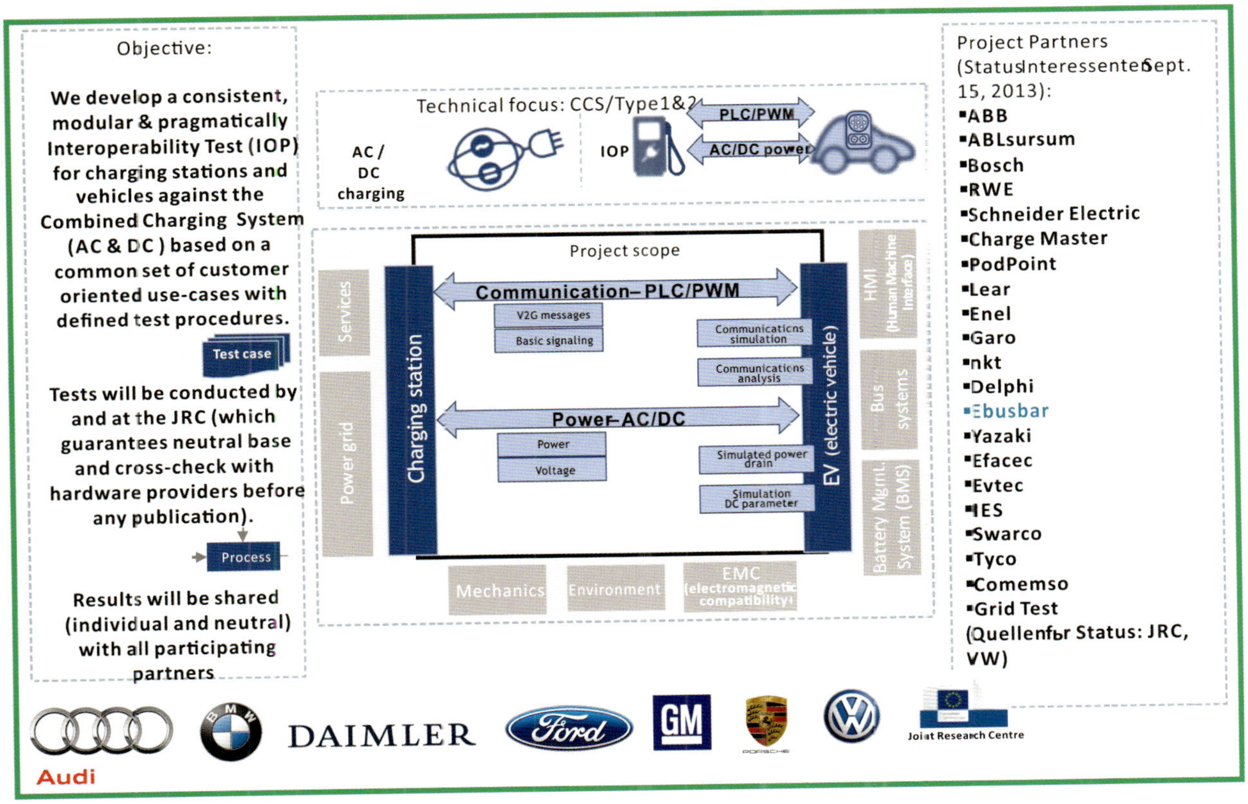
Objective:
We develop a consistent, modular & pragmatically Interoperability Test (IOP) for charging stations and vehicles against the Combined Charging System (AC & DC) based on a common set of customer oriented use-cases with defined test procedures.
Test case
Tests will be conducted by and at the JRC (which guarantees neutral base and cross-check with hardware providers before any publication).
Process
Results will be shared (individual and neutral) with all participating partners
Technical focus: CCS/Type1&2
AC / DC charging
IOP
PLC/PWM
AC/DC power
Project scope
Services
Power grid
Charging station
Communication–PLC/PWM
V2G messages
Basic signaling
Communications simulation
Communications analysis
Power–AC/DC
Power
Voltage
Simulated power drain
Simulation DC parameter
EV (electric vehicle)
HMI (Human Machine Interface)
Bus systems
Battery Mgmt. System (BMS)
Mechanics
Environment
EMC (electromagnetic compatibility)
Project Partners
(Status Interessenten Sept. 15, 2013):
ABB
ABLsursum
Bosch
RWE
Schneider Electric
Charge Master
PodPoint
Lear
Enel
Garo
nkt
Delphi
Ebusbar
Yazaki
Efacec
Evtec
IES
Swarco
Tyco
Comemso
Grid Test
(Quellen für Status: JRC, VW)
Audi
DAIMLER
Joint Research Centre

EON
意 昂 神 州

意昂神州（北京）科技有限公司是一家专业的汽车电子电控技术服务商，是国家高新技术企业。公司成立于2003年，总部设在北京中关村，在上海设有分公司，并在底特律设有技术研发中心。意昂神州通过整合欧美汽车领域优质技术资源，引进世界先进的开发流程、开发标准、开发技术，同时结合国内实际情况，不断进行三个创新（系统集成创新、二次开发创新与技术服务创新），争做行业内技术服务商的第一品牌。意昂神州立足于汽车电子电控核心技术的动力总成领域，提供完整的动力总成电控系统开发咨询服务以及新能源汽车三电（电池、电机、电控）系统开发与测试解决方案，支持行业伙伴快速实现汽车电控系统开发到产品化（D2P - From Development to Production）和三个建设（团队建设、平台建设、流程建设）。

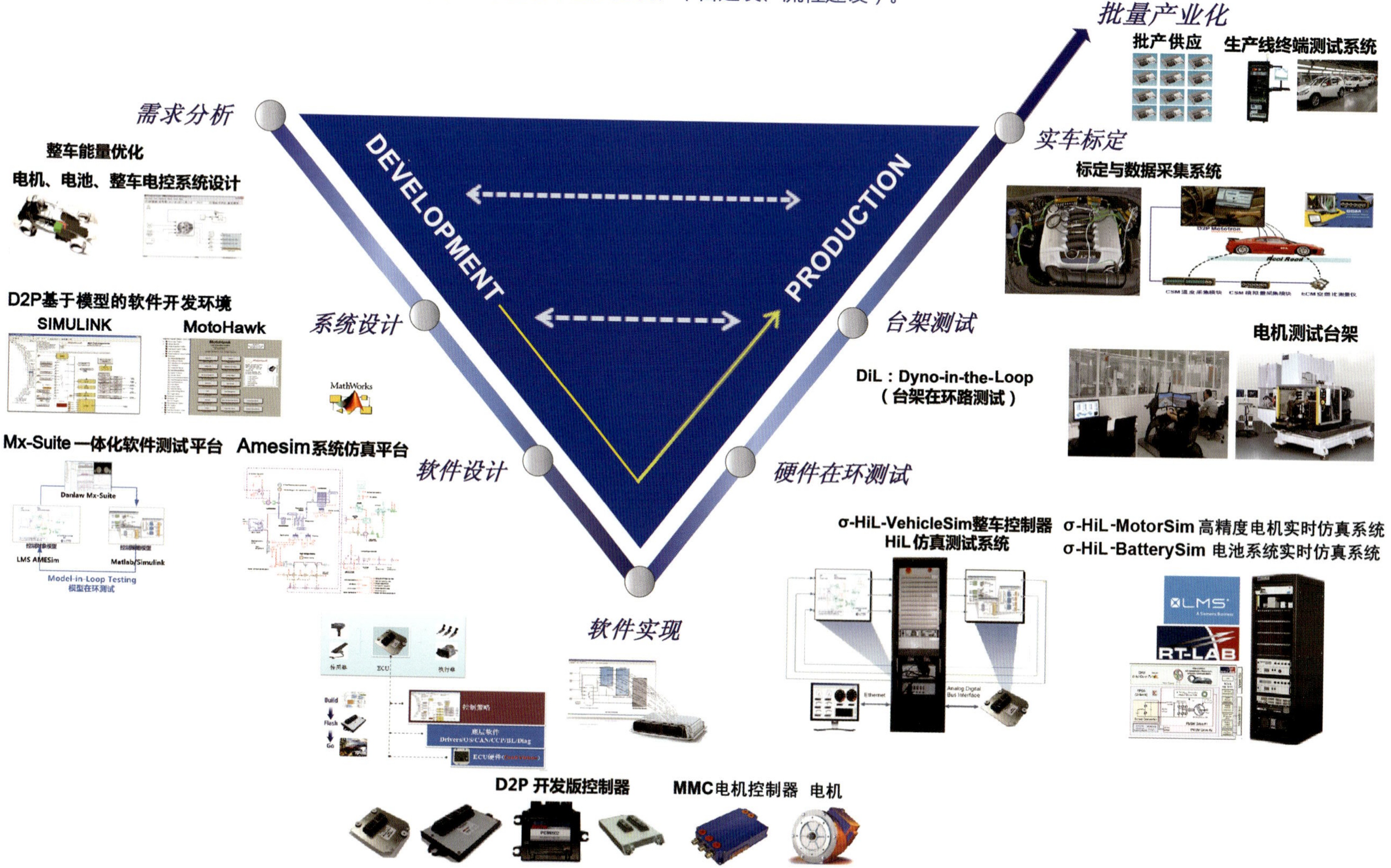

意昂神州(北京)科技有限公司

地址：北京海淀区上地信息路12号中关村发展大厦C-301室

SAFETY AND ENERGY

汽车安全与节能国家重点实验室介绍

汽车安全与节能国家重点实验室是世界银行贷款建设的75个国家重点实验室之一，依托于清华大学。1989年经国家计委批准建立本实验室，1995年11月通过国家验收并正式运行和对外开放。

汽车安全与节能国家重点实验室遵照国家各级主管部门对重点实验室提出的“开放、交流、联合、竞争”的运行方针，始终围绕汽车的“安全、节能、环保”三大主题，瞄准国际前沿，服务于国家目标，定位于汽车工程学科重要基础理论、汽车工业前沿及关键共性技术和应用，努力实现出创新成果、出优秀人才的目标。

汽车安全与节能国家重点实验室现有固定人员71名，其中中国工程院院士1人，正高职称研究人员（教授、研究员）32人、副高职称研究人员（副教授、副研究员）25人、中级职称研究人员（助理研究员）5、工程技术人员9人。固定人员中，国家杰出青年2人，国家千人计划2人，国家青年千人计划1人，长江学者特聘教授3人，长江学者特聘讲座教授1人。

汽车安全与节能国家重点实验室的研究方向具体分为汽车被动安全性、汽车主动安全性、电控发动机与排放控制、新能源电动汽车四方面。五年来，汽车安全与节能国家重点实验室在汽车行业、国际合作和国防建设中发挥了重大作用，产生了重要影响力。

本实验室在与汽车最为相关的中国汽车工程学会和中国内燃机学会中发挥着重要作用，担任中国汽车工程学会和中国内燃机学会两个学会的副理事长，担任中国汽车工程学会的发动机分会、电动汽车分会和汽车安全分会以及中国内燃机学会油品与清洁燃料分会共4个分委员会的主任委员，是担任分会主任委员最多的单位。在中国与美国两国政府间最大科技合作项目的“中美清洁能源合作研究”中，本实验室是“中美清洁汽车联盟”的牵头单位。近5年来，与汽车科技有关的规模最大的国家项目是国家863计划“电动汽车”专项和“节能与新能源汽车”重大项目，本室是该项目的最主要承担单位。利用汽车科研成果为国防建设服务，是本室多年来的一个特点，本室在航天、特种车辆、国防装备等领域取得了多项突出的成果，在国防领域产生了显著效果。

汽车产业清华校友论坛

2013. 4. 19
汽车先进技术基础研究
中青年学者论坛合影

冈部长、陈吉宁校长、闫傲霜主任 到我室视察工作

与阿贡国家实验室签订战略合作协议

李克强团队获国家技术发明二等奖

清华大学苏州汽车研究院战略发展研讨会

张扬军获国家科技进步二等奖

客座教授授予仪式

中美清洁汽车联盟年度技术论坛合影

同濟大學
TONGJI UNIVERSITY

国家燃料电池汽车及动力系统工程技术研究中心

新能源汽车及动力系统国家工程实验室
新能源汽车教育部工程研究中心
上海市电动汽车技术中心
中国燃料电池汽车产业技术创新战略联盟（秘书长单位）

万钢教授　中心创始人

万钢教授是汽车领域专家，毕业于德国克劳斯塔尔工业大学机械系，获博士学位。他曾任同济大学校长，现任全国政协副主席、致公党中央主席和科学技术部部长。

万钢教授是同济大学新能源汽车工程中心的创始人和首任主任，曾受聘担任国家863计划电动汽车重大专项首席科学家、总体组组长，率领中心团队先后完成了“春晖”系列微型电动汽车、“登峰”&“登程”系列混合动力汽车及“超越”系列燃料电池汽车的研发工作，在燃料电池汽车领域实现了零的突破。

中心具有一支科研实力雄厚、年龄结构合理的学术梯队，现有：中央人计划”专家1人，“973”首席科学家1人，“青年千人计划”专家1人正高职称20人，副高职称13人，博导19名，具有博士学位者39人；在士后3人，在读博士生50人，硕士生245人。近年来，中心先后获得国家育部长江学者及创新团队计划的“节能环保汽车”创新团队、科技奥运集体、上海世博会先进集体、“十一五”国家科技计划执行优秀团队等荣

中心团队按矩阵式管理模式（见下图）开展工作。中心理事会制定的发展方向和重大决策。专家委员会由校内外知名专家学者组成，对中专业方向和项目执行情况提出宝贵意见，其成员包括中国工程院院士、部长江学者计划特聘教授、“973”首席科学家、“千人计划”顾问员、中国汽车工程学会副秘书长等。中心执委会负责日常具体工作的实中心下设5个科研部门，进行相应方向的科研工作，并由试验/试制基地述部门提供工程化支撑。

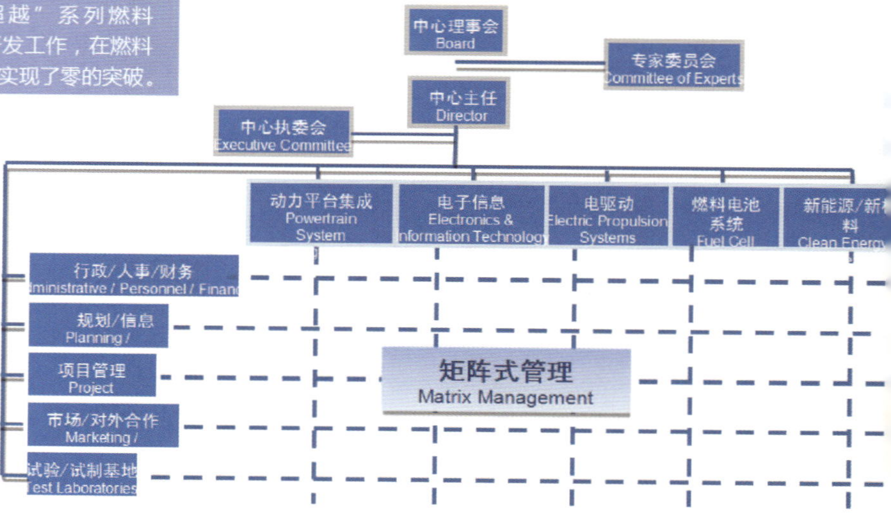

中心设置有动力平台集成、电驱动、电子信息、燃料电池系统和新能源/新材料五个专业部门。围绕新能源汽车的研究开发工作，中心形成了燃料电池及动力系统、新能源汽车及动力系统、氢能及其他汽车新能源和新材料三大核心技术，并在此基础上建立了动力系统技术、新能源技术和实验/测试三大科研平台。与此同时，中心还通过紧密结合科研项目的方式培养高水平的专业人才。

动力平台集成

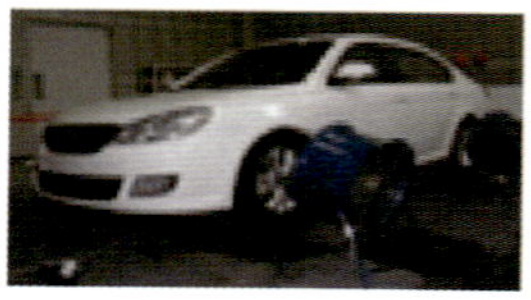

1. 新能源汽车动力系统方案设计、集成与总布置研究与开发
2. 新能源汽车整车性能定义、研究与开发
3. 新能源汽车及动力系统NVH研究与开发
4. 新能源汽车、智能电动汽车整车动力学研究与开发

电驱动

1. 新能源汽车电驱动总体方案设计与开发
2. 电机驱动，电机的选型、应用、测试及电安全
3. 电传动EMT、AMT、DCT的控制算法及执行机构方案设计

电子信息

1. 新能源汽车动力系统关键电子部件的原型开发
2. 电液复合制动系统的开发
3. 各类电子部件的控制策略及算法
4. 汽车电子CAN总线的开发与应用
5. 车载蓄电池管理系统BMS开发
6. 动力系统（包括线束）及关键电子设备的电磁兼容研究

燃料电池系统

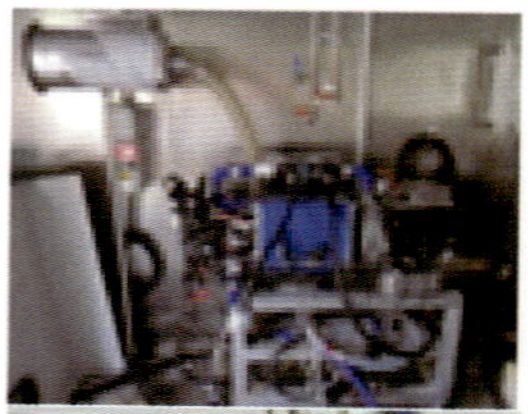

1. 燃料电池发动机系统集成设计
2. 燃料电池发动机系统关键部件的开发与应用
3. 燃料电池发动机系统的建模、仿真和控制技术

新能源/新材

1. 储氢技术
2. 制氢及提纯
3. 氢基础设施
4. 分布式能源
5. FC相关技术
6. 相关标准规范

燃料电池汽车 Fuel Cell Vehicles

02年“超越一号”台架车研制成功
2002,the prototype frame of “Start
.1” was successfully developed

基于第三代动力系统平台的燃料电池汽车
最高车速：123 km/h
加速时间 (0～100 km/h)：19 s
续驶里程：230 km
Fuel cell vehicles based on the 3rd generation powertrain platform
Top Speed: 123 km/h
Acceleration Time (0～100km/h) : 19 s
Driving Range: 230 km

基于最新动力系统平台的燃料电池汽车
最高车速：150 km/h
加速时间(0～100km/h)：15 s
续驶里程：380 km
Fuel cell vehicles based on the most updated powertrain platform
Top Speed: 150 km/h
Acceleration Time (0～100 km/h): 15 s
Driving Range: 380 km

超越一号
Start No.1
2003年

超越二号
Start No.2
2004年

超越三号
Start No.3
2005年

东方之子
Eastar
2006年

2008年

2010年

混合动力汽车 Hybrid Vehicles

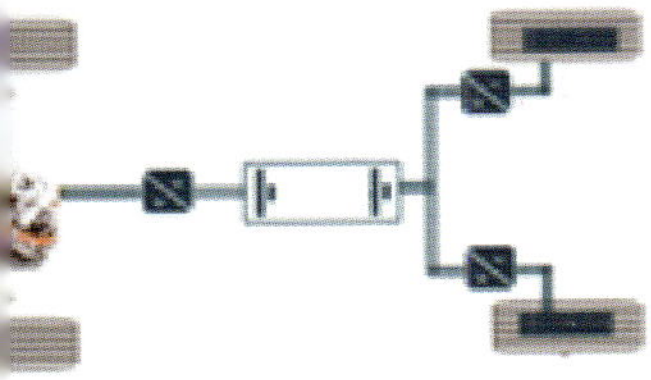

中华四轮驱动强混合动力轿车(华晨)
Zhonghua 4 Wheel Full Hybrid Car (Brilliance)

串联式超级电容油电混合动力城市客车
Serial Supercap Hybrid City Bus

中华新尊驰(华晨)
Zhonghua All New Grandeur

峰一号
ngfeng No. 1
2004年

登程一号(华普)
Step No. 1(Maple)
2005年

中华牌混合动力轿车(华晨)
Zhonghua Hybrid Car (Brilliance)
2007年

超级电容混合动力轿车(华普)
Supercap Hybrid Car (Maple)
2008年

混合动力城市客车
Hybrid City Bus
2010年

纯电动微型车 Pure Electric Mini Cars

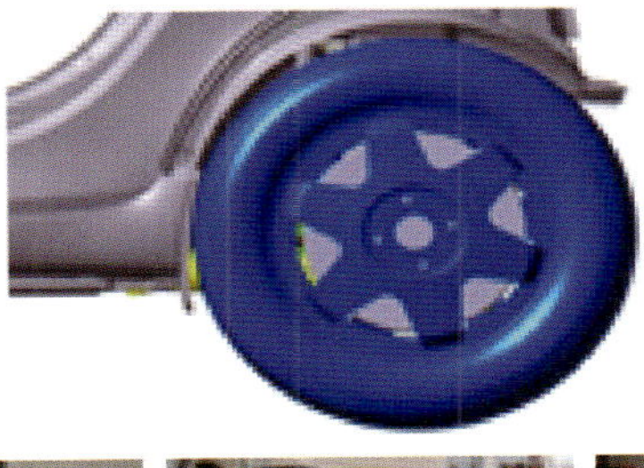

无人驾驶车
Unmanned Vehicles

奇瑞 S18
Chery S18

晖一号
ing No. 1
2002年

春晖二号
Spring No. 2
2003年

春晖三号
Spring No. 3
2004年

春晖-嘉乐
Spring-Gallop
2005年

世博观光车：4～12座
Sightseeing Vehicles in Expo 2010 Shanghai: 4—12 Passengers
2006年

2008-2010年

打造科技服务新航

汽车安全试验室

汽车安全试验室占地超过4万平方米，新增投资2亿元，是中心新园区占地面积最大的试验室实车碰撞试验室与模拟碰撞试验室两部分组成。

实车碰撞试验室总长310m，宽165m。试验室共设置8条跑道，呈扇形结构，直线跑道有效牵分全长260m。试验室软、硬件能力均位于国际领先地位，可完成实车多角度对撞试验，并且可依国法规、C-NCAP、ECE&EC、FMVSS、GCC、Euro NCAP等标准进行认证试验及被动安全开发试验。

新模拟碰撞试验室拥有两台日本三菱重工生产的液压伺服控制的高精度试验台车，可以承扌车及零部件动态冲击性能、约束系统匹配等台车试验，并能很好地创造出基于实车波形的碰撞环模拟碰撞试验室试验能力可以覆盖全国乃至美国、欧洲、日本、海湾等国家及地区的相关标准法

整车排放试验室

整车排放试验室由5个试验间组成，分别为海拔环境仓、低温环境仓、常温4驱转鼓、常温2驱转鼓和密闭室。其中，海拔环境仓是国内首创的，性能在世界上屈指可数的测试系统总投资达1亿元。

主要功能

海拔模拟：0～5 000m²

温度模拟：-40～+60℃

湿度模拟：10%～95%相对湿度

阳光模拟：600W/m²～1200W/m²，全光谱；照射角度可调

底盘测功机：4轮4电机

排放测试系统：可以完成美标试验和三高标定

整车耐久试验室

整车耐久试验室于2011年初完成建设并投入运行，是国内规模最大、设施最完善的整车排放久试验室。

试验室总投资达6 000多万元，其中试验室基础建设投入达2 000多万元，设备投入达4 000多万元

该试验室拥有总计19套可独立开展道路模拟试验工作的试验系统。其中，奥地利AVL公司生产两驱整车底盘测功机16套、四驱整车底盘测功机2套；自主研制开发的整车底盘测功机1套。另外该试验室还配备了德国STAHLE生产的自动驾驶仪9套。

本试验室可依照欧盟指令、美国EPA法规、日本汽车排放法规及中国排放法规要求完成耐久性试驻还可完成与整车道路模拟相关的整车性能试验。

发动机综合试验室

发动机综合试验室于2010年建成，2011年正式投入使用，总投入达2亿元。试验室下设重型转鼓试验间、发动机性能排放试验间和化学分析试验间，主要承担发动机及重型整车的性能、排放、耐久、油耗等测试，以及汽车材料禁限物质分析评价、车内空气质量分析测试、催化剂贵金属含量分析等业务。

试验室引进国内第一台四驱重型转鼓设备，在此之前，亚洲仅有3台。该试验室拥有AVL电力测功机9台、国内外一流的全流定容稀释采样系统2套、发动机部分流采样系统3套、性能耐久台架15台以及先进的化学分析设备。实验装置一流，处于国际领先行列。

动力汽车产业新升级

新能源汽车试验室

新能源汽车试验室主要进行电动汽车关键零部件的测试评价和论证，包括动力电池、电机、电控、充电接口等，综合测试能力国内第一。

试验室一期投入4 000万元，建成了电池试验室、电机试验室和充电部件试验室，引进并开发了多套电机实验台、电池模拟器、电池性能和安全试验台等一流设备，测试能力覆盖当前国内外的所有相关的标准。

试验室还承担了电动汽车测试评价的国家课题，并负责锂电池等标准的制定，在试验和评价技术方面的能力处于国内领先行列。

汽车电子试验室

汽车电子试验室拥有国内技术最先进、具有国际高水准的综合性电磁兼容试验平台，该平台从2008年3月开始筹建，2012年3月正式投入使用，投资约6 000万元，测试平台配备的10m法电波暗室、四轮独立驱动的转毂测功机、多功能气动机器人、电磁兼容测试系统都由国际最高水平的供应商提供。该试验室可以进行最大整备质量20t、最大车长13.7m的所有车型的电磁兼容试验，可以进行ABS等主动安全系统的电磁兼容相关测试，抗扰试验能力达到200V/m，不仅满足了欧洲出口认证的要求，也满足国际一流汽车制造商企业标准要求，同时也承担了国家的863课题、国际交流研究及标准制定过程的验证试验。

零部件试验室

零部件试验室设备总投入4 000万元，试验室总占地面积2万平方米，其中温控试验面积7000平方米零部件试验室拥有各类试验设备83台（套），主要进行汽车主、被动安全零部件（如约束系统、底盘零部件、车身系统、车身附件系统）的性能测试、可靠性试验及相关研究工作。近年来，零部件试验室高速发展，逐步建成了以强制性认证试验为基础，以行人碰撞保护、零部件可靠性试验为特色，以出口认证服务、企业合作研发为增长点的发展模式，具备了国内一流、国际领先的试验研究水平。

性能开发综合试验室

性能开发综合实验室的所有试验设备主要应用于汽车产品性能开发测试与验证，已经初步形成了从整车到总成、零部件，涵盖汽车NVH性能、底盘开发、疲劳耐久以及汽车电子的综合测试评价能力，总体投资约1.5亿元。其中，NVH实验室的所有测试设备全部使用进口主流设备，NVH试验评价与开发能力处于国内一流、国际领先水平。悬架KC特性试验室采用英国ABD双轴KC试验台，能进行整车质心转动惯量测量，是目前国内功能最齐全的KC试验台。

中国汽车技术研究中心汽车产业发展研究所（即中国汽车技术研究中心北京工作部）是中国汽车技术研究中心在北京开展技术服务的窗口，代表中心在北京开展政府服务、行业工作、公共关系、项目咨询与国际合作等业务。

汽车产业发展研究所一直坚持“以政府服务为重点，行业服务、国际合作为优势，开拓创新、人才培养为源动力”的发展理念，不断提升研究与服务能力，经过多年发展，已经形成政策法规研究、节能和新能源汽车相关研究、汽车市场研究与咨询、道路交通安全研究、汽车排放测试技术 研究、会展与培训等六大业务板块。常年为汽车行业政府主管部门提供技术支撑，协助其开展行业管理工作，同时向行业提供专业的研究咨询和信息分析等服务。

汽车产业发展研究所的成长与发展与汽车产业的蓬勃发展息息相关，我们将长期坚持回报行业和社会的理念，并愿以全部的资源和专业的研究能力，向行业提供全方位的技术服务，成为业内卓越企业及机构的智囊与伙伴，共同为中国汽车产业的持续繁荣贡献力量！

中国汽车技术研究中心
China Automotive Technology & Research Center

汽车产业发展研究所
（北京卡达克科技中心）
Automotive Industry Development Institute

- 综合管理部 Management & Administration Dept.
- 规划发展部 Planning & Development Dept.
- 政策法规研究部 Policy & Regulation Research Dept.
- 清洁汽车生产力促进中心 New Energy Vehicle Productivity Center
- 市场研究部 Market Research Dept.
- 道路交通安全研究部 Road Traffic Safety Research Dept.
- 会展培训部 Exhibition & Training Dept.
- 排放技术研究部 Emission Technology Research Dept.
- 燃料电池项目办公室 UNDP/GEF/MOST Fule Cell Bus Demonstration Project Office
- China Auto 杂志社 China Auto

项目接洽-规划发展部
Project contact-Planning&Development Dept.
联系电话(Tel)：86-10-63702983　　传系电真(Fax)：86-10-63702995
E-mail：aidi@catarc.ac.cn

Automotive Industry Development Institute (also known as Beijing Operations, CATARC) is a representative of China Automotive Technology and Research Center in Beijing, covering government department service, industry communications, public relations, consultation and international cooperation.

AIDI adheres to "focusing on serving government departments and the industry, giving priority to the R & D incomes and being powered by innovation and talent fostering". Its business fields cover research on policy and rule, new and energy conservative vehicles, auto market and road traffic safety, consultation, and exhibition and training. Its day-to-day jobs include technical supports to government departments, assisting them with industrial management, and serving the auto industry.

The development of AIDI has been closely linked to the vigorous auto industry of China and it will make a return with all its resources and capabilities, becoming a partner and brainpower of the outstanding companies and institutions, and making contribution to China's auto industry.

详细联系电话(Detailed In formation)

-政策法规研究部(Policy & Regulation Research Dept.)
电话(Tel)：86-10-63702987　传真(Fax)：86-10-63702953
-清洁汽车生产力促进中心(New Energy Vehicle Productivity Center)
电话(Tel)：86-10-63701286　传真(Fax)：86-10-63702964
-市场研究部(Market Research Dept.)
电话(Tel)：86-10-63702950　传真(Fax)：86-10-63702994
-道路交通安全研究部(Road Traffic Safety Research Dept.)
电话(Tel)：86-10-63702971　传真(Fax)：86-10-63702966-8142
-会展培训部(Exhibition & Training Dept.)
电话(Tel)：86-10-63701181　传真(Fax)：86-10-63702960
-排放技术研究部(Emission Technology Research Dept.)
电话(Tel)：86-10-67832318　传真(Fax)：86-10-67832330
-燃料电池项目办公室(UNDP/GEF/MoST Fuel Cell Bus Demonstration Project Office)
电话(Tel)：86-10-63702973　传真(Fax)：86-10-63702974
-CHINA AUTO 杂志社
电话(Tel)：86-10-63705975　传真(Fax)：86-10-63701810

中国汽车技术研究中心
China Automotive Technology & Research Center
汽车产业发展研究所
Automotive Industry Development Institute

鑫业电动
XINYEDIANDONG

www.hrbxyev.com

鑫业公司作为最早参与"奥运会"项目和"世博会"项目的公司之一，公司积极承接国家"863"电动汽车相关生产项目，经过引进技术、样机生产、优化设计等研究过程，不断积累了新能源汽车生产制造的核心技术，对传统汽车的电动化有了自己的开发方向和奋斗目标。

多年的科研试制生产使企业做出了大量投入。在弹性化市场中，公司采取了合资、合作、联营等生产方式建立了产业基地，扩大了生产能力，基本形成了以开发、贸易为主，产业基地计划生产为辅，在质量、成本、交货上协调发展的商业模式；获得广泛的社会技术力量的支持与认可。公司在改善的长河中不断创新，已开发了多种电动车专用产品，为公司的发展后劲打下了良好的基础。

九针连接器总成——主要性能及技术参数

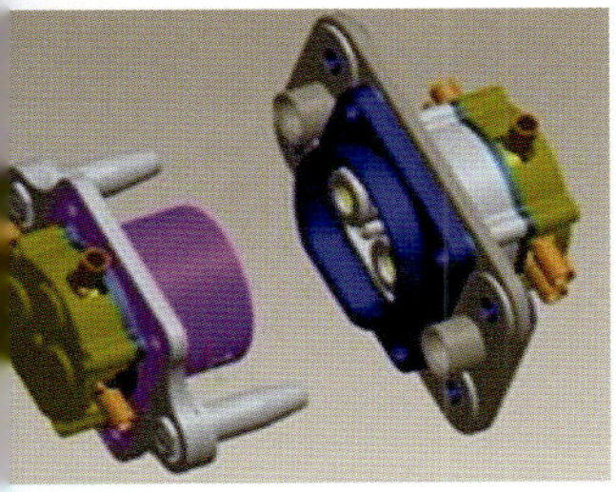
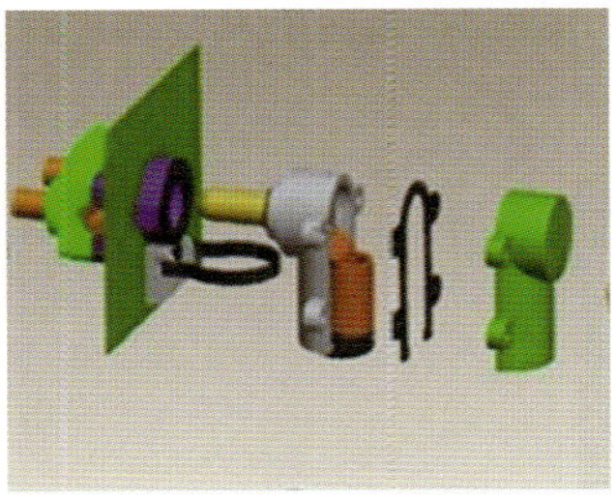

品名称：九针连接器总成
压：AC10000V，50Hz/分钟
缘电阻：正常条件下≥500MΩ
湿热试验后≥20MΩ
触电阻：≤0.2mΩ/2mΩ
子温升：<50K
命：>20000次
护等级：IP55(插头和插座插合状态)
动 量 X±4mm Y±4mm Z±4mm
用环境：环境温度-30℃~+50℃
相对湿度 40℃时到达95%
用范围：本连接器适用于电动汽车电池箱与车体或充电架之间的连，可分体充电，方便维护，广泛应用于电动汽车换电站。
构特点：
符合《电动汽车传导充电用连接装置》国家标准；
外壳采用热固型材料，耐高温达200℃，抗电弧冲击；
可靠、有效的导向功能，并具有X、Y、Z向位移要求的浮动；
连接器符合国家相关标准的震动要求。

集成式驱动系统减速器

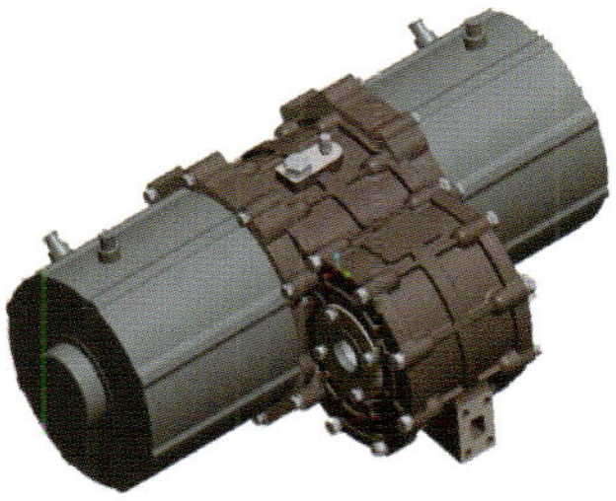

品名称：双电机独立轮驱动集成总成
右各输入扭矩：200
数：8000
命：20万公里
声：74分贝
壳体：铝合金
量：30公斤
用环境温度范围（℃）：-40℃～60℃
比：4～10

产品名称：双电机主副驱动集成总成
左右各输入扭：200
转数：8000
寿命：20万公里
噪声：74分贝
铝壳体：铝合金
重量：36公斤
使用环境温度范围（℃）：-40℃～60℃
速比：4～10

壳体系列

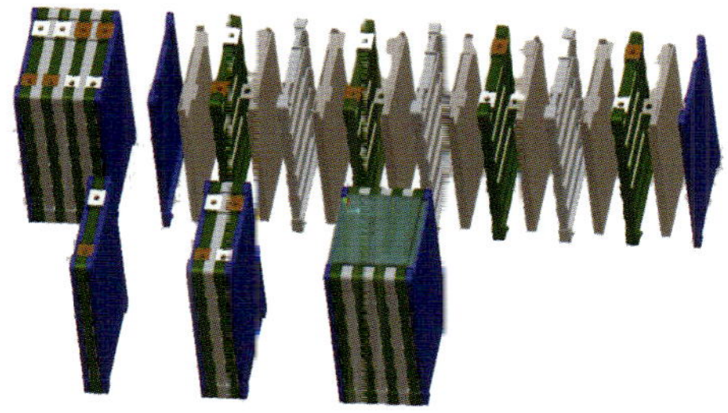
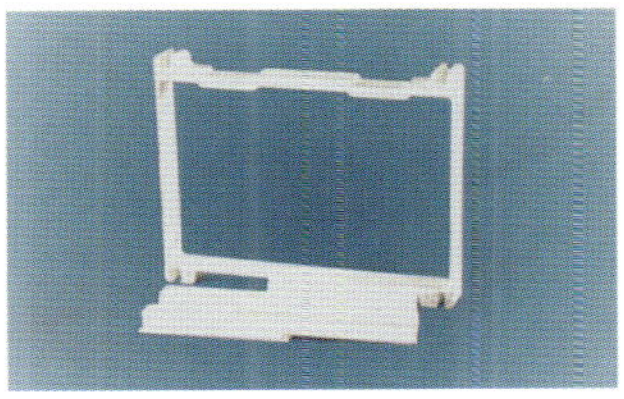

组合式电池壳体，电池极板一次连接减少接触电阻，提高了一致性
90Ah标准化模块壳体中框
规格：360mm×305mm×18mm

集成式动力电池箱

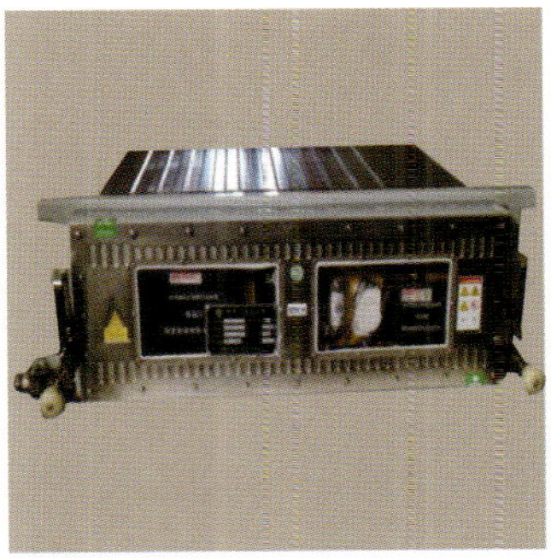
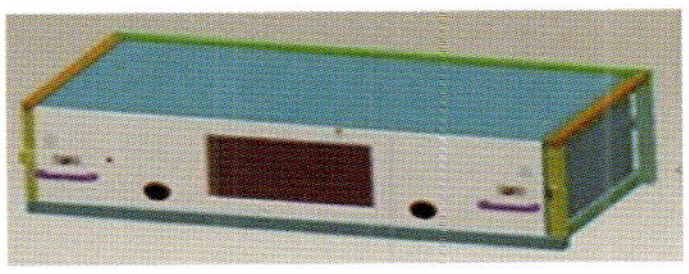

产品名称：集成式快换电池箱系列
规格：根据具体车型
材质：钢、表面碳纤维

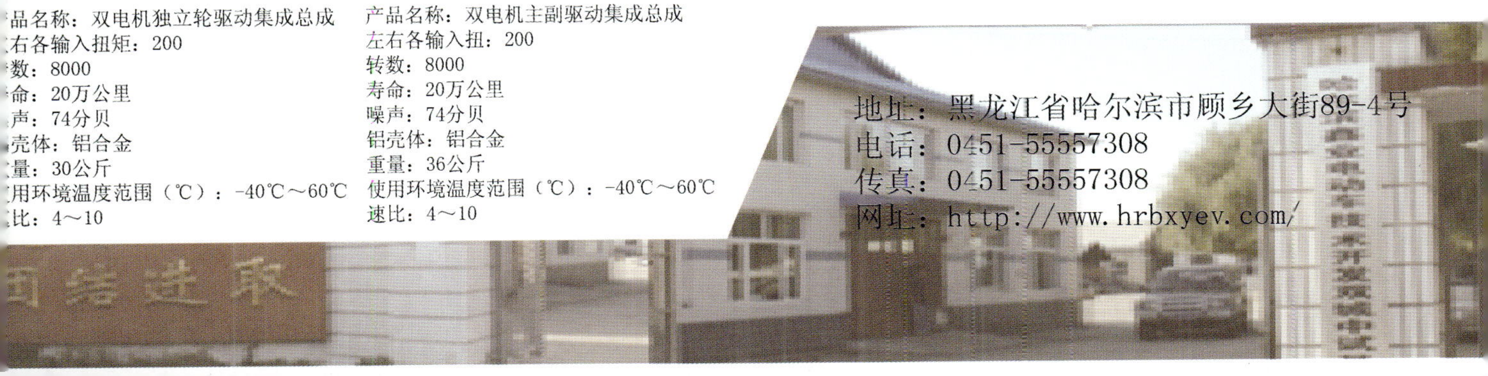

地址：黑龙江省哈尔滨市顾乡大街89-4号
电话：0451-55557308
传真：0451-55557308
网址：http://www.hrbxyev.com/

华特电动

电动汽车动力系统专家 EV Power System Expe

北京华特时代电动汽车技术有限公司（EVENT TECHNOLOGY CO.LTD）是一家集电动汽车动力系统及部件 生产制造与销售于一体的高新技术企业，成立于2014年1月。

公司整合多年的整车及部件专业设计能力，依托北京长城华冠汽车科技有限公司强大的产品研发团队、专业的生产及质量控制体系，为 外众多电动汽车制造商提供标准电池箱、可再充能量存储系统（RESS）、动力系统等高可靠性产品、服务和解决方案。

华特时代致力于新能源事业，立足全球环境保护，以专业的特质和极大的热情，携手国内外客户，共同开创“GreenLife”新时代。

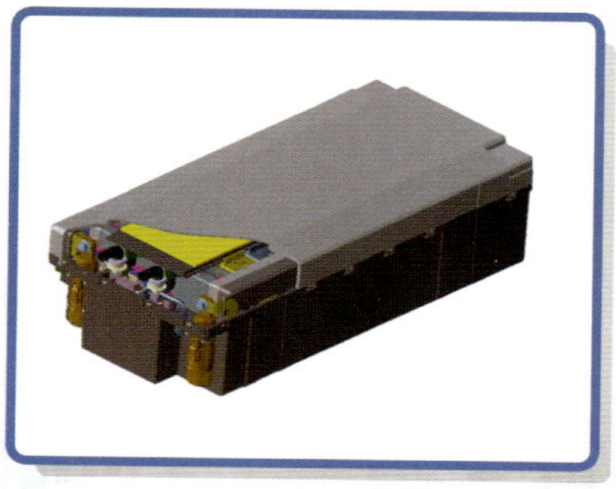

标准电池箱

设计基于整车性能的考虑，其优点在于：

· 结构和数量进行标准化设计，可根据客户需要进行组配，适用于不同车型；
· 具有高可靠性及耐久性；
· 采用液态介质冷暖温控系统；
· 对电池一致性进行调配均衡，最大限度发挥电池性能，提高电池寿命；
· 满足安全碰撞法规的要求，具有高安全性；
· 达到IP67防水、防尘等级要求。

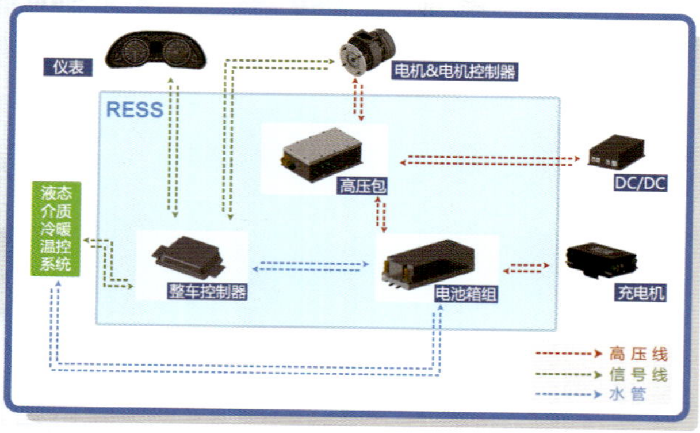

RESS系统

基于整车性能设计，其主要功能包括：

· 高压安全功能
· 高压电池管理功能
· 电池热管理功能

* 可根据用户需求提供动力系统设计服务

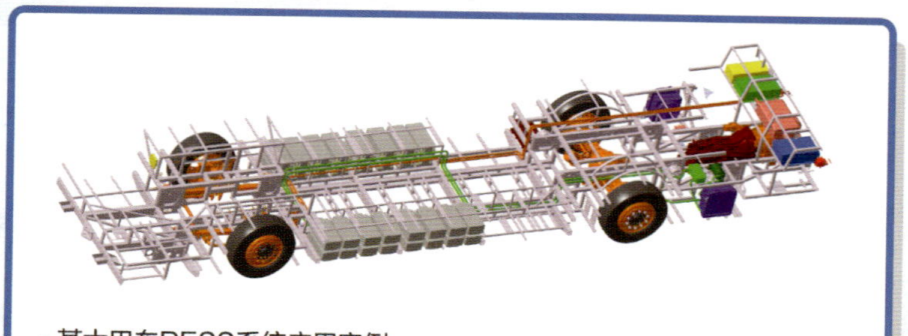

· 某大巴车RESS系统应用案例

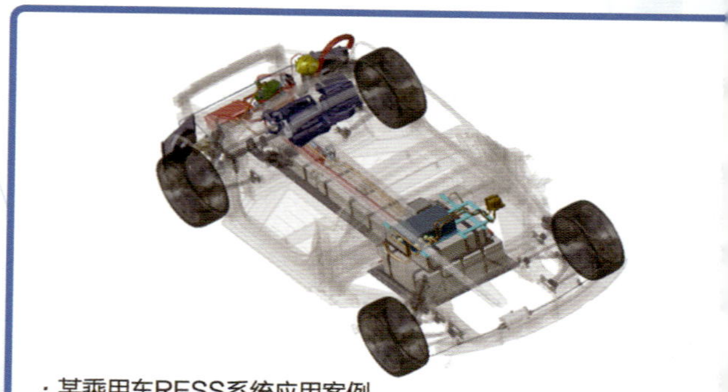

· 某乘用车RESS系统应用案例

北京华特时代电动汽车技术有限公司
EVENT TECHNOLOGY CO., LTD

客服热线：18511982386 / 18511982392　网址：www.huateelectric

本公司主要生产各类纯电动车、混合动力车用永磁同步牵引电机系统。永磁同步电机因其效率高、高效工作范围宽、调速范围大、高速区输出功率大、低速区输出力矩高、力矩脉动低等优点，在纯电动、混合动力汽车中获得广泛的应用。

NEW ENERGY EVMOTOR LEADERS

大洋电机新动力科技有限公司

大洋电机新动力科技有限公司是一家致力于提供新能源汽车用永磁同步电机及控制系统卓越解决方案的大型民营企业，是中山大洋电机股份有限公司旗下的全资子公司。总公司作为广东省中山市第四家中国A股深交所上市公司（股票代码：002249），是中国微特电机行业龙头企业之一，是全球同类电机产品的领先供应商。大洋电机新动力公司于2009年在北京成立，落户中关村永丰高新技术产业基地核心区，注册资本1.6亿元，集研发、制造、销售新能源汽车驱动电机及其控制系统于一体，研发生产基地近万平方米，并投入巨资引进研发制造设备，汇集了大量优秀研发人员。

依托在电机方面的绝对优势，2009年3月18日大洋电机与北京理工大学电动汽车国家工程实验室正式合作，共同开发的永磁同步电机及驱动系统产品，已取得了阶段性成功。大洋电机新动力用车永磁电机同步电机及驱动系统产品具有效率高、高效工作范围宽、调速范围大以及力矩动脉低等特点，广泛用于纯电动大巴车、中巴车、环卫车及小轿车等。大洋电机新动力作为国内最大的新能源车用电机生产企业之一，加入了“可持续新能源国际联盟（NESTIA）”。现在，公司已和北汽控股（含福田汽车）、一汽集团、重庆长安汽车、东风汽车、苏州金龙客车、深圳五洲龙等中国著名车企建立了密切的联系。大洋电机新动力正致力于成为新能源汽车制造领域的领跑者。

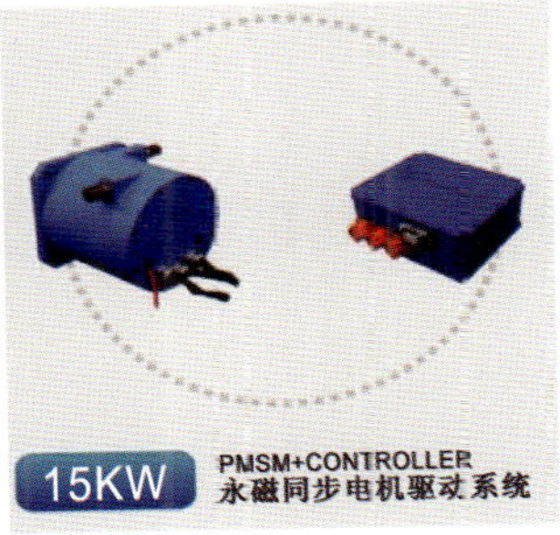

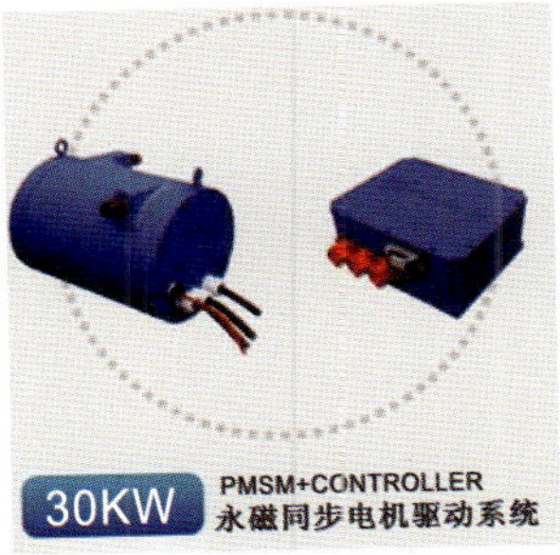

股票代码 STOCK CODE 大洋电机 002249 BROAD-OCEAN MOTOR

大洋电机新动力科技有限公司（大洋电机 股票代码：002249）http://www.broad-ocean-ev.com
地址：北京市海淀区永丰产业基地永丰路5号院2号楼101室　邮编：100094　电话　010-58711731　E-mail:EV@broad-ocean.com.cn